KB004269

노자 81장

노자 81 장

윤재근 풀어 씀

1

Lao-tzu's
Tao-te Ching
81 chapters

동학사

머리말

“『노자(老子)』는 무위자연(無爲自然)을 말하는 경전(經典)이다. 도덕경(道德經)이라고도 하는, 5천자로 이루어진 짧은 경(經)이지만 시비(是非)를 떠나 있기 때문에 읽을수록 편하다. 신앙을 요구하지 않아 더욱 평안한 경전으로, 밝고 맑게 살다 가는 길을 가리키고 있을 뿐이다. 살면서 부끄럽거나 괴로울 때면 아무런 부담없이 찾는 곳 중 하나가 바로 『노자(老子)』이다. 나는 『노자(老子)』를 쉬는 곳으로 여기며 40년 넘게 들락거렸다. 그렇다고 이것을 연구해 전문가가 되겠다고 생각해본 적은 없다. 그냥 하염없이 성인의 말씀을 듣고 인생을 맛보는 즐거움을 누렸을 뿐이다.”

위의 내용은 2001년 도서출판 동학사(東學社)에서 펴냈던 『노자(老子)』 서문(序文)의 첫머리이다. 지금도 『노자(老子)』를 마주하는 생각에는 변함이 없다. 다만 2001년에 펴냈던 『노자(老子)』는 우물에서 샘물을 내 나름대로 퍼올려 물통에 담아두고 독자들이 떠 마시게 하자는 것이었다. 그때 『노자(老子)』를 마련하면서 어느 날엔가 『노자(老子)』의 우물물을 저마다 스스로 퍼마실 수 있게 해줄 길잡이를 마련하고 싶었던 뜻에 따라 이번 『노자 81장』을 묶게 되었다.

성인(聖人)이 마련해놓은 경전(經典)은 사람 따라 깊이가 달라지는 묘한 우물 같다. 『노자(老子)』 역시 스스로 두레박질하여 샘솟는 물을 퍼올려 마셔야 그 물맛을 제대로 볼 수 있는 우물과 같다. 이런 연유로 물통에 담긴 우물의 물맛보다 두레박으로 갓 떠올린 물을 맛봐야 그냥 그대로 스스로 마실 수 있다. 『노자(老子)』의 말씀은 샘솟는 물맛 같다. 물맛을 미무미(味無味)라 한다. 샘물에는 맛이[味] 없음이[無] 곧 물맛이다. 어떤 유별난 맛이 없기에 물은 평생 마셔도 물리지 않는다. 그리고 물 없이는 어떤 목숨도 살아갈 수 없다. 그런 물맛을 『노자(老子)』는 〈법자연(法自然)〉이라 밝힌다.

자연을 본받음을[法] 〈무위(無爲)〉라 한다. 『노자(老子)』 81장(章) 전장(全章)을 관류(貫流)하는 말씀이 〈무위(無爲)〉이고, 이를 저마다 나름대로 새겨 깨우치게 함이 『노자(老子)』라고 여겨도 된다. 『노자(老子)』는 한자문화권(漢字文化圈)의 사지(思之)를 이끌어주는 벼리[紀]가 되어준다. 『노자(老子)』와 『주역(周易)』이 한자문화권에서 생각하기[思之]의 바탕이 되어왔다는 것은 상식이다. 이런 『노자(老子)』는 삼자(三者)를 통해서 만나기보다 스스로 직접 만나보는 것이 최선이다. 삼자를 통하면 남이 떠준 물을 마시는 것과 같고, 『노자(老子)』의 학술서 등을 통해 만나면 『노자(老子)』의 샘물을 그냥 그대로 마시지 못하고 조미(調味)된 음료수를 마시는 꼴이 될 것이다. 그러면 생각하기는 거간을 통해 흥정한 것이 되고 만다. 『노자(老子)』의 우물물을 저마다 나름대로 직접 두레박질해 떠 마시려 해야 한다. 그 까닭을 이 책의 후기(後記)에서 간략히 밝히려 한다.

사람은 저마다 근기(根機) 따라 경전의 말씀을 새겨듣기 마련이다. 한 길의 두레박줄로 경전의 우물물을 퍼마실 수도 있고 열 길의 두레박줄로 풀 수도 있다. 남이 열 길 두레박줄로 떠준 물을 마시기보다 한 길 두레박줄이라도 스스로 떠서 마시는 쪽이 경전의 참맛을 맛볼 수 있다. 『노자(老子)』도 예외가 아니다. 번역서로 『노자(老子)』의 말씀을 새겨듣고 나름의 새김질을 스스로 하기는 어렵다. 번역을 통해 『노자(老子)』를 만남은 남이 물통에 떠놓은 물을 마시는 것과 같다. 스스로 두레박질하여 우물의 샘물을 맛보는 것처럼 『노자(老子)』의 말씀을 직접 살펴 새기고 헤아려 깨우쳐볼 수 있도록 『노자 81장』을 마련하고자 했다. 물론 사람의 일인지라 완벽할 리 없다. 부족한 면이 있겠지만 『노자 81장』을 마련한 뜻을 밝혀 두고 싶다.

출판 사정이 어려운 실정에도 늘 망설임 없이 책을 펴내준 시인 유재영 동학사(東學社) 사장님에게 진심으로 감사 드린다.

경자년(庚子年) 정월(正月)

尹在根

일러두기

1

보물(寶物) 1655호로 지정돼 있는 세종(世宗) 경자자본(更子字本) 『노자권재구의(老子鬳齋口義)』와 조선조 선조(宣祖) 때 서계(西溪) 선생이 마련해준 『노장주해(老莊註解)』를 『노자 81장』의 저본(底本)으로 삼고자 했다. 그러나 1980년(중화민국69년)판 진고응역주(陳鼓應譯註) 『노자금주금역(老子今註今譯)』에 부록(附錄)으로 붙어 있는 『노자교정문(老子校定文)』을 저본(底本)으로 삼아 『노자 81장』을 마련하게 되었다.

2

『노자교정문(老子校定文)』을 『노자 81장』의 저본(底本)으로 삼은 까닭은 관윤(關尹)의 청탁으로 노자(老子)가 오천어(五千語)를 남겼다는 원문(原文)이 전해오지 않기 때문이다. 『한비자(韓非子)』를 비롯해서 전해오는 많은 『노자(老子)』의 주해서(註解書)는 모두 후인(後人)의 전사물(傳寫物)이다. 특히 당(唐)나라 이전 서적은 모두 전사(傳寫)된 것이란 주장이다. 맨 처음 전사(傳寫)했을 『노자(老子)』는 오늘날 우리가 읽을 수 있는 한문자(韓文字)로 적힌 서적이 아니고, 한문자의 전신이라 할 수 있는 고문(古文)에 가까운 대전(大篆)으로 대쪽[簡]이나 나무쪽[牘]에 적혔을 터이다. 이렇다 보니 그 대전(大篆)을 후인(後人)들이 전사(傳寫)하는 과정에서 착간(錯簡), 연문(衍文), 탈자(脫字), 오자(誤字) 등등이 노자서(老子書)에는 많게 되었다. 이에 대만의 중화문화추행위원회(中華文化推行委員會)에서 왕필본(王弼本)을 주로 삼고, 여러 고본(古本)을 참고하여 역대 교고학자(校詁學者)들의 견해를 살펴 교정(校定)해 공인본(公認本)으로 마련한 것이 『노자교정문(老子校定文)』이다. 이 『노자교정문(老子校定文)』을 『노자 81장』의 저본(底本)으로 삼았다.

3

『노자 81장』은 각 장(章)을 구문(句文) 단위로 나누고, 각 구문마다 지남(指南) · 보주(補註) · 해독(解讀)을 붙여 『노자(老子)』의 원문(原文)을 자독(自讀)할 수 있도록 시도했다.

4

지남(指南)은 원문(原文)을 스스로 새겨 저마다 나름대로 터득할 수 있도록 돕는 길잡이에 속한다. 원문을 스스로 새기자면 선대(先代)에서부터 대대로 이어져 내려온 언어(言語), 즉 사유명사(思惟名詞)들과 친숙해야 한다. 불행하게도 21세기 우리는 선대의 사유(思惟)를 담고 있는 명사(名詞)를 저버리고 서양의 생각을 담은 역어(譯語)를 다투어 활용해온 탓으로, 『노자(老子)』의 다양한 역서(譯書)를 탐독한다 해도 본래 참뜻을 스스로 헤아려 터득하기 어려운 상태이다. 이런 연유로 선대의 언어를 새삼 상기시키고자 국한문(國漢文)의 병용(竝用)을 지나칠 만큼 아울렀다. 한글로만 쓴 문장을 좋아하고 한문이 끼어든 문장에 익숙하지 않음을 모르는 바 아니지만, 한글만으로는 우리의 인문(人文)을 이끌어갈 수 없는 것이 우리의 사지(思之) 즉 생각하기[思之] 터전이다. 이런 까닭을 『노자 81장』 후기(後記)에서 밝히고자 한다.

지남(指南)에는 인용문이 많이 붙어 있다. 되풀이되는 내용이라도 생략하지 않고 번번이 지남(指南) 아래 인용문을 반복해서 붙였다. 자주 볼수록 뇌리(腦裏)에 각인(刻印)될 수 있기 때문이다. 인용문은 주로 『노자(老子)』 원문(原文)과 『장자(莊子)』 원문이다. 『노자(老子)』 각장(各章)은 서로 연관되어 펼쳐지기 때문에 한 장(章)의 원문을 새기자면 전후장(前後章)을 떠올려 헤아릴수록 도움이 된다. 그리고 『장자(莊子)』에 나오는 핵심적인 말은 노자(老子)에 근거를 두고 있기 때문에 『장자(莊子)』에서 많은 인용문을 가져다 『노자(老子)』를 새겨 터득하는 도움닫기로 삼았다.

註 "어학무소불규(於學無所不窺) 연기요지귀어노자지언(然其要旨歸於老子之言)." {장자(莊子)한테는} 학식에서는[於學] 모르는[不窺] 것이[所] 없었다[無]. 그러나[然] 장자가 밝힌 것의[其] 핵심은[要旨] 노자의[老子之] 말씀으로[於言] 돌아와 있다[歸].

『사기(史記)』「노자한비열전(老子韓非列傳)」

5

보주(補註)는 원문(原文)의 구문(句文)이 담고 있는 문의(文義)를 스스로 건지는 데 도움을 주기 위해 마련했다. 한문(漢文) 구문은 반복되는 글자를 생략해버린다. 이런 연유로 해독하기 어렵다. 생략된 글자를 보충하면 훨씬 쉽게 문의를 건질 수 있을 것이다. 『노자(老子)』의 원문(原文) 역시 예외가 아닌지라 각 구문에서 생략된 부분을 되살려 경문(經文)을 자독(自讀)할 수 있게 했다. 그리고 지남(指南)에서 밝히지 못한 내용을 살펴 밝혔다.

6

해독(解讀)은 원문(原文)의 구문(句文)을 스스로 읽을 수 있는 자습방편(自習方便)을 마련한 것이다. 여기 해독(解讀)에 등장하는 자독(自讀) 방편은 한문공부의 정도(正道)는 아니고 오로지 권도(權道)일 뿐이다. 한문공부는 옛날 서당의 것이 정도(正道)라고 생각한다. 서당에서 한문공부는 〈문자사우(文字四友)〉라고 말할 수 있다. 사우(四友)란 이목구수(耳目口手)이다. 귀로 듣고[耳], 눈으로 보고[目], 입으로 읽고[口], 손에 붓을 들고 써서[手] 한 자[字] 한 자씩 익혀 구문의 문리(文理)를 스스로 터득하게 하는 방편이 정도인 셈이다.

그러나 이제 옛날 서당식으로 한문(漢文)을 자습(自習)하여 배울 수 없음은 분명하다. 그렇다고 우리가 한문을 버릴 수 없음은 우리 선대(先代)가 켜켜이 물려준 사유방식(思惟方式)이 한문(漢文)으로 전수(傳授)되고 있기 때문이다. 이런 한문(漢文)을 이제 독학(獨學)할 수밖에 없다. 이에 영문법(英文法)이 도움이 된다는 생각이 든다. 한문의 구조가 영문법(英文法)을 빗대면 접근하기가 그만큼 쉬워지기 때문이다. 이런 생각이 앞서 영문법을 통해 원문(原文)을 접근해보려 했다. 한문교육을 전폐한 탓으로 이런 지경을 겪게 된 셈이다.

한문(漢文)은 외국문자가 아니라 우리 자신의 문자로 정착된 지 이미 오래이다.

우리말을 전달하는 우리의 글자가 되어왔고, 우리 사유세계(思惟世界)와 관계되어 있기 때문에 어문(語文)의 관계만으로 따져서는 안 될 것이다. 〈눈, 귀〉는 물론 한글로밖에 쓸 수 없다. 그러나 〈이목〉이란 낱말은 〈耳目〉이라 써야 우리의 사유(思惟)가 〈총명(聰明)〉이란 낱말로 이어져 풍성해지지, 〈이목〉으로는 그렇지 못하다. 그래서 〈이목(耳目)〉이라 한글과 한문을 아울러 쓰면 사유(思惟)의 폭이 넓어지고 깊어질 것이다. 나아가 한문(漢文)과 우리의 문화적 관계는 불가분(不可分)의 것이니, 이를 외면하고 한문(漢文)을 외래문자로 취급해 내치는 지금의 상황은 『맹자(孟子)』에 나오는 〈수익(嫂溺)〉 즉 형수가[嫂] 물에 빠진[溺] 상황과 같다. 우리에게 한문(漢文)이 익사(溺死)하는 형편이라 영문법에 빗대서 한문(漢文)의 구문(句文)을 익혀보게 한 것이 해독(解讀)이다. 물론 이는 문법(文法)으로 영어공부를 한 세대들이 우리 사회의 중추(中樞)를 이루고 있음을 고려한 것이다.

註 "순우곤왈(淳于髡曰) 남녀수수불친(男女授受不親) 예여(禮與) 맹자왈(孟子曰) 예야(禮也) 왈(曰) 수익(嫂溺) 즉원지이수호(則援之以手乎) 왈(曰) 수익불원(嫂溺不援) 시(是) 시랑야(豺狼也) 남녀수수불친(男女授受不親) 예야(禮也) 원지이수호자(援之以手乎者) 권야(權也)." 순우곤이[淳于髡] 물었다[曰] : 남녀가[男女] 주고[授] 받음을[受] 직접 하지 않음이[不親] 예(禮)인지요[與]? 맹자가[孟子] 답했다[曰] : 예(禮)이지요[也]. (순우곤이) 말했다[曰] : 형수가[嫂] 물에 빠졌으면[溺] 손으로[以手] 형수를[之] 구해주는 것[援]입니까[乎]? (맹자가) 말해주었다[曰] : 형수가[嫂] 물에 빠졌는데[溺] 바로[則] 구해주지 않는다면[援] 그런 시동생은[是] (인간이 아니라) 이리[豺狼]요[也]. 남녀가[男女] 주고[授] 받음을[受] 직접 하지 않음은[不親] 예(禮)이고[也], 형수가[嫂] 물에 빠졌을 때[溺] 구해주는[援] 짓은[者] 임시방편[權]이지요[也].

『맹자(孟子)』「이루장구상(離婁章句上)」

노자 81장

차 례

1

Lao-tzu's
Tao-te Ching
81 chapters

노자 81장

차 례

2

Lao-tzu's
Tao-te Ching
81 chapters

노자 81 장

1

1 — 40

중묘장(衆妙章)

1장(章)은 상도(常道), 즉 상명(常名)을 발명(發明)하는 장이다.

상도(常道)는 〈중묘지문(衆妙之門)〉이라고 풀이한다. 중묘지문(衆妙之門)은 우주 삼라만상이 들고나는[出入] 문(門)이다. 그 문은 어떤 조짐도 없고 실마리를 탐현(探俔)할 수도 없음을 〈묘(妙)〉라 하여 온 무리[衆]가 출입하는 문이라고 밝힌다. 상도(常道)란 온 무리가 출생(出生)하여 입사(入死)하는 문이므로, 온 무리가 그 문을 들고남[出入]이 현묘(玄妙)함을 끊임없이 살펴 새기고 헤아려 깨우치게 하는 장(章)이다.

註 도가(道家)의 상도(常道)는 현도(玄道)라 불린다. 현도(玄道)란 형언할 수 없는 도(道)이다. 유가(儒家)의 도(道)는 말해야 하는 인의지도(仁義之道)이고, 불가(佛家)의 도(道) 즉 불법(佛法)도 말할 수 없는 견성지도(見性之道)라 불린다. 『노자(老子)』가 밝히는 중묘지문(衆妙之門)의 상도(常道)는 언어도단(言語道斷)의 길[道]로, 불가사의(不可思議)하고 현묘(玄妙)하여 무위자연(無爲自然)의 도(道)라고 말할 수밖에 없다.

『설문해자(說文解字)』에 〈일달위지도(一達謂之道)〉라고 도(道)를 해자(解字)하고 있다. 한쪽으로만 가야 하는 길[一達]을 도(道)라고 함은 왕래하게 정해진 길, 즉 노(路)·도(途)·경(徑) 등과 다른 길임을 말한다.

【원문(原文)】

道可道면 非常道이고 名可名이면 非常名이다 無는 名
도 가 도 비 상 도 명 가 명 비 상 명 무 명
天地之始이고 有는 名萬物之母이다 故로 常無로 欲以
천 지 지 시 유 명 만 물 지 모 고 상 무 욕 이
觀其妙하고 常有로 欲以觀其徼한다 此兩者는 同出而
관 기 묘 상 유 욕 이 관 기 요 차 양 자 동 출 이
異名이라 同謂之玄이니 玄之又玄이라 衆妙之門이다
이 명 동 위 지 현 현 지 우 현 중 묘 지 문

도(道)라고[道] 말할[道] 수 있다면[可] (그 도는) 한결같은[常] 도가[道] 아니고[非], 이름을[名] 부를[名] 수 있다면[可] (그 이름은) 변함없는[常] 이름이[名] 아니다[非]. 없음은[無] 하늘땅의[天地之] 본시라[始] 하고[名], 있음은[有] 온갖 것의[萬物之] 어머니라[母] 한다[名]. 그러므로[故] 상도의[常] 없음으로[無] 써[以] 그[其] 묘리를[妙] 살피고자 하고[欲觀], 상도의[常] 있음으로[有] 써[以] 그[其] 마침으로 돌아감을[徼] 살피고자 한다[欲觀]. 이[此] 두 가지는[兩者] 같은 하나에서[同] 나왔으나[出而] 이름을[名] 달리한 것이다[異]. (그 둘을) 모두[同] 그것을[之] 도(道)라[玄] 하고[謂], (이 둘은) 현묘하고[玄之] 또[又] 현묘하여[玄] 온갖[衆] 묘리가[妙之] 들고나는 문이다[門].

1-1 道可道(도가도) 非常道(비상도)

▶ 도(道)라고[道] 말할[道] 수 있다면[可] (그 도는) 한결같은[常] 도가[道] 아니다[非].

길 도(道), 할 수 있을 가(可), 말할 도(道), 아닌 것 비(非), 한결같을 상(常)

【지남(指南)】

위의 말씀은 〈상도(常道)〉를 밝힌다. 말로 할 수 없는 것을 상도(常道)라 한 것이다. 상도(常道)의 상(常)은 〈무시(無時) · 무방(無方) · 무변(無變)〉을 뜻한다. 무시(無始)는 고금래(古今來), 즉 과거[古] 현재[今] 미래[來] 따위가 없음이고, 무방

(無方)은 동서남북 · 상하 따위가 없음이며, 무변(無變)은 태어나고 죽음[生死]이 없음이다. 이런 상도(常道)를 대(大)라 하여 대도(大道)라고도 한다. 대도(大道)의 대(大) 역시 부도(不道), 즉 말로 밝힐 수 없음[不道=不言]을 뜻한다.

『노자(老子)』에 줄곧 나오는 〈도(道)〉라는 말씀은 상도(常道) 또는 대도(大道)의 줄임으로, 말로 할 수 없으니 사람의 지지(知智)로는 알 수 없는 것이다. 인간의 앎[知智]으로는 아무리 살펴 새기고 헤아려도 알 수 없음을 현(玄) · 묘(妙)라 한다. 그래서 상도(常道)를 현묘(玄妙)하다고 말한 것이다. 물론 상도(常道)를 말로 밝힐 수 없지만, 『장자(莊子)』에서 노담(老聃) 즉 노자(老子)께 공자(孔子)가 지도(至道)를 감문(敢問)하는 우화를 연상해보면 여기 1장(章)의 상도(常道)를 짐작해 볼 수 있을 것이다. 상도(常道)는 결코 사람의 언설(言舌)로 시비 · 논란할 수 없음을 단언한 말씀이 〈도가도(道可道) 비상도(非常道)〉이다.

註 "공자문어노담왈(孔子問於老聃曰) 금일안한(今日晏閒) 감문지도(敢問至道) 노담왈(老聃曰) 여재계소약이심(汝齋戒疏瀹而心) 조설이정신(澡雪而精神) 배격이지(掊擊而知) 부도요연난언재(夫道窅然難言哉) 장위여언기애략(將爲汝言其崖略) 부소소생어명명(夫昭昭生於冥冥) 유륜생어무형(有倫生於無形) 정신생어도(精神生於道) 형본생어정(形本生於精) 이만물이형상생(而萬物以形相生) 고구규자태생(故九竅者胎生) 팔규자난생(八竅者卵生) 기래무적(其來無迹) 기왕무애(其往無崖) 무문무방(無門無房) 사달지황황야(四達之皇皇也) 요어차자(邀於此者) 사지강(四肢彊) 사려순달(思慮恂達) 이목총명(耳目聰明) 기용심불로(其用心不勞) 기응물무방(其應物無方) 천부득(天不得) 불고(不高) 지부득(地不得) 불광(不廣) 일월부득(日月不得) 불행(不行) 만물부득(萬物不得) 불창(不昌) 차기도여(此其道與)."

공자께서[孔子] 노담께[於老聃] 물어[問] 가로되[曰]: 오늘은[今日] 한가하니[晏閒] 지도를[至道] 감히[敢] 묻겠습니다[問]. 노자께서[老聃] 가로되[曰]: 그대는[汝] 그대의[而] 마음을[心] 재계하고[齋戒] 털어내[疏] 씻어내고[瀹], 그대의[而] 정신을[精神] 씻어[澡] 맑게 하고[雪], 그대의[而] 지식을[知] 모두[掊] 쳐내시오[擊]. 무릇[夫] 도는[道] 깊고 아득한지라[窅然] 말하기가[言] 어렵지요[難哉]! 하지만 이제[將] 그대를[汝] 위해[爲] 그[其] 대강이라도[崖略] 말해보겠소[言]. 무릇[夫] 밝은 것은[昭昭] 어두운 것에[冥冥] 의해서[於] 생기고[生], 몸이 있는 것은[有倫] 몸이 없는 것에[無形] 의해서[於] 생기며[生], 정신은[精神] 도에[道] 의해서[於] 생기고[生], 몸은[形本] 정기에[精] 의해서[於] 생기며[生], 그리고[而] 온갖 것은[萬物] 몸으로[形]써[以] 서로[相] 생기오[生]. 그래서[故] 구멍이[竅] 아홉인[九] 것은[者] 태에서[胎] 생기고[生] 구멍이[竅] 여덟인[八] 것은[者] 알에서[卵] 생기지만[生], 그것들이[其] 생겨남에[來] 흔적도[迹] 없고[無] 그것들이[其] 죽어가도[往] 방향도[方] 없소[無]. (나갈) 문도[門] 없고[無] (들어갈) 방도[房] 없어[無], 사방[四] 닫는 데가[達之] 크고[皇] 큰 것[皇]이오[也]. 이것에[於此] 따르는[邀] 사람은[者] 온몸이[四肢] 강건하고[彊] 생각[思] 생각이[慮] 걸림 없이[恂] 통하고[達], 눈귀가[耳目] 밝고[聰] 밝아[明] 그자의[其] 마음[心] 씀은[用] 지치지 않고[不勞], 그자가[其] 사물에[物] 응함에[應] (정해진) 방향이[方] 없소[無]. 하늘도[天] {그 도(道)를} 얻지 못하면[不得] 높지 못하고[不高], 땅도[地] {그 도(道)를} 얻지 못하면[不得] 넓지 못하며[不廣], 해와 달도[日月] {그 도(道)를} 얻지 못하면[不得] 움직이지 못하며[不行], 만물도[萬物] {그 도(道)를} 얻지 못하면[不得] 무성하지 못하오[不昌]. 이것이[此] 그[其] 도(道)이지요[與].

안한(晏閒)은 안한(安閑)과 같고, 소약이심(疏瀹而心)의 소약(疏瀹)은 세탁(洗濯)과 같고, 이(而)는 여기선 〈너의 이(而)〉이다. 조설(澡雪)은 정결(精潔)과 같고, 요연(窅然)은 심원(深遠)한 모습이고, 소소(昭昭)는 형체가 있어 분명해 눈으로 볼 수 있는 것이고, 명명(冥冥)은 형체를 볼 수 없는 것으로 자연의 조화를 말하며, 애략(崖略)은 대략(大略)과 같고, 유륜(有倫)의 윤(倫)은 유(類)와 같지만 여기선 형(形)의 차자(借字)로 유형(有形)과 같고, 형본(形本)은 형체(形體)와 같고, 황황(皇皇)은 대대(大大)와 같고, 요어차(邀於此)는 순어차(順於此)와 같고, 응물무방(應物無方)은 사물에 순응할 뿐이지 의도하거나 사로잡힘이 없음이고, 천부득(天不得)·지부득(地不得)·일월부득(日月不得)·만물부득(萬物不得)의 득(得)은 『노자(老子)』 39장(章)에 나오는 〈천득일이청(天得一以淸) 지득일이령(地得一以寧) 신득일이령(神得一以靈) 곡득일이영(谷得一以盈) 만물득일이생(萬物得一以生)〉에서 득일(得一)의 득(得)으로 〈상도(常道)의 용(用)을 얻음[得]〉을 뜻한다.

『장자(莊子)』「지북유(知北遊)」

【보주(補註)】

- 〈도가도(道可道) 비상도(非常道)〉의 성언(聖言)을 〈약임하인가언도(若任何人可言道) 기도비상도야(其道非常道也)〉처럼 옮기면 문의(文義)를 좀 더 쉽게 새길 수 있다. 〈만약[若] 어떤[任何] 이가[人] 도(道)라고[道] 말할[言] 수 있다면[可] 그[其] 도는[道] 한결같은[常] 도가[道] 아닌 것[非]이다[也].〉

상도(常道)를 14장(章)에서는 **무물(無物)**로, 25장(章)에서는 **혼성(混成)**으로, 62장(章)에서는 **만물지오(萬物之奧)**로 말한다.

註 "복귀어무물(復歸於無物)." 없는[無] 것[物]으로[於] 다시[復] 돌아간다[歸].

『노자(老子)』 14장(章)

註 "유물혼성(有物混成) 선천지생(先天地生) 적혜료혜(寂兮寥兮) 독립불개(獨立不改) 주행이불태(周行而不殆)." 혼성(混成)의 것이[物] 있다[有]. 천지가[天地] 생기기[生] 앞이다[先]. 고요하구나[寂兮]! 아득하구나[寥兮]! 홀(하나)로[獨] 있고[立] 바뀌지 않고[不改] 두루[周] 미치지

만[行而] 위태롭지 않다[不殆]. 『노자(老子)』 25장(章)

註 "도자만물지오(道者萬物之奧)." 상도라는[道] 것은[者] 온갖 것이[萬物之] 간직하고 있는 것이다[奧]. 『노자(老子)』 62장(章)

- 상도(常道)는 독립불개자(獨立不改者)로 풀이된다. 〈상도(常道)는 홀로[獨] 있고[立] 바뀌지 않는[不改] 것[者]이다.〉 독립불개(獨立不改)는 상(常)을 말한다.
- 상도(常道)의 상(常)은 만물의 생사를 행함에 멈춤이 없어[不息] 그 행함이 바뀌지 않음[不改]을 뜻한다.
- 상도(常道)는 오태(五太)로 불리기도 한다. 오태(五太)를 풀이하여 지현지묘(至玄至妙)라 하며, 태역(太易) · 태시(太始) · 태초(太初) · 태소(太素) · 태극(太極)을 말한다. 태역(太易)은 유리무기(有理無氣) 즉 이(理)는 있되[有] 기(氣)는 없음[無] · 기지미현(氣之未見) 즉 기(氣)가 아직 드러나지 않음[未見]이고, 태초(太初)는 유기무형(有氣無形) 즉 기(氣)는 있되[有] 드러남[形]은 없음[無] · 기지시(氣之始) 즉 기(氣)의 시작이고, 태시(太始)는 유형무질(有形無質) 즉 드러남[形]은 있되[有] 든 것[質]이 없음[無] · 형지시(形之始) 즉 드러남[形]의 시작이고, 태소(太素)는 유질무체(有質無體) 즉 든 것[質]은 있되[有] 몸은[體] 없음[無] · 질지시(質之始) 즉 든 것[質]의 시작이고, 태극(太極)은 유질유체(有質有體) 즉 든 것[質]도 있고[有] 몸도[體] 있음[有] · 질체지시(質體之始) 즉 질체(質體)의 시작이다. 태극지체질(太極之體質)이 곧 음양(陰陽)이고, 그 체질(體質)의 드러나는 것[形象]이 곧 일음일양(一陰一陽)이다.
- 상도(常道)를 현도(玄道)라 일컫기도 한다. 현도(玄道)의 현(玄)은 형언(形言)할 수 없음[玄]이다. 유가(儒家)의 도(道)는 말해야 하는 인의지도(仁義之道)이고, 불가(佛家)의 도(道) 즉 불법(佛法)도 말할 수 없는 견성지도(見性之道)라 불린다. 『노자(老子)』가 밝히는 중묘지문(衆妙之門)의 상도(常道)는 언어도단(言語道斷)의 길[道]로, 불가사의(不可思議)하고 현묘(玄妙)하며 무위자연(無爲自然)이라고 말해볼 뿐이다.
- 『설문해자(說文解字)』는 도(道)를 〈일달위지도(一達謂之道)〉라고 해자(解字)하였다. 한쪽으로만 가야 하는 길[一達]을 도(道)라고 함은 왕래하게 만들어진 길, 즉 노(路) · 도(途) · 경(徑) 등과 다른 길임을 헤아리게 한다.

【해독(解讀)】

- 〈도가도(道可道) 비상도(非常道)〉에서 도가도(道可道)는 조건의 종절(從節) 노릇하고, 비상도(非常道)는 주절(主節) 노릇해, 〈도가도(道可道) 비상도(非常道)〉는 복문(複文)이다. 한문에서 종절의 접속사는 거의 생략되므로 전후 문맥을 살펴 생략된 어조사를 마땅하게 더해주면 문맥이 쉽게 잡힌다. 도가도(道可道)를 〈약도가도(若道可道)〉로 여기고 비상도(非常道)와 문맥을 잡으면 된다. 〈도를[道] 가도한다면[可道] {그 도(道)는} 상도가[常道] 아닌 것이다[非].〉
- 도가도(道可道)는 〈가도도(可道道)〉에서 뒤의 도(道)가 전치된 것으로 여기고 문맥을 잡으면 된다. 도가도(道可道)에서 앞의 도(道)는 〈길 도(道)〉로 명사 노릇하고, 가(可)는 뒤의 도(道)의 조동사 노릇하며, 뒤의 도(道)는 〈말할 도(道)〉로 동사 노릇한다. 도가도(道可道)에서 끝의 도(道)는 〈말할 언(言) · 말할 백(白)〉 등과 같다. 한문은 자동사 타동사 등이 나뉘어 있지 않아 그냥 동사라 하고, 동사 뒤에 놓이는 자(字)를 보어 또는 목적어로 새기는 경우는 문맥에 따라갈 수밖에 없다. 〈도를[道] 말할 수 있다면[可道]〉

  한문에는 자동사와 타동사가 정해져 있는 것은 아니다. 다만 실사(實辭)일 뿐이지만 한문의 어순을 따라 문맥을 잡는 한 방편이라고 여기면 된다. 〈주어+동사〉, 〈주어+동사+보어〉, 〈주어+동사+목적어〉, 이것이 한문 어순의 기본 골격임을 인지하고 문맥을 살펴야 문의(文義)를 건질 수 있다.
- 비상도(非常道)는 〈기도비상도(其道非常道)〉에서 주어 노릇할 기도(其道)는 전후 문맥으로 보충될 수 있는 내용이므로 생략하고 술부만 남긴 주절이다. 비상도(非常道)에서 비(非)는 〈아닌 것 비(非)〉로 보어 노릇하고, 상도(常道)는 비(非)의 동격 노릇한다. 〈상도가[常道] 아닌 것이다[非].〉
- 비상도(非常道)는 〈A비(非)B〉 · 〈A비(非)B야(也)〉와 같은 상용문이다. 〈A는 B가 아닌 것[非]이다[也].〉

1-2 名可名(명가명) 非常名(비상명)

▶이름을[名] 부를[名] 수 있다면[可] (그 이름은) 한결같은[常] 이름이[名] 아니다[非].

이름 명(名), 가할 가(可), 부를 명(名), 아닌 것 비(非), 늘 상(常)

【지남(指南)】

위의 말씀은 〈상명(常名)〉을 밝힌다. 이름으로 부를 수 없는 것을 상명(常名)이라 한다. 상명(常名)은 무명(無名)이라고도 하며, 상도(常道)를 달리 말한 것이다. 상명(常名)의 상(常) 역시 〈무시(無時) · 무방(無方) · 무변(無變)〉을 뜻한다. 이름이[名] 없음[無]을 줄여 그냥 무(無)라 하니 상도(常道)를 한 글자로 〈무(無)〉라 부르기도 한다. 상도(常道)는 무명(無名)이니 무물(無物)이고, 무물(無物)을 줄여 그냥 무(無)라 한 것이다. 상명(常名) 또한 상도(常道)의 현묘(玄妙)함을 나타내는 이름[名]일 터이니 사람의 언설(言舌)로 시비 · 논란할 수 없음을 단언한 말씀이 〈명가명(名可名) 비상명(非常名)〉이다.

【보주(補註)】

- 〈명가명(名可名) 비상명(非常名)〉을 〈약혹인가명명(若或人可名名) 기명비상명야(其名非常名也)〉처럼 옮기면 문의(文義)를 좀 더 쉽게 새길 수 있다. 〈만약[若] 어떤 이가[或人] 이름을[名] 부를 수 있다면[可名] 그[其] 이름은[名] 변함없는[常] 이름이[名] 아닌 것[非]이다[也].〉
- 상명(常名)을 무변지명(無變之名), 독립불개지명(獨立不改之名)으로 풀이할 수도 있다. 〈변함이[變] 없는[無之] 이름[名]〉, 〈홀로[獨] 있고[立] 바뀌지 않는[不改之] 이름[名]〉

【해독(解讀)】

- 〈명가명(名可名) 비상명(非常名)〉에서 명가명(名可名)은 조건의 종절 노릇하고, 비상명(非常名)은 주절 노릇해 〈명가명(名可名) 비상명(非常名)〉은 복문(複文)이다. 명가명(名可名)을 〈약명가명(若名可名)〉으로 여기고 비상명(非常名)과 문맥을 잡으면 된다. 〈만약[若] 이름을[名] 부를 수 있다면[可名] (그 이름은) 상명이[常名] 아닌 것이다[非].〉
- 명가명(名可名)은 〈가명명(可名名)〉에서 뒤의 명(名)이 전치된 것으로 여기고 문맥을 잡으면 된다. 명가명(名可名)에서 앞의 명(名)은 〈이름 명(名)〉으로 명사 노릇하고, 가(可)는 뒤의 명(名)의 조동사 노릇하며, 뒤의 명(名)은 〈이름 부를

명(名)〉으로 동사 노릇한다. 명가명(名可名)에서 끝의 명(名)은 〈칭할 칭(稱)〉과 같아 칭명(稱名)의 줄임말로 여기면 된다. 〈이름을[名] 부를 수 있다면[可名]〉

- 비상명(非常名)은 〈기명비상명(其名非常名)〉에서 주어 노릇할 기명(其名)은 전후 문맥으로 보충될 수 있는 내용이므로 생략하고 술부만 남긴 주절이다. 비상명(非常名)에서 비(非)는 〈아닌 것 비(非)〉로서 보어 노릇하고, 상명(常名)은 비(非)의 동격 노릇한다. 〈상명이[常名] 아닌 것이다[非].〉
- 비상명(非常名) 역시 〈A비(非)B〉 · 〈A비(非)B야(也)〉와 같은 상용문이다. 〈A는 B가 아닌 것[非]이다[也].〉

1-3 無名天地之始(무명천지지시)

▶ 없음은[無] 하늘땅의[天地之] 본시라[始] 한다[名].

없을 무(無), ~이라 할 명(名), 하늘 천(天), 땅 지(地), 어조사(~의) 지(之), 본시(本始) 시(始)

【지남(指南)】

〈무명천지지시(無名天地之始)〉는 상도지체(常道之體) 즉 상도의[常道之] 자체(自體)를 말함이니, 여기 〈무(無)〉는 〈상도(常道)〉의 별칭이다. 여기 무(無)는 상도(常道)가 짓는 조화를 천지지시(天地之始)로 풀이하여 상도(常道)를 달리 말함이다. 상도(常道)를 무극(無極)이라 하고 무물(無物)이라 함은 42장(章) **도생일(道生一)**의 도(道), 즉 생일(生一)하는 상도(常道)를 말한다.

하나[一]를 낳은 상도(常道)는 천지지시(天地之始), 즉 하늘땅의[天地之] 시(始)이다. 시(始)란 시초(始初)요 시원(始原)으로서 생(生)이다. 여기 천지(天地)의 천(天)은 양(陽)이요 지(地)는 음(陰)인지라 음양(陰陽)의 시원이 하나[一]인 태극(太極)이고, 나아가 태극(太極)을 낸 상도(常道)이다. 그 하나[一]를 태극(太極)이라 하니, 태극(太極)을 생(生)한 상도(常道)가 무명(無名)이다. 무명(無名)은 상도(常道)의 이(理) 즉 그 자체[理]를 밝혀 그냥 무(無)라 하고, 이를 〈천지지시(天地之始)〉라고 풀이한 것이다.

천지지시(天地之始)는 시천지(始天地)이니, 천지지시(天地之始)는 천지지생(天地之生)과 같아 생천지(生天地)이다. 천지란 음양이나 자웅(雌雄)의 이칭(異稱)이고 부모의 다른 말이기도 하다. 천지를 상도(常道)가 낳으니[始] 무(無)를 일러 천지지시(天地之始) 즉 천지[天地]를 낳음[始]이라 하고, 천지를 시생(始生)한 상도(常道)를 이름[名]으로 부를 수 없음을 밝힌 말씀이 〈무명천지지시(無名天地之始)〉이다.

註 "도생일(道生一) 일생이(一生二) 이생삼(二生三) 삼생만물(三生萬物)." 도가[道] 하나를[一] 낳고[生], 하나가[一] 둘을[二] 낳고[生], 둘은[二] 셋을[三] 낳고[生], 셋은[三] 온갖 것을[萬物] 낳는다[生].
『노자(老子)』 42장(章)

【보주(補註)】

- 〈무명천지지시(無名天地之始)〉를 〈무야자천지지시자야(無也者天地之始者也)〉처럼 옮기면 문의(文義)를 좀 더 쉽게 짚을 수 있다. 〈없음[無]이란[也] 것은[者] 천지의[天地之] 본시인[始] 것[者]이다[也].〉
- 상도(常道)를 달리 칭함이 곧 무(無)이고, 이를 무물(無物) · 무극(無極)이라고도 한다. 무물(無物)이란 무극(無極)이고, 무극(無極)이란 음양(陰陽)을 낳은 태극(太極)이고 이쪽저쪽 가릴 것[極]이 없음[無]인지라, 그 무엇이라 이름지어 부를 수 없다.

  무극(無極)은 〈음양지미판(陰陽之未判)〉이다. 음양이[陰陽之] 아직 가늠되지 않음[未判]이다. 무극(無極)은 곧 상도(常道)의 이칭(異稱)이니 태극(太極)의 시원이고, 태극(太極)은 음양(陰陽)의 시원이다.
- 천지지시(天地之始)는 무(無)의 상도(常道)를 풀이한 것이다. 천지지시(天地之始)를 시천지자(始天地者)나 생천지자(生天地者)로 보아도 된다. 여기 시(始)는 〈낳을 생(生)〉과 같아 시생(始生)의 줄임말로 여기고 새겨도 되고, 〈근본 본(本)〉과 같아 본시(本始)로 여기고 새겨도 된다. 〈없음[無]〉 〈하늘땅의[天地之] 본시[始]〉 〈천지를[天地] 낳은[始] 것[者]〉
- 천지지시(天地之始)의 시(始)는 14장(章) **혼이위일(混而爲一)**이나 25장(章) **선천지생(先天地生)**이란 말씀을 상기시킨다. 천지(天地) 즉 우주 삼라만상을 낳은

[始] 것이니 천지지시(天地之始)는 곧 상도(常道)를 일컬음이다.

註 "혼이위일(混而爲一)." 섞여 합해서[混而] 하나[一]이다[爲]. 『노자(老子)』 14장(章)

註 "유물혼성(有物混成) 선천지생(先天地生)." 혼성이란[混成] 것이[物] 있다[有]. {그 혼성(混成)은} 천지가[天地] 태어나기[生] 전이다[先].

혼성(混成)은 혼일(混壹), 즉 하나[一]란 뜻이다. 『노자(老子)』 25장(章)

【해독(解讀)】

- 〈무명천지지시(無名天地之始)〉에서 무(無)는 주어 노릇하고, 명(名)은 동사 노릇하며, 천지지(天地之)는 시(始)를 꾸미는 형용사구 노릇하며, 시(始)는 명(名)의 목적어 노릇한다. 〈없음은[無] 천지의[天地之] 시원이라[始] 한다[名].〉 시(始)는 시원(始原)·시초(始初)의 줄임말로 여겨도 된다.
- 무명천지지시(無名天地之始)는 〈A명(名)B〉의 상용문이다. 〈A는 B라 한다[名].〉

1-4 有名萬物之母(유명만물지모)

▶ 있음은[有] 온갖 것의[萬物之] 어머니라[母] 한다[名].

있을 유(有), ~이라 할 명(名), 온갖 만(萬), 것 물(物), 조사(~의) 지(之), 어머니 모(母)

【지남(指南)】

〈유명만물지모(有名萬物之母)〉는 상도지용(常道之用) 즉 상도의[常道之] 씀[用]을 말함이니, 〈유(有)〉 역시 〈상도(常道)〉의 조화를 밝힌다. 상도(常道)가 짓는 조화로써[以] 드러나는 유(有)를 들어 그 상도(常道)를 〈만물지모(萬物之母)〉라고 풀이한다. 만물의[萬物之] 어머니[母] 역시 상도(常道)를 달리 밝힘이다. 그러므로 만물지모(萬物之母)는 상도(常道)이다.

여기 유(有)는 『장자(莊子)』의 천지자만물지부모야(天地者萬物之父母也)란 말을 상기시킨다. 유(有) 즉 있다[有]고 함은 어떤 것[何物]이 있음[有]이니, 어떤 것이 있으면 인간은 그것을 살피고[觀] 새겨[玩] 헤아리고[擬] 가늠하고자[象] 한다. 그래서 상도(常道)의 용(用)으로써[以] 드러난 유(有)를 성인(聖人)께서 관완의단(觀

玩擬象)해서 태극(太極)이 음양(陰陽)을 생(生)하고, 음양이 사상(四象)을 낳고[生], 사상이 팔괘(八卦)를 낳아 천지만물이 비로소 있음[有]을 밝힌다고 하는 것이다.

『노자(老子)』에 나오는 성인(聖人)은 백성으로 하여금 35장(章)에 나오는 **안평태(安平泰)**, 즉 성인(聖人)으로 말미암아[安] 화평하고[平] 태안한[泰] 삶을 누리게 하는 최고의 치자(治者)로서 요샛말로 하면 통치자를 일컫는다.

유명만물지모(有名萬物之母)의 유(有)는 생천지만물자(生天地萬物者) 바로 그것이다. 하늘땅[天地]과 온갖 것[萬物]을 낳아준 어머니[母]인 상도(常道)의 용(用)을 밝혀 〈유(有)〉라 하니, 이는 상도(常道)가 만물 속에 깃들어 있음[奧]을 말한다. 62장(章)에 **도자만물지오(道者萬物之奧)**라는 말씀이 나오니, 만물(萬物)은 상도(常道)를 심장(深藏) 즉 깊이[深] 간직하고[藏] 있는[有] 것들이다. 물론 여기 유(有)는 만물이 변화함을 뜻하기도 한다. 천지만물을 낳는[生] 상도(常道)야말로 천지만물의 어머니[母]임을 밝힌 말씀이 〈유명만물지모(有名萬物之母)〉이다.

註 "천지자만물지부모야(天地者萬物之父母也)." 천지란[天地] 것은[者] 온갖[萬] 것의[物之] 부모(父母)이다[也]. 『장자(莊子)』「달생(達生)」

註 "집대상(執大象) 천하왕(天下往) 왕이불해(往而不害) 안평태(安平泰)." 대도를[大象] 지키니[執] 세상 사람들이[天下] 찾아온다[往]. (세상 사람들이) 찾아오면[往而] 해로움이 없고[不害], 이에[安] (찾아온 백성은) 화평하고[平] 태안하다[泰]. 『노자(老子)』 35장(章)

註 "도자만물지오(道者萬物之奧)." 상도라는[道] 것은[者] 온갖[萬] 것의[物之] 속에 있는 것이다[奧]. 『노자(老子)』 62장(章)

【보주(補註)】

- 〈유명만물지모(有名萬物之母)〉를 〈유야자만물지모자야(有也者萬物之母者也)〉처럼 옮기면 문의(文義)를 좀 더 쉽게 새길 수 있다. 〈있음[有]이란[也] 것은[者] 온갖 것의[萬物之] 어머니란[母] 것[者]이다[也].〉
- 유(有)는 시만물자(始萬物者) · 생만물자(生萬物者)이다. 〈있는[有] 것[名]〉〈온갖 것을[萬物] 시작한[始] 것[者]〉〈온갖 것을[萬物] 낳는[生] 것[者]〉
- 유(有)란 상도지용(常道之用), 즉 상도의[常道之] 씀을[用] 말한다. 음양의 천지만물 등등이 곧 상도(常道)의 유(有)이다. 상도(常道)는 태극(太極)을 낳고, 태극은 음양(陰陽)을 낳고, 음양은 일음일양(一陰一陽)하여 만물의 생사를 누리게

한다. 만물을 유변자(有變者)라고도 하니, 천지만물은 모두 생사를 누리는 유변자(有變者) 즉 변화를[變] 갖는[有] 것들[者]이기도 하다.

- 만물지시(萬物之始)는 6장(章)의 **곡신불사(谷神不死) 시위현빈(是謂玄牝)**과 52장(章)의 **천하유시(天下有始) 이위천하모(以爲天下母)**를 상기시킨다. 만물의 시(始) 즉 시원(始原)을 어머니로[母] 비유하여 현빈(玄牝), 즉 현묘한 땅[牝]이라 한다.

註 "곡신불사(谷神不死) 시위현빈(是謂玄牝)." 골짜기의[谷] 변화하게 하는 짓은[神] 죽지 않는다[不死]. 이를[是] 현묘한[玄] 땅이라[牝] 한다[謂]. 『노자(老子)』 6장(章)

註 "천하유시(天下有始) 이위천하모(以爲天下母)." 세상에[天下] 시원이[始] 있다[有]. 이로써[以] 온 세상의[天下] 어머니로[母] 삼는다[爲]. 『노자(老子)』 52장(章)

- 『노자(老子)』 81개 장(章)은 〈남면지술(南面之術)〉, 즉 통치자의[南面之] 치민(治民) · 치국(治國) · 치세(治世)의 술법을[術] 밝힌다고 말해도 과언이 아니다. 그 남면지술(南面之術)로써 27장(章)에 나오는 **상선구인(常善救人) · 상선구물(常善救物)**을 실행하는 **습명(襲明)**, 즉 상도를 깨달아 밝음을[明] 안으로 간직한[襲] 통치자로서 『노자(老子)』에 성인(聖人)이 등장한다.

註 "성인상선구인(聖人常善救人) 고(故) 무기인(無棄人) 상선구물(常善救物) 고(故) 무기물(無棄物) 시위습명(是謂襲明)." 성인은[聖人] 사람들을[人] 구제하기를[救] 늘[常] 선하게 한다[善]. 그러므로[故] (성인께는) 사람들을[人] 저버림이[棄] 없다[無]. (성인은) 늘[常] 착하게[善] 온갖 것을[物] 구원한다[救]. 그러므로[故] 온갖 것을[物] 버림이[棄] 없다[無]. 이러함을[是] 상도를 깨달아 밝음을[明] 안으로 간직함이라[襲] 한다[謂]. 『노자(老子)』 27장(章)

【해독(解讀)】

〈유명만물지모(有名萬物之母)〉에서 유(有)는 주어 노릇하고, 명(名)은 동사 노릇하며, 만물지(萬物之)는 모(母)를 꾸미는 형용사구 노릇하며, 모(母)는 명(名)의 목적어 노릇한다. 〈있음은[有] 만물의[萬物之] 어머니라[母] 한다[名].〉

유명만물지모(有名萬物之母)는 〈A명(名)B〉의 상용문이다. 〈A는 B라 한다[名].〉

1-5 常無欲以觀其妙(상무욕이관기묘)

▶ 상도의[常] 없음으로[無] 써[以] 그[其] 묘리를[妙] 살피고자 한다[欲觀].

늘 상(常), 없음 무(無), 하고자 할 욕(欲), 써 이(以), 살필 관(觀), 그 기(其), 묘리 묘(妙)

【지남(指南)】

〈상무욕이관기묘(常無欲以觀其妙)〉는 상도(常道)의 조화가 〈묘(妙)〉함을 밝힌다. 〈상무(常無)〉란 상도지무(常道之無)의 줄임이고, 〈무명(無名)〉을 일컫는 상도(常道)의 체(體)를 말한다. 묘(妙)는 보이는가 하면 보이지 않고[恍], 보이지 않는가 하면 보이면서[惚] 그냥 그대로 한결같음이다. 그래서 묘(妙)를 무은어유(無隱於有), 즉 없음은[無] 있음에[於有] 숨어 있는[隱] 것이라 한다. 이러한 묘(妙)를 살피자면[欲觀] 유이관무(有以觀無), 즉 있음으로[有]써[以] 없음[無]을 살피라[觀] 함이 〈관기묘(觀其妙)〉이다.

관기묘(觀其妙)는 관시(觀始)하라 함이니, 있음[有]을 낳아주는[生] 즉 있음의 시원(始原)인 없음[無]을 살피라 하고, 이는 생(生)의 조화를 살핌이다[觀]. 만물은 그 무엇이든 중묘지문(衆妙之門)을 나오는[出] 것[物]임을 살피라 함이기도 하다. 따라서 40장(章) **반자도지동(反者道之動)**의 도지동(道之動)이야말로 만물이 누리는 묘(妙)를 관(觀)함이다. 동시에 만물이란 50장(章) **출생입사(出生入死)**인지라, 상도(常道)인 만물지모(萬物之母)가 출생한 만물은 그 어느 것이든 출생의 〈묘(妙)〉를 누리다 만물의 어머니[母]인 상도(常道)로 돌아가는 〈요(徼)〉를 누린다. 만물은 출생(出生)의 묘(妙)이며 동시에 입사(入死)의 요(徼)이니, 그 무엇이든 반자(反者)의 것[物]이다.

만물은 상도(常道)에서 출(出)하여 살다가[生] 상도(常道)로 입(入)하여 돌아가[死] 되돌아가는[反] 것[者]이니, 만물지모(萬物之母)의 유명(有名)을 통하여 천지지시(天地之始)의 무명(無名)을 살펴[觀] 그 근원을 살펴 새기고 헤아려 깨우치게 하려는 말씀이 〈상무욕이관기묘(常無欲以觀其妙)〉이다.

註 "반자도지동(反者道之動)…… 천하만물생어유(天下萬物生於有) 유생어무(有生於無)." 되돌아오는[反] 것은[者] 상도(常道)의[道之] 움직임이고[動],…… 온 세상[天下] 온갖[萬] 것은[物] 있음에[有] 의해[於] 생기고[生], 있음은[有] 없음에[無] 의해[於] 생긴다[生].

『노자(老子)』 40장(章)

註 "출생입사(出生入死)." 나옴은[出] 태어남이고[生], 들어감은[入] 죽음이다[死].

『노자(老子)』 50장(章)

【보주(補註)】

- 〈상무욕이관기묘(常無欲以觀其妙)〉를 〈성인욕관만물지묘이상도지무(聖人欲觀萬物之妙以常道之無)〉처럼 옮기면 문의(文義)를 쉽게 새길 수 있다. 〈성인은[聖人] 상도의[常道之] 없음으로[無]써[以] 만물의[萬物之] 묘함을[妙] 살피고자 한다[欲觀].〉
- 관기묘(觀其妙)의 묘(妙)를 풀이하여 〈황홀(恍惚)〉이라 하니, 이는 21장(章)의 **황홀**(恍惚)을 떠올리게 한다. 황홀(恍惚)의 〈황(恍)〉은 약유이무지상(若有而無之象)이고, 황홀(恍惚)의 〈홀(惚)〉은 약무이유지상(若無而有之象)이다. 그러므로 관기묘(觀其妙)의 묘(妙)는 있음인[有] 듯하면서도[若而] 없음의[無之] 짓[象], 즉 만물로 상도(常道)가 황(恍)함을 살펴보고자[欲觀] 함이다. 있음[有]인 듯하면서도[若而] 없음의[無之] 짓이[象] 황(恍)이고, 없음인[無] 듯하면서도[若而] 있음의[有之] 짓이[象] 홀(惚)이다.

註 "도지위물(道之爲物) 유황유홀(唯恍唯惚)." 도라고[道之] 하는[爲] 것은[物] 정말[唯] 있는 듯 없고[恍], 정말[唯] 없는 듯 있다[惚].

『노자(老子)』 21장(章)

- 상무욕이관기묘(常無欲以觀其妙)에서 무(無)는 〈무명(無名)〉의 줄임이니, 천지지시(天地之始) 즉 천지의[天地之] 시원(始原)을 뜻하는 무(無)이다.
- 관기묘(觀其妙)에서 관(觀)은 탐색(探賾)하고 색은(索隱)하며 구심(鉤深)하여 치원(致遠)함을 묶어 말함이다. 찾아내기 어려운 것[賾]을 찾고[探], 드러나지 않는 것[隱]을 찾으며[索], 깊은 곳[深]까지 파고들어[鉤], 먼 것[遠]에 다다르고자[致] 함이 여기 관(觀)이다. 치원(致遠)은 지도(至道), 달도(達道)와 같다. 〈도에[道] 이른다[至].〉 〈도에[道] 도달한다[達].〉

【해독(解讀)】

- 〈상무욕이관기묘(常無欲以觀其妙)〉에서 상무(常無)는 〈이상무(以常無)〉에서 상무(常無)를 강조하고자 전치하고 남은 이(以)를 관(觀) 앞에 둔 말투로 관(觀)을 꾸며주는 부사구 노릇하고, 욕(欲)은 주어가 생략되었지만 동사 노릇하며, 관(觀)은 영어의 부정사(不定詞)처럼 욕(欲)의 목적어 노릇하며, 기묘(其妙)는 관(觀)의 목적구 노릇한다. 〈상무로[常無]써[以] 기묘를[其妙] 살피고자 한다[欲觀].〉
- 욕관(欲觀)은 〈욕위(欲爲)A〉의 상용문이다. 〈A를 하기를[爲] 바란다[欲].〉 〈A를 하고[爲] 싶어한다[欲].〉 〈A를 하고자 한다[欲爲].〉

1-6 常有欲以觀其徼(상유욕이관기요)

▶ 상도의[常] 있음으로[有]써[以] 그[其] 마침으로 돌아감을[徼] 살피고자 한다[欲觀].

늘 상(常), 있을 유(有), 하고자 할 욕(欲), 써 이(以), 살필 관(觀), 그 기(其), 마침으로 돌아갈 요(徼)

【지남(指南)】

〈상유욕이관기요(常有欲以觀其徼)〉는 상도(常道)의 조화가 〈요(徼)〉함을 밝힌다. 여기서 〈상유(常有)〉란 상도지유(常道之有)의 줄임으로, 〈유명(有名)〉을 일컫는 상도(常道)의 용(用)인 상덕(常德)을 말한다. 요(徼)는 유귀어무(有歸於無), 즉 있음은[有] 없음으로[於無] 돌아감[歸]이다. 그래서 〈관기요(觀其徼)〉의 요(徼)를 〈귀종(歸終)〉이라 한다. 생(生)이란 쉼 없는 귀종(歸終)으로, 생즉사(生卽死)가 곧 귀종(歸終)이다. 생(生)만 살피지[觀] 말고 생(生)을 통하여 사(死)를 관(觀)할수록 복명(復命)하는 삶[生]을 누리니, 관기요(觀其徼)할수록 생(生)이란 뿌리[根]로 돌아가는[歸] 순환임을 깨닫는다. 따라서 관기요(觀其徼)는 16장(章) 각귀기근(各歸其根)이란 말씀을 상기시킨다.

관기요(觀其徼)의 요(徼)를 살피자면[欲觀] 관기묘(觀其妙)의 묘(妙)와 더불어

관(觀)해야 하므로, 유이관무(有以觀無) 즉 있음으로[有]써[以] 없음[無]을 살피면서[觀], 무이관유(無以觀有) 즉 없음으로[無]써[以] 있음[有]을 관(觀)해야 한다. 이는 관종(觀終)하라 함으로, 40장(章) 〈유생어무(有生於無)〉의 조화(造化)를 살핌에 있음[有]을 통해 없음[無]을 살핌이다[觀].

만물은 그 무엇이든 중묘지문(衆妙之門)을 나와[出] 도로[復] 들어가는[入] 것[物]임을 살피라 함 또한 관기요(觀其徼)이다. 따라서 이 또한 40장(章) 〈반자도지동(反者道之動)〉의 도지동(道之動)으로, 만물이 누리는 요(徼)를 관(觀)함인 동시에 50장(章) 〈출생입사(出生入死)〉의 것이고, 상도(常道)가 낳은 만물은 그 어느 것이든 출생의 묘(妙)를 누리다 만물의 어머니[母]인 상도(常道)로 돌아가는 요(徼)를 누린다.

그러므로 출생(出生)의 묘(妙)이며 동시에 입사(入死)의 요(徼)인 만물은 반자(反者)의 것[物] 즉 되돌아가는[反] 것들[者]이니, 만물지모(萬物之母)의 유명(有名)을 살펴[觀] 만물이 출생한 근원으로 귀종(歸終)함을 살펴 새기고 헤아려 깨우치게 하려는 말씀이 〈상유욕이관기요(常有欲以觀其徼)〉이다.

註 "부물운운(夫物芸芸) 각귀기근(各歸其根) 귀근왈정(歸根曰靜) 시위복명(是謂復命) 복명왈상(復命曰常) 지상왈명(知常曰明)." 무릇[夫] 온갖 것들은[物] 저마다 다른 모습들이지만[芸芸], 저마다[各] 제[其] 뿌리로[根] 되[復]돌아간다[歸]. 뿌리로[根] 돌아감을[歸] 고요라[靜] 하고[曰], 이것을[是] 본성으로[命] 돌아옴이라[復] 한다[謂]. 받은 명령을[命] 돌아와 알림을[復] 한결같음이라[常] 하며[曰], 한결같음을[常] 앎을[知] 밝음이라[明] 한다[曰]. 『노자(老子)』 16장(章)

【보주(補註)】

- 〈상유욕이관기요(常有欲以觀其徼)〉를 〈성인욕관만물지요이상도지유(聖人欲觀萬物之徼以常道之有)〉처럼 옮기면 문의(文義)를 좀 더 쉽게 새길 수 있다. 〈성인은[聖人] 상도의[常道之] 있음으로[有]써[以] 만물의[萬物之] 귀종(歸終)을[徼] 살피고자 한다[欲觀].〉
- 관기요(觀其徼)의 요(徼)를 풀이하여 〈귀종(歸終)〉이라 한다. 관기요(觀其徼)의 요(徼)는 16장(章)의 각귀기근(各歸其根)을 상기시킨다. 귀종(歸終)은 만물이 저마다 중묘지문(衆妙之門)으로 돌아옴[歸]이고, 만물의 입사(入死)를 살피

라[觀] 함은 관기요(觀其徼)이다. 물론 관기요(觀其徼)의 요(徼)는 유순어무(有循於無), 즉 있음이[有] 없음으로[於無] 빙 돌아간다[循]는 뜻의 귀종(歸終)이고, 귀종(歸終)은 나온[出] 중묘지문(衆妙之門)으로 되[復]돌아옴[歸]이다. 그러므로 요(徼) 즉 귀종(歸終)을 입사(入死)로 여겨도 된다.

註 "부물운운(夫物芸芸) 각귀기근(各歸其根)." 무릇[夫] 온갖 것들은[物] 저마다 다른 모습들이지만[芸芸], 저마다[各] 제[其] 뿌리로[根] 되돌아간다[歸]. 『노자(老子)』 16장(章)

- 상유욕이관기요(常有欲以觀其徼)에서 유(有)는 〈유명(有名)〉의 줄임이니, 만물지모(萬物之母) 즉 만물의[萬物之] 어머니[母]를 뜻한다.
- 관기묘(觀其妙)에서 관(觀)은 탐색(探賾)하고 색은(索隱)하며 구심(鉤深)하여 치원(致遠)함을 묶어 말함이다. 찾아내기 어려운 것[賾]을 찾고[探], 드러나지 않는 것[隱]을 찾으며[索], 깊은 곳[深]까지 파고들어[鉤], 먼 것[遠]에 다다르고자[致] 함이 여기 관(觀)이다. 치원(致遠)은 지도(至道), 달도(達道)와 같다. 〈도에[道] 이른다[至].〉 〈도에[道] 도달한다[達].〉

【해독(解讀)】

- 〈상유욕이관기요(常有欲以觀其徼)〉에서 상유(常有)는 〈이상유(以常有)〉에서 상유(常有)를 강조하고자 전치하고 남은 이(以)를 관(觀) 앞에 둔 말투로 관(觀)을 꾸며주는 부사구 노릇하고, 욕(欲)은 주어가 생략되었지만 동사 노릇하며, 관(觀)은 영어의 부정사(不定詞) 같은 노릇으로 욕(欲)의 목적어 노릇하며, 기요(其徼)는 관(觀)의 목적구 노릇한다. 요(徼)는 〈빙빙 돌 순(循)〉의 뜻을 지닌 귀종(歸終), 즉 끝남으로[終] 돌아옴[歸]을 뜻한다. 〈상유로[常有]써[以] 기요를[其徼] 살피고자 한다[欲觀].〉
- 욕관(欲觀)은 〈욕위(欲爲)A〉의 상용문이다. 〈A를 하기를[爲] 바란다[欲].〉 〈A를 하고[爲] 싶어한다[欲].〉 〈A를 하고자 한다[欲爲].〉

1-7 此兩者同出而異名(차양자동출이이명)

▶이[此] 두 가지는[兩者] 같은 하나에서[同] 나왔으나[出而] 이름을

[名] 달리한 것이다[異].

이 차(此), 둘 양(兩), 것 자(者), 같이 동(同), 나타날 출(出), 그러나 이(而), 다를 이(異), 호칭할 명(名)

【지남(指南)】

〈차양자(此兩者) 동출이이명(同出而異名)〉은 〈무명(無名)〉과 〈유명(有名)〉이 상도(常道)에서 같이[同] 나옴[出]을 밝힌다. 없고[無] 있음[有]이 동출(同出)하므로 현묘(玄妙)하다.

〈차양자동출(此兩者同出)〉의 동출(同出)은 〈차양자출어상도(此兩者出於常道〉를 뜻한다. 유무(有無)가 상도(常道)에서 나온지라[出] 동출(同出)이라 하고, 천지만물의 생모(生母)가 곧 상도(常道)임을 뜻하며, 유무지출(有無之出)에 선후가 없이 동시(同時)이므로 현묘(玄妙)하다. 40장(章)의 **천하만물생어유(天下萬物生於有) 유생어무(有生於無)**란 말씀을 상기시킨다.

유생어무(有生於無)라 하니 무(無)가 선(先)이고 유(有)가 후(後)라 생각하기 쉽지만, 유무(有無)는 나눠지는 것이 아니라 유(有)이면서 무(無)이고 무(無)이면서 유(有)임을 밝힌 말씀이 〈동출(同出)〉이다. 이는 무명(無名) · 유명(有名)이 상도(常道)에서 출(出)함을 말하는데, 『장자(莊子)』에 **미형자유분(未形者有分) 차연무한위지명(且然無閒謂之命)**이란 말이 있고, 『주역(周易)』에도 **천생신물(天生神物)**이란 말이 나온다.

상도(常道)의 조화로 생사를 누리는 모든 것[萬物]의 본디대로[樸]는 유무(有無)가 하나[一]인지라 신물(神物)이고, 유무(有無)의 미분자(未分者)이다. 즉, 무명(無名)과 유명(有名)은 나눠지는[分] 것[者]이 아니라 하나[一]이다. 유무(有無)가 하나임을 무한자(無閒者) 즉 틈새가[閒] 없는[無] 것[者]이라 하고, 이를 일러 목숨[命]이라 한다. 어느 목숨이든 유무(有無)가 하나로 생사를 누리니, 목숨이란 생(生)이면서 사(死)이고 사(死)이면서 생(生)이다. 살다가 죽는 것이 아니라 살고죽음이 하나임이 곧 생사(生死) 동출(同出)의 목숨[命]이다.

범인(凡人)은 살고죽음[生死]을 둘로 나누어 살다가 죽는다 여기지만, 성인(聖人)은 생사(生死)가 바로 동출(同出)임을 깨달아 생사를 하나로 마주한다. 또한 상도(常道)에서 나옴[生]이 유(有)이고 상도(常道)로 돌아감[死]이 무(無)라 하여 그 유무(有無)가 선후로 드러남[出]이 아니라 함께[同] 드러남[出]이지만, 유역무(有亦無) 즉 있음도[有] 역시[亦] 없음[無]을 일러 〈이명(異名)〉이라 함을 살펴 새기고 일깨워 깨우치게 하는 말씀이 〈차양자(此兩者) 동출이이명(同出而異名)〉이다.

註 "천하만물생어유(天下萬物生於有) 유생어무(有生於無)." 온 세상[天下] 온갖 것은[萬物] 있음에서[於有] 생기고[生], 있음은[有] 없음에서[於無] 생긴다[生]. 『노자(老子)』 40장(章)

註 "미형자유분(未形者有分) 차연무한위지명(且然無閒謂之命)." 드러남이[形] 아직 없는[未] 것에[者] 나눠짐이[分] 있다[有]. 그렇지만[且然] (그 나눠짐에는) 틈새가[閒] 없다[無]. 이를[之] 목숨이라[命] 한다[謂]. 『장자(莊子)』「천지(天地)」

註 "천생신물(天生神物) 성인칙지(聖人則之) 천지변화(天地變化) 성인효지(聖人效之)." 자연은[天] 신묘한[神] 것을[物] 낳고[生], 성인은[聖人] 그것을[之] 본받고[則], 하늘땅은[天地] 변하여[變] 새롭고[化], 성인은[聖人] 그것을[之] 본받는다[效].

천생신물(天生神物)의 천(天)은 자연(自然) 상도(常道)를 말하고, 천지변화(天地變化)의 천지(天地)는 상도(常道)에서 나온[出] 삼라만상(森羅萬象)을 말한다. 칙지(則之)·효지(效之)·법지(法之) 등은 다 같은 뜻이다. 〈본받는다[法之]〉 또는 〈그것을[之] 본받는다[法].〉

『주역(周易)』「계사전상(繫辭傳上)」

【보주(補註)】

- 〈차양자동출이이명(此兩者同出而異名)〉을 〈차양자동출(此兩者同出) 이이명기양자야(而異名其兩者也)〉처럼 옮기면 문의(文義)를 좀 더 쉽게 짚을 수 있다. 〈이[此] 양자는[兩者] 같이[同] 나온다[出]. 그러나[而] 그[其] 양자를[兩者] 달리[異] 지칭한 것[名]이다[也].〉
- 차양자(此兩者)는 무명역유명자(無名亦有名者)이다. 〈무명(無名) 또한[亦] 유명인(有名) 것[者]〉

【해독(解讀)】

- 〈차양자동출이이명(此兩者同出而異名)〉은 〈그러나 이(而)〉로 이어진 중문(重文)이다. 〈차양자는[此兩者] 동출한다[同出]. 그러나[而] 다르게[異] 칭한다[名].〉
- 차양자동출(此兩者同出)에서 차양자(此兩者)는 주부 노릇하고, 동(同)은 출(出)을 꾸며주는 부사 노릇하며, 출(出)은 동사 노릇한다. 〈차양자는[此兩者] 같이[同] 출한다[出].〉

● 이명(異名)에서 이(異)는 동사 노릇하고, 명(名)은 이(異)의 목적어 노릇한다. 〈이름을[名] 달리한다[異].〉

1-8 同謂之玄(동위지현)

▶갈음[同] 그것을[之] 도(道)라[玄] 한다[謂].

갈을 동(同), 일컬을 위(謂), 그것 지(之), 도(道)(현묘할) 현(玄)

【지남(指南)】

〈동위지현(同謂之玄)〉은 유무지동출(有無之同出), 즉 있음[有]과 없음[無]이 같이[同] 태어남을[出]을 밝힌다. 상무(常無)에서 상유(常有)가 나옴[出]으로 상도(常道)에서 비롯함이니, 서로 다를 바 없이 같으므로 이를 〈현(玄)〉이라 한다.

동위지현(同謂之玄)의 현(玄)은 상도지체용(常道之體用), 즉 상도(常道) 그 자체와[體] 조화를[用] 밝힘이다. 상도지체(常道之體)는 상무(常無)이고, 상도지용(常道之用)은 상유(常有)이니, 상도지용(常道之用)은 상도(常道)의 행(行)과 같다. 씀[用]이란 그 무엇을 행(行)함으로 행용(行用)이라고도 하니, 상도(常道) 자체[體]의 씀[用]이 곧 상유(常有)이다. 상도(常道)의 씀이 상유(常有)를 생(生)함이고, 그 생(生)을 덕(德)이라 한다. 그래서 『장자(莊子)』에 **생자덕지광야(生者德之光也)**란 말씀이 나온다.

상도(常道)의 체용(體用)인 동출(同出)을 현(玄)이라 함은, 상도(常道)는 유원(幽遠)하고 심은(深隱)하여 불현(不見) 즉 드러나지 않는[不見] 까닭이다. 깊고 아득하며[幽遠] 깊이 숨으면[深隱] 드러나지 않아 사람의 지혜로는 헤아려 가늠할 수 없다. 사람의 지혜란 사물로 앎[知]이고, 그것으로는 알 수도 없고 가늠할 수 없는 상도(常道)를 일컬어 현(玄)하고 묘(妙)하다 하여 〈현묘(玄妙)〉라 한 것이다.

그러나 현묘할수록 정성껏 살피고[觀] 새겨[玩] 왜 알 수 없는지 까닭을 깨우쳐야 한다. 상도(常道)의 체용(體用)은 현묘한지라 끊임없이 깨우쳐 경신(更新)해야 하지 인지(人知)로 논란할 것이 아님을 살펴 새기고 헤아려 깨우치게 하는 말씀이 〈동위지현(同謂之玄)〉이다.

註 "도자덕지흠야(道者德之欽也) 생자덕지광야(生者德之光也)." 도란[道] 것은[者] 덕이[德之] 받드는 것[欽]이고[也], 생이란[生] 것은[者] 덕이[德之] 빛나는 것[光]이다[也].

흠(欽)은 〈받들 존(尊)·숭(崇)〉 등과 같고, 광(光)은 〈빛날 휘(輝)〉와 같다.

『장자(莊子)』「경상초(庚桑楚)」

【보주(補註)】

- 〈동위지현(同謂之玄)〉을 〈차양자지동출위지현(此兩者之同出謂之玄)〉처럼 옮기면 문의(文義)를 좀 더 쉽게 새길 수 있다. 〈이[此] 둘이[兩者之] 함께 나온[同出] 그것을[之] 현이라[玄] 한다[謂].〉
- 동위지현(同謂之玄)의 동(同)은 〈차양자지동출어상도(此兩者之同出於常道)〉의 줄임이다. 〈이[此] 두[兩] 가지가[者之] 상도에서[於常道] 같이[同] 나옴[出]〉을 한 자(字)로 줄여 〈같음[同]〉이라 한다.
- 동위지현(同謂之玄)의 현(玄)은 도(道) 즉 상도(常道)를 말한다. 『노자(老子)』를 『도덕경(道德經)』이라고도 하고 『현경(玄經)』이라 칭하기도 하는데, 『현경(玄經)』이란 『도경(道經)』을 뜻한다. 현(玄)은 묘(妙)와 같고, 현묘(玄妙)는 상도(常道)를 말한다. 현(玄)은 유원(幽遠)·심은(深隱)·천(天)·정(靜)·통(通) 등으로 풀이되기도 하고, 불가지(不可知)·불가사의(不可思議)·불가논란(不可論難)의 것을 말한다.
- 도가(道家)의 현(玄)은 불가(佛家)의 성전(聲前)에 해당한다. 성전(聲前)의 성(聲)은 만법(萬法) 즉 천지만물을 비유함이고, 성전(聲前)의 전(前)은 천지가 생겨나기 전[前]을 뜻한다.

註 "성전일구(聲前一句) 천성부전(千聖不傳) 미증친근(未曾親覲) 여격대천(如隔大千) 설사향성전변득(設使向聲前辨得) 절단천하인설두(截斷天下人舌頭)." 성전의[聲前] 한마디는[一句] 어떠한 성인도[千聖] 전해주지 못하고[不傳], 일찍이[曾] 손수[親] 만나지도 못했고[未覲] (말하거나 만나려면) 우주만큼이나[大千] 멀어지는[隔] 듯하다[如]. 설사[設使] 성전을[聲前] 두고[向] 변명[辨]하면[得] 어느 놈의[天下人] 혓바닥인들[舌頭] 절단난다[截斷].

성전(聲前)은 심법(心法)을 비유하고, 대천(大千)은 우주를 말하며, 변득(辯得)은 분별하여 가늠할[辯] 수 있음이다[得].

『벽암록(碧巖錄)』「7칙(則)」

- 유가(儒家)는 현(玄)을 불언(不言)한다.

註 "자불어괴력난신(子不語怪力亂神)." 공자께서는[子] 괴이[怪], 폭력[力], 난동[亂], 귀신[神]을 말해주지 않았다[不語].

유가에서는 현묘(玄妙)를 마치 괴신(怪神) 같은 것으로 여긴 셈이다.

『논어(論語)』「술이(述而)」 20

【해독(解讀)】

- 〈동위지현(同謂之玄)〉에서 동(同)은 위(謂)의 목적어 노릇하고, 위(謂)는 동사 노릇하며, 지(之)는 동(同)이 전치되었음을 나타내는 지시어로서 가목적어 노릇하고, 현(玄)은 목적보어 노릇한다. 〈동[同] 그것을[之] 현이라[玄] 일컫는다[謂].〉 〈동을[同] 현이라[玄] 한다[謂].〉
- 동위지현(同謂之玄)은 〈A위지(謂之)B 또는 A지위(之謂)B〉 상용구문이다. 〈A 그것을[之] B라고 칭한다[謂].〉 〈A를[A之] B라고 칭한다[謂].〉

1-9 玄之又玄(현지우현)

▶ {차양자(此兩者)는} 현묘하고[玄之] 또[又] 현묘하다[玄].

현묘할 현(玄), 허사 지(之), 또한 우(又)

【지남(指南)】

〈현지우현(玄之又玄)〉은 〈동출(同出)〉을 거듭 밝힌다[明]. 〈동위지현(同謂之玄)〉의 현(玄)을 거듭하여 상도지체(常道之體)와 그 용(用)이 현묘(玄妙)함을 말하고 있다. 시(始)로서의 무명(無名)과 모(母)로서의 유명(有名)이 상도(常道)에서 나옴[出]을 형언할 수 없는지라 현지(玄之)하고 현지(玄之)하다는 것이다.

현지우현(玄之又玄)이라 거듭함은 상도(常道)의 용(用)인 천지만물의 행(行)함이 쉬지 않음[不息]을 밝힌다. 상도(常道)의 용(用)은 10장(章)과 51장(章) 그리고 65장(章)의 〈현덕(玄德)〉이다. 현덕(玄德)을 얻어서 만물이 생(生)하니 이를 〈득일(得一)〉이라 한다. 그리고 상도(常道)의 용(用)을 『주역(周易)』으로 말하면 〈일음일양(一陰一陽)〉 바로 그것이다.

만물이 하나를[一] 얻음으로[得]써[以] 태어나는[生] 그 하나[一]야말로 현묘하고[玄之] 또[又] 현묘함을[玄] 살펴 새기고 헤아려 깨우치게 하는 말씀이 〈현지우현(玄之又玄)〉이다.

【보주(補註)】

- 〈현지우현(玄之又玄)〉을 〈차양자현지우현지(此兩者玄之又玄之)〉처럼 옮기면 문의(文義)를 좀 더 쉽게 짚을 수 있다. 〈이[此] 둘이란[兩] 것은[者] 현묘하고[玄之] 또[又] 현묘하다[玄之].〉
- 차양자(此兩者)는 〈무명(無名)〉과 〈유명(有名)〉을 말한다.
- 현지우현(玄之又玄)의 현(玄)은 10장(章)과 51장(章)의 **생지휵지(生之畜之) 장지육지(長之育之) 성지숙지(成之熟之) 양지부지(養之覆之) 생이불유(生而不有) 위이불시(爲而不恃) 장이부재(長而不宰)**를 함유하고 있으며, 이를 **현덕(玄德)** 즉 현묘한[玄] 덕(德)이라 한다.

註 "생지휵지(生之畜之) 생이불유(生而不有) 위이불시(爲而不恃) 장이부재(長而不宰) 시위현덕(是謂玄德)." 만물을[之] 낳아서[生而] 그것을[之] 길러주고[畜], 낳아주되[生而] 두지 않으며[不有], 위해주되[爲而] 바라지 않고[不恃], 공평무사하게 주재하되[長而] (사사로이) 다스리지 않는다[不宰]. 이를[是] 현묘한[玄] 덕이라[德] 한다[謂]. 『노자(老子)』 10장(章)

註 "도생지휵지(道生之畜之) 장지육지(長之育之) 성지숙지(成之熟之) 양지부지(養之覆之) 생이불유(生而不有) 위이불시(爲而不恃) 장이부재(長而不宰) 시위현덕(是謂玄德)." 상도가[道] 낳아주고[生之] (상덕이) 길러주며[畜之], 밤낮으로 키워주고[長之] 오기(五氣)로 키워주며[育之], 본성(本性)을 이뤄주고[成之] 본성을 영글게 하며[熟之], 본성을 길러주고[養之] 본성을 보호해주니[覆之], {만물은 상도와 상덕을 존귀(尊貴)한다.} 낳아주되[生而] 갖지 않으며[不有], 위해주되[爲而] 바라지 않고[不恃], 키워주되[長而] 이래라저래라 않는다[不宰]. 이를[是] 현묘한[玄] 덕이라[德] 한다[謂]. 『노자(老子)』 51장(章)

【해독(解讀)】

- 〈현지우현(玄之又玄)〉에서 현지(玄之)는 현(玄)을 동사가 되게 하는 허사(虛詞)이며, 우(又)는 어조사(語助詞)로서 허사이고 〈또 역(亦)〉과 같다. 우현(又玄)은 〈우현지(又玄之)〉에서 되풀이되는 지(之)를 생략한 말투이다. 한문(漢文)에서 되풀이되는 것은 사정없이 생략된다.

註 한문을 스스로 독해(讀解)하자면 어순을 살펴 문맥을 잡아 문의(文義)를 건지는 연습을 쉼 없이 해야 한다. 어순을 잡자면 문의를 결정하는 실사(實詞)와, 어조 따위를 더해주는 허사(虛詞)를 구분하는 노력을 기울여야 한다. 그래서 한문을 자독(自讀)하자면 무엇보다 어순과 허사를 살펴가야 된다고 하는 것이다. 그러므로 한문이란 구문은 실사와 허사로 이루어진다고 여기면 된다.

물론 실사의 자(字)와 허사의 자(字)가 나누어져 있다는 말은 아니다. 자(字)마다 구문의 상황에 따라 영어의 팔품사(八品詞) 노릇을 다한다고 여겨도 되는 것이 한문이다. 굳이 말하자면 명사·대명사·동사·형용사 등처럼 문의를 결정해주는 실사와, 조동사·조사·접속사 등처럼 필자의 의도에 따른 어조나 어세를 더해주는 허사로서 어순이 이루어지는 것이 한문이라고 여기면 된다. 거듭 밝히지만 허사란 수사(修辭)로서 어세나 어조를 더해줄 뿐이고, 문의(文義)를 결정하는 것은 실사의 어순임을 늘 명심하고 한문을 읽어가야 한다.

1-10 衆妙之門(중묘지문)

▶ 온갖[衆] 묘리가[妙之] 들고나는 문이다[門].

온갖(무리) 중(衆), 묘리 묘(妙), 어조사(~의) 지(之), 들고나는 문(門)

【지남(指南)】

〈중묘지문(衆妙之門)〉은 천지만물이 출입하는 문으로 곧 상도(常道)임을 밝힌다. 중묘지문(衆妙之門)에서 〈중묘(衆妙)〉는 제다묘리(諸多妙理), 즉 온갖[諸多] 묘리(妙理)이다. 묘리(妙理)란 상도(常道)가 천지만물을 출생하는 조화이니, 만물이 상도(常道)로 출생하여 복귀하는 입사(入死)의 조화를 말한다. 중묘지문(衆妙之門)이란 상도(常道)의 기규(機竅), 즉 조화(造化)하는[機] 구멍[竅]인 셈이다. 이를 줄여 〈천문(天門)〉이라 하니, **천문(天門)**은 『장자(莊子)』에 나오는 말[術語]이다.

중묘지문(衆妙之門)은 조화를 내고[出] 들이는[入] 상도(常道)를 일컬음으로, 50장(章)의 **출생입사(出生入死)**를 상기시킨다. 중묘지문(衆妙之門)의 〈문(門)〉은 만물을 출생하는 상도(常道)인 동시에 만물이 입사하는 상도(常道)이기도 하다. 특히 중묘(衆妙)의 묘(妙)란 천지만물이 출생하고 입사하는 신묘함으로, 온갖 것[萬物]의 생사야말로 현묘(玄妙)함이니 『중용(中庸)』에도 **치곡(致曲) 곡능유성(曲能有誠)**이란 말이 나온다. 아무리 사소한 것[曲]일지라도 정성을 다하라는[致] 뜻으로, 사소한 것도[曲] 능히[能] 성[誠] 즉 천지도(天之道)를 간직한[有] 까닭이다.

아무리 작은 것일지라도 상도(常道)가 낳은 것인 동시에 상도(常道)로 돌아갈 것이니 참으로 묘(妙)하다. 천지만물의 출생입사야말로 묘리(妙理)임을 살펴 새기고 헤아려 깨치게 하는 말씀이 〈중묘지문(衆妙之門)〉이다.

註 "입출이무견기형(入出而無見其形) 시위천문(是謂天門) 천문자무유야(天門者無有也) 만물출호무유(萬物出乎無有)." 들고나지만[入出而] 그[其] 드러남을[形] 보임이[見] 없다[無]. 이를[是] 천문이라[天門] 한다[謂]. 천문이란[天門] 것은[者] 있음이[有] 없음[無]이다[也]. 온갖 이것저것은[萬物] 무유(無有)에서[乎] 나온다[出].

무유(無有)란 무형무상(無形無狀)이다. 형상의[形狀] 없음[無]이란 곧 무자(無者), 즉 없는[無] 것[者]을 말한다. 무자(無者)는 무물(無物)이다. 무물(無物)이니 곧 이것저것[物]이 없음[無]이다. 무유(無有), 이는 곧 상도(常道)를 말한다. 그러므로 천문(天門)은 무유지문(無有之門)이고, 그 문(門)은 상도지문(常道之門)으로 상도(常道)의 체(體) 즉 상도(常道) 바로 그것[自體]을 말함이다. 『장자(莊子)』「경상초(庚桑楚)」

註 "출생입사(出生入死)." 나옴은[出] 태어남이고[生], 들어감은[入] 죽음이다[死].

『노자(老子)』 50장(章)

註 "치곡(致曲) 곡능유성(曲能有誠) 성즉형(誠則形)." 세소한 것에까지[曲] 이른다[致]. 세소한 것에도[曲] 능히[能] 정성이[誠] 있다[有]. 정성이면[誠] 곧[則] 드러난다[形].

곡(曲)은 세미(細微)한 것을 말한다. 성(誠)은 여기선 천지도(天之道), 즉 자연의[天之] 이치[道]를 말한다. 천지만물이란 성(誠), 즉 천지도(天之道)가 드러남[形]이다.

『중용(中庸)』 주자장구(朱子章句) 23장(章)

【보주(補註)】

- 〈중묘지문(衆妙之門)〉을 〈차양자중묘지문야(此兩者衆妙之門也)〉처럼 옮기면 문의(文義)를 좀 더 쉽게 새길 수 있다. 〈이[此] 둘이란[兩] 것은[者] 온갖[衆] 묘가[妙之] 들고나는 문이다[門].〉
- 중묘지문(衆妙之門)을 〈중지출입지문(衆之出入門)〉으로 여기고, 중(衆)을 〈만물(萬物)〉로 여기고 새기면 된다. 〈만물이[衆之] 출입하는[出入] 문(門)〉
- 중묘(衆妙)의 중(衆)은 21장(章)의 〈중보(衆甫)〉를 상기시킨다. 중보(衆甫)의 보(甫)는 〈대(大) · 선(善) · 미(美)〉를 한 자(字)로 묶어 상도(常道)의 조물(造物)을 뜻하는 동시에 자연(自然)을 말하기도 한다. 만물의 생사는 자연이고 자연은 시비와 분별을 떠났으니 묘(妙)하여 〈대(大) · 선(善) · 미(美)〉라 하는 것이다. 그

러므로 중묘(衆妙)에는 선악(善惡) · 미추(美醜) · 호오(好惡) 등의 시비가 없어 묘한 것이 만물이다. 시비가 없는 자연의 묘를 터득하는 데 『장자(莊子)』에 나오는 아래와 같은 이야기가 도움이 된다.

註 "모장여희인지소미야(毛嬙麗姬人之所美也) 어견지(魚見之) 심입(深入) 조견지(鳥見之) 고비(高飛) 미록견지(麋鹿見之) 결취(決驟) 사자숙지천하지정색재(四者孰知天下之正色哉)." 모장이나[毛嬙] 여희는[麗姬] 인간들이[人之] 아름답다고 하는[美] 것[所]이지[也], 물고기가[魚] 그녀들을[之] 보면[見] 물 속 깊이[深] 숨어버리고[入], 새가[鳥] 그녀들을[之] 보면[見] 높이[高] 날아 달아나며[飛], 큰 사슴무리가[麋鹿] 그녀들을[之] 보면[見] 서슴없이[決] 줄달음쳐 도망간다[驟]. 이 넷 중에서[四者] 어느 것이[孰] 천하의[天下之] 올바른 아름다움을[正色] 알 수 있다는 것[知]인가[哉]?

『장자(莊子)』「제물론(齊物論)」

【해독(解讀)】

- 〈중묘지문(衆妙之門)〉에서 중묘지(衆妙之)는 문(門)을 꾸며주는 형용사구 노릇하며, 문(門)은 보어 노릇한다. 〈{차양자(此兩者)는} 중묘의[衆妙之] 문이다[文].〉
- 중묘지문(衆妙之門)에서 중묘(衆妙)를 〈묘중(妙衆)〉에서 중(衆)을 강조하고자 도치한 말투로 보고 〈온갖 것을[衆] 묘하는[妙之] 문(門)〉이라 옮긴다. 한문(漢文)의 말투에는 품사가 정해져 있지 않을 뿐더러 어순도 문법에 따라 엄격하게 정해지지 않고, 언자(言者)의 뜻에 따라 자유롭게 어순이 이루어진다. 실사(實辭)는 저마다의 뜻을 지닌 까닭에 어디에 있든 제 뜻을 내면서 문의(文義)를 이루어내는 것이 한문이다.

양신장(養身章)

상도(常道)가 짓는 무위(無爲)의 뜻을 밝히는 장(章)이다. 왜 상도(常道)의 조화가 현묘(玄妙)한지 유무(有無)가 둘[二]이 아님[非]을 상생(相生)으로 밝히고, 난이(難易)가 비이(非二)임을 상성(相成)으로 밝히며, 장단(長短)이 비이(非二)임을 상형(相形)으로 밝히고, 고하(高下)가 비이(非二)임을 상경(相傾)으로 밝히고, 음성(音聲)이 비이(非二)임을 상화(相和)로 밝히며, 전후(前後)가 비이(非二)임을 상수(相隨)로 밝힌다.

상도(常道)의 조화가 현묘하다 함이 비이(非二)의 상통(相通)임을 깨우치게 하고, 그 상통이란 상생(相生) · 상성(相成) · 상형(相形) · 상경(相傾) · 상화(相和) · 상수(相隨)를 묶어 말하는 것임을 알게 한다. 따라서 상도(常道)의 조화인 생(生)이란 상통(相通)으로 이루어짐을 살펴 새기고 헤아려 깨우치게 하는 장(章)이다.

【원문(原文)】

天下가 皆知美之爲美하지만 斯惡已이고 皆知善之爲
천하 개지미지위미 사악이 개지선지위

善하지만 斯不善已이다 故로 有無相生하고 難易相成하
선 사불선이 고 유무상생 난이상성

며 長短相形하고 高下相傾하며 音聲相和하고 前後相
장단상형 고하상경 음성상화 전후상

隨한다 是以로 聖人은 處無爲之事하고 行不言之敎한
수 시이 성인 처무위지사 행불언지교

다 萬物이 作焉而不辭하고 生而不有하며 爲而不恃하고
만물 작언이불사 생이불유 위이불시

功成而弗居한다 夫唯弗居한다 是以로 不去한다
공성이불거 부유불거 시이 불거

온 세상이[天下] 미는[美之] 미(美)라고[爲] 모두[皆] 알지만[知] 그것은[斯] 추한 것일[惡] 뿐이고[已], 모두[皆] 선은[善之] 선(善)이라고[爲] 알지만[知] 그것은[斯] 불선일[不善] 뿐이다[已]. 그러므로[故] 있음도[有] 없음도[無] 서로[相] 생기고[生], 어려움도[難] 쉬움도[易] 서로[相] 이루어지며[成], 길도[長] 짧음도[短] 서로[相] 드러내지고[形], 높음도[高] 낮음도[下] 서로[相] 기대지며[傾], 홑소리도[音] 닿소리도[聲] 서로[相] 어우러지고[和], 앞도[前] 뒤도[後] 서로[相] 따른다[隨]. 이렇기[是] 때문에[以] 성인은[聖人] 무위를[無爲之] 행함에[事] 머물고[處], {성인은 정령(政令) 따위의} 말이[言] 없는[不之] 가르침을[敎] 행한다[行]. 온갖[萬] 것이[物] 세상에서[焉] 떨쳐 일어나도[作而] (상도는 그 온갖 것을) 주재하지 않는다[不辭]. 낳아주되[生而] 갖지 않고[不有], 위하되[爲而] 대접하지 않으며[不恃], 공적이[功] 이루어져도[成而] 머물지(연연치) 않는다[弗居]. 무릇[夫] 오로지[唯] 머물지(연연치) 않는다[弗居]. 이렇기[是] 때문에(以) (상도의 공적이) 사라지지 않는다[不去].

2-1 天下皆知美之爲美(천하개지미지위미) 斯惡已(사악이)

▶온 세상이[天下] 미는[美之] 미(美)라고[爲] 모두[皆] 알지만[知], 그것은[斯] 추한 것일[惡] 뿐이다[已].

하늘 천(天), 아래 하(下), 모두 개(皆), 알 지(知), 아름다울 미(美), 조사(~의) 지(之), ~이다 위(爲), 이것(그것) 사(斯), 추할 악(惡), 조사(~뿐이다) 이(已)

【지남(指南)】

〈천하개지미지위미(天下皆知美之爲美) 사악이(斯惡已)〉는 〈중묘(衆妙)〉의 묘(妙)를 본보기[例]로 밝힌다[明]. 상도(常道)는 미역추(美亦醜) 즉 미(美) 역시[亦] 추(醜)이니, 미추(美醜)는 상통한다. 미여추(美與醜) 즉 미(美) 그리고[與] 추(醜)로 미추(美醜)가 상대(相對)함이 없으니[無], 상도(常道)의 조화는 현묘(玄妙)하다.

〈도통위일(道通爲一)〉을 현묘(玄妙)라 한다. 상도(常道)가 통(通)함은 그 무엇이든 서로 통하여 하나가 될 뿐, 서로 대(對)하여 둘이 되지 않으니 현묘(玄妙)하다고 한다. 도통(道通)이란 곧 만물이 하나[一] 되게[爲] 하는 것으로, 상도(常道)는 온갖 것을 하나로 하여 분별하지 않고 차별하지 않는다. 아름답다 하면 만물은 모두 아름답고, 추하다고 하면 모두 추할 뿐이다. 그러므로 미추(美醜)의 시비란 상도(常道)의 조화에는 없다. 꽃은 아름답고 낙화(落花)는 추하다고 나누어[分] 차별함은 오로지 인간의 짓일 뿐, 만물은 저마다 스스로 적득(適得)한다. 어느 것[何物]이든 그 무엇에도 구애받지 않고 스스로 상도(常道)로부터 목숨을 얻어[適得] 생사를 누리니, 이것이 도통위일(道通爲一)의 무위(無爲)요 자연(自然)이다.

만물제일어도(萬物齊一於道). 상도(常道)에서[於] 만물(萬物)은 고르게[齊] 하나이니[一], 미추(美醜)는 상대(相對)하는 둘[二]이 아니라 상통(相通)하는 하나[一]임을 살펴 새기고 헤아려 깨우치게 하는 말씀이 〈천하개지미지위미(天下皆知美之爲美) 사악이(斯惡已)〉이다.

【보주(補註)】

- 〈천하개지미지위미(天下皆知美之爲美) 사악이(斯惡已)〉를 〈수천하지인개지미지위미(雖天下之人皆知美之爲美) 사위악이이의(斯爲惡而已矣)〉처럼 옮기면 문의(文義)를 더 쉽게 새길 수 있다. 〈비록[雖] 온 세상의[天下之] 사람들이[人] 미는[美之] 미(美)라고[爲] 모두[皆] 알지만[知], 그것은[斯] 추함일[惡] 뿐이다[而已矣].〉
- 미지위미(美之爲美)의 미(美)는 추(醜)와 상대하여 나뉜 아름다움[美]을 말하므

로 추지위추(醜之爲醜)를 전제로 말한 것이다. 〈아름다움은[美之] 아름다움이[美] 된다[爲]〉고 하면 〈추함은[醜之] 추함[醜]이다[爲]〉고 하게 되어 시비가 일어나, 미추(美醜)가 피여시(彼與是)의 상대(相對)가 되어 둘[二]로 나누어진다[二分]. 반면 〈아름다움도[美] 역시 추함이[醜] 된다[爲]〉고 하면 시비가 일어나지 않고 피역시(彼亦是)의 상통(相通)이 되기 때문에 묘(妙)한 것이다.

『장자(莊子)』에 나오는 **모장여희인지소미야(毛嬙麗姬人之所美也) 어견지심입(魚見之深入) 조견지비고(鳥見之飛高)**란 말을 상기시킨다. 모장(毛嬙)이나 여희(麗姬)가 인간에게는 미(美)이지만, 물고기나 새는 추악(醜惡)으로 보고 도망칠 뿐이다. 그러므로 미추(美醜)의 상대는 인위(人爲) 즉 사람[人]의 짓[爲]일 뿐, 상도(常道)의 입장에서 보면 미(美)도 추(醜)이고 추(醜)도 미(美)이다.

註 "모장여희인지소미야(毛嬙麗姬人之所美也) 어견지심입(魚見之深入) 조견지비고(鳥見之飛高)." 모장이나[毛嬙] 여희는[麗姬] 인간들이[人之] 아름답다고 하는[美] 것[所]이지[也], 물고기들이[魚] 그녀들을[之] 보면[見] 물 속 깊이[深] 숨어버리고[入] 새들이[鳥] 그녀들을[之] 보면[見] 높이[高] 날아가버린다[飛]. 『장자(莊子)』「제물론(齊物論)」

【해독(解讀)】

- 〈천하개지미지위미(天下皆知美之爲美) 사악이(斯惡已)〉는 양보의 종절과 주절로 어우러진 복문(複文)이다. 〈천하개지미지위미(天下皆知美之爲美) 사악이(斯惡已)〉에서 천하개지미지위미(天下皆知美之爲美)는 양보의 종절 노릇하고, 사악이(斯惡已)는 주절 노릇한다. 〈천하가[天下] 미지위미라고[美之爲美] 개지하지만[皆知] 사도[斯] 악일[惡] 뿐이다[已].〉
- 천하개지미지위미(天下皆知美之爲美)에서 천하(天下)는 주어 노릇하고, 개(皆)는 지(知)를 꾸미는 부사 노릇하며, 지(知)는 동사 노릇하고, 미지위미(美之爲美)는 지(知)의 목적구 노릇한다. 〈세상은[天下] 미가[美之] 미로[美] 된다고[爲] 모두[皆] 알지만[知]〉
- 미지위미(美之爲美)는 〈A지위(之爲)B〉의 상용구이다. 물론 〈A지위(之爲)B〉는 〈A위(爲)B〉란 문장을 구(句)로 바꾼 것으로 여기면 된다. 여기서 위(爲)는 영어의 동명사처럼 구실하고 전후 문맥에 따라 여러 뜻을 낸다. 한문에서 위(爲)는

영어에서 대동사 노릇하는 〈do〉와 같다고 여기면 된다. 〈A는[之] B임[爲]〉 〈A는[之] B를 함[爲]〉 〈A는 B를 한다[爲].〉 〈A는 B이다[爲].〉

- 사악이(斯惡已)에서 사(斯)는 주어 노릇하고, 악(惡)은 보어 노릇하며, 이(已)는 강한 종결어미 조사이다. 사(斯)는 〈이것 시(是)〉와 같으며 지시어 노릇하고, 악(惡)은 여기서는 〈추할 추(醜)〉와 같고 보어 노릇하며, 이(已)는 종결어미 노릇하는 조사로서 〈~뿐이다 이(已)〉이다. 〈이것은[斯] 악일[惡] 뿐이다[已].〉

이(已)는 여러 뜻을 낸다. 〈이미 이(已)=기(旣), 그칠 이(已)=지(止), 버릴 이(已)=거(去), (병이) 나을 이(已)=유(愈), ~뿐이다(따름이다) 이(已)=시(啻), 너무 이(已)=태과(太過), 잠깐 이(已)=유시(踰時)〉 등이다.

2-2 皆知善之爲善(개지선지위선) 斯不善已(사불선이)

▶ 모두[皆] 선은[善之] 선(善)이라고[爲] 알지만[知], 그것은[斯] 불선일[不善] 뿐이다[已].

모두 개(皆), 알 지(知), 착할 선(善), 조사(~의) 지(之), ~이다 위(爲), 이것(그것) 사(斯), 조사(~뿐이다) 이(已)

【지남(指南)】

〈개지선지위선(天下皆知善之爲善) 사불선이(斯不善已)〉 또한 〈중묘(衆妙)〉의 묘(妙)를 밝힌다. 상도(常道)는 선역불선(善亦不善) 즉 선(善) 역시[亦] 불선(不善)으로서 선(善) 불선(不善)이 상통(相通)하여 둘이 상대(相對)함이 없으니[無], 그 조화는 현묘(玄妙)하다. 그 무엇이든 서로 통(通)하여 하나가 되지, 서로 대(對)하여 둘이 되지 않으니 현묘(玄妙)하다는 것이다. 다시금 상도(常道)는 온갖 것을 하나로 하니 분별하지 않고 차별하지 않음을 환기시킨다.

선하다고 하면 만물은 모두 선하고 선하지 않다고 하면 온갖 것이 모두 선하지 않을 뿐, 선불선(善不善)의 시비란 상도(常道)의 조화에는 없다. 산길을 가다 독사를 보면 사람은 불선(不善)한 것이라 죽이려 하지만, 독사 역시 상도(常道)의 입장에서 보면 사람과 같은 목숨일 뿐이다. 이처럼 선(善) 불선(不善)으로 나누어 차별함은 오로지 인간의 짓일 뿐, 만물은 스스로 적득(適得)함이 만물이 누리는 자연(自然)이다.

상도(常道)에서 만물은 고르게[齊] 하나이니[一], 선불선(善不善)이 상대(相對)하는 둘[二]이 아니라 상통(相通)하는 하나[一]임을 살펴 새기고 헤아려 깨우치게 하는 말씀이 〈개지선지위선(天下皆知善之爲善) 사불선이(斯不善已)〉이다.

【보주(補註)】

- 〈개지선지위선(皆知善之爲善) 사불선이(斯不善已)〉를 〈수천하지인개지선지위선(雖天下之人皆知善之爲善) 사위불선이이의(斯爲不善而已矣)〉처럼 옮기면 문의(文義)를 더 쉽게 새길 수 있다. 〈비록[雖] 온 세상의[天下之] 사람들이[人] 선은[善之] 선(善)이라고[爲] 모두[皆] 알지만[知], 그것은[斯] 불선일[不善] 뿐이다[而已矣].〉
- 선지위선(善之爲善)의 선(善)은 불선(不善)과 상대하여 따로 나누어지는 선(善)을 말하므로 불선지위불선(不善之謂不善)을 전제로 말한 것이다. 〈착함은[善之] 착함이[善] 된다[爲]〉고 하면 〈착하지 않음은[不善之] 착하지 않음[不善]이다[爲]〉고 하게 되고, 시비가 일어나 선불선(善不善)이 피여시(彼與是)의 상대가 되어 둘[二]로 나누어진다[二分]. 〈착함도[善] 역시 착하지 않음이[不善] 된다[爲]〉고 하면 〈착함도[善] 착하지 않음이[不善] 된다[爲]〉고 하게 되어 시비가 일어나지 않아 피역시(彼亦是)의 상통이 되기 때문에 묘한 것이다.

【해독(解讀)】

- 〈개지선지위선(皆知善之爲善) 사불선이(斯不善已)〉는 양보의 종절과 주절로 어우러진 복문(複文)이다. 〈개지선지위선(皆知善之爲善) 사불선이(斯不善已)〉에서 개지선지위선(皆知善之爲善)은 양보의 종절 노릇하고, 사불선이(斯不善已)는 주절 노릇한다. 〈선지위선이라고[善之爲善] 개지하지만[皆知], 사도[斯] 불선일[不善] 뿐이다[已].〉
- 개지선지위선(皆知善之爲善)에서 개(皆)는 지(知)를 꾸미는 부사 노릇하며, 지(知)는 동사 노릇하고, 선지위선(善之爲善)은 지(知)의 목적구 노릇한다. 〈선은[善之] 선으로[善] 된다고[爲] 모두[皆] 알지만[知]〉
- 선지위선(善之爲善)은 〈A지위(之爲)B〉의 상용구이다. 물론 〈A지위(之爲)B〉는

〈A위(爲)B〉란 문장을 구(句)로 바꾼 것으로 여기면 된다. 〈A는[之] B임[爲]〉 〈A는[之] B를 함[爲]〉 〈A는 B를 한다[爲].〉 〈A는 B이다[爲].〉

- 사불선이(斯不善已)에서 사(斯)는 주어 노릇하고, 불선(不善)은 보어 노릇하며, 이(已)는 강한 종결어미 조사이다. 사(斯)는 〈이것 시(是)〉와 같으며 지시어 노릇하고, 불선(不善)은 여기서는 〈악할 악(惡)〉과 같고 보어 노릇하며, 이(已)는 종결어미 노릇하는 조사로서 〈~뿐이다 이(已)〉이다. 〈이것은[斯] 불선일[不善] 뿐이다[已].〉

  이(已)는 여러 뜻을 내기도 한다. 〈이미 이(已)=기(旣), 그칠 이(已)=지(止), 버릴 이(已)=거(去), (병이) 나을 이(已)=유(愈), ~뿐이다(따름이다) 이(已)=시(啻), 너무 이(已)=태과(太過), 잠깐 이(已)=유시(踰時).〉

2-3 故(고) 有無相生(유무상생)

▶ 그러므로[故] 있음도[有] 없음도[無] 서로[相] 생긴다[生].

그러므로(故), 있을 유(有), 없을 무(無), 서로 상(相), 날(생길) 생(生)

【지남(指南)】

〈유무상생(有無相生)〉은 〈상생(相生)〉으로써 상도(常道)의 묘(妙)와 요(徼)를 밝히고, 따라서 상도(常道)가 짓는 무위(無爲)를 깊이 생각하여 79장(章)에 나오는 **천도무친(天道無親)**, 자연의[天] 규율에는[道] 친(親) 즉 치우침이[親] 없음을[無] 깨우치게 한다.

유무(有無)의 상생(相生)은 1장(章) **관기묘(觀其妙)**의 〈묘(妙)〉와 **관기요(觀其徼)**의 〈요(徼)〉가 혼성(混成)하는 짓[造化]임을 말하고, 이는 곧 천도(天道)를 말한다. 상도(常道)의 묘요(妙徼)는 물론 상도(常道)의 조화(造化)로, 이는 25장(章) **유물혼성(有物混成)**이란 말씀을 상기시켜 상생(相生)이 곧 혼성(混成)의 묘요(妙徼)임을 깨우치게 한다. 상도(常道)의 묘요(妙徼)에는 유무(有無)가 유여무(有與無)의 둘[二]이 아니라 유역무(有亦無)로 하나[一]이니, 그 조화는 현지우현(玄之又玄)의 것이다. 이런 상생은 『장자(莊子)』의 **도통위일(道通爲一)**로 풀이할 수 있다.

상도(常道)의 묘요(妙徼)에는 유무(有無)가 서로[相] 통해[通] 하나[一]가 되고[爲], 묘요(妙徼)의 상생(相生)에는 시비와 논란이란 없다. 유(有)는 무(無)와 통하고, 없음[無]은 있음[有]과 통하여 유무(有無)는 하나가 된다[爲一]. 이런 상통(相通)이란 시비가 없음[無]이니, 이는 대통(大通)·대시(大是)·대일(大一)이다.

있음[有]은 곧 없음[無]이고, 없음은 곧 있음이다. 인위(人爲)에서는 유(有)니 무(無)니 둘로 나누어 서로 논란하고 상쟁(相爭)하려 하지만, 무위(無爲)에서는 유(有)도 무(無)이고 무(無)도 유(有)인지라 상통하여 부쟁(不爭)하니 현묘(玄妙)하고 현요(玄徼)하다. 그러므로 상도(常道)의 조화가 이뤄지는 중묘(衆妙) 즉 모든[衆] 묘리(妙理)는 혼성(混成)의 묘요(妙徼)임을 살펴 새기고 헤아려 깨우치게 하는 말씀이 〈유무상생(有無相生)〉이다.

註 "천도무친(天道無親) 상여선인(常與善人)." 자연의[天] 규율에는[道] (따로) 친애함이[親] 없고[無] 늘[常] 선한[善] 사람과[人] 함께한다[與]. 『노자(老子)』 79장(章)

註 "상무욕이관기묘(常無欲以觀其妙) 상유욕이관기요(常有欲以觀其徼)." 없음을[無] 써[以] 그[其] 묘를[妙] 늘[常] 살피고자 하고[欲觀], 늘[常] 있음을[有] 써[以] 그[其] 마침으로 돌아감을[徼] 살피고자 한다[欲觀]. 『노자(老子)』 1장(章)

註 "유물혼성(有物混成) 선천지생(先天地生)." 혼연히[混] 이루는[成] 것이[物] 있다[有]. 천지에[天地] 앞서[先] 생겼다[生]. 『노자(老子)』 25장(章)

註 "여여서시(厲與西施) 희궤휼궤(恢恑憰怪) 도통위일(道通爲一) 기분야성야(其分也成也) 기성야훼야(其成也毁也) 범물무성여훼(凡物無成與毁) 부통위일(復通爲一) 유달자지통위일(唯達者知通爲一) 위시불용이우저용(爲是不用而寓諸庸) 용야자용야(庸也者用也) 용야자통야(用也者通也) 통야자득야(通也者得也) 적득이기의(適得而幾矣) 인시이(因是已) 이이부지기연(已而不知其然) 위지도(謂之道)." 문둥이와[厲與] 미인 서시는[西施] (서로 비교한다면 서로 달라) 야릇하고[恢恑] 괴상하지만[憰怪], {이는 형상(形象)에 사로잡힘이지} 도의[道] 통함은[通] (문둥이와 서시가) 하나로[一] 된다[爲]. {상도(常道)에서 보면} 그[其] 나누어짐[分]이란[也] 어우러짐[成]이고[也], 그[其] 어우러짐[成]이란[也] 이지러짐[毁]이다[也]. 온갖 것에는[凡物] 어우러짐과[成與] 이지러짐이[毁] (따로) 없어[無], {성(成)과 훼(毁)는 도(道)로써} 다시[復] 통하여[通] 하나가[一] 된다[爲]. 오로지[唯] {상도(常道)에} 다다른[達] 자만이[者] 통하면[通] 하나가[一] 되고[爲], 제 주장을[是] 쓰지 않으면[不用而] 알맞음을 씀[庸]에[諸] 머묾을[寓] 안다[知]. 용(庸)이란[也] 것은[者] 씀[用]이고[也], 용(用)이란[也] 것은[者] 통함[通]이며[也], 통(通)이란[也] 것은[者] 얻음[得]이다[也]. {통(通)함에} 이름을[適] 얻으면[得而] 상도(常道)에 가까움[幾]이다[矣]. 그 상도에[是] 맡길

[因] 뿐이다[已]. {상도(常道)에} 멈추면서[已而] 그냥 그러함도[其然] 모르는[不知] 그것을[之] 도라[道] 한다[謂].

『장자(莊子)』「제물론(齊物論)」

【보주(補註)】

- 〈유무상생(有無相生)〉을 〈유역무상피생어중묘(有亦無相彼生於衆妙)〉처럼 옮기면 문의(文義)를 쉽게 새길 수 있다. 〈있음도[有] 역시[亦] 없음도[無] 중묘에[衆妙] 의해서[於] 서로[相] 생긴다[彼生].〉
- 유무상생(有無相生)에서 유무(有無)는 유여무(有與無)가 아니라 유역무(有亦無) 또는 무역유(無亦有)이다. 그러므로 유무상생(有無相生)은 유역무상생(有亦無相生)이고, 이는 관기묘(觀其妙) · 관기요(觀其徼)를 함께 말한다. 관기묘(觀其妙)의 〈묘(妙)〉는 보이지도 않고 들리지도 않으며 잡히지도 않는지라 무(無)를 밝힘이고, 관기요(觀其徼)의 〈요(徼)〉는 변화해가는 순환의 현상인지라 유(有)가 드러나 보이기도 하고 들리기도 하며 잡히기도 하는 유(有)를 밝힘이다.
- 유무상생(有無相生)에서 상생(相生)은 유무(有無)가 피여시(彼與是)의 둘[二]이 아니라 피역시(彼亦是)의 하나[一]임을 뜻한다. 여기서 하나[一]란 곧 상생을 이룸이다.
- 유무상생(有無相生)은 관유역무지묘어만물(觀有亦無之妙於萬物), 즉 만물에서[於萬物] 있고 없음의[有亦無之] 묘(妙)를 살펴[觀] 상도지용(常道之用)의 교(敎) · 도(導) · 방(方)을 살피게[觀] 한다. 상도(常道)의 씀[用]은 상도(常道)의 가르침[敎], 상도(常道)의 이끎[導], 그리고 상도(常道)의 방도[方] 등등을 드러낸다.
- 유무상생(有無相生)에서 상생(相生)은 또한 관상생지요어만물(觀相生之徼於萬物), 즉 만물에서[於萬物] 서로 생김의[相生之] 요(徼)를 살펴[觀] 상도지용(常道之用)의 교(敎) · 도(導) · 방(方)을 살피게[觀] 한다. 상생(相生)은 곧 상통(相通)의 위일(爲一)이다.
- 관기요(觀其徼)의 요(徼)는 상통(相通)을 비유한다. 유(有)가 무(無)로 되돌옴[歸]이 귀종(歸終)이며, 그 귀종(歸終)의 현상을 일러 요(徼)라 한다. 관기요(觀其徼)의 요(徼)는 유무(有無) 상통의 비유이다. 상생(相生)은 상통의 짓[象]이다. 〈구멍 요(徼)=규(竅)〉는 유무(有無)가 서로[相] 왕래하는[通] 구멍[徼]이다. 관기요(觀其徼)의 요(徼)로서 상생(相生)은 『장자(莊子)』에 나오는 **도추(道樞)**를 상

기시킨다.

註 "피시막득기우위지도추(彼是莫得其偶謂之道樞) 추시득기환중(樞始得其環中) 이응무궁(以應無窮)." 저것이것에[彼是] 그[其] 대립을[偶] 취함이[得] 없는 것[無] 그것을[之] 도의[道] 지도리라[樞] 한다[謂]. 지도리는[樞] 비로소[始] 그[其] 고리의[環] 중심을[中] 얻음으로[得]써[以] (출입을) 응함에[應] 막힘이[窮] 없다[無]. 『장자(莊子)』「제물론(齊物論)」

【해독(解讀)】

- 고(故)는 〈시고(是故)〉에서 시(是)를 생략한 말투이다. 시고(是故)는 시이(是以), 인차(因此) 등과 같이 부사구 노릇한다. 〈이렇기[是] 때문에[故]〉 〈이렇기[是] 때문에[以]〉 〈이렇기[此] 때문에[因].〉
- 유무상생(有無相生)에서 유무(有無)는 주부(主部) 노릇하고, 상(相)은 생(生)을 꾸미는 부사 노릇하며, 생(生)은 수동태로서 동사 노릇한다. 〈유무는[有無] 서로[相] 생긴다[生].〉
- 유무상생(有無相生)은 〈유무상피생(有無相彼生)〉에서 수동태를 나타내주는 조사인 〈피(彼) · 견(見) · 위(爲)〉가 생략된 셈이다. 동사 앞에 〈피(彼) · 견(見) · 위(爲)〉 등이 놓이면 능동태가 수동태로 바뀐다. 그런데 〈피(彼) · 견(見) · 위(爲)〉 등이 생략되는 경우가 대부분이므로 전후 문맥을 살펴 능동과 수동을 잡아야 한다. 〈생(生)A〉의 생(生)은 능동태의 동사이고, 〈피생(彼生)A〉의 생(生)은 수동태의 동사이다. 〈A를 낳는다[生].〉 〈A가 낳아진다[彼生].〉

註 능동태의 동사가 수동태의 동사가 되는 경우는 다음 세 가지로 정리할 수 있으며, 동사 앞에 〈피(彼)·견(見)·위(爲)〉 등이 놓인다.

① 〈갑위인지소의(甲爲人之所疑) = 갑은[甲] 사람들이[人之] 의심하는[疑] 바[所] 되다[爲].〉

② 〈갑위의어인(甲爲疑於人) = 갑은[甲] 사람들에[人] 의해서[於] 의심되다[爲疑].〉

③ 〈갑위인의(甲爲人疑) = 갑은[甲] 사람들에 의해서[人] 의심되다[爲疑].〉

2-4 難易相成(난이상성)

▸ 어려움도[難] 쉬움도[易] 서로[相] 이루어진다[成].

어려울 난(難), 쉬울 이(易), 서로 상(相), 이루어질 성(成)

【지남(指南)】

〈난이상성(難易相成)〉 역시 〈상성(相成)〉으로써 상도(常道)의 묘(妙)와 요(徼)를 밝히고, 따라서 상도(常道)가 짓는 무위(無爲)를 깊이 생각하여 79장(章)에 나오는 〈천도무친(天道無親)〉을 깨우치게 한다.

난이(難易)의 상성(相成) 역시 1장(章) **관기묘(觀其妙)**의 〈묘(妙)〉와 **관기요(觀其徼)**의 〈요(徼)〉가 혼성(混成)하는 짓[造化]임을 말하고, 이는 곧 천도(天道)를 말한다. 상도(常道)의 이러한 묘요(妙徼)는 상도(常道)의 조화(造化)이니, 이는 25장(章) **유물혼성(有物混成)**이란 말씀을 상기시켜 상성(相成)이 곧 혼성(混成)의 묘요(妙徼)임을 말한다.

상도(常道)의 묘요(妙徼)에는 난이(難易)가 난여이(難與易)의 둘[二]이 아니라 난역이(難亦易)로 하나[一]인지라, 그 조화 또한 현지우현(玄之又玄)의 것이다. 이런 상성(相成) 또한 『장자(莊子)』의 **도통위일(道通爲一)**로 풀이할 수 있다. 상도(常道)의 묘요(妙徼)에는 난이(難易)가 상성(相成)하고 서로[相] 통[通]해 하나[一]가 되고[爲], 시비 논란이란 없다. 어려움[難]은 쉬움[易]과 통하므로, 난이(難易)는 상대(相對)의 둘[二]로 나눠짐이 아니라 하나가 되니[爲一] 시비가 없고[無], 역시 대통(大通)·대시(大是)·대일(大一)이다.

어려움[難]은 곧 쉬움[易]이고, 쉬움은 곧 어려움이다. 인위(人爲)에서는 난(難)이니 이(易)의 둘로 나누어 서로 논란하고 상쟁(相爭)하려 하지만, 무위(無爲)에서는 난(難)도 이(易)이고 이(易)도 난(難)인지라 상성(相成)하여 부쟁(不爭)하니 현묘(玄妙)하고 현요(玄徼)하다. 그러므로 상도(常道)의 조화가 이뤄지는 중묘(衆妙) 즉 모든[衆] 묘리(妙理)는 혼성(混成)의 묘요(妙徼)임을 살펴 새기고 헤아려 깨우치게 하는 말씀이 〈난이상성(難易相成)〉이다.

註 "상무욕이관기묘(常無欲以觀其妙) 상유욕이관기요(常有欲以觀其徼)." 없음을[無] 써[以] 그[其] 묘를[妙] 늘[常] 살피고자 하고[欲觀], 늘[常] 있음을[有] 써[以] 그[其] 마침으로 돌아감을[徼] 살피고자 한다[欲觀]. 『노자(老子)』 1장(章)

註 "유물혼성(有物混成) 선천지생(先天地生)." 혼연히[混] 이루는[成] 것이[物] 있다[有]. 천지에[天地] 앞서[先] 생겼다[生]. 『노자(老子)』 25장(章)

註 "여여서시(厲與西施) 희궤휼궤(恢恑憰怪) 도통위일(道通爲一) 기분야성야(其分也成也) 기성야훼야(其成也毁也) 범물무성여훼(凡物無成與毁) 부통위일(復通爲一) 유달자지통위일(唯達者知通爲一) 위시불용이우저용(爲是不用而寓諸庸) 용야자용야(庸也者用也) 용야자통야(用也者通也) 통야자득야(通也者得也) 적득이기의(適得而幾矣) 인시이(因是已) 이이부지기연(已而不知其然) 위지도(謂之道)." 문둥이와[厲與] 미인 서시는[西施] (서로 비교한다면 서로 달라) 야릇하고[恢恑] 괴상하지만[憰怪], {이는 형상(形象)에 사로잡힘이지} 도의[道] 통함은[通] (문둥이와 서시가) 하나로[一] 된다[爲]. {상도(常道)에서 보면} 그[其] 나누어짐[分]이란[也] 어우러짐[成]이고[也], 그[其] 어우러짐[成]이란[也] 이지러짐[毁]이다[也]. 온갖 것에는[凡物] 어우러짐과[成與] 이지러짐이[毁] (따로) 없어[無], {성(成)과 훼(毁)는 도(道)로써} 다시[復] 통하여[通] 하나가[一] 된다[爲]. 오로지[唯] {상도(常道)에} 다다른[達] 자만이[者] 통하면[通] 하나가[一] 되고[爲], 제 주장을[是] 쓰지 않으면[不用而] 알맞음을 씀[庸]에[諸] 머묾을[寓] 안다[知]. 용(庸)이란[也] 것은[者] 씀[用]이고[也], 용(用)이란[也] 것은[者] 통함[通]이며[也], 통(通)이란[也] 것은[者] 얻음[得]이다[也]. {통(通)함에} 이름을[適] 얻으면[得而] 상도(常道)에 가까움[幾]이다[矣]. 그 상도에[是] 맡길[因] 뿐이다[已]. {상도(常道)에} 멈추면서[已而] 그냥 그러함도[其然] 모르는[不知] 그것을[之] 도라[道] 한다[謂]. 『장자(莊子)』「제물론(齊物論)」

【보주(補註)】

- 〈난이상성(難易相成)〉을 〈난역이상피성어중묘(難亦易相彼成於衆妙)〉처럼 옮기면 문의(文義)를 더 쉽게 새길 수 있다. 〈어려움도[難] 역시[亦] 쉬움도[易] 중묘에[衆妙] 의해서[於] 서로[相] 이루어진다[彼成].〉
- 난이상성(難易相成)에서 난이(難易)는 난여이(難與易)가 아니라 난역이(難亦易) 또는 이역난(易亦難)이다. 그러므로 난이상성(難易相成)은 난역이상성(難亦易相成)이고, 역시 관기묘(觀其妙) · 관기요(觀其徼)를 함께 말한다. 관기묘(觀其妙)의 묘(妙)는 보이지도 않고 들리지도 않으며 잡히지도 않는지라 무(無)를 밝힘이고, 관기요(觀其徼)의 요(徼)는 변화해가는 순환의 현상인지라 유(有)가 드러나 보이기도 하고 들리기도 하며 잡히기도 하는 유(有)를 밝힘이다.
- 난이상성(難易相成)에서 상성(相成)은 난이(難易)가 피여시(彼與是)의 둘[二]이 아니라 피역시(彼亦是)의 하나[一]임을 뜻하고, 이는 상성(相成)으로 상통함이다.

- 난이상성(難易相成) 역시 관난역이지묘어만물(觀難亦易之妙於萬物), 즉 만물에서[於萬物] 어려움과[難] 또한[亦] 쉬움의[易之] 묘(妙)를 살펴[觀] 상도지용(常道之用)의 교(敎) · 도(導) · 방(方)을 살피게[觀] 한다. 상도(常道)의 씀[用]은 상도(常道)의 가르침[敎], 상도(常道)의 이끎[導], 그리고 상도(常道)의 방도[方] 등등을 드러낸다.
- 난이상성(難易相成)에서 상성(相成)은 또한 관상성지요어만물(觀相成之徼於萬物), 즉 만물에서[於萬物] 서로 이룸의[相成之] 요(徼)를 살펴[觀] 상도지용(常道之用)의 교(敎) · 도(導) · 방(方)을 살피게[觀] 한다. 상성(相成) 또한 상통의 위일(爲一)이다.

【해독(解讀)】

- 〈난이상성(難易相成)〉에서 난이(難易)는 주부(主部) 노릇하고, 상(相)은 성(成)을 꾸미는 부사 노릇하며, 성(成)은 수동태의 동사 노릇한다. 〈난이는[難易] 서로[相] 이루어진다[成].〉
- 난이상성(難易相成)은 〈난이상피성(難易相彼成)〉에서 수동태를 나타내주는 조사 〈피(彼) · 견(見) · 위(爲)〉가 생략된 셈이다. 동사 앞에 〈견(見) · 위(爲) · 피(彼)〉 등이 놓이면 능동태가 수동태로 바뀐다. 그런데 〈견(見) · 위(爲) · 피(彼)〉 등이 생략되는 경우가 대부분이므로 전후 문맥을 살펴 능동 · 수동을 잡아야 한다. 〈성(成)A〉의 성(成)은 능동태의 동사이고, 〈피성(彼成)A〉의 성(成)은 수동태의 동사이다. 〈A를 이룬다[成].〉 〈A가 이루어진다[彼成].〉

2-5 長短相形(장단상형)

▶ 길도[長] 짧음도[短] 서로[相] 드러내진다[形].

길 장(長), 짧을 단(短), 서로 상(相), 드러날 형(形)

【지남(指南)】

〈장단상형(長短相形)〉 역시 〈상형(相形)〉으로써 상도(常道)의 묘(妙)와 요(徼)를 밝히고, 따라서 상도(常道)가 짓는 무위(無爲)를 깊이 생각하여 79장(章)에 나오는

〈천도무친(天道無親)〉을 깨우치게 한다.

장단(長短)의 상형(相形) 역시 1장(章) **관기묘(觀其妙)**의 〈묘(妙)〉와 **관기요(觀其徼)**의 〈요(徼)〉가 혼성(混成)하는 짓[造化]임을 말하고, 이는 곧 천도(天道)를 말한다. 상도(常道)의 묘요(妙徼)는 물론 상도(常道)의 조화(造化)이고, 이는 25장(章) **유물혼성(有物混成)**이란 말씀을 상기시켜 상형(相形)이 곧 혼성(混成)의 묘요(妙徼)임을 깨우치게 한다.

상도(常道)의 묘요(妙徼)에는 장단(長短)이 장여단(長與短)의 둘[二]이 아니라 장역단(長亦短)으로 하나[一]인지라, 그 조화 또한 현지우현(玄之又玄)의 것이다. 이런 상형(相形) 또한 『장자(莊子)』의 〈도통위일(道通爲一)〉로 풀이할 수 있다. 상도(常道)의 묘요(妙徼)에는 장단(長短)이 상형(相形)하고 서로[相] 통해[通] 하나[一]가 되고[爲], 시비 논란이란 없다. 장(長)은 단(短)과 통하고, 긴 것[長]은 짧음[短]과 통하여 장단(長短)은 하나가 된다[爲一]. 이런 상형(相形)이란 시비가 없음[無]이니, 역시 대통(大通) · 대시(大是) · 대일(大一)이다.

긺[長]은 곧 짧음[短]이고, 짧음은 곧 긺[長]이다. 인위(人爲)에서는 장(長)이니 단(短)이니 둘로 나누어 서로 논란하고 상쟁(相爭)하려 하지만, 무위(無爲)에서는 장(長)도 단(短)이고 단(短)도 장(長)인지라 상형(相形)하여 부쟁(不爭)하니 현묘(玄妙)하고 현요(玄徼)하다. 그러므로 상도(常道)의 조화가 이뤄지는 중묘(衆妙) 즉 모든[衆] 묘리(妙理)는 혼성(混成)의 묘요(妙徼)임을 살펴 새기고 헤아려 깨우치게 하는 말씀이 〈장단상형(長短相形)〉이다.

註 "상무욕이관기묘(常無欲以觀其妙) 상유욕이관기요(常有欲以觀其徼)." 없음을[無] 써[以] 그[其] 묘를[妙] 늘[常] 살피고자 하고[欲觀], 늘[常] 있음을[有] 써[以] 그[其] 마침으로 돌아감을[徼] 살피고자 한다[欲觀]. 『노자(老子)』 1장(章)

註 "유물혼성(有物混成) 선천지생(先天地生)." 혼연히[混] 이루는[成] 것이[物] 있다[有]. 천지에[天地] 앞서[先] 생겼다[生]. 『노자(老子)』 25장(章)

【보주(補註)】

- 〈장단상형(長短相形)〉을 〈장역단상피형어중묘(長亦短相彼形於衆妙)〉처럼 옮기면 문의(文義)를 더 쉽게 새길 수 있다. 〈긺도[長] 역시[亦] 짧음도[易] 중묘에[衆

妙] 의해서[於] 서로[相] 드러내진다[彼形].〉

- 장단상형(長短相形)에서 장단(長短)은 장여단(長與短)이 아니라 장역단(長亦短) 또는 단역장(短亦長)이다. 장단상형(長短相形)은 장역단상형(長亦短相形)이고, 이 역시 관기묘(觀其妙) · 관기요(觀其徼)를 함께 말한다. 관기묘(觀其妙)의 〈묘(妙)〉는 보이지도 않고 들리지도 않으며 잡히지도 않는지라 무(無)를 밝힘이고, 관기요(觀其徼)의 〈요(徼)〉는 변화해가는 순환의 현상인지라 유(有)가 드러나[形] 보이기도 하고 들리기도 하며 잡히기도 하는 유(有)를 밝힘이다.
- 장단상형(長短相形)에서 상형(相形)은 장단(長短)이 피여시(彼與是)의 둘[二]이 아니라 피역시(彼亦是)의 하나[一]임을 뜻하니 상형(相形)으로 상통(相通)함이다.
- 장단상형(長短相形) 역시 관장역단지묘어만물(觀長亦短之妙於萬物), 즉 만물에서[於萬物] 길도[長] 또[亦] 짧음의[短之] 묘(妙)를 살펴[觀] 상도지용(常道之用)의 교(敎) · 도(導) · 방(方)을 살피게[觀] 한다. 상도(常道)의 씀[用]은 상도(常道)의 가르침[敎], 상도(常道)의 이끎[導], 그리고 상도(常道)의 방도[方] 등등을 드러낸다.
- 장단상형(長短相形)에서 상형(相形)은 또한 관상형지요어만물(觀相形之徼於萬物), 즉 만물에서[於萬物] 서로 드러남의[相形之] 요(徼)를 살펴[觀] 상도지용(常道之用)의 교(敎) · 도(導) · 방(方)을 살피게[觀] 한다. 상형(相形) 또한 상통(相通)의 위일(爲一)이다.

【해독(解讀)】

- 〈장단상형(長短相形)〉에서 장단(長短)은 주부(主部) 노릇하고, 상(相)은 형(形)을 꾸미는 부사 노릇하며, 형(形)은 수동태의 동사 노릇한다. 〈장단은[長短] 서로[相] 드러내진다[形].〉
- 장단상형(長短相形)은 〈장단상피형(長短相彼形)〉에서 수동태를 나타내주는 조사 〈견(見) · 위(爲) · 피(彼)〉가 생략된 셈이다. 동사 앞에 〈견(見) · 위(爲) · 피(彼)〉 등이 놓이면 능동태가 수동태로 바뀐다. 그런데 〈견(見) · 위(爲) · 피(彼)〉 등이 생략되는 경우가 대부분이므로 전후 문맥을 살펴 능동 · 수동을 잡아야 한다. 〈형(形)A〉의 형(形)은 능동태의 동사이고, 〈피형(彼形)A〉의 형(形)은 수동태의 동사이다. 〈A를 드러낸다[形].〉 〈A가 드러내진다[彼形].〉

2-6 高下相傾(고하상경)

▶ 높음도[高] 낮음도[下] 서로[相] 기대진다[傾].

높을 고(高), 아래 하(下), 서로 상(相), 기울 경(傾)

【지남(指南)】

〈고하상경(高下相傾)〉 역시 〈상경(相傾)〉으로써 상도(常道)의 묘(妙)와 요(徼)를 밝히고, 따라서 상도(常道)가 짓는 무위(無爲)를 깊이 생각하여 79장(章)에 나오는 〈천도무친(天道無親)〉을 깨우치게 한다.

고하(高下)의 상경(相傾) 역시 1장(章) **관기묘(觀其妙)**의 〈묘(妙)〉와 **관기요(觀其徼)**의 〈요(徼)〉가 혼성(混成)하는 짓[造化]임을 말하고, 이는 곧 천도(天道)를 말한다. 상도(常道)의 이러한 묘요(妙徼)는 물론 상도(常道)의 조화(造化)이니, 이는 25장(章) **유물혼성(有物混成)**이란 말씀을 상기시켜 상경(相傾)이 곧 혼성(混成)의 묘요(妙徼)임을 말한다.

상도(常道)의 묘요(妙徼)에는 고하(高下)가 고여하(高與下)의 둘[二]이 아니라 고역하(高亦下)로 하나[一]인지라, 그 조화 또한 현지우현(玄之又玄)의 것이다. 이런 상경(相傾) 또한 『장자(莊子)』의 〈도통위일(道通爲一)〉로 풀이할 수 있으며, 여기에는 고하(高下)가 상경(相傾)하여 서로[相] 통해[通] 하나[一]가 되니[爲] 시비 논란이란 없다. 고(高)는 하(下)와 통하고 높음[高]은 낮음[下]과 통하여 고하(高下)는 하나가 되고[爲一] 상경(相傾)이란 시비가 없음[無]이니, 이 역시 대통(大通) · 대시(大是) · 대일(大一)이다.

높음[高]은 낮음[下]이고, 낮음은 곧 높음이다. 인위(人爲)에서는 고(高)니 하(下)니 둘로 나누어 서로 논란하고 상쟁(相爭)하려 하지만, 무위(無爲)에서는 고(高)도 하(下)이고 하(下)도 고(高)인지라 상경(相傾)하여 부쟁(不爭)하니 현묘(玄妙)하고 현요(玄徼)하다. 그러므로 상도(常道)의 조화가 이뤄지는 중묘(衆妙) 즉 모든[衆] 묘리(妙理)는 혼성(混成)의 묘요(妙徼)임을 살펴 새기고 헤아려 깨우치게 하는 말씀이 〈고하상경(高下相傾)〉이다.

註 "유물혼성(有物混成) 선천지생(先天地生)." 혼연히[混] 이루는[成] 것이[物] 있다[有]. 천지에[天地] 앞서[先] 생겼다[生]. 『노자(老子)』 25장(章)

註 "상무욕이관기묘(常無欲以觀其妙) 상유욕이관기요(常有欲以觀其徼)." 없음을[無] 써[以] 그[其] 묘를[妙] 늘[常] 살피고자 하고[欲觀], 늘[常] 있음을[有] 써[以] 그[其] 마침으로 돌아감을[徼] 살피고자 한다[欲觀]. 『노자(老子)』 1장(章)

【보주(補註)】

- 〈고하상경(高下相傾)〉을 〈고역하상피경어중묘(高亦下相被傾於衆妙)〉처럼 옮기면 문의(文義)를 더 쉽게 새길 수 있다. 〈높음도[高] 역시[亦] 낮음도[下] 중묘에[衆妙] 의해서[於] 서로[相] 기대진다[被傾].〉
- 고하상경(高下相傾)의 고하(高下)는 고여하(高與下)가 아니라 고역하(高亦下) 또는 하역고(下亦高)이다. 고하상경(高下相傾)은 고역하상경(高亦下相傾)이고, 이 역시 관기묘(觀其妙) · 관기요(觀其徼)를 함께 말한다. 관기묘(觀其妙)의 〈묘(妙)〉는 보이지도 않고 들리지도 않으며 잡히지도 않는지라 무(無)를 밝힘이고, 관기요(觀其徼)의 〈요(徼)〉는 변화해가는 순환의 현상인지라 유(有)가 드러나[形] 보이기도 하고 들리기도 하며 잡히기도 하는 유(有)를 밝힘이다.
- 고하상경(高下相傾)의 상경(相傾)은 고하(高下)가 피여시(彼與是)의 둘[二]이 아니라 피역시(彼亦是)의 하나[一]임을 뜻하고, 상경(相傾)으로 상통(相通)함이다.
- 고하상경(高下相傾) 역시 관고역하지묘어만물(觀高亦下之妙於萬物), 즉 만물에서[於萬物] 높음과[高] 또한[亦] 짧음의[短之] 묘(妙)를 살펴[觀] 상도지용(常道之用)의 교(敎) · 도(導) · 방(方)을 살피게[觀] 한다. 상도(常道)의 씀[用]은 상도(常道)의 가르침[敎], 상도(常道)의 이끎[導], 그리고 상도(常道)의 방도[方] 등등을 드러낸다.
- 고하상경(高下相傾)에서 상경(相傾)은 또한 관상경지요어만물(觀相傾之徼於萬物), 즉 만물에서[於萬物] 서로[相] 기댐의[傾之] 요(徼)를 살펴[觀] 상도지용(常道之用)의 교(敎) · 도(導) · 방(方)을 살피게[觀] 한다. 상경(相傾) 또한 상통(相通)의 위일(爲一)이다.

【해독(解讀)】

- 〈고하상경(高下相傾)〉에서 고하(高下)는 주부(主部) 노릇하고, 상(相)은 경(傾)

을 꾸미는 부사 노릇하며, 경(傾)은 수동태의 동사 노릇한다. 〈고하는[高下] 서로[相] 기대진다[傾].〉

- 고하상경(高下相傾)은 〈고하상피경(高下相彼傾)〉에서 수동태를 나타내주는 조사 〈피(彼) · 견(見) · 위(爲)〉가 생략된 셈이다. 동사 앞에 〈피(彼) · 견(見) · 위(爲)〉 등이 놓이면 능동태가 수동태로 바뀐다. 그런데 〈피(彼) · 견(見) · 위(爲)〉 등이 생략되는 경우가 대부분이므로 전후 문맥을 살펴 능동 · 수동을 잡아야 한다. 〈경(傾)A〉의 경(傾)은 능동태의 동사이고, 〈피경(彼傾)A〉의 경(傾)은 수동태의 동사이다. 〈A가 기운다[傾].〉 〈A가 기울어진다[彼傾].〉

2-7 音聲相和(음성상화)

▶ 홑소리도[音] 닿소리도[聲] 서로[相] 어우러진다[和].

잡출(雜出)의 소리 음(音), 단출(單出)의 소리 성(聲), 서로 상(相), 어울릴 화(和)

【지남(指南)】

〈음성상화(音聲相和)〉 역시 〈상화(相和)〉로써 상도(常道)의 묘(妙)와 요(徼)를 밝히고, 따라서 상도(常道)가 짓는 무위(無爲)를 깊이 생각하여 79장(章)에 나오는 〈천도무친(天道無親)〉을 깨우치게 한다.

음성(音聲)의 상화(相和) 역시 1장(章) **관기묘(觀其妙)**의 〈묘(妙)〉와 **관기요(觀其徼)**의 〈요(徼)〉가 혼성(混成)하는 짓[造化]임을 말하고, 이는 곧 천도(天道)를 말한다. 상도(常道)의 이러한 묘요(妙徼)는 물론 상도(常道)의 조화(造化)이고, 이는 25장(章) **유물혼성(有物混成)**이란 말씀을 상기시켜 상화(相和)가 곧 혼성(混成)의 묘요(妙徼)임을 말한다.

상도(常道)의 묘요(妙徼)에는 음성(音聲)이 음여성(音與聲)의 둘[二]이 아니라 음역성(音亦聲)으로서 하나[一]인지라, 그 조화 또한 현지우현(玄之又玄)의 것이다. 이런 상화(相和) 또한 『장자(莊子)』의 〈도통위일(道通爲一)〉로 풀이할 수 있다. 묘요(妙徼)의 상화(相和)에는 음성(音聲)이 상화(相和)하여 서로[相] 통해[通] 하나

[一]가 되니[爲] 시비 논란이란 없다. 음(音)은 성(聲)과 통하고, 홀소리[音]는 닿소리[聲]와 통하여 음성(音聲)은 하나가 된다[爲一]. 이런 상화(相和)란 시비가 없음(無)이니, 이 역시 대통(大通) · 대시(大是) · 대일(大一)이다.

홀소리[音]는 닿소리[聲]이고, 닿소리는 곧 홀소리여야 말[話]이 된다. 인위(人爲)에서는 음(音)이니 성(聲)이니 둘로 나누어 서로 논란하고 상쟁(相爭)하려 하지만, 무위(無爲)에서는 음(音)도 성(聲)이고 성(聲)도 음(音)인지라 상화(相和)하여 부쟁(不爭)하니 현묘(玄妙)하고 현요(玄徼)하다. 그러므로 상도(常道)의 조화가 이뤄지는 중묘(衆妙) 즉 모든[衆] 묘리(妙理)는 혼성(混成)의 묘요(妙徼)임을 살펴 새기고 헤아려 깨우치게 하는 말씀이 〈음성상화(音聲相和)〉이다.

註 "상무욕이관기묘(常無欲以觀其妙) 상유욕이관기요(常有欲以觀其徼)." 없음을[無] 써[以] 그[其] 묘를[妙] 늘[常] 살피고자 하고[欲觀], 늘[常] 있음을[有] 써[以] 그[其] 마침으로 돌아감을[徼] 살피고자 한다[欲觀]. 『노자(老子)』 1장(章)

註 "유물혼성(有物混成) 선천지생(先天地生)." 혼연히[混] 이루는[成] 것이[物] 있다[有]. 천지에[天地] 앞서[先] 생겼다[生]. 『노자(老子)』 25장(章)

【보주(補註)】

- 〈음성상화(音聲相和)〉를 〈음역성상피화어중묘(音亦聲相被和於衆妙)〉처럼 옮기면 문의(文義)를 더 쉽게 새길 수 있다. 〈홀소리도[音] 역시[亦] 닿소리도[聲] 중묘에[衆妙] 의해서[於] 서로[相] 어우러진다[被和].〉
- 음성상화(音聲相和)에서 음성(音聲)은 음여성(音與聲)이 아니라 음역성(音亦聲) 또는 성역음(聲亦音)이다. 그러므로 음성상화(音聲相和)는 음역성상화(音亦聲相和)이고, 이 역시 관기묘(觀其妙) · 관기요(觀其徼)를 함께 말한다. 관기묘(觀其妙)의 〈묘(妙)〉는 보이지도 않고 들리지도 않으며 잡히지도 않는지라 무(無)를 밝힘이고, 관기요(觀其徼)의 〈요(徼)〉는 변화해가는 순환의 현상인지라 유(有)가 드러나[形] 보이기도 하고 들리기도 하며 잡히기도 하는 유(有)를 밝힘이다.
- 음성상화(音聲相和)에서 상화(相和)는 음성(音聲)이 피여시(彼與是)의 둘[二]이 아니라 피역시(彼亦是)의 하나[一]임을 뜻하고, 이는 상화(相和)로 상통(相通)함이다.

- 음성상화(音聲相和) 역시 관음역성지묘어만물(觀音亦聲之妙於萬物), 즉 만물에서[於萬物] 홑소리도[音] 또[亦] 닿소리의[聲之] 묘(妙)를 살펴[觀] 상도지용(常道之用)의 교(教) · 도(導) · 방(方)을 살피게[觀] 한다. 상도(常道)의 씀[用]은 상도(常道)의 가르침[教], 상도(常道)의 이끎[導], 그리고 상도(常道)의 방도[方] 등등을 드러낸다.
- 음성상화(音聲相和)의 상화(相和)는 또한 관상화지요어만물(觀相和之徼於萬物), 즉 만물에서[於萬物] 서로[相] 어울림의[和之] 요(徼)를 살펴[觀] 상도지용(常道之用)의 교(教) · 도(導) · 방(方)을 살피게[觀] 한다. 상화(相和) 또한 상통(相通)의 위일(爲一)이다.
- 음성(音聲)에서 음(音)은 잡출(雜出)의 소리 즉 모음(母音)을 말하고, 성(聲)은 단출(單出)의 소리 즉 자음(子音)을 말한다. 잡출(雜出)이란 고하장단(高下長短)의 음정(音程)으로 음정 · 음색을 실어낼 수 있음이고, 단출(單出)은 음정으로 실어낼 수 없이 정해진 소리를 말한다.

【해독(解讀)】

- 〈음성상화(音聲相和)〉에서 음성(音聲)은 주부(主部) 노릇하고, 상(相)은 화(和)를 꾸미는 부사 노릇하며, 화(和)는 수동태의 동사 노릇한다. 〈음성은[音聲] 서로[相] 어우러진다[被和].〉
- 음성상화(音聲相和)는 〈음성상피화(音聲相被和)〉에서 수동태를 나타내주는 조사 〈견(見) · 위(爲) · 피(彼)〉가 생략된 셈이다. 동사 앞에 〈견(見) · 위(爲) · 피(彼)〉 등이 놓이면 능동태가 수동태로 바뀐다. 그런데 〈견(見) · 위(爲) · 피(彼)〉 등이 생략되는 경우가 대부분이므로 전후 문맥을 살펴 능동 · 수동을 잡아야 한다. 〈화(和)A〉의 화(和)는 능동태의 동사이고, 〈피화(彼和)A〉의 화(和)는 수동태의 동사이다. 〈A를 어우른다[和].〉 〈A가 어우러진다[彼和].〉

2-8 前後相隨(전후상수)

▶ 앞도[前] 뒤도[後] 서로[相] 따른다[隨].

【지남(指南)】

〈전후상수(前後相隨)〉 역시 〈상수(相隨)〉로써 상도(常道)의 묘(妙)와 요(徼)를 밝히고, 따라서 상도(常道)가 짓는 무위(無爲)를 깊이 생각하여 79장(章)에 나오는 〈천도무친(天道無親)〉을 깨우치게 한다.

전후(前後)의 상수(相隨) 역시 1장(章) **관기묘(觀其妙)**의 〈묘(妙)〉와 **관기요(觀其徼)**의 〈요(徼)〉가 혼성(混成)하는 짓[造化]임을 말하고, 이는 곧 천도(天道)를 말한다. 상도(常道)의 이러한 묘요(妙徼)는 물론 상도(常道)의 조화(造化)이며, 이는 25장(章) **유물혼성**(有物混成)이란 말씀을 상기시켜 상수(相隨)가 곧 혼성(混成)의 묘요(妙徼)임을 말한다.

상도(常道)의 묘요(妙徼)에는 전후(前後)가 전여후(前與後)의 둘[二]이 아니라 전역후(前亦後)로서 하나[一]인지라, 그 조화 또한 현지우현(玄之又玄)의 것이다. 이런 상수(相隨) 또한 『장자(莊子)』의 〈도통위일(道通爲一)〉로 풀이할 수 있다. 상도(常道)의 묘요(妙徼)에는 전후(前後)가 상수(相隨)하여 서로[相] 통해[通] 하나[一]가 되니[爲], 시비 논란이란 없다. 전(前)은 후(後)와 통하고, 뒤[後]는 앞[前]과 통하여 전후(前後)는 하나가 된다[爲一]. 이런 상수(相隨)란 시비가 없음[無]이니, 이 역시 대통(大通) · 대시(大是) · 대일(大一)이다.

앞[前]이 뒤[後]이고, 뒤는 곧 앞이다. 인위(人爲)에서는 전(前)이니 후(後)니 둘로 나누어 서로 논란하여 상쟁(相爭)하려 하지만, 무위(無爲)에서는 전(前)도 후(後)이고 후(後)도 전(前)인지라 상수(相隨)하여 부쟁(不爭)하니 현묘(玄妙)하고 현요(玄徼)하다. 그러므로 상도(常道)의 조화가 이뤄지는 중묘(衆妙) 즉 모든[衆] 묘리(妙理)는 혼성(混成)의 묘요(妙徼)임을 살펴 새기고 헤아려 깨우치게 하는 말씀이 〈전후상수(前後相隨)〉이다.

註 "상무욕이관기묘(常無欲以觀其妙) 상유욕이관기요(常有欲以觀其徼)." 없음을[無] 써[以] 그[其] 묘를[妙] 늘[常] 살피고자 하고[欲觀], 늘[常] 있음을[有] 써[以] 그[其] 마침으로 돌아감을[徼] 살피고자 한다[欲觀].

『노자(老子)』 1장(章)

註 "유물혼성(有物混成) 선천지생(先天地生)." 혼연히[混] 이루는[成] 것이[物] 있다[有]. 천지에[天地] 앞서[先] 생겼다[生]. 『노자(老子)』 25장(章)

【보주(補註)】

- 〈전후상수(前後相隨)〉를 〈전역후상피수어중묘(前亦後相被隨於衆妙)〉처럼 옮기면 문의(文義)를 더 쉽게 새길 수 있다. 〈앞도[前] 역시[亦] 뒤도[後] 중묘에[衆妙] 의해서[於] 서로[相] 따라진다[隨].〉
- 전후상수(前後相隨)에서 전후(前後)는 전여후(前與後)가 아니라 전역후(前亦後) 또는 후역전(後亦前)이다. 전후상수(前後相隨)는 전역후상수(前亦後相隨)이고, 이 역시 관기묘(觀其妙) · 관기요(觀其徼)를 함께 말한다. 관기묘(觀其妙)의 〈묘(妙)〉는 보이지도 않고 들리지도 않으며 잡히지도 않는지라 무(無)를 밝힘이고, 관기요(觀其徼)의 〈요(徼)〉는 변화해가는 순환의 현상인지라 유(有)가 드러나[形] 보이기도 하고 들리기도 하며 잡히기도 하는 유(有)를 밝힘이다.
- 전후상수(前後相隨)의 상수(相隨)는 전후(前後)가 피여시(彼與是)의 둘[二]이 아니라 피역시(彼亦是)의 하나[一]임을 뜻하고, 이는 상수(相隨)로 상통(相通)함이다.
- 전후상수(前後相隨) 역시 관전역후지묘어만물(觀前亦後之妙於萬物), 즉 만물에서[於萬物] 앞도[前] 또[亦] 뒤의[後] 묘(妙)를 살펴[觀] 상도지용(常道之用)의 교(敎) · 도(導) · 방(方)을 살피게[觀] 한다. 상도(常道)의 씀[用]은 상도(常道)의 가르침[敎], 상도(常道)의 이끎[導], 그리고 상도(常道)의 방도[方] 등을 드러낸다.
- 전후상수(前後相隨)의 상수(相隨) 또한 관상수지요어만물(觀相隨之徼於萬物), 즉 만물에서[於萬物] 서로[相] 따름의[隨之] 요(徼)를 살펴[觀] 상도지용(常道之用)의 교(敎) · 도(導) · 방(方)을 살피게[觀] 한다. 상수(相隨) 또한 상통(相通)의 위일(爲一)이다.

【해독(解讀)】

- 〈전후상수(前後相隨)〉에서 전후(前後)는 주부(主部) 노릇하고, 상(相)은 수(隨)를 꾸미는 부사 노릇하며, 수(隨)는 수동태의 동사 노릇한다. 〈전후는[前後] 서로[相] 따라진다[被隨].〉
- 전후상수(前後相隨)는 〈전후상피수(前後相被隨)〉에서 수동태를 나타내주는 조

사 〈견(見) · 위(爲) · 피(彼)〉가 생략된 셈이다. 동사 앞에 〈견(見) · 위(爲) · 피(彼)〉 등이 놓이면 능동태가 수동태로 바뀐다. 그런데 〈견(見) · 위(爲) · 피(彼)〉 등이 생략되는 경우가 대부분이므로 전후 문맥을 살펴 능동 · 수동을 잡아야 한다. 〈수(隨)A〉의 수(隨)는 능동태의 동사이고, 〈피수(彼隨)A〉의 수(隨)는 수동태의 동사이다. 〈A를 따른다[隨].〉 〈A가 따라진다[彼隨].〉

註 상생(相生) · 상성(相成) · 상형(相形) · 상경(相傾) · 상화(相和) · 상수(相隨) 등을 천도(天道), 즉 자연의[天] 규율[道]을 살펴보게 하는 육상(六相)이라고 정리해두어도 된다. 나아가 1장(章)에서 살핀 〈관기묘(觀其妙) · 관기요(觀其徼)〉란 상도(常道)의 체용(體用)을 살펴보게 하고, 25장(章)에 나오는 〈도법자연(道法自然)〉의 법자연(法自然), 즉 자연(自然)을 본받기[法] 함을 여기 육상(六相)으로 살펴 깨우치게 한다.

2-9 是以(시이) 聖人處無爲之事(성인처무위지사)

▶이렇기[是] 때문에[以] 성인은[聖人] 무위를[無爲之] 행함에[事] 머문다[處].

이 시(是), 때문에 이(以), 통할 성(聖), 머물러 살 처(處), 않을(없을) 무(無), 할 위(爲), 조사(~의) 지(之), 행사 사(事)

【지남(指南)】

〈성인처무위지사(聖人處無爲之事)〉는 성인(聖人)은 상도(常道)의 묘요(妙徼)를 일삼아 살펴[觀] 본받기[法] 함을 밝힌다. 여기 성인(聖人)은 무위(無爲)를 행사하여[事] 구제(救濟)하는 남면지인(南面之人) 즉 왕자(王者)로서, 『노자(老子)』 전편에 걸쳐 연관된다. 『노자(老子)』에서 성인(聖人)은 상도(常道)의 체용(體用)을 본받아[法], 천하 백성과 만물을 법자연(法自然) 즉 자연을[自然] 본받아[法] 살펴[觀] 구인(救人)하고 구물(救物)하는 통치자이다.

〈법자연(法自然)〉은 25장(章)에 나오는 말씀으로 노자(老子)의 근본사상이다. 그러므로 이 법자연(法自然)은 『노자(老子)』 전장(全章)을 관류하는 셈이고, 자연을[自然] 본받음[法]이란 자연에 순임(純任) 즉 오로지[純] 맡긴다는[任] 말씀이다.

이 법자연(法自然)이란 말씀은 거의 모든 지남(指南)에 등장하는 술어(術語)이고, 법자연(法自然)의 법(法) 즉 본받기[法]란 순임(純任)을 뜻하게 된다. 따라서 여기 〈처무위지사(處無爲之事)〉도 자연(自然) 즉 그냥 그대로[自然] 순임(純任)한 채로 살아감을 뜻하고, 동시에 이 처무위지사(處無爲之事)는 『장자(莊子)』에 나오는 **사자천국(四者天鬻)**, 자연이[天] 길러주는[鬻] 네 가지[四者]를 상기시켜주기도 한다.

사자(四者)로 세상을 살핀다면 만물의 유무(有無)를 하나로 살피고[觀], 온갖 것[萬物]의 난이(難易)를 하나로 관(觀)하며, 온갖 것의 장단(長短)을 하나로 관(觀)하고, 온갖 것의 고하(高下)를 하나로 관(觀)하며, 온갖 것의 음성(音聲)을 하나로 관(觀)하고, 온갖 것의 전후(前後)를 하나로 관(觀)한다. 이처럼 성인(聖人)은 유무(有無)·난이(難易)·장단(長短)·고하(高下)·음성(音聲)·전후(前後) 등등을 시비·분별하여 살피지 않는다. 이러한 살핌[觀]이야말로 대시(大是)로 관(觀)함이다. 성인(聖人)은 묘요(妙徼)를 이것이냐[是] 저것이냐[彼]로 나누어 관(觀)하지 않는 것이다. 피시(彼是)의 시비·분별을 떠나서 대시(大是) 즉 크나큰[大] 그러함[是]에 맡겨 관(觀)하고, 무위(無爲)를 받들어 행하며 산다[處]. 이처럼 만물에서 묘요(妙徼)를 살펴[觀] 삶을 누림이 〈처무위지사(處無爲之事)〉이다.

성인(聖人)은 언제 어디서나 무위(無爲)를 받들어 행하며[事] 살아가기[處] 때문에 무궁지인(無窮之人), 즉 막힘이[窮] 없는[無之] 분[人]이다. 그러므로 성인(聖人)은 상도(常道) 바로 그것[體]과 상도(常道)의 씀[用]을 따로 나누어 관(觀)하지 않고 상도(常道)의 체용(體用)이 상통함을 일관(一觀)한다. 어느 것에든 유무(有無)·난이(難易)·장단(長短)·고하(高下)·음성(音聲)·전후(前後) 등이 상통하기 때문에 상도지체용(常道之體用)을 떠나지 않고 무위지사(無爲之事)에 머물러[處] 무궁지인(無窮之人)이 된다.

성인(聖人)의 이러한 처무위지사(處無爲之事)는 『장자(莊子)』의 **지인무기(至人無己) 신인무공(神人無功) 성인무명(聖人無名)**이란 말씀을 상기시킨다. 성인(聖人)이 무위(無爲)를 행하는[事] 삶[處]이란 매사에 상생(相生)하고, 매사에 상성(相成)하며, 매사에 상형(相形)하고, 매사에 상경(相傾)하며, 매사에 상화(相和)하고, 매사에 상수(相隨)함인지라 시비·분별·논란을 떠나 오로지 상통할 뿐, 부쟁(不爭)의 삶을 누림을 살펴 새기고 헤아려 깨우치게 하는 말씀이 〈성인처무위지사(聖人處

無爲之事)〉이다.

註 "성인유소유(聖人有所遊) 이지위얼(而知爲孽) 약위교(約爲膠) 덕위접(德爲接) 공위상(工爲商) 성인불모(聖人不謀) 오용지(惡用知) 불착(不斲) 오용교(惡用膠) 무상(無喪) 오용덕(惡用德) 불화(不貨) 오용상(惡用商) 사자천국(四者天鬻) 천국야자천사야(天鬻也者天食也) 기수사어천(旣受食於天) 우오용인(又惡用人)." 성인께는[聖人] 걸림 없이 노니는[遊] 바가[所] 있어서[有而] 지식을[知] 화근으로[孽] 여기고[爲], 예의(禮儀)란 규약을[約] 갖풀로[膠] 여기며[爲], 인덕을[德] 사귐의 수단으로[接] 여기고[爲], 기교를[工] 상술로[商] 여긴다[爲]. 성인은[聖人] 꾀하지 않는데[不謀] 어찌[惡] 지식을[知] 쓰겠으며[用], 깎고 다듬지 않는데[不斲] 어찌[惡] 갖풀을[膠] 쓰겠으며[用], 잃을 것이[喪] 없는데[無] 어찌[惡] 인덕(人德)을[德] 쓰겠으며[用], 돈벌이를 않는데[不貨] 어찌[惡] 상술(商術)을[商] 쓰겠는가[用]? {불모(不謀)·불착(不斲)·무상(無喪)·불화(不貨)는} 자연이[天] 길러주는[鬻] 네 가지[四者]이다[也]. 자연이[天] 길러줌[鬻]이란[也] 것은[者] 자연이[天] 먹여줌[食]이다[也]. 이미[旣] 자연으로부터[於天] 먹을거리를[食] 받았는데[受] 또[又] 어찌[惡] 인간의 것을[人] 쓰겠는가[用]?

얼(孽)은 요해(妖害) 즉 요망스런[妖] 방해[害]이고, 덕위접(德爲接)의 덕(德)은 인덕(人德) 즉 비천덕(非天德)이고, 접(接)은 여기선 〈사귈 교(交)〉로 교접(交接)의 줄임말로 여기면 된다. 약위교(約爲膠)의 약(約)은 〈규정 규(規)〉와 같아 규약(規約)의 줄임말로 여기면 된다. 〈기술 공(工)=기공(技工)〉, 〈깎고 다듬을 착(斲)〉, 〈갖풀 교(膠)〉, 〈상(商)=상술(商術)〉, 〈팔고 살 화(貨)〉, 〈길러죽 국(鬻)=먹을거리 사(食)〉이다. 사(食)는 〈먹을 식(食), 먹을거리 사(食)〉의 서로 다른 뜻을 낸다. 『장자(莊子)』「덕충부(德充符)」

註 "지인무기(至人無己) 신인무공(神人無功) 성인무명(聖人無名)." 지인은[至人] 자기가[己] 없고[無], 신인은[神人] 공치사가[功] 없으며[無], 성인은[聖人] 명성이[名] 없다[無].

지인(至人)·신인(神人)은 모두 성인(聖人)과 같은 말이다. 『장자(莊子)』「제물론(齊物論)」

【보주(補註)】

- 〈성인처무위지사(聖人處無爲之事)〉를 〈성인처어무위지사(聖人處於無爲之事)〉처럼 옮기면 문의(文義)를 더 쉽게 새길 수 있다. 〈성인은[聖人] 무위를[無爲之] 행사함에[於事] 머문다[處].〉
- 성인처무위지사(聖人處無爲之事)는 『장자(莊子)』의 지인지용심약경(至人之用心若鏡)을 상기시킨다. 여기 처무위지사(處無爲之事)는 성인(聖人)의 용심(用心), 즉 마음을[心] 씀이[用] 무사(無私)하고 무욕(無欲)함을 밝혀준다.

註 "지인지용심약경(至人之用心若鏡) 부장불영(不將不迎) 응이부장(應而不藏) 고(故) 능승

물이불상(能勝物而不傷).” 지인이[至人之] 마음을[心] 씀은[用] 거울과[鏡] 같다[若]. (무엇을) 보내지도 않고[不將] 맞이하지도 않으며[不迎], (온갖 것에) 응해주되[應而] 속으로 감추지도 않는다[不藏]. 그래서[故] 온갖 것을[物] 남김없이 대응하되[勝而] 해치지 않는다[不傷].

성인(聖人)을 지인(至人)이나 신인(神人)이라 일컫기도 한다.

『장자(莊子)』「응제왕(應帝王)」

● 성인처무위지사(聖人處無爲之事)의 성인(聖人)은 『노자(老子)』에 39회에 걸쳐 등장한다. 『노자(老子)』의 성인(聖人)은 17장(章)에 나오는 **태상(太上)**, 즉 요순(堯舜) 이전에[太上] 백성으로 하여금 **상자연(常自然)**의 삶으로써 **안평태(安平泰)**의 세상을 누리게 했던 통치자인 셈이다.

『노자(老子)』에 나오는 이러한 성인(聖人)은 『장자(莊子)』에 나오는 **지인무기(至人無己) 신인무공(神人無功) 성인무명(聖人無名)**으로써 지극하게 해명된다. 물론 『장자(莊子)』에 나오는 〈성인(聖人)〉은 『노자(老子)』에 나오는 〈성인(聖人)〉처럼 통치자가 아니라 소요(逍遙) 즉 걸림 없이 노닐며[逍遙], 자득(自得) 즉 본래의 자기를 잃지 않고 그 자기에 스스로 만족하는[自得] 자유인인지라 치민(治民)·치세(治世)와는 아무런 상관이 없다.

물론 『노자(老子)』에 나오는 〈성인(聖人)〉은 유가(儒家)가 받드는 〈성인(聖人)〉과도 다르다. 유가(儒家)의 성인(聖人)은 천지(天地)에서 인의예악(仁義禮樂)을 찾아내 지어낸[作] 분을 말한다. 도가(道家)의 성인(聖人)은 법자연(法自然)할 뿐 인의(仁義)를 절기(絶棄), 즉 끊어[絶] 버리라고[棄] 한다. 인의(仁義)를 절기(絶棄)하라 함은 **예악(禮樂)**을 절기(絶棄)하라 함과 같다. 그러므로 『노자(老子)』에 나오는 성인(聖人), 『장자(莊子)』에 나오는 성인(聖人), 그리고 유가(儒家)에 나오는 성인(聖人)은 상이(相異) 즉 서로[相] 다른[異] 뜻을 지니고 있음을 살펴두어야 한다.

註 “태상(太上) 부지유지(不知有之).” 태고 때에는[太上] (백성은) 다스리는 자가[之] 있는 줄도[有] 몰랐다[不知]. 『노자(老子)』 17장(章)

註 “도지존(道之尊) 덕지귀(德之貴) 부막지명이상자연(夫莫之命而常自然).” 상도의[道之] 받듦과[尊] 상덕의[德之] 받듦[貴] 그것을[之] 무릇[夫] 하라 함이[命] 없어도[莫而] (만물은) 늘[常] 절로[自] 그리한다[然]. 『노자(老子)』 51장(章)

註 "집대상(執大象) 천하왕(天下往) 왕이불해(往而不害) 안평태(安平泰)." 대도를[大象] 지키니[執] 세상 사람들이[天下] 찾아온다[往]. (세상 사람들이) 찾아오면[往而] 해로움이 없고[不害], 이에[安] (찾아온 백성은) 화평하고[平] 태안하다[泰]. 『노자(老子)』 35장(章)

註 "지인무기(至人無己) 신인무공(神人無功) 성인무명(聖人無名)." 지인께는[至人] 사심(私心)이[己] 없고[無], 신인께는[神人] 공적이[功] 없으며[無], 성인께는[聖人] 명예가[名] 없다[無].

지인(至人)·신인(神人) 등은 성인(聖人)의 별칭이다. 『장자(莊子)』「소요유(逍遙遊)」

註 "춘작하장인야(春作夏長仁也) 추렴동장의야(秋斂冬藏義也) 인근어악(仁近於樂) 의근어례(義近於禮) 악자돈화솔신이종천(樂者敦和率神而從天) 예자별의거귀이종지(禮者別宜居鬼而從地) 악자돈화솔신이종천(樂者敦和率神而從天) 예자별의거귀이종지(禮者別宜居鬼而從地) 고(故) 성인작악이응천(聖人作樂以應天) 제례이배지(制禮以配地) 예악명비(禮樂明備) 천지관의(天地官矣)." 봄에[春] 싹트고[作] 여름에[夏] 자람은[長] 어짊[仁]이고[也], 가을에[秋] 거두어들이고[斂] 겨울에[冬] 저장함이[藏] 옳음[義]이다[也]. 어짊은[仁] 악에[於樂] 가깝고[近], 옳음은[義] 예에[於禮] 가깝다[近]. 악이란[樂] 것은[者] 화합을[和] 도탑게 하여[敦] 하늘의 기운을[神] 우러러 좇아서[率而] 하늘을[天] 따르고[從], 예란[禮] 것은[者] 마땅함을[宜] 분별하여[別] 땅의 기운을[鬼] 엎드려 좇아서[居而] 땅을[地] 따른다[從]. 악이란[樂] 것은[者] 어울림을[和] 도탑게 함으로[敦]써[以] 양기의 뻗침을[神] 좇아서[率而] 하늘을[天] 따르고[從], 예란[禮] 것은[者] 귀천을 분별함을[別] 마땅히 함으로[宜]써[以] 음기의 굽힘을[鬼] 엎드려 좇아서[居而] 땅을[地] 따른다[從]. 그래서[故] 성인은[聖人] 악을[樂] 지음으로[作]써[以] 하늘에[天] 응하고[應] 예를[禮] 지음으로[制]써[以] 땅과[地] 짝하여[配] 예악이[禮樂] 밝게[明] 갖추어졌고[備], 하늘땅이[天地] 직분을 갖춘 것[官]이다[矣].

귀신(鬼神)의 귀(鬼)는 지기(地氣) 즉 굽히는[屈] 음기(陰氣)인 정(靜)을 말하고, 귀신(鬼神)의 신(神)은 천기(天氣) 즉 뻗치는[伸] 양기(陽氣)인 동(動)을 뜻해, 음양(陰陽)·귀신(鬼神)·굴신(屈伸)·동정(動靜) 등은 늘 일음일양(一陰一陽)의 역(易) 즉 변화를 생각하게 하는 술어(術語)들이다. 솔신(率神)은 뻗치는[伸] 양기를 우러러 좇음[率]이고, 거귀(居鬼)는 굽히는[屈] 음기를 엎드려 따름[居]이다. 천지관(天地官)의 관(官)은 직분을 가짐을 뜻한다.

『예기(禮記)』「악기(樂記)」

【해독(解讀)】

- 〈시이(是以)〉는 시고(是故)와 같다. 시이(是以)의 시(是)는 앞서의 내용인 〈유무상생(有無相生)·난이상성(難易相成)·장단상형(長短相形)·고하상경(高下相傾)·음성상화(音聲相和)·전후상수(前後相隨)〉를 나타내는 지시어 노릇한다.
- 〈성인처무위지사(聖人處無爲之事)〉에서 성인(聖人)은 주어 노릇하고, 처(處)는 동사 노릇하며, 무위지(無爲之)는 사(事)를 꾸며주는 형용사구 노릇하고, 사

(事)는 처(處)를 꾸며주는 부사 노릇한다. 처(處)는 〈살 거(居) · 머물 지(止)〉 등과 같아 거처(居處) 또는 처지(處止)의 줄임말로 여기면 되고, 사(事)는 〈받들 봉(奉) · 행할 행(行)〉 등과 같아 봉사(奉事) 또는 행사(行事)의 줄임말로 여기면 된다. 〈성인은[聖人] 무위의[無爲之] 사에[事] 머물러 산다[處].〉

2-10 行不言之教(행불언지교)

▶{성인(聖人)은 정령(政令) 따위의} 말이[言] 없는[不之] 가르침을[教] 행한다[行].

행할 행(行), 없을 불(不), 말할 언(言), 조사(~의) 지(之), 가르침 교(教)

【지남(指南)】

〈행불언지교(行不言之教)〉는 성인(聖人)의 〈처무위지사(處無爲之事)〉의 사(事)를 풀이하여 밝혀준다. 성인(聖人)이 무위(無爲)를 행하는 삶이란[處] 불언을[不言之] 가르침을[教] 실행하는[行] 것임을 밝히는 말씀이 여기 〈행불언지교(行不言之教)〉이다.

여기 〈불언(不言)〉은 인위지언(人爲之言) 즉 인위(人爲)를 말하지 않음[不言]인지라, 결국 인의예지(仁義禮智)로써 다스리고자[欲治] 펼치게 마련인 정령(政令)들을 말하지 않음[不言]이다. 이러한 불언(不言)의 가르침을[教] 행함[行]이란 곧 앞서 살핀 처무위지사(處無爲之事)와 같은 말씀이다. 그러니 여기 〈불언지교(不言之教)〉는 곧 무위지교(無爲之教) 즉 무위를[無爲之] 가르침인[教] 것이다.

불언지교(不言之教)는 43장(章)의 〈무위지익(無爲之益)〉과 같다. 불언의[不言之] 가르침[教]을 행함[行]이란 무위의[無爲之] 이로움[益]을 가르침이고, 그것은 부쟁(不爭)의 가르침이다. 따라서 정령(政令)이나 법령(法令) 따위를 말하지 않음을 밝히는 불언(不言)이지, 여기 불언(不言)의 언(言)은 언어(言語)를 뜻하는 언(言)이 아니다. 그러므로 여기 불언지교(不言之教)의 불언(不言)은 17장(章)에 나오는 **기귀언(其貴言)**의 언(言)과 23장(章)에 나오는 **희언자연(希言自然)**의 언(言), 그리고 56장(章)에 나오는 **지자불언(知者不言)**의 언(言) 등과 상동(相同)의 것이다. 말하자면『노자(老子)』에 나오는 불언(不言) · 귀언(貴言) · 희언(希言)의 언(言)은 정령(政令)이 호령(號令)을 밝힘[言]이지 언어(言語)를 뜻함이 아닌 것이다.

거듭 말하지만, 『노자(老子)』에 등장하는 불언(不言) · 귀언(貴言) · 희언(希言) 등은 모두 인위(人爲)의 다스림이[治] 펼치는 예악형정(禮樂刑政)의 온갖 정령(政令)은 무위(無爲)의 다스림[治]에는 없음을 가르치는[教] 술어(術語)들이다. 무위의[無爲之] 가르침[教]이란 곧 법자연지교(法自然之教), 즉 자연을[自然] 본받는[法之] 가르침[教]이다. 시비 · 분별의 논란이 없는 상생(相生) · 상성(相成) · 상형(相形) · 상경(相傾) · 상화(相和) · 상수(相隨)의 말이[言] 여기 불언(不言)인지라, 여기 불언(不言)은 부쟁(不爭) · 불해(不害)의 발언으로 이어진다. 그러므로 행불언지교(行不言之教)는 『장자(莊子)』의 **사자천국(四者天鬻)** 즉 자연이[天] 길러주는[鬻] 네 가지[四者]와 **지도이(知道易) 물언난(勿言難)**과 더불어 〈천부(天府) · 보광(葆光)〉이란 말을 떠올려주기도 한다. 그 사자(四者)로 세상을 살피면 시비 · 분별 · 논란이 없어진다[無].

상도를[道] 알기는[知] 쉽지만[易] 말하지[言] 않기가[勿] 어려움은[難] 자연(自然)을 버리고 인욕(人欲)을 좇는 까닭이다. 인욕(人欲)은 상쟁(相爭)을 일삼는지라 시비 · 분별 · 논란을 벗어날 수가 없다. 사람을 제외한 만물은 상도(常道)의 자손으로 자연대로 있거나[有] 살아[生] 비도자(非道者), 즉 상도가[道] 아닌[非] 것이란[者] 없다. 이러한 자연의 이치를 알면 지도(知道)하기는 쉽다. 그러나 시비 · 논란을 일삼는 말[言]을 않기가[勿] 어려운[難] 것은 승인(勝人)의 욕(欲)이 빚어내는 상쟁(相爭)을 절기(絶棄)해야 하기 때문이다. 상쟁을 벗어나 서로[相] 겨루기를[爭] 절기(絶棄)하여 말하지[言] 않음이[勿] 곧 불언(不言), 즉 무언(無言)이다.

매사에 상생(相生)하면 부쟁(不爭)하고, 매사에 상성(相成)하면 부쟁(不爭)하며, 매사에 상형(相形)하면 부쟁(不爭)하고, 매사에 상경(相傾)하면 부쟁(不爭)하며, 매사에 상화(相和)하면 부쟁(不爭)하고, 매사에 상수(相隨)하면 부쟁(不爭)함이 바로 말하지 않는[不言之] 가르침[教]이고, 사욕으로 행함이[爲] 없는[無之] 일[事]이다. 말[言]이 없음[無]의 가르침[教]은 곧 상도(常道)의 가르침[教]이다. 이 불언지교(不言之教)는 25장(章) **도법자연(道法自然)**을 상기시킨다. 불언지교(不言之教)는 법자연지교(法自然之教)로 통하기 마련이다. 그냥 그대로를[自然] 본받는[法之] 가르침

[教]이 곧 시비의 말이[言] 없는[不之] 가르침[教]이다. 불언지교(不言之教)는 상도지교(常道之教), 즉 상도의[常道之] 가르침[教]인지라 『장자(莊子)』의 **성인불유이조지우천(聖人不由而照之于天) 역인시야(亦因是也)**란 말을 떠올린다.

성인(聖人)은 상도(常道)의 불언지교(不言之教)을 본받기[法] 때문에 성인(聖人)에게는 시비 · 분별 · 논란이란 없다. 왜 성인지어(聖人之語)라 하지 않고 성인지언(聖人之言)이라 하는가? 〈어(語)〉는 시비 · 분별 · 논란을 일삼게 되는 말[語]이고, 〈언(言)〉은 시비 · 분별 · 논란을 벗어난 말[言]이다. 따라서 유무상생(有無相生)이 불언(不言) · 무위(無爲)의 가르침[教]이고, 난이상성(難易相成)이 불언(不言) · 무위(無爲)의 가르침[教]이고, 장단상형(長短相形)이 불언(不言) · 무위(無爲)의 가르침[教]이고, 고하상경(高下相傾)이 불언(不言) · 무위(無爲)의 가르침[教]이고, 음성상화(音聲相和)가 불언(不言) · 무위(無爲)의 가르침[教]이고, 전후상수(前後相隨)가 불언(不言) · 무위(無爲)의 가르침[教]이다. 성인(聖人)은 유무(有無)를 시비 · 분별로 논란하지 않고, 난이(難易)를 시비 · 분별로 논란하지 않으며, 장단(長短)을 시비 · 분별로 논란하지 않고, 고하(高下)를 시비 · 분별로 논란하지 않고, 음성(音聲)을 시비 · 분별로 논란하지 않고, 전후(前後)를 시비 · 분별로 논란하지 않는다.

성인(聖人)은 오로지 상도(常道)와 상덕(常德)을 본받는[法] 말을[言] 행할 뿐이지 예악형정(禮樂刑政)으로써 다스리고자 포고(布告)하는 온갖 정령(政令) 같은 것은 결코 말하지 않음을[不言] 거듭거듭해 살펴 새기고 헤아려 깨우치게 하는 말씀이 〈행불언지교(行不言之教)〉이다.

註 "유혜(悠兮) 기귀언(其貴言) 공성사수(功成事遂) 백성(百姓) 개위(皆謂) 아자연(我自然)." {정사(政事)를 번거롭게 펴지 않아} 한가하구나[悠兮]! 백성이 몰랐던 치자(治者)는[其] 정사(政事)의 발령(發令)을[言] 함부로 내지 않았다[貴]. {백성이 모르는 무위(無爲)의 치자(治者)가} 공적을[功] 이루고[成] 사업을[事] 완수했어도[遂], 백성은[百姓] 모두[皆] 우리는[我] 본디대로 그냥 그러하다고[自然] 말했다[謂]. 『노자(老子)』 17장(章)

註 "희언자연(希言自然)." {정령(政令)을 발령하는} 말이[言] 없음이[希] (다스림의) 자연이다[自然]. 『노자(老子)』 23장(章)

註 "지자불언(知者不言) 언자부지(言者不知)." {존도(尊道)를} 아는[知] 사람은[者] 말하지 않

고[不言], 말하는[言] 사람은[者] {존도(尊道)를} 알지 못한다[不知]. 『노자(老子)』 56장(章)

註 "성인유소유(聖人有所遊) 이지위얼(而知爲孽) 약위교(約爲膠) 덕위접(德爲接) 공위상(工爲商) 성인불모(聖人不謀) 오용지(惡用知) 불착(不斲) 오용교(惡用膠) 무상(無喪) 오용덕(惡用德) 불화(不貨) 오용상(惡用商) 사자천국(四者天鬻) 천국야자천사야(天鬻也者天食也) 기수사어천(既受食於天) 우오용인(又惡用人)." 성인께는[聖人] 걸림 없이 노니는[遊] 바가[所] 있어서[有而] 지식을[知] 화근으로[孽] 여기고[爲], 예의(禮儀)란 규약을[約] 갖풀로[膠] 여기며[爲], 인덕을[德] 사귐의 수단으로[接] 여기고[爲], 기교를[工] 상술로[商] 여긴다[爲]. 성인은[聖人] 꾀하지 않는데[不謀] 어찌[惡] 지식을[知] 쓰겠으며[用], 깎고 다듬지 않는데[不斲] 어찌[惡] 갖풀을[膠] 쓰겠으며[用], 잃을 것이[喪] 없는데[無] 어찌[惡] 인덕(人德)을[德] 쓰겠으며[用], 돈벌이를 않는데[不貨] 어찌[惡] 상술(商術)을[商] 쓰겠는가[用]? {불모(不謀)·불착(不斲)·무상(無喪)·불화(不貨)는} 자연이[天] 길러주는[鬻] 네 가지[四者]이다[也]. 자연이[天] 길러줌[鬻]이란[也] 것은[者] 자연이[天] 먹여줌[食]이다[也]. 이미[既] 자연으로부터[於天] 먹을거리를[食] 받았는데[受] 또[又] 어찌[惡] 인간의 것을[人] 쓰겠는가[用]?

얼(孽)은 요해(妖害) 즉 요망스런[妖] 방해[害]이고, 덕위접(德爲接)의 덕(德)은 인덕(人德) 즉 비천덕(非天德)이다. 접(接)은 여기선 〈사귈 교(交)〉로 교접(交接)의 줄임말로 여기고, 약위교(約爲膠)의 약(約)은 〈규정 규(規)〉와 같아 규약(規約)의 줄임말로 여긴다. 〈기술 공(工)=기공(技工)〉, 〈깎고 다듬을 착(斲)〉, 〈갖풀 교(膠)〉, 〈상(商)=상술(商術)〉, 〈팔고 살 화(貨)〉, 〈길러죽 국(鬻)=먹을거리 사(食)〉이다. 『장자(莊子)』「덕충부(德充符)」

註 "지도이(知道易) 물언난(勿言難) 지이불언소이지천야(知而不言所以之天也) 지이언지소이지인야(知而言之所以之人也)." 상도를 알기는[知道] 쉽고[易] 말을 않기란[勿言] 어렵다[難]. 알면서도[知而] 말하지 않음은[不言] 자연을[天] 따라가는[之] 까닭[所以]이고[也], 안다면서[知而] 말함은[言之] 인위를[人] 따라가는[之] 까닭[所以]이다[也]. 『장자(莊子)』「열어구(列禦寇)」

註 "인법지(人法地) 지법천(地法天) 천법도(天法道) 도법자연(道法自然)." 사람은[人] 땅을[地] 본받고[法], 땅은[地] 하늘을[天] 본받고[法], 하늘은[天] 상도를[道] 본받고[法], 상도는[道] 그냥 그대로를[自然] 본받는다[法]. 『노자(老子)』 25장(章)

註 "인비인시(因非因是) 인시인비(因是因非) 시이(是以) 성인불유이조지우천(聖人不由而照之于天) 역인시야(亦因是也)." 옳음을[是] 말미암으면[因] 옳지 않음을[非] 말미암고[因], 옳지 않음을[非] 말미암으면[因] 옳음을[是] 말미암는다[因]. {이러면 시비가 상대(相對)로 될 수밖에 없다.} 이렇기[是] 때문에[以] 성인은[聖人] (인간이 짓는 시비를) 거치지 않고서[不由而] 자연에[于天] 그것을[之] 비추어본다[照]. {성인(聖人)은} 역시[亦] (자연[天]인) 이것에[是] 맡기는 것[因]이다[也].

인시인비(因是因非)의 인(因)은 〈말미암을 유(由)〉와 같고, 역인시(亦因是)는 역인대시(亦因大是)의 줄임이고, 여기 인(因)은 〈맡길 임(任)〉과 같다. 〈또한[亦] 크나큰[大] 그러함에[是] 맡긴다[因].〉 장자(莊子)』「제물론(齊物論)」

【보주(補註)】

- 〈행불언지교(行不言之敎)〉를 〈성인행불언지교(聖人行不言之敎)〉처럼 옮기면 문의(文義)를 더 쉽게 새길 수 있다. 〈성인은[聖人] 말이[言] 없는[不之] 가르침을[敎] 행한다[行].〉
- 행불언지교(行不言之敎)의 불언지교(不言之敎)는 51장(章)의 **현덕(玄德)**과 34장(章)의 〈공성이불유(功成而不有)〉를 상기시킨다. 현덕(玄德)을 베풂이 곧 불언(不言)의 가르침[敎]이고, 보람을 이루되[功成] 보람이 있다고[有] 밝히지 않음이[不名] 곧 불언지교(不言之敎)인지라, 22장(章) **부유부쟁(夫唯不爭)**의 이로움[益]을 누리게 된다.

나아가 행불언지교(行不言之敎) 불언(不言)은 『장자(莊子)』의 **무언(無言)**이나 『논어(論語)』의 **눌어언(訥於言)**을 상기시킨다. 물론 눌어언(訥於言)은 불외언(不猥言), 즉 말을[言] 함부로 하지[猥] 않음이지[不] 불언(不言)은 아니다. 그러나 무언(無言)은 말이[言] 없음인지라[無] 말하지[言] 않음[不]이다.

註 "생지휵지(生之畜之) …… 생이불유(生而不有) 위이불시(爲而不恃) 장이부재(長而不宰) 시위현덕(是謂玄德)." 만물을[之] 낳아서[生而] 그것을[之] 길러주고[畜], …… 낳아주되[生而] 갖지 않으며[不有], 위해주되[爲而] 바라지 않고[不恃], 길러주되[長而] 이래라저래라 않는다[不宰]. 이를[是] 현묘한[玄] 덕이라[德] 한다[謂]. 『노자(老子)』 51장(章)

註 "부자현고명(不自見故明) 부자시고창(不自是故彰) 부자벌고유공(不自伐故有功) 부자긍고장(不自矜故長) 부유부쟁(夫唯不爭)." 자신을[自] 드러내지 않기[不見] 때문에[故] 밝고[明], 스스로[自] 옳다 하지 않기[不是] 때문에[故] 드러나며[彰], 자신을[自] 자랑하지 않기[不伐] 때문에[故] 보람을[功] 갖고[有], 스스로[自] 뽐내지 않기[不矜] 때문에[故] 장구하다[長]. 무릇[夫] 오로지[唯] 다투지 않는다[不爭]. 『노자(老子)』 22장(章)

註 "여기동즉응(與己同則應) 불여기동즉반(不與己同則反) 동어기위시지(同於己爲是之) 이어기위비지(異於己爲非之) …… 치언일출(巵言日出) 화이천예(和以天倪) 인이만연(因以曼衍) 소이궁년(所以窮年) 불언즉제(不言則齊) 제여언부제(齊與言不齊) 언여제부제야(言與齊不齊也) 고왈무언(故曰無言)." 자기와[與己] (의견이) 같다면[同] 곧[則] 응하고[應], 자기와[與己] 같지 않다면[不同] 곧[則] 반대한다[反]. 자기에게[於己] 같이함은[同] 옳음이[是之] 되고[爲], 자기에게[於己] 다름은[異] 그름이[非之] 된다[爲]. …… 무심한 말은[巵言] 날로[日] 생기고[出] {무심(無心)의} 어울림으로[和]써[以] (사람들은 시비를 떠나) 무위가 되고[天倪], (자연을) 따름으로[因]써[以] 무심하고[漫衍] {만연(漫衍)함은} 천수를[年] 다하려는[窮] 까닭이고[所以], (시

비를) 말하지 않으면[不言] 곧[則] (온갖 것은) 하나가 되고[齊], 하나가 됨과[齊與] (시비를) 말함은[言] 같지 않고[不齊], (시비를) 말함과[言與] 하나가 됨도[齊] 같지가 않은 것[不齊]이다[也]. 그러므로[故] 말이 없음이라[無言] 한다[曰].

장자(莊子)는 무언(無言)하고자 우언(寓言)·중언(重言)·치언(巵言)을 썼다. 그래서 장자(莊子)의 글은 부어도 넘치지 않고 퍼내도 마르지 않는다고 한다. 우언(寓言)은 어떤 것[物]을 빌려 말함이고, 중언(重言)은 세상이 중하게 여기는 사람의 말을 빌려 말함이며, 치언(巵言)은 무심(無心)·무아(無我)의 말로 시비·분별·논란을 벗어난 말이다. 치언(巵言)의 치(巵)는 〈술그릇 치(巵)〉로 가득 차면 기울고 비면 바로 서는 주기(酒器)이다. 비움과 가득함을 타물(他物)에 맡겨 기울고 섬을 외물(外物)에 맡길 따름인 치언(巵言)은 곧 무위지언(無爲之言)이다. 인이만연(因以曼衍)에서 인(因)은 〈따를 순(順)〉과 같고, 만연(曼衍)은 무심(無心)·무욕(無欲)·무아(無我)를 묶은 말이다. 궁년(窮年)은 천수(天壽)를 뜻한다. 『장자(莊子)』「우언(寓言)」

註 "군자욕눌어언(君子欲訥於言)." 군자는[君子] 말함에서[於言] 어눌하고자 한다[欲訥].

『논어(論語)』「이인(里仁)」 24

- 불언지교(不言之教)란 말씀은 43장(章)에도 나온다.

【해독(解讀)】

- 〈행불언지교(行不言之教)〉에서 주어 노릇할 성인(聖人)은 생략되고, 행(行)은 동사 노릇하고, 불언지(不言之)는 교(教)를 꾸미는 형용사구 노릇하며, 교(教)는 행(行)의 목적어 노릇한다. 〈{성인(聖人)은} 불언의[不言之] 교를[教] 행한다[行].〉
- 불언지교(不言之教)에서 불언(不言)의 불(不)을 언(言)의 부정사(否定詞)로 여겨 〈~않을 불(不)〉로 새길 수도 있고, 〈없을 무(無)〉와 같다 여기고 〈없을 불(不)〉로 새길 수도 있다. 언지(言之)의 언(言)은 영어에서 형용사 노릇하는 동명사 같은 구실을 한다. 교(教)는 〈가르칠 회(誨), 본받을 효(效)〉 등과 같아 교회(教誨)·교효(教效) 등의 줄임말로 여기면 된다. 〈말하지 않는[不言之] 가르침[教]〉 〈말이[言] 없는[不之] 가르침[教]〉

2-11 萬物作焉而不辭(만물작언이불사)

▶ 온갖[萬] 것이[物] 세상에서[焉] 떨쳐 일어나도[作而] (상도는 그 온갖 것을) 주재하지 않는다[不辭].

온갖 만(萬), 것 물(物), 진작할 작(作), 어시(於是) 언(焉), 그래서 이(而), 안할 불(不), 주재할 사(辭)

【지남(指南)】

〈만물작언이불사(萬物作焉而不辭)〉는 만물이 진작(振作) 즉 떨쳐 일어나되[作], 상도(常道)는 간섭하지 않음을 밝힌다. 여기 〈작언(作焉)〉은 51장(章) **도생지휵지(道生之畜之) 장지육지(長之育之) 성지숙지(成之熟之) 양지부지(養之覆之)**를 상기시킨다. 상도가[道] 낳아주고[生之] 길러줌이[畜之] 상도(常道)의 작만물(作萬物)이고, 자라게 하고[長之] 감싸줌이[育之] 작만물(作萬物)이며, 이뤄주고[成之] 영글게 함이[熟之] 작만물(作萬物)이고, 보양해주고[養之] 보호해줌이[覆之] 작만물(作萬物)이다.

상도(常道)가 만물을 어떻게 이루어주는가? 앞서 살핀 바대로 유무상생(有無相生)으로 이루게[作] 하고, 난이상성(難易相成)으로 이루게 하며, 장단상형(長短相形)으로 이루게 하고, 고하상경(高下相傾)으로 이루게 하며, 음성상화(音聲相和)로 이루게 하고, 전후상수(前後相隨)로 작(作)하게 한다. 그 상생(相生)·상성(相成)·상형(相形)·상경(相傾)·상화(相和)·상수(相隨)는 바로 상도(常道)가 짓는 조화이고, 만물은 이 조화로 진작(振作)된다. 사람을 포함해서 만물의 형상을 살펴보라. 그러면 어느 것 하나도 그 상생(相生)·상성(相成)·상형(相形)·상경(相傾)·상화(相和)·상수(相隨)의 조화를 벗어난 것은 없다. 그러나 상도(常道)가 만물의 진작(振作)을 간섭하지 않고 만물에 그냥 그대로 맡겨둠을 밝힘이 여기 〈불사(不辭)〉이다.

뿐만 아니라 상도(常道)는 천지만물을 조화(造化)하는 공적을 말하지 않는지라[不言] 간섭하지도 않는다[不辭]. 불사(不辭)를 불언(不言)·불추언(不推辭)·부주재(不主宰) 등으로 풀이한다. 상도(常道)는 무위(無爲)로 조화하니 만물에 자화(自化)를 맡겨둘[任] 뿐인지라, 불사(不辭)는 이래라저래라 간섭하지 않음을[不主宰] 뜻한다. 물론 상도(常道)의 조화는 천지의 조화로 통한다. 천지는 상도(常道)를 그대로 본받아[法] 무위(無爲)로써 만물을 떨쳐내기[作] 때문이다. 이러한 상도(常道)의 작만물(作萬物)을 성인(聖人)이 본받기[法] 때문에 27장(章) **상선구인(常善救人)**

고(故) 무기인(無棄人)이란 말씀이 있다.

성인(聖人)은 상도(常道)가 작만물(作萬物)하되 불사(不辭)함을 본받아[法] 늘[常] 선(善)으로 인간을 구제하고[救] 사물[物]을 구제하면서도[救], 바라지도 않고[不恃] 주재하지도 않는다[不宰]. 그러므로 상도(常道)의 조화인 만물작(萬物作)의 불사(不辭)를 본받는 성인(聖人)도 구인(救人) · 구물(救物)하되 불사(不辭)하며, 무위지사(無爲之事)에 머물러 살고[處], 불언지교(不言之教)를 행한다. 따라서 상도(常道)가 작만물(作萬物)하면서도 만물에 맡겨두고 간섭하지 않음을 살펴 새기고 헤아려 깨우치게 하는 말씀이 〈만물작언이불사(萬物作焉而不辭)〉이다.

註 "도생지휵지(道生之畜之) 장지육지(長之育之) 성지숙지(成之熟之) 양지부지(養之覆之)." 상도가[道] 낳아주고[生之] 길러주며[畜之], 자라게 하고[長之] 감싸주며[育之], 이뤄주고[成之] 영글게 하며[熟之], 보양해주고[養之] 보호해준다[覆之]. 『노자(老子)』 51장(章)

註 "성인상선구인(聖人常善救人) 고(故) 무기인(無棄人) 상선구물(常善救物) 고(故) 무기물(無棄物) 시위습명(是謂襲明)." 성인은[聖人] 늘[常] 선하게[善] 사람들을[人] 구제한다[救]. 그러므로[故] 사람들을[人] 버림이[棄] 없다[無]. 이러함을[是] 밝음을[明] 물려받아 전함이라[襲] 한다[謂]. 『노자(老子)』 27장(章)

【보주(補註)】

- 〈만물작언이불사(萬物作焉而不辭)〉를 〈만물피작어상도(萬物彼作於常道) 이상도불사만물(而常道不辭萬物)〉처럼 옮기면 문의(文義)를 더 쉽게 새길 수 있다. 〈온갖[萬] 것은[物] 상도(常道)에 의해서[於] 진작된다[彼作]. 그러나[而] 상도는[常道] 온갖[萬] 것을[物] 주재하지 않는다[不辭].〉
- 만물작(萬物作)은 천지만물이 상도지기(常道之氣) 즉 도기(道氣)를 수득(受得)하여, 진작(振作) 즉 떨쳐 일어남[振作]이다. 상도(常道)의 만물작(萬物作)을 성인(聖人)이 본받아 받들어 행함이 성인(聖人)의 무위지사(無爲之事)이고, 만물작(萬物作)의 불사(不辭)를 받들어 행함이 성인(聖人)의 불언지교(不言之教)이다.
- 불사(不辭)를 여러 갈래로 풀이하기도 한다. 불추사(不推辭) · 불언설(不言說) · 부주재(不主宰) · 불위시(不爲始) 등이다. 이 넷 중에서 고시(古時)에 〈사(辭)〉가 〈사(司)〉와 통용된 점을 들어 여기 불사(不辭)를 부주재(不主宰)로 풀이한 진고응(陳鼓應)의 설(說)을 따라 새겼다. 〈미루어[推] 말하지 않는다[不辭].〉 〈말로

[言] 설명하지 않는다[不說].〉〈주인으로[主] 이래라저래라 않는다[不宰].〉〈앞장서려[始] 하지 않는다[不爲].〉

【해독(解讀)】

- 〈만물작언이불사(萬物作焉而不辭)〉는 두 문장이 〈그러나 이(而)〉로 이어진 중문(重文)이다. 〈만물이[萬物] 이에[焉] 진작된다[作]. 그러나[而] 주재하지 않는다[不辭].〉
- 만물작언(萬物作焉)에서 만물(萬物)은 주어 노릇하고, 작(作)은 피동태 동사 노릇한다. 언(焉)은 〈어시(於是) 언(焉)〉 즉 〈이에 언(焉)〉으로, 어시(於是)의 어(於)는 영어 수동태의 〈by〉처럼 구실한다. 작(作)은 〈일으킬 흥(興) · 진(振)〉 등과 같아 흥작(興作) · 진작(振作) 등의 줄임말로 여기면 된다. 물론 우리말에서는 수동태가 걸맞지 않으므로 만물작언이불사(萬物作焉而不辭)를 〈상도작만물(常道作萬物) 이상도불사만물(而常道不辭萬物)〉로 새기는 편이 우리말답게 된다. 〈만물은[萬物] 이에[焉] 진작된다[作].〉〈상도가[常道] 만물을[萬物] 진작한다[作]. 그러나[而] 상도는[常道] 만물을[萬物] 주재하지 않는다[不辭].〉
- 불사(不辭)는 〈상도불사만물(常道不辭萬物)〉의 줄임으로 여기면 된다. 불사(不辭)에서 사(辭)의 주어 노릇할 상도(常道)와 사(辭)의 목적어 노릇할 만물(萬物)이 생략되었지만, 사(辭)는 동사 노릇한다. 사(辭)는 여기선 〈주재할 사(司)〉와 같다. 〈상도는[常道] 온갖 것을[萬物] 주재하지 않는다[不辭].〉

2-12 生而不有(생이불유)

▶ 낳아주되[生而] 갖지 않는다[不有].

낳아 길러줄 생(生), 그러나 이(而), 않을 불(不), 가질(둘) 유(有)

【지남(指南)】

〈생이불유(生而不有)〉는 앞서 밝힌 〈만물작언이불사(萬物作焉而不辭)〉를 풀이하면서, 역시 25장(章)에 나오는 **도법자연(道法自然)** 즉 상도가[常道] 어떻게 자연(自然)을 본받는지를 밝힌다. 생이불유(生而不有)는 곧 법자연(法自然), 즉 자연을

[自然] 본받기를[法] 실행함을 말해준다.

여기 생이불유(生而不有)는 〈생지휵지(生之畜之)〉를 묶어 풀이함이니, 이 또한 상도(常道)가 짓는 조화를 말한다. 물론 상도(常道)의 조화란 25장(章)에 나오는 **도법자연(道法自然)**, 즉 상도(常道)가 자연(自然)을 본받기[法] 함이다. 상도(常道)의 그 본받기가[法] 여기 생이불유(生而不有)로 잘 드러난다. 낳아주되[生而] 갖지 않음은[不有] 곧 무소유(無所有) 즉 자연(自然)이고, 자연(自然)은 곧 무위(無爲)인 것이다. 상도(常道)의 조화로서 무위(無爲) · 자연(自然)을 밝혀주는 **생이불유(生而不有)**는 51장(章)에도 거듭 나온다. 물론 10장(章)에도 생이불유(生而不有)란 말씀이 나오지만, 10장(章)의 앞 내용과 무관해서 전사(傳寫)하면서 잘못 끼어든 것 같아 산거(刪去)한다는 주장이 통설로 되어 있다.

앞에서 살핀 〈만물작언이불사(萬物作焉而不辭)〉의 〈작(作)〉은 〈생(生)〉으로 풀이되고, 〈불사(不辭)〉는 〈불유(不有)〉로 풀이된다. 만물이 떨쳐 일어남[作]은 만물이 태어남[生]이고, 태어나니 길러냄[畜]이다. 그러므로 만물작(萬物作)은 만물생휵(萬物生畜)이다. 어떻게 만물이 태어나는가? 유무상생(有無相生)으로 태어남[生]이고, 난이상성(難易相成)으로 태어남[生]이며, 장단상형(長短相形)으로 태어남[生]이고, 고하상경(高下相傾)으로 태어남[生]이며, 음성상화(音聲相和)로 태어남[生]이고, 전후상수(前後相隨)로 태어난[生] 것이 모든 목숨이다. 그 상생(相生) · 상성(相成) · 상형(相形) · 상경(相傾) · 상화(相和) · 상수(相隨)는 바로 상도(常道)가 짓는 조화이고, 만물은 이 조화로 태어난[生] 것이다. 나아가 여기 생이불유(生而不有)의 〈생(生)〉은 51장(章)에서 〈도생지(道生之) 덕휵지(德畜之)〉로 풀이된다. 상도(常道)가 만물을 낳아주되 그것을 불유(不有)하기 때문에 상도(常道)의 생지(生之)와 상덕(常德)의 휵지(畜之)는 오로지 무위(無爲) · 자연(自然)이다.

생이불유(生而不有)의 〈불유(不有)〉는 〈부자유(不自有)〉이다. 스스로[自] 갖지 않음[不有]이고, 스스로[自] 두지 않음[不有]이며, 스스로[自] 취하지 않음[不有]이다. 그러니 불유(不有)는 부자유심(不自有心) 즉 스스로[自] 마음[心] 두지 않음[不有]이고, 부자취(不自取) 즉 스스로[自] 취하지 않음[不取]으로 새기니, 5장(章)에 나오는 **천지불인(天地不仁)**이란 말씀을 거듭 떠올린다. 하늘땅[天地]은 편애하지 않음[不仁]이 여기 불유(不有)로써 이루어지는 것이다. 사람이 귀하다면 지렁이도

귀하고, 지렁이가 천하다면 사람도 천하다. 이처럼 천지에는 제 몫[私]이 없다. 사(私)가 없으니 천지는 무사(無私)하여 무욕(無欲)함이 여기 불유(不有)이다.

본래 천지는 『장자(莊子)』의 〈무하유지향(無何有之鄕)〉인지라, 불유(不有) 즉 취할 것도 없고[不有] 마음 둘 것도 없다[不有]. 무엇 하나[何] 취함이[有] 없는[無之] 고향이[鄕] 곧 천지이니, 낳아주고[生之] 길러준다[畜之] 하여 천지가 만물을 취하겠는가? 이처럼 천지는 불유(不有)하니 사유(私有)하지 않고, 사유(私有)하지 않으니 탐하지 않는다. 성인(聖人)은 천지의 이러한 불유(不有)를 본받아 무위지사(無爲之事)에 처하고 불언지교(不言之教)를 행한다.

산천초목(山川草木)치고 성인(聖人) 같지 않은 것이 없다. 금수(禽獸)인 새와 짐승, 어충(魚蟲)인 물고기와 벌레는 저마다 먹이를 놓고 다툼한다. 그러나 배만 부르면 만족하고 더는 다투지 않으니 금수(禽獸)와 어충(魚蟲)에게는 인간이 소유하고자 범하는 상쟁(相爭)의 침탈(侵奪)이란 없다. 인간을 제외한 모든 만물은 새끼를 낳되[生] 낳은 것을 갖지 않는다[不有]. 열매 속의 씨앗이 다 영글면 땅으로 돌려보내는 초목은 생(生)과 불유(不有)의 묘요(妙徼)를 고스란히 살피게 해준다. 새끼를 정성껏 낳아 키우되 제 힘으로 먹고살 때가 되면 둥지에서 사정없이 내쫓는 어미새를 보면 알 터이다. 오로지 인간만 〈내 자식 · 네 자식〉 하며 자식을 제 것이라 착각한다. 인간은 천지를 어기는 문화를 소유하고 사는 유일한 인위(人爲)의 동물인 것이다.

성인(聖人)은 자연인 천지를 그냥 그대로 본받아 무엇이고 불유(不有)하기 때문에 인이비인(人而非人) 즉 사람이면서[人而] 사람이 아니고[非人], 인이천지(人而天地) 즉 사람이면서[人而] 천지가 되어 현덕(玄德)을 행하는 무위지인(無爲之人)이다. 이처럼 성인(聖人)은 불유(不有)로 사는 인간이니, 성인(聖人)이게 하는 〈불유(不有)〉란 말씀이 무사(無私) · 무욕(無欲) · 무아(無我)의 천도(天道)임을 살펴 새기고 헤아려 깨우치게 하는 말씀이 〈생이불유(生而不有)〉이다.

註 "인법지(人法地) 지법천(地法天) 천법도(天法道) 도법자연(道法自然)." 사람은[人] 땅을[地] 본받고[法], 땅은[地] 하늘을[天] 본받고[法], 하늘은[天] 상도를[道] 본받고[法], 상도는[道] 그냥 그대로[自然] 오로지 맡긴다[法].

『노자(老子)』 25章

註 "생이불유(生而不有) 위이불시(爲而不恃) 장이부재(長而不宰) 시위현덕(是謂玄德)." {상도(常道)는} 낳아주되[生而] 갖지 않고[不有], {상도(常道)는} 위해주되[爲而] 바라지 않으며[不恃], {상도(常道)는} 키워주되[長而] 이래라저래라 않는다[不宰]. 위의 것들을[是] 현묘한[玄] 덕이라[德] 한다[謂]. 『노자(老子)』 51장(章)

註 "천지불인(天地不仁) 이만물위추구(以萬物爲芻狗)." 천지에는[天地] 어짊이란[仁] 없어[不], (천지는) 만물로[萬物]써[以] 풀강아지로[芻狗] 삼는다[爲]. 『노자(老子)』 5장(章)

註 "천도무친(天道無親) 상여선인(常與善人)." 자연의 도에는[天道] (따로) 친애함이[親] 없고[無] 늘[常] 선한[善] 사람과[人] 함께한다[與].

상도(常道)·천도(天道)·대도(大道)는 같은 말씀이다. 『노자(老子)』 79장(章)

【보주(補註)】

- 〈생이불유(生而不有)〉를 〈상도생만물(常道生萬物) 이상도불유만물(而常道不有萬物)〉처럼 옮기면 문의(文義)를 더 쉽게 새길 수 있다. 〈상도가[常道] 온갖 것을[萬物] 낳는다[生]. 그러나[而] 상도는[常道] 온갖 것을[萬物] 갖지 않는다[不有].〉
- 생이불유(生而不有)의 생(生)은 앞서 살핀 〈만물작(萬物作)〉의 작(作)과 같다. 만물(萬物)이 떨쳐남[作]은 상도(常道)가 만물을 낳기[生] 때문이다.
- 불유(不有)는 〈불사(不辭)〉를 상기하게 한다. 사양하지 않음[不辭]이란 비유여불유(非有與非不有) 즉 갖고[有] 안 가짐이[不有] 아닌 것[非]이니, 갖지 않음[不有]으로써 오히려 만유(萬有) 즉 온갖 것을[萬] 가짐[有]을 뜻한다고 헤아리면, 불유(不有)하되 불기(不棄)함이 여기 불유(不有)이다. 그러므로 생이불유(生而不有)는 만물을 생휵(生畜)하되 소유하려고 목축(牧畜)하지 않고 만물을 천방(天放)하는 상도(常道)의 〈무위이무불위(無爲而無不爲)〉, 즉 함이 없되[無爲而] 하지 않음이[不爲] 없음[無不爲]을 살피게 하는 말씀이다.
- 생이불유(生而不有)는 51장(章)에도 나온다. 1장(章)의 〈천지지시(天地之始)〉의 무명(無名)과 〈만물지모(萬物之母)〉의 유명(有名)이, 중묘지문(衆妙之門)으로 만물이 출입하는 묘요(妙徼)의 조화를 묶어 깨우치게 하는 말씀이 〈생이불유(生而不有)〉이다. 이는 무위지사(無爲之事) 즉 법자연(法自然)의 무위(無爲)를 받들어 행하면서[事] 머물러 삶[處]을 살피는 시발(始發)이 되고, 불언지교(不言之教) 즉 시비의 말이 없는[不言之] 가르침[教]을 관(觀)하는 시발이 된다.

註 "생지휵지(生之畜之) 생이불유(生而不有) 위이불시(爲而不恃) 장이부재(長而不宰) 시위현덕(是謂玄德)." 만물(萬物)을[之] 낳아서[生而] 그것을[之] 길러주고[畜], 낳아주되[生而] 갖지 않으며[不有], 위해주되[爲而] 바라지 않고[不恃], 공평무사하게 주재하되[長而] (사사로이) 다스리지 않는다[不宰]. 이를[是] 현묘한[玄] 덕이라[德] 한다[謂]. 『노자(老子)』 10장(章)

註 "도(道) 생지휵지(生之畜之) 장지육지(長之育之) 성지숙지(成之熟之) 양지부지(養之覆之) 생이불유(生而不有) 위이불시(爲而不恃) 장이부재(長而不宰) 시위현덕(是謂玄德)." 상도가[道] 낳아주고[生之] 길러주며[畜之], 자라게 하고[長之] 감싸주며[育之], 이뤄주고[成之] 영글게 하며[熟之], 보양해주고[養之] 보호해준다[覆之]. 낳아주되[生而] 갖지 않으며[不有], 위해주되[爲而] 바라지 않고[不恃], 키워주되[長而] 이래라저래라 않는다[不宰]. 이를[是] 현묘한[玄] 덕이라[德] 한다[謂]. 『노자(老子)』 51장(章)

【해독(解讀)】

- 〈생이불유(生而不有)〉는 두 문장이 〈그러나 이(而)〉로 이어진 중문(重文)이다. 〈생한다[生]. 그러나[而] 불유한다[不有].〉
- 생(生)은 〈상도생만물(常道生萬物)〉에서 주어 노릇할 상도(常道)와 목적어 노릇할 만물(萬物)을 생략하고, 동사 노릇하는 생(生)만 남긴 문장이다. 한문에서는 한 자(字)로써도 문장이 된다고 여기면 된다. 여기 생(生)은 〈낼 발(發) · 출(出)〉 등과 같아 발생(發生) · 출생(出生) 등의 줄임말로 여기면 된다. 〈{상도(常道)가 만물을} 낳는다[生].〉
- 이불유(而不有)는 〈상도불유만물(常道不有萬物)〉에서 주어 노릇할 상도(常道)와 목적어 노릇할 만물(萬物)을 생략하고, 동사 노릇하는 유(有)만 남긴 문장이다. 이불유(而不有)에서 이(而)는 〈그러나 이(而)〉로 접속사 노릇하고, 불(不)은 유(有)의 부정사(否定詞) 노릇하며, 유(有)는 주어와 목적어가 생략됐지만 동사 노릇한다. 불유(不有)의 유(有)는 〈가질 취(取)〉와 같다. 〈{상도(常道)는 만물을} 갖지 않는다[不有].〉

2-13 爲而不恃(위이불시)

▶ 위해주되[爲而] 바라지 않는다[不恃].

위할 위(爲), 그러나 이(而), 않을 불(不), 바랄 시(恃)

【지남(指南)】

〈위이불시(爲而不恃)〉 역시 앞서 밝힌 〈만물작언이불사(萬物作焉而不辭)〉를 풀이하면서 역시 25장(章)에 나오는 〈도법자연(道法自然)〉, 즉 상도(常道)가 어떻게 자연(自然)을 본받는지를 밝힌다. 왜냐하면 위이불시(爲而不恃)란 상도(常道)가 짓는 조화이기 때문이다. 그 조화를 성인(聖人)이 그냥 그대로 본받음을[法] 밝힘이 여기 위이불시(爲而不恃)이다.

여기 위이불시(爲而不恃)의 〈위(爲)〉는 상도(常道)의 〈생지(生之)〉와 상덕(常德)의 〈휵지(畜之)〉를 실행함이다. 상도(常道)가 만물을 위해주되[爲] 만물한테 그 무엇도 바라지 않음을[不恃] 성인(聖人)도 그대로 따라 본받아서 아무런 바람 없이[不恃] 27장(章)에 나오는 바대로 〈상선구인(常善救人)·상선구물(常善救物)〉로써 〈습명(襲明)〉을 행하는 것이다. 습명(襲明)은 밝음을[明] 밖으로 드러내지 않고 안으로 간직함[襲]이다. 습명(襲明)의 〈명(明)〉이란 항상 법자연(法自然)하여 수중(守中) 즉 상도(常道)를 따라[中] 지키니까[守] 미혹(迷惑)이 없음이다. 그래서 도와주고서도[爲] 불시(不恃), 즉 바라지 않는다[不恃].

이런 〈불시(不恃)〉는 5장(章)에 나오는 〈천지불인(天地不仁)〉을 상기시키고, 79장(章)에 나오는 〈천도무친(天道無親)〉을 떠올리게 하는 말씀이다. 편애함이란 상도(常道)에는 없으니 상도(常道)와 상덕(常德)은 그 무엇한테 특별히 기대하고자[欲恃] 생지(生之)·휵지(畜之)함이란 없다. 상도(常道)의 위만물(爲萬物)은 곧 생만물(生萬物)이고, 나아가 만물작(萬物作)이다. 어떻게 만물(萬物)을 위해줌[爲]인가? 앞서 살핀 바대로 상생(相生)으로써 위해줌[爲]이고, 상성(相成)으로써 위해줌[爲]이며, 상형(相形)으로써 위해줌[爲]이고, 상경(相傾)으로써 위해줌[爲]이며, 상화(相和)로써 위해줌[爲]이고, 상수(相隨)로써 위해줌이[爲] 상도(常道)의 조화인 위만물(爲萬物)의 위(爲)이다.

상생(相生)·상성(相成)·상형(相形)·상경(相傾)·상화(相和)·상수(相隨)는 바로 상도(常道)가 짓는 조화이고, 만물은 이 조화로써 태어나 그 생(生)을 누리는 것들이다. 이처럼 상도(常道)가 만물을 위해주되 그 만물을 불시(不恃)하기 때문에, 상도(常道)의 위함[爲]이란 오로지 자연(自然)의 일[事]이고 무위(無爲)의 일[事]일 뿐이다. 그러므로 여기 위이불시(爲而不恃)의 불시(不恃)란 그 무엇도 특별히 대접해주는[恃] 일이란 없다는 말이 된다. 따라서 불시(不恃) 역시 5장(章)에 나오는 천지불인(天地不仁) 이만물위추구(以萬物爲芻狗)란 말씀을 상기시키고, 『장자』의 천방(天放)을 떠올리게 하는 것이다.

만물은 천지로부터 저마다의 본성(本性)을 받아 생사를 누린다. 사람이라고 대접하고 지렁이라 대접하지 않는 짓을 상도(常道)는 하지 않는다. 만물은 모조리 다 상도(常道)의 자연일 뿐이고 무위(無爲)일 뿐이어서 만물은 제물(齊物), 즉 만물을 하나로 할[齊] 뿐이다. 그래서 천지는 만물을 불시(不恃)하지 편애하여 대접하는 것이 따로 있지 않다. 상도(常道)가 법자연(法自然)하여 만물을 불인(不仁) · 무친(無親)으로써 도와주되[爲], 그 무엇도 바라지 않음을 살펴 새기고 헤아려 깨우치게 하는 말씀이 〈위이불시(爲而不恃)〉이다.

註 "성인처무위지사(聖人處無爲之事) 행불언지교(行不言之教)." 성인은[聖人] 무위를[無爲之] 행함에[事] 머물고[處], {성인(聖人)은 정령(政令) 따위의} 말이[言] 없는[不之] 가르침을[教] 행한다[行]. 『노자(老子)』 2장(章)

註 "천지불인(天地不仁) 이만물위추구(以萬物爲芻狗)." 천지에는[天地] 어짊이란[仁] 없어[不], (천지는) 만물로[萬物]써[以] 풀강아지로[芻狗] 삼는다[爲]. 『노자(老子)』 5장(章)

註 "천도무친(天道無親) 상여선인(常與善人)." 자연의 도에는[天道] (따로) 친애함이[親] 없고[無] 늘[常] 선한[善] 사람과[人] 함께한다[與].〉

상도(常道) · 천도(天道) · 대도(大道)는 같은 말씀이다. 『노자(老子)』 79장(章)

註 "생지휵지(生之畜之) 생이불유(生而不有) 위이불시(爲而不恃) 장이부재(長而不宰) 시위현덕(是謂玄德)." 만물을[之] 낳아서[生而] 그것을[之] 길러주고[畜], 낳아주되[生而] 갖지 않으며[不有], 위해주되[爲而] 바라지 않고[不恃], 공평무사하게 주재하되[長而] (사사로이) 다스리지 않는다[不宰]. 이를[是] 현묘한[玄] 덕이라[德] 한다[謂]. 『노자(老子)』 10장(章)

註 "도(道) 생지휵지(生之畜之) 장지육지(長之育之) 성지숙지(成之熟之) 양지부지(養之覆之) 생이불유(生而不有) 위이불시(爲而不恃) 장이부재(長而不宰) 시위현덕(是謂玄德)." 상도가[道] 낳아주고[生之] 길러주며[畜之], 자라게 하고[長之] 감싸주며[育之], 이뤄주고[成之] 영글게 하며[熟之], 보양해주고[養之] 보호해준다[覆之]. 낳아주되[生而] 갖지 않으며[不有], 위해주되[爲而] 바라지 않고[不恃], 키워주되[長而] 이래라저래라 않는다[不宰]. 이를[是] 현묘한[玄] 덕이라[德] 한다[謂]. 『노자(老子)』 51장(章)

註 "피민유상성(彼民有常性) 직이의(織而衣) 경이식(耕而食) 시위동덕(是謂同德) 일이부당(一而不黨) 명왈천방(命曰天放) 고(故) 지덕지세(至德之世)." 저[彼] 백성한테는[民] 한결같은

[常] 천성이[性] 있다[有]. 길쌈해서[織而] 옷 지어 입고[衣] 농사지어서[耕而] 밥해 먹는다[食]. 이를[是] 다 같이 누리는[同] 덕이라[德] 한다[謂]. {늘 천성이) 하나이니[一而] 패거리 짓지 않는다[不黨]. 일러[命] 자연이[天] 걸림 없이 풀어준 것이라[放] 한다[曰]. 그래서[故] (백성은) 동덕의[德之] 세상을[世] 누린다[至].

『장자(莊子)』「마제(馬蹄)」

【보주(補註)】

- 〈위이불시(爲而不恃)〉를 〈도위만물(道爲萬物) 이도불시만물(而道不恃萬物) 시위현덕(是謂玄德)〉처럼 옮기면 쉽게 새길 수 있다. 〈상도는[道] 온갖 것을[萬物] 위해준다[爲]. 그러나[而] 상도는[道] 온갖 것을[萬物] 대우하지 않는다[不恃]. 이를[是] 현묘한[玄] 덕이라[德] 한다[謂].〉
- 위이불시(爲而不恃)에서 위(爲)는 〈생만물(生萬物)의 생(生) · 작만물(作萬物)의 작(作) · 조만물(造萬物)의 조(造)〉 등 여러 뜻을 묶은 말로 보면 된다.
- 위이불시(爲而不恃)에서 불시(不恃) 역시 〈불사(不辭)〉를 상기시킨다. 사양하지 않고 말하지 않음[不辭]이란 상도(常道)가 만물한테 의지하지 않음이다. 그러므로 위이불시(爲而不恃)는 만물을 낳아주되[生] 만물을 방목(放牧) 즉 스스로 살아가게[放牧] 자연에 맡김을 뜻하고, 이를 천방(天放)이라 한다.
- 위이불시(爲而不恃)는 1장(章)에 나오는 천지지시(天地之始)의 무명(無名)과 만물지모(萬物之母)의 유명(有名)이 중묘지문(衆妙之門)으로 만물이 출입하는 묘요(妙徼)의 조화를 묶어 깨우치게 하는 말씀이다. 위이불시(爲而不恃)는 또한 무위지사(無爲之事), 즉 25장(章)에서 살핀 **도법자연(道法自然)**의 법자연(法自然)을 환기시킨다.

註 "도법자연(道法自然)." 상도는[道] 그냥 그대로를[自然] 본받는다[法].

『노자(老子)』 25장(章)

【해독(解讀)】

- 〈위이불시(爲而不恃)〉는 두 구문이 〈그러나 이(而)〉로 이어진 중문(重文)이다. 〈위해준다[爲]. 그러나[而] 불시한다[不恃].〉
- 위(爲)에서 주어 노릇할 도(道)가 생략되고 목적어가 생략되었지만, 위(爲)는 동사 노릇한다. 위(爲)는 영어의 〈do〉처럼 전후 문맥에 따라 다른 동사를 대신하는 대동사 노릇하니, 여기 위(爲)는 〈낳아줄 생(生), 떨쳐낼 작(作)〉 등의 뜻으로

여기고 새겨도 된다. 〈성인은[聖人] (만물을) 위해준다[爲].〉

• 이불시(而不恃)에서 이(而)는 〈그러나 이(而)〉로 접속사 노릇하고, 불(不)은 시(恃)의 부정사(否定詞)이고, 시(恃)는 주어와 목적어가 생략되었지만 동사 노릇한다. 불시(不恃)의 시(恃)는 〈바랄 망(望), 기댈 대(待), 의지할 뢰(賴) · 의(依)〉 등의 여러 뜻이 있지만 여기선 〈바랄 망(望)〉와 같다. 〈{상도(常道)는 만물한테} 바라지 않는다[不恃].〉

2-14 功成而弗居(공성이불거)

▶ 공업이[功] 이루어져도[成而] 머물지(연연치) 않는다[不居].

보람 공(功), 이룰 성(成), 그러나 이(而), 않을 불(弗), 머물 거(居)

【지남(指南)】

〈공성이불거(功成而弗居)〉 또한 앞서 밝힌 〈만물작언이불사(萬物作焉而不辭)〉를 풀이하면서 역시 25장(章)에 나오는 〈도법자연(道法自然)〉, 즉 상도가[常道] 어떻게 자연(自然)을 본받는지를 밝힌다. 공성이불거(功成而弗居)는 곧 법자연(法自然), 즉 자연을[自然] 본받기를[法] 실행함을 말해준다. 무위지사(無爲之事)를 거듭 밝히며, 공성이불거(功成而弗居)는 앞서 밝힌 〈생지휵지(生之畜之)〉를 묶어 풀이한다.

상도(常道)의 무위(無爲) 즉 함이[爲] 없음이란[無], 5장(章)의 천지불인(天地不仁)과 79장(章)의 천도무친(天道無親)을 떠올린다. 〈만물작(萬物作)〉의 작(作)을 〈공성(功成)〉으로 풀이하고, 〈불사(不辭)〉는 〈불거(弗居)〉로 볼 수 있으니, 만물이 떨쳐 일어남[作]은 상도(常道)가 만물을 조화하는 공(功)을 이룸[成]이다. 어떻게 만물을 조화하는 공(功)을 이룸[成]인가? 유무상생(有無相生)으로 그 공(功)을 이룸[成]이고, 난이상성(難易相成)으로 그 공(功)을 이룸[成]이며, 장단상형(長短相形)으로 그 공(功)을 이룸[成]이고, 고하상경(高下相傾)으로 그 공(功)을 이룸[成]이며, 음성상화(音聲相和)로 그 공(功)을 이룸[成]이고, 전후상수(前後相隨)로 그 공(功)을 이룬[成] 것이 만물이다. 그 상생(相生) · 상성(相成) · 상형(相形) · 상경(相傾) · 상화(相

和)·상수(相隨)는 바로 상도(常道)가 짓는 조화(造化)이고, 만물은 이 조화로 성공한 것들이다. 이처럼 천지가 만물을 조화한 공(功)을 이루되[成] 만물에 불거(不居)하기 때문에 천지의 공성(功成)은 오로지 무위(無爲)의 일[事]이다.

공성이불거(功成而弗居)의 〈불거(弗居)〉는 〈불거(不居)〉와 같은지라 부자거(不自居)이다. 스스로[自] 머물러 연연하지 않음이 불거(弗居) 즉 불거(不居)로, 이 역시 5장(章)에 나오는 **천지불인(天地不仁) 이만물위추구(以萬物爲芻狗)**와 22장(章) **부자벌고유공(不自伐故有功)**을 떠올리며, 따라서 『장자(莊子)』의 **공성자타(功成者墮)**를 상기시킨다. 이룬[成] 공(功)을 잃지 않으려면 공명(功名)에 마음을 두지 말아야 한다는 것이 공성이불거(功成而弗居)의 불거(弗居)이다. 만물이 저마다의 본성을 받아 생사를 누리게 천방(天放)할 뿐, 천지는 생만물(生萬物)의 공(功)을 스스로[自] 자랑하거나[伐] 공명(功名)을 앞세우지 않아 삭적(削迹), 즉 흔적을[迹] 지워버리는[削] 것이다.

상도(常道)는 사람을 생(生)한다거나 지렁이를 생(生)한다고 공(功)에 연연하지 않는다. 상도(常道)는 제물(齊物), 즉 만물을 하나로 볼[齊] 뿐이다. 상도(常道)는 만물에 불거(弗居)하고, 성인(聖人)도 이를 본받아 공성(功成)하고서도 불문(不聞)한다. 그렇다고 상도(常道)가 조화의 공(功)을 이루고서 만물을 저버리는 것은 아니다. 62장(章)에 **도자만물지오(道者萬物之奧)**란 말씀이 있다. 성인(聖人)도 천지의 이러한 불거(弗居)를 본받아 백성을 위하는 일을 이루고도 공(功)에 연연하지 않지만[弗居], 그 무엇도 저버리지 않는다[不棄]. 상도(常道)처럼 성인(聖人)께도 사(私)라는 것이 없으니 무욕(無欲)하고, 무욕(無欲)하니 바라는 바 없어 하염없이 구제(救濟)할 뿐이다. 그러므로 공성이불거(功成而不居)의 〈공성(功成)〉은 만물작(萬物作)의 성공(成功)이다.

상도(常道)가 만물을 떨쳐낸 공(功)을 이루고도 연연하지 않음[不居]은 상도(常道)가 무사(無私)·무욕(無欲)·무피아(無彼我)하여 귀천(貴賤)도 없고 차별(差別)도 없으며 상하(上下)도 없고 호오(好惡)도 없는 까닭이다. 그러나 인위지사(人爲之事)에는 귀천(貴賤)·차별(差別)·상하(上下)·호오(好惡) 따위가 끼어들어 사(私)가 생기고[有] 욕(欲)이 생기고 너[彼]와 내[我]가 생겨 논공행상(論功行賞)을 일삼아 상쟁(相爭)을 마다않고 경쟁한다.

천지에는 앞다툼[競]도 없고 힘다툼[爭]도 없어 공성이불거(功成而不居)의 공성(功成) 또한 자연(自然)이다. 상도(常道)의 조화인 만물치고 자연(自然)의 공성(功成) 아닌 것이란 없음을 살펴 새기고 헤아려 깨우치게 하는 말씀이 〈공성이불거(功成而弗居)〉이다.

註 "천지불인(天地不仁) 이만물위추구(以萬物爲芻狗)." 천지에는[天地] 어짊이란[仁] 없어[不], (천지는) 만물로[萬物]써[以] 풀강아지로[芻狗] 삼는다[爲]. 『노자(老子)』 5장(章)

註 "천도무친(天道無親) 상여선인(常與善人)." 자연의 도에는[天道] (따로) 친애함이[親] 없고[無] 늘[常] 선한[善] 사람과[人] 함께한다[與].

상도(常道) · 천도(天道) · 대도(大道)는 같은 말씀이다. 『노자(老子)』 79장(章)

註 "부자현고명(不自見故明) 부자시고창(不自是故彰) 부자벌고유공(不自伐故有功) 부자긍고장(不自矜故長)." 자신을[自] 드러내지 않기[不見] 때문에[故] 밝고[明], 스스로[自] 옳다 하지 않기[不是] 때문에[故] 드러나며[彰], 자신을[自] 자랑하지 않기[不伐] 때문에[故] 보람을[功] 갖고[有], 스스로[自] 뽐내지 않기[不矜] 때문에[故] 장구하다[長]. 『노자(老子)』 22장(章)

註 "자벌자무공(自伐者無功) 공성자타(功成者墮) 명성자휴(名成者虧) 숙능거공여명(孰能去功與名) 이환여중인(而還與衆人)." 스스로[自] 자랑하는[伐] 자는[者] 공적을[功] 잃고[無], 공적을[功] 이룬[成] 자가[者] (공적에 연연하다) 자신을 망치고[墮], 명성을[名] 이룬(成) 자가[者] (명성에 연연하다) 욕보게 된다[虧]. 누가[孰] 공적과[功與] 명성을[名] 버리고[去] 뭇사람에게[衆人] 되돌려[還] 줄 수 있을까[能與]?

자벌자(自伐者)의 벌(伐)은 〈자랑할 긍(矜)〉과 같다. 『장자(莊子)』「산목(山木)」

註 "도자만물지오(道者萬物之奧) 선인지보(善人之寶) 불선인지소보(不善人之所保)." 상도라는[道] 것은[者] 온갖[萬] 것의[物之] 속에 있는 것이다[奧]. (상도라는 것은) 착한[善] 사람의[人之] 보배이고[寶], (상도라는 것은) 착하지 않은[不善] 사람도[人之] 간직한[保] 것이다[所].

『노자(老子)』 62장(章)

【보주(補註)】

- 〈공성이불거(功成而弗居)〉를 〈상도성생만물지공(常道成生萬物之功) 이상도불거기공(而常道弗居其功)〉처럼 옮기면 문의(文義)를 더 쉽게 새길 수 있다. 〈상도는[常道] 온갖 것을[萬物] 낳는[生之] 공을[功] 이룬다[成]. 그러나[而] 상도는[常道] 그[其] 공에[功] 머물지 않는다[弗居].〉
- 공성이불거(功成而弗居)에서 공성(功成)은 〈생만물(生萬物) · 작만물(作萬物)〉의 공(功), 즉 공업(功業)이 이루어졌음을 묶은 말로 보면 된다.

- 공성이불거(功成而弗居)에서 불거(弗居) 역시 〈불사(不辭)〉를 상기시킨다. 사양하지 않고 말하지 않음[不辭]이란, 머물러 연연하지 않아도[弗居] 만물 속에 간직됨이 있음[奧]을 뜻한다. 그러므로 공성이불거(功成而弗居)는 상도(常道)가 온갖 것을 낳아주되[生], 상도(常道)가 만물을 천방(天放)하고 낳아준 보람을[功] 연연하지 않음을[不居] 뜻한다. 불거(弗居)의 거(居)는 〈머물 처(處)〉와 같아 거처(居處)의 줄임말로 여기면 된다.

【해독(解讀)】

- 〈공성이불거(功成而弗居)〉는 두 문장이 〈그러나 이(而)〉로 이어진 중문(重文)이다. 〈(상도에 의해서) 공이[功] 이루어진다[成]. 그러나[而] (상도는 그 공업에) 불거한다[弗居].〉
- 공성(功成)은 〈공위성어상도(功爲成於常道)〉에서 수동태인 위성(爲成)의 위(爲) 그리고 성(成)을 꾸며주는 부사구 노릇하는 어상도(於常道)를 생략한 것으로 여기고 새기면 공(功)은 주어 노릇하고, 성(成)은 수동태 노릇한다. 물론 공성(功成)을 〈상도성공(常道成功)〉으로 여기고 문맥을 잡아 새기면 공(功)은 성(成)의 목적어 노릇하고, 성(成)은 주어가 생략되었지만 동사 노릇한다. 한문(漢文)은 격(格)의 자리가 정해지는 어법에 구속받지 않고 어순을 자유롭게 하는 셈이다. 공(功)은 여기선 〈일할 업(業)〉과 같아 공업(功業)의 줄임말로 여기면 된다. 〈공이[功] 상도에[常道] 의해서[於] 이루어진다[爲成].〉 〈상도는[常道] 공을[功] 이룬다[成].〉
- 이불거(而弗居)는 〈이상도불거어기공(而常道弗居於其功)〉에서 주어 노릇할 상도(常道)와 거(居)를 꾸며주는 부사구 어기공(於其功)을 생략하고, 이불거(而弗居)만 남긴 것이다. 이불거(而弗居)에서 이(而)는 〈그러나 이(而)〉로서 접속사 노릇하고, 불(弗)은 거(居)의 부정사(否定詞) 노릇하고, 거(居)는 주어가 생략되었지만 동사 노릇한다. 거(居)는 여기선 〈머물 처(處)〉와 같아 거처(居處)의 줄임으로 여기면 된다. 불거(弗居)의 불(弗)은 불(不)과 같은지라 불거(弗居)는 불거(不居)와 같다. 불거(弗居) 즉 불거(不居)는 머물지 않음[不居]이므로 연연치 않음[弗居]이라고 새기는 편이 우리말답다. 〈그러나[而] 상도는[常道] 그[其] 공업에[功] 머물지 않는다[弗居].〉 〈연연하지 않는다[弗居].〉

2-15 夫唯弗居(부유불거)

▶ 무릇[夫] 오로지[唯] 머물지(연연치) 않는다[弗居].

무릇 부(夫), 오로지(홀로) 유(唯), 않을 불(弗), 머물 거(居)

【지남(指南)】

〈부유불거(夫唯弗居)〉는 앞서 살핀 〈처무위지사(處無爲之事)〉와 〈행불언지교(行不言之教)〉를 거듭 강조한다. 여기 〈불거(弗居)〉는 생만물(生萬物)의 공(功)을 불유(不有)하고 위만물(爲萬物)의 공(功)을 불시(不恃)하여, 이루어놓은[成] 공업(功業)에 연연하지 않음을 밝힌 말씀이다. 나아가 무엇이든 갖지 않기[不有] 때문에 무위(無爲)로 일하고[功], 어느 것에도 의지하지 않기[不恃] 때문에 무위(無爲)로 일하며, 그 공(功)에 연연하지 않음[不居]이 상도(常道)의 무위지사(無爲之事)이고 행불언지교(行不言之教)이다.

앞서 밝힌 말씀 모두[夫] 오로지[唯] 무위의[無爲之] 일[事]을 행하면서도 무위지사(無爲之事)를 말하지 않음[不言]과 천지의 가르침을 〈불거(弗居)〉라는 한 말씀에 함축한다. 이런 연유로 불거(弗居)는 『장자(莊子)』의 숙능거공여명(孰能去功與名)이란 반문을 상기시킨다. 공적과[功與] 명성을[名] 능히 버림은[去] 자연(自然)의 천지밖에 없고, 그 천지를 진실로 본받아 행하는 성인(聖人)밖에 없다. 따라서 무위지사(無爲之事)만을 불언(不言)으로 행하는[事] 성인(聖人)은 유위(有爲)의 흔적을 남기면서 그 일[事]에 자처(自處)하거나 자임(自任)하지 않고, 무기(無己)하고 무공(無功)하며 무명(無名)하여 허심(虛心)으로 만물에 응함을 살펴 새기고 헤아려 깨우치게 하는 말씀이 〈부유불거(夫唯不居)〉이다.

註 "숙능거공여명(孰能去功與名) 이환여중인(而還與衆人)." 누가[孰] 공적과[功與] 명성을[名] 버리고[去] 뭇사람에게[衆人] 되돌려[還] 줄 수 있을까[能與]? 『장자(莊子)』「산목(山木)」

【보주(補註)】

- 〈부유불거(夫唯弗居)〉를 〈부유상도불거기공(夫唯常道弗居其功)〉처럼 옮기면 문의(文義)를 더 쉽게 새길 수 있다. 〈무릇[夫] 오로지[唯] 상도는[常道] 그[其]

공적에[功] 불거한다[弗居].〉

- 불거(弗居)는 불거(不居)와 같은 것으로, 22장(章)의 **부자현**(不自見)·**부자시**(不自是)·**부자벌**(不自伐)·**부자긍**(不自矜)을 상기하면 불거(弗居)의 깊은 뜻을 헤아릴 수 있다. 거(居)는 〈머물 지(止)·처(處)〉와 같다.

註 "부자현고명(不自見故明) 부자시고창(不自是故彰) 부자벌고유공(不自伐故有功) 부자긍고장(不自矜故長)." 자신을[自] 드러내지 않기[不見] 때문에[故] 밝고[明], 스스로[自] 옳다 하지 않기[不是] 때문에[故] 드러나며[彰], 자신을[自] 자랑하지 않기[不伐] 때문에[故] 보람을[功] 갖고[有], 스스로[自] 뽐내지 않기[不矜] 때문에[故] 장구하다[長]. 『노자(老子)』 22장(章)

【해독(解讀)】

- 〈부유불거(夫唯弗居)〉는 〈부유상도불거기공(夫唯常道不居其功)〉에서 주어 노릇할 상도(常道)와 목적어 노릇할 기공(其功)을 생략하고, 조사 노릇하는 부(夫)와 유(唯)를 더해서 술부(述部) 노릇하는 불거(弗居)만 남긴 것이다. 〈무릇[夫] 오로지[唯] 천지는[天地] 기공에[其功] 연연치 않는다[不居].〉
- 부유불거(夫唯弗居)의 부유(夫唯)는 구문의 어조와 어세를 높이는 조사 노릇한다. 이러한 조사는 필자의 수사(修辭)인 허사(虛詞)이고, 문의(文義)를 결정해주는 실사(實辭)는 아니다. 부유불거(夫唯弗居)에서 실사(實辭), 즉 문의(文義)을 밝혀주는 말은 거(居)이다.

2-16 是以不去(시이불거)

▶이렇기[是] 때문에[以] {상도(常道)의 공업이} 사라지지 않는다[不去].

이 시(是), 때문에 이(以), 않을 불(不), 사라질 거(去)

【지남(指南)】

〈시이불거(是以不去)〉는 생만물(生萬物)·작만물(作萬物)로써 상도(常道)의 조화(造化)는 결코 사라지지 않음을 밝힌다. 상도(常道)가 만물을 불유(不有)하고 불시(不恃)하여 불거(弗居)하기에, 무사(無私)하고 무욕(無欲)한 무위(無爲)로써 조화하는 상도(常道)의 공업(功業)은 민몰(泯沒) 즉 망하거나[泯] 없어지지[沒] 않는다. 천부만물(天覆萬物)함이 천덕(天德)이고, 지재만물(地載萬物)함이 지덕(地德)을 이루는 상도(常道)의 조화란 영원하다는 것이다.

5장(章)의 〈천지불인(天地不仁)〉이란 말씀대로 어느 것은 사랑하고 어느 것은 사랑하지 않는 치우침[偏] 없이 생만물(生萬物)하고 작만물(作萬物)하는 공업(功業)이야말로 포일(抱一), 즉 하나로[一] 안아서 지키는[抱] 공업(功業)인지라 그 조화는 불멸(不滅)함을 이 장(章)의 총결(總結)로서 살펴 새기고 헤아려 깨우치게 하는 말씀이 〈시이불거(是以不去)〉이다.

註 "지인무기(至人無己) 신인무공(神人無功) 성인무명(聖人無名)." 지인한테는[至人] 자기가[己] 없고[無], 신인한테는[神人] 공치사가[功] 없으며[無], 성인한테는[聖人] 명성이[名] 없다[無].
지인(至人)·신인(神人)은 모두 성인(聖人)과 같은 말이다. 『장자(莊子)』「제물론(齊物論)」

【보주(補註)】

- 〈시이불거(是以不去)〉를 〈시이(是以) 상도지공불거(常道之功不去)〉 또는 〈시이(是以) 성인지공불거(聖人之功不去)〉처럼 옮기면 문의(文義)를 더 쉽게 새길 수 있다. 〈이[是] 때문에[以] 상도의[常道之] 공업은[功] 사라지지 않는다[不去].〉 〈이[是] 때문에[以] 성인의[聖人之] 공업은[功] 사라지지 않는다[不去].〉
- 시이(是以)는 〈불거고(不居故)〉의 줄임으로 여기면 된다. 〈불거하기[不居] 때문에[故]〉

【해독(解讀)】

- 〈시이불거(是以不去)〉에서 시이(是以)는 부사구 노릇하고, 불(不)은 거(去)의 부정사(否定詞) 노릇하며, 거(去)는 주어 노릇할 상도(常道) 또는 성인(聖人)이 생략되었지만 동사 노릇한다. 거(去)는 〈떠날 리(離)〉와 같다. 〈이[是] 때문에[以] 떠나지 않는다[不去].〉 〈이[是] 때문에[以] 천지는[天地] 그[其] 공적을[功] 떠나지 않는다[不去].〉
- 시이(是以)는 시고(是故)와 같다. 〈이렇기[是] 때문에[以].〉 〈이렇기[是] 때문에[故].〉

안민장(安民章)

성인(聖人)의 무위지치(無爲之治)를 밝히는 장(章)이다. 무위(無爲)의 치세(治世)는 불상현(不尙賢) · 불귀화(不貴貨) · 불견욕(不見欲)으로 이루어지는 다스림[治]이다. 이는 백성으로 하여금 무지지지(無知之知) 즉 자명(自明)을 누리게 하는 다스림[治]이다.

무지(無知)란 아는 것이 없는 무식(無識)을 말함이 아니라 무시비(無是非) · 무분별(無分別)의 지덕(知德)으로 행덕(行德)함을 말한다. 그러므로 무지지지(無知之知)는 상도(常道)를 그냥 그대로 본받아[法] 만물을 살피고 새기고 헤아려 터득함[知]이고, 백성이 무지지지(無知之知)를 터득하여 부쟁(不爭)의 삶을 누리게 함이 성인(聖人)의 무위지치(無爲之治)이다.

【원문(原文)】

不尙賢하여 使民不爭케 하고 不貴難得之貨하여 使民不爲盜케 하며 不見可欲하여 使心不亂케 한다 是以로 聖人之治는 虛其心하고 實其腹하며 弱其志하고 强其骨하여 常使民無知無欲케 하고 使夫知者로 不敢爲也케 하니 爲無爲면 則無不治니라

(불상현 사민부쟁 불귀난득지화 사민불위도 불현가욕 사심불란 시이 성인지치 허기심 실기복 약기지 강기골 상사민무지무욕 사부지자 불감위야 위무위 즉무불치)

현능(賢能)을[賢] 높이지 않고[不尙], 백성으로[民] 하여금[使] 다투지 않게 하고[不爭], 얻어 갖기[得] 힘든[難之] 재물을[貨] 소중히 여기지 않아[不貴], 백성으로[民] 하여금[使] 도둑질을[盜] 하지 않게 하며[不爲], 가히[可] 하고자 함을[欲] 드러내지 않게 하고[不見], (백성의) 마음으로[心] 하여금[事] 어지럽히지 않게 한다[不亂]. 이렇기[是] 때문에[以] 성인의[聖人之] 다스림은[治] 그[其] 마음을[心] 비우게 하고[虛], 그[其] 배를[腹] 채우게 하며[實], 그[其] 마음의 가기를[志] 유약하게 하며[弱], 그[其] 뼈대를[骨] 굳세게 하고[强], 늘[常] 백성으로[民] 하여금[使] 앎이[知] 없게 하고[無] 하고자 함이[欲] 없게 하며[無], 무릇[夫] 아는[知] 자로[者] 하여금[使] 과감히[敢] (지식 따위를) 쓰지 않게 하는 것[不爲]이다[也]. 무위를[無爲] 실행하면[爲] 곧[則] 다스리지 못함이[不治] 없다[無].

3-1 不尙賢(불상현) 使民不爭(사민부쟁)

▶ 현능(賢能)을[賢] 높이지 않고[不尙], 백성으로[民] 하여금[使] 다투지 않게 한다[不爭].

않을 불(不), 귀히 할 상(尙), 현능할 현(賢), 하여금 사(使), 백성 민(民), 다툴 쟁(爭)

【지남(指南)】

〈불상현(不尙賢) 사민부쟁(使民不爭)〉은 앞 장에서 살핀 성인(聖人)의 처무위지사(處無爲之事)를 구체적으로 밝힌다.

〈불상현(不尙賢)〉은 현능(賢能)을 표방하지 않음이다. 불상현(不尙賢)의 〈현(賢)〉은 세속적인 것과 부귀영화를 가져다주는 명성이나 권세 등에 밝아 거질상문(去質尙文), 즉 질박함을[質] 버리고[去] 외식을[文] 숭상하려는[尙] 현능(賢能)이다. 따라서 이는 『장자(莊子)』의 이재분인위지현(以財分人謂之賢)을 상기시킨다. 현능한 자는 지혜를 앞세워 부귀영화를 누리게 하는 재물을 획득하는 재주가 남다르다. 그러므로 불상현(不尙賢)이란 명성을 얻어 재물과 부를 쌓는 능력을 높이 사지 않음이다.

호명(好名)하는 현능(賢能)은 쟁지단(爭之端) 즉 다툼의[爭之] 꼬투리가[端] 되고, 그것은 사욕을 자아내어 탐욕으로 이어지니 재물의 다다(多多)에 이르고, 제 몫[欲]을 늘리고자 서로[相] 다툼[爭]을 서슴지 않는다. 이러한 현능(賢能)을 숭상하면 거현(擧賢)하여 인지(人智)를 앞세우게 된다. 인지(人智)는 지식을 쌓게 한다. 따라서 현능(賢能)은 거현(擧賢) 즉 현자(賢者)를 등용하게[擧] 되고, 거현(擧賢)하면 인지(人智)를 높이게 돼 너도나도 식자(識者)가 되고자 해서 백성은 상알(相軋) 즉 서로[相] 다투게[軋] 된다. 그래서 『장자(莊子)』에 거현즉민상알(擧賢則民相軋)이란 말이 나오는 것이다.

현능(賢能)은 탐욕을 부르고, 탐욕은 상쟁(相爭)을 불러오며, 상쟁(相爭)은 상해(傷害)를 빚어내 세상을 난세(亂世)로 바꿔버린다. 그러므로 무위(無爲)에 머무는[處] 성인(聖人)은 백성을 서로 부쟁(不爭)하게 한다. 백성으로 하여금 재물의 탐욕을 버리게 하면 자검(自儉) 자하(自下)하게 되고, 세상과 어우러져 상쟁(相爭)이 절로 사라진다. 이 때문에 성인(聖人)의 불상현(不尙賢)은 절로 사민부쟁(使民不爭)으로 이어져 난세가 사라짐을 살펴 새기고 헤아려 깨우치게 하는 말씀이 〈불상현(不尙賢) 사민부쟁(使民不爭)〉이다.

註 "이덕분인위지성(以德分人謂之聖) 이재분인위지현(以財分人謂之賢) 이현림인(以賢臨人) 미유득인자야(未有得人者也) 이현하인(以賢下人) 미유부득인자야(未有不得人者也)." 덕으로

[德]써[以] 사람들에게[人] 나누어줌을[分] 성인이라[聖] 하고[謂], 재물로[財]써[以] 사람들에게[人] 나누어줌을[分] 현자라[賢] 한다[謂]. 현자로[賢]써[以] 사람들을[人] 마주해서는[臨] 사람들을[人] 얻음이[得] 여태껏 없었던[未有] 것[者]이지만[也], 현자로[賢]써[以] 사람들에게[人] 낮추면[下] 사람들을[人] 얻지 못함이[不得] 여태껏 없었던[未有] 것[者]이다[也].

『장자(莊子)』「서무귀(徐無鬼)」

註 "거현(擧賢) 즉민상알(則民相軋) 임지(任知) 즉민상도(則民相盜) 지수물자(之數物者) 부족이후민(不足以厚民) 민지어리심근(民之於利甚勤)." 현자를[賢] 등용하면[擧] 곧[則] 백성은[民] 서로[相] 헐뜯고[軋], 식자에게[知] 맡기면[任] 곧[則] 백성은[民] 서로[相] (남의 지식을) 훔친다[盜]. 이런[之] 따위의[數物] 것들로[者]써는[以] 백성을[民] 행복하게[厚] 할 수 없다[不足]. 백성이[民之] 이익을[利] 좇음이[於] 심하게[甚] 몸부림친다[勤].

경상초(庚桑楚)는 인명(人名)으로, 노자(老子)의 제자라 한다.

『장자(莊子)』「경상초(庚桑楚)」

【보주(補註)】

- 〈불상현(不尙賢) 사민부쟁(使民不爭)〉을 〈성인불상현능(聖人不尙賢能) 이성인사민부쟁(而聖人使民不爭)〉처럼 옮기면 쉽게 문의(文義)를 건질 수 있다. 〈성인은[聖人] 현능을[賢能] 숭상하지 않는다[不尙]. 그래서[而] 성인은[聖人] 백성으로[民] 하여금[使] 다투지 않게 한다[不爭].〉
- 불상현(不尙賢)의 상(尙)은 〈숭상할 숭(崇)〉과 같아 숭상(崇尙)의 줄임말로 여기면 되고, 현(賢)은 〈능숙할 능(能)〉과 같아 현능(賢能)의 줄임으로 보면 된다. 불상현(不尙賢)은 불귀다재(不貴多財)로 새긴다. 〈재물이[財] 많음을[多] 소중히 하지 않는다[不貴].〉
- 유가(儒家)에서는 현(賢)을 덕행(德行) · 선행(善行) · 아성지재(亞聖之才)로 보기 때문에 상현(尙賢)하지만, 도가(道家)에서는 본래의 뜻대로 명성을[名] 좋아하는[好] 현능(賢能)으로 보기 때문에 불상현(不尙賢)한다. 〈현능을[賢] 높이지 않는다[不尙].〉
- 사민부쟁(使民不爭)의 사(使)는 〈하여금 령(令)〉과 같고, 쟁(爭)은 〈다툴 경(競) · 싸울 투(鬪)〉 등과 같아 경쟁(競爭) · 쟁투(爭鬪)의 줄임이다. 〈경인물(競引物)하고 사물귀기(使物歸己)함〉을 한 자(字)로 〈쟁(爭)〉이라 한다. 〈물건을[物] 다투어[競] 끌어당겨[引] 물건으로[物] 하여금[使] 자기에게[己] 돌아오게 함[歸]〉

【해독(解讀)】

- 〈불상현(不尙賢) 사민부쟁(使民不爭)〉은 두 문장을 이어주는 〈그래서 이(而)〉가 생략되었지만 두 문장으로 이루어진 중문(重文)이다. 〈현을[賢] 불상한다[不尙]. (그래서) 민으로[民] 하여금[使] 부쟁하게 한다[不爭].〉
- 불상현(不尙賢)에서 불(不)은 상(尙)의 부정사(否定詞)이고, 주어가 생략됐지만 상(尙)은 동사 노릇하고, 현(賢)은 상(尙)의 목적어 노릇한다. 〈{성인(聖人)은} 현능을[賢] 숭상하지 않는다[不尙].〉
- 사민부쟁(使民不爭)에서 주어가 생략됐지만, 사(使)는 사역조술사(使役助述詞) 노릇하고, 민(民)은 사(使)의 목적어 노릇하고, 부(不)는 쟁(爭)의 부정사(否定詞)이고, 쟁(爭)은 사역의 동사 노릇한다. 한문에서 대표적인 사역조술사는 〈사(使) · 영(令) · 역(役)〉 등이다. 〈{성인(聖人)은} 백성으로[民] 하여금[使] 부쟁하게 한다[不爭].〉

3-2 不貴難得之貨(불귀난득지화) 使民不爲盜(사민불위도)

▶ 얻어 갖기[得] 힘든[難之] 재물을[貨] 소중히 여기지 않아[不貴], 백성으로[民] 하여금[使] 도둑질을[盜] 하지 않게 한다[不爲].

않을 불(不), 소중히 여길 귀(貴), 어려울 난(難), 구할 득(得), 조사 지(之), 재물 화(貨), 하여금 사(使), 백성 민(民), 피동태 위(爲), 도둑질 도(盜)

【지남(指南)】

〈불귀난득지화(不貴難得之貨) 사민불위도(使民不爲盜)〉는 치자(治者)로 하여금 불탈민(不奪民), 즉 백성의 것을[民] 빼앗지 못하게[不奪] 함을 밝힌다. 재화(財貨)란 누구나 갖고자 하기 때문에 쉽사리 갖기가[得] 어려운 것이다. 만일 치자(治者)가 축재(蓄財)하여 부귀영화를 누리고자 하면 재화를 탐하여 백성의 재물을 짓눌러[搾] 빼앗으려[奪] 한다. 그러므로 상현(尙賢)해서 결과적으로 재물을 모아 축적함을 추켜주고 높여주는[尙] 꼴이 된다면, 상민층(上民層) 즉 백성[民] 위에 있는[上] 무리들이[層] 너도나도 재화를 모으려는 욕망을 끝없이 갖는다. 그러면 갖기 어려운 재화를 내 것으로 하고자 상민층이 탈민재(奪民財) 즉 백성의 재물을[民財] 빼앗는[奪] 욕심을 치자(治者)가 부리게 된다. 치자(治者)는 백성의 것을 훔치고[盜], 백성은 위도(爲盜) 즉 도둑질당한다[爲盜].

남의 것을 훔침[盜]은 곧 남의 것을 빼앗으려는[奪人之] 사욕(私慾)에서 생긴다. 왜 세상이 부패의 늪에서 벗어나지 못하는가? 상현(尙賢) 상재(尙財)하면 치자(治者)도 백성도 더 많이 축재하고자 상쟁(相爭)하게 된다. 축재를 숭상하게 되면 도심(盜心)이 생긴다. 도둑은 도심(盜心)을 실행하여 범죄자가 되지만, 심중(心中)에 숨어 있는 도심(盜心)의 발동을 억제시키고 사는 배금추구(拜金追求)는 누구나 도둑이 될 수 있음이다. 난득지화(難得之貨) 즉 갖기[得] 어려운[難之] 재물[貨]일수록 귀한 것[貴]이 되어 도심(盜心)을 유발한다. 재물을 귀중히 하면 할수록 탐하고, 사람들은 거기에 끌려[誘] 탐욕하고, 탐욕은 탈인(奪人)으로 이어져 도심(盜心)이 억제될 수 없게 된다.

본래부터 도둑으로 태어난 사람은 없다. 축재를 숭상하지 않고 소사(少私)하고 과욕(寡欲)하여 자검(自儉)하는 치세(治世)를 펼치면, 그만큼 사람들은 도심(盜心)의 유혹을 받지 않고 공평(公平) 정대(正大)한 삶을 나누게 된다. 그러한 세상을 구현하고자 성인(聖人)은 갖기 어려운 재물을 귀하게 여기지 않아 치자(治者)들과 더불어 백성으로 하여금 도심(盜心)에 물들지 않게 하는 무위지치(無爲之治)를 살펴 새기고 헤아려 깨우치게 하는 말씀이 〈불귀난득지화(不貴難得之貨) 사민불위도(使民不爲盜)〉이다.

【보주(補註)】

- 〈불귀난득지화(不貴難得之貨) 사민불위도(使民不爲盜)〉를 〈성인사민불귀난득지화(聖人使民不貴難得之貨) 이성인사민불위도심(而聖人使民不爲盜心)〉처럼 옮기면 문맥을 쉽게 잡을 수 있다. 〈성인은[聖人] 백성으로[民] 하여금[使] 얻어 갖기[得] 어려운[難之] 재물을[貨] 귀하게 하지 않게 한다[不貴]. 그래서[而] 성인은[聖人] 백성으로[民] 하여금[使] 도둑질할[盜] 마음을[心] 내지 않게 한다[不爲].〉
- 불귀난득지화(不貴難得之貨)는 앞서 살핀 불상현(不尙賢)을 실행함이고, 사민불위도(使民不爲盜)는 불상현(不尙賢)을 실행하는 까닭을 밝힘이다. 여기 난득(難得)은 〈난어획득(難於獲得)〉의 줄임이다.

【해독(解讀)】

- 〈불귀난득지화(不貴難得之貨) 사민불위도(使民不爲盜)〉는 두 문장이 생략된 〈그래서 이(而)〉로 이어진 중문(重文)이다. 〈난득의[難得之] 화를[貨] 귀히 하지 않는다[不貴]. 그래서[而] 백성으로[民] 하여금[使] 도심을[盜] 범하지 않게 한다[不爲].〉
- 불귀난득지화(不貴難得之貨)에서 불(不)은 귀(貴)를 꾸미는 부정사(否定詞)이고, 주어가 생략됐지만 귀(貴)는 동사 노릇하고, 난득지(難得之)는 화(貨)를 꾸며주는 형용사구 노릇하고, 화(貨)는 귀(貴)의 목적어 노릇한다. 불귀난득지화(不貴難得之貨)의 귀(貴)는 간중(看重) · 중지(重之) 등의 뜻이다. 〈성인은[聖人] 얻기[得] 어려운[難之] 재물을[貨] 귀히 하지 않는다[不貴].〉 〈소중하게 여긴다[看重] · 소중히 한다[重之]〉
- 사민불위도(使民不爲盜)에서 사(使)는 사역조술사(使役助述詞) 노릇하며, 민(民)은 사(使)의 목적어 노릇하고, 불(不)은 위(爲)의 부정사(否定詞)이고, 위(爲)는 사역의 동사 노릇하며, 도(盜)는 목적어 노릇한다. 한문에서 대표적인 사역조술사는 〈사(使) · 영(令) · 역(役)〉 등이다. 불위도(不爲盜)의 위(爲)는 여기선 〈범할 범(犯)〉과 같다. 〈민으로[民] 하여금[使] 도둑질을[盜] 범하지 않게 한다[不爲].〉
- 사민불위도(使民不爲盜)는 사역문(使役文)으로 〈A사(使)B위(爲)C〉의 상용문(常用文)이다. 〈A는 B로 하여금[使] C를 하게 한다[爲].〉 〈A사(使)B위(爲)C · A영(令)B위(爲)C · A역(役)B위(爲)C〉 등등 사역문의 상용구가 있다.

3-3 不見可欲(불현가욕) 使心不亂(사심불란)

▶가히[可] 하고자 함을[欲] 드러내지 않게 하고[不見], (백성의) 마음으로[心] 하여금[事] 어지럽히지 않게 한다[不亂].

않을 불(不), 드러낼 현(見), 가히 가(可), 하고자 할 욕(欲), 하여금 사(使), 마음 심(心), 어지러울 란(亂)

【지남(指南)】

〈난득지화(難得之貨)〉를 〈불현가욕(不見可欲)〉으로, 〈불위도(不爲盜)〉 즉 〈사민불위도(使民不爲盜)〉를 〈사심불란(使心不亂)〉으로 풀이한다. 상현(尙賢)한다면 백성은 너도나도 현능(賢能)한 인재가 되어 다재(多財)하고자 얻기 어려운[難得] 재화를 축적하려는 욕(欲)을 서슴없이[可] 드러낸다[見]. 그래서 상쟁(相爭)하게 되고, 상쟁(相爭)하면 위도(爲盜)하고, 도심(盜心)을 내면 탈인지심(奪人之心)이 백성을 혼란시킨다.

남의 것을 빼앗는[奪人之] 마음[心]이 동하면 상전(相戰)하여 살인도 마다 않는다. 인간의 탐욕은 사람을 비자연(非自然)의 동물로 치닫게 한다. 백성의 마음은 재화를 쟁탈(爭奪)하고자 어지러워진다. 민심이 혼란하면 난세로 이어져 잘살자고 탐욕을 부리다가 결국 못 살게 되고 만다. 인욕(人欲)을 드러내면 백성의 안거(安居)는 불가능해지니, 성인(聖人)은 물욕을 드러내지 않고 민심이 혼란하지 않도록 무위지치(無爲之治)로 백성의 탐욕을 막는다.

심란(心亂)은 상현(尙賢) 즉 귀다재(貴多財)로 말미암는다. 재물이 많음[多財]을 귀하다 하면 상쟁(相爭)으로 이어지고, 상쟁(相爭)은 도심(盜心)을 일으켜 난세를 부른다. 성인(聖人)의 무위지치(無爲之治)는 백성으로 하여금 가욕(可欲)을 드러나지 않게 하고, 민심을 불란(不亂)하게 하는 것이다.

【보주(補註)】

- 불현가욕(不見可欲)을 〈성인사민불현가욕득기화(聖人使民不見可欲得其貨)〉처럼 옮기면 문맥을 좀 더 쉽게 잡을 수 있다. 〈성인은[聖人] 백성으로[民] 하여금[使] 그[其] 재물을[貨] 얻기를[得] 가히[可] 하고자 함을[欲] 드러내지 않게 한다[不見].〉
- 불현가욕(不見可欲)의 현(見)은 〈드러낼 현(現)·현(顯)〉 등과 같고, 욕(欲)은 〈바랄 망(望)〉과 같다. 〈가히[可] 욕망을[欲] 드러내지 않게 한다[不見].〉
- 사심불란(使心不亂)을 〈이성인사민지심불란(而聖人使民之心不亂)〉처럼 옮기면 문맥을 좀 더 쉽게 잡을 수 있다. 〈그래서[而] 성인은[聖人] 백성의[民之] 마음으로[心] 하여금[使] 어지럽지 않게 한다[不亂].〉
- 사심불란(使心不亂)의 심(心)은 〈민지심(民之心)〉 내지 〈민심(民心)〉의 줄임이

고, 불란(不亂)의 난(亂)은 〈어지럽힐 혼(混)〉과 같아 혼란(混亂)의 줄임말로 여기면 된다. 〈백성의[民之] 마음으로[心] 하여금[使] 어지럽히지 않게 한다[不亂].〉

【해독(解讀)】

- 불현가욕(不見可欲)은 〈성인사민불현가욕득기화(聖人使民不見可欲得其貨)〉에서 주어 노릇할 성인(聖人), 견(見)을 꾸며줄 부사구 노릇할 사민(使民), 그리고 욕(欲)의 목적구인 득기화(得其貨)를 생략하고 술부(述部)만 남긴 구(句)이다. 불현가욕(不見可欲)에서 불(不)은 현(見)의 부정사(否定詞)이고, 현(見)은 동사 노릇하며, 가욕(可欲)은 현(見)의 목적구 노릇한다. 〈성인은[聖人] 백성으로[民] 하여금[使] 그[其] 재물을[貨] 가히[可] 얻고자 함을[欲得] 드러내지 않게 한다[不見].〉
- 사심불란(使心不亂)은 〈이성인사민지심불란(而聖人使民之心不亂)〉에서 연사(連辭) 노릇하는 이(而)와 주어 노릇할 성인(聖人)을 생략한 구문이다. 사심불란(使心不亂)의 사(使)는 사역조술사(使役助述詞) 노릇하며, 심(心)은 사(使)의 목적어 노릇하고, 불(不)은 난(亂)의 부정사(否定詞)이고, 난(亂)은 사역의 동사 노릇한다. 〈그래서[而] 성인은[聖人] 백성의[民之] 마음으로[心] 하여금[使] 혼란하지 않게 한다[不亂].〉
- 사심불란(使心不亂) 역시 사역문(使役文)으로 〈A사(使)B위(爲)C〉의 상용구문이다. 〈A는 B로 하여금[使] C를 하게 한다[爲].〉 〈A사(使)B위(爲)C · A영(令)B위(爲)C · A역(役)B위(爲)C〉 등등 사역문의 상용구가 있다.

3-4 是以(시이) 聖人之治虛其心(성인지치허기심)

▶ 이렇기[是] 때문에[以] 성인의[聖人之] 다스림은[治] 그[其] 마음을[心] 비우게 한다[虛].

이 시(是), 써 이(以), 통할 성(聖), 조사(~의) 지(之), 다스릴 치(治), 비우게 할 허(虛), 그 기(其), 마음 심(心)

【지남(指南)】

〈성인지치허기심(聖人之治虛其心)〉은 〈불상현(不尙賢)〉으로 성인(聖人)의 다스림[治]이 어떻게 실행되는가를 밝힌다. 허기심(虛其心)은 성인(聖人)의 무위지치(無爲之治)로, 59장(章)의 〈치인사천(治人事天)〉으로 드러난다. 『노자(老子)』의 성인(聖人)은 예악(禮樂)으로 다스리지 않고 사천(事天)으로 다스리니 무소대자(無所待者)이다.

기댈[待] 것이[所] 없는[無] 분[者]이 성인(聖人)으로, 『장자(莊子)』에 **무기(無己)·무공(無功)·무명(無名)**이란 말이 나온다. 기댈[待] 것이[所] 없음[無]이란 인의예악(仁義禮樂)·정령(政令) 등을 불시(不恃), 즉 의지하지 않음이다. 무위(無爲)란 상도(常道)를 그냥 그대로 본받아 허심(虛心)으로 일함[事之],이고 허심(虛心)은 마음[心]에서 〈기(己)·공(功)·명(名)〉 등을 비워버린[虛] 마음가짐[心齋]을 말한다. 이처럼 성인(聖人)은 자신부터 스스로 허기심(虛其心)하고, 백성들도 저마다의[其] 마음을[心] 비우도록[虛] 다스린다. 백성이 스스로 마음에서 제 몫[私]을 비우고[虛] 제 몫 채우기[欲]를 비우고 너와 나를 나누어 나를 주장하기[我]를 비우면, 성인(聖人)을 좇아 자족(自足)의 삶을 누릴 수 있다.

허기심(虛其心)이란 **심재(心齋)**하게 함이고, 심재(心齋)하면 자족(自足)하고, 자족(自足)하면 절로 소사(少私)하고 과욕(寡欲)하여 일지(一志)로 사천(事天), 즉 자연을[天] 받들면서[事] 순박한 삶을 누릴 수 있다. 일지(一志)란 부잡념(不雜念)이니 마음[心]을 비움[虛]이다. 말하자면 마음[心]에 사(私)·욕(欲)·아(我)가 없음이 허심(虛心)이고, 허심(虛心)을 일러 마음의 원기(元氣)라 한다.

원기(元氣)란 마음[心]이 곧 상도(常道)란 뜻이니 무위지심(無爲之心)을 말하고, 성인(聖人)의 무위지치(無爲之治)는 백성으로 하여금 허기심(虛其心)하고 무위지심(無爲之心)을 누려 부쟁(不爭)하고 불위도(不爲盜)하여 심불란(心不亂)하게 함이다. 마음을 혼란하지 않게 함[不亂]이란 사(私)·욕(欲)·아(我)를 마음에서 비우게 하고, 일지(一志)하여 원기(元氣)로 자족하게 함이니, 자족의 심기 그것은 곧 무위지심(無爲之心)이고 성순도지심(誠順道之心)이다.

상도(常道)란 그냥 그대로 무위(無爲)이다. 허기심(虛其心)이란 상도를[道] 진실로[誠] 따르는[順之] 마음[心]이며, 동시에 마음의 원기(元氣)를 누리게 함을 살펴 새기고 헤아려 깨우치게 하는 말씀이 〈성인지치허기심(聖人之治虛其心)〉이다.

註 "지인무기(至人無己) 신인무공(神人無功) 성인무명(聖人無名)." 지인께는[至人] 자기가[己] 없고[無], 신인께는[神人] 공치사가[功] 없으며[無] 성인께는[聖人] 이름이[名] 없다[無].

성인(聖人)을 지인(至人)·신인(神人) 등으로 부르기도 한다.

『장자(莊子)』「소요유(逍遙遊)」

註 "약일지(若一志) 무청지이이(無聽之以耳) 이청지이심(而聽之以心) 무청지이심(無聽之以心) 이청지이기(而聽之以氣) 청지어이(聽止於耳) 심지어부(心止於符) 기야자허이대물자야(氣也者虛而待物者也) 유도집허(唯道集虛) 허자심재야(虛者心齋也)." 너는[若] 마음 가는 바를[志] 하나로 하라[一]. (잡념을 없애라.) 귀로[耳]써[以] 듣지[聽之] 말라[無]. 그래서[而] 마음으로[心]써[以] 들어라[聽之]. (그러나) 마음으로[心]써[以] 듣지[聽之] 말고[無] 기운으로[氣]써[以] 들어라[聽之]. 들음은[聽] 귀에서[於耳] 멈추고[止], 마음 씀은[心] 사물을 제 마음과 맞춤에[於符] 멈춘다[止]. 기운이란[氣也] 것은[者] 비우고서[虛而] 온갖 것을[物] (걸림 없이) 맞이하는[待] 것[者]이다[也]. 오로지[唯] 도만이[道] 빔을[虛] 모은다[集]. 빔인[虛] 것이[者] 마음을[心] {상도(常道)와} 하나 되게 하는 것[齋]이다[也]. 『장자(莊子)』「인간세(人間世)」

【보주(補註)】

- 〈성인지치허기심(聖人之治虛其心)〉을 〈성인지치사민허타심(聖人之治使民虛他心)〉처럼 옮기면 문맥을 쉽게 잡을 수 있다. 타심(他心)을 현대중국어로 한다면 〈타물적심(他們的心)〉이다. 〈성인의[聖人之] 다스림은[治] 백성으로[民] 하여금[使] 그들의[他] 마음을[心] 비우게 한다[虛].〉 〈그들의[他們的] 마음[心]〉
- 성인지치(聖人之治)는 무위지치(無爲之治)와 같고, 무위지치(無爲之治)는 법상도지치(法常道之治)와 같다. 무사(無私)·무욕(無欲)·무아(無我)의 다스림[治]을 성인의[聖人之] 다스림[治]이라 하고, 이를 무위지치(無爲之治)라 한다.
- 허기심(虛其心)의 허(虛)는 〈비울 충(沖)·공(空)〉 등과 같고, 기심(其心)은 〈민지심(民之心)〉의 줄임이다. 〈백성의[民之] 마음[心]〉

【해독(解讀)】

- 〈성인지치허기심(聖人之治虛其心)〉은 〈성인지치사민허기심(聖人之治使民虛其心)〉에서 앞 문맥으로 보충할 수 있는 사민(使民)을 생략하고, 목적보어구만 남긴 사역문(使役文)이다. 그러므로 우리말로 옮길 때 생략된 내용을 보충해서 새김하면 문의(文義)가 쉽게 드러난다.

성인지치허기심(聖人之治虛其心)에서 성인지(聖人之)는 치(治)를 꾸며주는 형용사구 노릇하고, 치(治)는 주어 노릇하며, 허(虛)는 생략된 사(使)의 보어 노릇하고, 기심(其心)은 허(虛)의 목적어 노릇한다. 〈성인의[聖人之] 다스림은[治] 그[其] 마음을[心] 비우게 한다[虛].〉 허(虛)는 〈비울 허(虛)〉가 아니라 사역문의 보어이므로 〈비우게 할 허(虛)〉로 새긴다.

3-5 實其腹(실기복)

▶ 그[其] 배를[腹] 채우게 한다[實].

실하게 할 실(實), 그 기(其), 배 복(腹)

【지남(指南)】

〈실기복(實其腹)〉 또한 〈불상현(不尙賢)〉으로 성인(聖人)의 다스림[治]이 어떻게 실행되는가를 헤아린다. 또한 성인(聖人)의 무위지치(無爲之治)는 59장(章)의 〈치인사천(治人事天)〉으로 드러남을 밝힌다.

허기심(虛其心)은 사(私) · 욕(欲) · 아(我)로 이어지는 인위지치(人爲之治)를 버리는 것이고, 실기복(實其腹)이란 사(私) · 욕(欲) · 아(我)를 버리는 무위지치(無爲之治)를 비유한 말씀이다. 그래서 무위지치(無爲之治)를 무사(無私)의 다스림[治]이고, 무욕(無欲)의 다스림이며, 무아(無我)의 다스림이라고 한다. 사(私) · 욕(欲) · 아(我)가 심신을 괴롭히고 파괴하는 탐욕의 삶을 범하게 하는 것이다. 탐욕의 삶을 벗어나 소사(少私)하고 과욕(寡欲)하여 소박한 삶을 누리게 함이 여기 실기복(實其腹)이다.

실기복(實其腹)의 〈복(腹)〉은 육신의 배[腹]를 빌어 순천(順天), 즉 천성(天性)을 따름을[順] 뜻한다. 그러므로 실기복(實其腹)의 복(腹)은 심곡(心曲) · 위이(委蛇)를 말한다. 심곡(心曲)이란 마음[心]의 섬세함[曲]에 순종함이니, 복(腹)은 드러나지 않는 천성 즉 본성을 비유한다. 심곡(心曲)으로서 복(腹)은 『장자(莊子)』의 위이(委蛇)와 같은 말씀이니, 위복(爲腹)의 복(腹)은 천성 즉 허심(虛心)을 순종함이다. 위이(委蛇)란 허심(虛心) · 천성(天性)을 순종하여 외물(外物)에 현혹되지 않음이다.

그러니 실기복(實其腹)이란 상도(常道)를 본받아[法] 상도(常道)가 쓰는[用] 현덕(玄德)을 굽어 따름이고, 순성(順性)하여 상도(常道)와 함께함을 밝힘이 〈성인실기복(聖人實其腹)〉이다. 그러므로 실기복(實其腹)은 인위(人爲)의 삶에서 무위(無爲)의 삶으로 돌아와 실천함[實]이다.

천지(天地)가 준 목숨[命]을 보전하게 함을 실기복(實其腹)이란 말씀으로 새겨도 된다. 그러니 실기복(實其腹)은 몸과 마음을 성전(誠全)하여 귀도(歸道)하게 함으로 심신을 정성껏[誠] 온전히 하여[全] 도(道)로 돌아가게[歸] 함이니, 무위지치(無爲之治)의 실행이다.

註 "열자여계함견호자(列子與季咸見壺子) 입미정(立未定) 자신이주(自失而走) 호자왈(壺子曰) 추지(追之) 열자추지불급(列子追之不及) 반이보호자왈(反以報壺子曰) 이멸의(已滅矣) 이실의(已失矣) 오불급이(吾不及已) 호자왈(壺子曰) 향오시지이미시출오종(鄕吾示之以未始出吾宗) 오여지허이위이(吾與之虛而委蛇) 부지기수하(不知其誰何) 인이위제미(因以爲弟靡) 인이위파류(因以爲波流) 고미야(故迷也)." 열자가[列子] 계함(季咸)과 함께[與] 호자를[壺子] 찾아가 만났다[見]. {계함(季咸)이} 설 자리도[立] 찾지 못한 채로[未定] 어리둥절해서[自失而] 줄행랑쳤다[走]. 호자가[壺子] 말했다[曰] : 그자를[之] 쫓아가 데려오라[追]. 열자가[列子] 그를[之] 뒤쫓았지만[追而] 따라잡지 못했음[不及]으로[以] 돌아와[反] 호자에게[壺子] 알렸다[報] : 이미[已] 사라져버린 것[失]이라[矣] 제가[吾] 따라잡지 못하고[不及] 말았습니다[已]. 호자가[壺子] 말했다[曰] : 아까[鄕] 내가[吾] 드러나지 않는 것으로[未始出]써[以] 나의[吾] 상도를[宗] 계함에게[之] 보여주었지[示]. 나는[吾] 계함[之]에게[與] {온갖 외물(外物)을 떠나} 마음을 비우고서[虛而] 도(道)를 순종하는 모습을 지었지[委蛇]. {그래서 계함(季咸)이} 그[其] 누구인지[誰何] 몰랐던 것이지[不知]. 그래서[因以] {계함(季咸)이 나를} 바람 부는 대로 나부끼는 띠풀처럼[弟靡] 생각했고[爲], 치는 대로 출렁대는 파도처럼[流波] 생각했기[爲] 때문에[故] 도망쳐버린 것[迷]이오[也].

계함(季咸)은 제인(齊人)으로 인간의 사생화복수요(死生禍福壽夭)를 알 수 있다고 호언한 신무(神巫)이고, 호자(壺子)는 정인(鄭人)으로 열자(列子)의 스승이라 한다. 위이(委蛇)는 지순(至順), 즉 지극히 순종하는 모습이다. 이(蛇)의 발음은 〈사〉가 아니라 〈이〉이다. 제미(弟靡)는 바람에 나부끼는 띠풀[茅] 같아 종잡을 수 없는 모습이고, 유파(流波) 역시 바람 부는 대로 이리저리 출렁여 종잡을 수 없는 모습이다. 『장자(莊子)』「응제왕(應帝王)」

【보주(補註)】

- 〈실기복(實其腹)〉을 〈성인지치사민실타복(聖人之治使民實他腹)〉처럼 옮기면 문맥을 쉽게 잡을 수 있다. 〈성인의[聖人之] 다스림은[治] 백성으로[民] 하여금

[使] 그들의[他] 배를[腹] 충실하게 한다[實].〉

- 실기복(實其腹)의 실(實)은 〈행할 행(行) · 충실할 충(充)〉과 같아 실행(實行) · 충실(充實) 등의 줄임이고, 기복(其腹)의 복(腹)은 순천(順天), 즉 본성을[天] 따름[順]을 뜻한다. 위복(爲腹)의 복(腹)은 심곡(心曲) 즉 심중(心中)을 뜻하고, 육식(六識)을 떠난 허정(虛靜)한 마음 즉 허심(虛心)을 비유하고 있다. 허심(虛心)의 모습을 〈복(腹) · 심곡(心曲) · 위곡(委曲) · 위이(委蛇)〉로 비유하여 말한다. 실기복(實其腹)의 복(腹)은 4장(章) 〈좌기예(挫其銳)〉를 상기하여 의탁하게 하고, 12장(章)의 〈성인위복(聖人爲腹)〉을 떠올려 헤아리게 하며, 19장(章) 〈소사과욕(少私寡欲)〉과 28장(章)의 〈복귀어영아(復歸於嬰兒) · 복귀어박(復歸於樸)〉을 상기하여 귀어도(歸於道)의 순성(順性)을 헤아려 깨닫게 하는 비유이다.

  위이(委蛇)는 순종하여 걸림 없는 모습이며, 이(蛇)의 발음은 〈뱀 사(蛇)〉가 아니라 〈따를 이(蛇)〉이다.

【해독(解讀)】

- 〈실기복(實其腹)〉은 〈성인지치사민실기복(聖人之治使民實其腹)〉에서 주어 노릇할 성인지치(聖人之治)와 술부 노릇할 사민(使民)을 생략하고, 사(使)의 목적보어구만 남긴 사역문(使役文)이다. 실기복(實其腹)은 생략된 사(使)의 목적보어구 노릇한다. 〈성인의[聖人之] 다스림은[治] 그[其] 배를[腹] 충실하게 한다[實].〉 실(實)은 〈충실히 할 실(實)〉이 아니라 사역문의 보어이므로 〈충실하게 할 실(實)〉로 새긴다.
- 실기복(實其腹)에서 실(實)은 영어의 〈to〉 없는 부정사(不定詞)와 같은 구실을 하고, 기복(其腹)은 실(實)의 목적어 노릇한다. 〈The sage's govern makes people enrich their stomach.〉에서 〈The sage's govern makes people〉을 생략하고 〈enrich their stomach.〉만 남긴 셈이지만 하나의 사역문이다. 한문(漢文)에서는 한 자(字)로써도 문장을 이룬다.

3-6 弱其志(약기지)

▶ 그[其] 마음의 가기를[志] 유약하게 한다[弱].

유약하게 할 약(弱), 그 기(其), 마음 갈 지(志)

【지남(指南)】

〈약기지(弱其志)〉 역시 〈불상현(不尙賢)〉으로 성인(聖人)의 다스림[治]이 어떻게 실행되는가를 헤아린다. 물론 〈허기심(虛其心)〉을 거듭 강조하는 말씀인지라 약기지(弱其志) 역시 성인(聖人)의 무위지치(無爲之治)가 59장(章)의 〈치인사천(治人事天)〉으로 드러남을 밝힌다.

약기지(弱其志) 또한 사(私) · 욕(欲) · 아(我)를 버리게 하는 무위지치(無爲之治)를 비유한 말씀이다. 무위(無爲)의 삶, 즉 소사(少私)하고 과욕(寡欲)하여 소박한 삶을 누리게 하자면 무엇보다 약기지(弱其志)로써 심재(心齋)해야 한다. 사(私) · 욕(欲) · 아(我)의 지(志)를 약하게 함이 약기지(弱其志)이며, 지(志)는 심지소지(心之所之) 즉 마음이[心之] 가는[之] 바[所]를 말한다. 제 몫[私]에 마음이 가고 제 몫 차지[欲]에 마음이 가고 제 몫을 차지하려는 나[我]를 향하면, 마음 가기[志]가 저절로 조잡해져 심지정(心之靜) 즉 마음의 고요가[靜] 사라지고 사천(事天)을 외면하게 된다. 마음의 고요를 누림을 일러 심재(心齋)라 하고, 마음이 고요하면 절로 귀근(歸根)한다.

마음이 상도(常道) 즉 자연으로[根] 돌아감이[歸] 사천(事天)이니, 약기지(弱其志)도 실기복(實其腹)처럼 천지가 준 목숨을 보전하게 함을 비유한 것으로, 이 역시 몸과 마음을 성전(誠全)하여 귀도(歸道)하게 함이다. 심신을 정성껏[誠] 온전히 하여[全] 도(道)로 돌아가[歸] 사천(事天)함을 살펴 새기고 헤아려 깨우치게 하는 말씀이 〈약기지(弱其志)〉이다.

【보주(補註)】

- 〈약기지(弱其志)〉를 〈성인지치사민약타지(聖人之治使民弱他志)〉처럼 옮기면 문맥을 쉽게 잡을 수 있다. 〈성인의[聖人之] 다스림은[治] 백성으로[民] 하여금[使] 그들의[他] 마음이 가는 바를[志] 유약하게 한다[弱].〉
- 약기지(弱其志)의 약(弱)은 〈유약하게 할 유(柔)〉와 같고, 기지(其志)는 〈민지지(民之志)〉의 줄임이고, 지(志)은 심지(心志)의 줄임이다. 〈백성의[民之] 마음이 가는 바[志]〉

【해독(解讀)】

- 〈약기지(弱其志)〉는 〈성인지치사민약기지(聖人之治使民弱其志)〉에서 주어 노릇할 성인지치(聖人之治)와 술부 노릇할 사민(使民)을 생략하고, 사(使)의 목적보어구만 남긴 사역문(使役文)이다. 약기지(弱其志)는 생략된 사(使)의 목적보어구 노릇한다. 〈성인의[聖人之] 다스림은[治] 그[其] 마음 가는 바를[志] 유약하게 한다[弱].〉 약(弱)은 〈유약할 약(弱)〉이 아니라 사역문의 보어이므로 〈유약하게 할 약(弱)〉으로 새긴다.
- 약기지(弱其志)에서 약(弱)은 영어의 〈to〉 없는 부정사(不定詞)같이 구실하고, 기지(其志)는 약(弱)의 목적어 노릇한다. 〈The sage's govern makes people weaken their will.〉에서 〈The sage's govern makes people〉을 생략하고 〈weaken their will.〉만 남긴 셈이지만 하나의 사역문이다. 한문(漢文)에서는 한 자(字)로써도 문장을 이룬다.

3-7 强其骨(강기골)

▶ 그[其] 뼈대를[骨] 굳세게 한다[强].

굳세게 할 강(强), 그 기(其), 뼈 골(骨)

【지남(指南)】

〈강기골(强其骨)〉 역시 〈불상현(不尙賢)〉으로 성인(聖人)의 다스림[治]이 어떻게 실행되는가를 헤아린다. 이 또한 〈실기복(實其腹)〉을 강조하는 말씀으로, 성인(聖人)의 무위(無爲)의 다스림[治]이 59장(章)의 〈치인사천(治人事天)〉으로 드러남을 밝힌다.

강기골(强其骨) 또한 사(私) · 욕(欲) · 아(我)를 버리게 하는 무위지치(無爲之治)를 비유하여 소사(少私)하고 과욕(寡欲)하여 소박한 삶을 누리려면 무엇보다 강기골(强其骨)로써 성전(誠全)해야 함을 말한다. 심신(心身)을 굳세게 함이 강기골(强其骨)이니, 제 몸[其骨]을 굳세게 함[强]이란 자승(自勝) 즉 스스로[自] 무릅씀[勝]이다. 유어외(誘於外), 즉 몸 바깥 것에[於外] 유혹당하면[誘] 심신이 저절로 사

(私) · 욕(欲) · 아(我)에 매달리게 되어 쇠망(衰亡)하게 되고 자패(自敗)하는 것이다. 사(私) · 욕(欲) · 아(我)는 자신을 스스로 쟁심(爭心)으로 끌어가 도심(盜心)을 불러오고 심란하게 하여 스스로[自] 망하게[敗] 된다.

이처럼 제 몫[私]에 마음이 감을 제압하고, 제 몫 차지[欲]에 마음이 감을 제압하며 제 몫을 차지하려는 나[我]를 제압하려면 강기골(强其骨)해야 한다. 강기골(强其骨)은 자강(自强)하여 자승(自勝)함이고, 심신을 성전(誠全)함은 귀근(歸根)함이다. 마음이 자연으로 돌아가면[歸根] 인위(人爲)를 벗어나 무위(無爲)로 사천(事天)의 삶을 누리게 되, 강기골(强其骨)도 약기지(弱其志)처럼 천지가 준 목숨을 보전하게 함을 비유한 것이다. 몸과 마음을 진실로[誠] 온전히 하여[全] 사천(事天)하게 함임을 살펴 새기고 헤아려 깨우치게 하는 말씀이 〈강기골(强其骨)〉이다.

【보주(補註)】

- 〈강기골(强其骨)〉을 〈성인지치사민강타골(聖人之治使民强他骨)〉처럼 옮기면 문맥을 좀 더 쉽게 잡을 수 있다. 〈성인의[聖人之] 다스림은[治] 백성으로[民] 하여금[使] 그들의[他] 뼈대를[骨] 굳세게 한다[弱].〉
- 강기골(强其骨)의 강(强)은 〈굳세게 할 강(剛)〉과 같고, 기골(其骨)은 〈민지골(民之骨)〉의 줄임이며, 골(骨)은 골육(骨肉)의 줄임이다. 〈백성의[民之] 뼈대[骨]〉

【해독(解讀)】

- 〈강기골(强其骨)〉은 〈성인지치사민강기골(聖人之治使民强其骨)〉에서 주어 노릇할 성인지치(聖人之治)와 술부 노릇할 사민(使民)을 생략하고, 사(使)의 목적보어구만 남긴 사역문이다. 강기골(强其骨)은 생략된 사(使)의 목적보어구 노릇한다. 〈성인의[聖人之] 다스림은[治] 그[其] 뼈대를[骨] 굳세게 한다[强].〉 강(强)은 〈굳셀 강(强)〉이 아니라 사역문의 보어이므로 〈굳세게 할 강(强)〉으로 새긴다.
- 강기골(强其骨)에서 강(强)은 영어의 〈to〉 없는 부정사(不定詞)같이 구실하고, 기골(其骨)은 강(强)의 목적어 노릇한다. 한문(漢文)에서는 한 자(字)로써도 문장을 이룬다.

3-8 常使民無知無欲(상사민무지무욕)

▶늘[常] 백성으로[民] 하여금[使] 앎이[知] 없게 하고[無], 하고자 함이[欲] 없게 한다[無].

늘 상(常), 하여금 사(使), 백성 민(民), 없게 할 무(無), 알 지(知), 하고자 할 욕(欲)

【지남(指南)】

〈상사민무지무욕(常使民無知無欲)〉은 성인(聖人)이 펼치는 무위(無爲)의 다스림이 〈허기심(虛其心) · 실기복(實其腹) · 약기지(弱其志) · 강기골(強其骨)〉을 실행하는 까닭을 밝힌다.

성인(聖人)이 백성[民]을 무지(無知)하게 한다 함은 백성을 몽매(蒙昧)하게 함이 아니다. 성인(聖人)이 다스리는[治] 무지(無知)의 지(知)는 무위(無爲)의 지(知)로서 총명 · 지식에 매달리는 앎[知]이 아니다. 인욕(人欲)이 끌어오는 지(知)는 인화물(人化物), 즉 사람이[人] 재물로[物] 변하는[化] 지식이다. 요샛말로 하면 인간이 물질화하는 지능을 없앰이 성인(聖人)이 다스리는 무지(無知)이다. 그러므로 사민무지(使民無知), 즉 백성으로 하여금 **물미(物靡)**의 총명으로 미혹되지 않게 하여 기(己) · 공(功) · 명(名)을 추구하게 하는 지식의 유혹이 없어짐인지라, 우민(愚民) 즉 백성을[民] 멍텅구리로[愚] 만든다는 것은 아니다.

따라서 백성으로 하여금 인욕(人欲)을 삼가 멀리하고 자연으로 돌아오게 하는 성인(聖人)의 무위지치(無爲之治)란 덕생(德生)의 치세이고 무적(無賊)의 치세임을 살펴 새기고 깨우치게 하는 말씀이 〈상사민무지무욕(常使民無知無欲)〉이다.

註 "불개인지천(不開人之天) 이개천지천(而開天之天) 개천자덕행(開天者德生) 개인자적생(開人者賊生)." {성인(聖人)은} 사람의[人之] 도(道)를[天] 열지 않는다[不開]. 그러나[而] {성인(聖人)은} 자연의[天之] 도를[天] 연다[開]. 천도를[天] 열면[開者] 덕이[德] 생기고[生], 인도를[人] 열면[開] 해침이[賊] 생긴다[生].

인지천(人之天)은 인지도(人之道) 즉 인위(人爲)이고, 천지천(天之天)은 천지도(天之道) 즉 무위(無爲)이다. 적(賊)은 〈해칠 해(害)〉와 같고 상쟁(相爭)을 뜻한다고 여겨도 된다.

『장자(莊子)』「달생(達生)」

註 물미(物靡)는 재화가 되는 것을[物] 좇아 끌려감[靡]이니, 요샛말로 하면 물욕(物欲)과 같다.

【보주(補註)】

- 〈상사민무지무욕(常使民無知無欲)〉을 〈성인지치상사민무지(聖人之治常使民無知) 이성인지치상사민무욕(而聖人之治常使民無欲)〉처럼 옮기면 좀 더 쉽게 문맥을 잡을 수 있다. 〈성인의[聖人之] 다스림은[治] 항상[常] 백성으로[民] 하여금[使] 무지하게 한다[無知]. 그리고[而] 성인의[聖人之] 다스림은[治] 항상[常] 백성으로[民] 하여금[使] 무욕하게 한다[無欲].〉
- 상사민무지무욕(常使民無知無欲)의 상(常)은 〈항상 항(恒)〉과 같고, 사(使)는 〈하여금 령(令) · 시킬 역(役)〉과 같다. 여기 무지(無知)는 〈무분별지지(無分別之知)〉로 여기고, 무욕(無欲)은 〈무사욕(無私欲)〉로 여기면 된다. 〈분별하는[分別之] 앎이[知] 없음[無]〉 〈사사로운[私] 욕심이[欲] 없음[無]〉

【해독(解讀)】

- 〈상사민무지무욕(常使民無知無欲)〉은 〈성인지치상사민무지(聖人之治常使民無知) 이성인지치상사민무욕(而聖人之治常使民無欲)〉에서 주부 노릇할 성인지치(聖人之治)를 생략하고, 술부만 남긴 두 사역문이다. 그러므로 상사민무지무욕(常使民無知無欲)은 〈상사민무지(常使民無知) 이상사민무욕(而常使民無欲)〉에서 되풀이되는 뒤의 이상사민(而常使民)을 생략한 말투인 셈이다.
- 상사민무지무욕(常使民無知無欲)에서 상(常)은 사(使)를 꾸미는 부사 노릇하고, 사(使)는 사역조술사(使役助述詞) 노릇하며, 민(民)은 사(使)의 목적어 노릇하고, 무(無)는 사역의 동사 노릇하며, 지(知)는 무(無)의 주어 노릇하고, 무욕(無欲)의 무(無) 역시 사역의 동사 노릇하고, 욕(欲)은 무(無)의 주어 노릇한다. 〈항상[常] 백성으로[民] 하여금[使] 앎이[知] 없게 하고[無] 욕심이[欲] 없게 한다[無].〉
- 사민무지(使民無知)는 사역문으로 〈A사(使)B위(爲)C〉의 상용문이다. 〈A는 B로 하여금[使] C를 하게 한다[爲].〉 〈A사(使)B위(爲)C · A영(令)B위(爲)C · A역(役)B위(爲)C〉 등등 사역문의 상용구가 있다.

3-9 使夫知者不敢爲也(사부지자불감위야)

▶ 무릇[夫] 아는[知] 자로[者] 하여금[使] 과감히[敢] (지식 따위를) 쓰지 않게 하는 것[不爲]이다[也].

하여금 사(使), 무릇 부(夫), 알 지(知), 놈 자(者), 않을 불(不), 과감히 감(敢), 행할 위(爲), 조사(~이다) 야(也)

【지남(指南)】

〈사부지자불감위야(使不知者不敢爲也)〉는 성인(聖人)이 펼치는 무위(無爲)의 다스림은 백성으로 하여금 이런저런 지식을 행하지 않게 함을 밝힌다. 인위(人爲)를 감행하여 인욕(人欲)을 자행하면 그를 내치는 것이 아니라 〈허기심(虛其心)·실기복(實其腹)·약기지(弱其志)·강기골(强其骨)〉로써 무지(無知) 무욕(無欲)하게 한다. 그러면 물미(物靡) 즉 바깥 것들로[物] 말미암아 쓰러지는[靡] 상쟁(相爭)의 삶을 벗어나, 자박(自樸) 자검(自儉)의 삶을 누리는 자연으로 자귀(自歸)하게 된다. 성인(聖人)의 무위지치(無爲之治)는 이력굴복(以力窟服)시키지 않고 이덕심복(以德心服)시키기 때문이다. 사람을 힘으로[以力] 굴복시키면 진실로 복종하게 만들지 못한다. 힘[力]이 모자라 굴복당할 뿐 힘을 길러 보복하려는 내심을 품게 되지만, 상덕으로[以德] 사람을 심복시키면 성복(誠服) 즉 절로 거짓 없이[誠] 순종하게 된다.

성인(聖人)의 무위지치(無爲之治)는 상도(常道)를 그냥 그대로 본받아[法] 사천(事天)으로 행하는 다스림이니, 상도(常道)의 짓인 상덕(常德)을 그대로 따라 사람을 구제하기 때문에 인위(人爲)를 아는[知] 자일지라도 버리지 않고 끌어안아 성수반덕(性脩反德)하게 한다. 〈성수(性脩)〉란 〈수성(修性)〉과 같다. 천성(天性)을 닦음[脩]이란 인욕(人欲)을 줄임[寡]으로 이어져 절로 상덕(常德)으로 돌아와[反] 무위지인(無爲之人)으로 복귀하는 것이다. 그러므로 인위지민(人爲之民)일지라도 무위(無爲)의 다스림으로 무위지인(無爲之人)으로 복귀하여 자화(自化) 자정(自正)하게 됨을 밝힌 말씀이 〈사부지자불감위야(使不知者不敢爲也)〉이다.

【보주(補註)】

- 〈사부지자불감위야(使不知者不敢爲也)〉를 〈성인지치사부지자불감위타지야(聖人之治使夫知者不敢爲他知也)〉처럼 옮기면 문맥을 좀 더 쉽게 잡을 수 있다. 〈성인의[聖人之] 다스림은[治] 무릇[夫] 아는[知] 자로[者] 하여금[使] 그들의[他] 앎을[知] 과감히[敢] 행하지 않게 하는 것[不爲]이다[也].
- 사부지자불감위야(使不知者不敢爲也)는 27장(章)의 **성인상선구인(聖人常善救人) 고(故) 무기인(無棄人)**을 상기시킨다. 성인(聖人)이 무위(無爲)로 치인(治人)함은 늘[常] 선하게[善] 사람들을[人] 구제하지[救], 선별해서 구제하지 않는다. 여기 상선구인(常善救人)의 선(善)은 〈선행(善行) · 선언(善言) · 선계(善計) · 선폐(善閉) · 선결(善結)〉을 묶음하고, 이는 이무위(以無爲) 즉 무위로[無爲] 사용함[以]과 같은지라 상선구인(常善救人)은 〈상구인이무위(常救人以無爲)〉와 같다. 〈무위로[無爲]써[以] 늘[常] 사람들을[人] 구제한다[救].〉

註 "선행무철적(善行無轍迹) 선언무하적(善言無瑕讁) 선수불용주책(善數不用籌策) 선폐무관건이불가개(善閉無關楗而不可開) 선결무승약이불가해(善結無繩約而不可解) 시이(是以) 성인상선구인(聖人常善救人) 고(故) 무기인(無棄人) 상선구물(常善救物) 고(故) 무기물(無棄物) 시위습명(是謂襲明)." 선한[善] 행함에는[行] 수레바퀴 자국이나[轍] 발자국이[迹] 없고[無], 선한[善] 말씀에는[言] 흠이나[瑕] 꾸지람이[讁] 없으며[無], 선한[善] 헤아림은[數] 잔머리 굴리는[籌] 꾀를[策] 쓰지 않고[不用], 선한[善] 닫음에는[閉] 가로지른 빗장이나[關] 견고한 문빗장도[楗] 없으나[無而] 열 수도[可開] 없으며[不], 선한[善] 맺음에는[結] 노끈이나[繩] 묶음도[約] 없으나[無而] 풀 수도[可解] 없다[不]. 이것들로[是]써[以] 성인은[聖人] 늘[常] 선하게[善] 사람들을[人] 구제하기[救] 때문에[故] 사람들을[人] 버림이[棄] 없고[無], 늘[常] 선하게[善] 온갖 것을[物] 구제하기[救] 때문에[故] 온갖 것을[物] 버림이[棄] 없다[無]. 이러함을[是] 밝음을[明] 이어받음이라[襲] 한다[謂]. 『노자(老子)』 27장(章)

【해독(解讀)】

- 〈사부지자불감위야(使不知者不敢爲也)〉는 〈성인지치사부지자불감위타지야(聖人之治使夫知者不敢爲他知也)〉에서 주어 노릇할 성인지치(聖人之治)와, 위(爲)의 목적어 노릇할 타지(他知)를 생략한 구문이다. 사부지자불감위야(使夫知者不敢爲也)에서 사(使)는 사역조술사(使役助述詞) 노릇하며, 부(夫)는 지자(知者)를 꾸미는 어조사 노릇하고, 지자(知者)는 사(使)의 목적어 노릇하고, 불(不)은

위(爲)의 부정사(否定詞) 노릇하고, 감(敢)은 위(爲)를 꾸미는 부사 노릇하며, 위(爲)는 사역의 동명사로서 보어 노릇하고, 야(也)는 조사로서 종결어미 노릇한다. 사(使)는 〈시킬 령(令) · 부릴 역(役)〉 등과 같고, 부(夫)는 〈무릇 범(凡)〉과 같고, 지(知)는 〈알 식(識)〉과 같고, 감(敢)은 〈과감히 과(果)〉와 같고, 위(爲)는 여기선 〈쓸 용(用)〉과 같다. 〈무릇[夫] 지자로[知者] 하여금[使] 과감하게[敢] 그들의[他] 지식을[知] 사용하지 않게 하는 것[不爲]이다[也].〉

- 사부지자불감위야(使不知者不敢爲也)는 사역문으로 〈A사(使)B위(爲)C〉의 상용문이다. 〈A는 B로 하여금[使] C를 하게 하는 것[爲]이다[也].〉 〈A사(使)B위(爲)C · A영(令)B위(爲)C · A역(役)B위(爲)C〉 등등 사역문의 상용구가 있다.

3-10 爲無爲(위무위) 則無不治(즉무불치)

▶ 무위를[無爲] 실행하면[爲] 곧[則] 다스리지 못함이[不治] 없다[無].

행할 위(爲), 없을 무(無), 곧 즉(則), 못할 불(不), 다스릴 치(治)

【지남(指南)】

〈위무위(爲無爲) 즉무불치(則無不治)〉는 백성으로 하여금 허심(虛心)하게 하고, 실복(實腹)하게 하며, 약지(弱志)하게 하고, 강골(强骨)하게 함이 성인(聖人)의 무위지치(無爲之治)임을 거듭해 밝힌다. 물론 허심(虛心) · 실복(實腹) · 약지(弱志) · 강골(强骨) 등은 〈불상현(不尙賢)〉을 자상히[詳] 풀이함[繹]이다. 무위지치(無爲之治)란 불상현(不尙賢)의 다스림[治] 바로 그것이다. 불상현(不尙賢)은 불상재화(不尙財貨)이니, 재화를 숭상하지 않게 하면 절로 무위지치(無爲之治)가 드러난다. 이는 무사(無私)하게 하는 다스림이고, 무욕(無欲)하게 하는 다스림이며, 무아(無我)하게 하는 다스림이기 때문이다.

모든 물욕은 재화로 말미암으니, 재화를 높이 받들지 않게 하면[不尙賢] 절로 과욕(過欲)은 과욕(寡欲)으로 천선(遷善)할 것이다. 그러므로 무위지치(無爲之治)란 백성으로 하여금 소사(少私)하게 하고, 과욕(寡欲)하게 하여 선자(善者)가 되게 하는 다스림이다. 백성이 제 욕심을 작게 하고[少] 줄여[寡] 자화(自化)하고 자정

(自正)하면 절로 다스려지는 것이다. 그러면 무불치민(無不治民) 즉 백성[民]을 다스리지 않음[不治]이 없는[無] 것이니, 성인(聖人)의 무위지치(無爲之治)란 곧 〈무불치민(無不治民)〉이다.

【보주(補註)】

- 〈위무위(爲無爲) 즉무불치(則無不治)〉를 〈약성인위무위지치(若聖人爲無爲之治) 즉성인무불치민(則聖人無不治民)〉처럼 옮기면 문맥을 좀 더 쉽게 잡을 수 있다. 〈만약[若] 성인이[聖人] 무위의[無爲之] 다스림을[治] 행하면[爲] 곧[則] 성인께는[聖人] 백성을[民] 다스리지 못함이[不治] 없다[無].〉
- 위무위(爲無爲)는 〈행무위(行無爲)〉로 새기면 된다. 〈무위를[無爲] 행한다[爲].〉
- 즉무불치(則無不治)의 치(治)는 〈선성어무위(繕性於無爲)〉를 뜻한다. 무위에서[於無爲] 천성을[性] 다스림이[繕] 곧 성인지치(聖人之治)인 까닭이다. 천성(天性) 즉 저마다의 본성(本性)을 닦아 고침[修]이 다스림[治]이고, 모자란 곳을 더하고 넘치는 곳을 덜어 손보아 고침[繕] 또한 치(治)이다. 치(治)는 실행함[爲]이고 정리함[整]이며, 바르게 함[正]이고 통하게 함[王]이며, 변화하게 함[化]이다. 그러므로 치민(治民)은 수민(修民)함이고 선민(繕民)함이며, 위선(爲繕)하여 백성이 자정(自正)·자족(自足)하여 민지자화(民之自化)를 이룸이 여기 무불치(無不治)의 치(治)이다. 그러므로 스스로[自] 발라지고[正], 스스로[自] 만족하여[足] 백성이[民之] 스스로[自] 변화함이[化] 여기 무불치(無不治)인지라 『장자(莊子)』에 나오는 선성어속학(繕性於俗學)의 속학(俗學)을 버리고, 무위에서[於無爲] 선성(繕性) 즉 본성을[性] 닦아가게[繕] 함이 여기 〈성인지치(聖人之治)〉이다. 속학(俗學)이란 유가(儒家)·법가(法家)·묵가(墨家) 등등의 학문을 말한다.

註 "선성어속학(繕性於俗學) 이구복기초(以求復其初) 골욕어속사(滑欲於俗思) 이구치기명(以求致其明) 위지폐몽지민(謂之蔽蒙之民)." 세속의[俗] 학문 속에서[於學] 본성을[性] 닦음으로[繕]써[以] 그[其] 시초로[初] 돌아오고자 하고[求復], 세속의[俗] 생각 속에서[於思] 욕망을[欲] 어지럽힘으로[滑]써[以] 그[其] 밝힘을[明] 다하고자 하는데[求致], 이를[之] 눈이 가려진 어리석은[蔽蒙之] 인간들이라[民] 한다[謂].

기초(其初)는 성(性) 즉 본성(本性)을 말하고, 골욕(滑欲)은 난욕(亂欲) 즉 욕망을[欲] 어지럽힘[亂]을 말하고, 기명(其明)은 성지명(性之明) 즉 본성을[性之] 밝힘[明]을 말한다.

『장자(莊子)』「선성(繕性)」

【해독(解讀)】

- 〈위무위(爲無爲) 즉무불치(則無不治)〉는 조건의 종절과 주절로 이루어진 복문(複文)이다. 〈무위를[無爲] 행하면[爲] 곧장[則] 다스리지 못할 것이[不治] 없다[無].〉
- 위무위(爲無爲)는 〈성인위무위지치(聖人爲無爲之治)〉에서 주어 노릇할 성인(聖人)이 생략되었고, 위(爲)는 동사 노릇하며, 무위지치(無爲之治)에서 지치(之治)는 앞의 문맥으로 보충될 수 있는 내용이므로 생략되었고, 무위(無爲)는 위(爲)의 목적어 노릇한다. 위(爲)는 〈행할 행(行)〉과 같아 행위(行爲)의 줄임말로 여기면 된다. 〈무위를[無爲] 행한다면[爲]〉
- 즉무불치(則無不治)는 〈즉성인무불치민(則聖人無不治民)〉에서 즉(則)은 앞 종절을 이어주는 어조사로서 〈곧장 즉(則)〉이고, 주어 노릇할 성인(聖人)은 생략되었고, 무(無)는 〈없을 무(無)〉로서 동사 노릇하고, 불치(不治)는 무(無)의 주어 노릇한다. 여기 불치(不治)는 〈불치민(不治民)〉의 줄임이다. 〈곧장[則] 불치는[不治] 없다[無].〉

도충장(道沖章)

도가(道家)는 도체(道體) 즉 도(道)의 근본[體]을 〈허(虛)〉라 한다. 무체지체(無體之體) 즉 보고[視] 듣고[聞] 잡을[搏] 몸[體]이 없는[無之] 그 자체[體]를 형이상자(形而上者)라 하고, 형이상자(形而上者)의 도(道)를 〈충(沖)〉으로써 밝히는 장(章)이다. 그 충(沖)은 허(虛)이고, 그 허(虛)를 〈기(氣)〉라고도 한다. 그래서 허기(虛氣)라는 말이 생겼다. 도체(道體) · 도충(道沖) · 도허(道虛) · 도기(道氣) 등은 모두 역도(繹道) 즉 도(道)를 풀이한[繹] 술어(術語)들이다.

허(虛)란 재우주(載宇宙), 즉 온 우주(宇宙)를 실어주고 있음이다. 상도(常道)는 우주 삼라만상을 모두 싣고 있고, 이것을 〈충(沖)〉이라 하고 상도(常道)가 이 충(沖)을 쓴다고[用] 한다. 상도(道)의 용(用)을 풀이하여[繹] 충(沖)이라 함은 약존(若存) 즉 없는 듯하지만 있는[若] 상도[道]를 말한 셈이다.

충(沖)으로 생기지 않는 것이란 없고, 담기지 않는 것 또한 없다. 이런 충(沖)은 도(道)의 체용(體用)을 이른다. 이러한 상도[道]는 온갖 것[萬物]의 근원자(根源者) 즉 시원(始原)이므로, 상제(象帝) 즉 천제(天帝)마저도 상도(常道)의 자(子)임을 암시하는 장(章)이다.

【원문(原文)】

道沖而用之하면 或不盈한다 淵兮라 似萬物之宗이다
도충이용지 혹불영 연혜 사만물지종

挫其銳 解其紛 和其光 同其塵 湛兮라 似或存이니
좌기예 해기분 화기광 동기진 담혜 사혹존

吾不知其誰之子이나 象帝之先이라
오부지기수지자 상제지선

도는[道] 빎이다[沖]. 그리고[而] (상도는) 그것을[之] 쓰지만[用], (상도는 그 빎을) 늘[或] 가득 채우지 않는다[不盈]. 그윽이 깊어라[淵兮]! 온갖 것의[萬物之] 근본인[宗] 듯하다[似]. 그[其] 날카로움을[銳] 꺾어라[挫]. 그[其] 분란을[紛] 없애라[解]. 그[其] 빛냄을[光] 아울러라[和]. 그[其] 속됨과[塵] 같이하라[同]. {상도(常道)는} 깊고 고요하여라[湛兮]! {상도(常道)는} 늘[或] 있는[存] 듯하다[似]. 나는[吾] 그것이[其] 누구의[誰之] 자식인지[子] 모르나[不知], 하느님보다[帝之] 먼저[先] (조화를) 짓했다[象].

註 여기 〈좌기예(挫其銳) 해기분(解其紛) 화기광(和其光) 동기진(同其塵)〉 4구(句)는 56장(章)에 그대로 나온다. 이 4구는 4장(章)의 〈연혜사만물지종(淵兮似萬物之宗)〉과 〈담혜사혹존(湛兮似或存)〉, 그리고 〈연혜(淵兮)~담혜(湛兮)〉로 연이어져야 문맥이 순조롭기 때문에 4장(章)에서 산거(刪去)해야 한다는 설(說)을 따랐다. 그러므로 〈좌기예(挫其銳) 해기분(解其紛) 화기광(和其光) 동기진(同其塵)〉의 지남(指南)을 56장(章)에서 열 것이다.

4-1 道沖(도충) 而用之(이용지)

▶ 도는[道] 빔이다[沖]. 그리고[而] (상도는) 그것을[之] 쓴다[用].

상도(常道) 도(道), 텅 빈 충(沖), 그리고 이(而), 베풀어 행할 용(用), 그것 지(之)

【지남(指南)】

〈도충이용지(道沖而用之)〉는 상도(常道)의 체(體) 즉 자체가[體] 충(沖)임을 밝힌다. 도충이용지(道沖而用之) 즉 상도(常道)는 충(沖) 그것을 쓴다[用]. 여기서 〈충(沖)〉은 〈빌 허(虛)〉이다. 도충이용지(道沖而用之)는 〈도용충지(道用沖)〉의 어세와 어조를 더해주는 수사(修辭)인 셈이니, 상도가[道] 충(沖) 즉 허(虛)를 쓴다는[用] 말씀이다. 여기서 용충(用沖) 즉 상도가[道] 충(沖) 즉 허(虛)를 씀이[用] 곧 상도(常道)의 조화(造化)임을 알게 된다.

도(道)는 충(沖)을 쓴다[用]. 도(道)가 쓰는 허(虛)란 기(氣)이며 허기(虛氣)라 함은 도(道)의 용충(用沖)을 밝힘이다. 도(道)의 체용(體用)인 본말(本末)의 본(本)은 허(虛)이고, 말(末)은 용(用)인 셈이고, 그 용(用)이 상덕(常德)이다. 허기(虛氣)를 씀이 상도(常道)의 조화이고, 따라서 온갖 산 것들도 이 조화를 따라 용충(用沖) 즉 빔을[沖] 써야[用] 살아간다. 용충(用沖)을 그치면 그것이 곧 죽음[死]이다. 이는 45장(章)의 **대영약충(大盈若沖)**을 상기시킨다. 그리고 상도(常道)가 빔을[沖] 쓴다[用] 함은 25장(章)에 나오는 〈도법자연(道法自然)〉을 환기시킨다.

도충이용지(道沖而用之)의 〈충(沖)〉이란 법자연(法自然) 즉 그냥 그대로를[自然] 본받음[法]이니, 충(沖)의 비움[虛]이란 비어 있음이 아니라 생기(生氣)를 왕래하게 함이라 허이서영(虛而徐盈)이고 영이서허(盈而徐虛)의 왕래가 삶이다. 비어서[虛而] 천천히[徐] 채워지고[盈] 채워져서[盈而] 천천히[徐] 비워지는[虛] 숨쉬기를 가능하게 하는 기도(氣道) 즉 숨길[氣道] 역시 도용충(道用沖)의 그 용충(用沖)이다. 그래서 상도(常道)를 묘(妙)하다 함도 이 용충(用沖)을 깊이 헤아리게 한다.

상도(常道)의 용충(用沖)이 생만물(生萬物)의 조화(造化)이고, 그 조화에 순응하는 만물 역시 용충(用沖)하면서 생(生)을 누릴 수 있음을 살펴 새기고 헤아려 깨우치게 하는 말씀이 〈도충이용지(道沖而用之)〉이다.

註 "대영약충(大盈若沖)." 크나큰[大] 채움은[盈] 빈[虛] 듯하다[若]. 『노자(老子)』 45장(章)

【보주(補註)】

- 〈도충이용지(道沖而用之)〉를 〈도용충(道用沖)〉처럼 옮기면 문맥을 좀 더 쉽게 잡을 수 있다. 〈상도는[道] 빔을[沖] 쓴다[用].〉
- 충(沖)은 충(盅) 즉 그릇[皿] 가운데[中] 허공(虛空)이니, 이는 곧 빔[虛]이다. 그리고 충(沖)은 충(沖)과 같고, 〈빌 허(虛) · 속 중(中) · 깊을 심(深) · 어울릴 화(和)=조(調)〉 등의 뜻을 품고 있다. 충기(沖氣)를 허기(虛氣) · 진기(眞氣) · 생기(生氣) · 원기(元氣) · 시생지기(始生之氣) 등으로 부르기도 하며, 이는 모두 도

기(道氣)를 일컬음이다. 〈우주를[天地間] 어울리는[調和之] 기운[氣]〉

- 충(沖)은 42장(章)에서는 **만물부음이포양(萬物負陰而抱陽) 충기이위화(沖氣以爲和)**로 나타나고, 45장(章)에서는 〈대영약충(大盈若沖) 기용불궁(其用不窮)〉으로 나온다.

註 "만물부음이포양(萬物負陰而抱陽) 충기이위화(沖氣以爲和)." 온갖 것은[萬物] 음기를[陰] 지고서[負而] 양기를[陽] 품고[抱], 충기로[沖氣]써[以] 어울림으로[和] 삼는다[爲].

『노자(老子)』 42장(章)

- 도충이용지(道沖而用之)에서 용(用)은 〈베풀 시(施) · 행할 행(行)〉으로 시행(施行)과 같고, 시행(施行)하여 통하게[通] 함이 용(用)인지라 『장자(莊子)』의 **용야자통야(用也者通也)**이다. 용지(用之)의 지(之)는 충(沖)을 대신하는 지시어로 여겨도 되고 무시해도 된다. 〈상도는[道] 충(沖) 그것을[之] 베풀어 행한다[用].〉 〈베풀어 행한다[用之].〉

註 "용야자용야(庸也者用也) 용야자통야(用也者通也) 통야자득야(通也者得也) 적득이기의(適得而幾矣)." 항상 씀이란[庸也] 것은[者] 스스로 그렇게 씀[用]이다[也]. 스스로 그렇게 씀이란[用也] 것은[者] 통함[通]이다[也]. 통함이란[通也] 것은[者] 스스로 즐길 수 있음[得]이다[也]. 아무것에도 걸림 없이[適] 스스로 즐거움을 얻으면[得而] 도에 가까운 것[幾]이다[矣].

용(庸)은 〈항상 상(常)〉과 같아 상용(常用)의 뜻이며, 용(用)은 두 가지로 나누어 쓰인다. 하나는 시비로써 판단하여 용(用) · 불용(不用)으로 나누어지는 쓰임[用]이고, 다른 하나는 시비를 떠나 무용지용(無用之用) 즉 자연지용(自然之用) 즉 쓸모없음의[無用之] 쓸모[用]를 뜻하기도 한다. 여기서 용(用)은 무용지용(無用之用)의 용(用)이다. 적득(適得)은 〈적연이자득(適然而自得)〉의 줄임으로, 아무것에도 걸림 없이[適然而] 스스로[自] 얻음[得]이다. 기의(幾矣)는 〈기어도의(幾於道矣)〉를 줄인 것이다. 『장자(莊子)』「제물론(齊物論)」

【해독(解讀)】

- 〈도충이용지(道沖而用之)〉는 〈도용충(道用沖)〉에서 충(沖)을 충이(沖而)로 하여 용(用) 앞으로 전치한 말투이므로, 도(道)는 용(用)의 주어 노릇하고, 충이(沖而)는 용(用)의 목적어 노릇하며, 용(用)은 동사 노릇하고, 지(之)는 허사(虛詞)로 뜻이 없지만 전치된 충(沖)의 지시어로 〈그것 지(之)〉 노릇한다. 〈도는[道] 충[沖而] 그것을[之] 쓴다[用].〉 〈도는[道] 충을[沖而] 쓴다[用之].〉
- 도충이용지(道沖而用之)에서 이(而)와 지(之)는 어세와 어조를 띄게 하는 허사

이지 문의(文義)와는 아무런 상관이 없다. 실사(實辭)가 어순을 결정하는 것이 한문이다. 도충이용지(道沖而用之)에서 실사는 〈도(道)·충(沖)·용(用)〉이고, 〈이(而)·지(之)〉는 허사이다. 허사란 수사(修辭)를 위한 것이라고 여기면 된다.

4-2 或不盈(혹불영)

▶ (상도는 그 빔을) 늘[或] 가득 채우지 않는다[不盈].

늘 혹(或), 않을 불(不), 채울 영(盈)

【지남(指南)】

〈혹불영(或不盈)〉은 〈용허(用虛)〉를 밝힌다. 상도(常道)가 용충(用沖) 즉 용허(用虛)하여 천지만물을 낳아 살아가게 하지만, 천지만물이 〈충(沖)〉 즉 빔을[虛] 없애는 것[無]은 아니다. 늘[或] 불영(不盈) 즉 여충(餘沖)인지라, 상도(常道)의 생지(生之) 즉 그 낳음은[生之] 끊이지 않는다.

있는 것은 모두 다 불영(不盈)의 것이니, 돌멩이를 맨눈으로 보면 틈새가 없어[無] 보이지만 전자현미경으로 들여다보면 빈 구멍투성이다. 구멍이[穴] 없는[無] 것[者]이란 아무것도 없다. 왜 숨막히면 죽는다고 하는가? 구멍[穴]이 없으면 숨쉴 수 없는 까닭이다. 혹불영(或不盈) 늘 채우지 않음[盈]은 유허(有虛)를 뜻하고, 불영(不盈)은 빔이[虛] 있음[有]이니 여충(餘沖)이다.

거듭 말하지만, 상도(常道)가 낳아준 만물은 모두 여충(餘沖) 즉 불영(不盈)의 것이다. 목숨이란 빈 구멍으로 숨을 쉰다는 말이 아닌가! 목은 바로 숨길인 숨구멍이고, 구멍[穴]이란 곧 빔[虛]이요 불영(不盈)의 모습이다. 물론 산 것에만 빈 구멍이 있는 것은 아니다. 만물은 모두 빈 구멍투성이로 숭숭하다. 상도(常道)가 온갖 것[物]을 낳음[生]이란 용충(用沖) 즉 용허(用虛)임을 살펴 헤아려 깨우치게 하는 말씀이 〈혹불영(或不盈)〉이다.

【보주(補註)】

- 〈혹불영(或不盈)〉을 〈도지용충혹불영천지만물야(道之用沖或不盈天地萬物也)〉처럼 옮기면 문맥을 좀 더 쉽게 잡을 수 있다. 〈상도가[道之] 빔을[沖] 씀은[用]

천지만물을[天地萬物] 늘[或] 다 채우지 않는 것[不盈]이다[也].〉

- 혹불영(或不盈)의 혹(或)은 〈늘 상(常)〉과 같다. 물론 혹(或)은 겸언(謙言)의 말투로 의사(疑辭) 노릇한다. 예를 들면 유우무(有又無)는 잘라 말함이고, 유혹무(有或無)는 은근하게 말함이다. 여기서 혹불영(或不盈)은 불영(不盈)을 강조함이다. 〈있음[有] 또는[又] 없음[無]〉 〈있음[有] 혹은[或] 없음[無]〉 〈다 채우지 않는다[不盈].〉 〈늘[或] 채우지 않는다[不盈].〉
- 혹불영(或不盈)의 영(盈)은 〈가득 채운 만(滿)〉과 같아 가득히 담은 그릇, 즉 만기(滿器) 즉 가득 찬[盈] 그릇을[器] 뜻한다. 만물비만기(萬物非滿器)라. 〈온갖 것은[萬物] 가득 채워 빈틈 없는[滿] 그릇이[器] 아니다[非].〉

【해독(解讀)】

- 〈혹불영(或不盈)〉은 〈도지용충혹불영(道之用沖或不盈)〉에서 앞 문맥으로 보충될 수 있는 내용이므로 주부(主部) 노릇할 도지용충(道之用沖)을 생략하고, 술부(述部)만 남긴 감탄문이다. 〈상도가[道之] 빔을[沖] 사용함은[用] 늘[或] 다 채우지 않는다[不盈].〉
- 혹불영(或不盈)에서 혹(或)은 영(盈)을 꾸며주는 부사 노릇하고, 불(不)은 영(盈)의 부정사이며, 영(盈)은 목적어가 생략되었지만 동사 노릇한다. 불영(不盈)은 불만(不滿)의 뜻을 낸다. 〈늘[或] 다 채우지 않는다[不盈].〉

4-3 淵兮(연혜)

▶ 그윽이 깊어라[淵兮]!

그윽이 깊을 연(淵), 조사(~어라) 혜(兮)

【지남(指南)】

〈연혜(淵兮)〉는 상도(常道)의 〈불영(不盈)〉을 찬탄함이다. 물론 이는 상도(常道)가 빔[沖]을 씀이[用] 곧 만물을 낳음[生]임을 무어라고 잘라 말할 수 없어 〈연혜(淵兮)〉라 한 것이다.

여기서 〈연(淵)〉은 그윽해 깊이를 헤아릴 수 없이 깊음[深]이다. 빔[沖]을 쓰는 상도(常道)를 〈연못인 것[淵]이라[也]〉 단언하지 않고 〈깊어라[淵兮]!〉 찬탄함은 사람의 능력으로써는 가늠할 수 없기 때문이다. 그러나 36장(章)에 나오는 **어불가탈어연(魚不可脫於淵)**처럼 고기가[魚] 못을[淵] 빠져나와[脫] 살 수 없듯이, 만물은 상도(常道)를 벗어나 살 수 없음을 비유하여 〈연혜(淵兮)라!〉 찬탄한 것이다. 상도지용(常道之用) 즉 생만물(生萬物)의 조화(造化)가 지닌 깊은 뜻을 에둘러 밝히고 그것을 인간이 이렇다저렇다 시비 · 분별로 밝힐 수 없음을 〈연(淵)〉이라 찬탄한다.

註 "어불가탈어연(魚不可脫於淵)." 물고기는[魚] 못에서[於淵] 벗어날[脫] 수 없다[不可].
『노자(老子)』 36장(章)

【보주(補註)】

- 〈연혜(淵兮)〉를 〈혹불영지도연혜(或不盈之道淵兮)〉처럼 옮기면 문맥을 좀 더 쉽게 잡을 수 있다. 〈늘[或] 다 채우지 않는[不盈之] 상도는[道] 그윽이 깊어라[淵兮]!〉
- 연혜(淵兮)의 연(淵)은 〈깊은 심(深)〉과 같다. 현묘(玄妙)한 상도(常道)를 비유하여 〈심연(深淵) · 연원(淵遠) · 연묘(淵妙)〉라 하고, 상도(常道)의 현묘(玄妙)함을 깨우치게[喩] 하고자 〈연(淵) · 담(湛)〉 등으로 견주어 말한다.

【해독(解讀)】

- 〈연혜(淵兮)〉는 감탄문이다.
- 연혜(淵兮)에서 연(淵)은 주어가 생략된 주어의 보어 노릇하고, 혜(兮)는 허사(虛詞)로서 감탄을 나타내는 조사 노릇한다.

4-4 似萬物之宗(사만물지종)

▶ 온갖 것의[萬物之] 근본[宗]이리라[似].

감탄의 조사 사(似), 온갖 만(萬), 것 물(物), 조사(~의) 지(之),
뿌리(근원) 종(宗)

【지남(指南)】

〈사만물지종(似萬物之宗)〉은 빔[沖]을 쓰되[用] 불영(不盈)하는 상도(常道)를 풀이한다. 상도(常道)는 온갖 것[萬物]의 종주(宗主)로, 우주와 삼라만상은 상도(常道)의 한 뿌리[宗]에서 나온 자손이다. 상도(常道)는 천지의 어머니[玄牝]이고, 천지는 만물의 어버이[父母]이다. 도(道)가 아니면 만물은 태어나지 못하고[不生] 도(道)가 아니면 만물은 자라서 이룰 수 없으니, 만물의 근원을 〈종(宗)〉이라 한 것이다.

이런 만물지종(萬物之宗)의 종(宗)은 『장자(莊子)』에 나오는 능이(能)를 환기시킨다. 상도(常道)가 곧 천지만물의 주(主)이니 천지만물 중에 상도(常道)의 것이 아닌 것은 없다. 상도(常道)가 천지만물의 근본임을 〈만물지종(萬物之宗)〉이라 한 것이다.

註 "천지자만물지부모야(天地者萬物之父母也) 합즉성체(合則成體) 산즉성시(散則成始) 형정불휴(形精不虧) 시위능이(是謂能移)." 하늘땅이란[天地] 것은[者] 만물의[萬物之] 어버이[父母]이다[也]. (음양이) 합하면[合] 곧[則] 물체를[體] 이루고[成], (음양이) 흩어지면[散] 곧[則] 시원을[始] 이루어[成] 형체와[形] 정수는[精] 이지러지지 않음[不虧] 이것을[是] 천도(天道)에 순응하여 사물의 옮겨감이라[能移] 한다[謂].

능이(能移)이란 자연의[天] 규율에[道] 순응하여, 즉 상도(常道)의 조화를 따라 사물이 옮겨감[移]이다.

『장자(莊子)』「달생(達生)」

【보주(補註)】

- 〈사만물지종(似萬物之宗)〉을 〈혹불영지도사만물지종(或不盈之道似萬物之宗)〉처럼 옮기면 문맥을 좀 더 쉽게 잡을 수 있다. 〈다 채우지 않는[不盈] 듯한[或之] 상도는[道] 온갖 것의[萬物之] 근본[宗]이리라[似].〉
- 사만물지종(似萬物之宗)의 사(似)는 은근한 말로 이끄는 의사(疑辭)이다. 사(似)는 또한 노자(老子)가 자주 쓰는 의사(疑辭)이다. 겸언의 말투를 끌어내는 허사(虛詞)로서 조사를 의사(疑辭)라 한다.
- 사만물지종(似萬物之宗)의 종(宗)은 〈근본 주(主)〉와 같다. 종(宗)은 주(主)이고, 주(主)는 근본(根本)으로 원뿌리를 말한다.

【해독(解讀)】

- 〈사만물지종(似萬物之宗)〉에서 사(似)는 허사(虛詞)로서 의사(疑辭) 노릇하고, 만물지(萬物之)는 종(宗)을 꾸미는 형용사구 노릇하며, 종(宗)은 주어가 생략되었지만 주어의 보어 노릇한다. 〈만물의[萬物之] 근본[宗]이리라[似].〉

① 挫其銳(좌기예)

▶ 그[其] 날카로움을[銳] 꺾어라[挫].

꺾을(짓누를) 좌(挫), 그 기(其), 날카로울 예(銳)

註 여기 〈좌기예(挫其銳)〉는 56장(章)에 그대로 나오는 구문이다. 좌기예(挫其銳)는 4장(章)의 〈연혜사만물지종(淵兮似萬物之宗)〉과 〈담혜사혹존(湛兮似或存)〉 사이에 잘못 끼어든 구문이고, 〈연혜(淵兮) ~ 담혜(湛兮)〉가 연이어져야 정상(正相)의 대문(對文)으로 문맥이 순조롭기 때문에 4장(章)에서 산거(刪去)해야 한다는 설(說)이 타당하다. 그러므로 〈좌기예(挫其銳)〉의 지남(指南)을 56장(章)에서 열 것이다.

② 解其紛(해기분)

▶ 그[其] 분란을[紛] 없애라[解].

없앨 해(解), 그 기(其), 다툴 분(紛)

註 여기 〈해기분(解其紛)〉 역시 56장(章)에 그대로 나오는 구문이다. 해기분(解其紛)도 4장(章)의 〈연혜사만물지종(淵兮似萬物之宗)〉과 〈담혜사혹존(湛兮似或存)〉 사이에 잘못 끼어든 구문이고, 〈연혜(淵兮) ~ 담혜(湛兮)〉가 연이어져야 정상(正相)의 대문(對文)으로 문맥이 순조롭기 때문에 4장(章)에서 깎아내[刪] 없애야[去] 한다는 설(說)이 타당하다. 그러므로 〈해기분(解其紛)〉의 지남(指南)을 56장(章)에서 열 것이다.

③ 和其光(화기광)

▶ 그[其] 빛냄을[光] 아울러라[和].

아우를 화(和), 그 기(其), 빛낼 광(光)

註 여기 〈화기광(和其光)〉 역시 56장(章)에 그대로 나오는 구문이다. 화기광(和其光)도 4장(章)의 〈연혜사만물지종(淵兮似萬物之宗)〉과 〈담혜사혹존(湛兮似或存)〉 사이에 잘못 끼어든 구문이고, 〈연혜(淵兮) ~ 담혜(湛兮)〉가 연이어져야 정상(正相)의 대문(對文)으로 문맥이 순조롭

기 때문에 4장(章)에서 깎아내[刪] 없애야[去] 한다는 설(說)이 타당하다. 그러므로 〈화기광(和其光)〉의 지남(指南)도 56장(章)에서 열 것이다.

④ 同其塵(동기진)

▶ 그[其] 속됨과[塵] 같이하라[同].

갈이할 동(同), 그 기(其), 속세(俗世) 진(塵)

註 여기 〈동기진(同其塵)〉 역시 56장(章)에 그대로 나오는 구문이다. 동기진(同其塵)도 4장(章)의 〈연혜사만물지종(淵兮似萬物之宗)〉과 〈담혜사혹존(湛兮似或存)〉 사이에 잘못 끼어든 구문이고, 〈연혜(淵兮) ~ 담혜(湛兮)〉가 연이어져야 정상(正相)의 대문(對文)으로 문맥이 순조롭기 때문에 4장(章)에서 깎아내[刪] 없애야[去] 한다는 설(說)이 타당하다. 그러므로 〈동기진(同其塵)〉의 지남(指南)도 56장(章)에서 열 것이다.

4-5 湛兮(담혜)

▶ {상도(常道)는} 깊고 고요하여라[湛兮]!

깊고 고요할 담(湛), 조사(~어라) 혜(兮)

【지남(指南)】

〈담혜(湛兮)〉는 상도(常道)의 〈불영(不盈)〉을 찬탄함이고, 상도(常道)가 빔[沖]을 써서[用] 만물을 낳음을[生] 찬탄함이다. 이를 무어라고 잘라 말할 수 없어 〈담혜(湛兮)〉라 하니, 담(湛)은 심정(深靜)의 모습으로 그윽이 깊고[深] 고요하며[靜] 은밀해 드러나지[形] 않는 상도(常道)를 말해보는 것이다.

용충(用沖)의 상도(常道)를 〈깊고 고요한 것이다[湛也]〉 단언하지 않고 〈깊고 고요하여라[湛兮]〉 찬탄함은 상도(常道)를 사람이 말로는 나타낼 수 없음을 에둘러 말함이다. 생만물(生萬物)로써 드러나는 상도지용(常道之用)의 조화를 인간이 이렇다저렇다 시비 · 분별로 밝힐 수 없음을 〈담(湛)〉이라 찬탄한 것이다.

【보주(補註)】

- 〈담혜(湛兮)〉를 〈혹불영지도담혜(或不盈之道湛兮)〉처럼 옮기면 문맥을 좀 더 쉽게 잡을 수 있다. 〈늘[或] 다 채우지 않는[不盈之] 상도는[道] 그윽이 깊고 고요하여라[湛兮]!〉
- 담혜(湛兮)의 담(湛)은 여기선 〈깊은 심(深) · 고요 정(靜)〉을 묶음과 같다. 현묘(玄妙)함을 비유하여 〈담연(湛淵) · 담연(湛然) · 담적(湛寂)〉이라 하고, 상도(常道)의 현묘(玄妙)함을 깨우치게 하고자 〈연(淵) · 담(湛)〉 등으로 형언(形言)한 것이다.

【해독(解讀)】

- 〈담혜(湛兮)〉는 감탄문이다.
- 담혜(湛兮)에서 담(湛)은 주어가 생략되었지만 주어의 보어 노릇하고, 혜(兮)는 허사(虛詞)로서 감탄조사 노릇한다.

4-6 似或存(사혹존)

▶ {상도(常道)는} 늘[或] (없는 듯하나) 있는[存] 듯하다[似].

의사(疑辭, ~듯할) 사(似), 늘 혹(或), 있을 존(存)

【지남(指南)】

〈사혹존(似或存)〉은 빔[沖]을 쓰되[用] 불영(不盈)하는 상도(常道)가 영존(永存) 즉 항상 있음[存]을 밝히며, 41장(章)의 **명도약매(明道若昧)**를 상기시킨다. 물론 상도(常道)가 존야(存也) 즉 〈있는 것[存]이다[也]〉 하지 않고, 사혹존(似或存) 즉 〈늘[或] 있는[存] 듯하다[似]〉고 에둘러 말함은 상도(常道)의 있음[存]을 두고 시비 · 분별할 것이 아님을 밝힘이다. 상도(常道)가 존재함은 소신(所信) 즉 믿을[信] 바[所]이지, 소지(所知) 즉 알[知] 바가[所] 아니란 것이다. 상도(常道)가 천지만물의 주(主)로서 있음[存]은 인지(人智)로써 검증되는 것이 아니란 말이다. 검증될 수 없는 것을 검증하면 할수록 도로(徒勞)에 그치니 상도(常道)를 이른바 물질(物質: matter)로 여기고 탐구하지 말라는 뜻으로, 상도(常道)의 존(存) 앞에 사혹(似或)을 더하여 겸언(謙言)해둔 것이다.

왜 상도(常道)는 그 어떤 것[何物]이 아닌가? 상도(常道)는 무시무종(無始無終) · 무소(無所)하기 때문이다. 있다는 것[存者]은 때[時]와 곳[所]을 갖는다. 시(時)를 가지므로 처음[始]과 끝[終]이 있음[有]이고, 저마다의 자리[所]를 가지므로 크고[大] 작음[小]이 있음[有]이다. 상도(常道)에는 이런 것들이 없으니[無] 상도(常道)를 일러 〈무물(無物)〉이고, 그냥 줄여 〈무(無)〉라 한다.

인간이 알아볼 수 있는 것은 유(有)뿐, 무(無)는 인간이 알 수 있는 것[所知]이 아니라 믿을 것[所信]이다. 그러므로 상도(常道)를 〈충(沖)〉이라 말한다. 충(沖)은 허(虛)이고 허(虛)는 무(無)이니, 빔[沖虛]이란 없음[無]일 뿐이다. 그러므로 상도(常道)의 있음[存]이란 〈있을 유(有)〉의 존(存)이 아니라 〈없을 무(無)〉의 존(存)임을 에둘러 밝힌 말씀이 〈사혹존(似或存)〉이다.

註 "명도약매(明道若昧)." 밝은[明] 상도는[道] 어두운[昧] 듯하다[若]. 『노자(老子)』 41장(章)

【보주(補註)】

- 〈사혹존(似或存)〉을 〈불영지도사혹존(不盈之道似或存)〉처럼 옮기면 문맥을 좀 더 쉽게 잡을 수 있다. 〈다 채우지 않는[不盈之] 상도는[道] 늘[或] 있는[存] 듯하다[似].〉
- 사혹존(似或存)은 14장(章)에 나오는 홀황(惚恍)을 환기시킨다. 사혹존(似或存)의 사혹(似或)은 없는 듯하나 있고[惚] 있는 듯하나 없어[恍], 섬삭(閃爍) 즉 빛이 번쩍번쩍하는[閃爍] 모습을 나타내는 수사(修辭)인 셈이다.

註 "무물지상(無物之象) 시위홀황(是謂惚恍)." 물체의[物之] 짓이[象] 없음[無], 이를[是] 없는 듯하나 있고[惚] 있는 듯하나 없음이라[恍] 한다[謂]. 『노자(老子)』 14장(章)

【해독(解讀)】

- 〈사혹존(似或存)〉에서 사(似)는 동사 노릇하고, 혹(或)은 존(存)을 꾸며주는 부사 노릇하며, 존(存)은 영어의 부정사(不定詞)처럼 노릇하면서 사(似)의 보어 노릇한다. 사(似)는 〈~같을 여(如) · 약(若)〉 등과 같고, 혹(或)은 여기서는 〈늘 상(常)〉과 같고, 존(存)은 〈있을 재(在)〉와 같아 존재(存在)의 줄임으로 여기면 된

다. 〈늘[或] 존재하는[存] 듯하다[似].〉

● 사혹존(似或存)은 〈사위(似爲)A〉의 상용문이다. 〈A를 함과[爲] 같다[似].〉

4-7 吾不知其誰之子(오부지기수지자)

▶ 나는[吾] 그것이[其] 누구의[誰之] 자식인지[子] 모른다[不知].

나 오(吾), 못할 부(不), 알 지(知), 그 기(其), 누구 수(誰),
조사(~의) 지(之), 자식 자(子)

【지남(指南)】

〈오부지기수지자(吾不知其誰之子)〉는 상도(常道)란 태어난 것이[物] 아님을 알고 있음[知]을 반어법으로 강조한 말씀이다. 상도(常道)는 소생지물(所生之物) 즉 태어난[所生之] 것[物]이 아님을 밝힌다. 상도(常道)가 태어난 것이라면 상도(常道)의 어머니[母]가 있어야 하고, 태어난 시(時)와 터[所]가 있는 물물(物物)과 같은 것[物]이어야 한다. 그러나 상도(常道)는 무모(無母) · 무시(無始) · 무시(無時) · 무소(無所)의 무물(無物) · 무극(無極)인지라 무물(無物)일 뿐이다. 그래서 25장(章)에 **선천지생(先天地生)**이란 말씀이 나온다.

따라서 상도(常道)가 우주 삼라만상의 시원(始原)으로서 무시무종(無始無終), 즉 시작도[始] 없고[無] 끝남도[終] 없는[無] 중묘지문(衆妙之門)임을 살펴 새기고 헤아려 깨우치게 하는 말씀이 〈오부지기수지자(吾不知其誰之子)〉이다.

註 "유물혼성(有物混成) 선천지생(先天地生) 적혜료혜(寂兮寥兮) 독립불개(獨立不改) 주행이불태(周行而不殆) 가이위천하모(可以爲天下母)." 혼일함이[混] 이루어지는[成] 것이[物] 있고[有], (그것은) 천지가[天地] 생기기[生] 앞이다[先]. 소리 없어 고요하구나[寂兮]! 휑하니 모습이 없구나[寥兮]! 홀로[獨] 있고[立] 바뀌지 않고[不改], 두루[周] 미치면서도[行而] 쉬지(쇠퇴하지) 않아[不殆], (그것으로) 써[以] 온 세상의[天下] 어머니로[母] 능히[可] 삼는다[爲].

『노자(老子)』 25장(章)

【보주(補註)】

● 〈오부지기수지자(吾不知其誰之子)〉를 〈오부지도자수지자(吾不知道者誰之子)〉

처럼 옮기면 문맥을 좀 더 쉽게 잡을 수 있다. 〈상도란[道] 것이[者] 누구의[誰之] 자식인지[子] 나는[吾] 모른다[不知].〉

- 오부지기수지자(吾不知其誰之子)는 상도(常道)가 그 누구의[誰] 자(子)가 아님을 밝힌다. 상도(常道)란 천지만물의 시원(始原)으로서 종주(宗主)일 뿐이다.

【해독(解讀)】

- 〈오부지기수지자(吾不知其誰之子)〉는 명사절이 있는 복문(複文)이다. 〈기수지자를[其誰之子] 나는[吾] 모른다[不知].〉
- 오부지기수지자(吾不知其誰之子)에서 오(吾)는 주어 노릇하고, 부(不)는 지(知)의 부정사 노릇하고, 기수지자(其誰之子)는 지(知)의 목적절 노릇한다. 〈그것이[其] 누구의[誰之] 자식인지[子] 나는[吾] 모른다[不知].〉
- 기수지자(其誰之子)의 기(其)는 목적절의 주어인 셈이고, 수지자(誰之子)는 보어 노릇한다. 기(其)는 도(道)를 나타내는 대명사 노릇하고, 수(誰)는 〈누구 수(誰) · 무엇 수(誰)〉이다. 〈그것이[其] 누구의[誰之] 자식인지를[子]〉

4-8 象帝之先(상제지선)

▶ {상도(常道)는} 천제의[帝之] 먼저인[先] 듯하다[象].

듯 상(象), 하느님 제(帝), 조사 지(之), 앞 선(先)

【지남(指南)】

〈상제지선(象帝之先)〉은 상도(常道)는 우주만물의 시원(始原)이니 생도(生道)란 말은 이뤄질 수 없음을 거듭 밝힌다. 물론 도생(道生)이라 말하기도 한다. 이는 〈도생천지만물(道生天地萬物)〉의 줄임이다.

상도(常道)는 무시무종(無始無終)이니 무시(無時)이고, 무소(無所)이니 무소불처(無所不處)이며, 무위(無爲)이니 무불위(無不爲)이고, 무궁(無窮)이니 무소불통(無所不通)이며, 무물(無物)이니 대소(大小) · 장단(長短) · 선후(先後) · 상하(上下)가 없다. 삼라만상(森羅萬象)이 있음이니 상도(常道)는 자재(自在)이고 항존(恒存)이다. 상도(常道)의 자재(自在)는 있었고 · 있고 · 있을 · 있음[存]이 아니다. 무소

(無所)이니 여기 · 저기 · 위아래가 없이 언제 · 어디 · 어떻든 늘[恒] 있다[存]. 그래서 62장(章)에 **도자만물지오(道者萬物之奧)**란 말씀이 있다. 이를 줄여 〈도오(道奧)〉라 한다.

도오(道奧) 즉 상도지오(常道之奧)는 상도장어만물지내(常道內臟於萬物之內), 즉 상도(常道)는 만물의[萬物之] 속에[於內] 간직돼 있다[藏]는 말씀이다. 그러므로 『장자(莊子)』에 **행어만물자도야(行於萬物者道也)**란 말이 나온다. 만물에[於萬物] 행하는[行] 것이[者] 상도[道]라[也]고 함은 천지만물이 상도(常道)를 떠나지 않음[不離]이다. 이러한 만물을 낳은[生] 상도(常道)의 조화(造化)를 한 자(字)로 〈상(象)〉 즉 짓[象]이라 하고, 천하만물을 주재(主宰)함을 한 자(字)로 〈제(帝)〉 즉 하느님[帝]이라 한다. 제(帝) 역시 상도(常道)의 상(象) 즉 짓[象]으로 말미암아 비롯된 것이니, 우주 삼라만상의 조종(祖宗)이 오로지 상도(常道)임을 밝힌 말씀이 〈상제지선(象帝之先)〉이다.

註 "도자만물지오(道者萬物之奧)." 상도라는[道] 것은[者] 온갖 것의[萬物之] 속 안이다[奧].

『노자(老子)』 62장(章)

註 "통어천지자덕야(通於天地者德也) 행어만물자도야(行於萬物者道也)." 천지에[於天地] 두루 통하는[通] 것이[者] 덕(德)이고[也], 만물에[於萬物] 두루 미치는[行] 것이[者] 도(道)이다[也].

『장자(莊子)』「천지(天地)」

【보주(補註)】

- 〈상제지선(象帝之先)〉을 〈상도사존어제지선(常道似存於帝之先)〉처럼 옮기면 좀 더 쉽게 문맥을 잡을 수 있다. 〈상도는[常道] 천제의[帝之] 먼저[於先] 있는[存] 듯하다[似].〉 〈상도는[常道] 천제보다[帝之] 먼저에[於先] 있는 것[存] 같다[似].〉
- 상(象)은 본래 〈코끼리 상(象)〉이란 보통명사였지만, 노자(老子)에서부터 〈짓 상(象)〉이란 사유의 술어(術語)가 되어 상도(常道)의 조화를 나타내는 〈짓[象]〉이란 뜻이 되었다. 『주역(周易)』에서도 상(象)은 일월성신(日月星辰)의 운행을 나타내는 짓[象]의 사유어(思惟語)이다.

35장(章)의 〈집대상(執大象)〉의 상(象)과 41장(章)의 〈대상무형(大象無形)〉의 상(象) 역시 상제지선(象帝之先)의 상(象)을 상기시킨다. 그러나 여기 상제지선(象帝之先)의 상(象)은 그런 〈짓 상(象)〉이 아니라, 앞서 살핀 〈사혹존(似或存)〉

의 사(似)와 같아 〈~같을 상(象)〉이다. 〈하느님의[帝之] 앞인[先] 듯하다[象].〉

- 25장(章)의 **선천지생(先天地生)**의 선(先)도 여기 〈제지선(帝之先)〉의 선(先)을 상기시킨다.

註 "유물혼성(有物混成) 선천지생(先天地生)…… 독립불개(獨立不改)." 혼일함이[混] 이루어지는[成] 것이[物] 있다[有]. 하늘땅이[天地] 생기기[生] 앞이고[先]…… 홀로[獨] 있되[立] 바뀌지 않는다[不改].

『노자(老子)』 25장(章)

【해독(解讀)】

- 〈상제지선(象帝之先)〉에서 주어는 생략되었고, 상(象)은 〈상존(象存)〉에서 앞 문맥으로 보충될 수 있어 존(存)이 생략되었으므로 존(存)의 동사 노릇하고, 제지선(帝之先)은 상(象)을 꾸며주는 시간의 부사구 노릇한다. 여기 상(象)은 〈짓사(似)〉와 같다. 〈제보다[帝之] 먼저[先] 짓했다[象].〉

수중장(守中章)

상도(常道) 자체[體]를 〈허(虛)〉로 풀이하고, 허(虛)의 용(用)을 〈기(氣)〉라고 밝힌다. 상도(常道)는 허기(虛氣)를 써[用] 만물을 낳으니[生], 용허기(用虛氣) 즉 허기를[虛氣] 씀이[用] 상도(常道)의 조화(造化)이고 상덕(常德)이다.

상도(常道)가 어떻게 용기(用氣)하는가? 천지불인(天地不仁)으로 용기(用氣)하니 도법자연(道法自然)이라 한다. 자연(自然)이란 아무런 의지 없이 공평해서 그냥 그대로 할 뿐이다. 이를 〈중도(中道)〉라 한다. 그러므로 『장자(莊子)』「재유(在宥)」에도 **중도(中道)**라는 술어(術語)가 보인다. 중도(中道)는 자연즉도(自然卽道)란 말씀이니, 상도(常道)는 곧 자연(自然)이다. 그 자연(自然)의 상도(常道)를 따라[中] 지킴[守]을 〈수중(守中)〉이라 하는 깊은 뜻을 깨우치게 하는 장(章)이다.

註 "사인희로실위(使人喜怒失位) 거처무상(居處無常) 사려부자득(思慮不自得) 중도불성장(中道不成章)." {치천하(治天下)는} 사람으로[人] 하여금[使] 기쁨과[喜] 노여움의[怒] 제 자리를[位] 잃게 하고[失], 생각을[思慮] 스스로[自] 하지 못하게 하며[不得], 자연의 도를[中道] 완성하지 못하게 한다[不成章].

유천하(宥天下)는 무위지치(無爲之治)이고, 치천하(治天下)는 인위지치(人爲之治)이다. 유(宥)는 〈있는 그대로 그냥 둘 유(宥)〉로 새긴다. 『장자(莊子)』「재유(在宥)」

【원문(原文)】

天地는 不仁하여 以萬物爲芻狗하고 聖人도 不仁하여 以百姓爲芻狗한다 天地之間이 其猶橐籥乎인저 虛而不屈하고 動而愈出하니 多言數窮이라 不如守中이다

천지 불인 이만물위추구 성인 불인 이백성위추구 천지지간 기유탁약호 허이 불굴 동이유출 다언수궁 불여수중

천지에는[天地] 어짊이[仁] 없다[不]. (천지는) 만물로[萬物] 써[以] 풀강아지로[芻狗] 삼는다[爲]. 성인께도[聖人] 어짊이[仁] 없다[不]. {성인(聖人)도} 백성으로[百姓] 써[以] 풀강아지로[芻狗] 삼는다[爲]. 천지의[天地之] 사이[間] 그것은[其] 풀무통의[橐] 구멍과[籥] 같구나[猶乎]! (풀무는) 비어서[虛而] 다하지 않고[不屈], (풀무는) 움직이면[動而] 더욱더[愈] 낸다[出]. {치민(治民)하면서 정령(政令)을 밝히는} 말이[言] 많아질수록[多] (백성을 다스림에) 이치가[數] 궁색해지니[窮], 상도를 따라[中] (무위의 다스림을) 지킴만[守] 못하다[不如].

5-1 天地不仁(천지불인)

▶ <u>천지에는[天地] 어짊이[仁] 없다[不].</u>

하늘 천(天), 땅 지(地), 없을 불(不), 어짊 인(仁)

【지남(指南)】

〈천지불인(天地不仁)〉은 천지(天地)에는 인의예지(仁義禮智)의 인심(人心)으로서 인(仁)이란 없음을 밝힌다. 여기 〈천지(天地)〉란 자연(自然)이고, 여기 〈불인(不仁)〉의 인(仁)은 『논어(論語)』에 나오는 **인이위기임(仁以爲己任)**의 인(仁)과, 『맹자(孟子)』에 나오는 **인인심야(仁人心也)**의 인(仁)을 환기시킨다. 천지(天地)에는 인심(人心)으로서의 인(仁)이란 없다는 말씀이 여기 천지불인(天地不仁)이다. 천지(天地)는 사람의 것이 아니니 천지(天地)에는 사람의 마음[人心]이란 인(仁) 즉 어짊

[仁]이란 없다는 것이 여기 천지불인(天地不仁)이다.

그래서 여기 천지(天地)는 『장자(莊子)』에 나오는 **재유천하(在宥天下)**를 환기시킨다. 천지(天地)란 만물을 재유(在宥)하는 부모이다. 재유(在宥)란 있는 그대로 놔두고[在] 편안하게 도와줌[宥]이다. 이런 천지(天地)에는 인심(人心)의 인(仁)은 없음인지라 『논어(論語)』가 밝히는 인(仁)은 없다는 것이 천지불인(天地不仁)의 불인(不仁)이다.

『논어(論語)』에는 **애인(愛人)**과 **인이불인(人而不仁) 여례하(如禮何)**란 말이 나오고, 『맹자(孟子)』에는 **인야자인야(仁也者人也)**란 말이 나온다. 그러나 『장자(莊子)』에는 **호랑인야(虎狼仁也)**란 말이 나온다. 〈애인(愛人)〉의 인(仁)이나 〈인야자인(仁也者人)〉의 인(仁)은 사람만의 인(仁)이지만, 〈호랑인(虎狼仁)〉의 인(仁)은 만물에 두루 통하는 현덕(玄德)일 뿐이다. 범[虎]과 이리[狼]의 어짊[仁]이란 상도(常道)의 인(仁)을 말하고, 천지(天地)에는 상도(常道)의 어짊[仁]만 있음을 밝힌 말씀이 천지불인(天地不仁), 즉 재유천하(在宥天下)란 말이다.

상도(常道)는 무엇 하나 영생을 허락하지 않고 더불어 친애(親愛)하지 않고 오로지 재유(在宥)할 뿐이다. 진실로 상도(常道)를 좇는 천지(天地)는 어느 것을 따로 친밀하거나[親] 사랑하고 아껴주지[愛] 않는다. 천지는 공평(公平) · 무사(無私)할 뿐 편애하지 않으니, 이 말씀은 79장(章)의 〈천도무친(天道無親)〉을 상기시킨다. 그리고 『장자(莊子)』의 〈대인불인(大仁不仁)〉과 〈지인무친(至仁無親)〉을 떠올린다. 상도(常道)는 하늘땅[天地] 온갖 것[萬物]을 친소(親疎)로 대하지 않으니 천지(天地)는 불인(不仁)하다 함이다. 천지(天地)는 만물을 하나[一]로 보기 때문에 무엇을 더 친애하고 무엇을 덜 친애하지 않는다.

천지불인(天地不仁)의 〈불인(不仁)〉은 〈불장양만물(不長養萬物)〉을 뜻한다. 장양(長養) 즉 장구히[長] 길러줌[養]이란 영생의 뜻으로, 천지(天地) 즉 우주란 것도 영생하지 못하는데 하물며 그 속의 만물이 어찌 영생할 수 있겠는가? 그래서 천지(天地)는 온갖 것[萬物]을 오래오래[長] 길러주지 않고[不仁] 따라서 친애하지도 않는다. 사람도 길어야 어미 품안에서 3년이다. 뱁새는 달포 남짓 제 새끼를 기르다 둥지에서 내쫓는다. 어찌 이뿐이랴. 한순간 살다가 죽어가는 것도 있고, 한 100년 살다가 죽는 것도 있고, 바오밥나무처럼 5천년 살다가 죽는 것도 있다. 태양계도

120억년 후면 죽어갈 것이고, 지구도 몇 십억 년이면 없어진다는 설(說)이 있지 않은가. 이처럼 만물은 어느 것이나 불인자(不仁者)일 뿐이니, 스무 살에 죽은 젊은이보다 오랜 삶은 없고 120년 살다간 팽조(彭祖)가 요절했다는 말이 『장자(莊子)』에 나오는 것이다.

대소(大小) · 장단(長短) · 애증(愛憎) · 선악(善惡) 등을 따져 분별함은 유심(有心)한 인간의 짓일 뿐, 무심(無心)한 천지(天地)는 사랑도 미움도 편애함도 없음을 살펴 새기고 헤아려 깨우치게 하는 말씀이 〈천지불인(天地不仁)〉이다.

註 "증자왈(曾子曰) 사불가이불홍의(士不可以不弘毅) 임중이도원(任重而道遠) 인이위기임(仁以爲己任) 불역중호(不亦重乎)." 증자가[曾子] 말했다[曰] : 선비는[士] 반드시 넓고[弘] 꿋꿋하지[毅] 않으면 안 된다[不可以不]. 맡은 일이[任] 무겁고[重而] 가야 할 길이[道] 멀다[遠]. 인으로[仁]써[以] 자기의[己] 임무로[任] 삼으니[爲] 무겁지[重] 않겠느냐[不亦乎]!

『논어(論語)』「태백(泰伯)」7

註 "맹자왈(孟子曰) 인인심야(仁人心也) 의인로야(義人路也) 사기로이불유(舍其路而弗由) 방기심이부지구(放其心而不知求)." 맹자가[孟子] 말했다[曰] : 인은[仁] 사람의[人] 마음[心]이고[也], 의는[義] 사람의[人] 길[路]이다[也]. (그런데 사람들이) 그[其] 길을[路] 버리고서[舍而] 지나가지 않고[弗由], 그[其] 마음을[心] 내버리고서[放而] (인의를) 찾을 줄을[求] 모른다[不知].

『맹자(孟子)』「고자장구상(告子章句上)」

註 "문재유천하(聞在宥天下) 불문치천하야(不聞治天下也) 재지야자(在之也者) 공천하지음기성야(恐天下之淫其性也) 유지야자(宥之也者) 공천하지천기덕야(恐天下之遷其德也) 천하불음기성(天下不淫其性) 불천기덕(不遷其德) 유치천하자재(有治天下者哉)." 세상을[天下] 그대로 놔두고[在] 편안하게 돕는다는[宥] 말을 들었지만[聞] 세상을[天下] 다스린다는[治] 말은 듣지 못한 것[不聞]이다[也]. 세상을[之] 그대로 놔둠[在]이란[也] 것은[者] 세상이[天下之] 그[其] 천성을[性] 망칠까봐[淫] 두려워함[恐]이고[也], 세상을[之] 편안히 도움[宥]이란[也] 것은[者] 세상이[天下之] 그[其] 덕을[德] 버릴까봐[遷] 두려워함[恐]이다[也]. 세상이[天下] 그[其] 천성을[性] 망치지 않고[不淫] 그[其] 덕을[德] 버리지 않으면[不遷] 저절로[有] 세상을[天下] 다스리는[治] 것[者]이로다[哉].

『장자(莊子)』「재유(在宥)」

註 "번지문인(樊遲問仁) 자왈(子曰) 애인(愛人)." 번지가[樊遲] 어짊을[仁] 여쭙자[問] 공자가[子] 말해주었다[曰] : 사람을[人] 아낌이다[愛]. 『논어(論語)』「안연(顔淵)」22

註 "인이불인(人而不仁) 여례하(如禮何) 인이불인(人而不仁) 여악하(如樂何)." 사람이면서[人而] 어질지 못하면[不仁] 예는[禮] 무엇할 것이며[如何], 사람이면서[人而] 어질지 못하면[不仁] 악은[樂] 무엇할 것인가[如何]? 『논어(論語)』「팔일(八佾)」3

註 "맹자왈(孟子曰) 인야자인야(仁也者人也) 합이언지(合而言之) 도야(道也)." 맹자가[孟子] 말했다[曰] : 어짊[仁]이란[也] 것은[者] 사람[人]이다[也]. {인(仁)과 인(人)을} 합쳐서[合而] 그것을[之] 말함이[言] 도(道)이다[也]. 『맹자(孟子)』「진심장구하(盡心章句下)」

註 "상대재탕(商大宰蕩) 문인어장자(問仁於莊子) 장자왈(莊子曰) 호랑인야(虎狼仁也) 왈(曰) 하위야(何謂也) 장자왈(莊子曰) 부자상친(父子相親) 하위불인(何爲不仁)." 상나라[商] 대재(大宰) 탕이[蕩] 장자에게[於莊子] 인을[仁] 물었다[問]. 장자가[莊子] 말했다[曰] : 호랑이와[虎] 이리가[狼] 인자한 것[仁]입니다[也]. (탕이) 말했다[曰] : 왜인가요[何謂也]? 장자가[莊子] 말했다[曰] : 아비와 새끼가[父子] 서로[相] 친합니다[親]. 왜[何] 인자함이 아닌 것[不仁]이겠습니까[爲]?

장자(莊子) 때에 상(商)나라는 상(商)의 후예인 송(宋)나라를 말한다.

『장자(莊子)』「천운(天運)」

註 "천하막대어추호지말(天下莫大於秋毫之末) 이태산위소(而大山爲小) 막수호상자(莫壽乎殤子) 이팽조위요(而彭祖爲夭)." 세상에는[天下] 가을 털끝보다[於秋毫之末] 더 큰 것은[大] 없고[莫而], 태산은[大山] 작은 것[小]이다[爲]. 스무 살도 못 살고 죽은 젊은이보다[乎殤子] 더한 장수는[壽] 없고[莫而], (700갑자를 살다간) 팽조가[彭祖] 요절한 것[夭]이다[爲].

『장자(莊子)』「제물론(齊物論)」

【보주(補註)】

- 〈천지불인(天地不仁)〉을 〈천지불인어만물(天地不仁於萬物)〉처럼 옮기면 좀 더 쉽게 문맥을 잡을 수 있다. 〈하늘땅은[天地] 온갖 것에[於萬物] 어질지 않다[不仁].〉
- 천지불인(天地不仁)에서 불인(不仁)의 불(不)을 〈않을 불(不)〉로 새김하지만, 〈없을 무(無)〉와 같이 여기고 〈없을 불(不)〉로 새겨도 된다.〉 〈천지는[天地] 어질지[仁] 않다[不].〉 〈천지에는[天地] 어짊이란[仁] 없다[不].〉
- 천지불인(天地不仁)의 인(仁)은 유가(儒家)에서 말하는 인(仁)을 말한다. 그러니 천지불인(天地不仁)의 인(仁)을 〈친밀할 친(親) · 아낄(사랑할) 애(愛) · 사람 인(人) · 동정(同情)〉 등의 뜻으로 새겨도 된다. 천지불인(天地不仁)을 〈천지비인(天地非人)〉으로 여겨도 원의(原義)에 어긋나지 않는다. 〈천지는[天地] 사람의 것이[人] 아니다[非].〉
- 천지불인(天地不仁)은 『장자(莊子)』에 나오는 대인불인(大仁不仁)과 지인무친(至仁無親)을 상기시킨다.

註 "부대도불칭(夫大道不稱) 대변불언(大辯不言) 대인불인(大仁不仁) 대렴불겸(大廉不嗛) 대용불기(大勇不忮) 도소이부도(道昭而不道) 언변이불급(言辯而不及) 인상이불성(仁常而不成) 염청이불신(廉淸而不信) 용기이불성(勇忮而不成) 오자원이기향방의(五者圓而幾向方矣)." 무릇[夫] 큰[大] 도는[道] 불리지 않고[不稱], 큰[大] 밝힘은[辯] 말로 되지 않는다[不言]. 큰[大] 어짊은[仁] 어질지 않고[不仁], 큰[大] 청렴은[廉] 겸손치 않고[不嗛], 큰[大] 용기는[勇] 해치지 않는다[不忮]. 도가[道] 뚜렷이 드러나면[昭而] 도가[道] 아니고[不道], 말이[言] 드러나면[辯而] 미치지 못하고[不及], 어짊이[仁] 정해지면[常而] 이뤄지지 않고[不成], 청렴이[廉] 깨끗하기만 하면[淸而] 믿어지지 않고[不信], 용기가[勇] 해치면[忮而] 이뤄지지 않는다[不成]. 이 다섯 가지는[五者] 둥글되[圓而] 모나기에[向方] 가까운 것[幾]이다[矣].

대인(大仁)은 무위지인(無爲之仁) 또는 천지지인(天地之仁)을 말한다.

『장자(莊子)』「제물론(齊物論)」

註 "상대재탕(尙大宰蕩) 문인어장자(問仁於莊子) 장자왈(莊子曰) 호랑인야(虎狼仁也) 왈(曰) 하위야(何謂也) 장자왈(莊子曰) 부자상친(父子相親) 하위불인(何爲不仁) 왈(曰) 청문지인(請問至仁) 장자왈(莊子曰) 지인무친(至仁無親)." 상나라[商] 대재(大宰) 탕이[蕩] 장자께[於莊子] 어짊을[仁] 물었다[問]. 장자가[莊子] 말했다[曰] : 호랑이나[虎] 이리가[狼] 어짊[仁]이지요[也]. {탕(蕩)이} 말했다[曰] : 어째서인가요[何謂也]? 장자가[莊子] 말했다[曰] : {호랑(虎狼)이도} 아비와 새끼는[父子] 서로[相] 친한데[親] 어찌[何] 어질지 않은 것[不仁]인지요[爲]? {탕(蕩)이} 말했다[曰] : 지극한[至] 어짊을[仁] 묻고자 합니다[請問]. 장자가[莊子] 말했다[曰] : 지극한[至] 어짊에는[仁] 친밀함이란[親] 없습니다[無].

지인(至仁)과 대인(大仁)은 같은 말씀이다. 『장자(莊子)』「천운(天運)」

- 천지불인(天地不仁)은 79장(章)의 〈천도무친(天道無親)〉을 상기시킨다. 〈자연의 도에는[天道] 친함은[親] 없다[無].〉

【해독(解讀)】

- 〈천지불인(天地不仁)〉에서 불인(不仁)의 불(不)을 인(仁)의 부정사로 여기면 천지(天地)는 주어 노릇하고, 인(仁)은 동사 노릇한다. 〈천지는[天地] 어질지[仁] 않다[不].〉
- 천지불인(天地不仁)에서 불인(不仁)의 불(不)을 〈없을 무(無)〉와 같은 동사로 보면 천지(天地)는 불(不)을 꾸며주는 부사구 노릇하고, 인(仁)은 명사로 불(不)의 주어 노릇한다. 어느 쪽으로 문맥을 잡아도 문의(文義)가 달라지는 것은 아니다. 〈천지에는[天地] 어짊이[仁] 없다[不].〉

5-2 以萬物爲芻狗(이만물위추구)

▶ (천지는) 만물로[萬物] 써[以] 풀강아지로[芻狗] 삼는다[爲].

써 이(以), 온갖 만(萬), 것 물(物), 삼을 위(爲), 꼴 추(芻), 강아지 구(狗)

【지남(指南)】

〈이만물위추구(以萬物爲芻狗)〉는 〈추구(芻狗)〉를 들어 〈천지불인(天地不仁)〉의 불인(不仁)을 풀이한다. 여기 추구(芻狗)는 『장자(莊子)』에 나오는 **부추구지미진야(夫芻狗之未陳也)**의 바로 그런 추구(芻狗)를 말한다. 추구(芻狗)란 추초구휵(芻草狗畜)의 줄임으로, 추초(芻草)는 예초(刈草) 즉 소나 말의 먹이로 쓰고자 풀[草]을 베어[刈] 묶은[束] 풀단이고, 구휵(狗畜)은 큰 개[犬]가 되면 잡아먹자고 강아지[狗]를 기르는 것[畜]이다. 천지(天地)는 짐승이 뜯어먹게 하고자 풀[草]을 낸[生] 것이 아니며, 사람이 잡아먹으라고 강아지[狗]를 낳아 자라게 하는 것이 아니다. 천지(天地)는 만물에 무위(無爲)할 뿐, 만물은 그냥 그대로 생사(生死)를 누린다.

또한 추구(芻狗)는 하나의 제물이기도 하다. 제사 전까지는 정성껏 잘 간수하다가 제물로 바치고 나면 버려져 사람의 발길에 짓밟히기도 하고 불쏘시개가 된다. 이처럼 풀강아지[芻狗]는 귀(貴)하다가 천(賤)한 것이 되니, 귀하다 할 것도 없고 천하다 할 것도 없다. 천지(天地)는 만물을 무위(無爲)로 그냥 그대로 둘 뿐임을 풀강아지[芻狗]를 예로 들어 깨우치게[喩] 한 말씀이 〈이만물위추구(以萬物爲芻狗)〉이다.

註 "부추구지미진야(夫芻狗之未陳也) 성이협연(盛以篋衍) 건이문수(巾以文繡) 시축재계이장지(尸祝齋戒以將之) 급기이진야(及其已陳也) 행자천기수척(行者踐其首脊) 소자취이찬지이이(蘇者取而爨之而已)." (제사 때 쓰이는) 저[夫] 풀강아지가[芻狗之] 아직 진설되지 않아서야[未陳也] 상자를[篋衍] 써[而] 담아두고[盛] 수놓은 천을[文繡] 써[以] 덮어두지만[巾], 신주가[尸祝] 풀강아지를[之] (제사에) 바침으로[將]써[以] 재계하면[齋戒] 급기야[及] 그것은[其] 진설을[陳] 그치게 되는 것[已]이다[也]. 오가는[行] 사람들이[者] 그것의[其] 머리나[首] 허리를[脊] 밟거나[踐], 벌초하는[蘇] 이들이[者] 주워다[取而] 그것을[之] 불 지필[爨] 뿐이다[而已].

『장자(莊子)』「천운(天運)」

【보주(補註)】

- 〈이만물위추구(以萬物爲芻狗)〉를 〈천지위추구이만물(天地爲芻狗以萬物)〉처럼 옮기면 좀 더 쉽게 문맥을 잡을 수 있다. 〈천지는[天地] 온갖 것으로[萬物]써[以] 풀강아지로[芻狗] 삼는다[爲].〉
- 이만물위추구(以萬物爲芻狗)에서 추구(芻狗)를 제물로 여기고 풀강아지[芻狗]로 새겨도 되고, 추초구휵(芻草狗畜)의 준말로 여겨 〈우마(牛馬)의 먹이[芻]〉와 〈식용으로 강아지[狗]를 키움[畜]〉으로 새겨도 된다.
- 이만물위추구(以萬物爲芻狗)에서 위(爲)는 〈생각할 사(思)〉와 같다.

【해독(解讀)】

- 〈이만물위추구(以萬物爲芻狗)〉에서 이만물(以萬物)은 위(爲)를 꾸며주는 부사구 노릇하고, 위(爲)는 동사 노릇하며, 추구(芻狗)는 위(爲)의 목적어 노릇한다. 〈만물로[萬物]써[以] 추구로[芻狗] 생각한다[爲].〉
- 이만물위추구(以萬物爲芻狗)은 〈위추구이만물(爲芻狗以萬物)〉에서 이만물(以萬物)을 강조하고자 위(爲) 앞으로 전치한 어투이다. 그러므로 이만물위추구(以萬物爲芻狗)를 〈위(爲)A이(以)B〉의 상용문으로 여겨도 된다. 〈B로써[以] A를 생각한다[爲].〉 〈B로써[以] A를 삼는다[爲].〉

5-3 聖人不仁(성인불인)

▸ 성인께도[聖人] 어짊이[仁] 없다[不].

통할 성(聖), 사람 인(人), 없을(않을) 불(不), 어질 인(仁)

【지남(指南)】

〈성인불인(聖人不仁)〉은 상도(常道)를 그냥 그대로 본받아 따르는 성인(聖人) 역시 어느 것도 친애(親愛)하지 않음을 밝힌다. 상도(常道)를 본받아 좇는 천지(天地)가 온갖 것을 친밀히 대하거나[親] 아껴주거나[愛] 하지 않는 것처럼, 성인(聖人)도 하늘땅이 하는 대로 따르니 만물을 하나[一]로 보기 때문이다.

성인불인(聖人不仁)의 불인(不仁)은 〈만물일제(萬物一齊)〉를 뜻한다. 성인(聖

人)은 인심(人心)을 버리고 천심(天心)을 좇기 때문에 만물은 한결같이 평등할[一齊] 뿐이다. 성인무기(聖人無己)하므로 무공(無功)하고 무명(無名)하다. 성인(聖人)께는 제 몸[己]이란 것이 없는데 어찌 공명(功名)이 있겠는가. 성인(聖人)은 무기(無己)하므로 무사(無私)하고, 무사(無私)하므로 무욕(無欲)하며, 무욕(無欲)하므로 무피아(無彼我) 즉 너나[彼我]가 없다[無]. 그런데 어찌 친소(親疎)를 두며 호오(好惡)나 애증(愛憎)을 가리겠는가? 무심한 천지에는 사랑[愛]도 미움[憎]도 없고, 좋고[好] 싫음[惡]도 없으니 어찌 편애가 있겠는가?

성인(聖人)도 천지(天地)와 같이 상도(常道)를 그냥 그대로 본받기[法] 때문에 불인(不仁)함을 살펴 새기고 헤아려 깨우치게 하는 말씀이 〈성인불인(聖人不仁)〉이다.

【보주(補註)】

- 〈성인불인(聖人不仁)〉을 성인불인어백성(聖人不仁於百姓)처럼 옮기면 좀 더 쉽게 문맥을 잡을 수 있다. 〈성인은[聖人] 백성에[於百姓] 어질지 않다[不仁].〉
- 성인불인(聖人不仁)에서 불인(不仁)의 불(不)을 〈않을 불(不)〉로 여기고 새겨도 되고, 〈없을 불(不)〉로 여기고 새겨도 된다. 〈성인은[聖人] 어질지[仁] 않다[不].〉 〈성인께는[聖人] 어짊이란[仁] 없다[不].〉
- 성인불인(聖人不仁)의 인(仁)은 〈친밀할 친(親) · 아낄(사랑할) 애(愛) · 사람 인(人) · 동정(同情)〉 등으로 여기면 된다.
- 성인(聖人)의 성(聖)은 〈두루 통할 통(通) · 현묘할 신(神)〉 등과 같다. 『서경(書經)』에도 **내성내신(乃聖乃神)**란 말이 나온다. 그러므로 성(聖)은 〈성무소불통(聖無所不通) · 성무소불조(聖無所不照)〉를 줄여놓은 한 자(字)라고 여기면 된다. 〈성에는[聖] 통하지 않는[不通] 것이[所] 없다[無].〉 〈성에는[聖] 비추지 않는[不照] 것이[所] 없다[無].〉

註 "내성내신(乃聖乃神)." 이에[乃] 성이란[聖] 곧[乃] 신이다[神].
『서경(書經)』「우서(虞書) 대우모(大禹謨)」

- 성인불인(聖人不仁) 역시 『장자(莊子)』의 〈대인불인(大仁不仁)〉과 〈지인무친(至仁無親)〉을 상기시킨다. 〈큰[大] 어짊은[仁] 어질지 않다[不仁].〉 〈지극한[至] 어짊에는[仁] 친밀함이란[親] 없다[無].〉

【해독(解讀)】

- 〈성인불인(聖人不仁)〉에서 불인(不仁)의 불(不)을 인(仁)의 부정사로 여기면 성인(聖人)은 주어 노릇하고, 인(仁)은 동사 노릇한다. 〈성인은[聖人] 어질지[仁] 않다[不].〉
- 성인불인(聖人不仁)에서 불인(不仁)의 불(不)을 〈없을 무(無)〉와 같은 동사로 여기면 성인(聖人)은 불(不)을 꾸며주는 부사구 노릇하고, 인(仁)은 명사로 불(不)의 주어 노릇한다. 〈성인께는[聖人] 어짊이[仁] 없다[不].〉

5-4 以百姓爲芻狗(이백성위추구)

▶{성인(聖人)도} 백성으로[百姓] 써[以] 풀강아지로[芻狗] 삼는다[爲].

써 이(以), 온갖 백(百), 겨레 성(姓), 삼을 위(爲), 꼴 추(芻), 강아지 구(狗)

【지남(指南)】

〈이백성위추구(以百姓爲芻狗)〉는 〈추구(芻狗)〉를 들어 〈성인불인(聖人不仁)〉의 불인(不仁)을 풀이한다. 여기서 추구(芻狗)는 제물이기도 해서 제사 전까지는 정성껏 간수하다가 끝나면 버려져 짓밟히기도 하고 불쏘시개가 된다. 이처럼 풀강아지[芻狗]는 귀(貴)하다가 천(賤)한 것이 되고 말아 귀하다 할 것도 없고 천하다 할 것도 없다. 성인(聖人)은 무위(無爲)로 백성을 자화(自化)하고 자정(自正)하며 자박(自樸)하고 자부(自富)하게 둘 뿐, 누구를 특별히 아끼거나 미워하고 업신여기지 않는다. 이를 〈성인불인(聖人不仁)〉이라 하고, 풀강아지[芻狗]를 들어 성인(聖人)의 불인(不仁)을 살펴 새기고 헤아려 깨우치게(喩) 하는 말씀이 〈이백성위추구(以百姓爲芻狗)〉이다.

【보주(補註)】

- 〈이백성위추구(以百姓爲芻狗)〉를 〈성인위추구이백성(聖人爲芻狗以百姓)〉처럼 옮기면 좀 더 쉽게 문맥을 잡을 수 있다. 〈성인은[聖人] 백성을[百姓] 풀강아지로[芻狗] 삼는다[爲].〉
- 이백성위추구(以百姓爲芻狗)에서 추구(芻狗)는 귀천(貴賤)·상하(上下)의 차별

이 없음을 비유한 것이다. 귀(貴)하다면 임금이나 백성이 다 귀하고, 천(賤)하다면 임금이든 백성이든 다 천하다는 것이 여기 추구(芻狗)이다.

- 이백성위추구(以百姓爲芻狗)에서 위(爲)는 〈생각할 사(思)〉와 같다.

【해독(解讀)】

- 〈이백성위추구(以百姓爲芻狗)〉에서 이백성(以百姓)은 위(爲)를 꾸미는 부사구 노릇하고, 위(爲)는 동사 노릇하며, 추구(芻狗)는 위(爲)의 목적어 노릇한다. 〈백성으로[百姓]써[以] 추구로[芻狗] 생각한다[爲].〉 〈백성으로[百姓]써[以] 추구로[芻狗] 삼는다[爲].〉
- 이백성위추구(以百姓爲芻狗)는 〈위추구이백성(爲芻狗以百姓)〉에서 이백성(以百姓)을 강조하고자 위(爲) 앞으로 전치한 말투이다. 〈위(爲)A이(以)B〉의 상용문으로 여기면 된다. 〈B로써[以] A를 생각한다[爲].〉

5-5 天地之間其猶橐籥乎(천지지간기유탁약호)

▶ 천지의[天地之] 사이[間] 그것은[其] 풀무통의[橐] 구멍과[籥] 같구나[猶乎]!

하늘 천(天), 땅 지(地), 조사(~의) 지(之), 사이 간(間), 그것 기(其),
같을 유(猶), 풀무 탁(橐), 풀무 구멍 약(籥), 조사(~인저) 호(乎)

【지남(指南)】

〈천지지간기유탁약호(天地之間其猶橐籥乎)〉는 천지(天地)의 사이[間]를 〈탁약(橐籥)〉에 비유한다. 천지지간(天地之間)의 사이[間]는 부만물(覆萬物)·재만물(載萬物)로 풀이된다. 만물을 실어줌이[載] 땅[地]이고, 만물을 덮어줌이[覆] 하늘[天]이다. 천(天)과 지(地) 사이[間] 즉 공간에 만물이 생사를 누린다. 그러니 여기 천지지간(天地之間)에서 상도(常道)의 용충(用沖), 즉 상도(常道)가 빔을[沖] 쓰는 것이 〈간(間)〉이기도 하다. 음양(陰陽)·강유(剛柔)·자웅(雌雄) 등의 조화(造化)가 부재(覆載)함이 여기 사이[間]이다. 천지가 생만물(生萬物)하는 조화의 신묘함을 천지지간(天地之間)의 간(間)이 포용한다.

천지(天地)는 생만물(生萬物)하고 온갖 것[萬物]이 자화(自化)함에 무심(無心)하여 무사(無私)하므로, 그 조화가 불인(不仁)함을 살펴 깨우치도록[喩] 〈탁약(橐籥)〉을 본보기[象]로 들고[取] 있다. 빈 통[虛囊]을 〈탁(橐)〉이라 하고, 허낭(虛囊)의 구멍[竅]을 〈약(籥)〉이라 한다. 탁약(橐籥)은 허기(虛氣)를 들고나게[出入] 하는 것이니, 상도(常道)가 취허(吹虛) 즉 허기(虛氣)를 불어[吹] 생만물(生萬物)한다고 생각해보라. 탁약(橐籥)은 상도허허(常道噓虛)하여 생만물(生萬物)함을 비유하는 것으로, 상도(常道)가 허기(虛氣)를 불어냄을[噓] 비유로 들어 만물(萬物)을 낳음[生]을 밝힘이고, 불어들임을 비유로 들어 귀근(歸根) 즉 죽음을[死] 밝힘이다. 만물의 생사를 탁약(橐籥)의 허허(噓虛)로 비유하니, 참으로 대변(大辯)은 불언(不言)하면서도 간명(簡明)하다.

상도(常道)를 그냥 그대로 본받는[法] 천지는 허기(虛氣)를 부는[噓] 풀무꾼으로 만물(萬物)을 낳는구나[生]! 천지의 허허(噓虛)가 바로 천지불인(天地不仁)의 생(生)이구나! 왜 허허(噓虛)가 불인(不仁)의 생(生)인가? 낳아주되[生而] 갖지 않고[不有], 위해주되[爲而] 바라지 않으며[不恃], 길러주되[長而] 내버려두니[不宰], 친애(親愛)하지 않음(不仁)이다. 〈유탁약(猶橐籥)〉, 이것은 말하지 않고서도[不言] 크게 밝힘[大辯]이다. 불가(佛家)에서는 이런 대변(大辯)을 〈염화미소(拈花微笑)〉라 한다. 유탁약(猶橐籥) 이 말씀으로 하늘땅[天地]이 불인(不仁)하는 까닭을 살펴 새기고 헤아리게 하는 말씀이 〈천지지간기유탁약호(天地之間其猶橐籥乎)〉이다.

【보주(補註)】

- 〈천지지간기유탁약호(天地之間其猶橐籥乎)〉를 〈천지지간유탁약호(天地之間猶橐籥乎)〉처럼 옮기면 좀 더 쉽게 문맥을 잡을 수 있다. 〈하늘땅의[天地之] 사이는[間] 풀무[橐] 구멍[籥] 같다[猶].〉
- 탁약(橐籥)은 고풍자(鼓風者)로, 바람[風]을 내는[鼓] 것[者] 즉 풀무를 말한다. 탁(橐)은 무저(無底) 즉 밑[底] 없는[無] 빈 통[囊]을 말하고, 약(籥)은 유공지규(有孔之竅) 즉 비어[孔] 있는[有之] 구멍[竅]이다.

【해독(解讀)】

- 〈천지지간기유탁약호(天地之間其猶橐籥乎)〉에서 천지지간(天地之間)은 진주어(眞主語) 노릇하고, 기(其)는 동격주어 노릇하며, 유(猶)는 동사 노릇하고, 탁

약(橐籥)은 보어 노릇하고, 호(乎)는 감탄조사(~로다)로 종결어미이다. 여기 유(猶)는 〈~과 같을 사(似) · 약(若) · 여(如)〉 등과 같다. 〈천지지간(天地之間) 그것은[其] 탁약과[橐籥] 같도다[猶乎]!〉

5-6 虛而不屈(허이불굴)

▶ (풀무는) 비어서[虛而] 다하지 않는다[不屈].

빌 허(虛), 그래서 이(而), 않을 불(不), 다할 굴(屈)

【지남(指南)】

〈허이불굴(虛而不屈)〉은 〈탁약(橐籥)〉으로 상도(常道)의 짓[象]인 조화를 밝힌다. 상도(常道)의 용충(用沖)이 불굴(不屈)하여 불식(不息)함을 탁약(橐籥)에 비유한다. 풀무[橐籥]에 견주어[比] 상도(常道)가 충[沖] 즉 허(虛)를 써서[用] 생만물(生萬物)함이 다함 없고[不屈] 쉬지 않음[不息]을 깨우치게 한다. 허기(虛氣) 즉 바람[風]을 무심히 들고나게[出入] 하는 탁약(橐籥)과 같이[猶] 상도(常道)가 한순간도 쉼없이 탁약(橐籥)이 취허(吹虛)하듯 생만물(生萬物)하므로 우주만물은 저마다 생사(生死)를 누린다.

생만물(生萬物)하는 상도(常道)는 풀무[橐籥]를 고풍(鼓風) 즉 풀무질하는 풀무꾼 같다. 허이불굴(虛而不屈)의 〈허(虛)〉는 상도(常道)를 본받는 천지도 용충(用沖)하여 불굴(不屈)하며 다함[盡] 없이[無] 생만물(生萬物)함을 이른다. 천지의 생만물(生萬物)이란 만물이 오고가고[往來] 나고들고[出入] 살고죽기[生死]를 그침이 없고 쉼도 없음이다. 그래서 만물은 나그네요 천지는 나그네가 머물다 가는 주막[廬]이라 한다. 만물의 왕래(往來) · 출입(出入) · 생사(生死), 이는 풀무통을 들고나는 바람[風] 같지 않은가! 만물이 머물다 가는 여(廬)에는 나그네들이 끊임없이 들고나니 〈허이불굴(虛而不屈)〉은 풀무꾼[常道]이 풀무질하면[用沖] 무궁무진하게 생만물(生萬物)함을 생각하게 한다.

【보주(補註)】

- 〈허이불굴(虛而不屈)〉을 〈탁약허(橐籥虛) 이탁약불굴취(而橐籥不屈吹)〉처럼

옮기면 좀 더 쉽게 문맥을 잡을 수 있다. 〈풀무는[橐籥] 비어 있다[虛]. 그래서 [而] 풀무는[橐籥] 바람내기를[吹] 다하지 않는다[不屈].〉

- 허이불굴(虛而不屈)에서 허(虛)는 취(吹) 또는 허(噓)로 여기면 문의(文義)가 잡힌다. 〈탁약(橐籥)은 바람을 불어낸다[吹]. 그래서 (불어내기를) 다하지 않는다[不屈].〉
- 허이불굴(虛而不屈)에서 불굴(不屈)은 〈불굴용충(不屈用沖)〉으로 여기고 새기면 문의(文義)가 더 분명해진다. 〈빔을[沖] 쓰기를[用] 다하지 않는다[不屈].〉

【해독(解讀)】

- 〈허이불굴(虛而不屈)〉에서 허(虛)는 동사 노릇하고, 이(而)는 조사 노릇하며, 불(不)은 굴(屈)의 부정사 노릇하고, 굴(屈)은 동사 노릇한다. 여기서 굴(屈)은 〈다할 갈(竭)·진(盡)·궁(窮)〉 등과 같다. 〈허하다[虛]. 그래서[而] 다하지 않는다[不屈].〉
- 허이불굴(虛而不屈)에서 불(不)을 굴(屈)의 부정사로 여기지 않고 〈없을 무(無)〉와 같은 동사로 보고, 굴(屈)을 불(不)의 주어로 여겨도 문의(文義)가 달라지지 않는다. 〈허하다[虛]. 그래서[而] 다함이[屈] 없다[不].〉

5-7 動而愈出(동이유출)

▶ (풀무는) 움직이면[動而] 더욱더[愈] 낸다[出].

움직일 동(動), 그러면 이(而), 더욱 유(愈), 낼 출(出)

【지남(指南)】

〈동이유출(動而愈出)〉은 상도(常道)의 용충(用沖)을 〈탁약지동(橐籥之動)〉에 비유한다. 풀무질[橐籥之動]에 견주어[比] 상도(常道)가 충(沖) 즉 허(虛)를 써서[用] 생만물(生萬物)함이 쉬지 않음[不息]을 깨우치게 한다.

풀무질하면 할수록 허기(虛氣)인 바람[風]은 끊임없이 들고난다[出入]. 그와 같이 상도(常道)도 생만물(生萬物)의 조화를 더욱더[愈] 낸다[出]. 유출(愈出)의 〈출(出)〉은 〈낼 생(生)〉이다. 동이유출(動而愈出)의 〈동(動)〉 역시 취허(吹虛)이고 허허(噓虛)이다. 이 역시 풀무질할수록 바람기가 더욱 나오듯[出], 상도(常道)가 용충(用沖)할수록 만물(萬物)이 그침 없이 생긴다는 말씀이다. 생만물(生萬物)하는 상도(常道)는 풀무질하는 풀무꾼 같음이니, 동이유출(動而愈出)에서 동(動)은 상도(常道)의 용충(用沖)이며, 유출(愈出)은 상도(常道)의 쉼없는 조화인 만물의 출생이다.

천지는 허기(虛氣)를 운동하여 다함[盡] 없이[無] 생만물(生萬物)한다. 탁약(橐籥)처럼 상도(常道)가 용충(用沖)하여 무궁무진하게 생만물(生萬物)함을 살펴 새기고 헤아려 깨우치게 하는 말씀이 〈동이유출(動而愈出)〉이다.

【보주(補註)】

- 〈동이유출(動而愈出)〉을 〈탁약동(橐籥動) 이탁약유출풍(而橐籥愈出風)〉처럼 옮기면 좀 더 쉽게 문맥을 잡을 수 있다. 〈풀무가[橐籥] 움직인다[動]. 그러면[而] 풀무는[橐籥] 바람을[風] 더욱더[愈] 낸다[出].〉
- 동이유출(動而愈出)의 동(動)은 〈움직일 운(運)〉과 같아 운동(運動)의 줄임이다.
- 동이유출(動而愈出)은 4장(章)에서 살핀 〈용충(用沖)〉을 상기시킨다.

【해독(解讀)】

- 〈동이유출(動而愈出)〉에서 동(動)은 동사 노릇하고, 이(而)는 조사 노릇하며, 유(愈)는 출(出)을 꾸미는 부사 노릇하고, 출(出)은 목적어가 생략된 동사 노릇한다. 물론 동이유출(動而愈出)에서 유(愈)를 동사로 여기고, 출(出)을 유(愈)의 목적어로 여기고 문맥을 잡아도 어긋나지 않는다. 유(愈)는 〈더욱 익(益)〉과 같고, 〈출(出)〉은 〈낼 생(生)〉과 같다. 〈움직인다[動]. 그러면[而] 더욱더[愈] 낸다[出].〉 〈움직인다[動]. 그러면[而] 내기를[出] 더욱 더한다[愈].〉

5-8 多言數窮(다언수궁)

▶ {치민(治民)하면서 정령(政令)을 밝히는} 말이[言] 많아질수록[多] (백성을 다스리는) 이치가[數] 궁색해진다[窮].

많을 다(多), 말할 언(言), 이치 수(數), 막힐 궁(窮)

【지남(指南)】

〈다언수궁(多言數窮)〉은 인위(人爲)의 다스림이 빨리 궁색해지는 까닭을 〈다언(多言)〉으로써 밝힌다. 천도(天道) 즉 자연의[天] 규율인[道] 〈허이불굴(虛而不屈) · 동이유출(動而愈出)〉을 외면하는 말을[言] 일삼으면 그만큼 빨리 이치가[數] 궁색해짐을[窮] 밝히기도 한다.

탁약(橐籥)에 견주어 용충(用沖)의 생만물(生萬物)을 허이불굴(虛而不屈) · 동이유출(動而愈出)이라 비유하여 말함은 무위(無爲)의 다스림을 밝힌 것임을 여기 다언수궁(多言數窮)으로써 비로소 간파할 수 있다. 왜냐하면 다언수궁(多言數窮)은 2장(章)에서 살핀 **행불언지교(行不言之敎)**를 외면하는 짓임을 알아챌 수 있기 때문이다. 정령(政令) 따위를 발령(發令)하지 않는[不言之] 가르침을[敎] 버리고 정령을 발령하는 가르침을[敎] 행함이 여기 다언수궁(多言數窮)의 〈다언(多言)〉이다. 따라서 여기 다언(多言)은 『예기(禮記)』에 나오는 **왕도비의(王道備矣)**를 환기시킨다.

유가(儒家)가 주장하는 왕도(王道)를 갖추자면[備] 온갖 정령들을 발령하지 않을 수 없기에 그 치민(治民)은 다언(多言)으로써 이루어질 수밖에 없다. 그러나 예악(禮樂)을 행하고 지키려는 정령을 밝힘이 많아질수록 그만큼 백성을 괴롭힘이[煩] 가혹해지고[苛], 따라서 그만큼 치민(治民) 즉 배성을[民] 다스리는[治] 이치가[數] 궁색해지고[窮] 마는 것을 살펴 새기고 헤아려 깨우치게 하는 말씀이 〈다언수궁(多言數窮)〉이다.

註 "성인처무위지사(聖人處無爲之事) 행불언지교(行不言之敎)." 성인은[聖人] 무위를[無爲之] 행함에[事] 머물고[處], {성인(聖人)은} 말이[言] 없는[不之] 가르침을[敎] 행한다[行].

『노자(老子)』 2장(章)

註 "예절민심(禮節民心) 악화민성(樂和民聲) 정이행지(政以行之) 형이방지(刑以防之) 예악형정사달이불패(禮樂刑政四達而不悖) 즉왕도비의(則王道備矣)." 예는[禮] 백성의[民] 마음을[心] 절제하고[節], 악은[樂] 백성의[民] 소리를[聲] 화합한다[和]. 정사(政事)로[政]써[以] 예악을[之] 시행하고[行], 형벌로[刑]써[以] 예악을[之] 지켜[防] 예악형정이[禮樂刑政] 온 세상에 퍼져서[四達而] 어긋남이 없으면[不悖] 곧[則] 왕도가[王道] 갖추어지는 것[備]이다[矣].

『예기(禮記)』「악기(樂記)」

【보주(補註)】

- 〈다언수궁(多言數窮)〉을 〈약다발정령지언(若多發政令之言) 치민지수궁(治民之數窮)〉처럼 옮기면 좀 더 쉽게 문맥을 잡을 수 있다. 〈만약[若] 정령을[政令] 밝히는[發之] 말이[言] 많으면[多] 백성을[民] 다스리는[治之] 이치가[數] 궁해진다[窮].〉
- 다언수궁(多言數窮)에서 다언(多言)은 『예기(禮記)』에 나오는 왕도(王道)가 인위(人爲)의 다스림에 불과함을 밝히고 있다. 여기 다언(多言)이 예악(禮樂)을 행하게 하는 정책을 밝히고 예악을 지키게 하는 형벌을 밝힘을 환기시킨다.

【해독(解讀)】

- 〈다언수궁(多言數窮)〉은 조건의 종절과 주절로 이루어진 복문(複文)이다. 〈다언하면[多言] 수궁한다[數窮].〉
- 다언(多言)은 조건의 종절(從節)이다. 다언(多言)에서 다(多)를 언(言)을 꾸미는 부사로 여기면 언(言)은 (목적어가 없지만) 동사 노릇하고, 다(多)를 〈많을 다(多)〉로 여기면 언(言)은 다(多)의 주어가 된다. 어떤 문맥을 잡든 문의(文義)가 달라지지는 않는다. 다언(多言)에서 다(多)는 〈많을(넘칠) 과(過)〉와 같아 과다(過多)의 준말로 여기면 된다. 〈많이[多] 말한다면[言]〉 〈말이[言] 많다면[多]〉
- 수궁(數窮)은 주절(主節)이다. 수궁(數窮)에서 수(數)는 주어 노릇하고, 궁(窮)은 형용사 노릇한다. 수(數)는 〈이치 리(理)〉와 같고, 궁(窮)은 〈막힐 색(塞)〉과 같아 궁색(窮塞)의 줄임으로 여기면 된다. 수(數)는 〈이치 수(數) · 셀 수(數) · 헤아릴 수(數), 빠를 삭(數), 촘촘할 촉(數)〉 등으로 발음된다. 〈{다언(多言)하는 사람은} 이치가[數] 궁해진다[窮].〉

5-9 不如守中(불여수중)

▶ {무위(無爲)의 다스림을} 상도를 따라[中] 지킴만[守] 못하다[不如].

못할 불(不), 같을 여(如), 지킬 수(守), 따를 중(中)

【지남(指南)】

〈불여수중(不如守中)〉은 상도(常道)를 따라[中] 지켜[守] 행함을 밝힌다. 〈수중

(守中)〉은 23장(章)의 희언자연(希言自然)을 본받아[法] 상도(常道)를 따라[中] 지킴이다[守]. 수중(守中)은 2장(章)의 상생(相生)·상성(相成)·상형(相形)·상경(相傾)·상화(相和)·상수(相隨), 즉 상도(常道)의 조화를 상기시킨다. 그리고 수중(守中)의 중(中)은 『장자(莊子)』의 우저용(寓諸庸)과 중이불가불고자덕야(中而不可不高者德也), 그리고 연독이위경(緣督以爲經)과 『논어(論語)』의 자절사(子絶四)를 환기시킨다.

수중(守中)의 〈중(中)〉은 중도(中道)의 줄임이며, 여기서 중(中)은 〈따를 순(順)〉과 같다. 따름을 지킴이 수중(守中)이다. 상도(常道)를 따라[中] 지킴을[守] 탁약(橐籥)을 들어 비유한 것으로, 풀무의[橐籥] 가운데는[中] 빔[虛] 즉 공(空)이요 환(環)이며 중간이니, 중앙 가운데[中] 빈 것을[虛] 따라 지킴이다. 〈허(虛)〉란 무피차(無彼此) 즉 이것[此] 저것[彼] 등이 없음[無]이다. 그래서 상도(常道)를 무물(無物) 즉 허(虛)라 하고, 현(玄)이니 묘(妙)라고 한다. 풀무의 구멍을 개폐하여 중공(中空)을 채운 바람을 들고나게 해야 풀무질이 이루어진다. 탁약(橐籥)은 바람을 그냥 그대로 들고나게 해야지 들임만[入] 고집하거나 내보냄만[出] 고집하면 제 구실을 못한다. 바람이 그냥 그대로 들고남을 따라[中] 지켜야 하는 것이 탁약(橐籥)의 수중(守中)이다.

거듭 말하지만 수중(守中)은 수중도(守中道) 즉 수순도(守順道), 나아가 수치허(守致虛)인지라 수허(守虛)로 살펴 새기고 헤아려도 된다. 상도(常道)란 허(虛)·무(無)로 살펴 새기고 헤아려도 되고, 수중(守中)을 수충(守沖)으로 여기고 읽고 새겨도 된다는 것이다. 따라서 수중(守中)의 중(中)은 42장(章)의 충기이위화(沖氣以爲和)와 51장(章)의 존도이귀덕(尊道而貴德)을 떠올려주기도 한다.

수중(守中)하는 마음[心]은 허정(虛靜)하여 염담(恬淡)하고, 염담(恬淡)하여 적막(寂漠)하다. 생각이 있어 할 말이 있지만 꾹 참고 함구함은 진정한 침묵이 아니다. 시비·분별·논란을 벗어나 사리(事理) 즉 말단과[事] 근본을[理] 밝혀서 그냥 그대로 사물을 마주하는 마음이라야, 비어[虛] 고요하고[靜] 편안해[恬] 담백하고[淡] 아득해 그윽한[寂漠] 마음이라야[心之], 천(天) 즉 자연(自然)을 따라[中] 지키는[守] 허심(虛心)이고 무심(無心)이다. 서로 다름에[異] 치우치지 않고 서로 같음에[同] 치우치지 않음이 상도(常道)의 짓[象] 즉 조화인지라 그를 따름이 수중(守中)의 〈중(中)〉이다. 그러니 수중(守中)이란 수허(守虛)이고 무심(無心)·허심(虛

心)하여 상도(常道)의 조화 즉 법자연(法自然)을 따라[中] 지키라[守] 함이다.

이러고저러고 시비하는 말[言]을 마음이 비우면[虛] 상도(常道)의 자연(自然)을 따라[中] 지키는[守] 허심(虛心)이요 무심(無心)이다. 수중(守中) 즉 상도(常道)를 따라 지킴이란 곧 수순천지심(守順天之心)으로 이어진다. 그러므로 자연을 본받아 따르는 마음을[天之心] 따라[順] 지킴을[守] 살펴 새기고 헤아려 깨우치게 하는 말씀이 여기 〈불여수중(不如守中)〉이다.

註 "희언자연(希言自然)…… 종사어도자(從事於道者) 동어도(同於道)." 들으려 해도 들리지 않는[希] 말이[言] 자연이다[自然]. …… 도(道)를[於] 따라[從] 섬기는[事] 사람인[者] 도를 본받는[道] 사람은[者] 도(道)와[於] 하나가 된다[同]. 『노자(老子)』 23장(章)

註 "유무상생(有無相生) 난이상성(難易相成) 장단상형(長短相形) 고하상경(高下相傾) 음성상화(音聲相和) 전후상수(前後相隨) 시이성인처무위지사(是以聖人處無爲之事) 행불언지교(行不言之敎)." 있고[有] 없음은[無] 서로[相] 생기고[生], 어렵고[難] 쉬움은[易] 서로[相] 이루며[成], 길고[長] 짧음은[短] 서로[相] 드러나고[形], 높고[高] 낮음은[下] 서로[相] 기대며[傾], 홑소리도[音] 닿소리도[聲] 서로[相] 어울리고[和], 앞뒤는[前後] 서로[相] 따른다[隨]. 이렇기[是] 때문에[以] 성인은[聖人] 무위를[無爲之] 행사함에[事] 머물러 살고[處], 말하지 않는[不言之] 가르침을[敎] 행한다[行]. 『노자(老子)』 2장(章)

註 "유달자지통위일(唯達者知通爲一) 위시불용이우저용(爲是不用而寓諸庸) 용야자용야(庸也者用也) 용야자통야(用也者通也) 통야자득야(通也者得也) 적득이기의(適得而幾矣) 인시이(因是已) 이이부지기연(已而不知其然) 위지도(謂之道)." 오직[唯] 깨달은[達] 자만이[者] 통하여[通] 하나 됨을[爲一] 안다[知]. {그래서 달자(達者)는} 제 주장을[爲是] 쓰지 않고서[不用而] 자연대로 씀[庸]에 생각을[諸] 맡긴다[寓]. 자연대로 씀[庸]이란[也] 것은[者] 씀[用]이다[也]. 씀[用]이란[也] 것은[者] 통(通)이다[也]. 통(通)이란[也] 것은[者] {덕(德)을} 얻음[得]이다[也]. 걸림 없이 스스로 {덕(德)을} 얻으면[得而] {도(道)에} 가까운 것[幾]이다[矣]. {도(道)에 가까움[幾]이란} 자연에[是] 맡기는 것[因]뿐이다[已]. 그러면서도[已而] {달자(達者)는} 그런 줄을[其然] 모른다[不知]. 이를[之] 도라[道] 한다[謂].

우저용(寓諸庸)의 저(諸)는 〈지어(之於) 저(諸)〉이고, 용(庸)은 상(常)과 같아 〈그냥 그대로 쓸 용(庸)〉이다. 적득(適得)은 〈적연이자득(適然而自得)〉의 줄임으로, 걸림 없이 그냥 그대로[適然而] 스스로 즐겨 살아감[自得]이다. 기의(幾矣)는 〈기어도의(幾於道矣)〉를 줄인 것으로, 도에[於道] 가까운 것[幾]이다[矣]. 인시이(因是已)에서 인(因)은 〈맡길 임(任)·위(委)〉 등과 같고, 시(是)는 여기선 자연(自然)과 같다. 『장자(莊子)』「제물론(齊物論)」

註 "중이불가불고자덕야(中而不可不高者德也) 일이불가불역자도야(一而不可不易者道也) 신

이불가불위자천야(神而不可不爲者天也).” (세속을) 따라야 하되[中而] 높일[高] 수밖에 없는[不可不] 것이[者] 덕(德)이고[也], 하나이되[一而] 변화할[易] 수밖에 없는[不可不] 것이[者] 도(道)이며[也], 신묘하되[神而] 행할[爲] 수밖에 없는[不可不] 것이[者] 자연[天]이다[也].

여기 중(中)은 〈따를 순(順)〉과 같고, 중속(中俗) 즉 세속에[俗] 따름[中]이라 새긴다. 신묘(神妙)란 쉼없이 변화해감을 말한다. 『장자(莊子)』「재유(在宥)」

註 “위선무근명(爲善無近名) 위악무근형(爲惡無近刑) 연독이위경(緣督以爲經) 가이보신(可以保身) 가이전생(可以全生) 가이양친(可以養親) 가이진년(可以盡年).” 선을[善] 지으면[爲] 드러남이[近名] 없게 하고[無], 악을[惡] 범하면[爲] 법을 어김이[近刑] 없게 한다[無]. (선악에 걸림 없는) 중간을[督] 따름으로[緣]써[以] 기준으로[經] 삼는다[爲]. 그러면[以] 몸을[身] 지킬 수 있고[可保], 그러면[以] 목숨을[生] 온전히 할 수 있으며[可全], 그러면[以] 양친을[親] 모실 수 있고[可養], 그러면[以] 천수를[年] 다할 수 있다[可盡]. 『장자(莊子)』「양생주(養生主)」

註 “만물부음이포양(萬物負陰而抱陽) 충기이위화(沖氣以爲和).” 온갖[萬] 것은[物] 음기를[陰] 지고[負] 양기를[陽] 안고[抱], (음양은) 충기로[沖氣]써[以] 화기를[和] 삼는다[爲].

『노자(老子)』 42장(章)

註 “도생지(道生之) 덕휵지(德畜之) 물형지(物形之) 세성지(勢成之) 시이만물막부존도이귀덕(是以萬物莫不尊道而貴德).” 상도가[道] 낳아주고[生之], 상덕이[德] 길러주며[畜之], 온갖 것이[物] 드러나고[形之], 세력이[勢] 이루어진다[成之]. 이렇기[是] 때문에[以] 온갖 것은[萬物] 도를[道] 받들면서[尊而] 덕을[德] 높이지 않을 수[不貴] 없다[莫]. 『노자(老子)』 51장(章)

註 “자절사(子絶四) 무의(毋意) 무필(毋必) 무고(毋固) 무아(毋我).” 공자께서[子] 네 가지를[四] 끊었다[絶]. 자의(恣意)가[意] 없고[毋], 기필(期必)이[必] 없고[毋], 고집이[固] 없고[毋], 독존(獨尊)이[我] 없다[毋].

절사(絶四)는 곧 수중(守中)이 된다. 『논어(論語)』「자한(子罕)」 4

【보주(補註)】

- 〈불여수중(不如守中)〉을 〈다언불여수중(多言不如守中)〉처럼 옮기면 좀 더 쉽게 문맥을 잡을 수 있다. 〈다언은[多言] {상도(常道)를} 따름을[中] 지킴만[守] 못하다[不如].〉
- 불여수중(不如守中)의 수중(守中)은 『장자(莊子)』의 인시이(因是已)를 상기시킨다. 자연에[是] 맡길[因] 뿐임이란[已] 허정(虛靜)에 맡김[因]과 같기 때문이다. 그러나 『서경(書經)』「우서(虞書) 대우모(大禹謨)」에 나오는 윤집궐중(允執厥中)의 집중(執中)의 중(中)이나 『중용(中庸)』에 나오는 〈시중(時中)〉의 중(中)과는 다르다. 왜냐하면 여기 수중(守中)의 중(中)은 유가(儒家)의 중(中)과는 같지 않

기 때문이다. 『중용(中庸)』의 중(中) 즉 유가(儒家)의 중(中)은 〈부주극단(不走極端)〉 즉 치우침으로[極端] 치닫지 않음[不走]을 뜻해 인간의 대본(大本) 즉 크나큰[大] 바탕[本]이지만, 『노자(老子)』 5장(章)에 나오는 〈수중(守中)〉의 중(中)은 중도(中道) 즉 상도를[道] 따름을[中] 지켜[守] 허정(虛靜)·무위(無爲)의 도체(道體) 즉 상도[道] 그 자체를[體] 뜻하기 때문이다. 따라서 이 수중(守中)의 중(中)을 순도(順道) 즉 상도를[道] 따름[中]이라고 새기게 된다.

註 "유달자지통위일(唯達者知通爲一) 위시불용이우저용(爲是不用而寓諸庸)…… 인시이(因是已) 이이부지기연(已而不知其然) 위지도(謂之道)." 오직[唯] (상도를) 통달한[達] 자만이[者] 통하면[通] 하나가[一] 됨을[爲] 알고[知], 자기 주장을[爲是] 쓰지 않고서[不用而] 통함을 씀에[庸] 모든 것을[諸] 맡긴다[寓].…… 상도(常道)에[是] 맡길[因] 뿐이다[已]. 그래서[已而] 그러함도[其然] 모르는 것[不知] 그것을[之] 상도라[道] 한다[謂]. 『장자(莊子)』「제물론(齊物論)」

註 "인심유위(人心惟危) 도심유미(道心惟微) 유정유일(惟精惟一) 윤집궐중(允執厥中)." 사람의 마음은[人心] 위태롭기만 하고[惟危] 도를 지키려는 마음은[道心] 미미하기만 하니[惟微] 오직[惟] 정신을 차려[精] 오직[惟] 하나로 하여[一] 그[厥] 알맞음을[中] 진실로[允] 지켜가야 한다[執]. 『서경(書經)』「우서(虞書) 대우모(大禹謨)」

註 "중야자(中也者) 천하지대본야(天下之大本也) 화야자(和也者) 천하지달도야(天下之達道也)." 중(中)이라는[也] 것은[者] 온 세상의[天下之] 크나큰[大] 근본[本]이고[也], 화(和)라는[也] 것은[者] 온 세상의[天下之] 통용되는[達] 도리[道]이다[也].

『중용(中庸)』 주자장구(朱子章句) 1장(章)

【해독(解讀)】

- 〈불여수중(不如守中)〉에서 불(不)은 여(如)의 부정사 노릇하고, 여(如)는 동사 노릇하며, 수중(守中)은 여(如)의 보어 노릇한다. 여(如)는 〈같을 유(猶)·약(若)·사(似)〉 등과 같고, 수(守)는 〈지킬 집(執)〉과 같고, 중(中)은 여기선 〈따를 순(順)〉과 같다. 〈수중과[守中] 같지 않다[不如].〉 〈수중과[守中] 같지 못하다[不如].〉
- 불여수중(不如守中)은 〈A여위(如爲)B〉와 같은 상용의 부정문(否定文)이다. 〈A는 B를 함과[爲] 같다[如].〉 〈A여위(如爲)B·A약위(若爲)B·A사위(似爲)B〉 등이 다 같은 상용구이다.

곡신장(谷神章)

상도(常道)를 〈곡신(谷神)〉에 비유하고, 나아가 만물을 낳는 〈현빈(玄牝)〉으로 풀이하는 장(章)이다. 곡신(谷神)의 〈곡(谷)〉은 도충(道沖)의 〈충(沖)〉 즉 충(盅)을 〈허기(虛器)〉로 비유하여 형상화하고, 만물을 변화하게 하는 짓[神]임을 밝힌다. 〈허이불굴(虛而不屈) · 동이유출(動而愈出)〉로 상도(常道)의 조화가 불식(不息)함을 밝힌 다음 그 조물(造物)을 〈현빈지문(玄牝之門)〉이라 하고, 이를 천지지근(天地之根)이라 풀이한다. 현빈(玄牝)은 만물의 어머니[母]이고, 현빈(玄牝)의 문(門)은 천지근(天地根) 즉 만물이 생겨나는 근원임을 밝히는 장(章)이다.

【원문(原文)】

谷神不死를 是謂玄牝이다 玄牝之門을 是謂天地根이다
곡신불사 시위현빈 현빈지문 시위천지근

綿綿若存하여 用之不勤이다
면면약존 용지불근

골짜기의[谷] 짓은[神] 죽지 않는다[不死]. 이를[是] 현묘한[玄] 땅이라[牝] 한다[謂]. 현묘한[玄] 땅의[牝之] 문(門) 이것을[是] 하늘땅의[天地] 뿌리라[根] 한다[謂]. 영원히 이어져 끊어지지 않고[綿綿] 있는[存] 듯하고[若], 그것을[之] 써도[之] 힘들어하지 않는다[不勤].

6-1 谷神不死(곡신불사) 是謂玄牝(시위현빈)

▶골짜기의[谷] 짓은[神] 죽지 않는다[不死]. 이를[是] 현묘한[玄] 땅이라[牝] 한다[謂].

골짜기 곡(谷), 변화하게 하는 짓 신(神), 않을 불(不), 죽을 사(死), 이것 시(是), 일컬을 위(謂), 가물 현(玄), 땅 빈(牝)

【지남(指南)】

〈곡신불사(谷神不死) 시위현빈(是謂玄牝)〉은 4장(章)의 **도충이용지(道沖而用之)**에 담긴 뜻을 밝힌다. 〈곡신(谷神)〉은 곡지신(谷之神)이다. 〈곡(谷)〉은 산와지공허(山窪之空虛) 즉 산비탈[山麓]의 우묵함의[窪之] 텅 빔[空虛之]이다. 즉 산비탈 사이의 허공이 곡(谷)인지라 여기 곡(谷)은 허공을 형용(形容)함이다.

곡(谷)의 허공에는 아무것도 없으니 이를 일러 허공불유(虛空不有)라 한다. 불유(不有)란 있음[有]이 없음[不]인지라 그 무엇도 없음[全無]이다. **무형무영(無形無影)**이 불유(不有)이고, **무역무위(無逆無違)**가 불유(不有)이다. 불유(不有)의 곡(谷)은 **처비부동(處卑不動)** 즉 낮게[卑] 머물러서[處] 움직임이[動] 없고[不], **수정불쇠(守靜不衰)** 즉 고요[靜]를 지켜[守] 이지러지지 않아[不衰] 초목과 금수(禽獸)와 충류(蟲類)가 저마다 삶을 누린다. 곡(谷)을 일러 〈양(養)〉이라 하고, 이러한 곡(谷)을 〈광

(曠)〉 즉 공허하다 한다. 그러니 곡(谷)은 허(虛)요 허(虛)는 상도(常道)인지라, 곡신(谷神) 이 말씀은 〈허[虛]의 짓[神]〉으로 상도(常道)의 조화를 비유한다.

15장(章)에 **광혜기약곡(曠兮其若谷)**이란 말씀이 나온다. 〈기약곡(其若谷)〉은 광약곡(曠若谷)이다. 광(曠)은 공허이며, 허공이 곡(谷)과 같다[若] 함이다. 여기서 곡신(谷神)의 곡(谷)이 도지용충(道之用沖)의 비유임을 헤아릴 수 있고, 그 용충(用沖)이 신(神)이라 함은 조화(造化)란 것이다. 그러니 곡신(谷神)이란 상도(常道)가 용충(用沖)하여 조화(造化)함이다. 그 조화가 불사(不死)함은 인지(人智)로써 예측할 수 없음이고, 변화가 그침 없고 다함이 없음을 일러 〈곡신불사(谷神不死)〉라 한 것이다.

곡신(谷神)은 곡형용도지용충(谷形容道之用沖), 즉 산골짜기가[谷] 상도의[道之] 용충(用沖)을 형용함이다. 그러므로 곡신(谷神) 즉 곡지신(谷之神)은 상도가[道之] 용충(用沖)하여 조화의 짓[神]을 끊임없이 이어감을 깨우치게 한다. 조화의 짓[神]이란 생만물(生萬物)이니, 그것은 현빈(玄牝) 즉 현묘한[玄] 땅의[牝] 짓인 낳음[生之]임을 살펴 새기고 헤아려 깨우치게 하는 말씀이 〈곡신불사(谷神不死) 시위현빈(是謂玄牝)〉이다.

註 "도충이용지(道沖而用之) 혹불영(或不盈) 연혜(淵兮) 사만물지종(似萬物之宗)." 도는[道] 빔이고[沖而] 그것을[之] 쓰나[用], {그 용(用)은} 가득 채우지 않는[不盈] 듯하다[或]. 그윽이 깊어라[淵兮]! 온갖 것의[萬物之] 근본인[宗] 듯하다[似]. 『노자(老子)』 4장(章)

註 "광혜기약곡(曠兮其若谷)." 비었구나[曠兮]! 그것은[其] 골짜기[谷] 같다[若].

『노자(老子)』 15장(章)

註 무형무영(無形無影)은 〈드러난 것이[形] 없으니[無] 그림자도[影] 없다[無].〉 무역무위(無逆無違)는 〈거스름이[逆] 없으니[無] 어김도[違] 없다[無].〉 처비부동(處卑不動)은 〈낮은 데로[卑] 머물러[處] 설치지 않는다[不動].〉 수정불쇠(守靜不衰)는 〈고요를[靜] 지켜[守] 쇠하지 않는다[不衰].〉

【보주(補註)】

- 〈곡신불사(谷神不死) 시위현빈(是謂玄牝)〉을 〈곡지신불사(谷之神不死) 곡신지위현빈(谷神之謂玄牝)〉처럼 옮기면 좀 더 쉽게 문맥을 잡을 수 있다. 〈골짜기의[谷之] 신은[神] 죽지 않는다[不死]. 곡신(谷神) 그것을[之] 현묘한[玄] 어머니라

[牝] 한다[謂].〉

- 곡신불사(谷神不死)에서 곡신(谷神)의 〈곡(谷)〉을 양(養)이라고 풀이하여 〈양신(養神)〉이라 일컫기도 한다. 인간은 양신(養神)으로 죽지 않는다. 양신(養神)의 신(神)을 **오장지신(五臟之神)**의 줄임말로 보자는 설(說)도 있다. 인간의 뱃속을 곡(谷)에 비유하여 복중(腹中)의 오장(五臟)이 쉼없이 변화하기[神] 때문에 사람은 죽지 않고 산다는 것이다. 뱃속[腹中]은 허(虛)하여 산천초목금수를 품는 곡중(谷中)과 같아, 오장을 품고 허(虛)하여 바람기[風]를 품는 탁약(橐籥)과 같다 한다. 이처럼 상도(常道)는 충(沖) 즉 허(虛)하여 한없는 허기(虛氣)로 생만물(生萬物)하고 양만물(養萬物)한다.

  곡신(谷神)을 양신(養神)으로 여기고, 곡신불사(谷神不死)를 〈생기(生氣)를 [神] 기름은[谷] 죽지 않는다[不死]〉고 풀이하기도 한다.

註 오장지신(五臟之神)의 신(神)은 먹은 것들을 피와 살로 변화하게 하는 짓이다.

- 곡신불사(谷神不死)에서 곡신(谷神)의 신(神)은 〈신묘(神妙)〉의 줄임말이고, 신묘(神妙)란 상도(常道)의 조화를 일컬음이다. 신(神)은 변화하게 하는 짓이고, 묘(妙)는 불측(不測)의 것인지라 변화불측(變化不測)의 짓을 일러 신(神)이라 한다. 변화불측(變化不測)은 음양불측(陰陽不測)이니, 신(神)을 귀신(鬼神)의 줄임으로 새기게 된다.

  기지신자(氣之伸者) 즉 기운이[氣之] 뻗치는[伸] 것[者]을 신(神)이라 하고, 기지굴자(氣之屈者) 즉 기운이[氣之] 굽히는[屈] 것[者]을 귀(鬼)라 한다. 따라서 양신(陽神) 음귀(陰鬼)를 줄여 그냥 신(神)이라 한다. 이처럼 신(神)은 변화하게 하는 짓이므로 〈신기(神氣) · 신화(神化)〉라 한다. 신(神)을 〈생지본(生之本) · 생지제(生之制)〉라 설명하기도 한다. 〈신(神)은 태어남의[生之] 뿌리[本]이다.〉 〈신(神)은 태어남의[生之] 만듦[制]이다.〉

- 곡신불사(谷神不死)에서 불사(不死)는 〈부종(不終) · 무진(無盡) · 불식(不息) · 불굴(不屈) · 불이(不已) · 불궁(不窮) · 불갈(不竭)〉 등등을 상기하면 되고, 모두 변화가 다하여 그침이 없음을 뜻한다. 불사(不死)는 불멸(不滅) · 불개(不改)와 같다. 그래서 유상도독립불개(唯常道獨立不改)라 한다. 독립불개(獨立不改) 즉

홀로[獨立] 변하지 않음[不改]은 불사(不死)하여 항존(恒存)함이다. 상도(常道)는 변하지 않아[不改] 천지만물을 변화하게 한다. 〈죽지 않는다[不死]. = 죽음이[死] 없다[不].〉 〈없어지지 않는다[不滅]. = 없어짐이[滅] 없다[不].〉 〈변하지 않는다[不改]. = 변함이[改] 없다[不]〉

- 시위현빈(是謂玄牝)에서 현빈(玄牝)은 〈현묘지빈(玄妙之牝)〉의 줄임말이다. 물론 현빈(玄牝)을 신묘지빈(神妙之牝)으로 새겨도 된다. 현빈(玄牝)은 변화불측(變化不測) 즉 변화(變化)를 헤아릴 수 없음을[不測] 빈[牝] 즉 땅[地], 즉 어머니에[母] 비유한 것이다. 현빈(玄牝)은 상도(常道)를 어머니[母]에 비유함으로, 끝없이 생생(生生)하는 생물자(生物者)란 말씀이다. 현빈(玄牝)의 현(玄)은 〈알 길 없는 묘(妙)〉와 같아 현묘(玄妙)의 줄임말로 보면 되고, 빈(牝)은 〈땅 지(地)〉의 뜻이 담겨 있다. 또한 빈(牝)은 〈암컷 자(雌)〉와 같아 빈모(牝牡)를 자웅(雌雄)이라 한다. 현(玄)은 도(道)와 같아 현빈(玄牝)을 도즉모(道卽母), 즉 〈도는[道] 곧[卽] 어머니[母]〉로 여기면 된다. 현(玄)은 〈유원(幽遠) · 심은(深隱) · 정(靜) · 통(通) · 신묘(神妙) · 천(天) · 도(道)〉 등의 뜻을 품고 있다.

  〈암컷 빈(牝) · 암컷 자(雌)〉, 〈수컷 모(牡) · 수컷 웅(雄)〉. 그윽하고[幽] 멀고[遠], 깊고[深] 드러나지 않고[隱], 고요하고[靜], 통하며[通] 변화하여[神] 알 길이 없고[妙], 하늘[天]이며 도(道) 등의 뜻을 현(玄)이 품고 있다.

- 현빈(玄牝)의 현(玄)을 천(天)으로 새겨 〈인지비(人之鼻)〉라 일컫고, 현빈(玄牝)의 빈(牝)을 지(地)로 새겨 〈인지구(人之口)〉라 일컫기도 한다. 코[鼻]로써 천기(天氣)를 마시고, 입[口]으로 지기(地氣)를 먹고 산다. 물론 현빈(玄牝)을 음양(陰陽)으로 헤아려도 된다. 코로 양기(陽氣)를 마시고, 입으로 음기(陰氣)를 먹고 사는 것이 인간이요 온갖 금수(禽獸)란 말이다.

【해독(解讀)】

- 곡신불사(谷神不死)에서 곡신(谷神)은 주어 노릇하고, 불(不)은 사(死)의 부정사(否定詞)이고, 사(死)는 동사 노릇한다. 〈곡신은[谷神] 죽지 않는다[不死].〉
- 곡신불사(谷神不死)에서 불(不)을 〈~없을 무(無)〉와 같이 보고 문맥을 잡으면 곡신(谷神)은 불(不)을 꾸며주는 부사 노릇하고, 사(死)는 불(不)의 주어 노릇한다. 이렇게 새겨도 문의(文義)가 달라지는 것은 아니다. 〈곡신에는[谷神] 죽음

이란[死] 없다[不].〉

- 시위현빈(是謂玄牝)에서 시(是)는 위(謂)의 목적어 노릇하고, 위(謂)는 동사 노릇하며, 현빈(玄牝)은 목적보어 노릇한다. 〈이것을[是] 현빈이라[玄牝] 일컫는다[謂].〉
- 시위현빈(是謂玄牝)에서 시(是)는 곡신(谷神)을 나타내는 지시어 노릇한다. 〈곡신을[谷神] 현빈이라[玄牝] 일컫는다[謂].〉
- 곡신불사(谷神不死)는 〈AB〉의 상용문이다. 한문에는 계사(繫詞)가 없는 편이다. 말하자면 고문(古文)에는 영어의 〈be〉 동사 같은 것이 없는 편이다. 물론 후대에 〈~이다 시(是)〉가 계사 노릇하게 된다. 〈A는 B이다.〉

6-2 玄牝之門(현빈지문) 是謂天地根(시위천지근)

▶ 현묘한[玄] 땅의[牝之] 문(門) 이것을[是] 하늘땅의[天地] 뿌리라[根] 한다[謂].

가물 현(玄), 땅 빈(牝), 조사(~의) 지(之), 들고날 문(門), 이것 시(是), 일컬을 위(謂), 하늘 천(天), 땅 지(地), 뿌리 근(根)

【지남(指南)】

〈현빈지문(玄牝之門) 시위천지근(是謂天地根)〉 이 말씀은 상도(常道)가 생천지(生天地)함을 〈문(門)〉에 비유하여 밝힌다. 〈현빈(玄牝)〉은 생천지자(生天地者)인 상도(常道)의 비유이고, 문(門)은 생천지(生天地)의 비유이다. 생(生)은 사(死)로 돌아옴[反]이 필연임을 현빈지문(玄牝之門)의 문(門)이 깨우치게 한다.

현빈지문(玄牝之門)은 천지불인(天地不仁)의 문(門)으로 이어진다. 하늘땅에는 영생하는 것이란 없으니 따로 영생하게 하는 편애란 없음[不仁]이다. 생만물(生萬物)은 천지지문(天地之門)을 나옴[出]이고, 사만물(死萬物)은 그 문(門)으로 들어감[入]이다. 문(門)은 출입(出入) · 왕래(往來) · 순역(順逆) 즉 생사의 변화를 구체적으로 밝힌 것으로, 문(門)에서 나옴[出來]은 역(逆)이고 들어감[入往]은 순(順)이다. 출래지역(出來之逆)은 출래지영(出來之迎)이다. 생(生)을 맞이함이 역(逆)이니 왕자(往者)는 순(順)이요, 내자(來者)는 역(逆) 즉 영(迎)으로서 맞이함[逆]이다.

천지의 생(生)은 상도(常道)의 문(門)에서 나왔으니 어느 생이든 상도(常道)의 문(門)으로 돌아온다. 그래서 『장자(莊子)』에 **시졸약환(始卒若環)**이란 말이 나온다. 처음과[始] 끝이[卒] 원둘레[環] 같다는[若] 것이다. 50장(章)에 나오는 **출생입사(出生入死)**를 천지만물(天地萬物)은 따를 뿐이다. 천지도 죽어[死] 현빈지문(玄牝之門)으로 돌아오고, 만물도 죽어 그 문(門)으로 돌아온다. 그러므로 상도지문(常道之門)을 표상하는 현빈지문(玄牝之門)은 출생(出生) · 입사(入死)하는 문(門)이다.

상도(常道)의 문(門)에서 나온 것이 곧 천지이니, 상도지문(常道之門)의 표상인 현빈지문(玄牝之門)은 곧 천지의 뿌리[根]가 된다. 말하자면 태양계란 것도 상도(常道)의 뿌리[根]에서 나온 한 가지[一枝]인 셈임을 살펴 새기고 헤아려 깨우치게 하는 말씀이 〈현빈지문(玄牝之門) 시위천지근(是謂天地根)〉이다.

註 "시졸약환(始卒若環) 막득기륜(莫得其倫) 시위천균(是謂天均) 천균자천예야(天均者天倪也)." (저마다의) 처음과[始] 끝이[卒] 원둘레[環] 같아[若] 그[其] 순서를[倫] 알 수가[得] 없다[莫]. 이를[是] 자연의[天] 평균이라[均] 한다[謂]. 자연의[天] 평균이란[均] 것은[者] 자연의[天] 처음과 끝[倪]이다[也].

천균(天均)은 상도(常道)의 차별 없는 조화를 말한다. 천예(天倪)는 천지단예(天之端倪) 즉 자연의[天之] 처음과[端] 끝[倪]을 줄인 술어(術語)이다. 그래서 천예(天倪)를 자연(自然)의 분제(分際) 즉 나누어진 사이[分際]라 하고, 이 천예(天倪)를 천도(天道) 즉 자연의[天] 규율[道]이라 하고 그 규율에서는 만물일야(萬物一也) 즉 모든 것이[萬物] 하나이다[一也].

『장자(莊子)』「우언(寓言)」

註 "출생입사(出生入死)." (상도에서) 나옴은[出] 태어남이고[生], (상도로) 들어옴은[入] 죽음이다[死]. 『노자(老子)』 50장(章)

【보주(補註)】

- 〈현빈지문(玄牝之門) 시위천지근(是謂天地根)〉을 〈현빈지문위지천지지근(玄牝之門謂之天地之根)〉처럼 옮기면 좀 더 쉽게 문맥을 잡을 수 있다. 〈현빈의[玄牝之] 문(門) 그것을[之] 천지의[天地之] 뿌리라[根] 한다[謂].〉
- 현빈지문(玄牝之門)에서 현빈(玄牝)은 신묘지빈(神妙之牝)의 줄임이고, 신묘지빈(神妙之牝)을 변화불측지모(變化不測之母)로 풀이하면, 현빈지문(玄牝之門)

의 문(門)이 천지(天地)를 출(出)하게 하고 입(入)하게 하는 문(門)임을 알 수 있고, 아울러 천지(天地)의 생사지문(生死之門)임을 깨우치게 된다. 그러므로 다음과 같이 생각할 수 있다. 〈유상도지문천지생(由常道之門天地生) 이자천지지문아생(而自天地之門我生) 인차(因此) 천지여아동(天地與我同).〉〈상도의[常道之] 문(門)으로[由] 하늘땅이[天地] 생기고[生而], 천지의[天地之] 문(門)에서[自] 내가[我] 나온다[生]. 이러므로[因此] 천지와[天地與] 나는[我] 하나이다[同].〉

- 현빈지문(玄牝之門)에서 현(玄)은 〈유원(幽遠) · 심은(深隱) · 정(靜) · 통(通) · 신묘(神妙) · 천(天) · 도(道)〉 등을 뜻한다. 그윽하고[幽] 멀고[遠], 깊고[深] 드러나지 않고[隱], 고요하고[靜], 통하며[通] 변화하여[神] 알 길이 없고[妙], 하늘[天]이며 도(道) 등의 뜻을 현(玄)이 품고 있다.
- 현빈지문(玄牝之門)에서 빈(牝)은 〈땅 지(地)〉이고, 또한 〈암컷 자(雌)〉와 같아 빈모(牝牡)와 자웅(雌雄)은 암수를 나타낸다. 〈암컷 빈(牝) · 암컷 자(雌)〉〈수컷 모(牡) · 수컷 웅(雄)〉
- 천지근(天地根)의 근(根)은 본(本)이며, 시원(始源)을 말한다. 천지(天地)의 시원은 곧 상도(常道)이니, 천지근(天地根)은 생천지(生天地)의 상도(常道)를 밝힘이다.

【해독(解讀)】

- 〈현빈지문(玄牝之門) 시위천지근(是謂天地根)〉에서 현빈지문(玄牝之門)은 위(謂)의 목적어 노릇하고, 시(是)는 현빈지문(玄牝之門)을 나타내는 지시어로서 가주어 노릇하고, 위(謂)는 동사 노릇하고, 천지(天地)는 근(根)을 꾸미는 형용사구 노릇하고, 근(根)은 위(謂)의 목적보어 노릇한다. 〈현빈지문(玄牝之門) 이것을[是] 천지의[天地] 뿌리라[根] 일컫는다[謂].〉
- 시위천지근(是謂天地根)은 〈A지위(之謂)B〉 또는 〈A위지(謂之)B〉의 상용문이다. 〈A를[之] B라 일컫는다[謂].〉〈A 그것을[之] B라 일컫는다[謂].〉

6-3 綿綿若存(면면약존)

▶ 영원히 이어져 끊어지지 않고[綿綿] 있는[存] 듯하다[若].

끊어지지 않아 길고 길 면(綿), 듯할 약(若), 있을 존(存)

【지남(指南)】

〈면면약존(綿綿若存)〉은 현빈지문(玄牝之門)의 출입이 끊임없이 이뤄지고 있음을 밝힌다. 현빈(玄牝)의 문(門)은 생천지(生天地)하여 생만물(生萬物)하며 면면(綿綿)하다 함은 불식(不息)·불굴(不屈)하여 무궁(無窮)하고 무진(無盡)함이다. 상도(常道)가 용충(用沖)으로 천지(天地)를 생(生)하고, 천지(天地)가 음양(陰陽)의 충기(沖氣) 즉 화기(和氣)로 생만물(生萬物)함이 끊임없이 이어져[綿綿] 존속함을 〈약존(若存)〉이라 겸언(謙言)한 것이다.

현빈(玄牝)의 문(門)은 현문(玄門)으로 신묘지문(神妙之門)이니, 변화를 헤아릴 수 없는[不測] 출입의 문(門)이다. 그러한 신묘지문(神妙之門)은 시비의 분별지(分別智)로 논변할 수 없으므로 겸언(謙言)하여 약존(若存) 즉 〈존속하는[存] 듯하다[若]〉고 밝힌 말씀이 〈면면약존(綿綿若存)〉이다.

【보주(補註)】

- 〈면면약존(綿綿若存)〉을 〈현빈지문면면약존(玄牝之門綿綿若存)〉처럼 옮기면 좀 더 쉽게 문맥을 잡을 수 있다. 〈현빈의[玄牝之] 문은[門] 끊어지지 않아 길고 길게[綿綿] 있는[存] 듯하다[若].〉
- 면면약존(綿綿若存)에서 면면(綿綿)은 면면(緜緜)이다. 면(綿)은 면(緜)이고, 끊어지지 않고[不絶] 길고 길다는[長] 의미이다.
- 면면약존(綿綿若存)에서 약(若)은 〈~듯할 유(猶)·사(似)·여(如)·상(象)〉 등과 같아 겸언(謙言)의 구문이 되고, 존(存)은 〈있을 재(在)〉와 같아 존재(存在)의 줄임말로 여기면 된다.

【해독(解讀)】

- 〈면면약존(綿綿若存)〉에서 면면(綿綿)은 약(若)을 꾸미는 부사구 노릇하고, 약(若)은 동사 노릇하며, 존(存)은 약(若)의 보어 노릇한다. 〈면면하게[綿綿] 있는

[存] 듯하다[若].〉

- 면면약존(綿綿若存)은 〈A약위(若爲)B〉의 상용문이다. 〈A는 B를 하는[爲] 듯하다[若].〉

6-4 用之不勤(용지불근)

▶ 그것을[之] 써도[之] 힘들어하지 않는다[不勤].

쓸 용(用), 그것 지(之), 않을 불(不), 피로할 근(勤)

【지남(指南)】

〈용지불근(用之不勤)〉은 〈도충이용지(道沖而用之)하되 허이불굴(虛而不屈)하고 동이유출(動而愈出)함〉을 다시 살펴 깨우치게 한다. 〈용지(用之)〉는 상도(常道)가 현빈(玄牝)의 문(門)을 씀[用]이니, 상도(常道)가 쓰는[用] 것은 충(沖) 즉 허(虛)이고, 현빈지문(玄牝之門)이란 충허(沖虛)의 표상임을 알 수 있다.

상도(常道)가 현빈(玄牝)의 문(門) 즉 충(沖)의 씀[用]을 불근(不勤)한다 함은 5장(章)의 〈허이불굴(虛而不屈) · 동이유출(動而愈出)〉을 거듭 환기시킨다. 힘들어하지 않음[不勤]이란 비어서[虛而] 다하지 않음[不屈]이고, 움직이면[動而] 더욱더[愈] 냄[出]이다. 물론 동이유출(動而愈出)의 움직임[動]은 용(用) 즉 씀[用]이다. 상도(常道)의 동용(動用)이란 용허(用虛) 즉 허기(虛氣)를 씀[用]이고, 그것을 써서 상도(常道)는 생천지(生天地)하고 천지(天地)는 생만물(生萬物)한다.

상도(常道)가 생천지(生天地)함을 힘들어하지 않는[不勤] 것처럼, 천지도 생만물(生萬物)함을 불근(不勤)한다. 따라서 천지의 생만물(生萬物)을 본받는[法] 성인(聖人)도 힘들지 않게 상선구인여물(常善救人與物), 즉 성인(聖人)도 항상 사물과[與物] 사람을[人] 선하게[善] 구제함을[救] 새삼 돌이켜보게 하는 말씀이 여기 〈용지불근(用之不勤)〉이다.

【보주(補註)】

- 〈용지불근(用之不勤)〉을 〈상도용현빈지문(常道用玄牝之門) 이상도불근기용(而常道不勤其用)〉처럼 옮기면 좀 더 쉽게 문맥을 잡을 수 있다. 〈도는[道] 현빈의

[玄牝之] 문을[門] 쓴다[用]. 그러나 도는[道] 그[其] 씀을[用] 힘들어하지 않는다 [不勤].〉

- 용지불근(用之不勤)에서 용지(用之)의 지(之)는 〈현빈지문(玄牝之門)〉을 나타내는 지시어 노릇하는 〈그것 지(之)〉이고, 근(勤)은 〈힘들어할 근(勤)〉으로 피로(疲勞)와 같다.

【해독(解讀)】

- 〈용지불근(用之不勤)〉은 생략되었지만 〈그러나 이(而)〉로 접속되는 중문(重文)이다. 〈용지한다[用之]. 그러나[而] 불근한다[不勤].〉
- 용지(用之)에서 용(用)은 주어가 생략되었지만 동사 노릇하고, 지(之)는 용(用)의 목적어 노릇한다. 〈그것을[之] 쓴다[用].〉
- 불근(不勤)에서 불(不)은 근(勤)의 부정사이고, 근(勤)은 주어가 생략되었지만 동사 노릇한다. 여기서 근(勤)은 〈수고로울 로(勞)〉와 같아 근로(勤勞)의 줄임말로 여기면 된다. 〈(그러나) 힘들어하지 않는다[不勤].〉

무사장(無私章)

천지(天地)의 운행(運行)은 무사(無私)하다. 이러한 천지를 본받아 성인(聖人)은 탐사(貪私) 즉 사사로움을[私] 탐하는[貪] 생각이 조금도 없음을 밝히는 장(章)이다. 상도(常道)를 본받아 치민(治民)하는 치자(治者)는 〈후기신(後其身) · 외기신(外其身)〉해야 함을 전제한다. 상도(常道)를 진실로 본받는 치자(治者)는 자기의 의욕을 앞세우지 않고[後其身], 자기의 이해를 고려하지 않고 치민(治民)한다는 것이다.

치자(治者)가 자신을[其身] 뒤로 하면[後] 저절로 백성의 마음을 얻어 백성이 치자(治者)를 앞세워주고, 치자(治者)가 자신을[其身] 제치면[外] 저절로 백성이 치자(治者)를 받듦을 밝혀서 치자(治者)가 오히려 자신을 성취할 수 있음을 새겨 깨우치게 하는 장(章)이다.

【원문(原文)】

天長地久하니 天地所以能長且久者는 以其不自生하는
천장지구 천지소이능장차구자 이기부자생

故로能長久한다 是以聖人은 後其身而身先하고 外其身
고 능장구 시이성인 후기신이신선 외기신

而身存하니 非以其無私耶알까 故로 能成其私한다
이신존 비이기무사야 고 능성기사

하늘도[天] 오래고[長] 땅도[地] 오래다[久]. 천지가[天地] 오래고[長] 또[且] 오랜[久] 바의[所] 까닭이란[以] 것은[者] 그것이[其] 사사로이[自] 생존하지 않기[不生] 때문이다[以]. 그러므로[故] {천지(天地)는} 능히[能] 장구하다[長久]. 이[是] 때문에[以] 성인은[聖人] 그[其] 자신을[身] 뒤로 물러서나[後而] 자신이[身] 앞서지고[先], 그[其] 자신을[身] 제쳐서[外而] 자신이[身] 잊히지 않는다[存]. 성인(聖人)께[其] 자기가[私] 없기[無] 때문임은[以] 아닌 것[非]이로다[耶]. 그러므로[故] 그의[其] 자기를[私] 능히[能] 이룬다[成].

7-1 天長地久(천장지구)

▶ 하늘도[天] 오래고[長] 땅도[地] 오래다[久].

하늘 천(天), 오랠 장(長), 땅 지(地), 오랠 구(久)

【지남(指南)】

〈천장지구(天長地久)〉는 하늘[天]도 장구(長久)하고, 땅[地]도 장구(長久)하다 함이다. 이는 천지가 무한한 것이 아님을 말하니, 장구(長久)라 함은 유한하여 유간(有間)함이다. 아무리 길고 오래라 할지라도 시종(始終)이 있고 대소(大小)가 있다. 처음[時]과 끝[終]이란 사이[間]가 있으니 사람은 장단(長短)을 따지고, 크고[大] 작음[小]이 있으니 사방(四方)을 따진다. 1초는 짧고 1분은 길며, 달[月]은 작고[小] 땅[地]은 크다[大]. 이처럼 따지는 것은 사람의 짓이지 자연(自然)의 짓은 아니다. 지금은 사람을 근거로 삼라만상을 따져 식별하니 이를 과학(科學)이라 하고, 상도(常道)를 근거로 천지를 본받음[法]을 도덕(道德)이라 한다. 유가(儒家)는 도덕을 인의(仁義)라 하고, 도가(道家)는 자연(自然)이라 한다. 하여튼 도덕을 바탕으로 한 사지(思之)가 우리 본래의 생각하기[思之]이다.

과학의 사지(思之)는 사람을 오만하게 하고, 도덕의 사지(思之)는 겸허하게 한다. 저를 높이는[傲慢] 인간은 생사(生死)에서 생(生)만 주장하고 애써 사(死)를 외면하려 한다. 그래서 장구(長久)가 유한(有限)임을 모른다. 저를 낮추는[謙虛] 인간은 장구(長久)가 유한(有限)임을 사무치니 처음[始]과 끝[終] 사이[間]가 유한(有限)이다. 도덕의 생각에는 시종(始終)에도 길고[長] 짧음[短]이 없고, 사방(四方)에도 크고[大] 작음[小]이 없다. 과학의 생각에만 장단(長短)이 있어 1초는 짧고 2초는 길다[長] 따지고, 1평은 작아[小] 좁고 2평은 커서[大] 넓다고 가른다. 물론 도덕의 생각에서도 시공(時空)에 장단(長短)이 있고 대소(大小)가 있음은 알지만, 장단(長短)·대소(大小)를 둘로 나누어 다른 것으로 여기지 않을 뿐이다. 왜 추호(秋毫)를 크다 하고 태산(泰山)을 작다 하며, 상자(殤子)는 장수했고 팽조(彭祖)는 요절했다고 하는가? 도덕의 생각은 이런 말씀을 진언(眞言)으로 받들고, 과학의 생각은 이를 허언(虛言)으로 팽개친다. 장구(長久)함도 일념만년(一念萬年)일 뿐 그것도 시공(時空)인 까닭이다.

시공에는 한(限)이 있음[有]이고, 한(限)에는 간(間)이 있다. 시간(時間)이란 시(時)에는 시종(始終)이 있고, 공간(空間)이란 공(空)에는 대소(大小)가 있다. 시간(時間)의 간(間)은 시종(始終)의 장단(長短)을 말함이고, 공간(空間)의 간(間)은 사방(四方)의 대소(大小)를 말한다. 천지만물은 유한(有限)의 것[物]이니 유도무공(唯道無孔)일 뿐, 천지만물은 모두 유공지물(有孔之物)의 즉 대소(大小)가 있는[有之] 것[物]들임을 〈천장지구(天長地久)〉란 말씀이 살펴 깨우치게 한다.

註 "천하막대어추호지말(天下莫大於秋毫之末) 이태산위소(而大山爲小) 막수호상자(莫壽乎殤子) 이팽조위요(而彭祖爲夭) 천지여아병생(天地與我竝生) 이만물여아위일(而萬物與我爲一)." 세상에서[天下] 가을[秋] 털의[毫之] 끝보다[於末] 더 큰 것은[大] 없고[莫而], 태산은[大山] 작은 것[小]이다[爲]. 스물도 못 돼 죽은 자식보다[乎殤子] 더 장수함은[壽] 없고[莫而], 120년 살다 죽은 팽조가[彭祖] 요절한 것[夭]이다[爲]. 하늘땅과[天地與] 내가[我] 함께[竝] 산다[生]. 그러니[而] 만물과[萬物與] 나는[我] 하나인 것[一]이다[爲]. 『장자(莊子)』「제물론(齊物論)」

註 "종비촉연(宗非促延) 일념만년(一念萬年)." 종지는[宗] 짧다[促] 길다가[延] 아닌 것이고

[非], 찰나가[一念] 영원이다[萬年].

종(宗)은 종지(宗旨) 즉 궁극적인 뜻이고, 촉(促)은 짧음이고, 연(延)은 길이다. 일념(一念)은 찰나(剎那)인데 찰나는 75분의 1초이다. 『신심명(信心銘)』 64송(頌)

【보주(補註)】

- 〈천장지구(天長地久)〉를 〈천장(天長) 이지구(而地久)〉처럼 옮기면 좀 더 쉽게 문맥을 잡을 수 있다. 〈하늘은[天] 오래다[長]. 그리고[而] 땅도[地] 오래다[久].〉
- 천장지구(天長地久)에서 장(長)은 〈오래 구(久)〉와 같고 구(久) 또한 〈오랠 장(長)〉과 같아, 천(天)도 장구(長久)하고 지(地)도 장구(長久)하다는 말씀이다.
- 일념만년(一念萬年)은 불가(佛家)의 말씀이다. 일념(一念)은 찰나(剎那)이며, 찰나(剎那)는 75분의 1초이고, 만년(萬年)은 영겁(永劫)을 말한다. 영겁(永劫)은 장구(長久)보다 더 장구한 영원한 사이[間]이다. 찰나가 곧 영원이고 영원이 곧 찰나란 말씀이 일념만년(一念萬年)이다. 하기야 컴퓨터에선 1초도 길다고 나노초(nano sec.)로 따진다.

【해독(解讀)】

- 〈천장지구(天長地久)〉는 생략된 〈그리고 이(而)〉로 이어지는 중문(重文)이다. 〈천은[天] 장하다[長]. 그리고[而] 땅은[地] 구하다[久].〉
- 천장(天長)에서 천(天)은 주어 노릇하고, 장(長)은 주격보어 노릇한다. 〈하늘은[天] 장구하다[長].〉 장(長)은 영어의 〈be long〉 같다. 한문에는 〈be〉 같은 계사(繫詞)가 없을 뿐만 아니라 각 자(字)마다 정해진 품사의 값을 지니고 있는 것도 아니다. 어순에 따라 한 자(字)가 명사, 동사, 형용사, 부사 노릇도 한다.
- 지구(地久)에서 지(地)는 주어 노릇하고, 구(久)는 주격보어 노릇한다. 〈땅도[地] 장구하다[久].〉

7-2 天地所以能長且久者(천지소이능장차구자) 以其不自生(이기부자생) 故(고) 能長久(능장구)

▶ 천지가[天地] 오래고[長] 또[且] 오랜[久] 바의[所] 까닭이란[以] 것은[者] 그것이[其] 사사로이[自] 생존하지 않기[不生] 때문이다

[以]. 그러므로[故] {천지(天地)는} 능히[能] 장구하다[長久].

하늘 천(天), 땅 지(地), 바 소(所), 까닭 이(以), 가할 능(能), 오래 장(長), 또 차(且), 오래 구(久), 것 자(者), 때문 이(以), 그것 기(其), 안할 부(不), 생존할 생(生)

【지남(指南)】

〈천지소이능장차구자(天地所以能長且久者) 이기부자생(以其不自生) 고능장구(故能長久)〉는 상도(常道)의 〈부자생(不自生)〉을 그냥 그대로 본받기[法] 때문에 천지(天地)가 장구(長久)함을 밝힌다. 물론 천지(天地)가 장구(長久)하다 한들 무한자(無限者)는 아니다. 천지(天地)는 무생자(無生者)가 아닌 유생자(有生者)인 까닭이다. 생(生)이 있으면 사(死)가 있고, 생사(生死)가 있으면 그것이 무엇이든 유한자(有限者)일 뿐이다. 그러나 생(生)이 없는[無] 것[者]이면 죽음[死]이 없고[無], 무사(無死)한 것이면 무한하여 무궁하고 무진하다. 이러한 무한자(無限者) 그것은 유도(唯道) 즉 오로지[唯] 상도(常道)일 뿐이다.

우주 삼라만상 모든 것은 다 도지생자(道之生者)이고, 상도(常道)가 낳은 것[生者]은 모두 유한자(有限者)이다. 유한자(有限者)로서 천지만물은 생사의 반자(反者) 즉 도지동(道之動)을 벗어날 수 없다. 하늘땅 모든 것은 다 상도(常道)에서 나와[出] 상도(常道)로 들어가는[入] 것일 뿐이므로 40장(章)에 〈반자도지동(反者道之動)하고 유생어무(有生於無)한다〉는 말씀이 나온다. 『장자(莊子)』에도 〈살생자불사(殺生者不死) 생생자불생(生生者不生)〉이란 말씀이 나온다. 이는 상도(常道)를 불생불사(不生不死)로 밝힘이다. 그러므로 상도(常道)를 본받음[法]은 곧 불사불생자(不死不生者)를 법(法)함이니, 생사가 없는 것만이 무궁무진한 무한자(無限者)이다. 한(限)이 없는[無] 상도(常道)를 천지가 어떻게 법(法)하여 장구(長久)하는가? 천지가 상도(常道)의 부자생(不自生)을 그냥 그대로 본받기 때문에 장구(長久)한 것이다.

〈부자생(不自生)〉은 곧 불사기지생(不私其之生)과 같다. 제[其之] 생존을[生] 사사롭게 하지 않음[不私]이 여기 부자생(不自生)이다. 이 부자생(不自生)은 『장자(莊子)』에 나오는 **천무사부(天無私覆) 지무사재(地無私載)**를 상기시킨다. 하늘은[天] (만물을) 사사로이[私] 덮어줌이[覆] 없고[無], 땅은[地] 사사로이[私] 실어줌이[載] 없다는[無] 말은 『예기(禮記)』에도 그대로 나온다. 하늘[天]은 하늘임을 모르고 만물을 위해 생존하고, 땅[地]은 땅임을 모르고 만물을 위해서 생존한다는 것이다. 천지(天地)는 스스로[自] 천지(天地)라고 내세우지 않음이 여기 부자생(不自生)이다. 그러니 부자생(不自生)은 무사(無私) 바로 그것이다. 무사(無私)는 무기(無己)이고 무기(無己)는 곧 무욕(無欲)이니, 그냥 절로 천지(天地)는 무위(無爲)할 뿐임을 부자생(不自生)이라 한 것이다.

따라서 천지(天地)가 장구(長久)함은 상도(常道)의 부자생(不自生)을 그대로 본받기 때문임을 살펴 새기고 헤아려 깨우치게 하는 말씀이 〈천지소이능장차구자(天地所以能長且久者) 이기부자생(以其不自生) 고능장구(故能長久)〉이다.

註 "부모기욕오빈재(父母豈欲吾貧哉) 천무사부(天無私覆) 지무사재(地無私載) 천지기사빈아재(天地豈私貧我哉)." 부모가[父母] 어찌[豈] 내가[吾] 가난하기를[貧] 바랄 것[欲]인가[哉]? 하늘에는[天] 사사로이[私] 덮어줌이[覆] 없고[無], 땅에도[地] 사사로이[私] 실어줌이[載] 없다[無]. 하늘땅이[天地] 어찌[豈] 나를[我] 사사로이[私] 가난하게 할 것[貧]인가[哉]?

『장자(莊子)』「대종사(大宗師)」

註 "천무사부(天無私覆) 지무사재(地無私載) 일월무사조(日月無私照) 봉사삼자이로천하(奉斯三者以勞天下) 차지위삼무사(此之謂三無私)." 하늘은[天] (만물을) 사사로이[私] 덮어줌이[覆] 없고[無], 땅은[地] 사사로이[私] 실어줌이[載] 없으며[無], 해와 달은[日月] 사사로이[私] 비춰줌이[照] 없다[無]. 이[斯] 세[三] 가지를[者] 봉행함으로[奉]써[以] 온 세상 백성을[天下] 위로하므로[勞] 이것을[此之] 삼무사라[三無私] 한다[謂]. 『예기(禮記)』「공자한거(孔子閒居)」

【보주(補註)】

- 〈천지소이능장차구자(天地所以能長且久者) 이기부자생(以其不自生) 고능장구(故能長久)〉를 〈천지지소이능장구자(天地之所以能長久者) 이천지지부자생야(以天地之不自生也) 시고(是故) 천지능장구야(天地能長久也)〉처럼 옮기면 좀 더 쉽게 문맥을 잡을 수 있다. 〈천지가[天地之] 장구한[長久] 까닭인[所以] 것은[者] 천지가[天地之] 사사로이[自] 생존하지 않기[不生] 때문인 것[以]이다[也]. 이렇기[是] 때문에[故] 천지는[天地] 능히[能] 장구한 것[長久]이다[也].〉
- 이기부자생(以其不自生)의 부자생(不自生)은 무사(無私) · 무기(無己)를 뜻하고, 부자생(不自生)은 불사생(不私生)과 같으니, 여기 자(自)는 〈사사로울 사(私)〉와

같다. 〈사사로이[自] 생존하지 않음[不生].〉 〈사사로이[私] 생존하지 않음[不生]〉

- 고능장구(故能長久)는 바로 앞의 〈천장지구(天長地久)〉를 거듭해 밝힘이다.

【해독(解讀)】

- 〈천지소이능장차구자(天地所以能長且久者) 이기부자생(以其不自生) 고능장구(故能長久)〉는 〈그러므로 고(故)〉로 이어지는 하나의 문단이다. 〈천지가[天地] 장차구할 수 있는[能長且久] 까닭이란[所以] 것은[者] 기부자생하기[其不自生] 때문이다[以]. 그러므로[故] (천지가) 능장구한다[能長久].〉
- 〈천지소이능장차구자(天地所以能長且久者) 이기부자생(以其不自生)〉에서 천지소이능장차구자(天地所以能長且久者)는 주부(主部) 노릇하고, 이(以)는 동사 노릇하며, 기부자생(其不自生)은 이(以)의 목적구 노릇한다. 〈천지가[天地] 능히[能] 장차구한[長且久] 까닭인[所以] 것은[者] 그것이[其] 부자생하기[不自生] 때문이다[以].〉
- 천지소이능장차구자(天地所以能長且久者)는 〈천지소이능장자(天地所以能長者) 이천지소이능장구자(而天地所以能長久者)〉에서 되풀이되는 소이능(所以能)과 자(者)를 생략하고, 조사 노릇하는 〈그리고 또 차(且)〉로써 두 구(句)를 하나로 묶은 것이다.

  천지소이능장차구자(天地所以能長且久者)에서 천지(天地)는 장차구(長且久)의 주어 노릇하고, 소이(所以)는 자(者)의 동격 노릇하고, 능(能)은 장차구(長且久)를 꾸며주는 부사 노릇하며, 장차구(長且久)는 소이(所以)를 꾸며주는 형용사구 노릇하고, 자(者)는 주어 노릇한다. 〈천지가[天地] 능히[能] 장구하고[長] 또[且] 장구한[久] 까닭이란[所以] 것은[者]〉
- 천지소이능장차구자(天地所以能長且久者)는 〈A지소이위(之所以爲)B자(者)〉의 상용구이다. 여기 소이(所以)는 〈~하는 까닭〉 또는 〈~하는 방법〉 등의 뜻을 내는 복합명사로 여기면 된다. 〈A가[A之] B를 하는[爲] 까닭이란[所以] 것[者]〉
- 고능장구(故能長久)에서 고(故)는 〈시고(是故)〉의 줄임이고, 시고(是故)의 시(是)는 〈천지부자생(天地不自生)〉을 나타내는 지시어 노릇한다. 능장구(能長久)에서 능(能)은 장구(長久)를 꾸며주는 부사 노릇하고, 장(長)과 구(久)는 형용사로서 보어 노릇한다. 한문에서는 〈장(長)〉 한 자(字)가 영어의 〈be long〉과 같

다. 한문에는 〈be〉 같은 계사(繫詞)가 없는 셈이다. 〈이[是] 때문에[故] 능히[能] 오래고[長] 오래다[久].〉 〈천지가[天地] 부자생하기[不自生] 때문에[故] 능히[能] 오래고[長] 오래다[久].〉

- 〈천지소이능장차구자(天地所以能長且久者) 이기부자생(以其不自生)〉은 〈A지소이위(之所以爲)B자(者) 이(以)C지위(之爲)D야(也)〉의 상용구이다. 물론 〈A지(之)〉의 지(之)와 종결어미 야(也)는 자주 생략되고, 〈C지(之)〉는 없는 경우가 대부분이다. 〈A가[A之] B를 하는[爲] 까닭인[所以] 것은[者] C가[C之] D를 하기[爲] 때문[以]이다[也].〉

註 소(所)의 용례를 정리해두면 한문(漢文)을 새기는 데 도움이 된다.

① 소(所)+동사 : 하는 바

〈민순천(民順天) = 백성이[民] 자연을[天] 따른다[順].〉

〈민소순지천(民所順之天) = 백성이[民] 따르는[順] 바의[所之] 자연[天]〉

〈민소순자(民所順者) = 백성이[民] 따르는[順] 바의[所] 것[者]〉

〈지(之)+명사〉를 자(者)로 줄이기도 한다.

② 소이(所以)+동사 : 하는 바의 까닭, 하는 바의 방법

〈피부지민지소이공(彼不知民之所以恐) = 그는[彼] 백성이[民之] 두려워하는[恐] 바의[所] 까닭을[以] 알지 못한다[不知].〉

③ 소이(所以)~자(者), ~야(也) : 하는 바의[所] 까닭이란[以] 것은[者] ~이다[也]

〈범인지소이위인자예의야(凡人之所以爲人者禮義也) = 무릇[凡] 사람이[人之] 사람이[人] 되는[爲] 바의[所] 까닭이란[以] 것은[者] 예의(禮義)이다[也].〉

④ 소이(所以)~자(者), 이(以)~ : 하는 바의[所] 까닭이란[以] 것은[者] ~ 때문이다[以]

〈천지소이능장차구(天地所以能長且久) 이기부자생(以其不自生) = 천지가[天地] 능히[能] 오래고[長] 또[且] 오래인[久] 바의[所] 까닭은[以] 그것이[其] 사사로이[自] 생존하지 않기[不生] 때문이다[以].〉

7-3 是以(시이) 聖人後其身而身先(성인후기신이신선)

▶ 이[是] 때문에[以] 성인은[聖人] 그[其] 자신을[身] 뒤로 물러서나[後而] 자신이[身] 앞서진다[先].

이 시(是), 때문에 이(以), 통할 성(聖), 뒤로 할 후(後), 그 기(其), 몸 신(身), 그러나 이(而), 받들어질 선(先)

【지남(指南)】

〈성인후기신이신선(聖人後其身而身先)〉은 성인(聖人)이 천지(天地)를 그냥 그대로[自然] 본받는[法] 까닭과 방법을[所以] 밝힌다. 왜 성인(聖人)은 천지를 법(法)하는가? 천지는 부자생(不自生)하기 때문에 성인(聖人)은 천지를 법(法)한다. 천지무사(天地無私) 하늘땅에는[天地] 자기[私]가 없어[無] 오로지 공평할 뿐이며, 부자생(不自生)은 아자(我者) 즉 나라는[我] 것[者]이 없음이다. 천지의 이러한 부자생(不自生)을 본받기 때문에 성인(聖人)은 후기신(後其身)한다. 성인(聖人)의 후기신(後其身)은 천지(天地)의 부자생(不自生)을 그냥 그대로 본받음[法]을 말한다. 천지는 상도(常道)의 법자연(法自然)을 본받아 부자생(不自生)하고, 성인(聖人)은 천지의 부자생(不自生)을 본받아 후기신(後其身)한다.

〈후기신(後其身)〉은 자기를 뒤로 물림[後]이다. 자기를 앞세우지 않음이니 후자기(後自己)와 같고, 살신(殺身)과 같은 말씀이다. 살신성인(殺身成仁)하는 성인(聖人)이 유가(儒家) 쪽이라면, 살신성도(殺身成道)하는 성인(聖人)은 도가(道家) 쪽인 셈이다. 자기[身]를 죽인다[殺]고 함은 무사(無私)하여 지공(至公)함이다. 성도(成道)는 진실로 상도(常道)를 좇아[順] 본받기[法]를 행함이니 무사(無私)함을 실천하는 것이다. 무사(無私)하여 지공(至公)함을 실천하는 것이 후기신(後其身)하여 드러나지 않게 함이다.

〈신선(身先)〉은 후기신(後其身)하여 득신(得身)하게 됨을 말한다. 자기[身]를 뒤로 물림[後]으로써 오히려 자기[身]를 얻음[得]이 곧 신선(身先)이다. 성인(聖人)의 후기신이신선(後其身而身先)이야말로 36장(章)의 미명(微明)을 생각나게 하며, 〈장욕선지(將欲先之) 필고후지(必固後之)〉 역시 성인(聖人)이 미명(微明)됨을 일깨워준다. 물론 성인(聖人)은 백성으로 하여금 사(私)를 버리게 하고자 일부러 후기신(後其身)하지 않는다. 57장(章)의 말씀 아무위이민자화(我無爲而民自化)처럼 성인(聖人)의 후기신(後其身)으로 말미암아 백성은 자화(自化)하고 무사(無私) 공평(公平)해져서 절로 성인(聖人)이 앞섬[先]이 신선(身先)이다. 성인(聖人)은 무사(無私)

하여 지공(至公)하기 때문에 백성은 절로 성인(聖人)을 앞세워 받들어 모심이 신선(身先)의 참뜻이다.

註 "장욕흡지(將欲歙之) 필고장지(必固張之) 장욕약지(將欲弱之) 필고강지(必固强之) 장욕폐지(將欲廢之) 필고흥지(必固興之) 장욕취지(將欲取之) 필고여지(必固與之) 시위미명(是謂微明)." 장차[將] 접고[歙之] 싶다면[欲] 반드시[必] 미리[固] 펴주고[張之], 장차[將] 그것을[之] 약하게 하고[弱] 싶다면[欲] 반드시[必] 미리[固] 그것을[之] 강하게 해주며[强], 장차[將] 그것을[之] 그만두게 하고[廢] 싶다면[欲] 반드시[必] 미리[固] 그것을[之] 흥하게 해주고[興], 장차[將] 그것을[之] 빼앗고[取] 싶다면[欲] 반드시[必] 미리[固] 그것을[之] 준다[與]. 이를[是] 미묘한[微] 밝음이라[明] 한다[謂].

미명(微明)은 반드시 조철(朝徹)로 이어진다. 미명(微明)은 앞으로 꼭 밝아질 새벽녘의 밝음[小明]과 같고, 조철(朝徹)은 한낮과 같은 밝음[大明]이다. 『노자(老子)』 36장(章)

註 "아무위이민자화(我無爲而民自化)." 나에게[我] 꾀함이[爲] 없으니[無而] 백성은[民] 스스로[自] 감화된다[化]. 『노자(老子)』 57장(章)

【보주(補註)】

- 〈시이성인후기신이신선(是以聖人後其身而身先)〉을 〈시이성인후기신(是以聖人後己身) 이기신능피선어민(而己身能被先於民)〉처럼 옮기면 좀 더 쉽게 문맥을 잡을 수 있다. 〈이[是] 때문에[以] 성인은[聖人] 자신을[其身] 뒤로 물린다[後]. 그러나[而] 성인[己] 자신은[身] 백성에 의해서[於民] 앞서진다[被先].〉
- 후기신(後其身)은 외기신(外其身)과 같고, 『장자(莊子)』에 나오는 **무기(無己)·무공(無功)·무명(無名)**을 떠올리면 뜻이 분명해진다. 〈그[其] 자신을[身] 뒤로 물린다[後].〉 〈그[其] 자신을[身] 제외시킨다[外].〉

註 "지인무기(至人無己) 신인무공(神人無功) 성인무명(聖人無名)." 지인께는[至人] 자기가[己] 없고[無], 신인께는[神人] 공치사가[功] 없으며[無], 성인께는[聖人] 명성이[名] 없다[無].

지인(至人)·신인(神人)·성인(聖人) 등은 같은 낱말이다.

『장자(莊子)』「소요유(逍遙遊)」

- 후기신(後其身)의 방편은 다음 22장(章)과 24장(章)에서 헤아려볼 수 있다.

【해독(解讀)】

- 〈시이성인후기신이신선(是以聖人後其身而身先)〉은 〈그러나 이(而)〉로 이어진 중문(重文)이다. 〈시이로[是以] 성인은[聖人] 기신을[其身] 후한다[後]. 그러나 [而] 신이[身] 선해진다[先].〉
- 시이성인후기신(是以聖人後其身)에서 시이(是以)는 원인의 부사구 노릇하고, 성인(聖人)은 주어 노릇하며, 후(後)는 동사 노릇하고, 기신(其身)은 후(後)의 목적어 노릇한다. 시이(是以)는 시고(是故)와 같아 이(以)는 〈때문에 고(故)〉와 같고, 후(後)는 〈물릴 퇴(退)〉와 같아 후퇴(後退)의 줄임이고, 기신(其身)은 기신(己身) 즉 자기(自己) · 자신(自身)과 같다. 〈이 때문에[是以] 성인은[聖人] 그[其] 자신을[身] 뒤로 한다[後].〉
- 이신선(而身先)에서 이(而)는 〈그러나 이(而)〉로 접속사 노릇하고, 신(身)은 선(先)의 주어 노릇하고, 선(先)은 수동태 동사 노릇한다. 신선(身先)에서 신(身)은 기신(其身)의 줄임이고, 선(先)은 〈앞세울 진(進)〉과 같아 선진(先進)의 줄임으로 여겨도 되고, 〈받들 상(尙)〉과 같이 여기고 〈받들 선(先)〉으로 새겨도 된다. 그리고 여기 신선(身先)은 〈기신피선(其身被先)〉을 줄인 말투이다. 되풀이되거나 앞 문맥으로 보충될 수 있는 내용이면 생략해버리는 것이 한문이다. 동사 앞에 〈견(見) · 위(爲) · 피(被)〉 등의 하나가 놓이면 수동태의 뜻을 낸다. 〈그러나[而] 자신이[身] 앞서진다[先].〉

7-4 外其身而身存(외기신이신존)

▶ 그[其] 자신을[身] 제쳐서[外而] 자신이[身] 잊히지 않는다[存].

제칠 외(外), 그 기(其), 몸 신(身), 그러나 이(而), 살필 존(存)

【지남(指南)】

〈외기신이신존(外其身而身存)〉은 성인(聖人)이 천지(天地)를 그냥 그대로[自然] 본받는[法] 까닭을 거듭 밝힌다. 천지의 부자생(不自生)을 성인(聖人)은 외기신(外其身)으로 본받는다. 천지무사(天地無私) 하늘땅에는[天地] 자기[私]가 없어[無] 공평함을 성인(聖人)은 외기신(外其身)하여 법(法)한다.

여기 외기신(外其身) 역시 나[我]라는 것[者]을 내세우지 않고 물림이니 앞서 살핀 〈후기신(後其身)〉과 다를 바 없다. 외기신(外其身) 역시 무기(無己) · 무공(無功) · 무명(無名)하여 무위(無爲)함이니, 천지의 부자생(不自生)을 성인(聖人)이 그냥 그대로 본받음[法]을 말한다. 천지는 상도(常道)의 법자연(法自然)을 본받아 부자생(不自生)하고, 성인(聖人)은 천지의 부자생(不自生)을 본받아 외기신(外其身)한다.

〈외기신(外其身)〉은 자기(自己)를 제외함이다. 외기신(外其身) 역시 외기신(外己身) · 외자기(外自己)처럼 살신(殺身) 즉 사(私)를 죽임[殺]과 같은 말씀이다. 외신(外身)함이란 살신(殺身)함과 같아 무사(無私)하여 지공(至公)함이고, 이를 성인(聖人)이 실천하는 것이 후기신(後其身)이며, 보다 더 극진히 실천함이 외기신(外其身)이다. 자기를 뒤로 물림[後]에 그치지 않고 자기를 제외하여 무아(無我)로 지극하게[至] 공평함이 외기신(外其身)이기 때문이다.

〈신존(身存)〉은 외기신(外其身)하여 자기(自己)가 오히려 살아남[生存]이다. 자기[身]를 없앰[外]으로써 오히려 자기가[身] 사라지지 않음이[存] 여기 신존(身存)이다. 여기 신존(身存)은 사즉생(死卽生)의 생(生) 바로 그것인지라 백성에게 잊히지 않음이다. 그러니 여기 신존(身存)의 존(存)은 피찰어민(被察於民), 즉 백성에[民] 의해서[於] 살펴져[被察] 백성의 마음 속에 살아 있음을 뜻한다. 물론 성인(聖人)은 그런 것을 바라고 외기신(外其身)하는 것은 아니다. 다만 성인(聖人)은 상도(常道)를 본받아 부자생(不自生) 즉 사사로이 살기를 탐하지 않을[不自生] 뿐이다.

성인(聖人)의 외기신이신존(外其身而身存) 역시 〈장욕존지(將欲存之) 필고외지(必固外之)〉의 미명(微明)이고, 아무위이민자화(我無爲而民自化)처럼 성인(聖人)의 외기신(外其身)으로 말미암아 백성은 자화(自化)하고 무사(無私) 공평(公平)해지니 절로 성인(聖人)이 살아남이 신존(身存)이다. 그러므로 무사(無私)하여 지공(至公)한 성인(聖人)은 백성과 더불어 항상 살아 있음[存]이 그 참뜻이다.

註 "장욕존지(將欲存之) 필고외지(必固外之)." 장차[將] 살아 있고[存之] 싶다면[欲] 반드시[必] 미리[固] 없애버린다[外之].

이 또한 하나의 미명(微明)이다. 이 미명(微明) 또한 반드시 조철(朝徹)로 이어진다.

註 "아무위이민자화(我無爲而民自化)." 나에게[我] 꾀함이[爲] 없으니[無而] 백성은[民] 스스로 [自] 감화된다[化]. 『노자(老子)』 57장(章)

【보주(補註)】

- 〈외기신이신존(外其身而身存)〉을 〈시이성인외기신(是以聖人外己身) 이기신능피존어민(而己身能被存於民)〉처럼 옮기면 좀 더 쉽게 문맥을 잡을 수 있다. 〈이[是] 때문에[以] 성인은[聖人] 자신을[其身] 없앤다[外]. 그러나[而] 성인[己] 자신은[身] 백성에 의해서[於民] 살펴진다[被存].〉
- 외기신(外其身)은 후기신(後其身)과 같고, 외기신(外其身) 역시 『장자(莊子)』의 **무기(無己)·무공(無功)·무명(無名)**을 떠올리면 뜻이 분명해진다. 〈그[其] 자신을[身] 제외시킨다[外].〉 〈그[其] 자신을[身] 뒤로 물린다[後].〉

註 "약부승천지지정(若夫乘天地之正) 이어육기지변(而御六氣之辯) 이유무궁자(以遊無窮者) 피차오호대재(彼且惡乎待哉) 고왈(故曰) 지인무기(至人無己) 신인무공(神人無功) 성인무명(聖人無名)." 만약[若] 무릇[夫] 하늘땅의[天地之] 바로 그 모습을[正] 타고서[乘而] 나날의 날씨를[六氣之辯] 거느린다[御]. 그리하여[以] 무궁에[無窮] 노니는[遊] 자라면[者], 그런 이가[彼] 또[且] 무엇에[惡乎] 기댈 것[待]인가[哉]? 그래서[故] 지인께는[至人] 자기가[己] 없고[無], 신인께는[神人] 공치사가[功] 없으며[無], 성인께는[聖人] 명성이[名] 없다고[無] 말한다[曰].

천지지정(天地之正)의 정(正)은 〈바로 그것 정(正)〉이다. 육기지변(六氣之辯)은 육기지변(六氣之變)과 같고 늘 변화하는 날씨를 말한다. 음양풍우회명(陰陽風雨晦明)을 육기(六氣)라 하기도 한다. 무궁(無窮)은 자연(自然)이고, 지인(至人)·신인(神人)은 성인(聖人)과 같은 말이다. 『장자(莊子)』「제물론(齊物論)」

- 외기신(外其身)의 방편은 22장(章)과 24장(章)에서 다시 헤아려볼 수 있다.

【해독(解讀)】

- 〈외기신이신존(外其身而身存)〉은 〈그러나 이(而)〉로 이어진 중문(重文)이다. 〈기신을[其身] 외한다[外]. 그러나[而] 신이[身] 존해진다[存].〉
- 외기신(外其身)에서 부사구 시이(是以)와 주어 노릇할 성인(聖人)은 생략되었고, 외(外)는 동사 노릇하고, 기신(其身)은 외(外)의 목적어 노릇한다. 외(外)는 〈없앨 제(除), 버릴 기(棄)·유(遺)〉등과 같아 제외(除外)의 줄임이고, 기신(其身)은 기신(己身) 즉 자기(自己)·자신(自身)과 같다. 〈{이 때문에[是以] 성인(聖人)은} 그[其] 자신을[身] 제외시킨다[外].〉

- 이신존(而身存)에서 이(而)는 〈그러나 이(而)〉로 접속사 노릇하고, 신(身)은 존(存)의 주어 노릇하고, 존(存)은 수동태 동사 노릇한다. 신존(身存)에서 신(身)은 〈기신(其身)〉의 줄임이고, 존(存)은 여기선 〈살필 찰(察) · 성(省)〉 등과 같아 존찰(存察)의 줄임말로 여기면 된다. 〈그러나[而] 자신은[身] 잊히지 않는다[存].〉

7-5 非以其無私耶(비이기무사야)

▶ 성인(聖人)께[其] 자기가[私] 없기[無] 때문은[以] 아닌 것[非]이로다[耶].

아닌 것 비(非), 써 이(以), 없을 무(無), 자기 사(私), 조사(~이로다) 야(耶)

【지남(指南)】

〈비이기무사야(非以其無私耶)〉는 성인(聖人)이 〈사(私)〉를 무아(無我) · 무욕(無欲)으로 누리는 까닭을 밝힌다. 성인(聖人)은 후기신(後其身)하고 외기신(外其身)하므로 성인(聖人)께는 중인(衆人)의 사(私)와는 다른 사(私), 즉 자기(自己)가 있다. 사람들의 사(私)는 유아(有我) · 유욕(有欲)의 자기이지만, 성인(聖人)의 사(私)는 무아(無我) · 무욕(無欲)의 자기이다. 중인(衆人)은 저마다 자신(其身)을 뒤로 물리지 못하고[不後] 없애지 못하여[不外] 욕(慾)의 사(私)를 버리지 못한다. 여기서 성인(聖人)의 사(私)와 중인(衆人)의 사(私)가 다름을 살펴 두 갈래 〈사(私)〉, 자기(自己)가 있음을 깨우친다.

후기신(後其身) · 외기신(外其身)의 사(私)가 있고, 그렇지 못한 사(私)가 있다. 자신을 뒤로 물리고[後] 없애는[外] 사(私) 즉 사(厶)를 버린 자기(自己)가 성인(聖人)의 〈사즉공(私卽公)〉의 사(私)이다. 이는 무아(無我) · 무사(無事) · 무욕(無欲)의 사(私)로, 성인(聖人)의 사(私)는 내가 없고[無我] 일을 꾸밈이 없고[無事] 탐함이 없으니[無欲] 공평한 자기(自己)일 뿐이다. 그러므로 성인(聖人)의 사(私)는 귀명(歸命) 즉 순천(順天)하는 자기[私]이다. 반면 중인(衆人)의 사(私)는 사(厶)를 고집하며, 자신을 앞세우고[必先], 자신을 살리고자[必存] 하는 탐욕의 자기(自己)이다. 이는 유아(有我) · 유사(有事) · 유욕(有欲)의 사(私)이니, 내가 앞서야 하는 자기[私]는 공평할 수 없다. 공평하지 않은 자기(自己)의 사(私)는 배명(背命) 즉 역천

(逆天)하는 자기[私]이다.

사(厶)만을 고집하는 사(私)는 천지를 배척하는 사(私)이다. 『맹자(孟子)』에도 〈순천자존(順天者存) 역천자망(逆天者亡)〉이란 말씀이 나온다. 성인(聖人)의 사(私)는 순천(順天) 즉 자연[天]을 따르는[順] 자기(自己)이므로 살고[存], 범인의 사(私)는 배천(背天) 즉 자연[天]을 어기는[背] 것이므로 죽는다[亡]. 범인은 자신의 사(私)를 앞세우다 자기를 죽이고, 성인(聖人)은 사(私)를 물리고 버림으로써 자기를 살리는 공평의 사(私)를 살펴 새기고 헤아려 깨우치게 하는 말씀이 〈비이기무사야(非以其無私耶)〉이다.

【보주(補註)】

- 〈비이기무사야(非以其無私耶)〉를 〈시비성인소이무사야(是非聖人所以無私耶)〉처럼 옮기면 좀 더 쉽게 문맥을 잡을 수 있다. 〈이는[是] 써[以] 성인께[聖人] 자기가[私] 없는[無] 바의[所] 까닭이[以] 아닌 것[非]이다[耶].〉
- 기무사야(其無私耶)에서 기(其)는 성인(聖人)을 말하고, 무사(無私)는 〈무아(無我)·무사(無事)·무욕(無欲)〉을 묶어 말함과 같다. 사(私)는 본래 〈사(厶)〉이다. 사(厶)의 고문(古文)은 〈Δ〉이고, Δ는 하늘을 나타내는 원(圓) 즉 동그라미도 아니고 땅을 나타내는 방(方) 즉 네모도 아닌지라, 배천지(背天地) 즉 자연을[天地] 어김을[背] 밝힘이다. 이 사(厶)란 고자(古字)가 지금의 사(私)가 된 것이다.

  이 사(厶) 즉 사(私)라는 자기(自己)를 배척함이 〈공(公)〉이다. 공(公)은 팔(八)과 사(厶)를 회의(會意)한 자(字)이다. 팔(八)은 배(背)를 줄인 자(字)이다. 천지(天地)를 배척한 사(厶)를 다시 배척함이 곧 공(公)이다. 공(公)은 공무사(公無私), 즉 공에는[公] 사가[私] 없음을[無] 한 자(字)로 밝힌 것이다. 그러므로 성인무사(聖人無私)란 성인유공(聖人有公)인 셈이다.

【해독(解讀)】

- 〈비이기무사야(非以其無私耶)〉에서 주어는 생략되었고, 비(非)는 보어 노릇하며, 이(以)는 〈까닭 이(以)〉로서 비(非)의 동격보어 노릇하고, 기(其)는 영어의 〈to him〉같이 〈그에게 기(其)〉로서 무(無)를 꾸며주는 부사 노릇하고, 무(無)는 〈없을 무(無)〉로서 영어의 동명사처럼 구실하고, 사(私)는 무(無)의 주어 노릇하고, 야(耶)는 부드러운 종결어미로서 조사 노릇한다. 〈그에게[其] 자기가[私] 없

는[無] 까닭이[以] 아닌 것[非]이로다[耶].〉

- 비이기무사야(非以其無私耶)는 〈A비이위(非以爲)B야(也)〉와 같은 상용문이다. 〈A비이위(非以爲)B야(也)〉에서 위(爲)는 영어의 동명사 〈doing〉같이 구실한다. 〈A는 B를 하는[爲] 까닭이[以] 아닌 것[非]이다[也].〉

7-6 故能成其私(고능성기사)

▸ 그러므로[故] 그의[其] 자기를[私] 능히[能] 이룬다[成].

그러므로 고(故), 가할 능(能), 이룰 성(成), 그 기(其), 자기 사(私)

【지남(指南)】

〈고능성기사(故能成其私)〉는 성인(聖人)께는 지공(至公) 즉 지극히[至] 사사로움이 없는[公] 자기(自己)가 있음을 밝힌다. 성인(聖人)의 사(私)는 곧 〈대자기(大自己)〉이다. 크나큰[大] 자기(自己)가 곧 무사지사(無私之私)인 대아(大我)이다. 대아(大我)는 후기신(後其身)하고 외기신(外其身)함으로써 소아(小我)를 버리고 누리는 크나큰 자기(自己)이다. 이처럼 성인(聖人)은 소아(小我)를 버림으로써 저절로 대아(大我) 무사(無私)한 자기[私]를 이룬다[成].

이러한 대아(大我)의 이룸[成]을 터득하고 깨우치자면 『장자(莊子)』의 **성인유소유(聖人有所遊)**의 소유(所遊)를 살펴 새기고 헤아려 가늠해보는 편이 마땅하다. 성인께는[聖人] 노니는[遊] 바가[所] 있다[有]. 소유(所遊)란 자기(自己)가 자연(自然)으로서 노님[遊]이니, 그냥 그대로[自然] 유(遊)함이란 걸림 없이 노님[遊]이다. 이를 일러 무애지유(無碍之遊)라 한다. 걸림[碍]이 없이[無之] 노니는[遊] 내[我]가 곧 대아(大我)이고, 무사지사(無私之私)의 자기[私]이다.

성인(聖人)이 이루는 〈기사(其私)〉란 무아지사(無我之私)이고, 무애지사(無碍之私)이다. 소유(所遊)의 자기(自己)를 이루지 못하게 하는 걸림돌이 바로 〈나[我]〉라는 자기(自己) 즉 사(私)이기 때문이다. 누구나 아자(我者) 즉 나[我]라는 놈[者]을 버리면 그 순간 성인(聖人)을 본받아 대아(大我)를 이루고[成] 걸림 없이 노닐[所有] 수 있다. 범인(凡人)일지라도 아자(我者)를 물리고[後] 없애면[外] 무사지사(無私之

私)를 이루어[成] 걸림 없이 노닐 수 있다. 물론 그런다고 범인(凡人)이 성인(聖人)이 되지는 못한다. 성인(聖人)은 언제 어디서든 늘 소유(所遊)하지만, 범인(凡人)은 어느 한순간 소유(所遊)를 누릴 수 있을 뿐이다.

범인이 소유(所遊)를 누리기가 어려움은 나[我]라는 놈[者]을 결코 물리고[後] 버릴[外] 수 없는 까닭이니, 자기[私]를 강요하고자 지식[知] · 규범[約] · 교제[接] · 상술[商] 등으로 성곽을 만들고, 소아(小我)가 되고자 담금질을 마다하지 않는다. 바로 이런 소아(小我)가 나의 소유(所遊) 즉 더없는 행복을 가로막는 걸림[碍]이 됨을 살펴 새기고 헤아려 깨우치게 하는 말씀이 〈능성기사(能成其私)〉이다.

註 "성인유소유(聖人有所遊) 이지위얼(而知爲孽) 약위교(約爲膠) 덕위접(德爲接) 공위상(工爲商) 성인불모(聖人不謀) 오용지(惡用知) 불착(不斲) 오용교(惡用膠) 무상(無喪) 오용덕(惡用德) 불화(不貨) 오용상(惡用商) 사자천국(四者天鬻) 천국야자천사야(天鬻也者天食也) 기수사어천(旣受食於天) 우오용인(又惡用人)." 성인께는[聖人] 걸림 없이 노니는[遊] 바가[所] 있어서[有而] 지식을[知] 화근으로[孽] 여기고[爲], 예의(禮儀)란 규약을[約] 갖풀로[膠] 여기며[爲], 인덕을[德] 사귐의 수단으로[接] 여기고[爲], 기교를[工] 상술로[商] 여긴다[爲]. 성인은[聖人] 꾀하지 않는데[不謀] 어찌[惡] 지식을[知] 쓰겠으며[用], 깎고 다듬지 않는데[不斲] 어찌[惡] 갖풀을[膠] 쓰겠으며[用], 잃을 것이[喪] 없는데[無] 어찌[惡] 인덕(人德)을[德] 쓰겠으며[用], 돈벌이를 않는데[不貨] 어찌[惡] 상술(商術)을[商] 쓰겠는가[用]? {불모(不謀) · 불착(不斲) · 무상(無喪) · 불화(不貨)는} 자연이[天] 길러주는[鬻] 네 가지[四者]이다[也]. 자연이[天] 길러줌[鬻]이란[也] 것은[者] 자연이[天] 먹여줌[食]이다[也]. 이미[旣] 자연으로부터[於天] 먹을거리를[食] 받았는데[受] 또[又] 어찌[惡] 인간의 것을[人] 쓰겠는가[用]?

얼(孽)은 요해(妖害) 즉 요망스런[妖] 방해[害]이고, 덕위접(德爲接)의 덕(德)은 인덕(人德) 즉 비천덕(非天德)이고, 접(接)은 여기선 〈사귈 교(交)〉로 교접(交接)의 줄임말로 여기면 된다. 약위교(約爲膠)의 약(約)은 〈규정 규(規)〉와 같아 규약(規約)의 줄임말로 여기면 된다. 〈기술 공(工)=기공(技工)〉, 〈깎고 다듬을 착(斲)〉, 〈갖풀 교(膠)〉, 〈상(商)=상술(商術)〉, 〈팔고 살 화(貨)〉, 〈길러줄 국(鬻)=먹을거리 사(食)〉이다. 사(食)는 〈먹을 식(食), 먹을거리 사(食)〉의 서로 다른 뜻을 낸다.

『장자(莊子)』「덕충부(德充符)」

【보주(補註)】

- 〈고능성기사(故能成其私)〉를 〈시고성인능성지공지사(是故聖人能成至公之私)〉처럼 옮기면 좀 더 쉽게 문맥을 잡을 수 있다. 〈이렇기[是] 때문에[故] 성인은[聖人] 지극히[至] 공평한[公之] 자기를[私] 능히[能] 이룬다[成].〉

- 고능성기사(故能成其私)에서 기사(其私)의 기(其)는 〈기지(己之)〉의 줄임이다. 〈자신의[己之]〉

【해독(解讀)】

- 〈고능성기사(故能成其私)〉에서 고(故)는 원인을 나타내는 부사로 〈때문에 고(故)〉이고, 주어 노릇할 성인(聖人)은 생략되었으며, 능(能)은 성(成)을 꾸미는 부사 노릇하고, 성(成)은 동사 노릇하며, 기사(其私)는 성(成)의 목적구 노릇한다. 여기서 성(成)은 〈이룰 취(就)〉와 같아 성취(成就)의 줄임말로 여기면 된다. 〈그 때문에[故] {성인(聖人)은} 그[其] 자기가[私] 없음을[無] 능히[能] 이룬다[成].〉

약수장(若水章)

〈상선약수(上善若水)〉란 명언이 나오는 장(章)이다. 물의 성질을 들어 상덕(上德)을 갖춘 인간을 비유한다. 물의 뚜렷한 성질은 첫째 〈유(柔)〉 즉 부드러움[柔]이고, 둘째 〈하(下)〉 즉 아래를[下] 취함이며, 셋째 〈이이부쟁(利而不爭)〉 즉 만물을 살게 하면서도[利而] 어느 것과도 다투지 않음이니[不爭], 물이 상선(上善)으로서 상도(常道)에 가까움을 밝히는 장(章)이다.

상덕(上德) 즉 상덕(常德)을 쓰는 상도(常道)를 물이 그냥 그대로 본받아 상선(上善)이란 물 같다고[若水] 한다. 성인(聖人)은 이러한 물과 같이 상덕(常德)을 갖추기 때문에 성인(聖人)의 거처[居] · 마음[心] · 백성과 어울림[與] · 말씀[言] · 다스림[治] · 행함[事] · 행동[動] 등등은 상선(上善)의 물과 같아, 성인(聖人)은 그 누구나 그 무엇과도 다투지 않아[不爭] 원한이나 허물을[尤] 남기지 않음을 밝히는 장(章)이다.

【원문(原文)】

上善은 若水하니 水善利萬物而不爭하여 處衆人之所
상 선　　약 수　　　수 선 리 만 물 이 부 쟁　　　처 중 인 지 소

惡라 故로 幾於道이다 居善地하고 心善淵하며 與善仁하
오　　고　　기 어 도　　　거 선 지　　　심 선 연　　　여 선 인

고 言善信하며 政善治하고 事善能하며 動善時한다 夫唯
　언 선 신　　　정 선 치　　　사 선 능　　　동 선 시　　　부 유

不爭이라 故로 無尤하다
부 쟁　　고　　무 우

지극한[上] 선은[善] 물과[水] 같다[若]. 물은[水] 온갖 것을[萬物] 이롭게 함을[利] 좋아해서[善而] (만물과) 다투지 않고[不爭], (물은) 사람들이[衆人之] 싫어하는[惡] 자리에[所] 머문다[處]. 그러므로[故] (물은) 상도에[於道] 가깝다[幾]. {성인(聖人)이} 머물 때[居] {성인(聖人)은} 아랫자리를[地] 좋아하고[善], {성인(聖人)이} 마음 쓸 때[心] {성인(聖人)은} 깊은 못을[淵] 좋아하며[善], {성인(聖人)이 사람들과} 함께할 때[與] {성인(聖人)은} 서로 아끼기를[仁] 좋아하고[善], {성인(聖人)이} 말할 때[言] {성인(聖人)은} 믿음을[信] 좋아하며[善], {성인(聖人)이} 정사를 펼 때[正] {성인(聖人)은 무위(無爲)의} 다스림을[治] 좋아하고[善], {성인(聖人)이} 일할 때[事] {성인(聖人)은} 능통하기를[能] 좋아하며[善], {성인(聖人)이} 거동할 때[動] {성인(聖人)은} 때 맞추기를[時] 좋아한다[善]. 무릇[夫] 오로지[唯] {성인(聖人)은} 다투지 않는다[不爭]. 그러므로[故] {성인(聖人)께는} 허물이[尤] 없다[無].

8-1 上善若水(상선약수)

▶ 지극한[上] 선은[善] 물과[水] 같다[若].

지극한 상(上), 착할(어울릴) 선(善), 같을 약(若), 물 수(水)

【지남(指南)】

〈상선약수(上善若水)〉는 상덕(常德)을 물[水]에 비유하고 있다. 물은 곧 〈상선

(上善)〉이다. 선(善)이란 계천도(繼天道)이니, 상선(上善)이란 자연의[天] 규율을 [道] 계승하는[繼] 바로 그것이란 말이다. 물은[水] 천도(天道)라는 것이다. 상선(上善)은 지선(至善)이니, 지극한[至] 선(善)은 곧 천도(天道)를 그냥 그대로 본받는지라 상선(上善)은 상덕(上德) 즉 지극한[至] 덕(德)이다.

상선(上善)은 상덕(上德)이므로 도지용(道之用) 즉 상도의[道之] 씀[用]을 밝히는 말씀이다. 상도(常道)가 허기(虛氣)를 씀[用]이 〈도법자연(道法自然)〉의 법자연(法自然)이다. 따라서 상선(上善)은 법자연(法自然)이다. 법자연(法自然)은 상도(常道)의 용(用)을 풀이한 말씀인지라 상선(上善)은 곧 상덕(常德)이다. 상덕(常德)과 상선(上善)은 그냥 그대로[自然] 상도(常道)를 본받는다[法].

상도(常道)는 용충(用沖) 즉 허기(虛氣)를 어떻게 쓰는가[用]? 2장(章)의 **만물작언이불사(萬物作焉而不辭) 생이불유(生而不有) 위이불시(爲而不恃) 공성이불거(功成而弗居)**란 말씀에서 해답이 드러난다. 상선(上善) 역시 상도(常道)의 용충(用沖)을 본받으니 상선(上善)은 상덕(上德)이다. 따라서 상선약수(上善若水)의 수(水) 즉 물은 27장(章)에 나오는 **습명(襲明)** 즉 상도(常道)의 밝음[明]을 계승하는 바로 그 본보기이고, 나아가 52장(章)에 나오는 **습상(習常)** 즉 상도(常道)의 변하지 않는 진리를 이어받아[繼] 익히는[習] 바로 그 본보기이다. 물이란 상덕(上德)이요, 상선(上善) 즉 그냥 그대로 상도(常道)를 이어받음[繼]이 물이다. 『주역(周易)』「계사전(繫辭傳)」에 **일음일양지위도(一陰一陽之謂道) 계지자선야(繼之者善也)**란 말씀이 나온다. 일음일양(一陰一陽)이란 생만물(生萬物)의 변화이다. 그 변화가 상도(常道)의 용충(用沖) 즉 허기(虛氣)를 씀[用]이니, 물[水]이야말로 바로 그 모습이란 것이 여기 상선약수(上善若水)이다.

만물 중에서 물[水]보다 더한 습상지물(襲常之物)은 없다. 상도(常道)의 진체(眞諦)를 그냥 그대로 따름이 물[水]이니, 물은 법상선(法上善)하므로 〈막비유호수(莫卑柔乎水)〉라 한다. 물[水]보다 더[乎] 낮추면서[卑] 부드러움은[柔] 없다[莫]. 물은 비유(卑柔)하므로 수필화만물(水必和萬物)한다. 물[水]은 반드시[必] 온갖 것과[萬物] 어울리는[和] 것으로 귀천(貴賤)을 가리지 않고 다 같이 선택(善澤) 즉 천택(天澤) 즉 그냥 그대로[天] 윤택(潤澤)하게 해준다. 뜨거우면 증기가 되어 올라가고 차면 물방울이 되어 내려오지만, 물은 본래 처하(處下) 즉 아래에[下] 머물[處] 뿐 처상(處上)을 탐하지 않는다.

원수필선(圓水必旋)하고 필절방(必折方)하니 둥글면[圓] 물[水]은 반드시[必] 빙빙 돌고[旋] 모나면[方] 반드시[必] 깎아서[折] 하류하니[下流], 역시 상선(上善)이다. 색수필지(塞水必止) 결필류(決必流)라 막히면[塞] 물[水]은 반드시[必] 멈추고[止] 터지면[決] 반드시[必] 흘러가니[流], 이 또한 상선(上善)이다. 이처럼 수필수변(水必隨變)하니 물[水]은 반드시[必] 변화를[變] 따른다[隨]. 이러한 물[水]이야말로 상도(常道)를 그냥 그대로 본받는 상선(上善)을 이어받고 있으니, 물[水]은 곧 상선(上善)과 같음을[若] 곧바로 밝힌 말씀이 〈상선약수(上善若水)〉이다.

註 "만물작언이불사(萬物作焉而不辭) 생이불유(生而不有) 위이불시(爲而不恃) 공성이불거(功成而弗居) 부유불거(夫唯弗居)." 온갖[萬] 것이[物] 세상에서[焉] 떨쳐 일어나도[作而] (상도는 그 온갖 것을) 주재하지 않는다[不辭]. 낳아주되[生而] 갖거나 두지도 않으며[不有], 위하면서도[爲而] 기대하지 않고[不恃], 공적을[功] 이루고서도[成而] 머물지(연연치) 않으며[弗居], 무릇[夫] 오로지[唯] 연연치 않는다[弗居]. 『노자(老子)』 2장(章)

註 "성인상선구인(聖人常善救人) 고(故) 무기인(無棄人) 상선구물(常善救物) 고(故) 무기물(無棄物) 시위습명(是謂襲明)." 성인은[聖人] 늘[常] 선하게[善] 사람들을[人] 구제하기[救] 때문에[故] 사람들을[人] 버림이[棄] 없고[無], 늘[常] 선하게[善] 온갖 것을[物] 구제하기[救] 때문에[故] 온갖 것을[物] 버림이[棄] 없다[無]. 이러함을[是] 밝음을[明] 안으로 간직함이라[襲] 한다[謂]. 『노자(老子)』 27장(章)

註 "견소왈명(見小曰明) 수유왈강(守柔曰强) 용기광(用其光) 복귀기명(復歸其明) 무유신앙(無遺身殃) 시위습상(是謂習常)." 작은 것을[小] 살펴봄이[見] 밝음[明]이고[曰], 부드러움을[柔] 지킴이[守] 강함[强]이다[曰]. 그[其] 빛을[光] 썼더라도[用] 다시[復] 그[其] 밝음으로[明] 돌아오면[歸] 자신에게[身] 재앙을[殃] 남기지[遺] 않는다[無]. 이를[是] 상도를[常] 이어 간직함이라[習] 한다[謂]. 『노자(老子)』 52장(章)

註 "일음일양지위도(一陰一陽之謂道) 계지자선야(繼之者善也) 성지자성야(成之者性也)." 한번 음이고[一陰] 한번은 양임[一陽] 그것을[之] 도라[道] 한다[謂]. 그 도를[之] 잇는[繼] 것이[者] 선(善)이고[也], 그 도를[之] 이루는[成] 것이[者] 성(性)이다[也]. 『주역(周易)』 「계사전상(繫辭傳上)」

【보주(補註)】

- 〈상선약수(上善若水)〉를 〈상선야자약수자야(上善也者若水者也)〉처럼 옮기면 좀 더 쉽게 문맥을 잡을 수 있다. 〈상선은[上善]이란[也] 것은[者] 물과[水] 같은

[若] 것[者]이다[也].〉

- 상선약수(上善若水)에서 상선(上善)의 상(上)은 〈지극할 지(至)〉와 같아 상선(上善)은 지선(至善)과 같다.

【해독(解讀)】

- 〈상선약수(上善若水)〉에서 상선(上善)은 주어 노릇하고, 약(若)은 동사 노릇하며, 수(水)는 주격보어 노릇한다. 약(若)은 〈~과 같을 여(如) · 사(似) · 유(猶)〉 등과 같다. 〈상선은[上善] 수와[水] 같다[若].〉
- 상선약수(上善若水)는 〈A약(若)B〉와 같은 상용문이다. 물론 〈A약위(若爲)B〉 역시 상용문이다. 〈A약위(若爲)B〉에서 위(爲)는 영어의 부정사(不定詞)처럼 구실한다. 영어 〈A seems to do B〉에서 〈to do〉같이 구실함이 〈A약위(若爲)B〉의 위(爲)이다. 〈A는 B와 같다[若].〉 〈A는 B를 함과[爲] 같다[若].〉

8-2 水善利萬物而不爭(수선리만물이부쟁)

▶ 물은[水] 온갖 것을[萬物] 이롭게 함을[利] 좋아해서[善而] (만물과) 다투지 않는다[不爭].

물 수(水), 좋아할 선(善), 이롭게 할 리(利), 온갖 만(萬), 것 물(物), 그래서 이(而), 안할 부(不), 다툴 쟁(爭)

【지남(指南)】

〈수선리만물이부쟁(水善利萬物而不爭)〉은 물을[水] 빌려 상도(常道)의 씀인[用] 상덕(常德)이 온갖 것에 오로지 이롭게만[利] 두루 통함을 밝힌다. 〈수(水)〉를 빌려 무위자연(無爲自然)을 깨우치게 하니 〈상선(上善)〉은 무위(無爲)란 말씀이고, 〈약수(若水)〉는 자연(自然)이란 말씀이기도 하다. 물(水)은 선만물(善萬物) 즉 만물(萬物)을 선(善)하게 하고, 선(善)은 대순(大順) 즉 상도(常道)를 그냥 그대로 따름인지라 만물이 생사를 그대로 누리게 함이 선만물(善萬物)의 선(善)이다.

물은 자연(自然) 그것이고 상선(上善)은 바로 무위(無爲)이니, 물은 무위(無爲) 그것이다. 물은 만물 따라 그냥 그대로 응하고 무엇 하나 고집하지 않아 무엇을 선택하여 덕택(德澤)을 차별하여 베풀지 않는다. 물은 무엇에 연연해서 머물지 않으며, 자연대로 온갖 것을 마주하고 해화(諧和) 즉 어울리고[諧] 어울릴[和] 뿐이다. 이처럼 물은 법자연(法自然)하니 자연(自然)을 본받아[法] 화해(和諧)함을 일컬어 선(善)이라 하고, 물은 선(善)을 진정 본받음이다. 그러므로 자연무위(自然無爲)라 하듯 수약상선(水若上善) 즉 물은[水] 상선과[上善] 같다[若]고 말한다.

물은 선만물(善萬物)하기 때문에 이만물(利萬物)한다. 물의 선지(善之) 즉 좋아함에[善之] 비리(非利) 즉 이로움이[利] 아닌 것[非]이란 없다. 선악의 분별은 인간의 짓이지 자연에는 없으니, 상선(上善)이란 무비선(無非善) 즉 선(善) 아닌 것[非]이란 없음[無]을 뜻한다. 있는 것이면 생긴 것이고, 생긴 것이면 그냥 그대로인 것으로 다 자연이다. 홍수가 악이라면 조갈(燥渴) 즉 가뭄이 선이란 말인가? 홍수도 자연이고 조갈 또한 자연이다. 이처럼 물은 인간의 선악을 떠나 그냥 그대로[自然] 만물을 이롭게 하기를 좋아한다는 것이다. 물이 있으면 생사를 누리되, 물이 없으면 생사를 누리는 것이란 없다. 많은 별 중에서 우리가 사는 이 땅덩이[地]에 온갖 것이 살고[生] 죽음[死]을 누림은 물의 덕택이니, 물이야말로 이만물(利萬物)하는 상선(上善)이요 상덕(常德)이다.

물은 그냥 그대로 선리(善利)하므로 부쟁(不爭)한다. 자연(自然) 그대로란 오로지 무사(無私)함이고 무욕(無欲)함이며 무아(無我)함이다. 쟁(爭)이란 인간의 사(私)에서 비롯하여 승인(勝人)하고자 함이다. 남을 지게[敗] 하여 내가 이김[勝]을 일러 〈승인(勝人)〉이라 한다. 승인(勝人)은 승패(勝敗)를 불러오고, 승패(勝敗)는 반드시 겨루기[爭]를 불러온다. 쟁(爭)에 공평함이란 없기에 쟁(爭)은 비자연(非自然)이다. 무사(無私) · 무욕(無欲) · 무아(無我)로써 선리(善利)한 물이 어찌 무엇과 다투겠는가? 유수무쟁(唯水無爭)인지라 오로지[唯] 물에[水] 다툼이란[爭] 없다[無].

부쟁(不爭)하는 것이면 무엇이든 천지도(天之道)를 본받는 것이다. 부쟁지수(不爭之水)인지라 물이야말로 천지도(天之道) 즉 자연의[自然之] 도(道)를 그냥 그대로 따르는 것이니, 성인(聖人)도 상선약수(上善若水)를 본받는지라 온 세상 사람을 위하되 어느 누구와도 다투지 않는다. 이런 연유로 상선(上善)처럼[若] 물은 선만물(善萬物)하고 이만물(利萬物)함을 살펴 헤아리고 깨우치게 하는 말씀이 〈수선리만물이부쟁(水善利萬物而不爭)〉이다.

【보주(補註)】

- 〈수선리만물이부쟁(水善利萬物而不爭)〉을 〈수선리만물(水善利萬物) 이수부쟁만물(而水不爭萬物)〉처럼 옮기면 좀 더 쉽게 문맥을 잡을 수 있다. 〈물은[水] 온갖 것을[萬物] 이롭게 함을[利] 좋아한다[善]. 그리고[而] 물은[水] 온갖 것과[萬物] 다투지 않는다[不爭].〉
- 수선리만물이부쟁(水善利萬物而不爭)은 73장(章)에 나오는 **천지도부쟁이선승(天之道不爭而善勝)**과, 81장(章)에 나오는 **천지도리이불해(天之道利而不害) 성인지도위이부쟁(聖人之道爲而不爭)**을 상기시킨다.

註 "천지도부쟁이선승(天之道不爭而善勝)." 자연의[天之] 규율은[道] 다투지 않고서도[不爭而] 극복하기를[勝] 좋아한다[善]. 『노자(老子)』 73장(章)

註 "천지도리이불해(天之道利而不害) 성인지도위이부쟁(聖人之道爲而不爭)." 자연의[天之] 규율은[道] 이롭게 하되[利而] 해치지 않고[不害], 성인의[聖人之] 도리는[道] 베풀되[爲而] (그 무엇과도) 다투지 않는다[不爭]. 『노자(老子)』 81장(章)

【해독(解讀)】

- 〈수선리만물이부쟁(水善利萬物而不爭)〉은 〈그리고 이(而)〉로 이어진 중문(重文)이다. 〈수는[水] 만물을[萬物] 이를[利] 선한다[善]. 그리고[而] 부쟁한다[不爭].〉
- 수선리만물(水善利萬物)에서 수(水)는 주어 노릇하고, 선(善)은 동사 노릇하며, 이(利)는 영어의 동명사처럼 구실하면서 선(善)의 목적어 노릇하고, 만물(萬物)은 이(利)의 목적어 노릇한다. 이(而)는 접속사로 〈그래서 이(而)〉이며, 부(不)는 쟁(爭)의 부정사이고, 쟁(爭)은 목적어가 생략된 동사 노릇한다. 〈물은[水] 만물을[萬物] 이롭게 하기를[利] 좋아한다[善].〉
- 수선리만물(水善利萬物)을 〈수선만물(水善萬物) 이리만물(而利萬物)〉로 여기면 된다. 그러면 수선리만물(水善利萬物)에서 수(水)는 주어 노릇하고, 선(善)과 이(利)는 동사 노릇하며, 만물(萬物)은 선(善)과 이(利)의 목적어 노릇하는 것으로 볼 수 있다. 물론 불가(佛家)에서도 〈선리(善利)〉란 술어(術語)를 쓴다. 불가어(佛家語)로서 선리(善利)는 〈미묘지리익(微妙之利益)〉 또는 〈보리지리익(菩提之利益)〉을 뜻한다. 여기선 선리만물(善利萬物)의 선리(善利)를 불가어에 따라 새

길 필요는 없을 것이다. 〈미묘한[微妙之] 이로움[利益]〉 〈지혜로운[菩提之] 이로움[利益]〉

- 이부쟁(而不爭)에서 이(而)는 〈그리고 이(而)〉로 조사 노릇하고, 부(不)는 쟁(爭)의 부정사이고, 쟁(爭)은 목적어가 생략되었지만 동사 노릇한다. 물론 이부쟁(而不爭)에서 부(不)를 〈없을 부(不)〉로 여기고 문맥을 잡을 수도 있다. 그러면 부(不)는 동사 노릇하고, 쟁(爭)은 명사로 부(不)의 주어 노릇한다. 〈그리고[而] 투쟁하지 않는다[不爭.〉 〈(물에는) 투쟁이[爭] 없다[不].〉

8-3 處衆人之所惡(처중인지소오)

▶ (물은) 사람들이[衆人之] 싫어하는[惡] 자리에[所] 머문다[處].

머물 처(處), 무리 중(衆), 조사(~이) 지(之), 자리 소(所), 싫어할 오(惡)

【지남(指南)】

〈처중인지소오(處衆人之所惡)〉는 물의 처하(處下) 즉 아래에[下] 머묾을[處] 밝힌다. 물은 취하(就下)하니 아래[下]를 따라 좇는다[就]. 『맹자(孟子)』에도 수지취하(水之就下)란 말씀이 나온다. 그리하여 물은 만물과 더없이[至] 어울린다[善]. 사람은 취하(就下)를 싫어하고 취상(就上)을 좋아하지만, 물은 반드시 아랫자리를 좇아간다. 수필하류(水必下流)인지라 물은 대해(大海)를 이루니, 설령 물이 김이 되어 올라간다 할지라도 김은 서려 물방울이 되어 내려온다. 물은 상승하여 구름이 되지만, 구름은 하강하여 비가 되어 흘러내려 개울이 내가 되고, 내가 가람이 되고, 가람은 바다로 흘러들어 대해(大海)를 이룬다. 높은 곳을 버리고 아랫자리를 따라 큰물이 된다. 큰 바다는 물이 아래[下]와 더없이 어울림으로 이루어내는 상선(上善)이다.

물은 수오(受汚)한다. 물은 더러운[汚] 것[物]을 다 받아들인다[受]. 사람은 수오(受汚)하려 하지 않으면서도 세상에서 오직 인간만 오물을 만든다. 인간의 오물 즉 쓰레기는 오수(汚水)가 된다. 물은 더러운 것과도 잘 어울려 이를 정화시켜준다고 말하지 말라. 물은 그냥 그대로 어울릴 뿐이니, 더러운[汚] 물[水]은 이들과 더없이 어울려 이루어지는 상선(上善)이다.

사람들이[衆人之] 싫어하는[惡] 곳에[所] 물이 머묾[處]은 비천(卑賤)과 더없이 어울리고, 오탁(汚濁)과 더없이 어울리기 때문이다. 이런 어울림을 물이 좋아함이[善] 물의 지덕(至德)이고, 물의 기어도(幾於道)이다. 성인(聖人)은 이런 수덕(水德)을 본받아 겸퇴(謙退)와 비하(卑下)를 자처하여 자안(自安)하지, 결코 호고(好高)하거나 자과(自誇)하지 않음을 돌이켜 헤아려 깨우치게 하는 말씀이 〈처중인지소오(處衆人之所惡)〉이다.

註 "수지취하(水之就下)." 물의[水之] 아래를[下] 좇아 따른다[就].

『맹자(孟子)』「고자장구상(告子章句上)」

【보주(補註)】

- 〈처중인지소오(處衆人之所惡)〉를 〈수처어중인지소오(水處於衆人之所惡)〉처럼 옮기면 좀 더 쉽게 문맥을 잡을 수 있다. 〈물은[水] 사람들이[衆人之] 싫어하는[惡] 자리[所]에[於] 머문다[處].〉
- 처중인지소오(處衆人之所惡)는 처하(處下)와 같다. 그래서 중인지소오(衆人之所惡)를 거고취하(去高就下)라 풀이하기도 하고, 소오(所惡)를 비오하천(卑汚下賤)이라 풀이하기도 한다. 거고취하(去高就下)는 〈높은 자리를[高] 버리고[去] 아랫자리를[下] 좇는다[就]〉, 비오하천(卑汚下賤)은 〈더러운 것을[汚] 업신여기고[卑] 낮은 것을[賤] 업신여긴다[下]〉는 뜻이다.

【해독(解讀)】

- 〈처중인지소오(處衆人之所惡)〉에서 주어는 생략되었지만 처(處)는 동사 노릇하고, 중인지소오(衆人之所惡)는 처(處)를 꾸며주는 장소의 부사구 노릇한다. 〈중인지소오(衆人之所惡)에 처한다[處].〉
- 중인지소오(衆人之所惡)는 〈A지소위(之所爲)B〉와 같은 상용구이다. 〈A지소위(之所爲)B〉는 〈소(所)A위(爲)B〉에서 주어 노릇하는 A를 늘 〈A지(之)〉로 하여 소(所) 앞으로 전치한 구문이다. 〈A가[A之] B를 하는[爲] 바[所]〉 〈A가[A之] B를 하는[爲] 것[所]〉

8-4 故幾於道(고기어도)

▶ 그러므로[故] (물은) 상도에[於道] 가깝다[幾].

그러므로 고(故), 가까울 기(幾), 조사(~에) 어(於), 상도 도(道)

【지남(指南)】

〈기어도(幾於道)〉는 물이 상도(常道)에 가까움을 밝힌다. 물은 취하(就下)하고 취유(就柔)하여 취화(就和)한다. 물보다 더 아래[下]를 따라 좇는[就] 것은 없고, 물보다 더 부드러움[柔]을 따라 좇는 것도 없으며, 물보다 더 어울림[和]을 취(就)하는 것은 없다. 비천(卑賤)을 마다 않고 오탁(汚濁)을 마다 않으니 물은 늘 거고(去高)하고 거강(去剛)하며 거선(去先)하여 어느 무엇과도 다투지 않고[不爭], 온갖 것과 해화(諧和)하여 상도(常道)를 그냥 그대로 따라 본받는다. 물론 지도(地道)를 그냥 그대로 따라 본받는다고 말해도 된다. 지도(地道) 역시 천도(天道) 즉 자연의[天] 규율[道]과 함께하는 까닭이다.

지도(地道)는 낮추어[卑] 귀해지고[貴], 부드러워[柔] 강해지며[强], 감히 앞섬[先]이 없어[無] 땅에서 만물이 창성(唱成)한다. 그래서 『중용(中庸)』에도 **인도민정(人道敏政) 지도민수(地道敏樹) 부정야자포로야(夫政也者蒲盧也)**란 말씀이 나온다. 민수(敏樹)란 온갖 생물을 생장하게 함을 말하니, 물은 지도(地道) 즉 땅[地]의 도리[道]를 그대로 본받아 온갖 목숨을 생장하게 한다. 물가에 사는 창포와 갈대가 풍성하게 자람은 물의 덕택이다. 이처럼 물은 비유(卑柔)하여 만물과 어울려 만물을 창성(唱成)하게 하므로 도에[於道] 가까움을[幾] 살펴 새기고 헤아려 깨우치게 하는 말씀이 여기 〈기어도(幾於道)〉이다.

註 "인도민정(人道敏政) 지도민수(地道敏樹) 부정야자포로야(夫政也者蒲盧也)." 사람의 도는[人道] 정치에[政] 빠르고[敏], 땅의 도는[地道] 나무에[樹] 빠르다[敏]. 무릇[夫] 정치[政]란[也] 것은[者] 창포와[蒲] 갈대 같은 것[盧]이다[也].

포로(蒲盧)의 노(盧)는 여기선 〈갈대 로(蘆)〉와 같다.

『중용(中庸)』 주자장구(朱子章句) 20장(章)

【보주(補註)】

- 〈고기어도(故幾於道)〉를 〈시고수기어도(是故水幾於道)〉처럼 옮기면 좀 더 쉽게 문맥을 잡을 수 있다. 〈이[是] 때문에[故] 물은[水] 상도에[於道] 가깝다[幾].〉
- 고기어도(故幾於道)에서 도(道)는 상도(常道)이다. 상도(常道)는 천도(天道)와 지도(地道)를 모두 아우른다. 특히 물[水]은 낮은데 머물고[處下], 지극하게 부드럽고[至柔], 지극하게 어울려[至和] 땅을 그냥 그대로 본받아 지도(地道)에 가까우니, 기어도(幾於道)를 〈수기어지도(水幾於地道)〉로 새겨도 된다. 〈물은[水] 땅의[地] 규율[道]에[於] 가깝다[幾].〉

【해독(解讀)】

- 〈고기어도(故幾於道)〉에서 고(故)는 부사 노릇하고, 주어는 생략되었지만 기(幾)는 동사 노릇하고, 어도(於道)는 기(幾)를 꾸미는 부사구 노릇한다. 고(故)는 〈시고(是故)〉의 줄임이고, 기(幾)는 〈가까울 근(近)〉과 같다. 기어도(幾於道) · 근어도(近於道)는 같은 말씀이다. 〈그러므로[故] 상도에[於道] 가깝다[近].〉
- 기어도(幾於道)는 〈기어(幾於)A〉와 같은 상용문이다. 〈A에[於] 가깝다[幾].〉

8-5 居善地(거선지)

▶ {성인(聖人)이} 머물 때[居] {성인(聖人)은} 아랫자리를[地] 좋아한다[善].

살(머물) 거(居), 선하게 할 선(善), 아랫자리 지(地)

【지남(指南)】

〈거선지(居善地)〉는 성인(聖人)이 머물[居] 때면 물을 본받아 비하(卑下)의 자리를[地] 좋아함을 밝힌다. 여기 〈선지(善地)〉의 지(地)는 하위(下位) 즉 아랫자리이다. 성인(聖人)은 비천한 낮은[下] 자리를 좋아함[好]이란 백성과 함께함이다. 고대(高臺)의 궁궐에 머물기보다 백성이 사는 비하(卑下)의 자리에 머물기를 성인(聖人)은 선호한다는 것이다. 물론 여기 선지(善地)의 지(地)는 성인(聖人)의 생활을 비유하기도 한다. 상선약수(上善若水)를 본받는 성인(聖人)의 삶[生活]은 비옥한 땅 같기 때문에 그 거처는 상선(上善)의 땅[地]과 같다. 상선(上善)의 땅은 상선약수(上善若水)의 물과 같이 위이부쟁(爲而不爭), 즉 도와주되[爲而] 서로 다투지 않는[不爭] 사람들이 모여 사는 땅[地]이다. 성인(聖人)은 상선약수(上善若水)를 본받아 거처하며, 그곳을 마을이니 고을이니 나라니 불러주어도 된다. 물[水]을 본받음[法]이란 상선(上善)을 법(法)함이고 이는 상도(常道)를 법(法)함이니, 법자연하는[法自然] 자리가 여기 선지(善地)의 지(地)이다.

상선약수(上善若水)를 본받아[法] 살면 바로 그 자리가[地] 곧 소사과욕(少私寡欲)의 자리이고, 복수기모(復守其母)의 자리이며, 수중(守中)의 자리이다. 물의 〈처하(處下) · 지유(至柔) · 지화(至和)〉를 그냥 그대로 본받는 성인(聖人)이 사는[居] 자리[地] 역시 처하(處下)의 자리이고, 지유(至柔)의 자리이며, 지화(至和)의 자리[地]이다. 그래서 성인(聖人)이 거주할 때 그곳은 그 어디든 부쟁(不爭)의 곳이 된다.

저밖에 모르는 무리[小人輩]가 머물러 살면 그곳은 상쟁(相爭)의 땅[地]이 되고, 도척지배(盜跖之輩) 즉 도척(盜跖)의 무리[輩]가 머물러 살면 그곳은 도적(盜賊)의 땅[地]이 될 것이다. 물이 머물면 그곳에 온갖 생물이 살 수 있어 선지(善地)가 되듯이, 성인(聖人)이 머무는 곳[居]이면 어디든 다투지 않아 살기 좋은 곳[善地]이 됨을 밝힌 말씀이 〈거선지(居善地)〉이다.

【보주(補註)】

- 〈거선지(居善地)〉를 〈성인거시(聖人居時) 성인선비하지지(聖人善卑下之地)〉처럼 옮기면 좀 더 쉽게 문맥을 잡을 수 있다. 〈성인이[聖人] 머물[居] 때[時] 성인은[聖人] 천하고[卑] 낮은[下之] 자리를[地] 좋아한다[善].〉
- 선지(善地)를 〈호천지(好賤地)〉로 여기고 새기면 앞 문맥과 걸맞은 문의(文義)를 건질 수 있다. 〈천한[賤] 자리를[地] 좋아한다[好].〉

【해독(解讀)】

- 〈거선지(居善地)〉는 시간의 종절(從節)과 주절로 이루어진 복문(複文)이다.
- 거(居)는 〈성인거시(聖人居時)〉에서 주어 노릇할 성인(聖人)과 시간을 나타내는 조사 시(時)가 생략되고, 거(居)만 남아 동사 노릇해 시간의 종절 노릇한다. 여기 거(居)는 〈머물 처(處) · 주(住) · 지(止)〉 등과 같아 거처(居處) · 거주(居住) ·

거지(居止) 등의 줄임말로 보면 된다. 한문은 문맥에 따라 각자가 명사 · 동사 · 형용사 · 부사 등등의 노릇을 다 한다고 여기면 된다. 그리고 한문에서 영어의 〈when〉같이 구실하는 조사는 거의 생략되어버린다. 〈{성인(聖人)이} 머물 때에 [居]〉

- 선지(善地)는 〈성인선지(聖人善地)〉에서 주어 노릇할 성인(聖人)이 생략되었지만, 선(善)은 동사 노릇하고, 지(地)는 선(善)의 목적어 노릇해 주절 노릇한다. 선(善)은 〈좋아할 호(好)〉와 같고, 지(地)는 비지(卑地)의 줄임으로 여기면 된다. 〈아랫자리를[地] 좋아한다[善].〉
- 거선지(居善地)에서 거(居)를 주어로 보고, 선(善)을 지(地)를 꾸미는 형용사로 보고, 지(地)를 주격보어로 보고 문맥을 잡아 새길 수도 있다. 물론 문의(文義)가 달라지지 않는다. 〈{성인(聖人)의} 머묾은[居] 선한[善] 자리이다[地].〉

8-6 心善淵(심선연)

▶ {성인(聖人)이} 마음 쓸 때[心] {성인(聖人)은} 깊은 못을[淵] 좋아한다[善].

마음 쓸 심(心), 좋아할 선(善), 깊은 못 연(淵)

【지남(指南)】

〈심선연(心善淵)〉은 성인(聖人)의 용심(用心)을 밝힌다. 성인(聖人)이 마음을[心] 씀이[用] 깊은 못[淵]과 같다는 것이다. 여기 〈선연(善淵)〉의 연(淵)은 성인(聖人)의 용심(用心) 즉 마음[心] 쓰기를[用] 비유한다. 성인(聖人)의 용심(用心)은 곧 상선(上善)을 따름인지라 그 씀이 깊은 못[淵]과 같다는 것이다. 연(淵)이란 침정(沈靜) 즉 깊은[沉] 고요를[靜] 비유한다.

침정(沈靜)을 비유해주는 연(淵)은 상선약수(上善若水)의 물처럼 부쟁(不爭)의 못[淵]으로, 성인(聖人)의 심중(心中)을 나타내준다[象]. 성인(聖人)의 심중(心中)은 깊고[深] 그윽하되[幽] 고요해[靜] 담담한[淡] 못[淵]과 같다. 깊은[深] 못[淵]은 밝고 맑은 거울[鏡]처럼 주변의 온갖 것을 그림자로 비춰주어 명경지수(明鏡止水)라 한다. 성인지심(聖人之心)은 깊되 명경지수(明鏡止水)의 못[淵]과 같아 만상(萬象)을 응해주되 맞이함[迎]이나 보냄[將]이 없다. 그래서 여기 심선연(心善淵)은『장자(莊子)』에 나오는 **지인지용심약경(至人之用心若鏡)**을 환기시킨다.

무위(無爲)하여 그냥 그대로 무사(無私) · 무욕(無欲) · 무아(無我)한 성인(聖人)의 마음 속[心中]에는 무엇 하나 숨기거나 감출 것이 없어 명경(明鏡)처럼 머물러 있는[止] 물[水]과 같다. 못[淵] 속에 온갖 수초와 어류가 편하고 자유롭게 살 듯, 성인(聖人)의 심중(心中)은 백성이 자연(自然)으로 고스란히 돌아와 성인(聖人)과 지화(至和) 지극하게[至] 어울린다[和]. 49장(章)에도 **성인무상심(聖人無常心) 이백성심위심(以百姓心爲心)**이란 말씀이 나온다.

그러므로 심선연(心善淵)은 〈심할(心) 때 선연(善淵)한다〉고 읽는다. 성인(聖人)의 용심(用心)이야말로 상선지연(上善之淵)과 같기 때문이다. 마음 씀이[用心] 상선약수(上善若水)의 못[淵]과 같다면, 그 마음 씀은 앞서 살핀 〈선지(善地)〉를 절로 누리는 것이다. 물의 처하(處下) · 지유(至柔) · 지화(至和)를 그냥 그대로 본받는 용심(用心)이야말로 성인(聖人)의 마음 씀이다. 상선의[上善之] 못[淵]은 허정(虛靜)하고 염담(恬淡)한 상(象)이니, 그 짓[象]은 부쟁(不爭)의 용심(用心) 바로 그것이다.

탈인(奪人)하고자 상쟁(相爭)의 소용돌이가 휘감아 잠시도 편치 못한 소인배(小人輩)의 용심(用心)과는 달리, 성인(聖人)의 용심(用心)은 명경지수(明鏡止水)인지라 텅 비어[虛] 고요하고[靜] 편안하고[恬] 담박한[淡] 심연(深淵)과 같음을 살펴 새기고 헤아려 깨우치게 하는 말씀이 〈심선연(心善淵)〉이다.

註 "지인지용심약경(至人之用心若鏡) 부장불영(不將不迎) 응이부장(應而不藏) 고능승물이불상(故能勝物而不傷)." 지인이[至人之] 마음을[心] 씀은[用] 거울[鏡] 같다[若]. 보내지도 않고[不將] 맞이하지도 않으며[不迎], 응해주되[應而] 간직해두지 않는다[不藏]. 그래서[故] {지인(至人)은} 온갖 것을[物] 능히[能] 남김 없이 쓰면서도[勝而] (만물을) 상처내지 않는다[不傷].

『장자(莊子)』「응제왕(應帝王)」

註 "성인무상심(聖人無常心) 이백성심위심(以百姓心爲心)." 성인께는[聖人] (무엇을) 고집하는 마음이[常心] 없고[無], 백성의[百姓] 마음[心]으로[以] (자기의) 마음을[心] 삼는다[爲].

『노자(老子)』 49장(章)

【보주(補註)】

- 〈심선연(心善淵)〉을 〈성인용심시(聖人用心時) 성인선연(聖人善淵)〉처럼 옮기면 좀 더 쉽게 문맥을 잡을 수 있다. 〈성인이[聖人] 마음을 쓸[用心] 때에[時] 성인은[聖人] 깊은 못을[淵] 좋아한다[善].〉
- 심선연(心善淵)에서 연(淵)은 침정(沉靜)의 비유이다. 〈깊은[沉] 고요[靜]〉

【해독(解讀)】

- 〈심선연(心善淵)〉은 시간의 종절(從節)과 주절로 이루어진 복문(複文)이다.
- 심(心)은 〈성인심시(聖人心時)〉에서 주어 노릇할 성인(聖人)과 시간을 나타내는 조사 시(時)가 생략되고, 심(心)만 남아서 동사 노릇해 시간의 종절 노릇한다. 여기 심(心)은 〈마음 쓸 심(心)〉으로 용심(用心)과 같다. 한문에는 품사가 정해져 있지 않다. 한문은 문맥에 따라 각자가 명사 · 동사 · 형용사 · 부사 등등의 노릇을 다 한다고 여기면 된다. 그리고 한문에서 영어의 〈when〉같이 구실하는 조사는 거의 생략되어버린다. 〈{성인(聖人)이} 마음 쓸 때에[心]〉
- 선연(善淵)은 〈성인선연(聖人善淵)〉에서 주어 노릇할 성인(聖人)이 생략되었지만, 선(善)은 동사 노릇하고, 연(淵)은 선(善)의 목적어 노릇해 주절 노릇한다. 선(善)은 〈좋아할 호(好)〉와 같고, 연(淵)은 심연(深淵) 또는 침연(沉淵)으로 여기고 새기면 된다. 〈깊은 못을[淵] 좋아한다[善].〉
- 심선연(心善淵)에서 심(心)을 주어로 보고, 선(善)을 연(淵)을 꾸미는 형용사로 보고, 연(淵)을 주격보어로 보고 문맥을 잡아 새길 수도 있다. 물론 문의(文義)가 달라지지 않는다. 〈{성인(聖人)의} 마음은[心] 선한[善] 못이다[淵].〉

8-7 與善仁(여선인)

▶ {성인(聖人)이 사람들과} 함께할 때[與] {성인(聖人)은} 서로 아끼기를[仁] 좋아한다[善].

함께할 여(與), 좋아할 선(善), 어질 인(仁)

【지남(指南)】

〈여선인(與善仁)〉은 성인(聖人)의 구인(救人)을 밝힌다. 여기 〈선인(善仁)〉은 〈선인(善人)〉으로 읽는다. 선인(善仁)의 인(仁)은 잘못된 자(字)이고, 선인(善仁)을 선인(善人)으로 고쳐 읽어야 한다는 설(說)을 따르고 있다. 5장(章)에 나오는 〈천지불인(天地不仁)…… 성인불인(聖人不仁)〉을 상기한다면, 18장(章)에 나오는 **대도폐(大道廢) 유인의(有仁義)**를 상기한다면, 19장(章)에 나오는 **절인기의(絶仁棄義)**를 상기한다면, 그리고 38장(章)에 나오는 **실덕이후인(失德而後仁)**을 상기한다면,여기 〈선인(善仁)〉은 걸맞지 않다는 생각이 설득력을 얻는다. 따라서 〈여선인(與善仁)〉은 8장(章)의 원문(原文)에서 산거(刪去) 즉 깎아[刪] 없앰이[去] 마땅하다는 설(說)이 등장했고, 산거(刪去)하지 않는다면 여선인(與善仁)을 〈여선인(與善人)〉으로 읽어야 한다는 주장이다. 왜냐하면 〈인(人)〉과 〈인(仁)〉은 고어(古語)에서 상통했기 때문이다.

그러나 여선인(與善仁)의 〈여(與)〉를 〈성인교우시(聖人交友時)〉로 여기고 새긴다면, 선인(善仁)을 필산(必刪) 즉 꼭[必] 깎아내지[刪] 않아도 된다. 성인지도(聖人之道) 즉 성인의[聖人之] 도리는[道] 위이부쟁(爲而不爭)이므로 선인(善仁)의 인(仁)을 상인(上仁) 즉 상애(相愛), 즉 서로[相] 아껴주는[愛] 지극한[上] 어짊[仁]으로 새기면 앞서 살핀 선지(善地) · 선연(善淵)과 어긋나지 않고, 선인(善仁)의 인(仁)을 38장(章)에 나오는 **상인(上仁)**으로써 선인(善仁)을 새기면 된다.

상인(上仁)은 예(禮)로써 이루어지는 인의(仁義)의 인(仁)이 아니다. 예(禮)의 인(仁)이란 상도(常道) 즉 법자연(法自然)을 잃어 덕(德)을 앞세우다가 덕(德)마저 잃고, 인(仁)을 앞세우다가 또 그 인(仁)을 잃고, 의(義)를 앞세우다가 의(義)마저 잃어 앞세우게 된 것이 예(禮)이다. 예(禮)야말로 충신(忠信)이 얕아져 비롯된 것인지라 난지수(亂之首) 즉 어지러움의[亂之] 우두머리[首]일 뿐이다. 그러니 이례(以禮) 즉 예로써[以禮] 이루어진다는 인(仁)은 인지인(人之仁)이지, 상인(上仁) 즉 자연지인(自然之仁)이 아니다. 『장자(莊子)』의 **호랑지인(虎狼之仁)** 같은 인(仁)이 상인(上仁)인지라, 여기 여선인(與善仁)의 인(仁)은 상인(上仁)으로 새길 수 있으니 산거(刪去)할 것까지는 없다.

그러므로 여선인(與善仁)은 〈여할[與] 때 선인(善仁)한다〉고 읽는다. 여선인(與

善仁)에서 여(與)는 〈여인(與人)〉이다. 성인(聖人)이 사람들과[人] 함께함[與]이란 상인(上仁)으로써 교우(交友)함이다. 사람들과 교우(交友)함이 상선약수(上善若水)의 인(仁) 즉 상인(上仁)과 같다면, 그 함께함은[與] 앞서 살핀 선지(善地) · 선연(善淵)을 절로 누리는 것이다. 물의 처하(處下) · 지유(至柔) · 지화(至和)를 그냥 그대로 본받는 여인(與人)이야말로 성인(聖人)의 교우(交友)이다. 상인(上仁)은 자연지인(自然之仁)이니 부쟁(不爭)의 상인(上仁) 바로 그것이다.

탈인(奪人)하고자 상쟁(相爭)의 소용돌이로써 잠시도 편치 못한 소인배(小人輩)의 여인(與人)과는 달리, 성인(聖人)의 여인(與人)은 상인(上仁)으로써 함께함[與]인지라 텅 비어[虛] 고요하고[靜] 편안하고[恬] 담박한[淡] 성인(聖人)의 마음으로써 교우(交友)함을 살펴 새기고 헤아려 깨우치게 하는 말씀이 〈여선인(與善仁)〉이다.

註 "대도폐(大道廢) 유인의(有仁義)." 대도가[大道] 버려져서[廢] 인의가[仁義] 생겼다[有].
『노자(老子)』 18장(章)

註 "절성기지(絶聖棄智) 민리백배(民利百倍) 절인기의(絶仁棄義) 민복자효(民復慈孝)." 성지를[聖] 끊고[絶] 지혜를[智] 버리면[棄] 백성이[民] 백배로[百倍] 이로워지고[利], 인을[仁] 끊고[絶] 의를[義] 버리면[棄] 백성은[民] 효도와[孝] 자애로[慈] 돌아온다[復]. 『노자(老子)』 19장(章)

註 "상덕무위이무이위(上德無爲而無以爲) 하덕위지이유이위(下德爲之而有以爲) 상인위지이무이위(上仁爲之而無以爲)…… 실도이후덕(失道而後德) 실덕이후인(失德而後仁) 실인이후의(失仁而後義) 실의이후례(失義而後禮)." 상덕에는[上德] 행함이[爲] 없어서[無而] 상덕은[上德] 무심[無]으로[以] 행한다[爲]. 하덕은[下德] 작위해서[爲之而] 유심[有]으로[以] 행한다[爲]. 상인은[上仁] 작위하나[爲之而] 무심[無]으로[以] 행한다[爲]. …… 도를[道] 잃은[失] 뒤에[而後] 덕이 나타났고[德], 덕을[德] 잃은[失] 뒤에[而後] 인이 나타났으며[仁], 인을[仁] 잃은[失] 뒤에[而後] 의가 나타났고[義], 의를[義] 잃은[失] 뒤에[而後] 예가 나타났다[禮]. 『노자(老子)』 38장(章)

註 "도덕인의비례불성(道德仁義非禮不成) 교훈정속비례불비(敎訓正俗非禮不備) 분쟁변송비례불결(分爭辨訟非禮不決) 군신상하부자형제비례부정(君臣上下父子兄弟非禮不定)." 인의도덕이[仁義道德] 예가[禮] 아니면[非] 이뤄지지 않고[不成], 사람을 가르쳐서[敎訓] 풍속을 바르게 함도[正俗] 예가[禮] 아니면[非] 갖춰지지 않고[不備], 서로의 다툼을[分爭] 따져 판결함도[辨訟] 예가[禮] 아니면[非] 결정되지 않고[不決], 군신상하(君臣上下) 부자형제도[父子兄弟] 예가[禮] 아니면[非] 정해지지 않는다[不定]. 『예기(禮記)』「곡례상(曲禮上)」

註 "상대재탕(商大宰蕩) 문인어장자(問仁於莊子) 장자왈(莊子曰) 호랑인야(虎狼仁也) 왈(曰) 하위야(何謂也) 장자왈(莊子曰) 부자상친(父子相親) 하위불인(何謂不仁) 왈(曰) 청문지인(請問

至仁) 장자왈(莊子曰) 지인무친(至仁無親) 대재왈(大宰曰) 탕문지(蕩聞之) 무친즉불애(無親則不愛) 불애즉불효(不愛則不孝) 위지인불효가호(謂至仁不孝可乎) 장자왈(莊子曰) 불연(不然) 부지인상의(夫至仁尙矣) 효고부족이언지(孝固不足以言之) 차비과효지언야(此非過孝之言也) 불급효지언야(不及孝之言也).” 상나라[商] 태재[大宰] 탕이[蕩] 장자에게[於莊子] 인을[仁] 물었다[問]. 장자가[莊子] 호랑이나[虎] 이리가[狼] 인(仁)이라고[也] 말했다[曰]. {태재[大宰]가} 왜[何] 그러냐고[謂也] 말했다[曰]. 장자가[莊子] {호랑(虎狼)의} 부자도[父子] 서로[相] 친밀한데[親] 왜[何] 인이 아니라[不仁] 하겠느냐고[謂] 말했다[曰]. {태재[大宰]가} 청컨대[請] 지극한 인을[至仁] 듣자고[聞] 말했다[曰]. 장자가[莊子] 지인에는[至仁] 친밀함이[親] 없다고[無] 말해주었다[曰]. 태재가[大宰] 말했다[曰] : 나 탕은[蕩] 아래와 같이[之] 들었습니다[聞]. 친밀함이[親] 없으면[無] 곧[則] 사랑하지 않음이고[不愛], 사랑하지 않으면[不愛] 곧[則] 효도하지 않음이다[不孝]. 지인은[至仁] 효도하지 않는 것이라[不孝] 말해도[謂] 되는 것[可]인가요[也]? 장자가[莊子] 말했다[曰] : 그렇지 않습니다[不然]. 무릇[夫] 지인이란[至仁] (효도보다) 윗길[尙]입니다[也]. 효도를[孝] 가지고[以] 지인을[之] 결코[固] 말할 수 없습니다[不足言]. 태재의 말씀은[此] 효를[孝] 넘어선[過之] 말씀이[言] 아닌 것[非]이고[也], 효에[孝] 미치지 못하는[不及之] 말씀인 것[言]입니다[也].

『장자(莊子)』「천운(天運)」

【보주(補註)】

- 〈여선인(與善仁)〉을 〈성인여인시(聖人與人時) 성인선인(聖人善仁)〉처럼 옮기면 좀 더 쉽게 문맥을 잡을 수 있다. 〈성인이[聖人] 사람들과[人] 함께할[與] 때에[時] 성인은[聖人] 어짊을[仁] 좋아한다[善].〉
- 여선인(與善仁)에서 인(仁)은 인의예악(仁義禮樂)의 인(仁)이 아니라 무위자연(無爲自然)의 인(仁) 즉 〈상인(上仁)〉을 뜻한다. 〈더없는[上] 어짊[仁]〉 〈무위의[無爲之] 어짊[仁]〉

【해독(解讀)】

- 〈여선인(與善仁)〉은 시간의 종절(從節)과 주절로 이루어진 복문(複文)이다.
- 여(與)는 〈성인여시(聖人與時)〉에서 주어 노릇할 성인(聖人)과 시간을 나타내는 조사 시(時)가 생략되고, 여(與)만 남아서 동사 노릇해 시간의 종절 노릇한다. 여기 여(與)는 〈함께할 여(與)〉로 여인(與人)의 줄임으로 여기면 된다. 한문에는 품사가 정해져 있지 않아 각자가 문맥에 따라 명사 · 동사 · 형용사 · 부사 등등의 노릇을 다 하는 편이라 여기 여(與)는 〈함께할 여(與)〉로서 동사 노릇한다. 〈{성인(聖人)이} 함께할 때에[與]〉
- 선인(善仁)은 〈성인선인(聖人善仁)〉에서 주어 노릇할 성인(聖人)이 생략되었지

만, 선(善)은 동사 노릇하고, 인(仁)은 선(善)의 목적어 노릇해 주절 노릇한다. 선(善)은 〈좋아할 호(好)〉와 같다. 〈더없는 어짊을[仁] 좋아한다[善].〉

- 여선인(與善仁)에서 여(與)를 주어로 보고, 선(善)을 인(仁)을 꾸미는 형용사로 보고, 인(仁)을 주격보어로 보고 문맥을 잡아 새길 수도 있다. 물론 문의(文義)가 달라지지 않는다. 〈{성인(聖人)의} 함께함은[與] 선한[善] 어짊이다[仁].〉

8-8 言善信(언선신)

▶{성인(聖人)이} 말할 때[言] {성인(聖人)은} 믿음을[信] 좋아한다[善].

말씀 언(言), 좋아할 선(善), 믿을 신(信)

【지남(指南)】

〈언선신(言善信)〉은 성인(聖人)의 말씀[言]이 상선(上善)의 말씀[言]과 같음을 밝힌다. 선신(善信)의 〈신(信)〉은 본디대로[樸]의 진실[信]이다. 성인(聖人)의 말씀은 81장(章)에 나오는 대로 **신언(信言)**일 뿐이지 결코 미언(美言)이 아니다. 성인(聖人)의 말씀은 상선약수(上善若水)의 수(水)를 본받는 신언(信言)이다. 상선(上善)의 믿음[信]은 물과 같아 위이부쟁(爲而不爭) 즉 도와주되[爲而] 서로 다투지 않는[不爭] 믿음[信]으로, 선신(善信)은 성인(聖人)의 말씀이 진박(眞樸) 즉 참으로[眞] 질박하여[樸] 법자연(法自然)의 말씀임을 뜻한다. 그래서 성인(聖人)의 말씀[言]은 언제나 상선(上善)의 말씀[言]이다.

언선신(言善信)의 〈언(言)〉 즉 성인(聖人)의 말씀[言]은 상도(常道)를 성신(誠信)함에서 비롯되는 상선(上善)을 본받는[法] 말씀[言]이다. 성인(聖人)은 오직 상선(上善)으로써 말한다[言]. 성인(聖人)의 말씀[言]은 그냥 그대로[善] 자연(自然)이지 다른 저의(底意)가 없다. 성인(聖人)은 부자생(不自生) 즉 자기의 영예나 부귀를 위해서 살지 않으므로 성인(聖人)의 말씀[言] 자체가 곧 신(信)이다. 여기 믿음[信]의 말씀은 법자연(法自然)이므로 논란할 것 없이 바람소리 물소리 새소리 같이 그냥 그대로 들린다. 논란(論難)하여 분변(分辨)하고 증거(證據)되어야 하는 말[語]은 성인(聖人)의 말씀[言]이 아니다. 성인(聖人)의 말씀에는 변어(辯語)란 없다. 시비를 분별하여 논란하는[辯] 말은[語] 식자(識者)의 말일 뿐이다.

언선신(言善信)의 〈신(信)〉은 57장(章)에 고스란히 나온다. 내가 무위(無爲)하면 백성이[民] 절로[自] 변화하고[化], 내가 무사(無事)하면 백성이 절로 부유해지며[富], 내가 고요함을 좋아하니까[好靜] 백성은 절로 바르게 되었고[正], 나한테 욕심냄이 없으니까[無欲] 백성은 절로 그냥 그대로[樸] 삶을 누림을 성인(聖人)도 믿고 백성도 믿음을 여기 선신(善信)의 신(信)으로 새기면 성인(聖人)의 말씀이[言] 곧 신(信)임을 깨우칠 수 있다. 이런 믿음[信]이 없다면 상선(上善)의 어짊[仁]이 곧 현덕(玄德)의 인(仁)임을 믿지 못하고, 상선(上善)의 인(仁)이 곧 현덕(玄德)의 인(仁)임을 믿지 못하면 〈호랑인(虎狼仁)〉이란 말씀을 수용할 수 없다. 따라서 상선(上善)의 믿음[信]이 아니라면 천지여아병생(天地與我竝生)의 병생(竝生)을 믿을 수 없고, 만물여아위일(萬物與我爲一)의 위일(爲一)을 믿을 수 없다.

극기복례(克己復禮)의 인(仁)으로써는 상선(上善)의 믿음[信]이 이뤄질 수 없어 백성의 믿음을 얻지 못한다. 지렁이가 간직한 근원자[奧]와 내[我]가 간직한 도오(道奧)가 하나 되어[爲一] 함께[竝] 삶[生]을 누리는 총생(叢生)을 예(禮)로 돌아가는[復] 어짊[仁]으로 믿을 수 없고, 상인(上仁) 즉 상덕(常德)의 어짊[仁]으로써는 믿을 수 있음이다. 그러므로 언선신(言善信)의 〈신(信)〉은 상도(常道)의 체용(體用)을 통달한 달자(達者) 즉 성인(聖人)의 믿음[信]임을 살펴 새기고 헤아려 깨우치게 하는 말씀이 〈언선신(言善信)〉이다.

註 "신언불미(信言不美) 미언불신(美言不信)." 미더운[信] 말은[言] 꾸밈이 없고[不美], 꾸민[美] 말은[言] 미더움이 없다[不信]. 『노자(老子)』 81장(章)

註 "성인운(聖人云) 아무위이민자화(我無爲而民自化) 아호정이민자정(我好靜而民自正) 아무사이민자부(我無事而民自富) 아무욕이민자박(我無欲而民自樸)." 성인은[聖人] 말했다[云] : 나한테[我] (내 뜻대로) 행함이[爲] 없으니까[無而] 백성은[民] 절로[自] 변화했고[化], 내가[我] (무위하여) 고요함을[靜] 좋아하니까[好而] 백성은[民] 절로[自] 바르게 되었고[正], 나한테[我] (내 뜻대로) 다스리는 일이[事] 없으니까[無而] 백성이[民] 절로[自] 부유해졌으며[富], 나한테[我] (내 뜻대로) 욕심냄이[欲] 없으니까[無而] 백성은[民] 절로[自] 그냥 그대로 되었다[樸]. 『노자(老子)』 57장(章)

註 "천지여아병생(天地與我竝生) 이만물여아위일(而萬物與我爲一)." 하늘땅과[天地與] 내가[我] 함께[竝] 산다[生]. 그러니[而] 만물과[萬物與] 나는[我] 하나인 것[一]이다[爲].

『장자(莊子)』「제물론(齊物論)」

註 "안연문인(顔淵問仁) 자왈(子曰) 극기복례위인(克己復禮爲仁) 일일극기복례(一日克己復禮) 천하귀인언(天下歸仁焉)." 안연이[顔淵] 어짊을[仁] 여쭈었다[曰]. 공자께서[孔子] 가로되[曰] : 자기를[己] 누르고[克] 예로[禮] 돌아감이[復] 어짊[仁]이다[爲]. 하루라도[一日] 자기를[己] 누르고[克] 예로[禮] 돌아가면[復] 세상이[天下] 어짊으로[仁] 돌아오는 것[歸]이다[焉].

『논어(論語)』「안연(顔淵)」1

【보주(補註)】

- 〈언선신(言善信)〉을 〈성인언시(聖人言時) 성인선신(聖人善信)〉처럼 옮기면 좀 더 쉽게 문맥을 잡을 수 있다. 〈성인이[聖人] 말할[言] 때에[時] 성인은[聖人] 믿음을[信] 좋아한다[善].〉
- 언선신(言善信)에서 언(言)은 〈직언왈언(直言曰言)〉의 언(言)이다. 직언(直言)이란 무사(無私) · 무욕(無欲) · 무아(無我)의 말씀을 뜻하며, 〈성인지언(聖人之言)〉의 언(言)이 바로 그 직언(直言)이다. 언선신(言善信)에서 신(信)은 〈믿을 충(忠)〉과 같아 충신(忠信)의 줄임말로 여기면 된다.
- 언선신(言善信)의 신(信)은 법자연(法自然) 즉 자연을[自然] 본받아[法] 존도이귀덕(尊道而貴德)을 본바탕으로 하는 믿음이다.

註 "인법지(人法地) 지법천(地法天) 천법도(天法道) 도법자연(道法自然)." 사람은[人] 땅을[地] 본받고[法], 땅은[地] 하늘을[天] 본받고[法], 하늘은[天] 상도를[道] 본받고[法], 상도는[道] 그냥 그대로를[自然] 본받는다[法]. 『노자(老子)』 25장(章)

註 "만물막부존도이귀덕(萬物莫不尊道而貴德)." 온갖 것은[萬物] 도를[道] 받들면서[尊而] 덕을[德] 받들지 않을 수[不貴] 없다[莫]. 『노자(老子)』 51장(章)

【해독(解讀)】

- 〈언선신(言善信)〉은 시간의 종절(從節)과 주절로 이루어진 복문(複文)이다.
- 언(言)은 〈성인언시(聖人言時)〉에서 주어 노릇할 성인(聖人)과 시간을 나타내는 조사 〈시(時)〉가 생략되고, 언(言)만 남아서 동사 노릇해 시간의 종절 노릇한다. 여기 언(言)은 〈말할 언(言)〉으로 목적어가 생략되었지만 동사 노릇한다. 한문에는 품사가 정해져 있지 않아 각자가 문맥에 따라 명사 · 동사 · 형용사 · 부사 등등의 노릇을 다 하는 편이라 여기 언(言)은 〈말할 언(言)〉으로서 동사 노릇한다. 〈{성인(聖人)이} 말할 때에[言]〉

- 선신(善信)은 〈성인선신(聖人善信)〉에서 주어 노릇할 성인(聖人)이 생략되었지만, 선(善)은 동사 노릇하고, 신(信)은 선(善)의 목적어 노릇해 주절 노릇한다. 선(善)은 〈좋아할 호(好)〉와 같고, 신(信)은 〈믿을 충(忠)〉과 같아 충신(忠信)의 줄임말로 여기면 된다. 〈믿음을[信] 좋아한다[善].〉
- 언선신(言善信)에서 언(言)을 주어로 보고, 선(善)을 신(信)을 꾸미는 형용사로 보고, 신(信)을 주격보어로 보고 문맥을 잡아 새길 수도 있다. 물론 문의(文義)가 달라지지 않는다. 〈{성인(聖人)의} 말씀은[言] 선한[善] 믿음이다[信].〉

8-9 正善治(정선치)

▶{성인(聖人)이} 정사를 펼 때[正] {성인(聖人)은 무위(無爲)의} 다스림을[治] 좋아한다[善].

정치할 정(正), 좋아할 선(善), 다스릴 치(治)

【지남(指南)】

〈정선치(正善治)〉는 성인(聖人)의 정사(政事)가 상선(上善)의 다스림[治]임을 밝힌다. 정선치(正善治)의 〈정(正)〉은 〈정(政)〉이다. 상선(上善)의 정(正) 즉 정사(政事)란 2장(章)에서 살핀 **처무위지사(處無爲之事) 행불언지교(行不言之敎)**를 상기시킨다. 무위를[無爲之] 행함에[事] 머물고[處], 시비를 분별하려는 논란의 말을 하지 않는[不言之] 가르침을[敎] 행하는 정사(政事)란 곧 무위지치(無爲之治)를 밝힘이다. 성인(聖人)의 선치(善治)는 앞서 살핀 〈선신(善信)〉을 실천하여 이덕(以德) 즉 덕(德)으로써[以] 다스림[治]이다. 이 역시 상선약수(上善若水)의 물을[水] 본받는 다스림[治]일 뿐이며, 위이부쟁(爲而不爭) 즉 도와주되[爲而] 서로 다투지 않는[不爭] 다스림[治]이다. 그러므로 성인(聖人)이 선치(善治) 즉 다스림을[治] 좋아함은[善] 무위지치(無爲之治) 즉 무위의[無爲之] 다스림을[治] 선호(善好)함이다.

상선(上善)의 치(治)는 상선약수(上善若水)의 물과 같아 부쟁(不爭)의 다스림[治]으로, 예악형정(禮樂刑政)의 치(治)가 아니다. 상선약수(上善若水)의 물[水]이 지형 따라 흘러가듯, 상선(上善)의 다스림[治]은 백성의 마음[百姓心]을 따르는 무위지치(無爲之治)일 뿐 사령치민(使令治民)하지 않는다. 법령으로[令] 하여금[使] 백성[民]을 다스림[治]은 형정(刑政)이란 인위(人爲)의 다스림이지만, 상선(上善)의 다스림[治]은 57장(章)에 나오듯이 백성이 스스로 본받아 자화(自化)하고, 자정(自正)하며, 자부(自富)하고, 자박(自樸)하는 다스림[治]이다.

성인(聖人)의 정사(政事)로 백성이 스스로 변화하고[自化], 스스로 바르며[自正], 스스로 만족하고[自富], 스스로 수수해[自樸] 서로 다투지 않는[不相爭] 세상을 누림이 상선(上善)의 다스림[治]임을 밝힌 말씀이 〈정선치(政善治)〉이다.

註 "성인처무위지사(聖人處無爲之事) 행불언지교(行不言之教)." 성인은[聖人] 무위를[無爲之] 행함에[事] 머물고[處], {성인(聖人)은} 말이[言] 없는[不之] 가르침을[教] 행한다[行].

『노자(老子)』 2장(章)

註 "아무위이민자화(我無爲而民自化) 아호정이민자정(我好靜而民自正) 아무사이민자부(我無事而民自富) 아무욕이민자박(我無欲而民自樸)." 내가[我] (내 뜻대로) 하지[爲] 않으니까[無而] 백성은[民] 절로[自] 새롭게 되었고[化], 내가[我] (무위하여) 고요함을[靜] 좋아하니까[好而] 백성은[民] 절로[自] 바르게 되었고[正], 내가[我] {무위(無爲)하여} 다스리지[事] 않으니까[無而] 백성은[民] 절로[自] 부유해졌으며[富], 내가[我] {무위(無爲)하여} 욕심내지[欲] 않으니까[無而] 백성은[民] 절로[自] 본디대로 되었다[樸].

『노자(老子)』 57장(章)

【보주(補註)】

- 〈정선치(正善治)〉를 〈성인정시(聖人正時) 성인선상선지치(聖人善上善之治)〉처럼 옮기면 좀 더 쉽게 문맥을 잡을 수 있다. 〈성인이[聖人] 정사를 펼칠[正] 때[時] 성인은[聖人] 상선의[上善之] 다스림을[治] 좋아한다[善].〉
- 정선치(正善治)에서 정(正)은 〈정(政)〉과 같아 여기 정(正)은 정사(政事)를 뜻한다. 〈정치를 행할 정(正)〉
- 정선치(正善治)가 〈정선치(政善治)〉로 된 본(本)도 있다. 〈정(正)〉과 〈정(政)〉은 서로 통하는 자(字)이므로 문의(文義)가 달라지는 것은 아니다. 〈정사는[政] 다스림을[治] 좋아한다[善].〉

【해독(解讀)】

- 〈정선치(正善治)〉는 시간의 종절과 주절로 이루어진 복문(複文)이다.
- 정(正)은 〈성인정시(聖人正時)〉에서 주어 노릇할 성인(聖人)과 시간을 나타내는

조사 〈시(時)〉가 생략되고, 정(正)만 남아서 동사 노릇해 시간의 종절 노릇한다. 여기 정(正)은 〈정사(政事)를 행할 정(正)〉으로 목적어가 생략되었지만 동사 노릇한다. 한문에는 품사가 정해져 있지 않다. 문맥에 따라 각자가 명사 · 동사 · 형용사 · 부사 등등의 노릇을 다 하는 편이라 여기 정(正)은 〈정사(政事)를 행할 정(正)〉으로서 동사 노릇한다. 〈{성인(聖人)이} 정사를 행할 때에[正]〉

- 선치(善治)는 〈성인선치(聖人善治)〉에서 주어 노릇할 성인(聖人)이 생략되었지만, 선(善)은 동사 노릇하고, 치(治)는 선(善)의 목적어 노릇해 주절 노릇한다. 선(善)은 〈좋아할 호(好)〉와 같고, 치(治)는 〈다스릴 정(政)〉과 같아 정치(政治)의 줄임말로 여기면 된다. 〈다스리기를[治] 좋아한다[善].〉
- 정선치(正善治)에서 정(正)을 주어로 보고, 선(善)을 치(治)를 꾸미는 형용사로 보고, 치(治)를 주격보어로 보고 문맥을 잡아 새길 수도 있다. 물론 문의(文義)는 달라지지 않는다. 〈{성인(聖人)의} 정사는[正] 선한[善] 다스림이다[治].〉

8-10 事善能(사선능)

▶ {성인(聖人)이} 일할 때[事] {성인(聖人)은} 능통하기를[能] 좋아한다[善]

일 사(事), 잘할 선(善), 통할 능(能)

【지남(指南)】

〈사선능(事善能)〉은 성인(聖人)의 일[事]은 상선(上善)이 능통함[能]을 밝힌다. 여기 선능(善能)의 〈능(能)〉은 48장(章)에 나오는 지어무위(至於無爲)를 상기시킨다. 여기 선능(善能)의 능(能)은 무위에[於無爲] 다다름을[至] 잘함[能]이다. 인지(人智)로써 발휘하는 능력이 아니라 무위(無爲)로써 이루는 능통(能通)을 일컬음인지라, 여기 선능(善能)의 능(能)은 〈통(通)〉이다. 그러니 여기 선능(善能)은 상덕(常德)과 능통(能通)함이다.

선능(善能)의 능통[能] 역시 앞서 살핀 성인(聖人)의 거(居) · 심(心) · 여(與) · 언(言) · 정(正) 등등을 행하는 성인(聖人)의 삶이 상선약수(上善若水)의 수(水)를 본받는 능통(能通)함이다. 물론 이러한 상선(上善)의 능통함[能]은 상선약수(上善若水)의 물과 같아 위이부쟁(爲而不爭) 즉 도와주되[爲而] 서로 다투지 않는[不爭] 능통함[能]이고, 이러한 능통(能通)함을 행사함이 여기 사선능(事善能)의 〈사(事)〉이다. 이러한 성인(聖人)의 일[事]은 곧 상선약수(上善若水)의 〈상선(上善)〉을 실행함이다.

다시 말하면, 상선(上善)의 능(能)은 상선약수(上善若水)의 물과 같아 부쟁(不爭)의 능(能)함이고, 이는 무애(無碍) 즉 걸림 없이 두루두루 통함[通]이다. 통(通)은 변(變)이니 상선(上善)의 능(能)함은 걸림 없는[無碍] 무궁한 통함[通]이며, 변화의[變] 다능(多能)함이다. 상선(上善)의 능(能)과 같은 수지능(水之能)을 그냥 그대로 본받는 성인(聖人)의 다능(多能)은 백성과 만물을 윤택(潤澤)하게 하고, 자양(慈養)하게 하며, 수형(隨形)하고 수시(隋時)하여 걸림 없고[無碍] 막힘 없다[無窮]. 성인(聖人)이 무위(無爲)하여 백성이 자화(自化)하고, 성인(聖人)이 호정(好靜)하여 백성이 자정(自正)하며, 성인(聖人)이 무사(無事)하여 백성이 자부(自富)하고, 성인(聖人)이 무욕(無欲)하여 백성이 자박(自樸)함 등등이 모두 성인(聖人)이 행하는 상선(上善)의 다능(多能)함이다. 이러한 성인(聖人)의 다능(多能)이 곧 위무위(爲無爲)의 행함[爲]이고, 사무사(事無事) 즉 일함[事]에 사사로운 일이[事] 없다는[無] 것이다.

그러므로 사선능(事善能)의 〈사(事)〉는 무위(無爲)로써 행사함이다. 성인(聖人)의 일[事]은 상선(上善)을 본받는[法] 다능(多能)으로 응해지니 매사가 통변(通變)하여 일신(日新)하지 않음이 없다. 그러므로 성인(聖人)이 행하는 일은 모두[每事] 상선약수(上善若水)의 물이 행함과 같다. 물의 덕행(德行)이 무위(無爲)의 일[事] 바로 그것인 것처럼, 성인(聖人)의 매사(每事)야말로 **통변지위사(通變之謂事)** 그것이다. 물은 간택(揀擇)하거나 애오(愛惡)하거나 취사(取捨)하지 않고 응사(應事)하여 접물(接物)하고 걸림 없이 보시(普施)할 뿐이다. 이것이 물의 행함[事]이기에 상선약수(上善若水)라 한다.

참으로 물의[水之] 일[事]은 인시이(因是已) 즉 자연[是]에 맡길[因] 뿐이다[已]. 성인(聖人)이 행하는 일[事] 역시 상선약수(上善若水)의 물[水]과 다를 바가 없는 다능(多能)임을 살펴 새기고 헤아려 깨우치게 하는 말씀이 〈사선능(事善能)〉이다.

註 "손지우손(損之又損) 이지어무위(以至於無爲)." 줄이고[損之] 또[又] 줄임으로[損]써[以] 작위가[爲] 없음[無]에[於] 이른다[至]. 『노자(老子)』 48장(章)

註 "통변지위사(通變之謂事)." 통하여[通] 변화함[變], 이를[之] 일이라[事] 한다[謂]. 『주역(周易)』「계사전상(繫辭傳上)」

註 "일합일벽위지변(一闔一闢謂之變) 왕래불궁위지통(往來不窮謂之通)." 닫히기도 하고[一闔] 열리기도 함[一闢] 이를[之] 변화라[變] 하고[謂], 가고 옴이[往來] 다하지 않음[不窮] 이를[之] 통함이라[通] 한다[謂]. 『주역(周易)』「계사전상(繫辭傳上)」

【보주(補註)】

- 〈사선능(事善能)〉을 〈성인사시(聖人事時) 성인선상선지능(聖人善上善之能)〉처럼 옮기면 좀 더 쉽게 문맥을 잡을 수 있다. 〈성인이[聖人] 일할[事] 때[時] 성인은[聖人] 상선의[上善之] 능통을[能] 좋아한다[善].〉
- 사선능(事善能)에서 사(事)는 〈행할 행(行)〉과 같고, 여기 사(事)는 동사이다.

【해독(解讀)】

- 〈사선능(事善能)〉은 시간의 종절과 주절로 이루어진 복문(複文)이다.
- 사(事)는 〈성인사시(聖人事時)〉에서 주어 노릇할 성인(聖人)과 시간을 나타내는 조사인 시(時)가 생략되고, 사(事)만 남아서 동사 노릇해 시간의 종절 노릇한다. 여기 사(事)는 〈행할 사(事)〉로 목적어가 생략되었지만 동사 노릇한다. 한문에는 품사가 정해져 있지 않아 각자가 문맥에 따라 명사 · 동사 · 형용사 · 부사 등등의 노릇을 다 하는 편이라 여기 사(事)는 〈행할 사(事)〉로서 동사 노릇한다. 〈{성인(聖人)이} 일할 때에[事]〉
- 선능(善能)은 〈성인선능(聖人善能)〉에서 주어 노릇할 성인(聖人)이 생략되었지만, 선(善)은 동사 노릇하고, 능(能)은 선(善)의 목적어 노릇해 주절 노릇한다. 선(善)은 〈좋아할 호(好)〉와 같고, 능(能)은 〈통할 통(通)〉과 같아 능통(能通)의 줄임말로 여기면 된다. 〈능통하기를[能] 좋아한다[善].〉
- 사선능(事善能)에서 사(事)를 주어로 보고, 선(善)을 능(能)을 꾸미는 형용사로 보고, 능(能)을 주격보어로 보고 문맥을 잡아 새길 수도 있다. 물론 문의(文義)는 달라지지 않는다. 〈성인(聖人)의} 행사는[事] 선한[善] 능통이다[能].〉

8-11 動善時(동선시)

▶{성인(聖人)이} 거동할 때[動] {성인(聖人)은} 때 맞추기를[時] 좋아한다[善].

행할 동(動), 좋아할 선(善), 때맞출 시(時)

【지남(指南)】

〈동선시(動善時)〉는 성인(聖人)의 행동[動]은 상선(上善)의 시운[時]과 같음을 밝힌다. 선시(善時)의 때[時] 역시 성인(聖人)은 함부로 성급히 경솔하게 거동(擧動) 즉 행동하지 않음을 밝힘이다. 성인(聖人)의 거동은 상선약수(上善若水)의 수(水)를 본받아 선시(善時) 즉 시의를[時宜] 좋아한다는[善] 것이다.

여기 선시(善時)의 〈시(時)〉는 시의(時宜)이다. 성인(聖人)의 행동은 때에 마땅하여 알맞게[宜] 거동하므로 성인(聖人)의 행동은 상선약수(上善若水)의 물과 같이 선후를 다투지 않고[不爭], 완급(緩急)에 매달리지 않고 순행(順行)할 뿐이다. 선시(善時)는 성인(聖人)의 시의(時宜)를 짓해준다[象]. 상선(上善)의 때[時]를 따라 어긋남이 없이 거동함이 성인(聖人)의 동(動)이다. 그래서 성인(聖人)의 동선시(動善時)는 26장(章)에 나오는 **중위경근(重爲輕根) 정위조군(靜爲躁君)**을 상기시킨다. 성인(聖人)은 시운(時運)을 따르지 결코 어기지 않아 순리(順理)를 벗어나지 않는다. 순리(順理)는 모든 행동에서 가볍고[輕] 성급함을[躁] 버리게 하고, 오로지 신중하고[重] 고요함을[靜] 따르게 한다. 이러한 순리(順理)를 따라 성인(聖人)은 늘 거동한다.

상선(上善)의 시(時)는 상선약수(上善若水)의 물과 같아 부쟁(不爭)의 때맞춤[時]이다. 상선(上善)의 시(時)는 천시(天時) 그것이니, 천행(天行) · 천운(天運)에 어긋남이 없어 시의(時宜)가 곧 자연(自然)이다. 우리가 사는 곳은 사계(四季)의 시의(時宜)가 오로지 천운(天運)에 순종하듯이, 상선약수(上善若水)의 물[水]도 천운(天運)의 네 철[四季]처럼 시의(時宜)에 거스름[逆]이나 어긋남[違]이란 없다. 가파르면 쏟아지고, 높으면 떨어지고, 움푹하면 채우고, 평평하면 느릿하고, 넓으면 퍼지고, 좁으면 모이고, 둥글면 둥근 대로 모나면 모난 대로 모양 지어 수상수시

(隨狀隨時) 즉 형편 따라[隨狀] 때를 따라가는[隨時] 물을 그대로 본받는 성인(聖人)의 시의(時宜)도 천운(天運)을 어김없이 따르는 사계(四季)와 같다. 이러한 성인(聖人)의 시의(時宜)는 〈인시이(因是已)〉 즉 법자연(法自然)의 시의(時宜)이다. 인시(因是)란 자연에[是] 맡김[因], 즉 법자연(法自然)이다.

그러므로 여기 동선시(動善時)란 성인(聖人)의 거동이 천운(天運)의 시운(時運)과 다를 바 없음을 말해준다. 성인(聖人)의 거동은 『예기(禮記)』에 나오는 **춘작하장(春作夏長) 추렴동장(秋斂冬藏)**처럼 동작(動作)과 용지(容止)가 자연(自然)일 뿐 어떤 인위(人爲)의 도모도 없으니, 상선약수(上善若水)의 물[水]이 형편[狀] 따라[隨] 흐르거나[流] 멈춤[止]과 같다. 말하자면 거동할 시의(時宜)가 봄[春] 같다면 춘작(春作)을 본받음으로 족(足)하고, 여름[夏] 같다면 하장(夏長)을 본받음으로 족하며, 가을[秋] 같다면 추렴(秋斂)을 본받음으로 족하고, 겨울[冬] 같다면 동장(冬藏)을 본받음으로 족하면서 성인(聖人)이 거동하기를 좋아함을 살펴 새기고 헤아려 깨우치게 하는 말씀이 〈동선시(動善時)〉이다.

註 "중위경근(重爲輕根) 정위조군(靜爲躁君)." 중후함은[重] 경솔함의[輕] 뿌리가[根] 되고[爲], 고요함은[靜] 조급함의[躁] 장수가[君] 된다[爲]. 『노자(老子)』 26장(章)

註 "춘작하장인야(春作夏長仁也) 추렴동장의야(秋斂冬藏義也) 인근어악(仁近於樂) 의근어례(義近於禮)." 봄이면[春] 싹트고[作] 여름이면[夏] 자람이[長] 어짊[仁]이고[也], 가을이면[秋] 거둬들이고[斂] 겨울이면[冬] 간직해둠이[藏] 옳음[義]이다[也]. 어짊은[仁] 악에[於樂] 가깝고[近], 옳음은[義] 예에[於禮] 가깝다[近].

춘작하장(春作夏長)을 인(仁)이라 함은 유가(儒家)의 뜻이고, 도가(道家)는 춘작하장(春作夏長)을 그냥 자연(自然)의 시의(時宜)라 할 뿐이다. 추렴동장(秋斂冬藏)을 의(義)라 함 역시 유가(儒家)의 뜻이고, 도가(道家)는 추렴동장(秋斂冬藏)을 그냥 자연(自然)의 시의(時宜)라 할 뿐이다. 『예기(禮記)』「악기(樂記)」

【보주(補註)】

- 〈동선시(動善時)〉를 〈성인동시(聖人動時) 성인선상선지시의(聖人善上善之時宜)〉처럼 옮기면 좀 더 쉽게 문맥을 잡을 수 있다. 〈성인이[聖人] 행동할[動] 때[時] 상선의[上善之] 시의를[時] 좋아한다[善].〉
- 동선시(動善時)의 동(動)은 동작(動作)·거동(擧動)·행동(行動) 등으로 새기면

된다. 〈{성인(聖人)이} 거동할 때[動]〉

- 동선시(動善時)에서 선시(善時)의 시(時)는 〈상선지시의(上善之時宜)〉로 여기고 새기면 문의(文義)가 잘 드러난다. 〈상선의[上善之] 시의[時宜]〉

【해독(解讀)】

- 〈동선시(動善時)〉는 시간의 종절과 주절로 이루어진 복문(複文)이다.
- 동(動)은 〈성인동시(聖人動時)〉에서 주어 노릇할 성인(聖人)과 시간을 나타내는 조사인 시(時)가 생략되고, 동(動)만 남아서 동사 노릇해 시간의 종절 노릇한다. 여기 동(動)은 목적어가 생략되었지만 동사 노릇해 시간의 종절 노릇한다. 여기 동(動)은 〈행할 행(行), 움직일 거(擧), 일으킬 작(作)〉 등과 같아 행동(行動) · 거동(擧動) · 동작(動作) 등의 줄임말로 여기면 된다. 한문에는 품사가 정해져 있지 않아 각자가 문맥에 따라 명사 · 동사 · 형용사 · 부사 등등의 노릇을 다 하는 편이라, 여기 동(動)은 〈행할 사(事)〉로서 동사 노릇한다. 〈{성인(聖人)이} 일할 때에[事]〉
- 선시(善時)는 〈성인선시(聖人善時)〉에서 주어 노릇할 성인(聖人)이 생략되었지만, 선(善)은 동사 노릇하고, 시(時)는 선(善)의 목적어 노릇해 주절 노릇한다. 선(善)은 〈좋아할 호(好)〉와 같고, 시(時)는 시운(時運)을 따름을 뜻해 시의(時宜)의 줄임말로 여기고 새기면 문의(文義)가 잡힌다. 〈시의(時宜)를[能] 좋아한다[善].〉
- 동선시(動善時)에서 동(動)을 주어로 보고, 선(善)을 시(時)를 꾸미는 형용사로 보고, 동(動)을 주격보어로 보고 문맥을 잡아 새길 수도 있다. 물론 문의(文義)가 달라지지 않는다. 〈{성인(聖人)의} 거동은[動] 선한[善] 시의이다[時].〉

註 위와 같이 선(善) 자(字)가 들어간 〈거선지(居善地) 심선연(心善淵) 여선인(與善仁) 언선신(言善信) 정선치(正善治) 사선능(事善能) 동선시(動善時)〉 등 칠구(七句)는 『노자(老子)』 전서(全書)의 문예(文例)와 비교해보면 합당하지 않다는 설(說)도 있다. 노자문(老子文)은 대부분이 우수문(偶數文) 즉 짝수의[偶數] 구문이지, 기수문(奇數文) 즉 홀수의[奇數] 구문은 극히 적다는 근거를 삼아 위에서 살핀 칠구(七句)가 노자문(老子文)이 아닐 수 있다는 설(說)이 제기되기도 한다.

8-12 夫唯不爭故(부유부쟁고) 無尤(무우)

▶ 무릇[夫] 오로지[唯] {성인(聖人)은} 다투지 않는다[不爭]. 그러므로[故] {성인(聖人)께는} 허물이[尤] 없다[無].

무릇 부(夫), 오로지 유(唯), 않을 부(不), 다툴 쟁(爭), 때문에 고(故), 없을 무(無), 허물 우(尤)

【지남(指南)】

〈부유부쟁고(夫唯不爭故) 무우(無尤)〉는 상선약수(上善若水)의 물[水]처럼 언제 어디서나 부쟁(不爭)함을 밝히고 있다. 온갖 것[萬物]과 어울리되[和] 부쟁(不爭)하므로 물[水]이 상선(上善)과 같듯, 성인(聖人)의 머묾[居]도 상선(上善)같이 〈선지(善地)〉가 되고, 성인(聖人)의 마음 씀[心]도 상선(上善)같이 〈선연(善淵)〉이 되며, 성인(聖人)의 베풂[與]도 상선(上善)같이 〈선인(善仁)〉이 되고, 성인(聖人)의 다스림[正]도 상선(上善)같이 〈선치(善治)〉가 되고, 성인(聖人)의 일[事]도 상선(上善)같이 〈선능(善能)〉이 되며, 성인(聖人)의 거동[動]도 상선(上善)같이 〈선시(善時)〉가 된다. 이와 같아 성인(聖人)은 만물과 부쟁(不爭)하고, 성인(聖人)이 상선(上善)을 따라 부쟁(不爭)함은 성인(聖人)께서 무위(無爲)하고, 호정(好靜)하며, 무사(無事)하고, 무욕(無欲)한 까닭이다.

인간으로서 누구든 부쟁(不爭)하면 성인(聖人)을 본받는[法] 것이다. 성인(聖人)을 법(法)함은 상선(上善)을 본받음[法]이고, 상선(上善)을 법(法)함은 법상도(法常道)함이니 법자연(法自然)이다. 그러므로 부쟁(不爭)이란 법성인(法聖人)하여 법상선(法上善)함이고, 나아가 법자연(法自然)함이다. 부쟁(不爭)하면 그냥 그대로 자연(自然)이 되기 때문에 부쟁(不爭)은 무탈(無奪) · 무적(無賊) · 무상(無喪)함이다. 빼앗음[奪]이 없으면[無] 서로 다투지 않고[不爭], 해침[賊]이 없으면[無] 서로 다투지 않고[不爭], 잃음[喪]이 없으면[無] 서로 다투지 않게[不爭] 된다. 따라서 부쟁(不爭)하면 절로 수선(隨善)한다. 선(善)을 따르면[隨] 절로 덕(德)을 따르게[隨] 되고, 수덕(隨德)하면 절로 덕(德)을 쌓아[盛] 법상도(法常道)하게 되는 것이다.

자연(自然)이 된다 함은 수선(隨善) · 수덕(隨德)하고, 상도(常道)를 본받아[法]

따름[隨]이다. 상도(常道)는 무(無) 즉 없음[無] 그것[物]이니, 성인(聖人)이 상도(常道)를 법수(法隨)함은 상도(常道)의 무(無)를 본받아[法] 따라감[隨]이다. 『장자(莊子)』에도 〈지인무기(至人無己)〉라는 말이 나온다. 자기[己]가 없음[無]인데 어찌 허물[尤]이란 것[物]이 있겠는가? 허물[尤]이란 나[我]라는 자기[己]에게서 비롯하지 남[他]에게서 비롯되는 것이 아니다.

무기(無己)하면 절로 부쟁(不爭)하고, 부쟁(不爭)하면 절로 법상도(法常道)하여, 상선약수(上善若水)의 물같이 성인(聖人)도 법자연(法自然) 즉 자연을[自然] 본받아[法] 삶을 누림을 살펴 새기고 헤아려 깨우치게 하는 말씀이 〈부유부쟁고(夫唯不爭故) 무우(無尤)〉이다.

【보주(補註)】

- 〈부유부쟁(夫唯不爭) 고무우(故無尤)〉를 〈부유성인부쟁(夫唯聖人不爭) 고(故) 성인무우(聖人無尤)〉처럼 옮기면 좀 더 쉽게 문맥을 잡을 수 있다. 〈무릇[夫] 오로지[唯] 성인은[聖人] 다투지 않는다[不爭]. 그러므로[故] 성인께는[聖人] 허물이[尤] 없다[無].〉
- 부유부쟁(夫唯不爭)에서 부유(夫唯)는 『노자(老子)』에 자주 등장해 어조와 어세를 더해두려는 허사(虛詞) 노릇한다. 〈무릇 오로지[夫唯]〉

【해독(解讀)】

- 〈부유부쟁(夫唯不爭) 고(故) 무우(無尤)〉는 두 문장이 〈그러므로 고(故)〉로 이어진 중문(重文)이다. 〈부유(夫唯) 부쟁한다[不爭]. 그러므로[故] 우가[尤] 없다[無].〉
- 부유부쟁(夫唯不爭)에서 부(夫)와 유(唯)는 허사(虛詞) 노릇하고, 부(不)는 쟁(爭)의 부정사 노릇하며, 쟁(爭)은 목적어가 생략된 동사 노릇한다. 유(唯)는 〈오로지 독(獨)〉과 같고, 쟁(爭)은 〈다툴(싸울) 투(鬪)〉와 같아 쟁투(爭鬪) 또는 투쟁(鬪爭)의 줄임으로 여기면 된다. 〈무릇[不] 오직[唯] 다투지 않는다[不爭].〉
- 부유부쟁(夫唯不爭)에서 부(不)를 쟁(爭)의 부정사로 여기지 않고 〈없을 무(無)〉와 같다고 보면, 부(不)는 〈없을 부(不)〉로 동사 노릇하고, 쟁(爭)은 명사로 부(不)의 주어 노릇한다. 어느 쪽이든 문의(文義)가 달라지지 않는다. 〈다툼이[爭] 없다[不].〉

- 〈고(故) 무우(無尤)에서 고(故)는 접속사 노릇하고, 무(無)는 동사 노릇하고, 우(尤)는 무(無)의 주어 노릇한다. 고(故)는 〈시고(是故)〉의 줄임으로 여겨도 되고, 우(尤)는 〈허물 구(垢)〉 또는 〈원망 원(怨)〉 등과 같다. 〈~있을 유(有)〉와 〈~없을 무(無)〉 등은 주어를 뒤에 둔다고 여기면 된다. 〈허물이[尤] 없다[無].〉 〈원망이[尤] 없다[無].〉

지영장(持盈章)

〈영(盈)〉 즉 가득 채움의[盈] 탐욕, 〈예(銳)〉 즉 날카로움의[銳] 탐욕, 〈금옥(金玉)〉 즉 재물의[金玉] 탐욕 등은 결국 경복(傾覆) 즉 뒤집어엎어서 망하게[傾覆] 함을 밝히는 장(章)이다. 그리고 부귀가 빚어내는 교만(驕慢)은 스스로 허물을 남기므로, 〈공성명수(功成名遂)〉 즉 공적이[功] 이루어지면[遂] 신퇴(身退) 즉 자신을[身] 물리는[退] 것이 자연의[天] 규율임을[道] 깨닫게 하는 장(章)이다.

【원문(原文)】

持而盈之는 不如其已이고 揣而銳之는 不可長保이며
지 이 영 지 불 여 기 이 췌 이 예 지 불 가 장 보
金玉滿堂이나 莫之能守하고 富貴而驕면 自遺其咎하며
금 옥 만 당 막 지 능 수 부 귀 이 교 자 유 기 구
功遂면 身退함이 天之道이다
공 수 신 퇴 천 지 도

가졌으면서[持而] 그것을[之] 가득 채움은[盈] 그런 짓을[其] 그만둠만[已] 못하고[不如], 헤아려서[揣而] 그것을[之] 날카롭게 함은[銳] 오래[長] 보장할[保] 수 없으며[不可], 황금과 보물이[金玉] 집에[堂] 가득 차면[滿] 그것을[之] 지킬 수가[能守] 없고[莫], 부유하고[富] 지위가 높지만[貴] 그러나[而] 교만하면[驕] 저절로[自] 제[其] 허물을[咎] 남긴다[遺]. 보람이[功] 성취되면[遂] 자신이[身] 물러남이[退] 자연의[天之] 이치이다[道].

9-1 持而盈之(지이영지) 不如其已(불여기이)

▶가졌으면서[持而] 그것을[之] 가득 채움은[盈] 그런 짓을[其] 그만둠만[已] 못하다[不如].

잡아 가질 지(持), 그래서 이(而), 채울 영(盈), 허사 지(之), 안할 불(不), 같을 여(如), 그 기(其), 그칠 이(已)

【지남(指南)】

〈지이영지(持而盈之) 불여기이(不如其已)〉는 인간의 소유욕을 밝힌다. 내 것과 네 것을 가려 좋은 것이면 남보다 더 많이 갖고자 하는 사람의 속셈을 〈욕(慾)〉이라 한다. 물론 그런 속셈[慾]이 모조리 다 허물[垢]이 되는 것은 아니다. 『논어(論語)』에 아욕인(我欲仁) 사인지의(斯仁至矣)란 말씀이 나온다. 욕인(欲仁)이라면 훔쳐도[盜] 허물[垢]이 될 리 없다. 유가(儒家)는 욕인(欲仁)하라 하고, 도가(道家)는 욕천(欲天)하라 한다. 예악(禮樂)이란 어질기[仁]를 바라는 것[欲]이고, 무위(無爲)는 자연[天]이기를 바람[欲]이다. 그러나 욕인(欲仁)하면 영지욕(盈之欲)으로 이어

져 채움의[盈之] 바람[欲]은 부쟁(不爭)하지 못해 상쟁(相爭)하게 된다. 상쟁(相爭)하면 어떤 욕(欲)이든 과욕(過欲)하니 욕(欲)의 넘침[過]이 탐(貪)이고, 지이영지(持而盈之) 즉 영지(盈持)가 과욕(過欲)의 탐(貪)함이다. 욕심이 넘쳐[過] 간직한 것[持]을 더욱더 채우고자[欲盈] 하면 언제 어디서나 상쟁(相爭)하고, 서로[相] 다투면[爭] 상전(相戰)하게 된다. 상쟁(相爭) 탓으로 서로[相] 싸움[戰]을 일러 대란지도(大亂之道)라 한다.

대란(大亂)은 영지(盈持)에서 비롯하지만, 욕천(欲天)하면 대란(大亂)은 없다. 욕천(欲天) 즉 욕자연(欲自然)하면 절로 욕(欲)은 소허(所虛)된다. 갖기[持]를 채우고자 함을 버리면 속셈은[慾] 비워진다[虛]. 비운 마음[虛心]은 그냥 그대로 용물(容物)하여 귀천(貴賤)을 가리지 않는다. 이러한 허심(虛心)이 상선(上善)의 마음이고 상덕(常德)의 마음이며, 상선약수(上善若水)의 물[水]이 보여주는 바대로 성인지심(聖人之心)이 된다.

그러므로 영지(盈持)를 그만두면[已] 절로 상선(上善) · 상덕(上德)을 본받아[法] 부쟁(不爭)의 허심(虛心), 즉 무위지심(無爲之心)을 누리게 됨을 밝힌 말씀이 〈지이영지(持而盈之) 불여기이(不如其已)〉이다.

註 "인원호재(仁遠乎哉) 아욕인(我欲仁) 사인지의(斯仁至矣)." 어짊은[仁] 먼 것[遠]일까[乎哉]? (아니다) 내가[我] 어질기를[仁] 바라면[欲] 그[斯] 어짊은[仁] (나에게) 다가오는 것[至]이다[矣]. 『논어(論語)』「안연(顔淵)」29

註 "인화물야자(人化物也者) 멸천리이궁인욕자야(滅天理而窮人欲者也) 어시(於是) 유패역사위지심(有悖逆詐僞之心) 유음일작란지사(有淫佚作亂之事) 시고(是故) 강자협약(强者脅弱) 중자포과(衆者暴寡) 지자사우(知者詐愚) 용자고겁(勇者苦怯) 질병불양(疾病不養) 노유고독부득기소(老幼孤獨不得其所) 차대란지도야(此大亂之道也)." 인간이[人] 물건이[物] 되어버림[化]이란[也] 것은[者] 자연의[天] 이치를[理] 없애면서[滅而] 인간의[人] 욕심을[欲] 한없이 하는[窮] 것[者]이다[也]. 여기서[於是] 어버이를 버리고[悖] 나라를 뒤집고[逆] 속이고[詐] 거짓부렁의[僞之] 마음이[心] 생기고[有], 음탕하고[淫] 게으르며[佚] 어지러움을[亂] 짓는[作之] 일들이[事] 생긴다[有]. 이렇기[是] 때문에[故] 센 자가[强者] 약자를[弱] 짓누르고[脅], 다수가[衆者] 소수를[寡] 짓밟고[暴], 식자가[知者] 어리석은 이를[愚] 속여먹고[詐], 용맹한 자가[勇者] 겁쟁이를[怯] 괴롭히고[苦], 병들어도[疾病] 돌보지 않고[不養], 노인과 어린이[老幼] 홀아비와 과부는[孤獨] 살 곳을[其所] 얻지 못한다[不得]. 이런 것들이[此] 대란의[大亂之] 이치[道]이다[也]. 『예기(禮記)』「악기(樂記)」

【보주(補註)】

- 〈지이영지(持而盈之) 불여기이(不如其已)〉를 〈영지불여이기영(盈持不如已其盈)〉처럼 옮기면 좀 더 쉽게 문맥을 잡을 수 있다. 〈갖기를[持] 채움은[盈] 그[其] 채움을[盈] 그침만[已] 못하다[不如].〉
- 지이영지(持而盈之)는 인간의 탐욕을 환기시킨다.

【해독(解讀)】

- 〈지이영지(持而盈之) 불여기이(不如其已)〉에서 지이영지(持而盈之)는 주부(主部) 노릇하고, 부(不)는 여(如)의 부정사(否定詞)이고, 여(如)는 동사 노릇하고, 기이(其已)는 여(如)의 목적어 노릇한다. 〈지이영지는[持而盈之] 기이와[其已] 같지 않다[不如].〉 〈불여(不如)를 ~만 못하다[不如].〉
- 지이영지(持而盈之)는 〈영지(盈持)〉에서 영(盈)의 목적어 노릇하는 지(持)를 강조하고자 뜻 없는 조사인 이(而)를 더해 지이(持而)로 하여 영(盈) 앞으로 전치하고, 그 자리에 허사(虛詞)인 지(之)를 더한 말투이다. 물론 조사 노릇하는 이(而) 역시 허사(虛詞)이다. 지(持)는 〈쥘 악(握), 가질 취(取) · 득(得), 지킬 집(執) · 수(守)〉 등과 같고, 영(盈)은 〈채울 만(滿) · 충(充), 넘쳐날 일(溢)〉 등과 같고, 여(如)는 〈같을 약(若) · 유(猶) · 사(似)〉 등과 같고, 이(已)는 〈그칠 지(止)〉와 같다. 〈가짐을[持] 채움[盈]〉
- 불여기이(不如其已)에서 기이(其已)는 〈기영지이(其盈之已)〉의 줄임이다. 〈그[其] 채움의[盈之] 그침[已]〉
- 〈지이영지(持而盈之) 불여기이(不如其已)〉는 〈A불여위(不如爲)B〉 상용문이다. 〈A불여위(不如爲)B〉는 〈A not seem to do B〉를 연상하면 된다. 〈A불여위(不如爲)B〉에서 위(爲)는 영어 〈to do〉처럼 영어의 부정사(不定詞) 같은 노릇한다고 여기면 된다. 〈A는 B를 함과[爲] 같지 않다[不如].〉 〈A는 B를 하는 것만[爲] 못하다[不如].〉

9-2 揣而銳之(췌이예지) 不可長保(불가장보)

▶ 헤아려서[揣而] 그것을[之] 날카롭게 함은[銳] 오래[長] 보장될[保] 수 없다[不可].

헤아릴 췌(揣), 날카로울 예(銳), 그것 지(之), 오래 장(長), 보장할 보(保)

【지남(指南)】

〈췌이예지(揣而銳之) 불가장보(不可長保)〉는 인지(人智)의 단명(短命)을 밝히고 있다. 사람은 남보다 더 총명하고 재능이 많기를 바란다. 남보다 더 촌탁(忖度)하고 탐구하고자 절차(切磋)하고 탁마(琢磨)하여 지식의 예봉(銳鋒)을 더욱 날카롭게[銳] 하고자 노심초사(勞心焦思)한다. 마음을 수고롭게[勞心] 하고 생각을 애태움[焦思]은 욕지(欲智)의 넘침[過]이다. 예췌(銳揣)야말로 총명과 재능의 과욕(過欲)에서 빚어지는 노심(勞心)이다.

『논어(論語)』에 **회녀지지호(誨女知之乎)**라는 말씀이 나오고, 『맹자(孟子)』에는 **불췌기본(不揣其本) 이제기말(而齊其末)**이라는 말이 있다. 이는 깊이 헤아리고[忖度] 샅샅이 찾아내기[探究]를 갈고닦아[切磋琢磨] 학문(學問) 즉 배우고[學] 묻기[問]를 예췌(銳揣)하라 함이다. 생각하고 헤아리기[揣]를 날카롭게 하여[銳] 시비(是非)·분변(分辯)을 명증(明證)하게 하라는 것이니, 예췌(銳揣)는 논란과 쟁론을 불러온다. 쟁론도 상쟁(相爭)이니 욕승인(欲勝人)한다. 앎[知]을 가지고 남[人]을 이기고자[欲勝] 헤아리기[揣]를 날카롭게 가는 것[銳]이다. 날선 칼일수록 얼마 못가 무뎌지고 마는 법으로, 날카로움[銳]은 곧 드러나되 곧 망가지고[破] 만다. 온갖 학문이 온갖 학설(學說)을 쏟아내지만 얼마 가지 못해 소멸하는 것은 날카롭게 무장한 인지(人知)가 한때 번쩍하다 얼마 못 가고 소멸하는 까닭이다. 날카로운[銳] 헤아림[揣]일수록 날선 칼날 같아 오래가지 못하므로 20장(章)에 **절학무우(絶學無憂)**라는 말씀이 나온다.

절학(絶學)이란 학문(學問)의 예봉(銳鋒)을 그만두라[已] 함이다. 절학(絶學)하면 노심(勞心)할 일도 없어지고 초사(焦思)할 일도 없다. 그러면 절로 논전(論戰)의 쟁론도 없어져 학문의 상쟁(相爭)도 사라진다. 예봉(銳鋒)일수록 드러나 오래 간직할 수 없음이 자연(自然)이니, 온 세상을 번쩍하게 하는 지(知)의 예봉(銳鋒)일수록 장보(長保) 즉 오래[長] 보장되지[保] 못함을 살펴 새기고 헤아려 깨우치게 하는 말씀이 〈췌이예지(揣而銳之) 불가장보(不可長保)〉이다.

註 "자왈(子曰) 유(由) 회녀지지호(誨女知之乎) 지지위지지(知之爲知之) 부지위부지(不知爲不知) 시지야(是知也)." 공자께서[子] 가로되[曰] : 유야[由] 너에게[女] 안다는 것을[知之] 가르쳐주마[誨乎]! 아는 것은[知之] 안다[知之] 하고[爲], 모르는 것은[不知] 모른다[不知] 한다[爲]. 이것이[是] 아는 것[知]이다[也].

유(由)는 공자(孔子)의 제자 자로(子路)의 이름이다. 여(女)는 〈너 여(汝)〉와 같다.

『논어(論語)』「위정(爲政)」17

註 "불췌기본(不揣其本) 이제기말(而齊其末) 방촌지목(方寸之木) 가사고어잠루(可使高於岑樓) 금중어우자(金重於羽者) 기위일구금여일여우지위재(豈謂一鉤金與一輿羽之謂哉)." 그[其] 근본을[本] 깊이 헤아리지 않은 채로[不揣而] 그[其] 말단을[末] 똑같이 한다면[齊] 사방 한 치의[方寸之] 나무쪽으로[木] 하여금[使] 산등성이[岑樓]보다 더[於] 높게 할 수 있다[高]. 쇠가[金] 깃털[羽]보다 더[於] 무겁다는[重] 것이[者] 하나의[一] 혁대고리[鉤] 쇠와[金與] 한[一] 수레의[輿] 깃털[羽] 그것을[之] 두고[謂] 어찌[豈] 말한 것[謂]이겠는가[哉]?

『맹자(孟子)』「고자장구하(告子章句下)」

註 "절학무우(絶學無憂)…… 아독이어인(我獨異於人) 이귀사모(而貴食母)." 학문을[學] 끊어버리면[絶] 걱정이[憂] 없다[無]. …… 나만[我獨] 사람들[人]과[於] 달라서[異而] 먹여주는[食] 어머니를[母] 소중히 한다[貴].

사(食)는 여기서 〈먹을 식(食)〉이 아니라 〈먹여줄 사(食)〉이며, 사모(食母)는 자연지비유(自然之比喩)이다.

『노자(老子)』 20장(章)

【보주(補註)】

- 〈췌이예지(揣而銳之) 불가장보(不可長保)〉를 〈예췌불가장피보(銳揣不可長被保)〉처럼 옮기면 좀 더 쉽게 문맥을 잡을 수 있다. 〈헤아림을[揣] 날카롭게 함은[銳] 오래[長] 보장될[被保] 수 없다[不可].〉
- 췌이예지(揣而銳之)는 지식의 연마(硏磨)를 말한다. 연마(硏磨)란 갈고 갈아서 날카롭게[銳] 함이다. 여기 췌(揣)란 미루어 생각해보고 헤아려 학문(學問) 즉 배우고[學] 물음을[問] 연마함이다. 따라서 예췌(銳揣)란 생각하여 헤아림을 더욱더 갈고 갈아[硏磨] 날카롭게[銳] 함이다.

【해독(解讀)】

- 〈췌이예지(揣而銳之) 불가장보(不可長保)〉에서 췌이예지(揣而銳之)는 주부(主部) 노릇하고, 불(不)은 보(保)의 부정사(否定詞)이고, 가(可)는 보(保)의 조동사 노릇하며, 장(長)은 보(保)를 꾸미는 부사 노릇하고, 보(保)는 수동태의 동사 노

릇한다. 동사 앞에 〈피(被) · 견(見) · 위(爲)〉 등이 놓이면 수동태의 동사가 된다. 그러나 〈피(被) · 견(見) · 위(爲)〉 등이 생략되는 경우가 대부분이므로 문맥을 살펴 새김을 주의해야 한다. 〈췌이예지는[揣而銳之] 오래[長] 보장될[保] 수 없다[不可].〉

- 췌이예지(揣而銳之)는 〈예췌(銳揣)〉에서 예(銳)의 목적어 노릇하는 췌(揣)를 강조하고자 뜻 없는 조사로서 허사(虛詞)인 이(而)를 더해 〈췌이(揣而)〉로 하여 예(銳) 앞으로 전치하고, 그 자리에 허사 〈지(之)〉를 더한 구문이다. 췌(揣)는 〈헤아릴 촌(忖) · 탁(度)〉과 같고, 예(銳)는 〈날카로운 리(利), 끝 봉(鋒) · 망(芒)〉 등과 같고, 장(長)은 〈오래 구(久)〉와 같고, 보(保)는 〈간직해둠 장(藏)〉과 같아 보장(保藏)의 줄임말로 여기면 된다. 〈헤아림을[揣] 날카롭게 함[銳]〉
- 불가장보(不可長保)에서 장(長)을 동사로 여기고, 보(保)를 장(長)의 목적어로 여기고 문맥을 잡아 새겨도 된다. 물론 문의(文義)는 달라지지 않는다. 〈보장을[保] 오래가게 할[長] 수 없다[不可].〉

9-3 金玉滿堂(금옥만당) 莫之能守(막지능수)

▶황금과 보물이[金玉] 집에[堂] 가득 차면[滿] 그것을[之] 지킬 수가[能守] 없다[莫].

황금 금(金), 보물 옥(玉), 가득할 만(滿), 집 당(堂), 없을 막(莫), 그것 지(之), ~할 수 있을 능(能), 지킬 수(守)

【지남(指南)】

〈금옥만당(金玉滿堂) 막지능수(莫之能守)〉는 앞서 살핀 〈영지(盈持)〉를 범하지 않아야 하는 까닭을 밝히고 있다. 여기 금옥만당(金玉滿堂)은 앞서 살핀 〈지이영지(持而盈之)〉를 거듭해 밝힘이다. 왜 가짐을[持] 가득 채움을[盈] 그만두어야 하는가? 가득 채운 것을[盈] 결코 지켜낼 수 없는 까닭이다. 영지(盈持)는 탐욕을 부르고, 탐욕은 도심(盜心)을 부른다. 금옥(金玉)은 재물을 말하고, 만당(滿堂)은 채움[盈]의 과욕(過欲)을 이른다. 욕심이 목구멍까지 찼다는 욕(辱)이 금옥만당(金玉

滿堂)이고, 이런 만당(滿堂)은 반드시 도둑을 불러온다.

금옥(金玉)은 탈인(奪人)의 꼬투리가 된다. 남의 금옥(金玉)을 내 것으로 하려하기 때문에 남의 것을 뺏는[奪人] 도심(盜心)이 또 다른 도심(盜心)을 불러온다. 탈인(奪人)하면 또 다른 탈인(奪人)이 빚어지고, 이는 곧 도심(盜心)이 도심(盜心)을 불러오게 되는 것이다. 기는 놈 위에 뛰는 놈 있고, 뛰는 놈 위에 나는 놈 있게 마련이다. 금옥(金玉)을 아무리 튼튼한 금고에 넣어둔들 금고째 들고 가는 대도(大盜)가 들어오면 어쩔 수 없다.

탐욕(貪欲)은 도심(盜心)을 불러오기 때문에 탐욕(貪欲)의 영지(盈持)는 결국 탈인(奪人)의 상쟁(相爭)을 불러온다. 그래서 금옥만당(金玉滿堂)의 재물을 지킬 수[能守] 없음을[莫] 밝힌 말씀이 〈금옥만당(金玉滿堂) 막지능수(莫之能守)〉이다.

【보주(補註)】

- 〈금옥만당(金玉滿堂) 막지능수(莫之能守)〉를 〈약금옥만당(若金玉滿堂) 기당막능수기금옥(其堂莫能守其金玉)〉처럼 옮기면 좀 더 쉽게 문맥을 잡을 수 있다. 〈재물이[金玉] 집에[堂] 가득 차면[滿] 그[其] 집에서[堂] 그[其] 금옥을[金玉] 지킬 수가[能守] 없다[莫].〉
- 〈금옥만당(金玉滿堂) 막지능수(莫之能守)〉에서 금옥만당(金玉滿堂)은 앞서 살핀 〈지이영지(持而盈之)〉를 환기시키고, 막지능수(莫之能守)는 앞서 살핀 〈불여기이(不如其已)〉를 떠올린다.

【해독(解讀)】

- 〈금옥만당(金玉滿堂) 막지능수(莫之能守)〉에서 양구(兩句)의 관계, 즉 문맥을 살펴보면 금옥만당(金玉滿堂)은 조건의 종절 노릇하고, 막지능수(莫之能守)는 주절 노릇하는 복문이다. 〈금옥을[金玉] 만당하면[滿堂] 그것을[之] 지킬 수가[能守] 없다[莫].〉
- 금옥만당(金玉滿堂)에서 금옥(金玉)은 주어 노릇하고, 만(滿)은 동사 노릇하며, 당(堂)은 만(滿)의 목적어 노릇한다. 한문은 영어의 〈If〉처럼 종속접속사 노릇할 〈약(若)〉이나 〈가사(假使)·가설(假設)·당약(倘若)〉 등등을 거의 생략하므로 전후 문맥을 살펴 시간·조건·양보·원인 등등의 종절, 즉 부사절을 살펴가야 한다. 〈금옥이[金玉] 집을[堂] 채운다면[滿]〉

- 막지능수(莫之能守)에서 막(莫)은 동사 노릇하고, 지(之)는 지시어로서 수(守)의 목적어 노릇하고, 능(能)은 수(守)의 부사 노릇하고, 수(守)는 명사로서 막(莫)의 주어 노릇한다. 막(莫)은 〈없을 무(無)〉와 같고, 수(守)는 〈지킬 보(保)〉와 같아 보수(保守)의 줄임말로 여기면 된다. 〈그것을[之] 지킬 수가[能守] 없다[莫].〉
- 막지능수(莫之能守)는 〈막능위(莫能爲)A〉와 같은 상용문이다. 〈A를 할 수가[能爲] 없다[莫].〉

9-4 富貴而驕(부귀이교) 自遺其咎(자유기구)

▶ 부유하고[富] 고귀하다 해서[貴而] 교만하면[驕] 스스로[自] 제[其] 허물을[咎] 남긴다[遺].

부유할 부(富), 귀할 귀(貴), 그러나 이(而), 교만할 교(驕), 스스로 자(自), 남길 유(遺), 허물 구(咎)

【지남(指南)】

〈부귀이교(富貴而驕) 자유기구(自遺其咎)〉는 부귀가 화환(禍患) 즉 불행과[禍] 걱정을[患] 빚는 까닭을 밝힌다. 부귀(富貴) 즉 부유함과[富] 고귀함은[貴] 사람들이 좋아하고 탐(貪)하는 것이다. 부(富)와 귀(貴)를 누리는 사람이 처하(處下)하여 자겸(自謙)하지 않고 교만하면 부귀가 오히려 재앙이 되고 수치가 된다. 남에게 과시할 것이 결코 아닌 것이 부귀이다. 자랑하며[誇] 드러내기를[示] 삼가야 할 것을 과시함을[誇示] 〈교(驕)〉라 한다. 교(驕)란 남보다 자기가 잘난 체함이다. 사소하다 해도 교오(驕傲)하면 세상의 눈총거리가 되고 만다. 교(驕)는 스스로 불손(不孫)해서 스스로 천해져 세상과 어울리지 못하는 건방짐이다. 이러한 교(驕)는 자겸(自謙)하지 못하고 삼가지 않음에서 비롯되는 부끄러움[垢]이고, 스스로 짓는 재앙이다.

교만하면 스스로 허물[垢]을 지어 호랑이의 무늬[紋] 꼴이 되거나 사냥개처럼 되고 만다. 호랑이는 그 털 때문에 사냥감이 되고, 사냥개는 사냥하는 재주 탓으로 목줄에 매인다. 따라서 부귀(富貴)의 교(驕)는 24장(章)에 나오는 자현(自見)·자시(自是)·자벌(自伐)·자긍(自矜) 등등의 허물[垢]로 반드시 이어져 자망(自亡) 즉 스스로[自] 망하고[亡] 만다. 그러면 부귀(富貴)란 것이 영화(榮華)가 아니라 오히려 재앙과 치욕으로 바뀌고 마는 것임을 살피고 새겨 헤아려 깨우치게 하는 말씀이 〈부귀이교(富貴而驕)〉이다.

註 "자현자불명(自見者不明) 자시자불창(自是者不彰) 자벌자무공(自伐者無功) 자긍자부장(自矜者不長)." 자신을[自] 드러내는[見] 자는[者] 밝지 못하다[不明]. 자신을[自] 옳다 하는[是] 자는[者] 드러나지 못한다[不彰]. 자신을[自] 자랑하는[伐] 자는[者] 일한 보람이[功] 없다[無]. 자신을[自] 아끼는[矜] 자는[者] 오래가지[矜] 못한다[不]. 『노자(老子)』 24장(章)

註 "호랑지문래전(虎狼之文來田) 집리지구래적(執斄之狗來籍)." 범이나[虎] 표범의[狼之] 무늬는[文] 사냥을[田] 불러오고[來], 너구리를[斄] 잡는[執之] 개는[狗] 목줄을[籍] 불러온다[來]. 『장자(莊子)』「응제왕(應帝王)」

【보주(補註)】

- 〈부귀이교(富貴而驕) 자유기구(自遺其咎)〉를 〈약임하인이부귀교(若任何人以富貴驕) 기인자유구어기(其人自遺咎於己)〉처럼 옮기면 좀 더 쉽게 문맥을 잡을 수 있다. 〈만약[若] 누구라도[任何人] 부귀로[富貴]써[以] 교만하다면[驕] 그[其] 사람은[人] 자신에게[於己] 저절로[自] 화환을[咎] 남긴다[遺].〉
- 〈부귀이교(富貴而驕) 자유기구(自遺其咎)〉에서 부(富)는 부자(富者)를 뜻하고, 귀(貴)는 귀인(貴人)을 뜻하며, 교(驕)는 교오(驕傲) 즉 건방지고[驕] 거만한[傲] 인간을 말한다.

【해독(解讀)】

- 〈부귀이교(富貴而驕) 자유기구(自遺其咎)〉에서 양구(兩句)의 관계, 즉 문맥을 살펴보면 조건의 종절과 주절로 이루어진 복문(複文)이다. 〈부귀이교하면[富貴而驕] 기구를[其咎] 자유한다[自遺].〉
- 부귀이교(富貴而驕)에서 부귀이(富貴而)는 교(驕)를 꾸며주는 부사구 노릇하고, 교(驕)는 주어가 생략됐지만 동사 노릇한다. 부귀이(富貴而)에서 이(而)는 허사(虛詞)로서 조사 노릇한다. 교(驕)는 〈건방질 만(慢), 거만할 오(傲)〉 등과 같아 교만(驕慢), 교오(驕傲) 등의 줄임말로 여기면 된다. 〈부귀로[富貴而] 교만하다면[驕]〉 〈부귀(富貴)로[而]〉

- 자유기구(自遺其咎)에서 자(自)는 유(遺)를 꾸며주는 부사 노릇하고, 유(遺)는 주어가 생략됐지만 동사 노릇하며, 기구(其垢)는 유(遺)의 목적어 노릇한다. 유(遺)는 〈남길 여(餘)〉와 같고, 구(垢)는 〈부끄러운 치(恥) · 더러운 오(汚)〉 등과 같고, 기구(其咎)는 〈기지구(己之咎)〉의 줄임이다. 〈기[其] 허물을[垢] 저절로[自] 남긴다[遺].〉 〈자기의[己之] 허물[咎]〉

9-5 功遂(공수) 身退天之道(신퇴천지도)

▶ 공명이[功] 성취되면[遂] 자신을[身] 물림이[退] 자연의[天之] 규율이다[道].

공명 공(功), 성취할 수(遂), 자신 신(身), 물러날 퇴(退), 자연 천(天), 조사(~의) 지(之), 규율 도(道)

【지남(指南)】

〈공수(功遂) 신퇴천지도(身退天之道)〉는 2장(章)에서 살핀 **공성이불거**(功成而弗居)를 상기시킨다. 공명(功名)이란 일한 끝에 얻는 것이다. 일한[事之] 끝이 좋으면 성공 즉 보람[功]을 완수하고[遂], 그렇지 못하면 보람이 없다. 보람을 이루면[功遂] 명성을 얻으니, 공명(功名)은 부귀만큼 사람들이 좋아하고 탐하는 것이다. 공명이 부귀를 갖다 준다고 믿기 때문이다. 그러나 공명이란 길할 수도 있고 흉할 수도 있다. 일[事]의 수행(遂行)이 성덕(盛德)이면 길하고, 부덕(不德)이면 흉한 것이다.

『예기(禮記)』「월령(月令)」에 **성덕재목**(盛德在木)이란 말씀이 나온다. 이는 입춘(立春)이 돌아와 시생(始生) 즉 살아나기[生] 시작한다[始]는 말씀이다. 시생(始生)이란 곧 성덕(盛德)이다. 성덕(盛德)은 덕(德)을 담아감[盛]이고 쌓아감[積]이다. 이러한 생의[生] 시작을[始] 나무가[木] 입춘에 보여준다는 것이다. 그래서 성덕재목(盛德在木)은 덕시어목(德始於木)과 같은 말씀이다. 덕(德)은 목(木)에서 시작한다[始].

물론 여기서 목(木)은 한 그루 나무[木]를 뜻하기보다는 동춘(東春)을 뜻하는 목

(木)이다. 봄[春]에 동쪽 벌에서 보리[麥]가 자라기 시작하고, 양(羊)이 푸른 풀[蒼]을 뜯어먹기 시작하는 천지도(天之道)를 뜻한다. 이처럼 동춘(東春)의 목(木)은 한 해살이를 새로 시작하는 대사(大事)를 깨닫게 하는 공수(功遂)의 본보기이다.

심신(心身) 역시 덕(德)을 담는[盛] 일을[事] 쉼 없이 하여 삶을 누린다. 덕(德)을 담는[盛] 일[事]보다 더 성대한[大] 일[事]은 없다. 생지사(生之事) 즉 살아가는[生之] 일[事]이 곧 덕(德)을 담는[盛] 일[事]인지라 본래부터 심신(心身)이란 덕(德)을 담는[盛] 그릇[皿]이다. 덕(德)을 담아가는[盛] 심신(心身)은 시생(始生)하는 한 그루 나무[木]와 같다.

나무[木]치고 덕(德)을 담아 쌓아가는 일[事]을 다하지 않는 것은 없다. 매사에는 시운(時運)이 있다 말하면서도 시운(時運)을 진실로 따라 하지 않아 인간사는 공명(功名)을 얻지 못하는 경우가 허다하다. 시운(時運)을 그냥 그대로 따라 생(生)의 덕(德)을 담아가는[盛] 목숨[命]에는 초목(草木)이 있다. 시운(時運)을 따른다면 어떤 일이든 흉해질 리 없다.

시운(時運)은 물론 곳에 따라 다르다. 시운(時運)이란 무엇인가? 〈춘작하장(春作夏長) 추렴동장(秋斂冬藏)〉이 바로 시운(時運)을 말해준다. 봄에 싹을 틔우면[春作] 그것이 봄의 시운(時運)이고, 여름에 자라면[夏長] 그것이 여름의 시운(時運)이며, 가을에 거둬들이면[秋斂] 그것이 가을의 시운(時運)이며, 겨울에 간직하면[冬藏] 그것이 겨울의 시운(時運)이다. 동시에 동장(冬藏)이란 초목(草木)이 담은[盛] 한해살이의 공명(功名)이고, 이는 천지도(天之道) 즉 자연의[天之] 규율[道]이다.

일을 완수한 다음에 얻어지는 공명(功名)이란 초목(草木)이 시운(時運) 따라 담아낸[盛] 열매[果] 속의 씨앗 같은 것이다. 초목(草木)은 공명(功名)이 완수되면 속절없이 그 씨앗을 떨어뜨린다. 낙과(落果)야말로 하염없는 〈신퇴(身退)〉의 뜻을 잘 말해준다. 왜 과실미숙(果實未熟) 불륙어시(不粥於市)라 하는가? 과일이[果實] 덜 익으면[未熟] 저자에[於市] 내다 팔지 않는다[不粥]. 익지 않은 과일을 팔 생각부터 한다면 공명(功名)에 조바심을 내는 짓이고, 과일이 다 익었는데도 저자에 내다 팔지 않음은 공명(功名)을 독차지하려는 짓이다. 공명(功名)은 공기(公器)의 것이니 독차지하려고 하면 할수록 추해진다.

열매가 다 익으면 속절없이 땅에 떨어뜨려 버리는 나무야말로 천지도(天之道)

를 그대로 따름을 살펴 여기 〈신퇴(身退)〉의 참뜻을 새삼 살펴 헤아려서 깨우치게 하는 말씀이 〈공수(功遂) 신퇴(身退天之道)〉이다.

註 "생이불유(生而不有) 위이불시(爲而不恃) 공성이불거(功成而弗居)." 낳아주되[生而] 갖지 않고[不有], 위하되[爲而] 의지하지 않으며[不恃], 공업이[功] 이루어져도[成而] 머물지(연연치) 않는다[弗居]. 『노자(老子)』 2장(章)

註 "모일입춘(某日立春) 성덕재목(盛德在木) 천자내재(天子乃齋)." {태사(太史)가 천자(天子)를 알현하고 아뢴다.} 어느 날이[某日] 입춘입니다[立春]. 성대한[盛] 덕이[德] 목에[木] 있습니다[在]. 천자는[天子] 곧[乃] 재계한다[齋]. 『예기(禮記)』「월령(月令)」

註 "오곡불시(五穀不時) 과실미숙(果實未熟) 불륙어시(不粥於市)." 오곡이[五穀] 철이 이르거나[不時], 과일이[果實] 덜 익었으면[未熟] (그런 곡식이나 과일은) 저자에[於市] 내다 팔지 않는다[不粥]. 『예기(禮記)』「왕제(王制)」

【보주(補註)】

- 〈공수(功遂) 신퇴천지도(身退天之道)〉를 〈약공피수(若功被遂) 신퇴야자천지도자야(身退也者天之道者也)〉처럼 옮기면 좀 더 쉽게 문맥을 잡을 수 있다. 〈만약[若] 공명이[功] 성취된다면[被遂] (그 공명에서) 자신이[身] 물러남[退]이란[也] 것이[者] 자연의[天之] 규율인[道] 것[者]이다[也].〉
- 공수(功遂)는 공명(功名), 즉 공로(功勞)와 명성(名聲)이 완수되었음이다.
- 신퇴(身退)는 은퇴(隱退)를 뜻함이 아니고, 논공행상(論功行賞) 즉 공치사 따위를 하지 않음을 뜻한다. 따라서 여기 신퇴(身退)는 22장(章)에 나오는 명(明)·창(彰)·유공(有功)·장(長) 등등을 상기시킨다.

註 "부자현고명(不自見故明) 부자시고창(不自是故彰) 부자벌고유공(不自伐故有功) 부자긍고장(不自矜故長)." 자신을[自] 드러내지 않기[不見] 때문에[故] 밝고[明], 스스로[自] 옳다 하지 않기[不是] 때문에[故] 뚜렷하며[彰], 자신을[自] 공치사하지 않기[不伐] 때문에[故] 보람이[功] 있고[有], 스스로[自] 뽐내지 않기[不矜] 때문에[故] 장구하다[長]. 『노자(老子)』 22장(章)

- 공수(功遂)가 〈공성명수(功成名遂)〉로 된 본(本)도 있다. 문의(文義)가 달라지는 것은 아니다. 〈공명이[功] 성취되면[遂]〉 〈공적이[功] 이뤄지고[成] 명성이[名] 성취되면[遂]〉

【해독(解讀)】

- 〈공수(功遂) 신퇴천지도(身退天之道)〉에서 양구(兩句)의 관계 즉 문맥을 살펴보면 조건의 종절과 주절로 이루어진 복문(複文)이다. 〈공수하면[功遂] 신퇴함이[身退] 천지도이다[天之道].〉
- 공수(功遂)에서 공(功)은 주어 노릇하고, 수(遂)는 수동태의 동사 노릇한다. 한문에서 동사 앞에 〈피(被) · 견(見) · 위(爲)〉 등을 놓아 수동태가 되게 하지만, 〈피(被) · 견(見) · 위(爲)〉 등등을 생략하는 경우가 대부분이다. 전후 문맥을 살펴 동사의 능동태 · 수동태를 살펴가야 한다. 공(功)은 〈일한 보람 로(勞)〉와 같아 공로(功勞)의 줄임말로 여기면 되고, 수(遂)는 〈다할 완(完)〉과 같아 완수(完遂)의 줄임으로 여기면 된다. 〈공을[功] 수하고서[遂而] 자신은[身] 물러난다[退].〉
- 신퇴천지도(身退天之道)에서 신퇴(身退)는 주부(主部) 노릇하고, 천지도(天之道)는 주격보어 노릇한다. 신퇴(身退)는 〈신지퇴(身之退)〉의 줄임이고, 천지도(天之道)는 〈천도(天道)〉로 줄이는 경우가 많다. 〈{공명(功名)에서} 자신을[身] 물림이[退] 자연의[天之] 규율이다[道].〉

포일장(抱一章)

노자(老子)가 제시한 〈수신(修身)〉을 밝히는 장(章)이다. 영백(營魄) 즉 정신과[營] 형체가[魄] 포일(抱一) 즉 하나를[一] 안아 지킴이[抱] 노자(老子)가 밝히는 수신(修身)이다. 포일(抱一)은 포도(抱道) 즉 수도(守道)이다. 따라서 노자(老子)가 밝히는 수신은[修身] 성순상도(誠順常道) 즉 상도(常道)를 정성껏[誠] 따름[順]이다. 〈전기치유(專氣致柔) · 척제현람(滌除玄覽) · 천문개합(天門開闔) · 명백사달(明白四達)〉 등을 들어 포일(抱一)의 수신(修身)을 밝혀 깨우치게 하는 장(章)이다.

【원문(原文)】

載營魄抱一을 能無離乎이고 專氣致柔가 能如嬰兒乎이며
재영백포일 능무리호 전기치유 능여영아호

滌除玄覽에 能無疵乎이고 愛民治國에 能無爲乎이며
척제현람 능무자호 애민치국 능무위호

天門開闔에 能爲雌乎이고 明白四達에 能無知乎이다
천문개합 능위자호 명백사달 능무지호

生之畜之하고 生而不有하며 爲而不恃하고 長而不宰한다
생지휵지 생이불유 위이불시 장이부재

是謂玄德이라 한다
시위현덕

무릇[載] 정신과[營] 형체는[魄] 하나를[一] 안고 지킨다[抱]. {그 영백(營魄)을} 능히[能] 분리하지[離] 않는 것[無]인가[乎]? 순기를[氣] 모아서[專] 부드러움을[柔] 지극히 한다[致]. (그래서) 갓난애와[嬰兒] 능히[能] 같은 것[如]인가[乎]? (마음이) 씻기고[滌] 닦여서[除] 영묘한[玄] 거울이다[覽]. (그래서 마음에) 땟국이[疵] 능히[能] 없는 것[無]인가[乎]? 백성을[民] 아끼고[愛] 나라를[國] 다스린다[治]. (그래서 그 다스림에) 능히[能] 인위가[爲] 없는 것[無]인가[乎]? 감지의 기관이[天門] 열리고[開] 닫힌다[闔]. 능히[能] 암컷이[雌] 되는 것[爲]인가[乎]? 뚜렷하고[明] 거짓 없음이[白] 사방에[四] 통달한다[達]. 능히[能] 인지가[知] 없는 것[無]인가[乎]? 그것(만물)을[之] 낳아주고[生], 그것(만물)을[之] 길러주고[畜], 낳아주되[生而] 갖지 않으며[不有], 위해주되[爲而] 바라지 않고[不恃], 키워주되[長而] 이래라저래라 않는다[不宰]. 이를[是] 현묘한[玄] 덕이라[德] 한다[謂].

註 10장(章)의 원문(原文) 끝에 〈생지휵지(生之畜之) 생이불유(生而不有) 위이불시(爲而不恃) 장이부재(長而不宰) 시위현덕(是謂玄德)〉의 오구(五句)가 들어 있다. 그러나 위의 오구(五句)가 51장(章)에서도 중견(重見)되고, 이 다섯 구(句)는 10장(章) 원문(原文)의 내용과 상관되지 않아 10장(章)에서 산거(刪去), 즉 끄집어내[刪] 없애야[去] 한다는 설(說)을 따라 여기 10장(章)에서 산거(刪去)했다.

10-1 載營魄抱一(재영백포일) 能無離乎(능무리호)

▶ 무릇[載] 정신과[營] 형체는[魄] 하나를[一] 안고 지킨다[抱]. {그 영백(營魄)을} 능히[能] 분리하지[離] 않는 것[無]인가[乎]?

무릇 재(載), 혼(魂) 영(營), 몸(넋) 백(魄), 지킬 포(抱), 하나 일(一),
능할 능(能), 않을 무(無), 떠날 리(離), 조사(~인가) 호(乎)

【지남(指南)】

〈재영백포일(載營魄抱一) 능무리호(能無離乎)〉는 수신(修身)의 성전(誠全)을 밝힌다. **성전(誠全)**은 22장(腸)에 나오는 말씀이다. 진실로[誠] 온전한[全] 수신(修身)이란 귀어천(歸於天) 즉 자연으로[於天] 돌아옴[歸]이다. 여기 〈포일(抱一)〉 즉 수도(守道)란, 영백(營魄) 즉 정신과[營] 육체가[魄] 둘이 아니라 하나로서 자연으로 돌아옴이다. 영백(營魄)은 혼백(魂魄)이다. 정신만으로[魂] 삶은 이루어질 수 없고, 몸뚱이만으로도[魄] 삶은 이루어질 수 없다. 살아 있는 것만 포일(抱一)하는 것이 아니라 있는 것이면 무엇이든 포일(抱一)한다. 그래서 『중용(中庸)』에도 **곡능유성(曲能有誠)**이란 말이 나온다.

여기 포일(抱一)의 〈일(一)〉은 62장(腸) **도자만물지오(道者萬物之奧)**를 상기시키기도 한다. 여기 포일(抱一)은 만물지오(萬物之奧) 즉 만물이[萬物之] 간직한 것[奧]이니, 곧 상도(常道) 그 자체를[奧] 간직하고 지킴을 말한다. 영백(營魄) 즉 혼백(魂魄)은 마음과[魂] 몸이[魄] 하나를[一] 간직하여 지킴으로써[抱] 둘이 아니라 하나로서 생기(生氣)를 누린다. 산다는 것은 생기(生氣)를 누림이다.

물론 여기 포일(抱一)의 일(一)이 상도(常道)만을 나타낸다고 할 것은 없다. 오히려 포일(抱一)의 일(一)은 천도(天道) 즉 자연의[天] 규율을[道] 밝히기도 한다. 심신(心身)을 둘로 분리해서는 살아갈 수 없음을 뜻하기도 함이 여기 포일(抱一)이다. 말하자면 피차(彼此)가 둘로 나뉨이 아니라 하나로서 대대(對待) 즉 대하되[對] 서로 기댐을[待] 뜻하기도 함이 여기 포일(抱一)이다. 그러므로 능무리호(能無離乎)는 〈능불분리야(不能分離也)〉를 반문하여 에둘러 강조함이다. 혼백(魂魄)의 생자(生者)로서 사람은 혼백(魂魄) 즉 심신(心身)을 둘로 나눌 수 없으니 혼백은 서로 분리될 수도[能離] 없고[無], 어길 수도[能違] 없고[無], 끊을 수도[能絶] 없고[無], 나눌 수도[能分] 없음[無]이 〈능무리호(能無離乎)〉란 절절한 반문이다. 영백(營魄)을 포일(抱一)하지 않는 생자(生者)란 없는 것이다.

포일(抱一)은 『장자(莊子)』에 나오는 **위생지경(衛生之經)**을 상기시키기도 한다. 포일(抱一)이란 생명을 보호하면서 길러가는[衛生之] 도리[經]이다. 상도(常道)가 부여한 성정(性情)을 잃지 않고 요행 따위를 바라지 않고 스스로 만족하며 모든 것을 자연에 맡기는 수신(修身)이 포일(抱一)이다. 포일(抱一)의 수신(修身)이란 법자연(法自然)을 진실로[誠] 온전히[全] 따름이니, 순천(順天) 즉 천성(天性)을 따라 살아가는 것이 노자(老子)가 밝히는 수신(修身)이다.

수신(修身)은 이도(離道)할 수 없음을 일깨워 자연의[天] 규율을[道] 따라 포일(抱一)하는 수신(修身)의 도리를[道] 살펴 새기고 헤아려 깨우치게 하는 말씀이 〈재영백포일(載營魄抱一) 능무리호(能無離乎)〉이다.

註 "성전이귀지(誠全而歸之)." 진실로[誠] 온전하면[全而] 자연으로[之] 돌아온다[歸].

『노자(老子)』 22장(章)

註 "치곡(致曲) 곡능유성(曲能有誠) 성즉형(誠則形)." 세소한 것에까지도[曲] 남김없이 살핀다[致]. 세소한 것에도[曲] 능히[能] 자연의 이치가[誠] 있다[有]. 정성이면[誠] 곧[則] 드러난다[形].

곡(曲)은 세미(細微)한 것을 말하고, 성(誠)은 여기선 천지도(天之道) 즉 자연의[天之] 이치[道]를 말한다. 천지만물(天地萬物)이란 성(誠) 즉 천지도[天之道]가 드러남[形]이다.

『중용(中庸)』 주자장구(朱子章句) 23장(章)

註 "도자만물지오(道者萬物之奧) 선인지보(善人之寶) 불선인지소보(不善人之所保)." 상도라는[道] 것은[者] 온갖[萬] 것이[物之] 그윽이 깊게 간직한 것이다[奧]. {그 오(奧)는} 착한[善] 사람의[人之] 보배이고[寶], {그 오(奧)는} 착하지 않은[不善] 사람도[人之] 껴안아 지키는[保] 것이다[所].

『노자(老子)』 62장(章)

註 "노자왈(老子曰) 위생지경(衛生之經) 능포일호(能抱一乎) 능물실호(能勿失乎) 능무복서이지길흉호(能無卜筮而知吉凶乎) 능지호(能止乎) 능이호(能已乎) 능사저인(能舍諸人) 이구저기호(而求諸己乎)." 노자(老子)가 가로되[曰] : 생명을[生] 호양(護養)하는[衛之] 도리인[經] 하나를[一] 능히[能] 지키는 것[抱]이요[乎], 능히[能] (그 하나[一]를) 잃지[失] 않는 것[勿]이요[乎], 점쳐서[卜筮而] 능히[能] 길흉을[吉凶] 알지[知] 않는 것[無]이요[乎], 능히[能] (자연에) 머무는 것[止]이요[乎], 능히[能] (자연에 맡겨두고 인위를) 그만두는 것[已]이요[乎], 능히[能] 남의 탓을[諸人] 버리면서[舍而] 자기 탓을[諸己] 찾는 것[求]이오[乎].

위생(衛生)은 양생(養生)과 같다.

『장자(莊子)』「경상초(庚桑楚)」

【보주(補註)】

- 〈재영백포일(載營魄抱一) 능무리호(能無離乎)〉를 〈부영백포일(夫營魄抱一) 이능무리기일호(而能無離其一乎)〉처럼 옮기면 문맥을 쉽게 잡을 수 있다. 〈무릇[夫] 정신과 육체가[營魄] 하나를[一] 안고 지킨다[抱]. 그런데[而] 그[其] 하나를[一] 능히[能] 떠남이[離] 없는 것[無]인가[乎]?〉
- 영백포일(營魄抱一)에서 영백(營魄)은 혼백(魂魄) 즉 정신과[魂] 육체[魄]이고, 포일(抱一)은 포도(抱道) 즉 수도(守道)를 말하며『노자(老子)』전장(全章)을 관류(貫流)하는 바탕으로 여겨도 된다. 이 포일(抱一)이란 술어(術語)는 22장(章)에도 나온다.

註 "성인포일위천하식(聖人抱一爲天下式)." 성인은[聖人] 포일을[抱一] 온 세상의[天下] 본받기로[式] 삼는다[爲]. 『노자(老子)』22장(章)

- 능무리호(能無離乎)는 〈결불리(決不離)〉를 부드럽게 밝히는 말투이다.『노자(老子)』에는 유언(柔言) 즉 부드러운[柔] 말함이[言] 주를 이루고, 결언(決言) 즉 잘라[決] 말함은 극히 드물다. 〈{그 영백(營魄)을} 결코[決] 분리하지 못한다[不離].〉

【해독(解讀)】

- 〈재영백포일(載營魄抱一) 능무리호(能無離乎)〉는 두 문장이 생략됐지만 〈그러나 이(而)〉 접속사로 이어진 중문(重文)이다. 〈무릇[載] 영백이[營魄] 포일한다[抱一]. {그런데 그 포일(抱一)을} 이함이[離] 능히[能] 무(無)인가[乎]?〉
- 재영백포일(載營魄抱一)에서 재(載)는 〈부(夫)〉와 같은 조어사(助語詞) 즉 조사 노릇하고, 영백(營魄)은 주부(主部) 노릇하며, 포(抱)는 동사 노릇하고, 일(一)은 포(抱)의 목적어 노릇한다. 포(抱)는 〈지킬 수(守)〉와 같아 포수(抱守)의 줄임말로 여기면 되고, 여기 일(一)은 상도(常道)를 뜻해 포일(抱一)은 포도(抱道)이다. 〈무릇[載] 정신과[營] 형체가[魄] 하나를[一] 안아 지킨다[抱].〉
- 능무리호(能無離乎)에서 능(能)은 무(無)를 꾸미는 부사 노릇하고, 무(無)는 〈~없을 무(無)〉로 동사 노릇하며, 이(離)는 영어의 동명사처럼 무(無)의 주어 노릇하고, 호(乎)는 종결어미로 여기선 의문의 조사(~인가) 노릇한다. 여기서 이

(離)는 〈나눌 분(分)〉과 같아 분리(分離)의 줄임말로 여기면 된다. 〈능히[能] 분리하지[離] 않는 것[無]인가[乎]!〉

10-2 專氣致柔(전기치유) 能如嬰兒乎(능여영아호)

▶ 순기를[氣] 모아서[專] 부드러움을[柔] 지극히 한다[致]. (그래서) 갓난애와[嬰兒] 능히[能] 같은 것[如]인가[乎]?

모을 전(專), 순기(順氣) 기(氣), 다할 치(致), 부드러울 유(柔), 능히 능(能), 같을 여(如), 갓난아이 영(嬰), 아이 아(兒), 조사(~인가) 호(乎)

【지남(指南)】

〈전기치유(專氣致柔) 능여영아호(能如嬰兒乎)〉는 순천(順天) 즉 천성을[天] 따르는[順] 삶의 누림을 밝힌다. 전기(專氣)의 〈기(氣)〉는 영아지심(嬰兒之心)이고, 치유(致柔)는 영아지신(嬰兒之身)이다. 갓난애의[嬰兒之] 마음[心]은 천심(天心) 즉 천성(天性) 바로 그것인지라 순기(順氣)를 고수(固守) 즉 굳건히[固] 지키고[守], 따라서 갓난애의 정신은 더없이 부드러움과 어울려 천예(天倪) 즉 자연과 하나[天倪]이다. 천심(天心)인지라 영아(嬰兒)는 무욕(無欲) · 무지(無知)한 천성(天性)이며, 골육이 전유(全柔)하고 무능(無能)하되 만능(萬能)을 품고 있다.

영아(嬰兒) 즉 적자(赤子)는 무의(無意)하여 전기(專氣)의 묘용(妙用)이고, 또한 무능(無能)하여 치유(致柔)의 묘용(妙用)이다. 유가(儒家)로 말하면 갓난애[嬰兒]란 솔성(率性) 자체이다. 그러므로 갓난애의 마음 즉 천심(天心)을 고수함이 〈전기(專氣)〉이다. 전기(專氣)의 기(氣)는 무욕(無欲) · 무지(無知)의 심기(心氣)이니, 영아(嬰兒)의 심기(心氣)야말로 순기(純氣)이고 원기(元氣)이며 허기(虛氣)로서 도기(道氣)를 그냥 그대로 물려받은 것이다.

갓난애의 몸을 정성껏 함[誠]이 〈치유(致柔)〉이다. 이는 성도이유(成道以柔) 즉 부드러움으로[以柔] 천도(天道)를 이룸[成]으로, 치(致)는 성(誠)이고 성(誠)은 성도(成道)함이니 진실로 법천지(法天地)하여 법상도(法常道)함이다. 부드러움[柔]을 정성껏 한다[致] 함은 부쟁(不爭)으로 이어지기도 한다. 부쟁(不爭)은 상쟁(相爭)을 전리(全離)함이니, 서로[相] 다투기[爭]를 온전히[全] 떨쳐버림[離]은 치유(致柔)로 이루어지는 부쟁(不爭)이다.

영아전무쟁(嬰兒全無爭)이라. 갓난애는[嬰兒] 무사(無私) · 무욕(無欲) · 무아(無我)하여 전기(專氣)하고 치유(致柔)함이 곧 포일(抱一)의 수신(修身)임을 살펴 새기고 헤아려 깨우치게 하는 말씀이 〈전기치유(專氣致柔) 능여영아호(能如嬰兒乎)〉이다.

【보주(補註)】

- 〈전기치유(專氣致柔) 능여영아호(能如嬰兒乎)〉를 〈전기이치유(專氣而致柔) 이여능여영아호(而汝能如嬰兒乎)〉처럼 옮기면 문맥을 쉽게 잡을 수 있다. 〈기를[氣] 온전히 하면서[專而] 부드러움을[柔] 지극히 한다[致]. 그래서[而] 너는[汝] 갓난애와[嬰兒] 같을 수 있는 것[能如]인가[乎]?〉
- 전기치유(專氣致柔)는 순기(順氣)를 모아서[專] 더없는 유화(柔和)의 심경에 다다름[致]이다.

【해독(解讀)】

- 〈전기치유(專氣致柔) 능여영아호(能如嬰兒乎)〉는 두 문장이 생략되었지만 〈그래서 이(而)〉로 이어진 중문(重文)이다. 〈전기하여[專氣] 치유한다[致柔]. 그래서[而] 영아와[嬰兒] 능히[能] 여한 것[如]인가[乎]?〉
- 전기치유(專氣致柔)는 〈전기(專氣) 이치유(而致柔)〉의 두 구(句)를 하나로 묶은 것이다. 그러므로 전기(專氣)와 치유(致柔)를 떼어서 문맥을 잡아가야 문의(文義)가 드러난다.

  전기(專氣)에서 전(專)은 동사 노릇하고, 기(氣)는 전(專)의 목적어 노릇한다. 전(專)은 여기선 〈모을 집(集)〉과 같아 집전(集專)의 줄임말로 여기면 되고, 기(氣)는 순기(順氣) 즉 생기(生氣)를 뜻한다. 〈수기를[氣] 모은다[專].〉

  치유(致柔)에서 치(致)는 동사 노릇하고, 유(柔)는 치(致)의 목적어 노릇한다. 치(致)는 여기선 〈이를 도(到)〉와 같고, 유(柔)는 유심(柔心)의 줄임으로 여기고 〈부드러운 마음에[柔心] 도달함이[到]〉 여기 치유(致柔)이다. 〈부드러운 마음에[柔] 도달한다[致].〉
- 능여영아호(能如嬰兒乎)에서 능(能)은 여(如)를 꾸미는 부사 노릇하고, 여(如)

는 동사 노릇하며, 영아(嬰兒)는 여(如)의 보어 노릇하며, 호(乎)는 종결어미로 의문의 조사 노릇한다. 여(如)는 〈같을 약(若) · 유(猶) · 사(似)〉 등과 같고, 영아(嬰兒)는 55장(章)에 나오는 〈적자(赤子)〉와 같다. 〈영아와[嬰兒] 능히[能] 같은 것[如]인가[乎]?〉

- 능여영아호(能如嬰兒乎)는 〈능여(能如)A호(乎)〉의 상용문이다. 〈A와 같을 수 있는 것[能如]인가[乎]?〉

10-3 滌除玄覽(척제현람) 能無疵乎(능무자호)

▶ (마음이) 씻기고[滌] 닦여서[除] 영묘한[玄] 거울이다[覽]. (그래서 마음에) 땟국이[疵] 능히[能] 없는 것[無]인가[乎]?

씻어낼 척(滌), 닦을(다스릴) 제(除), 영묘할 현(玄), 비칠 람(覽), 능히 능(能), 없을 무(無), 흠(땟국) 자(疵), 어조사 호(乎)

【지남(指南)】

〈척제현람(滌除玄覽) 능무자호(能無疵乎)〉는 척심(滌心)하고 제심(除心)하여 영아지심(嬰兒之心)으로 복귀함을 밝힌다. 인간이 물려받은 마음은 본래 갓난애의[嬰兒之] 마음[心]이니 영아지심(嬰兒之心)은 천심(天心)과 같고, 천심(天心)은 〈현람(玄覽)〉이다. 그러므로 여기 〈척제(滌除)〉 역시 수신(修身)하라 함인지라 척제(滌除)는 『장자(莊子)』에 나오는 달도지색(達道之塞)을 상기시킨다. 온갖 사욕이 마음을 흔들어 상덕(常德)을 묶어[累] 상도(常道)를 막는다[塞]. 상덕(常德)의 묶음을 풀어버리고 상도(常道)의 막음을[塞] 뚫어버림이 여기 척제(滌除)라는 수신(修身)이다. 이러한 척제(滌除)의 수신(修身)으로써 마음은 현람(玄覽) 즉 현묘한[玄] 거울이[覽] 된다.

여기 현람(玄覽)은 수신(修身)하여 누리는 심경 즉 영아지심(嬰兒之心)을 비유하고 있다. 현람(玄覽)이란 심경의 관조가 명경지수(明鏡止水)와 같음을 말한다. 이 현람(玄覽)은 16장(章) 허(虛) · 정(靜)과 25장(章) 적혜료혜(寂兮寥兮)를 상기시키며, 나아가 『장자(莊子)』의 성인지심정호(聖人之心靜乎) 천지지감야(天地之鑑也) 만물

지경야(萬物之鏡也)를 떠올려준다. 인심(人心)을 척제(滌除)하면 사람의 마음도 현람(玄覽)이 되어 만물을 비추는 거울[鏡]이 된다.

척심(滌心)은 세심(洗心)이고 제심(除心)이다. 이는 곧 수심(修心)이다. 마음[心]을 씻어내라[洗滌]. 마음[心]을 닦아라[洗除]. 그러니 마음에서[於心] 사욕의 땟국을[疵] 없애라는[去] 것이 척제현람(滌除玄覽)인지라 『장자(莊子)』의 **무위명시(無爲名尸) 무위모부(無爲謀府)**가 떠오른다. 마음에서 사욕의 땟국을 척제(滌除)하면 누구든 갓난애의[嬰兒之] 마음이[心] 된다. 갓난애의 마음이 도심(道心)으로 이를 일러 현람(玄覽)이라 하니, 척제(滌除)는 인위지심(人爲之心)을 모조리 씻어내고[滌] 제거해버림[除]이다. 인심(人心)이 영아지심(嬰兒之心)으로 복귀하여 그냥 그대로 허정(虛靜)하고 염담(恬淡)하며 적막(寂漠)하여 무위지심(無爲之心)이 된다.

무위(無爲)의 마음[心]이 영아(嬰兒)의 마음이고 도심(道心) 즉 상도(常道)를 받들어 본받는 마음이니, 그 무엇도 연연하지 않아 걸림이 없이 만물을 비추어주는 현람(玄覽) 바로 그것이다. 현람(玄覽)의 현(玄)은 걸림 없이 통하는 신묘(神妙)함이고, 남(覽)은 관시(觀視) 즉 온갖 것을 그냥 그대로 살펴봄[觀視]이니, 현람(玄覽)이란 만사를 통달함이다. 유리창 너머 그냥 그대로 풍광을 바라보자면 유리창이 깨끗하고 맑아야 하듯, 그러한 마음거울이 되자면 인위지심(人爲之心)을 세척하고 제거해야 함을 살펴 새기고 헤아려 깨우치게 하는 말씀이 〈척제현람(滌除玄覽) 능무자호(能無疵乎)〉이다.

註 "철지지발(徹志之勃) 해심지류(解心之謬) 거덕지루(去德之累) 달도지색(達道之塞)." 뜻의[志之] 움직임을[勃] 없애고[徹], 마음의[心之] 얽매임을[謬] 없애며[解], 상덕을[德之] 묶음을[累] 없애고[去], 상도를[道之] 가로막음을[塞] 뚫어버린다[達]. 『장자(莊子)』「경상초(庚桑楚)」

註 "치허극(致虛極) 수정독(守靜篤)…… 각귀기근(各歸其根) 귀근왈정(歸根曰靜) 시위복명(是謂復命)." 비움의[虛] 지극함을[極] 이루고[致], 고요의[靜] 도타움을[篤] 지키며[守]…… 저마다[各] 제[其] 뿌리로[根] 돌아간다[歸]. 뿌리로[根] 돌아감을[歸] 고요라[靜] 하고[曰], 이것을[是] 본성으로[命] 돌아옴이라[復] 한다[謂]. 『노자(老子)』 16장(章)

註 "유물혼성(有物混成) 선천지생(先天地生) 적혜료혜(寂兮寥兮) 독립불개(獨立不改) 주행이불태(周行而不殆) 가이위천하모(可以爲天下母)." 혼연히[混] 이루는[成] 것이[物] 있다[有]. (그것은) 천지가[天地] 생기기[生] 앞이다[先]. 고요하구나[寂兮]! 아득해 휑하구나[寥兮]! 홀로[獨] 있고[立] 바뀌지 않으며[不改], 두루[周] 미치지만[行而] 위태롭지 않다[不殆]. 능히[可] 그로써[以] 온

세상의[天下] 어머니로[母] 삼는다[爲]. 『노자(老子)』 25장(章)

註 "성인지심정호(聖人之心靜乎) 천지지감야(天地之鑑也) 만물지경야(萬物之鏡也) 부허정념담적막무위자(夫虛靜恬淡寂漠無爲者) 천지지본(天地之本) 이도덕지지(而道德之至) 고(故) 제왕성인휴언(帝王聖人休焉)." 성인의[聖人之] 마음은[心] 고요함[靜]이로다[乎]! (성인의 마음은) 하늘땅의[天地之] 거울[鑑]이고[也], 온갖 것의[萬物之] 거울[鏡]이다[也]. 무릇[夫] 허정(虛靜)·염담(恬淡)·적막(寂漠)·무위(無爲)라는 것이[者] 하늘땅의[天地之] 근본이며[本], 그리고[而] 도덕의[道德之] 지극함이다[至]. 그러므로[故] 제왕과[帝王] 성인은[聖人] 허정(虛靜)·염담(恬淡)·적막(寂漠)·무위(無爲)에[焉] 머문다[休].

허정(虛靜)·염담(恬淡)·적막(寂漠)·무위(無爲)를 한 자(字)로 〈정(靜)〉이라 한다.

『장자(莊子)』「천도(天道)」

註 "무위명시(無爲名尸) 무위모부(無爲謀府) 무위사임(無爲事任) 무위지주(無爲知主)…… 지인지용심약경(至人之用心若鏡) 부장불영(不將不迎) 응이부장(應而不藏) 고(故) 능승물이불상(能勝物而不傷)." 명성의 사냥꾼이[名尸] 되지[爲] 말라[無]. 꾀보가[謀府] 되지[爲] 말라[無]. 일의 책임자가[事任] 되지[爲] 말라[無]. 지식의 주인이[知主] 되지[爲] 말라[無]. …… 지인이[至人之] 마음을[心] 씀은[用] 거울과[鏡] 같아[若], (무엇을) 맞이하지도 않고[不將] 보내지도 않는다[不迎]. (온갖 것에) 응해주되[應而] 간직하지는 않는다[不藏]. 그래서[故] 온갖 것을[物]써도[勝而] 해치지 않는다[不傷].

지인(至人)은 신인(神人)·성인(聖人)과 같다. 『장자(莊子)』「응제왕(應帝王)」

【보주(補註)】

- 〈척제현람(滌除玄覽) 능무자호(能無疵乎)〉를 〈척심이제욕(滌心而除欲) 소이심위현람(所以心爲玄覽) 기심능무자호(其心能無疵乎)〉처럼 옮기면 문맥을 쉽게 잡을 수 있다. 〈마음을[心] 씻는다[滌]. 그리고[而] 욕심을[欲] 없앤다[除]. 그래서[所以] 그[其] 마음은[心] 현묘한[玄] 거울이[覽] 된다[爲]. 그[其] 마음에[心] 능히[能] 땟국이[疵] 없는 것[無]인가[乎]?〉
- 척제현람(滌除玄覽)은 『장자(莊子)』에 나오는 〈세심거욕(洒心去欲)〉을 환기시킨다. 여기 척(滌)은 세심(洒心) 즉 마음을[心] 씻음[洒]이고, 여기 제(除)는 거욕(去欲) 즉 욕심을[欲] 닦아냄[去]이다. 그리고 남(覽)은 심지관조(心之觀照) 즉 마음이[心之] 살펴[觀] 비춤[照]인지라 〈거울 감(鑑)〉의 뜻으로 읽힌다.

【해독(解讀)】

- 〈척제현람(滌除玄覽) 능무자호(能無疵乎)〉는 세 평서문과 하나의 의문문으로

이루어진 한 문단이다. 〈(마음을) 척한다[滌]. (그리고 마음을) 제한다[除]. (그래서 마음은) 현람이 된다[玄覽]. 능히[能] 자가[疵] 없는 것[無]인가[乎]?〉

- 척제현람(滌除玄覽)은 세 평서문이 하나로 묶인 구문이다. 〈척한다[滌]. 제한다[除]. 현람이 된다[玄覽].〉

  척(滌)은 〈척심(滌心)〉에서 목적어 노릇할 심(心)을 생략하고, 동사 노릇하는 척(滌)만 남긴 구문이다. 여기 척(滌)은 〈씻을 세(洗) · 세(洒)〉 등과 같다. 〈마음을[心] 씻는다[滌].〉 〈씻는다[滌].〉

  제(除)는 〈제욕(除欲)〉에서 목적어 노릇할 욕(欲)을 생략하고, 동사 노릇하는 제(除)만 남긴 구문이다. 여기 제(除)는 〈없앨 거(去)〉와 같아 제거(除去)의 줄임말로 여기면 된다. 〈욕심을[欲] 제거한다[除].〉 〈제거한다[除].〉

- 능무자호(能無疵乎)에서 능(能)은 무(無)를 꾸미는 부사 노릇하고, 무(無)는 동사 노릇하고, 자(疵)는 무(無)의 주어 노릇하며 〈흠 흔(痕) · 병 병(病)〉과 같고, 호(乎)는 종결어미로 의문조사 〈~인가 호(乎)〉 노릇한다. 〈능히[能] 흠집이[疵] 없는 것[無]인가[乎]?〉

- 능무자호(能無疵乎)는 어조를 부드럽게 하는 〈능무(能無)A호(乎)〉와 같은 상용문이다. 〈A가 없을 수 있는 것[能無]인가[乎]?〉 〈A가 능히[能] 없는 것[無]인가[乎]?〉

10-4 愛民治國(애민치국) 能無爲乎(능무위호)

▶백성을[民] 아끼고[愛] 나라를[國] 다스린다[治]. (그래서 그 다스림에) 능히[能] 인위가[爲] 없는 것[無]인가[乎]?

아낄 애(愛), 백성 민(民), 다스릴 치(治), 나라 국(國), 능히 능(能), 없을 무(無), 할 위(爲), 조사(~이로다) 호(乎)

【지남(指南)】

〈애민치국(愛民治國) 능무위호(能無爲乎)〉는 수신(修身)하는 까닭을 밝힌다. 영백포일(營魄抱一)하고, 전기치유(專氣致柔)하며, 척제현람(滌除玄覽)하는 수신(修

身)은 세사(世事)를 초탈하여 은둔하려 함이 아니라 무위(無爲)로써 애민(愛民)하고 치국(治國)함에 있다. 피세(避世) 즉 세상을[世] 피하려고[避] 수신(修身)하는 것이 아니다. 백성[民]을 아끼고[愛] 나라[國]를 다스리기[治] 위하여 치자(治者)는 무위(無爲)를 행하고자 수신(修身)하는 것이다. 나라[國]를 위하여[爲] 백성[民]을 부리지 말라[不使民]는 것이 무위(無爲)의 애민치국(愛民治國)이다. 이러한 무위(無爲)의 치국(治國)은 위민(爲民) 즉 백성을[民] 위하는[爲] 다스림[治]이다. 따라서 취대국(取大國) 즉 큰 나라를[大國] 갖고자[取] 역민(役民) 즉 백성을[民] 부리는[役] 인위(人爲)의 치국(治國)과는 다르다. 천지(天地)가 만물을 다스리듯이 백성을 다스림이 무위지치(無爲之治)의 애민(愛民)이고 치국(治國)이다.

무위의[無爲之] 다스림[治]은 예악형정(禮樂刑政)이 아니라 〈현덕(玄德)〉으로 백성을 아끼고[愛] 나라를 다스림[治]이다. 유가(儒家)는 인자(仁者)가 애인(愛人)한다 하고, 도가(道家)는 성인(聖人)이 애민(愛民)한다고 한다. 치자(治者)로서 군자(君子)는 이례(以禮) 즉 예로[禮]써[以] 애인(愛人)하고, 치자(治者)로서 성인(聖人)은 이덕(以德) 즉 현덕으로[德]써[以] 애민(愛民)한다. 상도(常道)를 본받아 천지(天地)가 낳아주되[生而] 소유하지 않고[不有], 위해주되[爲而] 바라지 않으며[不恃], 보람[功]을 이루되[成而] 공(功)에 연연하지 않음[不居]이 현덕(玄德)의 행(行)이다.

이현덕치(以玄德治) 즉 현덕으로[玄德]써[以] 다스리면[治] 그것이 무위(無爲)의 애민(愛民)이고 치국(治國)이다. 그러므로 치자(治者)는 영백포일(營魄抱一) · 전기치유(專氣致柔) · 척제현람(滌除玄覽) 등의 수신(修身)으로써 애민(愛民)하고 치국(治國)함을 밝힌 말씀이 〈애민치국(愛民治國) 능무위호(能無爲乎)〉이다.

註 "번지문인(樊遲問仁) 자왈(子曰) 애인(愛人) 문지(問知) 자왈(子曰) 지인(知人) 번지미달(樊遲未達) 자왈(子曰) 거직착저왕(擧直錯諸枉) 능사왕자직(能使枉者直)." 번지가[樊遲] 어짊을[仁] 여쭈었다[問]. 공자께서[子] 가로되[曰] : 사람을[人] 사랑하는 것이다[愛]. 앎을[知] 여쭈었다[問]. 공자께서[子] 가로되[曰] : 사람을[人] 아는 것이다[知]. 번지가[樊遲] 알아듣지 못하자[未達] 공자께서[子] 가로되[曰] : 곧은 이를[直] 등용해서[擧] 곧지 못한 자[枉]와 곧은 이를[諸] 섞어두면[錯] 곧지 못한 이로[枉者] 하여금[使] 능히[能] 곧은 사람이 되게 한다[直].

『논어(論語)』「안연(顔淵)」 22

註 "인자애인(仁者愛人) 유례자경인(有禮者敬人) 애인자(愛人者) 인항애지(人恒愛之) 경인자(敬人者) 인항경지(人恒敬之)." 어진[仁] 이는[者] 남을[人] 사랑하고[愛], 예를[禮] 갖춘[有] 이는[者] 남을[人] 존경한다[敬]. 남을[人] 사랑하는[愛] 사람[者] 그를[之] 사람들도[人] 늘[恒] 사랑하고[愛], 남을[人] 존경하는[敬] 사람[者] 그를[之] 사람들도[人] 늘[恒] 존경한다[敬].

『맹자(孟子)』「이루장구하(離婁章句下)」

【보주(補註)】

- 〈애민치국(愛民治國) 능무위호(能無爲乎)〉를 〈치자애민(治者愛民) 연후타치국(然後他治國) 기치능무위호(其治能無爲乎)〉처럼 옮기면 문맥을 쉽게 잡을 수 있다. 〈치자는[治者] 백성을[民] 아낀다[愛]. 그런[然] 뒤에[後] 그는[他] 나라를[國] 다스린다[治]. 그[其] 다스림에[治] 능히[能] 인위가[爲] 없는 것[無]인가[乎]?〉
- 애민치국(愛民治國)에서 치자(治者)의 애민(愛民)은 57장(章)에 나오는 **무위(無爲)·호정(好靜)·무사(無事)·무욕(無欲)**을 환기시키고, 애민치국(愛民治國)에서 치자(治者)의 치국(治國)은 57(章)장에 나오는 **민자화(民自化)·민자정(民自正)·민자부(民自富)·민자박(民自樸)**을 환기시킨다.

註 "아무위(我無爲) 이민자화(而民自化) 아호정(我好靜) 이민자정(而民自正) 아무사(我無事) 이민자부(而民自富) 아무욕(我無欲) 이민자박(而民自樸)." 나한테[我] (내 뜻대로) 행함이[爲] 없으니까[無而] 백성은[民] 절로[自] 변화했고[化], 내가[我] (무위하여) 고요함을[靜] 좋아하니까[好而] 백성은[民] 절로[自] 바르게 되었고[正], 나한테[我] (내 뜻대로) 다스리는 일이[事] 없으니까[無而] 백성이[民] 절로[自] 부유해졌으며[富], 나한테[我] (내 뜻대로) 욕심냄이[欲] 없으니까[無而] 백성은[民] 절로[自] 그냥 그대로 되었다[樸]. 『노자(老子)』 57장(章)

【해독(解讀)】

- 〈애민치국(愛民治國) 능무위호(能無爲乎)〉는 두 평서문과 하나의 의문문으로 이루어진 한 문단이다. 〈(마음을) 척한다[滌]. {치자(治者)는} 애민한다[愛民]. {치자(治者)는} 치국한다[治國]. 능히[能] 위가[爲] 없는 것[無]인가[乎]?〉
- 애민치국(愛民治國)은 두 평서문이 하나로 묶인 구문이다. 〈애민한다[愛民]. 치국한다[治國].〉

  애민(愛民)에서 주어가 생략되었지만 애(愛)는 동사 노릇하고, 민(民)은 목적어 노릇한다. 〈{치자(治者)는} 백성을[民] 아낀다[愛].〉

  치국(治國)에서 주어가 생략되었지만 치(治)는 동사 노릇하고, 국(國)은 목적

어 노릇한다. 〈{치자(治者)는} 나라를[國] 다스린다[治].〉

- 능무위호(能無爲乎)에서 능(能)은 무(無)를 꾸미는 부사 노릇하고, 무(無)는 동사 노릇하며, 위(爲)는 무(無)의 주어 노릇하고, 호(乎)는 종결어미로 의문의 조사 〈~인가 호(乎)〉 노릇한다. 〈능히[能] 인위가[爲] 없는 것[無]인가[乎]?〉
- 능무위호(能無爲乎)는 어조를 부드럽게 하는 〈능무(能無)A호(乎)〉와 같은 상용문이다. 〈A가 능히[能] 없는 것[無]인가[乎]?〉

10-5 天門開闔(천문개합) 能爲雌乎(능위자호)

▶감지의 기관이[天門] 열리고[開] 닫힌다[闔]. 능히[能] 암컷이[雌] 되는 것[爲]인가[乎]?

하늘 천(天), 들고날 문(門), 열 개(開), 닫을 합(闔), 능히 능(能), 될 위(爲), 암컷 자(雌), 조사(~이로다) 호(乎)

【지남(指南)】

〈천문개합(天門開闔) 능위자호(能爲雌乎)〉는 수신(修身)의 방도를 밝힌다. 상도(常道)가 열기도 하고 닫기도 하는 중묘지문(衆妙之門)은 상도(常道)의 천문(天門)이다. 이 천문(天門)은 『장자(莊子)』에 나오는 무유(無有)의 문(門), 즉 조화의 문(門)이다. 모든 생물에게는 천문(天門)이 있다. 인간 역시 그 천문(天門)으로써 들숨 · 날숨을 누리고, 외물(外物)을 만나고[感], 먹고[食] 마시고[飮], 누고[屎] 싸고[尿], 생각하며[意] 산다. 이처럼 감관(感官)과 외계(外界)와 접촉함을 일러 〈천문개합(天門開闔)〉라 한다.

그러니 인간에게 천문(天門)은 요샛말로 감지기관이다. 그러니 천문(天門)의 개(開) 즉 열림은[開] 물물(物物)을 접촉함이고, 천문(天門)의 합(闔) 즉 닫음은[闔] 사물을 생각함이다. 이는 『장자(莊子)』의 정자(正者)의 문(門)을 상기시킨다. 그러므로 이 천문(天門)은 생물이 부여받은 천명(天命)이기도 하니 인간의 숨길이 있는 양미간도 천문(天門)이고, 숨이 들고나는 비공 즉 콧구멍[鼻孔]도 천문(天門)이며, 수없이 많은 털구멍도 천문(天門)이고, 구강 분강(糞腔) 요도 등등이 모두 천문(天

門)이다. 그것들이 쉼 없이 열리고[開] 닫혀야[闔] 살아갈 수 있으니, 천문(天門)을 감관(感官)과 외계(外界)가 접촉하는 관문이라 여겨도 된다.

모든 산 것들의 천문(天門)이야말로 상도(常道)가 열고 닫고 닫고 열고 하니, 중묘지문(衆妙之門)을 그대로 본받아 만물은 저마다 목숨을 누린다. 따지고보면 만물은 일음일양(一陰一陽)의 개합(開闔)인 셈이다. 일음일양(一陰一陽)의 동정(動靜)이 상도(常道)가 쓰는[用] 개합(開闔)이고, 그것을 일러 생생(生生) 즉 변화요 출입이요 왕래요 생사라 하니 이 생사를 벗어나는 상도(常道) 외에는 아무것도 없다.

생생(生生)의 천문(天門)이니, 그것은 현빈(玄牝) 즉 신묘한(玄) 암컷[牝]의 것[門]이다. 생생(生生)의 문(門)은 암컷[雌]의 것이다. 생생(生生)은 낳고[生] 낳음[生]이니 무궁(無窮)이고 불식(不息)이다. 그 문(門)의 개합(開闔)은 자연이 열고[開] 닫음[閉], 즉 생사의 문(門)이다. 무심히 그냥 그대로 열고 닫고 닫고 열고 끊임없이 왕래 · 출입하는 문(門)으로 천명(天命)의 문이다. 들숨이 날숨이 되는 것을 명(命)이라 한다. 들숨이 날숨이 되지 못하면 절명(絶命)한다. 들어간 숨이 나오지 않으면 죽음[死] 아닌가! 천문(天門)은 자연의 개합(開闔)이므로 숨이 들고 나고 나고 들어야 살 수 있다.

이 천문(天門)의 개합(開闔)을 왜 〈자(雌)〉를 들어 밝히는가? 이는 52장(章)에 나오는 **색기태(塞其兌) 폐기문(閉其門)**을 상기시킨다. 여기 천문(天門)은 52장(章)의 **기태(其兌) · 기문(其門)**, 즉 감지기관이다. 이 감지기관을 막고[塞] 닫음[閉]이란 여기 천문개합(天門開闔)의 합(闔)이다. 감지기관의 엶[開]이란 익지(益智) 즉 인간의 지혜(智慧)를 더해감[益]이고, 감지기관의 닫음[闔]이란 손지(損智) 즉 인간의 지혜(智慧)를 줄여감[損]이다. 익지(益智)할수록 심동(心動)하고, 손지(損智)할수록 심정(心靜)한다. 동(動)은 웅(雄) 즉 수컷에 비유되고, 정(靜)은 자(雌) 즉 암컷[雌]에 비유된다.

그러므로 〈능위자호(能爲雌乎)〉는 감지기관의 개합(開闔)에서 심정(心靜)을 누릴 수 있느냐고 반문함이다. 심정(心靜)이란 인지(人智)가 없어지고 인욕(人欲)이 없어져, 마음이 앞서 살핀 〈현람(玄覽)〉이 되어 법자연(法自然)의 수신(修身)으로 이어지는 것임을 살펴 새기고 헤아려 깨우치게 하는 말씀이 〈천문개합(天門開闔)

능위자호(能爲雌乎)〉이다.

註 "유호생(有乎生) 유호사(有乎死) 유호출(有乎出) 유호입(有乎入) 입출이무현기형(入出而無見其形) 시위천문(是謂天門) 천문자무유야(天門者無有也) 만물출호무유(萬物出乎無有)." 생도[生] 있어라[有乎]. 사도[死] 있어라[有乎]. 나옴도[出] 있어라[有乎]. 들어감도[入] 있어라[有乎]. 들고[入] 나되[出而] 그[其] 모습을[形] 드러냄이[見] 없다[無]. 이것을[是] 천문이라[天門] 한다[謂]. 천문이란[天門] 있음이[有] 없음[無]이다[也]. 만물은[萬物] 있음이[有] 없음에서[乎無] 나온다[出]. 『장자(莊子)』「경상초(庚桑楚)」

註 "정자정야(正者正也) 기심이위불연자(其心以爲不然者) 천문불개의(天門弗開矣)." 자기를 바르게 하는[正] 사람이[者] 남을 바로잡아주는 것[正]이다[也]. 제[其] 마음을[心] 그렇지 않은 것으로[不然] 삼는[爲] 사람한테는[者] 천문[天門] 즉 마음이[天門] 열리지 않는 것[弗開]이다[矣].

정자정야(正者正也)에서 정자(正者)는 자정지인(自正之人), 즉 스스로를[自] 바르게 하는[正之] 사람[人]이다. 정야(正也)의 정(正)은 정인(正人), 즉 남을[人] 바르게 해줌[正]이다.

『장자(莊子)』「천운(天運)」

註 "색기태(塞其兌) 폐기문(閉其門) 종신불근(終身不勤) 개기태(開其兌) 제기사(濟其事) 종신불구(終身不救)." 그[其] 이목구비를[兌] 막고[塞] 그[其] 이목구비를[門] 닫으면[閉] 평생토록[終身] 수고롭지 않다[不勤]. 그[其] 이목구비를[兌] 열고[開] 그[其] 이목구비의 짓을[事] 이루려 한다면[濟] 평생토록[終身] (위태함과 수고로움은) 구제받지 못한다[不救]. 『노자(老子)』 52장(章)

【보주(補註)】

- 〈천문개합(天門開闔) 능위자호(能爲雌乎)〉를 〈천문개합(天門開闔) 기개합능위자호(其開闔能爲雌乎)〉처럼 옮기면 문맥을 쉽게 잡을 수 있을 것이다. 〈천문은[天門] 열리고[開] 닫힌다[闔]. 그[其] 개합은[開闔] 능히[能] 암컷이[雌] 되는 것[爲]인가[乎]?〉
- 천문개합(天門開闔)에서 천문(天門)은 1장(章) **중묘지문(衆妙之門)**과 6장(章) **현빈지문(玄牝之門)**을 상기시키고, 『장자(莊子)』의 〈천문무유야(天門無有也) 만물출어무유(萬物出於無有)〉 그리고 〈이기심위불연(以其心爲不然) 천문불개야(天門不開也)〉 등의 말씀을 떠올리게 한다. 그래서 천문(天門)을 온갖[衆] 묘리의[妙之] 문(門), 이를 비유하여 암컷의[牝之] 문(門)이라 한다. 더불어 빈(牝)은 〈땅 지(地)〉의 뜻도 있다. 개(開)는 〈열릴 벽(闢)〉과 같고, 합(闔)은 〈닫을 폐(閉)〉와 같다. 〈천문이[天門] 열리고[開] 닫힌다[闔].〉

註 "중묘지문(衆妙之門)." 온갖[衆] 묘리가[妙之] 들고나는 문이다[門]. 『노자(老子)』 1장(章)

註 "현빈지문(玄牝之門) 시위천지근(是謂天地根)." 현묘한[玄] 땅의[牝之] 문(門) 이것을[是] 하늘땅의[天地] 뿌리라[根] 한다[謂]. 『노자(老子)』 6장(章)

- 능위자호(能爲雌乎)의 자(雌)는 28장(章)에 나오는 수기자(守其雌)를 상기시킨다. 웅(雄)은 동(動)이고, 자(雌)는 정(靜)이다. 천문(天門)의 열림[開]은 동(動)이고, 천문(天門)의 닫힘은[闔] 정(靜)이다. 여기서 동(動)은 마음이 외물(外物)을 접함이고, 정(靜)은 외물을 접하지 않음이다.

註 "지기웅(知其雄) 수기자(守其雌) 위천하계(爲天下谿)." 그[其] 수컷을[雄] 알고[知] 그[其] 암컷을[雌] 지키면[守] {그 지수(知守)는} 세상을[天下] 담는 시내가[谿] 된다[爲].

『노자(老子)』 28장(章)

【해독(解讀)】

- 〈천문개합(天門開闔) 능위자호(能爲雌乎)〉는 두 평서문과 하나의 의문문으로 이루어진 한 문단이다. 〈천문이[天門] 개한다[開]. 천문이[天門] 합한다[闔]. {그 개합(開闔)이} 능히[能] 자가[雌] 되는 것[爲]인가[乎]?〉
- 천문개합(天門開闔)은 두 평서문이 하나로 묶인 구문이다. 〈천문이[天門] 개한다[開]. 천문이[天門] 합한다[闔].〉

  천문개합(天門開闔)은 〈천문개(天門開) 이천문합(而天門闔)〉에서 되풀이되는 내용이므로 뒤의 이천문(而天門)을 생략하고 묶은 말투이다. 그러므로 천문개합(天門開闔)에서 천문(天門)은 개(開)와 합(闔)의 주어 노릇하고, 개(開)와 합(闔)은 동사 노릇한다. 〈천문이[天門] 열린다[開]. 그리고[而] 천문이[天門] 닫힌다[闔].〉 〈천문이[天門] 열리고[開] 닫힌다[闔].〉
- 능위자호(能爲雌乎)에서 능(能)은 위(爲)를 꾸미는 부사 노릇하고, 위(爲)는 동사 노릇하며, 자(雌)는 보어 노릇하고, 호(乎)는 종결어미로 의문조사 〈~인가 호(乎)〉 노릇한다. 〈능히[能] 암컷이[雌] 되는 것[爲]인가[乎]?〉
- 능위자호(能爲雌乎)는 어조를 부드럽게 하는 〈능위(能爲)A호(乎)〉와 같은 상용문이다. 〈능히[能] A로 되는 것[能無]인가[乎]?〉

10-6 明白四達(명백사달) 能無知乎(능무지호)

▶ 뚜렷하고[明] 거짓 없음이[白] 사방에[四] 통달한다[達]. 능히[能] 인지가[知] 없는 것[無]인가[乎]?

뚜렷할 명(明), 순백할 백(白), 사방 사(四), 이를 달(達), 능히 능(能), 없을 무(無), 마음 쓸(알) 지(知), 조사(~인가) 호(乎)

【지남(指南)】

〈명백사달(明白四達) 능무지호(能無知乎)〉는 허정지심(虛靜之心) 즉 허정한[虛靜之] 마음[心]에는 시비 · 분별을 결단하여 간택하는 지혜 즉 인지(人智)가 없어 명철(明徹)하고[明] 순백한[白] 무위(無爲)의 마음을 밝힌다.

〈명백(明白)〉의 명(明)은 마음 속의 밝음이고, 백(白)은 마음에 거짓이란 없음이니 본성(本性)을 일컬음이다. 명백사달(明白四達)의 명백(明白)은 허정지심(虛靜之心) 즉 무욕(無欲)하여 고요한[靜之] 마음이니, 이는 명료(明瞭) 즉 밝고[明] 밝아[瞭] 현명(顯明) 즉 그대로 드러나[顯] 분명해[明] 갓난애의[嬰兒之] 마음[心] 그것이다. 밝고 깨끗한 마음을 일러 〈명백(明白)〉이라 하고, 이를 허정(虛靜) · 염담(恬淡) · 적막(寂漠) · 무위(無爲)하다 하며, 그런 마음은 곧 도심(道心)인지라 〈사달(四達)〉 즉 온 사방에 통달하는 마음이다. 비고[虛] 고요한[靜] 마음은 숨기고 감출 것이 전혀 없어 무애(無碍)하므로 사달(四達) 즉 어디서나 걸림 없이 통한다[四達].

명백(明白)은 『장자(莊子)』의 **체성포신(體性抱神)**을 상기시킨다. 본성을[性] 깨우쳐[體] 정신을[神] 안아 지키는[抱] 소심(素心) 즉 순소한[淳] 마음이니, 명백(明白)이란 허정(虛靜)한 영아(嬰兒)의 마음과 같다. 명백(明白)하니 무애(無碍)하고 걸림[碍]이 없으니 사방으로 통하여 명백(明白)한 마음은 막힘이란 없다. 심지소애(心之所碍) 즉 마음의[心之] 걸림[所碍]이란 시비 가림으로 상쟁(相爭)하려는 인지(人智) 때문이다. 시비를 가리면 가릴수록 마음은[心之] 걸려드는[碍] 것[所]으로 만실(滿室)이 된다. 고요한[靜] 마음의 허실(虛室)을 인지(人智)가 채우면 명백(明白)을 제해버리고, 마음의 사달(四達)이 사색(四塞)이 된다.

마음의 사방을 막아버림[塞]이 인지(人智)이므로, 사통(四通)하는 명백지심(明

白之心)에 인위(人爲)의 시비 · 논란이 빚어내는 지식 · 지혜가 없어야 함을 밝힌 말씀이 〈명백사달(明白四達) 능무지호(能無知乎)〉이다.

註 "부명백태소(夫明白太素) 무위복박(無爲復朴) 체성포신(體性抱神) 이유세속지간자(以遊世俗之間者) 여장고경야(汝將固驚邪)." 무릇[夫] 명료한 마음이[明白] 더없이[太] 순소하여[素] 작위가[爲] 없어서[無] 자연으로[朴] 돌아오는 것처럼[復], 본성을[性] 깨우쳐[體] 정신을[神] 안아 지킴으로[抱]써[以] 세속의[世俗之] 틈바구니에서[間] 노니는[遊] 사람이라면[者] 그대가[汝] 오히려[將] 꼭[固] 놀랄 일[驚]이지[邪]! 『장자(莊子)』「천지(天地)」

【보주(補註)】

- 〈명백사달(明白四達) 능무지호(能無知乎)〉를 〈명백사달(明白四達) 이기명백능무지호(而其明白能無知乎)〉처럼 옮기면 문맥을 쉽게 잡을 수 있다. 〈명백은[明白] 사방으로[四] 통달한다[達]. 그리고[而] 그[其] 명백에[明白] 능히[能] (인위적인) 마음 씀씀이는[知] 없는 것[無]인가[乎]?〉
- 명백사달(明白四達)에서 명백(明白)은 무엇이든 조우천(照于天) 즉 자연에[于天] 비추어보는[照] 성인지심(聖人之心)이고, 나아가 사물을 있는 그대로 마주하는 영아지심(嬰兒之心) 즉 아이의[嬰兒之] 마음을[心] 말한다. 기심(機心)이란 없는 순소(淳素)한 마음을 명백(明白)이라 한다.

註 "기심존어흉중(機心存於胸中) 즉순백불비(則純白不備) 순백불비(純白不備) 즉신생부정(則神生不定) 신생부정자(神生不定者) 도지소부재야(道之所不載也)." 기계를 쓸[機] 마음이[心] 가슴 속에[於胸中] 있으면[存] 곧장[則] 순진하고[純] 결백함이[白] 없어지고[不備], 순백이[純白] 없어지면[不備] 곧장[則] 본성이[神生] 안정되지 못하고[不定], 본성이[神生] 안정되지 못한[不定] 것은[者] 상도가[道之] 실리지 못한[不載] 것[所]이다[也].

기심(機心)은 사심(詐心) 즉 속이려는[詐] 마음으로[心] 드러난다. 기심(機心)의 기(機)는 인지(人智)의 비유이고, 신생부정(神生不定)의 신생(神生)은 신성(神性) 즉 본성(本性)이다.

『장자(莊子)』「천지(天地)」

- 능무지호(能無知乎)에서 지(知)는 인위지지(人爲之知) 즉 인지(人智)를 말한다. 마음 씀씀이와 같은지라 능무지호(能無知乎)를 〈능무인지호(能無人智乎)〉로 여기고 새긴다. 〈능히[能] 인간의[人] 지혜가[智] 없는 것[無]인가[乎]?〉

- 능무지호(能無知乎)가 〈능무위호(能無爲乎)〉로 된 본(本)도 있다. 능무지호(能無知乎)의 지(知)는 인위지지(人爲之知)를 뜻하고, 능무지호(能無爲乎)의 위(爲)는 인위(人爲)를 뜻함이니 두 원문(原文)이 문의(文義)를 달리하는 것은 아니다.

【해독(解讀)】

- 〈명백사달(明白四達) 능무지호(能無知乎)〉는 한 평서문과 하나의 의문문으로 이루어진 한 문단이다. 〈명백이[明白] 사달한다[四達]. 능히[能] 지가[知] 없는 것[無]인가[乎]?〉
- 명백사달(明白四達)에서 명백(明白)은 주어 노릇하고, 사(四)는 달(達)을 꾸미는 부사 노릇하며, 달(達)은 동사 노릇한다. 〈명백이[明白] 사방으로[四] 통달한다[達].〉
- 능무지호(能無知乎)에서 능(能)은 무(無)를 꾸미는 부사 노릇하고, 무(無)는 동사 노릇하며, 지(知)는 무(無)의 주어 노릇하고, 호(乎)는 종결어미로 의문의 조사 노릇한다. 〈능히[能] 인지가[知] 없는 것[無]인가[乎]?〉
- 능무지호(能無知乎)는 〈능무(能無)A호(乎)〉와 같은 상용문이다. 〈A가 능히[能] 없는 것[無]인가[乎]?〉

① 生之(생지) 畜之(휵지)

▶ 그것[萬物]을[之] 낳아주고[生] 그것[萬物]을[之] 길러준다[畜].

낳아줄 생(生), 그것 지(之), 길러줄 휵(畜)

註 여기 10장(章)의 〈생지휵지(生之畜之)〉는 51장(章)에 〈도생지(道生之) 덕휵지(德畜之)〉로 나온다. 여기 생지휵지(生之畜之)는 10장(章)의 전구(前句)들이 밝히고 있는 주지(主旨)와 상응되지 않으므로 10장(章)에서 산거(刪去) 즉 지워서[刪] 제거해야[去] 한다는 마서륜(馬敍倫)의 설(說)을 따랐다. 따라서 51장(章)에서 〈도생지(道生之) 덕휵지(德畜之)〉의 지남(指南)·보주(補註)·해독(讀解)을 마련한다.

② 生而不有(생이불유)

▶ 낳아주되[生而] 갖지 않는다[不有].

낳아 길러줄 생(生), 그러나 이(而), 않을 불(不), 가질(둘) 유(有)

註 여기 10장(章)의 〈생이불유(生而不有)〉는 51장(章)에도 그대로 나온다. 여기 생이불유(生而不有)는 10장(章)의 전구(前句)들이 밝히고 있는 주지(主旨)와 상응하지 않으므로 10장(章)에서 산거(刪去)해야 한다는 마서륜(馬敍倫)의 설(說)을 따랐다. 따라서 51장(章)에서 생이불유(生而不有)의 지남(指南)·보주(補註)·해독(讀解)을 마련한다.

③ 爲而不恃(위이불시)

▶ 위해주되[爲而] 바라지 않는다[不恃].

위할 위(爲), 그러나 이(而), 않을 불(不), 바랄 시(恃)

註 여기 10장(章)의 〈위이불시(爲而不恃)〉는 51장(章)에도 그대로 나온다. 여기 위이불시(爲而不恃)는 10장(章)의 전구(前句)들이 밝히고 있는 주지(主旨)와 상응하지 않으므로 10장(章)에서 산거(刪去)해야 한다는 마서륜(馬敍倫)의 설(說)을 따라 51장(章)에서 위이불시(爲而不恃)의 지남(指南)·보주(補註)·해독(讀解)을 마련한다.

④ 長而不宰(장이부재)

▶ 키워주되[長而] 이래라저래라 않는다[不宰].

키워줄 장(長), 그러나 이(而), 아니 부(不), 주재(主宰)할 재(宰)

註 여기 10장(章)의 〈장이부재(長而不宰)〉는 51장(章)에도 그대로 나온다. 여기 장이부재(長而不宰) 역시 10장(章)의 전구(前句)들이 밝히고 있는 주지(主旨)와 상응하지 않으므로 10장(章)에서 산거(刪去)해야 한다는 마서륜(馬敍倫)의 설(說)을 따라 51장(章)에서 장이부재(長而不宰)의 지남(指南)·보주(補註)·해독(讀解)을 마련한다.

⑤ 是謂玄德(시위현덕)

▶ 이를[是] 현묘한[玄] 덕이라[德] 한다[謂].

이 시(是), 이를 위(謂), 현묘할 현(玄), 큰 덕(德)

註 여기 10장(章)의 〈시위현덕(是謂玄德)〉은 51장(章)에도 그대로 나온다. 여기 시위현덕(是謂玄德) 역시 10장(章)의 전구(前句)들이 밝히고 있는 주지(主旨)와 상응하지 않으므로 10장(章)에서 산거(刪去)해야 한다는 마서륜(馬敍倫)의 설(說)을 따라 51장(章)에서 시위현덕(是謂玄德)의 지남(指南)·보주(補註)·해독(讀解)을 마련한다.

허중장(虛中章)

〈무허(無虛)〉 즉 없는 것의[無虛] 작용과, 〈실유(實有)〉 즉 실로 있는 것의[實有] 작용을 밝히는 장(章)이다. 〈유여무(有與無)〉 즉 무와[與無] 유가[有] 아니라, 〈무역유(無亦有)〉 즉 무(無)이면서[亦] 유(有)의 작용을 밝힌다. 유(有)와 무(無)가 서로 의존하여 서로 작용을 미친다는 것이 11장(章)의 첫째 설명이다. 무형의 것이 유형의 것을 쓸모 있게 한다는 것이 둘째 설명이다. 없는 것이[無 · 虛] 있는 것의 피용(被用) 즉 쓰임을[被用] 주는 것을 거복(車輻) 즉 수레의 바퀴와[車輻], 기명(器皿) 즉 그릇[器皿], 그리고 거실(居室) 등을 들어 밝힌다. 거(車) · 기(器) · 실(室) 등이 사람에게 편리한 물건이 되는 이유는 저마다 공허한 곳을 간직하기 때문임을 들어 무(無) 즉 허(虛)의 소용을 밝힌다.

1장(章)에서 살핀 무(無) · 유(有)는 인간의 감관(感官)으로써는 살필 수 없는 없음[無] · 있음[有]이고, 11장(章)에서 살필 무(無) · 유(有)는 인간의 감관(感官)으로써 살필 수 있는 없음[無] · 있음[有]이다. 따라서 만물의 〈이(利)〉가 실(實)에 있고, 그 〈용(用)〉은 허(虛)에 있음을 헤아리니, 만물의 실허(實虛)로 상도(常道)의 체용(體用)을 깨우치게 한다.

만물의 이용(利用)은 유무(有無) 즉 실허(實虛)이므로, 실(實)이 허(虛)를 떠나서는 이(利)를 얻지 못하고, 허(虛)가 실(實)을 떠나서는 용(用)을 얻지 못한다. 실허상생(實虛相生)은 곧 유무상생(有無相生)이며, 나아가 실허(實虛)의 상성(相成) · 상형(相形) · 상경(相傾) · 상화(相和) · 상수(相隨)이다.

유무상생(有無相生)을 헤아려 실허(實虛)의 상용(相用)을 살필 수 있다. 만물의 실허(實虛) · 이용(利用)의 이치를 윤지부곡(輪之輻轂) · 실지호유(室之戶牖) · 기지연식(器之埏埴) 등의 비유를 들어 밝히고, 유실(有實)과 허무(虛無)가 선성(善成)하여 위순(委順)하는 묘리(妙理)를 밝혀 상도(常道)의 체(體)가 허(虛)이고, 상도(常道)의 용(用)이 실(實)임을 깨우치게 하는 장(章)이다.

【원문(原文)】

三十輻이 共一轂이니 當其無하여 有車之用이고 埏埴以爲
삼 십 복 공 일 곡 당 기 무 유 거 지 용 연 식 이 위

器에 當其無하여 有器之用이며 鑿戶牖以爲室에 當其無하
기 당 기 무 유 기 지 용 착 호 유 이 위 실 당 기 무

여 有室之用이다 故로 有之以爲利하고 無之以爲用한다
유 실 지 용 고 유 지 이 위 리 무 지 이 위 용

서른 개의[三十] 바퀴살이[輻] 하나의[一] 구멍을[轂] 함께하고[共], 그[其] 빔에[無] 응하여[當] 수레의[車之] 쓰임새가[用] 있고[有], 물에 이긴[埏] 진흙을[埴] 이용하여[以] 그릇을[器] 만들고[爲], 그[其] 빔에[無] 응하여[當] 그릇의[器之] 쓰임새가[用] 있으며[有], 외짝문과[戶] 창문을[牖] 파냄으로[鑿] 써[以] 방을[室] 만들고[爲], 그[其] 빔에[無] 응하여[當] 방의[室之] 쓸모가[用] 있다[有]. 그러므로[故] 그것이[之] 있음으로[有] 써[以] 이로운 것으로[利] 삼고[爲], 없음으로[無之] 써[以] 씀을[用] 삼는다[爲].

11-1 三十輻共一轂(삼십복공일곡) 當其無(당기무) 有車之用(유거지용)

▶서른 개의[三十] 바퀴살이[輻] 하나의[一] 구멍을[轂] 함께하고[共], 그[其] 빔에[無] 응하여[當] 수레의[車之] 쓰임이[用] 있다[有].

바퀴살 복(輻), 함께할 공(共), 바퀴구멍 곡(轂), 응할 당(當), 그 기(其),
빌[虛] 무(無), 있을(생길) 유(有), 수레 거(車), 조사(~의) 지(之), 쓰임 용(用)

【지남(指南)】

〈삼십복공일곡(三十輻共一轂) 당기무(當其無) 유거지용(有車之用)〉은 하나의 수레[車]도 4장(章) **도충**(道沖)의 충(沖)을 써야[用] 수레의 용처(用處)가 생김을 밝힌다. 바퀴가[輪] 없으면 수레는 쓸모없고, 바퀴살을[輻] 꽂아주는 안바퀴가[轂] 없으면 윤(輪)은 쓸모없고, 곡(轂)의 한가운데 빈 구멍이[孔] 없으면 곡(轂)은 쓸모없다.

수레는[車] 안바퀴의 가운데[轂中] 빈 구멍을 따라야[當] 바퀴가 굴러가고, 바퀴가 굴러가야 쓸모 있는 기물(器物)이 됨이 여기 〈당기무(當其無)〉이다. 당기무(當其無)의 〈당(當)〉은 〈응해줄 응(應)〉 즉 응당(應當)이고, 당기무(當其無)의 〈무(無)〉는 〈빈 허(虛)〉 즉 빈 구멍[穴]이다. 수레를 굴러가게 하는 바퀴[輪] 하나에도 도충(道沖)의 충(沖) 즉 허(虛)의 쓰임이 있어야 한다. 물론 이는 그 무엇이든 도덕(道德)을 떠날 수 없음을 밝힘이다. 그래서 52장(章)에서 **견소왈명**(見小曰明)이라 하고, 『중용(中庸)』에서 **치곡**(致曲)이라 한다.

여기 도덕(道德)은 〈morality〉를 옮긴 도덕(道德) · 도의(道義) · 윤리(倫理) · 도덕률(道德律) · 우의(寓意) 등과는 아무런 관계가 없다. 『노자(老子)』에서 도덕(道德)은 만물을 낳아주는 도(道)와, 만물을 길러주는 덕(德)을 말한다. 물론 도덕(道德)은 도여덕(道與德) 즉 도와(道與) 덕(德)을 말하니, 만물치고 도덕(道德) 아닌 것은 없다. 이를 만물의 당기무(當其無)라 한다. 당기무(當其無)는 〈당상조지무(當常道之無)〉 즉 상도의[常道之] 허무에[無] 순응함[當]이다. 물론 상도지무(常道之無)의 무(無)는 〈빌 허(虛)〉이니 만물이란 무(無)이면서 유(有)이다.

만물은 감지(感知)의 것인 동시에 불감지(不感知)의 것이다. 감지(感知)의 것은 실(實) 또는 기(器)로서 형이하(形而下)라 하고, 불감지(不感知)의 것은 허(虛) 또는 도(道)로 형이상(形而上)이라 한다. 실(實)은 『주역(周易)』「계사전상(繫辭傳上)」에선 형이하(形而下)의 기(器)이고, 허(虛)는 형이상(形而上)의 도(道)이다. 62장(章)에도 〈도자만물지오(道者萬物之奧)〉란 말씀이 나온다. 만물이란 눈에 보이고[視

之] 귀에 들리고[聞之] 만져볼[搏之] 수 있는 것[實器]만이 아니다. 만물은 저마다 보이지 않고[不見] 들리지 않고[不聽] 만져지지 않는[不得] 〈오(奧)〉 즉 상도(常道)를 품고 있다.

만물의 실허(實虛) 즉 상도지체용(常道之體用)에서 수레바퀴[輪]의 바퀴살[輻]로 만물의 실(實)을 비유하고, 윤(輪)의 가운데 구멍[轂]으로 만물의 허(虛)를 견주어[比] 깨우치게[喩] 한다. 이처럼 이롭게 쓰이는 기물(器物)은 실(實) · 허(虛)가 함께하여[共] 서로 합당해야 쓸모 있게 됨을 깨우치게 하는 말씀이 〈삼십복공일곡(三十輻共一轂) 당기무(當其無) 유거지용(有車之用)〉이다.

註 "도충(道沖) 이용지혹불영(而用之或不盈)." 도는[道] 빔이란[沖而] 그것을[之] 쓰나[用], {그 용(用)은} 늘[或] 가득 차지 않는다[不盈]. 『노자(老子)』 4장(章)

註 "견소왈명(見小曰明) 수유왈강(守柔曰强) 용기광(用其光) 복귀기명(復歸其明) 무유신앙(無遺身殃) 시위습상(是謂習常)." 작은 것을[小] 살펴봄이[見] 밝음[明]이고[曰], 부드러움을[柔] 지킴이[守] 강함[强]이다[曰]. 그[其] 빛을[光] 썼더라도[用] 다시[復] 그[其] 밝음으로[明] 돌아오면[歸] 자신에게[身] 재앙을[殃] 남기지[遺] 않는다[無]. 이를[是] 상도를[常] 이어 간직함이라[習] 한다[謂]. 『노자(老子)』 52장(章)

註 "치곡(致曲) 곡능유성(曲能有誠)." 세소한 것도[曲] 남김없이 살펴낸다[致]. 세소한 것에도[曲] 능히[能] 정성이[誠] 있다[有].

여기 성(誠)이란 천지도(天之道) 즉 자연의[天之] 규율을[道] 말함이다. 『중용(中庸)』 주자장구(朱子章句) 23장(章)

註 "형이상자위지도(形而上者謂之道) 형이하자위지기(形而下者謂之器)." 형이상자(形而上者) 그것을[之] 도라[道] 하고[謂], 형이하자(形而下者) 그것을[之] 기라[器] 한다[謂].

형이상자(形而上者)는 감지되지 않는 것이고, 형이하자(形而下者)는 감지되는 것이다. 『주역(周易)』「계사전상(繫辭傳上)」

【보주(補註)】

- 〈삼십복공일곡(三十輻共一轂) 당기무(當其無) 유거지용(有車之用)〉을 〈거지륜유삼십복(車之輪有三十輻) 이기삼십복공일곡(而其三十輻共一轂) 삼십복당일곡지무(三十輻當一轂之無) 소이유거지용(所以有車之用)〉처럼 옮기면 문맥을 좀 더 쉽게 잡을 수 있다. 〈수레의[車之] 바퀴에는[輪] 서른 개의[三十] 바퀴살이[輻] 있다[有]. 그리고[而] 서른 개의[三十] 바퀴살은[輻] 하나의 속바퀴와[轂]

함께한다[共]. 서른 개의[三十] 바퀴살은[輻] 한[一] 구멍의[轂] 빔에[無] 응한다[當]. 그래서[所以] 수레의[車之] 쓰임새가[用] 생긴다[有].〉

- 삼십복공일곡(三十輻共一轂)의 삼십복(三十輻)은 만물의 실(實) 즉 기(器)를 비유하고, 일곡(一轂)은 만물의 허(虛) 즉 무(無)를 비유한다.
- 당기무(當其無)에서 기무(其無)는 〈일곡지무(一轂之無)〉의 줄임이고, 당기무(當其無)의 무(無)는 공혈(孔穴) 즉 빈[孔] 구멍[穴], 즉 허(虛)를 뜻한다.
- 유거지용(有車之用)에서 거(車)는 실물(實物) 즉 기물(器物)을 말한다. 모든 기물(器物)의 쓰임[用]은 실허(實虛)가 함께하고[共], 그 공(共)이란 있는 것[實有] 없는 것[虛無]과 상응함을 〈당기무(當其無)〉라고 한 것이다.

【해독(解讀)】

- 〈삼십복공일곡(三十輻共一轂) 당기무(當其無) 유거지용(有車之用)〉은 세 평서문으로 이루어진 하나의 문단이다. 〈삼십복이[三十輻] 일곡을[一轂] 공한다[共]. {그 공(共)은} 기무에[其無] 당한다[當]. (그래서) 거지용이[車之用] 있다[有].〉
- 삼십복공일곡(三十輻共一轂)에서 삼십복(三十輻)은 공(共)의 주어 노릇하고, 공(共)은 동사 노릇하고, 일곡(一轂)은 공(共)의 목적어 노릇한다. 공(共)은 〈함께 같이할 동(同)〉과 같아 공동(共同)의 줄임이다. 〈삼십복은[三十輻] 일곡과[一轂] 같이한다[共].〉
- 당기무(當其無)에서 당(當)은 주어 노릇할 삼십복(三十輻)이 생략되었지만 동사 노릇하고, 기무(其無)는 당(當)의 목적어 노릇한다. 당(當)은 〈따라 응할 응(應)〉과 같아 응당(應當)의 줄임이고, 무(無)는 〈빌 허(虛)〉와 같아 허무(虛無)의 줄임말로 여기면 된다. 〈그[其] 무에[無] 응한다[當].〉
- 유거지용(有車之用)에서 유(有)는 〈있을 유(有)〉로 동사 노릇하고, 거지(車之)는 용(用)을 꾸며주는 형용사구 노릇하며, 용(用)은 유(有)의 주어 노릇한다. 〈수레의[車之] 쓰임이[用] 있다[有].〉
- 유거지용(有車之用)은 〈A유(有)B〉의 상용문과 같다. 〈A유(有)B〉에서 A는 유(有)를 꾸며주는 부사 노릇하고, B는 유(有)의 주어 노릇한다. 이처럼 〈있을 유(有), 없을 무(無)〉 등은 주어를 뒤에 둔다. 〈A에 B가 있다[有].〉

11-2 埏埴以爲器(연식이위기) 當其無(당기무) 有器之用(유기지용)

▶ 물에 이긴[埏] 진흙을[埴] 이용하여[以] 그릇을[器] 만들고[爲], 그[其] 빔에[無] 응하여[當] 그릇의[器之] 쓰임새가[用] 있다[有].

물에 흙을 이길 연(埏), 진흙 식(埴), 써 이(以), 만들 위(爲), 그릇 기(器), 순응할 당(當), 빌[虛] 무(無), 있을 유(有), 조사(~의) 지(之), 쓰임 용(用)

【지남(指南)】

〈연식이위기(埏埴以爲器) 당기무(當其無) 유기지용(有器之用)〉은 하나의 그릇[器]도 4장(章) 〈도충(道沖)〉의 충(沖)을 써야[用] 그릇의 용처(用處)가 생김을 밝힌다. 그릇에[器] 중허(中虛) 즉 가운데[中] 빔이[虛] 없으면 그 그릇은 쓸모가 없다. 그릇의[器] 쓰임새는 중허(中虛)를 따라야[當] 용기(容器)로서 쓸모 있는 기물(器物)이 됨이 여기 당기무(當其無)이다. 그릇 역시 수레바퀴의 가운데 구멍[轂]과 같이 허(虛)에 응해야[當] 함이 여기 당기무(當其無)이다. 음식을 담는 하나의 그릇에도 도충(道沖)의 충(沖), 즉 허(虛)의 쓰임이 있어야 한다. 그릇 역시 그릇이 되자면 도덕(道德)을 떠날 수 없음을 밝힘이다. 이 역시 만물의 당기무(當其無) 즉 〈당기지무(當器之無)〉이다.

그릇은 그릇의[器之] 빔에[無] 응함은[當] 6장(章)에서 살핀 **곡신불사(谷神不死)**를 환기시킨다. 곡(谷)은 산비탈과 산비탈 사이의 허공인 중허(中虛)를 일컬음이다. 그 곡(谷) 즉 허공은 조화의 짓이[神] 다함이 없음[不死]과 같이, 그릇의 중허(中虛) 역시 그 쓰임의 조화가 다함이 없다. 그릇이 깨져서 중허(中虛)가 없어지면 사금파리가 되어버리지만, 그릇이 중허(中虛)를 간직하고 있는 한 그 중허(中虛)에 무엇이라도 담을 수 있다. 이처럼 그릇의 당기무(當其無)도 상도의[常道之] 허무에[無] 순응함[當]이다.

물론 〈상도지무(常道之無)〉의 무(無)는 〈빌 허(虛)〉이니, 그릇 역시 만물과 같이 무(無)이면서 유(有)이다. 만물은 감지(感知)의 것인 동시에 불감지(不感知)의 것이듯, 그릇 역시 그러하다. 그릇이란 실물도 눈에 보이고[視之] 귀에 들리고[聞之] 만져볼[搏之] 수 있는 것[實器]만은 아니다. 그릇도 보이지 않고[不見] 들리지 않고 [不聽] 만져지지 않는[不得] 〈오(奧)〉 즉 상도(常道)를 품고 있다.

만물의 실허(實虛) 즉 상도지체용(常道之體用)에서 그릇의 중허(中虛)로 만물의 허(虛)를 견주어[比] 용허(用虛)를 깨우치게[喩] 한다. 이처럼 이롭게 쓰이는 기물(器物)은 실(實)·허(虛)가 서로 응당(應當)해야 쓸모 있게 됨을 깨우치게 하는 말씀이 〈연식이위기(埏埴以爲器) 당기무(當其無) 유거지용(有器之用)〉이다.

註 "곡신불사(谷神不死) 시위현빈(是謂玄牝)." 골짜기의[谷] 짖은[神] 죽지 않는다[不死]. 이를 [是] 현묘한[玄] 땅이라[牝] 한다[謂]. 『노자(老子)』 6장(章)

【보주(補註)】

- 〈연식이위기(埏埴以爲器) 당기무(當其無) 유기지용(有器之用)〉을 〈인위기이연식(人爲器以埏埴) 기기당기기지무(其器當其器之無) 소이유기지용(所以有器之用)〉처럼 옮기면 문맥을 좀 더 쉽게 잡을 수 있다. 〈사람들은[人] 물에 갠[埏] 진흙을[埴] 이용하여[以] 그릇을[器] 만든다[爲]. 그[其] 그릇은[器] 그[其] 그릇의 [器之] 빔에[無] 응한다[當]. 그래서[所以] 그릇의[器之] 쓰임새가[用] 있다[有].〉
- 연식이위기(埏埴以爲器)에서 연식(埏埴)과 기(器)는 인간이 활용한 실허(實虛)를 비유함이다. 천지(天地)의 것[實]을 가지고 인간이 만들어낸[爲] 기(器)도 자연의 사물과 같아 실허(實虛)가 합당해야 쓸모[用]를 얻을 수 있음이다.
- 당기무(當其無)에서 기무(其無)의 무(無)는 〈곡신불사(谷神不死)〉의 곡(谷)과 같이 그릇의 허중(虛中)을 말한다. 산골짜기[谷] 중간이 허공(虛空)이어서 만물이 살 듯이, 그릇도 허중(虛中) 때문에 무엇이든 담을 수 있다.

【해독(解讀)】

- 〈연식이위기(埏埴以爲器) 당기무(當其無) 유기지용(有器之用)〉 역시 세 평서문으로 이루어진 하나의 단락이다. 〈연식으로[埏埴]써[以] 기를[器] 위한다[爲]. (그릇은) 기무에[其無] 당한다[當]. 기지용이[器之用] 유한다[有].〉
- 연식이위기(埏埴以爲器)에서 연식이(埏埴以)는 위(爲)를 꾸며주는 부사구 노릇하고, 주어가 생략되었지만 위(爲)는 동사 노릇하고, 기(器)는 위(爲)의 목적어 노릇한다. 연식이(埏埴以)의 이(以)는 〈써 용(用)〉과 같고, 위기(爲器)의 위(爲)

는 〈만들 작(作)·주(做)〉 등과 같다. 〈물에 갠 진흙으로[埏埴]써[以] 그릇을[器] 만든다[爲].〉

- 당기무(當其無)에서 당(當)은 주어 노릇할 기기(其器)는 생략되었지만 동사 노릇하고, 기무(其無)는 당(當)의 목적어 노릇한다. 당(當)은 〈따라 응할 응(應)〉과 같아 응당(應當)의 줄임이고, 무(無)는 〈빌 허(虛)〉와 같아 허무(虛無)의 줄임말로 여기면 된다. 〈그[其] 무에[無] 응한다[當].〉
- 유기지용(有器之用)에서 유(有)는 〈있을 유(有)〉로 동사 노릇하고, 기지(器之)는 용(用)을 꾸며주는 형용사구 노릇하며, 용(用)은 유(有)의 주어 노릇한다. 〈그릇의[器之] 쓰임이[用] 있다[有].〉
- 유기지용(有器之用) 역시 〈A유(有)B〉의 상용문이다. 〈A유(有)B〉에서 A는 유(有)를 꾸며주는 부사 노릇하고, B는 유(有)의 주어 노릇한다. 이처럼 〈있을 유(有), 없을 무(無)〉 등은 주어를 뒤에 둔다. 〈A에 B가 있다[有].〉

11-3 鑿戶牖以爲室(착호유이위실) 當其無(당기무) 有室之用(유실지용)

▶ 외짝문과[戶] 창문을[牖] 파냄으로[鑿] 써[以] 방을[室] 만들고[爲], 그[其] 빔에[無] 응하여[當] 방의[室之] 쓸모가[用] 있다[有].

파낼 착(鑿), 문짝 호(戶), 창문 유(牖), 써 이(以), 만들 위(爲), 방 실(室), 순응할 당(當), 빌[虛] 무(無), 있을 유(有), 조사(~의) 지(之), 쓰임 용(用)

【지남(指南)】

〈착호유이위실(鑿戶牖以爲室) 당기무(當其無) 유실지용(有室之用)〉은 하나의 방(室)도 4장(章) 〈도충(道沖)〉의 충(沖)을 써야[用] 방의 용처(用處)가 생김을 밝힌다. 방으로 출입하게 하는 문(門)의 중허(中虛) 즉 가운데[中] 빔이[虛] 없으면 방은 쓸모없다. 방의[室] 쓰임새는 중허(中虛)를 따라야[當] 방이 거실(居室)로서 쓸모 있는 기물(器物)이 됨이 여기 〈당기무(當其無)〉이다. 방 역시 수레바퀴의 가운데 구멍[轂]과 그릇의 중허(中虛)와 같이 허(虛)에 응해야[當] 함이 여기 당기무(當

其無)이다. 사람이 들고나는 방의 문간에도 도충(道沖)의 충(沖), 즉 허(虛)의 쓰임이 있어야 한다. 방 역시 방이 되자면 도덕(道德)을 떠날 수 없음을 밝힘이다.

방이 방의[室之] 빔에[無] 응함[當] 역시 6장(章)에서 살핀 〈곡신불사(谷神不死)〉를 환기시킨다. 그 곡(谷) 즉 허공(虛空)은 조화의 짓이[神] 다함이 없음[不死]과 같이, 방문의 중허(中虛) 역시 그 쓰임의 조화가 다함이 없다. 집이 무너져서 문짝이 부서져 중허(中虛)가 없어지면 방문의 구실을 못하지만, 문간이 중허(中虛)를 간직하고 있는 한 그 중허(中虛)를 사람들이 무시로 드나들 수 있다. 이처럼 방문의 〈당기무(當其無)〉도 상도의[常道之] 허무에[無] 순응함[當]이다. 따라서 한낱 방문도 만물과 같이 무(無)이면서 유(有)이다.

말하자면 하나의 방문도 감지(感知)의 것인 동시에 불감지(不感知)의 것이다. 방문이 실물(實物)로서 눈에 보이고[視之] 귀에 들리고[聞之] 만져볼[搏之] 수 있는 것[實器]만은 아니다. 방문은 보이지 않고[不見] 들리지 않고[不聽] 만져지지 않는[不得] 〈오(奧)〉 즉 상도(常道)를 품고 있다.

만물의 실허(實虛) 즉 상도지체용(常道之體用)에서 방문의 중허(中虛)로 만물의 허(虛)를 견주어[比] 용허(用虛)를 깨우치게[喩] 한다. 이처럼 하나의 방문 역시 실(實)·허(虛)가 서로 응당(應當)해야 쓸모가 있음을 깨우치게 하는 말씀이 〈착호유이위실(鑿戶牖以爲室) 당기무(當其無) 유실지용(有室之用)〉이다.

【보주(補註)】

- 〈착호유이위실(鑿戶牖以爲室) 당기무(當其無) 유실지용(有室之用)〉을 〈인위실이착호유(人爲室以鑿戶牖) 기호유당기호유지무(其戶牖當其戶牖之無) 소이유호유지용(所以有戶牖之用)〉처럼 옮기면 문맥을 좀 더 쉽게 잡을 수 있다. 〈사람들은[人] 문과[戶] 창으로[牖]써[以] 방을[室] 만든다[爲]. 그[其] 호유는[戶牖] 그[其] 호유의[戶牖之] 빔에[無] 응한다[當]. 그래서[所以] 호유의[戶牖之] 쓰임새가[用] 있다[有].〉
- 착호유이위실(鑿戶牖以爲室)에서 착호유(鑿戶牖)는 벽에 구멍을 내 문과[戶] 창을[牖] 내고 그 호유(戶牖)의 중공(中空)으로 사람이 출입해야 창문의 쓰임도 생기고, 따라서 거실의 쓰임도 생김을 말한다. 창문과 방은 실(實)·허(虛)로서 유용한 것이다. 호유(戶牖)와 실(室)은 천지(天地)의 것[實·虛]으로서, 인

간이 만든[爲] 사물도 상도(常道)의 실허(實虛)에 응해야[當] 쓸모[用]를 얻을 수 있다.

- 당기무(當其無)에서 기무(其無)의 무(無)는 〈곡신불사(谷神不死)〉의 곡(谷)과 같이 방의 허중(虛中)을 말한다. 산골짜기[谷] 중간이 허공(虛空)이어서 만물이 살듯이, 방 역시 허중(虛中) 때문에 사람들이 들고나며 살 수 있는 방이 된다.
- 유실지용(有室之用)은 방[室]에 빈 데[空中]가 있어서 방이 쓸모[用] 있는[有] 기물(器物)이 됨이다. 방[室]이란 것도 허(虛)를 쓰는 기물(器物)이다.

【해독(解讀)】

- 〈착호유이위실(鑿戶牖以爲室) 당기무(當其無) 유실지용(有室之用)〉 역시 세 평서문으로 이루어진 하나의 단락이다. 〈착호유로[鑿戶牖]써[以] 실을[室] 위한다[爲]. (방은) 기무에[其無] 당한다[當]. 실지용이[室之用] 유한다[有].〉

〈착호유이위실(鑿戶牖以爲室) 당기무(當其無) 유실지용(有室之用)〉에서 착호유이위실(鑿戶牖以爲室)과 당기무(當其無)를 부사절로, 유실지용(有室之用)을 주절로 여기고 문맥을 잡으면 문의(文意)가 드러난다. 〈착유호이위실(鑿戶牖以爲室)하고 당기무(當其無)하기 때문에 실지용(室之用)이 생긴다[有].〉

- 착호유이위실(鑿戶牖以爲室)에서 착호유이(鑿戶牖以)는 위(爲)를 꾸며주는 부사구 노릇하고, 위(爲)는 동사 노릇하며, 실(室)은 위(爲)의 목적어 노릇한다. 착호유(鑿戶牖)에서 착(鑿)은 〈뚫을 천(穿)〉과 같아 천착(穿鑿)의 줄임이고, 호(戶)는 외짝문[單門]을 말하고, 유(牖)는 빛이 들게 하는 창이다. 두짝문[雙戶]은 문(門)이라 한다. 이(以)는 〈써 용(用)〉과 같고, 위실(爲室)의 위(爲)는 〈만들 작(作) · 주(做)〉 등과 같다. 〈착호유를[鑿戶牖] 써[以] 방을[室] 만든다[爲].〉
- 당기무(當其無)에서 당(當)은 주어 노릇할 기실(其室)은 생략되었지만 동사 노릇하고, 기무(其無)는 당(當)의 목적어 노릇한다. 당(當)은 〈응할 응(應)〉과 같아 응당(應當)의 줄임이고, 무(無)는 〈빌 허(虛)〉와 같아 허무(虛無)의 줄임말로 여기면 된다. 〈그[其] 무와[無] 하나가 된다[當].〉
- 유실지용(有室之用)에서 유(有)는 〈있을 유(有)〉로 동사 노릇하고, 실지(室之)는 용(用)을 꾸며주는 형용사구 노릇하며, 용(用)은 유(有)의 주어 노릇한다. 〈방의[室之] 쓰임이[用] 있다[有].〉

- 유실지용(有室之用) 역시 〈A유(有)B〉의 상용문과 같다. 〈A유(有)B〉에서 A는 유(有)를 꾸며주는 부사 노릇하고, B는 유(有)의 주어 노릇한다. 〈A에 B가 있다[有].〉

11-4 有之以爲利(유지이위리)

▶ 그것이[之] 있음으로[有] 써[以] 이로운 것으로[利] 삼는다[爲].

있을 유(有), 허사(그것) 지(之), 써 이(以), 삼을 위(爲), 이로울 리(利)

【지남(指南)】

〈유지이위리(有之以爲利)〉는 만물의 실유(實有)를 밝힌다. 여기 〈유지(有之)〉는 실유(實有) 즉 실제로서[實] 있음[有], 즉 감지(感知)되는 실물(實物)의 있음[有]이다. 수레[車] · 그릇[器] · 방[室] 등등 모든 것들은 인간이 만들어낸[爲] 실유(實有)의 사물로서 있는[有] 것들이다. 사람이 만든 기물(器物)도 상도(常道)가 만든[造] 만물처럼 실유(實有)이다. 실유(實有)란 눈에 보이고[見], 귀에 들리고[聽], 손에 잡히는[搏] 형이하(形而下)의 기물(器物)이다.

물론 기물(器物)의 실유(實有)일지라도 불시(不視) · 불문(不聞) · 불박(不搏)의 형이상(形而上)의 무(無)를 떠나 있는 것은 아니다. 상도(常道)가 낳은[生] 천지만물은 개시유역무(皆是有亦無), 즉 모든 것이[皆] 유이면서[有亦] 무(無)이기 때문이다. 인위(人爲) 즉 인간이 만든[爲] 사물은 상도(常道)가 무(無)로써 조화(造化)한 것[物]을 이용하여 만든 감지(感知)의 유(有)이다.

유지이위리(有之以爲利)의 〈이(利)〉는 〈무위지리(無爲之利)〉와 〈인위지리(人爲之利)〉를 나누어 생각하게 한다. 무위의[無爲之] 이로움은[利] 선성위순(善成委順)의 이(利)이다. 천도(天道) 즉 자연[天]의 규율을[道] 이어[善] 이루고[成], 가르침을 따라[順] 맡기는[委] 무위의[無爲之] 이로움은[利] 지공무사(至公無私)의 이(利)이다. 상도(常道)가 낳은[生之] 만물은 모두 지극히 공평하여[至公] 사사로움이 없는[無私] 이로움이어서 만물에 치우침 없이 두루두루 이롭다.

그러나 인위의[人爲之] 이로움은[利] 지공무사(至公無私)의 이(利)가 아니다. 인간이 만든[做] 기물(器物)은 이롭기도 하고 해롭기도 한 것이다. 나아가 이쪽에 이로운[利] 것[物]이면 저쪽에 해로운[害] 것[物]이 인간이 만드는 것들이다. 인간이 만든 기물(器物)은 무위(無爲)를 따른 것[物]도 있고, 무위(無爲)를 저버린 것[物]도 있는 까닭이다. 병기(兵器)란 것이 바로 인위지물(人爲之物)로서 한쪽에 이물(利物)일수록 다른 쪽에 그만큼 더 해물(害物)이 된다. 이러한 병기(兵器)란 사물은 천지(天地)에는 없다. 물론 병기(兵器)만이 아니라 인간이 만든 것이면 그 무엇이든 천지(天地)에는 없다.

상도(常道)가 낳는 만물은 모두 선성위순(善成委順)의 이물(利物)만이지만, 인간이 만들어내는 사물에는 이여해(利與害), 즉 해로움과[與害] 이로움이[利] 함께하고 있음을 살펴 새기고 헤아려 깨우치게 하는 말씀이 〈유지이위리(有之以爲利)〉이다.

【보주(補註)】

- 〈유지이위리(有之以爲利)〉를 〈실유이위리물(實有以爲利物)〉처럼 옮기면 좀 더 문맥을 쉽게 잡을 수 있다. 〈실제로[實] 있음으로[有]써[以] 이로운[利] 것으로[物] 삼는다[爲].〉
- 유지이위리(有之以爲利)에서 유지(有之)의 지(之)는 허사(虛詞)로 여기면 된다. 유지(有之)라고 하면 있음이[有] 구체적인 실유(實有), 즉 형이하(形而下)로서 있음을[有] 나타내게 된다.

【해독(解讀)】

- 〈유지이위리(有之以爲利)〉에서 유지이(有之以)는 위(爲)를 꾸미는 부사구 노릇하고, 위(爲)는 동사 노릇하며, 이(利)는 위(爲)의 목적어 노릇한다. 유지이위리(有之以爲利)에서 유지(有之)의 유(有)를 〈있을 유(有)〉로 여기면 위(爲)를 〈삼을 위(爲)〉로 새기고, 〈가질 유(有)〉로 여기면 위(爲)를 〈될 위(爲)〉로 새긴다. 어느 경우든 문의(文意)가 달라지는 것은 아니다.

  유지(有之)의 지(之)를 허사(虛詞)로서 문맥을 잡아도 되고, 앞서 살핀 기물(器物)들을 나타내는 지시어로 여기고 문맥을 잡아 새겨도 원문(原文)의 문의(文義)가 달라지지 않는다. 〈그것이[之] 있음으로[有]써[以] 이로움을[利] 삼는다[爲].〉 〈그것을[之] 가짐으로[有]써[以] 이로움이[利] 된다[爲].〉 〈있음으로[有

之]써[以] 이로움을[利] 삼는다[爲].〉 〈가짐으로[有之]써[以] 이로움이[利] 된다[爲].〉

- 유지이위리(有之以爲利)는 〈이(以)A위(爲)B〉의 상용문이다. 〈이(以)A위(爲)B〉에서 B가 추상명사면 〈삼을 위(爲)〉로 새기는 경우가 많고, B가 보통명사면 〈만들 위(爲)〉로 옮기는 경우가 많다. 〈효이위경(孝以爲鏡)=효로[孝]써[以] 거울로[鏡] 삼다[爲].〉 〈목이위상(木以爲床)=나무로[木]써[以] 밥상을[床] 만들다[爲].〉

11-5 無之以爲用(무지이위용)

▶ 없음으로[無之]써[以] 씀을[用] 삼는다[爲].

없을(텅 빌) 무(無), 허사(虛詞) 지(之), 써 이(以), 쓸 용(用)

【지남(指南)】

〈무지이위용(無之以爲用)〉은 만물의 무허(無虛)를 밝힌다. 여기 〈무지(無之)〉는 허지(虛之)이다. 즉 여기 무지(無之)는 빈[虛] 것을 말한다. 무지(無之)는 없는 것, 허(虛) 즉 빔[虛]이다. 따라서 빈 것을 용(用)으로 삼음을 밝히고 있다.

수레[車]·그릇[器]·방[室] 등은 실유(實有) 즉 실로[實] 있는 것[有]이지만, 실유(實有)가 이물(利物)이 되자면 없는 것[無] 즉 빔[虛]을 써야 한다[用]. 수레바퀴의 곡(轂)·그릇[器]의 속[中]·방[室]의 안[內] 등이 비었기[虛] 때문에 수레바퀴도 굴러가고 그릇도 무엇을 담고 방에 사람이 들고날 수가 있다. 이처럼 허(虛)가 없는 만물이란 없으니 금강석에도 빈 구멍은 있다.

무지(無之)란 아무 것도 없음이니 빔[虛]이다. 구멍[孔] 없는 것이란 없어서 허(虛)가 없는 실유(實有)란 없다. 수레를 굴러가게 하는 바퀴의 빈[孔] 구멍[竅]인 곡(轂)이 수레를 쓸모 있게 하고, 들고나게 하는 구멍인 호유(戶牖)가 방[室]을 쓸모 있게 하며, 먹을거리를 담게 하는 빈 속[虛中]이 그릇을 쓸모 있게 한다. 이처럼 실유(實有)는 무지(無之) 즉 허(虛)로 쓸모를 얻으니, 참으로 실유허야(實有虛也) 즉 실(實)에는 허(虛)가 있음[有]이다[也].

그러므로 무지이위용(無之以爲用)의 무지(無之)는 〈무실(無實)〉이다. 무실(無實)은 감지자(感知者)가 없음[無]이다. 느껴서[感] 아는[知] 것[者]이 없으니 허(虛)이고, 무실물(無實物) 즉 실물(實物)이 없음[無]이니 실물(實物)의 빈 구멍[孔竅]이고 빈 속[虛中]이다. 그러므로 있는 것[有] 즉 실(實)이 생기면[生], 없는 것[無] 즉 허(虛)가 있어야 수레가 굴러가고 방에 사람이 살고 그릇에 먹을거리를 담는 쓰임이[用] 생긴다.

만물이란 실유(實有)와 허무(虛無)가 서로 응해야[當] 이용자(利用者) 즉 이롭고[利] 쓸모 있는[用] 것이[者] 됨을 살펴 새기고 헤아려 깨우치게 하는 말씀이 〈무지이위용(無之以爲用)〉이다.

【보주(補註)】

- 〈무지이위용(無之以爲用)〉을 〈허무이위용물(虛無以爲用物)〉처럼 옮기면 좀 더 문맥을 쉽게 잡을 수 있다. 〈빔으로[虛無]써[以] 쓰는[用] 것으로[物] 삼는다[爲].〉
- 실유(實有)의 용(用)은 허(虛)로 말미암아 생긴다. 그러므로 무지(無之) 즉 허(虛)가 실유(實有)를 쓸모[用] 있는[有] 것이 되게 한다.

【해독(解讀)】

- 〈무지이위용(無之以爲用)〉에서 무지이(無之以)는 위(爲)를 꾸미는 부사구 노릇하고, 위(爲)는 동사 노릇하며, 용(用)은 위(爲)의 목적어 노릇한다. 〈없음으로[無之]써[以] 씀을[利] 삼는다[爲].〉
- 무지이위용(無之以爲用) 역시 〈이(以)A위(爲)B〉의 상용문이다. 〈이(以)A위(爲)B〉에서 B가 추상명사면 〈삼을 위(爲)〉로 새기는 경우가 많고, B가 보통명사면 〈만들 위(爲)〉로 옮기는 경우가 많다. 〈B로[以] A를 삼는다[爲].〉 〈B로[以] A를 만든다[爲].〉

위복장(爲腹章)

물욕생활(物欲生活)의 폐해(弊害) 즉 나쁨과[弊] 해로움을[害] 지적하는 장(章)이다. 관능(官能)으로써 자극을 받아 격렬하기를 탐하고, 분주하며, 음탕하게 놀아나 마음을 늘 불안하게 몰아가 안정을 잃어 비정상(非正常)의 삶을 추구한다. 이는 바깥 것들에 사로잡혀 상기어물(喪己於物)하기 때문이다. 바깥 것들에[物] 의해서[於] 자기를[己] 잃지[失] 않아야 정상(正常)의 삶을 누릴 있음을 〈위복(爲腹)〉과 〈불위목(不爲目)〉으로써 밝힌다. 따라서 무내(務內) 즉 마음을[內] 애써 닦되[務], 불무외(不務外) 즉 바깥 것들을[外] 애써 탐하지 않아야[不務] 함을 밝히는 장(章)이다.

【원문(原文)】

五色令人目盲하고 五音令人耳聾하며 五味令人口爽
오 색 령 인 목 맹 오 음 령 인 이 롱 오 미 령 인 구 상

하고 馳騁畋獵令人心發狂하며 難得之貨令人行妨한다
치 빙 전 렵 령 인 심 발 광 난 득 지 화 령 인 행 방

是以聖人爲腹 不爲目한다 故로 去彼取此한다
시 이 성 인 위 복 불 위 목 고 거 피 취 차

오색은[五色] 사람으로[人] 하여금[令] 눈을[目] 멀게 하고[盲], 오음은[五音] 사람으로[人] 하여금[令] 귀를[耳] 멀게 하며[聾], 오미는[五味] 사람으로[人] 하여금[令] 입맛을[口] 잃게 하고[爽], 말 타고 달리기와[馳騁] 새 짐승 사냥은[畋獵] 사람으로[人] 하여금[令] 마음을[心] 미치게 함을[狂] 드러나게 하며[發], 얻기[得] 어려운[難之] 재화가[貨] 사람으로[人] 하여금[令] 행동을[行] 방해한다[妨]. 이렇기[是] 때문에[以] 성인은[聖人] 배(속)을[腹] 위하지[爲] 눈(겉)을[目] 위하지 않는다[不爲]. 그러므로[故] {성인(聖人)은} 저것을[彼] 버리고[去] 이것을[此] 취한다[取].

12-1 五色令人目盲(오색령인목맹)

▶ 오색은[五色] 사람으로[人] 하여금[令] 눈을[目] 멀게 한다[盲].

다섯 오(五), 빛깔 색(色), 하여금 령(令), 눈 목(目), 눈멀 맹(盲)

【지남(指南)】

〈오색령인목맹(五色令人目盲)〉은 무위자연(無爲自然)을 받들어 행하는 삶을 누리지 못하게 함을 밝힌다. 〈오색(五色)〉은 실물(實物)의 형이하(形而下)를 보여줄 뿐, 실물(實物)의 형이상(形而上)을 보여주지 못한다. 실유(實有)를 그냥 그대로가 아니라 겉에 칠을 해서 보이게 하니, 보이는 색(色)이란 실물을 꾸며 보여주는 환(幻)이다. 꾸며 드러난 것이 실유(實有)인 줄 아는 것이 〈맹(盲)〉이다. 실리(實理)의 실(實)을 보려는 심안(心眼)을 저버리고 겉만 보는 눈[目]은 보아도[視之] 보지 못하는[不見] 눈이니 〈목맹(目盲)〉이다. 육안으로는 보이지 않는 것이 있음을 알지

못해 색(色)을 보고 실리(實理)의 실(實)을 본다고 하는 시지(視之)가 목맹(目盲)이니, 환(幻)을 실(實)로 보는[視之] 눈을 말한다.

목맹(目盲)의 눈은[目] 아무리 멀쩡하다 하되 청맹과니일 뿐이다. 목맹(目盲)의 시지(視之)가 눈으로 말미암은 혹(惑)이다. 혹(惑)은 심란(心亂)을 빚어 시비(是非) · 논란(論難)을 일으키고, 마음은 허정(虛靜)을 빼앗긴다. 허정(虛靜)이란 시비(是非) · 논란(論難)에서 온전히 벗어나 누리는 밝음[明]이니, 허정(虛靜)을 잃으면 소유(所遊) 즉 걸림 없이 노닐[所遊] 수 없어 바깥 것에 현혹(眩惑)된다. 현혹된 눈(目)은 설령 이것저것 본다 하더라도 그것은[視之] 허깨비[幻]를 실(實)로 보는 청맹(靑盲)일 뿐이다. 그래서 『장자(莊子)』에 **교리주지목(膠離朱之目)**이란 말이 나온다. 천하에 눈 밝다고 외치는 이주(離朱)의 눈을[目] 아교로 붙여버리면[膠], 문장(文章)과 오채(五彩)로써 인간의 감관(感官)을 현혹하여 심란(心亂)하게 하는 짓이 없어져 심정(心靜)을 되찾을 수 있다는 것이다.

이처럼 육안에만 매달리면 설령 눈이 밝다 한들 봉사[目盲]가 되어 색(色) 너머에 있는 사물의 자연(自然) 즉 그냥 그대로의 실(實) 즉 참을[眞] 보지 못하니, 보이는 것에만 사로잡혀 사물을 보는 마음은 사물의 자연(自然)과 멀어지게 함을 밝힌 말씀이 〈오색령인목맹(五色令人目盲)〉이다.

註 "멸문장(滅文章) 산오채(散五彩) 교리주지목(膠離朱之目) 이천하시인함기명의(而天下始人含其明矣) 훼절구승(毁絶鉤繩) 이기규구(而棄規矩) 여공수지지(攦工倕之指) 이천하시인함기교의(而天下始人含其巧矣) 고왈(故曰) 대교약졸(大巧若拙)." 무늬들을[文章] 없애버리고[滅], 오방색을[五彩] 흩어버리고[散], 이주의[離朱之] 눈을[目] 아교로 붙여버린다[膠]. 그러면[而] 세상에[天下] 비로소[始] 사람들이[人] 저마다의[其] 눈 밝음을[明] 품는다[含]. 그림쇠와[鉤] 먹줄을[繩] 부수어[毁] 없애고[絶], 또[而] 그림쇠나[規] 곱자를[矩] 버리고[棄] 공수의[工倕之] 손가락을[指] 꺾어버린다[攦]. 그러면[而] 세상에[天下] 비로소[始] 사람들이[人] 저마다의[其] 손재주를[巧] 품는다[含]. 그러므로[故] 말한다[曰] : 크나큰[大] 재주는[巧] 서투른[拙] 듯하다[若].

『장자(莊子)』「거협(胠篋)」

【보주(補註)】

- 〈오색령인목맹(五色令人目盲)〉을 〈오색령인맹기목(五色令人盲其目)〉처럼 옮기면 좀 더 쉽게 문맥을 잡을 수 있다. 〈오색은[五色] 사람으로[人] 하여금[令] 저마다의[其] 눈을[目] 멀게 한다[盲].〉

- 오색령인목맹(五色令人目盲)에서 오색(五色)은 〈청(靑) · 황(黃) · 적(赤) · 백(白) · 흑(黑)〉을 말한다. 특히 청적(靑赤)을 문(文)이라 하고, 적백(赤白)을 장(章)이라 한다. 유가(儒家)는 문장(文章)을 천문(天文)으로 천지(天地)가 보여주는 가르침이라 여긴다. 오색(五色)이 서로 섞이면 천만 가지 색깔을 내면서 시비(是非) · 분별(分別) · 호오(好惡)를 불러온다. 도가(道家)는 오색(五色)을 심란(心亂)의 꼬투리고 보고, 불가(佛家)에서도 오색(五色)을 번뇌(煩惱)의 꼬투리로 보아 같은 입장이다. 심란(心亂)과 번뇌(煩惱)는 말만 다르지 뜻함은 같다.
- 목(目)은 이(耳)와 늘 함께하므로 이목(耳目)이라 하고, 음여색(音與色)이라고도 한다. 따라서 눈[目]이 보는 색(色)과 귀가[耳] 듣는 음(音) 역시 함께하므로 음색(音色)이라 한다. 이목(耳目) · 음색(音色)을 묶어 어려운 말로 〈감리(坎離)〉라 하기도 한다. 『주역(周易)』「설괘전(說卦傳)」에 **감위이(坎爲耳) 이위목(離爲目)**이란 말이 나온다. 감(坎)은 물[水]이고 이(離)는 불[火]이니, 귀[耳]는 물소리[水聲]를 듣고 눈[目]은 불빛[火光]을 본다.

註 "감위이(坎爲耳) 이위목(離爲目)." {감괘(坎卦)의} 감은[坎] 귀[耳]이고[爲], {이괘(離卦)의} 이는[離] 눈[目]이다[爲]. 『주역(周易)』「설괘전(說卦傳)」

【해독(解讀)】

- 〈오색령인목맹(五色令人目盲)〉에서 오색(五色)은 주어 노릇하고, 영(令)은 사역의 전치사 노릇하며, 인(人)은 영(令)의 목적어 노릇해 영인(令人)은 맹(盲)을 꾸며주는 부사구 노릇하고, 목(目)은 맹(盲)의 목적어 노릇하며, 맹(盲)은 동사 노릇한다. 목맹(目盲)은 〈맹목(盲目)〉에서 목(目)을 도치한 말투이므로 목맹(目盲)을 맹목(盲目)으로 여기고, 목(目)을 맹(盲)의 목적어로 옮기면 우리말답게 된다. 색(色)은 〈빛깔 채(彩)〉와 같아 색채(色彩)의 줄임말로 여기면 되고, 목(目)은 〈눈 안(眼)〉과 같아 안목(眼目)의 줄임으로 보면 되며, 맹(盲)은 〈눈멀 고(瞽)〉와 같아 고맹(瞽盲)의 줄임이다. 〈오색은[五色] 사람으로[人] 하여금[令] 눈을[目] 멀게 한다[盲].〉
- 오색령인목맹(五色令人目盲)에서 영(令)은 사역의 전치사 노릇한다. 사역문(使役文)은 〈A영(令)B위(爲)C〉 같은 상용문으로 암기해두면 편하다. 대표적인 사

역의 전치사는 〈사(使) · 명(命) · 영(令) · 비(俾) · 교(敎) · 견(遣)〉 등등이 있다. 〈사(使) · 명(命) · 영(令) · 비(俾)〉는 〈하여금 ~하게 한다〉 노릇하고, 〈교(敎) · 견(遣)〉은 〈가르쳐[敎] ~하게 한다 · 보내서[遣] ~하게 한다〉로 쓰인다.

〈A는 B로 하여금[使] C를 하게 한다[爲].〉

〈A는 B로 하여금[命] C를 하게 한다[爲].〉

〈A는 B로 하여금[令] C를 하게 한다[爲].〉

〈A는 B로 하여금[俾] C를 하게 한다[爲].〉

〈A는 B를 가르쳐[敎] C를 하게 한다[爲].〉

〈A는 B로 보내서[遣] C를 하게 한다[爲].〉

〈시사인흥감(詩使人興感)=시는[詩] 사람으로[人] 하여금[使] 감정을[感] 일으키게 한다[興].〉

〈시교인흥감(詩敎人興感)=시는[詩] 사람을[人] 가르쳐[敎] 감정을[感] 일으키게 한다[興].〉

12-2 五音令人耳聾(오음령인이롱)

▶ 오음은[五音] 사람으로[人] 하여금[令] 귀를[耳] 멀게 한다[聾].

다섯 오(五), 소리 음(音), 하여금 령(令), 귀 이(耳), 귀먹을 롱(聾)

【지남(指南)】

〈오음령인이롱(五音令人耳聾)〉 역시 무위자연(無爲自然)을 받들어 행하는 삶을 누리지 못하게 함을 밝힌다. 〈오음(五音)〉 역시 실물(實物)의 형이하(形而下)를 들려줄 뿐, 실물(實物)의 형이상(形而上)을 들려주지는 못한다. 실유(實有)를 그냥 그대로 들려주는 것이 아니라 겉을 울려서 들리게 한다. 들리는 음(音)이란 실물(實物)을 꾸며서 들려주는 환(幻)이니, 꾸며서 들리는 것이 실유(實有)인 줄 아는 것이 곧 여기 〈농(聾)〉이다.

실리(實理)의 실(實)을 들으려는 심이(心耳)를 저버리고 겉만 듣는 귀[耳]는 들어도[聽之] 듣지 못하는[不聞] 귀이니 〈농이(聾耳)〉이다. 육이(肉耳)로는 들리지 않는 것이 있음을 알지 못해 음(音)을 듣고 실리(實理)의 실(實)을 듣는다고 하는 청지(聽之)가 곧 농이(聾耳)이다. 농이(聾耳)란 환(幻)을 실(實)로 듣는[聽之] 귀이니, 이것이 귀로 말미암은 혹(惑)이다. 그래서 『장자(莊子)』에 **색사광지이(塞師曠之耳)**이란 말이 나온다.

현혹(眩惑)된 귀[耳]가 이것저것 들을지라도 그 귀의 청지(聽之)는 허깨비[幻]를 실(實)로 듣는 농이(聾耳)일 뿐이다. 이처럼 육이(肉耳)에만 매달리면 귀 밝은 귀머거리[聾耳]가 되어 자연지성(自然之聲) 즉 자연 그대로의 소리를 듣지 못하고 사람이 꾸며낸 소리에 현혹(眩惑)된다. 자연의 참소리를 잃어버림이란 곧 마음이 자연과 멀어지게 되는 짓임을 밝힌 말씀이 〈오음령인이롱(五音令人耳聾)〉이다.

註 "탁란육률(擢亂六律) 삭절우슬(鑠絶竽瑟) 색사광지이(塞師曠之耳) 이천하시인함기총의(而天下始人含其聰矣)…… 고왈(故曰) 대교약졸(大巧若拙)." 육률을[六律] 뽑아[擢] 흩어버리고[亂], 피리와[竽] 거문고를[瑟] 태워[鑠] 없애버리고[絶], 사광의[師曠之] 귀를[耳] 막아버린다[塞]. 그러면[而] 세상에[天下] 비로소[始] 사람들이[人] 저마다의[其] 귀 밝음을[聰] 품는다[含]. …… 그러므로[故] 말한다[曰] : 크나큰[大] 재주는[巧] 서투른[拙] 듯하다[若]. 『장자(莊子)』「거협(胠篋)」

【보주(補註)】

- 〈오음령인이롱(五音令人耳聾)〉을 〈오음령인롱기이(五音令人聾其耳)〉처럼 옮기면 좀 더 쉽게 문맥을 잡을 수 있다. 〈오음은[五音] 사람으로[人] 하여금[令] 저마다의[其] 귀를[耳] 멀게 한다[聾].〉
- 오음령인이롱(五音令人耳聾)에서 오음(五音)은 〈궁(宮) · 상(商) · 각(角) · 치(徵) · 우(羽)〉를 말한다. 오음(五音)을 정음(正音)이라 하며, 오음(五音)은 서로 섞여 천만 가지 소리를 낸다. 오음(五音) 즉 정음(正音) 역시 시비(是非) · 분별(分別) · 호오(好惡)를 불러내는 정성(情聲)일 뿐이다. 도가(道家)는 오음(五音)을 심란(心亂)의 꼬투리로 보고, 불가(佛家)에서도 오음(五音)을 번뇌(煩惱)의 꼬투리로 보아 같은 입장이다.
- 이(耳)는 목(目)과 늘 함께하므로 이목(耳目)이라 하고, 음여색(音與色)이라 한다. 따라서 눈[目]이 보는 색(色)과 귀가[耳] 듣는 음(音) 역시 함께하므로 음색(音色)이라 한다. 이목(耳目) · 음색(音色)을 묶어 어려운 말로 〈감리(坎離)〉라

하기도 한다.

【해독(解讀)】

- 〈오음령인이롱(五音令人耳聾)〉에서 오색(五色)은 주어 노릇하고, 영(令)은 사역의 전치사 노릇하며, 인(人)은 영(令)의 목적어 노릇해 영인(令人)은 농(聾)을 꾸며주는 부사구 노릇하고, 이(耳)는 농(聾)의 목적어 노릇하며, 농(聾)은 동사 노릇한다. 이롱(耳聾)은 〈농이(聾耳)〉에서 이(耳)를 도치한 말투이므로 이롱(耳聾)을 농이(聾耳)로 여기고, 이(耳)를 농(聾)의 목적어로 옮기면 우리말답게 된다. 〈오음은[五音] 사람으로[人] 하여금[令] 귀를[耳] 멀게 한다[聾].〉
- 오음령인이롱(五音令人耳聾)에서 음(音)은 〈소리 성(聲)〉과 같아 음성(音聲)의 줄임이고, 농(聾)은 〈안 들릴 암(闇)〉과 같고 무문(無聞) · 무성(無聲)함을 뜻한다.
- 오음령인이롱(五音令人耳聾)에서 영(令)은 사역의 전치사 노릇한다. 사역문(使役文)은 〈A영(令)B위(爲)C〉와 같은 상용예문이다. 대표적인 사역의 전치사는 〈사(使) · 명(命) · 영(令) · 비(俾) · 교(敎) · 견(遣)〉 등이 있다. 〈사(使) · 명(命) · 영(令) · 비(俾)〉는 〈하여금 ~하게 한다〉의 사역의 전치사 노릇하고, 〈교(敎) · 견(遣)〉은 〈가르쳐[敎] ~하게 한다 · 보내서[遣] ~하게 한다〉로 쓰인다. 〈A는 B로 하여금[令] C를 하게 한다[爲].〉

12-3 五味令人口爽(오미령인구상)

▶ <u>오미는[五味] 사람으로[人] 하여금[令] 입맛을[口] 잃게 한다[爽].</u>

다섯 오(五), 맛 미(味), 하여금 령(令), 입 구(口), 잃을 상(爽)

【지남(指南)】

〈오미령인구상(五味令人口爽)〉 또한 무위자연(無爲自然)을 받들어 행하는 삶을 누리지 못함을 밝힌다. 〈오미(五味)〉 역시 실물(實物)의 형이하(形而下)를 맛보게는 하지만, 형이상(形而上)을 맛보게 하지 못한다. 실유(實有)를 그냥 그대로 맛보게 하는 것이 아니라 주로 혀[舌]로 느껴 맛보게 하는 것이 구미(口味)이다. 설(舌)

로 맛보는 맛[味] 역시 실물(實物)을 꾸며 느끼게 하는 환(幻)이다.

입[口]으로 느끼는 맛이 실유(實有)인 줄 알면, 그러한 구미(口味)가 곧 〈구상(口爽)〉의 상(爽)이다. 그래서 구상(口爽)할수록 진미(眞味)를 잃는다. 진미(眞味)란 천미(天味) 즉 자연의[天] 맛[味]이다. 조미(調味)란 인공(人工)의 맛이다. 구상(口爽)은 곧 구망(口亡)이다. 구망(口亡)이란 자연의 맛을 잃음이다. 물을 마시고 혀가 물맛 그대로를 느끼고 나물을 먹고 혀가 나물맛 그대로를 느낀다면 구상(口爽)할 리도, 본래 제 맛을 잃을[亡] 리도 없다. 온갖 양념을 쳐야 맛있다고 하는 구상(口爽)은 조미(調味)에 밝을 뿐 혀가 제 맛 볼 줄을 잃어버린다. 이처럼 실리(實理)의 실(實)을 맛보는 참맛[眞味]을 떠나 본래 제 맛을 맛보지 못함이[口亡]이 여기 구상(口爽)이다.

설미(舌味)로는 맛보지 못하는 맛이 있음을 알지 못해 실리(實理)의 실미(實味) 즉 참맛을 맛보지 못한다. 여기서 구상(口爽)은 환(幻)을 실(實)로 맛보는[味之] 멀쩡한 구설(口舌)을 말한다. 이런 상미(爽味)는 구(口)의 감촉으로 말미암은 혹(惑)이다. 현혹(眩惑)된 구설(口舌)이 이것저것을 맛볼지라도 미지(味之)는 허깨비(幻)를 실(實)로 혹(惑)하는 구상(口爽)일 뿐이다. 그러므로 진정한 미식가(美食家)라면 진미(眞美)를 탐미(耽味)하지 조미(調味)를 즐기지[耽] 않는다.

나물에 참기름을 쳐주면 나물의 진미(眞美)는 조미(調味)에 짓눌려버린다. 참으로 탐미(耽味)하는 구설(口舌)이라면 생나물의 제 맛을 즐겨[耽] 천국(天鬻)의 참맛[眞味]을 탐(耽)한다. 천국(天鬻)이란 자연이 주는 그냥 그대로의 먹을거리이다. 사람 외에는 양념 쳐서 먹는 목숨은 없다. 오미(五味)를 탐하는 구설(口舌)은 조미(調味)를 흔쾌(欣快)할 뿐이지, 천국지미(天鬻之味) 즉 자연의 참맛을 열락(悅樂)하는 구설(口舌)이 아니다. 자연의 참맛을 잃게 함은 마음이 자연과 멀어지게 하는 짓임을 밝힌 말씀이 〈오미령인구상(五味令人口爽)〉이다.

【보주(補註)】

- 〈오음령인구상(五音令人口爽)〉을 〈오미령인상기구(五味令人爽其口)〉처럼 옮기면 좀 더 쉽게 문맥을 잡을 수 있다. 〈오미는[五味] 사람으로[人] 하여금[令] 저마다의[其] 입맛을[口] 잃게 한다[爽].〉
- 오음령인구상(五音令人口爽)에서 오미(五味)는 〈산(酸) · 고(苦) · 신(辛) · 함

(鹹) · 감(甘)〉을 말한다. 오미(五味)를 정미(正味)라 하며, 정미(正味)가 서로 섞여 온갖 맛을 낸다. 오미(五味)를 그냥 그대로 탐(耽)하지 않고 오미(五味)를 가감하여 조미(調味)함은 또한 시비(是非) · 분별(分別) · 호오(好惡)를 불러내는 혼미(混味)일 뿐이다. 도가(道家)는 오미(五味)를 심란(心亂)의 꼬투리로 보고, 불가(佛家)도 번뇌(煩惱)의 꼬투리로 보는 같은 입장이다.

- 구(口)는 비(鼻)와 늘 함께하므로 구비(口鼻)라 한다. 따라서 입[口]이 맛보는 미(味)와 코가[鼻] 맡는 냄새[臭] 역시 함께하므로 취미(臭味)라 한다. 인간의 감촉을 말할 때 그 감관(感官)을 이목구비(耳目口鼻)라 하고, 그 감관(感官)의 짓을 색성미취(色聲味臭)라 한다.

【해독(解讀)】

- 〈오음령인구상(五音令人口爽)〉에서 오미(五味)는 주어 노릇하고, 영(令)은 사역의 전치사 노릇하며, 인(人)은 영(令)의 목적어 노릇해 영인(令人)은 상(爽)을 꾸며주는 부사구 노릇하고, 구(口)는 상(爽)의 목적어 노릇하며, 상(爽)은 동사 노릇한다. 〈상구(爽口)〉에서 구(口)를 도치한 말투이므로 구상(口爽)을 상구(爽口)로 여기고, 구(口)를 상(爽)의 목적어로 옮기면 우리말답게 된다. 〈오미는[五味] 사람으로[人] 하여금[令] 입맛을[口] 잃게 한다[爽].〉
- 오음령인구상(五音令人口爽)에서 구(口)는 구미(口味)의 줄임이고, 상(爽)은 여기선 〈잃을 망(亡)〉과 같아 상망(爽亡)의 줄임말로 여기면 된다. 물론 삽상(颯爽)이라 하여 상(爽)에는 〈시원하게 밝을 명(明)〉의 뜻도 있다.
- 오음령인구상(五音令人口爽)에서 영(令)은 사역의 전치사 노릇한다. 사역문(使役文)은 〈A영(令)B위(爲)C〉와 같이 상용예문으로 암기하면 편하다. 대표적인 사역의 전치사는 〈사(使) · 명(命) · 영(令) · 비(俾) · 교(敎) · 견(遣)〉 등이 있다. 〈사(使) · 명(命) · 영(令) · 비(俾)〉는 〈하여금 ~하게 한다〉의 사역의 전치사 노릇하고, 〈교(敎) · 견(遣)〉은 〈가르쳐[敎] ~하게 한다 · 보내서[遣] ~하게 한다〉의 사역의 전치사 노릇한다. 〈A는 B로 하여금[令] C를 하게 한다[爲].〉

12-4 馳騁畋獵令人心發狂(치빙전렵령인심발광)

▶ 말 타고 달리기와[馳騁] 새 짐승 사냥은[畋獵] 사람으로[人] 하여금[令] 마음을[心] 미치게 함을[狂] 드러나게 한다[發].

(말을 타고) 달릴 치(馳), (말을 타고) 달릴 빙(騁), 새 사냥 전(畋), 짐승사냥 렵(獵), 하여금 령(令), 마음 심(心), 낼 발(發), 미칠 광(狂)

【지남(指南)】

〈치빙전렵령인심발광(馳騁畋獵令人心發狂)〉 또한 무위자연(無爲自然)을 받들어 행하는 삶을 누리지 못함을 밝힌다. 〈심광(心狂)〉 즉 광심(狂心)은 심정(心情)이 격렬해져 마음이 광란(狂亂) 즉 미쳐[狂] 혼란스러움[亂]이다. 마음이 동(動)하면 귀근(歸根)을 저버리고, 마음이 정(靜)하면 귀근(歸根)한다. 마음이 정(靜)하여 귀근(歸根)하면 절로 처무위(處無爲) 즉 무위(無爲)에 머물러 살고[處], 귀근(歸根)을 저버리면 사람은 외물(外物)에 사로잡혀 분경(奔競) 즉 분주하게[奔] 경쟁하면서[競] 살아간다. 오정(五情)을 자극하는 외물(外物)에 사로잡히면 이목구비기(耳目口鼻肌)가 떨쳐나 심정(心情)이 심성(心性)을 물리고 광란(狂亂)하게 된다. 이러한 심정(心情)의 광란(狂亂)을 〈치빙(馳騁)〉과 〈전렵畋獵)〉을 비유로 들어 형언(形言)하고 있다.

왜 사람들은 스포츠에 열광하는가? 그 순간만은 동심(動心)하여 동신(動身)하고, 이목(耳目)과 전기(全肌) 즉 온몸의 근육이[肌] 오기(五氣) 즉 희로욕구우(喜怒欲懼憂) 중에서 오로지 희욕(喜欲)만 만끽하기 때문에 마음이 방탕(放蕩)해져버린다. 여기 발광(發狂)은 방탕(放蕩)이다. 노여움[怒] · 두려움[懼] · 걱정거리[憂]를 다 잊어버리고 기쁨[喜] · 바람[欲]만으로 마음[心]을 열광하게 하는 치빙(馳騁)과 전렵(畋獵)은 요즈음 말로 스포츠이다. 산하(山河)에서 말 타고 달리기[馳騁]든지 새나 짐승사냥[畋獵]에 빠지면 희욕(喜欲)에 열광한 마음이 심정(心靜)을 송두리째 저버린다. 그러면 인간은 광란에 빠져 형이하(形而下)의 동물이 된다.

오색(五色) · 오음(五音) · 오미(五味)를 탐함은 치빙전렵(馳騁畋獵)과 다를 바가 없으니, 인간을 형이하(形而下) 즉 오기(五氣)의 감정에 사로잡히게 만들어 심광

(心狂)으로 이끌어간다. 그러면 인간은 성명(性命)을 저버려 무위(無爲)의 자화(自化)·호정(好靜)의 자정(自正)·무사(無事)의 자부(自富)·무욕(無欲)의 자박(自樸)을 저버리고 상쟁(相爭)의 열정에 사로잡혀 『예기(禮記)』에 나오는 **대란지도(大亂之道)**, 즉 크나큰[大] 혼란의[亂之] 길[道] 즉 인위(人爲)의 샛길로[徑] 빠져버림을 밝힌 말씀이 〈치빙전렵령인심발광(馳騁畋獵令人心發狂)〉이다.

註 "강자협약(强者脅弱) 중자포과(衆者暴寡) 지자사우(知者詐愚) 용자고겁(勇者苦怯) 질병불양(疾病不養) 노유고독부득기소(老幼孤獨不得其所) 차대란지도야(此大亂之道也)." 센 자가[强者] 약자를[弱] 짓누르고[脅], 다수가[衆者] 소수를[寡] 짓밟고[暴], 식자가[知者] 어리석은 이를[愚] 속여먹고[詐], 용맹한 자가[勇者] 겁쟁이를[怯] 괴롭히고[苦], 병들어도[疾病] 돌보지 않고[不養], 노인과 어린이[老幼] 홀아비와 과부는[孤獨] 살 곳을[其所] 얻지 못한다[不得]. 이런 것들이[此] 대란의[大亂之] 이치[道]이다[也]. 『예기(禮記)』「악기(樂記)」

【보주(補註)】

- 〈치빙전렵령인심발광(馳騁畋獵令人心發狂)〉을 〈치빙령인광기심(馳騁令人狂其心) 이전렵령인광기심(而畋獵令人狂其心)〉처럼 옮기면 좀 더 쉽게 문맥을 잡을 수 있다. 〈치빙은[馳騁] 사람으로[人] 하여금[令] 저마다의[其] 마음을[心] 미치게 한다[狂]. 그리고[而] 전렵은[畋獵] 사람으로[人] 하여금[令] 저마다의[其] 마음을[心] 미치게 한다[狂].〉
- 치빙전렵령인심발광(馳騁畋獵令人心發狂)에서 치빙(馳騁)은 주마(走馬)와 같아 말 타고 달리기를 뜻하며, 전렵(畋獵)은 취금수(取禽獸) 즉 새[禽]와 짐승[獸]을 취하는[取] 사냥[狩]을 말한다. 광(狂)은 심동(心動)의 극(極)을 말하고, 천도(天道) 즉 자연의[天] 규율을[道] 어김으로 이어지게 하는 탐정(貪情)으로 치닫게 한다.

【해독(解讀)】

- 〈치빙전렵령인심발광(馳騁畋獵令人心發狂)〉은 〈치빙령인심발광(馳騁令人心發狂) 이전렵령인심발광(而畋獵令人心發狂)〉에서 되풀이되는 영인심발광(令人心發狂)을 생략하고, 두 구문을 한 구문처럼 합한 중문(重文)이다. 〈치빙과[馳騁] 전렵은[畋獵] 사람으로[人] 하여금[令] 마음을[心] 발광하게 한다[發狂].〉

- 치빙전렵령인심발광(馳騁畋獵令人心發狂)에서 치빙전렵(馳騁畋獵)은 주부 노릇하고, 영(令)은 사역의 전치사 노릇하며, 인(人)은 영(令)의 목적어 노릇해 영인(令人)은 발(發)을 꾸며주는 부사구 노릇하고, 심(心)은 광(狂)의 목적어 노릇하며, 발(發)은 동사 노릇하고, 광(狂)은 발(發)의 목적어 노릇한다. 심발광(心發狂)은 심(心)을 발광(發狂) 앞으로 전치한 어투로 여기고 〈발광심(發狂心)〉으로 여기고 새기면 우리말답게 된다. 치(馳)는 〈달릴 주(走)〉와 같고, 빙(騁) 또한 〈달릴 주(走)〉와 같아 치빙(馳騁)은 주마(走馬)와 같은 말이다. 전(畋)은 치전(治田) 즉 밭다듬기[治田]의 뜻이나 여기선 새 사냥을 뜻하고, 엽(獵)은 산짐승 사냥을 뜻하며, 광(狂)은 〈어지럽힐 란(亂)〉과 같아 광란(狂亂)의 줄임이다. 〈치빙과[馳騁] 전렵은[畋獵] 사람으로[人] 하여금[令] 마음을[心] 미치게 함을[狂] 드러나게 한다[發].〉
- 치빙전렵령인심발광(馳騁畋獵令人心發狂)에서 영(令)은 사역의 전치사 노릇한다. 사역문(使役文)은 〈A영(令)B위(爲)C〉와 같은 상용문으로 암기하면 편하다. 대표적인 사역의 전치사는 〈사(使) · 명(命) · 영(令) · 비(俾) · 교(敎) · 견(遣)〉 등이다. 〈A는 B로 하여금[令] C를 하게 한다[爲].〉

12-5 難得之貨令人行妨(난득지화령인행방)

▶ 얻기[得] 어려운[難之] 재화가[貨] 사람으로[人] 하여금[令] 행동을[行] 방해한다[妨].

어려울 난(難), 얻을 득(得), 재물 화(貨), 하여금 령(令), 해로울 방(妨)

【지남(指南)】

〈난득지화령인행방(難得之貨令人行妨)〉은 마음을 동(動)하게 하여 귀근(歸根)을 저버리게 하는 것 중 으뜸은 재물의 탐욕임을 일깨운다. 인욕(人欲)이 사람을 사로잡아 자연(自然)인 성(性)을 서슴없이 버리고 탐욕을 자아내는 정(情)에 휘말리게 하는 것이 재물이다. 재물을 쟁취(爭取)하려는 탐욕이 인간으로 하여금 끊임없이 상쟁(相爭)하게 하고, 인간을 불선(不善)으로 유인해 상덕(常德)을 버리고 재물을 남보다 더 많이 얻고자 탈인(奪人) 즉 남의 것을[人] 빼앗는[奪] 용심(用心)을 서슴지 않게 만든다.

남보다 더 많은 재물을 얻고자 갖은 모사(謀事)를 부리기 때문에 재물은 얻기 힘들다. 그래서 재물은 인간의 오정(五情)을 자극하여 얻으면 흔희(欣喜)하고, 잃거나 얻지 못하면 분노한다. 그러니 재물을 얻고자[欲得] 노심(勞心)하여 재물을 얻지 못할세라 두려워하고[懼] 걱정하여[憂], 인간이 심정(心靜)을 송두리째 짓밟고 상쟁(相爭)을 일삼는 형이하(形而下)의 동물처럼 돌변하는 경우를 면치 못하게 될 수도 있다. 따라서 행방(行妨) 즉 무위(無爲)를 행함이[行] 방해받고 만다.

오색(五色) · 오음(五音) · 오미(五味)를 탐함보다 재물을 탐함이 훨씬 더 인간을 강포(强暴)하게 이끌어 위선(爲善)을 뿌리치고 불선(不善)의 사도(邪道)로 빠져들게 됨을 밝힌 말씀이 〈난득지화령인행방(難得之貨令人行妨)〉이다.

【보주(補註)】

- 〈난득지화령인행방(難得之貨令人行妨)〉을 〈난득지화령인방무위지행(難得之貨令人妨無爲之行)〉처럼 옮기면 더 쉽게 문맥을 잡을 수 있다. 〈난득의[難得之] 재물은[貨] 사람으로[人] 하여금[令] 무위의[無爲之] 실행을[行] 방해하게 한다[妨].〉
- 난득지화령인행방(難得之貨令人行妨)에서 난득지화(難得之貨)는 〈난득지재물(難得之財物)〉과 같고, 여기 행방(行妨)은 〈방무위지행(妨無爲之行)〉의 줄임으로 여기면 문의(文義)가 잡힌다. 〈무위의[無爲之] 실행을[行] 방해하게 함[妨]〉

【해독(解讀)】

- 〈난득지화령인행방(難得之貨令人行妨)〉에서 난득지(難得之)는 화(貨)를 꾸며주는 형용사구 노릇하고, 화(貨)는 행(行)의 주어 노릇하며, 영(令)은 사역의 전치사 노릇하고, 인(人)은 영(令)의 목적어 노릇해 영인(令人)은 방(妨)을 꾸며주는 부사구 노릇하고, 행방(行妨)은 〈방행(妨行)〉에서 행(行)을 도치한 말투이므로 행(行)은 방(妨)의 목적어 노릇하고, 방(妨)은 동사 노릇한다. 난(難)은 〈어려울 간(艱)〉과 같아 간난(艱難)의 줄임말로 여기면 되고, 득(得)은 〈얻을 취(取)〉와 같아 취득(取得)의 줄임말로, 화(貨)는 〈재물 재(財)〉와 같아 재화(財貨)의 줄임말로, 방(妨)은 〈해칠 해(害)〉와 같아 방해(妨害)의 줄임말로 여기면 된다. 〈난

득의[難得之] 화는[貨] 사람으로[人] 하여금[令] 행동을[行] 방해하게 한다[妨].〉

● 난득지화령인행방(難得之貨令人行妨)에서 영(令)은 사역의 전치사 노릇한다. 사역문(使役文)은 〈A영(令)B위(爲)C〉와 같이 상용예문으로 암기해두면 편하다. 대표적인 사역의 전치사는 〈사(使) · 명(命) · 영(令) · 비(俾) · 교(敎) · 견(遣)〉 등이다. 〈A는 B로 하여금[令] C를 하게 한다[爲].〉

12-6 是以聖人爲腹(시이성인위복) 不爲目(불위목)

▶이렇기[是] 때문에[以] 성인은[聖人] 배(속)을[腹] 위하지[爲] 눈(겉)을[目] 위하지 않는다[不爲].

위와 같을 시(是), 때문에 이(以), 통할 성(聖), 위할(받들고 따를) 위(爲), 배(안) 복(復), 눈 목(目)

【지남(指南)】

〈성인위복불위목(聖人爲腹不爲目)〉은 성인(聖人)이 무내(務內) 즉 성정(性靜)을[內] 애써 닦음을[務] 밝힌다. 〈위복(爲腹)〉은 글대로 말하면 뱃속을[腹] 위함[爲]이다. 여기 위복(爲腹)은 안포(安飽) 즉 편안한[安] 배부름을[飽] 뜻한다. 따라서 여기 위복(爲腹)은 『장자(莊子)』에 나오는 **성수반덕(性修反德)**을 환기시킨다. 위복(爲腹)의 복(腹)은 천성(天性) 즉 허심(虛心)에 순종함이고, 외물(外物)에 현혹되지 않음이다. 그러므로 본성을 닦아[修] 상덕(常德)으로 돌아와[反] 상도(常道)와 하나가 됨을 여기 위복(爲腹)이 뜻하고 있다. 따라서 순성(順性)하여 상도(常道)와 함께함을 밝힌 말씀이 〈성인위복(聖人爲腹)〉이다.

불위목(不爲目)의 〈목(目)〉은 중인(衆人)이 본성을 떠나 외물(外物)을 추종함이다. 목(目)은 〈안이비설신의(眼耳鼻舌身意)〉를 묶어 밝힌 것으로, 불가(佛家)의 육식(六識)인 셈이다. 눈[目]이 보고 아는 것[識], 귀[耳]가 듣고 아는 것[識], 코[鼻]가 맡고 아는 것[識], 입[口]이 먹고 아는 것[識], 몸[身]이 닿아 아는 것[識], 마음[意]이 바깥 것[外物]을 아는 것[識] 등은 유어물(誘於物) 즉 바깥 것에[於物] 끌려서 현혹(眩惑)된 겉핥기 앎[識]이지, 만물지오(萬物之奧)인 도(道)의 체용(體用)을 따르는[順] 허정(虛靜)이 아니다. 허정(虛靜)이란 소유(所遊)함이니, 허심(虛心)하여 자기[己]가 없이[無] 걸림 없는 노님[所遊]이 성인(聖人)의 불위목(不爲目)으로, 56장(章)에 나오는 **색기태(塞其兌) 폐기문(閉其門)**의 **현동(玄同)**을 뜻한다.

성인(聖人)은 육식(六識)의 문(門)과 구멍[穴]을 막아 마음 속은 심연(深淵)처럼 허정(虛靜)을 누리지만, 온갖 감관(感官)의 문(門)과 구멍[穴]을 열어둔[開] 중인(衆人)의 마음 속은 불길[火] 같아 심란(心亂)을 면치 못함을 살펴 새기고 깨우치게 하는 말씀이 〈성인위복불위목(聖人爲腹不爲目)〉이다.

註 "성수반덕(性修反德) 덕지동어초(德至同於初) 동내허(同乃虛) 허내대(虛乃大)." 본성을[性] 닦으면[修] 상덕으로[德] 돌아오고[反], 상덕은[德] 시원과[於初] 지극히[至] 같다[同]. {시원(始原)과} 같음은[同] 곧[乃] 빔이고[虛], 빔은[虛] 곧[乃] 큼이다[大].

어초(於初)의 초(初)는 상도(常道)를 뜻하고, 여기 허(虛)와 대(大) 역시 상도(常道)를 뜻함이다. 『장자(莊子)』「천지(天地)」

註 "색기태(塞其兌) 폐기문(閉其門) 좌기예(挫其銳) 해기분(解其紛) 화기광(和其光) 동기진(同其塵) 시위현동(是謂玄同)." 그[其] 이목구비를[兌] 막고[塞], 그[其] 들고나는 문을(門) 닫고[閉], 그[其] 날카로움을[銳] 꺾으며[挫], 그[其] 분란을[紛] 없애고[解], 그[其] 빛냄을[光] 아우르며[和], 그[其] 속됨과[塵] 같이한다[同]. 이것들을[是] 상도와[玄] 하나임이라[同] 한다[謂].

『노자(老子)』 56장(章)

【보주(補註)】

- 〈시이(是以) 성인위복(聖人爲腹) 불위목(不爲目)〉을 〈시이(是以) 성인위복(聖人爲腹) 이시이성인불위목(而是以聖人不爲目)〉처럼 옮기면 쉽게 문맥을 잡을 수 있다. 〈이[是] 때문에[以] 성인은[聖人] 복을[腹] 위한다[爲]. 그리고[而] 이[是] 때문에[以] 성인은[聖人] 목을[目] 위하지 않는다[不爲].〉
- 성인위복(聖人爲腹)에서 위복(爲腹)은 순성(順性) 즉 본성(本性)을 따르는[順] 것이다. 위복(爲腹)의 복(腹)은 심곡(心曲) 즉 심중(心中)을 뜻하고, 육식(六識)을 떠난 허정(虛靜)한 마음 즉 허심(虛心)을 비유해준다. 허심(虛心)은 현동(玄同) 즉 상도(常道)로 돌아온 마음, 즉 천성(天性)인지라 상도와[玄] 같음[同]이다.
- 불위목(不爲目)에서 목(目)은 온갖 감어물이동(感於物而動)을 묶어 풀이함으로, 심동(心動)을 비유한다. 지금 우리는 오로지 심동(心動) 즉 온갖 의식의 작용만을 인정할 뿐, 허심(虛心)이나 심정(心靜)은 잊고 위목(爲目)을 앞세운다.

【해독(解讀)】

- 〈시이(是以)〉는 〈시고(是故)〉와 같다. 시이(是以)에서 시(是)는 앞서 나온 말씀을 묶어 나타내는 지시어 노릇하고, 이(以)는 〈때문에 고(故)〉와 같아 조사 노릇하며, 시이(是以)는 원인의 부사구 노릇한다. 〈이[是] 때문에[以]〉
- 〈성인위복(聖人爲腹) 불위목(不爲目)〉은 생략된 〈그러나 이(而)〉로 이어진 중문(重文)이다. 〈성인은[聖人] 위복한다[爲腹]. {그러나[而] 성인은} 불위목한다[不爲目].〉
- 성인위복(聖人爲腹)에서 성인(聖人)은 위(爲)의 주어 노릇하고, 위(爲)는 동사 노릇하며, 복(腹)은 위(爲)의 목적어 노릇한다. 위(爲)는 〈위할 사(事) · 따를 순(順) · 지킬 수(守) · 닦을 수(修)〉 등등과 같고, 복(腹)은 본성(本性)의 비유로 여기면 된다. 〈성인은[聖人] 본성(本性)을[腹] 위한다[爲].〉 〈성인은[聖人] 본성(本性)을[腹] 따른다[爲].〉 〈성인은[聖人] 본성(本性)을[腹] 지킨다[爲].〉 〈성인은[聖人] 본성(本性)을[腹] 닦는다[爲].〉
- 불위목(不爲目)에서 불(不)은 위(爲)의 부정사(否定詞) 노릇하고, 위(爲)는 동사 노릇하며, 목(目)은 위(爲)의 목적어 노릇한다. 위(爲)는 여기서도 〈위할 사(事) · 따를 순(順) · 지킬 수(守) · 닦을 수(修)〉 등등과 같이 여기면 되고, 목(目)은 온갖 감어물(感於物)의 정식(情識)을 묶어 나타내고 나아가 인지(人智)를 나타내기도 한다. 〈목을[目] 위하지 않는다[不爲].〉 〈목을[目] 따르지 않는다[不爲].〉 〈목을[目] 지키지 않는다[不爲].〉 〈목을[目] 닦지 않는다[不爲].〉

12-7 故去彼取此(고거피취차)

▶ 그러므로[故] {성인(聖人)은} 저것을[彼] 버리고[去] 이것을[此] 취한다[取].

그러므로 고(故), 버릴 거(去), 저것 피(彼), 취할 취(取), 이것 차(此)

【지남(指南)】

〈거피취차(去彼取此)〉의 〈거피(去彼)〉는 〈거목(去目)〉이다. 목(目)을 버림[去]이란 안이비설신의(眼耳鼻舌身意)의 육식(六識)을 버려 심동(心動)을 멀리함이다. 이는 곧 외물(外物)로써 이루어지는 인지(人智)에 현혹되지 않음이니, 여기 거피(去彼)이다. 육식(六識)의 심동(心動)은 순성(順性)을 가로막아 안거(安居)의 소유(所遊)를 누릴 수 없게 하므로 성인(聖人)은 거목(去目)한다.

여기 〈취차(取此)〉란 〈취복(取腹)〉이다. 여기 〈복(腹)〉이란 성수(性修) · 반덕(反德) · 현동(玄同) 등을 비유하여 심정(心靜)을 누림을 뜻한다. 중인(衆人)은 육식(六識)의 심동(心動)을 추구하여 탐욕(貪欲)하고, 한사코 거복(去腹)하고 취목(取目)하여 인위(人爲)의 삶을 추구한다. 그러나 성인(聖人)은 거목(去目)하고 취복(取服)하여 무위(無爲)의 삶을 누림을 거듭 살펴 새기고 헤아려 깨우치게 하는 말씀이 〈거피취차(去彼取此)〉이다.

【보주(補註)】

- 〈거피취차(去彼取此)〉를 〈시이(是故) 성인거목(聖人去目) 이성인취복(而聖人取腹)〉처럼 옮기면 쉽게 문맥을 잡을 수 있다. 〈이[是] 때문에[故] 성인은[聖人] 눈을[目] 버린다[去]. 그리고[而] 이[是] 때문에[故] 성인은[聖人] 배를[腹] 취한다[取].〉
- 거피취차(去彼取此)에서 거피(去彼)의 피(彼)는 안이비설신의(眼耳鼻舌身意)의 육식(六識)이 자아내는 심동(心動) · 욕심(欲心) 등으로 보면 되고, 취차(取此)의 차(此)는 육식(六識)의 문(門)과 구멍[穴] 즉 모든 감촉의 기관을 떠나 순성(順性)하는 심정(心靜) · 허심(虛心) 등으로 헤아리면 된다.

【해독(解讀)】

- 고(故)는 〈시고(是故)〉의 줄임이다. 시고(是故)에서 시(是)는 앞서 나온 말씀을 묶어 나타내는 지시어 노릇하고, 고(故)는 〈때문에 이(以)〉와 같아 조사 노릇하며, 시고(是故)는 원인의 부사구 노릇한다. 〈이[是] 때문에[故]〉
- 거피취차(去彼取此)는 주어가 생략되었지만, 〈그러나 이(而)〉로 이어진 중문(重文)이다. 〈{성인(聖人)은} 피를[彼] 거한다[去]. {그러나[而] 성인은} 차를[此] 취한다[取].〉
- 거피(去彼)에서 주어는 생략되었지만 거(去)는 동사 노릇하고, 피(彼)는 거(去)의 목적어 노릇한다. 거(去)는 〈버릴 사(捨) · 기(棄)〉 등과 같다. 〈{성인(聖人)은}

저것을[彼] 버린다[去].〉

- 취차(取此)에서 주어는 생략되었지만 취(取)는 동사 노릇하고, 차(此)는 취(取)의 목적어 노릇한다. 취(取)는 〈얻을 득(得)〉과 같아 취득(取得)의 줄임말로 여기면 된다. 〈{그러나[而] 성인은} 이것을[此] 취한다[取].〉

총욕장(寵辱章)

〈총(寵)〉과 〈욕(辱)〉을 비유로 들어 〈귀신(貴身)〉을 강조하는 장(章)이다. 특히 치자(治者)는 귀신(貴身) 즉 제 몸을[身] 소중히 하고 받들어야 함을 밝힌다.

총(寵)과 욕(辱)을 들어 길흉의 근원이 저 자신에[身] 있음을 밝힌다. 총애는[寵] 길(吉) 즉 행복이고, 굴욕은[辱] 흉(凶) 즉 불행이라고 여기지 말라 한다. 총(寵)도 자신의 존귀(尊貴)를 손상시키고, 욕(辱) 역시 그 자신의 존귀(尊貴)를 손상시킴을 일깨워, 이러한 손상은 앞 장에서 살핀 〈위복(爲腹)〉에서 비롯되는 것이 아니라 오직 〈위목(爲目)〉에서 비롯됨을 깨우치게 한다.

동시에 앞 장에서 살핀 〈위복(爲腹)〉이 〈귀신(貴身)〉으로 이어지고, 〈위목(爲目)〉이 〈망신(亡身)〉으로 이어짐을 또한 깨우치게 하여 제 몸을 스스로 경시(輕視)하지 말고 중시(重視)해야 함을 일깨우는 장(章)이다.

【원문(原文)】

寵辱은 若驚이고 貴大患은 若身이다 何謂寵辱若驚인가 寵爲下이다 得之若驚하고 失之若驚한다 是謂寵辱若驚이라 何謂貴大患若身인가 吾所以有大患者는 爲吾有身이니 及吾無身이면 吾有何患이겠나 故로 貴以身爲天下는 若可寄天下이고 愛以身爲天下는 若可託天下이다

총욕 약경 귀대환 약신 하위총욕약경 총위하 득지약경 실지약경 시위총욕약경 하위귀대환약신 오소이유대환자 위오유신 급오무신 오유하환 고 귀이신위천하 약가기천하 애이신위천하 약가탁천하

총애도[寵] 굴욕도[辱] (다 같이) 두려함과[驚] 같고[若], 큰[大] 우환을[患] 중히 여김은[貴] 몸을 중히 여김과[身] 같다[若]. 무엇을[何] 은총과[寵] 굴욕은[辱] 두려움과[驚] 같다고[若] 하는가[謂]? 은총도[寵] 아랫것이[下] 된다[爲]. 그것을[之] 얻음도[得] 두려움과[驚] 같고[若], 그것을[之] 잃음도[失] 두려워함과[驚] 같다[若]. 이를[是] 총욕은[寵辱] 두려워함과[驚] 같다고[若] 한다[謂]. 무엇을[何] 큰[大] 우환을[患] 중히 여김은[貴] 몸과[身] 같다고[若] 하는가[謂]? 나에게[吾] 큰[大] 우환이[患] 있는[有] 바의[所] 까닭이란[以] 것은[者] 나에게[吾] 몸이[身] 있기[有] 때문이다[爲]. 만약[及] 나에게[吾] 몸이[身] 없다면[無] 나에게[吾] 무슨[何] 우환이[患] 있겠는가[有]? 그러므로[故] 몸을[身] 중시함으로[貴]써[以] 세상을[天下] 위함은[爲] 세상을[天下] (자연에) 맡길 수 있는 것과[可寄] 같고[若], 몸을[身] 아낌으로[愛]써[以] 세상을[天下] 위함은[爲] 세상을[天下] (자연에) 맡길 수 있는 것과[可託] 같다[若].

13-1 寵辱若驚(총욕약경)

▶ 총애도[寵] 굴욕도[辱] (다 같이) 두려함과[驚] 같다[若].

(은혜를) 얻을 총(寵), (은혜를) 잃을 욕(辱), 같을 약(若), 두려워할 경(驚)

【지남(指南)】

〈총욕약경(寵辱若驚)〉은 〈총(寵)〉과 〈욕(辱)〉은 다 같이 두려운 것임을 밝힌다. 여기 총욕(寵辱)은 총여욕(寵與辱) 즉 욕과[與辱] 총(寵)이다. 여기 총(寵)은 천은(天恩)의 총(寵)이 아니라 군왕이 내리는 총(寵)이고, 여기 욕(辱) 역시 군왕의 은총(恩寵)을 잃어버린 욕(辱)이다. 천은(天恩)에는 욕(辱)이란 것이 없다. 따라서 여기 총(寵)은 군왕에게 은총(恩寵)을 받음이고, 욕(辱)은 군왕에게 굴욕을 당함이다. 총욕(寵辱)의 총(寵)은 공명을 얻음[得]이고, 욕(辱)은 공명을 잃음[失]이다.

총(寵)을 좋아하고[好] 욕(辱)을 싫어함[惡]은 총(寵)과 욕(辱)이 〈전후상수(前後相隨)〉의 천도(天道)를 모르기 때문이다. 총(寵)은 늘 영화로 이어지고 욕(辱)은 늘 치욕으로 남는 것이 아니다. 총(寵)과 욕(辱)을 서로 다른 것으로 여김은, 매사가 변화하는 자연의[天] 규율을[道] 모르는 미혹(迷惑)일 뿐이다. 총(寵)의 두려움[驚]이란 자신을 낮추라[爲下] 함이고, 지위가 높다 하여 건방떨지[驕] 말라 함이며, 부유하다고 사치하지[奢] 말라 함이다. 욕(辱)의 두려움[驚]이란 자신을 잃지[失] 말라 함이고, 자신을 천하게 하지 말아 더욱 청정(淸正)하라 함이다. 그러므로 총욕(寵辱)이란 피고지는[開落] 꽃과 같다.

화개(花開)가 총(寵)이라면, 화락(花落)은 욕(辱)이다. 피는 꽃을 기뻐하고 지는 꽃을 슬퍼할 것은 없다. 피는 꽃도 천도(天道)이고 지는 꽃도 천도(天道)이듯, 피는 꽃은 길하고 지는 꽃은 흉한 것이 아니다. 『장자(莊子)』에 **낙야자시어구(樂也者始於懼)**란 말이 나온다. 왜 즐거움[樂]이란[也] 것은[者] 두려움에서[於懼] 시작되는가[始]? 은총(恩寵)을 입는다고 마냥 즐거워할 것이 아님을 상기하면 〈총욕(寵辱)은 경(驚)과 같다[若]〉는 말씀을 헤아릴 수 있다. 총욕(寵辱)의 총(寵)도 경(驚)이고 욕(辱) 또한 경(驚)이라 함은, 총욕(寵辱)이 왕래함을 사무쳐야 함이다.

총욕(寵辱)의 두려움을[驚] 겪지 않으려면 애당초 총(寵)이란 것을 탐하지 않으면 된다. 그래서 『채근담(菜根譚)』에 **한간정전(閒看庭前) 화개화락(花開花落)**이란 말이 나온다. 꽃 피고[花開] 꽃 짐을[花落] 하염없이[閒] 바라봄[看]이란 총욕(寵辱)을 벗어났음이다. 성인(聖人)을 본받는[法] 사람이라면 매사가 길흉의 가고[往] 옴[來]을 알기에 두려워하면서도[懼] 당황하지[惶] 않고, 은총(恩寵)에 매달리지 않는다. 총(寵)이 왔으면[往] 곧 갈 것[來]이고 욕(辱) 역시 왔으면 곧 갈 것인지라, 총(寵)이라 환호할 것 없고 욕(辱)이라 절망할 것 없이 총욕(寵辱)을 다 같이 두려워할[驚] 것임을 살펴 새기고 헤아려 깨우치게 하는 말씀이 〈총욕약경(寵辱若驚)〉이다.

註 "낙야자시어구(樂也者始於懼) 구고수(懼故祟)." 낙이란[樂也] 것은[者] 두려워함에서[於懼] 비롯한다[始]. 두려워하기[懼] 때문에[故] 빌미가 된다[祟].

구고수(懼故祟)의 수(祟)는 잘못하면(탐욕하면) 화를 자초함을 천지(天地=鬼神)가 미리 알게 하고자 경인(警人), 즉 사람을[人] 일깨워줌[警]이다. 『장자(莊子)』「천운(天運)」

註 "총욕불경(寵辱不驚) 한간정전(閒看庭前) 화개화락(花開花落) 거류무의(去留無意) 만수천외운권운서(漫隨天外雲券雲舒)." 영화와[寵] 치욕에[辱] 놀라지 않고[不驚] 뜰[庭] 앞에서[前] 꽃이[花] 피고[開] 짐을[落] 하염없이[閒] 바라본다[看]. 가고[去] 머묾에[留] 뜻[意] 없어[無] 하늘 밖[天外] 구름이[雲] 일고[券] 스러짐을[舒] 그냥[漫] 따라간다[隨].

『채근담(菜根譚)』「후집(後集)」 70조(條)

【보주(補註)】

- 〈총욕약경(寵辱若驚)〉을 〈총약경(寵若驚) 이욕약경(而辱若驚)〉처럼 옮기면 쉽게 문맥을 잡을 수 있다. 〈은총도[寵] 경황[驚] 서럽다[若]. 그리고[而] 굴욕도[辱] 경황[驚] 서럽다[若].〉
- 총욕약경(寵辱若驚)에서 총(寵)은 득영화(得榮華)를 뜻하고, 욕(辱)은 실영화(失榮華)를 뜻한다. 영화(榮華)를 얻고[得] 놀라워함[驚]은 높은 자리에 있을수록 심위(深危)를 마주함과 같음을 알기 때문이다. 영화(榮華)를 잃고[失] 경(驚)함은 처욕(處辱) 즉 치욕(恥辱)을 받아들이면[處] 오히려 더 심한[深] 낭패[危]를 멀리할 수 있음을 알아서이다.

【해독(解讀)】

- 〈총욕약경(寵辱若驚)〉에서 총욕(寵辱)은 주어 노릇하고, 약(若)은 동사 노릇하며, 경(驚)은 보어 노릇한다. 〈총욕은[寵辱] 놀라움과[驚] 같다[若].〉
- 총욕약경(寵辱若驚)에서 총(寵)은 〈얻을 득(得)〉과 같고, 욕(辱)은 〈잃을 실(失)〉과 같아 총욕(寵辱)은 득실(得失)과 같다. 물론 총(寵)은 〈사랑할 애(愛) · 은혜로울 은(恩)〉 등의 뜻도 있다. 득애(得愛) · 득은(得恩)이 총(寵)이고, 실애(失愛) · 실은(失恩)이 욕(辱)인 셈이며, 약(若)은 〈같을 여(如) · 사(似) · 유(猶)〉 등과 같고, 경(驚)은 〈놀라울 황(惶)〉과 같아 경황(驚惶)의 줄임말로 여기면 된다. 〈아낌

을[愛] 얻고[得] 은혜를 얻음[得]〉〈아낌을[愛] 잃고[失] 은혜를 잃음[失]〉

● 총욕약경(寵辱若驚)은 〈A약(若)B〉와 같은 상용문이다. 〈A는 B와 같다[若].〉

13-2 貴大患若身(귀대환약신)

▶ 큰[大] 우환을[患] 중히 여김은[貴] 몸을 중히 여김과[身] 같다[若].

중히 여길 귀(貴), 큰 대(大), 우환 환(患), 같을 약(若), 제 몸 신(身)

【지남(指南)】

〈귀대환약신(貴大患若身)〉은 〈대환(大患)〉은 모면(謀免)하려고 꾀할 것이 아니라 중시(重視)해야 할 것임을 밝힌다. 대환(大患)을 귀중히[貴] 함이란 대환(大患)을 피하고자 꾀부림을 할 것이 아니라 대환(大患)의 빌미를 지을세라 두려워하라 함이고, 그리고 대환(大患)이 미쳤다면 그 대환(大患)을 피하고자 꾀부림 하지 말라 함이다. 대환(大患)을 꾀부림 할수록 천신(賤身) 즉 자신을[身] 천하게[賤] 하다가, 결국 망신(亡身) 즉 자신을[身] 망치고[亡] 만다. 그러므로 커다란[大] 불행이[患] 닥친 꼬투리가 자기의 밖에 있는 것이 아니라 바로 자기 안에 있음을 깨우치게 함이 여기 귀대환(貴大患)의 〈귀(貴)〉이다. 『논어(論語)』에도 **군자구저기(君子求諸己)**란 말이 나온다. 군자(君子)도 잘못을 자기한테서 찾는데[求] 하물며 성인(聖人)이야 더 말할 것이 없다.

귀대환(貴大患)의 〈환(患)〉은 심신(心身)을 괴롭힘이다. 근심하게[憂] 하고 걱정하게[慮] 하게 하는 대환(大患)을 겪음은 그 이전에 탐욕을 부렸기 때문이다. 탐욕이 없으면 대환(大患)이 따라와 심신(心身)을 괴롭힐 리 없다. 그러므로 귀대환약신(貴大患若身)이란 탐욕하지 말라 함이다. 귀대환(貴大患)은 곧 탐욕을 두려워하라 함과 같다. 탐욕이란 경대환(輕大患) 때문에 생긴다. 탐욕은 대환(大患)을 가볍게[輕] 여기기 때문에 탐욕하면 대환(大患)을 피할 수 없다. 그러나 귀대환(貴大患) 즉 중대환(重大患)하면 탐욕을 부리지 않는 법이다. 따라서 여기 귀대환(貴大患)은 곧장 자신[身]으로 이어진다.

여기 귀대환약신(貴大患若身)의 〈신(身)〉은 곧 〈귀신(貴身)〉의 줄임이다. 이 귀신(貴身)은 13장(章)의 근지(根旨) 즉 뿌리가 되는[根] 뜻[旨]이나 다름없다. 자신을 [身] 귀중히[貴] 함은 바로 19장(章)에 나오는 **견소포박(見素抱樸)** 즉 그냥 그대로를 [素] 살피고[見] 그냥 그대로를[樸] 간직해 지키는[抱] 삶으로 이어져, 소사과욕(少私寡欲) 즉 제 몫을[私] 적게 하고[少] 욕망을[欲] 적게 하는[寡] 삶을 누리게 된다. 그러면 저절로 여기 귀대환(貴大患)은 이루어진다. 그러니 대환(大患)을 중시함은 [貴] 곧 제 몸을[身] 중시함[貴]이다.

온갖 욕망에 끌려 경신(輕身) 즉 제 몸을 경시(輕視)하면 대환(大患)을 자초하고 만다. 누구이든 다사과욕(多私過欲) 즉 제 몫을[私] 많게 하고[多] 욕망을[欲] 지나치게 하면[過] 경대환(輕大患)하여 천신(賤身) 즉 자신을[身] 천하게[賤] 한다. 천신(賤身)하면 결국 망신(亡身) 자신을[身] 망지고[亡] 만다. 그래서 44장(章)에 **명여신숙친(名與身孰親) 신여화숙다(身與貨孰多)**란 말씀이 나온다.

자신[身]보다 명성을[名] 가까이하거나[親] 자신[身]보다 재물을[貨] 소중히[多] 하면 결국 경대환(輕大患)으로 이끌려 천신(賤身)하고 망신(亡身)하게 된다. 따라서 여기 귀신(貴身)은 『장자(莊子)』에 나오는 **허실생백(虛室生白)**과 동시에 **불탕흉중즉정(不盪胸中則正)**을 환기시켜준다. 텅 빈 방이[虛室] 밝음을[白] 낳듯이[生] 텅 빈 마음[虛心] 역시 생백(生白)하여 마음 속이[胸中] 혼동되지 않아[不盪] 올발라져 [正] 귀신(貴身) 즉 몸을[身] 귀중히[貴] 하게 된다. 그러므로 거듭 밝히지만, 여기 〈귀대환(貴大患)〉은 곧 〈귀신(貴身)〉이다.

제 몸을[身] 중시하면[貴] 따라서 정신(正身) 즉 몸을[身] 바르게 한다[正]. 정신(正身)의 정(正)이란 〈정(靜) · 명(明) · 허(虛)〉를 묶어 밝힘이니, 마음이 고요하면 [靜] 마음이 밝고[明] 마음이 밝으면[明] 마음이 텅 비어[虛] 무사(無私)하고 무욕(無欲)하여 무아(無我)의 삶을 누림을 묶어 〈정신(正身)〉이라 한다. 이러한 정신(正身)을 위하여 귀신(貴身)하는 것이다. 그러므로 여기 귀신(貴身)은 곧 정신(正身)으로 이어져 28장(章)에 나오는 **복귀어박(復歸於樸)**을 상기시킨다.

제 몸을[身] 중시하면[重視] 절로 귀대환(貴大患), 즉 커다란[大] 우환(憂患)을 중시하여[貴] 대환(大患)을 자초할세라 두려워하게[驚] 된다. 따라서 자연으로[於樸] 돌아와[復歸] 자연(自然)을 본받아[法] 삶을 누리게 하는 〈귀신(貴身)〉을 살펴 새기고 헤아려 깨우치게 하는 말씀이 〈귀대환약신(貴大患若身)〉이다.

註 "자왈(子曰) 군자구저기(君子求諸己) 소인구저인(小人求諸人)." 공자가[子] 말했다[曰] : 군자는[君子] 자기[己]한테서 잘못을[諸] 찾고[求], 소인[小人]은 남[人]한테서 잘못을[諸] 찾는다[求].

『논어(論語)』「위령공(衛靈公)」 20

註 "견소포박(見素抱樸) 소사과욕(少私寡欲)." 그냥 그대로를[素] 살피고[見], 그냥 그대로를[樸] 간직해 지키며[抱], 제 몫을[私] 적게 하고[少], 욕망을[欲] 적게 한다[寡].

『노자(老子)』 19장(章)

註 "명여신숙친(名與身孰親) 신여화숙다(身與貨孰多)." 명성과[名與] 몸 중에서[身] 어느 것을[孰] 가까이하는가[親]? 몸과[身與] 재물 중에서[貨] 어느 것을[孰] 소중히 하는가[多]?

『노자(老子)』 44장(章)

註 "첨피궐자(瞻彼闋者) 허실생백(虛室生白)." 저[彼] 비운[闋] 것을[者] 자세히 봐라[瞻]. 텅 빈[虛] 방이[室] 밝음을[白] 낳고 있지 않느냐[生].

허실(虛實)은 허심(虛心)의 비유이고, 허정(虛靜) · 염담(恬淡) · 적막(寂漠)의 무위지심(無爲之心)을 뜻한다.

『장자(莊子)』「인간세(人間世)」

註 "차사륙자(此四六者) 불탕흉중즉정(不盪胸中則正) 정즉정(正則靜) 정즉명(靜則明) 명즉허(明則虛) 허(虛) 즉무위이무불위(則無爲而無不爲)." 이[此] 스물 네[四六] 가지가[者] 가슴 속에서[胸中] (마음을) 흔들지 않는다면[不盪則] (마음은) 올바르다[正]. (마음이) 올바르면[正] 곧[則] (마음이) 고요하고[靜], 고요하면[靜] 곧[則] 밝고[明], 밝으면[明] 곧[則] 텅 비고[虛], 텅 비면[虛] 곧[則] (마음에) 하고자 하는 짓이[爲] 없어서[無而] 하지 못할 것이[不爲] 없다[無].

차사륙자(此四六者)의 사륙(四六)은 부귀현엄명리(富貴顯嚴名利) · 용동색리기의(容動色理氣意) · 오욕희로애락(惡欲喜怒哀樂) · 거취취여지능(去就取與知能) 등을 말한다.

『장자(莊子)』「경상초(庚桑楚)」

註 "지기백(知其白)…… 수기욕(守其辱) 위천하곡(爲天下谷) 위천하곡(爲天下谷) 상덕내족(常德乃足) 복귀어박(復歸於樸)." 그[其] 흼을[白] 알고[知]…… 그[其] 검음을[辱] 지키면[守] 온 세상의[天下] 골짜기가[谿] 된다[爲]. 세상의[天下] 골짜기가[谷] 되니[爲] 상덕이[常德] 이에[乃] 만족돼[足], 자연으로[於樸] 되[復]돌아온다[歸].

『노자(老子)』 28장(章)

【보주(補註)】

- 〈귀대환약신(貴大患若身)〉을 〈귀대환약귀기신(貴大患若貴己身)〉처럼 옮기면 좀 더 쉽게 문맥을 잡을 수 있다. 〈큰[大] 우환을[患] 소중히 함은[貴] 자기의[己] 몸을[身] 소중히 함과[貴] 같다[若].〉
- 귀대환약신(貴大患若身)에서 대환(大患)은 대우환(大憂患)과 같다. 우환(憂患)이란 다사과욕(多私過欲)으로 빚어지는 흉, 즉 불행이다.

- 귀대환약신(貴大患若身)에서 신(身)은 귀신(貴身)의 줄임이다. 〈자신을[身] 소중히 함[貴]〉

【해독(解讀)】

- 〈귀대환약신(貴大患若身)〉에서 귀대환(貴大患)은 주부 노릇하고, 약(若)은 동사 노릇하며, 신(身)은 보어 노릇한다. 〈귀대환은[貴大患] 제 몸과[身] 같다[若].〉
- 귀(貴)는 〈무겁게 여길 중(重)〉과 같아 귀중(貴重)의 줄임말로 여기면 되고, 대환(大患)은 대화(大禍) 즉 큰 불행을 뜻하며, 약(若)은 〈같을 여(如) · 사(似) · 유(猶)〉 등과 같고, 신(身)은 귀신(貴身)의 줄임말로 여기면 된다. 〈큰[大] 불행[禍]〉 〈자신을[身] 소중히 함[貴]〉
- 귀대환약신(貴大患若身)은 〈A약(若)B〉와 같은 상용문이다. 〈A는 B와 같다[若].〉

13-3 何謂寵辱若驚(하위총욕약경) 寵爲下(총위하)

▶ 무엇을[何] 은총과[寵] 굴욕은[辱] 두려움과[驚] 같다고[若] 하는가[謂]? 은총도[寵] 아랫것이[下] 된다[爲].

무엇 하(何), 일컬을 위(謂), 괼(사랑받을) 총(寵), 욕될 욕(辱), 같을 약(若), 두려워할 경(驚), 괼 총(寵), 될 위(爲), 아래 하(下)

【지남(指南)】

〈총욕약경(寵辱若驚)〉을 다시 반문한다. 무엇이 득애(得愛) · 득은(得恩)의 총(寵)을 두렵게 하는가[驚]? 총(寵)의 두려움[驚]은 얻고 싶은 것을 얻었지만 그것을 잃을 수도 있기 때문이다. 총(寵)과 욕(辱)이 서로 다른 것이 아니라 2장(章)에서 살핀 바대로 〈전후상수(前後相隨)〉의 천지도(天之道)를 총욕(寵辱)도 벗어날 수 없기 때문이다. 총(寵)을 뒤따라 욕(辱)이 오고, 욕(辱)을 뒤따라 총(寵)이 오는 것이 자연[天地]의 규율[道]이다. 얻었으면[得] 잃고[失] 잃었으면 얻듯, 득실(得失)이 서로 왕래하듯 총욕(寵辱)도 왕래를 벗어나지 않기 때문에 총애(寵愛) 역시 하찮은 것이 되기에 총(寵) 역시 하치가 된다. 총위하(寵爲下)의 하(下)란 아랫것[下] 즉 천한 것이고, 나아가 영광스럽지 못한 것이다.

군왕의 시대에는 임금의 총애를 받으면 벼슬을 하고, 공경대부(公卿大夫) 같은 귀인(貴人)이 되어 녹봉과 영화를 누릴 수 있었다. 그러나 군왕의 은총을 입어 귀인(貴人)이 되는 것은 인위(人爲)의 총(寵)이지 무위(無爲)의 총(寵)은 아니다. 무위(無爲)의 총(寵)은 자연의 은총(恩寵) 즉 천은(天恩)이며, 이는 백성이 바치는 심복(心服)이다. 『장자(莊子)』의 **무위즉유유(無爲則兪兪)**를 상기하면 군왕의 총(寵)이란 하찮은 것이다.

자연(自然)이 누리게 하는 유유자(兪兪者)보다 더 귀한 천은(天恩)은 없다. 작위(作爲)함이[爲] 없으면[無] 곧장[則] 사욕(私欲) 따위에 걸림 없이 즐거워 그냥 그대로이다[兪兪]. 유유(兪兪)란 걸림 없는 심열(心說) 즉 천락(天樂)이다. 천락(天樂)이란 여천화자(與天和者) 즉 자연과[與天] 어울리는[和] 것이 유유(兪兪)이다. 이 유유(兪兪)보다 더 귀한 마음의[心] 즐거움[說]이란 없다. 이러한 심열(心說)을 앗아가고 마는 군왕의 은총을[寵] 잃을세라 두근거리게 하는 군왕의 총(寵)이야말로 두렵고 하찮은 것에[下] 지나지 않음을 일깨워주는 말씀이 여기 〈하위총욕약경(何謂寵辱若驚) 총위하(寵爲下)〉이다.

註 "정즉무위(靜則無爲) 무위야(無爲也) 즉임사자책의(則任事者責矣) 무위즉유유(無爲則兪兪) 유유자우환불능처(兪兪者憂患不能處)." 고요하면[靜] 곧[則] 작위(作爲)함이[爲] 없다[無]. 작위(作爲)함이[爲] 없는 것[無]이면[也] 곧[則] 일을[事] 맡은[任] 사람이[者] 책임지는 것[責]이다[矣]. 작위(作爲)함이[爲] 없으면[無] 곧장[則] {사욕(私欲) 따위에} 걸림 없어 너그러이 즐거워 그냥 그대로이다[兪兪]. 걸림 없어 너그럽고 즐거운[兪兪] 사람한테는[者] 우환이[憂患] 붙을[處] 수 없다[不能].

유유자(兪兪者)는 너그럽고 즐거워 자연 그대로임을 뜻한다. 『장자(莊子)』「천도(天道)」

【보주(補註)】

- 〈하위총욕약경(何謂寵辱若驚) 총위하(寵爲下)〉를 〈하지위총욕약경(何之謂寵辱若驚) 총야자위하자(寵也者爲下者)〉처럼 옮기면 더 쉽게 문맥을 잡을 수 있다. 〈무엇을[何之] 얻음과[寵] 잃음은[辱] 경황스럽다고[若驚] 하는가[謂]? 총(寵)이란[也] 것도[者] 아래[下] 것이[者] 된다[爲].〉
- 총욕(寵辱)에서 총(寵)은 임금의 신하가 되어 출사(出仕)함이고, 욕(辱)은 벼슬에 올랐다가[出仕] 물러남이다. 벼슬자리에 오름을 총(寵)이라 하고, 벼슬자리

에서 내림을 욕(辱)이라 한다. 올랐으면[上] 반드시 내림이[下] 자연의 규율인지라 총(寵)은 곧 욕(辱)이니, 총(寵)은 곧 아랫것[下]이다.

- 총위하(寵爲下)가 〈총위상(寵爲上) 욕위하(辱爲下)〉로 된 본(本)도 있다. 〈총은[寵] 윗것이[上] 되고[爲] 욕은[辱] 아랫것이[下] 된다[爲].〉 그러나 총욕(寵辱)을 상하(上下)로 이분(二分)한지라 자연의 규율에 어긋난다.

【해독(解讀)】

- 〈하위총욕약경(何謂寵辱若驚) 총위하(寵爲下)〉는 하나의 의문문과 평서문으로 이루어진 중문(重文)이다. 〈무엇을[何] 총욕약경이라[寵辱若驚] 하는가[謂]? 총은[寵] 하가[下] 된다[爲].〉
- 하위총욕약경(何謂寵辱若驚)에서 하(何)는 의문사로 위(謂)의 목적어 노릇하고, 위(謂)는 동사 노릇하며, 총욕약경(寵辱若驚)은 목적보어 노릇한다. 하(何)는 〈무엇 갈(曷)〉과 같고, 위(謂)는 〈일컬을 위(爲) · 칭(稱)〉 등과 같고, 총욕(寵辱)은 〈득실(得失)〉과 같으며, 약(若)은 〈같을 여(如) · 사(似) · 유(猶)〉 등과 같고, 경(驚)은 〈두려워 놀랄 황(惶)〉과 같아 경황(驚惶)의 줄임말로 여기면 된다. 〈무엇을[何] 은총과[寵] 굴욕은[辱] 경황스럽다고[若驚] 하는가[謂]?〉 〈은혜를 입음이[得] 총[寵]〉 〈은혜를 잃음[失]이 욕[辱]〉
- 총욕약경(寵辱若驚)에서 총욕(寵辱)은 약(若)의 의미상 주어 노릇하고, 약(若)은 영어의 동명사같이 노릇하며, 경(驚)은 약(若)의 보어 노릇한다. 〈총욕은[寵辱] 두려움과[驚] 같은 것[若]〉
- 하위총욕약경(何謂寵辱若驚) 역시 〈하위(何謂)A〉와 같은 상용문이다. 〈무엇을[何] A라 하는가[謂].〉
- 총위하(寵爲下)에서 총(寵)은 주어 노릇하고, 위(爲)는 동사 노릇하며, 하(下)는 보어 노릇한다. 총(寵)은 〈얻을 득(得)〉과 같고, 위(爲)는 〈될 위(爲)〉이고, 하(下)는 〈하찮을 비(卑)〉와 같아 비하(卑下)의 줄임말로 여기면 된다. 〈(은총을) 얻음은[寵] 아랫것이[下] 된다[爲].〉
- 총위하(寵爲下)는 〈A위(爲)B〉와 같은 상용예문이다. 〈A는 B가 된다[爲].〉 〈A는 B이다[爲].〉

13-4 得之若驚(득지약경)

▸ 그것을[之] 얻음도[得] 두려움과[驚] 같다[若].

얻어질 득(得), 그것 지(之), 같을 약(若), 두려워할 경(驚)

【지남(指南)】

〈득지약경(得之若驚)〉은 은총(恩寵)을 입음도[得] 두려운 것임을 밝히고 있다. 여기 〈득지(得之)〉는 득총(得寵) 즉 은총을[寵] 얻음[得]이다. 그 얻음도 잃음과 마찬가지로 두려운[驚] 것임을 거듭 밝힌다. 따라서 여기 〈경(驚)〉이란 군왕에게서 은혜를 입을수록 자겸(自謙)하고 하심(下心)하며 처하(處下)하라 함이다.

〈두려워하라[驚]〉는 7장(章)의 〈후기신(後其身) · 외기신(外其身)〉을 환기시킨다. 자신을 뒤로 하고[後其身] 자신을 물린다[外其身]면 절로 낮추게 되어[自下] 스스로 겸허하니[自謙] 은총(恩寵)의 받음을 두려워함이다. 어떻게 두려워하는가? 그 가르침은 22장(章)에 나오는 **부자현(不自見) 부자시(不自是) 부자벌(不自伐) 부자긍(不自矜)**을 상기시킨다. 그리하여 은총(恩寵)을 받는다 할지라도, 후회할 일 즉 대환(大患)이 닥쳐 굴욕(屈辱)이 될세라 두려워하라는[驚] 말씀이 〈득지약경(得之若驚)〉임을 깨우칠 수 있다.

註 "부자현고명(不自見故明) 부자시고창(不自是故彰) 부자벌고유공(不自伐故有功) 부자긍고장(不自矜故長)." 자신을[自] 드러내지 않기[不見] 때문에[故] 밝고[明], 자신을[自] 옳다고 주장하지 않기[不是] 때문에[故] 드러나며[彰], 자신을[自] 자랑하지 않기[不伐] 때문에[故] 보람이[功] 있고[有], 자신을[自] 높이지 않기[不矜] 때문에[故] 오래오래 받들어진다[長].

『노자(老子)』 22장(章)

【보주(補註)】

- 〈득지약경(得之若驚)〉을 〈득총약경기득(得寵若驚其得)〉처럼 옮기면 더 쉽게 문맥을 잡을 수 있다. 〈은총을[寵] 얻음은[得] 그[其] 얻음을[得] 두려워함과[驚] 같다[若].〉
- 득지약경(得之若驚)에서 경(驚)으로 미루어 득지(得之)가 군왕에게서 비롯된 것임을 알 수 있고, 동시에 여기 득지(得之)는 영화(榮華)와 녹봉(祿俸)을 누림을

뜻한다. 이러한 득지(得之)의 은총(恩寵)은 천은(天恩)이 아니란 것이다. 자연(自然)의 은총(恩寵)이라면 유유자(兪兪者)일 뿐 득실(得失)의 것이 아니다. 더없는 심열(心說)인 유유자(兪兪者) 즉 천락(天樂)에는 득실(得失)의 경(驚)이란 없기 때문이다.

【해독(解讀)】

- 〈득지약경(得之若驚)〉에서 득지(得志)는 주어 노릇하고, 약(若)은 동사 노릇하며, 경(驚)은 보어 노릇한다. 〈그것을[之] 얻음은[得] 놀라움과[驚] 같다[若].〉
- 득지약경(得之若驚)에서 득(得)은 〈얻을 획(獲)〉과 같아 획득(獲得)의 줄임말이고, 지(之)는 총(寵)을 나타내는 〈그것 지(之)〉 지시어로 여겨도 되고 허사(虛詞)로 보아도 되며, 약(若)은 〈같을 여(如) · 사(似) · 유(猶)〉 등과 같고, 경(驚)은 〈놀라울 황(惶)〉과 같아 경황(驚惶)의 줄임말로 여기면 된다.
- 득지약경(得之若驚)은 〈A약(若)B〉와 같은 상용예문이다. 〈A는 B와 같다[若].〉

13-5 失之若驚(실지약경)

▶ 그것을[之] 잃음도[失] 두려워함과[驚] 같다[若].

잃을 실(失), 그것 지(之), 같을 약(若), 두려워할 경(驚)

【지남(指南)】

〈실지약경(失之若驚)〉은 은총(恩寵)을 잃음도[失] 두려운 것임을 밝히고 있다. 여기 〈실지(失之)〉는 실총(失寵) 즉 은총을[寵] 잃음[失]이다. 그 잃음도 얻음과 마찬가지로 두려운[驚] 것임을 거듭 밝힌다. 따라서 여기 〈경(驚)〉이란 군왕에게서 은혜를 망실(亡失)할수록 은총을 입었을 때와 같이 자겸(自謙)하고 하심(下心)하며 처하(處下)하라 함이다. 이는 역시 실총(失寵)할수록 두려워하라는[驚] 것이다.

여기 실지(失之) 역시 7장(章)의 〈후기신(後其身) · 외기신(外其身)〉을 환기시킨다. 자신을 뒤로 하고[後其身] 자신을 물린다[外其身]면 절로 낮추게 되어[自下] 스스로 겸허함[自謙]이니, 은총(恩寵)의 잃음을 한탄하지 않고 두려워함이다. 그리하여 은총(恩寵)을 잃었다 할지라도, 후회할 일 즉 대환(大患)이 닥치지 않게 은총

(恩寵)을 잃은 굴욕(屈辱)일지라도 그 굴욕(屈辱)을 받아들이고 두려워하라는[驚] 말씀이 〈득지약경(得之若驚)〉임을 깨우칠 수 있다.

【보주(補註)】

- 〈실지약경(失之若驚)〉을 〈실총약경기실(失寵若驚其失)〉처럼 옮기면 더 쉽게 문맥을 잡을 수 있다. 〈은총을[寵] 잃음은[失] 그[其] 잃음을[失] 두려워함과[驚] 같다[若].〉
- 실지약경(失之若驚)에서 경(驚)으로 미루어 실지(失之)가 군왕(君王)에게서 비롯된 것임을 알 수 있고, 동시에 여기 실지(失之)는 영화(榮華)와 녹봉(祿俸)을 잃었음을 뜻한다. 이러한 실지(失之)의 은총(恩寵) 역시 천은(天恩)이 아니란 것이다. 자연(自然)의 은총(恩寵)이라면 〈유유자(兪兪者)〉일 뿐 득실(得失)의 것이 아니다. 더없는 심열(心說)인 유유자(兪兪者) 즉 천락(天樂)에는 득실(得失)의 경(驚)이란 없기 때문이다.

【해독(解讀)】

- 〈실지약경(失之若驚)〉에서 실지(失志)는 주어 노릇하고, 약(若)은 동사 노릇하며, 경(驚)은 보어 노릇한다. 〈그것을[之] 잃음은[失] 놀라움과[驚] 같다[若].〉
- 실지약경(失之若驚)에서 실(失)은 〈잃을 상(喪)〉과 같아 상실(喪失)의 줄임말로 여기면 되고, 지(之)는 총(寵)을 나타내는 〈그것 지(之)〉 지시어로 여겨도 되고 허사(虛詞)로 보아도 되며, 약(若)은 〈같을 여(如) · 사(似) · 유(猶)〉 등과 같고, 경(驚)은 〈놀라울 황(惶)〉과 같아 경황(驚惶)의 줄임말로 여기면 된다.
- 실지약경(失之若驚) 역시 〈A약(若)B〉와 같은 상용예문이다. 〈A는 B와 같다[若].〉

13-6 是謂寵辱若驚(시위총욕약경)

▶ 이를[是] 총욕은[寵辱] 두려워함과[驚] 같다고[若] 한다[謂].

이 시(是), 일컬을 위(謂), 괼(사랑받을) 총(寵), 욕될 욕(辱), 같을 약(若), 두려워할 경(驚)

【지남(指南)】

〈시위총욕약경(是謂寵辱若驚)〉은 앞서 살핀 〈득지(得之)〉 즉 은총(恩寵)을 얻음도[得] 두려워할[驚] 것이고, 〈실지(失之)〉 즉 은총(恩寵)을 잃음도[失] 두려워할[驚] 것임을 거듭 밝힌다. 이는 군왕의 치민(治民)을 맡아하는 상민층(上民層)을 향한 경고만이 아니다. 백성한테도 역시 군왕에게서 비롯하는 총욕(寵辱)은 두려운[驚] 것이다. 상도(常道)를 본받는 성인(聖人)이 아니라 예악(禮樂)의 정령(政令)으로써 치민(治民)하는 군왕은 성군이다가도 폭군으로 돌변할 수 있는 대환(大患)을 늘 경계해야 하기 때문이다.

백성한테 은총(恩寵)을 베풀던 성군이 표변하여 역민(役民)하고 착민(搾民)하는 폭군이 될세라 백성도 두려워한다[驚]. 그러므로 득총(得寵)일지라도 경신(輕身)하지 말아야 하고 귀신(貴身)해야 하며, 실총(失寵)일지라도 역시 제 몸을 가볍게[輕] 하지 말고 소중히[貴] 해야 함을 새기고 살펴 헤아리고 깨우치게 하는 말씀이 〈시위총욕약경(是謂寵辱若驚)〉이다.

【보주(補註)】

- 〈시위총욕약경(是謂寵辱若驚)〉을 〈전언위지총욕약경(前言謂之寵辱若驚)〉처럼 옮기면 더 쉽게 문맥을 잡을 수 있다. 〈앞의[前] 말[言] 그것을[之] 총욕약경이라[寵辱若驚] 한다[謂].〉

【해독(解讀)】

- 〈시위총욕약경(是謂寵辱若驚)〉에서 시(是)는 위(謂)의 목적어 노릇하고, 위(謂)는 동사 노릇하며, 총욕약경(寵辱若驚)은 목적보어 노릇한다. 〈이것을[是] 총욕약경이라[寵辱若驚] 한다[謂].〉
- 시위총욕약경(是謂寵辱若驚)에서 시(是)는 지시어로 〈이것 차(此)〉와 같고, 위(謂)는 〈일컬을 위(爲) · 칭(稱)〉 등과 같으며, 총(寵)은 〈얻을 득(得)〉과 같고, 욕(辱)은 〈잃을 실(失)〉과 같아 총욕(寵辱)은 득실(得失)과 같다. 약(若)은 〈같을 여(如) · 사(似) · 유(猶)〉 등과 같고, 경(驚)은 〈놀라울 황(惶)〉과 같아 경황(驚惶)의 줄임말이다.
- 시위총욕약경(是謂寵辱若驚)은 〈A위(謂)B〉 또는 〈A지위(之謂)B〉 〈A위지(謂之)B〉와 같은 상용예문이다. 〈A를 B라고 말한다[謂].〉 〈A를[之] B라고 말한다

[謂].〉〈A 그것을[之] B라고 말한다[謂].〉

13-7 何謂貴大患若身(하위귀대환약신) 吾所以有大患者爲吾有身(오소이유대환자위오유신)

▶무엇을[何] 큰[大] 우환을[患] 중히 여김은[貴] 몸과[身] 같다고[若] 하는가[謂]? 나에게[吾] 큰[大] 우환이[患] 있는[有] 바의[所] 까닭이란[以] 것은[者] 나에게[吾] 몸이[身] 있기[有] 때문이다[爲].

무엇 하(何), 일컬을 위(謂), 중히 여길 귀(貴), 큰 대(大), 우환 환(患), 같을 약(若), 제 몸 신(身), 나 오(吾), 바 소(所), 때문에 이(以), 있을 유(有), 우환 환(患), 것 자(者), ~이다 위(爲), 몸 신(身)

【지남(指南)】

〈하위귀대환약신(何謂貴大患若身) 오소이유대환자위오유신(吾所以有大患者爲吾有身)〉은 앞서 살핀 〈귀대환약신(貴大患若身)〉을 거듭 밝혀 〈귀대환(貴大患)〉은 〈귀신(貴身)〉과 같고, 그 귀신(貴身)은 〈오유신(吾有身)〉 때문임을 밝힌다.

여기 오유신(吾有身)은 나에게[吾] 몸이[身] 있는[有] 것은 내가 몸을 자연에게서 받았기 때문이지, 내 몸은[吾身] 내 소유(所有) 즉 가진[有] 것이[所] 아님을 성신(誠信) 즉 정성껏[誠] 믿음을[信] 담고 있다. 이러한 믿음으로써 귀신(貴身) 즉 제 몸을[身] 귀중히[貴] 하는 것이다. 만약 내 몸은 내 것이라고 여긴다면 귀신(貴身)할 수 없다. 내 몸은 내 것이 아니라 〈오신소수어천(吾身所受於天)〉 즉 내[吾] 몸은[身] 자연에게서[於天] 받은[受] 것[所]임을 성신(誠信)해야 진실로 내 몸을 내가 소중히 할[貴] 수 있다.

내[吾] 몸은[身] 내가[吾] 자연에게서[於天] 받은[受] 것[所]임을 망각하고, 내 몸은 내 것이라 착각하는 데서 발지(勃志)하고 유심(謬心)하며 누덕(累德)하고 색도(塞道)하게 된다. 뜻을[志] 어지럽히는 짓들이[勃] 탐욕을 불러오고, 마음을[心] 어긋나게 하는 짓들이[謬] 탐욕을 불러오며, 덕을[德] 동여매는 짓들이[累] 탐욕을 불러오고, 도를[道] 가로막는 짓들이[塞] 탐욕을 불러온다. 탐욕이란 내 몸은 내 것이란 데서 시동(始動)한다. 탐욕하면 결코 귀신(貴身)할 수 없고, 대환(大患)을 자초(自招) 즉 스스로[自] 불러와[招] 천신(賤身) 즉 자신을[身] 천하게[賤] 하고 만다. 대환(大患)을 자초하지 않고자 귀신(貴身) 즉 내 몸을 내가 소중히 하는 것이다.

따라서 내 몸을 내가 천하게 함은 『장자(莊子)』에 나오는 **망기소수(忘其所受) 고자위지둔천지형(古者謂之遁天之刑)**을 상기시킨다. 몸[身]이란 자연에게서 받은[受] 것임을[所] 잊어버림은[忘] 자연을[天] 벗어나 어기는[遁之] 형벌[刑]이다. 그러므로 귀대환(貴大患) 즉 큰[大] 우환을[患] 귀중히[貴] 함은, 내 몸은 내 것이란 오유신(吾有身)으로써가 아니라 내 몸은 자연의 것이란 오유신(吾有身)으로써 이루어진다. 내 몸은 내 것이 아니라 자연의 것이란 깨우침으로 말미암아 둔천지형(遁天之刑)을 두려워하게[驚] 되고, 그 두려움으로 말미암아 내 몸을 내가 귀중히[貴] 하여 대환(大患)을 자초하지 않음이 여기 〈귀대환(貴大患)〉이다.

온갖 외물(外物)의 욕망은 『장자(莊子)』에 나오는 **부귀현엄명리(富貴顯嚴名利) 용동색리기의(容動色理氣意) 오욕희로애락(惡欲喜怒哀樂) 거취취여지능(去就取與知能)** 등등을 환기시킨다. 이러한 외물(外物)의 욕망을 두려워하면[驚] 온갖 대환(大患)을 자초하는 삶을 결코 바라지 않게 됨을 살펴 새기고 헤아려 깨우치게 하는 말씀이 〈하위귀대환약신(何謂貴大患若身) 오소이유대환자위오유신(吾所以有大患者爲吾有身)〉이다.

註 "시둔천배정(是遁天倍情) 망기소수(忘其所受) 고자위지둔천지형(古者謂之遁天之刑)." 곡자(哭者) 즉 주검 앞에서 소리내 우는 짓 이것은[是] 자연을[天] 벗어남이고[遁], 진정을[情] 어김이며[倍], 몸이란[其] (자연에게서) 받은[受] 것임을[所] 잊음이다[忘]. 옛 사람들은[古者] 이런 짓을[之] 자연을[天] 벗어난[遁之] 형벌이라고[刑] 했다[謂].

시둔천배정(是遁天倍情)에서 시(是)는 앞에 나온 죽음을 애도함을 나타내는 지시어이고, 배정(倍情)의 배(倍)는 여기선 〈어길 배(背)〉와 같고, 정(情)은 〈참 진(眞)〉과 같다.

『장자(莊子)』「양생주(養生主)」

註 "부귀현엄명리(富貴顯嚴名利) 육자발지야(六者勃志也) 용동색리기의(容動色理氣意) 육자류심야(六者謬心也) 오욕희로애락(惡欲喜怒哀樂) 육자루덕야(六者累德也) 거취취여지능(去就取與知能) 육자색도야(六者塞道也) 차사륙자(此四六者) 불탕흉중즉정(不盪胸中則正) 정즉정(正則靜) 정즉명(靜則明) 명즉허(明則虛) 허(虛) 즉무위이무불위(則無爲而無不爲)." 부유[富] 고귀[貴] 유명[顯] 존경[嚴] 명예[名] 이득[利] 여섯[六] 가지는[者] 뜻을[志] 어지럽히는 것[勃]이고[也], 용모[容] 거동[動] 안색[色] 정리[理] 말씨[氣] 생각[意] 여섯[六] 가지는[者] 마음을[心] 속이는 것[謬]

이고[也], 미움[惡] 욕망[欲] 기쁨[喜] 성냄[怒] 슬픔[哀] 즐거움[樂] 여섯[六] 가지는[者] 덕을[德] 더럽히는 것[累]이고[也], (벼슬자리를) 떠나거나[去] 앉음[就] (무엇을) 주거나[與] 받음[取] (사물을) 알거나[知] (일을) 잘함[能] 여섯[六] 가지는[者] 도를[道] 가로막는 것[塞]이다[也]. 이[此] 스물 네[四六] 가지가[者] 가슴 속에서[胸中] (마음을) 흔들지 않는다면[不盪而] (마음은) 올바르다[正]. (마음이) 올바르면[正] 곧[則] (마음이) 고요하고[靜], 고요하면[靜] 곧[則] 밝고[明], 밝으면[明] 곧[則] 텅 비고[虛], 텅 비면[虛] 곧[則] (마음에) 하고자 하는 짓이[爲] 없어서[無而] 하지 못할 것이[不爲] 없다[無].

발지(勃志)는 쟁지(爭志)와 같고, 유심(謬心)은 오심(誤心)과 같고, 누덕(累德)은 점덕(玷德)과 같다. 점(玷)은 〈더럽힐 점(玷)〉이다. 용동색리기의(容動色理氣意)에서 이(理)는 정리(情理), 기(氣)는 사기(辭氣), 의(意)는 의사(意思)이다. 탕흉중(盪胸中)의 탕(盪)은 〈흔들어댈 동(動)〉과 같고, 무(無)는 무(無)와 같다.

『장자(莊子)』「경상초(庚桑楚)」

【보주(補註)】

- 〈하위귀대환약신(何謂貴大患若身)〉을 〈하지위귀대환약귀신(何之謂貴大患若貴身)〉처럼 옮기면 좀 더 쉽게 문맥을 잡을 수 있다. 〈무엇을[何] 대환을[大患] 중히 여김이[貴] 몸을[身] 중히 여김과[貴] 같다고[若] 함인가[謂]?〉
- 〈오소이유대환자위오유신(吾所以有大患者爲吾有身)〉을 〈오지소이유대환야자위오유신자야(吾之所以有大患也者爲吾有身者也)〉처럼 옮기면 좀 더 쉽게 문맥을 잡을 수 있다. 〈나에게[吾] 큰[大] 우환이[患] 있는[有] 바의[所] 까닭[以]이란[也] 것은[者] 나에게[吾] 몸이[身] 있기[有] 때문이란[爲] 것[者]이다[也].〉
- 여기 오유신(吾有身)의 유(有)를 〈있을 유(有)〉로 새기면 오신(吾身) 즉 내[吾] 몸은[身] 도가(道家)의 〈소수어천(所受於天)〉을 뜻하고, 유가(儒家)의 〈신체발부(身體髮膚) 수지부모(受之父母)〉를 뜻한다. 즉 자연에게서[於天] 받은[受] 것[所]이 오신(吾身)이란 것이고, 부모(父母)에게서 받은 것이 오신(吾身)이란 것이다. 이처럼 말은 다르지만 내 몸은 내 것이 아니란 점은 같다. 그러나 오유신(吾有身)의 유(有)를 〈가질 유(有)〉로 새기면 오신(吾身)은 아소유(我所有) 즉 내가[我] 가진[有] 것[所], 즉 오신(吾身)은 바로 내 것이 되어 탐욕의 소굴이 된다. 탐욕은 소유욕에서 생긴다. 몸이 이런 탐욕의 소굴이 되면 오신(吾身) 즉 내 자신은 끊임없이 대환(大患)을 자초한다. 대환(大患)이란 심고(心苦) 즉 마음의[心] 고통[苦]을 불러오는 우환(憂患)이다.

【해독(解讀)】

- 〈하위귀대환약신(何謂貴大患若身) 오소이유대환자위오유신(吾所以有大患者爲吾有身)〉은 의문문과 평서문으로 이루어진 중문(重文)이다. 〈무엇을[何] 귀대환이[貴大患] 신과[身] 같다고[若] 하는가[謂]? 나에게[吾] 대환이[大患] 있는[有] 바의[所] 까닭이란[以] 것은[者] 나에게[吾] 몸이[身] 있기[有] 때문이다[爲].〉
- 하위귀대환약신(何謂貴大患若身)에서 하(何)는 의문대명사로 위(謂)의 목적어 노릇하고, 위(謂)는 동사 노릇하며, 귀대환약신(貴大患若身)은 목적보어구 노릇한다. 위(謂)는 〈일컬을 위(爲)·칭(稱)〉 등과 같으며, 귀(貴)는 〈무겁게 여길 중(重)〉과 같고, 대환(大患)은 심환(心患)과 같고, 약(若)은 〈같을 여(如)·사(似)·유(猶)〉 등과 같고, 신(身)은 귀신(貴身)으로 여기고 새기면 된다. 〈무엇을[何] 귀대환약신이라[貴大患若身] 함인가[謂]?〉
- 오소이유대환자위오유신(吾所以有大患者爲吾有身)에서 오소이유대환자(吾所以有大患者)는 위(爲)의 주부 노릇하고, 위(爲)는 〈~때문이다 위(爲)〉로서 동사 노릇하며, 오유신(吾有身)은 보어구 노릇한다. 〈오소이유대환자는[吾所以有大患者] 오유신(吾有身) 때문이다[爲].〉

  오소이유대환자위오유신(吾所以有大患者爲吾有身)에서 위(爲)는 〈때문이다 이(以)〉와 같아 영어 〈be due to A〉 같다고 여기면 된다. 물론 고문(古文)에는 영어의 〈be〉같이 계사(繫詞) 노릇하는 것이 따로 없었다. 계사(繫詞)로서 〈~이다 시(是)〉가 있지만, 이것은 아주 후대(後代)에 생긴 것이고, 영어의 〈be〉 동사와 같은 계사(繫詞)는 없는 셈이다. 따라서 〈~ 때문이다 위(爲)·이(以)〉를 전치사 즉 개사(介詞)로 보기도 한다. 〈A위(爲)B〉 〈A is due to B〉 〈A는 B 때문이다[爲].〉 〈A는 B 때문(due to)이다(be).〉
- 하위귀대환약신(何謂貴大患若身) 또한 〈A위(謂)B〉 또는 〈A지위(之謂)B〉, 〈A위지(謂之)B〉와 같은 상용문이다. 〈A를 B라고 말한다[謂].〉 〈A를[之] B라고 말한다[謂].〉 〈A 그것을[之] B라고 말한다[謂].〉

註 하(何)는 의문대명사·의문형용사·의문부사 등등으로 노릇한다.

① 의문대명사로서 하(何)

〈유하가설(有何可說) = (내가) 무엇을[何] 말할 수[可說] 있는 것인가[有]?→What can I

say?〉

② 의문형용사로서 하(何)

〈하인(何人), 하시(何時), 하처(何處) = 누구[何人], 언제[何時], 어디[何處] → who, what time, what place〉

③ 의문부사로서 하(何)

〈하불선주(何不先走) = 왜[何] (너는) 먼저[先] 뛰지 않는가[不走]? → Why don't (you) go first?〉

〈하이저양(何以這樣) = 어떻게[何以] 그런가[這樣]? → How so?〉

13-8 及吾無身(급오무신) 吾有何患(오유하환)

▶ 만약[及] 나에게[吾] 몸이[身] 없다면[無] 나에게[吾] 무슨[何] 우환이[患] 있겠는가[有]?

만약 급(及), 나 오(吾), 없을 무(無), 제 몸(욕심) 신(身), 있을 유(有), 무슨 하(何), 우환 환(患)

【지남(指南)】

〈급오무신(及吾無身) 오유하환(吾有何患)〉은 앞서 살핀 〈오유신(吾有身)〉을 분명하게 밝혀준다. 앞의 오유신(吾有身)이 여기 〈오무신(吾無身)〉과 같음을 밝혀 오신(吾身)은 내 것이 아님을 분명히 밝히고 있다. 내 몸이 없다면[吾無身] 대환(大患)을 중시(重視)할 것도 없고 경시(輕視)할 것도 없다. 따라서 귀대환(貴大患) 즉 큰 우환(憂患)을 중시(重視)하는 것은 자연에게서 받은 내 몸을 천하게 할세라 두려워하는[驚] 것임이 여기 오무신(吾無身)으로써 분명해진다.

나한테[吾] 자기가[身] 없다고[無] 함은 『장자(莊子)』에 나오는 〈무하유(無何有)〉를 상기시키고, 나아가 〈성인유소유(聖人有所遊)〉를 상기시킨다. 나에게[吾] 무엇 하나[何] 가진 것이[有] 없음이[無] 여기 오무신(吾無身)이고, 무엇 하나 걸림 없이 노니는[遊] 바를[所] 누릴 수 있음이 여기 오무신(吾無身)이다. 따라서 여기 오무신(吾無身)의 나는[吾] 성인(聖人)이거나, 상도(常道)를 본받는[法] 성인(聖人)을 그냥 그대로 본받는 사람이다. 그러므로 여기 〈급오무신(及吾無身)〉이란 내[吾]가 법자연(法自然) 즉 무위(無爲)의 삶을 다함을 뜻한다.

성인(聖人)의 무하유(無何有)는 『장자(莊子)』에 나오는 〈무기(無己) · 무공(無功) · 무명(無名)〉을 상기시킨다. 자기가[己] 없고[無], 공적이[功] 없고[無], 명성이[名] 없음인데[無] 무슨 탐욕이 있겠는가? 여기 〈오무신(吾無身)〉은 무사(無私) · 무욕(無欲) · 무아(無我)란 말씀과 같은지라, 여기 오무신(吾無身)의 무신(無身)은 무귀신(無貴身)이다. 몸을 중시하고 말고 할 것이 없음이다. 무기(無己) · 무공(無功) · 무명(無名)한 성인(聖人)은 항상 허정(虛靜) · 염담(恬淡) · 적막(寂漠) 즉 무위(無爲)로써 성인(聖人)의 자신은 늘 『장자(莊子)』에 나오는 〈유유(兪兪)〉를 누린다. 이 유유(兪兪)가 여기 오무신(吾無身)을 밝힘이고, 나아가 『장자(莊子)』에 나오는 오상아(吾喪我)가 바로 이 오무신(吾無身)과 통함을 깨우치게 된다.

나[我]를 잃어버린[喪] 나[吾]란 바로 귀신(貴身)할 것도 없는[無] 나[吾]이다. 그러므로 무신(無身) 즉 무엇을 소유하려는 자기가[身] 없다면 어떠한 우환(憂患)도 생길 리 없음을 살펴 새기고 헤아려 깨우치게 하는 말씀이 〈급오무신(及吾無身) 오유하환(吾有何患)〉이다.

註 "금자오상아(今者吾喪我) 여지지호(女知之乎) 여문인뢰(女聞人籟) 이미문지뢰(而未聞地籟) 여문지뢰(女聞地籟) 이미문천뢰부(而未聞天籟夫)." 지금[今者] 나는[吾] 나를[我] 잃었다[喪]. 너는[女] 그것을[之] 아는 것[之]이냐[乎]? 너는[女] 사람의[人] 나팔소리를[籟] 들었겠지[聞]. 그러나[而] 땅의[地] 나팔소리를[籟] 아직 못 들었을 거야[未聞]. 너는[女] 땅의[地] 나팔소리를[籟] 들었겠지[聞]. 그러나[而] 하늘의[天] 나팔소리를[籟] 아직 못 들었을 것[未聞]이야[夫].

여지지(女知之)의 여(女)는 〈너 여(汝)〉와 같다. 상아(喪我)는 망기(忘己) 즉 자신[己]을 잊어버림[忘], 즉 무기(無己)와 같다. 『장자(莊子)』「제물론(齊物論)」

【보주(補註)】

- 〈급오무신(及吾無身) 오유하환(吾有何患)〉을 〈급오무신(及吾無身) 어오유하환호(於吾有何患乎)〉처럼 옮기면 더 쉽게 문맥을 잡을 수 있다. 〈만약[及] 나에게[吾] 내 몸이[身] 없다면[無] 나[吾]에게[於] 무슨[何] 우환이[患] 있을 것[有]인가[乎]?〉
- 〈급오무신(及吾無身) 오유하환(吾有何患)〉에서 오무신(吾無身)을 〈오무기(吾無己)〉로 여기고 새기면 된다. 〈나에게[吾] 자기가[己] 없다[無].〉

【해독(解讀)】

- 〈급오무신(及吾無身) 오유하환(吾有何患)〉은 조건의 종절과 주절로 이루어진 복문(複文)이다. 〈만약[及] 오무신한다면[吾無身] 무슨[何] 우환이[患] 나에게[吾] 있겠는가[有]?〉
- 급오무신(及吾無身)에서 급(及)은 어조사 노릇하고, 오(吾)는 무(無)를 꾸며주는 부사 노릇하며, 무(無)는 동사 노릇하고, 신(身)은 주어 노릇한다. 급(及)은 〈만약 약(若)〉과 같다. 물론 급(及)은 문맥에 따라 〈미쳐 따를 체(逮) · 좇을 추(追) · 다다를 지(至) · 만족할 족(足) · 마땅할 의(宜)〉 등 여러 뜻을 낸다.
- 오유하환(吾有何患)에서 오(吾)는 유(有)를 꾸며주는 부사 노릇하고, 유(有)는 동사 노릇하고, 하환(何患)은 주어 노릇한다. 하환(何患)의 하(何)는 의문형용사로서 환(患)을 꾸며준다. 〈무슨[何] 우환이[患] 나에게[吾] 있을 것인가[有]?〉
- 오유하환(吾有何患)을 〈하환오유(何患吾有)〉처럼 의문사가 붙은 구를 구문의 맨 앞에 두는 것이 보통이다. 하환오유(何患吾有)는 〈하(何)AB유(有)〉와 같은 상용예문이다. 〈무슨[何] A가 B에 있는 것인가[有]?〉

13-9 故(고) 貴以身爲天下(귀이신위천하) 若可寄天下(약가기천하)

▶ 그러므로[故] 몸을[身] 중시함으로[貴]써[以] 세상을[天下] 위함은[爲] 세상을[天下] (자연에) 맡길 수 있는 것과[可寄] 같다[若].

그러므로 고(故), 중히 여길 귀(貴), 써(가지고) 이(以), 몸 신(身), 삼을 위(爲), 같을 약(若), 가할 가(可), 맡길 기(寄)

【지남(指南)】

〈귀이신위천하(貴以身爲天下) 약가기천하(若可寄天下)〉는 〈귀신(貴身)〉이 세상을[天下] 자연에[於自然] 맡길 수 있게[可寄] 함을 밝히고 있다. 귀신(貴身)으로써[以] 위천하(爲天下) 즉 세상을[天下] 위함은[爲], 천하를 무위(無爲) 즉 자연(自然)에 맡김을[寄] 뜻함을 여기서 정리할 수 있게 된다. 위천하(爲天下) 즉 세상을 생각하거나[思天下] 세상을 다스리는[治天下] 데 인위(人爲)가 끼어들면 무사(無私)·무욕(無欲)·무아(無我)로써 세상을[天下] 위할[爲] 수 없기 때문이다. 자기가 없고[無己], 사욕이 없고[無欲], 자기 주장이 없어야[無我] 자신을[身] 중시할[貴] 수 있다. 그러므로 여기 귀이신(貴以身)의 〈귀신(貴身)〉은 『장자(莊子)』에 나오는 **인시야(因是也)**를 환기시킨다.

거듭 말하지만, 귀신(貴身) 즉 자신을[身] 중시함[貴]이란 온갖 탐욕 따위로 뜻을[志] 다투지[勃] 않고, 마음을[心] 속이지[謬] 않으며, 상덕을[德] 더럽히지[累] 않고, 상도를[道] 가로막지[塞] 않고 자연에[是] 맡김[因]으로써 자신을 스스로 소중하게[貴] 함이다. 52장(章)에 나오는 **복수기모(復守其母)**와 51장(章)에 나오는 **존도이귀덕(尊道而貴德)** 그리고 5장(章)에 나오는 **수중(守中)** 등으로써 19장(章)에 나오는 **소사과욕(少私寡欲)**의 삶을 누림이 여기 〈귀신(貴身)〉이다. 그러므로 법상도(法常道)하여 현덕(玄德)을 행하는 성인(聖人)도 귀신(貴身)으로써 천하(天下)를 자연에 맡겨[因是] 구민(救民)하고 구물(救物)할 수 있음을 밝힌다. 이러한 성인(聖人)을 두려워하고[畏] 본받는[法] 자(者)가 곧 38장(章)에 나오는 **대장부(大丈夫)**이다. 상도(常道)를 본받는[法] 성인(聖人)을 따르고자 함이 여기 〈귀신(貴身)〉임을 드디어 헤아릴 수 있게 된다. 귀신(貴身)하면 누구나 대장부(大丈夫)가 될 수 있고, 천신(賤身)하면 누구든 소인배(小人輩)가 되는 것이다.

귀신(貴身)도 스스로 이룸[成]이고, 천신(賤身)도 스스로 저지름[犯]이다. 제 몸[身]을 중시함으로[貴]써[以] 세상을[天下] 위하는[爲] 사람은 성인(聖人)을 본받아 따르는 대장부(大丈夫)이고, 그 대장부라야 세상을 자연에 맡겨[因是] 천하(天下)를 구할 수 있다. 세상을[天下] 자연에 맡겨서 천하(天下)를 위하는[爲] 치자(治者)는 백성[民]을 무위(無爲)의 다스림으로써 구제(救濟)한다. 그러므로 천하(天下)를 자연에 맡겨서[寄] 천하를 다스린다면[爲] 천하민(天下民)이 〈아자연(我自然)〉의 삶을 수 있음을 밝힌 말씀이 〈귀이신위천하(貴以身爲天下) 약가기천하(若可寄天下)〉이다.

註 "성인불유이조지우천(聖人不由而照之于天) 역인시야(亦因是也)." 성인은[聖人] (이것이냐 저것이냐의 시비분별을) 거치지 않고서[不由而] 자연에[於天] 이것저것을[之] 비추어본다[照]. (성인은) 역시[亦] 자연에[是] 맡기는 것[因]이다[也].

인시(因是)의 인(因)은 〈맡길 임(任)〉과 같고, 시(是)는 여기선 자연(自然)을 뜻하는 〈대시(大是)〉의 줄임이다. 『장자(莊子)』「제물론(齊物論)」

註 "천하유시(天下有始) 이위천하모(以爲天下母)…… 복수기모(復守其母) 몰신불태(歿身不殆)." 온 세상에[天下] 시원이[始] 있고[有], (그 시원으로)써[以] 온 세상의[天下] 어머니로[母] 삼는다[爲]. …… 그[其] 어머니께로[母] 돌아와[復] 지킨다면[守] 평생토록[歿身] 위태롭지 않다[不殆]. 『노자(老子)』 52장(章)

註 "도생지(道生之) 덕휵지(德畜之) 물형지(物形之) 세성지(勢成之) 시이(是以) 만물막부존도이귀덕(萬物莫不尊道而貴德)." 상도가[道] 낳아주고[生之], 상덕이[德] 길러주며[畜之], (덕의 길러줌에 의해서) 생물이[物] 드러내지고[形之], (덕의 길러줌에 의해서) 자라남이[勢] 이뤄진다[成之]. 이렇기[是] 때문에[以] 온갖 것은[萬物] 도를[道] 받들면서[尊而] 덕을[德] 받들지 않을 수[不貴] 없다[莫]. 『노자(老子)』 51장(章)

註 "다언수궁(多言數窮) 불여수중(不如守中)." {치민(治民)하면서 정령(政令)을 밝히는} 말이[言] 많아질수록[多] (백성을 다스리는) 이치가[數] 궁색해지니[窮], 상도(常道)를 따라[中] {무위(無爲)의 다스림을} 지킴만[守] 못하다[不如]. 『노자(老子)』 5장(章)

註 "견소포박(見素抱樸) 소사과욕(少私寡欲)." 그냥 그대로를[素] 살피고[見] 그냥 그대로를[樸] 간직해 지키며[抱], 제 몫을[私] 적게 하고[少] 욕망을[欲] 적게 한다[寡]. 『노자(老子)』 19장(章)

註 "대장부처기후(大丈夫處其厚) 불거기박(不居其薄) 처기실(處其實) 불거기화(不居其華)." 대장부는[大丈夫] 그[其] 두터움에[厚] 머물고[處], 그[其] 엷음에[薄] 머물지 않는다[不居]. 그[其] 실박함에[實] 머물지[處] 그[其] 꾸밈에[華] 머물지 않는다[不居]. 『노자(老子)』 38장(章)

【보주(補註)】

- 〈귀이신위천하(貴以身爲天下) 약가기천하(若可寄天下)〉를 〈이귀신위천하약가기천하어자연(以貴身爲天下若可寄天下於自然)〉처럼 옮기면 문맥을 좀 더 쉽게 잡을 수 있다. 〈몸을[身] 귀중히 함으로[貴]써[以] 세상을[天下] 위함은[爲] 자연에[於自然] 세상을[天下] 맡길 수 있음과[可寄] 같다[若].〉
- 귀이신(貴以身)은 〈이귀신(以貴身)〉에서 귀(貴)를 강조하고자 전치한 말투로 여기면 된다. 귀신(貴身)은 거듭 말하지만 자신을[身] 존귀(尊貴)하게 함이다. 무사(無私) · 무욕(無欲) · 무아(無我)의 자신을 일러 귀신(貴身)이라 한다.
- 〈귀이신위천하(貴以身爲天下) 약가기천하(若可寄天下)〉가 〈귀이신위천하자가이기천하(貴以身爲天下者可以寄天下)〉로 된 본(本)도 있다. 어조와 어세가 달라질 뿐이지 서로 문의(文義)를 달리하는 것은 아니다. 〈귀신으로[貴身]써[以] 천

하를[天下] 위한다[爲]면[者] 그로써[以] 천하를[天下] 맡길 수 있다[可寄].〉

【해독(解讀)】

- 〈귀이신위천하(貴以身爲天下) 약가기천하(若可寄天下)〉에서 귀이신위천하(貴以身爲天下)는 주부(主部) 노릇하고, 약(若)은 동사 노릇하며, 가기천하(可寄天下)는 주격보어구 노릇한다. 〈귀신으로[貴身]써[以] 천하를[天下] 위함은[爲] 천하를[天下] 가기함과[可寄] 같다[若].〉
- 귀이신위천하(貴以身爲天下)에서 귀이신(貴以身)은 위(爲)를 꾸며주는 부사구 노릇하고, 위(爲)는 영어의 동명사처럼 구실하고, 천하(天下)는 위(爲)의 목적어 노릇한다. 귀이신(貴以身)은 〈이귀신(以貴身)〉에서 귀(貴)를 강조하고자 이(以) 앞으로 전치한 말투이다. 귀이신위천하(貴以身爲天下)에서 귀(貴)는 〈귀중할 중(重)·높일 존(尊)〉 등과 같아 귀중(貴重)·존귀(尊貴) 등의 줄임이고, 이(以)는 〈써 용(用)〉과 같고, 위(爲)는 〈생각할 사(思)·다스릴 치(治)〉 등과 같다. 〈자신을[身] 귀중히 함으로[貴]써[以] 세상을[天下] 위함은[爲]〉
- 약가기천하(若可寄天下)에서 약(若)은 동사 노릇하고, 가기천하(可寄天下)는 주격보어구 노릇한다. 주격보어구 노릇하는 가기천하(可寄天下)에서 가(可)는 기(寄)를 꾸미는 부사 노릇하고, 기(寄)는 영어의 부정사(不定詞)처럼 구실하고, 천하(天下)는 기(寄)의 목적어 노릇한다. 기(寄)는 〈맡길 탁(託)〉과 같아 기탁(寄託)의 줄임이다. 〈천하를[天下] 가히[可] 맡김과[寄]〉
- 약가기천하(若可寄天下)는 〈약위(若爲)A〉의 상용예문이다. 〈약위(若爲)A〉는 영어의 〈seem to do A〉로 여기고 문맥을 잡으면 된다. 〈A를 하는 것[爲] 같다[若].〉 〈A를 하는 것(to do) 같다(seem).〉

註 이(以)는 매우 다양한 뜻을 구사하므로 정리해두면 한문의 문맥을 잡는 데 편리하다.

① 〈이(以)A = 위(爲)A : A를 한다〉

② 〈이(以)A = 용(用)A : A를 쓴다 / 법(法)A : A를 본받는다〉

③ 〈이(以)A = 사(思)A : A를 생각한다〉

④ 〈이(以)A = 솔(率)A : A를 거느린다〉

⑤ 〈이(以)A = 인(因)A : A 때문에〉

물론 명사로서 〈까닭 이(以)〉도 되고, 타동사로서 〈비롯할 이(以)〉도 된다.

〈독서양유이야(讀書良有以也) = 책을[書] 읽는 것은[讀] 참으로[良] 까닭이[以] 있는 것

[有]이다[也].〉

〈기사이기사(其死以其病)=그[其] 죽음은[死] 그[其] 병환에서[病] 비롯한다[以].〉

⑥ 〈이(以)A = 여(與)A : A와 더불어〉

〈주인이빈담소(主人以賓談笑)=손님[賓]과 함께[以] 정담을 나눈다[談笑].〉

⑦ 〈이(以)A = 사(使)A : A로 하여금〉

〈관중이기군패(管仲以其君霸)=관중은[管仲] 제[其] 임금으로[君] 하여금[以] 패자가 되게 했다[覇].〉

⑧ 〈이미 이(已)〉와 같은 뜻으로 쓰이는 이(以)

〈아견토성이파(我見土城以破)=나는[我] 토성이[土城] 이미[以] 파괴된 것을[破] 보았다[見].〉

그리고 이(以)는 〈이(以)A〉처럼 전치사로, 또는 〈A이(以)〉처럼 후치사 노릇도 한다. 물론 이(以)가 위와 같은 뜻만을 낸다는 것은 아니다. 문장의 전후 문맥에 따라 다양한 뜻을 낸다고 여기면 된다.

13-10 愛以身爲天下(애이신위천하) 若可託天下(약가탁천하)

▶ 몸을[身] 아낌으로[愛] 써[以] 세상을[天下] 위함은[爲] 세상을[天下] (자연에) 맡길 수 있는 것과[可託] 같다[若].

아낄 애(愛), 써(가지고) 이(以), 제 몸 신(身), 같을 약(若), 가할 가(可), 맡길 탁(託)

【지남(指南)】

〈애이신위천하(愛以身爲天下) 약가탁천하(若可託天下)〉는 귀신(貴身)이 세상을[天下] 자연에[於自然] 맡길 수 있게[可託] 함을 강조해두고자 거듭해 밝히고 있다. 다만 앞서 밝혀온 〈귀신(貴身)〉을 〈애신(愛身)〉으로 바꾸어 한 번 더 위천하(爲天下) 즉 세상을[天下] 위함은[爲], 천신(賤身) 즉 자신을 천하게 해서는 불가능함을 강조하고 있다. 자신을 천하게 하는 것은 다름 아닌 인지(人智)로써 꾀해지는 인욕(人欲)에서 비롯됨을 일깨워주는 말씀이 13장(章)의 〈귀신(貴身)〉이며 〈애신(愛身)〉임이 이제 분명하게 간파된다. 인위(人爲)에 천하를 기탁(寄託)할 수 없음을 〈귀대환약신(貴大患若身) · 총욕약경(寵辱若驚) · 오유신(吾有身) · 오무신(吾無

身)〉 등으로써 밝혔음을 여기서 깨우칠 수 있게 된다.

그러므로 귀신(貴身) 즉 자신을[身] 중시하고[貴] 나아가 애신(愛身) 즉 자신을[身] 아낌[愛]이란, 거듭 되풀이되지만 52장(章)에 나오는 〈복수기모(復守其母)〉와 51장(章)에 나오는 〈존도이귀덕(尊道而貴德)〉 그리고 5장(章)에 나오는 〈수중(守中)〉 등으로써 19장(章)에 나오는 〈소사과욕(少私寡欲)〉의 삶을 누림인 것이다. 그러므로 법상도(法常道)하여 현덕(玄德)을 행하는 성인(聖人)도 귀신(貴身) · 애신(愛身)으로써 천하를 자연에 맡겨[因是] 구민(救民)하고 구물(救物)할 수 있음을 거듭해 각인시킨다. 따라서 여기 〈애이신(愛以身)〉 즉 〈이애신(以愛身)〉은 앞서 살핀 〈귀이신(貴以身)〉의 귀신(貴身)을 한 번 더 강조해두고자 〈중시함[貴]〉을 〈애중함[愛]〉으로 바꿔 법자연(法自然)하여 무위(無爲)를 정성껏 행하는 자신을 강조해둔 것이다.

온갖 인위(人爲)의 인욕(人欲)을 벗어나 67장(章)에 나오는 아유삼보(我有三寶)란 노자(老子)의 말씀을 받들어 자신을 아낀다면[愛], 자신을 자연에 맡겨[寄託] 천하를 위할 수 있음을 거듭 총결(總結)하여 절절히 밝힌 말씀이 여기 〈애이신위천하(愛以身爲天下) 약가탁천하(若可託天下)〉이다.

註 "아유삼보(我有三寶) 지이보지(持而保之) 일왈자(一曰慈) 이왈검(二曰儉) 삼왈불감위천하선(三曰不敢爲天下先)." 나에게[我] 세 가지[三] 보배가[寶] 있어[有] 간직하면서[持而] 그것을[之] 지킨다[保]. 하나는[一] 일러[曰] 사랑이고[慈], 둘은[二] 일러[曰] 검소이며[儉], 셋은[三] 일러[曰] 세상에서[天下] 감히[敢] 앞서려[先] 하지 않음이다[不爲]. 『노자(老子)』 67장(章)

【보주(補註)】

- 〈애이신위천하(愛以身爲天下) 약가탁천하(若可託天下)〉를 〈이애신위천하약가탁천하어자연(以愛身爲天下若可託天下於自然)〉처럼 옮기면 문맥을 좀 더 쉽게 잡을 수 있다. 〈몸을[身] 아낌으로[愛]써[以] 세상을[天下] 위함은[爲] 자연에[於自然] 세상을[天下] 맡길 수 있음과[可託] 같다[若].〉
- 애이신(愛以身)은 〈이애신(以愛身)〉에서 애(愛)를 강조하고자 전치한 말투로 여기면 된다. 애신(愛身)은 앞서 쭉 살핀 귀신(貴身)을 거듭 살갑게 밝혀 자신을[身] 애중(愛重)하게 함이다. 이 역시 무사(無私) · 무욕(無欲) · 무아(無我)의 자

신을 일러 애신(愛身)이라 하는 것이다.

- 〈애이신위천하(愛以身爲天下) 약가탁천하(若可託天下)〉가 〈애이신위천하자가이탁천하(愛以身爲天下者可以託天下)〉로 된 본(本)도 있다. 어조와 어세가 달라질 뿐이지 서로 문의(文義)를 달리하는 것은 아니다. 〈애신으로[愛身]써[以] 천하를[天下] 위한다[爲]면[者] 그로써[以] 천하를[天下] 맡길 수 있다[可託].〉

【해독(解讀)】

- 〈애이신위천하(愛以身爲天下) 약가탁천하(若可託天下)〉에서 애이신위천하(愛以身爲天下)는 주부(主部) 노릇하고, 약(若)은 동사 노릇하며, 가탁천하(可託天下)는 주격보어구 노릇한다. 〈애신으로[愛身]써[以] 천하를[天下] 위함은[爲] 천하를[天下] 가탁함과[可託] 같다[若].〉
- 애이신위천하(愛以身爲天下)에서 애이신(愛以身)은 위(爲)를 꾸며주는 부사구 노릇하고, 위(爲)는 영어의 동명사처럼 구실하고, 천하(天下)는 위(爲)의 목적어 노릇한다. 애이신(愛以身)은 〈이애신(以愛身)〉에서 애(愛)를 강조하고자 이(以) 앞으로 전치한 말투이다.

  애이신위천하(愛以身爲天下)에서 애(愛)는 〈귀중할 중(重) · 높일 존(尊)〉 등과 같아 애중(愛重)의 줄임이고, 이(以)는 〈써 용(用)〉과 같고, 위(爲)는 〈생각할 사(思) · 다스릴 치(治)〉 등과 같다. 〈자신을[身] 아낌으로[愛]써[以] 세상을[天下] 위함은[爲]〉
- 약가탁천하(若可託天下)에서 약(若)은 동사 노릇하고, 가탁천하(可託天下)는 주격보어구 노릇한다. 주격보어구 노릇하는 가탁천하(可託天下)에서 가(可)는 탁(託)을 꾸미는 부사 노릇하고, 탁(託)은 영어의 부정사(不定詞)처럼 구실하고, 천하(天下)는 탁(託)의 목적어 노릇한다. 탁(託)은 〈맡길 기(寄)〉와 같아 기탁(寄託)의 줄임이다. 〈천하를[天下] 가히[可] 맡김과[託]〉
- 약가탁천하(若可託天下)〉 역시 〈약위(若爲)A〉의 상용문이다. 〈약위(若爲)A〉는 영어의 〈seem to do A〉로 여기고 문맥을 잡으면 된다. 〈A를 하는 것[爲] 같다[若].〉 〈A를 하는 것(to do) 같다(seem).〉

14
老子之言

도기장(道紀章)

도체(道體) 즉 상도(常道) 그 자체를 밝히는 장(章)이다. 도체(道體)는 오묘하고 신비하여 불가사의(不可思議) 즉 생각하여[思] 알아볼[議] 수 없다[不可]. 도체(道體)의 오묘의 신비를 〈이(夷) · 희(希) · 미(微)〉 등으로 풀이한다.

이 〈이(夷) · 희(希) · 미(微)〉 등은 불가치힐(不可致詰) 즉 궁구해볼[致詰] 수 없다고[不可] 밝힌다. 도(道)를 밝힐 수 없는 까닭은 〈혼이위일(混而爲一) · 도무물(道無物)〉이기 때문이다. 상도(常道)는 보고 듣고 만질 것이[物] 아니다. 도(道)는 감지할 수 있는 형이하(形而下)가 아니기 때문에 상도(常道)를 홀황(惚恍)하다고 한다. 황홀(恍惚)한 상도(常道)를 지키면[執] 고시(古始)를 능히[能] 앎이[知] 〈도기(道紀)〉 즉 상도의[道] 규율[紀]임을 일깨워 깨우치게 하는 장(章)이다.

【원문(原文)】

視之不見을 名曰夷이고 聽之不聞을 名曰希이며 搏之
시지불견 명왈이 청지불문 명왈희 박지
不得을 名曰微이다 此三者는 不可致詰이라 故로 混而
부득 명왈미 차삼자 불가치힐 고 혼이
爲一이다 其上不皦하고 其下不昧하니 繩繩不可名이나
위일 기상불교 기하불매 승승불가명
復歸於無物한다 是謂無狀之狀이고 無物之象이다 是謂
복귀어무물 시위무상지상 무물지상 시위
惚恍이니 迎之에 不見其首하고 隨之에 不見其後한다 執
홀황 영지 불견기수 수지 불견기후 집
古之道하여 以御今之有하면 能知古始니 是謂道紀이라
고지도 이어금지유 능지고시 시위도기

그것을[之] 보려고 해도[視] 보이지 않음을[不見] 일컬어[名] 이라[夷] 하고[曰], 그것을[之] 들으려고 해도[聽] 들리지 않음을[不聞] 일컬어[名] 희라고[希] 하며[謂], 그것을[之] 잡으려고 해도[搏] 집히지 않음을[不得] 일컬어[名] 미라고[微] 한다[謂]. 이[此] 세 가지는[三者] 따져 물어도[詰] 답을 얻어낼[致] 수 없다[不可]. 그러므로[故] (이 세 가지는) 섞여서[混而] 하나로[一] 된다[爲]. 그[其] 위도[上] 밝음이[皦] 없고[不] 그[其] 아래도[下] 어둠이[昧] 없고[不], (그 상하의) 줄은[繩繩] (무엇이라고) 칭해질[名] 수 없고[不可], {그 승승(繩繩)은} 없는[無] 것[物]으로[於] 되[復]돌아오고[歸], 이를[是] 모양이[狀] 없는[無之] 모양이라[狀] 한다[謂]. 물체의[物之] 짓이[象] 없음[無], 이를[是] 없는 듯하나 있고[惚] 있는 듯하나 없음이라[恍] 하며[謂], 그것을[之] 마주하려 한들[迎] 그[其] 앞을[首] 보지 못하고[不見], 그것을[之] 뒤따르려 한들[隨] 그[其] 뒤를[後] 보지 못한다[不見]. 옛[古之] 도를[道] 지키고 간직함으로[執] 써[以] 지금의[今之] 있는 것들을[有] 다스린다면[御] {승승(繩繩)의} 시초를[古始] 알 수 있다[能知]. 이를[是] 상도의[道] 규율이라[紀] 한다[謂].

14-1 視之不見(시지불견) 名曰夷(명왈이)

▶그것을[之] 보려고 해도[視] 보이지 않음을[不見] 일컬어[名] 이(夷)라 한다[曰].

볼 시(視), 그것 지(之), 아니 불(不), 보일 견(見), 일컬을 명(名), 칭할 (曰), 색깔 없을 이(夷)

【지남(指南)】

〈시지불견명왈이(視之不見名曰夷)〉는 상도(常道)가 형이하(形而下) 즉 감지되어 보이는 것이 아니고, 형이상(形而上) 즉 감지되지 않아 보이지 않음을 밝힌다. 상도(常道)는 눈으로 볼 수 있는 것[物]이 아니란 것이다. 눈으로 볼 수 없는 것을 〈이(夷)〉라고 밝힌다. 〈무색왈이(無色曰夷)〉라고 한다. 빛깔이[色] 없음은[無] 눈에 보임이 없음이니, 그것을 이(夷)라 한다.

눈에 보이는 것[物]이라면 저마다 색깔이 있다. 인간(人間) · 금수(禽獸) · 초목(草木) · 토석(土石) · 풍수(風水) 등등이 다 다른 것[物]이라고 하면 온갖 것[萬物]의 〈사(事)〉를 말함이고, 그것이 모두 하나[一]라고 보면 온갖 것[萬物]의 〈이(理)〉를 말함이다. 보이는 것은 사(事)이고, 동시에 물물(物物)은 저마다 다른 점을 간직하고 있음을 일러 사(事)라고 한다. 보이지 않는 것은 이(理)이고, 동시에 물물(物物)은 다 같은 점을 일러 이(理)라고 한다. 보려고[視] 해도 보이지 않는[不見] 이(夷)란 곧 온갖 것[萬物]의 이(理), 즉 온갖 것을 위일(爲一) 즉 하나가[一] 되게 하는[爲] 그 무엇을 말한다. 그러므로 이(夷)는 만물을 위일(爲一)하는 상도(常道)를 의탁(擬度) 즉 헤아리게[擬度] 한다.

만물(萬物)은 저마다 형상(形象)이 다 다르다. 무엇이든 드러남[形]이 다르고, 짓함[象]도 다르다. 이처럼 보이는 형상(形象)은 모두 다르지만, 무엇이든 〈있다[生]가 없어진다[死]〉는 이(理)만큼은 다를 것 없는지라 만물은 하나인[一] 것이다. 생사로 만물을 본다면 달리 볼 것 없이 하나[一]의 이(理)임을 헤아리게 한다. 여기 이(夷)가 만물의 이(理)를 말함이라고 헤아리면 62장(章)에 나오는 **만물지오(萬物之奧)**가 환기된다. 만물을 하나이게 하는 이(理)는 온갖 것이[萬物之] 간직하고 있는 것[奧]임을 헤아릴 수 있게 되는 것이다.

만물(萬物)이 저마다 간직하고 있는 오(奧)를 〈만물지근(萬物之根)〉이라고 한다. 만물의[萬物之] 뿌리[根] 즉 근원자(根源者)는 눈에 보이지 않으니 눈에 보이는 만물도 눈에 보이지 않는 오(奧)를 간직하고 있음을 여기 이(夷)가 상기시켜주고, 만물치고 오(奧)를 간직하지 않은 것[無奧之物]이란 없으니 상도(常道)의 것이 아닌 것이란 없음을 동시에 깨우치게 한다. 따라서 여기 이(夷)는 『장자(莊子)』에 나오는 **도통위일**(道通爲一)을 떠올리고, 동시에 25장(章)에 나오는 **유물혼성**(有物混成) 역시 떠올려주면서 상도(常道)란 눈에 보이지 않는 것임을 살펴 새기고 헤아려 깨우치게 하는 말씀이 〈시지불견명왈이(視之不見名曰夷)〉이다.

註 "도자만물지오(道者萬物之奧." 상도라는[道] 것은[者] 온갖 것이[萬物之] 간직하고 있는 것이다[奧].
『노자(老子)』 62장(章)

註 "여여서시(厲與西施) 희궤휼궤(恢恑憰怪) 도통위일(道通爲一) 기분야성야(其分也成也) 기성야훼야(其成也毁也) 범물무성여훼(凡物無成與毁) 부통위일(復通爲一) 유달자지통위일(唯達者知通爲一)." 문둥이와[厲與] 미인 서시는[西施] (서로 비교한다면 서로 달라) 야릇하고[恢恑] 괴상하지만[憰怪], (이는 형상에 사로잡힘이지) 도의[道] 통함은[通] (문둥이와 서시가) 하나가[一] 된다[爲]. {상도(常道)에서 보면} 그[其] 나누어짐[分]이란[分] 합해짐[成]이고[也], 그[其] 합해짐[成]이란[也] 이지러짐[毁]이다[也]. 온갖 것에는[凡物] 합해짐과[成與] 이지러짐이[毁] (따로) 없어[無], {성(成)과 훼(毁)는 도(道)로써} 다시[復] 통하여[通] 하나가[一] 된다[爲].
『장자(莊子)』 「제물론(齊物論)」

註 "유물혼성(有物混成) 선천지생(先天地生) 적혜료혜(寂兮寥兮) 독립불개(獨立不改) 주행이불태(周行而不殆)." 혼성(混成)의 것이[物] 있다[有]. 천지가[天地] 생기기[生] 앞이다[先]. 고요하구나[寂兮]! 아득하구나[寥兮]! 홀(하나)로[獨] 있고[立] 바뀌지 않고[不改] 두루[周] 미치지만[行而] 위태롭지 않다[不殆].
『노자(老子)』 25장(章)

【보주(補註)】

- 〈시지불견명왈이(視之不見名曰夷)〉를 〈명시지이불지견자왈이(名視之而不之見者曰夷)〉처럼 옮기면 문맥을 좀 더 쉽게 잡을 수 있다. 〈그것을[之] 보려 해도[視而] 그것을[之] 보지 못하는[不見] 것을[者] 일컬어[名] 이라[夷] 한다[曰].〉
- 시지불견명왈이(視之不見名曰夷)에서 이(夷)를 〈무색왈이(無色曰夷)〉라고 풀이하기도 한다. 무색(無色)이란 보이지 않는[不爲視] 것[者]을 말한다.

- 시지불견명왈이(視之不見名曰夷)에서 이(夷)는 형이상자(形而上者) 즉 감지될 수 없는 것을 말하지만, 여러 뜻을 갖는다. 이왈동방(夷曰東方) · 이왈동방인(夷曰東方人), 즉 이(夷)는 동방(東方) · 동방인(東方人)을 뜻한다. 그리고 심중평화(心中平和)를 뜻하는 〈쉬울 이(易) · 고를 평(平) · 범(凡)〉 등의 뜻을 내기도 하고, 〈없앨 제(除) · 클 대(大) · 밝을 명(明) · 기쁠 열(說)=열(悅) · 늘 상(常)〉 등과 같아 여러 뜻을 나타내는 자(字)이므로 전후 문맥을 살펴 걸맞은 뜻을 찾아야 한다.

【해독(解讀)】

- 〈시지불견명왈이(視之不見名曰夷)〉에서 시지불견(視之不見)은 명(名)의 목적구 노릇하고, 명(名)은 왈(曰)의 목적어 노릇하며, 이(夷)는 목적보어 노릇한다. 볼 시(視)는 〈볼 도(覩) · 볼 첨(瞻) · 볼 견(見)〉 등등과 같고, 명(名)은 〈일컬을 칭(稱)〉과 같아 명칭(名稱)의 줄임말로 여기면 되고, 왈(曰)은 〈일러 말할 위(謂) · 위(爲)〉 등과 같다. 〈시지불견을[視之不見] 일컬음을[名] 이라[夷] 말한다[曰].〉
- 시지불견명왈이(視之不見名曰夷)는 〈A명왈(名曰)B〉의 상용문이다. 〈A명왈(名曰)B〉에서 명(名)의 목적어인 A가 명(名) 앞으로 도치된 말투로 여기고 〈명(名)A왈(曰)B〉처럼 문맥을 잡으면 문의(文意)가 잘 드러난다. 물론 〈명(名)A왈(曰)B〉를 〈A지위(之謂)B〉 또는 〈A위지(謂之)B〉처럼 여기고 새겨도 된다. 〈A를 일컬어[名] B라 한다[曰].〉 〈A를[A之] B라 한다[謂].〉 〈A(A) 그것을[之] B라 한다[謂].〉

14-2 聽之不聞(청지불문) 名曰希(명왈희)

▶ 그것을[之] 들으려고 해도[聽] 들리지 않음을[不聞] 일컬어[名] 희라고[希] 한다[謂].

들을 청(聽), 그것 지(之), 아니 불(不), 들릴 문(聞), 일컬을 명(名), 칭할 왈(曰), 소리 없을 희(希)

【지남(指南)】

〈청지불문명왈희(聽之不聞名曰希)〉 역시 상도(常道)가 형이하(形而下) 즉 감지되어 들리는 것이 아니고, 형이상(形而上) 즉 감지되지 않아 들리지 않음을 밝힌다. 상도(常道)는 귀로 들을 수 있는 것[物]이 아니란 것이다. 귀로 들을 수 없는 것을 〈희(希)〉라고 밝힌다. 〈무성왈희(無聲曰希)〉라고 한다. 소리가[聲] 없음은[無] 귀에 들림이 없음이니, 그것을 희(希)라 한다.

귀에 들리는 것[物]이라면 저마다 소리가 있다. 인간(人間) · 금수(禽獸) · 초목(草木) · 토석(土石) · 풍수(風水) 등등은 모두 저마다 소리의 〈사(事)〉가 있다. 이 소리의 사(事)를 떠나서 모든 것을 하나로 여기라는 〈이(理)〉에는 소리가 없다. 들리는 것은 사(事)이고, 동시에 그 소리는 물물(物物)마다 다른 점을 간직하고 있음을 말해준다. 들리지 않는 것은[希] 물물(物物)은 다 같음을 말해주는 이(理)인 셈이다.

들으려고[聽] 해도 들리지 않는[不聞] 희(希)란 곧 온갖 것[萬物]의 이(理), 즉 온갖 것을 위일(爲一) 즉 하나가[一] 되게 하는[爲] 그 무엇을 말한다. 그러므로 희(希) 역시 앞서의 〈이(夷)〉처럼 만물(萬物)을 위일(爲一)하는 상도(常道)를 의탁(擬度)하게 한다. 만물(萬物)은 저마다 형상(形象) 즉 드러남[形]이 다르고, 짓함[象]도 다르다. 이처럼 들리는 형상(形象)은 모두 다르지만, 무엇이든 생사(生死)의 것이란 이(理)만큼은 다를 것 없는지라 만물은 하나인[一] 것이다.

여기 희(希) 역시 만물(萬物)의 이(理)를 말함이라고 헤아리면 62장(章)에 나오는 〈만물지오(萬物之奧)〉를 환기시켜준다. 그러므로 만물(萬物)은 상도(常道)의 것이 아닌 것이란 없음을 동시에 깨우쳐주어 여기 희(希)도 『장자(莊子)』에 나오는 〈도통위일(道通爲一)〉을 떠올린다. 동시에 25장(章)에 나오는 〈유물혼성(有物混成)〉 역시 떠올려주면서 상도(常道)란 귀에 들리지 않는 것임을 살펴 새기고 헤아려 깨우치게 하는 말씀이 〈청지불문명왈희(聽之不聞名曰希)〉이다.

【보주(補註)】

- 〈청지불문명왈희(聽之不聞名曰希)〉를 〈명청지이부지문자왈희(名聽之而不之聞者曰希)〉처럼 옮기면 문맥을 좀 더 쉽게 잡을 수 있다. 〈그것을[之] 들으려 해도[聽而] 그것을[之] 듣지 못하는[不聞] 것을[者] 일컬어[名] 희라[希] 한다[曰].〉
- 청지불문명왈희(聽之不聞名曰希)에서 희(希)는 〈무성왈희(無聲曰希)〉라고 풀이하기도 한다. 무성(無聲)이란 들리지[爲聽] 않는[不] 것[者]을 말한다.
- 청지불문명왈희(聽之不聞名曰希)에서 희(希)는 형이상자(形而上者) 즉 감지될

수 없는 것을 말하지만 여러 뜻을 갖는다. 희(希)는 〈희(稀)〉와 같다. 희(希)는 〈적을 소(少) · 멀 원(遠) · 흩어질 산(散) · 멈출 지(止) · 바랄 망(望)=앙(仰) · 구할 구(求)〉 등과 같아 여러 뜻을 내는 자(字)이므로 전후 문맥을 살펴 걸맞은 뜻을 찾아 새겨야 한다.

【해독(解讀)】

- 〈청지불문명왈희(聽之不聞名曰希)〉에서 청지불문(聽之不聞)은 명(名)의 목적구 노릇하고, 명(名)은 왈(曰)의 목적어 노릇하며, 희(希)는 목적보어 노릇한다. 〈청지불문을[聽之不聞] 일컬음을[名] 희라[希] 말한다[曰].〉
- 청지불문명왈희(聽之不聞名曰希)에서 〈들을 청(聽)〉은 〈들을 영(聆)〉과 같지만 여러 뜻을 내는 자(字)로서 〈기다릴 대(待) · 따를 순(順)=종(從) · 맡을 임(任) · 다스릴 치(治) · 정할 정(定) · 살필 찰(察)〉 등 여러 뜻을 내고, 명(名)은 〈일컬을 칭(稱)〉과 같아 명칭(名稱)의 줄임말로 여기면 되고, 왈(曰)은 〈일러 말할 위(謂) · 위(爲)〉 등과 같다.
- 청지불문명왈희(聽之不聞名曰希) 역시 〈A명왈(名曰)B〉의 상용문이다. 〈A명왈(名曰)B〉에서 명(名)의 목적어인 A가 명(名) 앞으로 도치된 말투로 여기고 〈명(名)A왈(曰)B〉처럼 문맥을 잡으면 문의(文意)가 잘 드러난다. 물론 〈명(名)A왈(曰)B〉를 〈A지위(之謂)B〉 또는 〈A위지(謂之)B〉처럼 여기고 새겨도 된다. 〈A를 일컬어[名] B라 한다[曰].〉 〈A를[A之] B라 한다[謂].〉 〈A(A) 그것을[之] B라 한다[謂].〉

14-3 搏之不得(박지부득) 名曰微(명왈미)

▶ 그것을[之] 잡으려고 해도[搏] 집히지 않음을[不得] 일컬어[名] 미라고[微] 한다[謂].

잡을 박(搏), 그것 지(之), 아니 부(不), 집을 득(得), 일컬을 명(名), 가로 왈(曰), 미세할 미(微)

【지남(指南)】

〈박지부득명왈미(搏之不得名曰微)〉 역시 상도(常道)가 형이하(形而下) 즉 감지되어 잡히는 것이 아니고, 형이상(形而上) 즉 감지되지 않아 잡히지 않음을 밝힌다. 상도(常道)는 손가락 따위로 만져볼 수 있는 것[物]이 아니란 말이다.

손 따위로 만져볼 수 없는 것을 〈미(微)〉라고 밝힌다. 〈무형왈미(無形曰微)〉라고 한다. 몸이[形] 없음은[無] 손 따위로 만져볼 수 없음이니, 그것을 미(微)라 한다. 손 따위로 만져서 잡아보는 것[物]이라면 저마다 몸이 있다. 인간(人間) · 금수(禽獸) · 초목(草木) · 토석(土石) · 풍수(風水) 등등은 모두 저마다 가진 몸의 〈사(事)〉가 있다. 이 몸의 사(事)를 떠나서 모든 것을 하나로 여기라는 〈이(理)〉에는 몸이[形] 없다. 들리고 보이며 잡아볼 수 있는 몸은 사(事)이고, 동시에 그 몸은 물물(物物)마다 다른 점을 간직하고 있음을 말해준다. 잡히지 않는 것은[微], 물물(物物)은 다 같음을 말해주는 이(理)인 셈이다.

만져서 잡으려고[搏] 해도 잡히지 않는[不得] 미(微)란 곧 온갖 것[萬物]의 이(理), 즉 온갖 것을 위일(爲一) 즉 하나가[一] 되게 하는[爲] 그 무엇을 말한다. 그러므로 미(微) 역시 앞서의 〈이(夷) · 희(希)〉처럼 만물(萬物)을 위일(爲一)하는 상도(常道)를 의탁(擬度)하게 한다. 만물(萬物)은 저마다 형상(形象) 즉 드러남[形]이 다르고, 짓함[象]도 다르다. 이처럼 보이고 들리며 잡히는 형상(形象)은 모두 다르지만, 무엇이든 생사(生死)의 것이란 이(理)만큼은 다를 바 없는지라 만물은 하나인[一] 것이다.

여기 미(微) 역시 만물(萬物)의 이(理)를 말함이라고 헤아리면 62장(章)에 나오는 〈만물지오(萬物之奧)〉를 환기시켜준다. 그러므로 만물(萬物)은 상도(常道)의 것이 아닌 것이란 없음을 동시에 깨우쳐주어 여기 미(微)도 『장자(莊子)』에 나오는 〈도통위일(道通爲一)〉을 떠올린다. 동시에 25장(章)에 나오는 〈유물혼성(有物混成)〉 역시 떠올려주면서 상도(常道)란 손 따위로 잡히지 않는 것임을 살펴 새기고 헤아려 깨우치게 하는 말씀이 〈박지부득명왈미(搏之不得名曰微)〉이다.

【보주(補註)】

- 〈박지부득명왈미(搏之不得名曰微)〉의 성언(聖言)을 〈명박지이부지득자왈미(名搏之而不之得者曰微)〉처럼 일반 산문(散文)으로 옮기면 문의(文意)를 좀더 쉽게

새길 수 있다. 〈그것을[之] 붙잡으려 해도[搏而] 그것을[之] 붙잡지 못하는[不得] 것을[者] 일컬어[名] 미라[微] 한다[曰].〉

- 박지부득명왈미(搏之不得名曰微)에서 미(微)는 〈무형왈미(無形曰微)라고 풀이하기도 한다. 무형(無形)이란 불유(不有) 즉 있지[有] 않음[不]이니, 무물(無物) 즉 없는[無] 것[物]을 말한다.
- 박지부득명왈미(搏之不得名曰微)에서 미(微)는 형이상자(形而上者) 즉 감지될 수 없는 것을 말하여 무(無)와 같다. 그러나 미(微)는 은행(隱行)의 뜻으로 〈보이지 않게 행할 미(微)〉, 도장(逃藏)의 뜻으로 〈숨어 간직된 미(微)〉, 〈작을 소(小)·가늘 세(細)=쇄(殺)·묘할 묘(妙)〉 등등과 같이 여러 뜻을 갖는 자(字)이므로 전후 문맥을 살펴 걸맞은 뜻을 찾아 새겨야 한다.

【해독(解讀)】

- 〈박지부득명왈미(搏之不得名曰微)〉에서 박지부득(搏之不得)은 명(名)의 목적구 노릇하고, 명(名)은 왈(曰)의 목적어 노릇하며, 미(微)는 목적보어 노릇한다. 〈박지부득을[搏之不得] 일컬어[名] 미라[微] 말한다[曰].〉
- 박지부득명왈미(搏之不得名曰微)에서 〈잡을 박(搏)〉은 〈손가락으로 집을 촬(撮)·손으로 잡을 집(執)〉 등과 같고, 명(名)은 〈일컬을 칭(稱)〉과 같아 명칭(名稱)의 줄임으로 여기면 되고, 왈(曰)은 〈일러 말할 위(謂)·위(爲)〉 등과 같다.
- 박지부득명왈미(搏之不得名曰微) 역시 〈A명왈(名曰)B〉의 상용문이다. 〈A명왈(名曰)B〉에서 명(名)의 목적어인 A가 명(名) 앞으로 도치된 말투로 여기고 〈명(名)A왈(曰)B〉처럼 문맥을 잡으면 문의(文意)가 잘 드러난다. 물론 〈명(名)A왈(曰)B〉를 〈A지위(之謂)B〉 또는 〈A위지(謂之)B〉처럼 여기고 새겨도 된다. 〈A를 일컬어[名] B라 한다[曰].〉 〈A를[A之] B라 한다[謂].〉 〈A(A) 그것을[之] B라 한다[謂].〉

14-4 此三者不可致詰(차삼자불가치힐)

▶ 이[此] 세 가지는[三者] 따져 물어도[詰] 답을 얻어낼[致] 수 없다[不可].

이것 차(此), 셋 삼(三), 가지 자(者), 없을 불(不), 가할 가(可), 얻어낼[得之] 치(致), 따져 물을 힐(詰)

【지남(指南)】

〈차삼자불가치힐(此三者不可致詰)〉은 〈이(夷) · 희(希) · 미(微)〉 이[此] 셋[三者]은 하나씩 따로 떼어내 생각할 수도 없고, 셋을 묶어 검증할 수도 없음을 밝힌다. 이 셋은 인지(人智)가 도달할 수 없으며[不可致], 물어도 알아낼 수 없는[不可詰] 것이다. 그러므로 이는 탐문(探問)하여 판명(判明)해 논변(論辯)할 수 없다. 인간이 시비(是非) · 분별(分別) · 논단(論斷)할 수 있다는 것은 어떤 것의 형상을 근거로 하는 사(事)일 뿐, 드러남[形]과 짓[象] 너머에 숨어 있는[形而上] 이(理)는 시비 · 분별 · 논증하여 논단(論斷)할 수 없는 것이다.

왜 도(道)를 말로 할 수 있다면[道可道], 그런 도(道)라면 상도(常道)가 아니라고[非常道] 하는가? 상도(常道)는 불가치힐(不可致詰)의 것이기 때문이다. 왜 이름을 지어 부를 수 있다면[名可名], 그런 이름[名]이라면 상명(常名)이 아니라고[非常名] 하는가? 상명(常名) 역시 불가치힐(不可致詰)의 것이기 때문이다. 아무리 힐문(詰問)해도 해답을 얻어 〈그것은 무엇이다〉고 검증하여 판정할 수 없음을 일러 〈불가치힐(不可致詰)〉이라고 한다.

남김없이 탐문(探問)하여 정답을 얻어냄[得]을 치힐(致詰)이라 한다. 치힐(致詰)은 궁구(窮究)하라 함이다. 1장(章)에 나오는 〈현지우현(玄之又玄)〉이란 말씀이 곧 인간에게 불가치힐(不可致詰), 즉 시비(是非) · 분별(分別) · 논란(論難)을 거쳐 검증하여 증명할 수 있는 인지(人智)의 것이 아님을 밝혀둔 말씀임을 여기서 분명히 간파하게 된다.

인지(人智)로써 치힐(致詰)할 수 없는 〈이(夷) · 희(希) · 미(微)〉는 검증하고 증명하여 확인될 수 없는 경지가 있음을 살펴 새기고 헤아려 깨우치게 하는 말씀이 〈차삼자불가치힐(此三者不可致詰)〉이다.

【보주(補註)】

- 〈차삼자불가치힐(此三者不可致詰)〉을 〈인불가치차삼자(人不可致此三者) 이인불가힐차삼자(而人不可詰此三者)〉처럼 옮기면 문의(文意)를 좀 더 쉽게 새길

수 있다. 〈사람은[人] 이[此] 세[三] 가지에[者] 도달할[致] 수 없다[不可]. 그리고 [而] 사람은[人] 이[此] 세[三] 가지를[者] 따져 물어볼[詰] 수 없다[不可].〉

- 차삼자불가치힐(此三者不可致詰)에서 차삼자(此三者)는 〈이(夷) · 희(希) · 미(微)〉를 말한다. 여기서 차삼자(此三者)는 상도(常道)를 사유하게 하는 실마리가 된다. 그리고 불가치힐(不可致詰)은 상도(常道)를 깊이 생각하고[思惟] 믿게[信] 하려 함이다. 무엇인가를 검증하여 증명된 것을 믿는다면, 믿음[信]이란 그것의 형상에 관한 의심을 풀어본 것뿐이다. 천지만물을 있게 한 그 무엇인 상도(常道)는 인간의 신(信) · 불신(不信)에 아랑곳하지 않으니, 분명히 있다가 없어질 우주야말로 상도(常道)가 있다는 증거 바로 그것이란 말이다. 이는 인간이 믿고 안 믿고의 문제가 아니다.

【해독(解讀)】

- 〈차삼자불가치힐(此三者不可致詰)〉에서 차삼자(此三者)는 치(致)와 힐(詰)의 목적어 노릇하지만 강조하기 위하여 전치되었고, 불가(不可)는 치(致)와 힐(詰)의 부정사(否定詞) 노릇하며, 치(致)와 힐(詰)은 동사 노릇해 중문(重文)이다. 치(致)는 〈다다를 지(至)〉와 같고, 힐(詰)은 〈물을 문(問)〉과 같아 힐문(詰問)의 줄임말로 여기면 된다. 물론 치(致)와 힐(詰)은 여러 뜻을 내는 자(字)인지라 전후 문맥을 감안해야 한다. 치(致)는 〈이를 지(至)=도(到) · 돌아갈 귀(歸)=반(返)=환(還) · 줄 수(授) · 지극할 극(極) · 나아가 좇을 취(就)〉 등의 뜻을 갖고, 힐(詰)은 〈따져볼 책(責) · 멈출 지(之) · 다스릴 치(治) · 엄하게 할 근(謹) · 아침 흔(昕)=명(明)=단(旦)〉 등의 뜻이다. 〈차[此] 삼자를[三者] 치하거나[致] 힐할[詰] 수 없다[不可].〉
- 차삼자불가치힐(此三者不可致詰)에서 차삼자(此三者)는 주부(主部) 노릇하고, 불가(不可)는 힐(詰)의 부정사(否定詞) 노릇하며, 치(致)는 힐(詰)을 꾸며주는 부사 노릇하며, 힐(詰)은 수동의 동사 노릇한다고 여기고 문맥을 새겨도 원문(原文)의 문의(文義)가 달라지지는 않는다. 〈이[此] 세 가지는[三者] 아무리 해도[致] 탐문될[詰] 될 수 없다[不可].〉

14-5 故(고) 混而爲一(혼이위일)

▶ 그러므로[故] (이 세 가지는) 섞여서[混而] 하나로[一] 된다[爲].

그러므로 고(故), 합할 혼(混), 그래서 이(而), 될(~이다) 위(爲), 하나 일(一)

【지남(指南)】

〈혼이위일(混而爲一)〉은 〈이(夷) · 희(希) · 미(微)〉 이[此] 셋[三者]이 상도(常道)의 조화(造化), 즉 51장(章)에 나오는 **도생지(道生之)**를 풀이하는 것임을 밝힌다. 왜냐하면 혼이위일(混而爲一)은 상도(常道)의 조화를 말함이기 때문이다. 그 조화(造化)는 이(夷) · 희(希) · 미(微) 등이 하나씩 떨어져 따로따로가 아니라 이(夷) · 희(希) · 미(微)가 혼합된 하나[一]로서 셋임을 밝혀, 상도(常道)의 조화인 혼이위일(混而爲一)을 인간이 감지할 수 없음을 거듭 말해준다. 여기서 눈으로 볼 수 없는 〈이(夷)〉로써 상도(常道)의 조화를 말하고, 귀로 들을 수 없는 〈희(希)〉로써 상도(常道)의 조화를 말하며, 손으로 만져볼 수 없는 〈미(微)〉로써 상도(常道)의 조화를 말함을 간파(看破) 즉 알아차릴[看破] 수 있게 된다.

물론 여기 혼이위일(混而爲一)은 62장(章)에 나오는 〈도자만물지오(道者萬物之奧)〉의 오(奧)와 더불어 25장(章)에 나오는 〈유물혼성(有物混成)〉을 아울러 상기시킨다. 따라서 이(夷) · 희(希) · 미(微) 셋은 상도(常道)의 〈오(奧)〉와 〈혼성(混成)〉을 상도(常道)의 체용(體用)으로서 풀이함과 동시에, 이(夷) · 희(希) · 미(微)가 상도(常道)의 조화를 성신(誠信) 즉 진실로[誠] 믿게[信] 하는 실마리임을 밝힌다. 이 셋은 상도(常道) 그 자체[體]와 상도(常道)의 씀을[用] 진실로[誠] 믿게[信] 하는 것이다.

말로써 말하려 해도 말해볼 수 없고, 이름으로써 불러보려 해도 불러볼 수 없는 상도(常道)의 조화(造化) 그것을 진실로[誠] 믿게[信] 하는 실마리가 이(夷) · 희(希) · 미(微)이며, 동시에 상도(常道)의 조화를 이 셋으로써 살펴 새기고 헤아려 깨우치게 하는 말씀이 〈혼이위일(混而爲一)〉이다.

註 "도생지(道生之) 덕휵지(德畜之) 물형지(物形之) 세성지(勢成之)." 상도가[道] 낳아주고[生之], 상덕이[德] 길러주며[畜之], (덕의 길러줌에 의해서) 생물이[物] 드러내지고[形之], (덕의 길러줌

에 의해서) 자라남이[勢] 이뤄진다[成之].

도생지(道生之) 덕휵지(德畜之) 물형지(物形之) 세성지(勢成之) 등은 곧 상도(常道)의 조화를 밝힘이다. 『노자(老子)』 51장(章)

【보주(補註)】

- 〈혼이위일(混而爲一)〉을 〈시고(是故) 차삼자위혼(此三者爲混) 이차삼자위일(而此三者爲一)〉처럼 옮기면 문의(文意)를 좀 더 쉽게 새길 수 있다. 〈이렇기[是] 때문에[故] 이[此] 세 가지는[三者] 섞인다[混]. 그래서[而] 이[此] 세 가지는[三者] 하나로[一] 된다[爲].〉
- 혼이위일(混而爲一)에서 혼(混)은 〈혼란(混亂)〉의 혼(混)이 아니라 〈혼합(混合)〉의 혼(混)이다. 혼이위일(混而爲一)의 혼(混)과 일(一)은 〈이(夷) · 희(希) · 미(微)〉 셋이 하나임을 말한다. 25장(章) **유물혼성(有物混成)**의 혼(混)과 같은 혼일(混一)처럼 이(夷) · 희(希) · 미(微) 역시 혼이위일(混而爲一)의 것이다. 말하자면 여기 혼일(混一)은 사람의 오장육부가 섞여[混] 하나가[一] 되듯, 이(夷) · 희(希) · 미(微) 역시 상도(常道)의 하나가 됨이다. 따라서 만물을 하나로 마주하면 만물이 곧 자연과[與天] 한 무리[徒]임을 깨우치게 돼 『장자(莊子)』에 나오는 **기일여천위도(其一與天爲徒)**란 말씀을 새삼 떠올릴 수 있게 된다.

註 "유물혼성(有物混成) 선천지생(先天地生)." 혼성이란[混成] 것이[物] 있다[有]. {그 혼성(混成)은) 천지가[天地] 태어나기[生] 전이다[先].

혼성(混成)은 혼일(混壹) 즉 하나[一]란 뜻이다. 『노자(老子)』 25장(章)

註 "기호지야일(其好之也一) 기불호지야일(其弗好之也一) 기일야일(其一也一) 기불일야일(其不一也一) 기일여천위도(其一與天爲徒) 기불일여인위도(其不一與人爲徒) 천여인불상승야(天與人不相勝也) 시지위진인(是之謂眞人)." 그[其] 좋아함도[好之也] 하나의 입장이고[一], 그[其] 좋아하지 않음도[弗好之也] 하나의 입장이다[一]. 그[其] 하나라는 것도[一也] 하나의 입장이고[一], 그[其] 하나가 아니란 것도[不一也] 하나의 입장이다[一]. 그[其] 하나의 입장은[一] 자연과[與天] 무리가[徒] 되고[爲], 그[其] 하나가 아니라는 입장은[不一] 인간과[與人] 무리가[徒] 된다[爲]. 자연과[天與] 사람이[人] 서로[相] 다투지 않는 것[不勝]이다[也]. 이를[是之] 진인이라[眞人] 한다[謂].

시비·분별의 논란을 일으키는 기불일(其不一)은 인간의 짓[人爲]이다. 자연[天]의 짓은 오직 기일(其一)이란 포일(抱一)의 무위(無爲)이다. 진인(眞人)·지인(至人)·신인(神人)·성인(聖人) 등은 다 같은 말씀이다. 『장자(莊子)』「대종사(大宗師)」

【해독(解讀)】

- 〈혼이위일(混而爲一)〉에서 혼(混)은 주어 노릇할 차삼자(此三者)가 생략되었지만 수동의 동사 노릇하고, 이(而)는 〈그래서 이(而)〉로 접속사 노릇하고, 위(爲) 또한 주어 노릇할 차삼자(此三者)가 생략되었지만 동사 노릇하고, 일(一)은 주격보어 노릇한다. 혼(混)은 〈합할 합(合)〉과 같아 혼합(混合)의 줄임말로 여기면 된다. 물론 혼(混)은 〈큰 대(大) · 섞일 잡(雜) · 같을 동(同)〉 등과 같고, 혼(混)은 본래 넘쳐 흐름[豊流]과 큰물[大水]을 뜻한다. 〈섞여서[混而] 하나로[一] 된다[爲].〉

14-6 其上不皦(기상불교) 其下不昧(기하불매)

▶ 그[其] 위도[上] 밝음이[皦] 없고[不], 그[其] 아래도[下] 어둡이[昧] 없다[不].

그 기(其), 위 상(上), 아니 불(不), 밝을 교(皦), 아래 하(下), 어두울 매(昧)

【지남(指南)】

〈기상불교(其上不皦) 기하불매(其下不昧)〉는 혼이위일(混而爲一)의 〈이(夷) · 희(希) · 미(微)〉가 상도(常道)의 것임을 거듭해 밝힌다. 즉 이(夷) · 희(希) · 미(微)란 감지의 것이 아님을 거듭해 밝힘이다.

자리를 잡고 있는 어떤 것의 위는[上] 드러나[顯] 밝고[亮], 아래는[下] 덮여[隱] 어둡다[暗]. 그러나 이(夷) · 희(希) · 미(微)란 상도(常道)의 것이므로 어떤 실물처럼 상하가 있을 리 없다. 위아래가 없으면 좌우도 없다. 상하좌우가 없으면 사방(四方)이 없어 무방(無方)이다. 무방(無方) 그것은 무물(無物) 즉 없는[無] 것[物]이다. 무물(無物)이니 밝다거나[皦] 어둡다거나[昧] 할 것도 없다는 것이 여기 〈기상불교(其上不皦) 기하불매(其下不昧)〉이다.

없는 것[無物]이니 밝지 않고[不皦] 어둡지 않음[不昧]인지라 참으로 묘(妙)할 뿐이다. 밝음도 아닌 것[非明]이 어둠도 아닌 것[非暗]이니, 인지(人智)로써는 그야말로 불가치힐(不可致詰)의 것이다. 그러므로 기상(其上)이 불교(不皦)하고 기하

(其下)가 불매(不昧)하다 함은 상도(常道)의 것인 이(夷) · 희(希) · 미(微)에는 상하라 할 것이 없음임을 거듭 살피고 새겨 헤아려 깨우치게 하는 말씀이 〈기상불교(其上不皦) 기하불매(其下不昧)〉이다.

【보주(補註)】

- 〈기상불교(其上不皦) 기하불매(其下不昧)〉를 〈기일지상불교(其一之上不皦) 이기일지하불매(而其一之下不昧)〉처럼 옮기면 문의(文意)를 좀 더 쉽게 새길 수 있다. 〈그[其] 하나의[一之] 위는[上] 밝지 않다[不皦]. 그리고[而] 그[其] 하나의[一之] 아래는[下] 어둡지 않다[不昧].〉
- 〈기상불교(其上不皦) 기하불매(其下不昧)〉의 불교(不皦) · 불매(不昧)가 보려고 해도 보이지 않는[視之不見] 이(夷)일 뿐만 아니라 들으려고 해도 들리지 않는[聽之不聞] 희(希), 그리고 잡으려고 해도 잡히지 않는[搏之得] 미(微)를 환기시킨다. 그러므로 상도(常道)를 유물(有物)처럼 살피거나 새기거나 헤아리지 말아야 함을 거듭 밝힌 말씀이다.
- 기상불교(其上不皦)가 〈기상불교(其上不皎)〉로 된 본(本)도 있다. 교(皦)는 옥석(玉石)의 흰 빛을[白] 말하고 교(皎)는 달의 흰 빛을[白] 말하지만, 교(皦)와 교(皎)는 서로 통용되는 자(字)인지라 문의(文義)가 달라지는 것은 아니다.

【해독(解讀)】

- 〈기상불교(其上不皦) 기하불매(其下不昧)〉는 생략된 〈그리고 이(而)〉로 이어진 중문(重文)이다. 〈기상은[其上] 불교하다[不皦]. 그리고[而] 기하는[其下] 불매하다[不昧].〉
- 기상불교(其上不皦)에서 기상(其上)은 주어 노릇하고, 불(不)은 교(皦)의 부정사(否定詞) 노릇하고, 교(皦)는 동사 노릇한다. 교(皦)는 〈밝을 광(光) · 양(亮)〉 등과 같아 광량(光亮)을 뜻한다. 〈기상은[其上] 밝지 않다[不皦].〉
- 기하불매(其下不昧)에서 기하(其下)는 주어 노릇하고, 불(不)은 매(昧)의 부정사(否定詞) 노릇하고, 매(昧)는 동사 노릇한다. 매(昧)은 〈어두울 암(暗) · 흐릴 애(曖)〉 등과 같아 애매(曖昧)와 같다. 〈기하는[其下] 어둡지 않다[不昧].〉

14-7 繩繩不可名(승승불가명)

▶ (그 상하의) 줄은[繩繩] (그 무엇이라고) 칭해질[名] 수 없다[不可].

줄 승(繩), 아니 불(不), 가할 가(可), 일컬을 명(名)

【지남(指南)】

〈승승불가명(繩繩不可名)〉은 앞서 〈혼이위일(混而爲一)〉을 거듭 밝힌다. 상하도 좌우도 없는지라 혼이위일(混而爲一) 즉 섞여서[混而] 하나로 됨[爲一]을 〈승승(繩繩)〉이라고 비유한다. 승승(繩繩)은 끊어지지 않고 줄곧 이어짐이니 『장자(莊子)』에 나오는 **물물자(物物者)**를 상기시킨다. 물물자(物物者)는 물만물자(物萬物者)이다. 물물자(物物者)란 온갖 것[萬物]을 있게 한다는 것으로, 무엇인가를 있게 함은 그것을 낳음[生]이니 이 또한 상도(常道)의 조화(造化)를 말함이다. 그러므로 물물자(物物者)란 곧 생만물자(生萬物者)이고, 온갖 것[萬物]을 낳는[生] 것[者]이란 곧 도자(道者) 즉 상도란[道] 것[者]이다.

도자가[道者] 온갖 것[萬物]을 중묘(衆妙)의 문(門)으로 끊임없이 낳으니[生], 혼이위일(混而爲一)의 조화(造化)를 〈승승혜(繩繩兮)〉라고 감탄한다. 따라서 상도(常道)의 이(夷) · 희(希) · 미(微)도 끊임없이 이어져 하나가 돼[爲一], 승승혜(繩繩兮) 즉 상도(常道)의 조화를 비유하면서 무어라 이름 지을 수 없음을 거듭 밝힌 말씀이 〈승승불가명(繩繩不可名)〉이다.

註 "대지입언(大知入焉) 이부지기소궁(而不知其所窮) 물물자여물무제(物物者與物無際) 이물유제자(而物有際者) 소위물제자야(所謂物際者也) 부제지제(不際之際) 제지부제자야(際之不際者也)." 성인의 앎도[大知] 그것에[焉] 든다 해도[入而] 그[其] 한계를[所窮] 알지 못한다[不知]. 만물을[物] 만물로 있게 하는[物] 것은[者] 만물과[物] 함께하여[與] 이것저것 나눔이[際] 없다[無]. 이것저것에[物] 나눔이[際] 있는[有] 것은[者] 이른바[所謂] 이것저것이[物] 나누어진[際] 것[者]이다[也]. 나누지 않음의[不際之] 나눔은[際] 나눔의[際之] 나누지 않는[不際] 것[者]이다[也].

물물자(物物者)는 이것저것[物]을 이것저것으로 되게 하는[物] 것[者]이니 상도(常道)를 말한다. 물물자(物物者)에서 앞의 물(物)은 동사 노릇하고, 뒤의 물(物)은 목적어 노릇해 〈물을[物] 물이 되게 하는[物] 것[者]〉이라고 새기면 된다. 상도(常道)를 일러 물물자(物物者)라고도 일컫고, 부제자(不際者)라고 일컫기도 한다. 만물(萬物)이 간직함[奧]이니 도(道)와 만물(萬物) 사이는 무제(無際), 즉 떨어지는 사이가[際] 없다[無]. 물물자(物物者)는 도자(道者) 즉 상도라는[道] 것[者]이다. 이는 곧 〈오(奧)〉이다.

물제(物際)는 물지한계(物之限界) 즉 사물[物]을 나누어 구별함[限界]이다. 부제지제(不際之際)의 부제(不際)는 나누지 않음[不際]이니 상도(常道)를 말한다. 그러므로 부제지제(不際之際)는 상도(常道)가 낳는[生] 만물(萬物)을 말하고, 제지부제(際之不際)는 만물(萬物)에 깃들어 있는 상도(常道) 즉 오(奧)를 말한다. 『장자(莊子)』「지북유(知北遊)」

【보주(補註)】

- 〈승승불가명(繩繩不可名)〉을 〈승승불가피명(繩繩不可被名)〉처럼 옮기면 문의(文意)를 좀 더 쉽게 새길 수 있다. 〈승승은[繩繩] 이름 지어질[被名] 수 없다[不可].〉
- 승승혜(繩繩兮)의 승승(繩繩)은 연속하되 부절(不絶)함이다. 이런 승승(繩繩)을 들어 상도(常道)의 〈이(夷) · 희(希) · 미(微)〉 역시 혼이위일(混而爲一)임을 비유한 것이다.

【해독(解讀)】

- 〈승승불가명(繩繩不可名)〉에서 승승(繩繩)은 주어 노릇하고, 불(不)은 명(名)의 부정사(否定詞)이고, 가(可)는 명(名)을 꾸며주는 조동사 노릇하며, 명(名)은 수동의 동사 노릇한다. 불가(不可)는 불능(不能)과 같고, 명(名)은 〈일컬을 칭(稱)〉과 같아 명칭(名稱)의 줄임말로 여기면 된다. 〈승승은[繩繩] 이름 지어질 수 없다[不可名].〉

14-8 復歸於無物(복귀어무물)

▶ {그 승승(繩繩)은} 없는[無] 것[物]으로[於] 되[復] 돌아온다[歸].

다시 복(復), 돌아올 귀(歸), 조사(~으로) 어(於), 없을 무(無), 것 물(物)

【지남(指南)】

〈복귀어무물(復歸於無物)〉은 앞서 살핀 〈혼이위일(混而爲一)〉을 비유한 〈승승혜(繩繩兮)〉가, 상도(常道)의 조화가 상도(常道)에서 직선으로 나와 뻗어나기만 하는 승승(繩繩)이 아니라 되돌아오는[復歸] 줄[繩繩]임을 밝힌다. 상도(常道)의 조화

(造化), 즉 생지(生之) · 휵지(畜之) · 형지(形之) · 성지(成之)의 승승(繩繩)이 되돌아오는[復歸] 줄[繩繩]임을 복귀어무물(復歸於無物)이 밝혀주는 것이다.

여기 복귀어무물(復歸於無物)은 16장(章)에 나오는 **각귀기근(各歸其根)**을 상기시킨다. 여기 〈무물(無物)〉은 곧 16장(章)에 나오는 **기근(其根)**이다. 만물은 모두 그[其] 근원으로[根] 돌아온다[復歸]. 만물은 무물(無物), 즉 이(夷) · 희(希) · 미(微)의 것[物]인 상도(常道)로 돌아오는[復歸] 줄[繩繩]이다. 무물(無物) · 기근(其根) 등은 상도(常道)를 일컬음이다. 상도(常道)의 조화(造化)가 승승(繩繩) 즉 이어지는 줄이[繩繩], 복귀어무물(復歸於無物)이란 말씀으로써 분명하게 그 뿌리[其根] 즉 시원(始原)으로 되돌아옴을 일깨워주고 있다.

따라서 무물로[於無物] 되돌아오는[復歸] 조화의 줄[繩繩]은 『장자(莊子)』에 나오는 **시졸약환(始卒若環)**을 환기시킨다. 상도(常道)의 조화란 처음과[始] 끝이[卒] 원둘레[環] 같아[若] 그[其] 순서를[倫] 알 수가[得] 없는[莫] 승승(繩繩)임이 여기 복귀어무물(復歸於無物)이란 말씀으로써 분명해진다. 따라서 여기 복귀어무물(復歸於無物)은 1장(章)에서 살핀 **중묘지문(衆妙之門)**을 출입하는 승승(繩繩)이다. 복귀어무물(復歸於無物)의 무물(無物)은 28장(章)의 〈복귀어무극(復歸於無極)〉의 무극(無極)과 40장(章)에 나오는 **유생어무(有生於無)**를 상기하면 무물(無物) · 무극(無極) · 무(無) 등등은 상도(常道)를 달리 밝힘이다.

그리고 복귀어무물(復歸於無物)의 〈복귀(復歸)〉는 40장(章)의 **도지동반자(道之動反者)**와 같다. 갔다가 돌아옴이 복귀(復歸)이니, 왕래(往來)의 가는[往] 승승(繩繩)과 오는[來] 승승(繩繩)이 따로따로가 아니다. 승승혜(繩繩兮)의 승승(繩繩)도 돌아오는 것이고[反者], 50장(章)에 나오는 **출생입사(出生入死)**로써 해명되는 승승(繩繩)이다. 그리하여 상도(常道)의 조화의 승승(繩繩)이 원둘레길 같음을 살펴 새겨서 헤아려 깨우치게 하는 말씀이 〈복귀어무물(復歸於無物)〉이다.

註 "부물운운(夫物芸芸) 각귀기근(各歸其根)." 무릇[夫] 온갖 것들은[物] 저마다 다른 모습이지만[芸芸], 저마다[各] 제[其] 뿌리로[根] 돌아온다[歸]. 『노자(老子)』 16장(章)

註 "만물개종야(萬物皆種也) 이부동형상선(以不同形相禪) 시졸약환(始卒若環) 막득기륜(莫得其倫) 시위천균(是謂天均) 천균자천예야(天均者天倪也)." 온갖 것은[萬物] 모두[皆] 씨앗이 낸 것[種]이다[也]. {다른 종(種)과} 같지 않은[不同] 체형으로[形]써[以] {저마다의 체형(體形)을} 서로

[相] 물려준다[禪]. (저마다의) 처음과[始] 끝이[卒] 원둘레[環] 같아[若] 그[其] 순서를[倫] 알 수가[得] 없다[莫]. 이를[是] 자연의[天] 평균이라[均] 한다[謂]. 자연의[天] 평균이란[均] 것은[者] 자연의[天] 처음과 끝[倪]이다[也].

천균(天均)은 상도(常道)의 차별 없는 조화를 말하고, 천예(天倪)는 천지단예(天之端倪) 즉 자연의[天之] 처음과[端] 끝[倪]을 줄인 술어(術語)이다. 그래서 천예(天倪)를 자연(自然)의 분제(分際) 즉 나누어진 사이[分際]라 한다. 이 천예(天倪)를 천도(天道) 즉 자연의[天] 규율[道]이라 하고, 그 규율에서는 만물일야(萬物一也)로 모든 것이[萬物] 하나이다[一也].

『장자(莊子)』「우언(寓言)」

註 "현지우현(玄之又玄) 중묘지문(衆妙之門)." 현묘하고[玄之] 또[又] 현묘하여[玄] 온갖[衆] 묘리가[妙之] 들고나는 문이다[門].

중묘(衆妙)란 상도(常道)가 짓는 조화를 말함이다. 『노자(老子)』 1장(章)

註 "반자도지동(反者道之動)…… 천하만물생어유(天下萬物生於有) 유생어무(有生於無)." 되돌아오는[反] 것은[者] 상도(常道)의[道之] 움직임이다[動].…… 온 세상[天下] 온갖 것은[萬物] 있음[有]에서[於] 생기고[生], 있음은[有] 없음[無]에서[於] 생긴다[生].

유생어무(有生於無)의 유(有)는 천지(天地)·음양(陰陽)으로 새기면 되고, 무(無)는 상도(常道)로 새기면 된다. 『노자(老子)』 40장(章)

註 "출생입사(出生入死)." 나옴은[出] 태어남이고[生], 들어감은[入] 죽음이다[死].

『노자(老子)』 50장(章)

【보주(補註)】

- 〈복귀어무물(復歸於無物)〉을 〈승승자복귀어무물(繩繩者復歸於無物)〉 또는 〈만물복귀어무물(萬物復歸於無物)〉처럼 옮기면 문의(文意)를 좀더 쉽게 새길 수 있다. 〈승승이란[繩繩] 것은[者] 무물로[於無物] 복귀한다[復歸].〉 〈만물은[萬物] 무물로[於無物] 복귀한다[復歸].〉
- 복귀어무물(復歸於無物)에서 무물(無物)은 상도(常道)를 말함이다. 무물(無物)을 줄여 그냥 〈무(無)〉라고도 한다.

【해독(解讀)】

- 〈복귀어무물(復歸於無物)〉에서 복(復)은 귀(歸)를 꾸미는 부사 노릇하고, 귀(歸)는 주어가 생략되었지만 동사 노릇하고, 어무물(於無物)은 귀(歸)를 꾸미는 부사구 노릇한다. 어무물(於無物)에서 무(無)는 물(物)을 꾸며주는 형용사 노릇한다.

여기 무물(無物)은 감지되는 것이[物] 없음을[無] 들어 상도(常道)를 말함이다. 복(復)은 〈둘러갈 주(周)·선(旋)〉과 같고, 귀(歸)는 〈돌아갈 반(返)·환(還)〉 등과 같아 귀환(歸還)의 줄임말로 여기면 되고, 어(於)는 〈조사(~으로) 우(于)〉와 같다. 물론 복(復)을 〈돌아갈 복(復)〉으로 여기고 복귀(復歸)를 겹동사로 보아도 문의(文意)는 달라지지 않는다. 〈없는[無] 것으로[於物] 다시[復] 돌아간다[歸].〉

14-9 是謂無狀之狀(시위무상지상)

▶이를[是] 모양이[狀] 없는[無之] 모양이라[狀] 한다[謂].

이 시(是), 일컬을 위(謂), 없을 무(無), 조사(~의) 지(之), 모양 상(狀)

【지남(指南)】

〈시위무상지상(是謂無狀之狀)〉은 무물로[於無物] 되돌아오는[復歸] 승승(繩繩)은 모양이[狀] 없는[無之] 모양[狀]이라고 밝힌다. 상도(常道)의 조화(造化)란 끊임없는 변화이므로 인간이 감지하는 것은 변화가 끝난 결과일 뿐이고, 변화가 진행하고 있는 바로 그 모양은[狀] 〈이(夷)·희(希)·미(微)〉의 상(狀)인지라 무상(無狀)이란 것이다.

이러한 〈무상지상(無狀之狀)〉은 『주역(周易)』에 나오는 **지변화지도자(知變化之道者) 기지신지소위호(其知神之所爲乎)**를 상기시킨다. 변화지도(變化之道)를 줄여 역지도(易之道)라 하고, 변화의[易之] 이치[道]를 풀어 〈일음일양(一陰一陽)〉이라 한다. 여기 무상지상(無狀之狀)은 역지도(易之道)인 일음일양(一陰一陽)으로써 상도(常道)가 짓는 조화란 인간이 감지할 수 있는 현상이 아니란 것이다.

일음일양(一陰一陽)은 상도(常道)의 용기(用氣)를 말한다. 음(陰)은 비유하자면 상도(常道)의 암컷[雌]이고, 양(陽)은 상도(常道)의 수컷[雄]으로, 상도(常道)의 자웅(雌雄)은 둘이 아니라 하나[一]인지라 음대양(陰對陽)이나 음여양(陰與陽)이 아니라 오로지 음역양(陰亦陽)이다. 음(陰)은 양(陽)이 되고 양(陽)은 음(陰)이 되는[陰亦陽·陽亦陰] 반복이 변화이고, 그 변화가 바로 상도(常道)에서 나와[出] 상도(常道)로 들어가는[入] 돌아옴[復歸]이니 그것을 〈승승혜(繩繩兮)〉라 감탄한다.

끊임없이 지속된 일음일양(一陰一陽)의 줄[繩繩] 즉 조화(造化)를 복귀(復歸)라 일컫고, 그 복귀는 이(夷)·희(希)·미(微)의 끈[繩繩]인지라 무상(無狀)의 상[狀] 즉 감지될 수 없는 모양[狀]이라고 거듭 밝힌 말씀이 〈무상지상(無狀之狀)〉이다.

註 "자왈(子曰) 지변화지도자(知變化之道者) 기지신지소위호(其知神之所爲乎)." 변화의[變化之] 이치를[道] 아는[知] 사람[者] 그는[其] 음양(陰陽)의 짓이[神之] 하는[爲] 바를[所] 알지어다[知乎]!

『주역(周易)』「계사전상(繫辭傳上)」

【보주(補註)】

- 〈시위무상지상(是謂無狀之狀)〉을 〈기복귀위무상지상(其復歸謂無狀之狀)〉처럼 옮기면 문의(文意)를 좀 더 쉽게 새길 수 있다. 〈그[其] 복귀를[復歸] 모양이[狀] 없는[無之] 모양이라[狀] 한다[謂].〉
- 시위무상지상(是謂無狀之狀)에서 무상지상(無狀之狀)의 무상(無狀)은 〈이희미지상(夷希微之狀)〉을 달리 말한 것이다. 무상(無狀)의 모습[狀]은 〈한 송이 국화꽃을 피우기 위해 봄부터 소쩍새는 그렇게 울었나 보다〉란 시귀(詩句)를 음미해보면 터득된다. 한 송이 국화꽃이 가을에 피어나 색깔과 향기로 벌 나비를 부르지만, 이미 봄부터 색깔과 향기를 천지에게서 물려받아 모습[狀]은 가을에 드러내는 것이니, 모습[狀]은 승승(繩繩)한 것이지만 무상(無狀) 즉 이(夷)·희(希)·미(微)의 것이다. 상도(常道)의 조화란 이런 모습[狀]이다.

【해독(解讀)】

- 〈시위무상지상(是謂無狀之狀)〉에서 시(是)는 전치되었지만 위(謂)의 목적격 노릇하고, 위(謂)는 동사 노릇하며, 무상지(無狀之)는 상(狀)을 꾸미는 형용사구 노릇하고, 상(狀)은 목적격보어 노릇한다. 〈이것을[是] 모양이[狀] 없는[無之] 모양이라[狀] 한다[謂].〉
- 무상지상(無狀之狀)에서 상(狀)은 〈드러난 모양 모(貌), 몸 체(體)〉 등과 같아 상모(狀貌)의 줄임말로 여기면 된다.
- 시위무상지상(是謂無狀之狀)은 〈A지위(之謂)B〉의 상용문이다. A가 지시어 노릇하는 〈시(是)·차(此)·피(彼)〉 등일 때는 토씨 노릇하는 지(之)를 생략하는 편이다. 〈A를[A之] B라 한다[謂].〉

14-10 無物之象(무물지상) 是謂惚恍(시위홀황)

▶ 물체의[物之] 짓이[象] 없음[無], 이를[是] 없는 듯하나 있고[惚] 있는 듯하나 없음이라[恍] 한다[謂].

없을 무(無), 물체 물(物), 조사(~의) 지(之), 짓 상(象), 이것 시(是), 일컬을 위(謂), 없는 듯 있는 홀(惚), 있는 듯 없는 황(恍)

【지남(指南)】

〈무물지상(無物之象) 시위홀황(是謂惚恍)〉은 무상지상(無狀之狀)을 〈무물지상(無物之象)〉 즉 감지되는 것이[物] 없는[無] 짓[象]이라고 밝힌다. 여기 무물지상(無物之象) 역시 『주역(周易)』「계사전(繫辭傳)」에 나오는 〈지변화지도자(知變化之道者) 기지신지소위호(其知神之所爲乎)〉란 말씀과, 역지도(易之道)인 일음일양(一陰一陽)을 상기시킨다.

음(陰)은 양(陽)이 되고 양(陽)은 음(陰)이 되는[陰亦陽 · 陽亦陰] 반복의 변화는 복귀(復歸) 즉 출입하는 짓[象]이다. 이렇게 출입하는 짓은 이(夷) · 희(希) · 미(微)의 짓인지라 무물지상(無物之象), 즉 보고[視] 듣고[聽] 만져볼[搏] 수 있는 짓이[象] 없는[無] 짓을[象] 앞에서 〈승승혜(繩繩兮)〉라 감탄했음을 여기서 알 수 있다. 물지상(物之象)이란 보고[視] 듣고[聽] 잡을[搏] 수 있는 것들의[物] 짓[象]이니, 인간이 감지할 수 있는 짓은[象] 〈유물지상(有物之象)〉이다. 인간이 감지할 수 없는 짓이[象] 여기 〈무물지상(無物之象)〉이다.

여기 무물지상(無物之象) 역시 끊임없는 일음일양(一陰一陽)의 줄[繩繩]이라고 풀이한 상도(常道)의 조화(造化)를 밝힘이다. 상도(常道)의 조화인 물체의[物之] 짓[象]이 없는[無] 짓[象]을 〈홀황(惚恍)〉이라고 다시 밝힌다. 상도(常道)의 조화란 짓은[象] 없는 듯 있고[惚] 있는 듯 없어[恍] 짓하되[象] 그 짓함이[象] 보이지도 않고[夷], 들리지도 않으며[希], 잡히지도 않는[微] 약유약무(若有若無), 즉 있는 것 같고[若有] 없는 것 같은[若無] 조화임을 에둘러 밝힌 말씀이〈무물지상(無物之象) 시위홀황(是謂惚恍)〉이다.

【보주(補註)】

- 〈무물지상(無物之象) 시위홀황(是謂惚恍)〉을 〈무물지상지위홀황(無物之象之謂惚恍)〉처럼 옮기면 문의(文意)를 좀 더 쉽게 새길 수 있다. 〈무상지상(無象之象) 그것을[之] 홀황이라[惚恍] 한다[謂].〉
- 무물지상(無物之象)에서 물지상(物之象)은 물체의 짓[象]이다. 물체의 짓[象]이란 시청박지상(視聽搏之象), 즉 보고[視] 듣고[聽] 잡히는[搏之] 짓[象]인지라 인간이 감지할 수 있는 짓이다. 초목이 철 따라 짓는[象] 모습을 〈춘작하장(春作夏長) 추렴동장(秋斂冬藏)〉이라 한다. 봄에[春] 싹트고[作], 여름에[夏] 자라고[長], 가을에[秋] 거두어들이고[斂], 겨울에[冬] 간직하는[藏] 초목의 한해살이 짓은[象] 인간이 다 감지할 수 있다. 그러나 춘작(春作)하게 하고 하장(夏長)하게 하며 추렴(秋斂)하게 하고 동장(冬臧)하게 하는 조화의 짓[象]은 인간이 감지할 수 없다. 여기 무물지상(無物之象)은 인간이 감지할 수 없는 조화의 짓을[象] 말한다. 이 조화의 짓[象]을 한 자(字)로 〈신(神)〉이라 한다.
- 홀황(惚恍)은 약유약무(若有若無) 즉 있는 듯[若有] 없는 듯[若無], 섬삭(閃爍) 즉 번쩍번쩍[閃爍] 하듯 함이다. 약무내유(若無乃有) 즉 없는[無] 듯[若]한데[乃] 있음이[有] 홀(惚)이고, 약유내무(若有乃無) 즉 있는[有] 듯[若]한[乃] 없음이[無] 황(恍)이다.
- 무물지상(無物之象)이 〈무상지상(無象之象)〉으로 된 본(本)도 있다. 무상지상(無象之象)보다 무물지상(無物之象) 쪽이 문의(文義)가 분명하다. 무물(無物)이란 인간이 감지할 수 없는 것이고, 물체란 인간이 감지할 수 있는 것이다. 인간이 감지할 수 있는 짓은[象] 곧 유물지상(有物之象)이다.

【해독(解讀)】

- 〈무물지상(無物之象) 시위홀황(是謂惚恍)〉에서 무물지상(無物之象)은 전치되었지만 위(謂)의 진목적어 노릇하고, 시(是)는 무물지상(無物之象)을 나타내주는 지시어로서 위(謂)의 목적어 노릇하며, 홀황(惚恍)은 목적보어 노릇한다. 〈무상지상(無象之象) 이것을[是] 홀황이라[惚恍] 한다[謂].〉
- 〈무물지상(無物之象) 시위홀황(是謂惚恍)〉은 〈A지위(之謂)B〉 또는 〈A위지(謂之)B〉의 상용예문이다. A가 지시어 노릇하는 〈시(是)·차(此)·피(彼)〉 등일 때

는 토씨 노릇하는 지(之)를 생략하는 편이다. 〈A를[A之] B라 한다[謂].〉 〈A(A) 그것을[之] B라 한다[謂].〉

14-11 迎之不見其首(영지불견기수)

▶ 그것을[之] 마주하려 한들[迎] 그[其] 앞을[首] 보지 못한다[不見].

맞이할 영(迎), 그것 지(之), 아니 불(不), 볼 견(見), 앞(머리) 수(首)

【지남(指南)】

〈영지불견기수(迎之不見其首)〉는 상도(常道)의 조화(造化)는 모습이 없는 모습[無狀之狀]이고 짓이 없는 짓[無象之象]이니 황홀(恍惚)한 승승(繩繩)이라, 전후가 양 끝으로 정해진 줄끈[繩繩]도 아니고 마주할 수 있는 것도 아님을 밝힌다.

영지(迎之)란 마주하여 어떤 것의 앞을 보는 것이다. 상도(常道)의 조화를 비유한 승승(繩繩)은 보고 만져지는 것이 아니다. 그 조화의 승승(繩繩)은 무간(無間)하고 무변(無邊)하며 무우(無隅)하여 무방(無方)인지라 무상지상(無狀之狀)·무상지상(無象之象)이니 불견기수(不見其首)이다. 그러므로 승승(繩繩)에는 수(首) 즉 전면이 없고, 전면이 없는데 어찌 승승(繩繩)의 앞머리[首]를 볼 수 있겠는가? 형체가 있는 물건을 살펴 헤아리듯 상도(常道)의 조화를 관찰할 수 없음을 거듭 밝힘이 〈영지불견기수(迎之不見其首)〉이다.

【보주(補註)】

- 〈영지불견기수(迎之不見其首)〉를 〈수영기승승(雖迎其繩繩) 불견기승승지수(不見其繩繩之首)〉처럼 옮기면 문의(文意)를 좀더 쉽게 새길 수 있다. 〈비록[雖] 그[其] 줄을[繩繩] 마주하려 한들[迎] 그[其] 줄의[繩繩之] 머리를[首] 보지 못한다[不見].〉
- 영지불견기수(迎之不見其首)에서 영지(迎之)는 〈그것[之]을 맞이한다[迎]〉로 새기는 것보다 〈그것[之]을 마주한다[迎]〉고 옮기는 것이 걸맞다. 불견기수(不見其首)에서 수(首)는 〈머리 수(首)·두(頭)〉가 아니라 〈앞 수(首)·전(前)〉으로 새겨야 바로 뒤 문맥과 상통하는 까닭이다.

【해독(解讀)】

- 〈영지불견기수(迎之不見其首)〉는 양보의 종절과 주절로 이루어진 복문(複文)이다. 〈영지해도[迎之] 기수를[其首] 불견한다[不見].〉
- 영지(迎之)에서 영(迎)은 동사 노릇하고, 지(之)는 〈그것 지(之)〉로 지시어 노릇한다. 물론 영지(迎之)의 지(之)를 뜻 없는 허사(虛詞)로 여기고 〈마주한다[迎之]〉고 새겨도 된다. 〈그것을[之] 마주해도[迎]〉 〈마주해도[迎之]〉
- 불견기수(不見其首)에서 불(不)은 견(見)의 부정사(否定詞)이고, 주어가 생략되었지만 견(見)은 동사 노릇하며, 기수(其首)는 견(見)의 목적어 노릇한다. 견(見)은 〈볼 도(覩) · 첨(瞻)〉 등과 같고, 수(首)는 여기선 〈앞 전(前)〉과 같다. 〈그[其] 앞을[首] 보지 못한다[不見].〉

14-12 隨之不見其後(수지불견기후)

▶ 그것을[之] 뒤따르려 한들[隨] 그[其] 뒤를[後] 보지 못한다[不見].

따라갈 수(隨), 그것 지(之), 아니 불(不), 볼 견(見), 뒤 후(後)

【지남(指南)】

〈수지불견기후(隨之不見其後)〉는 상도(常道)의 조화(造化)는 황홀(恍惚)한 승승(繩繩)인지라 전후가 없으므로, 그 앞을 마주할 수 없듯 그 뒤도 볼 수 없음을 밝힌다. 수지(隨之)란 뒤따름으로 어떤 것의 뒤를 봄이다. 상도(常道)의 조화를 비유한 승승(繩繩)이란 보고 만져지는 것이 아니라 무방(無方)이고, 무상지상(無狀之狀) · 무상지상(無象之象)이니 불견기후(不見其後)일 수밖에 없다. 그러므로 승승(繩繩)에는 후(後) 즉 뒤꼬리가 없다. 전면(前面)이 없는데 어찌 후미(後尾)가 있으며, 후미(後尾)가 없는데 어찌 승승(繩繩)의 뒤[後]를 볼 수 있겠는가? 형체 있는 물건처럼 살펴 헤아리듯 상도(常道)의 조화를 관찰할 수 없음을 거듭 밝힘이 〈수지불견기후(隨之不見其後)〉이다.

【보주(補註)】

- 〈수지불견기후(隨之不見其後)〉를 〈수수기승승(雖隨其繩繩) 불견기승승지후(不

見其繩繩之後)〉처럼 옮기면 문의(文意)를 좀더 쉽게 새길 수 있다. 〈비록[雖] 그[其] 줄을[繩繩] 뒤따르려 한들[迎] 그[其] 줄의[繩繩之] 뒤를[後] 보지 못한다[不見].〉

- 수지불견기후(隨之不見其後)에서 수지(隨之)는 〈그것[之]을 따라간다[隨]〉고 새기는 것보다 〈그것[之]을 뒤따르려 한다[隨]〉고 옮기는 것이 문맥과 걸맞다. 불견기후(不見其後)에서 후(後)를 〈뒤 후(後)〉가 아니라 앞 구문의 〈머리 수(首)〉와 맞춰 〈꼬리 후(後)〉로 새겨도 문의(文意)가 달라지는 것은 없다.

【해독(解讀)】

- 〈수지불견기후(隨之不見其後)〉는 양보의 종절과 주절로 이루어진 복문(複文)이다. 〈수지해도[隨之] 기후를[其後] 불견한다[不見].〉
- 수지(隨之)에서 수(隨)는 동사 노릇하고, 지(之)는 〈그것 지(之)〉로 지시어 노릇한다. 물론 수지(隨之)의 지(之)를 허사(虛詞)로 여기고 〈뒤따르려 한다[隨之]〉고 새겨도 된다. 〈그것을[之] 뒤따라도[隨]〉 〈뒤따라도[隨之]〉
- 불견기후(不見其後)에서 불(不)은 견(見)의 부정조술사(否定助述詞)이고, 견(見)은 동사 노릇하며, 기후(其後)는 견(見)의 목적어 노릇한다. 견(見)은 〈볼 도(覩)·첨(瞻)〉 등과 같고, 후(後)는 〈뒤 후(後)〉로 새겨도 되고 후미(後尾)의 줄임말로 여겨 〈뒤꼬리 후(後)〉로 새겨도 문의(文意)와 어긋나지 않는다. 〈그[其] 뒤를[後] 보지 못한다[不見].〉

14-13 執古之道(집고지도) 以御今之有(이어금지유) 能知古始(능지고시)

▶ 옛[古之] 도를[道] 지키고 간직함으로[執] 써[以] 지금의[今之] 있는 것들을[有] 다스린다면[御] {승승(繩繩)의} 시초를[古始] 알 수 있다[能知].

지켜 간직할 집(執), 옛 고(古), 조사(~의) 지(之), 써 이(以), 다스릴 어(御), 이제 금(今), 있는것(만물) 유(有), 능할 능(能), 알 지(知), 처음 시(始)

【지남(指南)】

〈집고지도(執古之道) 이어금지유(以御今之有) 능지고시(能知古始)〉는 무상지상(無狀之狀)과 무상지상(無象之象)으로 〈고지도(古之道)〉 즉 상도(常道)의 조화(造化)를 밝히고, 그 조화가 무상지상(無狀之狀) · 무물지상(無物之象)일지라도 〈금지유(今之有)〉로써 드러남을 밝힌다. 무상(無狀) · 무물(無物)은 고지도(古之道) 즉 상도(常道)를 밝힘이고, 동시에 상도(常道)의 짓[神] 즉 조화(造化)를 밝힘이다.

금지유(今之有)는 만물을 밝힘이고, 그 만물은 유상(有狀) · 유물(有物)인지라 보이고[示] 들리고[聞] 잡히는[搏] 감지의 것들이다. 고지도(古之道)는 이(夷) · 희(希) · 미(微)의 것으로 무상(無狀) · 무물(無物)의 것이고, 금지유(今之有)는 시(視) · 청(聽) · 박(搏)의 유상(有狀) · 유물(有物)의 것이다. 고지도(古之道)란 무상(無狀) · 무물(無物)로서 드러나지 않는 상도(常道)이고, 금지유(今之有)란 유상(有狀) · 유물(有物)의 만물을 통해 드러나는 상도(常道)이다. 상도(常道)는 무상(無狀) · 무상(無象)하여 드러나지 않고, 만물은 유상(有狀) · 유상(有象)하여 드러난다는 생각은 불가(佛家)와 같다고 보아도 된다. 불가(佛家)에서는 무상(無狀) · 무상(無象)의 것을 **연화(蓮華)**라 하고, 유상(有狀) · 유상(有象)의 것을 **하엽(荷葉)**이라 한다.

4장(章)에서 살핀 **상제지선(象帝之先)**을 상기하면 고지도(古之道)가 우주 삼라만상이 출입하는 상도(常道)임을 알 수 있다. 상제지선(象帝之先)은 25장(章)에 나오는 **선천지생(先天地生)**이란 말씀으로, 제(帝) 즉 천지(天地)가 생겨나기 이전부터 있는 상도(常道)이다. 그리하여 무상(無狀)으로 풀이하여 왜 상도(常道)를 무물(無物) 즉 없는[無] 것[物]이라 하는지 깨닫게 된다. 무상(無狀)하니 무방(無方)하고 무상(無象)하니 무시(無時)함을 무물(無物)이라 한다. 상도(常道)란 무방(無方)하고 무시(無時)하므로 이(夷) · 희(希) · 미(微)한 황홀(恍惚)이고, 1장(章)에서 살핀 〈무명(無名)〉 즉 이름[名] 없음[無]이라 한 것이 곧 여기 〈고지도(古之道)〉이다.

유상(有狀)은 유방(有方) · 유시(有時)한 것이다. 유방(有方) 즉 동서남북상하의 육극(六極)이 있음[有]으로 모양[狀]이 있음[有]이고, 유시(有時) 즉 고금래(古今來)가 있음[有]으로 유상(有狀)이다. 유물(有物) 즉 있는[有] 것[物]이면 그 무엇이든 유방(有方)의 모습을 갖고[取狀] 유시(有時)의 모습을 가짐이[取狀] 여기 〈금지유(今之有)〉이다. 따라서 천지(天也)란 유방(有方)하고 유시(有時)하므로 황홀(恍惚)한 것이 아니라 천지를 1장(章)에서는 유명(有名) 즉 이름[名] 있음[有]이라 했고, 유상(有狀) · 유상(有象)의 유물(有物)인 천지만물을 〈금지유(今之有)〉라 한 것이다.

이제 1장(章) 〈무명천지지시(無名天地之始) 유명만물지모(有名萬物之母)〉란 상도(常道)가 천지만물을 승승(繩繩)을 밝혀줌이고, 동시에 천지만물은 유상(有狀) · 유물(有物)임을 일깨워주고 있음을 여기서 깨우치게 된다. 나아가 40장(章) 〈유생어무(有生於無)〉란 말씀에서 유(有)는 유상(有狀) · 유상(有象)의 유명(有名)인 천지만물을 뜻함이고, 무(無)는 무상(無狀) · 무물(無物)의 무명(無名)인 상도(常道)를 뜻함을 알 수 있다.

금지유(今之有)는 천부지재(天覆地載)의 것이다. 만물(萬物)을 하늘[天]은 덮어주고[覆] 땅[地]은 실어주어[載], 온갖 것[萬物]이 지금 여기[今之] 있는 것[有]이다. 무상지상(無狀之狀)의 상(狀)은 천지만물을 부재(覆載)하는 모습을[狀] 일컬어주고, 동시에 무물지상(無物之象)의 상(象) 역시 천지만물을 부재(覆載)하는 짓[象]을 일컬어줌을 〈고지도(古之道)〉와 〈금지유(今之有)〉란 말씀이 깨우치게 한다.

고지도(古之道)로 금지유(今之有)를 다스림[御]은 2장(章) **만물작언이불사(萬物作焉而不辭) 생이불유(生而不有) 위이불시(爲而不恃) 공성이불거(功成而弗居)**를 상기시킨다. 금지유(今之有)를 다스림[御]이란 상도(常道)가 온갖 것을[萬物] 일으키면서도[作而] 버리지 않고[不辭], 낳아주되[生而] 갖지 않으며[不有], 위하면서도[爲而] 기대하지 않고[不恃], 공적을[功] 이루고서도[成而] 머물지(연연치) 않는[不居] 다스림[御]인지라, 상도(常道)의 조화는 무위(無爲) · 자연(自然)의 어(御)이다. 이 어(御)는 곧 성인(聖人)이 행하는 무위지치(無爲之治)의 근원이 되어줌이니, 즉 성인(聖人)은 여기 고시(古始)의 어(御)를 그대로 본받음[法]을 일깨워주려 함이다. 이러한 고시(古始)는 태고지시(太古之始) 즉 태고(太古)의 시작을 말한다. 고시종(古始終)이라 하지 않고 그냥 고시(古始)라 함은 고시(古始)의 시(始)가 고금래(古今來)가 없는 무시(無時)의 시작으로서 상도(常道)의 조화(造化)를 일컫기 때문이다.

이러한 고시(古始)는 42장(章) **도생일(道生一) 일생이(一生二) 이생삼(二生三) 삼생만물(三生萬物) 만물부음이포양(萬物負陰而抱陽)**을 상기시킨다. 삼생만물(三生萬物)의 조화가 고시(古始)이고, 상도(常道)의 조화가 끊임없이 이어지는 승승(繩繩) 역시 여기 고시(古始)이다. 그러니 고시(古始)는 바로 현전(現前)하는 만물이다. 그러므로 상도(常道)가 끊임없이 천지만물(天地萬物)을 황홀(恍惚)하게 조화(造化)함을 살펴 새기고 헤아려 깨우치게 하는 말씀이 〈집고지도(執古之道) 이어금지유(以御今之有) 능지고시(能知古始)〉이다.

註 "거(擧) 승문지문(僧問智門) 연화미출수시(蓮華未出水時) 여하(如何) 지문운(智門云) 연화(蓮華) 승운(僧云) 출수후(出水後) 여하(如何) 문운(門云) 하엽(荷葉)." 문제를 제기함[擧]. 한 중이[僧] 연화가[蓮華] 물에서[水] 아직 나오지 않을[未出] 때는[時] 어떠냐고[如何] 지문선사께[智門] 물었다[問]. 지문이[智問] 말했다[云] : 연화이지(蓮華). 중이[僧] 물에서[水] 나왔을[出] 때는[時] 어떠냐고[如何] 물었다[問]. 지문이[門] 말했다[云] : 하엽이지[荷葉].

연화(蓮華)는 연꽃[蓮花]이 아니라 도(道=佛性)를 말하고, 하엽(荷葉)은 연꽃잎[現象]을 말한다. 『벽암록(碧巖錄)』 21칙(則) 본칙(本則)

註 "사혹존(似或存) 오부지기수지자(吾不知其誰之子) 상제지선(象帝之先)." {상도(常道)는} 있는[存] 듯하다[似或]. 나는[吾] 그것이[其] 누구의[誰之] 자식인지[子] 모르나[不知], 하느님의[帝之] 앞인[先] 듯하다[象]. 『노자(老子)』 4장(章)

註 "유물혼성(有物混成) 선천지생(先天地生) 적혜료혜(寂兮寥兮) 독립불개(獨立不改)." 혼성(混成)의 것이[物] 있다[有]. 천지가[天地] 생기기[生] 앞이다[先]. 고요하구나[寂兮]! 아득하구나[寥兮]! 홀(하나)로[獨] 있고[立] 바뀌지 않는다[不改]. 『노자(老子)』 25장(章)

註 "만물작언이불사(萬物作焉而不辭) 생이불유(生而不有) 위이불시(爲而不恃) 공성이불거(功成而弗居)." 온갖 것이[萬物] 세상에서[焉] 떨쳐 일어나도[作而] 주재하지 않는다[不辭]. 낳아주되[生而] 갖지 않으며[不有], 위하면서도[爲而] 기대하지 않고[不恃], 공적을[功] 이루고서도[成而] 머물지(연연치) 않는다[弗居]. 『노자(老子)』 2장(章)

註 "도생일(道生一) 일생이(一生二) 이생삼(二生三) 삼생만물(三生萬物) 만물부음이포양(萬物負陰而抱陽)." 도가[道] 하나를[一] 낳고[生], 하나가[一] 둘을[二] 낳으며[生], 둘은[二] 셋을[三] 낳고[生], 셋은[三] 온갖 것을[萬物] 낳으며[生], 온갖[萬] 것은[物] 음기를[陰] 지고[負] 양기를[陽] 안는다[抱]. 『노자(老子)』 42장(章)

【보주(補註)】

- 〈집고지도(執古之道) 이어금지유(以御今之有) 능지고시(能知古始)〉를 〈어금지유이집고지도(御今之有以執古之道) 능지고시(能知古始)〉처럼 옮기면 문의(文意)를 좀 더 쉽게 새길 수 있다. 〈상도를[古之道] 간직하고 지킴으로[執]써[以] 지금[今之] 있는 것을[有] 다스린다면[御] 시원을[古始] 알[知] 수 있다[能].〉
- 집고지도이어금지유(執古之道以御今之有)에서 고지도(古之道)는 상도(常道)를

뜻하고, 금지유(今之有)는 천지만물(天地萬物)을 뜻한다. 따라서 고지도(古之道)는 천지지시(天地之始)인 무명(無名)을 상기시키고, 금지유(今之有)는 천지만물(天地萬物)을 뜻하는 유명(有名)을 상기시킨다.

- 능지고시(能知古始)에서 고시(古始)는 4장(章)에서 살핀 〈상제지선(象帝之先)〉 즉 천지가 생겨나기 전[先]을 상기시킨다.

【해독(解讀)】

- 〈집고지도(執古之道) 이어금지유(以御今之有) 능지고시(能知古始)〉는 조건의 종절과 주절로 이루어진 복문(複文)이다. 〈집고지도로[執古之道]써[以] 금지유를[今之有] 다스린다면[御] 고시를[古始] 능히[能] 지한다[知].〉
- 〈집고지도(執古之道) 이어금지유(以御今之有)〉는 〈어금지유이집고지도(御今之有以執古之道)〉에서 집고지도(執古之道)를 강조하고자 전치하고, 남은 이(以)를 동사 노릇하는 어(御) 앞에 가져다 놓은 말투이다. 그러므로 집고지도(執古之道)는 〈이집고지도(以執古之道)〉이니 어(御)를 꾸며주는 부사구처럼 여기고, 어(御)는 동사 노릇하며, 금지유(今之有)는 어(御)의 목적구 노릇한다. 집(執)은 〈간직할 지(持) · 지킬 수(守)〉 등과 같고, 어(御)는 〈다스릴 치(治)〉와 같다. 고문(古文)에서는 〈~만일 약(若)〉 같은 조건의 종속접속사를 거의 생략하므로 전후 문맥을 살펴 종절과 주절의 관계를 밝혀내야 한다. 〈고지도로[古之道]써[以] 금지유를[今之有] 다스린다면[御]〉
- 능지고시(能知古始)에서 능(能)은 지(知)의 조동사 노릇으로 여겨도 되고 부사 노릇한다고 보아도 되며, 지(知)는 동사 노릇하고, 고시(古始)는 지(知)의 목적어 노릇한다. 능(能)은 〈가할 가(可)〉와 같고, 지(知)는 〈알(밝힐) 명(明)〉과 같다. 〈고시를[古始] 밝힐[知] 수 있다[能].〉 〈고시를[古始] 능히[能] 밝힌다[知].〉

14-14 是謂道紀(시위도기)

▶ 이를[是] 상도의[道] 규율이라[紀] 한다[謂].

이 시(是), 일컬을 위(謂), 벼리(규율) 기(紀)

【지남(指南)】

〈시위도기(是謂道紀)〉는 〈금지유(今之有)〉를 다스림이[御] 상도(常道)의 규율[紀]임을 밝힌다. 기(紀)란 강기(綱紀) 즉 규율이다. 규율은 일정한 질서를 말하는 것으로 『장자(莊子)』에 나오는 **고집덕지위기(故執德之謂紀)**란 말을 연상시킨다. 상도(常道)가 본래부터[故] 상덕(常德)을 간직하고 지킴이[執] 상도(常道)가 조화(造化)하는 규율[紀]이다. 앞서 살핀 〈승승혜(繩繩兮) · 복귀어무물(復歸於無物)〉 등 역시 만물이 벗어날 수 없는 도기(道紀)이다. 이러한 상도(常道)의 규율은[紀] 50장(章)에 나오는 **출생입사(出生入死)**란 말씀으로써 분명해진다.

금지유(今之有) 즉 삼라만상(森羅萬象)은 그 무엇이든 도기(道紀) 즉 조화의 규율을[紀] 벗어날 수 없음을 총결(總結)로서 밝힌 말씀이 〈시위도기(是謂道紀)〉이다.

註 "고집덕지위기(故執德之謂紀)." 덕을[德] 본래부터[故] 지킴[執] 그것을[之] 기라[紀] 한다[謂]. 『장자(莊子)』「천지(天地)」

註 "출생입사(出生入死)." 나옴은[出] 태어남이고[生] 들어감은[入] 죽음이다[死]. 『노자(老子)』 50장(章)

【보주(補註)】

- 〈시위도기(是謂道紀)〉를 〈고시위지도기(古始謂之道紀)〉처럼 옮기면 문의(文意)를 좀 더 쉽게 새길 수 있다. 〈고시(古始) 그것을[之] 도기라[道紀] 한다[謂].〉
- 시위도기(是謂道紀)에서 도기(道紀)는 〈상도지기율(常道之紀律)〉의 줄임이다. 기율(紀律) 즉 규율(規律)은 일정한 질서를 말한다.

【해독(解讀)】

- 〈시위도기(是謂道紀)〉에서 시(是)는 위(謂)의 목적어 노릇하고, 위(謂)는 동사 노릇하며, 도기(道紀)는 목적보어 노릇한다. 도기(道紀)의 기(紀)는 〈벼리 강(綱)〉과 같아 기강(紀綱)의 줄임말로 여기고, 도기(道紀)를 〈도지강기(道之綱紀)〉로 새기면 된다. 〈이것을[是] 도기라[道紀] 한다[謂].〉
- 시위도기(是謂道紀)는 〈A지위(之謂)B〉의 상용예문이다. A가 지시어 노릇하는 〈시(是) · 차(此) · 피(彼)〉 등일 때는 토씨 노릇하는 지(之)를 생략하는 편이다. 〈A를[A之] B라 한다[謂].〉

불영장(不盈章)

체도지사(體道之士) 즉 〈도사(道士)〉를 밝히는 장(章)이다. 덕(德)을 닦아 도(道)를 깨친 사람은[士] 현묘(玄妙)한 상도(常道)를 그냥 그대로 본받는다. 그렇기 때문에 체도자(體道者)는 고요하고[靜] 은밀하며[密] 그윽하고[幽] 깊어[沉] 세상 사람들이 알기가[識] 어려움을 그 용모와 심경을 들어 밝힌다.

체도자(體道者)의 용모는 신중하고 조심스러우며 의젓하다. 그리고 체도자(體道者)의 심경은 융화(融和)하고 돈후(敦厚)하며 공활(空豁)하고 소박(素樸)하며 염정(恬靜)하고 표일(飄逸)하다. 이러한 체도자(體道者)는 세상의 혼탁(混濁)을 맑게 할 수 있고, 세상을 안정시켜서 생동(生動)하게 할 수 있으며, 낡은 것을[蔽] 버리고 새것을[新] 이루어냄을 일깨워주는 장(章)이다.

【원문(原文)】

古之善爲士者는 微妙하고 玄通하고 深하여 不可識이다
고지선위사자 미묘 현통 심 불가식
夫唯不可識이라 故로 强爲之容한다면 豫兮若冬涉川하
부유불가식 고 강위지용 예혜약동섭천
고 猶兮若畏四隣하며 儼兮其若客하고 渙兮若氷之將
유혜약외사린 엄혜기약객 환혜약빙지장
釋하며 敦兮其若樸하고 曠兮其若谷하며 混兮其若濁하
석 돈혜기약박 광혜기약곡 혼혜기약탁
고 澹兮其若海하며 飂兮其若無止하다 孰能濁以靜之徐
담혜기약해 요혜기약무지 숙능탁이정지서
淸하고 孰能安以動之徐生일까 保此道者는 不欲盈한다
청 숙능안이동지서생 보차도자 불욕영
夫唯不盈이라 故로 能弊而新成한다
부유불영 고 능폐이신성

옛날[古之] 도를 깨우친 자로[士] 잘[善] 된[爲] 이는[者] 미묘하고[微妙] 현통하며[玄通] 깊어[深] {세상 사람들은 선위사자(善爲士者)를} 알아볼[識] 수 없다[不可]. {세인(世人)은 선위사자(善爲士者)를} 결코[夫唯] 알[識] 수 없다[不可]. 그래서[故] 그[之] 모습을[容] 억지로[强] 말해본다면[爲] {그 고사(古士)의 모습이} 예연(豫然)해서[豫兮], {예(豫)가} 겨울에[冬] 내를[川] 건너는[涉] 듯하고[若], {그 고사(古士)의 모습이} 유연(猶然)해서[猶兮] {유(猶)가} 사방을[四隣] 두려워하는[畏] 듯하다[若]. 의젓하구나[儼兮]! 그 모습이[其] 초대받은 손님인[客] 듯하고[若], 풀리는구나[渙兮]! (그 모습이) 얼음이[氷之] 막[將] 풀리는[釋] 듯하며[若], 돈후(敦厚)하구나[敦兮]! 그 모습은[其] 그냥 그대로 나뭇등걸인[樸] 듯하고[若], 광활(曠豁)하구나[曠兮]! 그 모습은[其] 골짜기인[谷] 듯하며[若], 혼연하구나[混兮]! 그것은[其] 흐려 탁한[濁] 듯하고[若], 깊고 깊구나[澹兮]! 그것은[其] 바다인[海] 듯하며[若], 높이 부는 바람이구나[飂兮]! 그것은[其] 멈춤이[止] 없는[無] 듯하다[若]. 어느 누가[孰] 탁함으로[濁]써[以] 그 탁함을[之] 안정하고[靜] (그 탁함을) 서서히[徐] 맑게 할 수 있을까[能淸]? 어느 누가[孰] 안정으로[安]써[以] 그 안정을[之] 움직여[動] (그 안정을) 서서히[徐] 생기게 할까[能生]?

이[此] 도리를[道] 지키는[保] 사람은[者] 채우고자 않는다[不欲盈]. {선위사자(善爲士者)는} 결코[夫唯] 채우지 않는다[不盈]. 그러므로[故] {선위사자(善爲士者)는} 능히[能] 닳아서 떨어진다[弊]면[而] (그 해진 것으로써) 새것을[新] 이룬다[成].

註 〈담혜기약해(澹兮其若海) 요혜기약무지(飂兮其若無止)〉는 20장(章)에서 15장으로 옮겨 온 것이다. 〈담혜(澹兮) 기약해(其若海)〉는 20장(章)의 내용과 서로[相] 걸맞지 않지만[不應] 15장(章)의 〈광혜(曠兮) 기약곡(其若谷)〉과 상응하며, 〈요혜(飂兮) 기약무지(其若無止)〉 역시 20장(章)의 내용과는 서로[相] 걸맞지 않지만[不應] 15장(章)의 〈환혜(渙兮) 약빙지장석(若冰之將釋)〉과 상응하므로 15장(章)으로 옮겨야 마땅하다는 설(說)을 따랐다.

15-1 古之善爲士者(고지선위사자) 微妙玄通(미묘현통) 深(심) 不可識(불가식)

▶옛날[古之] 도를 깨우친 자로[士] 잘[善] 된[爲] 이는[者] 미묘하고[微妙] 현통하며[玄通] 깊어[深] {세상 사람들은 선위사자(善爲士者)를} 알아볼[識] 수 없다[不可].

옛 고(古), 조사(~의) 지(之), 잘(자연 그대로) 선(善), 될 위(爲), 일을 잘할 사(士), 놈 자(者), 작을 미(微), 묘할 묘(妙), 가물 현(玄), 통할 통(通), 깊을 심(深), 아니 불(不), 가할 가(可), 알 식(識)

【지남(指南)】

〈고지선위사자미묘(古之善爲士者微妙) 현통(玄通) 심(深) 불가식(不可識)〉은 중적덕(重積德)하여 상도(常道)를 받들고, 상덕(常德)을 받들면서 무위(無爲)의 삶을 누렸던 고지선위사자(古之善爲士者)를 세상 사람들이 알아볼[識] 수 없음을 밝힌다. 거듭[重] 덕(德)을 쌓아가면서[積] 상도(常道)를 깨우친 여기 〈선위사자(善爲士者)〉는 41장(章)에 나오는 상사(上士)를 상기시킨다. 여기 선위사자(善爲士者)는 곧 그 상사(上士)와 같고, 선위사자(善爲士者)를 줄여서 〈고사(古士)〉라고 칭하기도 한다.

상도(常道)를 좇아 무위자연(無爲自然)을 부지런히[勤] 행하는[行] 상사(上士)처럼, 고사(古士) 역시 체도(體道) 즉 상도를[道] 몸소 터득하여[體] 무위자연(無爲自然)을 부지런히 행한다. 그래서 여기 고사(古士)는 『장자(莊子)』에 나오는 **천락(天樂)**을 누리는 사람[者]이다. 따라서 선위사자(善爲士者)란 고사(古士)는 2장(章)에서 살핀 바대로 〈처무위지사(處無爲之事)〉한다. 그러므로 상사(上士)는 유가(儒家)의 선비[士]와는 다르다. 유가(儒家)의 선비는[士] 학문(學文) 즉 성인(聖人)의 말씀을[文] 본받아 배우는[學] 사람이지만, 여기 고사(古士)는 21장(章)에 나오는 **유도시종(唯道是從)** 즉 오로지[唯] 상도[道] 이것을[是] 따르는[從] 자(者)이다. 그래서 옛 고사(古士)를 미묘(微妙)하고 현통(玄通)하다 한다.

이러한 고사(古士)가 미묘현통(微妙玄通)함은 『장자(莊子)』에 나오는 **진인(眞人)**의 모습을 연상하면 나름대로 헤아려볼 수 있다. 진인(眞人)은 분별하는 마음으로 연도(捐道) 즉 상도를[道] 버리지[捐] 않고, 인위(人爲)로써 조천(助天) 즉 자연을[天] 돕지도[助] 않고, 52장(章)에 나오는 **복수기모(復守其母)** 즉 상도로[其母] 돌아와[復] 지킬[守] 뿐이다. 그래서 세상 사람들이 선위사자(善爲士者) 즉 고사(古士)를 알아보지[識] 못하는 것이다. 이러한 옛 고사(古士)는 천하만사(天下萬事)를 영송(迎送)하여 오면[來] 하염없이 맞아주고[迎], 가면[去] 그대로 보내줄[送] 뿐이다. 그래서 고사(古士)의 용심(用心)은 『장자(莊子)』에 나오는 **지인지용심약경(至人之用心若鏡)**이란 말을 떠올리게 한다.

물론 세상 사람들은 고사(古士)의 거울 같은 마음[心] 씀씀이를[用] 이해하지 못한다. 거울[鏡] 같은[若] 마음인지라 그 마음에는 늘 아무것도 남아 있는 것이 없다. 있고[有] 없음[無]이 흔적도 없으니 인지(人智)로는 헤아릴 수 없어 고사(古士)를 미묘(微妙)하다 할 수밖에 없다. 따라서 고사(古士)의 용심(用心)은 그 무엇이든 상생(相生) · 상성(相成) · 상형(相形) · 상경(相傾) · 상화(相和) · 상수(相隨)하게 하여 걸림 없이 상통(相通)하게 하므로, 고사(古士)한테서는 그 무엇이든 현통(玄通)하므로 세상 사람들은 그 용심(用心)을 알지 못하는 것이다.

현통(玄通)이란 무애지통(無碍之通) 즉 걸림 없는[無碍之] 통달(通)이니, 미묘(微妙)하여 현통(玄通)함을 한 자(字)로 〈정(靜)〉 · 〈심(深)〉 · 〈적(寂)〉 · 〈막(寞)〉 · 〈유(幽)〉 등등이라 비유해서 말해둘 뿐이다. 흐트러짐 없이 51장(章)에 나오는 **존도이귀덕(尊道而貴德)**으로써 무위(無爲)의 삶을 누리는 고사(古士)를 살펴 새기고 헤아려 깨우치게 하는 말씀이 〈고지선위사자미묘(古之善爲士者微妙) 현통(玄通) 심(深) 불가식(不可識)〉이다.

註 "상사문도(上士聞道) 근이행지(勤而行之)." 윗길의[上] 선비가[士] 상도(常道)를[道] 들으면[聞] 부지런히[勤而] 그것을[之] 행한다[行]. 『노자(老子)』 41장(章)

註 "여인화자(與人和者) 위지인락(謂之人樂) 여천화자(與天和者) 위지천락(謂之天樂)." 인위와[與人] 어울리는[和] 것[者] 그것을[之] 사람을[人] 즐김이라[樂] 하고[謂], 자연과[與天] 어울리는[和] 것[者] 그것을[之] 자연을[天] 즐김이라[樂] 한다[爲].

천락(天樂)이란 처무위지사(處無爲之事) 즉 무위를[無爲之] 행하면서[事] 살아감을[處]을 뜻하고, 인락(人樂)이란 처인위지사(處人爲之事) 즉 인위를[人爲之] 행하면서[事] 살아감을[處]을 뜻한다. 『장자(莊子)』「천도(天道)」

註 "공덕지용(孔德之容) 유도시종(唯道是從)." 크고 텅 빈[孔] 덕의[德之] 짓은[容] 오로지[唯] 도(道) 이것을[是] 따른다[從]. 『노자(老子)』 21장(章)

註 "불망기소시(不忘其所始) 불구기소종(不求其所終) 수이희지(受而喜之) 망이복지(忘而復之) 시지위불이심연도(是之謂不以心捐道) 불이인조천(不以人助天) 시지위진인(是之謂眞人)." 그[其] 태어난[始] 바를[所] 모르고[不忘], 그[其] 끝나는[終] 바를[所] 알려 하지 않으며[不求], {생(生)을} 받으면[受而] 그것을[之] 기뻐하고[喜] 죽으면[忘而] 그것을[之] 돌려준다[復]. 이것을[是] 인심으로[心]써[以] 상도를[道] 버리지 않음이고[不捐], 인위로[人]써[以] 자연을[天] 돕지 않음이라[不助] 한다[謂]. 이러함을[是之] 진인이라[眞人] 한다[謂].

불망기소시(不忘其所始)에서 망(忘)은 지(志)와 근형(近形)인지라 잘못 쓰였다는 설(說)이 인정되고 있어서, 망(忘)을 지(志) 즉 〈알 지(知)〉로 여기고 새기는 편이다.

『장자(莊子)』「대종사(大宗師)」

註 "천하유시(天下有始) 이위천하모(以爲天下母)…… 복수기모(復守其母) 몰신불태(歿身不殆)." 〈온 세상에(天下) 시원이(始) 있고(有), (그 시원으로) 써(以) 온 세상의(天下) 어머니로(母) 삼는다(爲). …… 그(其) 어머니께로(母) 돌아와(復) 지킨다면(守) 평생토록(歿身) 위태롭지 않다(不殆). 『노자(老子)』 52장(章)

註 "지인지용심약경(至人之用心若鏡) 부장불영(不將不迎) 응이부장(應而不藏) 고(故) 능승물이불상(能勝物而不傷)." 지인이[至人之] 마음을[心] 씀은[用] 거울과[鏡] 같다[若]. (무엇을) 맞이하지도 않고[不將] 보내지도 않는다[不迎]. (온갖 것에) 응해주되[應而] 간직하지는 않는다[不藏]. 그래서[故] 온갖 것을[物] 무릅써도[勝而] 다치지 않는다[不傷].

지인(至人)·신인(神人)·성인(聖人)은 다 같은 말이다. 승물(勝物)의 승(勝)은 〈무릅쓸 극(克)〉과 같다. 『장자(莊子)』「응제왕(應帝王)」

註 "도생지(道生之) 덕휵지(德畜之) 물형지(物形之) 세성지(勢成之) 시이(是以) 만물막부존도이귀덕(萬物莫不尊道而貴德)." 상도가[道] 낳아주고[生之], 상덕이[德] (만물을) 길러주며[畜之], (덕의 길러줌으로써) 만물이[物] (저마다) 몸을 갖추고[形之], (만물이 저마다 누리는) 환경이[勢] 이루어진다[成之]. 이렇기[是] 때문에[以] 온갖 것은[萬物] 도를[道] 받들면서[尊而] 덕을[德] 받들지 않을 수[不貴] 없다[莫]. 『노자(老子)』 51장(章)

【보주(補註)】

- 〈고지선위사자미묘(古之善爲士者微妙) 현통(玄通) 심(深) 불가식(不可識)〉을 〈고지선위사자미묘고(古之善爲士者微妙故) 중인불가식기사(衆人不可識其士) 이고지선위사자현통고(而古之善爲士者玄通故) 세인불가식기사(世人不可識其士) 이고지선위사자심고(而古之善爲士者深故) 세인불가식기사(世人不可識其士)〉처럼 옮기면 문의(文意)를 쉽게 새길 수 있을 것이다. 〈옛날[古之] 도를 깨우친 자로[士] 잘[善] 된[爲] 이는[者] 미묘하기[微妙] 때문에[故] 일반인들은[衆人] 그[其] 도사를[士] 알아볼[識] 수가 없다[不可]. 그리고[而] 옛날[古之] 도를 깨우친 자로[士] 잘[善] 된[爲] 이는[者] 현묘하게[玄] 통하기[通] 때문에[故] 일반인들은[衆人] 그[其] 도사를[士] 알아볼[識] 수가 없다[不可]. 그리고[而] 옛날[古之] 도를 깨우친 자로[士] 잘[善] 된[爲] 이는[者] 깊기[深] 때문에[故] 일반인들은[衆人] 그[其] 도사를[士] 알아볼[識] 수가 없다[不可].〉
- 고지선위사자(古之善爲士者)에서 선(善)은 『주역(周易)』의 **일음일양지위도(一陰一陽之謂道) 계지자선야(繼之者善也)**를 환기하면 법자연(法自然)을 잘한다는 뜻임을 알 수 있다. 상도(常道)의 용(用)인 상덕(常德)이 곧 선(善)이다. 착하다[善]·선하다[善]·잘한다[善] 함은 순천(順天) 즉 자연[天]을 따라 좇음[順]이니 〈자연 그대로 선(善)〉이라고 새기면 참뜻이 드러난다.

註 "일음일양지위도(一陰一陽之謂道) 계지자선야(繼之者善也) 성지자성야(成之者性也)." 일음일양을[一陰一陽之] 도라[道] 하고[謂], 그 도(道)를[之] 계승한[繼] 것이[者] 선(善)이고[也], 그 도(道)를[之] 이룩한[成] 것이[者] 성(性)이다[也].

여기서 일음일양(一陰一陽)의 도(道)란 역지도(易之道)인 변화지도(變化之道), 즉 변화의[變化之] 이치[道]를 뜻한다. 『주역(周易)』「계사전상(繫辭傳上)」

- 미묘현통(微妙玄通)은 〈미이후묘(微而後妙)하고 묘이후현(妙而後玄)하며 현이

후신통(玄而後神通)〉함을 묶은 말씀이다. 〈작은 것이[微] 뒤에[而後] (커져서) 현묘하고[妙] 묘한 것이[妙] 뒤에[而後] (더 커져서) 현묘하고[玄] 현묘한 것이[玄] 뒤에[而後] 천지(天地)가 변하게 하는 짓처럼[神] 통한다[通].〉 이런 신통(神通)을 심연(深淵)에 비유하기도 한다.

- 미묘(微妙)의 미(微)는 상도지리(常道之理) 즉 상도(常道)의 이치[理]를 말한다. 미(微)는 〈숨을 은(隱)〉과 같아 〈이(夷) · 희(希) · 미(微)〉를 묶고 있다.
- 미묘(微妙)의 묘(妙)는 상도지용(常道之用) 즉 상용(常用)을 말한다. 상용(常用)이란 무궁무애(無窮無碍) · 자유자재(自由自在)의 씀[用]으로 신통(神通)함을 뜻한다. 〈다함이[窮] 없고[無] 걸림이[碍] 없으며[無] 절로 말미암아[自由] 절로 있는[自在] 씀씀이[用]가 상도의[常道之] 씀[用]이고, 이 씀[用]을 일러 상덕(常德)이라 한다.〉
- 여기 사(士)는 체도자(體道者) 또는 달도자(達道者), 즉 상도(常道)를 몸소 깨친[體] 자(者)이다. 유가(儒家)의 사(士) 역시 지어도(止於道)의 선비[士]라 하지만, 유가(儒家)의 도(道)는 인의예악지도(仁義禮樂之道)를 뜻하므로 무위자연(無爲自然)의 상도(常道)를 일컫는 도가(道家)의 도(道)와는 다르다. 따라서 유가(儒家)가 밝히는 사(士)와 도가(道家)가 밝히는 사(士)는 서로 다르다. 유가(儒家)의 〈선비 사(士)〉는 『논어(論語)』에 아래와 같이 다양하게 나온다.

註 "자왈(子曰) 행기유치(行己有恥) 사어사방(使於四方) 불욕군명(不辱君命) 가위사의(可謂士矣)." 공자께서[子] 가로되[曰] : 자신을[己] 행함에[行] (부끄럽게 될세라) 수치심이[恥] 있고[有] 외국에[於四方] 사신으로 나가[使] 임금으로부터 받은 명령을[君命] 욕되게 하지 않으면[不辱] 선비라[士] 칭할 수 있는 것[可謂]이다[矣]. 『논어(論語)』「자로(子路)」 20

註 "자왈(子曰) 사이회거(士而懷居) 부족이위사의(不足以爲士矣)." 공자께서[子] 가로되[曰] : 선비[士]로서[而] 번다한 처소를[居] 그리워하면[懷] 그래서는[以] 선비가[士] 될 수 없는 것[不足爲]이다[矣]. 『논어(論語)』「헌문(憲問)」 3

註 "자왈(子曰) 지사인인무구생이해인(志士仁人無求生以害仁) 유살신이성인(有殺身以成仁)." 지조 있는[志] 선비로서[士] 어진[仁] 사람은[人] 목숨을[生] 구하고[求] 싶어[以] 어짊을[仁] 해침이[害] 없고[無], 진정[有] 자신을[身] 죽임으로[殺]써[以] 어짊을[仁] 이루어낸다[成]. 『논어(論語)』「위령공(衛靈公)」 8

註 "장자왈(子張曰) 사견위치명(士見危致命) 견득사의(見得思義) 제사경(祭思敬) 상사애

(喪思哀) 기가이의(其可已矣).” 자장이[子張] 말했다[曰] : 선비는[士] 위급함을[危] 만나면[見] 목숨을[命] 걸고[致], 이득을[得] 보면[見] 의로운지[義] 생각하며[思], 제사를 올릴 때면[祭] {천지조선(天地祖先)을} 공경함을[敬] 생각하고[思], 상을 당하면[喪] 슬퍼함을[哀] 생각하는[思] 그것이면[其] 만족할 수 있는 것[可已]이다[矣]. 『논어(論語)』「자장(子張)」1

【해독(解讀)】

- 〈고지선위사자미묘(古之善爲士者微妙) 현통(玄通) 심(深) 불가식(不可識)〉은 3개의 원인의 종절과 주절로 이루어진 복문(複文)이다. 부사절을 둔 복문(複文) 셋이 함께하여 영어의 한 문단 같은 구문이다.

  고지선위사자미묘(古之善爲士者微妙)와 현통(玄通) 그리고 심(深)은 부사절 노릇하고, 불가식(不可識)은 주절 노릇한다. 〈고지선위사자미묘하기 때문에[古之善爲士者微妙] 현통하기 때문에[玄通] 심하기 때문에[深] 불가식한다[不可識].〉
- 고지선위사자미묘(古之善爲士者微妙)에서 고지선위사자(古之善爲士者)는 주부(主部) 노릇하고, 미묘(微妙)는 주격보어구 노릇한다. 한문에서는 〈때문에 고(故)〉 같은 종속접속사를 거의 생략한다. 〈고지선위사자는[古之善爲士者] 미묘하기 때문에[微妙]〉
- 현통(玄通)은 〈고지선위사자현통고(古之善爲士者玄通故)〉에서 되풀이되는 고지선위사자(古之善爲士者)와 접속사 고(故)를 생략하고, 보어 노릇하는 현통(玄通)만 남긴 구문이다. 〈현통하기 때문에[玄通]〉
- 심(深)은 〈고지선위사자심고(古之善爲士者深故)〉에서 되풀이되는 고지선위사자(古之善爲士者)와 종속접속사 고(故)를 생략하고, 보어 노릇하는 심(深)만 남긴 영어의 2형식 원인의 부사절 같은 구문이다. 〈깊기 때문에[深]〉
- 불가식(不可識)은 〈중인불가식고지선위사자(衆人不可識古之善爲士者)〉에서 주어 노릇할 중인(衆人)을 생략하고, 식(識)의 목적구 노릇할 고지선위사자(古之善爲士者)를 생략하고 술부(述部)만 남겼다. 불(不)은 식(識)의 부정사(否定詞) 노릇하고, 가(可)는 식(識)의 조동사 노릇하며, 식(識)은 동사 노릇한다. 〈알아볼[識] 수가 없다[不可].〉

15-2 夫唯不可識(부유불가식)

▶{세인(世人)은 선위사자(善爲士者)를} 결코[夫唯] 알[識] 수 없다[不可].

무릇 부(夫), 오직 유(唯), 못할 불(不), 가할 가(可), 알 식(識)

【지남(指南)】

〈부유불가식(夫唯不可識)〉은 고지선사(古之善士)를 세인(世人)이 알 길이 없음을 거듭 밝힌다. 유가(儒家) 쪽에서 말하는 지어도(志於道)의 선비[士]와 달리 도가(道家)의 체도자(體道者)로서 사(士)는 현묘(玄妙)·신통(神通)하여 깊음을 강조함이 여기 〈부유(夫唯)〉란 조사에 담겨 있고, 그런 연유로 세상 사람들이[世人] 도가(道家)의 고사(古士)를 알 수 없음을 거듭 밝히고 있다.

상도(常道)를 그냥 그대로 본받고자 망기(忘己)하는 체도자(體道者)는 자신을[己] 행함에[行] (부끄럽게 될세라) 수치심이[恥] 있거나[有], 외국에[於四方] 사신으로 나가[使] 임금에게서 받은 명령을[君命] 욕되게 할세라[辱] 노심(勞心)하는 유가(儒家)의 선비[士]와는 다르다. 도가(道家)의 고사(古士)에게는 『논어(論語)』에 나오는 **극기복례(克己復禮)**니 **사군진례(事君盡禮)** 등이 없다. 자기를[己] 무릅써[克] 예로[禮]로 돌아옴이[復] 아니라 **복귀어박(復歸於樸)**하고, 임금[君]의 부림[命]을 욕되지 않게 사군(事君) 즉 임금[君]을 섬김이[事] 아니라 존도(尊道) 즉 상도를[道] 받들고[尊], **수중(守中)** 즉 상도를 따라[中] 지키며[守], **습명(襲明)**의 성인(聖人)을 본받아 자신[己]을 저버리고[忘] 천성을[天] 섬긴다[事].

그러므로 자연 그대로[善] 도사가[士] 된[爲] 자(者)는 상도(常道)가 미묘(微妙)하듯 미묘(微妙)하고, 상도(常道)가 신통(神通)하듯 신통(神通)해 깊어서[深] 세인(世人)이 알아볼 수 없음을 밝히는 말씀이 〈부유불가식(夫唯不可識)〉이다.

註 "안연문인(顔淵問仁) 자왈(子曰) 극기복례(克己復禮)." 안연이[顔淵] 인을[仁] 여쭈었다[問]. 공자가[子] 말했다[曰] : 자기를[己] 무릅써[克] 예로[禮] 돌아옴이다[復].

『논어(論語)』「팔일(八佾)」 18장(章)

註 "자왈(子曰) 사군진례(事君盡禮) 인이위첨야(人以爲諂也)." 공자가[子] 말했다[曰] : 임금을[君] 섬김에[事] 예를[禮] 다함을[盡] 들어[以] 사람들은[人] 아첨한다고[諂] 여기는 것[爲]이구

나[也]. 『논어(論語)』「안연(顔淵)」1장(章)

註 "위천하곡(爲天下谷) 상덕내족(常德乃足) 복귀어박(復歸於樸)." 세상의[天下] 골짜기가[谷] 되니[爲] 상덕이[常德] 이에[乃] 만족돼[足], 자연으로[於樸] 되[復]돌아온다[歸].

『노자(老子)』 28장(章)

註 "다언수궁(多言數窮) 불여수중(不如守中)." {상도(常道)를 밝히려는} 말이[言] 많아질수록[多] 이치가[數] 궁색해지니[窮], {상도(常道)를 밝히려는 말하기란} 상도를 따라[中] 지킴만[守] 못하다[不如]. 『노자(老子)』 5章

註 "성인상선구인(聖人常善救人) 고(故) 무기인(無棄人) 상선구물(常善救物) 고(故) 무기물(無棄物) 시위습명(是謂襲明)." 성인은[聖人] 늘[常] 선하게[善] 사람들을[人] 구제하기[救] 때문에[故] 사람들을[人] 버림이[棄] 없고[無], 늘[常] 선하게[善] 온갖 것을[物] 구제하기[救] 때문에[故] 온갖 것을[物] 버림이[棄] 없다[無]. 이러함을[是] 밝음을[明] 안으로 간직함이라[襲] 한다[謂].

『노자(老子)』 27장(章)

【보주(補註)】

- 〈부유불가식(夫唯不可識)〉을 〈부유중인불가식고지선위사자(夫唯衆人不可識古之善爲士者)〉처럼 문의(文意)를 쉽게 새길 수 있다. 〈세상 사람들은[衆人] 결코[夫唯] 고지선위사자를[古之善爲士者] 알아볼[識] 수가 없다[不可].〉

【해독(解讀)】

- 〈부유불가식(夫唯不可識)〉에서 부유(夫唯)는 어조와 어세를 더해주는 어조사(語助辭) 노릇하고, 불(不)은 식(識)의 부정사(否定詞)이며, 가(可)는 식(識)의 조동사 노릇하고, 식(識)은 목적어가 생략된 동사 노릇한다. 〈아무리 해도[夫唯] 알[識] 수 없다[不可].〉
- 부유불가식(夫唯不可識)은 강한 부정을 나타내는 〈부유불가위(夫唯不可爲)A〉의 상용문이다. 〈아무리 해도[夫唯] A를 할[爲] 수 없다[不可].〉

15-3 故(고) 强爲之容(강위지용) 豫兮(예혜) 若冬涉川(약동섭천)

▶ 그래서[故] 그[之] 모습을[容] 억지로[强] 말해본다면[爲] {그 고사(古士)의 모습이} 예연(豫然)해서[豫兮], {예(豫)가} 겨울에[冬] 내를

[川] 건너는[涉] 듯하다[若].

그래서 고(故), 억지로 강(强), 일컬을 위(爲), 그 지(之), 모습 용(容), 코끼리 예(豫), 감탄조사 혜(兮), 듯할 약(若), 겨울 동(冬), 건널 섭(涉), 내 천(川)

【지남(指南)】

〈예혜(豫兮) 약동섭천(若冬涉川)〉은 고지선위사자(古之善爲士者)의 모습을[容] 〈예(豫)〉에 비유하여 신중함을 밝힌다. 〈용(容)〉은 처신(處身)하는 모습이다. 즉, 고사(古士)의 몸가짐과 마음가짐을 묶어서 밝힘이 여기 용(容)이다.

먼저 고사(古士)의 모습을[容] 〈예(豫)〉와 〈동섭천(冬涉川)〉으로써 비유해준다. 예(豫)는 본래 코끼리[象] 같은 야수이다. 몸집은 크되 주변을 살펴 가는 코끼리의 거동은 섬세하고[細] 조심스럽다. 이러한 코끼리의 거동을 들어 고사(古士)의 처신(處身)이 신중함을 밝힌다. 이러한 비유로써 고사(古士)는 항상 정중함을 떠나지 않는 성인(聖人)을 그냥 그대로 본받음을 암시하고 있다.

고사(古士)는 언제 어디서든 조급하거나 경솔한 거동을 결코 범하지 않아 늘 신중함을 떠나지 않는다. 코끼리가[豫] 얼어붙은 내를[冬川] 건너는[涉] 거동을 들어 비유한 고사(古士)의 모습은[容] 26장(章)에 나오는 **중위경근(重爲輕根)**을 상기시킨다. 언제 어디서나 경솔하지[輕] 않고 신중한 고사(古士)의 처신(處身)을 살펴 새기고 일깨워주는 말씀이 〈예혜(豫兮) 약동섭천(若冬涉川)〉이다.

註 "중위경근(重爲輕根) 정위조군(靜爲躁君)." 무거움은[重] 가벼움을[輕] 근절힘[根]이다[爲]. 고요는[靜] 조급함을[躁] 다스림[君]이다[爲]. 『노자(老子)』 26장(章)

【보주(補註)】

- 〈강위지용(强爲之容) 예혜(豫兮) 약동섭천(若冬涉川)〉을 〈약아강위기사지용(若我强爲其士之容) 기사지용예연혜(其士之容豫然兮) 이기사지용약예지동섭천혜(而其士之容若豫之冬涉川兮)〉처럼 옮기면 문의(文意)를 좀 더 쉽게 새길 수 있다. 〈만약[若] 내가[我] 그[其] 도사의[士之] 모습을[容] 억지로[强] 말해본다면[爲], 그[其] 도사의[士之] 모습은[容] 코끼리[豫] 같구나[然兮]! 그리고[而] 그[其]

도사의[士之] 모습이[容] 코끼리가[豫之] 겨울에[冬] 내를[川] 건너는[涉] 듯하다[若].〉

- 강위지용(强爲之容)의 용(容)은 여기선 몸가짐의 모습을[容] 말한다.
- 예혜(豫兮)의 예(豫)는 대상(大象) 즉 큰 코끼리를 뜻하지만, 신중히 하는 모습[容]을 비유하여 경솔하거나[輕] 조급함[躁]이 없는 신중한 모습을[容] 부드럽게 나타내는 말투이다.
- 약동섭천(若冬涉川)은 겨울에[冬] 얼어붙은 시내를[川] 건너가는[涉] 육중한 코끼리를 상상하게 한다. 신중함의 모습을[容] 절묘하게 비유해준다.

【해독(解讀)】

- 〈강위지용(强爲之容) 예혜(豫兮) 약동섭천(若冬涉川)〉에서 강위지용(强爲之容)은 문맥으로 보아 조건의 종절 노릇하고, 〈예혜(豫兮) 약동섭천(若冬涉川)〉은 감탄문과 평서문이 함께하는 하나의 문단이다. 〈그[之] 모습을[容] 억지로[强] 말해본다면[爲] 예연(豫然)하구나[豫兮]! 동섭천하는[冬涉川] 듯하다[若].〉
- 강위지용(强爲之容)에서 강(强)은 위(爲)를 꾸며주는 부사 노릇하고, 위(爲)는 주어가 생략된 동사 노릇하며, 지(之)는 관형사로 〈그 지(之)〉이고, 용(容)은 위(爲)의 목적어 노릇한다. 위(爲)는 〈말할 위(謂)〉와 같고, 지(之)는 〈그 기(其)〉와 같고, 용(容)은 〈모습 모(貌)〉와 같아 용모(容貌)의 줄임말로 여기면 된다. 〈그[之] 모습을[容] 억지로[强] 말해본다면[爲]〉
- 예혜(豫兮)는 〈기사지용예혜(其士之容豫兮)〉에서 주부(主部) 노릇할 기사지용(其士之容)을 생략하고, 술부(述部)만 남은 구문이다. 〈그[其] 선비의[士之] 모습은[容] 코끼리 같구나[豫兮]!〉
- 약동섭천(若冬涉川)은 〈기사지용약예지동섭천(其士之容若豫之冬涉川)〉에서 주부(主部) 노릇할 기사지용(其士之容)과 섭(涉)의 의미상 주어 노릇할 예지(豫之)를 생략하고, 약(若)은 동사 노릇하고, 동섭천(冬涉川)은 보어구 노릇한다. 동섭천(冬涉川)에서 동(冬)은 섭(涉)을 꾸며주는 시간의 부사 노릇하고, 섭(涉)은 영어의 부정사(不定詞) 같은 구실을 하고, 천(川)은 섭(涉)의 목적어 노릇한다. 〈그[其] 선비의[士之] 모습은[容] 코끼리가[豫之] 겨울에[冬] 내를[川] 건너는 것[涉] 같다[若].〉

- 약동섭천(若冬涉川)은 〈A약위(若爲)B〉의 상용문이다. 영어 〈A seems to do B〉를 떠올리면 이해하기 쉽다. 〈A약위(若爲)B〉의 위(爲)는 영어의 〈to do〉 즉 부정사(不定詞)같이 구실한다. 〈A는 B를 하는 것[爲] 같다[若].〉 〈A는 B를 하는[爲] 듯하다[若].〉

15-4 猶兮(유혜) 若畏四隣(약외사린)

▶ {그 고사(古士)의 모습이} 유연(猶然)해서 [猶兮], {유(猶)가} 사방을 [四隣] 두려워하는 [畏] 듯하다 [若].

개(犬) 유(猶), 감탄조사 혜(兮), 같을 약(若), 두려워할 외(畏), 이웃 린(隣)

【지남(指南)】

〈유혜(猶兮) 약외사린(若畏四隣)〉은 고사(古士)의 모습을[容] 〈유(猶)〉에 비유하여 고사(古士)의 처신(處身)이 항상 경계(警戒) 즉 조심하고 경계하는 거동을 취함을 밝힌다. 고사(古士)의 모습을[容] 〈유(猶)〉와 〈외사린(畏四隣)〉으로써 비유해준다. 유(猶)는 개[犬]의 모습을[容] 말한다. 몸집은 작지만 항상 주인을 앞서가면서 사방을[四隣] 두리번거리며 항상 조심스럽게 두려워하면서[畏] 가는 개의 거동 역시 섬세하고[細] 조심스럽다. 이러한 개의 거동을 들어 고사(古士)의 처신(處身)이 신중함을 밝힌다. 이러한 비유로써 고사(古士)는 항상 경계함을 떠나지 않는 성인(聖人)을 그냥 그대로 본받음을 암시하고 있다.

고사(古士)는 언제 어디서든 성급한 거동을 결코 범하지 않아 늘 경계함을 떠나지 않는다. 여기 경계(警戒)함이란 인위(人爲)로 말미암은 온갖 탐욕 따위를 범할세라 조심하고 두려워함이다. 개가[猶] 사방을[四隣] 두리번거리며 두려워하며[畏] 가는 모습을 들어 비유한 고사(古士)의 모습도[容] 26장(章)에 나오는 〈중위경근(重爲輕根)〉을 상기시킨다. 언제 어디서나 경솔하지[輕] 않고 두려워하는[畏] 고사(古士)의 처신(處身)을 살펴 새기고 일깨워주는 말씀이 〈약외사린(若畏四隣)〉이다.

【보주(補註)】

- 〈유혜(猶兮) 약외사린(若畏四隣)〉을 〈기사지용유혜(其士之容猶兮) 기사지용약

유지외사린(其士之容若猶之畏四隣)〉처럼 옮기면 문의(文意)를 좀 더 쉽게 새길 수 있다. 〈그[其] 도사의[士之] 모습은[容] 유연(猶然)하구나[猶兮]! 그[其] 도사의[士之] 모습은[容] 개가[猶之] 사방을[四隣] 두려워하는[畏] 듯하다[若].〉

- 유혜(猶兮)의 유(猶)는 개[犬]를 뜻하지만, 두려워하는[畏] 모습[容]을 비유하여 경솔하거나[輕] 조급함이[躁] 없이 경계하는 모습을 〈약외사린(若畏四隣)〉으로써 절묘하게 비유하고 있다.

【해독(解讀)】

- 〈유혜(猶兮) 약외사린(若畏四隣)〉은 감탄문과 평서문으로 이루어진 문단이다. 〈유연(猶然)하구나[猶兮]! 외사린하는[畏四隣] 듯하다[若].〉
- 유혜(猶兮)는 〈기사지용유혜(其士之容猶兮)〉에서 주부(主部) 노릇할 기사지용(其士之容)은 생략하고 술부(述部)만 남은 감탄문이다. 〈그[其] 선비의[士之] 모습은[容] 유연(猶然)하구나[猶兮]!〉
- 약외사린(若畏四隣)은 〈기사지용약유지외사린(其士之容若猶之畏四隣)〉에서 주부(主部) 노릇할 기사지용(其士之容)과 외(畏)의 의미상 주어 노릇할 유지(猶之)를 생략했으며, 약(若)은 동사 노릇하고, 외사린(畏四隣)은 주격보어구 노릇한다. 외사린(畏四隣)에서 외(畏)는 영어의 부정사(不定詞)같이 구실하고, 사린(四隣)은 외(畏)의 목적어 노릇한다. 외(畏)는 〈두려워할 구(懼)〉와 같아 외구(畏懼)의 줄임말로 여기면 된다. 〈그[其] 도사의[士之] 모습은[容] 개가[猶之] 사방을[四隣] 두려워하는 것[畏] 같다[若].〉
- 약외사린(若畏四隣) 또한 〈A약위(若爲)B〉의 상용문이다. 〈A는 B를 하는 것[爲] 같다[若].〉 〈A는 B를 하는[爲] 듯하다[若].〉

15-5 儼兮(엄혜) 其若客(기약객)

▶ 의젓하구나[儼兮]! 그 모습이[其] 초대받은 손님인[客] 듯하다[若].

의젓할 엄(儼), 감탄조사 혜(兮), 그 기(其), ~과 같을 약(若), 손님 객(客)

【지남(指南)】

〈엄혜(儼兮) 기약객(其若客)〉은 고사(古士)의 모습을[容] 〈엄(儼)〉으로 나타내 고사(古士)의 심경이 항상 공경함을 밝힌다. 고사(古士)의 심경을 〈엄(儼)〉과 〈객(客)〉으로써 비유해, 초대받은 객(客)이 초대해준 주인을 공경하듯 고사(古士)는 늘 우러러보는[儼] 심경을 간직한다는 것이다.

여기 엄(儼) 즉 공경(恭敬)은 성인(聖人)을 우러러 받들고 나아가 상도(常道)를 우러러 받듦이다. 이는 예(豫)·유(猶)로써 밝힌 고사(古士)의 몸가짐이 엄(儼) 즉 공(恭)하고 경(敬)하여 장엄(莊嚴)함을 밝힘이다. 공(恭)은 몸가짐이고 경(敬)은 마음가짐이니, 외공내경(外恭內敬)을 일러 엄손(儼遜)하다 한다. 공경하는 모습이 엄지용(儼之容)으로, 공(恭)은 자하(自下) 즉 자신[自]을 낮추는[下] 마음 속[內]이 밖으로[外] 드러남이고, 경(敬)은 자하(自下)에 거짓이 없는 그대로의 마음인지라 경(敬)을 일러 〈불감만지심(不敢慢之心)〉이라고도 한다. 감히[敢] 오만하지 않은[不慢之] 마음가짐[心]이 경(敬)이다. 그러니 공경하고 신중한 마음과 몸가짐이 엄(儼)이다.

『예기(禮記)』에 **엄약사(儼若思)**란 말씀이 나온다. 엄(儼)은 생각함[思]과 같다[若] 함은 무엇을 생각한다는 말인가? 『예기(禮記)』「곡례(曲禮)」의 엄(儼)은 명례(明禮)하여 집례(執禮)함을 생각하는 공경이고, 『노자(老子)』 15장(章)의 엄(儼)은 27장(章)에 나오는 **습명(襲明)**과 65장(章)에 나오는 **지대순(至大順)**을 상기시키는 공경이다. 『논어(論語)』의 군자(君子)가 보이는 〈엄(儼)〉은 예의를 공경함이고, 『노자(老子)』의 고사(古士)가 보이는 〈엄(儼)〉은 상도(常道)를 공경함이다. 예절(禮節)의 엄(儼)은 예의바르고, 자연(自然)의 엄(儼)은 검박(儉樸)하다.

고사(古士)의 심경(心境)이 그냥 그대로[自然] 상도(常道)를[大] 따름에[順] 이름을[至] 살펴 새기고 헤아려 깨우치게 하는 말씀이 〈엄혜(儼兮) 기약객(其若客)〉이다.

註 "곡례왈(曲禮曰) 무불경(毋不敬) 엄약사(儼若思) 안정사(安定辭) 안민재(安民哉)." 곡례에[曲禮] 이르기를[曰] : 공경하지 않음을[不敬] 없애고[毋], 엄숙하게[儼] 생각하는[思] 듯하고[若], 말수를[辭] 편안하게[安] 정하라[定]. {그러면 군자(君子)가} 백성을[民] 편안케 하는 것[安]이다[哉].

곡례(曲禮)란 이런저런 예의(禮儀)를 말한다. 경례(經禮)가 큰 예절을 말한다면, 곡례(曲禮)

는 자질구레한 예절을 말한다. 『예기(禮記)』「곡례상(曲禮上)」

註 "시위습명(是謂襲明)." 이러함을[是] 밝음을[明] 물려받아 익힘이라[襲] 한다[謂].

습명(襲明)의 명(明)은 자지자명(自知者明)·지상왈명(知常曰明)·견소왈명(見小曰明) 등을 상기시킨다. 자신을[自] 아는[知] 것이[者] 밝음[明]이고, 상도(常道)·상덕(常德)을 따름[順]이 한결같음[常]이 밝음[明]이며, 작은 것을[小] 살펴 새김[見]이 또한 밝음[明]이다.

『노자(老子)』 27장(章)

註 "여물반의(與物反矣) 연후내지어대순(然後乃至於大順)." {현덕(玄德)은} 온갖 것들과[物] 함께[與] {상도(常道)로} 돌아옴[反]이다[矣]. 그런[然] 뒤에야[後] 곧[乃] 상도를 따름에[於大順] 이른다[至].

대순(大順)의 대(大)는 즉자연(卽自然), 즉 그냥 그대로[自然] 곧[卽] 상도(常道)임을 말한다.

『노자(老子)』 65장(章)

【보주(補註)】

- 〈엄혜(儼兮) 기약객(其若客)〉을 〈기사지용엄혜(其士之容儼兮) 기사지용약객(其士之容若客)〉처럼 옮기면 문의(文意)를 좀 더 쉽게 새길 수 있다. 〈그[其] 선비의[士之] 모습은[容] 엄연하구나[儼兮]! 그[其] 선비의[士之] 모습은[容] 손님인[客] 듯하다[若].〉
- 엄혜(儼兮)의 엄(儼)은 공경지용(恭敬之容), 즉 공경한[恭敬之] 모습[容]을 말한다. 여기 엄(儼)은 몸가짐의 용(容)이 아니라 마음가짐의 모습[容]이다.

【해독(解讀)】

- 〈엄혜(儼兮) 기약객(其若客)〉은 감탄문과 평서문으로 이루어진 하나의 문단이다. 〈엄연(儼然)하구나[儼兮]! 그[其] 도사의[士之] 모습은[容] 손님인[客] 듯하다[若].〉
- 엄혜(儼兮)는 〈기사지용엄혜(其士之容儼兮)〉에서 주부(主部) 노릇할 기사지용(其士之容)을 생략하고 술부(述部)만 남긴 감탄문이다. 엄(儼)은 〈공손할 공(恭)〉과 같아 엄공(儼恭)의 줄임이고, 엄연(儼然)은 의젓한 모습이다. 〈그[其] 선비의[士之] 모습은[容] 엄연(儼然)구나[儼兮]!〉
- 기약객(其若客)에서 기(其)는 주어 노릇하고, 약(若)은 동사 노릇하며, 객(客)은 주격보어 노릇한다. 객(客)은 〈손님 빈(賓)〉과 같아 빈객(賓客)의 줄임말로 여기면 된다. 〈그것은[其] 손님[客] 같다[若].〉
- 기약객(其若客)은 〈A약(若)B〉의 상용문이다. 〈A는 B와(B) 같다[若].〉

15-6 渙兮(환혜) 若氷之將釋(약빙지장석)

▶ 풀리는구나[渙兮]! (그 모습이) 얼음이[氷之] 막[將] 풀리는[釋] 듯하다[若].

풀릴 환(渙), 감탄조사 혜(兮), 듯할 약(若), 얼음 빙(氷), 조사(~의) 지(之), 막(곧) 장(將), 풀릴 석(釋)

【지남(指南)】

〈환혜(渙兮) 약빙지장석(若氷之將釋)〉은 고사(古士)의 모습을[容] 〈환(渙)〉으로 나타내 고사(古士)의 심경이 항상 융화(融和)함을 밝힌다. 고사(古士)의 심경을 〈환(渙)〉과 〈빙(氷)〉으로써 비유해 얼음이[氷] 녹아 풀리듯[渙] 고사(古士)는 늘 풀리는[儼] 심경을 간직한다는 것이다. 따라서 여기 환(渙)은 〈성인포일(聖人抱一)〉을 상기시키니, 상도(常道)를[一] 안아 지키는[抱] 성인(聖人)을 우러러 받들어 본받아 고사(古士)도 공손하면서[儼] 모든 것과 하나로 어울린다[渙].

환(渙)은 걸림 없이 느긋한 모습으로 그 무엇에도 얽매이지 않고 오고 가는 바람[風行] 같고 흘러가는 물[流水] 같다. 그래서 고사(古士)의 심경은 모든 것들과 어울린다. 『주역(周易)』에서도 환(渙)을 일러 **풍행수상(風行水上)**이라 한다. 부는 바람 흐르는 물처럼 얽매임이 없으니, 고사(古士)는 행기(行己) 즉 마음과 몸가짐[行己]에 더럽힘이 없으므로[無染] 자연으로 돌아가 허정(虛靜)하고 걸림 없어[無碍] 느긋하다[渙].

환(渙)은 해(解)이고 석(釋)이며 산(散)이다. 해(解) · 석(釋) · 산(散)은 무애(無碍)요 천방(天放)이니, 걸림 없이[無碍] 훌훌 풀려난 모습이라 느긋할[渙] 뿐이다. 이런 느긋함이[渙] 〈빙지장석(氷之將釋)〉 같다고[若] 하니 『장자(莊子)』에 나오는 **천방(天放)**을 환기시킨다. 빙지장석(氷之將釋)의 빙(氷)은 흘러야 할 물[水]이 흐르지 못해 묶여 있음의 비유이며, 동시에 물이 얽매여[拘] 멈춰진[滯] 모습이다. 얼음[氷]이 막[將] 풀리는[釋] 듯하다[若]고 함은 걸림[碍]에서 얽매임 따위가 없어져버림[無]이라, 환(渙)은 흘러가는 물이거나 불어가는 바람으로 그 풀림이[渙] 밝혀지는 것이다.

예절의 결박(結縛)에서 풀려나[釋] 무애(無碍)하면 홀가분하고[悠] 느긋하다[渙]. 환(渙)함이란 마치 얼었던 물이 녹아 풀리는 듯한[若釋] 천방(天放)과 같이 고사(古士)의 심경이 그러함을 살펴 새기고 헤아려 깨우치게 하는 말씀이 〈환혜(渙兮) 약빙지장석(若氷之將釋)〉이다.

註 "풍행수상(風行水上) 환(渙)." 바람이[風] 물 위에[水上] 붊이[行] 환괘이다[渙卦].

『주역(周易)』「환괘상사(渙卦象辭)」

註 "피민유상성(彼民有常性) 직이의(織而衣) 경이식(耕而食) 시위동덕(是謂同德) 일이부당(一而不黨) 명왈천방(命曰天放) 고지덕지세(故至德之世)." 저[彼] 백성한테는[民] 한결같은[常] 천성이[性] 있다[有]. 길쌈해서[織而] 옷 지어 입고[衣], 농사지어서[耕而] 밥해 먹는다[食]. 이를[是] 다 같이 누리는[同] 덕이라[德] 한다[謂]. {천성(天性)이} 하나이니[一而] 패거리짓지 않는다[不黨]. 일러[命] 자연이[天] 걸림 없이 풀어준 것이라[放] 한다[曰]. 그래서[故] (백성은) 자연스러운[德之] 세상을[世] 누린다[至].

『장자(莊子)』「마제(馬蹄)」

【보주(補註)】

- 〈환혜(渙兮) 약빙지장석(若氷之將釋)〉을 〈기사지용환혜(其士之容渙兮) 기사지용약빙지장석(其士之容若氷之將釋)〉처럼 옮기면 문의(文意)를 좀 더 쉽게 새길 수 있다. 〈그[其 도사의[士之] 모습은[容] 환연하구나[渙兮]! 그[其] 도사의[士之] 모습은[容] 얼음이[氷之] 막[將] 녹으려는[釋] 듯하다[若].〉
- 환혜(渙兮)의 환(渙)은 산해지용(散解之容), 즉 풀리는[散解之] 모습[容]을 말한다. 산해(散解)는 해산(解散)과 같다. 여기 해산(解散)은 묶이거나 얼었던 것이 풀려서 모든 것과 어울림을 뜻한다. 여기 환(渙)도 몸가짐의 용(容)이 아니라 마음가짐의 모습[容]이다.

【해독(解讀)】

- 〈환혜(渙兮) 약빙지장석(若氷之將釋)〉은 감탄문과 평서문으로 이루어진 문단이다. 〈환연(渙然)하구나[渙兮]! 얼음이[氷之] 막[將] 녹으려는[釋] 듯하다[若].〉
- 환혜(渙兮)는 〈기사지용환혜(其士之容渙兮)〉에서 주부(主部) 노릇할 기사지용(其士之容)은 생략하고 술부(述部)만 남긴 구문이다. 환(渙)은 〈풀릴 해(解)〉와 같아 환해(渙解)의 줄임말로 여기면 된다. 환연(渙然)은 녹아서 풀리는 모습이다. 〈그[其] 도사의[士之] 모습은[容] 환연(渙然)구나[儼兮]!

- 약빙지장석(若氷之將釋)에서 주어가 생략되었지만 약(若)은 동사 노릇하며, 빙지장석(氷之將釋)은 주격보어구 노릇한다. 빙지장석(氷之將釋)은 영어의 부정사구(不定詞句) 같아 빙지(氷之)는 석(釋)의 의미상 주어 노릇하고, 장(將)은 석(釋)을 꾸미는 부사 노릇하며, 석(釋)은 영어의 부정사(不定詞)같이 구실하면서 주격보어 노릇한다. 〈얼음이[氷之] 막[將] 녹는 것[釋] 같다[若].〉
- 약빙지장석(若氷之將釋) 역시 〈A약(若)B〉의 상용문이다. 〈A는 B와(B) 같다[若].〉

15-7 敦兮(돈혜) 其若樸(기약박)

▶ 돈후(敦厚)하구나[敦兮]! 그 모습은[其] 그냥 그대로 나뭇등걸인[樸] 듯하다[若].

도타울 돈(敦), 감탄조사 혜(兮), 그 기(其), 듯할 약(若), 질박할 박(樸)

【지남(指南)】

〈돈혜(敦兮) 기약박(其若樸)〉은 고사(古士)의 모습을[容] 〈돈(敦)〉으로 나타내 고사(古士)의 심경이 항상 순후(淳厚)함을 밝힌다. 고사(古士)의 심경을 〈돈(敦)〉과 〈박(樸)〉으로써 비유해 두텁고[敦] 순박한[樸] 고사(古士)는 덕이 두터운[敦] 심경을 간직한다는 것이다. 따라서 여기 돈(敦)은 52장(章)에 나오는 **복수기모(復守其母)**를 상기시킨다. 상도(常道)를 어머니로[母] 삼아 지키는[守] 성인(聖人)을 우러러 받들어 본받아 고사(古士)도 후덕하고 순박하면서[敦] 무엇 하나 꾸미지 않고 순박해 그냥 그대로[樸]이다. 이처럼 고사(古士)의 심경은 돈후하고[敦] 순박하다[樸].

고사(古士)의 몸가짐은 엄연(儼然)하고 환연(渙然)하며, 엄연(儼然)하면서 그 심경은 환연(渙然)하여 모든 것과 어울리면서 돈후(敦厚)하다. 고사(古士)의 심경에서 돈후(敦厚)함이 그냥 그대로 드러남을 이 〈박(樸)〉 한 자(字)가 나타낸다. 그냥 그대로[樸] 드러남이란 19장(章)에 나오는 **견소포박(見素抱樸)**과 다를 바 없다. 소박(素樸)함을 살피고[見] 지키는[抱] 마음가짐이 여기 돈후하고[敦] 질박함[樸]이다. 고사(古士)의 마음가짐은 덕(德)으로써 두텁되[厚] 무엇 하나 꾸밈이 없다는 것이다.

『중용(中庸)』에도 돈후이숭례(敦厚以崇禮)란 말씀이 나온다. 『중용(中庸)』이 밝히는 군자(君子)는 숭례(崇禮) 즉 예(禮)를 받듦으로[崇]써[以] 돈후(敦厚)하지만, 고사(古士)의 돈후(敦厚)함은 돈이박(敦以樸) 즉 자연으로[樸]써[以] 돈후할[敦] 뿐이다. 따라서 고사(古士)의 돈이박(敦以樸)은 『장자(莊子)』에 나오는 **대동이무기(大同而無己)**를 상기시킨다.

대동이무기(大同而無己)의 대동(大同)은 상도(常道)의 자연과 하나가 됨[爲一]이니 고사(古士)에게 자기란[己] 없다[無]. 무기(無己)란 무사(無私)하고 무욕(無欲)하며 무아(無我)함을 묶어 밝힘으로써, 고사(古士)의 돈후(敦厚)하여 질박(質朴)함은 무기(無己) · 무욕(無欲)의 삶을 누리게 함을 살펴 새기고 헤아려 깨우치게 하는 말씀이 〈돈혜(敦兮) 기약박(其若樸)〉이다.

註 "복수기모(復守其母) 몰신불태(歿身不殆)." 그[其] 어머니께로[母] 돌아와[復] 지킨다면[守] 평생토록[歿身] 위태롭지 않다[不殆]. 『노자(老子)』 52장(章)

註 "견소포박(見素抱樸) 소사과욕(少私寡欲)." 그냥 그대로를[素] 살피고[見], 그냥 그대로를[樸] 간직해 지키며[抱], 제 몫을[私] 적게 하고[少], 욕망을[欲] 적게 한다[寡]. 『노자(老子)』 19장(章)

註 "대동이무기(大同而無己) 무기(無己) 오호유유(惡乎有有) 도유자석지군자(覩有者昔之君子) 도무자천지지우(覩無者天地之友)." 크나큼과[大] 하나이니[同而] 자기가[己] 없다[無]. 자기가[己] 없는데[無] 어찌[惡乎] 가짐이[有] 있겠는가[有]? 있음을[有] 보는[覩] 자는[者] 옛날의[昔之] 군자이고[君子], 없음을[無] 보는[覩] 이는[者] 하늘땅의[天地之] 벗이다[友].

대동(大同)은 여자연동(與自然同) 즉 자연과[與自然] 하나됨[同]이고, 나아가 상도(常道)와 하나됨이다. 무기(無己)는 무사(無私) · 무욕(無欲) · 무아(無我)를 묶어 말함이다. 성인(聖人)은 도무자(覩無者) · 천지지우(天地之友) · 무기자(無己者)와 같다. 『장자(莊子)』「재유(在宥)」

【보주(補註)】

- 〈돈혜(敦兮) 기약박(其若樸)〉을 〈기사지용돈혜(其士之容敦兮) 기사지용약박(其士之容若樸)〉처럼 옮기면 문의(文意)를 좀더 쉽게 새길 수 있다. 〈그[其] 도사의[士之] 모습은[容] 돈후하구나[敦兮]! 그[其] 도사의[士之] 모습은[容] 나뭇등걸

[樸] 같다[若].〉

- 돈혜(敦兮)의 돈(敦)은 돈후지모(敦厚之容) 즉 도타운[敦厚之] 모습[容]을 말한다. 기약박(其若樸)의 박(樸)은 〈순박할 순(淳)〉과 같아 순박(淳樸)은 인위(人爲)로 말미암은 탐욕 따위가 없음을 비유하여 〈나뭇등걸 박(樸)〉이라 하고, 이 박(樸)은 곧 자연(自然)을 말한다. 여기 돈(敦) 역시 몸가짐의 용(容)이 아니라 마음가짐의 모습[容]이다.

【해독(解讀)】

- 〈돈혜(敦兮) 기약박(其若樸)〉은 감탄문과 평서문으로 이루어진 문단이다. 〈돈연(敦然)하구나[敦兮]! 그것은[其] 나뭇등걸인[樸] 듯하다[若].〉
- 돈혜(敦兮)는 〈기사지심경돈혜(其士之心境敦兮)〉에서 주부(主部) 노릇할 기사지심경(其士之心境)을 생략하고 술부(述部)만 남긴 감탄문이다. 돈(敦)은 〈도타울 후(厚)〉와 같아 돈후(敦厚)의 줄임이고, 돈연(敦然)은 마음이 따뜻해 두터운 모습이다. 〈그[其] 선비의[士之] 모습은[容] 환연(渙然)구나[儼兮]!〉
- 〈도타울 돈(敦)〉은 발음이 다양한 자(字)이다. 〈쪼을 퇴(敦)=탁(琢), 다스릴 퇴(敦)=치(治), 끊을 퇴(敦)=단(斷), 성낼 퇴(敦)=노(怒), 옥쟁반 대(敦), 꾸짖을 돈(敦)=저(詆), 뒤섞일 돈(敦)=혼(渾), 모을 단(敦)=취(聚), 아로새길 조(敦)=조(彫)〉 등의 〈퇴 · 대 · 돈 · 단 · 조〉로 발음한다.
- 기약박(其若樸)에서 기(其)는 주어 노릇하고, 약(若)은 동사 노릇하며, 박(樸)은 보어 노릇한다. 〈그것은[其] 나뭇등걸[樸] 같다[若].〉
- 기약박(其若樸)은 〈A약(若)B〉의 상용예문이다. 〈A는 B와 같다[若].〉

15-8 曠兮(광혜) 其若谷(기약곡)

▸ 광활(曠豁)하구나[曠兮]! 그 모습은[其] 골짜기인[谷] 듯하다[若].

빌(밝을) 광(曠), 감탄조사 혜(兮), 그 기(其), 같을 약(若), 골짜기 곡(谷)

【지남(指南)】

〈광혜(曠兮) 기약곡(其若谷)〉은 고사(古士)의 모습을[容] 〈광(曠)〉으로 나타내

고사(古士)의 심경이 항상 광활(曠豁)함을 밝힌다. 고사(古士)의 심경을 〈광(曠)〉과 〈곡(谷)〉으로써 비유해 마음가짐이 텅 비고[曠] 텅 빈[谷] 고사(古士)는 무사(無私)·무아(無我)한 심경을 간직한다는 것이다. 따라서 여기 광(曠)은 3장(章)에서 살핀 **허기심(虛其心)**을 상기시켜, 성인(聖人)을 우러러 받들어 본받아 고사(古士)도 자기의[其] 마음을[心] 비우고[虛] 무엇 하나 탐하지 않아 텅 빈 골짜기[谷] 같다 한다.

이처럼 고사(古士)의 심경은 광활한[敦] 골짜기[谷] 같다. 고사(古士)의 몸가짐은 엄연(儼然)하고 환연(渙然)하며, 그 심경은 엄연(儼然)하면서 환연(渙然)하고 이어서 광활(曠豁)하다. 고사(古士)의 심경에서 광활(曠豁)함이 그냥 그대로 드러남을 이 〈곡(谷)〉 한 자(字)가 나타낸다.

고사(古士)의 마음가짐이 텅 비어[曠] 텅 빈 골짜기와[谷] 같으니, 고사(古士)의 마음가짐은 『장자(莊子)』에 나오는 **지인지용심약경(至人之用心若鏡)**을 상기시킨다. 따라서 고사(古士)의 심경은 엄숙하고[儼] 느긋하며[渙] 돈후하면서[敦] 느긋하면서도[渙] 텅 빈[曠] 모습이라 가운데가 텅 빈 골짜기[谷] 같다는 것이다. 광(曠)함은 공허(空虛)함이니 고사(古士)의 마음가짐은 허정(虛靜)하고 염담(恬淡)하여 무위(無爲)하다. 언제 어디서든 비운[虛] 마음[心]이라 고사(古士)의 광심(曠心) 즉 빈[曠] 마음은[心] 가운데가 텅 빈 골짜기[谷] 같아 걸림이[碍] 없다[無].

이처럼 훤히 트인 고사(古士)의 심경은 마치 운권운서(雲卷雲舒) 즉 구름이 말리고[卷] 풀리듯[舒] 그 무엇이든 오면 맞이하고 가면 하염없이 보내면서 결코 애달아하지 않아 텅 빈 골짜기 같음을 일깨워, 허심(虛心)의 마음가짐을 깨닫게 하는 말씀이 〈광혜(曠兮) 기약곡(其若谷)〉이다.

註 "성인지치(聖人之治) 허기심(虛其心) 실기복(實其腹)." 성인의[聖人之] 다스림은[治] 그[其] 마음을[心] 비우게 하고[虛], 그[其] 배를[腹] 채우게 한다[實]. 『노자(老子)』 3장(章)

註 "지인지용심약경(至人之用心若鏡) 부장불영(不將不迎) 응이부장(應而不藏) 고능승물이불상(故能勝物而不傷)." 지인이[至人之] 마음을[心] 씀은[用] 거울과[鏡] 같다[若]. (무엇을) 맞이하지도 않고[不將] 보내지도 않는다[不迎]. (온갖 것에) 응해주되[應而] 간직하지는 않는다[不藏]. 그래서[故] 온갖 것을[物] 남김없이 해주되[勝而] 해치지 않는다[不傷].

지인(至人)=신인(神人)=성인(聖人)이다. 『장자(莊子)』「응제왕(應帝王)」

【보주(補註)】

- 〈광혜(曠兮) 기약곡(其若谷)〉을 〈기사지용광혜(其士之容曠兮) 기사지용약곡(其士之容若谷)〉처럼 옮기면 문의(文意)를 쉽게 새길 수 있다. 〈그[其] 선비의[士之] 모습은[容] 광활하구나[曠兮]! 그[其] 선비의[士之] 모습은[容] 골짜기[谷] 같다[若].〉
- 광혜(曠兮)의 광(曠)은 공허지용(空虛之容) 즉 텅 빈[空虛之] 모습[容]을 말하고, 기약곡(其若谷)의 곡(谷)은 〈공허불유(空虛不有)〉의 비유이다. 여기 용(容) 역시 몸가짐의 용(容)이 아니라 마음가짐의 모습[容]이다.
- 텅 비어[空虛] 가진 것이 없음[不有]을 살피게 하는 〈빈 골짜기[谷]〉를 〈길러줄 양(養)〉으로 새기기도 한다. 물론 곡(谷)은 6장(章)에서 살핀 **곡신불사(谷神不死)**의 그 골짜기[谷]를 상기시킨다.

註 "곡신불사(谷神不死) 시위현빈(是謂玄牝)." 골짜기의[谷] 변화하게 하는 짓은[神] 죽지 않는다[不死]. 이를[是] 신묘한[玄] 땅이라[牝] 한다[謂]. 『노자(老子)』 6장(章)

【해독(解讀)】

- 〈광혜(曠兮) 기약곡(其若谷)〉은 감탄문과 평서문으로 이루어진 문단이다. 〈광연(曠然)하구나[曠兮]! 그것은[其] 나뭇등걸인[樸] 듯하다[若].〉
- 광혜(曠兮)는 〈기사지용광혜(其士之容曠兮)〉에서 주부(主部) 노릇할 기사지용(其士之容)을 생략하고 술부(述部)만 남긴 감탄문이다. 광(曠)은 〈빈 허(虛)〉와 같아 광허(曠虛)의 줄임이고, 광연(曠然)은 허심하여 하염없는 모습이다. 여기 광(曠) 역시 몸가짐의 용(容)이 아니라 마음가짐의 모습[容]이다. 〈그[其] 선비의[士之] 모습은[容] 광연(曠然)하구나[曠兮]!〉
- 기약곡(其若谷)에서 기(其)는 주어 노릇하고, 약(若)은 동사 노릇하며, 곡(谷)은 보어 노릇한다. 〈그것은[其] 나뭇등걸[樸] 같다[若].〉
- 기약곡(其若谷)은 〈A약(若)B〉의 상용문이다. 〈A는 B와 같다[若].〉

15-9 混兮(혼혜) 其若濁(기약탁)

▶ 혼연하구나[混兮]! 그것은[其] 흐려 탁한[濁] 듯하다[若].

흐릴 혼(混), 감탄조사 혜(兮), 그 기(其), ~듯할 약(若), 흐릴 탁(濁)

【지남(指南)】

〈혼혜(混兮) 기약탁(其若濁)〉은 고사(古士)의 모습을(容) 〈혼(混)〉으로 나타내 고사(古士)의 심경이 항상 혼박(渾樸)해서 오히려 혼탁(混濁)해 보임을 밝힌다. 고사(古士)의 심경을 〈혼(混)〉과 〈탁(濁)〉으로써 비유해, 고사(古士)의 마음가짐이 혼탁(混濁)한 듯 보임은 무애(無碍) 즉 걸림이[碍] 없으므로[無] 온갖 것들이 합수(合水)하듯 하기 때문이라는 것이다. 이 물 저 물이 뒤섞여 휩싸이면 혼탁해 보여도 물 그대로이듯, 고사(古士)의 심경은 엄숙하고[儼] 느긋하며[渙] 돈후하고[敦] 텅 빈[曠] 모습 등을 서로 제동(齊同)함이 〈혼(混)〉 이 한 자(字)에 배어 있다. 49장(章) **혼기심**(渾其心)의 혼(渾)처럼 여기 혼(混) 역시 이것저것 가릴 바 없이 모두를 혼일(混一)함이다.

혼탁(混濁)이란 청탁(淸濁)을 가리지 않아 크고[大] 원만하며[圓] 온전함[全]이다. 엄(儼) · 환(渙) · 돈(敦) · 광(曠) 등이 하나가[一] 되어 따로 드러나지 않음으로 모습[容貌]은 혼탁한[濁] 듯 보임이다. 수지성청(水之性淸) 즉 물의[水之] 천성이[性] 맑을지라도[淸] 물은 들어오는 것들을 혼박(混樸) 즉 그냥 그대로를[樸] 섞어[混] 스스로 탁자(濁者)가 되듯, 고사(古士)의 심경 역시 그러하다 함이 여기 〈약탁(若濁)〉이다.

무엇인가 섞여 맑음[淸]이 흐림[濁]으로 됨이 〈혼(混)〉이니, 본래[性] 맑아도[淸] 탁해짐[濁]이다. 흙탕물이 탁(濁)할지언정 본래 물은 여전히 맑음을 지니고 있음이 수혼(水混)이듯, 고사(古士)의 심경도 그와 같아 혼박(渾樸)하여 마치 탁(濁)한 듯해[若] 보임을 살펴 새기고 헤아려 일깨워주는 말씀이 〈혼혜(混兮) 기약탁(其若濁)〉이다.

註 "성인재천하(聖人在天下) 흡흡언(歙歙焉) 위천하(爲天下) 혼기심(渾其心)." 성인이[聖人] 세상을[天下] 재위할 때[在] {자기의 상심(常心) 즉 의욕을} 거두어들일[歙歙] 뿐이다[焉]. {성인(聖人)이} 세상을[天下] 다루실 때[爲] 백성의[其] 마음을[心] 하나이게 한다[渾].

흡흡언(歙歙焉)의 언(焉)은 여기선 〈어시(於是)〉의 줄임이고, 어시(於是)의 시(是)는 세상을 나타냄이다. 왜 천하(天下)를 두려워하는가[歙歙]? 세상의 시비(是非) · 선악(善惡) · 호오(好

惡)·신불신(信不信) 등을 두려워함이다. 흡흡(歙歙)=외구(畏懼)=두려워함이다. 〈거두어들일 흡(歙), 두려워할 출(怵), 두려워할 첩(慄)〉 등은 모두 공구(恐懼) 즉 두려워함[恐懼]이다. 혼기심(渾其心)의 기심(其心)은 천하심(天下心)이다. 『노자(老子)』 49장(章)

【보주(補註)】

- 〈혼혜(混兮) 기약탁(其若濁)〉을 〈기사지용혼혜(其士之容混兮) 기사지용약탁(其士之容若濁)〉처럼 옮기면 문의(文意)를 좀 더 쉽게 새길 수 있다. 〈그[其] 도사의[士之] 모습은[容] 혼박하구나[混兮]! 그[其] 도사의[士之] 모습은[容] 흐려 탁함과[濁] 같다[若].〉
- 혼혜(混兮)의 혼(混)은 혼박지용(混樸之容) 즉 그냥 그대로를[樸] 섞은[混樸之] 모습[容]을 말하고, 기약탁(其若濁)의 탁(濁)은 불선명(不鮮明)·불소명(不昭明)의 뜻이다. 선명치 않아 흐릿해 보임이 약탁(若濁)이다. 여기 혼(混) 역시 몸가짐의 용(容)이 아니라 마음가짐의 모습[容]이다.
- 혼혜(混兮)가 〈혼혜(渾兮)〉로 된 본(本)도 있다. 경문(經文)의 문의(文意)가 달라지는 것은 아니다. 〈혼(混)〉과 〈혼(渾)〉은 혼용되기 때문이다.

【해독(解讀)】

- 〈혼혜(混兮) 기약탁(其若濁)〉은 감탄문과 평서문으로 이루어진 문단이다. 〈혼일하구나[混兮]! 그것은[其] 흐린[濁] 듯하다[若].〉
- 혼혜(混兮)에서 주어 노릇할 기사지용(其士之容)은 생략되었지만 혼(混)은 보어 노릇하고, 혜(兮)는 감탄문의 문미조사(~이구나) 노릇한다. 〈혼(混)하구나[兮]!〉
- 기약탁(其若濁)에서 기(其)는 주어 노릇하고, 약(若)은 동사 노릇하며, 탁(濁)은 주격보어 노릇한다. 〈그것은[其] 흐릿한 것[濁] 같다[若].〉
- 기약탁(其若濁)은 〈A약(若)B〉의 상용예문이다. 〈A는 B와 같다[若].〉

15-10 澹兮(담혜) 其若海(기약해)

▶ 깊고 깊구나[澹兮]! 그것은[其] 바다인[海] 듯하다[若].

깊을 담(澹), 감탄조사 혜(兮), 그 기(其), ~듯할 약(若), 바다 해(海)

註 〈담혜(澹兮) 기약해(其若海)〉 이 구(句)는 20장(章)에서 15장(章)으로 옮겨온 것이다.이 구(句)가 20장(章)의 내용과 서로 걸맞지 않지만, 15장(章)의 〈광혜(曠兮) 기약곡(其若谷)〉과 상응하므로 〈담혜(澹兮) 기약해(其若海)〉를 15장(章)으로 옮겨야 마땅하다는 설(說)을 따랐다.

【지남(指南)】

〈담혜(澹兮) 기약해(其若海)〉는 고사(古士)의 모습을(容) 〈담(澹)〉으로 나타내 고사(古士)의 심경이 항상 염정(恬靜)해서 깊고 깊은 바다 같음을 밝힌다. 고사(古士)의 심경을 〈담(澹)〉과 〈해(海)〉로써 비유해, 고사(古士)의 마음가짐이 깊고 차분하며 맑고 고요하여 깊이를 헤아릴 수 없는 바다 같다는 것이다. 담혜(澹兮)의 담(澹)은 동(動)·정(靜)·안(安)을 아울러 뜻한다. 움직이되[動] 고요하고[靜] 안정되다[安]가 담(澹)이다. 이런 담(澹)이야말로 바다의 모습이다. 수요(水搖) 즉 물이 출렁여도[搖] 그 물 속은 고요하고[靜] 안정돼[安] 있는 바다야말로 담연(澹然)하다. 담(澹)을 〈동정무과(動靜無過)〉 즉 움직여도[動] 고요하고[靜] 허물이[過] 없다고[無] 하는 것이다.

그래서 여기 담혜(澹兮)는 『장자(莊子)』에 나오는 **담연독여신명거(澹然獨與神明居)**를 연상시킨다. 청정(淸靜)하고 무욕(無欲)해 움직이되[澹然] 홀로[獨] 천성과[與神明] 머무는[居] 고사(古士)의 마음가짐을[容] 〈담혜(澹兮)〉라고 찬탄한 것이다. 이는 곧 담(澹)이 깊고 고요함은 무심(無心)하여 무욕(無欲)하다 함이다. 고사(古士)의 담연(澹然)한 마음가짐은 〈약해[若海]〉 즉 바다와[海] 같음[若]이다. 따라서 엄숙하고[儼] 느긋하며[渙] 돈후하고[敦] 텅 비고[曠] 흐릿한[混] 고사(古士)의 심경 등등이 여기 〈담(澹)〉 한 자(字)로써 포괄돼 있는 셈이다.

다시 말하자면, 앞서 살핀 〈엄(儼)·환(渙)·돈(敦)·광(曠)·혼(混)〉 등등이 따로 드러나지 않고 하나가[一] 되어 고사(古士)의 마음가짐은 바다 같다[若海]. 바다 속 깊은 곳보다 더 고요하고[靜] 안정된[安] 데는[澹] 없을지니, 고사(古士)의 마음가짐은 항상 바다 같음을[若海] 살펴 새기고 헤아려 깨우치게 하는 말씀이 〈담혜(澹兮) 기약해(其若海)〉이다.

註 "이본위정(以本爲精) 이물위조(以物爲粗) 이유적위부족(以有積爲不足) 담연독여신명거(澹然獨與神明居) 고지도술유재어시자(古之道術有在於是者)." 근원으로[本]써[以] 정밀함을[精] 생각하고[爲], 물건들로[物]써[以] 조잡함을[粗] 생각하며[爲], 재물을 쌓아둔 것으로[有積]써[以] 만

족하지 못함을[不足] 생각하고[爲], 무심하고 청정하여[澹然] 홀로[獨] 천성과[與神明] 머물러 산다[居]. 옛[古之] 도술은[道術] 이런[是] 것에[於者] 있었다[有在].

이본위정(以本爲精)의 본(本)은 근원으로서 무(無)·허(虛), 즉 상도(常道)를 뜻한다. 유적(有積)은 부(富)를 뜻하고, 신명(神明)은 천성(天性)·본성(本性) 즉 자연(自然)을 뜻함이다.

『장자(莊子)』「천하(天下)」

【보주(補註)】

- 〈담혜(澹兮) 기약해(其若海)〉를 〈기사지용담혜(其士之容澹兮) 기사지용약해(其士之容若海)〉처럼 옮기면 문의(文意)를 좀 더 쉽게 새길 수 있다. 〈그[其] 도사의[士之] 모습은[容] 깊고 고요하구나[澹兮]! 그[其] 도사의[士之] 모습은[容] 바다[海] 같다[若].〉
- 담혜(澹兮)의 담(澹)은 동(動)하되 정(靜)하여 안정됨이고, 기약해(其若海)의 해(海)는 그러한 담(澹)을 비유해준다. 여기 담(澹) 역시 몸가짐의 용(容)이 아니라 마음가짐의 모습[容]이다.

【해독(解讀)】

- 〈담혜(澹兮) 기약해(其若海)〉는 감탄문과 평서문으로 이루어진 문단이다. 〈담연하구나[澹兮]! 그것은[其] 바다[濁] 같다[若].〉
- 담혜(澹兮)에서 주어 노릇할 기사지용(其士之容)은 생략되었지만 담(澹)은 보어 노릇하고, 혜(兮)는 감탄어조사 문미조사(~이구나) 노릇한다. 〈담(澹)하구나[兮]!〉
- 기약해(其若海)에서 기(其)는 주어 노릇하고, 약(若)은 동사 노릇하며, 해(海)는 주격보어 노릇한다. 〈그것은[其] 바다[海] 같다[若].〉
- 기약해(其若海) 역시 〈A약(若)B〉의 상용예문이다. 〈A는 B와 같다[若].〉

15-11 飂兮(요혜) 其若無止(기약무지)

▶ 높이 부는 바람이구나[飂兮]! 그것은[其] 멈춤이[止] 없는[無] 듯하다[若].

높이 부는 바람 료(飂), 감탄조사 혜(兮), 그 기(其), 듯할 약(若), 없을 무(無), 멈출 지(止)

註 〈요혜(飂兮) 기약무지(其若無止)〉이 구(句) 역시 20장(章)에서 15장(章)으로 옮겨온 것이다. 이 구(句)가 20장(章)의 내용과는 서로 걸맞지 않지만, 15장(章)의 〈환혜(渙兮) 약빙지장석(若冰之將釋)〉과 상응하므로 〈요혜(飂兮) 기약무지(其若無止)〉를 15장(章)으로 옮겨야 마땅하다는 설(說)을 따랐다.

【지남(指南)】

〈요혜(飂兮) 기약무지(其若無止)〉는 고사(古士)의 모습을[容] 〈요(飂)〉로 나타내 고사(古士)의 심경이 항상 무지(無止)함을 밝힌다. 고사(古士)의 심경을 〈요(飂)〉와 〈무지(無止)〉로써 비유해 고사(古士)의 마음가짐이 고풍(高風) 같아 멈춤이[止] 없다는[無] 것이다. 요혜(飂兮)의 요(飂)는 바람[風]인지라 공소무질(空疏無質) 즉 텅텅 비어[空疏] 내용이[質] 없음[無]이다. 따라서 여기 무지(無止)는 성견(成見) 즉 자기 주장[成見] 따위가 고사(古士)의 심경에 없음을 뜻한다.

허공에서 쉼 없이 부는 요(飂) 같아 고사(古士)는 자기 주장 따위로 얽매이지 않아 요연(飂然)하다. 요연(飂然)함은 표일(飄逸)함이다. 걸림 없이 높이 불어[飄] 숨어버리는 모습[逸]으로, 고사(古士)의 마음가짐을 풀이하고 있다. 엄숙하고[儼] 느긋하며[渙] 돈후하고[敦] 텅 비고[曠] 섞여[混] 동(動)하되, 고요함[靜]으로 안정되는[安] 고사(古士)의 마음가짐은 높은 허공에서 걸림 없이 바람[飂] 같다는 것이다.

앞서 살핀 〈엄(儼)·환(渙)·돈(敦)·광(曠)·혼(混)·담(澹)〉 등이 고사(古士)의 심경을 밝혀주지만, 고사(古士)는 그 어느 하나에 매달리지 않음이 여기 요(飂)의 무지(無止)이다. 고사(古士)의 이러한 심경은 49장(章)에 나오는 성인무상심(聖人無常心)을 상기시켜준다. 고사(古士)에게도 상심(常心) 즉 아집(我執) 같은 것이 없다. 고요한 바다를 일렁여 파도를 치게 하는 해풍도 아니고 밀림을 휩쓸어가는 태풍도 아닌 고풍(高風)은, 창천(蒼天)을 멈춤 없이 표일(飄逸)해도 어느 것 하나 해치지 않는 요(飂) 즉 고풍(高風) 같음이 고사(古士)의 심경이다.

이러한 고사(古士)의 심경은 엄숙하고[儼] 느긋하며[渙] 돈후하고[敦] 텅 비어 넓고[曠] 그냥 그대로 섞이고[混] 움직이되 고요하지만[澹], 고공(高空)에서 멈춤[止] 없이[無] 부는 요(飂)와 같이 변화의 이치를[道] 따름을 살펴 새기고 헤아려 깨우치게 하는 말씀이 〈요혜(飂兮) 기약무지(其若無止)〉이다.

註 "성인무상심(聖人無常心) 이백성심위심(以百姓心爲心)." 성인께는[聖人] 정해서 고집하는 마음이[常心] 없고[無], 백성의[百姓] 마음으로[心]써[以] 당신의 마음을[心] 삼는다[爲].

『노자(老子)』 49장(章)

【보주(補註)】

- 〈요혜(飂兮) 기약무지(其若無止)〉를 〈기사지용료혜(其士之容飂兮) 기용지료약무지(其容之飂若無止)〉처럼 옮기면 문의(文意)를 좀 더 쉽게 새길 수 있다. 〈그[其] 도사의[士之] 모습은[容] 높이 부는 바람 같구나[飂兮]! 그[其] 도사의[士之] 모습은[容] 멈춤이[止] 없는 것[無] 같다[若].〉
- 요혜(飂兮)의 요(飂)는 높이 부는 바람[高風]을 말한다. 그 요(飂)로써 무지(無止) 즉 멈춤이 없음을[無止] 비유하니, 고사(古士)의 마음가짐은 자연의[天] 규율인[道] 변화를 따른다. 즉 고사(古士)는 진부(陳腐)하지 않다.

【해독(解讀)】

- 〈요혜(飂兮) 기약무지(其若無止)〉는 감탄문과 평서문으로 이루어진 문단이다. 〈요연하구나[飂兮]! 그것에는[其] 멈춤이[止] 없는 것[無] 같다[若].〉
- 요혜(飂兮)에서 주어 노릇할 〈기사지용(其士之容)〉은 생략되었지만, 요(飂)는 주격보어 노릇하고, 혜(兮)는 감탄어조사 문미조사(~이구나) 노릇한다. 〈담(澹)하구나[兮]!〉
- 기약무지(其若無止)에서 기(其)는 주어 노릇하고, 약(若)은 동사 노릇하며, 무지(無止)는 보어 노릇한다. 무지(無止)에서 무(無)를 〈없을 무(無)〉로 여기고 새길 수도 있고, 〈않을 무(無)〉로 여기고 새길 수도 있다. 물론 문의(文義)가 달라지는 것은 아니다. 〈그것은[其] 멈춤이[止] 없는 것[無] 같다[若].〉 〈그것은[其] 멈추지 않은 것[無止] 같다[若].〉
- 기약무지(其若無止) 역시 〈A약(若)B〉의 상용예문이다. 〈A는 B와 같다[若].〉

15-12 孰能濁以靜之(숙능탁이정지) 徐淸(서청)

▶어느 누가[孰] 탁함으로[濁]써[以] 그 탁함을[之] 안정하고[靜] (그 탁함을) 서서히[徐] 맑게 할 수 있을까[能淸]?

누구 숙(孰), 가할 능(能), 흐릴 탁(濁), 써 이(以), 안정할 정(靜),
그것 지(之), 서서히 서(徐), 맑을 청(淸)

【지남(指南)】

〈숙능탁이정지(孰能濁以靜之) 서청(徐淸)〉은 고지선사(古之善士) 즉 고사(古士)의 심경을 본받아[法] 따를 수 있는 자(者)가 있는지 반문하고 있다. 여기 〈탁(濁)〉은 고사(古士)의 심경에 〈엄(儼)·환(渙)·돈(敦)·광(曠)·혼(混)·담(澹)·요(飂)〉 등등이 섞여 심동(心動)함이고, 〈정(靜)〉은 그 섞임이[濁] 안정함이며, 〈청(淸)〉은 그 동정(動靜)이 양행(兩行)하여 하나 돼[爲一] 고사(古士)의 심경이 약경(若鏡) 즉 거울[鏡] 같음[若]이다. 따라서 여기 청(淸)은『장자(莊子)』에 나오는 **휴호천균(休乎天均)**을 환기시켜준다.

청탁(淸濁)이 둘로 나뉘어 시빗거리가 되는 것이 아니라 탁(濁)하면 청(淸)하고 맑으면[淸] 흐려짐이[濁] 천도(天道)인지라, 고사(古士)의 심경이 〈엄(儼)·환(渙)·돈(敦)·광(曠)·혼(混)·담(澹)·요(飂)〉 등등으로 섞인들 심동(心動)하지 않고 심정(心靜)을 누린다. 이렇게 동정(動靜)으로써 청명(淸明)한 심경은 고요를[靜] 근본으로 삼기 때문에 고사(古士)는 16장(章)에 나오는 **귀근(歸根)**할 뿐이다. 귀근(歸根)이란 근원으로[根] 돌아와[復] 삶을 누리니, 고사(古士)의 심경은 바로 자연[天]과 하나임을 살펴 새기고 헤아려 깨우치게 하는 말씀이 〈숙능탁이정지(孰能濁以靜之) 서청(徐淸)〉이다.

註 "역인시야(亦因是也) 시이성인화지이시비(是以聖人和之以是非) 이휴호천균(而休乎天均) 시지위양행(是之謂兩行)." 역시[亦] 자연에[是] 맡기는 것[因]이다[也]. 이렇기[是] 때문에[以] 성인은[聖人] 자연에 맡김으로[之]써[以] 시비를[是非] 화해시킨다[和]. 그리고[而] (성인은) 자연의 평균에[乎天均] 쉰다[休]. 이를[是] 둘의[兩] 통함이라[行] 한다[謂].

천균(天均)은 자연은[天] 만물일야(萬物一也) 즉 만물을 차별하지 않음을[一] 뜻한다. 양행(兩行)은 피차 사이에 아무런 장애가 없어 상통함을 뜻한다.

『장자(莊子)』「제물론(齊物論)」

註 "귀근왈정(歸根曰靜) 시위복명(是謂復命)." 뿌리로[根] 돌아옴을[歸] 고요라[靜] 하고[曰], 이를[是] 본성으로[命] 돌아옴이라[復] 한다[謂]. 『노자(老子)』 16장(章)

【보주(補註)】

- 〈숙능탁이정지(孰能濁以靜之) 서청(徐淸)〉을 〈숙능정기탁이탁(孰能靜其濁以濁) 이숙능서청기탁이정(而孰能徐淸其濁以靜)〉처럼 옮기면 문의(文意)를 쉽게 새길 수 있다. 〈누가[孰] 탁함으로[濁]써[以] 그[其] 혼탁함을[濁] 진정시킬 수 있을까[能靜]? 그리고[而] 누가[孰] 진정으로[靜]써[以] 그[其] 혼탁함을[濁] 서서히[徐] 맑게 할 수 있을까[能淸]?〉
- 숙능탁이정지(孰能濁以靜之)에서 탁이정지(濁以靜之)의 탁(濁)은 앞서 살핀 〈엄(儼) · 환(渙) · 돈(敦) · 광(曠) · 혼(混) · 담(澹) · 요(飂)〉 등등의 섞임[濁] 즉 동(動)을 뜻하고, 정(靜)은 〈엄(儼) · 환(渙) · 돈(敦) · 광(曠) · 혼(混) · 담(澹) · 요(飂)〉 등등의 상화(相和) 즉 서로[相] 어울림을[和] 뜻한다. 서청(徐淸)의 청(淸)은 탁정(濁靜), 즉 동정(動靜)이 상화(相和)함이다.
- 〈숙능탁이정지(孰能濁以靜之) 서청(徐淸)〉이 〈숙능탁이지(孰能濁以止) 정지(靜之) 서청(徐淸)〉으로 된 본(本)도 있다. 문의(文義)가 달라지는 것은 아니다. 〈어느 누가[孰] 탁한[濁] 대로[以] 능히[能] 머물러[止] 그 탁함을[之] 고요히 해서[靜] 서서히[徐] 맑게 할까[淸]?〉

【해독(解讀)】

- 〈숙능탁이정지(孰能濁以靜之) 서청(徐淸)〉은 두 의문문으로 이루어진 문단이다. 〈누가[孰] 혼탁으로[濁]써[以] 혼탁을[之] 안정시킬 수 있을까[能靜]? (그리고 누가 그 혼탁을) 서서히[徐] 맑게 할까[淸]?〉
- 숙능탁이정지(孰能濁以靜之)에서 숙(孰)은 의문사 〈누구 숙(孰)〉으로 주어 노릇하고, 능(能)은 정(靜)의 조동사 노릇하며, 탁이(濁以)는 정(靜)을 꾸미는 부사 노릇하고, 정(靜)은 동사 노릇하고, 지(之)는 정(靜)의 목적어 노릇한다. 숙(孰)은 〈누구 수(誰) · 무엇 하(何)〉 등과 같고, 탁(濁)은 〈섞일 혼(混)〉과 같아 혼탁(混濁)의 줄임말로 여기면 되고, 정(靜)은 〈고요할 막(漠), 편안할 안(安), 어울릴 화(和)〉 등과 같아 정막(靜漠)의 줄임말로 여기면 된다. 〈누가[孰] 탁으로[濁]써[以] 그것을[之] 안정시킬 수 있을까[能靜]?〉
- 서청(徐淸)은 〈숙능서청기탁(孰能徐淸其濁)〉에서 되풀이되는 숙능(孰能)과 기탁(其濁)을 생략하고, 서(徐)는 청(淸)을 꾸미는 부사 노릇하고, 청(淸)은 주어와

목적어가 생략되었지만 동사 노릇한다. 서(徐)는 〈느릴 완(緩)〉과 같고, 청(淸)은 〈맑을 결(潔)〉과 같다. 〈누가[孰] 능히[能] 그[其] 탁함을[濁] 서서히[徐] 맑게 할까[淸]?〉

15-13 孰能安以動之(숙능안이동지) 徐生(서생)

▶어느 누가[孰] 안정으로[安] 써[以] 그 안정을[之] 움직여[動] (그 안정을) 서서히[徐] 생기게 할까[能生]?

누구 숙(孰), 가할 능(能), 안정 안(安), 써 이(以), 움직일(바꿀) 동(動), 그것 지(之), 서서히 서(徐), 생겨날 생(生)

【지남(指南)】

〈숙능안이동지(孰能安以動之) 서생(徐生)〉 역시 고사(古士)의 심경을 본받아[法] 따를 수 있는 자(者)가 있는지 반문하고 있다. 여기 〈안(安)〉은 고사(古士)의 심경에 〈엄(儼)·환(渙)·돈(敦)·광(曠)·혼(混)·담(澹)·요(飂)〉 등등이 섞여 있어도 고요함[靜]이고, 〈동(動)〉은 저 안정이[安] 변화함이며, 〈생(生)〉은 그 동정(動靜)이 양행(兩行)하여 하나 돼[爲一] 고사(古士)의 심경이 약경(若鏡) 즉 거울[鏡] 같음[若]을 거듭해 밝히고 있다. 따라서 여기 생(生) 역시 『장자(莊子)』에 나오는 〈휴호천균(休乎天均)〉을 환기시켜준다.

동정(動靜)이 둘로 나뉘어 시빗거리가 되는 게 아니라 동(動)하면 정(靜)하고 고요하면[靜] 움직임이[動] 천도(天道)인지라, 고사(古士)의 심경은 〈엄(儼)·환(渙)·돈(敦)·광(曠)·혼(混)·담(澹)·요(飂)〉 등등을 안정(安定)하여 심정(心靜)하면서도 심동(心動)을 누린다. 말하자면 고사(古士)의 심경은 온갖 외물(外物)을 차단해버리는 것이 아니라 걸림 없이 오고가는[往來] 약경(若鏡) 즉 거울[鏡] 같기[若] 때문에, 고사(古士)는 16장(章)에 나오는 귀근(歸根)을 할 뿐이다. 귀근(歸根)이란 근원으로[根] 돌아와[復] 삶을 누림이니, 고사(古士)의 심경이란 바로 〈안이동지(安以動之)〉 바로 그것이다.

안이동지(安以動之)의 안이(安以)란 이랬다저랬다 변덕부리지 않으므로 안정되어 자연스럽고 한결같음이다. 고사(古士)의 모습[容]이 〈엄(儼) · 환(渙) · 돈(敦) · 광(曠) · 혼(混) · 담(澹) · 요(飂)〉 등등을 안정하되[安] 동(動)함은 그것들을 하나 되게 만들기 때문이다. 고사(古士)의 행기(行己)는 늘 엄숙하고[儼], 느긋하며[渙], 돈후하고[敦], 공허하며[曠], 섞이고[混], 고요하며[澹], 높다[飂]. 따라서 고사(古士)의 몸가짐 · 마음가짐은[行己] 허정(虛靜)하고 염담(恬淡)하며 적막(寂漠)하여 무위(無爲)하다 함이 여기 안이동지(安以動之)이다.

정지(靜之)가 정지(靜之)로 멈춤은[止] 천지도(天之道)가 아니고, 동지(動之)가 동지(動之)로 멈춤[止] 역시 천도(天道) 즉 자연의[天] 규율이[道] 아니다. 정지(靜之)하면 멈춤 없이[無止] 동지(動之)하고, 동지(動之)하면 역시 무지(無止)하여 정지(靜之)하게 함이 자연의[天之] 규율[道]이다. 몸가짐은 유예(猶豫)하면서도 마음가짐은 엄숙하고[儼] 느긋하며[渙] 돈후하고[敦] 공허하며[曠] 섞이고[混] 고요하며[澹] 높아도[飂], 늘 안정 속에서 고사(古士)의 심경은 정지(靜之)하며 동지(動之)하고 동지(動之)하며 정지(靜之)해 늘 생생(生生) 즉 변화해간다.

누구든[孰] 무사(無私)하여 무욕(無欲)하면 정지(靜之)하되 동지(動之)하여 청(淸)해지고, 청(淸)하면 동지(動之)하되 정지(靜之)하여 탁(濁)해짐이 청탁여일(淸濁如一)의 천도(天道)이다. 그리하여 고사(古士)의 행덕(行德)이 맑고[淸] 흐림이[濁] 둘로 나뉨이 아니라 서로 정지(靜之)하다 동지(動之)하고, 동지(動之)하다 정지(靜之)하여 멈춤 없이 귀근(歸根)함을 일깨워줌이 여기 〈서생(徐生)〉이다.

이러한 고사(古士)의 모습을 〈정(靜) · 동(動) · 안(安)〉으로써 고사(古士)가 누리는 무위(無爲)의 삶이 미묘하고[微妙] 현통하여[玄通] 세상 사람들이 알아볼[識] 수 없는[不可] 까닭임을 살펴 새기고 일깨워 깨우치게 하는 말씀이 〈숙능안이동지(孰能安以動之) 서생(徐生)〉이다.

【보주(補註)】

- 〈숙능안이동지(孰能安以動之) 서생(徐生)〉을 〈숙능동기안이안(孰能動其安以安) 이숙능서생기안이동(而孰能徐生其安以動)〉처럼 옮기면 문의(文意)를 쉽게 새길 수 있다. 〈누가[孰] 안정함으로[安]써[以] 그[其] 안정을[安] 움직이게 할 수 있을까[能動]? 그리고[而] 누가[孰] 움직임으로[動]써[以] 그[其] 안정을[安] 서서히[徐] 생겨나게 할 수 있을까[能生]?〉

- 숙능안이동지(孰能安以動之)의 동지(動之)는 〈동안(動安)〉이다. 동안(動安)은 동정(動靜)과 같다. 세인(世人)은 동정(動靜)을 둘로 보고 시비분별하려 하지만, 고사(古士)는 동정(動靜)을 위일(爲一) 즉 하나로[一] 여긴다[爲]. 여기 서생(徐生)의 생(生)은 동정(動靜)의 위일(爲一)을 생겨나게 함이다.
- 〈숙능안이동지(孰能安以動之) 서생(徐生)〉이 〈숙능안이구(孰能安以久) 동지(動之) 서생(徐生)〉으로 된 본(本)도 있다. 구(久)가 있고 없음으로 원문(原文)의 문의(文義)가 달라지는 것은 아니다. 다만 구(久)가 있음으로써 안(安) 즉 안정(安定)함이 강조되는 어조가 생기지만, 뜻이 달라지는 것은 아니다. 〈어느 누가[孰] 안정으로[安]써[以] 오래하여[久] 그것을[之] 움직여[動] 서서히[徐] 생겨나게 할까[生]?〉

【해독(解讀)】

- 〈숙능안이동지(孰能安以動之) 서생(徐生)〉은 두 의문문으로 이루어진 문단이다. 〈누가[孰] 안정으로[安]써[以] 그 안정을[之] 움직일 수 있을까[能動]? (그리고 누가 그 안정을) 서서히[徐] 생기게 할까[生]?〉
- 숙능안이동지(孰能安以動之)에서 숙(孰)은 의문사 〈누구 숙(孰)〉으로 주어 노릇하고, 능(能)은 동(動)의 조동사 노릇하며, 안이(安以)는 동(動)을 꾸미는 부사구 노릇하고, 동(動)은 동사 노릇하고, 지(之)는 동(動)의 목적어 노릇한다. 숙(孰)은 〈누구 수(誰) · 무엇 하(何)〉 등과 같고, 안(安)은 〈안정할 정(定)〉과 같아 안정(安定)의 줄임말로 여기면 된다. 〈누가[孰] 안정으로[安]써[以] 그 안정을[之] 움직일 수 있을까[能動]?〉
- 서생(徐生)에서 서(徐)는 생(生)을 꾸미는 부사 노릇하고, 생(生)은 주어와 목적어가 생략되었지만 동사 노릇한다. 서(徐)는 〈느릴 완(緩)〉과 같고, 생(生)은 〈낼 출(出)〉과 같아 출생(出生)의 줄임말로 여기면 된다. 〈(누가 그 안정을) 서서히[徐] 생기게 한다[生].〉

15-14 保此道者不欲盈(보차도자불욕영)

▶ <u>이[此] 도리를[道] 지키는[保] 사람은[者] 채우고자 않는다[不欲盈].</u>

지킬 보(保), 이 차(此), 이치 도(道), 놈 자(者), 바랄 욕(欲), 채울(자만할) 영(盈)

【지남(指南)】

〈보차도자불욕영(保此道者不欲盈)〉은 바로 15장(章)의 총의(總義) 즉 전체[總] 뜻을[義] 〈차도(此道)〉란 말씀으로써 밝히고 있다. 여기 차도(此道)란 〈예(豫) · 유(猶) · 엄(儼) · 환(渙) · 돈(敦) · 광(曠) · 혼(混) · 담(澹) · 요(飂)〉 등으로 고사(古士)의 모습을[容] 밝히고, 〈동섭천(冬涉川) · 외사린(畏四隣) · 객(客) · 빙지장석(氷之將釋) · 박(樸) · 곡(谷) · 탁(濁) · 해(海) · 무지(無止)〉 등으로 고사(古士)의 모습을[容] 비유한 것을 묶어 밝힘이다.

물론 여기 차도(此道)를 9장(章)에 나오는 〈천지도(天之道)〉를 상기하여 같이 보아도 된다. 왜냐하면 자연의[天地] 규율에는[道] 〈욕영(欲盈)〉이란 없기 때문이다. 여기 욕영(欲盈)이란 채우기만을[滿] 바라고 비움을[虛] 싫어하는 자만(自滿)이다. 천지도(天之道)에는 자만(自滿)의 채움[盈]이란 없다. 따라서 〈불욕영(不欲盈)〉은 고사(古士)가 천도(天道)를 본받아 따름을 뜻한다. 불욕영(不欲盈)의 차도(此道)를 자연의[天] 규율로서[道] 지켜서[保] 고사(古士)에게는 가득 채우기만 하려는 자만(自滿) 따위가 없음을 밝힌 말씀이 〈보차도자불욕영(保此道者不欲盈)〉이다.

【보주(補註)】

- 〈보차도자불욕영(保此道者不欲盈)〉을 〈보차도지사불욕영기심(保此道之士不欲盈其心)〉처럼 옮기면 문의(文意)를 쉽게 새길 수 있다. 〈이[此] 도를[道] 지키는[保之] 선비는[者] 제[其] 마음을[心] 채움을[盈] 바라지 않는다[不欲].〉
- 보차도자불욕영(保此道者不欲盈)의 차도(此道)는 15장(章) 전체의 뜻[義]을 묶고 있다. 차도(此道)는 매사를 행함에 예(豫)와 유(猶) 같고, 엄(儼) · 환(渙) · 돈(敦) · 광(曠) · 혼(混) · 담(澹) · 요(飂) 등의 심경을 누림이 천지도(天之道)임을 헤아리게 한다. 욕영(欲盈)은 자만(自滿) 즉 스스로[自] 채움과[滿] 같다.

【해독(解讀)】

- 〈보차도자불욕영(保此道者不欲盈)〉에서 보차도자(保此道者)는 주부 노릇하고, 불(不)은 욕(欲)의 부정사(否定詞) 노릇하고, 욕(欲)은 동사 노릇하며, 영(盈)

은 영어의 부정사(不定詞)같이 구실하면서 욕(欲)의 목적어 노릇한다. 욕(欲)은 〈구할 구(求)〉와 같아 욕구(欲求)의 줄임말로 여기면 되고, 영(盈)은 〈가득 채울 만(滿)〉과 같아 영만(盈滿)의 줄임말로 여기면 된다. 〈이[此] 도리를[道] 지키는[保] 고사는[者] 가득 채우기를[盈] 바라지 않는다[不欲].〉

- 보차도자(保此道者)는 〈보차도지사(保此道之士)〉에서 지사(之士)를 자(者)로 줄인 것이다. 보차도자(保此道者)에서 보차도(保此道)는 자(者)를 꾸미는 형용사절 노릇하고, 자(者)는 지사(之士)를 줄인 것으로 영어의 〈The man who〉와 같이 선행사 노릇한다고 여기면 된다. 보차도자(保此道者)에서 보(保)는 〈간직할 지(持) · 지킬 수(守)〉 등과 같아 보수(保守)의 줄임말로 여기면 된다. 〈차도를[此] 지키는[保之] 사(士)〉 〈차도를[此] 지키는[保] 사람[者]〉

15-15 夫唯不盈(부유불영)

▶ {선위사자(善爲士者)는} 결코[夫唯] 채우지 않는다[不盈].

무릇 부(夫), 오직 유(唯), 아니 불(不), 채울 영(盈)

【지남(指南)】

〈부유불영(夫唯不盈)〉은 앞서 밝힌 〈불욕영(不欲盈)〉을 한 번 더 강조하고 있다. 〈부유불(夫唯不)〉이란 어떤 일이 있어도 결코 아니함이다. 채우기[盈]를 바라지 않기[不欲]는커녕 채우기[盈] 그 자체를 잊어버림이다. 그러므로 부유불영(夫唯不盈)은 더없는 허심(虛心) 바로 그것이다.

매사를 행함에 예(豫)와 유(猶) 같고, 〈엄(儼) · 환(渙) · 돈(敦) · 광(曠) · 혼(混) · 담(澹) · 요(飂)의 탁(濁)〉을 하나로 함[渾]을 행동으로 지키는[保] 자가 고사(古士)이다. 따라서 『장자(莊子)』에 나오는 **오상아(吾喪我) · 좌망(坐忘)** · 〈인시이(因是已)〉 등을 상기시키고, 19장(章)에 나오는 **견소포박(見素抱樸) 소사과욕(少私寡欲)**을 상기시키는 선위사자(善爲士者)야말로 『장자(莊子)』에 나오는 **망기(忘己)**의 고사(古士)임을 강력히 밝힌 말씀이 여기 〈부유불영(夫唯不盈)〉이다.

註 "금자오상아(今者吾喪我) 여지지호(女知之乎) 여문인뢰(女聞人籟) 이미문지뢰(而未聞地籟) 여문지뢰(女聞地籟) 이미문천뢰부(而未聞天籟夫)." 지금[今者] 나는[吾] 나를[我] 잃었다[喪]. 너는[女] 그것을[之] 아는 것[知]인가[乎]? 너는[女] 사람의[人] 피리소리를[籟] 들었겠지[聞]. 그러나[而] 땅의[地] 피리소리는[籟] 못 들었겠지[未聞]. 네가[女] 땅의[地] 피리소리를[籟] 들었어도[聞] 하늘의[天] 피리소리를[籟] 못 들었겠지[未聞]. 『장자(莊子)』「제물론(齊物論)」

註 "타지체(墮枝體) 출총명(黜聰明) 이형거지(離形去知) 동어대통(同於大通) 차위좌망(此謂坐忘)." 손발이나[枝] 몸을[體] 잊고[墮] 귀 밝기[聰] 눈 밝기를[明] 버리고[黜] 드러난 것들을[形] 떠나고[離] 지식을[知] 버리고서[去] 자연과[於大通] 하나임[同] 이것을[此] 좌망이라[坐忘] 한다[謂]. 『장자(莊子)』「대종사(大宗師)」

註 "견소포박(見素抱樸) 소사과욕(少私寡欲)." 그냥 그대로를[素] 살피고[見], 그냥 그대로를[樸] 간직해 지키며[抱], 제 몫을[私] 적게 하고[少], 욕망을[欲] 적게 한다[寡]. 『노자(老子)』 19장(章)

註 "망호물(忘乎物) 망호천(忘乎天) 기명위망기(其名爲忘己) 시지위입어천(是之謂入於天)." 사물도[乎物] 잊고[忘] 자연도[乎天] 잊음[忘] 그것을[其] 일러[名] 저마저[己] 잊어버림이라[忘] 한다[爲]. 저마저[己] 잊어버린[忘之] 사람[人] 이를[是之] 자연에[於天] 듦이라[入] 한다[謂]. 『장자(莊子)』「천지(天地)」

【보주(補註)】

- 〈부유불영(夫唯不盈)〉을 〈보차도자부유불영기욕(保此道者夫唯不盈其欲)〉처럼 옮기면 문의(文意)를 좀 더 쉽게 새길 수 있다. 〈이[此] 도를[道] 지키는[保之] 자는[者] 제[其] 욕심을[欲] 결코[夫唯] 채우지 않는다[不盈].〉
- 〈부유불영(夫唯不盈)〉은 3장(章)에서 살핀 **무욕(無欲)**을 상기시키기도 한다. 탐할 것이[欲] 없음[無]이니, 여기 불영(不盈)은 무위(無爲)로 이어진다.

註 "상사민무지무욕(常使民無知無欲)." 늘[常] 백성으로[民] 하여금[使] 앎이[知] 없게 하고[無] 하고자 함이[欲] 없게 한다[無]. 『노자(老子)』 3장(章)

【해독(解讀)】

- 〈부유불영(夫唯不盈)〉에서 주부 노릇할 보차도자(保此道者)는 생략되었고, 부유(夫唯)는 영(盈)을 꾸며주는 부사구 노릇하고, 불(不)은 영(盈)의 부정사(否定詞) 노릇하며, 영(盈)은 목적어가 생략되었지만 동사 노릇한다. 영(盈)은 〈채울 만(滿)〉과 같아 영만(盈滿)의 줄임말로 여기면 된다. 〈무릇[夫] 오로지[唯] 채우

지 않는다[不盈].〉

- 부유불영(夫唯不盈)은 〈부유불위(夫唯不爲)A〉의 상용문이다. 〈A를 결코[夫唯] 하지 않는다[不爲].〉

15-16 故(고) 能弊而新成(능폐이신성)

▶ 그러므로[故] {선위사자(善爲士者)는} 능히[能] 닳아서 떨어진다[弊]면[而] (그 해진 것으로써) 새것을[新] 이룬다[成].

그러므로 고(故), 가할 능(能), 버릴 폐(弊), 새로 신(新), 취할 성(成)

【지남(指南)】

〈능폐이신성(能弊而新成)〉은 앞서 살핀 〈불영(不盈)〉의 까닭을 밝혀 고사(古士)의 몸가짐과 마음가짐의 풀이를 마감해준다. 어떤 경우든 채우지 않음은[不盈] 능폐(能弊)할지라도[而] 신성(新成)하기 때문이다. 여기 〈폐(弊)〉는 〈폐(敝)〉와 통한다. 폐(敝)는 닳아서 떨어짐이다. 고사(古士)는 그 무엇이 해져버려도 버리지 않는다. 27장(章)에 나오는 **습명(襲明)** 즉 성인(聖人)의 밝음을[明] 안으로 간직하기를[襲] 본받는 고사(古士)인지라 해진 것[敝]일지라도 그것을 버릴 리가 없다. 따라서 여기 능폐이신성(能弊而新成)은 22장(章)에 나오는 **폐즉신(敝則新)** 즉 낡아 해지면[弊] 곧[則] 새로워짐을[新] 상기시킨다.

고사(古士)가 마음을 채우지 않음은[不盈] 쉼 없는 변화의 왕래를 누리면서 상도(常道)의 조화를 진실로 따르고 있음이다. 해진 것은 가고[變] 새것이 옴을[化] 고사(古士)의 심경은 거울처럼 누리면서, 여천화자(與天和者) 즉 자연과[與天] 어울리는[和] 당사자가 된다. 따라서 고사(古士)의 심경은 앞서 살핀 〈미묘현통(微妙玄通)〉이다.

고사(古士)가 자만(自滿)하지 않음[不盈]이란 다름 아닌 능폐(能弊)할지라도 신성(新成)하기 때문이다. 그러므로 여기 능폐이신성(能弊而新成)은 15장(章)의 총결(總結)로서 첫머리에서 살핀 〈미묘현통(微妙玄通) 심불가식(深不可識)〉의 까닭을 밝혀놓음이다. 고사(古士)의 몸가짐이나 마음가짐은 인지(人智)로써 알 수 없지만[微妙], 그 무엇과도 걸림 없이 상통해[玄通] 깊어서[深] 세인(世人)이 알 수 없는 까닭이 여기 능폐이신성(能弊而新成)이다. 그러니 고사(古士)는 29장(章)에 나오는 바대로 무위(無爲) 고무패(故無敗) 무집(無執) 고무실(故無失)할 수 있다.

고집함이[執] 있다면 〈폐(弊)〉가 〈신(新)〉으로 양행(兩行)하고 능이(能移)할 수 없다. 양행(兩行)과 능이(能移)란 『장자(莊子)』에 나오는 말이다. 그러므로 능폐이신성(能弊而新成)은 언제나 채우려 하지 않고[不盈] 자만(自滿)하지 않고 매사를 행함에 몸가짐이 〈예(豫)와 유(猶)〉 같고, 마음가짐이 〈엄(儼)·환(渙)·돈(敦)·광(曠)·혼(混)·담(澹)·요(飂)〉 등을 혼일(混一)하는 자연의 규율을[道] 좇아 따름은 29장(章)에 나오는 거심(去甚) 거사(去奢) 거태(去泰)를 상기시켜준다.

지나침을[甚] 버리고[去] 사치를[奢] 버리고[去] 과도함을[泰] 버림이[去] 고사(古士)의 몸가짐이고 동시에 마음가짐이다. 나아가 여기서 고지선위사자(古之善爲士者)의 선위(善爲)도 능폐이신성(能弊而新成)으로써 밝혀짐을 알게 된다. 따라서 고사(古士)는 항상 변화하는 천도(天道)를 어김없이 추종함을 살펴 새기고 헤아려 깨우치게 하는 말씀이 〈능폐이신성(能弊而新成)〉이다.

註 "성인상선구인(聖人常善救人) 고(故) 무기인(無棄人) 상선구물(常善救物) 고(故) 무기물(無棄物) 시위습명(是謂襲明)." 성인은[聖人] 늘[常] 선하게[善] 사람들을[人] 구제하기[救] 때문에[故] 사람들을[人] 버림이[棄] 없고[無], 늘[常] 선하게[善] 온갖 것을[物] 구제하기[救] 때문에[故] 온갖 것을[物] 버림이[棄] 없다[無]. 이러함을[是] 밝음을[明] 안으로 간직함이라[襲] 한다[謂].
『노자(老子)』 27장(章)

註 "폐즉신(敝則新) 소즉득(少則得) 다즉혹(多則惑)." 낡아 해지면[敝] 곧[則] 새로워지며[新], 적으면[少] 곧[則] 얻고[得], 많으면[多] 곧[則] 헷갈린다[惑]. 『노자(老子)』 22장(章)

註 "이휴호천균(而休乎天均) 시지위양행(是之謂兩行)." 그리고[而] (성인은) 자연의 평균에[乎天均] 쉰다[休]. 이를[是之] 둘의[兩] 통함이라[行] 한다[謂].

천균(天均)은 자연은(天) 만물일야(萬物一也), 즉 만물을 차별하지 않음을[一] 뜻함이다. 양행(兩行)은 피차 사이에 아무런 장애가 없어 상통함을 뜻한다. 『장자(莊子)』「제물론(齊物論)」

註 "합즉성체(合則成體) 산즉성시(散則成始) 형정불휴(形精不虧) 시위능이(是謂能移)." {음양(陰陽)이} 합해지면[合則] 몸을[體] 이루고[成], 흩어지면[散則] 처음을[始] 이룬다[成]. 몸과[形] 정신은[精] (본래로 돌아가니) 이지러지지 않는다[不虧]. 이를[是] 자연의 조화를 순응해[順應] 옮겨감이라[能移] 한다[謂].

천지자(天地者)는 여기선 음양자(陰陽者) 즉 음양이란[陰陽] 것[者]을 말한다. 성체(成體)는 생(生)이고, 성시(成始)는 사(死)이다. 사(死)는 태시(太始), 즉 생(生)을 일으킨 것[作者]으로 돌아옴[復]을 말한다. 불휴(不虧)는 여기선 받은 것을 그냥 그대로 돌려줌이다. 능이(能移)는 자연의 조화, 즉 변화의 짓을 그냥 그대로 좇아 따라가 새로워짐이다. 『장자(莊子)』「달생(達生)」

註 "위자패지(爲者敗之) 집자실지(執者失之) 시이성인무위(是以聖人無爲) 고무패(故無敗) 무집(無執) 고무실(故無失) 부물혹행혹수(夫物或行或隨) 혹허혹취(或歔或吹) 혹강혹리(或强或羸) 혹재혹휴(或載或隳) 시이(是以) 성인거심(聖人去甚) 거사(去奢) 거태(去泰)." (자연을 거슬러) 행하려는[爲] 사람은[者] 그 행함을[之] 실패하고[敗], (자연을 거슬러) 붙들려는[執] 사람은[者] 그 붙든 것을[之] 잃는다[失]. 이로[是]써[以] 성인께는[聖人] (욕심을) 부림이[爲] 없기[無] 때문에[故] 실패함이[敗] 없고[無], (욕심을) 고집함이[執] 없기[無] 때문에[故] 잃을 것이[失] 없다[無]. 무릇[夫] 사람은[物] 한번[或] 앞서면[行] 한번[或] 뒤따르고[隨], (무릇 사람은) 한번[或] 따스한 숨을 내쉬면[歔] 한번[或] 차가운 숨을 내쉬며[吹], 한번[或] 강하면[强] 한번[或] 약하고[羸], 한번[或] 편안하면[載] 한번[或] 위태하다[隳]. 이렇기[是] 때문에[以] 성인은[聖人] 지나침을[甚] 버리고[去] 사치를[奢] 버리고[去] 과도함을[泰] 버린다[去]. 『노자(老子)』 29장(章)

【보주(補註)】

- 〈능폐이신성(能弊而新成)〉을 〈보차도자능폐(保此道者能弊) 이보차도자성신이기폐(而保此道者成新以其弊)〉처럼 옮기면 문의(文意)를 좀 더 쉽게 새길 수 있다. 〈이[此] 도리를[道] 지키는[保] 사람은[者] 능히[能] 해진 것[弊]이면[而] 이[此] 도리를[道] 지키는[保] 사람은[者] 그[其] 해진 것으로[弊]써[以] 새로움을[新] 이룬다[成].〉
- 능폐(能弊)의 폐(弊)는 22장(章) 〈폐즉신(敝則新)〉을 상기하면 폐(敝)의 차자(借字), 즉 폐(敝)를 대신해서 쓴 자(字)라는 설(說)을 따랐다. 따라서 폐(弊)는 폐(敝)의 뜻을 따라 〈버릴 기(棄)〉와 같이 보고 새기는 편이 신성(新成)의 신(新)과 대(對)를 이루어 문의(文意)가 걸맞게 된다.
- 능폐이신성(能弊而新成)이 〈능폐불신성(能弊不新成)〉으로 된 본(本)도 있다. 능폐불신성(能弊不新成)은 능폐(能弊)와 신성(新成)의 대(對)가 되지 못하게 한다. 능폐이신성(能弊而新成)이어야 폐(弊)와 신(新)이 대(對)를 이루게 돼 22장(章)에 나오는 〈폐즉신(敝則新)〉의 천지도(天之道)와 어긋나지 않는다. 그러므로 이(而)와 불(不)이 전문(篆文)의 모습으로 보면 서로 비슷하기 때문에 전사(傳寫)

하면서 이(而)가 불(不)로 잘못[誤] 끼이게[衍] 된 것이란 설(說)을 따랐다. 능폐불신성(能弊不新成)은 〈버릴 수 있어[能弊] 새로[新] 취하지[成] 않음[不]〉이 되는지라 문의(文義)가 성립되지 못한다.

【해독(解讀)】

- 〈능폐이신성(能弊而新成)〉은 조건의 종절과 주절로 이루어진 복문(複文)이다. 〈폐할 수 있다[能弊]면[而] 신이[新] 성취된다[成].〉
- 능폐이(能弊而)에서 주어 노릇할 보차도자(保此道者)는 앞 문맥으로 보충할 수 있는 내용이므로 생략돼 술부(述部)만 남아 능(能)은 폐(弊)의 조동사 노릇하고, 폐(弊)는 동사 노릇하며, 이(而)는 〈~면 이(而)〉로 조사로서 접미사 노릇한다. 여기 폐(弊)는 〈버릴 거(去)〉와 같고, 뒤에 나오는 신성(新成)의 신(新)으로 미루어 〈폐고이(弊故而)〉로 여기고 새기면 문의(文義)가 잡힌다. 〈헌것을[故] 버린다[弊]면[而]〉
- 신성(新成)에서 신(新)은 성(成)의 주어 노릇하며, 성(成)은 수동의 동사 노릇한다. 성(成)은 〈취할 취(取)〉와 같아 성취(成取)의 줄임말로 여기면 된다. 물론 신성(新成)의 신(新)을 주어로 고집하지 않고, 〈성신(成新)〉에서 신(新)이 도치된 어순으로 여기고 문맥을 잡아 성(成)을 능동의 동사로 여기고 새기면 오히려 우리말답게 된다. 우리말에서는 수동으로써 새기는 경우는 거의 걸맞지 못한 편이다. 〈새것이[新] 성취된다[成].〉 〈새것을[新] 성취한다[成].〉

귀근장(歸根章)

〈치허(致虛)〉를 닦고 〈수정(守靜)〉을 닦기를 강조하는 장(章)이다. 치허(致虛)란 허심(虛心)을 누림이다. 허심(虛心)은 마음이 의식하는 짓부터 없애야 한다. 의식의 짓을 없애자면 반드시 마음이 수정(守靜) 즉 고요를[靜] 지켜야[守] 한다. 마음이 수정(守靜)하면 마음은 귀근(歸根)하여 복명(復命)한다. 근원으로[根] 돌아옴[歸]이란 천성(天性)으로[命] 돌아옴[復]이다.

접물(接物) 즉 바깥 것들과[物] 접촉하여[接] 마음이 의식하는 짓을 벌인다. 이러한 의식의 짓들을 해소함이 여기 치허(致虛) 즉 허심(虛心)이다. 허심(虛心)하면 마음은 절로 수정(守靜)하여 본성(本性)으로 돌아와 상도(常道)와 같아져 온갖 위태로움[殆]에서 벗어나버림을 밝히는 장(章)이다. 참고로 이 16장(章)은 노자(老子)의 술어(術語)들이 모여 있는 대표적인 장(章)이다.

【원문(原文)】

致虛極하고 守靜篤한다 萬物竝作하니 吾以觀復한다 夫
치허극 수정독 만물병작 오이관복 부
物芸芸이 各歸其根한다 歸根曰靜이고 是謂復命이라
물운운 각귀기근 귀근왈정 시위복명
復命曰常이고 知常曰明이다 不知常하면 妄作凶한다 知
복명왈상 지상왈명 부지상 망작흉 지
常은 容이고 容乃公이며 公乃全이고 全乃天이며 天乃道
상 용 용내공 공내전 전내천 천내도
이고 道乃久라 沒身不殆니라
도내구 몰신불태

비움의[虛] 지극함으로[極] 돌아와[致], 고요의[靜] 도타움을[篤] 지킨다[守]. 온갖 것은[萬物] {상도(常道)에 의해서} 함께[竝] 태어나고 자란다[作]. 나는[吾] {온갖 것이 병작(竝作)으로} 써[以] 돌아옴을[復] 살핀다[觀]. 무릇[夫] 온갖 것은[物] 저마다 다른 모습으로 무성하지만[芸芸], 저마다[各] 제[其] 근원으로[根] 돌아온다[歸]. 뿌리로[根] 돌아옴을[歸] 고요라[靜] 하고[曰], 이것을[是] 본성으로[命] 돌아옴이라[復] 하고[謂], 천성으로[命] 돌아옴을[復] {만물이 따르는 천도(天道)의} 한결같음이라[常] 하며[曰], {상도(常道)의} 한결같음을[常] 앎을[知] 밝음이라[明] 한다[曰]. {만물이 누리는 상도(常道)의 조화가} 한결같음을[常] 모르면[不知] 재앙을[凶] 멍청하게[妄] 짓는다[作]. 한결같음을[常] 깨달음은[知] (모든 것을) 포용하고[容], 포용함[容]이야말로[乃] 공평함이며[公], 공평함[公]이야말로[乃] 두루 미침이며[全], 두루 미침[全]이야말로[乃] 자연이고[天], 자연[天]이야말로[乃] 상도이고[道], 상도[道]야말로[乃] 오램이다[久]. 종신토록[沒] 제 몸은[身] 위태롭지 않다[不殆].

16-1 致虛極(치허극)

▶ 비움의[虛] 지극함으로[極] 돌아온다[致].

돌아올 치(致), 빌 허(虛), 다할 극(極)

【지남(指南)】

〈치허극(致虛極)〉은 사람도 만물과 다름없이 귀근(歸根)함을 밝힌다. 치허극(致虛極)의 〈치(致)〉는 〈돌아올 귀(歸)〉이고, 치허극(致虛極)의 〈허극(虛極)〉은 4장(章)에 나온 **도충(道沖)**을 상기해보면 여기서는 그 참뜻이 조물자(造物者) 즉 상도(常道)이다. 따라서 치허극(致虛極)은 14장(章)에서 살핀 **복귀어무물(復歸於無物)**을 상기시킨다. 상도(常道)로 돌아오라[致虛極] 함은 곧 51장(章)에 나오는 **상자연(常自然)**으로 통한다. 허극(虛極)으로 돌아옴[致]이란 다름 아닌 허심(虛心)을 누림이고, 늘[常] 절로[自] 그리함[然]이다. 그러므로 상도(常道)로[無物] 돌아옴은[復歸] 곧 허심(虛心)을 누림이다.

이처럼 허심을 누리게 하는 허극(虛極)은 지정(至靜) 즉 더없는[至] 고요[靜]로 이어진다. 허심(虛心)은 정독(靜篤)으로 이어지고, 이는 곧 수도(守道)이다. 그러므로 치허극(致虛極)은 수도(守道) 즉 상도(常道)를 지킴[守]이다. 따라서 상도(常道)로 정성껏 돌아옴은[致虛極] 곧 본성(本性)을 지켜[守] 무위(無爲)의 삶을 누리는 것이다. 그러니 치허극(致虛極) 이는 허극(虛極) 즉 조물자(造物者)인 상도(常道)를 그대로 본받음인 허심(虛心)으로 돌아옴[致]이다. 따라서 치허극(致虛極)은 조물자(造物者)인 상도(常道)로 돌아와[歸] 삶을 누리라 함이다. 그러므로 여기 치허극(致虛極)은 『장자(莊子)』에 나오는 **허자심재야(虛者心齋也)**란 말씀을 상기시킨다.

상도로[虛極] 돌아옴[致]이란 곧 심재(心齋)하라 함이다. 심재(心齋)란 세심(洗心)하라 함이니, 마음을[心] 씻어[洗] 허극(虛極) 즉 상도(常道)로 돌아와야[致] 누리는 허심(虛心)의 삶을 살펴 새기고 일깨워주는 말씀이 〈치허극(致虛極)〉이다.

註 "도충(道沖) 이용지혹불영(而用之或不盈)." 도는[道] 빔이란[沖而] 그것을[之] 쓰나[用], {그 용(用)은} 늘[或] 가득 차지 않는다[不盈]. 『노자(老子)』 4장(章)

註 "승승불가명(繩繩不可名) 복귀어무물(復歸於無物)." {그 상하(上下)의} 줄은[繩繩] (무엇이라고) 칭해질[名] 수 없고[不可], {그 승승(繩繩)은} 없는[無] 것[物]으로[於] 되[復]돌아온다[歸].
여기 무물(無物)은 상도(常道)를 일컬음이다. 『노자(老子)』 14장(章)

註 "도지존(道之尊) 덕지귀(德之貴) 부막지명이상자연(夫莫之命而常自然)." 상도의[道之] 받듦과[尊] 덕의[德之] 받듦[貴] 그것을[之] 무릇[夫] 하라 함이[命] 없어도[莫而] 늘[常] 절로[自] 그리한다[然]. 『노자(老子)』 51장(章)

註 "약일지(若一志) 무청지이이(無聽之以耳) 이청지이심(而聽之以心) 무청지이심(無聽之以心) 이청지이기(而聽之以氣) 청지어이(聽止於耳) 심지어부(心止於符) 기야자허이대물자야(氣也者虛而待物者也) 유도집허(唯道集虛) 허자심재야(虛者心齋也)." 네가[若] 뜻을[志] 하나로 하고[一] 귀로[耳]써[以] 듣지[聽之] 말고서[無而] 마음으로[心]써[以] 들어라[聽]. 마음으로[心]써[以] 듣지[聽] 말고[無] 기로[氣]써[以] 들어라[聽]. 들음은[聽] 귀에서[於耳] 멈추고[止], 마음은[心] 부합해서 알아챈 것에[於符] 머문다[止]. 기란[氣也] 것은[者] 빔인지라[虛而] 온갖 것을[物] 기다리는[待] 것[者]이다[也]. 오로지[唯] 도는[道] 빔에[虛] 모인다[集]. 빔이란[虛] 것은[者] 마음 속의 것들을[心] 모조리 다 씻어내버림[齋]이다[也].

기(氣)는 여기선 우주만물을 생성하게 하는 힘의 근원이고, 부(符)는 〈맞을 합(合)〉이고 여기선 〈심지부어외물(心之符於外物)〉의 줄임이다. 〈마음이[心之] 바깥 것과[於外物] 부합함[符]〉이 여기 부(符)이다. 심재(心齋)는 허심(虛心) 즉 마음[心]을 비워냄[虛]이다.

『장자(莊子)』「인간세(人間世)」

【보주(補註)】

- 〈치허극(致虛極)〉을 〈만물치허지극(萬物致虛之極)〉처럼 옮기면 문의(文意)를 좀 더 쉽게 새길 수 있다. 〈온갖 것은[萬物] 빔의[虛之] 바로 그것으로[極] 돌아온다[致].〉
- 치허극(致虛極)은 심재(心齋)하라는 말씀이다. 심재(心齋)란 마음[心]을 깨끗하게 하라[齋] 함이니 세심(洗心)하라는 말씀과 같고, 이는 곧 〈수허정지심(守虛靜之心)〉으로 이어진다. 〈마음을[心] 재계하라[齋].〉 〈마음을[心] 씻어라[洗].〉 〈허정의[虛靜之] 마음을[心] 지킨다[守].〉
- 치허극(致虛極)의 허(虛)는 상도(常道)의 생기(生氣)인 양(陽)을 뜻해 천기(天氣)이기도 하다. 따라서 치허극(致虛極)을 양기(陽氣), 즉 천기(天氣)로 돌아오는[致] 심재(心齋)로 여겨도 된다.

【해독(解讀)】

- 〈치허극(致虛極)〉에서 주어가 생략되었지만 치(致)는 〈돌아올 치(致)〉로서 동사 노릇하며, 허극(虛極)은 치(致)의 부사구 노릇한다. 여기 치(致)는 〈돌아올 귀(歸)·반(返)·환(還)〉 등과 같다. 〈허극으로[虛極] 돌아온다[致].〉

16-2 守靜篤(수정독)

▶ 고요의[靜] 도타움을[篤] 지킨다[守].

지킬 수(守), 고요 정(靜), 도타울 독(篤)

【지남(指南)】

〈수정독(守靜篤)〉은 귀근(歸根)하는 방편을 밝힌다. 수정독(守靜篤)의 〈정독(靜篤)〉은 57장(章)에 나오는 **아호정(我好靜)**을 상기한다면, 여기 정독(靜篤)의 참뜻 역시 조물자(造物者)인 상도(常道)를 오로지 따름이다. 따라서 여기 수정독(守靜篤) 역시 14장(章)에서 살핀 〈복귀어무물(復歸於無物)〉을 상기시킨다. 정독(靜篤) 역시 무물(無物) 즉 상도(常道)로 돌아옴[復歸]이다. 정독(靜篤)이란 전정(專靜) 즉 오로지[專] 고요함[靜]인 허심(虛心) 그 자체로 돌아옴이다. 그러니 수정독(守靜篤)은 마음의 고요를[靜] 전일(專一)하게[篤] 지킴[守]이다.

상도(常道)로 정성껏 돌아가서[致虛極] 오로지 마음의 고요를[靜] 지켜[守] 무위(無爲)의 삶을 누림이 정독(靜篤)을 보수(保守)함이다. 그래서 이 정독(靜篤) 역시 상자연(常自然) 즉 늘[常] 절로[自] 그리함을[然] 지켜[守] 허심(虛心)을 누림이다. 그러므로 수정독(守靜篤)은 55장(章)의 **함덕지후(含德之厚)**란 말씀을 상기시킨다. 상도(常道)의 상덕(常德)을 품음이[含] 두터울수록 마음의 고요가[靜] 더욱더 도타워진다[篤]. 정독(靜篤)을 간직하고 지켜야[守] 수중(守中) 즉 상도(常道)를 따라[中] 지켜서[守] 무위(無爲)의 삶을 누릴 수 있는 것이다. 물론 수정독(守靜篤) 역시 〈치허극(致虛極)〉과 다름없이 심재(心齋) 즉 허심(虛心)을 닦음이다. 마음의 욕(欲)을 다 비운[虛] 마음이라야 정독(靜篤)을 지킨다. 여기 수정독(守靜篤) 역시 『장자(莊子)』에 나오는 〈허자심재야(虛者心齋也)〉를 상기시키고, 오로지 허심(虛心)을 지키라[守] 함이다.

수정독(守靜篤)의 〈수(守)〉는 〈보(保)·호(護)·지(持)·방(防)〉 등등을 묶은 것이다. 정독(靜篤)을 보수(保守)하고 방호하여[防護] 오로지[篤] 심정(心靜)을 떠나지 않음이 여기 수(守)이다. 정독(靜篤)의 〈독(篤)〉은 전일(專一)·순일(純一)이니 허극(虛極)의 〈극(極)〉과 다를 바 없다. 그러므로 수정독(守靜篤)의 〈정독(靜篤)〉이란 오로지 더없는[篤] 심정(心靜) 바로 그것이란 말씀이다. 그러므로 여기 수정독(守靜篤) 역시 오로지 심정(心靜)으로써 상도(常道)로 돌아와[致] 무위(無爲)의 삶을 누리기 위하여 심재(心齋)하라 함이고, 세심(洗心)하라 함이며, 허심(虛心)하라 함임을 살펴 새기고 헤아려 깨우치게 하는 말씀이 〈수정독(守靜篤)〉이다.

註 "아호정(我好靜) 이민자정(而民自正)." 내가[我] (무위하여) 고요함을[靜] 좋아하니까[好而] 백성은[民] 절로[自] 바르게 되었다[正]. 『노자(老子)』 57장(章)

註 "함덕지후비어적자(含德之厚比於赤子)." 상덕을[德] 품음이[含之] 두터움은[厚] 핏덩이[赤子]에[於] 견줘진다[比]. 『노자(老子)』 55장(章)

【보주(補註)】

- 〈수정독(守靜篤)〉을 〈만물수정지독(萬物守靜之篤)〉처럼 옮기면 문의(文意)를 좀 더 쉽게 새길 수 있다. 〈온갖 것은[萬物] 고요의[靜之] 도타움(바로 그것)을[篤] 지킨다[守].〉
- 수정독(守靜篤) 역시 심재(心齋)하라는 말씀이다. 심재(心齋)란 마음[心]을 깨끗하게 하라[齋] 함이니 세심(洗心)을 닦아 지키라는[守] 말씀과 같고, 이는 곧 치허극지심(致虛極之心)〉으로 이어진다. 〈마음을[心] 재계하라[齋].〉 〈마음을[心] 씻어라[洗].〉 〈허극의[虛極之] 마음으로[心] 돌아온다[致].〉
- 수정독(守靜篤)의 정(靜)은 상도(常道)의 생기(生氣)인 음(陰)을 뜻해 지기(地氣)이기도 하다. 따라서 수정독(守靜篤)을 음기(陰氣), 즉 지기(地氣)를 돈독하게 지키는[守] 심재(心齋)로 여겨도 된다.

【해독(解讀)】

- 〈수정독(守靜篤)〉에서 주어는 생략됐지만 수(守)는 동사 노릇하며, 정독(靜篤)은 수(守)의 목적구 노릇한다. 수(守)가 〈간직할 보(保) · 지(持)〉와 〈지킬 방(防) · 호(護)〉 등의 뜻을 묶고 있다. 〈정독을[靜篤] 간직하고 지킨다[守].〉

16-3 萬物竝作(만물병작)

▶ 온갖 것은[萬物] {상도(常道)에 의해서} 함께 [竝] 태어나고 자란다[作].

온갖 만(萬), 것 물(物), 함께 병(竝), 생장할 작(作)

【지남(指南)】

〈만물병작(萬物竝作)〉은, 만물(萬物)은 치허극(致虛極)의 허극(虛極) 즉 상도(常道)로써 아울러[竝] 일어남[作]을 밝힌다. 만물(萬物)은 허(虛)와 정(靜)으로 조물자(造物者)인 상도(常道)가 작(作)하니, 이를 만물병작(萬物竝作)이라 한다.

여기 병작(竝作)의 〈작(作)〉은 만물의 공통적인[竝] 성장활동을 밝힘이다. 따라서 여기 〈병작(竝作)〉은 만물이 상도(常道)에게서 생기(生氣)를 함께 다 같이 받음을 뜻하기도 한다. 그래서 공자(孔子)도 **천무사부(天無私覆) 지무사재(地無私載) 일월무사조(日月無私照)**라고 했다. 상도(常道)는 오로지 허정(虛靜) 즉 음양(陰陽)으로써 조화할 뿐인지라 5장(章)에 **천지불인(天地不仁)**이란 말씀이 나오고, 79장(章)에 **천도무친(天道無親)**이란 말씀이 나오는 것이다.

만물은 상도(常道)가 허정(虛靜)을 무사(無私)하게 아울러[竝] 쓰므로[用] 함께[竝] 생사(生死)를 누린다. 유자(有者) 즉 있는[有] 것[者]이란 용허정자(用虛靜之物) 바로 그것으로, 만물이란 허(虛)와 정(靜)을 쓰는[用之] 것들[物]이다. 그래서 『장자(莊子)』의 **천지자만물지부모(天地者萬物之父母)**란 말씀을 상기시키면서 상도(常道)의 조화(造化)를 살펴 새기고 헤아려 깨우치게 하는 말씀이 〈만물병작(萬物竝作)〉이다.

註 "천무사부(天無私覆) 지무사재(地無私載) 일월무사조(日月無私照) 봉사삼자이로천하(奉斯三者以勞天下) 차지위삼무사(此之謂三無私)." 하늘은[天] (만물을) 사사로이[私] 덮어줌이[覆] 없고[無], 땅은[地] 사사로이[私] 실어줌이[載] 없으며[無], 해와 달은[日月] 사사로이[私] 비춰줌이[照] 없다[無]. 이[斯] 세[三] 가지를[者] 봉행함으로[奉]써[以] 온 세상 백성을[天下] 위로하므로[勞] 이것을[此之] 삼무사라[三無私] 한다[謂]. 『예기(禮記)』「공자한거(孔子閒居)」

註 "천지불인(天地不仁) 이만물위추구(以萬物爲芻狗) 성인불인(聖人不仁) 이백성위추구(以百姓爲芻狗)." 천지에는[天地] 어짊이[仁] 없다[不]. (천지는) 만물로[萬物]써[以] 풀강아지로[芻狗] 생각한다[爲]. 성인께도[聖人] 어짊이[仁] 없다[不]. 『노자(老子)』 5장(章)

註 "천도무친(天道無親) 상여선인(常與善人)." 자연의[天] 규율에는[道] (따로) 친애함이[親] 없고[無] 늘[常] 선한[善] 사람과[人] 함께한다[與]. 『노자(老子)』 79장(章)

註 "부형전정복(夫形全精復) 여천위일(與天爲一) 천지자만물지부모야(天地者萬物之父母也)

합즉성체(合則成體) 산즉성시(散則成始) 형정불휴(形精不虧) 시위능이(是謂能移) 정이우정(精而又精) 반이상천(反以相天).” 무릇[夫] 몸이[形] 온전하고[全] 정신이[精] 돌아오면[復] (만물은) 자연과[與天] 하나가[一] 된다[爲]. 하늘땅이란[天地] 것은[者] 만물의[萬物之] 어버이[父母]이다[也]. {음양(陰陽)이} 합해지면[合則] 몸을[體] 이루고[成], 흩어지면[散則] 처음을[始] 이룬다[成]. 몸과[形] 정신은[精] {본래(本來)로 돌아가니} 이지러지지 않는다[不虧]. 이를[是] 자연의 조화를 순응해[順應] 옮겨감이라[能移] 한다[謂]. 정성들이고[精而] 또[又] 정성들이면[精] 그로써[以] 오히려[反] 자연을[天] 돕는다[相].

천지자(天地者)는 여기선 음양자(陰陽者) 즉 음양이란[陰陽] 것[者]을 말한다. 성체(成體)는 생(生)이고, 성시(成始)는 사(死)이다. 사(死)는 태시(太始), 즉 생(生)을 일으킨 것[作者]으로 돌아감[復]을 말한다. 불휴(不虧)는 여기선 받은 것을 그냥 그대로 돌려줌이다. 능이(能移)는 자연의 조화(造化) 즉 변화의 짓을 그냥 그대로 좇아 따라가 새로워짐이다. 『장자(莊子)』 「달생(達生)」

【보주(補註)】

- 〈만물병작(萬物竝作)〉을 〈만물병작어상도(萬物竝作於常道)〉처럼 옮기면 문의(文意)를 좀 더 쉽게 새길 수 있다. 〈상도에[常道] 의해서[於] 온갖 것은[萬物] 아울러[竝] 일어난다[作].〉
- 만물병작(萬物竝作)에서 병작(竝作)은 상도(常道)가 짓는 조화의 모습을 일컬음이다. 병작(竝作)은 함께[竝] 생장(生長)함이다. 어떤 것이 먼저 생장하고 또 어떤 것이 이어서 생장하는 것이 아니라 함께 생겨나고[生] 자라고[長] 사라지고[消] 한다는 것이다. 만물병작(萬物竝作)의 〈작(作)〉은 2장(章)에서 살핀 **만물작언이불사(萬物作焉而不辭)**의 〈작(作)〉과 같다.

註 “만물작언이불사(萬物作焉而不辭).” 온갖[萬] 것이[物] 세상에서[焉] 떨쳐 일어나도[作而] (상도는 그 온갖 것을) 주재하지 않는다[不辭] 『노자(老子)』 2장(章)

【해독(解讀)】

- 〈만물병작(萬物竝作)〉에서 만물(萬物)은 작(作)의 주어 노릇하고, 병(竝)은 작(作)을 꾸며주는 부사 노릇하며, 작(作)은 수동의 동사 노릇한다. 병(竝)은 〈함께 동(同)〉과 같고, 작(作)은 〈일으킬 흥(興) · 기(起)〉 등과 같아 흥작(興作)의 줄임말로 여기면 된다. 〈만물을[萬物] 함께[竝] 일으킨다[作].〉 〈만물이[萬物] 함께[竝] 일으켜진다[作].〉

고문(古文)에는 문자마다 품사가 정해져 있는 것이 아니라 거의 모든 문자는 어순(語順)에 따라서 명사 · 동사 · 형용사 · 부사 · 전치사 등등의 구실을 한다고 여기면 된다. 자동사 · 타동사 구분이 없기 때문에 그냥 동사라고 칭해두는 것이다. 그래서 한문 서술에서는 〈하나는 허사(虛詞)이고, 다른 하나는 어순(語順)〉이라는 말이 나오는 것이다. 따라서 한문에서 수동태를 나타내는 조사로서 〈견(見) · 위(爲) · 피(被)〉 등이 동사 앞에 놓이기도 하지만 거의 생략되는 편인지라, 고문(古文)에는 영어의 〈be〉 같은 계사(繫詞)가 없는 편이라고 생각하면 된다.

16-4 吾以觀復(오이관복)

▶ 나는[吾] {온갖 것이 병작(竝作)으로} 써[以] 돌아옴을[復] 살핀다[觀].

나 오(吾), 써 이(以), 살필 관(觀), 돌아올 복(復)

【지남(指南)】

〈오이관복(吾以觀復)〉은 만물의 돌아옴[復]을 살피면(觀) 치허극(致虛極)의 〈허(虛)〉와 수정독(守靜篤)의 〈정(靜)〉이 만물을 병작(竝作)하는 도리임을 살필 수 있음을 밝히고 있다.

오이관복(吾以觀復)의 〈복(復)〉은 왕복하여 순환함이고, 출입 · 왕래이다. 여기 복(復)은 만물의 사(死)로써 그 생(生)을 헤아릴 수 있다는 것이다. 생사(生死)는 따로 있음이 아니라 상성(相成)한다. 그러므로 만물병작(萬物竝作)의 〈병작(竝作)〉이란 〈합즉성체(合則成體)〉이면서 아울러[竝] 〈산즉성시(散則成始)〉이다. 합즉성체(合則成體)의 합(合)은 허정(虛靜)의 합(合)으로 곧 생(生)이며, 산즉성시(散則成始)의 산(散)은 허(虛)와 정(靜)의 흩어짐[散]이니 곧 사(死)이다. 그래서 생(生)이란 한 곳간[一府]에서 나옴[出]이고, 사(死)란 그 곳간[一府]으로 들어옴[入]이며, 생사(生死)도 출입 · 왕래이고 허정(虛靜)도 출입 · 왕래의 조화인 셈이다.

만물(萬物)의 병작(竝作)이란 일음일양(一陰一陽)의 천도(天道)가 아닌 것은 없음이다. 만물의 복(復) 즉 만물의 사(死)를 살펴 헤아려[觀] 생사(生死)가 둘이 아니라 하나임을 살핀다[觀]. 합산(合散)이 하나[一]이고, 출입(出入)이 하나이며, 왕래(往來)가 하나임은 상도(常道)의 한 곳간[一府]을 나고[出] 듦[入]이기 때문이다. 허정(虛靜)의 합(合)이 출생(出生)이고, 허정(虛靜)의 흩어짐[散]은 입사(入死)이다. 입(入)은 다시 출(出)하니, 합(合)하면 출(出)하고 산(散)하면 입(入)하므로 5장(章)의 **동이유출(動而愈出)**이란 말씀을 상기시킨다.

만물은 무엇이든 합(合)하여 출생(出生)하면 반드시 산(散)하여 입사(入死)하므로 영생(永生)하는 것이란 없다. 그래서 생사(生死)의 합산(合散)이란 한 곳간으로[於一府] 나고[出] 듦[入]인지라 **생사동상(生死同狀)**이다. 유복자(唯復者) 즉 갔다 오는[復] 것[者]으로서 만물을 살핀다면[觀] 만물이 **출생입사(出生入死)**의 유자(有者)임을 살펴 새기고 헤아려 깨우치게 하는 말씀이 〈오이관복(吾以觀復)〉이다.

註 "허이불굴(虛而不屈) 동이유출(動而愈出)." (풀무는) 비어서[虛而] 다하지 않고[不屈], (풀무는) 움직이면[動而] 더욱더[愈] 낸다[出]. 『노자(老子)』 5장(章)

註 "만물일부(萬物一府) 생사동상(生死同狀)." 온갖 것은[萬物] 한[一] 곳간에 있고[府], 삶과[生] 죽음은[死] 한[一] 모습이다[狀]. 『장자(莊子)』「천지(天地)」

註 "출생입사(出生入死)." 나옴은[出] 태어남이고[生], 들어옴은[入] 죽음이다[死]. 『노자(老子)』 50장(章)

【보주(補註)】

- 〈오이관복(吾以觀復)〉을 〈오관만물지복이병작(吾觀萬物之復以竝作)〉처럼 옮기면 문의(文意)를 좀 더 쉽게 새길 수 있다. 〈아울러[竝] 생장함으로[作]써[以] 나는[吾] 온갖 것의[萬物之] 돌아옴을[復] 살핀다[觀].〉
- 관복(觀復)에서 복(復)은 〈만물지왕래(萬物之往來) · 만물지출입(萬物之出入) · 만물지생사(萬物之生死)〉 등을 살피게 하는 말씀이다. 해가 바뀜을 일세지복(一歲之復) · 동짓달[冬至之月]이라 하고, 하루가 바뀜을 일일지복(一日之復) · 야정지자(夜靜之子)라 하듯, 복(復)은 쉼 없는 일음일양(一陰一陽)의 조화의 왕래를 줄여 말함이다. 〈온갖 것의[萬物之] 가고 옴[往來] · 온갖 것의[萬物之] 나고 듦[出入] · 온갖 것의[萬物之] 살고 죽음[生死]〉
- 오이관복(吾以觀復)이 〈오이관기복(吾以觀其復)〉으로 된 본(本)도 있다. 오이관기복(吾以觀其復)의 기복(其復)은 〈만물지(萬物之)〉의 줄임이므로 문의(文義)가 좀 더 분명해질 뿐 달라지는 것은 아니다. 〈나는[吾] {병작(竝作)으로} 써[以] 그[其] 돌아옴을[復] 살핀다[觀].〉 〈나는[吾] {병작(竝作)으로} 써[以] 만물의[萬物

之] 돌아옴을[復] 살핀다[觀].〉

【해독(解讀)】

- 〈오이관복(吾以觀復)〉에서 오(吾)는 주어 노릇하고, 이(以)는 〈이병작(以竝作)〉의 줄임으로 관(觀)을 꾸미는 부사 노릇하며, 복(復)은 관(觀)의 목적어 노릇한다. 물론 이병작(以竝作)에서 이(以)는 전치사 노릇한다. 관(觀)은 〈살필 찰(察)〉과 같고, 복(復)은 〈돌아올 귀(歸)〉와 같아 복귀(復歸)의 줄임말로 여기면 된다. 〈나는[吾] 써[以] 돌아옴을[復] 관한다[觀].〉

16-5 夫物芸芸(부물운운) 各歸其根(각귀기근)

▶ 무릇[夫] 온갖 것은[物] 저마다 다른 모습으로 무성하지만[芸芸] 저마다[各] 제[其] 근원으로[根] 돌아온다[歸].

무릇 부(夫), 것 물(物), 많은 모양 운(芸), 저마다 각(各), 돌아올 귀(歸), 뿌리 근(根)

【지남(指南)】

〈부물운운(夫物芸芸) 각귀기근(各歸其根)〉은 앞서 살핀 〈관복(觀復)〉의 복(復)을 상세히 밝힌다. 동시에 만물(萬物)은 그 무엇이든 생사(生死)의 순환을 벗어날 수 없음을 〈부물(夫物)〉로써 강조해 밝힌다.

온갖[萬] 것들은[物] 1장(章)에서 살핀 중묘지문(衆妙之門)에서 나왔다가 그 문(門)으로 돌아온다[復歸]. 그래서 1장(章)에서 살핀 바대로 **관기묘(觀其妙)**하고 **관기요(觀其徼)**하라 한다.만물은 중묘지문(衆妙之門)에서 나와[出] 다시[復] 그 문(門)으로 돌아가는[歸] 것으로, 제[其] 뿌리[根]로 복귀함이[復歸] 곧 만물지요(萬物之徼)이다. 여기 요(徼)란 귀종(歸終) 즉 끝으로[終] 돌아옴[歸]이다.

만물에게 중묘(衆妙)의 문(門)이란 시종(始終)의 문(門)이다. 출생(出生)의 문(門)이면서 입사(入死)의 문인지라, 만물은 그 문에서 출생하여 그 문으로 되돌아오는[復歸] 입사(入死)의 요(徼) 즉 순환의 것이다. 그러므로 〈귀기근(歸其根)〉은 만물에 음양(陰陽)이 유행(流行)한다는 말씀으로 통한다. 여기 〈근(根)〉이란 50장(章)에 나오는 **출생입사**(出生入死)의 원(源)으로 무명(無名)이고, 그 무명(無名)에서 나온 만물(萬物)은 유명(有名)인지라, 여기 〈기근(其根)〉은 1장(章)에서 살핀 **무명(無名)**이다. 따라서 무명(無名)은 상도(常道) 그 자체의 모습을 일컬음이고, **유명(有名)**은 상도(常道)의 용(用)인 음양의 조화로써 생사를 누리는 만물을 통하여 상도(常道)의 모습을 일컬음이다. 나아가 무명(無名) · 유명(有名)은 허정지묘(虛靜之妙) 즉 일음일양(一陰一陽)이 비롯하는 태극(太極)이고, 태극(太極)은 곧 상도(常道) 그것이다. 그러므로 상도(常道)의 자연에서는 천지만물이 모두 다 하나[一]이고, 왕래(往來) · 출입(出入) · 생사(生死)가 하나[一]지만, 만물로서 물물(物物)을 보면 개개로서 각각 운운(芸芸)할 뿐이다.

운운(芸芸)은 초목이 무성한 수풀을 떠올리게 한다. 온갖 초목들이 분잡(紛雜)하게 어우러져 무성한 모습이 여기 운운(芸芸)이다. 수많은 사람 중에서 각각을 보면 똑같은 사람은 없고, 수많은 나무 중에도 똑같은 나무는 없으며, 수많은 모래알 중에 똑같은 모래알은 없다. 개개의 물물은 그것이 무엇이든 저마다 형(形)과 질(質)이 달라 수십억 인간도 하나씩 따지고보면 같은 모습은 없으니 저마다 운운(芸芸)한 것[物]이다.

이처럼 만물은 저마다 개물(個物)이지만, 근원으로 돌아가는 왕복(往復) · 출입(出入)의 생사(生死)로 보면 어느 것이든 허정지묘(虛靜之妙)로 돌아가니[歸], 만물위일(萬物爲一) 즉 온갖 것[萬物]은 하나임[爲一]을 살펴 새기고 헤아려 깨닫게 하는 말씀이 〈부물운운(夫物芸芸) 각귀기근(各歸其根)〉이다.

註 "상무(常無) 욕이관기묘(欲以觀其妙) 상유(常有) 욕이관기요(欲以觀其徼)." 상도의[常] 없음으로[無]써[以] 그[其] 묘를[妙] 살피고자 하고[欲觀], 상도의[常] 있음으로[有]써[以] 그[其] 마침으로 돌아감을[徼] 살피고자 한다[欲觀].
『노자(老子)』 1장(章)

註 "무명천지지시(無名天地之始) 유명만물지모(有名萬物之母)." 이름이[名] 없음은[無] 천지의[天地之] 시초이고[始], 이름이[名] 있음은[有] 온갖 것의[萬物之] 어머니이다[母].
『노자(老子)』 1장(章)

註 "출생입사(出生入死)." 나옴은[出] 태어남이고[生], 들어감은[入] 죽음이다[死].
『노자(老子)』 50장(章)

【보주(補註)】

- 〈부물운운(夫物芸芸) 각귀기근(各歸其根)〉을 〈수부물운운(雖夫物芸芸) 부물각귀부물지근(夫物各歸夫物之根)〉처럼 옮기면 문의(文意)를 좀 더 쉽게 새길 수 있다. 〈비록[雖] 무릇[夫] 온갖 것이[物] 달리 무성하지만[芸芸], 무릇[夫] 온갖 것은[物] 저마다[各] 무릇[夫] 온갖 것의[物] 뿌리로[根] 돌아온다[歸].〉
- 귀기근(歸其根)에서 기근(其根)은 만물지근(萬物之根)으로 새기며, 〈허정(虛靜) · 음양(陰陽) · 태극(太極) · 상도(常道)〉를 뜻한다. 해가 바뀜을 일세지복(一歲之復) · 동짓달[冬至之月]이라 하고, 하루가 바뀜을 일일지복(一日之復) · 야정지자(夜靜之子)라 하듯, 복(復)은 상도(常道)로 보면 쉼없는 일음일양(一陰一陽)의 조화를 말하고, 만물로 보면 복귀(復歸) · 복종(服從)을 뜻한다. 〈온갖 것의[萬物之] 가고 옴[往來] · 온갖 것의[萬物之] 나고 듦[出入] · 온갖 것의[萬物之] 살고 죽음[生死]〉
- 각귀기근(各歸其根)이 〈각복귀기근(各復歸其根)〉으로 된 본(本)도 있다. 귀(歸)에 복(復)이 있다 하여 문의(文意)가 달라지는 것은 아니다. 〈저마다[各] 제[其] 뿌리로[根] 돌아간다[歸].〉 〈저마다[各] 제[其] 뿌리로[根] 다시[復] 돌아간다[歸].〉

【해독(解讀)】

- 〈부물운운(夫物芸芸) 각귀기근(各歸其根)〉은 양보의 종절과 주절로 이루어진 복문(複文)이다. 〈부물은[夫物] 운운해도[芸芸], 저마다[各] 기근으로[其根] 돌아온다[歸].〉
- 부물운운(夫物芸芸)에서 부(夫)는 물(物)을 꾸미는 형용사 노릇하고, 물(物)은 주어 노릇하며, 운운(芸芸)은 술부(述部)로서 주격보어 노릇한다. 부(夫)는 〈무릇 범(凡)〉과 같고, 물(物)은 물물(物物)의 줄임이고, 운운(芸芸)은 다모(多貌) 즉 여러[多] 모습[貌]을 말한다. 〈무릇[夫] 물은[物] 운운하지만[芸芸]〉
- 각귀기근(各歸其根)에서 각(各)은 귀(歸)를 꾸미는 부사 노릇하고, 귀(歸)는 주어가 생략됐지만 동사 노릇하며, 기근(其根)은 귀(歸)를 꾸미는 부사 노릇한다. 각(各)은 〈하나하나 개(箇)〉와 같아 각개(各箇)의 줄임말로 여기면 되고, 귀(歸)는 〈돌아올 복(復) · 환(還) · 반(返)〉 등과 같아 복귀(復歸)의 줄임이고, 근(根)은

〈근원 원(源)〉과 같아 근원(根源)의 줄임이다. 〈(만물은) 저마다[各] 제[其] 근원으로[根] 돌아온다[歸].〉

16-6 歸根曰靜(귀근왈정) 是謂復命(시위복명)

▶ 뿌리로[根] 돌아감을[歸] 고요라[靜] 하고[曰], 이것을[是] 본성으로[命] 돌아옴이라[復] 한다[謂].

돌아갈 귀(歸), 뿌리 근(根), 칭할 왈(曰), 고요 정(靜), 이것 시(是), 칭할 위(謂), 거듭 복(復), 알릴 명(命)

【지남(指南)】

〈귀근왈정(歸根曰靜) 시위복명(是謂復命)〉은 만물은 출생입사(出生入死)의 순환을 벗어날 수 없음을 밝힌다. 〈귀근(歸根)〉이란 출근(出根)을 전제한다. 근원에서[根] 나와서[出] 근원으로[根] 돌아옴이[復] 만물이 저마다 누리는 생사(生死)이다. 여기 귀근(歸根)이란 생(生)에서 사(死)로 돌아옴[歸]이다. 그러므로 여기 복명(復命)은 곧 천성(天性)으로 돌아옴[復]이다.

『예기(禮記)』에도 **인생이정(人生而靜) 천지성야(天之性也)**란 말이 나온다. 사람이[人] 태어나서[生而] 고요함은[靜] 천성[天之性]이라[也] 함은, 삶은 허심(虛心)으로 시작한다는 것이다. 그래서 28장(章)에 나오는 **복귀어영아(復歸於嬰兒)**를 상기시키고, 『장자(莊子)』에 나오는 **생사명야(生死命也)**를 떠올려준다. 갓난애로[於嬰兒] 돌아옴[復歸]이란 귀어천(歸於天) 즉 자연으로[於天] 돌아옴[歸]이고, 복어허정(復於虛靜) 즉 허정으로[於虛靜] 돌아옴이[復] 귀근(歸根) 즉 시원으로[根] 돌아옴[歸]이다. 이 귀근(歸根)을 한마디로 〈정(靜)〉이라 한다.

이 고요[靜]란 곧 천성(天性)이다. 천성(天性) 본성(本性)은 같은 말이고 한마디로 근(根)이니 정(靜)이니 하는 것이다. 〈시원(根) · 고요(靜) · 천성(天性)〉을 묶어서 영아(嬰兒)에 비유한다. 그러니 영아지심(嬰兒之心) 즉 갓난애의[嬰兒之] 마음이[心] 근(根)이고 정(靜)이며 천성(天性) 즉 자연으로부터[於天] 받은[受] 것, 즉 명(命)이다.

누구나 제 마음에서 온갖 의식이 지어내는 영(盈) 즉 욕망을[盈] 모조리 비워 허실(虛室)이 되게 한다면 누구나 귀근(歸根)한다. 그러니 누구나 마음의 빈[虛] 방[室]으로 돌아오는[復] 순간 귀근(歸根)하고 정(靜)하여 갓난애가 돼 복명(復命)하는 것이다. 명(命)으로 돌아옴[復]이란 면(免)할 수 없는 자연으로 돌아옴[歸]이다. 복귀어천명(復歸於天命)을 줄여 말함이 〈귀천(歸天)〉 또는 〈복명(復命)〉이고, 더 줄여 그냥 〈명(命)〉이라 한다. 그러므로 귀근(歸根) · 정(靜) · 복명(復命)이란 허실(虛室)의 마음으로 돌아옴이고, 이는 곧 내가 선인(善人)이 되어버림이다.

선인(善人)이란 계천지인(繼天之人) 즉 자연을[天] 계승하는[繼之] 사람[人]인지라, 상도(常道)를 받들어[尊] 사천(事天) 즉 자연을[天] 받들면서[事] 사는 사람이다. 그런데 만물 중에서 인간만 제하면 나머지 모두는 선자(善者)들인 셈이다. 사람만 간직한 오(奧)를 배반하기를[惡] 범하는 목숨[命]인 까닭이다. 사람을 제외한 모든 목숨은[命] 저마다의 천성(天性)대로 생사(生死)를 누린다. 사람만 감어물이동(感於物而動)하여 얻어낸 온갖 인지(人智)로써 문화생활을 누린다면서 29장(章)에 나오는 **거심(去甚) 거사(去奢) 거태(去泰)**를 뿌리친다.

그러므로 62장(章)에 나오는 **도자만물지오(道者萬物之奧)**를 받들고[尊], 『장자(莊子)』에 나오는 **행어만물자도야(行於萬物者道也)**란 말씀을 따라 명(命)대로 즉 자연대로[命] 살아간다면, 그 삶이 곧 〈귀근(歸根) · 정(靜) · 복명(復命)〉의 삶이다. 그러니 귀근(歸根)이란 죽음만을 말하는 것이 아니다. 갓난애의 마음처럼 허정(虛靜)의 마음으로써 살아감이 곧 귀근(歸根)이고 정(靜)이며 복명(復命)임을 살펴 새기고 헤아려 깨우치게 하는 말씀이 〈귀근왈정(歸根曰靜)〉이다.

註 "인생이정(人生而靜) 천지성야(天之性也) 감어물이동(感於物而動) 성지욕야(性之欲也)." 사람이[人] 태어나서[生而] 고요함은[靜] 천성[天之性]이다[也]. 바깥 것들에[於物] 감촉되어서[感而] 움직임은[動] 천성의[性之] 욕망[欲]이다[也]. 『예기(禮記)』「악기(樂記)」

註 "위천하계(爲天下谿) 상덕불리(常德不離) 복귀어영아(復歸於嬰兒)." 온 세상의[天下] 내[川]가[谿] 되면[爲] 상덕이[常德] 떠나지 않고[不離], 갓난애로[於嬰兒] 되[復]돌아온다[歸]. 『노자(老子)』 28장(章)

註 "생사명야(生死命也) 기유야단지상(其有夜旦之常) 천야(天也) 인지유소부득여(人之有所不得與) 개물지정야(皆物之情也)." 나고[生] 죽음은[死] 자연이어서 면할 수 없는 것[命]이다[也]. 명

(命)에는[其] 밤낮의[夜旦之] 항상이[常] 있음은[有] 자연의 규율[天]이다[也]. 인간이[人之] 관여할[與] 수 없는[不得] 것이[所] 있는데[有] (이는) 모든[皆] 만물의[物之] 진상[情]이다[也].

『장자(莊子)』「대종사(大宗師)」

註 "성인거심(聖人去甚) 거사(去奢) 거태(去泰)." 성인은[聖人] 지나침을[甚] 버리고[去], 사치를[奢] 버리고[去], 과도함을[泰] 버린다[去]. 『노자(老子)』 29장(章)

註 "도자만물지오(道者萬物之奧)." 상도라는[道] 것은[者] 온갖 것이[萬物之] 간직하고 있는 것이다[奧]. 『노자(老子)』 62장(章)

註 "통어천지자덕야(通於天地者德也) 행어만물자도야(行於萬物者道也)." 하늘땅에[於天地] 두루 통하는[通] 것이[者] 덕(德)이고[也], 온갖 것에[於萬物] 두루 미치는[行] 것이[者] 도(道)이다[也].

『장자(莊子)』「천지(天地)」

【보주(補註)】

- 〈귀근왈정(歸根曰靜) 시위복명(是謂復命)〉을 〈만물지귀근왈정(萬物之歸根曰靜) 시위복명(是謂復命)〉처럼 옮기면 문의(文意)를 좀 더 쉽게 새길 수 있다. 〈온갖 것이[萬物之] 근원으로[根] 돌아옴을[歸] 고요라[靜] 한다[曰]. 이를[是] 복명이라[復命] 한다[謂].〉
- 귀근왈정(歸根曰靜)에서 정(靜)은 지기(地氣) · 음기(陰氣)로서 정(靜)이 아니라 상도(常道)의 행어만물(行於萬物)이 이희미(夷希微)의 작용임을 밝혀 상도(常道)를 밝힘이다. 그러므로 귀근(歸根)이란 곧 〈귀어시(歸於始) · 귀어도(歸於道)〉이고, 이를 〈정(靜)〉이라 하고 〈복명(復命)〉이라 한다. 〈시원으로[於始] 돌아옴[歸]〉 〈상도로[於道] 돌아옴[歸]〉
- 복명(復命)의 명(命)은 자연이불능면자(自然而不能免者)를 뜻함이고, 〈천명(天命)〉을 줄인 것이다. 〈자연이어서[自然而] 면할[免] 수 없는[不能] 것[者]〉
- 시위복명(是謂復命)이 〈정왈복명(靜曰復命)〉으로 된 본(本)도 있지만, 원문(原文)의 문의(文義)가 달라지는 것은 아니다. 〈고요를[靜] 면할 수 없는 자연으로[命] 돌아옴이라[復] 한다[曰].〉

【해독(解讀)】

- 〈귀근왈정(歸根曰靜) 시위복명(是謂復命)〉은 두 평서문으로 이루어진 중문(重文)이다.
- 귀근왈정(歸根曰靜)에서 귀근(歸根)은 위(謂)의 목적구 노릇하고, 왈(曰)은 동사

노릇하며, 정(靜)은 목적보어 노릇한다. 왈(曰)은 〈이를 위(謂), 일컬을 칭(稱)〉 등과 같다. 귀(歸)는 〈돌아갈 복(復) · 반(返)〉 등과 같아 복귀(復歸)의 줄임말로 여기면 된다. 〈귀근을[歸根] 정이라[靜] 한다[曰].〉

- 시위복명(是謂復命)에서 시(是)는 앞의 귀근왈정(歸根曰靜)을 나타내는 지시어로서 위(謂)의 목적어 노릇하고, 위(謂)는 동사 노릇하며, 복명(復命)은 목적보어 노릇한다. 〈이것을[是] 복명이라[復命] 한다[謂].〉
- 귀근(歸根)의 귀(歸)와 복명(復命)의 복(復) 등은 영어의 부정사(不定詞)나 동명사(動名詞)처럼 구실한다. 〈근으로[根] 복귀함[歸]〉 〈근으로[根] 복귀하는 것[歸]〉 〈명으로[命] 복귀함[復]〉 〈명으로[命] 복귀하는 것[復]〉

16-7 復命曰常(복명왈상)

▶천성으로[命] 돌아옴을[復] {만물이 따르는 천도(天道)의} 한결같음이라[常] 한다[曰].

되돌아올 복(復), 천성(天性) 명(命), 일컬을 왈(曰), 한결같음 상(常)

【지남(指南)】

〈복명왈상(復命曰常)〉은 〈복명(復命)〉을 〈상(常)〉이라고 밝힌다. 앞서 살핀 바대로 복명(復命)이란 만물이 천명(天命)을 좇아 따라 다함이다. 복명(復命)의 〈명(命)〉은 〈천명(天命)〉이고, 명(命)은 곧 천(天) 즉 자연(自然)이란 말씀이고, 이를 〈천성(天性)〉이라고도 한다. 천명(天命)을 줄여 〈명(命)〉이라 하고, 천성(天性)을 줄어 〈성(性)〉이라 하니, 천명(天命) · 성명(性命)은 다 같은 말씀으로 만물이 피할 수 없는 자연(自然)을 말하고, 나아가 천도(天道) 즉 자연의[天] 규율을[道] 말한다.

인간은 인간의 천성(天性) 즉 천명(天命)이 있고, 우(牛)는 소의[牛] 천성(天性) 즉 천명(天命)이 있으며, 송(松)은 소나무의[松] 천성(天性) 즉 천명(天命)이 있다. 사람에게만 본성(本性)이란 것이 있는 것이 아니라 만물은 저마다 나름대로 본성(本性) 즉 천성(天性)을 지니고 있다[有]. 사람을 제외한 모든 것들은 저마다의 천성(天性)대로 삶을 누린다. 인간만 천성(天性)과 어긋나기를 범할 줄 안다. 명(命)

즉 천성(天性)을 어긋나게 하는 것이 사욕(私欲)이다. 사(私)에서 〈사(厶)〉란 천지(天地)를 어김을 뜻한다. 인간의 사(私)가 인간으로 하여금 복명(復命)을 마다하게 한다. 그러므로 복명(復命) 즉 천성(天性)으로[命] 돌아옴[復]이란 무사(無私)함을 말한다. 사천(事天) · 사천(師天) · 순천(順天) 등이 곧 만물의 복명(復命)이다. 인간도 이 복명(復命)의 종(種)일 뿐이다.

『중용(中庸)』 첫머리에도 **천명지위성(天命之謂性) 솔성지위도(率性之謂道)**란 말이 나온다. 여기 〈복명(復命)〉은 솔성(率性) 즉 천성을[性] 따름과[率] 같다. 사람은 사람대로 복명(復命)하므로 이는 사람에게 상(常) 즉 한결같은 법칙으로서 한결같음[常]이고, 돼지는 돼지대로 복명(復命)하므로 그 복명(復命)은 돼지한테 상(常)이며, 감나무는 감나무대로 복명(復命)하므로 감나무의 복명(復命)은 감나무에게 상(常)이다. 그러므로 여기 〈상(常)〉이란 상도(常道)의 조화로서 만물이 누리는 운동과 변화의 변함없는 법칙을 말한다. 따라서 사람이 사람을 낳아 사람으로서 생사(生死)를 누림이 그 복명(復命)의 상(常)이고, 돼지가 돼지를 낳아 돼지로서 생사(生死)를 누림이 그 복명(復命)의 상(常)이며, 참새의 알이 참새를 낳아 참새로서 생사(生死)를 누림이 그 복명(復命)의 상(常)이고, 감나무의 씨가 감나무를 낳아 감나무로서 생사(生死)를 누림이 그 복명(復命)의 상(常)이다. 사람이 사람 아닌 것을 낳지 않으니 그 또한 복명(復命)의 상(常)이고, 돼지가 돼지 아닌 것을 낳지 않으니 그도 복명(復命)의 상(常)이다.

이처럼 만물은 저마다 부음포양(負陰抱陽)의 유행(流行)이 전일(專一)하므로 저마다의 운동과 변화의 법칙이 불변(不變)함이 여기 상(常)이다. 그러므로 여기 상(常)은 상도(常道)의 조화(造化)이다. 비상(非常)이면 그것이 무엇이든 역천(逆天) 즉 자연을[天] 어김[逆]이다. 따라서 만물을 생지(生之) · 휵지(畜之) 즉 낳아[生之] 길러주는[畜之] 상도(常道)의 조화는 만물이 따르는 불변(不變)의 법칙임을 깨우치게 하는 말씀이 〈복명왈상(復命曰常)〉이다.

註 "천명지위성(天命之謂性) 솔성지위도(率性之謂道) 수도지위교(修道之謂教)." 하늘이[天] 명한 것을[命之] 성이라[性] 하고[謂], 성을[性] 따름을[率之] 도라[道] 하며[謂], 도를[道] 닦음을[修之] 교라[教] 한다[謂].

『중용(中庸)』 주자장구(朱子章句) 1장(章)

【보주(補註)】

- 〈복명왈상(復命曰常)〉을 〈복명자상야(復命者常也)〉처럼 옮기면 문의(文意)를 더 쉽게 새길 수 있다. 〈명을[命] 복하는[復] 것이[者] 상(常)이다[也].〉
- 복명왈상(復命曰常)에서 복명(復命)이란 곧 순명(循命)이고 순명(順命)이며 반명(返命)이고, 이는 곧 귀근(歸根)과 같다. 명(命)은 자연이어서 면(免)할 수 없는 것 즉 천성(天性)이다. 천성(天性)은 변덕을 부리는 심리가 아니라 한결같음[常]이다. 자성(自性)이 상(常) 즉 한결같음은[常] 천명(天命) 즉 자연(天命) 그것이기 때문이다.
- 복명왈상(復命曰常)에서 상(常)은 만물이 저마다 따라서 누리는 상도(常道)의 조화(造化)인 운동과 변화의 법칙을 말한다. 이 법칙은 변함없기[不變] 때문에 한결같음[常]이라 한다. 그리고 이 상(常)을 일러 〈불생불사(不生不死) · 무시무종(無始無終) · 불변불역(不變不易) · 독립불개(獨立不改) · 불괴불멸(不壞不滅)〉 등으로 말하기도 하고, 불가(佛家)에서는 〈불생불멸(不生不滅)〉이라 한다. 〈생도[生] 없고[不] 사도[死] 없음[不]〉 〈처음도[始] 없고[無] 끝도[終] 없음[無]〉 〈변역이[變易] 없음[無]〉 〈홀로[獨] 있되[立] 바뀌지 않음[不改]〉 〈부서짐도[壞] 없고[不] 사라짐도[滅] 없음[無]〉 〈태어남도[生] 없고[不] 소멸도[滅] 없음[不]〉

【해독(解讀)】

- 〈복명왈상(復命曰常)〉에서 복명(復命)은 왈(曰) 앞으로 전치되었지만 왈(曰)의 목적구 노릇하고, 왈(曰)은 동사 노릇하며, 상(常)은 목적보어 노릇한다. 복(復)은 〈따를 순(順) · 순(循), 돌아올 반(返)〉 등과 같고, 왈(曰)은 〈이를 위(謂), 일컬을 칭(稱)〉 등과 같으며, 상(常)은 〈한결같은 항(恒)〉과 같아 항상(恒常)의 줄임말로 여기면 된다. 〈복명을[復命] 상이라[常] 한다[曰].〉
- 복명왈상(復命曰常)에서 복명(復命)은 왈(曰)의 주어 노릇하고, 왈(曰)은 수동의 동사 노릇하며, 상(常)을 주격보어로 여기고 문맥을 잡아 새겨도 된다. 〈복명은[復命] 상이라[常] 일컬어진다[曰].〉
- 복명(復命)의 복(復)은 여기선 마치 영어의 부정사(不定詞) 같은 〈to do〉 또는 동명사 같은 〈doing〉 노릇한다. 〈명으로[命] 돌아옴[復]〉 〈명으로[命] 돌아오는 것[復]〉

16-8 知常曰明(지상왈명)

▶ {상도(常道)의} 한결같음을[常] 앎을[知] 밝음이라[明] 한다[曰].

알 지(知), 한결같음 상(常), 밝을 명(明)

【지남(指南)】

〈지상왈명(知常曰明)〉은 지귀근(知歸根)하면 지정(知靜)하고, 지정(知靜)하면 지복명(知復命)하고, 복명(復命)을 알면[知] 지상(知常)하여 〈명(明)〉의 누림을 밝힌다. 지상왈명(知常曰明)이란 말씀은 55장(章)에도 나온다. 만물이 근원으로 돌아감[歸根]을 알면[知] 생사(生死)가 곧 정(靜)임을 알고[知], 이 고요[靜]를 알면 만물이 저마다의 천성(命)으로 돌아옴이[復] 곧 불변의 법칙임을 앎이 여기 〈지상(知常)〉이다. 이처럼 상도지행(常道之行)이 만물에 두루 미치는[周行] 상도(常道)의 조화(造化)란 변함없는[常] 자연의 규율을[天道] 알면[知] 즉 지상(知常)하면, 누구나 상도(常道)의 조화를 받들어[尊] 누리고자 무기(無己) · 무욕(無欲) · 무아(無我)하므로, 지상(知常)하면 마음 씀이 밝다[明].

여기 명(明)은 『장자(莊子)』에 나오는 **도무자(覩無者)**를 상기시킨다. 시비(是非) · 분별(分別) · 논란(論難)의 상쟁(相爭)이 없음을[無] 곧바로 보는[覩] 것이[者] 여기 밝음[明]이고, 귀천(貴賤) · 상하(上下)의 차별이 없음을[無] 곧바로 보는[覩] 것이[者] 여기 밝음[明]이다. 물론 이 밝음은[明] 요샛말로 하자면 의식하는 짓이다. 도무자(覩無者)를 일러 **천지지우(天地之友)**라 하고, 이런 벗[友]은 2장(章)에서 살핀 〈처무위지사(處無爲之事) 행불언지교(行不言之教)〉의 성인(聖人)을 말한다. 성인(聖人)은 늘 지상(知常)하여 밝은[明] 분이다. 이러한 밝음은[明] 법자연(法自然) 즉 자연(自然)을 본받아[法] 좇음[順]을 말하기도 한다.

지상왈명(知常曰明)의 〈명(明)〉은 27장(章)의 〈습명(襲明)〉의 명(明), 33장(章)의 〈자지자명(自知者明)〉의 명(明), 그리고 52장(章)의 〈견소왈명(見小曰明)〉의 명(明)과 다를 바 없다. 나아가 여기 명(明)은 『장자(莊子)』에 나오는 **부소소생어명명(夫昭昭生於冥冥)**을 환기시킨다. 이처럼 밝음[明]은 귀근(歸根) · 복명(復命) · 지상(知常)을 달관한 성인(聖人)의 명(明)이니, 성인(聖人)을 본받는다 함은 이 밝음을[明] 본받아 따름이다.

이때 성인(聖人)은 백성을 가르쳐[教] 밝음을[明] 본받게 하지는 않는다. 성인(聖人)은 무위(無爲)하니 백성은 자화(自化) 즉 스스로[自] 변화함이[化] 그 밝음[明]이고, 성인(聖人)이 호정(好靜)하니 백성은 스스로[自] 정직함이[正] 그 밝음[明]이며, 성인(聖人)이 무사(無事)하니 백성은 스스로[自] 부유함이[富] 그 밝음[明]이고, 성인(聖人)이 무욕(無欲)하니 백성은 스스로[自] 소박함이[樸] 그 밝음[明]이다. 성인(聖人)은 그렇게 밝아서[明] 『장자(莊子)』에 나오는 **성인달주무(聖人達綢繆)**를 환기시킨다.

만물이 주무(綢繆) 즉 얽히고설킨[綢繆] 것처럼 보이지만, 성인(聖人)은 온갖 것[萬物]이 하나[一]임을 깨우쳐[達] 밝은[明] 분이다. 천도(天道)가 자연의[天] 규율[道]이고 그 규칙이란 한결같음을[常] 알면[知] 누구라도 밝다는[明] 것이다. 만물은 모두 귀근(歸根)하고 복명(復命)하는 생사(生死), 즉 순환하여 왕복함을 누리므로 만물은 하나임[一]을 성인(聖人)은 깨달아[達] 밝다[明]. 따라서 여기 명(明)이란 순환하고 왕복하는 자연의[天] 규율을[道] 달명(達明) 즉 깨우쳐[達] 밝음[明]이다.

성인(聖人)은 그 상도(常道)를 좇아 항상 복명(復命)의 삶을 누리므로 천도(天道)을 더없이 깨달아 밝은[明] 분이다. 그러므로 성인(聖人)을 본받아[法] 좇아 따르면[順] 누구나 그 밝음[明]을 누리고 천지의[天地之] 벗[友]이 됨을 깨닫게 하는 말씀이 〈지상왈명(知常曰明)〉이다.

註 "합호대동(合乎大同) 대동이무기(大同而無己) 무기(無己) 오호유유(惡乎有有) 도유자석지군자(覩有者昔之君子) 도무자천지지우(覩無者天地之友)." 크나큰[大] 하나와[同乎] 합한다[合]. 대동이니[大同而] 내 것이[己] 없다[無]. 내 것이[己] 없는데[無] 어찌[惡乎] 무엇을 가짐이[有] 있겠는가[有]? 가짐을[有] 보는[覩] 자는[者] 옛날의[昔之] 군자이고[君子], 갖지 않아 없음을[無] 보는[覩] 이는[者] 하늘땅의[天地之] 벗이다[友].

대동(大同)은 여자연동(與自然同) 즉 자연과[與自然] 하나됨[同]이고, 무기(無己)는 〈무사(無私)·무욕(無欲)·무아(無我)〉를 묶어 말함이다. 성인(聖人)은 도무자(覩無者)·천지지우(天地之友)·무기자(無己者)이다. 『장자(莊子)』「재유(在宥)」

註 "성인달주무(聖人達綢繆) 주진일체의(周盡一體矣) 이부지기연성야(而不知其然性也) 복명요작(復命搖作) 이이천위사(而以天爲師) 인즉종이명지야(人則從而命之也)." 성인은[聖人] {만물(萬物)의} 얽힘을[綢繆] 달관하고[達], {상도(常道)로써 보면 얽힌 만물(萬物)이} 한[一] 몸임을[體]

두루두루[周] 다 아는 것[盡]이다[矣]. 그러나[而] {성인(聖人)은} 그러는 줄을[其然] 모름이[不知] {성인(聖人)의} 천성[性]이다[也]. 천성으로[命] 돌아와[復] 행동하고[搖作] 그래서[而] 하늘로[天] 써[以] 스승으로[師] 삼는다[爲]. 사람들은[人] (그 분을) 곧장[則] 따라서[從而] 성인(聖人)이라[之] 불러준 것[命]이다[也].

복명(復命)의 명(命)은 천성(天性)이고, 명지(命之)의 명(命)은 〈칭할 명(名)〉과 같다.

『장자(莊子)』「칙양(則陽)」

註 "부소소생어명명(夫昭昭生於冥冥) 유륜생어무형(有倫生於無形) 정신생어도(精神生於道) 형본생어정(形本生於精) 이만물이형상생(而萬物以形相生)." 무릇[夫] 보이는 것은[昭昭] 보이지 않는 것에서[於冥冥] 생기고[生], 형체로 분별할 수 있는 것은[有倫] 드러남이 없는 것에서[於無形] 생기고[生], 정신은[精神] 도에서[於道] 생기고[生], 육체는[形本] 정기(精氣)에서[於精] 생긴다[生]. 그래서[而] 온갖 것은[萬物] 형체로써[以形] 서로[相] 낳는다[生].

유륜(有倫)의 윤(倫)은 형(形) 즉 드러나는 것[形]이니 드러나 분별할 수 있는 만물이다. 어정(於精)은 어정기(於精氣)의 줄임이고, 정기(精氣)란 음양지기(陰陽之氣)를 말한다. 이형상생(以形相生)이란 사람은 사람을 낳고 뱁새는 뱁새를 낳듯 저마다 제 형체대로 낳음을 말한다.

『장자(莊子)』「지북유(知北遊)」

【보주(補註)】

- 〈지상왈명(知常曰明)〉을 〈지복명지상자명야(知復命之常者明也)〉처럼 옮기면 문의(文意)를 더 쉽게 새길 수 있다. 〈복명의[復命之] 한결같음을[常] 아는[知] 것이[者] 명(明)이다[也].〉
- 지상왈명(知常曰明)에서 지상(知常)이란 곧 지귀근(知歸根) · 지정(知靜) · 지복명(知復命)으로써 만물이 누리는 운동과 변화의 법칙이 불변함을[常] 앎[知]이다. 따라서 지상(知常)은 상도(常道)의 조화(造化)가 한결같음을[常] 앎[知]이다. 지상왈명(知常曰明)의 명(明)은 만물에 두루 미치는 상도(常道)의 행(行)을 깨침을 뜻한다. 만물에 음양(陰陽)이 유행(流行)함을 앎도 명(明)이고, 만물이 **부음이포양(負陰而抱陽)**함을 앎도 명(明)이고, 상도(常道)의 조화가 만물한테 미침[行]이 한결같음[常]을 앎도 명(明)이다. 〈근원으로[根] 돌아옴을[歸] 안다[知].〉 〈{천성(天性)의} 고요를[靜] 안다[知].〉 〈천성으로[命] 돌아옴을[復] 안다[知].〉

註 "만물부음이포양(萬物負陰而抱陽) 충기이위화(沖氣以爲和)." 온갖[萬] 것은[物] 음기를[陰] 지고[負] 양기를[陽] 안고[抱], {음양(陰陽)은} 충기로[沖氣]써[以] 화기로[和] 삼는다[爲].

『노자(老子)』 42장(章)

【해독(解讀)】

- 〈지상왈명(知常曰明)〉에서 지상(知常)은 왈(曰) 앞으로 전치되었지만 왈(曰)의 목적구 노릇하고, 왈(曰)은 동사 노릇하며, 명(明)은 목적보어 노릇한다. 복(復)은 〈따를 순(順) · 순(循), 돌아올 반(返)〉 등과 같고, 왈(曰)은 〈이를 위(謂), 일컬을 칭(稱)〉 등과 같다. 〈한결같음을[常] 앎을[知] 밝음이라[明] 한다[曰].〉
- 지상왈명(知常曰明)에서 지상(知常)은 왈(曰)의 주어 노릇하고, 왈(曰)은 수동의 동사 노릇하며, 명(明)을 주격보어로 여기고 문맥을 잡아 새겨도 된다. 〈한결같음을[常] 앎은[知] 밝음이라[明] 일컬어진다[曰].〉
- 지상(知常)의 지(知)는 여기선 마치 영어의 부정사(不定詞) 같은 〈to do〉 또는 동명사 같은 〈doing〉 노릇한다. 〈상을[常] 앎[知]〉 〈상을[常] 아는 것[知]〉

16-9 不知常(부지상) 妄作凶(망작흉)

▶ {만물이 누리는 상도(常道)의 조화가} 한결같음을[常] 모르면[不知] 재앙을[凶] 멍청하게[妄] 짓는다[作].

> 아니 부(不), 알 지(知), 무궁(無窮)할 상(常), 망녕될 망(妄), 지을 작(作), 재앙 흉(凶)

【지남(指南)】

〈부지상(不知常) 망작흉(妄作凶)〉은 재앙을[凶] 멍청하게[妄] 짓는[作] 까닭을 밝힌다. 그 까닭이 곧 〈부지상(不知常)〉이다. 여기 부지상(不知常)은 부지천명(不知天命)이다. 천명(天命) 즉 천성(天性)을 모름이[不知] 멍청하게 재앙을 짓는 까닭이다. 따라서 여기 부지상(不知常)은 앞서 살핀 귀근(歸根) · 복명(復命)을 모름[不知]인지라 〈부지천도(不知天道)〉와 같다. 자연의[天] 규율[道]이란 곧 상도(常道)의 조화(造化)이다. 상도(常道)의 조화란 한결같은지라 그냥 〈상(常)〉이라 한다. 따라서 부지상(不知常)은 곧 〈부지상도(不知常道)〉이니, 법자연(法自然)이란 순리(順理)를 모름이다.

상도(常道)의 〈상(常)〉이란 천지(天地)보다 앞 하여[先] 무시무종(無始無終) 즉 처음도[始] 없고[無] 끝도[終] 없이[無] 조화(造化)함이다. 이러한 상(常)을 알지 못하면 만물이 귀근(歸根)함을 모르고 만물이 복명(復命)함을 몰라 사(私)를 따라 욕(欲)을 부리게 된다. 그러면 앉을 자리 설 자리를 헤아릴 줄 몰라 망동(妄動)하고 마는 것이다. 망동(妄動)이란 바름[正]을 잃고 삿됨[邪]을 구함이다. 그러면 범하지 말아야 짓을 범하니 이를 흉작(凶作)이라 한다. 망동(妄動)하면 필히 망작(妄作)하고, 망작(妄作)하면 반드시 화(禍)를 자초(自招)한다. 스스로 불러들이는[自招] 불행[禍]이야말로 재앙이다.

상도(常道)의 행(行) 즉 그 조화(造化)가 무사(無私)함을 본받지 못해 사욕(私欲)을 부리다 스스로 불러들이는 온갖 불을[禍] 살펴 새기고 헤아려 깨우치게 하는 말씀이 〈부지상(不知常) 망작흉(妄作凶)〉이다.

【보주(補註)】

- 〈부지상(不知常) 망작흉(妄作凶)〉을 〈약임하인부지복명지상(若任何人不知復命之常) 기인망작흉(其人妄作凶)〉처럼 옮기면 문의(文意)를 좀더 쉽게 새길 수 있다. 〈만약[若] 누구이든[任何人] 복명의[復命之] 한결같음을[常] 모른다면[不知] 그[其] 사람은[人] 재앙을[凶] 망령되게[妄] 짓는다[作].〉
- 부지상(不知常)은 귀근(歸根)의 정(靜)을 모름으로 말미암아 복명(復命)의 상(常)을 모름이다. 이는 곧 만물에 두루 미치는 상도(常道)의 조화(造化)를 외면하여 알지 못함[不知]을 뜻한다.
- 망작흉(妄作凶)은 사욕(私欲) 탓으로 역천(逆天) 즉 천성을[天] 어김[逆]으로 말미암아 빚어지는 재앙을 뜻한다. 여기 흉(凶)은 재앙 즉 불행을 말한다.

【해독(解讀)】

- 〈부지상(不知常) 망작흉(妄作凶)〉은 조건의 종절과 주절로 이루어진 복문(複文)이다. 〈상을[常] 부지하면[不知] 망령되게[妄] 흉을[凶] 작한다[作].〉
- 부지상(不知常)에서 부(不)는 지(知)의 부정사(否定詞)이고, 지(知)는 동사 노릇하고, 상(常)은 지(知)의 목적어 노릇한다. 〈상을[常] 모르면[不知]〉
- 망작흉(妄作凶)에서 망(妄)은 작(作)을 꾸며주는 부사 노릇하고, 작(作)은 동사 노릇하며, 흉(凶)은 작(作)의 목적어 노릇한다. 〈망령되게[妄] 흉함을[凶] 짓는다[作].〉

16-10 知常容(지상용)

▶ 한결같음을[常] 깨달음은[知] (모든 것을) 포용한다[容].

알 지(知), 한결같음 상(常), 포용할 용(容)

【지남(指南)】

〈지상용(知常容)〉은 지상자(知常者)가 성인(聖人)을 본받아 모든 것을 포용함을 밝힌다. 여기 〈지상(知常)〉은 지상도(知常道) 즉 상도(常道)를 깨침[知]이니, 상도(常道)가 짓는 조화의 법칙 즉 천도(天道)를 깨달음이다. 지상(知常)하면 사람의 심중(心中)이 상도(常道)를 본받아[法] 천지(天地)의 모습[容]과 같아 만물을 하나로 포용함이 여기 지상용(知常容)의 〈용(容)〉이다. 따라서 여기 용(容)은 21장(章)에 나오는 **공덕지용(孔德之容)**과 22장(章)에 나오는 **성인포일(聖人抱一)**을 상기시킨다.

지상(知常) 즉 상도(常道)를 깨친[知] 사람은[人], 공덕(孔德) 즉 크나커 사(私)라고는 없는[孔] 덕(德)같이 모든 것을 포용하고 만물을 하나로 하는 상도(常道)를[一] 지키는[抱] 성인(聖人)은, 도무자(覩無者) 즉 없음[無]을 깨달은[覩] 자(者)로서, 무기자(無己者) 즉 자기가[己] 없는[無] 자(者)로서, 그 심중(心中)은 그냥 그대로 모든 것을 포용하면서 더없이 관용하여 껴안지 않는 것이란 없다. 그러므로 만물을 하나로 안아서 포용하고 관용하면서 천도(天道)를 그대로 본받아 삶을 누리는 달도자(達道者) 즉 상도(常道)를 깨친[達] 자(者)를 살펴 새기고 헤아려 깨우치게 하는 말씀이 〈지상용(知常容)〉이다.

註 "공덕지용(孔德之容) 유도시종(唯道是從)." 크고 텅 빈[孔] 덕의[德之] 모습[容] 이것은[是] 오로지[唯] 상도를[道] 따른다[從]. 『노자(老子)』 21장(章)

註 "성인포일위천하식(聖人抱一爲天下式)." 성인은[聖人] 상도를[一] 지켜[抱] 세상의[天下] 법식으로[式] 삼는다[爲]. 『노자(老子)』 22장(章)

【보주(補註)】

- 〈지상용(知常容)〉을 〈지상지인용야(知常之人容也)〉처럼 옮기면 문의(文意)를 좀 더 쉽게 새길 수 있다. 〈상도를[常] 깨달은[知之] 사람은[人] (만물을 하나로)

포용하는 것[容]이다[也].〉

• 지상용(知常容)에서 용(容)은 관용(寬容)이고 포용(包容)인지라 무소불포(無所不包) 즉 껴안지 않는[不包] 것이[所] 없음[無]을 뜻한다. 따라서 여기 용(容)은 포일(抱一)을 뜻한다. 포일(抱一)의 일(一)은 만물을 하나로[一] 하는 상도(常道)를 뜻해 법자연(法自然) 즉 자연(自然)을 본받음[法]이기도 하고, 존도(尊道) 즉 상도(常道)를 받듦이기도 하며, 52장(章)에 나오는 **복수기모(復守其母)** 즉 상도라는[其] 어머니께로[母] 돌아와[復] 지킴을[守] 뜻한다고 보아도 되므로 여기 용(容)은 아주 넓은 뜻을 낸다.

註 "천하유시(天下有始) 이위천하모(以爲天下母)…… 복수기모(復守其母) 몰신불태(歿身不殆)." 온 세상에[天下] 시원이[始] 있고[有], (그 시원으로) 써[以] 온 세상의[天下] 어머니로[母] 삼는다[爲].…… 그[其] 어머니께로[母] 돌아와[復] 지킨다면[守] 평생토록[歿身] 위태롭지 않다[不殆].

『노자(老子)』 52장(章)

【해독(解讀)】

• 〈지상용(知常容)〉에서 지상(知常)은 주부(主部) 노릇하고, 용(容)은 보어 노릇한다. 지상(知常)의 지(知)는 영어에서 부정사(不定詞) 같은 구실을 한다고 여기면 된다. 상(常)은 〈한결같은 항(恒)〉과 같고, 용(容)은 〈간직할 포(包)〉와 같아 포용(包容)의 줄임말로 여기면 된다. 〈지상은[知常] 용이다[容].〉

16-11 容乃公(용내공)

▶ 포용함[容]이야말로[乃] 공평함이다[公].

포용할 용(容), ~이야말로 내(乃), 공평할 공(公)

【지남(指南)】

〈용내공(容乃公)〉은 〈지상용(知常容)〉의 용(容)을 밝힌다. 그 용(容)은 곧[乃] 〈공(公)〉이란 것이다. 공(公)의 〈팔(八)〉은 배(背)이고 공(公)의 〈사(厶)〉는 사(私)인지라, 공(公)은 배사(背私)를 뜻한다. 사사로움을[私] 배척함이[背] 공(公)이다. 따라서 공(公)은 〈무기(無己) · 무욕(無欲) · 무아(無我)〉를 뜻하는 무사(無私)이고 비사(非私)이다. 사사로움이[私] 없다면[無] 공(公)이고, 사사로움이[私] 아닌 것[非]이면 공(公)이다. 그러므로 여기 공(公)은 『장자(莊子)』에 나오는 **천균(天均)**을 상기시킨다. 용내공(容乃公)의 공(公)은 자연의[天] 규율로서[道] 평균이라 대공(大公)이다. 따라서 25장(章)에 나오는 **도법자연(道法自然)**을 그대로 본받음[法]인지라, 마음 속이 광대하여 만물을 하나로서 껴안아 간직함이 공명정대(公明正大)하다.

지상(知常)하면 용(容)이고 용(容)이면 공(公)이라 함은, 심중(心中)이 상도(常道)의 벗[友]이 되어 오로지 공평(公平)하고 주편(周偏)하다는 것이다. 그러면 〈천지여아위일(天地與我爲一)〉이 된다. 천지와[天地與] 내가[我] 하나로 되는[爲一] 심중(心中)에는 자기(自己)라는 것이 없으니[無己] 사욕이[私] 없고[無], 나아가 아집(我執)이 없음[無我]이다. 여기서 용내공(容乃公)이란 진실로 19장(章)에 나오는 **소사과욕(少私寡欲)**을 환기시켜주고 있다. 내 몫[私欲]을 적게 하면[寡少] 저절로 우리 모두의 한결같은 몫[公]이 많아진다[多]. 그러면 절로 〈사(私)〉가 없어져 〈공(公)〉이 된다. 공(公)이면 곧 평(平)이니, 공평(公平)하면 무사(無私)해져 세상은 저절로 평화를 누린다.

왜 5장(章)에 **천지불인(天地不仁)**이란 말씀이 나오는가? 천지유유공(天地唯有公) 즉 천지에는[天地] 오로지[唯] 공평함만[公] 있기[有] 때문에 지상(知常)의 포용은[容] 오로지 공평(公平)함을 살펴 새기고 헤아려 깨우치게 하는 말씀이 〈용내공(容乃公)〉이다.

註 "시졸약환(始卒若環) 막득기륜(莫得其倫) 시위천균(是謂天均) 천균자천예야(天均者天倪也)." 처음과[始] 끝이[卒] 원둘레[環] 같아[若] 그[其] 순서를[倫] 알 수가[得] 없다[莫]. 이를[是] 자연의[天] 평균이라[均] 한다[謂]. 자연의[天] 평균이란[均] 것은[者] 자연의[天] 처음과 끝[倪]이다[也].

천균(天均)은 상도(常道)의 차별 없는 조화를 말한다. 천예(天倪)는 천지단예(天之端倪), 즉 자연의[天之] 처음과[端] 끝[倪]을 줄인 술어(術語)이다. 그래서 천예(天倪)를 자연의 분제(分際) 즉 나누어진 사이[分際]라 하고, 이 천예(天倪)를 천도(天道) 즉 자연의[天] 규율[道]이라 하고 그 규율에서는 〈만물일야(萬物一也)〉, 모든 것이[萬物] 하나이다[一也]. 『장자(莊子)』「우언(寓言)」

註 "인법지(人法地) 지법천(地法天) 천법도(天法道) 도법자연(道法自然)." 사람은[人] 땅을[地] 본받고[法], 땅은[地] 하늘을[天] 본받고[法], 하늘은[天] 상도를[道] 본받고[法], 상도는[道] 그냥 그러함을[自然] 본받는다[法]. 『노자(老子)』 25장(章)

註 "견소포박(見素抱樸) 소사과욕(少私寡欲)." 검소함을[素] 살펴[見] 질박함을[樸] 포용하고[抱], 내 몫을[私] 적게 하고[少] 욕망을[欲] 적게 한다[寡]. 『노자(老子)』 19장(章)

註 "천지불인(天地不仁) 이만물위추구(以萬物爲芻狗)." 천지는[天地] 어질지 않고[不仁], 만물을[萬物] 써[以] 풀강아지로[芻狗] 삼는다[爲]. 『노자(老子)』 5장(章)

【보주(補註)】

- 〈용내공(容乃公)〉을 〈용시공(容是公)〉처럼 옮기면 문의(文意)를 좀 더 쉽게 새길 수 있다. 〈포용은[容] 공평함[公]이다[是].〉
- 용내공(容乃公)에서 용(容)은, 거듭 밝히지만 지상자(知常者)의 심중(心中) 도량(度量)을 비유한다. 상도(常道)를 아는[知] 사람[者]의 마음 속[心中]을 견주어놓은[喩] 말씀이 용(容)이다. 그리고 용내공(容乃公)의 공(公)은 〈무사(無私) · 무욕(無欲) · 무아(無我) 즉 무기(無己)〉를 뜻해 두루두루[周偏] 공평(公平)함이다.

【해독(解讀)】

- 〈용내공(容乃公)〉에서 용(容)은 주어 노릇하고, 내(乃)는 주어를 강조하는 〈~이야말로 내(乃)로서 조사 노릇하며, 공(公)은 주격보어 노릇한다. 용(容)은 〈모습 상(狀) · 담을 성(盛) · 큰 대(大)〉 등을 묶어 뜻하고, 내(乃)는 〈곧 즉(卽)〉과 같고, 공(公)은 〈고를 평(平)〉과 같아 공평(公平)의 줄임말로 여기면 된다. 〈용은[容] 곧[乃] 공이다[公].〉

16-12 公乃全(공내전)

▶ 공평함[公]이야말로[乃] 두루 미침이다[全].

공평할 공(公), ~이야말로 내(乃), 온전할 전(全)

【지남(指南)】

〈공내전(公乃全)〉은 앞서 살핀 〈공(公)〉을 풀이한다. 무사(無私) · 무욕(無欲) · 무아(無我)하여 공평(公平) · 공정(公正)하다면, 그것은[公] 온갖 것에 두루 미친다는[全] 것이다. 공평(公平)하여 무사(無私)해 두루 미침은[全] 5장(章)에서 살핀 〈천지불인(天地不仁)〉과 79장(章)에 나오는 〈천도무친(天道無親)〉을 상기시킨다.

자연의[天] 규율[道]에는 편애함이[親] 없고[無], 하늘땅은[天地] 어질지 않다고[不仁] 함은 무사(無私)·무욕(無欲)하다는 것이다. 이런 천도(天道)를 본받아 사사로움이[私] 없어[無] 온갖 것에 두루 미치는[全] 마음이 곧 성인(聖人)의 마음이다. 그래서 22장(章)에 〈성인포일(聖人抱一)〉이란 말씀이 나온다. 성인(聖人)의 마음은 항상 만물을 하나로[一] 지키므로[抱一] 주편(周徧)하여 온갖 것에 두루 미친다[全].

전심(全心) 즉 온전한[全] 마음은[心] 25장(章)에 나오는 **도법자연(道法自然)**을 그대로 본받아[法] 좇는 마음인지라, 항상 수중(守中) 즉 상도(常道)를 따름을[中] 지켜서[守] 성인(聖人)은 온갖 것 온갖 일에 두루 미친다[全]. 『장자(莊子)』에 나오는 **전인(全人)**이 바로 성인(聖人)이고, 그 전인(全人)의 〈전(全)〉 역시 여기 공내전(公乃全)의 〈전(全)〉이다. 참으로 무사(無私)한 성인(聖人)만이 전인(全人), 즉 만물 만사에 두루 미치는[全] 분[人]이다.

성인(聖人)이 상도(常道)를 어머니로[母] 삼고, 그 어머니께로[母] 늘 돌아와서[復] 그 어머니를[母] 지킴은[守], 상도(常道)가 만물일야(萬物一也) 즉 만물은[萬物] 하나로서[一] 포용하기 때문이다. 이러한 성인(聖人)이 주편(周徧)하여 무사(無私)해[公] 언제나 온갖 것에 두루 미침을[全] 살펴 새기고 헤아려 깨우치게 하는 말씀이 〈공내왕(公乃王)〉이다.

註 "인법지(人法地) 지법천(地法天) 천법도(天法道) 도법자연(道法自然)." 사람은[人] 땅을[地] 본받고[法], 땅은[地] 하늘을[天] 본받고[法], 하늘은[天] 상도를[道] 본받고[法], 상도는[道] 그냥 그대로를[自然] 본받는다[法].

『노자(老子)』 25장(章)

註 "예공호중미(羿工乎中微) 이졸호사인무기예(而拙乎使人無己譽) 성인공호천(聖人工乎天) 이졸호인(而拙乎人) 부공호천이량호인자유전인능지(夫工乎天而俍乎人者唯全人能之)." (천하명궁) 예는[羿] 작은 것을[微] 맞히는[中] 데는[乎] 뛰어났지만[工而], {예(羿)는} 사람들로[人] 하여금[使] 자기를[己] 칭찬하지[譽] 않게 하는[無] 데는[乎] 서툴렀다[拙]. 성인은[聖人] 무위자연에[乎天] 능숙하지만[工而], 인위에는[乎人] 서툴다[拙]. 무릇[夫] 무위자연에[乎天] 능숙하면서[工而] 사람한테[乎人] 선한[俍之] 일[者] 그 일을[之] 오로지[唯] 전인만이[全人] 할 수 있다[能].

『장자(莊子)』「경상초(庚桑楚)」

【보주(補註)】

● 〈공내전(公乃全)〉을 〈공시전(公是全)〉처럼 옮기면 문의(文意)를 좀 더 쉽게 새

길 수 있다. 〈공평함은[公] 곧[卽] 두루 미침[全]이다[是].〉

- 공내전(公乃全)이 〈공내왕(公乃王)〉으로 된 본(本)도 있다. 여기서 전(全)은 〈두루 통할 편(徧) · 주(周)〉 등과 같아 주편(周徧)의 줄임말로 여기면 되고, 왕(王) 역시 무사(無私)하여 걸림 없이 통함인지라 공내전(公乃全)이든 공내왕(公乃王)이든 뜻에서 차이가 나는 것은 아니다. 왕(王)을 풀이하여 〈일관삼위왕(一貫三爲王)〉 또는 〈삼통지자(參通之者)〉라 하여 걸림 없이 통함을 뜻한다. 〈하나가[一] 천지인을[三] 관통함이[貫] 왕(王)이다[爲].〉 〈셋을[參] 통하는[通之] 것[者]〉
- 공내전(公乃全)의 공(公)은 〈사(厶)+팔(八)〉이니, 사(厶)는 〈사사로운 사(私)〉와 같고, 팔(八)은 〈배반할 배(背)〉와 같다. 사사로움을[厶] 배반함이[八] 곧 공(公)인지라 공(公)은 무사(無私)하여 공평(公平)함이다. 따라서 여기 전(全)은 주편(周徧) 즉 두루두루 미침을[全] 뜻한다.

【해독(解讀)】

- 〈공내전(公乃全)〉에서 공(公)은 주어 노릇하고, 내(乃)는 어조사 노릇하며, 전(全)은 보어 노릇한다. 전(全)은 〈두루 미칠 주(周) · 편(徧)〉 등과 같다. 〈공평함은[公] 곧[乃] 온전함이다[全].〉

16-13 全乃天(전내천)

▶ 두루 미침[全]이야말로[乃] 자연이다[天].

두루 통할 전(全), ~이야말로 내(乃), 자연 천(天)

[지남(指南)]

〈전내천(全乃天)〉은 앞서 살핀 〈전(全)〉을 〈천(天)〉을 들어 밝히고 있다. 전내천(全乃天)의 천(天)은 자연(自然)을 뜻한다. 공평(公平)하여 무사(無私)해 두루 미침은[全], 5장(章)에서 살핀 〈천지불인(天地不仁)〉과 79장(章)에 나오는 **천도무친(天道無親)**의 천도(天道)를 그대로 따라 법자연(法自然)하는 상도(常道)를 받들어 상도(常道)의 전능(全能)을 본받아 무위(無爲)를 행사하는 성인(聖人)은, 항상 천(天)이다.

여기 전내천(全乃天)은 앞서 살핀 전인(全人)이 곧 천인(天人)임을 나타내 성인

(聖人)은 전인(全人)이면서 동시에 천인(天人)임을 거듭 밝히고 있다. 『장자(莊子)』에서 성인(聖人)을 지인(至人)·신인(神人)·진인(眞人)·전인(全人)·천인(天人) 등으로 일컫는 까닭은 성인(聖人)을 〈용내공(容乃公) · 공내전(公乃全) · 전내천(全乃天)〉 등으로써 사방에서 밝히려 함이다. 무사(無私)하여 포용함이 지공(至公)하고 지공(至公)하여 만물 만사에 두루 미치는[全] 성인(聖人)은 천인(天人) 즉 자연인(天人)임을 여기 전내천(全乃天)이 밝히고 있는 것이다.

상도(常道)에 다다른[至] 사람이[人] 성인(聖人)이고, 상도(常道)의 조화(造化)를 그대로 본받는 사람이 성인(聖人)이며, 상도(常道)와 다를 바 없는[眞] 사람이 성인(聖人)인지라, 성인(聖人)은 곧 전인(全人)임을 밝힌 말씀이 전내천(全乃天)의 〈전(全)〉이다. 나아가 만물 만사에 사사로움[私] 없이[無] 두루 미침은[全] 곧 상도(常道)의 조화인 천도(天道)와 같기 때문에, 전(全)은 곧 천(天)인지라 전인(全人)은 곧 천인(天人)임을 밝힌 말씀이 전내천(全乃天)의 〈천(天)〉이다. 그러니 성인(聖人)이란 다름 아닌 자연 그대로인 분[天人]이다. 그러므로 성인(聖人)은 우리 범인(凡人)과는 달리 오히려 사욕(私欲)에 사로잡인 속인(俗人)의 눈으로 보면 졸인(拙人) 즉 못나고 모자란 사람[拙人]처럼 보인다.

상도(常道)와 같아 성인(聖人)을 일러 성왕(聖王)이라 칭송한다. 여기 성왕(聖王)의 왕(王)은 신하들을 거느리고 정령(政令)으로 치민(治民)하는 군왕(君王)을 일컬음이 아니고, 일관삼(一貫三) 즉 천지인(天地人) 셋[三]을 관통하는 하나[一]로서 왕(王)이니 자연을[天] 일컬음이다. 그러니 전내천(全乃天)의 천(天)은 73장(章) 〈천지도(天之道)〉이고 79장(章) 〈천도(天道)〉이고, 전내천(全乃天)의 전(全)은 천도(天道) 즉 자연의[天之] 규율과[道] 같다.

지극히 공평(公平)하여 자기[私]라 할 것이 전혀 없어 막힘 없이 두루 미치는 전(全)은, 상도(常道)가 행어만물(行於萬物) 즉 만물에[於萬物] 두루 미침인[行] 천(天) 즉 자연(自然)과 같음을 살펴 새기고 헤아려 깨우치게 하는 말씀이 〈전내천(全乃天)〉이다.

註 "천도무친(天道無親) 상여선인(常與善人)." 자연의[天] 규율에는[天道] (따로) 친애함이[親] 없고[無], 늘[常] 선한[善] 사람과[人] 함께한다[與]. 『노자(老子)』 79장(章)

註 "신하유강(神何由降) 명하유출(明何由出) 성유소생(聖有所生) 왕유소성(王有所成) 개원어일(皆原於一) 불리어종(不離於宗) 위지천인(謂之天人) 불리어정(不離於精) 위지신인(謂之神人) 불리어진(不離於眞) 위지지인(謂之至人) 이천위종(以天爲宗) 이덕위본(以德爲本) 이도위문(以道爲門) 조어변화(兆於變化) 위지성인(謂之聖人)." 정신작용은[神] 무엇[何]에서[由] 강림하고[降], 의식함은[明] 무엇[何]에서[由] 나오는가[出]? 성덕에[聖] (신명이) 생기는[生] 바가[所] 있고[有], 왕도에[王] (신명이) 이루어지는[成] 바가[所] 있다[有]. 이 모두는[皆] 하나 즉 상도에[於一] 근원한다[原]. 상도에서[於宗] 떠나지 않는[不離] (이를) 천인이라[天人] 하고[謂], {상도(常道)의} 정수(精髓)에서[於精] 떠나지 않는[不離] (이를) 신인이라[神人] 하며[謂], (상도의) 본체에서[於本] 떠나지 않는[不離] (이를) 지인이라[至人] 하고[謂], 자연을[以天] 종주로[宗] 삼고[爲] 상덕을[以德] 본원으로[本] 삼으며[爲] 상도를[以道] 조화의 문으로[門] 삼아[爲] 변화를[於變化] 미리미리 살피는[兆] (이를) 성인이라[聖人] 한다[謂]. 『장자(莊子)』「천하(天下)」

【보주(補註)】

- 〈전내천(全乃天)〉을 〈전시천(全是天)〉처럼 옮기면 문의(文意)를 좀 더 쉽게 새길 수 있다. 〈두루 미침은[全] 자연[天]이다[是].〉
- 전내천(全乃天)에서 천(天)은 천지(天地)의 줄임말로 여기고 새겨도 되지만, 자연(自然)을 지칭하는 천(天)으로 새김이 마땅하다. 〈두루 미침은[全] 곧[乃] 자연이다[天].〉
- 전내천(全乃天)이 〈왕내천(王乃天)〉 또는 〈주내대(周乃大)〉로 된 본(本)도 있다. 앞 〈지상용(知常容) · 용내공(容乃公)〉에서 용(容) · 공(公)으로써, 그리고 〈천내도(天乃道) · 도내구(道乃久)〉에서 도(道) · 구(久)로써 위운(爲韻) 즉 끝소리가[韻] 걸맞지만[爲], 〈공내왕(公乃王) · 왕내천(王乃天)〉은 운(韻)이 서로 어긋나니 아마도 〈전(全)〉이 〈왕(王)〉 자(字)로 오기(誤記)되었다는 견해가 통설로 돼 있다.

【해독(解讀)】

- 〈전내천(全乃天)〉에서 전(全)은 주어 노릇하고, 내(乃)는 주어를 강조하는 〈~이야말로 내(乃)〉로서 조사 노릇하며, 천(天)은 보어 노릇한다. 〈두루 통함은[全] 곧[乃] 자연이다[天].〉
- 전내천(全乃天)에서 전(全)은 〈임금 왕(王)〉으로 새김함보다 〈임금노릇 왕(王)〉으로 새김함이 문의(文意)에 더 가깝고, 천(天)은 〈하늘 천(天)〉으로 새기는 쪽보다 〈자연 천(天)〉으로 새기는 쪽이 걸맞다.

16-14 天乃道(천내도)

▶ 자연[天]이야말로[乃] 상도이다[道].

자연 천(天), ~이야말로 내(乃), 상도(常道) 도(道)

【지남(指南)】

〈천내도(天乃道)〉는 앞서 살핀 〈천(天)〉을 〈도(道)〉를 들어 밝히고 있다. 천내도(天乃道)의 도(道)는 만물을 생지휵지(生之畜之) 즉 낳아[生之] 길러주어[畜之] 생사(生死)를 누리게 하는 상도(常道)를 뜻한다. 천(天) 즉 자연(自然)이란 상도(常道)의 체용(體用)을 밝힘이다. 자연(自然) 바로 그것을 천일(天一)이라 함은 자연(自然)은 곧 상도(常道)라는 것이다. 그러니 **도법자연(道法自然)**이란 따지고 보면 상도자법(常道自法) 즉 상도는(常道) 스스로를[自] 본받음을[法] 뜻한다.

도생일(道生一)하여 상도(常道)는 그 일(一) 즉 태극(太極)을 본받고, **일생이(一生二)**하여 그 이(二) 즉 음양(陰陽)을 본받고, **삼생만물(三生萬物)**하여 그 만물을 본받아 조화(造化)한다. 그래서 상도(常道)를 일컬어 여물반(與物反) 즉 사물과[與物] 돌아옴이[反] 천(天) 즉 자연(自然)임을 살펴 새기고 헤아려 깨우치게 하는 말씀이 〈천내도(天乃道)〉이다.

註 "인법지(人法地) 지법천(地法天) 천법도(天法道) 도법자연(道法自然)." 사람은[人] 땅을[地] 본받고[法], 땅은[地] 하늘을[天] 본받고[法], 하늘은[天] 상도(常道)를[道] 본받고[法], 도는[道] 스스로 그러함을[自然] 본받는다[法]. 『노자(老子)』 25장(章)

註 "도생일(道生一) 일생이(一生二) 이생삼(二生三) 삼생만물(三生萬物)." 도가[道] 하나를[一] 낳고[生], 하나가[一] 둘을[二] 낳고[生], 둘은[二] 셋을[三] 낳는다[生]. 셋은[三] 온갖 것을[萬物] 낳는다[生]. 『노자(老子)』 42장(章)

【보주(補註)】

- 〈천내도(天乃道)〉를 〈천시도(天是道)〉처럼 옮기면 문의(文意)를 좀 더 쉽게 새길 수 있을 것이다. 〈자연은[天] 상도[道]이다[是].〉
- 천내도(天乃道)에서 천(天)은 자연(自然)이고, 도(道)는 도법자연(道法自然)의

도(道) 즉 상도(常道)를 뜻한다. 〈상도는[道] 자연을[自然] 본받는다[法].〉

● 천내도(天乃道)가 〈대내도(大乃道)〉로 된 본(本)도 있다. 여기서 〈대(大)〉는 〈천(天)〉과 같아 문의(文義)가 달라지는 것은 아니다.

【해독(解讀)】

● 〈천내도(天乃道)〉에서 천(天)은 주어 노릇하고, 내(乃)는 주어를 강조하는 〈~이야말로 내(乃)〉로서 조사 노릇하며, 도(道)는 주격보어 노릇한다. 천(天)은 〈하늘 천(天)〉으로 새기는 쪽보다 〈자연 천(天)〉으로 새기는 편이 원문(原文)의 문의(文義)와 걸맞고, 내(乃)는 〈곧 즉(卽)〉과 같고, 도(道)는 상도(常道) 또는 대도(大道)의 줄임이다. 〈천은[天] 곧[乃] 도이다[道].〉

16-15 道乃久(도내구)

▶ 상도[道]야말로[乃] 오램이다[久].

이치 도(道), ~이야말로 내(乃), 오래 구(久)

【지남(指南)】

〈도내구(道乃久)〉는 상도(常道)를 〈구(久)〉로써 밝힌다. 여기 구(久)는 25장(章)에 나오는 **독립불개(獨立不改)**를 환기시킨다. 홀로[獨] 있고[立] 바뀌지 않음은[不改] 장구(長久)함이다. 불개(不改)로써 독립(獨立)하니, 무생사(無生死)이니 무시무종(無始無終)하여 무고금(無古今)하다. 처음[始]도 끝[終]도 없으니[無] 예(古)도 지금[今]도 없어[無] 미래[來]란 것도 따로 없고 그저 그냥 그대로 무한(無限)하고 무궁(無窮)할 뿐임이 여기 구(久)이다.

그래서 상도(常道)의 구(久)를 깨닫자면 40장(章)에 나오는 **유생어무(有生於無)**라는 말씀을 두고두고 살펴 새기고 헤아려야 한다. 있음[有]은 없음에[無] 의해서[於] 생겨[生] 만물이 생사(生死)를 누린다 함은 곧 상도(常道)의 조화를 밝힘이다. 그래서 『장자(莊子)』에 **살생자불사(殺生者不死) 생생자불생(生生者不生)**이란 말이 나온다. 상도(常道)를 살생자(殺生者) · 생생자(生生者)라고 밝힘은 만물의 생사(生死)는 오로지 상도(常道)의 조화(造化)일 뿐임을 밝혀 상도(常道)의 장구(長久)함을 밝힘이다.

상도(常道)는 불생불사(不生不死)이니 영구(永久)하고, 영구(永久)하니 천지만물을 유자(有者)가 되게 한다. 유자(有者) 즉 있는[有] 것[者]이면 그 무엇이든 생사(生死)·시종(始終)이 있으므로 무구(無久)하다. 생사(生死)를 누리는 만물이란 유시유종(有始有終)·유고유금(有古有今)하니 일장춘몽(一場春夢)이라 한다. 그러므로 아무런 탈 없이 유자(有者)인 만물의 생사(生死)를 누리게 하면서 무시(無時)로 주행(周行)하여 온갖 것에 두루 미치는 상도(常道)의 조화를 살펴 새기고 헤아려 깨우치게 하는 말씀이 〈도내구(道乃久)〉이다.

註 "유물혼성(有物混成) 선천지생(先天地生) 적혜료혜(寂兮寥兮) 독립불개(獨立不改) 주행이불태(周行而不殆) 가이위천하모(可以爲天下母)." 혼일함이[混] 이루어지는[成] 것이[物] 있고[有], (그것은) 천지가[天地] 생기기[生] 앞이다[先]. 소리 없어 고요하구나[寂兮]! 휑하니 모습이 없구나[寥兮]! 홀로[獨] 있고[立] 바뀌지 않고[不改], 두루[周] 미치면서도[行而] 쉬지(쇠퇴하지) 않아[不殆], (그것으로) 써[以] 온 세상의[天下] 어머니로[母] 능히[可] 삼는다[爲]. 『노자(老子)』 25장(章)

註 "천하만물생어유(天下萬物生於有) 유생어무(有生於無)." 온 세상[天下] 온갖[萬] 것은[物] 있음[有]에서[於] 생기고[生], 있음은[有] 없음[無]에서[於] 생긴다[生]. 『노자(老子)』 40장(章)

註 "살생자불사(殺生者不死) 생생자불생(生生者不生) 기위물(其爲物) 무부장야(無不將也) 무불영야(無不迎也) 무불훼야(無不毁也) 무불성야(無不成也) 기명위영령(其名爲攖寧) 영령야자영이후성자야(攖寧也者攖而後成者也)." 삶을[生] 죽이는[殺] 것은[者] 죽지 않고[不死], 삶을[生] 낳는[生] 것은[者] 태어나지 않는다[不生]. 그것에는[其爲物] 보내지 않음도[不將] 없는 것[無]이고[也], 맞이하지 않음도[不迎] 없는 것[無]이며[也], 이지러지지 않음도[不毁] 없는 것[無]이며[也], 이뤄지지 않음도[不成] 없는 것[無]이다[也]. 그것을[其名] 영령이라[攖寧] 한다[爲].

불사불생(不死不生)은 상도(常道)를 말한다. 『장자(莊子)』「대종사(大宗師)」 4(節)

【보주(補註)】

- 〈도내구(道乃久)〉를 〈도시구(道是久)〉처럼 옮기면 문의(文意)를 좀 더 쉽게 새길 수 있다. 〈상도는[道] 영구함[久]이다[是].〉
- 도내구(道乃久)에서 도(道)는 25장(章)에 나오는 **도법자연(道法自然)**의 도(道) 즉 상도(常道)로 새기면 문의(文意)와 걸맞고, 구(久)는 오로지 상도(常道)밖에 없음을 뜻한다.

註 "도법자연(道法自然)." 상도는[道] 자연을[自然] 본받는다[法]. 『노자(老子)』 25장(章)

【해독(解讀)】

- 〈도내구(道乃久)〉에서 도(道)는 주어 노릇하고, 내(乃)는 주어를 강조하는 〈~이야말로 내(乃)〉로서 조사 노릇하며, 구(久)는 보어 노릇한다. 도(道)는 상도(常道)이고, 내(乃)는 〈곧 즉(卽)〉과 같고, 구(久)는 〈오랠 영(永)〉과 같아 영구(永久)의 줄임말로 여기면 된다. 〈도는[道] 곧[乃] 구이다[久].〉

16-16 沒(몰) 身不殆(신불태)

▶ 종신토록[沒] 제 몸은[身] 위태롭지 않다[不殆].

없어질 몰(沒), 몸 신(身), 아니 불(不), 위태로울 태(殆)

【지남(指南)】

〈몰(沒) 신불태(身不殆)〉는 상도(常道)를 성법(誠法)하는 성인(聖人)을 진실로[誠] 본받기[法] 한다면 누구든 죽을 때까지[沒身] 불행을 당하지 않음을 말한다. 사람은 누구나 불행이 아니라 행복을 바란다. 그러나 행복을 바라는 마음이 곧 불행의 곳간[府]임을 깨우친 사람이 없음을 되살피게 하는 말씀이 여기 〈몰(沒) 신불태(身不殆)〉이다.

법도필유행(法道必有幸)이라 한다. 상도를[道] 본받으면[法] 반드시[必] 행복이[幸] 온다는[有] 뜻이다. 여기 법도(法道)는 무사(無私)·무욕(無欲)·무아(無我)란 말과 같고, 이러한 법도(法道)를 누리는 삶을 〈소사과욕(少私寡欲)〉이라 한다. 사사로움을[私] 적게 하고[少] 사욕을[欲] 줄여가는[寡] 삶을 누린다면 법도(法道)의 삶을 누리므로 불행이 범접하지 못한다는 것을 의심할수록 행복은 멀어진다. 상도(常道)를 본받기[法] 한다면 절로 소사(少私)하여 과욕(寡欲)해져 반드시[必] 행복이 생긴다[有幸].

법도(法道)란 **독성기천(獨成其天)**을 지행(知行) 즉 알고[知] 행함[行]이다. 그러나 사람은 저마다 탐욕의 주머니[私]를 심중에 감추고 행복을 부르기 때문에 부나비처럼 불을 향해 질주한다. 부나비가 불로 돌진하는 짓 따위가 여기 〈태(殆)〉이다. 제 목숨을 스스로 태워버림보다 더 위태(危殆)함이란 없으니, 무사(無私)할수록 법도(法道)에 가까워져 불행을 불러오는 위태함이란 없음을[不殆] 살펴 새기고 헤아려 깨우치는 말씀이 〈몰신불태(沒身不殆)〉이다.

註 "묘호소재(眇乎小哉) 소이속어인야(所以屬於人也) 오호대재(謷乎大哉) 독성기천(獨成其天)." {성인(聖人)은} 작고[眇乎] 작도다[小哉]! 사람들한테[於人] 속해 있는[屬] 까닭[所以]이다[也]. {허나 성인(聖人)은} 높고[謷乎] 크도다[大哉]! 홀로[獨] 그[其] 자연을[天] 이룬다[成].

여기서 기천(其天)이란 무기(無己)하여 자연(自然)이 됨을 말한다.

『장자(莊子)』「덕충부(德充符)」

【보주(補註)】

- 〈몰(沒) 신불태(身不殆)〉를 〈직도신몰시(直到身沒時) 기신불태(其身不殆)〉처럼 옮기면 문의(文意)를 좀 더 쉽게 새길 수 있다. 〈제 자신이[身] 죽을[沒] 때까지[直到時] 그[其] 자신은[身] 위태롭지 않다[不殆].〉 〈제 자신이[身] 죽을[沒] 때까지[直到時] 그[其] 자신에게[身] 위태로움은[殆] 없다[不].〉
- 〈몰(沒) 신불태(身不殆)〉에서 몰(沒)은 자생지사(自生至死)를 말하고, 신불태(身不殆)는 자신이 태(殆) 즉 불행을 자초하지 않음을 말한다. 〈태어나서부터[自生] 죽을 때까지[至死]〉

【해독(解讀)】

- 〈몰(沒) 신불태(身不殆)〉는 시간의 종절과 주절로 이루어진 복문(複文)이다. 〈몰신까지[沒身] 불태한다[不殆].〉
- 몰(沒)은 〈신몰(身沒)〉에서 주어 노릇할 신(身)은 보충될 수 있는 내용이므로 생략됐고, 몰(沒)은 동사 노릇한다. 몰(沒)은 〈죽을 사(死)〉와 같다. 〈{자신[身]이} 죽을 때까지[沒]〉
- 신불태(身不殆)에서 신(身)은 주어 노릇하고, 불(不)은 태(殆)의 부정사(否定詞)이고, 태(殆)는 동사 노릇한다. 〈그 자신은[身] 위태하지 않다[不殆].〉
- 신불태(身不殆)에서 불(不)을 〈없을 불(不)〉로 여기고 문맥을 잡아 새길 수도 있다. 그러면 신(身)은 부사 노릇하고, 불(不)은 동사 노릇하며, 태(殆)는 불(不)의 주어 노릇한다. 〈자신에게[身] 위태로움은[殆] 없다[不].〉

17

老子之言

귀언장(貴言章)

노자(老子)가 바라는 치세(治世)와, 노자(老子)가 바라지 않는 치세(治世)가 순차적으로 적시(摘示)된 장(章)이다. 노자(老子)가 바라는 치세(治世) 즉 정치는 치자(治者)가 진실로 질박(質樸)한 소양(素養)을 갖추어야 하고, 조정(朝廷) 즉 정부는 백성 즉 시민의 삶을 행복하게 하는 데 애써야 하며, 치세(治世)의 권력은 백성을 조금이라도 핍박(逼迫)해서는 안 된다는 것이다. 그러므로 덕치(德治)와 법치(法治)가 어울려[和] 하나여야지 서로 떨어져서는 안 된다는 주장이다.

그러나 치자(治者)가 형정(刑政)으로써 백성을 진압(鎭壓)함은 성신(誠信)이 없어져서이고, 따라서 백성은 치세(治世)를 불신하게 되어 더욱 치자(治者)가 고압(高壓)의 치세(治世)를 부리게 된다는 것이다. 따라서 형정(刑政)의 치세(治世)를 격렬하게 부정한다.

가장 바람직한 치세(治世)는 〈귀언(貴言)〉 이 한마디 속에 간직돼 있다. 치자(治者)가 백성의 안녕을 더없이 누리게 하여 백성이 치세(治世)가 펼쳐지는 줄도 모르게 이루어져야 치세(治世)의 압정(壓政)이 완전히 해소됨을 밝히는 장(章)이다.

【원문(原文)】

太上은 不知有之하고 其次는 親之譽之하며 其次는 畏之
태상 부지유지 기차 친지예지 기차 외지
하고 其次는 侮之한다 故로 信不足焉하고 有不信焉한다 悠
기차 모지 고 신부족언 유불신언 유
兮라 其貴言하니 功成事遂해도 百姓이 皆謂我自然한다
혜 기귀언 공성사수 백성 개위아자연

태고 때에는[太上] (백성은) 다스리는 자가[之] 있는 줄도[有] 몰랐고[不知], 태고(太古)의 다음 시대에는[其次] (백성이 자기들을) 다스리는 자를[之] 가까이면서[親] 그를[之] 기렸으며[譽], 다음다음 때에는[其次] (백성은) 다스리는 자를[之] 두려워했고[畏], 다음다음 때에는[其次] (백성이) 다스리는 자를[之] 업신여겼다[侮]. 그래서[故] {무위지치(無爲之治)의} 믿음이[信] 백성에게[焉] 만족되지 못해서[不足] (백성한테) 치자를[焉] 믿지 못함이[不信] 생겼다[有]. {정사(政事)를 번거롭게 펴지 않아} 한가하구나[悠兮]! 백성이 몰랐던 치자(治者)는[其] 정사(政事)의 발령(發令)을[言] 함부로 내지 않았다[貴]. {무위(無爲)를 행하는 성인(聖人)이} 공적을[功] 이루고[成] 사업을[事] 완수했어도[遂], {성인(聖人)이 그렇게 한 줄 모르는} 백성은[百姓] 모두[皆] 우리는[我] 본디대로 그냥 그러하다고[自然] 말했다[謂].

17-1 太上(태상) 不知有之(부지유지)

▶태고 때에는[太上] (백성은) 다스리는 자가[之] 있는 줄도[有] 몰랐다[不知].

클 태(太), 임금 상(上), 아니 부(不), 알 지(知), 있을 유(有), 그것 지(之)

【지남(指南)】

〈태상부지유지(太上不知有之)〉는 태고(太古) 때 황제와 백성의 관계를 밝힌다. 〈태상(太上)〉은 태고(太古)의 시대를 말한다. 여기서 태상(太上)이란 유가(儒家) 등에서 말하는 삼황(三皇) 이전의 시대를 말한다. 오로지 상도(常道)를 본받아[法] 무위(無爲)로써[以] 상덕(常德)을 베푸는[施] 성인재상(聖人在上)의 시대를 말한다. 성인이[聖人] 백성의 윗자리에[上] 있어도[在] 백성은 그런 치자(治者)가 있는 줄도 몰랐던 시대가 여기 태상(太上)이다. 이는 57장(章)에 나오는 **이무사취천하(以無事取天下)**를 상기시킨다. 따라서 태상(太上)이란 도법자연(道法自然)을 그대로 따라[順] 받드는[尊] 성인(聖人)이 황제로서 무위지치(無爲之治)를 행하여 온 백성이 오직 순박하게 살았던 시대이다.

태상(太上)의 백성은 80장(章)에 나오는 〈소국과민(小國寡民)〉의 바로 그 백성[民]이다. 『예기(禮記)』에 **대상귀덕(大上貴德)**이라 하여 대상(大上)이란 말이 나오지만, 여기 태상(太上)과 같은 말은 아니다. 태상(太上)의 시대에는 인의예악(仁義禮樂)이 마련해주는 형정(刑政)의 치세(治世)란 없이 자연(自然)을 본받아[法] 무위(無爲)로써만 치민(治民)하였다. 태상(太上)의 치민(治民)은 57장(章)에 〈성인운(聖人云)〉으로써 잘 나타나 있다. 상민(上民) 즉 백성[民] 위에 있지만[上], 백성은 그런 줄도 모르면서 51장(章)에 나오는 **상자연(常自然)**으로써 35장(章)에 나오는 **안평태(安平泰)**의 삶을 누렸던 태고(太古)의 시대가 태상(太上)이다.

그러므로 부지유지(不知有之)의 〈지(之)〉는 59장(章) **유국지모(有國之母)**의 〈국지모(國之母)〉를 상기시킨다. 태상(太上)의 성왕(聖王)은 예악형정(禮樂刑政)으로 다스리는 치자(治者)가 아니다. 태상(太上)의 성왕(聖王)은 무위(無爲)의 자애(慈愛)로 백성을 다스리고자 상도(常道)를 본받는[法] 어머니[母]로서 치민(治民)했다. 백성을 아끼고 다스린 성인(聖人)의 황제를 태상(太上)의 백성은 모르면서도 항상[常] 그냥 그대로[自然] 본받아 이에[安] 화평하고[平] 태안한[泰] 삶을 누렸다.

거듭 밝히지만, 치자(治者)로서 태상(太上)의 성인(聖人)은 예악형정(禮樂刑政)으로써 치세(治世)하지도 않았고, 용병(用兵)의 기계(奇計) 따위는 더더욱 꾀하지 않았다. 태상(太上)의 성인(聖人)은 무위(無爲)하고 호정(好靜)하며 무사(無事)하고 무욕(無欲)하여 백성의 윗자리에[上] 있었을[在] 뿐이다. 그래서 하민(下民) 즉 그 아래의[下] 백성은 재상(在上)에 상선(常善) 즉 상덕(常德)으로써 구민(救民)하는 줄을 알지 못했다. 상선(常善)이란 상도(常道)를 그냥 그대로 이어받아[繼] 행함이니, 성인(聖人)은 상도(常道)를 그냥 그대로[自然] 본받아 무위(無爲)로 세상을 취하되[取] 정령(政令)을 발하지 않으므로 백성은 편안히 살게 되는 까닭을 미처 몰랐다. 성인(聖人)의 이러한 무위(無爲) · 불언(不言)의 치세(治世)는 『장자(莊子)』에 나오는 **천국(天鬻)**을 상기시켜주는 치세(治世)라고 말할 수 있다.

천지가 마련해주는 먹을거리[天鬻]로 만족하고 삶을 누려 절로 **견소포박(見素抱樸) 소사과욕(少私寡欲)**의 삶을 누리는 천하가 천국(天鬻)의 세상이다. 태상(太上)에서 성인(聖人)의 취세(取世)는 백성으로 하여금 부쟁(不爭)하는 안평태(安平泰)의 세상을 누리게 치민(治民)하였음을 살펴 새기고 헤아려 깨우치게 하는 말씀이 〈태상부지유지(太上不知有之)〉이다.

註 "이무사취천하(以無事取天下)…… 성인운(聖人云) 아무위이민자화(我無爲而民自化) 아호정이민자정(我好靜而民自正) 아무사이민자부(我無事而民自富) 아무욕이민자박(我無欲而民自樸)." {인위(人爲)의} 일이[事] 없음으로[無]써[以] 온 세상을[天下] 얻는다[取]. …… 성인은[聖人] 말한다[云] : 나에게[我] 인위가[爲] 없으니까[無而] 백성은[民] 절로[自] 변화하고[化], 내가[我] 고요를[靜] 좋아하니까[好而] 백성은[民] 절로[自] 바르고[正], 나에게[我] {인위(人爲)의} 일이[事] 없으니까[無而] 백성은[民] 절로[自] 부유하며[富], 나에게[我] 욕심이[欲] 없으니까[無而] 백성은[民] 절로[自] 본디대로다[樸]. 『노자(老子)』 57장(章)

註 "대상귀덕(大上貴德) 기차무시보(其次務施報) 예상왕래(禮尙往來) 왕이불래비례야(往而不來非禮也) 내이불왕비례야(來而不往非禮也)." 태고에는[大上] 덕을[德] 받들었고[貴], 그 다음 시대는[其次] 베풀고[施] 보답하기를[報] 힘썼다[務]. 예는[禮] (베풀러) 가고[往] (보답하러) 옴을[來] 숭상한다[尙]. 갔음에도[往而] 오지 않으면[不來] 예가[禮] 아닌 것이고[非也], 왔음에도[來而] 가지 않으면[不往] 예가[禮] 아닌 것이다[非也].

여기 왕래(往來)는 시보(施報)를 뜻한다. 선물을 가지고 가서 인사하는 것이[施] 왕(往)이고, 선물을 가지고 와서 보답하는 것이[報] 내(來)이다. 여기 기차(其次)는 하은주(夏殷周) 삼대(三代)를 말한다. 『예기(禮記)』「곡례상(曲禮上)」

註 "도지존(道之尊) 덕지귀(德之貴) 부막지명이상자연(夫莫之命而常自然)." 상도의[道之] 받듦과[尊] 덕의[德之] 받듦[貴] 그것을[之] 무릇[夫] 하라 함이[命] 없어도[莫而] 늘[常] 절로[自] 그리한다[然]. 『노자(老子)』 51장(章)

註 "집대상(執大象) 천하왕(天下往) 왕이불해(往而不害) 안평태(安平泰)." 상도의[大] 짓을[象] 지키니[執] 세상 사람들이[天下] 찾아온다[往]. 찾아오면[往而] 해로움이 없고[不害], 이에[安] 화평하고[平] 태안하다[泰]. 『노자(老子)』 35장(章)

註 "유국지모(有國之母) 가이장구(可以長久)." 나라의[國之] 어머니가[母] 있음으로[有]써[以] (그 나라는) 장구할[長久] 수 있다[可]. 『노자(老子)』 59장(章)

註 "성인불모(聖人不謀) 오용지(惡用知) 불착(不斲) 오용교(惡用膠) 무상(無喪) 오용덕(惡用

德) 불화(不貨) 오용상(惡用商) 사자천국(四者天鬻) 천국야자천사야(天鬻也者天食也) 기수사어천(旣受食於天) 우오용인(又惡用人).” 성인은[聖人] 꾀하지 않는데[不謀] 어찌[惡] 지식을[知] 쓰겠으며[用], 깎고 다듬지 않는데[不斲] 어찌[惡] 갖풀을[膠] 쓰겠으며[用], 잃을 것이[喪] 없는데[無] 어찌[惡] 인덕(人德)을[德] 쓰겠으며[用], 돈벌이를 않는데[不貨] 어찌[惡] 상술(商術)을[商] 쓰겠는가[用]? {불모(不謀)·불착(不斲)·무상(無喪)·불화(不貨)는} 자연이[天] 길러주는[鬻] 네 가지[四者]이다[也]. 자연이[天] 길러줌[鬻]이란[也] 것은[者] 자연이[天] 먹여줌[食]이다[也]. 이미[旣] 자연으로부터[於天] 먹을거리를[食] 받았는데[受] 또[又] 어찌[惡] 인간의 것을[人] 쓰겠는가[用]?

〈깎고 다듬을 착(斲)〉, 〈갖풀 교(膠)〉, 〈상(商)=상술(商術)〉, 〈팔고 살 화(貨)〉, 〈길러죽 국(鬻)=먹을거리 사(食)〉이다. 사(食)는 〈먹을 식(食), 먹을거리 사(食)〉로 서로 다른 뜻을 낸다.

『장자(莊子)』「덕충부(德充符)」

註 “견소포박(見素抱樸) 소사과욕(少私寡欲).” 검소함을[素] 살피고[見] 질박함을[樸] 지키며[抱], 제 몫을[私] 적게 하고[少] 욕망을[欲] 적게 한다[寡]. 『노자(老子)』 19장(章)

【보주(補註)】

- 〈태상부지유지(太上不知有之)〉를 〈태상지민부지유성인지치세(太上之民不知有聖人之治世)〉처럼 옮기면 문의(文意)를 좀 더 쉽게 새길 수 있다. 〈태고 시대의[太上之] 백성은[民] 성인이[聖人之] 세상을[世] 다스림이[治] 있음을[有] 몰랐다[不知].〉
- 태상부지유지(太上不知有之)의 태상(太上)은 『장자(莊子)』의 **지덕지세(至德之世)**를 이룬 태고(太古)의 전설적인 시대라고 생각하면 된다.

註 “자독부지지덕지세호(子獨不知至德之世乎) 석자용성씨(昔者容成氏) 대정씨(大庭氏) 백황씨(伯皇氏) 중앙씨(中央氏) 율륙씨(栗陸氏) 여축씨(驪畜氏) 헌원씨(軒轅氏) 혁서씨(赫胥氏) 존로씨(尊盧氏) 축융씨(祝融氏) 복희씨(伏戱氏) 신농씨(神農氏) 당시시야(當是時也) 민결승이용지(民結繩而用之) 감기사(甘其食) 미기복(美其服) 낙기속(樂其俗) 안기거(安其居) 인국상망(隣國相望) 계구지음상문(鷄狗之音相聞) 민지로사이불상왕래(民至老死而不相往來) 약차지시(若此之時) 즉지치이(則至治已).” 그대만[子獨] 지극한[至] 덕의[德之] 세상에[世] 이르렀음을[至] 모르는 것[不知]인가[乎]? 옛날에[昔者] 용성씨(容成氏) 대정씨(大庭氏) 백황씨(伯皇氏) 중앙씨(中央氏) 율륙씨(栗陸氏) 여축씨(驪畜氏) 헌원씨(軒轅氏) 혁서씨(赫胥氏) 존로씨(尊盧氏) 축융씨(祝融氏) 복희씨(伏戱氏) 신농씨(神農氏) 당대가[當] 그런[是] 시대였던 것[時]이다[也]. (그때) 백성은[民] 노끈을[繩] 맺어서[結而] (글자로) 그것을[之] 사용했고[用], 그[其]

먹을거리를[食] 달게 먹었고[甘], 그[其] 의복을[服] 아름답다 여겼고[美], 그[其] 풍속을[俗] 즐겼으며[樂], 그[其] 거처를[居] 편안해 했고[安], 이웃[鄰] 나라가[國] 서로[相] 바라보여[望] 닭과[鷄] 개의[狗之] 울고 짖는 소리가[音] 서로[相] 들렸지만[聞], 백성은[民] 늙어[老] 죽음에[死] 이르러서도[至而] 서로[相] 가고 오지 않았다[不往來]. 만약[若] 이러한[此之] 시대라면[時] 곧[則] 지극한[至] 다스림[治]일 뿐이다[已].

여기 내용은 『노자(老子)』 80장(章)의 내용을 그대로 따르고 있다.

『장자(莊子)』 「거협(胠篋)」

- 태상(太上)은 최호(最好) 즉 더없이[最] 좋은[好] 시대이고, 대도(大道)의 세상으로 무위(無爲)를 누리면서 상망(相忘) 즉 서로[相] 잊고[忘] 살았던 시대를 말한다. 여기 상망(相忘)이란 불상쟁(不相爭) 즉 서로[相] 다투지 않아[不爭], 불상해(不相害) 즉 서로[相] 해치지 않는[不害] 세상을 뜻한다.
- 태상부지유지(太上不知有之)가 〈태상하지유지(太上下知有之)〉로 된 본(本)도 있다. 〈불(不)〉이 〈하(下)〉가 되면 원문(原文)의 문의(文義)가 반대가 된다. 진정한 무위(無爲)의 다스림은 피치자(被治者)가 알지 못하는 다스림[治]인지라 태상부지유지(太上不知有之)가 17장(章)의 주지(主旨)와 상응한다. 〈태고 시대는[太上] 그것이[之] 있음을[有] 몰랐다[不知].〉 〈태고의 시대의[太上] 백성은[下] 그것이[之] 있음을[有] 알았다[知].〉

【해독(解讀)】

- 〈태상부지유지(太上不知有之)〉에서 태상(太上)은 지(知)를 꾸며주는 부사 노릇하고, 부(不)는 지(知)의 부정사(否定詞) 노릇하며, 지(知)는 동사 노릇하고, 유지(有之)는 지(知)의 목적구 노릇한다. 유지(有之)의 유(有)는 영어의 부정사(不定詞) 또는 동명사처럼 구실한다. 〈태상 때에[太上] (백성은) 그것이[之] 있음을[有] 몰랐다[不知].〉
- 태상부지유지(太上不知有之)의 지(之)를 무위(無爲)로 다스리는[治] 성인지황제(聖人之黃帝)를 나타내는 지시어로 여기고 새겨도 된다. 〈태고의 시대에는[太上] 성인인[聖人之] 황제가[黃帝] 있음을[有] (백성은) 몰랐다[不知].〉

17-2 其次(기차) 親之譽之(친지예지)

▶태고(太古)의 다음 시대에는[其次] (백성이 자기들을) 다스리는 자를[之] 가까이면서[親] 그를[之] 기렸다[譽].

그 기(其), 다음 차(次), 친할 친(親), 그것 지(之), 기릴 예(譽)

【지남(指南)】

〈기차(其次) 친지예지(親之譽之)〉는 태고(太古)라는 시대를 지나 오제(五帝)·삼대(三代)의 치세(治世)와 백성의 관계를 밝힌다. 여기 〈기차(其次)〉는 태상지차시대(太上之次時代) 즉 태고의[太上之] 다음[次] 시대를 말한다.

여기 기차(其次)는 오제(五帝)를 지나 삼대(三代)의 시대를 연상시킨다. 오제(五帝)의 시대는 제왕재상(帝王在上) 즉 제왕이[帝王] 백성의 윗자리에[上] 있는[在] 시대이다. 제왕(帝王)과 삼대(三代)는 57장(章)의 〈이정치국(以正治國)〉을 상기시키니, 이정(以正) 즉 정도(正道)로써[以] 나라를 다스렸던[治] 시대가 여기 기차(其次)이다. 제왕(帝王)과 삼대(三代)가 예악(禮樂)으로써 백성을 개명(開明)시키기는 했지만, 여전히 태상(太上) 때의 무위지치(無爲之治)가 백성에게 어느 정도 베풀어졌던 시대가 기차(其次)이다.

그러나 제왕(帝王)에서 삼대(三代)로 넘어오면서 이정치국(以正治國)은 오제(五帝) 때에 그래도 베풀어졌던 무위지치(無爲之治)를 떠나서 예악형정(禮樂刑政)의 인위지치(人爲之治)로 옮겨지게 되었다. 57장(章) 〈성인운(聖人云)〉의 치국(治國)은 사라지고, 삼왕(三王)의 시대는 인간에 의해서 만들어지는 제도로 치민(治民)하고 치국(治國)하는 치세(治世)가 전개된다.

제왕(帝王)과 왕자(王者)가 백성의 위에 있지만[在上] 백성은 제왕(帝王)을 친밀히 하고[親] 기렸다는[譽] 것은 삼왕(三王) 시대의 치세(治世)가 착민(搾民) 즉 백성을 억누르지는[搾] 않았음을 말해준다. 예악형정(禮樂刑政)의 제도를 이뤄가는 인위(人爲)로 행인정(行仁政) 즉 어진[仁] 정사를[政] 펼쳐[行] 제왕(帝王)과 왕자(王者)는 안민(安民)하게 하고자 했기 때문이다. 그래서 『맹자(孟子)』에 〈행인정이왕(行仁政而王)〉이란 말이 있고, 〈행인정(行仁政) 민지열지유해도현야(民之悅之猶解

倒懸也)〉란 말도 나온다. 임금이[王] 어진[仁] 정사(政事)를 베풀어[行] 임금과 백성이 서로 통함이 임금 노릇하는[王] 것이다.

오제(五帝)도 왕 노릇했고, 삼왕(三王)도 왕 노릇했다. 물론 『논어(論語)』에 공자(孔子)께서 순(舜)임금을 **무위이치자(無爲而治者)**로 추앙한 점으로 보아도 기차(其次)의 치자(治者)인 제왕(帝王)이 황제(皇帝)의 무위지치(無爲之治)를 이었음을 알 수 있으니, 무위자연(無爲自然)의 치세(治世)를 버리지 않고 인위(人爲)의 치세(治世)를 시행했다고 생각할 수 있다. 그러므로 기차(其次)의 치자(治者)는 『맹자(孟子)』의 **이덕행인자왕(以德行仁者王)**의 치자(治者)로, 오제(五帝)의 제왕(帝王)과 삼대(三代)의 삼왕(三王)을 상기시킨다.

그러나 오제(五帝)의 말기인 요순대(堯舜代)에는 이미 인위(人爲)의 극(極)이라 할 수 있는 용병이 일기 시작했으니, 『장자(莊子)』에서 노자(老子)의 제자로 알려진 경상초(庚桑楚)가 요순(堯舜)을 **대란지본(大亂之本)**이라 밝힌다. 나아가 『장자(莊子)』의 **석자요공총지서오(昔者堯功叢枝胥敖)**란 말로 미루어 제요(帝堯)도 용병했음을 짐작할 수 있다. 오제(五帝)란 사마천(司馬遷)에 의하면 헌원(軒轅) · 전욱(顓頊) · 제곡(帝嚳) · 제요(帝堯) · 제순(帝舜)인지라, 오제(五帝)의 말기인 요순대(堯舜代)에 이르러서는 무위지치(無爲之治)보다 인위(人爲)로 다스리는[治] 쪽으로 기울어졌음을 간파할 수 있다.

오제(五帝)의 시대를 거쳐 하(夏)의 우왕(禹王) · 은(殷)의 탕왕(湯王) · 주(周)의 문왕(文王)이란 삼대(三代)에 이르러 예악(禮樂)이 제정되고 의관(衣冠)이 정비되고 귀천(貴賤)이 나뉘며 백성은 소굴(巢窟)을 벗어나 가옥에서 살게 되었다. 또 교량(橋梁)과 주거(舟車)가 제작되어 수륙의 교통이 열리고, 서계(書契) 즉 글자가 만들어져 결승(結繩)을 대신하게 되었다. 인간생활은 개명(開明)해져 문명을 지향하게 되었고, 예치(禮治)가 구비되어갔다. 이는 『예기(禮記)』의 **도덕인의비례불성(道德仁義非禮不成)**이나 **왕도비의(王道備矣)**를 상기시킨다. 그 결과 오제(五帝) · 삼왕(三王) 때의 백성은 치자(治者)를 성복(誠服)하되 순박함이 엷어지고[薄], 인의(仁義)의 교화(教化)로 다져 이인의치(以仁義治)를 가까이하고[親] 기리기[譽] 시작했음을 밝힌 말씀이 〈기차친지예지(其次親之譽之)〉이다.

註 "대상귀덕(大上貴德) 기차무시보(其次務施報) 예상왕래(禮尙往來)." 태고에는[大上] 덕을[德] 받들었고[貴], 그 다음 시대는[其次] 베풀고[施] 보답하기를[報] 힘썼다[務]. 예는(禮) (베풀러) 가고[往], (보답하러) 옴을[來] 숭상한다[尙].

여기 왕래(往來)는 시보(施報)를 뜻한다. 선물을 가지고 가서 인사하는 것이[施] 왕(往)이고, 선물을 가지고 와서 보답하는 것이[報] 내(來)이다. 여기 기차(其次)는 하은주(夏殷周) 삼대(三代)를 말한다. 『예기(禮記)』「곡례상(曲禮上)」

註 "자왈(子曰) 무위이치자(無爲而治者) 기순야여(其舜也與) 부하위재(夫何爲哉) 공기정남이이의(恭己正南面而已矣)." 애쓰지 않고서도[無爲而] 다스린[治] 사람[者] 그 분은[其] 순임금[舜]이로다[也與]! 무릇[夫] 어떻게[何] 하셨던 것[爲]인가[哉]? 자신을[己] 공손히 하고[恭] 남면하였을[南面] 뿐이다[而已矣]. 『논어(論語)』「위령공(衛靈公)」 4

註 "이덕행인자왕(以德行仁者王) 왕부대대(王不待大)…… 이덕복인자(以德服人者) 중심열이성복자야(中心悅而誠服者也)." 덕으로[德]써[以] 어짊을[仁] 행하는[行] 것은[者] 왕도이고[王], 왕도는[王] 대국을[大] 바라지 않는다[不待]. …… 덕으로[德]써[以] 사람을[人] 굴복시키는[服] 것은[者] 속마음이[中心] 기뻐서[悅而] 진실로[誠] 굴복하는[服] 것[者]이다[也].

『맹자(孟子)』「공손추장구상(公孫丑章句上)」

註 "대란지본필생어요순지한(大亂之本必生於堯舜之閒) 기미존호천세지후(其末存乎千歲之後) 천세지후(千歲之後) 기필유인여인상식자야(其必有人與人相食者也)." 대란의[大亂之] 뿌리는[本] 요순의[堯舜之] 때에[於閒] 필연으로[必] 생겼고[生], 그 일은[其] 천년의[千歲之] 뒤까지도[乎後] 이윽고[末] 계속될 것이며[存], 먼먼 후세[千歲之後] 그때는[其] 사람과[人與] 사람이[人] 서로[相] 잡아먹는[食] 일이[者] 반드시[必] 생길 것[有]이다[也]. 『장자(莊子)』「경상초(庚桑楚)」

註 "석자요공총지서오(昔者堯攻叢枝胥敖) 우공유호(禹攻有扈) 국위허려(國爲虛厲) 신위형륙(身爲刑戮)." 옛날[昔者] 요임금은[堯] 총(叢)·지(枝)·서오(胥敖)를 쳤고[攻], 우왕은[禹] 유호를[有扈] 쳐서[功] 그 나라들을[國] 쑥대밭으로[虛厲] 만들었고[爲], 침략당한 백성은[身] 형을 받고[刑] 살육되었다[爲戮]. 『장자(莊子)』「인간세(人間世)」

註 "예절민심(禮節民心) 악화민성(樂和民聲) 정이행지(政以行之) 형이방지(刑以防之) 예악형정사달이불패(禮樂刑政四達而不悖) 즉왕도비의(則王道備矣)." 예는[禮] 백성의[民] 마음을[心] 절제(節制)하고[節], 악은[樂] 백성의[民] 소리를[聲] 화합(和合)한다[和]. 정사(政事)로[政]써[以] 예악을[之] 시행(施行)하고[行], 형벌(刑罰)로[刑]써[以] 예악을[之] 지켜[防] 예악형정이[禮樂刑政] 온 세상에 퍼져서[四達而] 어긋남이 없으면[不悖] 곧[則] 왕도가[王道] 갖추어지는 것[備]이다[矣]. 『예기(禮記)』「악기(樂記)」

註 "도덕인의비례불성(道德仁義非禮不成) 교훈정속비례불비(敎訓正俗非禮不備) 분쟁변송비례불결(分爭辨訟非禮不決) 군신상하부자형제비례부정(君臣上下父子兄弟非禮不定)." 도덕인의도[道德仁義] 예가[禮] 아닌 것이면[非] 이뤄지지 못하고[不成], 가르쳐서[敎訓] 풍속을[俗] 바르게

함도[正] 예가[禮] 아닌 것이면[非] 갖춰지지 않으며[不備], 쟁의를[爭] 나누고[分] 송사를[訟] 가림도[辨] 예가[禮] 아닌 것이면[非] 결정되지 않고[不決], 군신의[君臣] 위아래[上下] 부자(父子) 형제도[兄弟] 예가[禮] 아닌 것이면[非] 정해지지 않는다[不定]. 『예기(禮記)』「곡례상(曲禮上)」

【보주(補註)】

- 기차친지예지(其次親之譽之)를 〈기차지민친제왕(其次之民親帝王) 이기차지민예제왕(而其次之民譽帝王)〉처럼 옮기면 문의(文意)를 좀 더 쉽게 새길 수 있다. 〈그 다음 시대의[其次之] 백성은[民] 제왕을[帝王] 친밀히 했다[親]. 그리고[而] 그 다음 시대의[其次之] 백성은[民] 제왕을[帝王] 기렸다[譽].〉
- 기차친지예지(其次親之譽之)의 기차(其次)는 『예기(禮記)』에 나오는 〈기차무시보(其次務施報)〉를 상기시킨다. 기차(其次)는 오제(五帝) 즉 헌원(軒轅) · 전욱(顓頊) · 제곡(帝嚳) · 제요(帝堯) · 제순(帝舜) 등이 치국(治國)한 오제(五帝) 시대와, 삼대(三代)의 시대로 여기면 된다. 삼대(三代)란 하(夏)의 우왕(禹王), 은(殷)의 탕왕(湯王), 주(周)의 문왕(文王) 등이 치국(治國)한 시대를 말한다.
- 기차친지예지(其次親之譽之)의 지(之)를 이정(以正) 즉 정도(正道)로써[以] 인정(仁政)을 시행하는 제왕(帝王)을 나타내는 지시어로 여기거나, 제왕지정(帝王之政)으로 여기면 문의(文意)가 분명해진다. 〈그 다음의 시대에는[其次] 제왕(帝王)을[之] 친밀히 하고[親] 제왕(帝王)을[之] 기렸다[譽].〉 〈그 다음의 시대에는[其次] 제왕의[帝王之] 정령을[政] 친밀히 하고[親] 제왕의[帝王之] 정령을[政] 기렸다[譽].〉
- 친지예지(親之譽之)가 〈친이예지(親而譽之)〉로 된 본(本)도 있다. 친이예지(親而譽之)는 〈친지이예지(親之而譽之)〉에서 되풀이되는 지(之) 하나를 생략하고 〈그리고 이(而)〉 접속사를 더한 셈이니, 문의(文義)가 달라지는 것은 아니다.

【해독(解讀)】

- 〈기차친지예지(其次親之譽之)〉는 두 평서문이 생략된 접속사 〈그리고 이(而)〉로 연결된 중문(重文)이다. 〈기차에[其次] (백성은) 친지했다[親之]. (그리고 백성은) 예지했다[譽之].〉
- 기차친지(其次親之)에서 기차(其次)는 부사 노릇하고, 친(親)은 주어가 생략되었지만 동사 노릇하며, 지(之)는 친(親)의 목적어 노릇한다. 친지(親之)의 지(之)

를 허사(虛詞)로 여겨도 되지만, 〈그것 지(之)〉 지시어로 새기는 편이 문의(文意)가 더 분명해진다. 〈그 다음 시대에는[其次] 친밀했다[親之].〉 〈그 다음 시대에는[其次] 그것과[之] 친밀했다[親].〉

- 예지(譽之)는 〈이기차예지(而其次譽之)〉에서 이기차(而其次)를 생략하고 술부(述部)만 남긴 구문이다. 예지(譽之)에서 예(譽)는 주어가 생략되었지만 동사 노릇하며, 지(之)는 예(譽)의 목적어 노릇한다. 예지(譽之)의 지(之)를 허사(虛詞)로 여겨도 되지만, 〈그것 지(之)〉 지시어로 새기는 편이 문의(文意)가 더 분명해진다. 〈기렸다[譽之].〉 〈그 다음 시대에는[其次] 그것을[之] 기렸다[譽].〉

17-3 其次畏之(기차외지)

▶ 다음다음 때에는[其次] (백성은) 다스리는 자를[之] 두려워했다[畏].

그 기(其), 다음 차(次), 두려워할 외(畏), 그것 지(之)

【지남(指南)】

〈기차외지(其次畏之)〉는 패자(霸者) 시대의 백성을 밝힌다. 기차외지(其次畏之)의 〈기차(其次)〉는 삼대(三代) 이후의 시대를 말한다. 삼대(三代) 이후의 시대는 패자(霸者)의 시대라고 할 수 있다. 패자(霸者)는 〈이력역민(以力役民)〉 즉 힘으로[力]써[以] 백성을[民] 부리는[役] 권력자를 말한다. 중국이 자랑하는 만리장성(萬里長城)이란 따지고 보면 패자(霸者)의 시대를 알려주는 증거가 된다.

이러한 패자(霸者)는 『맹자(孟子)』에 나오는 **이력가인(以力假仁)**을 떠올린다. 패자(霸者)는 힘으로[以力] 어짊을[仁] 가장하여[假] 백성을 환유(驩誘)하기 때문에 초기에는 패자(霸者)를 백성은 환호한다. 그래서 『맹자(孟子)』에 **패자지민환우여(霸者之民驩虞如)**란 말이 나온다. 패자(霸者)의 백성은 한때는 기뻐하다가[驩], 안민(安民)에는 뜻이 없고 사민(使民) 즉 백성을[民] 부리려는[使] 패자(霸者)의 저의(底意)를 뒤늦게 알아차리고 삶을 걱정한다[虞]. 힘으로[以力] 어짊을[仁] 가장하여[假] 환유(驩誘)하기 때문에 백성은 패자(霸者)의 저의(底意)를 뒤늦게 알아차리는 것이다.

패자(覇者)는 기계(奇計)로써[以] 용병을 일삼는 탓에 안민(安民)을 저버리고 전쟁을 치르기 위한 병력으로 백성을 부린다[使]. 그래서 백성은 늘 짓눌려 힘없는 백성은 끝내 패자(覇者)를 두려워한다. 패자(覇者)는 대국(大國)만을 바라기 때문에 소국(小國)을 탈취(奪取)하고자 출병(出兵)을 일삼아 백성은 부역(負役)에 시달리고, 학정(虐政)을 면하지 못한다. 따라서 도현지고(倒懸之苦) 즉 거꾸로[倒] 매달리는[懸之] 고통을[苦] 면할 수 없게 하는 패자(覇者)의 학정(虐政)을 살펴 새기고 헤아려 깨우치게 하는 말씀이 〈기차외지(其次畏之)〉이다.

註 "이력가인자패(以力假仁者覇) 패필유대국(覇必有大國) 이덕행인자왕(以德行仁者王) 왕부대대(王不待大)…… 이력복인자비심복야(以力服人者非心服也) 역불섬야(力不贍也) 이덕복인자(以德服人者) 중심열이성복자야(中心悅而誠服者也)." 힘으로[力]써[以] 어짊을[仁] 가장하는[假] 것은[者] 패이고[覇], 패는[覇] 반드시[必] 큰 나라를[大國] 차지한다[有]. 덕으로[德]써[以] 어짊을[仁] 베푸는[行] 것은[者] 왕이고[王], 왕은[王] 대국을[大] 바라지 않는다[不待]. …… 힘으로[力]써[以] 사람을[人] 굴복시키는[服] 것은[者] 마음에서 우러난 굴복이[心服] 아닌 것이고[非], 힘이[力] 모자란 것[不贍]이다[也]. 덕으로[德]써[以] 사람을[人] 굴복시키는[服] 것은[者] 속마음이[中心] 기뻐서[悅而] 진실로[誠] 굴복하는[服] 것[者]이다[也]. 『맹자(孟子)』「공손추장구상(公孫丑章句上)」

註 "패자지민(覇者之民) 환우여(驩虞如) 왕자지민(王者之民) 호호여(皡皡如) 살지이불원(殺之而不怨) 이지이불용(利之而不庸) 민호천선이부지위지자(民皡遷善而不知爲之者)." 패자의[覇者之] 백성은[民] 기뻐하다[驩] 걱정하느니[虞如]! 왕자의[王者之] 백성은[民] 마음이 커지고 넓어 스스로 만족하느니[皡皡如]! 자기들을[之] 죽여도[殺而] 원망하지 않고[不怨], 자기들을[之] 이롭게 해주어도[利而] 공로로 여기지 않으며[不庸], 백성들은[民] 너그럽고 느긋하게[皡] 선으로[善] 옮겨가면서도[遷而] 그리하는[爲之] 것을[者] 모른다[不知].

환우여(驩虞如)는 기뻐하다[驩] 걱정하게 되는[虞] 모습, 호호여(皡皡如)는 밝고 밝아 느긋한[皡] 모습, 살지이불원(殺之而不怨)은 마땅히 죽여야 할 까닭이 있기에 죽여도 백성은 원망하지 않음을 뜻하고, 불용(不庸)의 용(庸)은 여기선 공(功)과 같고, 호(皡)는 〈밝을 명(明)〉과 같다.

『맹자(孟子)』「진심장구상(盡心章句上)」

【보주(補註)】

- 〈기차외지(其次畏之)〉를 〈재기차지민외패자(再其次之民畏覇者)〉처럼 옮기면 문의(文意)를 쉽게 새길 수 있다. 〈다시[再] 그[其] 다음 시대의[次之] 백성은[民] 패자를[覇者] 두려워했다[畏].〉
- 기차외지(其次畏之)의 기차(其次)는 삼대(三代)의 덕치(德治)가 쇠잔해지고, 제후

들은 패자(霸者)가 되고자 할거(割據)하기 시작한 난세(亂世)의 시대를 말한다.

- 기차외지(其次畏之)의 지(之)를 정도(正道)를 버리고 권력으로 사민(使民)하고 노민(勞民)하는 패자(霸者)를 나타내는 지시어로 여기거나, 〈패자지정(霸者之政)〉으로 새기면 문의(文意)가 분명해진다. 〈그 다음의 시대에는[其次] 패자를[霸者] 두려워했다[畏].〉 〈그 다음의 시대에는[其次] 패자의[霸者之] 정령을[政] 두려워했다[畏].〉

【해독(解讀)】

- 〈기차외지(其次畏之)〉에서 기차(其次)는 부사 노릇하고, 외(畏)는 주어가 생략되었지만 동사 노릇하며, 지(之)는 외(畏)의 목적어 노릇한다. 외지(畏之)의 지(之)를 허사(虛詞)로 여겨도 되지만, 〈그것 지(之)〉 지시어로 새기는 편이 문의(文意)가 더 분명해진다. 외(畏)는 〈두려워할 구(懼)〉와 같아 외구(畏懼)의 줄임말로 여기면 된다. 〈그 다음 시대에는[其次] 두려워했다[畏之].〉 〈그 다음 시대에는[其次] 그것을[之] 두려워했다[畏].〉

17-4 其次侮之(기차모지)

▶ 다음다음 때에는[其次] (백성이) 다스리는 자를[之] 업신여겼다[侮].

그 기(其), 다음 차(次), 업신여길 모(侮), 그것 지(之)

【지남(指南)】

〈기차모지(其次侮之)〉는 폭군(暴君)과 백성의 관계를 밝힌다. 패자(霸者)의 후예는 폭군(暴君)으로 마감하는 경우가 허다하다. 백성이 경시하고 멸시하는 군왕(君王)은 폭군(暴君)인 탓이다. 기차모지(其次侮之)의 〈모(侮)〉는 폭군에 대한 백성의 원한이며 증오이다.

폭군(暴君)은 『맹자(孟子)』에 나오는 **솔수식인(率獸食人)**이란 극언(極言)으로써 간명하게 해명된다. 짐승을[獸] 몰아다가[率] 사람을[人] 잡아먹는[食] 괴물이 폭군이다. 이처럼 폭군이 백성을 업신여기니[侮] 백성도 폭군을 업신여긴다. 이렇게 상하(上下)가 업신여기는 세상을 천하무도(天下無道), 즉 세상에[天下] 상도(常道)

를 본받기는커녕 인도(人道)마저 없어진[無] 난세(亂世)라 한다.

폭군(暴君)이 짓는 난세(亂世)를 부채질하는 간신배를 백성은 식인지수(食人之獸) 즉 사람[人] 잡아먹는[食之] 짐승으로[獸] 여기고, 폭군(暴君) 역시 짐승을 부리는[役] 짐승으로 여겨 업신여긴다. 패자(霸者)도 역천자(逆天者)이지만, 폭군(暴君)은 그보다 더 천명을[天] 거스르는[逆] 자이다. 백성은 순천자(順天者)와 역천자(逆天者)를 혼돈하지 않아 순천자(順天者)를 받들고, 역천자(逆天者)를 업신여겨 그 옆을 떠난다.

『맹자(孟子)』에 나오는 폭군(暴君)이란 **모탈인지군(侮奪人之君)** 즉 사람을[人] 업신여기고[侮] 빼앗는[奪之] 임금은[君], 신하가 따르지 않을까 두려워하기[恐] 때문에 폭군 걸(桀)은 관용봉(關龍逢)을 죽였고[殺], 폭군 주(紂)는 비간(比干)을 죽였다. 그러니 백성의 목숨을 초개(草芥)처럼 여기면서 탈민(奪民)하여 난세(亂世)를 불러오는 폭군을 백성이 모멸(侮蔑)함은 오히려 천도(天道)임을 살펴 새기고 헤아려 일깨워주는 말씀이 〈기차모지(其次侮之)〉이다.

註 "인의충색(仁義充塞) 즉솔수식인(則率獸食人) 인장상식(人將相食)." 인의가[仁義] 꽉[充] 막히면[塞] 곧장[則] 짐승을[獸] 몰아다가[率] 사람을[人] 잡아먹고[食], 급기야[將] 사람이[人] (사람을) 서로[相] 잡아먹는다[食]. 『맹자(孟子)』「등문공장구하(藤文公章句下)」

註 "공자불모인(恭者不侮人) 검자불탈인(儉者不奪人) 모탈인지군(侮奪人之君) 유공불순언(惟恐不順焉)." 공손한[恭] 사람은[者] 사람을[人] 업신여기지 않고[不侮], 검박한[儉] 사람은[者] 남에게서[人] 빼앗지 않는다[不奪]. 사람을[人] 업신여기고[侮] 빼앗는[奪之] 군주가[君] 오직[惟] 자기를 따르지 않을까[不順] 무서워할[恐] 뿐이다[焉]. 『맹자(孟子)』「이루장구상(離婁章句上)」

【보주(補註)】

- 〈기차모지(其次侮之)〉를 〈기차민모폭군(其次民侮暴君)〉처럼 옮기면 문의(文意)를 좀 더 쉽게 새길 수 있다. 〈그 다음[其次] 백성은[民] 폭군을[暴君] 업신여긴다[侮].〉
- 〈기차모지(其次侮之)〉의 지(之)를 학민(虐民) 즉 백성을[民] 학대하고[虐], 탈민(奪民) 즉 백성의 것을[民] 빼앗아[奪] 유린(蹂躪)하는 폭군을 나타내는 지시어로 여기거나 폭군지정(暴君之政)으로 여기면 문의(文意)가 분명해진다. 〈그 다

음[其次] (백성은) 폭군을[暴君] 업신여긴다[侮].〉 〈그 다음[其次] (백성은) 폭군의[暴君之] 정령을[政] 업신여긴다[侮].〉

【해독(解讀)】

● 〈기차모지(其次侮之)〉에서 기차(其次)는 부사 노릇하고, 모(侮)는 주어가 생략되었지만 동사 노릇하며, 지(之)는 모(侮)의 목적어 노릇한다. 모지(侮之)의 지(之)를 허사(虛詞)로 새겨도 되지만, 〈그것 지(之)〉 지시어로 여기는 편이 문의(文意)가 더 분명해진다. 모(侮)는 〈업신여길 멸(蔑)〉과 같아 모멸(侮蔑)의 줄임말로 여기면 된다. 〈그 다음에는[其次] 두려워했다[畏之].〉 〈그 다음 시대에는[其次] 그것을[之] 두려워했다[畏].〉

17-5 故(고) 信不足焉(신부족언) 有不信焉(유불신언)

▶ 그래서[故] {무위지치(無爲之治)의} 믿음이[信] 백성에게[焉] 만족되지 못해서[不足] (백성에게) 치자를[焉] 믿지 못함이[不信] 생겼다[有].

그러므로 고(故), 믿을 신(信), 못할 부(不), 족할 족(足), 그것에 언(焉), 있을 유(有)

【지남(指南)】

〈신부족언(信不足焉) 유불신언(有不信焉)〉은 재상자(在上者) 즉 통치자에게 무위지치(無爲之治)의 믿음이 부족할수록 백성은 그를 불신함을 밝힌다. 태상(太上)에 성인(聖人)의 치민(治民) · 치세(治世)가 너무나 자연스러워 백성은 절로 다스림[治]을 누리게 되고, 그냥 그대로 믿어 성인(聖人)의 치자(治者)가 그들의 위에 있는지조차 몰랐다. 태상(太上)의 치세(治世)는 무위(無爲) · 귀언(貴言), 즉 무위(無爲)하여 정령(政令)을 거의 발령(發令)하지 않으므로[貴言] 백성은 성인(聖人)의 치민(治民) · 치세(治世)가 있는 줄조차 몰라도 성인(聖人)은 백성이 있는 줄 알고 무위(無爲)로 치세(治世)하였다. 여기 귀언(貴言)이란 정사(政事)의 발언을 무겁게 여기고 정령(政令)을 발령(發令)하지 않음이다.

그러나 무위(無爲)의 다스림[治]이 쇠망(衰亡)해지고 인의(仁義)의 다스림[治]이

이어져 백성은 인의(仁義)를 친예(親譽)했지만, 이예악형정(以禮樂刑政) 즉 예악(禮樂)과 형정(刑政)으로써[以] 치세(治世)가 이어지면서 식세(食稅)의 착민(搾民)이 가열(苛烈)되고 백성은 치민(治民) · 치세(治世)를 두려워하고[畏] 업신여기게[侮] 되었다. 그래서 재상자(在上者) 즉 군왕은 재하자(在下者)인 백성에게서 믿음[信]을 얻지 못하게 되었다.

백성이 군왕을 불신함은 백성의 과(過)가 아니라 군왕(君王)의 인위(人爲)로 말미암은 온갖 과오(過誤)의 탓임을 살펴 새기고 헤아려 보게 하는 말씀이 〈신부족언(信不足焉) 유불신언(有不信焉)〉이다.

【보주(補註)】

- 〈신부족언(信不足焉) 유불신언(有不信焉)〉을 〈신무위지치부족어치자(信無爲之治不足於治者) 이민유불신어치자(而民有不信於治者)〉처럼 옮기면 문의(文意)를 좀더 쉽게 새길 수 있다. 〈무위의[無爲之] 다스림을[治] 믿음이[信] 치자에게[於治者] 부족했다[不足]. 그래서[而] 백성에게[民] 치자를[於治者] 불신함이[不信] 생겼다[有].〉
- 〈신부족언(信不足焉) 유불신언(有不信焉)〉에서 신(信)은 〈양자지간무위사(兩者之間無僞詐)〉를 뜻한다. 양자(兩者)란 치자(治者)와 백성[民]이다. 〈양자의[兩者之] 사이에[間] 행동의 거짓이나[僞] 말의 거짓이[詐] 없음[無]〉
- 신부족언(信不足焉)이 〈신부족(信不足)〉으로, 유불신언(有不信焉)이 〈유불신(有不信)〉으로 된 본(本)도 있다. 신부족언(信不足焉)의 언(焉)은 〈어치자(於治者)〉의 줄임이고, 유불신언(有不信焉)의 언(焉)은 〈어민(於民)〉의 줄임이다. 〈치자(治者)에게[於] 믿음이[信] 부족했다[不足].〉 〈백성[民]에게[於] 불신이[不信] 생겼다[有].〉

【해독(解讀)】

- 〈고(故)〉는 〈시고(是故)〉의 줄임이고, 시고(是故)는 〈기차외지(其次畏之) 이기차모지고(而其次侮之故)〉의 줄임이다. 원인의 부사절을 〈시고(是故)〉로 줄였다가, 다시 〈고(故)〉로 줄인 것이다. 〈그러므로[故]〉 〈이러므로[是故]〉 〈기차를[其次] 두려워하고[畏之] 그리고[而] 기차를[其次] 업신여겼기[侮之] 때문에[故]〉
- 〈신부족언(信不足焉) 유불신언(有不信焉)〉은 두 평서문이 생략되었지만 〈그래

서 이(而)〉로 이어진 중문(重文)이다. 한문에서는 접속사를 거의 생략하기 때문에 생략되었다고 지적할 것도 없는 셈이고, 전후 문맥을 살펴 보충해줄 뿐이다. 〈그것에[焉] 신이[信] 부족했다[不足]. 그래서[而] 그것에[焉] 불신이[不信] 있었다[有].〉

- 신부족언(信不足焉)에서 신(信)은 족(足)의 주어 노릇하고, 부(不)는 족(足)의 부정사(否定詞)이고, 족(足)은 수동의 동사 노릇하고, 언(焉)은 〈어시(於是)〉의 줄임으로 문말조사(文末助詞) 노릇한다. 여기 언(焉)은 문맥으로 따져보아 〈어치자(於治者)〉의 줄임으로 새기면 문의(文意)가 더 분명하게 잡힌다. 〈치자(治者)에게[於] 신이[信] 부족했다[不足].〉
- 유불신언(有不信焉)에서 유(有)는 〈있을 유(有)〉 동사 노릇하고, 불신(不信)은 주어 노릇하며, 언(焉)은 〈어시(於是)〉의 줄임으로 문말조사(文末助詞) 노릇한다. 신(信)은 〈믿을 충(忠)〉과 같아 충신(忠信)의 줄임말로 여기면 되고, 여기 언(焉)은 〈어민(於民)〉의 줄임으로 여기면 된다. 〈백성[民]에게[於] 불신이[不信] 있었다[有].〉

17-6 悠兮(유혜) 其貴言(기귀언)

▶{정사(政事)를 번거롭게 펴지 않아} 한가하구나[悠兮]! 백성이 몰랐던 치자(治者)는[其] 정사(政事)의 발령(發令)을[言] 함부로 내지 않았다[貴].

한가할 유(悠), 어조사 혜(兮), 그 기(其), 신중히 할 귀(貴), 말씀 언(言)

【지남(指南)】

〈유혜(悠兮) 기귀언(其貴言)〉은 태상(太上)의 성인(聖人)이 치자(治者)로서 행하는 〈귀언(貴言)〉을 밝힌다. 여기 귀언(貴言)은 2장(章)에 나오는 **행불언지교(行不言之敎)**를 상기시킨다. 태상(太上)의 성왕(聖王)이 펼치는 치민(治民) · 치세(治世)는 무위(無爲) · 불언(不言)하여 백성은 알지도 못하면서 절로 태상(太上)의 다스림[治]을 누리게 되었음을 〈유혜(悠兮)〉란 탄사(歎辭)로 드러낸다.

치민(治民)·치세(治世)의 유연(悠然)함이야말로 무위(無爲)의 다스림이고, 귀언(貴言)의 다스림이다. 귀언(貴言)은 정령(政令) 같은 것들을 발령(發令)하지 않고자 치자(治者)로서 말을 아낌이다. 따라서 여기 귀언(貴言)은 예악형정(禮樂刑政)으로써 치민(治民)하고자 온갖 정령(政令) 따위를 발언하지 않음을 뜻한다. 백성이 걱정스러워 생각을 깊게 하면서 느긋한[悠] 모습[然]이니, 유혜(悠兮)는 겉으로는 한가해 보이지만 생각은 깊은 모습이다. 여기 유혜(悠兮)는 불언(不言)하는 모습이고, 여기 귀언(貴言)은 정령(政令)을 발하여 백성을 다스리지 않음이다.

〈기귀언(其貴言)〉은 57장(章)의 **아무위이민자화(我無爲而民自化)**를 상기시킨다. 치민(治民)·치세(治世)를 유연(悠然)히 하면 백성은 치자(治者)가 있는 줄 모르고, 무위(無爲)의 다스림은 정령(政令) 따위가 필요 없으니 정령을 밝히는 말을 하지 않고서도[不言]의 다스림이 이루어지고, 따라서 백성은 근심걱정 없이 안거(安居)를 누린다. 예악형정(禮樂刑政)으로 다스림은 정령(政令)을 빈번하게 발(發)하므로 다언(多言)의 다스림이다. 그러나 여기 귀언(貴言)은 5장(章)의 **다언수궁(多言數窮) 불여수중(不如守中)**이란 말씀을 상기시키는 동시에, 56장(章)의 **지자불언(知者不言)**의 불언(不言)을 떠올린다.

치자(治者)가 백성에게 다스린다고 말하고[言] 명령하면서[令]부터 백성은 치자(治者)를 처음에는 가까이하고[親] 추겨 세우다가도[譽] 끝내는 멀어져 두려워[畏]한다. 결국 백성이 치자(治者)를 업신여기게[侮] 되고 치자(治者)가 신임을 잃어버리는 것은 치민(治民)·치세(治世)의 정령들을 발령함이[言] 빈번하기 때문이다. 그러므로 말을[言] 소중히 함[貴]이란 함부로 말을 남발하지[多言] 않음이고, 치자(治者)가 귀언(貴言)으로써 치민(治民)할수록 백성으로부터 믿음을[信] 잃지 않음을 깨우치게 하는 말씀이 〈유혜(悠兮) 기귀언(其貴言)〉이다.

註 "성인처무위지사(聖人處無爲之事) 행불언지교(行不言之敎)." 성인은[聖人] 무위를[無爲之] 행함에[事] 머물고[處], {성인(聖人)은} 말이[言] 없는[不之] 가르침을[敎] 행한다[行].

『노자(老子)』 2장(章)

註 "아무위이민자화(我無爲而民自化) 아호정이민자정(我好靜而民自正) 아무사이민자부(我無事而民自富) 아무욕이민자박(我無欲而民自樸)." 나에게[我] 인위가[爲] 없으니까[無而] 백성은[民] 절로[自] 변화하고[化], 내가[我] 고요하기를[靜] 좋아하니까[好而] 백성은[民] 절로[自] 바르

며[正], 나에게[我] 일함이[事] 없으니까[無而] 백성은[民] 절로[自] 부유하며[富], 나에게[我] 욕심냄이[欲] 없으니까[無而] 백성은[民] 절로[自] 본디대로다[樸]. 『노자(老子)』 57장(章)

註 "다언수궁(多言數窮) 불여수중(不如守中)." 말이[言] 많으면[多] 이치가[數] 막히니[窮] 상도(常道)를 따름을[中] 지킴만[守] 못하다[不如]. 『노자(老子)』 5장(章)

註 "지자불언(知者不言) 언자부지(言者不知)." 아는[知] 사람은[者] 말하지 않고[不言], 말하는[言] 사람은[者] 알지 못한다[不知]. 『노자(老子)』 56장(章)

【보주(補註)】

- 〈유혜(悠兮) 기귀언(其貴言)〉을 〈태상지성왕유혜(太上之聖王悠兮) 태상지성왕귀언사(太上之聖王貴言辭)〉처럼 옮기면 문의(文意)를 좀 더 쉽게 새길 수 있다. 〈먼먼 옛날의[太上] 성왕은[聖王之] 한가했구나[悠兮]! 먼먼 옛날의[太上] 성왕은[聖王] 언사를[言辭] 소중히 했다[貴].〉
- 〈유혜(悠兮) 기귀언(其貴言)〉의 유혜(悠兮)가 〈유혜(猶兮)〉로 된 본(本)도 있다. 유혜(悠兮)와 유혜(猶兮)는 달리 들리지만 뜻하는 바는 같다. 정령(政令)을 남발(濫發)하지 않아 〈한가하다[悠]〉는 언사(言辭)나, 정령(政令)을 함부로 할세라[濫發] 〈조심스러워 하다[猶]〉는 결국 같은 뜻이다.

【해독(解讀)】

- 〈유혜(悠兮) 기귀언(其貴言)〉은 감탄문과 평서문으로 이루어진 하나의 문단이다. 〈유연하구나[悠兮]! 그[其] 귀언함은[貴言] 유한(悠閑)하다[悠].〉 〈유한하구나[悠兮]! 그[其] 귀언함은[貴言].〉
- 유혜(悠兮)에서 유(悠)는 주격보어 노릇하고, 혜(兮)는 감탄의 문말조사 노릇한다. 〈유연하구나[悠兮]!〉
- 기귀언(其貴言)에서 기(其)는 주어 노릇하고, 귀(貴)는 동사 노릇하며, 언(言)은 목적어 노릇한다. 귀(貴)는 여기선 〈무거울 중(重)〉과 같아 귀중(貴重)의 줄임말로 여기면 된다. 여기 언(言)은 〈말씀 사(辭)〉와 같아 언사(言辭)의 줄임말로 여기면 된다. 〈그는[其] 언사를[言] 소중히 한다[貴].〉

17-7 功成事遂(공성사수) 百姓皆謂(백성개위) 我自然(아자연)

▶{무위(無爲)를 행하는 성인(聖人)이} 공적을[功] 이루고[成] 사업을[事] 완수했어도[遂], {성인(聖人)이 그렇게 한 줄 모르는} 백성은[百姓] 모두[皆] 우리는[我] 본디대로 그냥 그러하다고[自然] 말했다[謂].

보람 공(功), 이를 성(成), 일 사(事), 마칠 수(遂), 온 백(百), 겨레 성(姓), 모두 개(皆), 칭할 위(謂), 우리들 아(我), 본래 자(自), 그럴 연(然)

【지남(指南)】

〈공성사수(功成事遂) 백성개위(百姓皆謂) 아자연(我自然)〉은 태상(太上)의 성인(聖人)이 펼치는 무위(無爲)·귀언(貴言)의 다스림이 백성에게 베풀어진[施] 보람을 밝힌다.

〈공성(功成)〉은 무위(無爲)의 다스림[治]으로 상덕(常德)을 베풂이 이루어짐[成]이고, 〈사수(事遂)〉는 덕치(德治)로 말미암아 백성이 바라는 대로 일을 완수함[遂]이다. 무위(無爲)의 덕(德)이란 대순(大順) 즉 상도(常道)를 따라[順] 이름[至]이니, 이를 **성수반덕(性脩反德)**이라 한다. 본성을 닦아[脩] 상덕(常德)으로 돌아가게[反] 함이 무위지치(無爲之治)이고, 치자(治者)로서 태상(太上)의 성인(聖人)이 백성으로 하여금 무위를(無爲) 누리게 함이 공성(功成)이다.

그러나 태상(太上)의 성인(聖人)은 다스림의 공(功)을 이루고서도[成] 말하지 않고[不言] 다스리는 일[事]을 완수한다. 그래서 백성은 성인(聖人)이 무위(無爲)의 다스림을 펼쳐서 안거(安居)하게 되는 줄조차 모른다. 이러한 무위지치(無爲之治)와 불언지교(不言之敎)는 반덕(反德), 즉 상덕(常德)으로 돌아가 대순(大順)하지 않고서는 이루어[成] 다할[遂] 수 없음을 밝힘이 〈공성사수(功成事遂)〉이다.

〈백성개위(百姓皆謂) 아자연(我自然)〉은 태상(太上)이 치민(治民)하여 치세(治世)하지만, 백성은 소치(所治) 즉 다스려진[治] 바를[所] 알지 못함을[不知] 밝힌다. 태상(太上)의 성왕(聖王)이 백성을 다스려도[治] 백성은 그런 줄을 모르니 태상(太上)은 무위로(以無爲), 그리고 귀언으로[貴言]써[以] 치민(治民)·치세(治世)하기 때문이다. 다스려지되[所治] 그 다스림을 백성이 모르는 소치(所治)가 곧 무위

(無爲) · 귀언(貴言)의 다스림으로, 백성은 다스림[治]이 있는지 없는지 몰라[不知] 〈아자연(我自然)〉이라 하는 것[謂]이다. 백성이 누리는 무위(無爲)의 삶이 태상(太上)의 성인(聖人)이 이룩해준 공덕인 줄 모르고 우리[我] 스스로[自] 무위(無爲)의 삶을 누린다고 함이 아자연(我自然)이다.

여기 아자연(我自然)으로써, 인위(人爲)의 다스림[治]으로 백성이 교화되어 〈아문명(我文明)〉을 자부(自負)하게 되면서 검박(儉樸)한 삶과 멀어지고 부쟁(不爭)의 삶을 상실(喪失)하게 되었음을 돌이켜보게 하는 말씀이 〈공성사수(功成事遂) 백성개위(百姓皆謂) 아자연(我自然)〉이다.

註 "성수반덕(性修反德) 덕지동어초(德至同於初) 동내허(同乃虛) 허내대(虛乃大)." 본성을[性] 닦으면[修] 상덕으로[德] 돌아오고[反], 상덕은[德] 시원과[於初] 지극히[至] 같다[同]. {시원(始原)과} 같음은[同] 곧[乃] 빔이고[虛], 빔은[虛] 곧[乃] 큼이다[大].

어초(於初)의 초(初)는 상도(常道)를 뜻하고, 여기 허(虛)와 대(大)도 상도(常道)를 뜻한다.

『장자(莊子)』「천지(天地)」

【보주(補註)】

- 〈공성사수(功成事遂) 백성개위(百姓皆謂) 아자연(我自然)〉을 〈태상지성인성무위지공(太上之聖人成無爲之功) 이태상지성인수무위지사(而太上之聖人遂無爲之事) 연이백성개위(然而百姓皆謂) 아자성공(我自成功) 이아자수사(而我自遂事)〉처럼 옮기면 문의(文意)를 좀 더 쉽게 새길 수 있다. 〈먼먼 옛날의[太上之] 성인이[聖人] 무위의[無爲之] 공적을[功] 이루었다[成]. 그리고[而] 먼먼 옛날의[太上之] 성인이[聖人] 무위의[無爲之] 일을[事] 완수했다[遂]. 그러나[然而] 백성은[百姓] 모두[皆] 말했다[謂] : 우리는[我] 스스로[自] 업적을[功] 이루었고[成], 그리고[而] 우리[我] 스스로[自] 사업을[事] 완수했다[遂].〉
- 공성사수(功成事遂)는 2장(章)의 **처무위지사(處無爲之事) 행불언지교(行不言之敎)**를 이루었고[成] 다했음을[遂] 연상시킨다.

註 "성인처무위지사(聖人處無爲之事) 행불언지교(行不言之敎)." 성인은[聖人] 무위를[無爲之] 행함에[事] 머물고[處], {성인(聖人)은} 말이[言] 없는[不之] 가르침을[敎] 행한다[行].

『노자(老子)』 2장(章)

- 백성개위아자연(百姓皆謂我自然)에서 아자연(我自然)은 19장(章)의 **견소포박(見**

素抱樸) 소사과욕(少私寡欲)을 연상시키고, 동시에 28장(章)의 복귀어박(復歸於樸)을 연상시킨다.

註 "견소포박(見素抱樸) 소사과욕(少私寡欲)." 검소함을[素] 살펴[見] 질박함을[樸] 포용하고[抱], 제 몫을[私] 적게 하고[少] 욕망을[欲] 적게 한다[寡]. 『노자(老子)』 19장(章)

註 "상덕내족(常德乃足) 복귀어박(復歸於樸)." 상덕(常德)이야말로[乃] 만족돼[足], 자연으로[於樸] 되[復]돌아온다[歸]. 『노자(老子)』 28장(章)

【해독(解讀)】

- 〈공성사수(功成事遂) 백성개위(百姓皆謂) 아자연(我自然)〉은 두 평서문과 한 평서문이 역접의 접속사로 이어진 하나의 문단이다. 〈성왕(聖王)이 공을[功] 성하고[成] 사를[事] 수했다[遂]. (그러나) 백성이[百姓] 모두[皆] 위했다[謂] : 우리가[我] 스스로[自] 그렇게 했다[然].〉
- 공성사수(功成事遂)는 두 평서문이 연접의 접속사로 이어진 중문(重文)이다. 〈공적을[功] 이루었다[成]. (그리고) 사업을[事] 완수했다[遂].〉
- 공성(功成)에서 공(功)을 성(成)의 주어로 여기고 문맥을 잡으면 성(成)은 수동의 동사 노릇하고, 공(功)을 성(成)의 목적어로 여기고 문맥을 잡으면 성(成)은 동사 노릇한다. 우리말에는 수동태란 것이 없었다고 보아도 된다. 〈공을[功] 이루었다[成].〉 〈공이[功] 이루어졌다[成].〉
- 사수(事遂)에서도 사(事)를 수(遂)의 주어로 여기고 문맥을 잡으면 수(遂)는 수동의 동사 노릇하고, 사(事)를 수(遂)의 목적어로 여기고 문맥을 잡으면 수(遂)는 동사 노릇한다. 〈사를[事] 완수했다[遂].〉 〈사가[事] 완수되었다[遂].〉
- 백성개위아자연(百姓皆謂我自然)에서 백성(百姓)은 주어 노릇하고, 개(皆)는 위(謂)를 꾸며주는 부사 노릇하며, 위(謂)는 동사 노릇하고, 아자연(我自然)은 위(謂)의 목적절 노릇한다. 아(我)는 여기선 〈우리 아(我)〉이다. 〈백성은[百姓] 모두[皆] 우리가[我] 스스로[自] 그렇게 했다고[然] 말했다[謂].〉

도폐장(道廢章)

치자(治者)가 무위(無爲)의 다스림을 버리고 인의(仁義)로써 다스림을 펼치면서 인지(人智)가 발호(跋扈)하게 되었고, 세상을 속여먹는 짓들이 나오고 육친이 불화하게 되고 나라가 혼란하게 되어 충신(忠臣)이 생겼음을 단언해놓은 장(章)이다.

【원문(原文)】

大道廢에 有仁義하고 智慧出에 有大僞하며 六親不和에
대 도 폐 유 인 의 지 혜 출 유 대 위 육 친 불 화

有慈孝하고 國家昏亂에 有忠臣한다
유 자 효 국 가 혼 란 유 충 신

대도가[大道] 버려져서[廢] 인의가[仁義] 생겼고[有], 지혜가[智慧] 나타나서[出] 크나큰[大] 거짓이[僞] 생겼으며[有], 육친이[六親] 화목하지 못하기 때문에[不和] 자와[慈] 효가[孝] 생겼고[有], 나라가[國家] 혼미해지고[昏] 혼란해졌기 때문에[亂] 충신이[忠臣] 생겼다[有].

18-1 大道廢(대도폐) 有仁義(유인의)

▶ 대도가[大道] 버려져서[廢] 인의가[仁義] 생겼다[有].

큰 대(大), 도리 도(道), 버릴 폐(廢), 취할 유(有), 어질 인(仁), 옳을 의(義)

【지남(指南)】

〈대도폐(大道廢) 유인의(有仁義)〉의 말씀은 태상(太上)의 성인(聖人)이 베푼 무위(無爲) · 불언(不言)의 치민(治民) · 치세(治世)가 끊어졌음을 말한다. 대도(大道)는 무위(無爲) · 불언(不言)의 다스림을 행하는 큰[大] 길[道]이다. 〈큰길[大道]이 폐(廢)했다〉는 것은 백성이 대도(大道)를 밟아가게 하는 다스림이 폐기(廢棄)되었다는 말이다.

노자(老子)께서 상용하는 말투라면 〈대도약폐(大道若廢)〉 정도일 터인데, 〈대도폐(大道廢)〉라 단언한 말씀으로 보아 인간이 겪게 될 상쟁(相爭)의 삶을 **역수(逆數)**로 가늠할 수 있다. 무위(無爲)로 부쟁(不爭)하는 삶을 버리니 인위(人爲)로 상쟁(相爭)하는 삶으로 치닫고, 〈인여인상식(人與人相食)의 세상〉과 마주치게 될 것임을 다잡아[逆數] 밝힌 셈이다. 인간과[人與] 인간이[人] 서로[相] 잡아먹는[食] 세상이란 모착(謀斲)과 덕상(德商)을 밥 먹듯이 감행하는 것을 말한다. 지금 우리가 살아가고 있는 세상이야말로 인여인상식(人與人相食)의 천하가 소용돌이치고 있는 셈이니, 노자(老子)께서 내려둔 역수(逆數)의 진단은 한 치도 어긋남이 없다.

〈유인의(有仁義)〉는 무위(無爲)의 치세(治世)에서는 인의(仁義)가 심중(心中)으로 행해져 드러나지 않았으나, 인위(人爲)의 치세(治世)에서는 인의(仁義)가 발언되어 주장되었음을 말한다. 이 말씀 역시 잘라 말함[斷言]이다. 『논어(論語)』의 〈인능홍도(人能弘道)〉란 말씀에서 그 도(道)는 바로 인도(仁道) 즉 인의예악(仁義禮樂)을 밝히는 길[道]이지, 천지(天地)의 조화를 인간이 본받는 〈복수기모(復守其母)〉의 길[道]은 아니다. 52장(章)의 **복수기모(復守其母)**는 상도(常道)로 돌아와[復] 그 상도(常道)를 지키면서[守] 천국(天鬻), 즉 자연이 주고 허락하는 대로[天鬻] 살아감이다. 그러나 자연을 따르지 않고 인간이 의도하는 대로 주역(紬繹)하여 인도(仁道)라 하고 그 길을[道] 넓힐 수 있다[能弘]고 공자(孔子)께서 밝혔다. 그래서 **춘작**

하장(春作夏長)하는 천지의 조화를 〈인(仁)〉이라 풀이하고[紬繹], 추렴동장(秋斂冬藏)하는 천지의 조화를 〈의(義)〉라 풀이하게[紬繹] 되었다. 요순(堯舜)이 인(仁)으로 치세(治世)함을 빌려 공자(孔子)가 넓혀놓은 인도(仁道)는 인도(人道)인 셈이다.

공자(孔子)가 인의(仁義)를 묶어 치도(治道)로 주장하지 않았다 하더라도, 예악(禮樂) 중에서 예(禮)를 앞세워 치도(治道)를 강조했으니 인(仁)의 실행을 의(義)로 보았으리라는 생각이 앞선다. 인(仁)에 가까이함[近]을 〈악(樂)〉이라 하고, 의(義)에 근(近)함을 〈예(禮)〉라 하여 인의(仁義)를 다시 주역(紬繹)하고 예악(禮樂)으로써 다스림[治]을 형정(刑政)이라고 밝히게 이르렀기 때문이다. 그리고 예악형정(禮樂刑政)으로 왕도(王道)가 구비되었다고 밝힌다. 이처럼 인의(仁義)로써 치민(治民) · 치세(治世)하는 치도(治道)가 무위(無爲)의 치도(治道)가 폐(廢)한 후 등장했음을 살펴 새기고 헤아려 깨우치게 하는 말씀이 〈대도폐(大道廢) 유인의(有仁義)〉이다.

註 역수(逆數)란 미래에 일어날 수 있는 일을 미리 가늠하여[判斷] 일깨워줌이다. 모착(謀斲)이란 꾀를 부리고[謀] 깎고 다듬고 붙여 잘 보이게 하려는[斲] 짓이고, 덕상(德商)이란 서로 속셈을 감추고 사귀면서[德] 흥정하고 잇속을 챙기는[商] 짓이다.

註 "복수기모(復守其母) 몰신불태(歿身不殆)." 그[其] 어머니께로[母] 돌아와[復] 지킨다면[守] 평생토록[歿身] 위태롭지 않다[不殆]. 『노자(老子)』 52장(章)

註 "춘작하장인야(春作夏長仁也) 추렴동장의야(秋斂冬藏義也) 인근어악(仁近於樂) 의근어례(義近於禮)." 봄이면[春] 싹트고[作] 여름이면[夏] 자람이[長] 어짊[仁]이고[也], 가을이면[秋] 거둬들이고[斂] 겨울이면[冬] 간직해둠이[藏] 옳음[義]이다[也]. 어짊은[仁] 악에[於樂] 가깝고[近], 옳음은[義] 예에[於禮] 가깝다[近].

춘작하장(春作夏長)을 인(仁)이라 함은 유가(儒家)의 뜻이고, 도가(道家)는 춘작하장(春作夏長)을 그냥 자연(自然)의 시의(時宜)라 한다. 추렴동장(秋斂冬藏)을 의(義)라 함 역시 유가(儒家)의 뜻이며, 도가(道家)는 추렴동장(秋斂冬藏)을 자연(自然)의 시의(時宜)라 할 뿐이다.

『예기(禮記)』「악기(樂記)」

註 "예절민심(禮節民心) 악화민성(樂和民聲) 정이행지(政以行之) 형이방지(刑以防之) 예악형정사달이불패(禮樂刑政四達而不悖) 즉왕도비의(則王道備矣)." 예는[禮] 백성의[民] 마음을[心] 절제(節制)하고[節], 악은[樂] 백성의[民] 소리를[聲] 화합(和合)한다[和]. 정사(政事)로[政]써[以] 예악을[之] 시행(施行)하고[行], 형벌(刑罰)로[刑]써[以] 예악을[之] 지켜[防] 예악형정이[禮樂刑政] 온 세상에 퍼져서[四達而] 어긋남이 없으면[不悖] 곧[則] 왕도가[王道] 갖추어지는 것[備]이다[矣]. 『예기(禮記)』「악기(樂記)」

【보주(補註)】

- 〈대도폐(大道廢) 유인의(有仁義)〉를 〈대도폐(大道廢) 이후치세유인의(而後治世有仁義)〉처럼 옮기면 문의(文意)를 좀 더 쉽게 새길 수 있다. 〈대도가[大道] 버려진[廢] 뒤로[而後] 세상을[世] 다스림에[治] 인의가[仁義] 생겼다[有].〉

  〈대도폐(大道廢) 유인의(有仁義)〉는 무위(無爲)의 치민(治民) · 치세(治世)가 인위(人爲)의 치민(治民) · 치세(治世)로 옮아갔음을 말한다. 인위(人爲)의 치도(治道)에는 왕도(王道)와 패도(覇道)가 있다. 왕도(王道)는 **순천(順天)**하는 치도(治道)이고, 패도(覇道)란 **역천(逆天)**하는 치도(治道)이다.

註 "이력가인자패(以力假仁者覇) 패필유대국(覇必有大國) 이덕행인자왕(以德行仁者王) 왕부대대(王不待大)." 힘으로[力]써[以] 어진[仁] 척하는[假] 것은[者] 패도(覇道)이고[覇], 패도는[覇] 반드시[必] 큰 나라를[大國] 차지한다[有]. 덕으로[德]써[以] 어짊을[仁] 행하는[行] 것은[者] 왕도이고[王], 왕도는[王] 대국을[大] 바라지 않는다[不待].

『맹자(孟子)』「공손추장구상(公孫丑章句上)」

註 "순천자존(順天者存) 역천자망(逆天者亡)." 하늘의 뜻을[天] 따르는[順] 자는[者] 살고[存], 하늘의 뜻을[天] 어기는[逆] 자는[者] 죽는다[亡].

순천(順天) · 역천(逆天)의 천(天)은 천명(天命) 즉 천지(天地)의 조화[命]이다.

『맹자(孟子)』「이루장구상(離婁章句上)」

【해독(解讀)】

- 〈대도폐(大道廢) 유인의(有仁義)〉는 두 평서문이 생략되었지만 〈이후(而後)〉란 접속사로 이루어진 중문(重文)이다. 한문에서 시간의 종속접속사는 어순에 넣지 않으므로 생략된 것이라고 말할 것도 없다. 그렇지만 〈대도폐(大道廢) 유인의(有仁義)〉에서 이후(而後)가 생략된 말투로 여기면 문의(文意)가 더욱 잘 드러난다. 〈대도가[大道] 폐기되었다[廢]. 그래서 뒤에[而後] 인의가[仁義] 생겼다[有].〉
- 대도폐(大道廢)에서 대도(大道)는 폐(廢)의 주어 노릇하고, 폐(廢)는 수동의 동사 노릇한다. 폐(廢)는 〈버릴 기(棄)〉와 같아 폐기(廢棄)의 줄임말로 여기면 된다. 〈대도가[大道] 버려졌다[廢].〉
- 유인의(有仁義)에서 유(有)는 〈있을 유(有)〉 동사 노릇하고, 인의(仁義)는 유(有)의 주어 노릇한다. 유(有)가 〈있을 유(有)〉 동사 노릇하면 주어를 뒤에 둔다. 그

리고 유(有)를 〈나올 출(出) · 생(生)〉과 같이 새기면 오히려 우리말답게 되는 경우가 많다. 물론 유(有)가 〈취할 취(取)〉와 같은 뜻을 내기도 한다. 〈인의가[仁義] 있다[有] · 인의가[仁義] 생겼다[有] · 인의가[仁義] 나왔다[有].〉 〈인의를[仁義] 취했다[有].〉

- 유인의(有仁義)는 〈A유(有)B〉의 상용문이다. 〈A에는 B가 있다[有].〉

18-2 智慧出(지혜출) 有大僞(유대위)

▶ 지혜가[智慧] 나타나서[出] 크나큰[大] 거짓이[僞] 생겼다[有].

슬기 지(智), 슬기 혜(慧), 날 출(出), 있을 유(有), 큰 대(大), 속일 위(僞)

【지남(指南)】

〈지혜출(智慧出) 유대위(有大僞)〉는 인간이 무위(無爲)의 치도(治道)를 버리고 인위(人爲)의 치도(治道)를 넓혀감[弘]을 말한다. 이는 인의(仁義)의 치도(治道)가 지혜를 남보다 더 갖추게 하는 경쟁의 시대를 열었음을 뜻한다.

〈지혜출(智慧出)〉은 『논어(論語)』의 **호학**(好學)과 더불어 공자(孔子)의 **사교**(四敎)인 〈문(文) · 행(行) · 충(忠) · 신(信)〉을 상기시킨다. 호학(好學)하여 문행충신(文行忠信)을 두루 갖춘 지자(智者)라야 군자(君子)가 될 수 있고, 박학(博學)의 군자가 되어야 헌면지도(軒冕之道) 즉 벼슬의[軒冕之] 길[道]에 올라 인의(仁義)의 치도(治道)를 넓힐 수 있다. 이러한 인위(人爲)의 세상을 오제(五帝)가 열어놓았다고 보는 것이 지혜출(智慧出)이다.

지혜(智慧)란 아자연(我自然)의 지자(知者)를 뿌리치고 바깥 것[事物]을 궁구(窮究)하여 얻는 지식에 매달리게 했고, 지혜로 무장한 백가(百家)들이 쟁명(爭鳴)하는 세상을 펼쳤으니, 지혜출(智慧出)이란 쟁명(諍鳴)을 떠올리게 한다. 지혜란 예악(禮樂)과 권형(權衡), 즉 저울추와[權] 저울대[衡]와 두곡(斗斛) 즉 곡식을 되는 말과[斗] 열 말들이 통[斛] 등의 기물을 만들고 온갖 형정(刑政)의 법령(法令)을 이룩한 인간의 지교(智巧)를 말한다.

〈유대위(有大僞)〉 이 말씀은 지혜로 쟁명(爭鳴)하여 상쟁(相爭)하는 세상이 되면서 인여인상승(人與人相勝)의 술수가 빈번해져 서로 속고 속이는[大僞] 꾀들이 생겨나 세상을 현혹(眩惑)하자 충신(忠信)이 희박해졌음을 말한다. 인위(人爲)의 치세는 지혜를 앞세우기 때문에 혹세무민(惑世誣民)의 난세(亂世)가 빚어지고, 습속(習俗)은 순박함이 사라져 사람과 사람 사이에 사위(詐僞)가 배어들게 되었다.

패도(霸道)가 왕도(王道)를 밀쳐내는 짓이 대위(大僞)로 드러난다. 백성을 속여 야욕(野慾)을 채우려 함이 군신(君臣)의 대위(大僞)이다. 따라서 백성도 군신의 형정(刑政)을 면피(免避)하고자 속이게 됨이 백성의 대위(大僞)이다. 군신은 백성을 속이고[僞], 백성은 군신을 속이는 난세(亂世)보다 더 큰 속임수[詐僞]란 없다. 그러므로 제자백가(諸子百家)의 쟁명(爭鳴)이 지혜를 앞세워 상쟁(相爭)하고 인간끼리[人與人] 서로[相] 싸워 이기려는[勝] 난세(亂世)를 빚는 것이 〈대위(大僞)〉이다.

패도(霸道)의 무리가 이력가인(以力假仁) 즉 힘으로[以力] 어진 척하는 짓[假仁]보다 더한 대위(大僞)는 없으니, 천지인(天地人)을 속이는 역천(逆天)의 짓으로 드러나는 인위(人爲)이다. 인간이 말로써 세상을 속이고[詐] 행동으로써 세상을 속이는[僞] 짓들은 〈지이란천하(智以亂天下)〉, 즉 인지로[智]써[以] 세상을[天下] 어지럽히는[亂] 속학(俗學)들의 상쟁(相爭)에서 빚어진다는 것이다. 그래서 『장자(莊子)』에 **소식상덕(小識傷德) 소행상도(小行傷道)**라는 말이 있다.

인간의 지식이[小識] 상덕을[德] 상해하고[傷] 인간의 행동이[小行] 상도를[道] 상해하는[傷] 지혜를 앞세우면서부터 대위(大僞)가 생겼다. 여기 큰[大] 속임수란[僞] 백성을 속이고 나아가 천지자연(天地自然)을 속임이니, 역천(逆天) 즉 자연을[天] 어김[逆]이다. 인간의 천성(天性)을 저버리고 소식(小識)인 지혜를 앞세우는 도치지민(到置之民)의 세상이 펼쳐지게 되었음을 살펴 새기고 헤아려 일깨워주는 말씀이 〈지혜출(智慧出) 유대위(有大僞)〉이다.

註 "자왈(子曰) 십실지읍(十室之邑) 필유충신여구자언(必有忠信如丘者焉) 불여구지호학야(不如丘之好學也)." 공자께서[子] 가로되[曰] : 열 집의[十室之] 마을에도[邑] 충성과[忠] 신의라면[信] 나와[丘] 같은[如] 사람이[者] 반드시[必] 있겠지만[有], 나같이[如丘之] 배워 익히기를[學] 좋아하지는 못할 것[不好]이다[也].

구(丘)는 공자의 이름[名]이다. 『논어(論語)』「공야장(公冶長)」 28

註 "자이사교(子以四敎) 문행충신(文行忠信)." 공자께서는[子] 네 가지로[四]써[以] 가르치셨다

[教] : 학문(學問)이고[文], 실천(實踐)이며[行], 충성(忠誠)이고[忠], 신의(信義)이다[信].

문(文)은 육경(六經)을 배워 묻고 익힘이고, 행(行)은 배우고 익혀 실행함이고, 충(忠)은 충성스러워 부끄러울 것이 없는 사람됨이고, 신(信)은 세상이 믿어주는 사람됨이다.

『논어(論語)』「술이(述而)」 24

註 "도고불소행(道固不小行) 덕고불소식(德固不小識) 소식상덕(小識傷德) 소행상도(小行傷道) 고왈(故曰) 정기이이의(正己而已矣)……상기어물(喪己於物) 실성어속자위지도치지민(失性於俗者謂之到置之民)." 도는[道] 본래[固] 작은[小] 미침이[行] 아니고[不], 덕도[德] 본래[固] 작은[小] 앎이[識] 아니다[不]. 작은[小] 지식은[識] 덕을[德] 상하게 하고[傷], 작은[小] 미침은[行] 도를[道] 상하게 한다[傷]. 그래서[故] 자신을[己] 바르게 할[正] 뿐이라고[而已矣] 말하는 것이다[曰].……(벼슬 따위의) 바깥 것에[於物] 자기를[己] 잃어버려[喪] 세속의 것에[於俗] 본성을[性] 잃어버린[失] 사람[者] 그를[之] 물구나무 선 사람이라[到置之人] 한다[謂].

소식(小識)은 인간의 지식을 말하고, 소행(小行)은 인간의 짓을 말한다. 도치지민(到置之民)은 근본을 버리고 말단만 앞세우는 사람들이고, 속자(俗者)란 인의예지(仁義禮智)를 따지는 학문 등을 말한다. 『장자(莊子)』「선성(繕性)」

【보주(補註)】

- 〈지혜출(智慧出) 유대위(有大僞)〉를 〈재지혜출(纔智慧出) 치세유대위(治世有大僞)〉처럼 옮기면 문의(文意)를 좀 더 쉽게 새길 수 있다. 〈지혜가[智慧] 나오자[出] 곧바로[纔] 치세에[治世] 대위가[大僞] 생겼다[有].〉
- 〈지혜출(智慧出) 유대위(有大僞)〉는 인위(人爲)의 다스림[治]이 이덕행인(以德行仁)의 왕도(王道)를 버리고 **이력가인(以力假仁)**의 패도(霸道)가 득세하게 되었음을 말한다. 왕도(王道)인 척하는 패도(霸道)보다 더 큰 속임수[大僞]는 없다. 인위(人爲)의 치(治)일지라도 왕도(王道)는 **순천(順天)**의 치도(治道)이고, 패도(霸道)는 **역천(逆天)**의 치도(治道)이다.

註 "이력가인자패(以力假仁者霸) 패필유대국(霸必有大國) 이덕행인자왕(以德行仁者王) 왕부대대(王不待大)." 힘으로[力]써[以] 어진[仁] 척하는[假] 것은[者] 패도(霸道)이고[霸], 패도는[霸] 반드시[必] 큰 나라를[大國] 차지한다[有]. 덕으로[德]써[以] 어짊을[仁] 행하는[行] 것은[者] 왕도이고[王], 왕도는[王] 대국을[大] 바라지 않는다[不待].

『맹자(孟子)』「공손추장구상(公孫丑章句上)」

註 "순천자존(順天者存) 역천자망(逆天者亡)." 하늘의 뜻을[天] 따르는[順] 자는[者] 살고[存], 하늘의 뜻을[天] 어기는[逆] 자는[者] 죽는다[亡].

순천(順天)·역천(逆天)의 천(天)은 천명(天命)을 말한다.

『맹자(孟子)』「이루장구상(離婁章句上)」

【해독(解讀)】

- 〈지혜출(智慧出) 유대위(有大僞)〉는 시간의 종절과 주절로 된 복문(複文)이다. 〈지혜가[智慧] 나오자마자[出] 대위가[大僞] 생겼다[有].〉
- 지혜출(智慧出)에서 지혜(智慧)는 출(出)의 주어 노릇하고, 출(出)은 동사 노릇한다. 〈~하자마자 재(纔)〉 같은 종속접속사는 거의 생략해버리는 것이 고문(古文)의 말투인 셈이다. 출(出)은 〈날 생(生)·발(發)〉 등과 같아 출생(出生)의 줄임말로 여기면 된다. 〈지혜가[智慧] 나오자마자[出]〉 〈지혜가[智慧] 나오자[出] 마자[纔]〉
- 유대위(有大僞)에서 유(有)는 〈있을 유(有)〉 동사 노릇하고, 대위(大僞)는 유(有)의 주어 노릇한다. 위(僞)는 〈속일 사(詐)·꾸며낼 교(巧)〉 등과 같아 사위(詐僞)·위교(僞巧) 등으로 여기면 된다. 〈대위가[大僞] 있다[有]·대위가[大僞] 생겼다[有]·대위가[大僞] 나왔다[有].〉
- 유대위(有大僞) 역시 〈A유(有)B〉의 상용문이다. 〈A에는 B가 있다[有].〉

18-3 六親不和(육친불화) 有孝慈(유자효)

▶ 육친이[六親] 화목하지 못하기 때문에[不和] 자와[慈] 효가[孝] 생겼다[有].

여섯 육(六), 피붙이 친(親), 어울릴 화(和), 있을 유(有), 사랑할 자(慈), 효도 효(孝)

【지남(指南)】

〈육친불화(六親不和) 유자효(有慈孝)〉는 부쟁(不爭)의 세상에서는 상화(相和)하며 살지만, 지혜를 숭상하여 상쟁(相爭)하는 세상에서는 육친(六親)마저도 서로 어울리지 못해[不和] 어울리게 하고자 부모에게는 자(慈)를, 자식들에게는 효(孝)를 강조하게 되었음을 밝힌다.

지혜(智慧)는 본래 시비의 겨룸[爭]을 불러와 서로[相] 겨루어[爭] 승인(勝人)하고자 하므로, 지(智)는 남[人]과 겨루어 이기기[勝] 위한 도구가 된다. 지혜의 도구를 날카롭게 할수록 서로 경쟁하면서 급기야 시기하게 돼 불화(不和)하고 만다. 이처럼 이지승인(以智勝人) 즉 지혜로[智]써[以] 남을[人] 이기려[勝] 함은 인간을 박덕(薄德)하게 만든다. 덕(德)이 엷어지면[薄] 육친, 즉 부모 · 형제 · 부부 사이마저도 이해(利害)로 얽혀 불화(不和)한다. 그리하여 자녀한테는 효(孝)를 강조하고, 부모한테는 자(慈)를 강조하는 예(禮)를 앞세우게 된다는 것이다.

예(禮)가 아니면 치민(治民) · 치세(治世)가 불가능하다는 이례치(以禮治) 즉 예로써[以禮] 다스림[治]을 펼치는 구실로 예치(禮治)가 등장하게 되었음을 살펴 새기고 헤아려 깨우치게 하는 말씀이 〈육친불화(六親不和) 유자효(有慈孝)〉이다.

註 "도덕인의비례불성(道德仁義非禮不成) 교훈정속비례불비(教訓正俗非禮不備) 분쟁변송비례불결(分爭辨訟非禮不決) 군신상하부자형제비례부정(君臣上下父子兄弟非禮不定)." 인의도덕이[仁義道德] 예가[禮] 아니면[非] 이뤄지지 않고[不成], 사람을 가르쳐서[教訓] 풍속을 바르게 함도[正俗] 예가[禮] 아니면[非] 갖춰지지 않고[不備], 서로의 다툼을[分爭] 따져 판결함도[辨訟] 예가[禮] 아니면[非] 결정되지 않고[不決], 군신상하(君臣上下) 부자형제도[父子兄弟] 예가[禮] 아니면[非] 정해지지 않는다[不定]. 『예기(禮記)』「곡례상(曲禮上)」

【보주(補註)】

- 〈육친불화(六親不和) 유자효(有慈孝)〉를 〈부모형제부부불상화고(父母兄弟夫婦不相和故) 천하유자여효야(天下有孝與慈也)〉처럼 옮기면 문의(文意)를 좀 더 쉽게 새길 수 있다. 〈부모(父母) 형제(兄弟) 부부가[夫婦] 서로[相] 화목하지 못하기[不和] 때문에[故] 세상에[天下] 자와[慈與] 효가[孝] 생긴 것[有]이다[也].〉
- 〈육친불화(六親不和) 유자효(有孝慈)〉는 인위(人爲)의 치세(治世)로 말미암아 무위(無爲)의 치세(治世)에 누렸던 상화(相和)의 삶이 폐기(廢棄)되었음을 말한다. 무위(無爲)의 치민(治民) · 치세(治世)에서 사람들은 모두 〈아자연(我自然)〉으로 상화(相和)하여 부쟁(不爭)의 삶을 누렸다.

그러나 인위(人爲)의 치민(治民) · 치세(治世)로 옮겨지면서 지혜로 상쟁(相爭)의 삶을 살게 되어 질서를 앞세우는 예(禮)가 강조되었다. 그 예(禮)의 근간이 곧 〈효(孝)〉와 〈자(慈)〉이다. 그러므로 유자효(有慈孝)는 예치(禮治)를 앞세우게 되었음을 말한다.

【해독(解讀)】

- 〈육친불화(六親不和) 유자효(有慈孝)〉는 원인의 종절과 주절로 이루어진 복문(複文)이다. 〈육친이[六親] 불화하기 때문에[不和] 자효가[慈孝] 있다[有].〉
- 육친불화(六親不和)에서 육친(六親)은 주어 노릇하고, 불(不)은 화(和)의 부정사(否定詞)이고, 화(和)는 동사 노릇한다. 화(和)는 〈공손히 어울릴 목(睦)〉과 같아 화목(和睦)의 줄임말로 여기면 된다. 육친불화고(六親不和故)에서 원인의 종속접속사 노릇하는 〈때문에 고(故)〉가 생략된 말투로 여기면 된다. 한문에서 종속접속사는 생략하는 경우가 보통이므로 전후 문맥을 따져 알맞은 종속접속사를 더해서 새기게 마련이다. 〈육친이[六親] 화목하지 못하기 때문에[不和]〉 〈육친이[六親] 화목하지 못하기[不和] 때문에[故]〉
- 유자효(有慈孝)에서 유(有)는 〈있을 유(有)〉 동사 노릇하고, 자효(慈孝)는 〈자여효(慈與孝)〉의 줄임으로 주부 노릇한다. 〈자와[慈] 효[孝]가 생겼다[有].〉 〈자(慈) 그리고[與] 효가[孝] 생겼다[有].〉
- 유자효(有慈孝) 역시 〈A유(有)B〉의 상용문이다. 〈A에는 B가 있다[有].〉

18-4 國家昏亂(국가혼란) 有忠臣(유충신)

▶나라가[國家] 혼미해지고[昏] 혼란해졌기 때문에[亂] 충신이[忠臣] 생겼다[有].

나라 국(國), 집 가(家), 어두울 혼(昏), 어지러울 란(亂), 있을 유(有), 참마음 충(忠), 신하 신(臣)

【지남(指南)】

〈국가혼란(國家昏亂) 유충신(有忠臣)〉은 군신(君臣) 사이도 육친(六親)처럼 불화(不和)하기에 이르러 불신이 빚어지게 되었음을 밝힌다. 예(禮)로 인의도덕(仁義道德)을 행하게 하여 안민(安民)하게 함이 인위(人爲)의 치도(治道)이다. 그러한 치도(治道)가 지나친 인위(人爲) 탓으로 허물어져 무도(無道)한 세상이 초래함을 일러 〈국가혼란(國家昏亂)〉이라 한다. 인의예악(仁義禮樂)을 앞세우는 지혜가 오히려 그 인의예악(仁義禮樂)을 저버리는 난세(亂世)를 불러오니, 군왕(君王)의 잘못을 직언(直言)하는 충신(忠臣)이 나타나게 된다.

왜 『맹자(孟子)』에 **금왕여민동락(今王與民同樂)**이란 말이 나오겠는가? 임금하고 백성이[王與民] 즐거움을[樂] 같이해서[同] 치민(治民)하는 군왕이 인의(仁義)를 거짓 없이 행하고 백성을 속이는 일[詐僞]이 없으면 충신이 생길 리 없다는 것이다. 그러나 군왕의 탐욕으로 말미암아 패역사위지심(悖逆詐僞之心)이 생겨서 **음일작란지사(淫佚作亂之事)**를 범하면 반드시 난세(亂世)가 뒤따라오는 법이다. 세상을[世] 어지럽힘은[亂] 어버이를 버리고[悖], 나라를 뒤집고[逆] 속이고[詐], 거짓부렁의[僞之] 마음을[心] 불러와 음탕하고[淫] 게으르며[佚] 어지러움을[亂] 짓는[作之] 일들이[事] 빚어짐을 말한다. 이런 혼란한 세상은 군왕(君王)의 한없는 탐욕으로 말미암아 빚어지는 것이다.

군신(君臣)의 상하(上下) · 부자(父子)의 상하[上下] · 장유(長幼)의 위아래[上下]가 분명치 못함을 〈혼(昏)〉이라 하고, 나라에 치도(治道)가 없음을 일러 〈난(亂)〉이라 한다. 군왕과 신하들이 백성을 사위(詐僞)하지 않으면 나라가 혼란해질 리 없고, 따라서 충신도 생겨나지 않는다. 군왕이 탐욕의 사위(詐僞) 없이 치민(治民)한다면 나라에 혼란이란 없고 따라서 충신도 생길 리 없음을 밝힌 말씀이 〈국가혼란(國家昏亂) 유충신(有忠臣)〉이다.

註 "금왕여민동락(今王與民同樂) 즉왕의(則王矣)." 지금[今] 임금이[王] 백성과[民] 함께[與] 즐거움을[樂] 함께한다면[同] 곧장[則] 임금 노릇하는 것[王]이다[矣].

『맹자(孟子)』「양혜왕장구하(梁惠王章句下)」

註 "유패역사위지심(有悖逆詐僞之心) 유음일작란지사(有淫佚作亂之事) 시고(是故) 강자협약(强者脅弱) 중자포과(衆者暴寡) 지자사우(知者詐愚) 용자고겁(勇者苦怯) 질병불양(疾病不養) 노유고독부득기소(老幼孤獨不得其所) 차대란지도야(此大亂之道也)." 어버이를 버리고[悖] 나라를 뒤집고[逆] 속이고[詐] 거짓부렁의[僞之] 마음이[心] 생기고[有] 음탕하고[淫] 게으르며[佚] 어지러움을[亂] 짓는[作之] 일들이[事] 생긴다[有]. 이렇기[是] 때문에[故] 센 자가[强者] 약자를[弱] 짓누르고[脅], 다수가[衆者] 소수를[寡] 짓밟고[暴], 식자가[知者] 어리석은 이를[愚] 속여먹고[詐], 용맹한 자가[勇者] 겁쟁이를[怯] 괴롭히고[苦], 병들어도[疾病] 돌보지 않고[不養], 노인과 어린이[老

幼] 홀아비와 과부는[孤獨] 살 곳을[其所] 얻지 못한다[不得]. 이런 것들이[此] 대란의[大亂之] 이치[道]이다[也].

『예기(禮記)』「악기(樂記)」

【보주(補註)】

- 〈국가혼란(國家昏亂) 유충신(有忠臣)〉을 〈국가혼란고(國家昏亂故) 국유충신야(國有忠臣也)〉처럼 옮기면 문의(文意)를 좀 더 쉽게 새길 수 있다. 〈나라가[國家] 혼란하기[昏亂] 때문에[故] 나라에[國家] 충신이[忠臣] 생긴 것[有]이다[也].〉
- 〈국가혼란(國家昏亂) 유충신(有忠臣)〉 역시 인위(人爲)의 치세(治世)로 말미암아 무위(無爲)의 치세(治世)에 누렸던 상화(相和)·부쟁(不爭)의 삶이 폐기(廢棄)되었음을 말한다. 지혜로 상쟁(相爭)하는 삶이 인욕(人欲)을 성(盛)하게 하여 난세(亂世)가 빚어지고, 난세(亂世)가 충신(忠臣)을 낳는다. 난세(亂世)란 무도(無道) 즉 상도(常道)가 없어진[無] 세상이니, 인의예악(仁義禮樂)이란 인위(人爲)의 치세(治世)가 빚어내는 난세(亂世)가 충신(忠臣)을 생기게 한다.

【해독(解讀)】

- 〈국가혼란(國家昏亂) 유충신(有忠臣)〉은 원인의 종절과 주절로 이루어진 복문(複文)이다. 〈나라가[國家] 혼란해지기 때문에[昏亂] 충신이[忠臣] 생겼다[有].〉
- 국가혼란(國家昏亂)에서 국가(國家)는 주어 노릇하고, 혼(昏)과 난(亂)은 동사 노릇한다. 국가혼란(國家昏亂)에서 종속접속사 노릇하는 〈때문에 고(故)〉가 생략된 것으로 여기면 문의(文意)가 드러난다. 혼(昏)은 〈미혹할 미(迷)〉와 같아 혼미(昏迷)의 줄임말로 여기면 되고, 난(亂)은 〈어지러울 혼(混)〉과 같아 혼란(混亂)의 줄임말로 여기면 된다. 〈나라가[國家] 혼미해지고[昏] 혼란해졌기 때문에[亂]〉 〈나라가[國家] 혼미해지고[昏] 혼란해졌기[亂] 때문에[故]〉
- 유충신(有忠臣)에서 유(有)는 〈있을 유(有)〉로 동사 노릇하고, 충신(忠臣)은 주어 노릇한다. 〈충신이[忠臣] 생겼다[有].〉
- 유충신(有忠臣) 역시 〈A유(有)B〉의 상용문이다. 〈A에는 B가 있다[有].〉

과욕장(寡欲章)

무위지치세(無爲之治世)와 백성[民]의 상관(相關)을 살펴 인위(人爲)의 성지(聖智)·인의(仁義)·교리(巧利)를 떠나 자연(自然)으로 복귀하면 민리(民利)가 백배(百倍)하고, 자효(慈孝)를 회복하며, 도적이 없는 세상을 누릴 수 있음을 밝힌다. 인간세(人間世)가 자연(自然)으로 복귀하면 견소포박(見素抱樸)하여 소사과욕(少私寡欲)하는 무위지치세(無爲之治世)가 되살아나야 함을 밝히는 장(章)이다.

【원문(原文)】

絶聖棄智하면 民利百倍하고 絶仁棄義하면 民復孝慈하며
절성기지 민리백배 절인기의 민복효자

絶巧棄利하면 盜賊이 無有한다 此三者는 以爲文不足이다
절교기리 도적 무유 차삼자 이위문부족

故로 令有所屬하여 見素抱樸하고 少私寡欲하게 한다
고 영유소속 견소포박 소사과욕

성지를[聖] 끊고[絶] 지혜를[智] 버리면[棄] 백성이[民] 백배로[百倍] 이로워지고[利], 인을[仁] 끊고[絶] 의를[義] 버리면[棄] 백성은[民] 효도와[孝] 자애로[慈] 돌아오며[復], 재주 부리기를[巧] 끊고[絶] 이득을[利] 버리면[棄] 도둑질과[盜] 해치는 짓이[賊] 생기지[有] 않는다[無]. 위의[此] 세[三] 가지로[者] 써[以] (문물제도의) 꾸밈으로[文] 삼아서[爲] {치세(治世)가} 만족되지 못한다[不足]. 그러므로[故] (백성으로) 하여금[令] 귀속돼 있는[屬] 바를[所] 취하게 하여[有], (백성이) 그냥 그대로를[素] 살피고[見] 그냥 그대로를[樸] 지킨다면[抱], (백성은) 제 몫을[私] 적게 하고[少] 욕망을[欲] 적게 한다[寡].

19-1 絶聖棄智(절성기지) 民利百倍(민리백배)

▶ 성지를[聖] 끊고[絶] 지혜를[智] 버리면[棄] 백성이[民] 백배로[百倍] 이로워진다[利].

끊을 절(絶), 통할 성(聖), 버릴 기(棄), 슬기 지(智), 백성 민(民), 이로울 리(利), 갑절 배(倍)

【지남(指南)】

〈절성기지(絶聖棄智) 민리백배(民利百倍)〉는 치자(治者)로 하여금 작례악(作禮樂)의 성덕(聖德)을 끊고[絶], 술례악(述禮樂)의 현지(賢智)를 버리고[棄], 무위자연(無爲自然)으로 복귀하게 함이다.

여기 〈성(聖)·지(智)〉는 〈성덕여현지(聖德與賢智)〉를 줄인 것이다. 여기 성(聖)

은 예악(禮樂)을 만들어낸[作] 성인(聖人)의 덕(德)을 말하고, 여기 지(智)는 예악(禮樂)을 성덕(聖德)을 따라 풀이하는[述] 지혜를 말한다. 무위(無爲)의 현덕(玄德)은 지혜를 버리지만, 인위(人爲)의 성덕(聖德)은 현자(賢者)의 지혜를 앞세운다. 무위(無爲)의 상덕(常德)은 무기(無己) · 무공(無功) · 무명(無名)으로 백성[民]을 부쟁(不爭)하게 하여 상화(相和)하게 하고, 인위(人爲)의 성덕(聖德)은 예악(禮樂)으로 민(民)을 화서(和序) 즉 화목(和睦)하게 해서[和] 서열을 지키게[序] 한다. 따라서 여기 〈절성기지(絶聖棄智)〉는 38장(章)의 **실도이후덕(失道而後德)**을 상기시킨다.

상도(常道)를 잃어버린[失] 뒤의 덕(德)이란 순비(淳備) 즉 순박(淳樸)함을 갖추게[備] 하는 무위(無爲)의 상덕(常德)이 아니라, 인의예악(仁義禮樂)을 앞세우는 인덕(人德)이다. 법자연(法自然)의 상도(常道)를 잃음[失]과 동시에, 상도(常道)의 용(用)인 상덕(常德)을 잃고[失] 뒤따라 인덕(人德)이 비롯되었다. 이런 까닭으로 『노자(老子)』에서는 상도(常道)의 상덕(常德)을 〈상덕(上德)〉이라 하고, 예악(禮樂)의 인덕(人德)을 〈하덕(下德)〉이라 한다. 인의예악(仁義禮樂)의 덕(德)은 상덕(常德)을 떠나 예지(禮智)를 앞세우는 인덕(人德)의 인륜(人倫)으로써 치민(治民) · 치세(治世)하는 인위지치(人爲之治)를 말한다. 물론 인의예악(仁義禮樂)은 천지를 살펴 만들어낸 것임이 『예기(禮記)』에 잘 드러나 있다. **춘작하장(春作夏長)**을 살펴 성인(聖人)이 인(仁)을 살펴 악(樂)을 작(作)하고, **추렴동장(秋斂冬藏)**을 살펴 성인(聖人)이 의(義)를 살펴 예(禮)를 만들었다는 것이다. 이렇게 만들어진 인의예악(仁義禮樂)을 절기(絶棄)하라 함이 여기 〈절성기지(絶聖棄智)〉이다.

예악지치(禮樂之治)의 성덕(聖德)은 치도(治道)의 비유인 팔음(八音)을 대성(大成)으로 이끌어내는 **종조리(終條理)**의 인륜(人倫)과 같고, 지혜는 팔음(八音)마다 소성(小成)을 이루게 하는 **시조리(始條理)**의 인륜(人倫)과 같다. 예악(禮樂)으로 다스리는[治] 인륜(人倫)은 예(禮)를 떠날 수 없으니, 예악(禮樂)의 성덕(聖德)은 소성(小成)을 서로 어울리게 하여 대성(大成)을 이루어내는 힘[力]이 되고, 지혜는 만물을 두루 알아내는 기교가 된다. 이인의치(以仁義治)에서 지(智)는 〈지인성의충화(知仁聖義忠和)〉란 육덕(六德)을 실행하는 기교를 뜻한다. 그러나 이무위치(以無爲治) 즉 무위로[無爲]써[以] 다스림[治]에서는 이러한 육덕(六德)의 지(智)는 부정되고, 〈복귀어박(復歸於樸)〉 즉 자연 그냥 그대로로[於樸] 돌아오기를[復歸]

앞세운다.

무위(無爲)의 치자(治者)든 인위(人爲)의 치자(治者)든, 덕(德)을 떠나서는 치민(治民) · 치세(治世)할 수 없다. 그런데도 왜 성덕(聖德)을 끊고[絶] 지혜를 버리라[棄] 하는가? 무위지치(無爲之治)의 상덕(常德)으로 복귀하기 위해서는 예악지치(禮樂之治)의 성지(聖智)를 절기(絶棄)하라고 한다. 왜냐하면 인위(人爲)의 치자(治者)들이 성지(聖智)를 헌면(軒冕), 즉 벼슬을 획득하려는 호학(好學)의 목표로만 삼으려고 하기 때문이다. 예악지치(禮樂之治)의 성지(聖智)는 특히 벼슬하기[軒冕] 위한 수단이 되므로 이를 절기(絶棄)하고, 백성에게 무위자연(無爲自然)의 성지(聖智)를 행하여 베풀면 백성은 백배로 안거(安居)할 수 있음을 살펴 새기고 헤아려 깨우치게 하는 말씀이 〈절성기지(絶聖棄智) 민리백배(民利百倍)〉이다.

註 "실도이후덕(失道而後德) 실덕이후인(失德而後仁) 실인이후의(失仁而後義) 실의이후례(失義而後禮) 부례자충신지박(夫禮者忠信之薄) 이란지수야(而亂之首也)." 상도를[道] 잃어버린[失] 뒤에[而後] 덕이 생겼다[德]. 덕을[德] 잃어버린[失] 뒤에[而後] 어짊이 생겼다[仁]. 어짊을[仁] 잃어버린[失] 뒤에[而後] 의가 생겼다[義]. 의를[義] 잃어버린[失] 뒤에[而後] 예가 생겼다[禮]. 무릇[夫] 예란[禮] 것은[者] 믿음이[忠信之] 엷어짐이고[薄而], 어지러움의[亂之] 우두머리[首]이다[也]. 『노자(老子)』 38장(章)

註 "춘작하장인야(春作夏長仁也) 추렴동장의야(秋斂冬藏義也) 인근어악(仁近於樂) 의근어례(義近於禮) 악자돈화솔신이종천(樂者敦和率神而從天) 예자별의거귀이종지(禮者別宜居鬼而從地)." 봄에[春] 싹트고[作] 여름에[夏] 자람은[長] 어짊[仁]이고[也], 가을에[秋] 거두어들이고[斂] 겨울에[冬] 저장함이[藏] 옳음[義]이다[也]. 어짊은[仁] 악에[於樂] 가깝고[近], 옳음은[義] 예에[於禮] 가깝다[近]. 악이란[樂] 것은[者] 화합을[和] 도탑게 하여[敦] 하늘의 기운을[神] 우러러 좇아서[率而] 하늘을[天] 따르고[從], 예란[禮] 것은[者] 마땅함을[宜] 분별하여[別] 땅의 기운을[鬼] 엎드려 좇아서[居而] 땅을[地] 따른다[從].

귀신(鬼神)의 귀(鬼)는 지기(地氣) 즉 굽히는[屈] 음기(陰氣)인 정(靜)을 말하고, 귀신(鬼神)의 신(神)은 천기(天氣) 즉 뻗치는[伸] 양기(陽氣)인 동(動)을 뜻해, 음양(陰陽) · 귀신(鬼神) · 굴신(屈伸) · 동정(動靜) 등은 늘 일음일양(一陰一陽)의 역(易), 즉 변화를 생각하게 하는 술어(術語)들이다. 『예기(禮記)』「악기(樂記)」

註 "지인무기(至人無己) 신인무공(神人無功) 성인무명(聖人無名)." 지인께는[至人] 자기가[己] 없고[無], 신인께는[神人] 공치사가[功] 없으며[無], 성인께는[聖人] 명성이[名] 없다[無].

지인(至人) · 신인(神人)은 모두 성인(聖人)과 같은 말이다. 『장자(莊子)』「제물론(齊物論)」

註 "규구방원지지야(規矩方員之至也) 성인인륜지지야(聖人人倫之至也) 욕위군(欲爲君) 진군도(盡君道) 욕위신(欲爲臣) 진신도(盡臣道) 이자개법요순이이의(二者皆法堯舜而已矣) 불이순지소이사요사군(不以舜之所以事堯事君) 불경기군자야(不敬其君者也) 불이요지소이치민(不以堯之所以治民) 치민적기민자야(治民賊其民者也) 공자왈(孔子曰) 도이(道二) 인여불인이이의(仁與不仁而已矣)." 곱자와[規] 그림쇠는[矩] 네모와[方] 동그라미의[圓之] 더없는 표준[至]이고[也], 성인은[聖人] 인륜의[人倫之] 더없는 표준[至]이다[也]. (성인은) 임금노릇[君] 하고자 하면[欲爲] 임금의[君] 도리를[道] 남김없이 다하고[盡], 신하노릇[臣] 하고자 하면[欲爲] 신하의[臣] 도리를[道] 남김없이 다한다[盡]. 이 두 도리는[二者] 모두[皆] 요순을[堯舜] 본받는 것[法]뿐이다[而已矣]. 순이[舜之] 요를[堯] 섬겼던[事] 연유로[所以]써[以] 임금을[君] 섬기지 않는다면[不事] 제[其] 임금을[君] 받들지 못하는[不敬] 자이고[者也], 요가[堯之] 백성을[民] 다스리던[治] 연유로[所以]써[以] 백성을[民] 다스리지 못하면[不治] 제[其] 백성을[民] 해치는[賊] 자이다[者也]. 공자께서[孔子] 이르시되[曰] : (백성을 다스리는) 도는[道] 둘이니[二] 어질게 다스리는 것과[仁與] 어질지 않게 다스리는 것[不仁]뿐이다[而已矣].

방원지지(方員之至)에서 원(員)은 둥근 원(圓)이고, 지(至)는 최상(最上)의 표준되는 지극함, 인륜(人倫)은 인간사(人間事)이고, 적민(賊民)은 해민(害民)이다.

『맹자(孟子)』「이루장구상(離婁章句上)」

註 "집대성야자(集大成也者) 금성이옥진지야(金聲而玉振之也) 금성야자시조리야(金聲也者始條理也) 옥진지야자종조리야(玉振之也者終條理也) 시조리자지지사야(始條理者智之事也) 종조리자성지사야(終條理者聖之事也) 지비(智譬) 즉교야(則巧也) 성비즉력야(聖譬則力也)." {소성(小成)을 모아서} 대성함[大成]이란[也] 것은[者] 쇠가[金] 소리냄이고[聲], 그리고[而] 옥이[玉] 울려 소리내는 것[振之]이다[也]. 쇠가[金] 소리냄[聲]이란[也] 것은[者] (각 악기들이 소리내기가) 시작하는[始] 맥락[條理]이고[也], 옥이[玉] 울려 소리냄[振之]이란[也] 것은[者] (각 악기들의 소리내기를) 끝내는[終] 맥락[條理]이다[也]. 시조리란[始條理] 것은[者] 지혜의[智之] 일이고[事也], 종조리란[終條理] 것은[者] 성덕의[聖之] 일이다[事也]. 지혜를[智] 비유하자면[譬則] 기교이고[巧也], 성덕을[聖] 비유하자면[譬則] (어울리게 하는) 힘이다[力也].

국악(國樂)에서 기악(器樂)이 연주할 때 금성(金聲)으로써 각 악기들의 연주 시작을 알림이 시조리(始條理)이고, 연주가 다 끝나면 경(磬)을 쳐 즉 옥진(玉振)하여 악기들의 연주가 끝났음을 알림이 종조리(終條理)이다. 시조리(始條理)는 각 악기마다 제 기량을 다 발휘하라 함이고, 종조리(終條理)는 각각의 기량들이 서로 통하여 어울리게 함이다. 시조리(始條理)는 각 악기마다의 기교를 맥락 짓고, 종조리(終條理)는 그 기교를 서로 통하게 하여 화합하게 하는 힘[力]이다. 지혜(智慧)를 시조리(始條理)에 비유하고, 성덕(聖德)을 종조리(終條理)에 비유함은 맹자(孟子)의 빼어난 비유이다.

『맹자(孟子)』「만장장구하(萬章章句下)」

【보주(補註)】

- 〈절성기지(絶聖棄智) 민리백배(民利百倍)〉를 〈약치자절성(若治者絶聖) 이약치자기지(而若治者棄智) 민지리백배야(民之利百倍也)〉처럼 옮기면 문의(文意)를 좀 더 쉽게 새길 수 있다. 〈만약[若] 치자가[治者] 성덕을[聖] 끊는다면[絶], 그리고[而] 만약[若] 치자가[治者] 지혜를[智] 버린다면[棄], 백성의[民之] 이로움은[利] 백배가 될 것[百倍]이다[也].〉
- 절성기지(絶聖棄智)는 백성의 순비(淳備) 즉 순박함을[淳] 갖추게[備] 함이다. 이무위치(以無爲治)에서 지(智)란 없지만, 성(聖)만은 무위(無爲)의 치(治)와 인의(仁義)의 다스림[治]에 두루 있다. 그러나 그 성(聖)은 서로 동일하지 않다. 무위(無爲)의 성(聖)과 인의(仁義)의 성(聖)을 나누어 헤아려볼 수 있는 우화가 『장자(莊子)』「천지(天地)」에 나온다. 우화의 일부만이라도 헤아려보면 무위(無爲)의 성(聖)과 인위(人爲)의 성(聖)이 어디서 차이가 나는지 까닭을 살펴볼 수 있다.

註 "시오이부자위천하일인이(始吾以夫子爲天下一人耳) 부지복유부인야(不知復有夫人也) 오문지부자(吾聞之夫子) 사구가(事求可) 공구성(功求成) 용력소(用力少) 견공다자(見功多者) 성인지도(聖人之道) 금도불연(今徒不然) 집도자덕전(執道者德全) 덕전자형전(德全者形全) 형전자신전(形全者神全) 신전자성인지도야(神全者聖人之道也) 탁생여민병행(託生與民竝行) 이부지기소지(而不知其所之) 망호순비재(汒乎淳備哉)." 전에[始] 나는[吾] 선생님을[夫子] 온 세상에[天下] 오직 한 분의 성인으로[一人] 삼았을[爲] 뿐이고[耳], 또[復] 다른 성인이[夫人] 있는 줄[有] 몰랐던 것[不知]일세[也]. 일은[事] 옳은 것을[可] 구하고[求] 보람을[功] 이루기를[成] 추구하며[求], 애를[力] 적게[少] 쓰고서도[用] 그 보람을[功] 크게[多] 찾아내는[見] 것이[者] 성인의[聖人之] 도라고[道] 나는[吾] 선생님에게서 [夫子] 들었었네[聞之]. 그런데 지금[今] 저분은[徒] 그렇지가 않아[不然]. (저분에게는) 도를[道] 지키는[執] 것은[者] 덕을[德] 온전히 하고[全], 덕을[德] 온전히 하는[全] 것은[者] 몸을[形] 온전히 하고[全], 몸을[形] 온전히 하는[全] 것은[者] 정신을[神] 온전히 하고[全], 정신을[神] 온전히 하는[全] 것이[者] 성인의[聖人之] 도(道)일세[也]. 삶을[生] (세상에) 맡긴 채로[託] 백성과[與民] 함께[竝] 살아가면서[行而] 자신이[其] 살아가는[之] 바를[所] 몰라[不知] 아무런 걸림도 없다네[汒乎]! 순박함을[淳] 온전히 갖춤일세[備哉]!

공자(孔子)의 제자 자공(子貢)이 길을 가다 노자(老子)를 따르는 문도(門徒)의 하나인 포자(圃者) 즉 밭 가는 늙은이[圃者]와 이야기를 나눈 다음, 자공(子貢)이 동행하던 시자(侍者)에게 공자(孔子)의 성(聖)과 노자(老子)의 성(聖)이 서로 다름을 실토하면서 공자(孔子)와 달리 노자(老子)라는 성인(聖人)이 있음을 깨우쳐주고 있다. 장자(莊子)는 이 장면을 우화(寓話)로 설정해놓고 무위(無爲)의 성(聖)과 인위(人爲)의 성(聖)을 시비를 떠나게 하여 밝히고 있다.

『장자(莊子)』「천지(天地)」

- 절성기지(絶聖棄智)의 성(聖)을 성인(聖人)의 줄임으로 여기고, 절성기지(絶聖棄智)의 지(智)를 지자(智者)의 줄임으로 새겨도 된다. 절성(絶聖) 즉 절성인(絶聖人)의 성인(聖人)은 법자연(法自然)의 성인(聖人) · 무위(無爲)의 성인(聖人)이 아니라, 예악(禮樂)의 성인(聖人) 즉 인위(人爲)의 성인(聖人)을 말한다. 예악(禮樂)을 지은 성인(聖人)을 **작자(作者)**라 하고, 예악(禮樂)을 밝히는 지자(智者)를 **명자(明者)**라 한다.

註 "지예악지정자능작(知禮樂之情者能作) 식예악지문자능술(識禮樂之文者能述) 작자지위성(作者之謂聖) 술자지위명(述者之謂明) 명성자술작지위야(明聖者述作之謂也)." 예악의[禮樂之] 근본을[情] 아는[知] 이가[者] {예악(禮樂)을} 능히[能] 짓고[作], 예악의[禮樂之] 의식과 절차를[文] 아는[識] 이가[者] {예악(禮樂)을} 능히[能] 논술한다[述]. {예악(禮樂)을} 처음 짓는[作] 분을[者之] 성자(聖者)라[聖] 하고[謂], {예악(禮樂)을} 따라 밝히는[述] 분을[者之] 명자(明者)라[明] 한다[謂]. 명자와[明] 성자란[聖] (예악을) 따라 밝히고[述] 처음 지음을[作之] 말함[謂]이다[也].

예악지정(禮樂之情)의 정(情)은 근본 · 참뜻을 뜻하고, 예악지문(禮樂之文)의 문(文)은 의식 · 절차를 뜻한다. 작자(作者)는 창작인(創作人)을 말하고, 술자(述者)는 논술인(論述人)을 말한다.

『예기(禮記)』「악기(樂記)」

【해독(解讀)】

- 〈절성기지(絶聖棄智) 민리백배(民利百倍)〉는 조건의 종절과 주절로 이루어진 복문(複文)이다. 〈절성하고[絶聖] 기지하면[棄智] 민리가[民利] 백배한다[百倍].〉
- 절성기지(絶聖棄智)는 〈절성(絶聖) 이기지(而棄智)〉 두 구문을 하나로 묶은 것으로, 나누어 문맥을 잡으면 문의(文意)가 분명해진다. 절성(絶聖)에서 절(絶)은 동사 노릇하고, 성(聖)은 절(絶)의 목적어 노릇한다. 절(絶)은 〈끊을 단(斷)〉과 같아 절단(絶斷)의 줄임말로 여기면 된다. 기지(棄智)에서 기(棄)는 동사 노릇하고, 지(智)는 기(棄)의 목적어 노릇한다. 기(棄)는 〈버릴 폐(廢)〉와 같아 폐기(廢

棄)의 줄임말로 여기면 된다. 그리고 절성기지는 종속접속사 노릇하는 〈만약 약(若)〉이 생략된 것으로 여기고 문맥을 잡으면 된다. 〈성을[聖] 끊는다면[絶]〉〈지를[智] 버린다면[棄]〉

- 민리백배(民利百倍)에서 민(民)은 이(利)를 꾸미는 형용사 노릇하고, 이(利)는 주어 노릇하며, 백배(百倍)는 술부로 주격보어 노릇한다. 이(利)는 〈이로울 익(益)〉과 같아 이익(利益)의 줄임말로 여기면 된다. 〈민의[民] 이로움이[利] 백배이다[百倍].〉

19-2 絶仁棄義(절인기의) 民復孝慈(민복효자)

▶ 인을[仁] 끊고[絶] 의를[義] 버리면[棄] 백성은[民] 효도와[孝] 자애로[慈] 돌아온다[復].

끊을 절(絶), 어질 인(仁), 버릴 기(棄), 의로울 의(義), 돌아올 복(復), 효도 효(孝), 사랑할 자(慈)

【지남(指南)】

〈절인기의(絶仁棄義) 민복효자(民復孝慈)〉 역시 치자(治者)로 하여금 예악인위(禮樂人爲)의 인의(仁義)를 버리고 무위자연(無爲自然)으로 복귀하라 한다.

〈절인(絶仁)〉의 인(仁)은 38장(章)의 〈하인(下仁)〉이다. 무위(無爲)의 인(仁)은 상도(常道)의 인(仁)으로 상인(上仁)이고, 인위(人爲)인 예악(禮樂)의 인(仁)이 하인(下仁)이다. 하인(下仁)을 끊어버림이 절인(絶仁)이다. 〈기의(棄義)〉의 의(義) 또한 38장(章)의 〈하의(下義)〉이다. 무위지치(無爲之治)에서는 상도(常道)를 본받기[法]로 다스림[治]이 이루어지지만, 예악지치(禮樂之治)에서는 인의(仁義)와 예지(禮智)로 다스림이 이루어진다고 주장한다. 그래서 『맹자(孟子)』에 **인의예지(仁義禮智) 비유외삭아야(非由外鑠我也)**란 말씀이 나온다.

인의예지(仁義禮智)란 밖에서[外] 비롯함이[由] 아니라[非] 나에게[我] 태어날 때부터 녹아 있는[鑠] 것이다. 인의예지(仁義禮智)를 추구하면[求] 그것을 얻고[得] 버리면[舍] 그것을 잃는다[失]고 예악지치(禮樂之治)에서는 주장한다. 인(仁)

을 지행(知行)함이 의(義)이고, 인(仁)을 지행(知行)하지 않음이 불의(不義)이다. 인의(仁義)를 실행하게 하는 예(禮)를 지행(知行)함이 지(智)이고, 예(禮)를 지행(知行)하지 않음이 무지(無智)이다. 불의(不義)이면 불인(不仁)이고, 무지(無智)이면 비례(非禮)이다. 따라서 예악지치(禮樂之治)는 불의(不義)와 비례(非禮)를 범하지 못하게 하고자 형정(刑政)으로 인(仁)과 예(禮)를 지키도록 다스리고[政], 불의(不義)와 비례(非禮)를 범하지 않게 벌(罰)한다[刑].

형정(刑政)으로 다스리는 인의(仁義)란 인위(人爲)일 뿐, 자연(自然)의 것은 아니라는 것이 이무위치(以無爲治)의 주장이다. 『장자(莊子)』에 호랑인야(虎狼仁也)란 말이 나온다. 이처럼 무위(無爲)의 인(仁)은 사람의 것이 아니고 자연(自然)의 것이다. 무위(無爲)의 인(仁)을 장자(莊子)는 지인(至仁)이라 하고, 예(禮)로 자효(慈孝)를 강조하는 인위(人爲)의 인(仁)은 인간만의 것이라 한다. 장자(莊子)의 지인(至仁)이란 『노자(老子)』 38장(章)의 상인(上仁)을 말하며, 상인(上仁)을 지행(知行)함이 곧 상의(上義)이다.

인간만의 인(仁)과 의(義)를 버리고 자연(自然)의 지인(至仁)으로 복귀하면 사람은 다시[復] 순박해져 말하지 않아도 부모는 절로 자애(慈愛)하고, 자녀는 절로 효도하게 된다는 말씀이 〈절인기의(絶仁棄義) 민복효자(民復孝慈)〉이다.

註 "측은지심인개유지(惻隱之心人皆有之) 수오지심인개유지(羞惡之心人皆有之) 공경지심인개유지(恭敬之心人皆有之) 시비지심인개유지(是非之心人皆有之) 측은지심인야(惻隱之心仁也) 수오지심의야(羞惡之心義也) 공경지심예야(恭敬之心禮也) 시비지심지야(是非之心智也) 인의예지비유외삭아야(仁義禮智非由外鑠我也) 아고유지야(我固有之也) 불사이의(弗思已矣) 고왈(故曰) 구즉득지(求則得之) 사즉실지(舍則失之)." 측은해하는[惻隱之] 마음[心] 그것은[之] 사람[人] 모두에게[皆] 있고[有], 부끄러워하는[羞惡之] 마음[心] 그것은[之] 사람[人] 모두에게[皆] 있으며[有], 공경하는[恭敬之] 마음[心] 그것은[之] 사람[人] 모두에게[皆] 있고[有], 시비의[是非之] 마음[心] 그것은[之] 사람[人] 모두에게[皆] 있다[有]. 측은해하는[惻隱之] 마음은[心] 인(仁)이고[也], 부끄러워하는[羞惡之] 마음은[心] 의(義)이며[也], 공경하는[恭敬之] 마음은[心] 예(禮)이고[也], 시비의[是非之] 마음은[心] 지(智)이다[也]. 인의예지는[仁義禮智] 밖에서[外] 비롯함이[由] 아니라[非] 나에게[我] 녹아 있는 것[鑠]이고[也], 나에게[我] 본래[故] 그것은[之] 있는 것[有]이다[也]. 생각하지 않는 것[弗思]뿐이다[已矣]. 그래서[故] 구하면[求] 곧[則] 그것을[之] 얻고[得], 버리면[舍] 곧[則] 그것을[之] 잃는다고[失] 한다[曰]. 『맹자(孟子)』「고자장구상(告子章句上)」

註 "상대재탕문인어장자(商大宰蕩問仁於莊子) 장자왈(莊子曰) 호랑인야(虎狼仁也) 왈(曰) 하위야(何謂也) 장자왈(莊子曰) 부자상친(父子相親) 하위불인(何謂不仁) 왈(曰) 청문지인(請問至仁) 장자왈(莊子曰) 지인무친(至仁無親) 대재왈(大宰曰) 탕문지(蕩聞之) 무친즉불애(無親則不愛) 불애즉불효(不愛則不孝) 위지인불효가호(謂至仁不孝可乎) 장자왈(莊子曰) 불연(不然) 부지인상의(夫至仁尙矣) 효고부족이불언지(孝固不足以不言之) 차비과효지언야(此非過孝之言也) 불급효지언야(不及孝之言也)." 상나라[商] 태재[大宰] 탕이[蕩] 장자에게[於莊子] 인을[仁] 물었다[問]. 장자가[莊子] 호랑이나[虎] 이리가[狼] 인(仁)이라고[也] 말했다[曰]. {태재[大宰]가} 왜[何] 그러냐고[謂也] 말했다[曰]. 장자가[莊子] {호랑(虎狼)의} 부자도[父子] 서로[相] 친밀한데[親] 왜[何] 인이 아니라[不仁] 하겠느냐고[謂] 말했다[曰]. {태재[大宰]가} 청컨대[請] 지극한 인을[至仁] 듣자고[聞] 말했다[曰]. 장자가[莊子] 지인에는[至仁] 친밀함이[親] 없다고[無] 말해주었다[曰]. 태재가[大宰] 말했다[曰] : 나 탕은[蕩] 아래와 같이[之] 들었습니다[聞] : 친밀함이[親] 없으면[無] 곧[則] 사랑하지 않음이고[不愛], 사랑하지 않으면[不愛] 곧[則] 효도하지 않음이다[不孝]. 지인은[至仁] 효도하지 않는 것이라[不孝] 말해도[謂] 되는 것[可]인가요[也]? 장자가[莊子] 말했다[曰] : 그렇지 않습니다[不然]. 무릇[夫] 지인이란[至仁] (효도보다) 윗길[尙]입니다[也]. 효도를[孝] 가지고[以] 지인을[之] 결코[固] 말할 수 없습니다[不足言]. 태재의 말씀은[此] 효를[孝] 넘어선[過之] 말씀이[言] 아닌 것[非]이고[也], 효에[孝] 미치지 못하는[不及之] 말씀인 것[言]입니다[也].

『장자(莊子)』「천운(天運)」

註 "상덕부덕(上德不德) 시이유덕(是以有德) 하덕불실덕(下德不失德) 시이무덕(是以無德) 상덕무위이무이위(上德無爲而無以爲) 하덕위지이유이위(下德爲之而有以爲) 상인위지이무이위(上仁爲之而無以爲) 상의위지이유이위(上義爲之而有以爲) 상례위지이막지응(上禮爲之而莫之應) 즉양비이잉지(則攘臂而仍之)." 상덕은[上德] 덕이[德] 아니다[不]. 이[是] 때문에[以] 덕이[德] 있다[有]. 하덕은[下德] 덕을[德] 잃지 않는다[不失]. 이[是] 때문에[以] 덕이[德] 없다[無]. 상덕에는[上德] 작위(作爲)가[爲] 없다[無]. 그래서[而] {상덕(上德)은} 무위(無爲)로[無]써[以] 행한다[爲]. 하덕은[下德] 작위(作爲)를[之] 행한다[爲]. 그래서[而] {작위(作爲)를} 갖춤으로[有]써[以] 행한다[爲]. 상인은[上仁] 하덕(下德)을[之] 행한다[爲]. 그러나[而] 무위(無爲)로[無]써[以] {하덕(下德)을} 행한다[爲]. 상의도[上義] 하덕(下德)을[之] 행한다[爲]. 그러나[而] {하덕(下德)을} 갖춤으로[有]써[以] 행한다[爲]. 상례는[上禮] 하덕(下德)을[之] 행하되[爲而], 그[其] 하덕(下德)에[之] 응함이[應] 없으면[莫] 곧장[則] 팔을[臂] 휘둘러서라도[攘而] 하덕(下德)을[之] 거듭한다[仍].

『노자(老子)』 38장(章)

【보주(補註)】

- 〈절인기의(絶仁棄義) 민복효자(民復孝慈)〉를 〈약치자절인(若治者絶仁) 이약치자기의(而若治者棄義) 민복효(民復孝) 이민복자(而民復慈)〉처럼 옮기면 문의(文意)를 좀 더 쉽게 새길 수 있다. 〈만약[若] 치자가[治者] 인을[仁] 끊는다면[絶],

그리고[而] 만약[若] 치자가[治者] 의를[義] 버린다면[棄], 백성은[民] 효로[孝] 돌아오고[復] 그리고[而] 백성은[民] 자로[慈] 돌아온다[復].〉

- 절인기의(絶仁棄義) 또한 백성의 순비(淳備)를 누리게 하기 위함이다. 절(絶)해야 하는 인(仁)은 예(禮)가 아니면[非] 이루어지지 않는 인(仁)이며, 기(棄)해야 하는 의(義) 또한 예(禮)가 아니면[非] 이루어지지 않는 의(義)이다. 그러므로 절인기의(絶仁棄義)의 인의(仁義)는 예(禮)로써 이루어지는 인의(仁義)이니, 절인기의(絶仁棄義)는 순비(淳備) 즉 순박함[淳]을 갖추어[備] 무위자연(無爲自然)의 상인상의(上仁上義)로 돌아가라 함이다.
- 민복효자(民復孝慈)의 효(孝)는 인륜(人倫) 즉 예(禮)로서의 효(孝)가 아니라 무위(無爲)의 자연스러운 효(孝)이고, 자(慈) 역시 무위(無爲)의 자연스러운 자(慈)이다. 무위(無爲)의 자연스러운 효자(孝慈)란 다음 장(章)에 나오는 **유지여아(唯之與阿)**를 떠올리면 이해가 된다. 무위자연(無爲自然)의 효자(孝慈)는 무구청정(無咎淸淨), 즉 거짓 없고[無咎] 맑고 깨끗해[淸淨] 어떠한 겉치레도 없는 효(孝)와 자(慈)를 말한다.

註 "유지여아(唯之與阿)…… 상거약하(相去若何)." 예와[唯與] 응이[阿] 서로[相] 다름이[去] 얼마쯤 되나[幾何]?…… 악함과[惡與] 선함이[美] 서로[相] 다름이[去] 얼마[何] 같은가[若]?

『노자(老子)』 20장(章)

【해독(解讀)】

- 〈절인기의(絶仁棄義) 민복효자(民復孝慈)〉는 조건의 종절과 주절로 이루어진 복문(複文)이다. 〈절인하고[絶仁] 기의하면[棄義] 백성이[民] 효자로[孝慈] 돌아온다[復].〉
- 절인기의(絶仁棄義)는 〈절인(絶仁) 이기의(而棄義)〉 두 구문을 하나로 묶었지만, 나누어 문맥을 잡으면 분명해진다. 절인(絶仁)에서 절(絶)은 동사 노릇하고, 인(仁)은 절(絶)의 목적어 노릇한다. 절(絶)은 〈끊을 단(斷)〉과 같아 절단(絶斷)의 줄임말로 여기면 된다. 기의(棄義)에서 기(棄)는 동사 노릇하고, 의(義)는 기(棄)의 목적어 노릇한다. 기(棄)는 〈버릴 폐(廢)〉와 같아 폐기(廢棄)의 줄임말로 여기면 된다. 그리고 절인기의(絶仁棄義)에서 종속접속사 노릇하는 〈만약 약(若)〉이 생략된 것으로 여기고 새기면 된다. 〈인을[仁] 끊는다[絶].〉 〈의를[義]

버린다[棄].〉

- 민복효자(民復孝慈)에서 민(民)은 주어 노릇하며, 복(復)은 〈돌아올 복(復)〉으로 동사 노릇하고, 효자(孝慈)는 복(復)을 꾸며주는 부사 노릇한다. 복(復)은 〈돌아올 귀(歸)〉와 같아 복귀(復歸)의 줄임말로 여기면 된다. 〈민은[民] 효와[孝] 자로[慈] 돌아온다[復].〉
- 민복자효(民復孝慈)에서 복(復)을 효(孝)와 자(慈)를 꾸며주는 부사로 여기고, 효(孝)와 자(慈)를 동사로 여기고 문맥을 잡아 새겨도 된다. 물론 문의(文義)가 달라지는 것은 아니다. 〈회복할 복(復)〉으로 동사로 여기면 효자(孝慈)는 복(復)의 목적어 노릇한다. 어느 경우든 문의(文意)가 달라지지는 않는다. 복(復)은 여기선 〈다시 재(再)〉와 같다. 〈민은[民] 다시[復] (부모를) 효도하고[孝] (자식을) 사랑한다[慈].〉

19-3 絶巧棄利(절교기리) 盜賊無有(도적무유)

▶재주 부리기를[巧] 끊고[絶] 이득을[利] 버리면[棄] 도둑질과[盜] 해치는 짓이[賊] 생기지[有] 않는다[無].

끊을 절(絶), 재주 교(巧), 버릴 기(棄), 이득 리(利), 훔칠 도(盜), 해칠 적(賊), 않을(없을) 무(無), 생길 유(有)

【지남(指南)】

〈절교기리(絶巧棄利) 도적무유(盜賊無有)〉 또한 치자(治者)로 하여금 예악인위(禮樂人爲)의 호지(好智)를 버리고 무위자연(無爲自然)으로 복귀하라 한다. 〈교(巧)〉와 〈이(利)〉는 지(智)의 소산(所産)이다. 지(智)는 접물(接物)하여 창물(創物)해 생기는[産] 것[所]이다. 바깥 것들을[物] 감촉하여[接] 자연에 없는 것을 만들어 내게[創物] 하는 것이 지(智)이다. 지(智)는 반드시 교(巧)로 이어지고, 교(巧)는 공(工)으로 드러난다.

여기 절교기리(絶巧棄利)의 교(巧)는 창물(創物)하여 술지(述之)하고 수지(守之)함이다. 〈창(創) · 술(述) · 수(守)〉를 묶어서 〈공(工)〉이라 한다. 따라서 여기 교(巧)

는 치도(治道) 즉 다스리는[治] 방편을[道] 인간이 만들어내고[創], 그 만들어낸 것을 밝히고[述] 그 밝힘을 지켜냄을[守] 공(工), 즉 공업(工業)이라 한다. 여기 〈절교(絶巧)〉는 치도(治道)를 만들어내고[創], 그 치도(治道)를 밝혀[述] 지켜가는[守] 공업(工業)을 끊어버리라 함이다. 공업(工業)은 인위(人爲)의 짓을 말한다. 유가(儒家)가 주장하는 인의예악(仁義禮樂)의 온갖 형정(刑政)과 정령(政令)들로써 일구어내는 치민(治民)의 권변(權變)이다. 이러한 권변(權變)은 자연의 것이 아니라 인간의 공업(工業)이라고 노자(老子)가 밝힘이 여기 〈절교(絶巧)〉이다.

이러한 공교(工巧)로써 일구어내는 이득이 여기 〈이(利)〉이다. 따라서 인의예악(仁義禮樂)이 이민(利民) 즉 백성을[民] 이롭게[利] 한다는 것이 여기 이(利)이다. 그러나 인의예악(仁義禮樂)이 이민(利民)하는 것이 아니라 역민(役民) · 해민(害民) · 착민(搾民)한다고 노자(老子)가 밝힘이 여기 〈기리(棄利)〉이다. 이러한 절교기리(絶巧棄利)는 『예기(禮記)』에 나오는 작자(作者)와 명자(明者)를 완전히 부정하는 것이다. 작자(作者)에게서 비롯하는 교리(巧利)는 권변(權變) 즉 권세(權勢)의 임기응변을 불러오고, 권세(權勢)를 꾀하면 반드시 쟁탈(爭奪)의 욕망을 자아내게 마련인지라 사람으로 하여금 권력의 소유욕을 불러오기 때문이다. 소유욕은 서로 다투어[爭] 빼앗아[奪] 너는 적게 갖고 나는 많이 차지해야 한다는 탈인(奪人)의 짓을 자행하게 한다.

그러므로 치민(治民) · 치세(治世)의 교리(巧利)는 대란(大亂)의 수단이 되고, 이지치(以智治) 즉 공업(工業)의 지(智)로써(以) 다스림[治]은 대란(大亂)을 불러오며, 그 지(智)의 교리(巧利)는 백성의 것을 훔치고[盜], 백성을 해치는[賊] 혼란을 부른다. 그래서 대도(大盜)가 생긴다. 대도(大盜)란 도척(盜跖) 같은 도적의 무리를 말하는 것이 아니라 백성을 수탈(收奪)하는 군왕(君王)을 일컫고, 거기에 빌붙어 백성의 것을 빼앗는 권신(權臣)의 무리를 소도(小盜)라 한다. 이런 지경을 꼬집는 우화가 『장자(莊子)』「도척(盜跖)」에 나온다.

이렇듯 백성의 것을 훔치고[盜] 백성을 해치는[賊] 치민(治民) · 치세(治世)보다 더한 대도(大盜)란 천하에 없음을 밝힌 말씀이 〈절교기리(絶巧棄利) 무유도적(無有盜賊)〉이다.

註 "지예악지정자능작(知禮樂之情者能作) 식예악지문자능술(知禮樂之文者能述) 작자지위성(作者之謂聖) 술자지위명(述者之謂明)." 예악의[禮樂之] 참뜻을[情] 아는[知] 자라야[者] {예약(禮樂)을} 지을 수 있고[能作], 예악의[禮樂之] 꾸밈을[文] 아는[識] 자라야[者] {예약(禮樂의 참뜻을} 풀이할 수 있다[能述]. 지어낸[作] 사람[者] 그를[之] 성인이라[聖] 하고[謂], 풀이한[述] 사람[者] 그를[之] 현자라[明] 한다[謂].

『예기(禮記)』「악기(樂記)」

註 "소도자구(小盜者拘) 대도자위제후(大盜者爲諸侯) 제후지문의사존언(諸侯之門義士存焉) 석자(昔者) 환공소백살형입수(桓公小白殺兄入嫂) 이관중위신(而管仲爲臣) 전성자상살군절국(田成子常殺君竊國) 이공자수폐(而孔子受幣) 논즉천지(論則賤之) 행즉하지(行則下之) 즉시언행지정패전어흉중야(則是言行之情悖戰於胸中也) 불역불호(不亦拂乎)." 좀도둑질한[小盜] 놈은[者] 감옥 가고[拘], 큰 도둑질한[大盜] 놈은[者] 제후가[諸侯] 된다[爲]. 제후의[諸侯之] 문간[門] 거기에는[焉] 의롭다는[義] 선비들이[士] 모여든다[存]. 옛적[昔者] 환공인[桓公] 소백은[小白] 제 형을[兄] 죽이고[殺] 형수를[嫂] 아내로 들였고[入], 그리고[而] 관중은[管仲] (환공의) 신하가[臣] 되었다[爲]. 전성자상은[田成子常] 임금을[君] 죽이고[殺] 나라를[國] 훔쳤고[竊], 그리고 (전성자상한테서) 공자는[孔子] 선물을[幣] 받았다[受]. 입으로는[論而] 그들을[之] 천하다 하면서[賤] 행동으로는[行而] 그들에게[之] 고개를 숙인다면[下] 곧[則] 말과 행동의[言行之] 실상이[情] 마음 속에서는[於胸中] 어기면서[悖] 싸움질함[戰]이다[也]. 역시[亦] (백성을) 거스름이 아닌가[不拂乎]?

『장자(莊子)』「도척(盜跖)」

【보주(補註)】

- 〈절교기리(絶巧棄利) 도적무유(盜賊無有)〉를 〈약치자절교(若治者絶巧) 이약치자기리(而若治者棄利) 무유도적(無有盜賊)〉처럼 옮기면 문의(文意)를 좀 더 쉽게 새길 수 있다. 〈만약[若] 치자가[治者] 기교를[巧] 끊는다면[絶], 그리고[而] 만약[若] 치자가[治者] 이득을[利] 버린다면[棄], 도적이[盜賊] 생기지[有] 않는다[無].〉
- 절교기리(絶巧棄利) 또한 백성의 순비(淳備)를 누리게 함이다. 절(絶)해야 하는 교(巧)는 인위(人爲)가 아니면[非] 이루어지지 않는 기교이며, 기(棄)해야 하는 이(利) 또한 인위(人爲)가 아니면[非] 이루어지지 않는 이득을 말한다. 그러므로 절교기리(絶巧棄利)의 교리(巧利)는 인위(人爲)로 이루어지는 교리(巧利)이다. 절교기리(絶巧棄利) 역시 순비(淳備), 즉 순박함[淳]을 갖추어[備] **천국(天鬻)**의 누림으로 돌아가라 함이다.

註 "성인불모(聖人不謀) 오용지(惡用知) 불착(不斲) 오용교(惡用膠) 무상(無喪) 오용덕(惡用德) 불화(不貨) 오용상(惡用商) 사자천국(四者天鬻) 천국야자천사야(天鬻也者天食也)." 성

인은[聖人] 꾀하지 않는데[不謀] 어찌[惡] 지식을[知] 쓰겠으며[用], 깎고 다듬지 않는데[不斲] 어찌[惡] 갖풀을[膠] 쓰겠으며[用], 잃을 것이[喪] 없는데[無] 어찌[惡] 인덕(人德)을[德] 쓰겠으며[用], 돈벌이를 않는데[不貨] 어찌[惡] 상술(商術)을[商] 쓰겠는가[用]? {불모(不謀)·불착(不斲)·무상(無喪)·불화(不貨)는} 자연이[天] 길러주는[鬻] 네 가지[四者]이다[也]. 자연이[天] 길러줌[鬻]이란[也] 것은[者] 자연이[天] 먹여줌[食]이다[也]. 『장자(莊子)』「덕충부(德充符)」

- 도적무유(盜賊無有)의 도(盜)는 탈민(奪民) 즉 백성의 것[民]을 빼앗는[奪] 짓[盜]이고, 적(賊)은 나라[國]를 해쳐서 어기는[逆] 짓[賊]이다.

【해독(解讀)】

- 〈절교기리(絶巧棄利) 도적무유(盜賊無有)〉는 조건의 종절과 주절로 이루어진 복문(複文)이다. 〈절교하고[絶巧] 기리하면[棄利] 도적이[盜賊] 생기지[有] 않는다[無].〉 〈절교하고[絶巧] 기리하면[棄利] 도적이[盜賊] 있음이[有] 없다[無].〉
- 절교기리(絶巧棄利)는 〈절교(絶巧) 이기리(而棄利)〉 두 구문을 하나로 묶은 것으로, 나누어 문맥을 잡으면 문의(文意)가 더 분명해진다. 절교(絶巧)에서 절(絶)은 동사 노릇하고, 교(巧)는 절(絶)의 목적어 노릇한다. 기리(棄利)에서 기(棄)는 동사 노릇하고, 이(利)는 기(棄)의 목적어 노릇한다. 절(絶)은 〈끊을 단(斷)〉과 같아 절단(絶斷)의 줄임말로 여기면 되고, 기(棄)는 〈버릴 폐(廢)〉와 같아 폐기(廢棄)의 줄임말로 여기면 된다. 〈교를[巧] 절한다[絶]. 그리고[而] 이를[利] 기한다[棄].〉
- 도적무유(盜賊無有)는 〈무유도적(無有盜賊)〉에서 도적(盜賊)을 강조하고자 전치한 어투이다. 도적무유에서 도적(盜賊)은 유(有)의 주어 노릇하며, 무(無)는 〈않을 무(無)〉로서 유(有)의 부정사(否定詞) 노릇하고, 유(有)는 동사 노릇한다. 도(盜)는 〈훔칠 투(偸)〉와 같아 투도(偸盜)의 줄임말로 여기면 되고, 적(賊)은 〈어길 역(逆)〉과 같아 역적(逆賊)의 줄임말로 여기면 된다. 〈도적이[有盜賊] 생기지[有] 않는다[無].〉
- 도적무유(盜賊無有)에서 무(無)를 〈없을 무(無)〉로서 동사로 여기고 문맥을 잡아 새겨도 된다. 그러면 유(有)는 무(無)의 주어 노릇하고, 도적(盜賊)은 유(有)의 주어 노릇한다. 〈도적이[盜賊] 있음이[有] 없다[無].〉

- 도적무유(盜賊無有)는 〈무유(無有)A〉 또는 〈A무유(無有)B〉의 상용문이다. 〈A가 있음이[有] 없다[無].〉 〈A에는 B가 있음이[有] 없다[無].〉 〈A에는 B가 생기지[有] 않는다[無].〉

19-4 此三者以爲文(차삼자이위문) 不足(부족)

▶위의[此] 세[三] 가지로[者] 써[以] (문물제도의) 꾸밈으로[文] 삼아서[爲] {치세(治世)가} 만족되지 못한다[不足].

이 차(此), 써 이(以), 삼을 위(爲), 문화(예악제도) 문(文), 못할 부(不), 만족할 족(足)

【지남(指南)】

〈차삼자이위문(此三者以爲文) 부족(不足)〉은 인위(人爲)로써는 만족하게 치민(治民)할 수 없음을 밝힌다. 〈차삼자(此三者)〉는 위에 열거한 성지(聖智) · 인의(仁義) · 교리(巧利)를 말하고, 위문(爲文)의 〈문(文)〉은 다듬어[飾] 드러냄[顯]이다. 무엇을 식현(飾顯)하는 문(文)인가? 성지(聖智) · 인의(仁義) · 교리(巧利)의 삼자(三者)를 다듬어 드러냄[飾顯]이다.

여기 위문(爲文)의 문(文)은 『논어(論語)』의 **문왕기몰(文王旣沒) 문부재자호(文不在玆乎)**를 상기시킨다. 여기 문(文)은 예악제도(禮樂制度) 특히 예의(禮儀)를 말한다. 물론 문(文)이란 문장(文章) · 문채(文彩)의 문명(文明)에 어원을 두고 있지만, 위문(爲文)의 문(文)은 〈예문(禮文) · 문치(文治) · 문화(文化)〉 등을 묶은 것이다. 예문(禮文)은 예악지문(禮樂之文)의 줄임이고, 예악(禮樂)이란 성지(聖智) · 인의(仁義) · 교리(巧利)를 성사하는 제도이다. 예악지문(禮樂之文)이란 예악(禮樂)의 다스림[治]을 잘 다듬어[飾] 드러냄[顯]이다. 예악(禮樂)을 다스림의 제도로 식현(飾顯)하여 치민(治民)하고 치세(治世)함을 위문(爲文)의 문(文)이 수렴(收斂)하고 있다. 문장예악법도(文章禮樂法度)를 문(文)이라고 줄여 말하지만, 특히 예의(禮儀) 즉 예절(禮節)의 규범들을[儀] 다듬어 밝힘[文]이다. 이러한 위문(爲文)의 문(文)은 『예기(禮記)』 「애공문(哀公問)」에서 애공(哀公)과 공자(孔子)의 대담 중에 잘 드러나 있다.

여기 〈부족(不足)〉은 이문(以文) 즉 인의예악(仁義禮樂)의 문물제도로[文]써[以] 백성의 안평태(安平泰)를 만족시키지 못함이다. 이처럼 문물제도가 예(禮)에 치우치면 문치(文治)의 피폐(疲弊)가 쌓여 혹란(惑亂)하게 되고 난세(亂世)로 드러남을 환기시키는 말씀이 부족(不足)이다. 인위(人爲)의 문치(文治) 때문에 백성이 시달리고[疲] 무너지는[弊] 난세(亂世)는 『장자(莊子)』의 문멸질(文滅質) 박익심(博溺心)을 상기시킨다.

문치(文治)에서 〈문질빈빈(文質彬彬)〉을 말하지만, 위문(爲文)의 문(文)으로는 백성의 만족을 이루어낼 수 없으므로 〈절성기지(絶聖棄智) · 절인기의(絶仁棄義) · 절교기리(絶巧棄利)하라〉 단언한 것이다. 위문(爲文)의 문(文)으로 치민(治民)하고 치세(治世)함은 백성의 안평태(安平泰)를 늘 부족하게 하는 까닭을 일깨우는 말씀이 〈차삼자이위문부족(此三者以爲文不足)〉이다.

註 "자외어광(子畏於匡) 왈(曰) 문왕기몰(文王旣沒) 문부재자호(文不在茲乎) 천지장상사문야(天之將喪斯文也) 부득여어사문야(不得與於斯文也) 천지미상사문야(天之未喪斯文也) 광인기여여하(匡人其如予何)." 공자께서[子] 광이란 곳에서[於匡] 위태로운 지경에 빠졌을 때[畏] 가로되[曰] : 문왕은[文王] 이미[旣] 돌아가시고 없지만[沒], (문왕이 남긴) 예악제도는[文] 여기에[茲] 살아 있지 않는가[不在乎]? 하늘이[天之] 그[斯] 예악제도를[文] 버리려 한 것[將喪]이라면[也] (세상 사람들이) 그[斯] 예악제도에[於文] 참여할[與] 수 없을 것[不得]이다[也]. 하늘이[天之] 그[斯] 예악제도를[文] 아직 버리지 않은 것[未喪]이라면[也] 이 고을[匡] 사람[人] 그들이[其] 나를[予] 어떻게 하겠는가[如何].
『논어(論語)』「자한(子罕)」5

註 "민지소유생례위대(民之所由生禮爲大) 비례무이절사천지지신야(非禮無以節事天地之神也) 비례무이변군신상하장유지위야(非禮無以辨君臣上下長幼之位也)…… 군자이차지위존경연후(君子以此之爲尊敬然後) 이기소능교백성(以其所能敎百姓) 불폐기회절(不廢其會節) 유성사연후(有成事然後) 치기조루문장보불이사(治其雕鏤文章黼黻以嗣)…… 절추기의복(節醜其衣服) 비기궁실(卑其宮室) 거불조기(車不雕幾) 기불각루(器不刻鏤) 식불이미(食不貳味) 이여민동리(以與民同利) 석지군자지행례자여차(昔之君子之行禮者如此)."

백성이[民之] 살면서[生] 예를[禮] 통하는[由] 바가[所] 큰 것이[大] 된다[爲]. 예가[禮] 아니면[非] 그로써[以] 천지의[天地之] 신을[神] 가려[節] 섬김이[事] 없는 것[無]이고[也], 예가[禮] 아니면[非] 그로써[以] 임금과 신하[君臣] 위아래[上下] 어른아이의[長幼之] 위치를[位] 분변함이[辨] 없는 것[無]이다[也]. …… 이 때문에[以此] 군자가[君子之] 존경받게[尊敬] 된[爲] 뒤에야[然

後] 군자가[其] {예(禮)로} 써[以] 백성을[百姓] 가르칠 수 있고[能教], 예(禮)의[其] 차별을[會節] 무너지지 않게 하여[不廢] {예(禮)를 행하는} 일을[事] 이룸이[成] 있는[有] 뒤에야[然後] 이어서[以嗣] 예(禮)의[其] 꾸밈을[雕鏤文章黼黻] 다듬는다[治]. …… {군자(君子)는} 그[其] 의복을[衣服] 바르게[節] 가려 입고[醜], 그[其] 궁실을[宮室] 소박하게 하며[卑], 수레를[車] 장식하지 않으며[不雕幾], 그릇을[器] 조각하지 않고[不刻鏤] 음식을[食] 거듭해[貳] 맛보지 않는다[不味]. 이리하여[以] {군자(君子)는} 백성과[民] 함께[與] 이로움을[利] 같이한다[同]. 옛날[昔者] 군자가[君子之] 예를[禮] 행하는[行] 일은[者] 이와[此] 같았다[如].

절사(節事)는 섬김[事]을 제한함[節]이니 가려 섬김이고, 회절(會節)은 기절(期節)과 같고 차별이란 뜻이며, 조루(雕鏤)는 조각하여 장식함이고, 문장(文章)·보불(黼黻)은 색채로 장식함을 뜻한다. 문(文)은 적청(赤青), 장(章)은 적백(赤白), 보(黼)는 백흑(白黑), 불(黻)은 흑청(黑青)을 뜻한다. 절추(節醜)의 절(節)은 정(正)과 같고, 추(醜)는 여기선 유(類)와 같아 분류(分類)를 뜻해 바르게[節] 분류함[醜]을 뜻한다. 이미(貳味)는 이리저리 뒤적여 맛봄을 뜻하고, 군자(君子)는 여기서 군왕(君王)을 뜻함이다.

노(魯)나라 애공(哀公)이 공자(孔子)께 대례(大禮)를 묻자 위와 같이 대답한 것이고, 인위지치(人爲之治)로서 예치(禮治)를 살펴볼 수 있게 하는 공자왈(孔子曰)인 셈이다.

『예기(禮記)』「애공문(哀公問)」

註 "인수유지(人雖有知) 무소용지(無所用之) 차지위지일(此之謂至一) 당시시야(當是時也) 막지위이상자연(莫之爲而常自然) 체덕하쇠(逮德下衰) 급수인복희시위천하(及燧人伏羲始爲天下) 시고순이불일(是故順而不一) 덕우하쇠(德又下衰) 급신농황제시위천하(及神農黃帝始爲天下) 시고안이불순(是故安而不順) 덕우하쇠(德又下衰) 급당우시위천하(及唐虞始爲天下) 흥치화지류(興治化之流) 요순산박(澆淳散樸) 이도이선(離道以善) 험덕이행연후(險德以行然後) 거성이종어심(去性而從於心) 심여심식지(心與心識知) 이부족이정천하(而不足以定天下) 연후부지이문(然後附之以文) 익지이박(益之以博) 문멸질(文滅質) 박익심(博溺心) 연후민시혹란(然後民始惑亂) 무이반기성정이복기초(無以反其性情而復其初)." 비록[雖] 사람한테[人] 지식이[知] 있었지만[有] 쓰일[用之] 데가[所] 없었다[無]. 이를[此之] 상도(常道)에[一] 지극함이라[至] 한다[謂]. 그[當是] 때에는[時也] 지식을[知] 쓰려 함이[爲] 없어서[莫而] 늘[常] 그냥 그대로였다[自然]. (사람들이) 덕을[德] 주장하자[逮] 점점[下] 쇠해지다[衰] 수인과[燧人] 복희에[伏羲] 이르러[及] 세상을[天下] 다스리기를[爲] 시작했다[始]. 이러해서[是故] (자연을) 따랐으되[順而] 한결같지는 않았다[不一]. 덕이[德] 더욱[又] 점점[下] 쇠해지면서[衰] 신농과[神農] 황제에[黃帝] 이르러[及] 세상을[天下] 다스리기[爲] 시작했다[始]. 이러해서[是故] (살기는) 편안했지만[安而] (자연을) 따르지는 않았다[不順]. 덕이[德] 더더욱[又] 점점[下] 쇠해지면서[衰] 요임금과[唐] 순임금이[虞] 세상을[天下] 다스리기를[爲] 시작했다[始]. 다스려[治] 변화시키는[化之] 흐름을[流] 일으켜[興] 순박함을[淳] 메말리고[澆] 소박함을[朴] 흩트려[散] 상도를[道] 떠남으로[離]써[以] 좋아하고[善], 덕을[德] 위태롭게

함으로[險]써[以] 행동했다[行]. 그런 뒤로[然後] 본성을[性] 떠나서[去而] 사심(私心)을[於心] 따랐다[從). 마음과[心與] 마음이[心] 지식을[知] 넘봤다[識]. 그래서[而] 그로써는[以] 세상을[天下] 안정시킬[定] 수 없었다[不足]. 지식을[之] 가까이함으로[附]써[以] {천하(天下)를} 꾸몄고[文], 지식을[之] 더해감으로[益]써[以] (지식을) 넓히면서[博] (지식의) 세련됨이[文] 질박함을[質] 없애고[滅], (지식의) 넓음이[博] 마음을[心] 익사시켰다[溺]. 그런 뒤로[然後] 백성은[民] 현혹되고[惑] 혼란스러웠다[亂]. 그리하여[以] 제[其] 성정으로[性情] 돌아와서[反而] 제[其] 본래로[初] 되돌아옴이[復] 없어졌다[無].

불의 사용을 가르쳤다는 수인(燧人)과, 우마(牛馬)를 가축으로 만들게 하고 팔괘(八卦)를 지었다는 복희(伏羲)는 전설적인 제왕(帝王)이다. 농사짓기를 가르쳤다는 신농(神農)과, 역산(曆算)·문자로 문화를 가르쳤다는 황제(黃帝) 역시 전설적인 제왕이다. 당우(唐虞)의 당(唐)은 요(堯)가 다스린 나라 이름이고, 우(虞)는 순(舜)이 다스린 나라 이름이고, 요순(堯舜)은 예악제도(禮樂制度)가 시작되는 역사적 제왕이다. 인위지치(人爲之治)가 전개된 것은 〈체덕하쇠(逮德下衰)〉로 말미암았음을 『노자(老子)』 19장(章)이 단언하고 있음을 이 우화를 통하여 더욱 잘 살펴 새기고 헤아려 가늠해볼 수 있다. 『장자(莊子)』「선성(繕性)」

【보주(補註)】

- 〈차삼자이위문(此三者以爲文) 부족(不足)〉을 〈치자위문이차삼자(治者爲文以此三者) 이치세부족(而治世不足)〉처럼 옮기면 문의(文意)를 좀더 쉽게 새길 수 있다. 〈치자가[治者] 이[此] 세[三] 가지로[者]써[以] (문물제도의) 문식으로[文] 삼는다[爲]. 그래서[而] 치세는[治世] 만족되지 못한다[不足].〉
- 차삼자이위문(此三者以爲文)에서 문(文)은 문장(文章)에서 어원을 찾는다. 문(文)은 청여적(靑與赤), 장(章)은 적여백(赤與白)의 빛깔을 나타내 식현(飾顯) 즉 다듬어[飾] 드러냄[顯]이 여기 문(文)이다. 그래서 성지(聖智)·인의(仁義)·교리(巧利)를 잘 다듬어드러냄[飾顯]이 문(文)이다. 성지(聖智)·인의(仁義)·교리(巧利)를 다듬어[飾] 밝힘이[顯] 문물제도이고, 문물제도란 인의예악(仁義禮樂)을 다듬어 밝힘이고 이를 한 자(字)로써 〈문(文)〉이라 한다.
- 〈차삼자이위문(此三者以爲文) 부족(不足)〉이 〈차삼자이위문이미족(此三者以爲文而未足)〉으로 된 본(本)도 있다. 미족(未足)은 부족(不足)보다 부정하는 어세(語勢)가 약할 뿐, 문의(文義)가 달라지는 것은 아니다.

【해독(解讀)】

- 〈차삼자이위문(此三者以爲文) 부족(不足)〉은 〈그래서 이(而)〉로 이어진 중문(重

文)이다. 〈차삼자로[此三者]써[以] 문을[文] 삼는다[爲]. 그래서[而] 부족하다[不足].〉

- 차삼자이위문(此三者以爲文)은 〈위문이차삼자(爲文以此三者)〉에서 차삼자(此三者)를 강조하고자 차삼자이(此三者以)로 전치한 말투이다. 차삼자이위문(此三者以爲文)에서 차삼자이(此三者以)는 위(爲)를 꾸미는 부사구 노릇하고, 위(爲)는 동사 노릇하고, 문(文)은 위(爲)의 목적어 노릇한다. 이(以)는 〈써 용(用)〉과 같고, 위(爲)는 〈생각할 사(思)〉와 같다. 〈이[此] 삼자를[三者]써[以] 문을[文] 삼는다[爲].〉
- 부족(不足)에서 접속사 〈이(而)〉와 주어는 생략되었고, 부(不)는 족(足)의 부정사(否定詞) 노릇하고, 족(足)은 동사 노릇한다. 〈그래서[而] 만족되지 못한다[不足].〉
- 차삼자이위문(此三者以爲文)은 〈위(爲)A이(以)B〉의 상용문이다. 〈B로써[以] A를 삼는다[爲].〉

19-5 故(고) 令有所屬(영유소속)

▸ 그러므로[故] (백성으로) 하여금[令] 귀속돼 있는[屬] 바를[所] 취하게 한다[有].

하여금 령(令), 취할 유(有), 바 소(所), 따라 붙을 속(屬)

【지남(指南)】

〈영유소속(令有所屬)〉은 사람은 다른 만물처럼 자연(自然)의 품 안을 떠날 수 없음을 밝힌다. 여기 〈소속(所屬)〉은 28장(章)에서 살핀 **복귀어박(復歸於樸)**을 상기시키고, 52장(章)에 나오는 **천하모(天下母)**를 상기시킨다. 성지(聖智)·인의(仁義)·교리(巧利) 등 인위(人爲)의 삶을 떠나 박(樸) 즉 자연(自然)의 삶으로 돌아오게(復歸) 하는 것이다.

인위(人爲)로 치민(治民)·치세(治世)하여 백성의 삶이 불리해지고 효자의 마음이 없어지고 도적이 생기니, 인위(人爲)가 펼치는 성지(聖智)·인의(仁義)·교리

(巧利) 등을 백성이 끊어[絶] 버리게 하여[棄] 자연으로 되돌아오게 함이 여기 영유소속(故令有所屬)이다. 백성으로 하여금 인위(人爲)의 굴레를 벗어나게 함이고, 귀속돼 있는[屬] 바[所] 즉 자연(自然)을 취하게[有] 함이다.

귀속된[屬] 바[所]란 17장(章)에서 살핀 〈백성개위아자연(百姓皆謂我自然)〉을 상기시키고, 『장자(莊子)』에 나오는 **성수반덕(性脩反德)**을 상기시킨다. 천성(天性)을 닦아[脩] 덕으로[德] 돌아가면[反] 현덕(玄德)을 누려 65장(章)에 나오는 〈지어대순(至於大順)〉 함이 아자연(我自然)이고, 여기 소속(所屬)이다. 이는 백성이 여천지위합(與天地爲合) 즉 자연과[與天地] 하나가 되는[爲合] 현덕(玄德)을 누리게 함인 동시에, 대순(大順) 즉 상도(常道)를 따르게[順] 함이다.

그러므로 백성으로 하여금 인위(人爲)가 펼치는 성지(聖智) · 인의(仁義) · 교리(巧利) 등을 절기(絶棄)하여 자연으로 돌아와 상도(常道)를[大] 따르게[順] 함을 밝힌 말씀이 〈영유소속(令有所屬)〉이다.

註 "상덕불리(常德不離) 복귀어영아(復歸於嬰兒)…… 상덕불특(常德不忒) 복귀어무극(復歸於無極)…… 상덕내족(常德乃足) 복귀어박(復歸於樸)." 상덕이[常德] 떠나지 않아[不離] 갓난애로[於嬰兒] 되[復]돌아온다[歸]. …… 상덕이[常德] 어긋나지 않아[不忒] 무극으로[於無極] 되[復]돌아온다[歸]. …… 상덕이[常德] 이내[乃] 만족돼[足] 나뭇등걸(자연)로[於樸] 되[復]돌아온다[歸].
『노자(老子)』 28장(章)

註 "천하유시(天下有始) 이위천하모(以爲天下母)." 온 세상 온갖 것에[天下] 시원이[始] 있다[有]. {천지만물은 그 시(始)로} 써[以] 온 세상 만물의[天下] 어머니로[母] 삼는다[爲].
『노자(老子)』 52장(章)

註 "성수반덕(性脩反德) 덕지동어초(德至同於初)." 본성을[性] 닦아[修] 덕으로[德] 돌아오고[反], 덕이[德] 지극하면[至] 상도와[於初] 같다[同]. 『장자(莊子)』「천지(天地)」

【보주(補註)】

- 〈영유소속(令有所屬)〉을 〈영민유민지소속(令民有民之所屬)〉처럼 옮기면 문의(文意)를 좀 더 쉽게 새길 수 있다. 〈백성으로[民] 하여금[令] 백성이[民之] 따를[屬] 바를[所] 취하게 한다[有].〉
- 영유소속(令有所屬)에서 소속(所屬)은 〈소복귀어자연(所復歸於自然)〉으로 여기고 새기면 문의(文義)가 분명해진다. 〈자연으로[於自然] 돌아오는[復歸] 것[所]〉

【해독(解讀)】

- 〈영유소속(令有所屬)〉에서 영(令)은 목적어가 생략되었지만 사역의 전치사 노릇하고, 유(有)는 영어의 부정사(不定詞)같이 구실하면서 영(令)의 목적보어 노릇하고, 소속(所屬)은 유(有)의 목적어 노릇한다. 유소속(有所屬)의 유(有)는 〈취할 유(有)〉이고, 속(屬)은 〈따를 종(從)〉과 같아 종속(從屬)의 줄임말과 같다. 물론 영(令)을 사역의 전치사로 보자는 견해도 있지만, 사역의 전치사 〈하여금 령(令)〉으로 여기고 새기면 된다. 〈(백성으로) 하여금[令] 따를[屬] 바를[所] 취하게 한다[有].〉
- 영유소속(令有所屬)은 〈영(令)A위(爲)B〉의 상용문이다. 마치 영어 〈let A do B〉 같은 상용문이다. 〈A로 하여금[令] B를 하게 하라[爲].〉

19-6 見素抱樸(견소포박)

▶ (백성이) 그냥 그대로를[素] 살피고[見] 그냥 그대로를[樸] 지킨다[抱].

살필 견(見), 그냥 그대로 소(素), 지킬(안을) 포(抱), 그냥 그대로 박(樸)

【지남(指南)】

〈견소포박(見素抱樸)〉은 법자연(法自然)하여 수중(守中)하기를 밝힌다. 여기 견소포박(見素抱樸)은 후구(後句)인 〈소사과욕(少私寡欲)〉의 조건의 종절(從節) 노릇하지만, 독립시켜서 길잡이[指南] 해두려고 한다.

견소포박(見素抱樸)에서 〈소(素) · 박(樸)〉은 자연(自然)을 풀이함이고, 〈견(見) · 포(抱)〉는 본받아[法] 지키기를[守] 뜻한다. 자연을[自然] 본받아[法] 상도(常道)를 따라[中] 지키는[守] 삶이란 견소(見素)의 삶이고, 포박(抱樸)의 삶이며, 아자연(我自然)의 삶이다. 이러한 삶이 앞서 살핀 〈소속(所屬)〉의 삶이다. 여기서 영유소속(令有所屬)의 소속(所屬)이 〈속자연(屬自然)〉임을 분명히 깨우칠 수 있다. 그리고 견소(見素)의 소(素)와 포박(抱樸)의 박(樸)이 곧 따를[屬] 것[所]임도 깨우칠 수 있다.

〈소박(素樸)〉이야말로 도법자연(道法自然)의 도(道)가 인간에게 맡긴[屬] 것[所]

이고, 인간이 따를[屬] 것[所]이다. 그 자연을 간직함이[有] 여기 견소(見素)이고, 포박(抱樸)이다. 견소(見素)의 견(見)은 육안(肉眼)의 견(見)이 아니라 심안(心眼)의 견(見)이고, 포박(抱樸)의 포(抱) 또한 두 손으로 잡아 안음[抱]이 아니라 심중(心中)의 포(抱)이다. 견소(見素)의 소(素)는 심소(心素)이고, 포박(抱樸)의 박(樸)은 심박(心樸)이다. 견소(見素) 이 말씀은 견소심(見素心)하라 함이고, 포박(抱樸)은 포박심(抱樸心)하라 함이다. 소심(素心)은 청정(淸淨)하여 무구(無咎)한 마음[心]이니 있는 그대로의 마음[心]이고, 심박(心樸) 역시 청정무구(淸淨無咎)의 마음[心]이니 있는 그대로의 마음이다. 맑고[淸] 깨끗해[淨] 땟국[咎] 없는[無] 마음[心] 가짐이 여기 견소(見素)이고 포박(抱樸)이니, 그냥 그대로의[素樸] 마음[心]인 천성(天性) 즉 심성(心性)이다.

천성(天性)은 아무런 땟국이 없으니 물들이지 않은 실[絲] 같아 〈소(素)〉라고 비유하고, 아무런 다듬이[琢] 없으니 사람의 손이 가지 않은 나무[木] 같아 〈박(樸)〉이라 비유한다. 그 무엇의 염색이란 없으니 소(素)이고 그 무엇의 조탁(彫琢)도 없으니 박(樸)이란 곧 자연(自然)을 밝힘이고, 인간이 받은 자연(自然)이 곧 천성(天性)이다. 그러니 여기 견소(見素)하고 포박(抱樸)하라 함은 16장(章)의 **복명(復命)**이고, 52장(章)의 **복수기모(復守其母)**이며, 17장(章)의 **아자연(我自然)**이니, 앞서 살핀 〈영유소속(令有所屬)〉을 구체적으로 밝혀 소속(所屬) 즉 따를[屬] 바를[所] 새기고 헤아려 깨우치게 하는 말씀이 〈견소포박(見素抱樸)〉이다.

註 "각귀기근(各歸其根) 귀근왈정(歸根曰靜) 시위복명(是謂復命)." 저마다[各] 제[其] 근원으로[根] 돌아온다[歸]. 뿌리로[根] 돌아감을[歸] 고요라[靜] 하고[曰], 이것을[是] 본성으로[命] 돌아옴이라[復] 한다[謂]. 『노자(老子)』 16장(章)

註 "복수기모(復守其母) 몰신불태(歿身不殆)." 그[其] 어머니께로[母] 돌아와[復] 지킨다면[守] 평생토록[歿身] 위태롭지 않다[不殆]. 『노자(老子)』 52장(章)

註 "공성사수(功成事遂) 백성개위(百姓皆謂) 아자연(我自然)." 공적을[功] 이루고[成] 사업을[事] 완수했어도[遂], 백성은[百姓] 모두[皆] 우리가[我] 스스로[自] 그렇게 했다고[然] 말했다[謂]. 『노자(老子)』 17장(章)

【보주(補註)】

● 〈견소포박(見素抱樸)〉을 〈민자견소(民自見素) 이민자포박(而民自抱樸)〉처럼 옮

기면 문의(文意)를 좀 더 쉽게 새길 수 있다. 〈백성이[民] 스스로[自] 소박함을[素] 살핀다[見]. 그리고[而] 백성이[民] 스스로[自] 검박함을[樸] 지킨다[抱].〉

- 견소포박(見素抱樸)을 중언(重言)으로 새겨도 된다. 견소(見素)와 포박(抱樸)은 같은 말씀이기 때문이다. 소박(素樸)은 소박지심(素樸之心)이며, 무사(無私) · 무욕(無欲) · 무아(無我)의 마음으로 대순(大順) 즉 자연을[大] 따르는[順] 마음이고, 상도(常道)를 순(順)하는 마음이며, 상덕(常德)을 좇아 행하는 마음이다. 대순(大順)의 대(大)란 〈상도(常道) · 상덕(常德) · 자연(自然)〉을 묶어둔 한 자(字)라고 여기면 된다.
- 견소포박(見素抱樸)은 뒤에 나오는 〈소사과욕(少私寡欲)〉을 주절로 하는 조건의 종절(從節) 노릇하지만, 독립해서 지남(指南)한 것이다. 따라서 〈견소포박(見素抱樸)하면 소사과욕(少私寡欲)한다〉고 문맥을 잡아 새겨야 원문(原文)의 문의(文義)가 분명해진다. 〈(백성으로 하여금) 그냥 그대로를[素] 살피게 하고[見] 그냥 그대로를[樸] 지키게 한다면[抱], (백성은) 제 몫을[私] 적게 하고[少] 욕망을[欲] 적게 한다[寡].〉

【해독(解讀)】

- 〈견소포박(見素抱樸)〉은 뒤에 나오는 〈소사과욕(少私寡欲)〉의 조건의 종절(從節) 노릇하지만, 독립해서 문맥을 잡으면 두 평서문이 〈그리고 이(而)〉로 이어진 중문(重文)이다. 〈소박함을[素] 살피게 한다[見]. 그리고[而] 소박함을[樸] 지키게 한다[抱].〉
- 견소(見素)에서 견(見)은 주어가 생략되었지만 동사 노릇하고, 소(素)는 견(見)의 목적어 노릇한다. 견(見)은 〈살펴볼 고(顧) · 알 지(知) · 생각할 사(思)〉 등과 같고, 소(素)는 〈깨끗할 백(白)〉과 같다. 〈있는 그대로를[素] 살핀다[見].〉
- 포박(抱樸)에서 포(抱)는 주어가 생략되었지만 동사 노릇하고, 박(樸)은 포(抱)의 목적어 노릇한다. 포(抱)는 〈간직할 회(懷), 지킬 보(保)〉 등과 같아 회포(懷抱)의 줄임말로 여기면 되고, 박(樸)은 〈꾸밈 없는 검(儉)〉과 같아 검박(儉樸)의 줄임말로 여기면 된다. 소(素)와 박(樸)은 같은 뜻이라 소박(素樸)이라 한다. 소박(素樸)이란 〈그냥 그대로〉인지라 다름 아닌 〈자연(自然)〉을 일컫는다. 〈있는 그대로를[樸] 지킨다[抱].〉

19-7 少私寡欲(소사과욕)

▶ (백성은) 제 몫을[私] 적게 하고[少] 욕망을[欲] 적게 한다[寡].

적을 소(少), 제 몫 사(私), 적을 과(寡), 바랄 욕(欲)

【지남(指南)】

〈소사과욕(少私寡欲)〉은 앞서 살핀 〈견소포박(見素抱樸)〉의 주절 노릇하면서 견소(見素)와 포박(抱樸)을 실행하는 삶을 밝힌다. 따라서 저마다 소속(所屬)에 따라 왜 견소(見素)하고 포박(抱樸)하라 함인지 그 까닭을 일깨우는 말씀이다.

견소(見素)하고 포박(抱樸)하는 마음[心]이면 절로 심중(心中)에 제 몫[私]이 적어져[少] 욕심[欲]이 줄어들어[寡] 급기야 무사(無私) · 무욕(無欲) · 무아(無我)의 삶에 더욱더 가까워진다. 이러한 삶은 기어도(幾於道) 즉 상도에[於道] 가까운[幾] 삶인지라 소사과욕(少私寡欲)은 복명(復命)의 삶으로 이어진다. 천성으로[命] 돌아오는[復] 삶이란 소사(少私)하고 과욕(寡欲)함으로써 누릴 수 있는 귀근(歸根)의 삶이다. 마음의 뿌리[根]가 〈성(性)〉이고, 뿌리에서 돋아난 줄기가 〈정(情)〉이다. 그래서 마음(心)을 성정(性情)이라 한다.

심성(心性)은 늘 반덕(反德) 즉 상덕(常德)으로 돌아가[反] 순도(順道)하지만, 심정(心情)은 한사코 접물(接物)하여 온갖 것을 감지하고자 경덕(輕德)하고 이도(離道)하려 한다. 덕(德)을 가벼이 하는[輕] 탓으로 상도(常道)를 떠나서[離] 온갖 사물을 제 것으로[私] 만들고자 발버둥치는 심정(心情)은 요동치게 마련이니, 마음은 그만 대지(大知)를 벗어나 소지(小知)에 얽매이게 된다. 대지(大知)는 마음을 한한(閑閑)하게 아자연(我自然)을 누리게 하지만, 소지(小知)는 마음을 한한(閒閒)하게 하여 날마다 마음 속에서 싸움질하는 물지지(物至知)를 그치지 못한다.

한한(閑閑)은 무사(無私) · 무욕(無欲)하여 한가하고 너그러운 마음이라 소사과욕(少私寡欲)의 삶을 누리게 하고, 한한(閒閒)은 사욕(私欲) 탓으로 시비의 틈새를 노리는 깐깐한 마음 속이라 다사과욕(多私過欲)의 삶에 얽매인다. 그러므로 견소(見素)하고 포박(抱樸)하면 절로 소사(少私)하고 과욕(寡欲)함으로 이어져 절로 무사(無私) · 무욕(無欲) · 무아(無我)의 삶으로 이어져 누구든 17장(章)의 〈아자연(我

自然)〉을 누린다.

무사(無私) · 무욕(無欲)하면 절로 무아(無我)로 이어지고, 무아(無我)하면 절로 아자연(我自然)으로 이어져 제 소속(所屬)을 벗어나지 않아 반덕(反德) 즉 상덕으로[德] 돌아와[反] 자연인(自然人)이 됨을 깨우치게 하는 말씀이 〈소사과욕(少私寡欲)〉이다.

註 "대지한한(大知閑閑) 소지한한(小知閒閒) 대언담담(大言炎炎) 소언첨첨(小言詹詹) 기침야혼교(其寢也魂交) 기각야형개(其覺也形開) 여접위구(與接爲搆) 일이심투(日以心鬪)." 큰 앎은[大知] 한가히 너그럽고[閑閑], 작은 앎은[小知] 깐깐히 따진다[閒閒]. 큰 말은[大言] 담박하고[炎炎], 작은 말은[小言] 꼼꼼히 살핀다[詹詹]. {소지(小知) · 소언(小言)에 얽매인 사람을 소인(小人)이라 한다.} 소인이[其] 잠들면[寢也] 꿈자리가 시끄럽고[魂交], 소인이[其] 깨어나면[覺也] 몸이[形] 활개쳐[開] 교제로[接] 더불어[與] 끌려 다니느라[爲搆] 날마다[日以] 마음이[心] 싸움질한다[鬪].

한한(閑閑)은 시비를 떠나 한가하고 느긋한 모양이고, 한한(閒閒)은 시비를 가리고자 틈새[閒]를 노려 깐깐히 분별하는 모양이다. 한한(閒閒)을 간간(閒閒)으로 읽어도 된다. 대언담담(大言炎炎)의 담담(炎炎)을 염염(炎炎)으로 읽지 않고 여기선 〈담박할 담(淡)〉과 같이 보고 담담(炎炎)으로 읽는다. 소언첨첨(小言詹詹)의 첨첨(詹詹)은 쓸데없이 수다스럽게 지껄임이고, 혼교(魂交)는 자면서 꿈질함을 뜻한다.

『장자(莊子)』「제물론(齊物論)」

【보주(補註)】

- 〈소사과욕(少私寡欲)〉을 〈영민소사(令民少私) 이령민과욕(而令民寡欲)〉처럼 옮기면 문의(文意)를 좀더 쉽게 새길 수 있다. 〈백성으로[民] 하여금[令] 제 몫을[私] 적게[少] 한다[令]. 그리고[而] 백성으로[民] 하여금[令] 욕심을[欲] 줄이게[寡] 한다[令].〉
- 소사과욕(少私寡欲)을 중언(重言)으로 새겨도 된다. 소사(少私)와 과욕(寡欲)은 같은 말씀이기 때문이다. 소사(少私)는 소사지심(少私之心)이고, 과욕(寡欲)은 과욕지심(寡欲之心)이다. 제 몫을[私] 줄이고[少之] 욕심을[欲] 줄이는[寡之] 마음[心]이란 곧 무사(無私) · 무욕(無欲) · 무아(無我)의 마음으로 대지(大知) · 대순(大順)의 마음이다.
- 소사과욕(少私寡欲)은 앞에 나온 〈견소포박(見素抱樸)〉의 주절 노릇하지만, 독립해서 지남(指南)한 것이다. 따라서 〈견소포박(見素抱樸)하면 소사과욕(少私寡

欲)한다〉고 문맥을 잡아 새겨야 원문(原文)의 문의(文義)가 분명해진다. 〈(백성으로 하여금) 그냥 그대로를[素] 살피게 하고[見], 그냥 그대로를[樸] 지키게 한다면[抱], (백성은) 제 몫을[私] 적게 하고[少] 욕망을[欲] 적게 한다[寡].〉

【해독(解讀)】

- 〈소사과욕(少私寡欲)〉은 앞에 나온 〈견소포박(見素抱樸)〉의 주절 노릇하지만, 독립해서 문맥을 잡으면 두 평서문이 〈그리고 이(而)〉로 이어진 중문(重文)이다. 〈제 몫을[私] 적게 한다[少]. 그리고[而] 욕심을[欲] 줄이게 한다[寡].〉
- 소사(少私)에서 소(少)는 동사 노릇하고, 사(私)는 소(少)의 목적어 노릇한다. 〈적게 할 소(少) · 과(寡)〉는 같고, 소(少)는 〈많을 다(多)〉의 반대말이다. 〈사사로움이[私] 적다[少].〉
- 과욕(寡欲)에서 과(寡)는 동사 노릇하고, 욕(欲)은 과(寡)의 목적어 노릇한다. 〈적게 할 과(寡) · 소(少)〉는 같고, 과(寡)는 〈넘칠 과(過)〉의 반대말이다. 그러므로 과소(寡少)는 과다(過多)의 반대말이다. 〈욕심이[欲] 적다[寡].〉

사모장(食母章)

〈절학(絶學)〉을 밝히는 장(章)이다. 여기 절학(絶學)의 〈학(學)〉은 앞 장(章)에서 살핀 성지(聖智) · 인의(仁義) · 교리(巧利), 즉 삼자(三者)가 주장하는 시비의 분별지(分別智)를 배움[學]을 뜻한다. 여기 절학(絶學)은 19장(章)의 〈절성기지(絶聖棄智) · 절인기의(絶仁棄義) · 절교기리(絶巧棄利)〉를 묶어서 밝힘이다. 따라서 위학(爲學)을 부정(否定)하는 장(章)이다.

위학(爲學)은 선악(善惡) · 귀천(貴賤) · 미추(美醜) · 시비(是非)의 분별지(分別智)를 앞세우지만, 절학(絶學)은 그런 분별지(分別智)를 부정(否定)한다. 분별지(分別智)에 얽매인 〈중인(衆人)〉과 분별지(分別智)를 벗어난 〈아(我)〉를 대비시켜, 절학무우(絶學無憂) 즉 절학(絶學)하면 걱정거리[憂] 없이[無] 〈귀사모(貴食母)〉의 삶을 누릴 수 있음을 살펴 새기고 헤아려 깨우치게 하는 장(章)이다.

【원문(原文)】 전문(全文)

絶學無憂니라 唯之與阿가 相去幾何고 善之與惡이 相
절학무우 유지여아 상거기하 선지여오 상

去若何이며 人之所畏를 不可不畏니 荒兮其未央哉
거약하 인지소외 불가불외 황혜기미앙재

이다 衆人은 熙熙하여 如享太牢하고 如春登臺어든 我
중인 희희 여향태뢰 여춘등대 아

獨泊兮其未兆하여 如嬰兒之未孩하고 儽儽兮하여 若
독박혜기미조 여영아지미해 내래혜 약

無所歸라 衆人은 皆有餘어든 而我獨若遺니 我는 愚
무소귀 중인 개유여 이아독약유 아 우

人之心也哉라 沌沌兮로다 俗人은 昭昭어든 我獨昏
인지심야재 돈돈혜 속인 소소 아독혼

昏하고 俗人은 察察어든 我獨悶悶이니 澹兮其若海
혼 속인 찰찰 아독민민 담혜기약해

飂兮其若無止 衆人은 皆有以한데 而我獨頑且鄙니 我
요혜기약무지 중인 개유이 이아독완차비 아

獨異於人하여 而貴食母한다
독이어인 이귀사모

{성지(聖智)와 인의(仁義) 그리고 예법(禮法)을} 배우기를[學] 끊어버리면[絶] 걱정이[憂] 없다[無]. 응과[與阿] 예가[唯之] 서로[相] 차이남이[去] 얼마나 되는 것인가[幾何]? 싫어함과[與惡] 좋아함이[善之] 서로[相] 다름이[去] 얼마[何] 같은가[若]? 사람들이[人之] 두려워하는[畏] 바를[所] 두려워할[畏] 할 수밖에 없다[不可不]. 정신의 도량은 넓고 아득하구나[荒兮]! 그 넓고 아득함에는[其] 다함이[央] 없구나[未哉]! 세상 사람들은[衆人] 음탕(淫蕩)하면서 영리(榮利)의 다툼에 조금도 물러서지 않고자 열렬하면서[熙熙], {제후(諸侯)들인 양} 소양돼지 고기로[太牢] 잔치를 벌이는[享] 듯하고[如], 봄철에[春] 돈대에[臺] 올라 사방을 조망하는[登] 듯하다[如]. 나만[我] 오직[獨] 담백하구나[泊兮]! 담백해서[其] 그런 기미도[兆] 없어[未], 갓난애가[嬰兒之] 방긋거리지[孩] 않는[未] 듯하고[如], (나만) 게으르고 어수룩해 보이는구나[儽儽兮]! (중인들한테로) 돌아올[歸] 곳이[所] 없는[無] 듯하며[若], 중인들한테는[衆人] 모두[皆] 남아돎이[餘] 있지만[有而] 나만[我] 오

직[獨] (그 남아돎을) 버린[遺] 듯하고[若], 나는[我] 순박한 이의[愚人之] 마음[心]이로다[也哉]! (나는 그 순박한 이와) 하나가 되었도다[沌沌兮]! 속인들은[衆人] 약삭빨라 눈치가 훤하지만[昭昭], 나만[我] 오직[獨] 어두워 어수룩하고[昏昏], 속인들은[俗人] 꼬치꼬치 깐깐하지만[察察], 나만[我獨] 어수룩하며[悶悶], 깊고 깊구나[澹兮]! 그것은[其] 바다[海] 같다[若]. 높이 부는 바람이구나[飂兮]! 그것은[其] 멈춤이[止] 없는 것[無] 같다[若]. 세상 사람들에게는[衆人] 모두[皆] 쓸모가[以] 있다지만[有而] 나만[我] 오직[獨] 우매하고[頑] 또[且] 추레하며[鄙], 나만[我獨] 사람들[人]과[於] 달라서[異而] 먹여주는[食] 어머니를[母] 받든다[貴].

註 〈담혜기약해(澹兮其若海) 요혜기약무지(飂兮其若無止)〉는 20장(章)에서 15장으로 옮겼다. 〈담혜(澹兮) 기약해(其若海)〉는 20장(章)의 내용과 서로[相] 걸맞지 않지만[不應] 15장(章)의 〈광혜(曠兮) 기약곡(其若谷)〉과 상응하며, 〈요혜(飂兮) 기약무지(其若無止)〉 역시 20장(章)의 내용과는 서로[相] 걸맞지 않지만[不應] 15장(章)의 〈환혜(渙兮) 약빙지장석(若冰之將釋)〉과 상응하므로 15장(章)으로 옮겨야 마땅하다는 설(說)을 따랐다.

20-1 絶學無憂(절학무우)

▶{성지(聖智)와 인의(仁義) 그리고 예법(禮法)을} 배우기를[學] 끊어버리면[絶] 걱정이[憂] 없다[無].

끊을 절(絶), 배워 익힐 학(學), 없을 무(無), 걱정 우(憂)

【지남(指南)】

〈절학무우(絶學無憂)〉는 앞 장(章)에서 살핀 성지(聖智) · 인의(仁義) · 교리(巧利)를 왜 절기(絶棄)해야 하는지 그 까닭을 〈무우(無憂)〉라고 밝힌다. 절학(絶學) 즉 배우기를[學] 끊으라[絶] 함은 오히려 태상(太上)의 황제(黃帝) 성인(聖人)이 펼쳤던 무위(無爲)의 치민(治民) · 치세(治世)를 환기시켜준다. 왜냐하면 여기 절학무우(絶學無憂)의 〈우(憂)〉가 46장(章)에 나오는 천하무도(天下無道)의 〈무도(無

道)〉를 상기시키기 때문이다.

백성이 전쟁이란 우환을 겪는 것은 치민(治民)의 정도(正道)가 없어져서 빚어지기 때문이다. 백성을[民] 다스리는[治] 정도(正道)가 없어짐 즉 무도(無道)란 인위(人爲)의 다스림에서 비롯될 뿐이다. 이렇기 때문에 인위(人爲)의 다스림을 펼치는 성지(聖智)·인의(仁義)·교리(巧利)의 배움을[學] 절단(絶斷)하라는 것이다. 인위지소산(人爲之所産) 즉 인위가[人爲之] 빚어낸[産] 것들을[所] 배우지[學] 말라[勿] 함이 여기 〈절학(絶學)〉이다.

이러한 절학(絶學)은 38장(章)의 부례자(夫禮者) 충신지박(忠信之薄) 이란지수야(而亂之首也)를 떠올려준다. 자연(自然)에는 예(禮)란 것이 없다. 예(禮)는 선악(善惡)·귀천(貴賤)·미추(美醜) 등을 분별하여 가치의 시비를 따지려고 한다. 이러한 시비 가림에서 대위(大僞)도 생겨나고 도적(盜賊)도 생겨나 난세(亂世)를 빚어내게 된다. 절학(絶學)하면 소박한 삶으로 돌아와 소사(少私)하여 과욕(寡欲)하게 되므로 세상을 속이거나[大僞] 훔치고 해치는 짓[盜賊] 따위가 빚어지지 않는다.

그러므로 절학(絶學)의 〈학(學)〉은 『중용(中庸)』의 존덕성이도문학(尊德性而道問學)의 〈학(學)〉을 말한다. 『중용(中庸)』이 밝히는 덕성(德性)은 인의예악(仁義禮樂) 그 자체를 말함이지, 법자연(法自然)을 말함이 아니다. 『중용(中庸)』의 존덕성(尊德性)은 인의예악(仁義禮樂)을 높이 받들라[尊] 함이고, 도문학(道問學)은 인의예악(仁義禮樂)을 묻고[問] 인의예악(仁義禮樂)을 배우는[學] 길을 가라[道] 함이다. 따라서 『중용(中庸)』의 학(學)은 바로 48장(章)의 위학일익(爲學日益)의 학(學)을 말하고, 더 좁혀서 예학(禮學)으로 헤아려도 될 것이고, 『장자(莊子)』에 나오는 속학(俗學)을 연상해도 된다. 그러면 여기 절학(絶學)이란 『중용(中庸)』이 밝히는 도문학(道問學)의 학(學)을 절(絶)하고, 48장(章)이 밝히는 위학일익(爲學日益)의 학(學)을 절(絶)하며, 『장자(莊子)』에 나오는 속학(俗學)을 단절(斷絶)하라 함이다.

그리하여 『장자(莊子)』에 나오는 폐몽지민(蔽蒙之民) 즉 인위(人爲)에 눈이 가려져[蔽] 무위(無爲)를 외면해 어리석은[蒙之] 사람들이[民] 빚어내는 우환들이 없어지는 이치를 살펴 새기고 헤아려 깨우쳐주는 말씀이 〈절학무우(絶學無憂)〉이다.

註 "천하유도(天下有道) 각주마이분(却走馬以糞) 천하무도(天下無道) 융마생어교(戎馬生於

郊).” 세상에[天下] 다스리는 정도가[道] 있으면[有] 말[馬] 달리기를[走] 그침으로[却]써[以] {농마(農馬)로써} 농사짓는데 쓰고[糞], 세상에[天下] 다스리는 정도가[道] 없으면[無] 국경지방에서[於郊] 병마들이[戎馬] (전쟁에 쓸 망아지들을) 낳는다[生]. 『노자(老子)』 46장(章)

註 “실덕이후인(失德而後仁) 실인이후의(失仁而後義) 실의이후례(失義而後禮) 부례자충신지박(夫禮者忠信之薄) 이란지수야(而亂之首也).” 덕을[德] 잃어버린[失] 뒤에[而後] 어짊이 생겼고[仁], 어짊을[仁] 잃어버린[失] 뒤에[而後] 의가 생겼으며[義], 의(義)를 잃어버린[失] 뒤에[而後] 예가 생겼다[禮]. 무릇[夫] 예란[禮] 것은[者] 믿음이[忠信之] 엷어짐이고[薄而] 어지러움의[亂之] 우두머리[首]이다[也]. 『노자(老子)』 38장(章)

註 “위학일익(爲學日益) 위도일손(爲道日損) 손지우손(損之又損) 이지어무위(以至於無爲).” 배움을[學] 위함은[爲] 날마다[日] 늘어나고[益], 상도(常道)를[道] 위함은[爲] 날마다[日] 줄어든다[損]. 줄이고[損之] 또[又] 줄임을[損]써[以] 작위함이[爲] 없음[無]에[於] 이르고[至], 함이[爲] 없어도[無而] 하지 못함이[不爲] 없는 것[無]이다[矣]. 『노자(老子)』 48장(章)

註 “군자존덕성이도문학(君子尊德性而道問學) 치광대이진정미(致廣大而盡精微) 극고명이도중용(極高明而道中庸) 온고이지신(溫故而知新) 도후이숭례(敦厚以崇禮).” 군자는[君子] 덕성을[德性] 높이면서[尊而] 묻고[問] 배우는[學] 길을 가고[道], 광대함을[廣大] 이르면서[致而] 정미함을[精微] 다하며[盡], 고명함을[高明] 다하면서[極而] 중용의[中庸] 길을 가고[道], 옛것을[故] 살펴서[溫而] 새것을[新] 알며[知], 돈후함으로[敦厚]써[以] 예를[禮] 받들어 높인다[崇].

『중용(中庸)』 주자장구(朱子章句) 27장(章)

註 “선성어속학(繕性於俗學) 이구복기초(以求復其初) 골욕어속사(滑欲於俗思) 이구치기명(以求致其明) 위지폐몽지민(謂之蔽蒙之民).” 세속의[俗] 학문을[學] 써서[以] 본성을[性] 다스림을[繕] 이용하여[以] 그[其] 근원으로[初] 돌아가고자 하고[求復], 세속의[俗] 생각[思] 속에서[於] 욕심을[欲] 어지럽힘을[滑] 이용해서[以] 근원을[其] 밝힘을[明] 다하고자 하는 것[求致], 그것을[之] 눈이 가려져[蔽] 어리석은[蒙之] 사람들이라[民] 한다[謂].

도덕(道德)에 이미 인의(仁義)가 있음인데 인의(仁義)를 앞세울 것 없고, 인의(仁義)를 내걸 것 없으니 예악(禮樂)을 내걸 것 없다는 것이다. 도덕(道德) 즉 자연(自然) 그것을 밝히는 앎 즉 명지(明知)를 길러내면 될 것을 인의예악(仁義禮樂)을 문학(問學)하고자 발버둥침을 속학(俗學)·속사(俗思)라고 일컫고 있다. 『장자(莊子)』「선성(繕性)」

【보주(補註)】

- 〈절학무우(絶學無憂)〉를 〈약절학(若絶學) 무란세지우(無亂世之憂)〉처럼 옮기면 문의(文意)를 좀 더 쉽게 새길 수 있다. 〈만약[若] 배우기를[學] 끊는다면[絶] 세상을[世] 어지럽히는[亂之] 우환은[憂] 없다[無].〉
- 절학무우(絶學無憂)에서 절학(絶學)의 학(學)을 〈경학(經學) · 예학(禮學) · 속학

(俗學)〉 등으로 여기면 뜻을 알 수 있다. 경학(經學)이란 경서(經書)를 밝히는 학문이고, 예학(禮學)은 예치(禮治)를 밝히는 학문이며, 속학(俗學)은 경학(經學) · 예학(禮學)을 갈고닦은 지자(智者)가 되어 벼슬길로 나아가고자 정문(程文)에 밝은 학식(學識)이다. 정문(程文)이란 요샛말로 하면 온갖 고시에 합격하게 해주는 참고서 등을 말한다.

- 절학무우(絶學無憂)에서 무우(無憂)의 우(憂)는 18장(章) 〈유대위(有大僞) · 육친불화(六親不和) · 국가혼란(國家昏亂)〉 등과 바로 앞 장(章)의 〈도적(盜賊)〉을 불러오는 난세(亂世)를 상기하면 된다.

【해독(解讀)】

- 〈절학무우(絶學無憂)〉에서 절학(絶學)은 조건의 종절 노릇하고, 무우(無憂)는 주절 노릇해 복문(複文)이다. 〈학을[學] 절한다면[絶], 우가[憂] 없다[無].〉
- 절학(絶學)에서 주어는 생략되었지만 절(絶)은 동사 노릇하고, 학(學)은 절(絶)의 목적어 노릇한다. 절(絶)은 〈끊을 단(斷)〉과 같아 절단(絶斷)의 줄임말로 여기면 되고, 학(學)은 학문(學問)의 줄임말로 여기면 된다. 우(憂)는 〈걱정거리 환(患)〉과 같아 우환(憂患)의 줄임말로 여기면 된다. 〈속학을[俗學] 끊는다면[絶]〉
- 무(無憂)에서 무(無)는 동사 노릇하고, 우(憂)는 무(無)의 주어 노릇한다. 여기서 무(無)는 〈있을 유(有)〉의 반대말이고 주어를 뒤에다 둔다. 우(憂)는 〈걱정거리 환(患)〉과 같아 우환(憂患)의 줄임말로 여기면 된다. 〈우환이[憂] 없다[無].〉
- 무(無憂)는 〈무(無)A〉의 상용문이다. 〈A가 없다[無].〉

20-2 唯之與阿(유지여아) 相去幾何(상거기하)

▶ 응과[與阿] 예가[唯之] 서로[相] 차이남이[去] 얼마나 되는가[幾何]?

(공손한 대답으로) 예 유(唯), 허사(虛詞) 지(之), 조사(~과) 여(與), (버릇없는 대답으로) 응 아(阿), 서로 상(相), 차이날 거(去), 거의 기(幾), 얼마 하(何)

【지남(指南)】

〈유지여아(唯之與阿) 상거기하(相去幾何)〉는 식모(飾貌) 즉 겉꾸밈을[飾貌] 앞세우는 예의(禮儀) 즉 예(禮)를 행하는 짓을[儀] 상기시키고 있다.

여기 〈상거기하(相去幾何)〉는 『논어(論語)』에 나오는 **문질빈빈연후(文質彬彬然後) 군자(君子)**를 상기시킨다. 꾸밈과[文] 바탕이[質] 서로 어울린[彬彬] 뒤라야[然後] 군자라는[君子] 것이다. 예의(禮儀)는 속과[質] 겉이[文] 한결같기를[彬彬] 요구하지만, 예의(禮儀)는 겉과 속을 달리하게 하는 사위(詐僞) 즉 속임수를 꾀하게 하여 속이는 마음을 불러오게 한다. 왜냐하면 예의(禮儀)는 예(禮)와 비례(非禮)를 엄격하게 분별하기 때문이다. 예냐[禮] 예가[禮] 아니냐[非] 따지기 때문에, 인간은 속은 비례(非禮)이면서도 예(禮)인 척하는 꾀를 부릴 줄 알므로 예유대위(禮有大僞) 즉 예에는[禮] 크나큰[大] 속이는 짓이[僞] 생긴다는[有] 것이다. 예(禮) · 비례(非禮)를 따지기 때문에 유지여아(唯之與阿)의 상거(相去)를 예의(禮儀)는 분별하여 〈유(唯)〉는 아랫사람이 윗사람에게 공경하게 〈예〉라고 조용히 응답함이고, 〈아(阿)〉는 윗사람이 아랫사람한테 〈응〉이라고 거침없이 응해줌이라고 분별한다.

그러나 자연(自然)에는 예(禮) · 비례(非禮)의 성심(成心)이란 없는지라 〈유(唯) · 아(阿)〉와 같은 응답의 차별 따위는 없다. 그래서 『장자(莊子)』에 **자호아우(子呼我牛)**와 **일이기위마(一以己爲馬)**와 같은 말이 나온다. 그러나 인위(人爲)의 예(禮)는 질(質)과 문(文)을 둘로 나누어 분별한다. 하지만 속[質]과 겉[文]이 합하여[合] 하나[一]가 되는 것이 자연(自然)이다. 마음 속과 말[辭]이 다르면 겉과 속이 다른 것이고, 그러면 겉을 꾸며[飾] 속내를 숨기는 모습[貌]을 얼마든지 지어낼 수 있는 것이 인간의 교언영색(巧言令色) 즉 수작이요 속임수이다. 따라서 〈예(唯)〉라고 답하면 공손한 응답이고, 〈응(阿)〉이라 답하면 함부로 답함인지 반문하게 된다. 마음 속은 극히 불손하면서도 〈예(唯)〉라고 거짓부렁하고, 마음 속이 공손하면서도 〈응(阿)〉이라 응대할 수 있는 것이다.

『예기(禮記)』가 아무리 **예불망열(禮不忘說) 인불사비(人不辭費)**라 주장해도 심중(心中)이 질박(質樸)하지 않으면 거짓 없이 사람을 기쁘게[說] 하지 못하고, 깔끔한 말일지라도 참말이 아닐 수 있다. 예(禮)로 사람을 망령되이[忘] 기쁘게 하지 말고[不說] 빈말하지 말라[不費] 함이니, 인간이 설령 예(禮)를 안다[知] 할지라도 마음 속이 순박하지 않으면 얼마든지 무례하면서도 겉으로는 예절바른 척할 수 있음이다. 그러니 나이 어린 사람은 늘 〈예[唯]〉라 답하고 위인 사람은 〈응[阿]〉한다는 예절(禮節)이란 겉보기에 불과하다. 『논어(論語)』의 교언영색(巧言令色) 선의인(鮮矣仁)이란 말씀으로 미루어보아도 허례허식(虛禮虛飾)은 흔히 범하는 것이다.

그러므로 예[唯]와 응[阿]이라는 응답이 순박한 마음으로 본다면 어떤 차이가 나느냐고 반문하여, 예(禮)와 예치(禮治)의 위선(僞善)을 깨우치게 하는 말씀이 〈유지여아(唯之與阿) 상거기하(相去幾何)〉이다.

註 "질승문즉야(質勝文則野) 문승질즉사(文勝質則史) 문질빈빈연후(文質彬彬然後) 군자(君子)." 바탕이[質] 꾸밈을[文] 눌러버리면[勝] 곧[則] 야하고[野], 꾸밈이[文] 바탕을[質] 눌러버리면[勝] 말끔하다[史]. (그러나) 꾸밈과[文] 바탕이[質] 서로 어울린[彬彬] 뒤라야[然後] 군자이다[君子]. 『논어(論語)』「옹야(雍也)」16

註 "노자왈(老子曰) 부교지신성지인(夫巧智神聖之人) 오자이위탈언(吾自以爲脫焉) 석자자호아우야(昔者子呼我牛也) 이위지우(而謂之牛) 호아마야(呼我馬也) 이위지마(而謂之馬)." 저[夫] 뛰어난[巧] 지혜로[智] 매우 훌륭한[神聖之] 사람을[人以] 나[吾] 스스로[自] 벗어날 것으로[脫] 삼을[爲] 뿐이다[焉]. 어제[昔者] 당신이[子] 나를[我] 소라고[牛] 불렀을 것[呼]이면[也而] (나) 그것을[之] 소라고[牛] 했을 것이고[謂], 나를[我] 말이라고[馬] 불렀을 것[呼]이면[也而] (나) 그것을[之] 말이라고[馬] 했을 것이오[謂]. 『장자(莊子)』「천도(天道)」

註 "태씨기와서서(泰氏其臥徐徐) 기각우우(其覺于于) 일이기위우(一以己爲牛) 일이기위마(一以己爲馬) 기지정신(其知情信) 기덕심진(其德甚眞) 이미시입어비인(而未始入於非人)." 태고의 황제[泰氏] 그분은[其] 누워 잠들면[臥] 그지없이 편안하고[徐徐], 그분이[其] 깨어나면[覺] 어수룩하여[于于] 혹은[一] 스스로[以己] 소가[牛] 되기도 하고[爲], 혹은[一] 스스로[以己] 말이[馬] 되기도 한다[爲]. (이처럼 자신을 자연에 맡기므로) 그분의[其] 앎은[知] 참으로[情] 믿음직하고[信], 그분의[其] 덕은[德] 더없이[甚] 참하다[眞]. 그래서[而] (태고의 황제는) 애당초[始] 사람을[人] 비난하는[非] 데[於] 끼어들지 않았다[未入].

태씨(泰氏)는 태상(太上) 즉 태고(太古)의 황제이다. 서서(徐徐)는 편안한 모습이고, 우우(于于)는 스스로 터득한 모습이다. 일이기위우(一以己爲牛)와 일이기위마(一以己爲馬牛)에서 일(一)은 〈혹은 일(一)〉이다. 이기(以己)는 스스로를 뜻한다. 『장자(莊子)』「응제왕(應帝王)」

註 "예불망열(禮不忘說) 인불사비(人不辭費)." 예는[禮] 망령되게[忘] 기쁘게 않고[說], {예(禮)를 지키는} 사람은[人] 말을[辭] 함부로 쓰지 않는다[不費]. 『예기(禮記)』「곡례상(曲禮上)」

註 "교언영색선의인(巧言令色鮮矣仁)." 말[言] 듣기 좋게 하고[巧] 얼굴[色] 보기 좋게 함에는[令] 어짊이[仁] 거의 없는 것[鮮]이다[矣].

교언(巧言)·영색(令色)은 예(禮)가 아닌 것[非]이기 때문이다. 『논어(論語)』「학이(學而)」3

【보주(補註)】

- 〈유지여아(唯之與阿) 상거기하(相去幾何)〉를 〈유여아지상거기하(唯與阿之相去幾何)〉처럼 옮기면 문의(文意)를 좀 더 쉽게 새길 수 있다. 〈응함과[阿之與] 예함이[唯之] 서로[相] 얼마나[幾何] 차이가 나겠는가[去]?〉
- 유지여아(唯之與阿)는 유(唯)와 아(阿)를 둘로 나누어 분별함을 말한다. 유(唯)는 공응사(恭應辭)이고, 아(阿)는 만응사(慢應辭)이다. 상대방의 말[辭]을 공손히[恭] 응대함[應]이 〈예[唯]〉이고, 응[阿] 하고 만만히[慢] 응(應)함이 〈아(阿)〉이다. 예[唯]라고 대답하면서도 속으로는 응[阿]일 수도 있고, 아(阿)라고 응하지만 유(唯)일 수도 있는 것이 인간의 교언(巧言)이고 영색(令色)이다. 그러니 유(唯)와 아(阿)는 응사(應辭)하는 겉치레가 된다.

【해독(解讀)】

- 〈유지여아(唯之與阿) 상거기하(相去幾何)〉에서 유지여아(唯之與阿)는 거(去)를 꾸며주는 형용사구 노릇하고, 상(相)은 거(去)를 꾸며주는 형용사 노릇하며, 거(去)는 주어 노릇하고, 기하(幾何)는 술부(述部)로서 보어 노릇한다. 상(相)은 〈서로 호(互)〉와 같아 상호(相互)의 줄임말로 여기면 되고, 거(去)는 〈다를 위(違)〉와 같고, 기(幾)는 〈얼마 하(何)〉와 같아 기하(幾何)는 하다소(何多少)와 같다. 〈예함과[唯之與] 응함이[阿] 서로의[相] 다름이[去] 얼마인가[幾何]?〉
- 유지여아(唯之與阿)는 〈A여(與)B〉의 상용구이다. 〈A여(與)B〉에서 여(與)는 〈그리고(와) 여(與)〉로서 접속사 노릇한다. 〈A 그리고[與] B〉 〈A와[與] B〉 〈B와[與] A〉

20-3 善之與惡(선지여오) 相去若何(상거약하)

▶ 싫어함과[與惡] 좋아함이[善之] 서로[相] 다름이[去] 얼마[何] 같은가[若]?

좋아할 선(善), 허사(虛詞) 지(之), 조사(~과) 여(與), 싫어할 오(惡), 서로 상(相), 다를 거(去), 같을 약(若), 얼마 하(何)

【지남(指南)】

〈선지여오(善之與惡) 상거약하(相去若何)〉는 시비 가림을 앞세워 인지(人智)가 논란하기 좋아하는 선(善)과 오(惡)가 서로[相] 다르다고[去] 하지만, 그렇지 않음을 밝힌다.

여기 〈상거약하(相去若何)〉는 『장자(莊子)』에 나오는 **여기동즉응(與己同則應) 불여기동즉반(不與己同則反)**을 상기시킨다. 자기의 뜻과[意] 같으면[同] 좋다 하고[善] 옳다 하며[是之], 다르면[異] 싫다 하고[惡] 다르면[異] 틀렸다 한다[非之]. 꾸밈과[文] 바탕이[質] 서로 어울린[彬彬] 뒤라야[然後] 군자라는[君子] 것이다. 그러나 자연무기(自然無己) 즉 자연에는[自然] 자기가[己] 없기[無] 때문에 이러한 동이(同異)와 시지비지(是之非之)란 것은 자연(自然)에는 없다. 다만 인위유기(人爲有己) 즉 인위에는[人爲] 자기가[己] 있기[有] 때문에 선오(善惡)가 생기고, 시비의 분별 · 귀천의 분별이 생겨 난세(亂世)가 빚어진다. 따라서 여기 〈선지여오(善之與惡)〉의 선(善)이란 오로지 인위(人爲)에서 빚어지는 호오(好惡) · 시비(是非)를 분별하는 선(善)이지, 8장(章)에서 살핀 **상선약수(上善若水)**의 상선(上善) 즉 천도(天道)를 계승하는[繼] 선(善)이 아니다.

인위(人爲)의 것인 예(禮)에는 선악(善惡) · 선오(善惡)가 있다. 예(禮)이면 선(善)이고 비례(非禮) 즉 예(禮)가 아닌 것[非]이면 악(惡)이라 하여 예(禮) · 비례(非禮)의 선악(善惡)을 빚어내고, 나아가 예(禮)는 귀천(貴賤)을 정하여 귀(貴)는 좋고[善] 천(賤)은 싫고[惡]를 따져 귀천(貴賤)의 선오(善惡)를 빚어낸다. 이처럼 예(禮)로부터 빚어지는 선악(善惡) · 선오(善惡)는 상쟁(相爭)의 것으로 드러나게 된다. 그러나 상선약수(上善若水)의 상선(上善)은 오로지 부쟁(不爭) 즉 다툼이[爭] 없어[不] 오로지 선(善)할 뿐이다. 따라서 여기 상거약하(相去若何)는 선악(善惡) · 선오(善惡) · 귀천(貴賤) · 시비(是非) 등등의 분별이란 인간의 짓이지 자연(自然)의 짓은 아님을 함축해주면서 2장(章)에서 살핀 **개지선지위선(皆知善之爲善) 사불선이(斯不善已)**를 상기시킨다.

자연(自然)에는 선악(善惡)을 나누어 분별함이 없다. 좋으면 선(善)하다 하고 나쁘면 악(惡)하다 함은 사람의 짓일 뿐인지라, 인위(人爲)의 선악(善惡)은 인간의 호오(好惡)에 따라 변덕스럽다. 『장자(莊子)』에 다음과 같은 이야기가 있다. 〈사람들이 여희(麗姬)를 아름답다[所美] 하지만, 물고기[魚]는 그녀를 보면[見之] 물 속 깊이 숨고[深入] 새[鳥]는 높이 날아가버린다[高飛].〉 이처럼 아름다움이나 추함을 가려 따지는 것은 인위(人爲)의 짓이지 무위자연(無爲自然)에는 상대랄 것이 없으므로 『장자(莊子)』의 인시(因是) 즉 이것[是]은 역시[亦] 저것[彼]이고, 피(彼)는 역시[亦] 시(是)라는 말씀을 떠올려 살펴 새기고 헤아려 깨우치게 하는 말씀이 〈선지여오(善之與惡) 상거약하(相去若何)〉이다.

註 "여기동즉응(與己同則應) 불여기동즉반(不與己同則反) 동어기위시지(同於己爲是之) 이어기위비지(異於己爲非之)." 자기와[與己] 같다면[同] 곧[則] 따르고[應], 자기와[與己] 같지 않다면[不同] 곧[則] 돌아선다[反]. 자기와[於己] 같은 것은[同] 옳다[是之] 하고[爲], 자기와[於己] 다른 것은[異] 아니다[非之] 한다[爲]. 『장자(莊子)』「우언(寓言)」

註 "상선약수(上善若水) 수선리만물이부쟁(水善利萬物而不爭)." 지극한[上] 선은[善] 물과[水] 같다[若]. 물은[水] 온갖 것을[萬物] 이롭게 함을[利] 좋아해서[善而] (만물과) 다투지 않는다[不爭]. 『노자(老子)』 8장(章)

註 "천하개지미지위미(天下皆知美之爲美) 사악이(斯惡已) 개지선지위선(皆知善之爲善) 사불선이(斯不善已)." 온 세상이[天下] 모두[皆] 미는[美之] 미(美)이라고[爲] 안다면[知] 그 미는[斯] 추한 것일[惡] 뿐이고[已], 모두[皆] 선은[善之] 선(善)이라고[爲] 안다면[知] 그 선은[斯] 불선일[不善] 뿐이다[已]. 『노자(老子)』 2장(章)

註 "모장여희인지소미야(毛嬙麗姬人之所美也) 어견지심입(魚見之深入) 조견지고비(鳥見之高飛)." 모장과[毛嬙] 여희는[麗姬] 사람들에게는[人之] 아름다운[美] 것[所]이다[也]. 물고기들이[魚] 그녀들을[之] 보면[見] 깊이[深] 물 속으로 숨고[入], 새들이[鳥] 그녀들을[之] 보면[見] 높이[高] 날아가버린다[飛]. 『장자(莊子)』「제물론(齊物論)」

註 "인시인비(因是因非) 인비인시(因非因是) 시이성인불유이조지우천(是以聖人不由而照之于天) 역인시야(亦因是也) 시역피야(是亦彼也) 피역시야(彼亦是也) 피역일시비(彼亦一是非) 차역일시비(此亦一是非) 과차유피시호재(果且有彼是乎哉) 과차무피시호재(果且無彼是乎哉)." 옳음을[是] 말미암으면[因] 옳지 않음을[非] 말미암고[因], 옳지 않음을[非] 말미암으면[因] 옳음을[是] 말미암는다[因]. {이렇게 되면 시비(是非)가 상대(相對)로 될 수밖에 없다.} 이렇기[是] 때문에[以] 성인은[聖人] (인간이 짓는 시비를) 거치지 않고서[不由而] 자연에[于天] 그것을[之] 비추어본다[照]. {성인(聖人)은} 역시[亦] {자연[天]인} 이것에[是] 맡기는 것[因]이다[也]. {우천(于天) 즉 자연에서는} 이것[是] 역시[亦] 저것[彼]이고[也], 저것[彼] 역시[亦] 이것[是]이다[也]. 저것[彼] 역시[亦] 하나의[一] 시비이고[是非], 이것[此] 또한[亦] 하나의[一] 시비이다[是非]. 과연[果且] 저것이것이[彼是] 있는 것[有]인가[乎哉]? 과연[果且] 저것이것이[彼是] 없는 것[無]인가[乎哉]?

역인시야(亦因是也)의 시(是)는 인시인비(因是因非)와 같은 시비(是非)의 시(是)가 아니라,

무시비지시(無是非之是) 즉 시비(是非)가 없는[無之] 대시(大是)로서 천도(天道)를 말함이다.

『장자(莊子)』「제물론(齊物論)」

【보주(補註)】

- 〈선지여오(善之與惡) 상거약하(相去若何)〉을 〈선여오지상거하약(善與惡之相去何若)〉처럼 옮기면 문의(文意)를 좀 더 쉽게 새길 수 있다. 〈좋아함과[善與] 싫어함이[惡之] 서로[相] 다름이[去] 얼마[何] 같은가[若]?〉
- 선지여오(善之與惡)는 선(善)과 오(惡)를 피시(彼是) 또는 시비(是非)로 나누어 분별함을 말한다. 선(善)이 시(是)이면 오(惡)는 피(彼)가 되고, 선(善)이 저것[彼]이면 오(惡)는 이것[是]이 되는 분별지(分別智)를 낳고, 그 지(智)는 온갖 것들을 분변(分辨)하고자 논란하게 된다.
- 선지여오(善之與惡)가 〈미지여오(美之與惡)〉으로 된 본(本)도 있다. 선(善)과 미(美)는 같은 뜻을 낸다. 선(善)함이 쌓이면 그것이 곧 미(美)이다. 물론 미지여오(美之與惡)에서 미(美)를 〈아름다울 미(美)〉로 새기면 악(惡)을 〈추할 악(惡)〉으로 새긴다. 〈아름다움과[美之與] 추함[惡]〉
- 상거약하(相去若何)가 〈상거하약(相去何若)〉으로 된 본(本)도 있다. 약하(若何)가 하약(何若)으로 됐다 해서 문의(文意)가 달라지는 것은 아니고 어조에 차이가 날 뿐이다.

【해독(解讀)】

- 〈선지여오(善之與惡) 상거약하(相去若何)〉에서 선지여오(善之與惡)는 거(去)를 꾸며주는 형용사구 노릇하고, 상(相)은 거(去)를 꾸며주는 형용사 노릇하며, 거(去)는 주어 노릇하고, 약하(若何)는 술부(述部)로서 보어 노릇한다. 상(相)은 〈서로 호(互)〉와 같아 상호(相互)의 줄임말로 여기면 되고, 거(去)는 〈다를 위(違)〉와 같고, 약(若)은 〈같을 여(如)〉와 같고, 〈얼마 하(何)〉는 의문형용사 노릇한다. 〈좋아함과[善之與] 싫어함이[惡] 서로의[相] 다름이[去] 얼마[何] 같은가[若]?〉
- 선지여오(善之與惡) 역시 〈A여(與)B〉의 상용구이다. 〈A여(與)B〉에서 여(與)는 〈그리고(와) 여(與)〉로서 접속사 노릇한다. 〈A 그리고[與] B〉 〈A와[與] B〉 〈B와[與] A〉

20-4 人之所畏(인지소외) 不可不畏(불가불외)

▶사람들이[人之] 두려워하는[畏] 바를[所] 두려워할[畏] 수밖에 없다[不可不].

사람들 인(人), 조사(~이) 지(之), 바 소(所), 두려워할 외(畏), 아니 불(不), 가할 가(可)

【지남(指南)】

〈인지소외(人之所畏) 불가불외(不可不畏)〉는 지(智)로 논란하는 시비(是非)는 두려운 것[所畏]임을 밝힌다. 시비(是非)란 양분(兩分)이고 양단(兩端)이니, 둘로 나누어[兩分] 양쪽으로 갈라서게[兩端] 함이다. 시비(是非)가 없으면 심란(心亂)이 있을 수 없다. 마음 속에 호오(好惡)니 애증(愛憎) 같은 것이 없으면 심동(心動) 즉 마음[心]이 흔들릴[動] 까닭이 없고, 심투(心鬪)할 리 없다.

왜 한마음 속에서 이런저런 혼란이 빚어지는가? 호오(好惡) · 귀천(貴賤) · 영욕(榮辱) · 승패(勝敗) 등등 탓이다. 선미(善美)를 시(是)로 여기고 시(是)는 좋은[好] 쪽이며, 사악(邪惡)을 비(非)로 여기고 비(非)는 나쁜[惡] 쪽이라 여기는 것은 사람들의 상정(常情)이다. 온갖 시비에 홀린 마음을 왜 심화(心火)라 하는가? 물로 끌 수 없는 마음의 불[心火]이 바로 심정(心情)이다. 시비(是非)의 호오(好惡)를 분별하는 심정(心情)을 절기(絶棄)하면 〈유지여아(唯之與阿) · 선지여오(善之與惡)〉 등등으로 시비의 논란이 있을 리 없다.

이러한 시비 논란은 인간의 심정 때문이니 심무정(心無情)을 누리면 두려워할 바[所畏]가 없지만, 심정을 버리지 못함이 두려운 것[所畏]이다. 그러므로 〈인지소외(人之所畏)〉는 『장자(莊子)』에 나오는 **도여지모(道與之貌)**를 상기시킨다. 상도가[道] 저마다의[之] 모습을[貌] 주었으니[與] 인위(人爲)의 정념(情念)이 없어도 인간이라는 것이다. 그러나 인간이 버릴 수 없는 것이 인위(人爲)의 온갖 정념(情念)이다. 그 인위(人爲)의 정념(情念)이 호오(好惡) · 귀천(貴賤) · 영욕(榮辱) · 승패(勝敗) 등등으로 상쟁(相爭) · 상해(傷害)를 빚어내니 두려워할 수밖에 없음을[不可不畏] 살펴 새기고 헤아려 깨우치게 하는 말씀이 〈인지소외(人之所畏) 불가불외(不

可不畏)〉이다.

註 "혜자위장자왈(惠子謂莊子曰) 인고무정호(人故無情乎) 장자왈(莊子曰) 연(然) 혜자왈(惠子曰) 인이무정(人而無情) 하이위지인(何以謂之人) 장자왈(莊子曰) 도여지모(道與之貌) 천여지형(天與之形) 오득불위지인(惡得不謂之人)." 혜자가[惠子] 장자에게[謂莊子] 말했다[曰] : 인간한테[人] 본래[故] 정이[情] 없는 것[無]인가[乎]? 장자가[莊子] 말했다[曰] : 그렇다[然]. 혜자가[惠子] 말했다[曰] : 사람이면서[人而] 정이[情] 없다면[無] 무엇으로[何]써[以] 사람을[之] 사람이라[人] 하겠는가[謂]? 장자가[莊子] 말했다[曰] : 상도가[道] 사람에게[之] 모습을[貌] 주고[與] 자연이[天] 사람에게[之] 몸을[形] 주는데[與] 어찌[吾] 사람을[之] 사람이라[人] 말할 수 없다는 것인가[得不謂]?

혜자(惠子)는 시비를 논란하는 명가(名家)에 속하는 혜시(惠施)이다. 혜자(惠子)는 『장자(莊子)』의 여러 편(篇)에 걸쳐 등장한다. 도여지모(道如之貌)는 도여모어인(道與貌於人)으로 새기면 되고, 천여지형(天與之形)은 천여형어인(天與形於人)으로 여기고 새기면 문의(文意)가 잡힌다. 〈도가[道] 인간에게[於人] 모습을[貌] 준다[與].〉〈자연이[天] 인간에게[於人] 몸집을[形] 준다[與]〉. 무정(無情)의 정(情)은 희로애락(喜怒哀樂) 같은 것을 말한다.

『장자(莊子)』「덕충부(德充符)」

【보주(補註)】

- 〈인지소외(人之所畏) 불가불외(不可不畏)〉를 〈임하인불가불외인지소외(任何人不可不畏人之所畏)〉처럼 옮기면 문의(文意)를 좀 더 쉽게 새길 수 있다. 〈누구이든[任何人] 사람이[人之] 두려워하는[畏] 바를[所] 두려워하지[畏] 않을 수 없다[不可不].〉
- 인지소외(人之所畏)는 앞서 살핀 〈유지여아(唯之與阿) · 선지여오(善之與惡)〉처럼 둘로 나누어 시비 논란을 일삼는 정념(情念)의 혼란을 상기하면 두려움[畏]의 뜻을 살펴 헤아릴 수 있다.

【해독(解讀)】

- 〈인지소외(人之所畏) 불가불외(不可不畏)〉에서 인지소외(人之所畏)는 외(畏)의 목적구 노릇하고, 불가불(不可不)은 외(畏)를 강하게 긍정하는 이중의 부정사(否定詞) 노릇하며, 외(畏)는 동사 노릇한다. 소(所)는 〈바 유(攸)〉와 같고, 외(畏)는 〈두려워할 구(懼)〉와 같아 외구(畏懼)의 줄임말로 여기면 된다. 〈인지소외를[人之所畏] 두려워하지[畏] 않을 수 없다[不可不].〉
- 불가불외(不可不畏)는 〈불가불위(不可不爲)A〉의 상용문이다. 〈A를 하지[爲] 않을 수 없다[不可不].〉

20-5 荒兮(황혜) 其未央哉(기미앙재)

▶정신의 도량은 넓고 아득하구나[荒兮]! 그 넓고 아득함에는[其] 다함이[央] 없구나[未哉]!

넓고 아득할 황(荒), 조사(~구나) 혜(兮), 그 기(其), 없을 미(未), 다할 앙(央), 조사(~구나) 재(哉)

【지남(指南)】

〈황혜(荒兮) 기미앙재(其未央哉)〉는 유(唯) · 아(阿)니 선(善) · 악(惡)이니 시비의 논란을 일삼는 백가쟁명(百家爭鳴)들이 상쟁(相爭)의 소외(所畏)를 빚어내기도 하는 정신의 도량(度量)이, 광원(廣遠) 즉 넓고[廣] 아득해[遠] 앙진(央盡) 즉 다함이 없음을 밝힌다.

여기 〈황(荒)〉은 광(廣)이고 원(遠)이다. 무엇이 넓고[廣] 아득하다[遠] 하는가? 앞서 살핀 내용으로 미루어 여기 황(荒)은 정신의 국량(局量) 즉 생각의 깊이와 재간이[局量] 넓고 한이 없어 두려움을[所畏] 일컬음이다. 인간이 짓는 정신의 국량이 광원(廣遠)하니 저마다 지력(智力)을 앞세워 쟁명(爭鳴)의 상쟁(相爭)은 끝없이 용출(湧出)하는 것이다. 지력(智力)의 용솟음침[湧出]이야말로 두려운[畏] 것이[所] 아닐 수 없다 한다.

온갖 시비의 논란을 일삼는 인심(人心)이 끝없이 빚어내는 온갖 상쟁(相爭)의 두려움이[畏] 여기 〈황혜(荒兮)〉이다. 사람들이 시비(是非)의 말다투기를[諍] 쏟아내면서[鳴] 서로[相] 다투기를[爭] 마다하지 않음이 미앙(未央) 즉 끝남이[央] 없으니[未] 두려운[畏] 것이다. 미앙(未央)의 〈앙(央)〉은 〈진(盡)〉과 같아 미앙(未央)함은 미진(未盡)함이다. 다함이[盡] 여태껏 없음이[未] 〈미앙(未央)〉이니, 인위(人爲)의 인지(人智)가 빚어내는 온갖 시비의 논란이 일으키는 상쟁(相爭)이 얼마나 두려운가를 〈기미앙재(其未央哉)〉라 개탄(慨嘆)한 것이다.

자연(自然)의 어울림[和]을 버리고 시비의 논란을 일삼는 인간의 마음을 상쟁(相爭)으로 몰아감이 끊임없으니[未央] 난세(亂世)가 빚어지고, 그 난세(亂世)가 인심(人心)을 황폐화(荒廢化)한다. 이처럼 인심이 황폐화된 세상의 모습이 『장자(莊

子)』에 나오는 천하호지(天下好知)를 환기시켜준다. 끊임없이 상쟁(相爭)하는 온갖 논란 탓으로 인심(人心)이 끝없이[未央] 황란(荒亂)해짐을 살펴 새기고 헤아려 깨우치게 하는 말씀이 〈황혜(荒兮) 기미앙재(其未央哉)〉이다.

註 "화성지상대(化聲之相待) 약기불상대(若其不相待) 화지이천예(和之以天倪) 인지이만연(因之以曼衍) 소이궁년야(所以窮年也)." 만약[若] 변하는[化] 말소리를[聲之] 서로[相] 기대함은[待] 그것이[其] 서로[相] 기대하지 않음과[不待] 같다[若]. 시비를 떠난 자연의 길로[天倪]써[以] 화성(化聲)을[之] 어울리게 하고[和], 자연의 변화로[曼衍]써[以] 화성(化聲)을[之] 맡겨둠이[因] 천수를 누리는[窮年] 방편[所以]이다[也].

화성(化聲)은 저 나름의 판단에 따라 시비(是非)·분별(分別)·논란(論難)하는 것이다. 천예(天倪)는 자연[天]의 변화에 맡기고 따라갈 뿐 시비를 초월한 자연의 길, 즉 무위(無爲)의 길을 말한다. 만연(曼衍)은 자연의 변화에 맡긴 채 자기 의견을 더하지 않음이고, 궁년(窮年)은 천수(天壽)를 누림이다. 『장자(莊子)』「제물론(齊物論)」

註 "하유걸척(下有桀跖) 상유증사(上有曾史) 이유묵필기(而儒墨畢起) 어시호(於是乎) 희로상의(喜怒相疑) 우지상기(愚知相欺) 선부상비(善否相非) 탄신상기(誕信相譏) 이천하쇠의(而天下衰矣) 대덕부동(大德不同) 이성명난만의(而性命爛漫矣) 천하호지(天下好知) 이백성구갈의(而百姓求竭矣)." 아래로는[下] 걸왕(桀王)이나[桀] 도척(盜跖)이[跖] 나타나고[有], 위로는[上] 증삼(曾參)이나[曾] 사추(史鰌)가[史] 나타나더니[有], 결국에[畢] 유가(儒家)니[儒] 묵가(墨家)니[墨] 일어났다[起]. 이렇게 되니[於是乎] 기쁘거니[喜] 화나거니[怒] 서로[相] 의심하고[疑], 어리석은 이와[愚] 영악한 이는[知] 서로[相] 속여먹고[欺] 잘하니[善] 못하니[否] 서로[相] 비난하며[非], 거짓이니[誕] 진실이니[信] 서로[相] 헐뜯다[譏] 보니[而] 세상이[天下] 쇠잔해진 것[衰]이다[矣]. (시비의 분별이 없는) 큰 덕이[大德] 같지 않게 되면서[不同而] 본성이[性命] 어지러워진 것[爛漫]이다[矣]. 세상은[天下] 지혜를[知] 좋아해서[好而] 백성은[百姓] (지식을) 구하기에[求] 목마른 것[竭]이다[矣].

걸왕(桀王)은 우(禹)나라 마지막 왕으로 폭군의 대명사이고, 도척(盜跖)은 대도(大盜)의 대명사이다. 증삼(曾參)은 공자(孔子)의 제자로 증자(曾子)를 말한다. 그는 인(仁)을 주장했고, 사추(史鰌)는 춘추(春秋) 때 위(衛)나라 대부(大夫)로 의(義)를 주장했다. 선부(善否)의 부(否)는 악(惡), 대덕부동(大德不同)은 본래 대덕(大德)에는 다름이 없는데 제자백가(諸子百家)들이 저마다 대덕(大德)이라면서 달리 풀이하는 경향이 나타났음을 말한다. 『장자(莊子)』「재유(在宥)」

【보주(補註)】

- 〈황혜(荒兮) 기미앙재(其未央哉)〉를 〈인지소외황혜(人之所畏荒兮) 기황미앙재(其荒未央哉)〉처럼 옮기면 문의(文意)를 좀 더 쉽게 새길 수 있다. 〈인간이[人

之] 두렵게 된[畏] 바는[所] 넓어 아득하구나[荒兮]! 그[其] 광막함에는[荒] 그침이[央] 없구나[未哉]!〉

- 기미앙재(其未央哉)에서 기(其)는 앞서 살핀 〈인지소외(人之所畏)〉를 받는 지시대명사이다. 〈인간이[人之] 두려워하는[畏] 바에는[所] 다함이[央] 여태껏 없구나[未哉]!〉

【해독(解讀)】

- 황혜(荒兮) 기미앙재(其未央哉)는 두 감탄문으로 이루어진 한 문단이다. 〈{인지소외(人之所畏)가} 광하구나[荒兮]! 그것에는[其] 다함이[央] 없구나[未哉]!〉
- 황혜(荒兮)에서 주어는 생략되었지만 황(荒)은 형용사로서 주격보어 노릇하고, 혜(兮)는 감탄조사로서 문미조사 노릇한다. 황(荒)은 〈넓을 광(廣) · 아득할 원(遠)〉 등을 묶어 나타내 광원(廣遠)과 같다. 〈넓고 아득하구나[荒兮]!〉
- 기미앙재(其未央哉)에서 기(其)는 미(未)를 꾸며주는 부사 노릇하고, 미(未)는 〈없을 미(未)〉로서 동사 노릇하고, 앙(央)은 미(未)의 주어 노릇하며, 재(哉)는 감탄조사로서 문미조사 노릇한다. 물론 미(未)를 〈않을 미(未)〉로 여기고 문맥을 잡아 새겨도 된다. 그러면 기(其)는 앙(央)의 주어 노릇하고, 미(未)는 앙(央)의 부정사 노릇하고, 앙(央)은 동사 노릇하며, 재(哉)는 감탄조사로서 문미조사 노릇한다. 앙(央)은 〈다할 진(盡)〉과 같아 진앙(盡央)의 줄임말로 여기면 된다. 진앙(盡央)이란 〈그 무엇을 끊고[絶] 그쳐[終] 멈춤[止]〉을 말한다. 그러므로 미앙(未央)은 끊거나[絶] 그치거나[終] 멈춤이[止] 여태껏 없음[未]이다. 〈그것에는[其] 그침이[央] 여태껏 없구나[未哉]!〉 〈그것은[其] 여태껏 그치지 않는 것[未央]이구나[哉]!〉
- 기미앙(其未央)은 〈A미위(未爲)B〉의 상용문이다. 〈A에는 B를 함이[爲] 여태껏 없다[未].〉

20-6 衆人熙熙(중인희희) 如享太牢(여향태뢰) 如春登臺(여춘등대)

▶ 세상 사람들은[衆人] 음탕(淫蕩)하면서 영리(榮利)의 다툼에 조금도

물러서지 않고자 열렬하면서[熙熙], {제후(諸侯)들인 양} 소양돼지 고기로[太牢] 잔치를 벌이는[享] 듯하고[如], 봄철에[春] 돈대에[臺] 올라 사방을 조망하는[登] 듯하다[如].

무리 중(衆), 놀아날 희(熙), 같을 여(如), 잔치할 향(享), 클 태(太), 우리 뢰(牢), 봄 춘(春), 이를 등(登), 돈대 대(臺)

【지남(指南)】

〈중인희희(衆人熙熙) 여향태뢰(如享太牢) 여춘등대(如春登臺)〉는 온갖 욕망에 매달린 세인(世人)을 적나라하게 서슴없이 밝힌다.

중인희희(衆人熙熙)의 〈희희(熙熙)〉는 인간이 자연(自然)의 질박(質樸)함을 팽개치고 욕정에 휩쓸려 음탕(淫蕩)하면서 영리(榮利)의 다툼에 조금도 물러나지 않고자 열렬한 모습이다. 부귀(富貴) · 명리(名利)를 열렬히 좇는 모습이[熙熙] 〈여향태뢰(如享太牢) · 여등춘대(如登春臺)〉로 비유된다. 난세(亂世)를 성세(盛世)로 착각하고 미혹(迷惑)함이 끝 간 데 없는 모습이[熙熙] 향태뢰(享太牢) 같고, 등춘대(登春臺) 같다는 것이다.

희희(熙熙)는 자기를 위해서라면 음방(淫放) 즉 간사하고[淫] 거침없으며[放], 영리(榮利)라면 남보다 더 약삭빠르고, 심경(心競) 즉 남들과 다투어 앞서려는[競] 속셈이[心] 열렬함을 밝힘이다. 세상 사람들의 희희(熙熙)함이 마치 제후나 된 듯이 소양돼지 고기로[太牢] 잔치를 벌이는[享] 듯하고[如], 봄철에[春] 돈대에[臺] 오르는[登] 듯이[如] 방자하다는 것이다. 따라서 희희(熙熙)하는 중인(衆人)은 앞서 살핀 〈소외(所畏)〉 즉 두려워할[畏] 바를[所] 외면하는 무리이고[衆], 『장자(莊子)』에 나오는 **도유지인(道諛之人)**을 연상시키는 무리이다. 심경(心競)의 속셈을 깊숙이 숨기고서 세상과 적당히 흥정하면서 아첨하는[道諛之] 인간들이[人] 여기 희희(熙熙)의 중인(衆人)이다.

아첨하고[諂] 눈치 보면서[諛] 자기 주장에 열렬한[熙熙] 중인(衆人)은 부나비가 불을 두려워할 줄 몰라 불길 속으로 날아들듯 그런 무리이다. 이런 무리는 『논어(論語)』에 나오는 **소인(小人)**의 무리와 같다. 희희(熙熙)의 무리는 부지천명(不知天命)한다. 복명(復命) 즉 천성(天性)으로[命] 돌아와[復] 소사(少私)하여 과욕(寡欲)

할 줄 모르고[不知] 인지(人智)의 오만에 빠진 무리가 바로 두려운[畏] 무리[衆]임을 일깨워 경각(警覺)하게 하는 말씀이 〈중인희희(衆人熙熙) 여향태뢰(如享太牢) 여춘등대(如春登臺)〉이다.

註 "세속지소위연이연지(世俗之所謂然而然之) 소위선이선지(所謂善而善之) 즉불위지도유지인야(則不謂之道諛之人也)…… 위기도인(謂己道人) 즉발연작색(則勃然作色) 위기첨인(謂己諂人) 즉불연작색(則怫然作色) 이종신도인야(而終身道人也) 종신첨인야(終身諂人也)." 세상이[世俗之] 그렇다고[然] 하는[謂] 바를[所而] 그렇다 하고[然之] 좋다고[善] 하는[謂] 바를[所而] 좋다고 하면[善之], (세상은) 그런 인간을[之] 아첨꾼이라고[道諛之人] 하지 않는다[不謂]. ……(그러나 그런 인간을) 아첨꾼이라[道人] 하면[謂] 곧장[則] 벌컥[勃然] 화를 내고[作色], 자기를[己] 눈치꾼이라[諂] 하면[謂] 벌컥[怫然] 화를 내지만[作色而], (이런 인간은) 평생[終身] 아첨꾼[道人]이고[也] 평생[終身] 눈치꾼[諂人]이다[也].

도유(道諛)는 첨유(諂諛) 즉 아첨하고[諂] 비위맞춤[諛]의 뜻이다. 여기 도인(道人)은 희의도언지인(希意道言之人)의 줄임으로 보고, 도인(道人)은 첨인(諂人) 즉 아첨꾼을 뜻한다.

『장자(莊子)』「천지(天地)」

註 "소인부지천명이불외야(小人不知天命而不畏也) 압대인(狎大人) 모성인지언(侮聖人之言)." 소인은[小人] 천명을[天命] 몰라서[不知而] 두려워하지 않는 것[不畏]이다[也]. 대인을[大人] 얕보고[狎] 성인의[聖人之] 말씀을[言] 업신여긴다[侮].

대인(大人)은 성인(聖人)과 같은 말이다. 물론 유가(儒家)의 성인(聖人)은 인의예악(仁義禮樂)을 앞세우고, 도가(道家)의 성인(聖人)은 무위자연(無爲自然)을 앞세워 서로 다르다.

『논어(論語)』「계씨(季氏)」8

【보주(補註)】

- 〈중인희희(衆人熙熙) 여향태뢰(如享太牢) 여춘등대(如春登臺)〉를 〈중인희희(衆人熙熙) 이기희희여향태뢰(而其熙熙如享太牢) 이기희희여춘등대(而其熙熙如春登臺)〉처럼 옮기면 문의(文意)를 좀 더 쉽게 새길 수 있다. 〈중인이[衆人] 음란하고 방탕하다[熙熙]. 그리고[而] 그들의[其] 희희함은[熙熙] 소양돼지 고기를[太牢] 질펀히 먹는[享] 듯하다[如]. 그리고[而] 그들의[其] 희희함은[熙熙] 봄철에[春] 돈대에[臺] 오르는[登] 듯하다[如].〉
- 중인희희(衆人熙熙)의 희희(熙熙)는 음방다영리지욕(淫放多榮利之欲)을 뜻한다. 〈음란하고[淫] 방탕하면서[放] 영화와[榮] 이득의[利之] 욕망이[欲] 많음[多]〉이 여기 희희(熙熙)이다. 여기 희희(熙熙)는 한순간도 담백(淡白)하지 못함

이다. 무욕(無欲)하여 해맑은[淡白] 마음이라야 관유(寬柔) 즉 너그럽고[寬] 부드럽다[柔]. 희희(熙熙)에는 그런 관유(寬宥)란 있을 수 없다. 따라서 늘 욕심 사납게 자기가 손해 볼세라 상쟁(相爭)하기를 마다 않는 모습이 여기 희희(熙熙)이다.

- 여향태뢰(如享太牢)는 하룻강아지 범 무서운 줄 몰라 범하는 오만(傲慢) · 방자(放恣) · 방일(放逸)함을 비유한다. 여기서 태뢰(太牢)란 우양시(牛羊豕) 삼생(三牲)으로 제후가 제사에 올리는 고기를 말한다. 제후(諸侯) · 대부(大夫) · 사(士)가 제(祭)에 올릴 삼생(三牲)으로써 중인(衆人)이 잔치를 벌인다는[享] 것은 겁없이 범하는 방자함이다. 소[牛] · 양(羊) · 돼지[豕] 등의 짐승을 축(畜)이라 하고, 이들 짐승을 키워서 먹을거리로 삼음을 생(牲)이라 한다. 특히 제물로 쓰는 우양시(牛羊豕)를 삼생(三牲)이라 한다. 우양시(牛羊豕) 삼생(三牲)에서 제후가 제물로 쓸 소[牛]를 태뢰(太牢)라 하고, 대부가 제물로 쓸[牲] 양을 소뢰(少牢)라 하며, 선비[士]가 제사에 쓸 생특시(牲特豕) 즉 제물로 쓸[牲] 특별한[特] 돼지를 궤사(饋食)라 한다. 〈태뢰로[太牢] 잔치를 벌이는[享] 듯하다[如].〉
- 여춘등대(如春登臺)가 〈여등춘대(如登春臺)〉로 된 본(本)도 있다. 물론 문의(文意)가 달라지는 것은 아니다. 춘(春)은 태평성대를 비유하는 봄철이란 뜻이고, 대(臺)는 사방을 조망할 수 있는 높은 돈대(墩臺)를 말한다. 여등춘대(如登春臺) 역시 중인(衆人)의 오만(傲慢) · 방자(放恣) · 방일(放逸)함을 비유한다. 〈봄철에[春] 돈대에[臺] 오른[登] 듯하다[如].〉 〈봄철 돈대에[春臺] 오른[登] 듯하다[如].〉
- 중인(衆人)과 속인(俗人)이 혼용(混用)된 본(本)도 있다. 중인(衆人) · 속인(俗人) · 세인(世人) 등등은 같은 말로, 요샛말로 대중(大衆)을 뜻한다.

【해독(解讀)】

- 〈중인희희(衆人熙熙) 여향태뢰(如享太牢) 여춘등대(如春登臺)〉는 세 문장으로 된 중문(重文)이다. 〈중인은[衆人] 희희하고[熙熙], 태뢰를[太牢] 향하는[享] 듯하며[如], 춘대를[春臺] 등하는[登] 듯하다[如].〉
- 중인희희(衆人熙熙)에서 중인(衆人)은 주어 노릇하고, 희희(熙熙)는 술부(述部)로 주격보어 노릇한다. 희희(熙熙)는 같은 말을 중첩하여 강조하는 말투로, 희(熙)는 〈희롱하며 놀 희(戲) · 기뻐할 희(喜)〉 등과 같고, 희희(熙熙)는 희(戲)와

희(喜)가 지나쳐 정욕이 넘쳐 음란하고 방탕한 모습을 말한다. 〈세상 사람들이[衆人] 음탕(淫蕩)하면서 영리(榮利)의 다툼에 조금도 물러나지 않고자 열렬한[熙熙] 듯하다[如].〉

- 여향태뢰(如享太牢)에서 여(如)는 동사 노릇하고, 향(享)은 영어의 부정사(不定詞) 같은 구실로 여(如)의 보어 노릇하며, 태뢰(太牢)는 향(享)의 목적어 노릇한다. 태뢰(太牢)는 제상(祭床)에 올린 우양시(牛羊豕), 즉 소 · 양 · 돼지 등의 고기를 말하고, 향(享)은 〈잔치 벌일 연(宴)〉과 같아 향연(享宴)의 줄임말로 여기면 된다. 향연(享宴)은 작연(作宴) 즉 잔치를[宴] 벌임[作]과 같다. 〈제상에 올렸던 고기로[太牢] 잔치를 벌이는[享] 듯하다[如].〉
- 여춘등대(如春登臺)에서 여(如)는 동사 노릇하고, 대(臺)는 등(登)의 목적어 노릇하며, 등(登)은 영어의 부정사(不定詞) 같은 구실로 여(如)의 보어 노릇한다. 춘(春)은 성세(盛世)를 비유한 말이고, 등(登)은 〈이룰 성(成)〉과 같다. 〈봄철에[春] 돈대를[臺] 오르는[登] 듯하다[如].〉

20-7 我獨泊兮(아독박혜) 其未兆(기미조) 如嬰兒之未孩(여영아지미해)

▶ 나만[我] 오직[獨] 담백하구나[泊兮]! 담백해서[其] 그런 기미도[兆] 없어[未], 갓난애가[嬰兒之] 방긋거리지[孩] 않는[未] 듯하다[如].

나 아(我), 오직 독(獨), 고요할 박(泊), 조사(~구나) 혜(兮), 없을 미(未), 조짐 조(兆), 같을 여(如), 갓난애 영(嬰), 않을 미(未), 어린애의 웃음 해(孩)

【지남(指南)】

〈아독박혜(我獨泊兮) 기미조(其未兆) 여영아지미해(如嬰兒之未孩)〉는 백가쟁명(百家爭鳴)의 지자(智者)들과 난세(亂世)를 성세(盛世)로 착각하고 미혹(迷惑)에 빠진 중인(衆人)과는 달리 사는 인간을 밝힌다.

나만[我] 홀로[獨] 박연(泊然)하구나[兮]! 물론 나[我]를 노자(老子)라고 지칭할 것은 없다. 여기 아(我)는 체도자(體道者) 즉 상도를[道] 터득해 깨우친[體] 이들의 범칭(泛稱)으로 여기고 새기면 된다. 앞서 살핀 희희(熙熙)의 중인(衆人)과는 달리, 여기 아(我)는 17장(章)에서 살핀 바대로 아자연(我自然)의 아(我)로서 바로 앞 장(章)에서 살핀 〈소사과욕(少私寡欲)〉 즉 제 몫을[私] 줄이고[少] 욕망을[欲] 줄이면서[寡] 소박함을 살펴[見] 지키면서[抱] 살아가는 또 다른 무리를 말한다.

희희(熙熙)의 중인(衆人)과 다른 무리는[我] 담박(淡泊)하다는 것이다. 박(泊)은 담(淡)이고, 담(淡)은 정(靜)이고, 정(靜)은 귀근(歸根)인지라 곧 무위(無爲)와 통한다. 그러니 여기 박혜(泊兮)는 염정(恬靜) 즉 고요하고[恬] 고요한[靜] 모습이다. 고요함[靜]이란 무위자연으로[根] 돌아옴[歸]인지라 온갖 시비분별을 떠나 걸림 없는 모습이 여기 〈박혜(泊兮)〉이다. 백가쟁명(百家爭鳴)의 지자(智者)들은 시비(是非)의 논전(論戰)을 벌이며 자기가 세상을 구하겠노라 아우성치고, 세상 사람들[衆人]은 그 아우성에 놀아나 희희(熙熙)하고 방자(放恣)하지만, 〈나만 홀로[我獨]〉 지자(知者)의 아우성[爭鳴]을 떠나 미혹(迷惑)한 중인(衆人)과는 달리 무위자연(無爲自然)에 머물러 〈여천위일(與天爲一)〉 즉 자연과[與天] 하나가 됨을[爲一] 서슴없이 밝힘이 〈아독박혜(我獨泊兮)〉이다.

담박(淡泊)함을 버리고 태뢰(太牢)로 잔치를 벌이듯 하며[如享] 의기양양 춘대(春臺)에 올라[登] 방자하게 희희(熙熙)하는 중인(衆人)의 세상 속으로 들어갈 조짐[兆]이란 조금도 없음이 여기 〈기미조(其未兆)〉이다. 나아가 천지와[天地與] 내가[我] 함께[竝] 살아[生] 만물과[萬物與] 내가[我] 하나 되는[爲一] 삶의 담박함을[泊] 한결같은 누림이 〈여영아지미해(如嬰兒之未孩)〉로써 비유되고 있다.

영아(嬰兒)는 55장(章) 함덕지후비어적자(含德之厚比於赤子)의 적자(赤子)인 핏덩이로서[赤子] 아직 웃을 줄도 모르는 갓난애[嬰兒]이다. 영아(嬰兒) · 적자(赤子), 이는 상도(道)를 본받는[法] 자연(自然)의 비유이다. 이는 도법자연(道法自然) 즉 상도(常道)가 본받는[法] 자연(自然)을 떠나지 않고 무사(無私) · 무욕(無欲) · 무아(無我)에 머물러 담박(淡泊)한 삶을 누리고 있음을 비유한 것이다. 영아지미해(嬰兒之未孩)는 28장(章)의 복귀어영아(復歸於嬰兒)란 말씀으로 이어지고, 나아가 『장자(莊子)』의 천예(天倪)와 만연(曼衍) 그리고 〈천균(天均)〉 등의 말을 연상시킨다.

정념(情念)의 인지(人智)에 사로잡혀 음방(淫放)하고 방자하면서 격렬하게 앞서고자 겨루는 속인(俗人)들의 난세(亂世)를 떠나 상도(常道)를 따라 자연(自然)의 변화에 맡겨둔 담박(淡泊)한 삶을 누리는 체도자(體道者)를 살펴 새기고 헤아려 깨우치게 하는 말씀이 〈아독박혜(我獨泊兮) 기미조(其未兆) 여영아지미해(如嬰兒之未孩)〉이다.

註 "유혜(猶兮) 기귀언(其貴言) 공성사수(功成事遂) 백성개위아자연(百姓皆謂我自然)." 머뭇거리누나[猶兮]! {태상(太上)인} 그분께서[其] 말을[言] 소중히 하고[貴]. {태상(太上)이} 보람을[功] 이루고[成] 일을[事] 완수했어도[遂] 백성은[百姓] 모두[皆] 자기들은[我] 그냥 그대로라고[自然] 했다[謂]. 『노자(老子)』 17장(章)

註 "함덕지후비어적자(含德之厚比於赤子)." 상덕을[德] 품음이[含之] 두터움은[厚] 핏덩이[赤子]와[於] 견줘진다[比]. 『노자(老子)』 55장(章)

註 "위천하계(爲天下谿) 상덕불리(常德不離) 복귀어영아(復歸於嬰兒)." 세상의[天下] 내[川]가[谿] 되면[爲] 상덕이[常德] 떠나지 않아[不離] 갓난애로[於嬰兒] 되[復]돌아간다[歸]. 『노자(老子)』 28장(章)

註 "화성지상대(化聲之相待) 약기불상대(若其不相待) 화지이천예(和之以天倪) 인지이만연(因之以曼衍) 소이궁년야(所以窮年也)." 만약[若] 변하는[化] 말소리를[聲之] 서로[相] 기대함은[待] 그것이[其] 서로[相] 기대하지 않음과[不待] 같다[若]. 시비를 떠난 자연의 길로[天倪]써[以] 화성(化聲)을[之] 어울리게 하고[和], 자연의 변화로[曼衍]써[以] 화성(化聲)을[之] 맡겨둠이[因] 천수를 누리는[窮年] 방편[所以]이다[也].

화성(化聲)은 저 나름의 판단에 따라 시비(是非)·분별(分別)·논란(論難)하는 것이고, 천예(天倪)는 자연[天]의 변화에 맡기고 따라갈 뿐 시비를 초월한 자연의 길 즉 무위(無爲)의 길이다. 만연(曼衍)은 자연의 변화에 맡긴 채 자기 의견을 더하지 않음이고, 궁년(窮年)은 천수(天壽)를 누림이다. 『장자(莊子)』「제물론(齊物論)」

【보주(補註)】

- 〈아독박혜(我獨泊兮) 기미조(其未兆) 여영아지미해(如嬰兒之未孩)〉를 〈아독박혜(我獨泊兮) 이기박미희희지조(而其泊未熙熙之兆) 이기박여영아지미해(而其泊如嬰兒之未孩)〉처럼 옮기면 문의(文意)를 좀 더 쉽게 새길 수 있다. 〈나만[我] 홀로[獨] 담박하구나[泊兮]! 그리고[而] 그[其] 담박함에는[泊] 희희의[熙熙之] 기미란[兆] 없다[未]. 그리고[而] 그[其] 담박함은[泊] 영아가[嬰兒之] 아직 방긋거리지 않는[未孩] 듯하다[如].〉
- 아독박혜(我獨泊兮)의 박(泊)은 52장(章)의 **복수기모(復守其母)**를 상기시킨다.

어머니의 품에 안겨 있듯 상도(常道)를 본받아 무사(無私) · 무욕(無欲)해 담박(淡泊)함이다.

註 "복수기모(復守其母)." 그[其] 어머니께로[母] 돌아와[復] 지킨다[守].

『노자(老子)』 52장(章)

- 여영아지미해(如嬰兒之未孩)의 영아(嬰兒)는 무사(無私) · 무욕(無欲) · 무아(無我)의 비유이다. 여기 해(孩)는 〈어린애가 웃을 해(咳)〉와 같다. 고자(古字) 즉 옛 글자에서는 〈해(孩)〉와 〈해(咳)〉는 상동(相同) 즉 서로[相] 같았다[同]. 미해(未孩)란 아직 방글거릴 줄 모르는 갓난애이니, 영아지미해(嬰兒之未孩)의 해(孩)란 해(咳) 즉 갓난애의 웃음[咳]이다.

【해독(解讀)】

- 〈아독박혜(我獨泊兮) 기미조(其未兆) 여영아지미해(如嬰兒之未孩)〉도 세 문장으로 된 중문(重文)이다. 〈나만[我] 홀로[獨] 박하구나[泊兮]!〉 〈그것에는[其] 조가[兆] 없다[未].〉 〈영아가[嬰兒之] 미해하는[未孩] 듯하다[如].〉
- 아독박혜(我獨泊兮)에서 아(我)는 주어 노릇하고, 독(獨)은 박(泊)을 꾸미는 부사 노릇하며, 술부로서 박(泊)은 주격보어 노릇하고, 혜(兮)는 감탄어조사(~구나)로 문미조사 노릇한다. 독(獨)은 〈오로지 유(唯)〉와 같아 유독(唯獨)의 줄임말로 여기면 되고, 박(泊)은 〈고요할 정(靜) · 안정될 염(恬) · 담박할 담(淡)〉 등과 같아 담박(淡泊)의 줄임말로 여기면 되고, 혜(兮)는 〈~구나 재(哉)〉와 같다. 〈나만[我] 홀로[獨] 담박하구나[泊兮]!〉
- 기미조(其未兆)에서 미(未)를 〈없을 무(無)〉와 같다고 여기면 기(其)는 미(未)를 꾸미는 부사 노릇하고, 미(未)는 〈없을 미(未)〉로 동사 노릇하고, 조(兆)는 미(未)의 주어 노릇한다. 그리고 미(未)를 〈않을 불(不)〉과 같다고 여기면 기(其)는 주어 노릇하고, 미(未)는 조(兆)의 부정사 노릇하며, 조(兆)는 〈조짐 보일 조(兆)〉로 동사 노릇한다. 〈그 담박함에는[其] 기미가[兆] 없다[未].〉
- 여영아지미해(如嬰兒之未孩)에서 주어가 생략됐지만 여(如)는 동사 노릇하고, 영아지미해(嬰兒之未孩)는 술부(述部)로 보어 노릇한다. 영아지미해(嬰兒之未孩)에서도 미(未)를 〈없을 무(無)〉와 같다고 여기면 영아지(嬰兒之)는 미(未)

를 꾸미는 부사 노릇하고, 미(未)는 〈없을 미(未)〉로 동사 노릇하고, 해(孩)는 미(未)의 주어 노릇한다. 그리고 미(未)를 〈않을 불(不)〉과 같다고 여기면 영아지(嬰兒之)는 해(孩)의 의미상 주어 노릇하고, 미(未)는 해(孩)의 부정사(否定詞) 노릇하며, 해(孩)는 〈갓난애 웃을 해(孩)〉로 동사 노릇한다. 여기 해(孩)는 〈갓난애 웃을 해(咳)〉와 같다. 〈영아가[嬰兒之] 아직 방글거리지[孩] 않는[未] 듯하다[如].〉 〈영아의[嬰兒之] 방글거림이[孩] 아직 없는[未] 듯하다[如].〉

20-8 儽儽兮(내래혜) 若無所歸(약무소귀)

▶ (나만) 게으르고 어수룩해 보이는구나[儽儽兮]! (중인들에게로) 돌아올[歸] 곳이[所] 없는[無] 듯하다[若].

게으를 내(儽), 조사(~구나) 혜(兮), 같을 약(若), 없을 무(無), 곳 소(所), 귀착(歸着)할 귀(歸)

【지남(指南)】

〈내래혜(儽儽兮) 약무소귀(若無所歸)〉는 희희낙락 오만하고 방자한 중인(衆人)들 눈에는 아독(我獨)의 아(我) 즉 체도자(體道者)가 게으르고 추레해[儽儽] 보일 것임을 밝힌다.

희희(熙熙)대는 중인(衆人)의 약삭빠른 눈에는 체도자(體道者)의 거동 하나하나가 게을러 보이고 추레해 보일 터임이 여기 〈내래혜(儽儽兮)〉이다. 내(儽)는 〈게으르고 피곤해할 나(懶)〉와 같다. 중인(衆人)의 눈에는 상도(常道)를 본받아 상덕(常德)을 따라 습명(襲明) 즉 천성(天性)을 속으로 간직해[襲] 밝으면서도[明] 밝아 보이지 않는 체도자(體道者)의 모습이 나태해 보일 터임을 〈내래혜(儽儽兮)〉라고 밝힌 것이다. 사지(私智) 즉 저만[私]의 지혜[智]를 앞세워 잽싸고 약삭빠른 중인(衆人) 앞에 아독(我獨)의 나[我]를 〈내래혜(儽儽兮)〉라고 밝혀 놓음이다.

공명(功名) · 부귀(富貴) · 영화(榮華)에 게걸스러운 중인(衆人)의 희희(熙熙)한 눈길에는 세속(世俗)의 탐욕을 떨쳐버리고 광막하고[荒] 담박한[泊] 삶을 누리는 체도자(體道者)로서 〈아(我)〉는 궁색(窮塞)하고 비천(鄙賤)하게 보일 뿐이다. 그래서『논어(論語)』에서마저도 소인(小人)은 성인(聖人)을 얕보고[狎] 성인(聖人)의 말씀[言]을 업신여긴다[侮]고 밝힌다. 이러한 아독(我獨)의 아(我)가 희희(熙熙)하는 중인(衆人)의 세상으로 돌아올[歸] 틈새가 있을 리 없음을 일깨워주는 말씀이 〈내래혜(儽儽兮) 약무소귀(若無所歸)〉이다.

註 "소인부지천명이불외야(小人不知天命而不畏也) 압대인(狎大人) 모성인지언(侮聖人之言)." 소인은[小人] 천명을[天命] 몰라서[不知而] 두려워하지 않는 것[不畏]이고[也], 대인을[大人] 얕보고[狎] 성인의[聖人之] 말씀을[言] 업신여긴다[侮].

대인(大人)은 성인(聖人)과 같은 말이다. 『논어(論語)』「계씨(季氏)」8

【보주(補註)】

- 〈내래혜(儽儽兮) 약무소귀(若無所歸)〉를 〈아독래래혜(我獨儽儽兮) 아독약무소귀어중인지세(我獨若無所歸於衆人之世)〉처럼 옮기면 문의(文意)를 좀더 쉽게 새길 수 있다. 〈나만[我] 홀로[獨] 내래하구나[儽儽兮]! 나만[我] 홀로[獨] 중인의[衆人之] 세상으로[於世] 돌아올[歸] 곳이[所] 없는[無] 듯하다[若].〉
- 약무소귀(若無所歸)는 무사(無私)·무욕(無欲)·무아(無我)의 삶을 누리는 체도자(體道者)에게 탐욕·허영의 삶을 탐닉하는 중인(衆人)의 세상에는 돌아갈 자리가 없음을 에둘러 밝힌 말씀이다. 〈무소귀(無所歸)〉라 않고 〈약무소귀(若無所歸)〉라 함은 시비의 논란을 벗어난 부드러운 말투이다. 〈돌아올[歸] 곳이[所] 없다[無].〉 〈돌아갈[歸] 곳이[所] 없는[無] 듯하다[若].〉
- 내래혜(儽儽兮)가 〈승승혜(乘乘兮)〉로 된 본(本)도 있다. 내래(儽儽)는 늘어져 드리워진 모양이지만, 여기선 피로(疲勞)한 모습을 뜻한다. 승승혜(乘乘兮)도 세속(世俗)의 눈에는 궁색(窮塞)하고 비천(鄙賤)해 보임을 말해 내래혜(儽儽兮)와 승승혜(乘乘兮)가 뜻에 차이가 나는 것은 아니다. 〈게을러 보이고 어수룩해 보이는구나[儽儽兮]!〉 〈궁하게 보이고 비루해 보이는구나[乘乘兮]!〉

【해독(解讀)】

- 〈내래혜(儽儽兮) 약무소귀(若無所歸)〉는 두 구문으로 된 중문(重文)이다. 〈내래하구나[儽儽兮]!〉 〈소귀가[所歸] 무한[無] 듯하다[若].〉
- 내래혜(儽儽兮)에서 내래(儽儽)는 주어가 생략된 술부(述部)로 보어 노릇하고,

혜(兮)는 감탄어조사(~구나)로 문미조사 노릇한다. 내(儽)는 〈게으를 나(懶)〉와 같아 나래(懶儽)의 줄임말로 여기면 된다. 내래(儽儽)는 게을러 보이고 추레해 보임이다.

- 약무소귀(若無所歸)에서 약(若)은 동사 노릇하고, 무소귀(無所歸)는 보어구 노릇한다. 무소귀(無所歸)에서 무(無)는 영어의 부정사(不定詞)같이 약(若)의 보어 노릇하고, 소귀(所歸)는 무(無)의 주부(主部) 노릇한다. 약(若)은 〈같을 여(如) · 유(猶) · 사(似)〉 등과 같다. 〈무소귀와[無所歸] 같다[若].〉 〈돌아갈[歸] 곳이[所] 없다[無].〉 〈돌아갈[歸] 곳이[所] 없는[無] 듯하다[若].〉
- 약무소귀(若無所歸)는 주어가 생략됐지만 〈A약위(若爲)B〉의 상용문이다. 영어의 〈A seem to do B〉를 떠올리면 〈A약위(若爲)B〉의 문맥을 쉽게 잡을 수 있다. 〈A약위(若爲)B〉에서 위(爲)가 영어의 〈to do〉처럼 구실한다고 여기면 된다. 〈A는 B를 하는[爲] 듯하다[若] · A는 B를 하는 것[爲] 같다[若].〉

20-9 衆人皆有餘(중인개유여) 而我獨若遺(이아독약유)

▶ 중인들한테는[衆人] 모두[皆] 남아돎이[餘] 있지만[有而], 나만[我] 오직[獨] (그 남아돎을) 버린[遺] 듯하다[若].

> 무리 중(衆), 모두 개(皆), 있을 유(有), 남을 여(餘), 그러나 이(而),
> 나 아(我), 오직 독(獨), 같을 약(若), 버릴 유(遺)

【지남(指南)】

〈중인개유여(衆人皆有餘) 이아독약유(而我獨若遺)〉 역시 백가쟁명(百家爭鳴)의 지자(智者)들과 그로 말미암아 미혹(迷惑)된 속인(俗人)을 묶은 중인(衆人) 무리가 체도자(體道者)로서 〈나[我]〉와 상이(相異)함을 거듭해 밝힌다. 중인(衆人)은 유여(有餘)하고 나는[我] 약유(若遺)함이 서로[相] 다른[異] 점이다.

유여(有餘)의 〈여(餘)〉는 남아도는 인지(人智)로 온갖 도모(圖謀)를 다 부리고, 남아도는 재물로 사치도[奢] 부림을 암시해준다. 약유(若遺)의 〈유(遺)〉는 중인(衆人)의 〈유여(有餘)〉를 버렸음[遺]이다. 중인(衆人)의 세상에서 지자(智者)들은 변론

(辯論)으로 자신들의 지식을 꾸미고, 그것으로 세상을 시비로 몰아가서 두루 통하는 덕(德)을 궁(窮)하게 하여 본성(本性)을 팽개치게 만든다. 무위(無爲)의 삶에서 보면 이런 쟁론(爭論)이란 속임수[詐僞]에 불과하다. 속임수로 중인(衆人)은 결국 유어외(誘於外) 즉 바깥 것들에[於外] 유혹돼[誘] 공명(功名) · 부귀(富貴) · 영화(榮華)를 탐함이 끝이 없어 아무리 채워도 욕망의 곳집[府]이 채워지지 않게 됨이 〈중인개유여(衆人皆有餘)〉이다.

나만[我] 홀로[獨] 유어물(誘於物)의 유혹을 버려[遺] 심부(心府) 즉 마음[心]의 곳집[府]이 인지(人智)도 없고 재물의 탐(貪)도 없어 텅텅 비어 있음이 〈아독약유(我獨若遺)〉이다. 아독약유(我獨若遺)의 〈유(遺)〉란 세속의 탐욕을 버림[遺]으로 성인(聖人)의 심부(心府)를 그대로 따라 본받음이다. 성인(聖人)의 마음곳집[心府]이란 상도(常道)를 본받아[法] 상덕(常德)을 담고 있을 뿐이다. 이러한 성인(聖人)의 마음을 본받아 체도자(體道者)는 광막하여 황혜(荒兮)하고 담박하여 박혜(泊兮)하니 『장자(莊子)』의 고지존신자(古之存身者)를 상기시킨다.

그러므로 체도자(體道者)로서 〈아(我)〉는 아무리 세상이 지자(智者)의 현혹(眩惑)으로 혼탁할지라도 무위(無爲)의 자리에 머물러[處] 상도(常道)라는 어머니의 품 안으로 돌아와[歸] 삶을 누림을 살펴 깨우치게 하는 말씀이 〈중인개유여(衆人皆有餘) 아독약유(我獨若遺)〉이다.

註 "고지존신자(古之存身者) 불이변식지(不以辯飾知) 불이지궁천하(不以知窮天下) 불이지궁덕(不以知窮德) 위연처기소(危然處其所) 이반기성이(而反其性已) 우하위재(又何爲哉) 도고불소행(道固不小行) 덕고불소식(德固不小識) 소식상덕(小識傷德) 소행상도(小行傷道) 고왈(故曰) 정기이이의(正己而已矣) 낙전지위득지(樂全之謂得志)." 옛날[古之] 몸을[身] 보존한[存] 분은[者] 변론으로[辯]써[以] 지식을[知] 꾸미지 않았고[不飾], 지식으로[知]써[以] 세상을[天下] 막히게 하지 않았으며[不窮], 지식으로[知]써[以] 덕을[德] 막히게 하지 않았다[不窮]. 홀로 우뚝이[危然] 제 자리에[其所] 머물러서[處而] 제 본성으로[其性] 돌아갈[反] 뿐이었다[已]. 더[又] 무엇을[何] 할 것[爲]인가[哉]? 상도는[道] 본래[固] 작은[小] 행동이[行] 아니고[不], 상덕은[德] 본래[固] 작은[小] 앎이[識] 아니다[不]. 소식은[小識] 상덕을[德] 상하게 하고[傷], 소행은[小行] 상도를[道] 상하게 한다[傷]. 그래서[故] 말한다[曰] : 자기를[己] 옳게 하는 것[正]뿐이다[而已矣]. 즐거움이[樂] 완전함을[全之] 뜻을[志] 얻음이라[得] 한다[謂].

소식(小識)은 인간의 지식을 말하고, 소행(小行)은 인간의 짓을 말한다.

『장자(莊子)』「선성(繕性)」

【보주(補註)】

- 〈중인개유여(衆人皆有餘) 이아독약유(而我獨若遺)〉를 〈중인개유탐욕지여(衆人皆有貪欲之餘) 이아독약유기여(而我獨若遺其餘)〉처럼 옮기면 문의(文意)를 좀 더 쉽게 새길 수 있다. 〈중인한테는[衆人] 모두[皆] 탐욕의[貪欲之] 남음이[餘] 있다[有]. 그러나[而] 나만[我] 홀로[獨] 그[其] 남음을[餘] 버린[遺] 듯하다[若].〉
- 중인개유여(衆人皆有餘)의 여(餘)는 바로 앞 장(章)에서 살핀 **소사과욕(少私寡欲)**을 팽개쳐버림을 말해준다.

註 "견소포박(見素抱樸) 소사과욕(少私寡欲)." 그냥 있는 그대로를[素] 살피고[見] 질박함을[樸] 지키고[抱], 제 몫을[私] 적게 하고[少] 욕망을[欲] 적게 한다[寡]. 『노자(老子)』 19장(章)

【해독(解讀)】

- 〈중인개유여(衆人皆有餘) 이아독약유(而我獨若遺)〉는 두 구문으로 된 중문(重文)이다. 〈중인한테는[衆人] 모두[皆] 남음이[餘] 있다[有]. 그러나[而] 나만[我] 홀로[獨] (남음을) 버리는[遺] 듯하다[若].〉
- 중인개유여(衆人皆有餘)에서 중인(衆人)은 유(有)를 꾸미는 부사 노릇하고, 개(皆)도 유(有)를 꾸미는 부사 노릇하며, 유(有)는 〈있을 유(有)〉로 동사 노릇하고, 여(餘)는 유(有)의 주어 노릇한다. 중(衆)은 〈무리 군(群)〉과 같고, 개(皆)는 〈한 가지 공(共) · 동(同)〉 등과 같고, 여(餘)는 〈남을 요(饒)〉와 같아 여요(餘饒)의 줄임말로 여기면 된다. 〈중인한테는[衆人] 모두[皆] 남아도는 것이[餘] 있다[有].〉
- 아독약유(我獨若遺)에서 아(我)는 주어 노릇하고, 독(獨)은 약(若)을 꾸미는 부사 노릇하며, 약(若)은 동사 노릇하고, 유(遺)는 영어의 부정사(不定詞)같이 약(若)의 보어 노릇한다. 독(獨)은 〈오직 유(唯)〉와 같아 유독(唯獨)의 줄임말로 여기면 되고, 약(若)은 〈같을(~듯할) 여(如) · 유(猶) · 사(似)〉 등과 같고, 유(遺)는 〈버릴 기(棄)〉와 같아 유기(遺棄)의 줄임말로 여기면 된다. 〈나만[我] 오직[獨] (그 남음을) 유기하는[遺] 듯하다[若].〉
- 아독약유(我獨若遺) 역시 〈A약위(若爲)B〉의 상용문이다. 〈A는 B를 하는[爲] 듯하다[若] · A는 B를 하는 것[爲] 같다[若].〉

20-10 我愚人之心也哉(아우인지심야재) 沌沌兮(돈돈혜)

▶나는[我] 순박한 이의[愚人之] 마음[心]이로다[也哉]! (나는 그 순박한 이와) 하나가 되었도다[沌沌兮]!

나 아(我), 순박할 우(愚), 조사(~이다) 야(也), 조사(~로다) 재(哉), 어두울 돈(沌), 조사(~구나) 혜(兮)

【지남(指南)】

〈아우인지심야재(我愚人之心也哉) 돈돈혜(沌沌兮)〉는 체도자(體道者)의 순박함을 밝힌다. 여기 〈우인(愚人)〉이란 앞 장(章)에서 살핀 〈견소포박(見素抱樸)〉을 행하는 사람이다. 그러한 우인(愚人)인 체도자(體道者)는 돈돈(沌沌)하다. 〈돈돈혜(沌沌兮)〉란 무소분석(無所分析) 즉 시비를 분별하여 해석하려는[析] 짓이[所] 없어[無] 무지(無知)해 보임이다. 『장자(莊子)』의 **혼혼돈돈(渾渾沌沌)**과 같다. 혼혼(渾渾)과 돈돈(沌沌)은 같은 뜻으로 진박(眞樸)이란 뜻이다. 진실로[眞] 그냥 그대로[樸], 즉 자연(自然)이란 말이 혼혼(渾渾)이요 돈돈(沌沌)이다.

백가쟁명(百家爭鳴)의 지자(智者)들은 이러한 돈돈(沌沌)을 모른다. 이런 까닭으로 논쟁함에 기민(機敏)하고 박식(博識)함을 과시하며 지교(智巧)를 뽐내는 지자(智者)는 38장(章) **전식자(前識者)**에 불과하다. 나만[我獨] 홀로 뒤로 물러나[後身] 쟁명(諍鳴)의 아우성에 휘말리기를 마다하고 돈돈(沌沌)할 뿐이다. 따라서 무지(無知)함에 머물러 귀근(歸根)하는 〈우인지심(愚人之心)〉을 중인(衆人)이 모압(侮狎)하는 것이다.

『장자(莊子)』에 〈호아우(呼我牛) · 호아마(呼我馬)〉란 말씀이 나온다. 지자(智者)가 노자(老子)를 찾아와 비루(鄙陋)하다며 흉보고 갔다가, 깨우친 바 있어 다음날 어제의 잘못을 사죄하자 노자(老子)는 다음처럼 답한다. 〈그대가[智者] 나[我]를 소[牛]라 부르면[呼] 나는 소가 되어주고, 말[馬]이라 호(呼)하면 말이 되어주리다.〉 이 이야기를 상기하면 우인지심(愚人之心)이 담고 있는 숨은 뜻을 헤아릴 수 있다. 지자(智者)는 상쟁(相爭)하여 상대를 꺾고자 『장자(莊子)』에 나오는 대로 **기침야혼교(其寢也魂交) 기각야형개(其覺也形開)** 함을 겪지만, 순박한[愚] 이의 마음[心]은 잠들면[寢] 혼휴(魂休)하여 꿈 없이 깊이 자고, 깨면[覺] 형해(形解) 즉 몸[形]이 풀려[解] 가볍다. 그래서 때린 자는 쪽잠 자고, 맞은 자는 발 뻗고 푹 잔다는 속담이 생각난다.

그러므로 중인(衆人)은 자연(自然)과 하나가 되지 않고 희희(熙熙)하며 겁 없이 방자하지만, 체도자(體道者)는 언제나 돈돈(沌沌) 즉 자연과 하나 되어 순박한[愚] 마음을 잃지 않음을 살펴 새기고 헤아려 깨우치게 하는 말씀이 〈아우인지심야재(我愚人之心也哉) 돈돈혜(沌沌兮)〉이다.

註 "만물운운(萬物云云) 각복기근(各復其根) 각복기근이부지(各復其根而不知) 혼혼돈돈(渾渾沌沌) 종신불리(終身不離) 약피지지(若彼知之) 내기리지(乃是離之)." 만물은[萬物] 무성하나[云云] 저마다[各] 그[其] 근원으로[根] 돌아온다[復]. 저마다[各] 그[其] 근원으로[根] 돌아오면서도[復而] (저마다 그런 줄을) 모른다[不知]. (그 근원을 따라) 하나가 되어버려[渾渾沌沌] (저마다) 죽을 때까지[終身] (그 근원을) 떠나지 않는다[不離]. 만약[若] 그대가[彼] 그런 것을[之] 알겠다면[知] 이내 곧[乃是] (그대는) 근원을[之] 떠나버린다[離].

혼혼돈돈(渾渾沌沌)을 줄여 혼돈(渾沌)이라 하고, 혼혼(渾渾)·돈돈(沌沌) 등은 진박자연(眞樸自然) 즉 진실로[眞] 그냥 그대로[樸] 즉 자연(自然)이란 뜻이다. 『장자(莊子)』「재유(在宥)」

註 "전식자도지화(前識者道之華) 이우지시야(而愚之始也)." 알기를[識] 앞세우는[前] 것은[者] 상도의[道之] 꾸밈이고[華而], 어리석음의[愚之] 시작[始]이다[也].

전식자(前識者)는 상도(常道)를 멀리하면서 호지(好智)하는 짓을 말한다.

『노자(老子)』 38장(章)

註 "기침야혼교(其寢也魂交) 기각야형개(其覺也形開) 여접위구(與接爲搆) 일이심투(日以心鬪) 만자(縵者) 교자(窖者) 밀자(密者)." 그들이[其] 잠들면[寢也] 꿈이[魂] 시끄럽고[交], 그들이[其] 깨어나면[覺也] 몸이[形] 기지개를 켜고[開] 교제하느라[與接] 끌려다니며[爲搆] 날마다[日以] 마음이[心] 싸움질한다[鬪]. (그들은) 이랬다저랬다 하는[縵] 자이거나[者], 엉큼한[窖] 자이거나[者], (숨기고 감추고자) 꼼꼼한[密] 자이다[者].

백가쟁명(百家爭鳴)의 지자(智者)들을 만자(縵者)·교자(窖者)·밀자(密者)라 밝히고 있다. 이 지자(智者)들이 오히려 어리석은 이[愚人]이라는 것이다. 『장자(莊子)』「제물론(齊物論)」

【보주(補註)】

- 〈아우인지심야재(我愚人之心也哉) 돈돈혜(沌沌兮)〉를 〈아심우인지심야(我心愚人之心也) 이아돈돈야(而我沌沌也)〉처럼 옮기면 문의(文意)를 좀 더 쉽게 새길 수 있다. 〈내[我] 마음은[心] 순박한[愚] 이의[人之] 마음[心]이다[也]. 그래서[而]

나는[我] 자연 바로 그것[沌沌]이다[也].〉

- 우인지심(愚人之心)의 우(愚)는 무지(無智)로 말미암아 누리는 순박(淳朴)함이고, 38장(章) 〈우지시(愚之始)〉의 우(愚)는 호지(好智)로 말미암아 겪는 한한(閒閒)의 어리석음[愚]이다. 한한지우(閑閑之愚)는 한가하여 느긋해 우직(愚直)함이고, 한한지우(閒閒之愚)는 사찰(覗察) 즉 곁눈질로[覗] 살피면서[察] 약삭빠르게 비(非)를 시(是)라 하고 시(是)를 비(非)라 하는 우치(愚癡)함이다. 이처럼 우(愚)는『노자(老子)』에서 두 뜻으로 쓰인다.
- 돈돈혜(沌沌兮)가 〈순순혜(純純兮)〉로 된 본(本)도 있다. 돈돈(沌沌) · 순순(純純)은 다 같이 자연과 하나 돼 순박(淳朴)함을 뜻하므로 원문(原文)의 문의(文義)가 달라지는 것은 아니다.

【해독(解讀)】

- 〈아우인지심야재(我愚人之心也哉) 돈돈혜(沌沌兮)〉 역시 두 감탄문으로 된 중문(重文)이다. 〈나는[我] 우인지심(愚人之心)이로구나[也哉]! 돈돈하구나[沌沌兮]!〉
- 아우인지심야재(我愚人之心也哉)에서 아(我)는 주어 노릇하고, 우인지(愚人之)는 심(心)을 꾸미는 형용사구 노릇하며, 심(心)은 보어 노릇하고, 야재(也哉)는 감탄어조사(~이로구나)로 감탄문의 문미조사(文尾助詞) 노릇한다. 우(愚)는 〈순박할 순(淳)〉과 같아 순우(淳愚)의 줄임말로 여기면 된다. 〈나는[我] 순박한[愚]이의[人之] 마음[心]이로다[也哉].〉
- 돈돈혜(沌沌兮)에서 돈돈(沌沌)은 주어가 생략되었지만 술부(述部)로 보어 노릇하고, 혜(兮)는 감탄조사(~이구나)로 감탄문의 문미조사 노릇한다. 돈(沌)은 진박(眞樸) 즉 진실로[眞] 자연과[樸] 하나인지라 〈순박할 우(愚) · 하나될 혼(渾)〉 등과 같다. 사람이 손대지 않은 나뭇등걸 박(樸)은 자연(自然)을 비유해준다. 〈자연과 하나 되었구나[沌沌兮]!〉

20-11 俗人昭昭(속인소소) 我獨昏昏(아독혼혼)

▶ 속인들은[俗人] 약삭빨라 눈치가 훤하지만[昭昭], 나만[我] 오직

[獨] 어두워 어수룩하다[昏昏].

무리 속(俗), 밝을 소(昭), 나아 아(我), 오직 독(獨), 어두울 혼(昏)

【지남(指南)】

〈속인소소(俗人昭昭) 아독혼혼(我獨昏昏)〉 역시 백가쟁명(百家爭鳴)의 지자(智者)들과 한 무리인 중인(衆人)과, 체도자(體道者)로서 〈아(我)〉는 상이(相異)함을 거듭 밝힌다.

속인(俗人)은 중인(衆人)과 같고, 속학(俗學) · 속지(俗智)로 단련한 무리를 말한다. 물론 여기 속인(俗人)이란 순박한 백성을 말하는 것이 아니라 백가쟁명(百家爭鳴)의 무리와[衆] 그 무리를 따르는 부류이다. 시비의 논변(論辯)으로 쟁명(爭鳴)하고 상쟁(相爭)하여 승인(勝人)하고자 도모하는 지자(智者)들의 무리를 중인(衆人)이라 한 것이다.

백성은 늘 어수룩하고 순박하여[愚] 성인(聖人)도 백성심(百姓心)을 당신의 마음으로 삼는다. 백가쟁명(百家爭鳴)의 무리[衆人]가 남보다 총명하고 영민함을 과시함이 〈소소(昭昭)〉이다. 소소(昭昭)는 순박함을 버리고 눈치 빠르고 술수(術數)에 능해 스스로 눈부시게 함이다. 요즈음 말로 하면 두뇌회전이 빨라 손익(損益) 계산에 밝고 순발력이 뛰어남을 자랑함이 여기 소소(昭昭)이다. 지자(智者)가 **자시(自是) · 자현(自見) · 자벌(自伐) · 자긍(自矜)**의 술수(術數)로 사지(私智)를 과시하려 함이 소소(昭昭)이다.

〈소소(昭昭)〉는 밝은[明] 대낮 같음이고, 〈혼혼(昏昏)〉은 어두운 밤 같음이다. 지자(智者)는 소소(昭昭)하고, 우자(愚者)는 혼혼(昏昏)하다. 67장(章) **불감위천하선(不敢爲天下先)**을 따르는 체도자(體道者)는 중인(衆人)의 눈에 혼혼(昏昏)해 보인다. 세상에[天下] 감히[敢] 앞서지[先] 않아[不爲] 혼혼(昏昏)하여 드러나지 않으니 〈아독혼혼(我獨昏昏)〉의 혼혼(昏昏)은 비지자(非智者)란 말과 같고, 〈어두울 혼(昏)〉은 눈부시게 과시하는 지자(智者)가 아님[非]을 말한다.

시비의 논란으로 상쟁(相爭)하는 사지(私智)의 지자(智者)는 도유자(覩有者) 즉 있는 것을[有] 살피는[覩] 자일[者] 뿐이고, 자연(自然)을 좇아 천지지우(天地之友)

즉 자연의[天地之] 벗인[友] 체도자(體道者)는 도무자(覩無者) 즉 없는 것을[無] 살피는[覩] 자(者)로서 **부자현**(不自見)하여 밝고[明], **부자시**(不自是)여 뚜렷하고[彰], **부자벌**(不自伐)하여 보람을 이루고[有功], **부자긍**(不自矜)하여 오래감을[長] 소소(昭昭)한 중인(衆人)은 모른다.

이처럼 중인(衆人)은 소소(昭昭)하여 광요(光耀) 즉 눈부시게[光] 빛나 보이고자[耀] 안달하지만, 체도자(體道者)는 자연(自然)과 하나 되어[沌沌] 광막(廣漠)하고[荒] 담박하며[泊] 순박해[愚] 밝지 않고 오히려 어둑해 보임을 헤아려 깨우치게 하는 말씀이 〈중인소소(衆人昭昭) 아독혼혼(我獨昏昏)〉이다.

註 "아유삼보(我有三寶) 지이보지(持而保之) 일왈자(一曰慈) 이왈검(二曰儉) 삼왈불감위천하선(三曰不敢爲天下先)." 나한테[我] 세 가지[三] 보배들이[寶] 있고[有]. 그것을[之] 간직하고서[持而] 지킨다[保]. 첫째를[一] 자애라[慈] 이르고[曰], 둘째를[二] 검소라[儉] 이르며[曰], 셋째를[三] 세상의[天下] 앞이[先] 감히[敢] 되지 않음이라[不爲] 이른다[曰]. 『노자(老子)』 67장(章)

註 "합호대동(合乎大同) 대동이무기(大同而無己) 무기(無己) 오호유유(惡乎有有) 도유자석지군자(覩有者昔之君子) 도무자천지지우(覩無者天地之友)." 크나큰[大] 하나와[同乎] 합한다[合]. 크나큰[大] 하나이니[大同而] 내 것이[己] 없다[無]. 내 것이[己] 없는데[無] 어찌[惡乎] (내 것의) 있음이[有] 있겠는가[有]? (내 것의) 있음을[有] 보는[覩] 자는[者] 옛날의[昔之] 군자이고[君子], (내 것의) 없음을[無] 보는[覩] 이는[者] 하늘땅의[天地之] 벗이다[友].

대동(大同)은 여자연동(與自然同) 즉 자연과[與自然] 같음[同]이고, 무기(無己)는 〈무사(無私)·무욕(無欲)·무아(無我)〉를 묶어 말함이다. 석지군자(昔之君子)는 공문지도(孔門之徒) 즉 유자(儒者)를 상기시킨다. 도무자(覩無者)란 불망어도(不忘於道) 즉 상도를[於道] 잊지 않음[不忘]이다. 성인(聖人)이란 도무자(覩無者)·천지지우(天地之友)·무기자(無己者)이다.

『장자(莊子)』「재유(在宥)」

註 "부자현고명(不自見故明) 부자시고창(不自是故彰) 부자벌고유공(不自伐故有功) 부자긍고장(不自矜故長)." 자신을[自] 드러내지 않기[不見] 때문에[故] 밝고[明], 스스로[自] 옳다 하지 않기[不是] 때문에[故] 뚜렷하며[彰], 자신을[自] 공치사하지 않기[不伐] 때문에[故] 보람이[功] 있고[有], 스스로[自] 뽐내지 않기[不矜] 때문에[故] 장구하다[長]. 『노자(老子)』 22장(章)

【보주(補註)】

● 〈속인소소(俗人昭昭) 아독혼혼(我獨昏昏)〉을 〈속인소소(俗人昭昭) 이아독혼혼(而我獨昏昏)〉처럼 옮기면 문의(文意)를 좀 더 쉽게 새길 수 있다. 〈속인은[俗人] 밝고[昭] 밝다[昭]. 그러나[而] 나만[我] 오직[獨] 어둡고[昏] 어둡다[昏].〉

- 속인소소(俗人昭昭)의 소소(昭昭)는 외광(外光) 즉 밖으로는[外] 밝지만[光] 속으로는[內] 어둡고[昏], 아독혼혼(我獨昏昏)의 혼혼(昏昏)은 내명(內明) 즉 안으로는[內] 밝되[明] 겉으로는 어두워 보임[昏]이다. 그러므로 소소(昭昭)는 지인자지(知人者智)의 지(智) 즉 바깥 것[外物]의 박식(博識)함을 뽐냄이고, 혼(昏)은 **자지자명(自知者明)**의 명(明) 즉 자명(自明)하여 호정(好靜)함을 드러내지 않고 품음이다.

註 "지인자지(知人者智) 자지자명(自知者明)." 남을[人] 아는[知] 것은[者] 지혜이고[智], 자신을[自] 아는[知] 것은[者] 밝음이다[明]. 『노자(老子)』 33장(章)

- 속인소소(俗人昭昭)가 〈중인소소(衆人昭昭)〉로 된 본(本)도 있다. 중인(衆人)과 속인(俗人)은 세속(世俗)의 범인(凡人)을 말하고, 『논어(論語)』의 〈소인(小人)〉을 말한다. 중인(衆人) · 속인(俗人) · 소인(小人) 등은 같은 뜻으로 요샛말로 치면 지성인(知性人)이다.
- 아독혼혼(我獨昏昏)이 〈아독약혼(我獨若昏)〉으로 된 본(本)도 있다. 혼혼(昏昏)이 약혼(若昏)으로 돼 있다 하여 문의(文意)가 달라지는 것은 아니다. 다만 혼혼(昏昏)이 약혼(若昏)보다 혼(昏)의 뜻을 강조하려는 어조(語調)와 어세(語勢)가 더해졌을 뿐이다. 〈나만[我] 오직[獨] 어둡고[昏] 어둡다[昏].〉 〈나만[我] 오직[獨] 어두운[昏昏] 듯하다[若].〉

【해독(解讀)】

- 〈속인소소(俗人昭昭) 아독혼혼(我獨昏昏)〉 역시 두 구문으로 된 중문(重文)이다. 〈속인은[俗人] 소소하다[昭昭]. 나만[我] 오직[獨] 혼혼하다[昏昏].〉
- 속인소소(俗人昭昭)에서 속인(俗人)은 주어 노릇하고, 소소(昭昭)는 보어 노릇한다. 중(衆)은 〈무리 군(群)〉과 같고, 여기 속인(俗人)은 중인(衆人)과 같다. 소(昭)는 〈밝을 광(光) · 요(耀)〉 등과 같아 밖으로 드러나 눈부시게 하는 밝음[光]이다.
- 아독혼혼(我獨昏昏)에서 아(我)는 주어 노릇하고, 독(獨)은 혼혼(昏昏)을 꾸미는 부사 노릇하며, 혼혼(昏昏)은 보어 노릇한다. 독(獨)은 〈오직 유(唯)〉와 같아 유독(唯獨)의 줄임말로 여기면 되고, 혼(昏)은 〈어두울 암(暗) · 암(闇)〉 등과 같은

뜻이지만, 여기선 밖으로는 어둑해 보이지만 속으로 밝아[明] 자지(自知) 즉 스스로를[自] 밝게 하는 〈명(明)의 어둠[昏]〉이다.

20-12 俗人察察(속인찰찰) 我獨悶悶(아독민민)

▶ 속인들은[俗人] 꼬치꼬치 깐깐하지만[察察], 나만[我獨] 어수룩하다[悶悶].

무리 속(俗), 살필 찰(察), 나 아(我), 홀로 독(獨), 어두울 민(悶)

【지남(指南)】

〈속인찰찰(俗人察察) 아독민민(我獨悶悶)〉은 앞서 속인(俗人)의 소소(昭昭)를 〈찰찰(察察)〉로 거듭 밝히고, 아(我)의 혼혼(昏昏)을 〈민민(悶悶)〉으로 거듭해 밝힌다.

지자(智者)는 지모(智謀)가 날카롭고 꼼꼼해 놓침이 없으며 시비를 가늠하고자 조급하게[急] 줄달음침[疾]이 〈찰찰(察察)〉이다. 솔개의 눈초리같이 매정하게 살펴냄이다. 매사를 나누고 끊고 헤집어 상대의 약점을 하나도 놓치지 않아 사정없이 약삭빠르게 꼬집어냄이 찰찰(察察)이다. 그래야 상쟁(相爭)에서 승인(勝人)할 수 있다고 확신하는지라, 소소(昭昭)하고 찰찰(察察)하고자 속세의 지자(智者)는 뾰쪽한 송곳처럼 되고자 발버둥질칠 뿐 관유(寬柔)란 한 치도 없다.

〈아독민민(我獨悶悶)〉의 민민(悶悶)은 앞의 〈아독혼혼(我獨昏昏)〉의 혼혼(昏昏)을 거듭 밝힌다. 순박한[愚] 사람에게[者] 지모(智謀)란 없어서 좋거니 싫거니 나누고[割] 끊는[截] 짓이란 없고, 너그럽고 무던함이 숨어 있어 민민(悶悶) 즉 순박해[悶悶] 늘 은근하고 푸근하다. 58장(章)에도 〈기정민민(其政悶悶)〉이란 말씀이 나온다. 매사를 사찰(伺察) 즉 엿보기[伺察]를 하지 않으면서 너그럽게 마주함이 민민(悶悶) 즉 순박함이다.

이런 우인(愚人)의 우(愚)를 민민(悶悶)하다 한 것으로, 순박함을[悶悶] 두고 꼬치꼬치 날카로운[察察] 지자(智者)들은 세상 물정을[物情] 몰라 우둔하다고 모압(侮狎)한다. 찰찰(察察)한 지자(智者)를 탐하는 속인(俗人)들은 우자(愚者)의 민민

(悶悶)함이 실은 성인(聖人)의 마음 속임을 깨닫지 못하니, 그들의 눈에는 성인(聖人)을 본받는 체도자(體道者)가 우둔한 자로 보일 뿐이다.

찰찰(察察)한 지자(智者)들이 추구하는 명성 · 부귀 · 영화를 등지고 세속의 속사(俗思)를 버리기[遺] 때문에, 지자(智者)의 눈에 체도자(體道者)는 돈돈(沌沌) · 혼혼(昏昏) · 민민(悶悶)하여 자연(自然)과 하나가 되는 삶을 누림을 살펴 헤아리고 깨치게 하는 말씀이 〈속인찰찰(俗人察察) 아독민민(我獨悶悶) 민민(悶悶)〉이다.

【보주(補註)】

- 〈속인찰찰(俗人察察) 아독민민(我獨悶悶)〉을 〈속인찰찰(俗人察察) 이아독민민(而我獨悶悶)〉처럼 옮기면 문의(文意)를 좀 더 쉽게 새길 수 있다. 〈속인은[俗人] 모질게 깐깐하다[察察]. 그러나[而] 나만[我] 오직[獨] 순박하다[悶悶].〉
- 속인찰찰(俗人察察)의 찰찰(察察)은 외물(外物)을 꼼꼼히 살펴 시비(是非)를 앞세우며, 성급하고[急] 참지 못함[疾]이다. 따라서 찰찰(察察)은 성수(性脩)하여 반덕(反德)하기를 팽개치고 날카롭기[銳]만을 앞세워 가혹(苛酷)하다. 아독민민(我獨悶悶)의 민민(悶悶)은 내명(內明) 즉 안으로는[內] 밝되[明] 겉으로는 어두워[昏] 보이며, 쪼개고[割] 끊는[截] 매정함이란 없어 관유(寬柔) 즉 너그럽고[寬] 부드러워[柔] 순박함이다.

【해독(解讀)】

- 〈속인찰찰(俗人察察) 아독민민(我獨悶悶)〉 역시 두 구문으로 된 중문(重文)이다. 〈속인은[俗人] 찰찰하다[察察]. 나만[我] 오직[獨] 민민하다[悶悶].〉
- 속인찰찰(俗人察察)에서 속인(俗人)은 주어 노릇하고, 찰찰(察察)은 보어 노릇한다. 속(俗)은 〈무리 중(衆)〉과 같고, 여기 속인(俗人)은 중인(衆人)과 같다. 찰(察)은 〈심하게 찾을 구(求)〉와 같다. 〈속인은[俗人] 매정하게 깐깐하다[察察].〉
- 아독민민(我獨悶悶)에서 아(我)는 주어 노릇하고, 독(獨)은 아(我)를 꾸미는 조사 노릇하며, 민민(悶悶)은 보어 노릇한다. 민(悶)은 〈어두울 암(暗)〉과 같다. 〈나만[我獨] 어수룩해 어둡다[悶悶].〉

① 澹兮(담혜) 其若海(기약해)

▶깊고 깊구나[澹兮]! 그것은[其] 바다[海] 같다[若].

깊고 깊을 담(澹), 어조사(~구나) 혜(兮), 그 기(其), 같을 약(若), 바다 해(海)

註 〈담혜(澹兮) 기약해(其若海)〉 이 구(句)는 20장(章)에서 15장(章)으로 옮겼다. 이 구(句)가 20장(章)의 내용과 서로[相] 걸맞지 않고[不應] 15장(章)의 〈광혜(曠兮) 기약곡(其若谷)과 상응하므로, 〈담혜(澹兮) 기약해(其若海)〉를 15장(章)으로 옮겨야 마땅하다는 엄령봉(嚴靈峯)의 설(說)을 따라 15장(章)으로 옮겨서 이미 지남(指南)했다.

② 飂兮(요혜) 其若無止(기약무지)

▶높이 부는 바람이구나[飂兮]! 그것은[其] 멈춤이[止] 없는 것인[無] 듯하다[若].

높이 부는 바람 료(飂), 감탄조사 혜(兮), 그 기(其), 듯할 약(若), 없을 무(無), 멈출 지(止)

註 〈요혜(飂兮) 기약무지(其若無止)〉 이 구(句) 역시 20장(章)에서 15장(章)으로 옮겼다. 이 구(句)가 20장(章)의 내용과는 서로 걸맞지 않지만, 15장(章)의 〈환혜(渙兮) 약빙지장석(若冰之將釋)〉과 상응하므로 〈요혜(飂兮) 기약무지(其若無止)〉를 15장(章)으로 옮겨야 마땅하다는 설(說)을 따라 15장(章)으로 옮겨서 이미 지남(指南)했다.

20-13 衆人皆有以(중인개유이) 而我獨頑且鄙(이아독완차비)

▶세상 사람들에게는[衆人] 모두[皆] 쓸모가[以] 있다지만[有而], 나만[我獨] 오직[獨] 우매하고[頑] 또[且] 추레하다[鄙].

무리 중(衆), 모두 개(皆), 있을 유(有), 쓸모 이(以), 그러나 이(而), 우매할 완(頑), 또 차(且), 추레할 비(鄙)

【지남(指南)】

〈중인개유이(衆人皆有以) 아독완차비(我獨頑且鄙)〉는 유이(有以)의 중인(衆人)과 무이(無以)의 아독(我獨)을 대비시켜 20장(章)을 총결(總結)한다.

유이(有以)와 무이(無以)를 대비하여 터득하자면 『장자(莊子)』의 **명시(名尸)·모부(謀府)·사임(事任)·지주(知主)** 등을 상기하게 된다. 명성의 사냥꾼이[名尸] 되고자, 잔꾀의[謀] 곳간이[府] 되고자, 이런저런 일의[事] 책임자가[任] 되고자, 지식의[知] 주인이[主] 되고자 백가쟁명(百家爭鳴)의 중인(衆人)은 저마다 유이(有以) 즉 쓸모가[以] 있노라[有], 자과(自誇) 스스로를[自] 뽐낸다[誇]. 이런 백가쟁명(百家爭鳴)의 속인들은[俗人] 상쟁(相爭)하여 승인(勝人)하려면 욕정(欲情)과 영리(榮利)를 탐해 열렬하고[熙熙]·약삭빨라 훤하며[昭昭]·모질게 깐깐하면서[察察] 쓸모가[以] 있음을[有] 과시해야 한다. 〈유이(有以)〉란 유소용(有所用) 즉 쓰일[用] 바가[所] 있다고[有] 자현(自見)하고 자시(自是)하며 자벌(自伐)하고 자긍(自矜)함이다. 유이(有以)는 유위(有爲)요 인위(人爲)이다. 중인(衆人)이 소소(昭昭)·희희(熙熙)·찰찰(察察)하여 유여(有餘)하기를 탐함은 언제나 유이(有以)로써 세상의 주목을 사로잡고자 함이다.

그런데 〈아독(我獨)〉 즉 체도자(體道者)로서 나만[我獨] 미해(未孩) 즉 아직 방긋거리기도 못하는 영아(嬰兒)같이 광막하고[荒兮]·담박하며[泊兮]·게으르고 어수룩하고[儽儽]·순박함과 하나가 되며[沌沌]·어두워 어수룩하고[昏昏]·순박해 어수룩하다[悶悶]. 이처럼 체도자(體道者)인 〈아(我)〉는 중인(衆人)의 눈에 궁색하고 누추해[乘乘] 보일 터임을 다시 한 번 술회(述懷)하여 〈완차비(頑且鄙)〉 즉 우매하고[頑] 또[且] 추레하다고[鄙] 한다. 유이(有以) 즉 유위(有爲)로써 보면 무이(無以) 즉 무위(無爲)야말로 우매(愚昧)해 보이고[頑], 또(且) 누추해[鄙] 보인다. 백가쟁명(百家爭鳴)의 중인(衆人)이 끊임없이 추구하는 명시(名尸)·모부(謀府)·지주(知主) 따위의 화려함은 아독(我獨)의 무위(無爲)에는 없기 때문이다.

그러나 완차비(頑且鄙)는 자연에 맡겨 마음이 유쾌하고[適志] 절로 즐거워[自喩] 자화(自化) 즉 자연에 맡기고 스스로 변화하는 삶의 뜻을 품고 있다. 자화(自化)란 상대(相對)·차별(差別)·시비(是非)가 없는 경지를 일컬음이니, 완차비(頑且鄙)란 자화(自化)의 삶을 누리는 자적(自適) 즉 스스로 걸림 없이 즐거운 삶이다.

이러한 자적(自適)이 중인(衆人)의 눈에는 우매하고[頑] 추레하게[鄙] 보일 뿐이다. 지자(智者)이기를 탐하는 중인(衆人)들에게 완차비(頑且鄙)의 모습은 견문(見聞)이 적고 아는 것이 없어 벽창우로 보인다는 말이기도 하다. 20장(章) 아독(我獨)의 아(我)만이 절로 유쾌하고[自喩] 자연에 맡긴 채[適志] 무위지인(無爲之人)의 소유(所遊) 즉 걸림 없이 노님을[所遊] 밝혀 〈완차비(頑且鄙)〉라고 에둘러 밝힌 셈이다. 따라서 유이(有以)의 중인(衆人)과 무이(無以)의 체도자(體道者)를 서로 비추어 헤아려 가늠하게 하는 말씀이 〈중인개유이(衆人皆有以) 아독완차비(我獨頑且鄙)〉이다.

註 "무위명시(無爲名尸) 무위모부(無爲謀府) 무위사임(無爲事任) 무위지주(無爲知主) 체진무궁(體盡無窮) 이유무짐(而遊無朕) 진기소수호천(盡其所受乎天) 이무견득(而無見得) 역허이이(亦虛而已) 지인지용심약경(至人之用心若鏡) 부장불영(不將不迎) 응이부장(應而不藏) 고(故) 능승물이불상(能勝物而不傷)." 명성의 사냥꾼이[名尸] 되지[爲] 말고[無], 잔꾀의[謀] 곳간이[府] 되지[爲] 말며[無], 일의 책임자가[事任] 되지[爲] 말고[無], 지식의 주인이[知主] 되지[爲] 말라[無]. 걸림 없음을[無窮] 남김없이 터득해서[體盡而] 낌새[朕] 없이[無] 노닐어[遊] 자연에게서[乎天] 받은[受] 그[其] 것을[所] 정성껏 다하고[盡], 터득한 바를[得] 살피지[見] 말고[無] 그냥[亦] 비울[虛] 뿐이다[而已]. 지인이[至人之] 마음을[心] 씀은[用] 거울과[鏡] 같다[若]. (무엇을) 맞이하지도 않고[不將] 보내지도 않는다[不迎]. (온갖 것에) 응해주되[應而] 간직해 꽁하지 않는다[不藏]. 그래서[故] 온갖 것을[物] 남김없이 해주되[勝而] 해치지 않는다[不傷].

〈위명시(爲名尸)·위모부(爲謀府)·위사임(爲事任)·위지주(爲知主)〉 등을 묶어서 유이(有以)·유위(有爲)·인위(人爲)·작위(作爲)라 한다. 지인(至人)=신인(神人)=성인(聖人)이다.

『장자(莊子)』「응제왕(應帝王)」

【보주(補註)】

- 〈중인개유이(衆人皆有以) 아독완차비(我獨頑且鄙)〉를 〈중인개유이(衆人皆有以) 이아독완(而我獨頑) 이아독차비(而我獨且鄙)〉처럼 옮기면 문의(文意)를 좀 더 쉽게 새길 수 있다. 〈중인한테는[衆人] 모두[皆] 쓸모가[以] 있다[有]. 그러나[而] 나한테만[我] 오직[獨] 우매하다[頑]. 그리고[而] 나만[我獨] 또[且] 추레하다[鄙而].〉
- 중인개유이(衆人皆有以)에서 유이(有以)는 유용(有用)이다. 물론 무이(無以)라면 무용(無用)이다. 〈쓸모가[用] 있다[有].〉 〈쓸모가[用] 없다[無].〉
- 아독완차비(我獨頑且鄙)에서 완차비(頑且鄙)는 앞서 살핀 〈승승(乘乘)〉 즉 〈궁비(窮鄙)〉와 같은 말씀이다. 완(頑)이란 우매(愚昧)하여 융통성이 없어 보임이고, 비(鄙)란 비루(鄙陋)해 비천(卑賤)해 보임이다. 속인(俗人)의 눈으로 보면

〈아(我)〉가 편집(偏執)해 보임이 〈완(頑)〉 즉 고집스러움(頑)이다. 물론 여기 완차비(頑且鄙)란 인지(人智)로 휘몰리는 중인(衆人)에게 그렇게 보일 뿐이다. 그러므로 완차비(頑且鄙)란 『장자(莊子)』의 **자유적지(自喩適志)**란 말을 품고 있음을 떠올리면 걸림 없는 소유(所遊)의 삶을 은유하고 있음을 알아챌 수 있다.

註 "장주몽(莊周夢) 위호접(爲蝴蝶) 허허연호접야(栩栩然蝴蝶也) 자유적지여(自喩適志與)…… 부지주지몽위호접여(不知周之夢爲蝴蝶與) 호접지몽위주여(蝴蝶之夢爲周與) 주여호접(周與蝴蝶) 즉필유분의(則必有分矣) 차지위물화(此之謂物化)." 장주가[莊周] 나비가[蝴蝶] 되는[爲] 꿈을 꾸었다[夢]. 훨훨 날아다니는[栩栩然] 나비인 것[蝴蝶]이다[也]. 절로 즐기면서[自喩] 나비가 된 줄 몰랐네[適志與]!…… 장주가[周之] 나비로[蝴蝶] 된 것을[爲] 꿈꾸었는지[夢], 나비가[蝴蝶之] 장주로[周] 된 것을[爲] 꿈꾸었지 몰랐네[不知與]! 장주와[周與] 나비라면[蝴蝶] 곧[則] 분간이[分] 반드시[必] 있음[有]이다[矣]. 이를[此之] 물화라[物化] 한다[謂].

허허연(栩栩然)은 훨훨 날아다니는 모습(한가한 모습), 자유(自喩)는 자유(自愉)와 같고 절로 즐김이며, 적지(適志)는 쾌의(快意)와 같고 마음이 즐거움이다. 상도(常道)의 입장에서 본다면 장주(莊周)가 나비[蝴蝶]이고 호접(蝴蝶)이 장주(莊周)이듯 서로 다를 것이 없음이 곧 물화(物化)이다. 상도(常道)가 만물의 어머니[母]인 까닭이다. 『장자(莊子)』「제물론(齊物論)」

【해독(解讀)】

- 〈중인개유이(衆人皆有以) 아독완차비(我獨頑且鄙)〉 역시 두 구문으로 된 중문(重文)이다. 〈중인에게[衆人] 모두[皆] 쓸모가[以] 있다[有]. 나만[我] 오직[獨] 완고하고[頑] 또[且] 비루하다[鄙].〉
- 중인개유이(衆人皆有以)에서 유(有)를 〈있을 유(有)〉 동사로 보는가, 〈가질 유(有)〉 동사로 보는가에 따라 문맥이 달라진다. 〈있을 유(有)〉로 보면 중인(衆人)은 유(有)를 꾸미는 부사 노릇하고, 개(皆)도 유(有)를 꾸미는 부사 노릇하며, 이(以)는 유(有)의 주어 노릇한다. 〈가질 유(有)〉로 보면 중인(衆人)은 유(有)의 주어 노릇하고, 개(皆)는 유(有)를 꾸미는 부사 노릇하며, 이(以)는 유(有)의 목적어 노릇한다. 유이(有以)에서 이(以)는 〈쓸 용(用)〉과 같아 유이(有以)는 유용(有用)과 같다. 〈중인한테[衆人] 모두[皆] 쓸모가[以] 있다[有].〉 〈중인은[衆人] 모두[皆] 쓸모를[以] 갖춘다[有].〉
- 아독완차비(我獨頑且鄙)에서 아(我)는 주어 노릇하고, 독(獨)은 아(我)를 꾸미는 조사 노릇하며, 완(頑)은 보어 노릇하고, 차(且)는 어조사 노릇하고, 비(鄙)는 보

어 노릇한다. 독(獨)은 〈오직 유(唯)〉와 같아 유독(唯獨)의 줄임말로 여기면 되고, 완(頑)은 〈굳을 고(固)〉와 같아 완고(頑固)의 줄임말로 여기면 되고, 차(且)는 〈또 우(又)〉와 같고, 비(鄙)는 〈견문이 적을 루(陋)〉와 같아 비루(鄙陋)의 줄임말로 여기면 된다. 〈나만[我] 오직[獨] 우매하고[頑] 또[且] 추례하다[鄙].〉

- 아독완차비(我獨頑且鄙)에서 차(且)를 이(㠯) 즉 이(以)의 오기(誤記)로 보고, 옛날에는 이(以)와 사(似)가 통용됐음을 들어 차(且)를 〈~듯할 사(似)〉로 읽어야 한다는 주장도 있다. 〈나만[我] 오직[獨] 우매하고[頑] 추례한[鄙] 듯하다[且].〉

20-14 我獨異於人(아독이어인) 而貴食母(이귀사모)

▶ 나만[我獨] 중인[人]과[於] 달라서[異而] 먹여주는[食] 어머니를[母] 받든다[貴].

나 아(我), 오직 독(獨), 다를 이(異), 조사(~과) 어(於), 그러나 이(而), 소중히 받들 귀(貴), 먹여줄 사(食), 어미 모(母)

【지남(指南)】

〈아독이어인(我獨異於人) 이귀사모(而貴食母)〉는 거듭 유이(有以)의 중인(衆人)과 무이(無以)의 아독(我獨)을 대비시켜 20장(章)을 총결(總結)한다.

아독(我獨)의 나[我]는 무이(無以)하고 중인(衆人)은 유이(有以)하므로 〈아(我)〉와 〈중인(衆人)〉은 상이(相異)하다. 중인(衆人)은 사지(私智)를 이용하여 명성의 사냥꾼[名尸]이 되고자[爲] 하고, 술수의 곳간[謀府]이 되고자[爲] 하며, 일의 책임자[事任]가 되고자[爲] 하고, 지식의 주인[知主]이 되고자[爲] 상쟁(相爭)하기를 마다하지 않기 때문에 유이(有以)함을 과시한다. 그러나 아독(我獨)의 아(我)에게는 명시(名尸)가 없고[無], 모부(謀府)가 없으며, 사임(事任)이 없고, 지주(知主)가 없으니, 인지(人智) 따위가 쓸모[以] 없다[無].

자연(自然)이 허락하는 삶을 맞이하고 보냄이 아독(我獨)의 〈완차비(頑且鄙)〉이다. 백가쟁명(百家爭鳴)의 중인(衆人)은 명시(名尸) · 모부(謀府) · 사임(事任) · 지주(知主)가 되고자 상쟁(相爭)하고, 아독(我獨)의 아(我)는 천도(天道)를 따라 부쟁

(不爭)한다. 백가쟁명(百家爭鳴)의 중인(衆人)은 쉼 없이 상쟁(相爭)을 위하여 저만의[私] 지혜[智]로 무장하므로 귀사지(貴私智)해야 하고, 아독(我獨)의 아(我)는 부쟁(不爭)하므로 귀사모(貴食母)하므로 아독(我獨)의 아(我)는 세상 사람들과[於衆人] 다르다고[異] 밝힌다.

〈귀사모(貴食母)〉란 51장(章)의 **존도이귀덕(尊道而貴德)**으로써 52장(章)의 **복수기모(復守其母)**를 따라 5장(章)에서 살핀 **수중(守中)**의 삶을 누림을 말한다. 상도(常道)가 생지(生之)하고 상덕(常德)이 휵지(畜之)하여 목숨이 저마다 몸을 얻어 삶을[生] 누리니, 상도(常道)는 온갖 생물의 먹을거리를 주는[食] 어머니인[母] 것이다. 〈사모를[食母] 받듦[貴]〉은 곧 상도(常道)를 받듦[尊]이고 상덕(常德)을 받듦[貴]이니, 귀사모(貴食母)의 〈귀(貴)〉는 52장(章)의 **복수기모(復守其母)**와 같은 말씀이다. 나아가 귀사모(貴食母)의 귀(貴)는 『장자(莊子)』에 나오는 **화지이천예(和之以天倪) 인지이만연(因之以曼衍)**으로써 담긴 뜻을 깨칠 수 있다.

천예(天倪)는 자연[天]의 변화를 따라갈 뿐 시비 · 논란 따위를 초월한 자연의 길 즉 무위(無爲)의 길을 따름이고, 만연(曼衍)은 자연의 변화에 맡긴 채 자기 의견을 더하지 않음이다. 그러니 중인(衆人)이 매달리는 인지(人智)란 아독(我獨)에게는 아무런 쓸모가 없음이 이 귀사모(貴食母)의 〈귀(貴)〉 자(字)에 녹아 있다. 귀사모(貴食母)는 〈이천예(以天倪) · 이만연(以曼衍)〉이니, 천지만물의 어머니로[母] 상도(常道)를 천예(天倪)로써[以] 받들고[貴] 만연(曼衍)으로써[以] 받듦이 여기 귀(貴)이다. 이러한 받듦은(貴) 곧 『장자(莊子)』의 **천국야자(天鬻也者)** 즉 자연의[天] 양육[鬻]을 받들어[貴] 모심이다.

중인(衆人)은 귀사모(貴食母)를 저버리고 인위(人爲)에만 매달리지만, 체도자(體道者)인 나만은[我獨] 인위(人爲)를 버리고 상도(常道)를 받들어[貴] 본받아[法] 무위(無爲)의 삶을 누림을 살펴 새기고 헤아려 깨우치게 하는 말씀이 〈아독이어인(我獨異於人) 이귀사모(而貴食母)〉이다.

註 "도생지(道生之) 덕휵지(德畜之) 물형지(物形之) 세성지(勢成之) 시이만물막부존도이귀덕(是以萬物莫不尊道而貴德)." 상도가[道] 낳아주고[生之], 상덕이[德] 길러주며[畜之], 온갖 것이[物] 드러나고[形之], 세력이[勢] 이루어진다[成之]. 이렇기[是] 때문에[以] 온갖 것은[萬物] 도를[道] 받들면서[尊而] 덕을[德] 높이지 않을 수[不貴] 없다[莫]. 『노자(老子)』 51장(章)

註 "천하유시(天下有始) 이위천하모(以爲天下母)…… 복수기모(復守其母) 몰신불태(歿身不殆)." 온 세상에[天下] 시원이[始] 있고[有], (그 시원으로) 써[以] 온 세상의[天下] 어머니로[母] 삼는다[爲]. …… 그[其] 어머니께로[母] 돌아와[復] 지킨다면[守] 평생토록[歿身] 위태롭지 않다[不殆].

『노자(老子)』 52장(章)

註 "다언수궁(多言數窮) 불여수중(不如守中)." {상도(常道)를 밝히려는} 말이[言] 많아질수록[多] 이치가[數] 궁색해지니[窮], 상도(常道)를 따라[中] {무위(無爲)의 다스림을} 지킴만[守] 못하다[不如].

『노자(老子)』 5장(章)

註 "화성지상대(化聲之相待) 약기불상대(若其不相待) 화지이천예(和之以天倪) 인지이만연(因之以曼衍) 소이궁년야(所以窮年也)." 만약[若] 변하는[化] 말소리를[聲之] 서로[相] 기대함은[待] 그것을[其] 서로[相] 기대하지 않음과[不待] 같다[若]. 시비를 떠난 자연의 길로[天倪]써[以] 화성(化聲)을[之] 어울리게 하고[和], 자연의 변화로[曼衍]써[以] 화성(化聲)을[之] 맡겨둠이[因] 천수를 누리는[窮年] 방편[所以]이다[也].

화성(化聲)은 저 나름의 판단에 따라 시비(是非)·분별(分別)·논란(論難)하는 것이고, 천예(天倪)는 자연[天]의 변화에 맡기고 따라갈 뿐 시비를 초월한 자연의 길 즉 무위(無爲)의 길을 말한다. 만연(曼衍)은 자연의 변화에 맡긴 채 자기 의견을 더하지 않음이고, 궁년(窮年)은 천수(天壽)를 누림이다.

『장자(莊子)』「제물론(齊物論)」

註 "성인불모(聖人不謀) 오용지(惡用知) 불착(不斲) 오용교(惡用膠) 무상(無喪) 오용덕(惡用德) 불화(不貨) 오용상(惡用商) 사자천국(四者天鬻) 천국야자천사야(天鬻也者天食也) 기수사어천(旣受食於天) 우오용인(又惡用人)." 성인은[聖人] 꾀하지 않는데[不謀] 어찌[惡] 지식을[知] 쓰겠으며[用], 깎고 다듬지 않는데[不斲] 어찌[惡] 갖풀을[膠] 쓰겠으며[用], 잃을 것이[喪] 없는데[無] 어찌[惡] 인덕(人德)을[德] 쓰겠으며[用], 돈벌이를 않는데[不貨] 어찌[惡] 상술(商術)을[商] 쓰겠는가[用]? {불모(不謀)·불착(不斲)·무상(無喪)·불화(不貨)란 네 가지는} 자연이[天] 길러주는[鬻] 네 가지[四者]이다[也]. 자연이[天] 길러줌[鬻]이란[也] 것은[者] 자연이[天] 먹여줌[食]이다[也]. 이미[旣] 자연으로부터[於天] 먹을거리를[食] 받았는데[受] 또[又] 어찌[惡] 인간의 것을[人] 쓰겠는가[用]?

〈깎고 다듬을 착(斲)〉, 〈갖풀 교(膠)〉, 〈상(商)=상술(商術)〉, 〈팔고 살 화(貨)〉, 〈길러줄 국(鬻)=먹을거리 사(食)〉이다. 사(食)는 〈먹을 식(食), 먹을거리 사(食)〉의 서로 다른 뜻을 낸다.

『장자(莊子)』 덕충부(「德充符)」

【보주(補註)】

- 〈아독이어인(我獨異於人) 이귀사모(而貴食母)〉를 〈아독리어중인(我獨異於衆人) 이아독귀사모(而我獨貴食母)〉처럼 옮기면 문의(文意)를 좀 더 쉽게 새길 수 있다. 〈나만[我] 오직[獨] 중인들과[於衆人] 다르다[異]. 그래서[而] 나만[我] 오직

[獨] 상도를[食母] 받든다[貴].〉

- 귀사모(貴食母)에서 사모(食母)는 1장(章) **무명천지지시(無名天地之始) 유명만물지모(有名萬物之母)**의 시(始) · 모(母)와 더불어 6장(章)의 **곡신불사(谷神不死) 시위현빈(是謂玄牝)**의 현빈(玄牝)을 상기시킨다.

註 "무명천지지시(無名天地之始) 유명만물지모(有名萬物之母)." 이름이[名] 없음은[無] 천지의[天地之] 시초이고[始], 이름이[名] 있음은[有] 온갖 것의[萬物之] 어머니이다[母].

『노자(老子)』 1장(章)

註 "곡신불사(谷神不死) 시위현빈(是謂玄牝)." 골짜기가[谷] 변화하게 하는 짓은[神] 죽지 않는다[不死]. 이를[是] 현묘한[玄] 땅이라[牝] 한다[謂]. 『노자(老子)』 6장(章)

【해독(解讀)】

- 〈아독이어인(我獨異於人) 이귀사모(而貴食母)〉 역시 두 구문으로 된 중문(重文)이다. 〈나만[我獨] 인(人)과[於] 다르다[異]. 그래서[而] 사모를[食母] 받든다[貴].〉
- 아독이어인(我獨異於人)에서 아(我)는 주어 노릇하고, 독(獨)은 아(我)를 꾸미는 조사 노릇하며, 이(異)는 동사 노릇하고, 어인(於人)은 이(異)를 꾸미는 부사구 노릇한다. 이(異)는 〈부동(不同)〉과 같고, 어(於)는 어조사로 〈우(于)〉와 같고, 어인(於人)의 인(人)은 중인(衆人)의 줄임으로 여기면 된다. 〈나만[我獨] 중인들과[於人] 다르다[異].〉
- 이귀사모(而貴食母)에서 이(而)는 접속사로 〈그래서 이(而)〉이고, 주어는 생략되었지만 귀(貴)는 동사 노릇하며, 사모(食母)는 귀(貴)의 목적구 노릇한다. 귀(貴)는 〈받들 존(尊)〉과 같아 존귀(尊貴)의 줄임말로 여기면 되고, 사(食)의 발음은 〈먹을 식(食) · 쓸 식(食) · 먹여줄 사(食)〉처럼 두 가지임을 주의해야 한다. 여기선 〈먹여줄 사(食)〉이다. 〈먹여주는[食] 어머니를[母] 받든다[貴].〉

종도장(從道章)

상도(常道)와 상덕(常德)의 관계를 밝히는 장(章)이다. 상도(常道)는 모습이 없지만 만물에 반드시 작용한다. 그 작용의 공능(功能)을 만물로써 드러낸다. 그 드러남을 일러 상덕(常德)이라 한다. 따라서 만물은 상도(常道)로 말미암아 형성되고, 만물에 내재하는 상도(常道)는 상덕(常德)으로써 드러난다.

그러니 형이상(形而上) 즉 눈으로 볼 수 없고 귀로 들을 수 없으며 손으로 만질 수 없는[形而上] 상도(常道)가, 상덕(常德)으로써 상도(常道)의 공능(功能)을 형이하(形而下) 즉 눈으로 볼 수 있고 귀로 들을 수 있으며 손으로 잡을 수 있는 만물로 드러냄을 헤아려 깨우치게 하는 장(章)이다.

【원문(原文)】

孔德之容은 唯道是從한다 道之爲物이 唯怳唯惚이라
공덕지용 유도시종 도지위물 유황유홀

惚兮怳兮여 其中有象하여 怳兮惚兮여 其中有物하여
홀혜황혜 기중유상 황혜홀혜 기중유물

窈兮冥兮여 其中有精하니 其精이 甚眞해 其中有信이라
요혜명혜 기중유정 기정 심진 기중유신

自古及今에 其名不去하여 以閱衆甫하니라 吾何以知
자고급금 기명불거 이열중보 오하이지

衆甫之狀哉인가 以此이다
중보지상재 이차

크나큰[孔] 덕의[德之] 짓은[容] 오로지[唯] 상도를[道] 따르는 것[從]이다[是]. 도라고[道之] 하는[爲] 것은[物] 오로지[唯] 있는 듯 없고[怳] 오로지[唯] 없는 듯 있다[惚]. 없는 듯 있구나[惚兮]! 있는 듯 없구나[怳兮]! 그[其] 안에[中] (드러나지 않는) 짓이[象] 있음이[有]. 있는 듯 없구나[怳兮]! 없는 듯 있구나[惚兮]! 그[其] 안에[中] (상도라는) 것이[物] 있음이[有]. 깊고 그윽하구나[窈兮]! 어둡고 아득하구나[冥兮]! 그[其] 안에[中] (상도가 준) 생명력이[精] 있음이[有]. 그[其] 생명력은[精] 더없는[甚] 진실이고[眞] 그[其] 가운데[中] 믿음이[信] 있다[有]. 예[古]부터[自] 지금[今]까지[及] 그[其] 이름은[名] 사라지지 않았고[不去] (그 이름으로) 써[以] 만물의[衆] 시원을[甫] 살핀다[閱]. 나는[吾] 무엇으로[何] 써[以] 중보의[衆甫之] 모습을[狀] 아는 것[知]인가[哉]? {상도(常道)라는} 이것으로[此] 써[以] {중보(衆甫)의 모습을[狀] 안다}.

21-1 孔德之容(공덕지용) 唯道是從(유도시종)

▶ 크나큰[孔] 덕의[德之] 짓은[容] 오로지[唯] 상도를[道] 따르는 것[從]이다[是].

크나큰 공(孔), 상덕(常德) 덕(德), 조사(~의) 지(之), 모습 용(容),
오로지 유(唯), 상도(常道) 도(道), ~이다 시(是), 따를 종(從)

【지남(指南)】

〈공덕지용(孔德之容) 유도시종(唯道是從)〉은 상덕(常德)의 짓[容]은 상도(常道)를 따름[從]을 밝힌다. 상도(常道)의 조화가 드러남을 일러 〈공덕(孔德)〉이라 한다. 공덕(孔德)은 대덕(大德)이다. 공덕(孔德)·대덕(大德)·상덕(常德) 등등은 51장(章)의 **현덕(玄德)**을 상기시킨다. 현덕(玄德)은 상도(常道)의 조화인 공능(功能)의 드러남[玄]인지라, 상도(常道)가 만물을 낳는[生] 공능(功能)을 밝힘이 여기 〈공덕(孔德)〉 즉 크나큰[孔] 덕(德)이다.

공덕의[孔德之] 용(容)은 동용(動容) 즉 짓이다. 이는 다름 아닌 상도(常道)의 조화가 현현(顯現)함이다. 상도(常道)가 짓는 조화는 25장(章) **도법자연(道法自然)**을 상기시킨다. 그냥 그대로를[自然] 본받음이[法] 상도(常道)의 조화(造化)이고, 그 조화의 짓이 〈공덕지용(孔德之容)〉이라고 밝힌다. 공(孔)은 심대(甚大)한 구멍이니 대허(大虛) 즉 크나큰[大] 빔[虛]인지라, 여기 〈공(孔)〉은 5장(章)에서 살핀 **천지불인(天地不仁)**과 79장(章)에 나오는 **천도무친(天道無親)**을 상기시킨다. 그 무엇을 따로 친애(親愛)함이 없는 천지(天地)·천도(天道)를 크다고 함은 어떠한 사욕(私欲)도 없기 때문이고, 이를 공(孔) 즉 허(虛)하다고[孔] 하는 것이다. 상도(常道)를 일컬어 태허(太虛)라 함도 상도(常道)의 조화가 공덕(孔德)의 짓[容]이기 때문이다. 거듭 밝히지만, 크나큰 텅 빔이란[孔] 인애함이[仁] 없음이고, 따로 친근함이[親] 없음이다. 그러므로 상덕(常德)의 짓을[容] 크고 텅 빈 구멍[孔] 같다고 한 것이다.

자연(自然) 즉 그냥 그대로[自然]는 상도(常道)가 짓는 조화인지라 공덕(孔德)은 곧 자연(自然)의 드러남이다. 상덕(常德)을 상덕(上德)이니 대덕(大德)이니 공덕(孔德)이니 칭하니[稱], 공덕(孔德)의 공(孔)은 두루 통함[通]이요 무애(無碍)하여 통달(通達)함을 아울러 밝힘이다. 걸림[碍] 없이[無] 만물에 두루 통하고[通] 미치는[達] 덕(德)은 선악(善惡)·청탁(淸濁)·귀천(貴賤) 등을 가리지 않고 만물을 모두 끌어안는다. 공덕(孔德)은 포일(抱一) 즉 만물을 하나로 안아 지켜줌[抱]이다. 『장자(莊子)』에도 **통어천지자덕야(通於天地者德也)**라는 말이 나온다.

상도(常道)가 천지만물을 낳는 모습[容]이 공덕(孔德)이니, 상도(常道)가 생지휵지(生之畜之)하고 생이불유(生而不有)하며 위이불시(爲而不恃)하고 장이부재(長而不宰)하는 짓이[容] 공덕(孔德)이고, 그 짓으로 생사(生死)를 누리는 천지만물이 시생(始生)함이 여기 공덕지용(孔德之容)이다. 천지만물을 하나[一]로 끌어안는[抱] 모습[容]인지라 크고[大] 비고[空] 걸림 없이 두루 미치는[通達] 바를 공덕지용(孔德之容)이라 한 것이다. 그 짓은[容] 시생(始生)이니, 태어남보다 더 성대한 동용(動容)이란 없다.

만물의 생을[生] 현현(顯現)하는 공덕(孔德)은 상도(常道)의 용(用)이고, 현(見)은 곧 상도(常道)의 조화가 드러나는 동용(動容)임을 살펴 새기고 헤아려 깨치게 하는 말씀이 〈공덕지용(孔德之容) 유도시종(唯道是從)〉이다.

註 "생지휵지(生之畜之)…… 생이불유(生而不有) 위이불시(爲而不恃) 장이부재(長而不宰) 시위현덕(是謂玄德)." {상도(常道)는 또는 천지(天地)는} 만물(萬物)을[之] 낳아서[生而] 그것을[之] 길러주고[畜]……{만물을} 낳아주면서도[生而] {그 만물을} 갖지 않으며[不有], 낳아주면(만들어주면)서도[爲而] 기대하지 않으며[不恃], 길러주되[長而] 이래라저래라 않는다[不宰]. 이를[是] 현묘한[玄] 덕이라[德] 한다[謂]. 『노자(老子)』 51장(章)

註 "인법지(人法地) 지법천(地法天) 천법도(天法道) 도법자연(道法自然)." 사람은[人] 땅을[地] 본받고[法], 땅은[地] 하늘을[天] 본받고[法], 하늘은[天] 상도를[道] 본받고[法], 상도는[道] 그냥 그대로를[自然] 본받는다[法]. 『노자(老子)』 25장(章)

註 "천지불인(天地不仁) 이만물위추구(以萬物爲芻狗)." 천지에는[天地] 어짊이[仁] 없다[不]. (천지는) 만물로[萬物]써[以] 풀강아지로[芻狗] 삼는다[爲]. 『노자(老子)』 5장(章)

註 "천도무친(天道無親)." 자연의[天] 규율에는[天道] (따로) 친애함이[親] 없다[無]. 『노자(老子)』 79장(章)

註 "통어천지자덕야(通於天地者德也) 행어만물자도야(行於萬物者道也)." 하늘땅에[於天地] 두루 통하는[通] 것이[者] 덕(德)이고[也], 온갖 것에[於萬物] 두루 미치는[行] 것이[者] 도(道)이다[也]. 『장자(莊子)』「천지(天地)」

【보주(補註)】

- 〈공덕지용(孔德之容) 유도시종(唯道是從)〉을 〈공덕지용종유도야(孔德之容從唯道也)〉처럼 옮기면 문의(文義)를 좀 더 쉽게 새길 수 있다. 〈공덕의[孔德之] 짓은[容] 오로지[唯] 상도만을[道] 따르는 것[從]이다[也].〉
- 공덕지용(孔德之容)에서 공덕(孔德)은 대덕(大德)이나 현덕(玄德)과 같은 말씀이다. 공덕(孔德) · 대덕(大德) · 현덕(玄德)의 〈공(孔) · 대(大) · 현(玄)〉 등은 다

같이 유종도(唯從道) 즉 상도만을[道] 오로지[唯] 따름[從]을 나타낸다. 따라서 상덕(常德) 역시 유종도(唯從道)를 일컬음이며, 상덕(常德) · 상덕(上德) · 현덕(玄德) · 공덕(孔德) · 대덕(大德) · 현덕(玄德) 등은 모두 상도(常道)의 용(用) · 현(見)을 밝힘이다.

- 유도시종(唯道是從)이 〈유도시종(惟道是從)〉으로 된 본(本)도 있다. 〈유(唯)〉가 〈유(惟)〉로 되었다 해서 문의(文義)가 달라지는 것은 아니다. 〈오직 유(唯)〉와 〈오직 유(惟)〉로 서로 같은 뜻을 낸다.

【해독(解讀)】

- 〈공덕지용(孔德之容) 유도시종(唯道是從)〉에서 공덕지용(孔德之容)은 주어 노릇하고, 유도(唯道)는 강조하고자 전치됐지만 종(從)의 목적어 노릇하고, 시(是)는 여기선 영어의 〈be〉 같은 구실해 계사(繫詞)로서 동사 노릇하고, 종(從)은 영어의 부정사(不定詞)같이 보어 노릇한다. 〈공덕지용은[孔德之容] 오로지[唯] 상도만을[道] 따르는 것[從]이다[是].〉
- 공덕지용(孔德之容)에서 공(孔)은 〈큰 대(大) · 빈 공(孔) · 통할 통(通)〉 등의 뜻으로 여기면 되고, 용(容)은 〈움직일 용(搈) · 동(動)〉 등과 같아 동용(動容)의 줄임말로 보면 되고, 종(從)은 〈따를 순(順)〉과 같아 순종(順從)의 줄임말로 새기면 된다.

21-2 道之爲物(도지위물) 唯恍唯惚(유황유홀)

▶ 도라고[道之] 하는[爲] 것은[物] 오로지[唯] 있는 듯 없고[恍], 오로지[唯] 없는 듯 있다[惚].

> 조사(~가) 지(之), 일컬을 위(爲), 것 물(物), 오로지 유(唯),
> 있는 듯 없을 황(恍), 없는 듯 있을 홀(惚)

【지남(指南)】

〈도지위물(道之爲物) 유황유홀(唯恍唯惚)〉은 상도(常道)라는 것이 형이상(形而上)이면서 형이하(形而下)임을 밝힌다. 상도(常道)가 상덕(常德)으로써 드러난다고

[形而下] 할지라도 상도(常道)란 검증될 수 있는 것이 아니다. 인간이 검증할 수 있는 것을 〈유물(有物)〉이라 하고, 검증할 수 없는 것을 〈무물(無物)〉이라 한다. 상도(常道)는 무물(無物)이니 14장(章)에서 **복귀어무물(復歸於無物)**이라 한 것이다. 상도(常道)가 비록 만물에 내장되어 있지만, 만물은 무물(無物) 즉 상도(常道)로 복귀한다. 만물은 유물(有物)이니 감지할 수 있으나, 상도(常道)는 무물(無物)이니 감지할 수 없다. 감지되지 않아 검증될 수 없으므로 무물(無物)인 상도(常道)를 황홀(恍惚)하다고 찬탄할 뿐이다.

황홀(恍惚)이란 몸으로 감지할 수는 없지만, 마음으로 느끼고[感] 알[知] 수 있음이다. 상도(常道)는 황홀(恍惚)하니 있는 듯하나 없어[恍] 형이상(形而上)하고, 없는 듯하나 있어[惚] 형이하(形而下)하다. 그래서 14장(章)에서 **무상지상(無狀之狀)·무물지상(無物之象)**이라 한 것이다. 없는 모습[無狀]의 모습[狀]이 상도(常道)의 상(狀)이고, 없는 물체[無物]의 짓(象)이 상도(常道)의 상(象)이니, 상도(常道)란 안이비설신(眼耳鼻舌身)으로 감지할 수 없는 동용(動容)의 것이다. 모습이 없는[無狀之] 모습[狀]이고 물체가 없는[無物之] 짓이[象] 곧 상도(常道)의 현덕(玄德)이고 공덕지용(孔德之容)이다.

그러므로 공덕(孔德)으로 온갖 것의 모습이[容] 드러나는 것이 천지만물이란 유물(有物)이며, 그것을 하나[一]로 끌어안고[抱] 있는 상도(常道)는 보려야 볼 수도 없고[夷] 들으려야 들을 수도 없으며[希] 만지려야 만질 수도 없는[微] 이희미(夷希微)의 무물(無物)임을 〈황홀(恍惚)〉로써 밝힌 말씀이 〈도지위물(道之爲物) 유황유홀(唯恍唯惚)〉이다.

註 "복귀어무물(復歸於無物) 시위무상지상(是謂無狀之狀) 무물지상(無物之象) 시위홀황(是謂惚恍)." 없는[無] 것[物]으로[於] 되[復]돌아간다[歸]. 이를[是] 모양이[狀] 없는[無之] 모양이라[狀] 한다[謂]. 물체의[物之] 짓이[象] 없음[無], 이를[是] 없는 듯하나 있고[惚] 있는 듯하나 없음이라[恍] 한다[謂].

있는 듯하나 없음이 황(恍)이고, 없는 듯하나 있음이 홀(惚)이다. 『노자(老子)』 14장(章)

【보주(補註)】

- 〈도지위물(道之爲物) 유황유홀(唯恍唯惚)〉을 〈도지위물유황(道之爲物唯恍) 이

도지위물유홀(而道之爲物唯惚)〉처럼 옮기면 문의(文義)를 좀 더 쉽게 새길 수 있다. 〈도지위물은[道之爲物] 유황하다[唯恍]. 그리고[而] 도지위물은[道之爲物] 유홀하다[唯惚].〉

- 유황유홀(唯恍唯惚)은 14장(章) 〈무상지상(無狀之狀) · 무물지상(無物之象)〉의 황홀(恍惚)을 〈오로지 유(唯)〉를 거듭하여 상도(常道)가 무물(無物)임을 강조한 말씀이다. 유황(唯恍)의 황(恍)은 약유이무(若有而無) 즉 있는 듯[若有而] 없음[無]을 뜻하고, 유홀(唯惚)의 홀(惚)은 약무이유(若無而有) 즉 없는 듯[若無而] 있음[有]을 뜻한다.
- 유황유홀(唯恍唯惚)이 유황유홀(惟恍惟惚)로 된 본(本)도 있다. 문의(文義)가 서로 달라지는 것은 아니다. 〈오로지 유(唯) · 유(惟)〉이기 때문이다.

【해독(解讀)】

- 〈도지위물(道之爲物) 유황유홀(唯恍唯惚)〉에서 도지위물(道之爲物)은 주부(主部) 노릇하고, 유황유홀(唯恍唯惚)은 술부(述部)로서 주격보어구 노릇한다. 〈도지위물은[道之爲物] 유황하고[唯恍] 유홀하다[唯惚].〉
- 도지위물(道之爲物)은 〈도위물(道爲物)〉의 구문(句文)을 〈도지위물(道之爲物)〉의 구로 바꾼 어투이다. 마치 영어의 〈A is B〉란 문장을 〈A's being B〉란 구로 바꾸듯이 〈도위물(道爲物)〉을 〈도지위물(道之爲物)〉로 바꾼 셈이다. 그래서 도지위물(道之爲物)에서 위(爲)가 영어의 동명사처럼 구실하면서 계사(繫詞) 노릇하며, 물(物)을 꾸며주는 형용사구로 여기면 된다. 도지위물(道之爲物)에서 위(爲)는 〈~이다 시(是)〉와 같고, 물(物)은 〈것 물(物)〉로 새기면 된다. 〈도의[道之] 것[物]임은[爲]〉 〈도라는[道之] 것[物]이다[爲].〉

21-3 惚兮恍兮(홀혜황혜) 其中有象(기중유상)

▶ 없는 듯 있구나[惚兮]! 있는 듯 없구나[恍兮]! 그[其] 안에[中] (드러나지 않는) 짓이[象] 있음이[有].

> 없는 듯 있을 홀(惚), 조사(~구나) 혜(兮), 있는 듯 없을 황(恍), 그 기(其), 안 중(中), 있을 유(有), 드러내 짓할 상(象)

【지남(指南)】

〈홀혜황혜(惚兮恍兮) 기중유상(其中有象)〉은 공덕지용(孔德之容)이 멈춘 꼴이 아니라 상도(常道)의 짓[象]인 조화의 동용(動容)임을 밝힌다. 〈기중(其中)〉은 기용지중(其容之中), 즉 그[其] 짓의[容] 가운데에[中] 상도(常道)의 조화가[象] 있음[有]이다. 우주 삼라만상을 낳아주는[生之] 상도(常道)의 조화(造化), 즉 만물을 시생(始生)하는 짓[象]이 있음이 여기 〈유상(有象)〉이다.

일월롱중조(日月籠中鳥) 건곤수상평(乾坤水上萍)이란 두보(杜甫)의 시(詩)가 생각나기도 한다. 농중조(籠中鳥) · 수상평(水上萍)이란 시상(詩象)이 공덕지용(孔德之容)을 떠올려주는 까닭이다. 중천(中天)에 떠 있는 일월(日月)도 공덕(孔德)의 짓을 담고 있는 조롱 안의[籠中] 두 마리 새[鳥]요, 하늘땅[乾坤]도 공덕지용(孔德之容)의 짓인 한낱 잎사귀[萍]란 말이다. 이처럼 온갖 것에 숨어 있는 상도(常道)의 조화를 두고 보이니 안 보이니, 들리니 안 들리니 시비 걸 것은 없다. 보이고 들린다 해도 될 일이고, 안 보이고 안 들린다 해도 그만 아닌가! 이런 무시비(無是非)의 경지를 누리게 하는 상도(常道)의 무상지상(無狀之狀) · 무물지상(無物之象)이야말로 황혜홀혜(恍兮惚兮)하다.

황혜홀혜(恍兮惚兮) 이 찬탄은 상도(常道)의 조화(造化)인 공덕(孔德)의 용(容) 즉 동용(動容)을 검증하자고 논란하여 시비 걸지 말라 함이다. 상도(常道)의 조화인 공덕(孔德)의 용(容)을 눈 앞에 마주하고 있는 만물이 저마다 짓해주고[象] 있음을 깨우치게 하는 말씀이 〈홀혜황혜(惚兮恍兮) 기중유상(其中有象)〉이다.

註 "일월롱중조(日月籠中鳥) 건곤수상평(乾坤水上萍)." 해와 달은[日月] 새장 속의[籠中] 새요[鳥] 하늘땅은[乾坤] 물 위의[水上] 부평초라[萍].

두보(杜甫)의 시(詩) 〈형주송리대부칠장면부광주(衡州送李大夫七丈勉赴廣州)〉 전(全) 8행(行) 중 5~6행(行)

【보주(補註)】

- 〈홀혜황혜(惚兮恍兮) 기중유상(其中有象)〉을 〈기용지중유상도지상홀혜(其容之中有常道之象惚兮) 이기용지중유상도지상황혜(而其容之中有常道之象恍兮)〉처럼 옮기면 문의(文義)를 좀 더 쉽게 새길 수 있다. 〈그[其] 동용의[容之] 가운데[中] 상도의[常道之] 짓이[象] 있음이[有] 없는 듯 있는 것[惚]이로다[兮]! 그리고

[而] 그[其] 동용의[容之] 가운데[中] 상도의[常道之] 짓이[象] 있음이[有] 있는 듯 없는 것[恍]이로다[兮]!〉

- 홀혜황혜(惚兮恍兮)는 앞서 살핀 유황유홀(唯恍唯惚)과 같이 공덕지용(孔德之容)을 감탄함이다. 홀혜(惚兮)의 홀(惚)은 약무이유(若無而有) 즉 없는 듯[若無而] 있음[有]을 뜻하고, 황혜(恍兮)의 황(恍)은 약유이무(若有而無) 즉 있는 듯[若有而] 없음[無]을 뜻한다.
- 기중유상(其中有象)에서 상(象)은 노자(老子)가 깊은 뜻을 부여했고 『역전(易傳)』에서 발전되어 쉼 없이 변화하는 짓[動作]을 뜻하는 술어(術語)가 되었다. 이 상(象)은 조화의 동용(動容) 즉 짓함을 말한다. 기중유상(其中有象)의 상(象)은 14장(章)에서 살핀 **무물지상(無物之象)**의 상(象)과 같고, 이는 형이상(形而上)의 작용을 뜻한다.

註 "무물지상(無物之象)." 물체의 짓이[物之] 없는[無] 짓[象]. 『노자(老子)』 14장(章)

【해독(解讀)】

- 〈홀혜황혜(惚兮恍兮) 기중유상(其中有象)〉에서 홀혜황혜(惚兮恍兮)는 전치되었지만 술부(述部)로서 주격보어구 노릇하고, 기중유상(其中有象)은 주절(主節) 노릇한다. 〈기중유상이[其中有象] 홀하구나[惚兮] 황하구나[恍兮]!〉 〈홀하고[惚兮] 황하구나[恍兮]! 기중유상임은[其中有象].〉
- 기중유상(其中有象)에서 기중(其中)은 유(有)를 꾸미는 부사 노릇하고, 유(有)는 〈있을 유(有)〉로 자동사 노릇하며, 상(象)은 유(有)의 주어 노릇해 기중유상(其中有象)은 주절(主節)로서 주부(主部) 노릇한다. 〈그 중에[其中] 짓이[象] 있음은[有]〉

21-4 恍兮惚兮(황혜홀혜) 其中有物(기중유물)

▶<u>있는 듯 없구나[恍兮]! 없는 듯 있구나[惚兮]! 그[其] 안에[中] (상도라는) 것이[物] 있음이[有].</u>

있는 듯 없을 황(恍), 조사(~구나) 혜(兮), 없는 듯 있을 홀(惚), 그 기(其), 속 중(中), 있을 유(有), 것 물(物)

【지남(指南)】

〈황혜홀혜(恍兮惚兮) 기중유물(其中有物)〉 역시 공덕지용(孔德之容)이 멈춘 꼴이 아니라 상도(常道)의 짓[象]인 조화의 동용(動容)임을 밝힌다.

여기 〈기중(其中)〉 또한 기용지중(其容之中), 즉 그[其] 짓의[容] 가운데에[中] 상도(常道)의 조화가[象] 있음[有]이다. 그리고 기중유물(其中有物)의 〈물(物)〉은 앞서 살핀 〈도지위물(道之爲物)〉의 줄임이다. 우주 삼라만상이 상도(常道)가 짓한[象] 동용[容]이고, 그 동용(動容) 안에[中] 상도(常道) 그 자체로서 정(精)이 깃들어 있음이 여기 도지위물(道之爲物)의 물(物)이다. 따라서 여기 〈것[物]〉이란 62장(章)에 나오는 만물지오(萬物之奧)의 〈오(奧)〉를 상기시킨다. 그러므로 것[物]이란 상도(常道)의 씀인[容] 공덕(孔德)의 짓[容]으로써 만물(萬物)이 드러나지만, 그 만물은 저마다 상도(常道) 그 자체 즉 오(奧)를 간직하고 있음이 여기 〈기중유물(其中有物)〉이다.

만상(萬象) 즉 만물(萬物)을 낳는[生之] 상도(常道)의 짓[象]은 온갖 것[萬物]이 갖는 모습[狀]으로 드러나니[形], 형상(形狀)은 상도지상(常道之象)을 담고 있는 몸[形體]이다. 풀잎도 상도(常道)의 짓[象]을 나타내는 것[物]이고, 풀잎에 떨어진 이슬[露]도 그 짓[象]의 것[物]이고, 풀잎에 달린 풀꽃도 그 짓의 것[物]이며, 풀잎의 줄기, 뿌리, 그리고 풀뿌리가 박고 있는 땅 모두가 상도지상(常道之象)의 것[物] 아닌 것이란 없음이다. 따라서 기중유물(其中有物)의 〈물(物)〉은 천지만물이면서 동시에 상도(常道)의 정(精), 즉 〈오(奧)〉를 내장하고 있는 것[物]임을 일깨워 깨우치게 하는 말씀이 〈황혜홀혜(恍兮惚兮) 기중유물(其中有物)〉이다.

註 "도자만물지오(道者萬物之奧)." 상도라는[道] 것은[者] 온갖[萬] 것이[物之] 그윽하게 깊숙이 간직하고 있는 것이다[奧]. 『노자(老子)』 62장(章)

【보주(補註)】

● 〈황혜홀혜(恍兮惚兮) 기중유물(其中有物)〉을 〈기용지중유도지위물황혜(其容之

中有道之爲物恍兮) 이기용지중유도지위물홀혜(而其容之中有道之爲物惚兮)〉처럼 옮기면 문의(文義)를 좀 더 쉽게 새길 수 있다. 〈그[其] 동용의[容之] 가운데[中] 상도라는[道之爲] 것이[物] 있음이[有] 있는 듯 없는 것[恍]이로다[兮]! 그리고[而] 그[其] 동용의[容之] 가운데[中] 상도라는[道之爲] 것이[物] 있음이[有] 없는 듯 있는 것[惚]이로다[兮]!〉

- 황혜홀혜(恍兮惚兮)는 〈유황유홀(唯恍唯惚)〉과 같이 감탄하는 수사(修辭)이다. 황혜(恍兮)의 황(恍)은 약유이무(若有而無) 즉 있는 듯[若有而] 없음[無]을 뜻하고, 홀혜(惚兮)의 홀(惚)은 약무이유(若無而有) 즉 없는 듯[若無而] 있음[有]을 뜻한다.
- 기중유물(其中有物)에서 물(物)은 앞서 살핀 〈도지위물(道之爲物)〉의 줄임으로 여기면 된다. 〈도의[道之] 것[物]임[爲]〉

【해독(解讀)】

- 〈황혜홀혜(恍兮惚兮) 기중유물(其中有物)〉에서 황혜홀혜(恍兮惚兮)는 전치되었지만 술부(述部)로 주격보어구 노릇하고, 기중유물(其中有物)은 주절 노릇한다. 〈기중유물이[其中有物] 황하구나[恍兮] 홀하구나[惚兮]!〉
- 기중유물(其中有物)에서 기중(其中)은 유(有)를 꾸미는 부사 노릇하고, 유(有)는 〈있을 유(有)〉로 자동사 노릇하며, 물(物)은 유(有)의 주어 노릇해 기중유물(其中有物)은 주절로서 주부(主部) 노릇한다. 〈그 중에[其中] 것이[物] 있음은[有]〉

21-5 窈兮冥兮(요혜명혜) 其中有精(기중유정)

▶ 깊고 그윽하구나[窈兮]! 어둡고 아득하구나[冥兮]! 그[其] 안에[中] {상도(常道)가 준} 생명력이[精] 있음이[有].

깊고 그윽할 요(窈), 조사(~구나) 혜(兮), 어둡고 아득할 명(冥), 그 기(其), 속 중(中), 있을 유(有), 기운 정(精)

【지남(指南)】

〈요혜명혜(窈兮冥兮) 기중유정(其中有精)〉 역시 공덕지용(孔德之容)에 상도(常道)에서 비롯한 생명력[精]이 있음을 밝힌다. 기중유정(其中有精)의 〈기중(其中)〉

도 기용지중(其容之中)의 줄임이고, 기중유정(其中有精)의 〈정(精)〉은 앞서 살핀 〈도지위물(道之爲物)〉 즉 상도(常道)가 물려준 생명력을 말한다. 그[其] 모습의[容之] 가운데에[中] 상도의[道之] 정(精) 즉 생기(生氣)가 있음이 여기 기중유정(其中有精)이다. 물론 기중유정(其中有精)의 정(精)은 생명력 즉 생기(生氣)를 말하니 〈분명히 있지만 없는 것〉이라고 생각해볼 수밖에 없다. 만물이 저마다 시원(始原)으로서 상도(常道)가 준 생명력[精]을 품고 있음을 〈요혜(窈兮)·명혜(冥兮)〉라 찬탄한다.

이러한 찬탄을 터득하자면 2장(章)의 **생이불유(生而不有)**나 39장(章)의 **만물득일이생(萬物得一以生)**, 62장(章)의 **도자만물지오(道者萬物之奧)**란 말씀을 상기해야 한다. 그러면 기중유정(其中有精)의 〈정(精)〉은 목숨[生命]의 근원을 말하고, 이는 62장(章) **도자만물지오(道者萬物之奧)**의 〈오(奧)〉를 상기시킨다. 만물을 생성하는 음양(陰陽)의 기운을 일러 정(精)이라 하고, 그것은 『주역(周易)』「계사전하(繫辭傳下)」에 나오는 **남녀구정(男女構精) 만물화생(萬物化生)**의 정(精)이니, 정기(精氣)나 도기(道氣)를 말한다. 음양이[陰陽之] 변화하는 짓[神]을 인온(絪縕)이나 구정(構精)이라 함도 여기 〈정(精)〉이란 것을 풀이해보려는 발버둥이다. 물론 화순(化醇)·화생(化生)의 구정(構精)이란 생(生)의 씨를 물려받음을 밝힘이다. 목숨이 있는 것이든 없는 것이든 만물은 모두 상도(常道)의 자손일 수밖에 없음을 〈기중유정(其中有精)〉이 밝히고 있는 셈이다.

유정(有精) 아닌 것[物]이란 없고, 그 정(精)을 얻어 있는 것을 만물이라 한다. 그러므로 상도(常道)가 만물을 태어나게 발휘하는 정기(精氣)를 줄여 〈정(精)〉이라 한다. 그래서 생천(生天)·생지(生地)·생인(生人)·생물(生物)하는 근본이 곧 정(精)이고, 공덕지용(孔德之容)의 용(容) 즉 작용이다. 이러한 정(精)은 더할[益] 수도 없고 덜[損] 수도 없으니 어렵게 말하여 무훼무멸(無毀無滅)이라 한다. 이지러지지 않고[無毀] 없어지지 않아[無滅] 정(精)은 현묘(玄妙)하다. 현묘(玄妙)한 것을 일러 요명(窈冥)하다고 한다. 천지만물이 정(精)을 간직하고 있음을 요(窈)하고 명(冥)하다 찬탄할 수밖에 없다.

생명의 근원인 정(精)이 먼 듯한데[如遠] 가깝고[近], 가까운 듯한데[如近] 멀어[遠] 그 있음[有]이 보이지 않지만, 실로 온전히 만물이 저마다 모두 간직하고 있음을 살펴 새기고 헤아려 깨우치게 하는 말씀이 〈요혜명혜(窈兮冥兮) 기중유정(其中有精)〉이라 밝힌다.

註 "만물작언이불사(萬物作焉而不辭) 생이불유(生而不有) 위이불시(爲而不恃) 공성이불거(功成而弗居)." 온갖 것이[萬物] 천지에 의해서[焉] 이뤄져도[作而] 버려지지 않고[不辭], 낳아주되[生而] 갖지 않으며[不有], 위하면서도[爲而] 기대하지 않고[不恃], 공적을[功] 이루고서도[成而] 머물지(연연치) 않는다[弗居]. 『노자(老子)』 2장(章)

註 "석지득일자(昔之得一者) 천득일이청(天得一以淸) 지득일이령(地得一以寧) 신득일이령(神得一以靈) 곡득일이영(谷得一以盈) 만물득일이생(萬物得一以生)." 맨 처음[昔之] 하나인[一] 것을[者] 얻었다[得]. 하늘은[天] 하나를[一] 얻음[得]으로써[以] 청명하고[淸], 땅은[地] 하나 즉 도(道)를[一] 얻음[得]으로써[以] 안정하며[寧], 변화하게 하는 짓은[神] 하나 즉 도(道)를[一] 얻음[得]으로써[以] 원기(元氣)가 되고[靈], 골짜기는[神] 하나 즉 도(道)를[一] 얻음[得]으로써[以] 채우며[盈], 온갖 것은[萬物] 하나를[一] 얻음[得]으로써[以] 생긴다[生]. 『노자(老子)』 39장(章)

註 "도자만물지오(道者萬物之奧)." 상도라는[道] 것은[者] 온갖 것이[萬物之] 간직하고 있는 것이다[奧].

오(奧)는 여기서 〈간직될 장(藏)〉과 같다. 『노자(老子)』 62장(章)

註 "천지인온(天地絪縕) 만물화순(萬物化醇) 남녀구정(男女構精) 만물화생(萬物化生)." 하늘땅이[天地] 음양을 화합하여[絪縕] 온갖 것이[萬物] 변화하여 순미하고[化醇], 암수가[男女] 정기를[精] 짜서[構] 온갖 것이[萬物] 변화하여 생긴다[生]. 『주역(周易)』「계사전하(繫辭傳下)」

【보주(補註)】

- 〈요혜명혜(窈兮冥兮) 기중유정(其中有精)〉을 〈기용지중유정요혜(其容之中有精窈兮) 이기용지중유정명혜(而其容之中有精冥兮)〉처럼 옮기면 문의(文義)를 좀 더 쉽게 새길 수 있다. 〈그[其] 동용의[容之] 가운데[中] 생기가[精] 있음은[有] 깊고 어두워 그윽하구나[窈兮]! 그리고[而] 그[其] 동용의[容之] 가운데[中] 생기가[精] 있음은[有] 가까운 듯 아득하구나[冥兮]!〉
- 요혜명혜(窈兮冥兮)는 〈유요유명(惟窈惟冥)〉과 같이 감탄하는 수사(修辭)이다. 요혜(窈兮)의 요(窈)는 심원유지모(深遠幽之貌) 즉 깊고[深] 멀어[遠] 그윽한[幽之] 모습[貌]이고, 명(冥)은 암원난견지모(暗遠難見之貌) 즉 어둡고[暗] 멀어[遠] 살펴보기[見] 어려운[難之] 모습[貌]이다. 기중유정(其中有精)에서 정(精)은 생명의 근원으로, 상도(常道)가 만물에 물려주는 생기(生氣) 즉 생명력을 말한다.

- 요혜명혜(窈兮冥兮)가 〈묘혜명혜(杳兮冥兮)〉로 된 본(本)도 있다. 〈아득히 멀어 깊을 묘(杳)〉와 〈깊고 멀어 그윽할 요(窈)〉이므로 문의(文義)가 달라지는 것은 아니다. 묘(杳)는 심원난견지모(深遠難見之貌) 즉 〈깊고[深] 멀어[遠] 살펴보기[見] 어려운[難之] 모습[貌]〉이다.

【해독(解讀)】

- 〈요혜명혜(窈兮冥兮) 기중유정(其中有精)〉에서 요혜명혜(窈兮冥兮)는 전치되었지만 술부(述部)로 주격보어구 노릇하고, 기중유정(其中有精)은 주절 노릇한다. 〈기중유정이[其中有精] 요하고[窈兮] 명하구나[冥兮]!〉
- 기중유정(其中有精)에서 기중(其中)은 유(有)를 꾸미는 부사 노릇하고, 유(有)는 〈있을 유(有)〉로 자동사 노릇하며, 정(精)은 유(有)의 주어 노릇해 기중유정(其中有精)은 주절로서 주부(主部) 노릇한다. 〈그 중에[其中] 정이[精] 있음은[有]〉

21-6 其精甚眞(기정심진) 其中有信(기중유신)

▶ 그[其] 생명력은[精] 더없는[甚] 진실이고[眞], 그[其] 가운데[中] 믿음이[信] 있다[有].

그 기(其), 기운 정(精), 극히 심(甚), 참 진(眞), 속 중(中), 있을 유(有), 믿을[驗] 신(信)

【지남(指南)】

〈기정심진(其精甚眞) 기중유신(其中有信)〉은 상도(常道)가 만물에 물려주는 생기[精]는 인식(認識)의 것이 아니라 믿음[信]의 것임을 밝힌다. 14장(章)에서 살핀 이(夷)·희(希)·미(微)의 것이란 궁구(窮究)의 것이 아니라 심신(甚信)의 것이다. 이(夷)·희(希)·미(微)의 상도(常道)가 물려주는 정기(精氣), 즉 만물이 물려받은 생기(生氣) 역시 이(夷)·희(希)·미(微)의 것인지라 심진(甚眞) 즉 의심할 바 없는[甚] 참[眞]임을 밝힌다.

기중유정(其中有精)의 〈정(精)〉은 공덕(孔德)의 동용[容] 즉 작용 안에[中] 상도(常道)의 정기(精氣)가 진실로 있으니, 상도(常道)가 주어서[稟] 천지만물이 물려받은[受] 것임을 논란하여 증험(證驗)할 수 있는 것이 아니라 없어도 있음이 분명하므로 믿음[信]의 것이라는 말이다. 생명의 근원인 정(精) 즉 정기(精氣)란 상도(常道)가 천지만물에 품(稟)하고, 하늘땅[天地] 온갖 것[萬物]이 상도(常道)에게서 수(受)함은 의심할 수 없는 심진(甚眞) 즉 지극한[甚] 참[眞]이다. 천지만물의 생사(生死)야말로 심진(甚眞) 바로 그것이다. 주었으니 돌려받고 받았으니 돌려줌이 생사(生死)이다.

천지만물 중에 생사(生死)를 벗어나 있는 것은 없으며, 생사를 누리고 25장(章) **독립불개**(獨立不改)의 상도(常道)로 돌아오는[歸] 것이 만물이다. 상도(常道)와 천지만물 사이의 수수(授受) 즉 주고[授] 받음[受]은 심진(甚眞) 즉 의심할 바 없는[甚] 참[眞]이다. 따라서 만물의 시생(始生)을 행하는 공덕(孔德)의 동용[容] 안에[中] 있는 상도(常道)의 정(精)이란 오로지 믿어야[信] 하는 것임을 깨우치게 하는 말씀이 〈기정심진(其精甚眞) 기중유신(其中有信)〉이다.

註 "시지불견(視之不見) 명왈이(名曰夷) 청지불문(聽之不聞) 명왈희(名曰希) 박지부득(搏之不得) 명왈미(名曰微) 차삼자불가치힐(此三者不可致詰)." 그것을[之] 보려고 해도[視] 보이지 않음을[不見] 일컬어[名] 이라[夷] 하고[曰], 그것을[之] 들으려고 해도[聽] 들리지 않음을[不聞] 일컬어[名] 희라[希] 하며[謂], 그것을[之] 잡으려고 해도[搏] 잡히지 않음을[不得] 일컬어[名] 미라[微] 한다[謂]. 이[此] 세 가지는[三者] 따져 물어도[詰] 답을 얻어낼[致] 수 없다[不可].

『노자(老子)』 14장(章)

註 "유물혼성(有物混成) 선천지생(先天地生) 적혜료혜(寂兮寥兮) 독립불개(獨立不改) 주행이불태(周行而不殆)." 혼성(混成)의 것이[物] 있다[有]. 천지가[天地] 생기기[生] 앞이다[先]. 고요하구나[寂兮]! 아득하구나[寥兮]! 홀(하나)로[獨] 있고[立] 바뀌지 않고[不改] 두루[周] 미치지만[行而] 위태롭지 않다[不殆].

『노자(老子)』 25장(章)

【보주(補註)】

- 〈기정심진(其精甚眞) 기중유신(其中有信)〉을 〈상도지정시심진(常道之精是甚眞) 이공덕지용지중유기정지신야(而孔德之容之中有其精之信也)〉처럼 옮기면 문의(文義)를 좀 더 쉽게 새길 수 있다. 〈상도의[常道之] 정미는[精] 지극히[甚] 진실한 것[眞]이다[是]. 그리고[而] 공덕의[孔德之] 모습의[容之] 안에[中] 그[其] 정기의[精之] 믿음이[信] 있는 것[有]이다[也].〉

- 기정심진(其精甚眞)에서 정(精)과 진(眞)은 같은 말씀이다. 정기(精氣)는 곧 진기(眞氣)이다. 상도(常道)의 정(精) 즉 정미함도[精] 불훼불멸자(不毁不滅者)이므로 진(眞) 즉 진실함[眞]이다. 그래서 정(精)과 진(眞)을 묶어 정진(眞精)이라 한다. 정진(精眞)을 그냥 그대로 본받아 따름이 기중유신(其中有信)의 신(信)이다. 만물이 품고 있는 것[奧]을 결코 의심치 않음이 믿음[信]이다. 믿음[信]이란 법자연(法自然)하여 복명(復命) 즉 저마다의 천성을[命] 지킴[復]이다.
- 〈기정심진(其精甚眞) 기중유신(其中有信)〉이 〈요혜명혜(窈兮冥兮) 기정심진(其精甚眞) 요혜명혜(窈兮冥兮) 기중유신(其中有信)〉으로 되어야, 앞서 나온 〈황혜홀혜(恍兮惚兮) 기중유물(其中有物) 요혜명혜(窈兮冥兮) 기중유정(其中有精)〉과 일률(一律)을 이룬다는 설(說)이 있기도 하다. 전사(傳寫) 과정에서 오탈(誤脫), 잘못하여[誤] 빠졌다는[脫] 주장을 앞세운 설이다. 물론 요혜명혜(窈兮冥兮)가 있고 없음에 따라 원문(原文)의 문의(文義)가 달라지는 것은 아니다.

【해독(解讀)】

- 〈기정심진(其精甚眞) 기중유신(其中有信)〉은 두 구문으로 이루어진 중문(重文)이다. 〈기정은[其精] 심진이다[甚眞]. 기중에[其中] 신이[信] 있다[有].〉
- 기정심진(其精甚眞)에서 기정(其精)은 주어 노릇하고, 심(甚)은 진(眞)을 꾸미는 형용사 노릇하며, 진(眞)은 주격보어 노릇한다. 〈그[其] 정미는[精] 지극한[甚] 진실이다[眞].〉
- 기중유신(其中有信)에서 기중(其中)은 유(有)를 꾸미는 부사구 노릇하고, 유(有)는 〈있을 유(有)〉 자동사 노릇하며, 신(信)은 유(有)의 주어 노릇한다. 〈그[其] 가운데[中] 믿음이[信] 있다[有].〉

21-7 自古及今(자고급금) 其名不去(기명불거) 以閱衆甫(이열중보)

▶ 예[古]부터[自] 지금[今]까지[及] 그[其] 이름은[名] 사라지지 않았고[不去], (그 이름으로) 써[以] 만물의[衆] 시원을[甫] 살핀다[閱].

부터 자(自), 옛 고(古), 까지 급(及), 이제 금(今), 이름 명(名), 갈 거(去), 써 이(以), 살필 열(閱), 무리 중(衆), 처음 보(甫)

【지남(指南)】

〈자고급금(自古及今) 기명불거(其名不去) 이열중보(以閱衆甫)〉는 상도(常道)가 만물의 시원(始原)임을 밝힌다. 기명불거(其名不去)의 〈기명(其名)〉은 〈정지명(精之名)〉의 줄임이다. 즉 여기 기명(其名)이란 정기의[精] 것[名]이란 말이다. 이는 만물의 시원(始原)이 상도(常道)임을 말한다. 온갖 것[萬物]이 품고 있는 생명의 시원(始原)인 〈정(精)〉 즉 정기(精氣)는 만물을 떠나지 않는다[不去]. 천지만물은 저마다 제 시원(始原)을 간직하고 있기 때문에 만물은 저마다의 시초를[甫] 보여주고 있다는[閱] 것이다. 중보(衆甫)의 중(衆)은 만물(萬物)을 말하고, 보(甫)는 시(始)를 말하므로 중보(衆甫)란 만물지시(萬物之始)이다.

상도(常道)가 짓는[象] 공덕의[孔德之] 동용은[容] 만물로써 그 실증이 드러나는지라, 상도(常道)의 정(精)이란 심진(甚眞) 바로 그것으로서 신실(信實) 즉 믿어[信] 확실함을[確] 거듭 살펴 깨우치게 하는 말씀이 〈자고급금(自古及今) 기명불거(其名不去) 이열중보(以閱衆甫)〉이다.

【보주(補註)】

- 〈자고급금(自古及今) 기명불거(其名不去) 이열중보(以閱衆甫)〉를 〈자고급금(自古及今) 기정지명불거(其精之名不去) 이기정열중보(以其精閱衆甫)〉처럼 옮기면 문의(文義)를 좀 더 쉽게 새길 수 있다. 〈예부터[自古] 지금까지[及今] 그[其] 정미의[精微之] 이름은[名] 가시지 않았다[不去]. 그[其] 정기로[精]써[以] 만물의[衆] 시초를[甫] 살핀다[閱].〉
- 기명불거(其名不去)에서 기명(其名)은 앞서 나온 〈기정(其精)〉을 나타낸다. 이열중보(以閱衆甫)에서 중보(衆甫)는 〈만물지시(萬物之始)〉를 뜻하니, 보(甫)는 62장(章)에 나오는 오(奧) 즉 만물이 저마다 간직한 것을[奧] 상기시킨다. 따라서 여기 중보(衆甫)는 앞의 〈기정(其精)〉을 풀이한 것이다.

註 "도자만물지오(道者萬物之奧)." 상도라는[道] 것은[者] 온갖 것이[萬物之] 간직하고 있는

것이다[奧].

오(奧)는 여기서 〈간직될 장(藏)〉과 같다. 『노자(老子)』 62장(章)

【해독(解讀)】

- 〈자고급금(自古及今) 기명불거(其名不去) 이열중보(以閱衆甫)〉는 두 구문으로 이루어진 중문(重文)이다. 〈자고급금(自古及今) 기명은[其名] 불거한다[不去]. 그로써[以] 중보를[衆甫] 열한다[閱].〉
- 〈자고급금(自古及今) 기명불거(其名不去)〉에서 자고급금(自古及今)은 거(去)를 꾸며주는 시간의 부사구 노릇하고, 기명(其名)은 거(去)의 주어 노릇하며, 불(不)은 거(去)의 부정사(否定詞)이고, 거(去)는 동사 노릇한다. 자고급금(自古及今)에서 자고(自古)의 자(自)는 〈~부터 종(從)〉과 같고, 급금(及今)의 급(及)은 〈~까지 지(至)〉와 같다. 기명(其名)의 명(名)은 〈그것 물(物)〉과 같아 명물(名物)의 줄임말로 여기면 되고, 거(去)는 〈떠날 리(離)〉와 같아 거리(去離)의 줄임말로 보면 된다. 〈옛적[古]부터[自] 지금[今]까지[及] 그것은[其名] 가시지 않는다[不去].〉
- 이열중보(以閱衆甫)에서 이(以)는 〈이기정(以其精)〉 또는 〈이기명(以其名)〉 또는 〈시이(是以)〉를 줄여 열(閱)을 꾸며주는 부사 노릇하고, 열(閱)은 주어가 생략되었지만 동사 노릇하며, 중보(衆甫)는 열(閱)의 목적구 노릇한다. 이열중보(以閱衆甫)에서 이(以)는 〈써 용(用)〉과 같고, 열(閱)은 〈살필 관(觀) · 찰(察)〉 등과 같고, 중보(衆甫)의 중(衆)은 〈많을 다(多)〉와 같아 만물(萬物)을 뜻하고, 보(甫)는 〈클 대(大) · 착할 선(善) · 아름다움 미(美) · 처음 시(始)〉 등의 뜻을 묶고 있지만 여기선 〈처음 시(始)〉와 같다. 중보(衆甫)는 〈만물지시(萬物之始)〉를 뜻한다. 〈써[以] 만물의[衆] 시초를[甫] 살핀다[閱].〉 〈만물의[衆] 시초[甫]〉

21-8 吾何以知衆甫之狀哉(오하이지중보지상재) 以此(이차)

▶ 나는[吾] 무엇으로[何] 써[以] 중보의[衆甫之] 모습을[狀] 아는 것[知]인가[哉]? {상도(常道)라는} 이것으로[此] 써[以] {중보(衆甫)의 모습을[狀] 안다}.

나 오(吾), 무엇 하(何), 써 이(以), 알 지(知), 무리 중(衆), 처음 보(甫), 모습 상(狀), 조사(~인가) 재(哉), 이 차(此)

【지남(指南)】

〈오하이지중보지상재(吾何以知衆甫之狀哉)〉는 만물이 드러내는 시원의[衆甫之] 모습은[狀] 공덕(孔德)의 동용[容]이고, 동시에 상도(常道)의 짓[狀] 즉 조화(造化)임을 총결(總結)로 밝힌다.

20장(章)에 나온 〈아(我)〉는 범칭(泛稱)이지만, 여기 〈오(吾)〉는 노자(老子) 자신을 지칭한다. 만물이[衆] 드러내주는 시원의[甫] 모습[狀]으로써[以] 상도(常道)의 생기(生氣)와 그 씀을[容] 앎을[知] 노자(老子) 스스로 밝히고 있다. 여기서 〈공덕지용(孔德之容)〉이란 곧 상도지용(常道之用)을 밝히고 있음을 간파할 수 있다. 중보(衆甫)의 깊은 뜻은 눈 앞에 현전(顯前)하는 만물의 도지정(道之精) 즉 상도의[常道] 정기를[精] 깨우치게 함이다. 열중보(閱衆甫)는 만물 바로 그것에서 만물을 있게 한 시원(始原)을 살핀다 함이지, 무슨 서책을 통해서 찾아내 알 수 있는 것이 아님을 밝히고 있다. 만물마다 내장하고 있는 정(精)을 〈보(甫)〉라고 밝히니, 보(甫)란 초(初)이고 시(始)인지라 시초(始初) 즉 시원(始原)을 말한다.

만물 시초의[甫] 모습[狀]이란 공덕(孔德)의 구체적인 모습이[容] 드러난 것인 동시에, 1장(章) 〈무명만물지시(無名萬物之始) 유명만물지모(有名萬物之母)〉를 열람해주고 있음을 노자(老子)는 안다[知] 한다. 따라서 공덕(孔德)의 동용은[容] 만물로 드러나고, 그 만물은 저마다 시원의[甫] 모습으로[狀] 상도지정(常道之精) 즉 상도의[常道之] 정기를[精] 드러냄을 노자(老子)는 안다[知]. 이러한 노자(老子)의 앎은[知] 상도(常道)의 정기(精氣)가 상도(常道)의 무(無)이고, 만물로 드러나는 공덕(孔德)의 동용이[容] 상도(常道)의 유(有)란 것마저도 깨달을 수 있음을 밝힌 것이 여기 〈이차(以此)〉이다. 여기 이차(以此)의 〈차(此)〉는 상도(常道)를 말한다.

이러한 이차(以此)는 『장자(莊子)』에 나오는 **만물수다(萬物雖多) 기치일야(其治一也)**를 상기시켜준다. 만물이 잡다하지만 그 만물이 생사를 다스림은[其治] 하나[一], 즉 상도(常道)임을 노자(老子)는 만물을 살펴[閱] 알 수 있다는 것이다. 왜냐하면 만물이 저마다의 시원을[甫] 간직하고 있고 동시에 간직하고 있음을 드러내는 모습임을[狀] 안다면, 관덕(觀德)하고 관도(觀道)할 줄 알 수 있음이다. 상도(常道)의 묘(妙) 즉 오묘(奧妙)한 정(精)을 만물로써 관(觀)함을 알고[知], 상도(常道)의 용(用)인 공덕(孔德)의 동용[容]마저 유(有)로 살필 줄 안다는 것이다.

따라서 노자(老子)는 공덕(孔德)의 동용과[容] 중보(衆甫)의 모습으로[狀] 39장(章) **만물득일이생(萬物得一以生)**을 만물을 통해 진실하고 신실하게 깨우칠 수 있음을 천명한 말씀이 〈오하이지중보지상재(吾何以知衆甫之狀哉) 이차(以此)〉이다.

註 "천지수대(天地雖大) 기화균야(其化均也) 만물수다(萬物雖多) 기치일야(其治一也)." 하늘땅이[天地] 비록[雖] 크지만[大] 그것의[其] 변화는[化] 한결같음[均]이고[也], 만물이[萬物] 비록[雖] 잡다하지만[多] 그것의[其] 다스림은[治] 하나인 것[一]이다[也]. 『장자(莊子)』「천지(天地)」

註 "상무욕이관기묘(常無欲以觀其妙) 상유욕이관기요(常有欲以觀其徼)." 상도의[常] 없음으로[無]써[以] 그[其] 묘를[妙] 살피고자 하고[欲觀], 상도의[常] 있음으로[有]써[以] 그[其] 마침으로 돌아감을[徼] 살피고자 한다[欲觀]. 『노자(老子)』 1장(章)

註 "석지득일자(昔之得一者) …… 만물득일이생(萬物得一以生)." 예부터[昔之] 하나를[一] 얻는[得] 것들[者]. …… 온갖 것은[萬物] 하나를[一] 얻음으로[得]써[以] 생긴다[生]. 『노자(老子)』 39장(章)

【보주(補註)】

- 〈오하이지중보지상재(吾何以知衆甫之狀哉) 이차(以此)〉를 〈오하이지중보지상어만물재(吾何以知衆甫之狀於萬物哉) 오지중보지상이상도(吾知衆甫之狀以常道)〉처럼 옮기면 문의(文義)를 좀 더 쉽게 새길 수 있다. 〈나는[吾] 무엇으로[何]써[以] 중보의[衆甫之] 모습을[狀] 아는 것[知]인가[哉]? 나는[吾] 상도로[常道]써[以] 중보의[衆甫之] 모습을[狀] 안다[知].〉
- 중보지상(衆甫之狀)이 〈중보지연(衆甫之然)〉으로 된 본(本)도 있다. 〈모습 상(狀)〉도 그러함으로[然] 통하고, 〈그러할 연(然)〉도 모습으로[狀] 통하니 문의(文義)가 달라지는 것은 아니다.
- 이차(以此)에서 차(此)는 앞에 나온 〈기중유상(其中有象)의 유상(有象) · 기중유물(其中有物)의 유물(有物) · 기중유정(其中有精)의 유정(有精) · 기중유신(其中有信)의 유신(有信)〉을 묶어 가리키는 말이니, 곧 상도(常道)를 일컫는 지시어이다. 물론 차(此)를 〈유상(有象) · 유물(有物) · 유정(有精) · 유신(有信)〉과 〈공

덕지용(孔德之容)〉을 나타내는 지시어로 여기고 새겨도 된다. 〈유상(有象) · 유물(有物) · 유정(有精) · 유신(有信) · 공덕지용(孔德之容)〉 등등도 상도(常道)를 밝히는 술어들인 까닭이다.

【해독(解讀)】

- 〈오하이지중보지상재(吾何以知衆甫之狀哉) 이차(以此)〉는 두 구문으로 이루어진 중문(重文)이다. 〈나는[吾] 무엇으로[何]써[以] 중보의[衆甫之] 모습을[狀] 아는 것[知]인가[哉]? 차로[此]써이다[以].〉
- 오하이지중보지상재(吾何以知衆甫之狀哉)에서 오(吾)는 주어 노릇하고, 하이(何以)는 지(知)를 꾸며주는 부사구 노릇하며, 지(知)는 타동사 노릇하고, 중보지(衆甫之)는 상(狀)을 꾸며주는 형용사구 노릇하며, 상(狀)은 지(知)의 목적어 노릇하고, 재(哉)는 의문의 조사(~인가)로 문미조사 노릇한다. 〈나는[吾] 무엇으로[何]써[以] 만물의[衆] 시원의[甫之] 모습을[狀] 아는 것[知]인가[哉]?〉
- 이차(以此)는 〈오지중보지상이차(吾知衆甫之狀以此)〉에서 오지중보지상(吾知衆甫之狀)은 되풀이되는 내용이므로 생략하고 이차(以此)만 남겼지만, 구문 노릇하는 것이 고문(古文)이다. 〈이로[此]써[以]〉

22

老子之言

성전장(誠全章)

포일(抱一)이 천하식(天下式)을 밝히는 장(章)이다. 사물은 항상 대대(對待) 즉 상대하되[相對] 서로 기대는 바가 있어야[待] 생겨난다. 그러나 인문(人們) 즉 사람들은[人們] 사물의 정면(正面)만을 직시하고 사물의 부면(負面)을 투시하기를 지나쳐버리면서 피차(彼此)를 대(對)로써 둘[二]로 나누려고 한다. 그러나 사물의 뒤쪽[負面]을 잘 살필수록 앞쪽[正面]이 뜻하는 바를 품고 있음을 찾아낼 수 있음을 밝혀, 피차(彼此)는 둘[二]로써 대(對)가 아니라 하나[一]로써 대(對)임을 밝힌다. 그 밝힘이 여기 포일(抱一)의 〈일(一)〉이다.

이처럼 사물의 겉과 속이 서로 절연(截然) 즉 잘려 나가 아무런 관계가 없음이[截然] 아니라 서로 기대고 있음을 지나치지 않아야 포일(抱一)하고, 온 세상에 통하는 법식(法式)이 된다. 포일(抱一)의 법식(法式)이 곧 부쟁지도(不爭之道) 즉 부쟁(不爭)의 이치[道]임을 밝히는 장(章)이다.

【원문(原文)】

曲則全하고 枉則直하며 窪則盈하고 敝則新하며 少則得
곡 즉 전 왕 즉 직 와 즉 영 폐 즉 신 소 즉 득
하고 多則惑한다 是以로 聖人은 抱一하여 爲天下式하고
다 즉 혹 시 이 성 인 포 일 위 천 하 식
不自見故로 明하고 不自是故로 彰하며 不自伐故로 有功
부 자 현 고 명 부 자 시 고 창 부 자 벌 고 유 공
하고 不自矜故로 長하여 夫唯不爭한다 故로 天下가 莫能
부 자 긍 고 장 부 유 부 쟁 고 천 하 막 능
與之爭이라 古之所謂曲則全者가 豈虛言哉리오 誠全
여 지 쟁 고 지 소 위 곡 즉 전 자 개 허 언 재 성 전
而歸之이라
이 귀 지

꺾이면[曲] 곧[則] 온전해지고[全], 굽어지면[枉] 곧[則] 곧아지며[直], 비면[窪] 곧[則] 차고[盈], 낡으면[敝] 곧[則] 새로워지며[新], 적으면[少] 곧[則] 얻고[得], 많으면[多] 곧[則] 헷갈린다[惑]. 이렇기[是] 때문에[以] 성인은[聖人] 하나를[一] 지켜[抱] 세상의[天下] 모범이[式] 된다[爲]. {성인(聖人)은} 자기를[自] 드러내지 않는다[不見]. 그러므로[故] {성인(聖人)은} 밝다[明]. {성인(聖人)은} 자기를[自] 옳다 하지 않는다[不是]. 그러므로[故] {성인(聖人)은} 뚜렷하다[彰]. {성인(聖人)은} 자기를[自] 자랑하지 않는다[不伐]. 그러므로[故] {성인(聖人)께는} 보람이[功] 있다[有]. {성인(聖人)은} 자기를[自] 높이지 않는다[不矜]. 그러므로[故] {성인(聖人)은} 장구하다[長]. 무릇[夫] 오로지[唯] {성인(聖人)은} 누구와도 다투지 않는다[不爭]. 그러므로[故] 온 세상에[天下] (어느 누구도) 성인(聖人)과[與之] 다툴 일이[爭] 있을 수 없다[能莫]. 옛날의[古之] 이른바[所謂] 순종하면[曲] 곧[則] 온전하다는[全] 말씀이[者] 어찌[豈] 빈[虛] 말[言]이겠는가[哉]? 진실로[誠] 보전(保全)하면[全而] 자연으로[之] 돌아온다[歸].

22-1 曲則全(곡즉전)

▶ 꺾이면[曲] 곧[則] 온전해진다[全].

구부러질 곡(曲), 곧 즉(則), 온전할 전(全)

【지남(指南)】

〈곡즉전(曲則全)〉은 〈곡(曲)〉과 〈전(全)〉을 들어 천도(天道)를 밝힌다. 곡여전(曲與全)이 아니라 곡역전(曲亦全)임을 밝힌다. 곡(曲)과 전(全)이 따로 둘이 아니라, 위곡(委曲)함이[曲] 곧 보전(保全)함[全]임을 밝힘이 여기 곡즉전(曲則全)이다. 위곡(委曲)은 수종(隨從)함이다.

여기 〈곡(曲)〉은 천도(天道)를 따름[隨從]이다. 자연의[天] 규율[道]을 따르면 그 무엇이든 보전됨이[全] 여기 곡즉전(曲則全)이다. 자연의[天] 규율[道]은 이롭되[利] 불해(不害)하고 위해주되[爲] 부쟁(不爭)함이니, 천도(天道)를 따르면 그 무엇이든 보전된다. 따라서 여기 곡즉전(曲則全)은 서로 이롭고[利] 위하며[爲], 서로 해치지 않고[不害] 서로 다투지 않는[不爭] 천도(天道)를 밝히고 있음이다. 그러므로 곡즉전(曲則全)은 2장(章)에서 살핀 **상생(相生)·상성(相成)·상형(相形)·상경(相傾)·상화(相和)·상수(相隨)**를 상기시킨다. 곡전상생(曲全相生)하고 곡전상성(曲全相成)하며 곡전상형(曲全相形)하고 곡전상경(曲全相傾)하며 곡전상화(曲全相和)하고 곡전상수(曲全相隨)하는 것이 곡(曲)과 전(全)이 상의(相依)하여 하나가 됨이다[爲一].

곡즉전(曲則全)의 〈곡(曲)〉은 서계(西溪) 박세당(朴世堂)께서 〈꺾일 절(折)〉로 새겨 수종(隨從)의 뜻을 강하게 하였다. 그리하여 〈전(全)〉을 분명히 일깨워준다. 곡즉전(曲則全)이란 꺾임 즉 수종(隨從)함도[曲] 온전함도[全] 서로 왕래한다. 곡(曲)이 변(變)하여 전(全)으로 화(化)하기도 하고 전(全)이 변하여 곡(曲)으로 화(化)함이 자연의[天] 규율[道]이고, 상도(常道)를 본받아[法] 따름[順]이다. 변(變)이란 바뀜[更]이고, 화(化)란 새로움[新]이다. 무엇이든 변화(變化)하여 경신(更新)하고 왕래(往來)함이 천도(天道)이다. 이러한 수종(隨從)과[曲] 보전(保全)함은[全] 『장자(莊子)』의 **시역피(是亦彼) 피역시(彼亦是)**와 **인시이(因是已)**를 또한 상기시킨다.

인지(人智)의 분별을 떠나 만물일야(萬物一也) 즉 온갖 것이[萬物] 하나인[一] 자연(自然)과 어울려[和] 변화하여 곡전(曲全)이 자연(自然)에 맡긴 채로[因是已] 변화하여, 서로 왕래함이 곧 천도(天道)임을 살펴 헤아려 깨우치게 하는 말씀이 여기 〈곡즉전(曲則全)〉이다.

註 "유무상생(有無相生) 난이상성(難易相成) 장단상형(長短相形) 고하상경(高下相傾) 음성상화(音聲相和) 전후상수(前後相隨)." 있고[有] 없음은[無] 서로[相] 생기고[生], 어렵고[難] 쉬움은[易] 서로[相] 이루며[成], 길고[長] 짧음은[短] 서로[相] 드러나고[形], 높고[高] 낮음은[下] 서로[相] 기대며[傾], 홀소리 닿소리는[音聲] 서로[相] 어울리고[和], 앞뒤는[前後] 서로[相] 따른다[隨].

『노자(老子)』 2장(章)

註 "성인불유이조지우천(聖人不由而照之于天) 역인시야(亦因是也) 시역피야(是亦彼也) 피역시야(彼亦是也) 피역일시비(彼亦一是非) 차역일시비(此亦一是非) 과차유피시호재(果且有彼是乎哉) 과차무피시호재(果且無彼是乎哉)." 성인은[聖人] (상대적인 방법을) 거치지 않고서[不由而] 자연에[于天] 비추어본다[照]. (이런 비춤) 역시[亦] 크나큰 하나에[是] 맡김[因]이다[也]. 이것[是] 역시[亦] 저것[彼]이고[也], 저것[彼] 역시[亦] 이것[是]이다[也]. 저것[彼] 역시[亦] 하나의[一] 시비이고[是非] 이것[此] 역시[亦] 하나의[一] 시비인지라[是非], 과연[果] 또[且] 저것이것이[彼是] 있는[有] 것인가[乎哉]? 과연[果] 또[且] 저것이것이[彼是] 없는[無] 것인가[乎哉]?

『장자(莊子)』「제물론(齊物論)」

註 "유달자지통위일(唯達者知通爲一) 위시불용이우저용(爲是不用而寓諸庸)…… 인시이(因是已) 이이부지기연(已而不知其然) 위지도(謂之道)." 오직[唯] (상도를) 통달한[達] 자만이[者] 통하면[通] 하나가[一] 됨을[爲] 알고[知] 자기 주장을[爲是] 쓰지 않고서[不用而] 통함을 씀에[庸] 모든 것을[諸] 맡긴다[寓]. …… 상도(常道)에[是] 맡길[因] 뿐이다[已]. 그래서[已而] 그러함도[其然] 모르는 것[不知] 그것을[之] 상도라[道] 한다[謂]. 『장자(莊子)』「제물론(齊物論)」

註 "만물일야(萬物一也) 시기소미자위신기(是其所美者爲神奇) 기소악자위취부(其所惡者爲臭腐) 취부복화위신기(臭腐復化爲神奇) 신기복화위취부(神奇復化爲臭腐) 고왈(故曰) 통천하일기이(通天下一氣耳) 성인고귀일(聖人故貴一)." 온갖 것들은[萬物] 하나[一]이다[也]. 그런데[是] 어떤 것이[其] 아름다운[美] 것[所]이면[者] 신기하다[神奇] 하고[爲], 어떤 것이[其] 추악한[惡] 것[所]이면[者] 썩은 냄새라[臭腐] 한다[爲]. 썩은 냄새는[臭腐] 다시[復] 변화하여[化] 신기한 것이[神奇] 되고[爲], 신기한 것은[神奇] 다시[復] 변화하여[化] 썩은 냄새가[臭腐] 된다[爲]. 그러므로[故] 말한다[曰] : 세상을[天下] (두루 걸림 없이) 통함은[通] {상도(常道)의} 한 기운[一氣]뿐이다[耳]. 성인은[聖人] 그러므로[故] 하나를[一] 받든다[貴]. 『장자(莊子)』「지북유(知北遊)」

【보주(補註)】

- 〈곡즉전(曲則全)〉을 〈임하물일곡(任何物一曲) 즉임하물일전(則任何物一全)〉처럼 옮기면 문의(文義)를 좀 더 쉽게 새길 수 있다. 〈무엇이든[任何物] 한번[一] 꺾이면[曲] 곧[則] 무엇이든[任何物] 한번[一] 온전해진다[全].〉

- 곡즉전(曲則全)은 곡(曲)과 전(全)이 따로 둘[二]이 아니라, 곡(曲)과 전(全)이 하나[一]로 변화하여 왕래함이다. 따라서 곡즉전(曲則全)은 꺾임[曲]과 온전함[全]을 둘[二]로 나누지 않는 천도(天道)를 밝힘이다.

【해독(解讀)】

- 〈곡즉전(曲則全)〉은 조건의 종절(從節)과 주절로 이루어진 복문(複文)이다. 〈곡하면[曲] 곧[則] 전하다[全].〉
- 곡(曲)은 주어가 생략되었지만 조건의 종절(從節)에서 동사 노릇한다. 고문(古文)에서는 한 자(字)가 문맥에 따라 절 노릇도 하고 문장 노릇한다. 곡(曲)은 여기선 〈꺾일 절(折)〉과 같아 곡절(曲折)의 줄임말로 여기면 된다. 〈(그 무엇이든) 꺾이면[曲]〉
- 즉전(則全)에서 즉(則)은 〈곧 즉(則)〉으로서 조사 노릇하고, 전(全)은 주어가 생략되었지만 주절에서 동사 노릇한다. 전(全)은 〈온전할 완(完)〉과 같아 완전(完全)의 줄임말로 여기면 된다. 〈(그 무엇이든) 온전하다[全].〉

22-2 枉則直(왕즉직)

▶ 굽어지면[枉] 곧[則] 곧아진다[直].

굽을 왕(枉), 곧 즉(則), 곧을 직(直)

【지남(指南)】

〈왕즉직(枉則直)〉은 〈왕(枉)〉과 〈직(直)〉을 비유로 들어, 상대(相對)함이 아니라 대대(對待)하는 천도(天道)를 밝힌다. 왕여직(枉與直)이 아니라 왕역직(枉亦直)임을 밝힌다. 굽어짐[枉] 따로, 곧아짐[直] 따로, 왕(枉)과 직(直)이 나뉘어 맞대는 것이 아니라 왕(枉) 역시[亦] 직(直)임을 밝힘이 여기 왕즉직(枉則直)이다.

한번 굽어지면[枉] 한번 곧아지고[直] 한번 직(直)하면 한번 왕(枉)함이 천도(天道) 즉 자연의[天之] 규율[道]이고, 그 규율이란 이롭되[利] 불해(不害)하고 위해주되[爲] 부쟁(不爭)함이다. 따라서 여기 왕즉직(枉則直)은 서로 이롭고[利] 위하며[爲], 서로 해치지 않고[不害] 서로 다투지 않는[不爭] 천도(天道)를 밝히고 있음이다.

왕(枉)·직(直)이 둘로 나뉘어 굽혀서[枉] 항상 구부러지게 하고, 펴서[全] 항상 펴지게 하는 짓은 인위(人爲)이다. 그러나 한번 구부러졌으면[枉] 곧아지고[直], 한번 직(直)하면 왕(枉)함이 자연의[天] 규율[道]이다. 그러므로 왕즉직(枉則直) 역시 2장(章)에서 살핀 〈상생(相生)·상성(相成)·상형(相形)·상경(相傾)·상화(相和)·상수(相隨)〉를 상기시킨다. 왕직상생(枉直相生)하고 왕직상성(枉直相成)하며 왕직상형(枉直相形)하고 왕직상경(枉直相傾)하며 왕직상화(枉直相和)하고 왕직상수(枉直相隨)하는 것이 왕(枉)과 직(直)이 상의(相依)하여 하나가 됨이다[爲一].

왕즉직(枉則直)이란 구부림도[枉] 곧음도[直] 서로 왕래한다. 왕(枉)이 변(變)하여 직(直)으로 화(化)하기도 하고, 직(直)이 변(變)하여 왕(枉)으로 화(化)함이 자연(自然)의 이치[道]이고 상도(常道)를 본받아[法] 따름[順]이다. 무엇이든 변화(變化)하여 경신(更新)하고 왕래(往來)함이 천도(天道)이다. 이러한 구부림과[枉] 곧음[直] 또한 『장자(莊子)』의 〈시역피(是亦彼) 피역시(彼亦是)〉와 〈인시이(因是已)〉를 상기시킨다. 인시이(因是已)는 인지(人智)의 분별을 떠나 만물일야(萬物一也), 즉 온갖 것이[萬物] 하나인[一] 자연(自然)과 어울려[和] 하나가 됨을 말한다.

왕직(枉直)도 자연(自然)에 맡긴 채로[因是已] 변화하여 서로 왕래함이 곧 천도(天道)임을 살펴 헤아려 깨우치게 하는 말씀이 여기 〈왕즉직(枉則直)〉이다.

【보주(補註)】

- 〈왕즉직(枉則直)〉을 〈임하물일왕(任何物一枉) 즉임하물일직(則任何物一直)〉처럼 옮기면 문의(文義)를 좀 더 쉽게 새길 수 있다. 〈무엇이든[任何物] 한번[一] 구부러지면[枉] 곧[則] 무엇이든[任何物] 한번[一] 곧아진다[直].〉
- 왕즉직(枉則直) 역시 왕(枉)과 직(直)이 따로 둘[二]이 아니라, 왕(枉)·직(直)이 하나[一]로 변화하여 왕래함이다. 따라서 왕즉직(枉則直)은 구부러짐[枉]과 곧음[直]을 둘[二]로 나누지 않는 천도(天道)를 밝힘이다.

【해독(解讀)】

- 〈왕즉직(枉則直)〉 역시 조건의 종절(從節)과 주절로 이루어진 복문(複文)이다. 〈왕하면[枉] 곧[則] 직한다[直].〉
- 왕(枉)은 주어가 생략되었지만 조건의 종절(從節)에서 동사 노릇한다. 고문(古

文)에서는 한 자(字)가 문맥에 따라 절 노릇도 하고 문장 노릇한다. 왕(枉)은 〈굽을 곡(曲)〉과 같아 왕곡(枉曲)의 줄임말로 여기면 된다. 〈(그 무엇이든) 구부러지면[枉]〉

- 즉직(則直)에서 즉(則)은 〈곧 즉(則)〉으로서 조사 노릇하고, 전(全)은 주어가 생략되었지만 주절에서 동사 노릇한다. 직(直)은 〈곧을 정(正)〉과 같아 정직(正直)의 줄임말로 여기면 된다. 〈(그 무엇이든) 곧아진다[直].〉

22-3 窪則盈(와즉영)

▶ 비면[窪] 곧[則] 찬다[盈].

빌 와(窪), 곧 즉(則), 찰 영(盈)

【지남(指南)】

〈와즉영(窪則盈)〉은 〈와(窪)〉와 〈영(盈)〉을 비유로 들어, 상대(相對)함이 아니라 대대(對待)하는 천도(天道)를 밝힌다. 와여영(窪與盈)이 아니라 와역영(窪亦盈)임을 밝힌다. 비움[窪] 따로, 채움[盈] 따로, 와(窪)와 영(盈)이 나뉘어 맞대는 것이 아니라 와(窪) 역시[亦] 영(盈)임을 밝힘이 여기 와즉영(窪則盈)이다.

한번 비워지면[窪] 한번 채워지고[盈], 한번 영(盈)하면 한번 와(窪)함이 천도(天道) 즉 자연의[天之] 규율[道]이다. 천도(天道)란 이롭되[利] 불해(不害)하고, 위해주되[爲] 부쟁(不爭)함이다. 따라서 여기 와즉영(窪則盈)은 서로 이롭고[利] 위하며[爲], 서로 해치지 않고[不害] 서로 다투지 않는[不爭] 천도(天道)를 밝히고 있음이다.

와(窪) · 영(盈)이 둘로 나뉘어 비움은[窪] 항상 비고, 채움은[盈] 항상 차는 것은 인위(人爲)이다. 그러나 한번 비우면[窪] 차고[盈], 한번 영(盈)하면 한번 와(窪)함이 자연의[天] 규율[道]이다. 그러므로 와즉영(窪則盈) 역시 2장(章)에서 살핀 〈상생(相生) · 상성(相成) · 상형(相形) · 상경(相傾) · 상화(相和) · 상수(相隨)〉를 상기시킨다. 와영상생(窪盈相生)하고 와영상성(窪盈相成)하며 와영상형(窪盈相形)하고 와영상경(窪盈相傾)하며 와영상화(窪盈相和)하고 와영상수(窪盈相隨)하는 것이 왕

(枉)과 직(直)이 상의(相依)하여 하나가 됨이다[爲一].

와즉영(窪則盈)의 와(窪)를 서계(西溪) 박세당(朴世堂)께서 〈빌 허(虛)〉로 새겨 영(盈)을 분명히 했다. 물길이 움푹해 비워진 곳을 만나면 채운 다음 흘러가듯, 비워지면 채워줌이 자연(自然)의 규율[道] 즉 순리(順理)이니 와(窪) · 영(盈)은 왕래(往來)하여 변화(變化)한다. 곡전(曲全)함도 하나의 변화이고, 왕직(枉直)함도 하나의 변화이고, 다름 아닌 비움[窪] 역시 채움도[盈] 서로 왕래하여 변화하니 변(變)하여 화(化)함이 천도(天道)이고, 상도(常道)를 본받아[法] 따름[順]이다. 이러한 비움과[窪] 채움[盈] 역시 『장자(莊子)』의 〈시역피(是亦彼) 피역시(彼亦是)〉와 〈인시이(因是已)〉를 상기시킨다. 인시이(因是已)는 인지(人智)의 분별을 떠나 온갖 것이[萬物] 하나인[一] 자연(自然)과 어울려[和] 자화(自化)함이다.

와영(窪盈)도 서로 왕래함이 법자연(法自然)이므로, 비면[窪] 차고[盈] 영하면[盈] 와함이[窪] 천도(天道)임을 살펴 헤아려 깨우치게 하는 말씀이 〈와즉영(窪則盈)〉이다.

【보주(補註)】

- 〈와즉영(窪則盈)〉을 〈임하물일와(任何物一窪) 즉임하물일영(則任何物一盈)〉처럼 옮기면 문의(文義)를 좀 더 쉽게 새길 수 있다. 〈무엇이든[任何物] 한번[一] 비워지면[窪] 곧[則] 무엇이든[任何物] 한번[一] 채워진다[直].〉
- 와즉영(窪則盈) 역시 와(窪)와 영(盈)이 따로 둘[二]이 아니라 와(窪) · 영(盈)이 하나[一]로 변화하여 왕래함이다. 따라서 와즉영(窪則盈)도 빔[窪]과 채움[盈]을 둘[二]로 나누지 않는 천도(天道)를 밝힘이다.

【해독(解讀)】

- 〈와즉영(窪則盈)〉 역시 조건의 종절(從節)과 주절로 이루어진 복문(複文)이다. 〈와하면[窪] 곧[則] 영한다[盈].〉
- 와(窪)는 주어가 생략되었지만 조건의 종절(從節)에서 동사 노릇한다. 고문(古文)에서는 한 자(字)가 문맥에 따라 절 노릇도 하고 문장 노릇한다. 와(窪)은 여기선 〈빌 허(虛)〉와 같아 와허(窪虛)의 줄임말로 여기면 된다. 〈(그 무엇이든) 비워지면[窪]〉
- 즉영(則盈)에서 즉(則)은 〈곧 즉(則)〉으로서 조사 노릇하고, 영(盈)은 주어가 생

략되었지만 주절에서 동사 노릇한다. 영(盈)은 〈찰 만(滿)〉과 같아 영만(盈滿)의 줄임말로 여기면 된다. 〈(그 무엇이든) 채워진다[盈].〉

22-4 敝則新(폐즉신)

▶ 낡으면[敝] 곧[則] 새로워진다[新].

낡아 해질 폐(敝), 곧 즉(則), 새로운 신(新)

【지남(指南)】

〈폐즉신(敝則新)〉은 〈폐(敝)〉와 〈신(新)〉을 비유로 들어, 상대(相對)함이 아니라 대대(對待)하는 천도(天道)를 밝힌다. 폐여신(敝與新)이 아니라 폐역신(敝亦新)임을 밝힌다. 낡음[敝] 따로, 새로움[新] 따로, 폐(敝) · 신(新)이 나뉘어 맞대는 것이 아니라 폐(敝) 역시[亦] 신(新)임을 밝힘이 여기 폐즉신(敝則新)이다.

한번 낡으면[敝] 한번 새로워지고[新], 한번 신(新)하면 한번 폐(敝)함이 천도(天道) 즉 자연의[天之] 규율[道]이다. 천도(天道)란 이롭되[利] 불해(不害)하고, 위해주되[爲] 부쟁(不爭)함이다. 따라서 여기 폐즉신(敝則新) 역시 서로 이롭고[利] 위하며[爲], 서로 해치지 않고[不害] 서로 다투지 않는[不爭] 천도(天道)를 밝히고 있음이다.

폐(敝) · 신(新)이 둘로 나뉘어 낡음은[敝] 항상 낡고 새로움은[新] 항상 새로운 짓은 인위(人爲)이다. 그러나 한번 낡으면[敝] 새롭고[新], 한번 신(新)하면 한번 폐(敝)함이 자연의[天] 규율[道]이다. 그러므로 폐즉신(敝則新) 역시 2장(章)에서 살핀 〈상생(相生) · 상성(相成) · 상형(相形) · 상경(相傾) · 상화(相和) · 상수(相隨)〉를 상기시킨다. 폐신상생(敝新相生)하고 폐신상성(敝新相成)하며 폐신상형(敝新相形)하고 폐신상경(敝新相傾)하며 폐신상화(敝新相和)하고 폐신상수(敝新相隨)하는 것이 폐(敝)와 신(新)이 상의(相依)하여 하나가 됨이다[爲一].

폐즉신(敝則新)의 〈폐(敝)〉도 서계(西溪) 박세당(朴世堂)께서 〈헌(낡은) 고(故)〉로 새겨 〈신(新)〉을 분명하게 밝혔다. 해지면 새로워짐은[敝則新] 곧 헌것은[敝] 새것임[新]이다. 이처럼 폐(敝) · 신(新)은 왕래하여 변화하니 곡전(曲全)함도 하나의 변화이고, 왕직(枉直)함도 하나의 변화이고, 와영(窪盈)함도 하나의 변화이듯 다름 아닌 헌것도[敝] 새것도[新] 왕래하여 변화하고 변(變)하여 화(化)함이 천도(天道)이니, 상도(常道)를 본받아[法] 따름[順]이다. 이 역시 『장자(莊子)』의 〈시역피(是亦彼) 피역시(彼亦是)〉와 〈인시이(因是已)〉를 상기시킨다. 인시이(因是已)는 인지(人智)의 분별을 떠나 온갖 것이[萬物] 하나인[一] 자연(自然)과 어울려[和] 자화(自化)함이다.

폐신(敝新) 또한 서로 왕래함이 법자연(法自然)으로, 해지면[敝] 새롭고[新] 신하면[新] 폐함이[敝] 천도(天道)임을 밝힌 말씀이 〈폐즉신(敝則新)〉이다.

【보주(補註)】

- 〈폐즉신(敝則新)〉을 〈임하물일폐(任何物一敝) 즉임하물일신(則任何物一新)〉처럼 옮기면 문의(文義)를 좀 더 쉽게 새길 수 있다. 〈무엇이든[任何物] 한번[一] 낡아지면[敝] 곧[則] 무엇이든[任何物] 한번[一] 새로워진다[新].〉
- 폐즉신(敝則新) 역시 폐(敝)와 신(新)이 따로 둘[二]이 아니라 폐(敝) · 신(新)이 하나[一]로 변화하여 왕래함이다. 따라서 폐즉신(敝則新)도 헌것[敝]과 새것[新]을 둘[二]로 나누지 않는 천도(天道)를 밝힘이다.
- 폐즉신(敝則新)이 〈폐즉신(弊則新)〉으로 된 본(本)도 있다. 〈해질 폐(敝) · 폐(弊)〉로 같은 뜻이므로 원문(原文)의 문의(文義)가 달라지는 것은 아니다.

【해독(解讀)】

- 〈폐즉신(敝則新)〉 역시 조건의 종절(從節)과 주절로 이루어진 복문(複文)이다. 〈폐하면[敝] 곧[則] 신한다[新].〉
- 폐(敝)는 주어가 생략되었지만 조건의 종절(從節)에서 동사 노릇한다. 고문(古文)에서는 한 자(字)가 문맥에 따라 절 노릇도 하고 문장 노릇한다. 폐(敝)는 〈해질 폐(弊), 옛 것 고(故) · 구(舊)〉 등과 같지만, 여기선 폐(敝)를 〈헌것 고(故)〉로 여기고 새기는 편이 더 마땅하다. 〈(그 무엇이든) 낡으면[敝]〉
- 즉신(則新)에서 즉(則)은 〈곧 즉(則)〉으로서 조사 노릇하고, 신(新)은 주어가 생략되었지만 주절에서 동사 노릇한다. 신(新)은 여기선 경구(更舊), 즉 헌것을[舊] 바꿔[更] 새것[初]으로 함인지라 〈새것 초(初)〉와 같다. 〈(그 무엇이든) 새로워진다[新].〉

22-5 少則得(소즉득)

▶ 적으면[少] 곧[則] 얻는다[得].

적을 소(少), 곧 즉(則), 얻을 득(得)

【지남(指南)】

〈소즉득(少則得)〉 역시 〈소(少)〉와 〈득(得)〉을 비유로 들어, 상대(相對)함이 아니라 대대(對待)하는 천도(天道)를 밝힌다. 여기 소즉득(少則得)은 취함이 적으면 오히려 많이 얻게 됨을 밝힘이다. 따라서 소여득(少與得)이 아니라 소역득(少亦得)임을 밝힌다. 적음[少] 따로 얻음[得] 따로 소(少) · 득(得)이 나뉘어 맞대는 것이 아니라, 소(少) 역시[亦] 득(得)임을 밝힘이 여기 소즉득(少則得)이다.

한번 적으면[少] 한번 얻어지고[得], 한번 득(得)하면 한번 소(少)함이 천도(天道) 즉 자연의[天] 규율[道]이다. 천도(天道)란 이롭되[利] 불해(不害)하고, 위해주되[爲] 부쟁(不爭)함이다. 따라서 여기 소즉득(少則得) 역시 서로 이롭고[利] 위하며[爲], 서로 해치지 않고[不害] 서로 다투지 않는[不爭] 천도(天道)를 밝히고 있음이다.

소(少) · 득(得)이 둘로 나뉘어 적음은[少] 항상 적고 얻음은[得] 항상 얻는 짓은 인위(人爲)이다. 그러나 한번 적으면[少] 얻어[得] 많아지고[多], 한번 얻으면[得] 한번 잃어서[損] 적어짐[少]이 자연의[天] 규율[道]이다. 그러므로 소즉득(少則得) 역시 2장(章)에서 살핀 〈상생(相生) · 상성(相成) · 상형(相形) · 상경(相傾) · 상화(相和) · 상수(相隨)〉를 상기시킨다. 소득상생(少得相生)하고 소득상성(少得相成)하며 소득상형(少得相形)하고 소득상경(少得相傾)하며 소득상화(少得相和)하고 소득상수(少得相隨)하는 것이 소(小)와 득(得)이 상의(相依)하여 하나가 됨이다[爲一].

소즉득(少則得)의 〈소(少)〉를 서계(西溪) 박세당(朴世堂)께서는 〈낮출 겸(謙)〉으로 새겨 〈득(得)〉을 분명히 밝혔다. 겸(謙)이란 소사(少私)하여 자손(自損) 즉 스스로[自] 덜어냄[損]이다. 적으면 많아짐[少則得]이란, 잃어서 적음[少]은 곧 취해서 많아짐[得]으로 돌아온다는 것이다. 이처럼 소(少) · 득(得)은 왕래하여 변화하니, 곡전(曲全)함도 하나의 변화이고 왕직(枉直)함도 하나의 변화이고 와영(窪盈)함도 하나의 변화이며 폐신(敝新)도 하나의 변화이다. 다름 아닌 적음도[少] 많음도[得] 왕래하여 변화한다. 변(變)하여 화(化)함이 천도(天道)로, 상도(常道)를 본받아[法] 따름[順]이다. 이러한 적음과[少] 많음[得] 역시 『장자(莊子)』의 〈시역피(是亦彼) 피역시(彼亦是)〉와 〈인시이(因是已)〉를 상기시킨다. 인시이(因是已)는 자연(自然)에 맡겨 어울려[和] 자화(自化)함이다.

소득(少得) 또한 서로 왕래함이 법자연(法自然)으로, 적으면[少] 많아지고[得] 득하면[得] 소함이[少] 천도(天道)임을 밝힌 말씀이 〈소즉득(少則得)〉이다.

【보주(補註)】

- 〈소즉득(少則得)〉을 〈임하물일소(任何物一少) 즉임하물일득(則任何物一得)〉처럼 옮기면 문의(文義)를 좀 더 쉽게 새길 수 있다. 〈무엇이든[任何物] 한번[一] 적으면[少] 곧[則] 무엇이든[任何物] 한번[一] 많아진다[得].〉
- 소즉득(少則得) 역시 소(少)와 득(得)이 따로 둘[二]이 아니라 소(少) · 득(得)이 하나[一]로 변화하여 왕래함이다. 따라서 소즉득(少則得)도 적음[少]과 많음[得]을 둘[二]로 나누지 않는 천도(天道)를 밝힘이다.

【해독(解讀)】

- 〈소즉득(少則得)〉 역시 조건의 종절(從節)과 주절로 이루어진 복문(複文)이다. 〈소하면[少] 곧[則] 득한다[得].〉
- 소(少)는 주어가 생략되었지만 조건의 종절(從節)에서 동사 노릇한다. 고문(古文)에서는 한 자(字)가 문맥에 따라 절 노릇도 하고 문장 노릇한다. 소(少)는 〈적을 과(寡)〉와 같아 과소(寡少)의 줄임말로 여기면 된다. 〈(그 무엇이든) 적어지면[少]〉
- 즉득(則得)에서 즉(則)은 〈곧 즉(則)〉으로서 조사 노릇하고, 득(得)은 주어가 생략되었지만 주절에서 동사 노릇한다. 득(得)은 〈많을 다(多)〉와 같아 다득(多得)의 줄임말로 여기면 된다. 〈(그 무엇이든) 많아진다[得].〉

22-6 多則惑(다즉혹)

▶ 많으면(多) 곧[則] 헷갈린다[惑].

많을 다(多), 곧 즉(則), 헷갈릴 혹(惑)

【지남(指南)】

〈다즉혹(多則惑)〉 역시 〈다(多)〉와 〈혹(惑)〉을 비유로 들어, 상대(相對)함이 아니라 대대(對待)하는 천도(天道)를 밝힌다. 여기 다즉혹(多則惑)은 많이[多] 탐(貪)하면 욕심 사나워 미혹해짐을 밝힘이다. 따라서 다여혹(多與惑)이 아니라 다역혹(多亦惑)임을 밝힌다. 많음[多] 따로 헷갈림[惑] 따로 다(多) · 혹(惑)이 나뉘어 맞대는 것이 아니라, 다(多) 역시[亦] 혹(惑)임을 밝힘이 여기 다즉혹(多則惑)이다.

한번 많으면[多] 한번 적어짐[少] 없이 많은 것만 탐하면 미혹(迷惑)해짐이 천도(天道)이다. 천도(天道)란 이롭되[利] 불해(不害)하고 위해주되[爲] 부쟁(不爭)함인지라, 한쪽으로 치우친 다다익선(多多益善)은 자연의[天] 규율[道]에는 없다. 따라서 여기 다즉혹(多則惑) 역시 서로 이롭고[利] 위하며[爲], 서로 해치지 않고[不害] 서로 다투지 않는[不爭] 천도(天道)를 밝히고 있음이다.

다(多) · 혹(惑)이 둘로 나뉘어 많음은[多] 항상 좋다고[善] 우기는 짓은 인위(人爲)이다. 그러나 한번 많으면[多] 한번 적어지지[小] 않고 많아지기만[多] 바라면 미혹(迷惑)에 빠지고 마는 것이 자연의[天] 규율[道]이다. 그러므로 여기 다즉혹(多則惑) 역시 2장(章)에서 살핀 〈상생(相生) · 상성(相成) · 상형(相形) · 상경(相傾) · 상화(相和) · 상수(相隨)〉를 상기시킨다. 다혹상생(多惑相生)하고 다혹상성(多惑相成)하며 다혹상형(多惑相形)하고 다혹상경(多惑相傾)하며 다혹상화(多惑相和)하고 다혹상수(多惑相隨)하는 것이 다(多)와 혹(惑)이 상의(相依)하여 하나가 됨이다[爲一].

다즉혹(多則惑) 역시 서계(西溪) 박세당(朴世堂)께서 〈이영이득휴야(以盈而得虧也)〉로 통함을 밝혀, 〈다(多)〉와 〈혹(惑)〉의 뜻을 더욱 깊게 일깨워준다. 다혹(多惑)은 영휴(盈虧)라고 새길 수 있다. 가득 차면[盈] 많아지고[多], 많아지면[多] 줄어서[虧] 헷갈린다[惑]. 많으면 적어져서 헷갈림은[多則惑], 얻어서 많음이[多] 곧 그 많음을 잃고 적어져버려 곧 잃고 헷갈림으로[惑] 돌아옴이다. 이처럼 다(多) · 혹(惑)은 왕래하여 변화한다. 곡전(曲全)함도 하나의 변화이고, 왕직(枉直)함도 하나의 변화이며, 와영(窪盈)함도 하나의 변화이고, 폐신(敝新)도 하나의 변화이며,

소득(少得)도 하나의 변화이니, 다름 아닌 많음도[多] 헷갈림도[惑] 왕래하여 변화한다. 변(變)하여 화(化)함이 천도(天道)로, 상도(常道)를 본받아[法] 따름[順]이다. 이러한 많음과[多] 헷갈림[惑] 역시 『장자(莊子)』의 〈시역피(是亦彼) 피역시(彼亦是)〉와 〈인시이(因是已)〉를 상기시킨다. 인시이(因是已)는 자연(自然)에 맡겨 어울려[和] 자화(自化)함이다.

다혹(多惑) 또한 서로 왕래함이 법자연(法自然)으로, 많으면[多] 미혹해짐이[惑] 천도(天道)임을 밝힌 말씀이 〈다즉혹(多則惑)〉이다.

【보주(補註)】

- 〈다즉혹(多則惑)〉을 〈임하물일다(任何物一多) 즉임하인일혹(則任何人一惑)〉처럼 옮기면 문의(文義)를 좀 더 쉽게 새길 수 있다. 〈무엇이든[任何物] 한번[一] 많으면[多] 곧[則] 누구든[任何人] 한번[一] 미혹한다[惑].〉
- 다즉혹(多則惑) 역시 다(多)와 혹(惑)이 따로 둘[二]이 아니라, 다(多) · 혹(惑)이 하나[一]로 변화하여 왕래함이다. 따라서 다즉혹(多則惑)도 많음[多]과 미혹[惑]을 둘[二]로 나누지 않는 천도(天道)를 밝힘이다.

【해독(解讀)】

- 〈다즉혹(多則惑)〉 역시 조건의 종절(從節)과 주절로 이루어진 복문(複文)이다. 〈다하면[多] 곧[則] 혹한다[惑].〉
- 다(多)는 주어가 생략되었지만 조건의 종절(從節)에서 동사 노릇한다. 고문(古文)에서는 한 자(字)가 문맥에 따라 절 노릇도 하고 문장 노릇한다. 다(多)는 〈많을 과(過)〉와 같아 과다(過多)의 줄임말로 여기면 된다. 〈(그 무엇이든) 많아지면[多]〉
- 즉혹(則惑)에서 즉(則)은 〈곧 즉(則)〉으로서 조사 노릇하고, 혹(惑)은 주어가 생략되었지만 주절에서 동사 노릇한다. 혹(惑)은 〈미혹할 미(迷)〉와 같아 미혹(迷惑)의 줄임말로 여기면 된다. 〈(그 누구이든) 미혹한다[得].〉

22-7 是以(시이) 聖人抱一(성인포일) 爲天下式(위천하식)

▶ 이렇기[是] 때문에[以] 성인은[聖人] 하나를[一] 지켜[抱] 세상의

[天下] 모범이[式] 된다[爲].

이 시(是), 때문에 이(以), 통할 성(聖), 지킬 포(抱), 하나 일(一), 삼을 위(爲), 본받기 식(式)

【지남(指南)】

〈성인포일(聖人抱一) 위천하식(爲天下式)〉은 성인(聖人)이 천도(天道)를 본받아 피차(彼此)를 둘로 나누지 않고 하나를[一] 지켜[抱], 성인(聖人)은 세상의 모범이[式] 됨을 밝힌다.

피차(彼此)를 하나로 함이 자연의[天] 규율이다[道]. 그 천도(天道)란 곧 상도(常道)의 조화인지라, 포일(抱一)은 곧 상도를[道] 지킴[守]으로 이어진다. 성인(聖人)은 온갖 사물을 피대시(彼對是)로 여기거나 상대(相對)로 마주하지 않고, 피역시(彼亦是)로 여겨 위일(爲一)로 마주함이 여기 〈포일(抱一)〉이다. 앞에서 밝힌 바대로 『장자(莊子)』의 **만물일야(萬物一也)**뿐만 아니라 **만물일부(萬物一府)** 그리고 『장자(莊子)』의 「제물론(齊物論)」의 맨 끝말인 **물화(物化)**도 여기 포일(抱一)에서 비롯된 생각들이다.

포일(抱一)의 〈일(一)〉이란 도지수(道之數) 즉 상도(常道)를 뜻하는[道之] 수(數)이지, 산수(算數)의 수(數)가 아니다. 성인(聖人)은 곡즉전(曲則全)의 곡(曲)이 피(彼)라면 전(全)은 시(是)로 피시(彼是)가 상대(相對)한다고 여기고 마주하지[對] 않고, 상대(相待) 즉 서로 의지하여[待] 하나가 되는 천도(天道)를 본받아 지킴이 여기 〈포일(抱一)〉이다. 곡전(曲全)·왕직(枉直)·와영(窪盈)·폐신(敝新)·소득(少得)·다혹(多惑) 등 뿐 아니라 만물을 상대(相對)로 여기고 마주함은 인지(人智)의 시비 분별을 내고 논란을 불러 상쟁(相爭)을 빚어낸다. 그러나 만물을 하나[一]로 마주하면 곡전(曲全)의 이것[是] 저것은[彼] 상통(相通)하여 하나가 돼 서로[相] 다툴[爭] 일이 없다. 따라서 성인(聖人)이 만물을 하나로[一] 품고 지킴은[抱] 곧 수도(守道)로서 상도(常道)를 따라 지킴[抱]이다.

그러므로 포일(抱一)이란 수도(守道)요 존도(尊道)요 종도(從道)요 법도(法道)인지라, 여기 포일(抱一)은 20장(章)에서 살핀 **귀사모(貴食母)**와 52장(章)에 나오는 **복수기모(復守其母)**를 상기시킨다. 온갖 목숨들을 먹여주는[食] 어머니를[母] 받들고

[貴] 만물의[其] 어머니께로[母] 돌아와[復] 지키는[守] 삶이 곧 포일(抱一)의 삶이다. 그러니 포일(抱一)하면 곡전(曲全)이 하나가[一] 돼 부쟁(不爭)하고, 왕직(枉直)도 하나가 돼 부쟁(不爭)하며, 와영(窪盈)도 하나가 돼 부쟁(不爭)하고, 폐신(敝新)도 하나가[一] 돼 부쟁(不爭)하며, 소득(少得)도 하나가[一] 돼 부쟁(不爭)하듯, 만물이 상통(相通)하여 하나가 된다.

여기 포일(抱一)은 10장(章) **재영백포일(載營魄抱一)**의 포일(抱一) 바로 그것으로, 상도(常道)를 지키고[守] 본받고[法] 받들며[尊] 따름이[從] 곧 성인(聖人)의 포일(抱一)이다. 그러니 여기 성인포일(聖人抱一)은 『장자(莊子)』에 나오는 **성인불유이조지우천(聖人不由而照之于天)**을 환기시킨다. 성인(聖人)은 시비를[之] 자연에[于天] 비추어 맡기니[照], 이것[是]이냐 저것[彼]이냐 옳으냐[是] 그르냐[非]를 두고 결코 다툼하지 않는다[不爭]. 자연에는 피시(彼是)·시비(是非)의 상쟁(相爭)이란 없으므로 이 포일(抱一)로써 항상 선하게[善] 구인(救人)하고 구물(救物)하는 성인(聖人)은 천하식(天下式) 즉 온 세상의[天下] 모범이[式] 된다.

성인(聖人)이 상도를[一] 지킴으로[抱]써 온 세상의 모범이 될 수 있으니, 이는 『장자(莊子)』에 나오는 **인시이(因是已)**로써 성인(聖人)이 세상만사의 **도추(道樞)**임을 살펴 새기고 헤아려 깨우치게 하는 말씀이 〈성인포일(聖人抱一) 위천하식(爲天下式)〉이다.

註 "만물일야(萬物一也)." 만물은[萬物] 하나[一]이다[也]. 『장자(莊子)』「지북유(知北遊)」

註 "만물일부(萬物一府)." 만물은[萬物] 한 곳간에 있다[一府]. 『장자(莊子)』「천지(天地)」

註 "주여호접(周與胡蝶) 즉필유분야(則必有分也) 차지위물화(此之謂物化)." 장주와[周] 나비[胡蝶]라면[則] 반드시[必] 구분이[分] (상도의 입장에서 보면 없지만 눈으로 보면) 있는 것[有]이다[也]. 이것[此]을[之] 만물의[物] 변화라고[化] 한다[謂]. 『장자(莊子)』「제물론(齊物論)」

註 "아독이어인(我獨異於人) 이귀사모(而貴食母)." 나만[我獨] 사람들[人]과[於] 달라서[異而] 먹여주는[食] 어머니를[母] 받든다[貴]. 『노자(老子)』 20장(章)

註 "천하유시(天下有始) 이위천하모(以爲天下母)…… 복수기모(復守其母) 몰신불태(歿身不殆)." 온 세상에[天下] 시원이[始] 있고[有], (그 시원으로) 써[以] 온 세상의[天下] 어머니로[母] 삼는다[爲]. …… 그[其] 어머니께로[母] 돌아와[復] 지킨다면[守] 평생토록[歿身] 위태롭지 않다[不殆]. 『노자(老子)』 52장(章)

註 "재영백포일(載營魄抱一) 능무리호(能無離乎)." 무릇[載] 정신과[營] 형체는[魄] 하나를[一]

안고 지킨다[抱]. {그 영백(營魄)을} 능히[能] 분리하지[離] 않는 것[無]인가[乎]?

『노자(老子)』 10장(章)

註 "인시인비(因是因非) 인비인시(因非因是) 시이(是以) 성인불유이조지우천(聖人不由而照之于天) 역인시야(亦因是也) 시역피야(是亦彼也) 피역시야(彼亦是也) 피역일시비(彼亦一是非) 차역일시비(此亦一是非) 과차유피시호재(果且有非是乎哉) 과차무피시호재(果且無彼是乎哉) 피시막득기우(彼是莫得其偶) 위지도추(謂之道樞)." {시비(是非)를 둘로 대(對)하면} 시로[是] 말미암아[因] 비가[非] 말미암고[因], 비로[非] 말미암아[因] 시가[是] 말미암는다[因]. 이렇기[是] 때문에[以] 성인은[聖人] {시비(是非)의 대(對)를} 통하지 않고서[不由而] 자연에[于天] 시비를[之] 비추어 본다[照]. {성인(聖人)의 조지우천(照之于天)이란} 역시[亦] (시비가 없는) 자연에[是] 맡김[因]이다[也]. 이것[是] 역시[易] 저것[彼]이고[也] 저것[彼] 역시[亦] 이것[是]이다[也]. 저것[彼] 역시[亦] 하나의[一] 시비이고[是非], 이것[此] 역시[亦] 하나의[一] 시비이다[是非]. 과연[果] 또[且] 저것이것이[彼是] 있는[有] 것인가[乎哉]? 과연[果] 또[且] 저것이것이[彼是] 없는[無] 것인가[乎哉]? 저것과[彼] 이것에[是] 제[其] 쪽을[偶] 갖춤이[得] 없는 것[莫] 그것을[之] 지도리라[道樞] 한다[謂].

피시(彼是)는 인간의 것이지 자연에는 없다. 역인시(亦因是)의 시(是)는 대시(大是)로서 천(天), 즉 자연(自然)을 나타내는 지시어이다. 『장자(莊子)』「제물론(齊物論)」

註 "노자왈(老子曰) 위생지경(衛生之經) 능포일호(能抱一乎) 능물실호(能勿失乎) 능무복서이지길흉호(能無卜筮而知吉凶乎) 능지호(能止乎) 능이호(能已乎) 능사저인(能舍諸人) 이구저기호(而求諸己乎) 능소연호(能翛然乎) 능동연호(能侗然乎) 능아자호(能兒子乎)…… 여물위이(與物委蛇)." 노자가[老子] 가로되[曰] : 위생의[衛生之] 도는[經] 상도를[一] 능히[能] 지킴[抱]이고[乎], (그 하나를) 능히[能] 잃지 않음[勿失]이며[乎], 점치지 않고서도[無卜筮而] 능히[能] 길흉을[吉凶] 앎[知]이고[乎], 능히[能] 머묾[止]이고[乎], 능히[能] 그침[已]이며[乎], 능히[能] 남의 것을[諸人] 버리고서[舍而] 자기의 것을[諸己] 구함[求]이고[乎], 능히[能] 얽매지 않음[翛然]이고[乎], 능히[能] 참됨[侗然]이고[乎], 능히[能] 아이 같음[兒子]이지[乎]. …… 사물과[物] 함께[與] 본성(本性)에 맡긴다[委蛇].

위생(衛生)은 양생(養生)과 같다. 소연(翛然)은 능통자재지모(能通自在之貌) 즉 조금도 걸림 없는[能通自在之] 모습[貌]이고, 동연(侗然)은 진실지모(眞實之貌) 즉 참다운[眞實之] 모습[貌]이며, 위이(委蛇)는 임성(任性) 즉 본성에[性] 맡김[任]과 같고 지순지모(至順之貌) 즉 지극히[至] 따르는[順之] 모습[貌]이다. 여기서 이(蛇)의 발음은 〈뱀 사(蛇)〉가 아니라 〈든든할 이(蛇)〉이다.

『장자(莊子)』「경상초(庚桑楚)」

註 "유달자지통위일(唯達者知通爲一) 위시불용이우저용(爲是不用而寓諸庸)…… 인시이(因是已) 이이부지기연(已而不知其然) 위지도(謂之道)." 오직[唯] (상도를) 통달한[達] 자만이[者] 통하면[通] 하나가[一] 됨을[爲] 알고[知] 자기 주장을[爲是] 쓰지 않고서[不用而] 통함을 씀에[庸] 모든 것을[諸] 맡긴다[寓]. …… 상도(常道)에[是] 맡길[因] 뿐이다[已]. 그래서[已而] 그러함도[其然] 모르는 것[不知] 그것을[之] 상도라[道] 한다[謂]. 『장자(莊子)』「제물론(齊物論)」

【보주(補註)】

- 〈시이(是以) 성인포일(聖人抱一) 위천하식(爲天下式)〉을 〈시이(是以) 성인포일(聖人抱一) 이성인위천하지식(而聖人爲天下之式)〉처럼 옮기면 문의(文義)를 좀 더 쉽게 새길 수 있다. 〈이렇기[是] 때문에[以] 성인은[聖人] 하나를[一] 안아 간직하여 지킨다[抱]. 그래서[而] 성인은[聖人] 온 세상의[天下之] 모범이[式] 된다[爲].〉
- 성인포일(聖人抱一)에서 포일(抱一)은 수도(守道) · 종도(從道) · 존도(尊道)함이고, 나아가 5장(章)에서 살핀 **수중(守中)**과 같다. 〈상도를[道] 지킴[守]〉 〈상도를[道] 따름[從]〉 〈상도를[道] 받듦[尊]〉

註 "다언수궁(多言數窮) 불여수중(不如守中)." {상도(常道)를 밝히려는} 말이[言] 많아질수록[多] 이치가[數] 궁색해지니[窮], {상도(常道)를 밝히려는 말하기란} 상도를 따라[中] 지킴만[守] 못하다[不如]. 『노자(老子)』 5장(章)

【해독(解讀)】

- 시이(是以)에서 시(是)는 앞서 살핀 〈곡즉전(曲則全) · 왕즉직(枉則直) · 와즉영(窪則盈) · 폐즉신(敝則新) · 소즉득(少則得) · 다즉혹(多則惑)〉을 묶어 나타내는 지시어 노릇하고, 이(以)는 〈때문에 고(故)〉와 같아 시이(是以)는 시고(是故)와 같다. 〈이렇기[是] 때문에[以]〉
- 〈성인포일(聖人抱一) 위천하식(爲天下式)〉은 생략된 〈그래서 이(而)〉로써 두 구문이 이루어진 중문(重文)이다. 〈성인은[聖人] 포일한다[抱一]. {그래서[而] 성인(聖人)은} 천하의[天下] 모범이[式] 된다[爲].〉
- 성인포일(聖人抱一)에서 성인(聖人)은 주어 노릇하고, 포(抱)는 동사 노릇하며, 일(一)은 포(抱)의 목적어 노릇한다. 포(抱)는 〈안아 품을 회(懷), 간직하여 지킬 보(保) · 수(守)〉 등과 같다. 〈성인은[聖人] 하나를[一] 지킨다[抱].〉
- 위천하식(爲天下式)은 〈성인위천하식(聖人爲天下式)〉에서 보충될 수 있는 내용이므로 주어 노릇할 성인(聖人)을 생략한 구문이다. 위천하식(爲天下式)에서 위(爲)는 주어가 생략되었지만 동사 노릇하고, 천하(天下)는 식(式)을 꾸며주는 형용사구 노릇하며, 식(式)은 주격보어 노릇한다. 〈천하의[天下] 모범이[式] 된다[爲].〉

22-8 不自見(부자현) 故明(고명)

▶ {성인(聖人)은} 자기를[自] 드러내지 않는다[不見]. 그러므로[故] {성인(聖人)은} 밝다[明].

아니 부(不), 자신 자(自), 드러낼 현(見), 그러므로 고(故), 밝을 명(明)

【지남(指南)】

〈부자현(不自見) 고명(故明)〉은 7장(章)에서 살핀 **성인후기신(聖人後其身)·외기신(外其身)**을 상기시키면서 부쟁지도(不爭之道) 즉 부쟁의[不爭之] 이치를[道] 밝힌다. 성인(聖人)은 자기를 앞세우지 않으니 드러나지 않는다.

부자현(不自見)의 〈자현(自見)〉에는 두 갈래의 뜻이 있다. 무주견(無主見) 즉 미리 정해진 자기[主] 견해가[見] 없어야 하는 까닭을 먼저 터득해야 〈부자현고명(不自見故明)〉의 밝음[明]의 까닭을 깨우칠 수 있다. 주견(主見)이란 자의(恣意)로 이어지기 때문에 사물을 제 고집대로 살펴[見] 치우치기 마련이다. 치우쳐버리는 주견(主見)은 사물의 본말(本末) 즉 사리(事理)를 있는 그대로 살펴볼 수 없게 되어 36장(章)의 **시위미명(是謂微明)**의 미명(微明)을 잃어버린다. 그러므로 먼저 주견(主見)을 버려야 〈부자현(不自見)〉이 가능해진다.

이것과[彼] 이것이[是] 둘로 나뉘어 상쟁(相爭)하면 불명(不明)하게 되지만, 저것[彼] 역시[亦] 이것[是]으로 서로[相] 의지해[待] 부쟁(不爭)하면 사물을 마주함이 밝아진다[明]. 이처럼 부자견(不自見)하여 밝다[明] 함은 조지우천(照之于天) 즉 자연에 따라[于天] 비추어 봄[照之]이다. 사물을 자의(恣意)로 보지[見] 않고 지성(至誠)으로 마주하면 33장(章) **자지자명(自知者明)**의 명(明)을 누릴 수 있다. 그러면 절로 부자현(不自見) 즉 자신[自]을 드러내지 않는[不見] 미명(微明)의 밝음[明]을 누리게 된다.

부자현(不自見)하여 밝음[明]은 자기(自己)를 드러내지 않고서 사물의 본말(本末)을 밝혀 사물이 뜻하는 바[所義]를 궁구(窮究)하여 자기를 밝게 함이다. 밝음[明]은 곧 자명(自明)으로, 이를 갖추어야 고금(古今)의 변화를 살펴[見] 그 기미(機微)인 조화의 실마리[機]를 걸림 없이 밝혀내면서 부쟁(不爭)의 삶을 누릴 수 있음을 살펴 새기고 깨우치게 하는 말씀이 〈부자현(不自見) 고명(故明)〉이다.

註 "성인후기신이신선(聖人後其身而身先) 외기신이신존(外其身而身存)." 성인은[聖人] 자신을[其身] 뒤로 물려서[後而] 자신이[身] 앞서지고[先], 그[其] 자신을[身] 제쳐서[外而] 자신이[身] 살아난다[存]. 『노자(老子)』 7장(章)

註 "장욕흡지(將欲翕之) 필고장지(必固張之) 장욕약지(將欲弱之) 필고강지(必固强之) 장욕폐지(將欲廢之) 필고흥지(必故興之) 장욕취지(將欲取之) 필고여지(必固與之) 시위미명(是謂微明)." 장차[將] 그것을[之] 접고[歙] 싶다면[欲] 반드시[必] 진실로[固] 그것을[之] 펴주고[張], 장차[將] 그것을[之] 약하게 하고[弱] 싶다면[欲] 반드시[必] 진실로[固] 그것을[之] 강하게 해주며[强], 장차[將] 그것을[之] 그만두게 하고[廢] 싶다면[欲] 반드시[必] 진실로[固] 그것을[之] 흥하게 해주고[興], 장차[將] 그것을[之] 빼앗고[取] 싶다면[欲] 반드시[必] 진실로[固] 그것을[之] 준다[與]. 이를[是] 미묘함의[微] 밝음이라[明] 한다[謂]. 『노자(老子)』 36장(章)

註 "지인자지(知人者智) 자지자명(自知者明)." 남을[人] 아는[知] 것은[者] 슬기이고[智], 자신을[自] 아는[知] 것은[者] 밝음이다[明]. 『노자(老子)』 33장(章)

【보주(補註)】

- 〈부자현(不自見) 고명(故明)〉을 〈성인부자현(聖人不自見) 고성인명(故聖人明)〉처럼 옮기면 문의(文義)를 좀 더 쉽게 새길 수 있다. 〈성인은[聖人] 자기를[自] 드러내지 않는다[不見]. 그러므로[故] 성인은[聖人] 밝다[明].〉
- 〈부자현(不自見) 고명(故明)〉에서 부자현(不自見)은 자기를[自] 드러내지 않아[不見] 스스로 밝다[明]. 자현(自見) 즉 자기를 드러내 과시하여 오만한 자는 사물의 본말(本末)에 어둡다[昧]. 그래서 겸명오매(謙明傲昧)라 한다. 부자현(不自見)의 현(見)을 〈볼 견(見)〉이 아니라 〈드러날 현(見)〉으로 읽는다. 그리고 자현(自見)은 주아(主我) · 주견(主見) · 자만(自慢) 등으로 비롯되고, 부자현(不自見)은 자지(自知) · 자겸(自謙) · 자비(自卑) · 자하(自下) 등으로 이어진다. 〈낮추면[謙] 밝고[明] 건방 떨면[傲] 어둡다[昧].〉
- 〈부자현(不自見) 고명(故明)〉의 명(明)은 16장(章) **지상왈명(知常日明)**과 33장(章) **자지자명(自知者明)**과 52장(章) **견소왈명(見小日明)** 등을 환기시킨다. 이 명(明)은 노자(老子)의 특수한 술어(術語)로, 자명(自明) · 내명(內明)으로 통한다. 〈자신이 자신을 밝게 함[自明=內明]〉

註 "지상왈명(知常曰明)." 상도를[常] 앎을[知] 밝음이라[明] 한다[曰]. 『노자(老子)』 16장(章)

註 "자지자명(自知者明)." 자신을[自] 아는[知] 것은[者] 밝음이다[明]. 『노자(老子)』 33장(章)

註 "견소왈명(見小曰明)." 세소한 것을[小] 살핌을[見] 밝음이라[明] 한다[曰]. 『노자(老子)』 52장(章)

【해독(解讀)】

- 〈부자현(不自見) 고명(故明)〉은 접속사 〈고(故)〉로 이어진 중문(重文)이다. 〈부자현한다[不自見]. 그러므로[故] 밝다[明].〉
- 부자현(不自見)에서 부(不)는 견(見)의 부정사(否定詞)이고, 자(自)는 현(見)의 목적어 노릇하며, 현(見)은 주어가 생략되었지만 동사 노릇한다. 현(見)은 〈드러낼 현(現) · 현(顯) · 현(炫)〉 등과 같다. 〈(성인은) 자기를[自] 드러내지 않는다[不見].〉
- 고명(故明)은 〈고(故) 성인명(聖人明)〉에서 앞 문맥으로 보충될 수 있는 내용이므로 주어 노릇할 성인(聖人)은 생략되었지만, 명(明)은 동사 노릇한다. 고(故)는 접속사 노릇하고, 명(明)은 〈밝을 조(照)〉와 같아 조명(照明)의 줄임말로 여기면 된다. 〈그러므로[故] {성인(聖人)은} 밝다[明].〉

22-9 不自是(부자시) 故彰(고창)

▶ {성인(聖人)은} 자기를[自] 옳다 하지 않는다[不是]. 그러므로[故] {성인(聖人)은} 뚜렷하다[彰].

아니 부(不), 스스로 자(自), 옳다 할 시(是), 그러므로 고(故), 뚜렷할 창(彰)

【지남(指南)】

〈부자시(不自是) 고창(故彰)〉 역시 7장(章)에서 살핀 〈성인후기신(聖人後其身) · 외기신(外其身)〉을 상기시키면서 부쟁지도(不爭之道) 즉 부쟁의[不爭之] 이치를[道] 밝힌다. 성인(聖人)은 위시(爲是) 즉 자기가 옳다고[爲是] 자기 주장을 하지[爲主] 않음을 밝힌다.

부자시(不自是)에서 〈시(是)〉는 스스로 자기가 옳다[是]고 주장함이다. 누구에게 다 자시(自是)의 시(是)가 통할 리 없으니, 모두에게 시(是)가 되자면 자기에게서 비롯되는 시(是)가 아니라 천도(天道)를 따르는 것이어야 한다. 소인(小人)은 사람의 뜻에 따라 피차(彼此) · 시비(是非)가 비롯된다고 생각하고 피사(詖辭)를 마다하지 않는다. 치우치는[詖] 말[辭]이 상쟁(相爭)을 불러와 상해(相害)하지만, 성인(聖人)은 피시(彼是) · 시비(是非)란 사람의 것이지 자연(自然)에는 이것[此] · 저것[彼]도 없고 옳음[是] · 그름[非]도 없음을 깨우쳐 피시(彼是)의 나눔도 없고 시비(是非)의 가름도 없으므로 언제 어디서든 부쟁(不爭)하여 불해(不害)한다.

성인(聖人)께는 피차(彼此)도 둘이 아니며 시비(是非)도 둘이 아니다. 온갖 것을 포일(抱一)하는데 어찌 피차(彼此)가 둘이고 시비(是非)가 둘이 되겠는가? 성인(聖人)은 스스로[自] 시(是)라 하지 않고 피차(彼此) · 시비(是非)를 떠나 자연의[天] 규율에[道] 맡길[因] 뿐이다. 즉 성인(聖人)은 인시이(因是已)할 뿐이다. 『장자(莊子)』에 나오는 **인시이(因是已)**의 시(是)는 도(道)와 합(合)하고 덕(德)과 합(合)하는지라 대시(大是)라 한다. 피차(彼此) · 시비(是非)는 없고 유연(謬然)의 시(是), 즉 맑고 깊되 변화하는[謬] 그러한[然] 것[是]만 있을 뿐이다. 성인(聖人)은 만물 · 만사에 유연(謬然)하므로 도덕(道德)과 합(合)하고 상선(上善)과 합(合)하니, 성인(聖人)은 늘 부자시(不自是)한다. 소인(小人)이 자시(自是)할 뿐이다.

소인(小人)은 자신의 시(施)와 공(功)을 과시하여 뽐내고자 술수를 쓰지만, 세상은 소인(小人)의 그런 수작을 외면해버리므로 자시(自是)할수록 오히려 불창(不彰) 즉 덮여지고 만다. 성인(聖人)은 자신을[身] 뒤로 하고[後] 제치면서[外] 시비를 벗어나 자연(自然)의 규율을 따라 베풀고[施] 보람[功]을 쌓기 때문에 성인(聖人)의 공(功)을 세상이 절로 뚜렷이 해주고[彰], 덕(德)을 뚜렷이 해줌을 살펴 새기고 헤아려 깨우치게 하는 말씀이 〈부자시(不自是) 고창(故彰)〉이다.

註 "통야자득야(通也者得也) 적득이기의(適得而幾矣) 인시이(因是已) 이이부지기연(已而不知其然) 위지도(謂之道)." {시비 분별 없이 피차(彼此)가} 통함[通]이란[也] 것은[者] (하나 됨을 스스로) 얻음[得]이다[也]. 걸림 없이[適] 스스로 {그 통(通)함을} 얻음이면[得而] 상도(常道)에 가까움[幾]이다[矣]. 그 상도에[是] 맡길[因] 뿐이다[已]. 그래서[已而] 그러함도[其然] 모르는[不知] 그것을[之] 도라[道] 한다[謂].

『장자(莊子)』「제물론(齊物論)」

【보주(補註)】

- 〈부자시(不自是) 고창(故彰)〉을 〈성인부자시(聖人不自是) 고성인위창어민(故聖人爲彰於民)〉처럼 옮기면 문의(文義)를 좀 더 쉽게 새길 수 있다. 〈성인은[聖人] 자기를[自] 옳다 하지 않는다[不是]. 그러므로[故] 성인은[聖人] 백성에[民] 의해서[於] 뚜렷해진다[爲彰].〉
- 〈부자시(不自是) 고창(故彰)〉에서 부자시(不自是)는 자기를[自] 옳다고 주장하지 않아[不是] 남들이 오히려 부자시(不自是)하는 자를 뚜렷하게 해준다[彰]. 자시(自是) 즉 자기가 옳다고 주장함은 성견(成見) 때문이다. 자기 뜻대로 주장을 세워 고집함이 성견(成見)이다. 성견(成見)에서 비롯되는 자시(自是)는 사물의 본말(本末)을 살핌을 어둡게[昧] 한다. 그래서 겸명오매(謙明傲昧)라 한다. 자시(自是)도 자현(自見)과 마찬가지로 주아(主我) · 주견(主見) · 자만(自慢) 등으로 비롯된다. 그러나 부자시(不自是)는 부자현(不自見)과 같이 자지(自知) · 자겸(自謙) · 자비(自卑) · 자하(自下) 등으로 이어진다. 〈낮추면[謙] 밝고[明] 건방떨면[傲] 어둡다[昧].〉
- 〈부자시(不自是) 고창(故彰)〉의 창(彰)은 문장(文章)이다. 문장은 색깔로써 뚜렷하게 드러냄이다. 문(文)은 적청(赤靑)으로 드러냄이고, 장(章)은 적백(赤白)으로 드러냄이다. 이렇듯 뚜렷하게 드러남이 창(彰)이다.

【해독(解讀)】

- 〈부자시(不自是) 고창(故彰)〉은 접속사 〈고(故)〉로 이어진 중문(重文)이다. 〈부자시한다[不自是]. 그러므로[故] 뚜렷하다[彰].〉
- 부자시(不自是)에서 부(不)는 시(是)의 부정사(否定詞)이고, 자(自)는 시(是)의 목적어 노릇하며, 시(是)는 주어가 생략되었지만 동사 노릇한다. 시(是)는 〈자기 주장할 위시(爲是)〉와 같다. 〈자기를[自] 주장하지 않는다[不是].〉
- 고창(故彰)은 〈고(故) 성인창(聖人彰)〉에서 앞 문맥으로 보충될 수 있는 내용이므로 주어 노릇할 성인(聖人)은 생략되었지만, 창(彰)은 동사 노릇한다. 고(故)는 접속사 노릇하고, 창(彰)은 〈뚜렷할 현(顯)〉과 같아 창현(彰顯)의 줄임말로 여기면 된다. 〈그러므로[故] {성인(聖人)은} 뚜렷하다[明].〉

22-10 不自伐(부자벌) 故有功(고유공)

▶{성인(聖人)은} 자기를[自] 자랑하지 않는다[不伐]. 그러므로[故] {성인(聖人)께는} 보람이[功] 있다[有].

아니 부(不), 자랑할 벌(伐), 그러므로 고(故), 있을 유(有), 보람 공(功)

【지남(指南)】

〈부자벌(不自伐) 고유공(故有功)〉 역시 7장(章)에서 살핀 〈성인후기신(聖人後其身)·외기신(外其身)〉을 상기시키면서 부쟁지도(不爭之道) 즉 부쟁의[不爭之] 이치를[道] 밝힌다.

자벌(自伐)은 자기를[自] 자랑함[伐]이다. 요샛말로 자기발전 하는 짓이 자벌(自伐)이다. 이런 자벌(自伐)은 곧 자현(自衒)이다. 자기[自] 자랑은[伐] 자기를[自] 파는[衒] 짓과 같고, 이를 과요(誇耀)라 한다. 자기를 자랑해서[誇] 빛내려고[耀] 할수록 스스로 빛바래지게 하는 것이 세파(世波)이다. 자벌(自伐)하면 스스로 쌓은 공든 탑도 무너진다. 24장(章)에 〈벌자무공(伐者無功)〉이란 말씀이 나오고, 『장자(莊子)』에도 **벌자무공(伐者無功)**이란 말이 있다. 자랑하는[伐] 자한테는[者] 공이[功] 없다는[無] 것이다. 그래서 〈자랑할 벌(伐)〉이면서 〈칠 벌(伐)〉이 된다.

자벌(自伐)은 자과(自誇)로 그치는 것이 아니라 자격(自擊)으로 이어지고, 자패(自敗)로 끝난다. 자기를[自] 자랑함은[誇] 자기를[自] 공격함[擊]인지라 결국 자기를[自] 실패로[敗] 몰아가고 만다. 그래서 『맹자(孟子)』에 **국필자벌(國必自伐) 이후인벌지(而後人伐之)**란 말이 나온다. 〈나라는[國] 반드시[必] 스스로[自] 쳐버린[伐] 뒤에야[而後] 남이[人] 그 나라를[之] 친다[伐]〉는 것이다. 제 자랑[自伐]은 자기를[自] 죽이는[戕] 짓으로 돌아오니 자벌(自伐)보다 더 우둔한 짓은 없다. 어찌 성인(聖人)께서 이런 우둔한 짓을 하겠는가. 성인(聖人)은 자기 자랑을[自伐] 결코 하지 않기 때문에 세상 사람들이 변함없이 성인(聖人)의 공적(功績)을 높이 사 받듦을 일깨워주는 말씀이 〈부자벌(不自伐) 고유공(故有功)〉이다.

註 "자벌자무공(自伐者無功) 공성자타(功成者墮) 명성자휴(名成者虧) 숙능거공여명(孰能去

功與名) 이환여중인(而還與衆人).” 스스로[自] 자랑하는[伐] 자는[者] 공적을[功] 잃고[無], 공적을[功] 이룬[成] 자가[者] (공적에 연연하다) 자신을 망치며[墮], 명성을[名] 이룬[成] 자가[者] (명성에 연연하다) 욕보게 된다[虧]. 누가[孰] 공적과[功與] 명성을[名] 버리고[去] 뭇사람에게[與衆人] 돌려줄 수 있을까[能還]?

자벌자(自伐者)의 벌(伐)은 〈자랑할 긍(矜)〉과 같다. 『장자(莊子)』「산목(山木)」

註 “부인필자모연후(夫人必自侮然後) 인모지(人侮之) 가필자훼이후(家必自毁而後) 인훼지(人毁之) 국필자벌(國必自伐) 이후인벌지(而後人伐之).” 누구나[夫人] 필히[必] 자신을[自] 모욕한[侮] 뒤에야[然後] 남이[人] 그를[之] 업신여기고[侮], 가문은[家] 필히[必] 스스로[自] 훼손한[毁] 뒤에야[而後] 남이[人] 그 가문을[之] 훼손하며[毁], 나라는[國] 꼭[必] 스스로[自] 친[伐] 뒤에야[而後] 남이[人] 그 나라를[之] 친다[伐].

국필자벌(國必自伐)의 벌(伐)은 〈칠 정(征) · 죽일 장(戕)〉 등과 같다.

『맹자(孟子)』「이루장구상(離婁章句上)」

【보주(補註)】

- 〈부자벌(不自伐) 고유공(故有功)〉을 〈성인부자벌(聖人不自伐) 고(故) 성인유공(聖人有功)〉처럼 옮기면 문의(文義)를 좀 더 쉽게 새길 수 있다. 〈성인은[聖人] 자기를[自] 자랑하지 않는다[不伐]. 그러므로[故] 성인께는[聖人] 보람이[功] 있다[有].〉
- 부자벌(不自伐)의 자벌(自伐)은 공치사를 함이다. 자벌(自伐) 역시 주아(主我) · 아집(我執) · 자만(自慢) 등으로 말미암고, 부자벌(不自伐)은 자겸(自謙) · 자비(自卑) · 자하(自下) 등으로 말미암는다.

【해독(解讀)】

- 〈부자벌(不自伐) 고유공(故有功)〉은 접속사 〈고(故)〉로 이어진 중문(重文)이다. 〈부자벌한다[不自伐]. 그러므로[故] 공이[功] 있다[有].〉
- 부자벌(不自伐)에서 부(不)는 벌(伐)의 부정사(否定詞)이고, 자(自)는 벌(伐)의 목적어 노릇하며, 벌(伐)은 주어가 생략되었지만 동사 노릇한다. 벌(伐)은 여기선 〈자랑할 과(誇)〉와 같다. 〈자기를[自] 자랑하지 않는다[不伐].〉
- 고유공(故有功)에서 고(故)는 접속사 노릇하고, 유(有)는 동사 노릇하며, 공(功)은 유(有)의 주어 노릇한다. 공(功)은 〈보람 적(績)〉과 같아 공적(功績)의 줄임말로 여기면 된다. 〈그러므로[故] {성인(聖人)께는} 보람이[功] 있다[有].〉
- 유공(有功)은 〈A유(有)B〉의 상용문이다. 〈있을 유(有), 없을 무(無)〉 등은 주어

를 뒤에 둔다고 여기면 된다. 〈A에 B가 있다[有].〉 〈A에 B가 없다[無].〉

22-11 不自矜(부자긍) 故長(고장)

▶{성인(聖人)은} 자기를[自] 높이지 않는다[不矜]. 그러므로[故] {성인(聖人)은} 장구하다[長].

아니 부(不), 스스로 자(自), 높일 긍(矜), 그러므로 고(故), 장구할 장(長)

【지남(指南)】

〈부자긍(不自矜) 고장(故長)〉 역시 7장(章)에서 살핀 〈성인후기신(聖人後其身)·외기신(外其身)〉을 상기시키면서 부쟁지도(不爭之道) 즉 부쟁의[不爭之] 이치를[道] 밝힌다.

부자긍(不自矜)의 긍(矜)은 사람을 귀하게도 하고 천하게도 한다. 자긍(自矜) 즉 자기를[自] 높임[矜]이란, 아무리 세속에 초연하여 장엄(莊嚴)할지라도 남보다 자신이 낫다는 속셈을 지녀 남들을 화나게 하여 스스로를 더럽히기도 한다. 『논어(論語)』는 **긍(矜)**을 삼질(三疾) 중의 하나로 보고, 사람을 맑고 깨끗하게[廉] 하기도 하지만 남을 화나게 하여 싸우게 하므로 병통[疾]이라 지적한다. 『장자(莊子)』에서도 긍(矜)을 인간의 일[事] 탓으로 앓는 **사환(四患)** 중의 하나로 지적한다.

이처럼 긍(矜)은 소인(小人)이 자기를 아껴 높이려다가 화를 자초하여 앓는 질환이다. 스스로 자신을 돋보이게 하고자 뽐내고자 높일수록[矜] 못난 자신이 드러나 세상 사람들로부터 버림받고 손가락질 당하다 추락한다. 왜 성인(聖人)은 수천년이 흘러도 사람들의 마음 속에서 변함없이 받들어지는가[長]? 무엇보다 성인(聖人)은 자기를[自] 높이지 않고[不矜], 자연(自然)을 본받아 사람을 구제하고[救人] 사물을 구제하기[救物] 때문에 오래오래 받들어지는[長] 사실을 살펴 새기고 헤아려 깨우치게 하는 말씀이 〈부자긍(不自矜) 고장(故長)〉이다.

註 "고자(古者) 민유삼질(民有三疾) 금야(今也) 혹시지망야(或是之亡也) 고지광야사(古之狂也肆) 금지광야탕(今之狂也蕩) 고지긍야렴(古之矜也廉) 금지긍야분려(今之矜也忿戾) 고지우야직(古之愚也直) 금지우야사이이의(今之愚也詐而已矣)." 옛[古者] 사람들한테는[民] 세 가지[三]

결점이[疾] 있었는데[有] 지금은[今之] 그것도[是之] 없어진 것[亡] 같다[或也]. 옛날에는[古之] 미쳐도[狂也] 거리낌 없었는데[肆] 지금은[今之] 미쳐도[狂也] 터무니없다[蕩]. 옛날에는[古之] 뻐겨도[矜也] 깨끗했는데[廉] 지금은[今之] 뻐겨도[矜也] 분해서 싸우려 든다[忿戾]. 옛날에는[古之] 어리석어도[愚也] 곧았는데[直] 지금은[今之] 어리석어도[愚也] 속이려 들[詐] 뿐이다[而已矣].

『논어(論語)』「양화(陽貨)」16

註 "군자긍이부쟁(君子矜而不爭) 군이부당(羣而不黨)." 군자는[君子] 연민하면서[矜而] 다투지 않고[不爭], 무리지어도[黨而] 패거리짓지 않는다[不同]. 『논어(論語)』「위령공(衛靈公)」21

註 "호경대사(好經大事) 변경역상(變更易常) 이괘공명(以挂功名) 위지도(謂之叨) 전지천사(專知擅事) 침인자용(侵人自用) 위지탐(謂之貪) 견과불경(見過不更) 문간유심(聞諫愈甚) 위지흔(謂之很) 인동어기즉가(人同於己則可) 부동어기(不同於己) 수선불선(雖善不善) 위지긍(謂之矜) 차사환야(此四患也)." 큰일을[大事] 치르기를[經] 좋아하고[好], 한결같음을[常] 바꾸고[變更] 고쳐[易] 그 짓으로[以] 공명을[功名] 내걺[挂] 그것을[之] 도라고[叨] 한다[謂]. 지식을[知] 휘둘러대면서[專] 일을[事] 제멋대로 하고[擅], 남을[人] 침범하여[侵] 제 것인 양[自] 씀[用] 그것을[之] 탐이라고[貪] 한다[謂]. 잘못을[過] 알고서도[見] 고치지 않고[不更] 충고를[諫] 듣고서도[聞] 더욱[愈] 심해짐[甚] 그것을[之] 흔이라고[很] 한다[謂]. 남이[人] 저와[於己] (뜻이) 같으면[同] 곧장[則] 좋다 하고[可], 저와[於己] 같지 않으면[不同] 곧장[則] 선일지[善]라도[雖] 불선이라 함[不善] 그것을[之] 긍이라고[矜] 한다[謂]. 이것들이[此] 네 가지[四] 걱정거리[患]이다[也].

〈함부로 차지할 도(叨)〉, 〈사납게 욕심낼 탐(貪)〉, 〈말 듣지 않고 거스를 흔(很)〉, 〈으쓱해 뻐길 긍(矜)〉이다. 『장자(莊子)』「어부(漁父)」

【보주(補註)】

- 〈부자긍(不自矜) 고장(故長)〉을 〈성인부자긍(聖人不自矜) 고(故) 성인장구(聖人長久)〉처럼 옮기면 문의(文義)를 좀 더 쉽게 새길 수 있다. 〈성인은[聖人] 자기를[自] 아끼지 않는다[不矜]. 그러므로[故] 성인은[聖人] 장구하다[長久].〉
- 부자긍(不自矜)의 자긍(自矜)은 자기를 뽐내고자 과시함이다. 자긍(自矜) 역시 주아(主我) · 아집(我執) · 자만(自慢) 등으로 말미암고, 부자긍(不自矜)은 자겸(自謙) · 자비(自卑) · 자하(自下) 등으로 말미암는다. 〈자기를[自] 뽐내며 아낀다[矜].〉

【해독(解讀)】

- 〈부자긍(不自矜) 고장(故長)〉은 접속사 〈고(故)〉로 이어진 중문(重文)이다. 〈부자긍한다[不自矜]. 그러므로[故] 장구하다[長].〉
- 부자긍(不自矜)에서 부(不)는 긍(矜)의 부정사(否定詞)이고, 자(自)는 긍(矜)의

목적어 노릇하며, 긍(矜)은 주어가 생략되었지만 동사 노릇한다. 긍(矜)은 여기선 〈높일 상(尙)〉과 같다. 긍(矜) 자(字)는 〈창자루 근(긍), 홀아비 환(긍), 공경할 긍(矜)=공(恭), 아낄 긍(矜)=석(惜)〉 등등으로 세 가지 발음을 낸다. 〈자기를[自] 높이지 않는다[不矜].〉

- 고장(故長)에서 고(故)는 접속사 노릇하고, 장(長)은 동사 노릇한다. 장(長)은 〈오랠 구(久)〉와 같아 장구(長久)의 줄임말로 여기면 된다. 〈그러므로[故] {성인(聖人)은} 장구하다[功].〉

22-12 夫唯不爭(부유부쟁) 故天下莫能與之爭(고천하막능여지쟁)

▶ 무릇[夫] 오로지[唯] {성인(聖人)은 누구와도} 다투지 않는다[不爭]. 그러므로[故] 온 세상에[天下] (어느 누구도) 성인[聖人]과[與之] 다툴 일이[爭] 있을 수 없다[能莫].

무릇 부(夫), 오직 유(唯), 아니 부(不), 다툴 쟁(爭), 그러므로 고(故), 없을 막(莫), 능히 능(能), ~함께 여(與), 그 지(之)

【지남(指南)】

〈부유부쟁(夫唯不爭) 고천하막능여지쟁(故天下莫能與之爭)〉은 성인(聖人)은 어느 누구와도 부쟁(不爭)하고, 그 무엇과도 부쟁(不爭)함을 밝히고 있다. 그래서 〈부쟁(不爭)〉 앞에 〈부유(夫唯)〉를 더한 것이다. 언제 어디서나 어떤 경우일지라도 성인(聖人)은 결코 다투지 않음을[不爭] 〈부유(夫唯)〉로써 단언하고 있다. 부유(夫唯)는 단언하여 강조해두고자 할 때 상용하는 노자(老子)의 어법(語法)인 셈이다.

성인(聖人)이 왜 부자현(不自見)하고 부자시(不自是)하며 부자벌(不自伐)하고 부자긍(不自矜)한다 하는가? 성인(聖人)은 오로지[夫唯] 부쟁(不爭)하기 때문이다. 앞서 살핀 부자현(不自見) · 부자시(不自是) · 부자벌(不自伐) · 부자긍(不自矜) 등등이 바로 부쟁지도(不爭之道) 즉 결코 다투지 않는[不爭之] 도리이다[道]. 성인(聖人)과 달리 상쟁(相爭)하기를 일삼는 중인(衆人)은 24장(章)의 **자현(自見)**하고 **자시**

(自是)하며 자벌(自伐)하고 자긍(自矜)하는 인문(人們) 즉 인간들[人們]이다. 따라서 성인(聖人)을 본받는다고[法] 함은 천도(天道)를 본받아[法] 생각하고 행동하여 부쟁(不爭)의 삶을 누림을 뜻한다.

부쟁(不爭)하는 사람은 그 누구든 성인(聖人)의 법자연(法自然), 즉 성인(聖人)의 포일(抱一)을 따름이다. 이러한 따름은 2장(章)에서 살핀 처무위지사(處無爲之事) 행불언지교(行不言之教)를 그냥 그대로 법함이다. 무위를[無爲之] 행함을[事] 떠나지 않고[處] 사물을 인지(人智)로써 식별하여 시비(是非) · 호오(好惡) · 귀천(貴賤)을 따져 말하지 않는[不言之] 가르침을[教] 행하는[行] 성인(聖人)은 천도(天道)를 본받아 오로지 부쟁(不爭)할 뿐이다. 그러므로 거듭 강조하지만, 여기 〈부유부쟁(夫唯不爭)〉은 성인포일(聖人抱一)의 〈포일(抱一)〉을 본받아 부자현(不自見)으로 시비분별을 떠나므로, 부쟁(不爭)하고 부자시(不自是)로 시비분별을 떠나므로, 부쟁(不爭)하며 부자벌(不自伐)로 시비분별을 떠나므로, 부쟁(不爭)하고 부자긍(不自矜)으로 시비분별을 떠나므로, 성인(聖人)은 오로지 수중(守中) 즉 상도(常道)를 따름을[中] 지킨다[守]. 앞서 살핀 부자현(不自見) · 부자시(不自是) · 부자벌(不自伐) · 부자긍(不自矜) 등등이 포일(抱一)로써 부쟁(不爭)하는 도리이고 방편임을 여기서 알아챌 수 있다.

이렇듯 포일(抱一)하는 성인(聖人)은 41장(章) 명도약매(明道若昧)의 〈매(昧)〉를 떠올려준다. 오로지 부쟁(不爭)하므로 20장(章)에서 살핀 바대로 소소(昭昭)한다거나 찰찰(察察)할 필요 없이 혼혼(昏昏)하고 민민(悶悶)하여 세상 물정에 어두워도[昧] 된다. 왜냐하면 오로지 부쟁(不爭)하기 때문이다. 여기 부쟁(不爭)이란 다투지[爭] 않음[不]도 되고, 다툼이[爭] 없음[不]도 된다. 다투지 않으니[不爭] 다툼이 없다[不爭]. 이렇듯 성인(聖人)은 오로지 부쟁(不爭)하므로 『노자(老子)』 맨 끝장 맨 끝 말씀이 〈성인지도(聖人之道) 위이부쟁(爲而不爭)〉인 것이다.

성인(聖人)의 길[道]에는 오로지 위해주되[爲而] 어떠한 다툼도[爭] 하지 않으니[不爭] 성인(聖人)은 『장자(莊子)』에 나오는 바대로 장어천(藏於天) 즉 자연에[於天] 머물러[藏] 살아감을 살펴 새기고 헤아려 깨닫게 하는 말씀이 〈부유부쟁(夫唯不爭) 천하막능여지쟁(天下莫能與之爭)〉이다.

註 "자현자불명(自見者不明) 자시자불창(自是者不彰) 자벌자무공(自伐者無功) 자긍자부장(自矜者不長)." 자기를[自] 드러내는[見] 사람은[者] 밝지 못하고[不明], 스스로[自] 옳다 하는[是] 사람은[者] 뚜렷하지 못하며[不彰], 스스로[自] 제 자랑 하는[伐] 사람에게는[者] 공적이[功] 없어지고[無], 스스로[自] 뽐내는[矜] 사람은[者] 오래가지 못한다[不長]. 『노자(老子)』 24장(章)

註 "명도약매(明道若昧) 진도약퇴(進道若退)." 밝은[明] 도는[道] 어두운[昧] 듯하고[若], 나아가는[進] 도는[道] 물러가는[退] 듯하다[若]. 『노자(老子)』 41장(章)

註 "성인처무위지사(聖人處無爲之事) 행불언지교(行不言之教)." 성인은[聖人] 무위를[無爲之] 행함에[事] 머물고[處], 말 없는[不言之] 가르침을[教] 행한다[行]. 『노자(老子)』 2장(章)

註 "성인장어천(聖人藏於天) 고(故) 막지능상야(莫之能傷也)." 성인은[聖人] 자연에[於天] 머문다[藏]. 그러므로[故] 성인을[之] 해칠 수 있는 것이란[能傷] 없는 것[莫]이다[也]. 『장자(莊子)』「달생(達生)」

【보주(補註)】

- 〈부유부쟁(夫唯不爭) 고천하막능여지쟁(故天下莫能與之爭)〉을 〈부유성인부쟁여임하인(夫唯聖人不爭與任何人) 시고(是故) 천하임하인막능쟁여성인(天下任何人莫能爭與聖人)〉처럼 옮기면 문의(文義)를 좀 더 쉽게 새길 수 있다. 〈무릇[夫] 오로지[唯] 성인은[聖人] 어느 누구와도[與任何人] 다투지 않는다[不爭]. 이렇기[是] 때문에[故] 어느 누구한테도[任何人] 성인과[與聖人] 다툴 수가[能爭] 없다[莫].〉
- 고천하막능여지쟁(故天下莫能與之爭)은 66장(章)에도 그대로 나온다. 66장(章)에서 〈여지(與之)〉의 지(之)는 〈백곡왕(百谷王)〉의 강해(江海)를 나타내는 대명사 노릇하지만, 그 강해(江海)는 포일(抱一)하여 온갖 것들은[萬物] 하나임을[一] 깨달아 어느 누구와도 상쟁(相爭)하지 않는 성인(聖人)을 비유함이다.
- 막능여지쟁(莫能與之爭)에서 여지(與之)의 지(之)는 성인(聖人)을 말한다. 〈그[之]와[與]〉 〈성인(聖人)과[與]〉

【해독(解讀)】

- 〈부유부쟁(夫唯不爭) 고천하막능여지쟁(故天下莫能與之爭)〉은 〈그러므로 고(故)〉 접속사로 이어진 중문(重文)이다. 〈부유부쟁한다[夫唯不爭]. 그러므로[故] 천하에[天下] 그와[與之] 능쟁은[能爭] 없다[莫].〉
- 부유부쟁(夫唯不爭)에서 부(夫)와 유(唯)는 어조사 노릇하고, 부(不)는 쟁(爭)의

부정사(否定詞)이고, 쟁(爭)은 동사 노릇한다. 물론 부유부쟁(夫唯不爭)에서 〈없을 부(不)〉 동사로 여기고 문맥을 잡아 새기면 쟁(爭)은 부(不)의 주어 노릇한다. 어느 경우든 문의(文義)가 달라지는 것은 아니다. 쟁(爭)은 〈서로 다툴 경(競)〉과 같다. 〈무릇[夫] 오로지[唯] 다투지 않는다[不爭].〉 〈무릇[夫] 오로지[唯] 다툼이[爭] 없다[不].〉

- 고천하막능여지쟁(故天下莫能與之爭)에서 고(故)는 〈그러므로 고(故)〉로서 접속사 노릇하고, 천하(天下)는 막(莫)을 꾸며주는 부사 노릇하며, 막(莫)은 〈없을 막(莫)〉으로 동사 노릇하고, 능(能)과 여지(與之)는 쟁(爭)을 꾸며주는 부사 노릇하고, 쟁(爭)은 명사로서 막(莫)의 주어 노릇한다. 막(莫) 자(字)는 〈저물 모(莫), 없을 막(莫=無), 말 막(莫=勿), 고요할 맥(莫=靜)〉 등 세 가지로 발음됨을 주목해야 하는 자(字)이다. 〈천하에[天下] 그와[與之] 다툴 수가[能爭] 없다[莫].〉
- 천하막능여지쟁(天下莫能與之爭)은 〈A막능위(莫能爲)B〉의 상용문이다. 〈A에 B를 능히[能] 함이[爲] 없다[莫].〉

22-13 古之所謂曲則全者(고지소위곡즉전자) 豈虛言哉(개허언재)

▶ 옛날의[古之] 이른바[所謂] 순종하면[曲] 곧[則] 온전하다는[全] 말씀이[者] 어찌[豈] 빈[虛] 말[言]이겠는가[哉]?

옛 고(古), 바 소(所), 일컬을 위(謂), 순종할 곡(曲), 온전할 전(全), 것 자(者), 어찌 개(豈), 빈(거짓) 허(虛), 말씀 언(言), ~인가 재(哉)

【지남(指南)】

〈고지소위곡즉전자(古之所謂曲則全者) 개허언재(豈虛言哉)〉는 〈곡즉전(曲則全)〉을 앞세워 앞서 살핀 〈곡즉전(曲則全) · 왕즉직(枉則直) · 와즉영(窪則盈) · 폐즉신(敝則新) · 소즉득(少則得) · 다즉혹(多則惑)〉 등처럼 온갖 이것[是] 저것을[彼] 상대(相對)하지 않고 상대(相待)함이 자연의[天] 규율[道]임을 총결(總結)로서 밝힌다. 노자(老子)가 자의(自意)로 지어낸 것이 아니라 시원(始原)에서 비롯한 천도(天

道)임을 밝히고, 자연의[天] 규율을[道] 두고 인지(人智)로써 시비 걸어 논란하지 말라 함이다.

천지도(天之道)를 의심하지 말고 믿어야 함을 곡진(曲盡)하게 밝혀둠이 〈개허언재(豈虛言哉)〉이다. 허언(虛言)은 헛된[虛] 말[言]이니 믿지 말아야 하는 말이다. 〈곡즉전(曲則全) · 왕즉직(枉則直) · 와즉영(窪則盈) · 폐즉신(敝則新) · 소즉득(少則得) · 다즉혹(多則惑)〉 등이 심진(甚眞) 즉 더없는[甚] 참[眞]인지라 진실로[誠] 믿고[信] 성인(聖人)이 포일(抱一)하여 부쟁(不爭)하는 이치를 살펴 새기고 헤아려 깨닫기를 바라는 말씀이 〈고지소위곡즉전자(古之所謂曲則全者) 기허언재(豈虛言哉)〉이다.

【보주(補註)】

- 〈고지소위곡즉전자(古之所謂曲則全者) 개허언재(豈虛言哉)〉를 〈개고지소위곡즉전자허언호(豈古之所謂曲則全者虛言乎)〉처럼 옮기면 문의(文義)를 좀 더 쉽게 새길 수 있다. 〈옛날의[古之] 곡즉전이라[曲則全] 일컬은[謂] 바의[所] 것이[者] 어찌[豈] 헛된[虛] 말일 것[言]인가[乎]?〉
- 개허언재(豈虛言哉)는 〈진언야(眞言也)〉 또는 〈실언야(實言也)〉를 절실하게 밝히기 위해 반문하여 강조하는 수사(修辭)이다. 〈어찌[豈] 빈 말[虛言]이랴[哉]!〉 〈참말[眞言]이다[也].〉 〈참말[實言]이다[也].〉

【해독(解讀)】

- 〈고지소위곡즉전자(古之所謂曲則全者) 개허언재(豈虛言哉)〉에서 고지소위곡즉전자(古之所謂曲則全者)는 주부(主部) 노릇하고, 기(豈)는 의문조사(~어찌) 노릇하며, 허언(虛言)은 보어 노릇하고, 재(哉)는 감탄의 문미조사(文尾助詞) 노릇한다. 〈고지소위곡즉전자가[古之所謂曲則全者] 어찌[豈] 허언(虛言)이랴[哉]!〉
- 고지소위곡즉전자(古之所謂曲則全者)에서 고지소위곡즉전(古之所謂曲則全)은 자(者)를 꾸며주는 형용사절로 여기면 문맥이 잡히고, 자(者)는 지언(之言)을 대신한다고 여기면 문의(文義)가 잡힌다. 〈옛날의[古之] 곡즉전이라[曲則全] 일컬어진[謂] 바의[所之] 말씀[言]〉
- 고(故)는 〈시고(是故)〉의 줄임이다. 〈이렇기[是] 때문에[故]〉
- 고지소위곡즉전자(古之所謂曲則全者)에서 고지(古之)는 시간의 부사 노릇하고,

소(所)란 〈바 소(所)〉로서 전치되었지만 위(謂)의 목적어 노릇하며, 위(謂)는 동사 노릇하고, 곡즉전(曲則全)은 목적보어 노릇하며, 자(者)는 〈것 자(者)〉로서 조사 노릇한다. 〈옛날에[古之] 곡즉전이라[曲則全] 일컫는[謂] 바의[所] 것[者]〉

- 소위곡즉전자(所謂曲則全者)는 〈A지소위(之所謂)B자(者)〉의 상용어법이다. 영어의 〈that which A do〉와 같은 어법(語法)이라고 여기면 된다. 여기 소(所)는 마치 〈which〉처럼 구실하고, 자(者)는 〈that〉처럼 구실하는 셈이다. 물론 한문법에서는 여기 〈바 소(所)〉와 〈것 자(者)〉를 조사(助詞)라고 한다. 그리고 소위곡즉전자(所謂曲則全者)에서 자(者)는 문맥에 따라서 〈지인(之人)〉의 줄임일 수도 있고, 〈지물(之物)〉의 줄임일 수도 있다. 〈A를[A之] B라고 하는[謂] 바의[所] 것[者]〉 〈A를[A之] B라고 하는[謂] 바의[所] 사람[者]〉 〈~하는[之] 사람[人]〉 〈~하는[之] 것[物]〉

22-14 誠全而歸之(성전이귀지)

▶ 진실로[誠] 보전(保全)하면[全而] 자연으로[之] 돌아온다[歸].

진실로 성(誠), 온전할 전(全), 조사(~면) 이(而), 돌아올 귀(歸), 그것 지(之)

【지남(指南)】

〈성전이귀지(誠全而歸之)〉는 22장(章)을 총결(總結)한다. 포일(抱一)함으로 진실로[誠] 온전해져서[全而] 그것으로[之] 돌아옴[歸]이다. 여기 〈귀지(歸之)〉란 귀천(歸天) 즉 자연으로[天] 돌아옴[歸]이다. 귀천(歸天)은 곧 귀일(歸一) 즉 하나로[一] 돌아옴[歸]이다. 귀일(歸一)은 곧 귀근(歸根)이다. 귀근(歸根)은 곧 귀도(歸道) 즉 상도로[道] 돌아옴[歸]이다. 그래서 포일(抱一)은 복수기모(復守其母)하고 수중(守中)함이다. 상도(常道)로 돌아옴이[歸] 여기 〈성전(誠全)〉이다. 물론 귀도(歸道) 즉 어김없이 법자연(法自然)하여, 천도(天道) 즉 자연의[天] 규율을[道] 진실로 따름이 여기 성전(誠全)이다. 그러니 진실로[誠] 보전함[全]이란 바로 〈성인포일(聖人抱一)〉 바로 그것이다.

성전(誠全)의 〈전(全)〉은 다름 아닌 〈포일(抱一)〉이고, 나아가 『장자(莊子)』에 나오는 전이무비(全而無非)를 상기시킨다. 하나[一] 즉 상도(常道)를 지키면[抱] 진실로 따름이어서[曲] 보전하게 한다[全]. 여기 곡(曲)은 무기(無己)함이다. 자기가[己] 없음[無]이란 자기(自己)가 없어지는 것이 아니라, 오히려 전기(全己) 즉 자기를[己] 보전함[全]이다. 그러므로 세파(世波)에서 전기(全己) 즉 자기[己]를 보전하려고[全] 한다면 곡기(曲己) 즉 자기를[己] 꺾을[曲] 것이고, 진실로 곡기(曲己)하면 곧 무기(無己) 즉 사욕(私欲)에 매달리는 자기가[己] 없어지는[無] 것임을 몰아서 밝힘이 여기 〈귀지(歸之)〉이다.

그렇게 해서 온전하면[全而] 그릇됨이[非] 없으니[無] 〈곡즉전(曲則全) · 왕즉직(枉則直) · 와즉영(窪則盈) · 폐즉신(敝則新) · 소즉득(少則得) · 다즉혹(多則惑)〉 등은 여기 성전(誠全)의 〈전(全)〉을 밝힘이고, 전이무비(全而無非)의 〈전(全)〉을 밝힘이다. 거듭 말하지만, 여기 성전(誠全)의 전(全)은 성인포일(聖人抱一)의 포일(抱一)을 밝힘이고, 부자현(不自見) · 부자시(不自是) · 부자벌(不自伐) · 부자긍(不自矜) 역시 성전(誠全)의 전(全)을 밝힘이며, 전이무비(全而無非)의 전(全)을 밝힘이다.

곡(曲)하면 곧[則] 전(全)하니 곡(曲) · 전(全)을 둘[二]로 나눠 분별 · 시비하지 않고 하나[一]로 간직해 지킴[抱]이 곡즉전(曲則全)의 성전(誠全)이고, 왕(枉)하면 곧[則] 직(直)하니 왕(枉) · 직(直)을 둘[二]로 나눠 분별 · 시비하지 않고 하나[一]로 간직해 지킴[抱]이 왕즉직(枉則直)의 성전(誠全)이며, 와(窪)하면 곧[則] 영(盈)하니 와(窪) · 영(盈)을 둘[二]로 나눠 분별 · 시비하지 않고 하나[一]로 간직해 지킴[抱]이 곡즉전(曲則全)의 성전(誠全)이며, 폐(敝)하면 곧[則] 신(新)하니 폐(敝) · 신(新)을 둘[二]로 나눠 분별 · 시비하지 않고 하나[一]로 간직해 지킴[抱]이 곡즉전(曲則全)의 성전(誠全)이고, 소(少)하면 곧[則] 득(得)하니 소(少) · 다(多)를 둘[二]로 나눠 분별 · 시비하지 않고 하나[一]로 간직해 지킴[抱]이 곡즉전(曲則全)의 성전(誠全)이며, 다(多)하면 곧[則] 혹(惑)하니 다(多) · 혹(惑)을 둘[二]로 나눠 분별 · 시비하지 않고 하나[一]로 간직해 지킴[抱]이 곡즉전(曲則全)의 성전(誠全)이다.

그러므로 누구든 성전(誠全) 즉 진실로[誠] 꺾여서[曲] 온전하면[全] 그 온전함이란 곧 자연(自然)이다. 그러면 귀지(歸之) 즉 자연으로[天] 돌아와[歸] 무위(無爲)를 행하면 성인(聖人)만이 부쟁(不爭)의 삶을 누림이 아니라, 누구나 부쟁(不爭)의 삶을 누릴 수 있음이다. 여기 귀지(歸之)란 귀일(歸一) 즉 귀도(歸道)로 이어진다. 상도로[道] 돌아옴[歸]이란 귀덕(歸德)이며 귀선(歸善)이고 귀천(歸天)이니, 이를 본받고자 성인(聖人)은 포일(抱一)하고 부자현(不自見) · 부자시(不自是) · 부자벌(不自伐) · 부자긍(不自矜)하여 오로지 부쟁(不爭)의 삶을 누림을 살펴 새기고 헤아려 깨닫게 하는 말씀이 〈성전이귀지(誠全而歸之)〉이다.

註 "전이무비(全而無非) 동정무과(動靜無過) 미상유죄(未嘗有罪)." 온전하여[全而] 그릇됨이[非] 없고[無], 움직이고[動] 조용함에[靜] 허물이[過] 없으며[無], 일찍이[嘗] 죄 지음이[罪] 여태껏 없다[未有].

여기 동정(動靜)은 심성(心性)을 말함이다. 심(心)은 감동(感動)하므로 동(動)이고, 성(性)은 귀근(歸根)하므로 조용함[靜]이다. 『장자(莊子)』「천하(天下)」

【보주(補註)】

- 〈성전이귀지(誠全而歸之)〉를 〈하인성전(何人誠全) 즉기인귀전(則其人歸全)〉처럼 옮기면 문의(文義)를 좀 더 쉽게 새길 수 있다. 〈누구나[何人] 진실로[誠] 온전하면[全] 곧장[則] 그[其] 사람은[人] 온전함으로[道] 돌아온다[歸].〉
- 성전(誠全)에서 성(誠)은 천도(天道)를 본받아 따름이 진실함을 뜻한다. 그러므로 성전(誠全)을 〈자연(自然)을 본받아[法] 온전함[全]〉이라고 살펴 새기면 문의(文義)가 분명해진다. 성전(誠全)을 터득하는 데 『중용(中庸)』에 나오는 **성자천지도야(誠者天之道也) 성지자인지도야(誠之者人之道也)**란 말씀을 상기하면 왜 성(誠)이 법천도(法天道)를 뜻하는지 새길 수 있다.

註 "성자천지도야(誠者天之道也) 성지자인지도야(誠之者人之道也) 성자(誠者) 불면이중(不勉而中) 불사이득(不思而得) 종용중도(從容中道) 성인야(聖人也) 성지자택선이고집지자야(誠之者擇善而固執之者也)." 정성이란[誠] 것은[者] 자연의[天之] 도(道)이고[也], 정성됨이란[誠之] 것은[者] 사람의[人之] 도(道)이다[也]. 정성인[誠] 사람은[者] 애쓰지 않아도[不勉而] 알맞게 되고[中], 생각지 않아도[不思而] 터득되어[得] 절로[從容] 천도에[道] 알맞아[中] 성인(聖人)이다[也]. 정성된[誠之] 사람은[者] 선을[善] 택해서[擇而] 고집스레[固] 그것을[之] 지키는[執] 사람[者]이다[也]. 『중용(中庸)』 주자장구(朱子章句) 20장(章)

- 성전(誠全)에서 전(全)은 『장자(莊子)』의 **덕전(德全)·형전(形全)·신전(神全)**을 상

기하면 더욱더 상세하게 살펴 새기고 헤아려 그 깊은 뜻을 알 수 있다.

註 "오문지부자(吾聞之夫子) 사가구(事求可) 공구성(功求成) 용력소(用力少) 견공다자(見功多者) 성인지도(聖人之道) 금도불연(今徒不然) 집도자덕전(執道者德全) 덕전자형전(德全者形全) 형전자신전(形全者神全) 신전자성인지도야(神全者聖人之道也) 탁생(託生) 여민병행(與民竝行) 이부지기소지(而不知其所之) 망호순비재(汒乎淳備哉)." 나는[吾] 선생님에게서[夫子] 아래와 같은 말씀을[之] 들었다[聞] : 일은[事] 옳은 것을[可] 찾고[求], 보람이[功] 이뤄지기를[成] 찾고[求], 힘을[力] 적게[少] 쓰고서도[用] 보람은[功] 많이[多] 드러나는[見] 것이[者] 성인의[聖人之] 도(道)이지[也]. 그런데[今] 저자는[徒] 전혀 달라[不然]. 도를[道] 지키는[執] 것은[者] 덕이[德] 온전하고[全], 덕이[德] 온전한[全] 것은[者] 몸이[形] 온전하고[全], 몸이[形] 온전한[全] 것은[者] 정신이[神] 온전하고[全], 정신이[神] 온전한[全] 것이[者] 성인의[聖人之] 도(道)이다[也]. 삶을[生] {자연(自然)에} 맡기고[託] 백성과[與民] 함께[竝] 가면서도[行而] 자신이[其] 가는[之] 바를[所] 모르고[不知] 걸림 없이[汒然] 순박하고[淳] 온전함[備]일세[哉].

오문지부자(吾聞之夫子)의 오(吾)는 자공(子貢)으로 공자(孔子)의 문인(門人)이고, 오문지부자(吾聞之夫子)의 부자(夫子)는 공자(孔子)를 말한다. 금도불연(今徒不然)의 도(徒)는 자공(子貢)이 길을 가다가 우연히 만난 원포자(爲圃者) 즉 밭[圃] 일하는[爲] 농부[者]로, 그 농부는 노자(老子)의 문인(門人)이다. 부지기소지(不知其所之)의 지(之)는 〈갈 지(之)〉이다.

『장자(莊子)』「천지(天地)」

【해독(解讀)】

- 〈성전이귀지(誠全而歸之)〉는 조건의 종절과 주절로 이루어진 복문(複文)으로 문맥을 잡아도 되고, 두 구문이 〈그래서 이(而)〉로 이어진 중문(重文)으로 여기고 문맥을 잡아도 된다. 성전이귀지(誠全而歸之)의 이(而)를 조사로 여기고 문맥을 잡으면 성전(誠全)이 조건의 부사절 노릇하고, 귀지(歸之)는 주절 노릇한다. 이(而)를 접속사로 여기고 문맥을 잡으면 성전(誠全)과 귀지(歸之)는 구문 노릇한다. 여기 〈이(而)〉는 〈곧 즉(則)〉과 같기도 하고, 또는 〈그래서 이(而)〉로서 접속사 같기도 하다. 〈성전한다면[誠全] 곧[而] 귀지한다[歸之].〉 〈성전한다[誠全]. 그래서[而] 귀지한다[歸之].〉
- 이(而)는 다양한 어조사 노릇하므로 앞뒤 구문의 문맥을 잡는 데 주의해야 한다. 이(而)는 구절지사(句絶之辭) 즉 앞 구문을 마치고 뒤 구문으로 잇게 하는 노릇을 제일 많이 하지만, 다음과 같이 다양한 뜻을 갖는다. 〈그러나 이(而)=연(然), 이에 이(而)=내(乃), 곧장 이(而)=즉(則), 때문에 이(而)=이(以)=고(故), 어

찌 이(而)=기(豈)=안(安)〉.

그리고 이(而)는 대명사로 〈너 여(汝)〉와 같은 경우도 있고, 흔치는 않지만 조동사로 〈할 수 있을 능(能)〉과 같은 경우도 있다.

註 "여기부지이작(予豈不知而作)." 내[予] 어찌[豈] 너를[而] 모르고[不知] 하겠나[作].

이(而)는 여기선 〈너 여(汝)·여(女)〉와 같다.

『시경(詩經)』「대아(大雅) 상유(桑柔)」 12장(章)

註 "의건후(宜建侯) 이불령(而不寧)." 마땅히[宜] 임금을[侯] 세우겠으나[建] 편안치 않을[不寧] 수도 있다[而].

이(而)는 여기선 능(能)과 같다. 『주역(周易)』「둔괘단사(屯卦彖辭)」

동도장(同道章)

〈희언(希言)〉 한마디로써 청정무위(淸靜無爲)의 다스림을 밝히는 장(章)이다. 희언(希言)은 17장(章) 〈귀언(貴言)〉을 상기시킨다. 귀언(貴言)처럼 희언(希言)도 정령(政令)을 발(發)하지 않는 다스림을 말한다. 정령(政令)으로써 백성을 불안하게 하지 않음을 원칙으로 삼아 백성이 안평태(安平泰)의 삶을 누리게 하여 자연(自然)과 하나 되게 하는 것이다.

포일(抱一)로 무위(無爲)의 다스림이[治] 〈희언(希言)〉이다. 따라서 〈희언자연(希言自然)〉은 17장(章) 〈부지유지(不知有之)〉의 치민(治民)을 상기시키고, 〈표풍(飄風) · 취우(驟雨)〉는 17장(章) 〈외지모지(畏之侮之)〉의 치민(治民)을 상기시켜 다시 무위(無爲)의 다스림과[治] 인위(人爲)의 다스림을[治] 대비시킨다. 희언자연(希言自然)의 치민(治民)은 동어도자(同於道者)가 좋아하는[樂] 치민(治民)이고, 표풍취우(飄風驟雨)는 동어실자(同於失者)가 요(樂)하는 치민(治民)임을 살펴 깨닫게 하는 장(章)이다.

【원문(原文)】

希言自然이다 飄風은 不終朝하고 驟雨는 不終日한다 孰爲此者오 天地니라 天地尙不能久어든 而況於人乎아 故로 從事於道者는 同於道하고 德者로 同於德하며 失者로 同於失한다 同於道者는 道亦樂得之하고 同於德者는 德亦樂得之하며 同於失者는 失亦樂得之한다 信不足焉이면 有不信焉이다

희언자연 표풍 부종조 취우 부종일 숙위차자 천지 천지상불능구 이황어인호 고 종사어도자 동어도 덕자 동어덕 실자 동어실 동어도자 도역락득지 동어덕자 덕역락득지 동어실자 실역락득지 신부족언 유불신언

{정령(政令)을 발령하는} 말이[言] 없음이[希] (다스림의) 자연이다[自然]. 돌개바람은[飄風] 아침 짬도[朝] 못 마치고[不終], 소나기는[驟雨] 한낮을[日] 못 마친다[不終]. 무엇이[孰] 이것들을[此] 하는[爲] 것인가[者]? 천지이다[天地]. 천지도[天地] 오히려[尙] 장구할[久] 수[能] 없거늘[不], 하물며[而況] 인간에게[於人]서랴[乎]! 그러므로[故] 도(道)를[於] 따라[從] 섬기는[事] 사람은[者] 도와[於道] 하나가 되고[同], 덕을[德] (따라 섬기는) 사람은[者] 덕(德)과[於] 하나가 되며[同], (도덕을) 잃는[失] 것은[者] {희언(希言)의 다스림을} 잃음과[於失] 같다[同]. 상도[道]와[於] 하나가 된[同] 사람[者] 그와[之] 상도는[道] 역시[亦] 합하기를[得] 즐기고[樂], 상덕[德]과[於] 하나가 된[同] 사람[者] 그와[之] 상덕은[德] 역시[亦] 합하기를[得] 즐기며[樂], {도덕(道德)을} 잃어버림과[於失] 합하는[同] 짓[者] 그런 짓들과[之] (도덕을) 잃어버림은[失] 역시[亦] 합하기를[得] 즐긴다[樂]. {무위지치(無爲之治)의} 믿음이[信] 백성에게[焉] 충족되지 못해서[不足] (백성에게) 치자를[焉] 믿지 못함이[不信] 생겼다[有].

23-1 希言自然(희언자연)

▶ {정령(政令)을 발령하는} 말이[言] 없음이[希] (다스림의) 자연이다[自然].

거의 없을 희(希), 말씀 언(言), 스스로 자(自), 그럴 연(然)

【지남(指南)】

〈희언자연(希言自然)〉은 무위(無爲)의 다스림을 밝힌다. 여기 〈희언(希言)〉은 귀로써 들을 수 없는[希] 말을[言] 밝힘이 아니라, 치민(治民)하되 온갖 형정(刑政)의 법령(法令)을 만들어 발령(發令)하는 정사(政事)가 거의 없음을[希] 밝힘이다. 여기 희언(希言)은 〈무인위지언(無人爲之言) · 무정령지언(無政令之言) · 무사단지언(無四端之言) · 무시비지언(無是非之言)〉 등을 에둘러 밝히는 말씀이다. 인위가[人爲] 없고[無], 정령이[政令] 없으며[無], 인의예지(仁義禮智)란 사단이[四端] 없고, 시비가[是非] 없음을[無] 에둘러 밝히고 있는 말씀이 여기 희언(希言)이다. 따라서 여기 희언(希言)의 희(希)는 17장(章)에서 살핀 바 있는 기귀언(其貴言)의 귀(貴)를 환기시킨다. 희(希) · 귀(貴)는 없음을[無] 에둘러 밝힘이다. 그러므로 여기 희언(希言)은 〈귀언(貴言)〉과 함께 5장(章)에서 살핀 다언수궁(多言數窮)의 〈다언(多言)〉을 상기시킨다.

물론 여기 희언(希言)은 2장(章)의 〈불언지교(不言之教)〉의 불언(不言)이니, 정령(政令) 따위를 말하지 않음을[不言之] 가르침[教] 즉 무위(無爲)의 다스림을[治] 가르쳐줌이[教] 곧 자연(自然)임을 여기서 살펴 헤아려 깨우칠 수 있다. 상도(常道)가 낳아준 만물을 상덕(常德)이 길러주고 키워서 결실하게 하지만, 불시(不恃) 즉 기대지도 않고[不恃], 부재(不宰) 즉 이래라저래라 하지도 않는[不宰] 상덕(常德)에는 어떤 교시(教示)도 없고 정령(政令) 같은 것이란 없음이 여기 희언(希言)의 자연(自然)이다. 자연에는[自然] 시비논란의 말이나[言] 예악형정(禮樂刑政)에서 나오는 정령(政令) 같은 발령(發令)이란 없다는[無] 것이다. 그래서 희언(希言)이 곧 자연(自然)이라 한다.

자연(自然)은 그냥 그대로 그러함을 보여줄 뿐, 사람들이 버들잎은 푸르고 꽃은 붉다고 말할 뿐 버들은 그냥 그대로 그것[其物]이고 이런 저런 꽃들도 그냥 그대로 그것[其物]일 뿐이니, 버들잎은 희언(希言)의 것이다. 노당당(露當當) 하나도 가리고 숨기고 속임 없으니[露當當] 자연(自然)은 이렇다저렇다 말 없다는 것이 여기 희언(希言)이다. 희언(希言)의 자연(自然)이란 무엇인가? 이에 대한 해답은 『장자(莊子)』에 간명하게 나오니 **우마사족시위천(牛馬四足是謂天)**이다. 소[牛]와 말[馬]의 네 다리[四足]가 곧 자연(自然)의 말[言]이다. 성인(聖人)은 자연(自然)이 이러함을 알아 희언(希言)하고, 귀언(貴言) 즉 불언(不言)한다. 천지만물에 이름[名]이 없음이다. 명(名)이 없는데 어찌 말[言]이 있겠는가. 입과 귀로 시비를 가리자는 언어는 사람의 것일 뿐, 자연(自然)에는 시비를 가리는 언어란 없음이 곧 희언(希言)이다. 그러므로 희언(希言)은 묘의(妙義)를 이어내는 묘언(妙言)인 셈이다.

묘언(妙言)이란 말하지 않아도 말하듯 걸림 없이 서로 통함이다. 인간이 이리저리 생각을 내어 형언(形言)한다 한들 자연(自然)이 마소의 네 다리라고 말하는 것보다 더 분명함은 없을 것이다. 시비를 일삼는 인간의 언사(言辭)에는 다단(多端)하여 심하면 패려(悖戾) 즉 본말(本末)에 어긋나고[悖戾], 광혹(誑惑) 즉 속여 호리고[誑] 헷갈리게[惑] 하는 쟁론(諍論)이 온갖 정령(政令)들을 만들어낸다.

희언(希言)은 『장자(莊子)』의 〈조지우천(照之于天)〉 함이고, 5장(章) **다언수궁(多言數窮)**의 다언(多言)은 인지(人智)가 빚어내는 인위(人爲)의 쟁론(諍論)이기도 하다. 특히 희언(希言)의 치민(治民)은 합호자연(合乎自然) 즉 자연과[乎自然] 합일하여[合] 백성이 **안평태(安平泰)**를 누리지만, 다언(多言)의 치민(治民)은 온갖 정령(政令)을 발령하여 백성을 금령(禁令)으로 곤박[捆縛] 즉 묶어두고[捆縛], 백성에게 가혹한 세금을 부과하여 백성을 착취하는 학정으로 이어진다. 그러므로 17장(章)의 **아자연(我自然)**을 거듭 살펴 새기고 헤아려 보게 하는 말씀이 〈희언자연(希言自然)〉이다.

註 "유혜(悠兮) 기귀언(其貴言) 공성사수(功成事遂) 백성개위(百姓皆謂) 아자연(我自然)." 백성이 몰랐던 치자(治者)는[其] 정사(政事)의 발령(發令)을[言] 함부로 내지 않아[貴], {백성이 몰랐던 치자(治者)가} 공적을[功] 이루고[成] 일을[事] 완수했어도[遂], 백성은[百姓] 모두[皆] 일컫는다[謂] : 우리[我] 스스로[自] 이루었노라[然]. 『노자(老子)』 17장(章)

註 "다언수궁(多言數窮) 불여수중(不如守中)." 말이[言] 많으면[多] 이치가[數] 막히니[窮] {상도(常道)를} 따름을[中] 지킴만[守] 못하다[不如]. 『노자(老子)』 5장(章)

註 "하백왈(河伯曰) 하위천(何謂天) 하위인(何謂人) 북해약왈(北海若曰) 우마사족시위천(牛馬四足是謂天) 낙마수천우비시위인(絡馬首穿牛鼻是謂人) 고왈(故曰) 무이인멸천(無以人滅天) 무이고멸명(無以故滅命) 무이득순명(無以得殉名) 근수이물실(謹守而勿失) 시위반기진(是謂反其眞)." 하백이[河伯] 말했다[曰] : 무엇을[何] 자연이라[天] 하고[謂] 무엇을[何] 인위라[人] 합니까

[謂]? 북해약이[北海若] 말했다[曰] : 소와[牛] 말의[馬] 네 발을[四足] 자연이라[天] 하고[謂], 말머리를[馬首] 매고[絡] 소의 코를[牛鼻] 뚫기를[穿] 인위라[人] 하오[爲]. 그러므로[故] 인위[人]로[以] 자연을[天] 망치지 말고[無滅], 사람의 짓[故]으로[以] 성명을[命] 망치지 말고[無滅], 명성[名]으로[以] 죽임을 사지 말고[無殉], 삼가[謹] {천(天)을} 지켜서[守而] {천(天)을} 잃지 마시오[勿失]. 이를[是] 자연 그것으로[其眞] 돌아감이라[反] 하오[謂]. 『장자(莊子)』「추수(秋水)」

註 "집대상(執大象) 천하왕(天下往) 왕이불해(往而不害) 안평태(安平泰)." 상도의[大] 짓을[象] 지키면[執] 세상[天下] 어디든 가고[往], 어디를 가든[往而] 해침이 없으니[不害], 이에[安] 화평하고[平] 편안하고 자유롭다[泰]. 『노자(老子)』 35장(章)

【보주(補註)】

- 〈희언자연(希言自然)〉을 〈희언야자자연자야(希言也者自然者也)〉처럼 옮기면 문의(文義)를 좀 더 쉽게 새길 수 있다. 〈{정령(政令)들을 발령하는} 말이[言] 거의 없음[希]이란[也] 것은[者] 자연이란[自然] 것[者]이다[也].〉
- 희언(希言)은 17장(章)의 〈귀언(貴言)〉을 상기시키고, 14장(章) **청지불문명왈희(聽之不聞名曰希)**의 희(希) 바로 그것이다. 그러므로 희언(希言)의 희(希)는 〈없을 희(希)〉인지라 희언(希言)은 2장(章) **불언지교(不言之敎)**의 불언(不言)을 상기시킨다.

註 "시지불견명왈이(視之不見名曰夷) 청지불문명왈희(聽之不聞名曰希) 박지부득명왈미(搏之不得名曰微) 차삼자불가치힐(此三者不可致詰)." 그것을[之] 보려 해도[視] 보이지 않음을[不見] 일컬어[名] 무색(無色)이라[夷] 하고[曰], 그것을[之] 들으려 해도[聽] 들리지 않음을[不聞] 일컬어[名] 희라고[希] 하며[謂], 그것을[之] 잡아도[搏] 잡히지 않음을[不得] 일컬어[名] 미라고[微] 한다[謂]. 이[此] 세 가지는[三者] 따져물어도[詰] 답을 얻어낼[致] 수 없다[不可]. 『노자(老子)』 14장(章)

註 "성인처무위지사(聖人處無爲之事) 행불언지교(行不言之敎)." 성인은[聖人] 무위를[無爲之] 행사함에[事] 머물고[處], 말이[言] 없는[不之] 가르침을[敎] 행한다[行]. 『노자(老子)』 2장(章)

【해독(解讀)】

- 〈희언자연(希言自然)〉에서 희언(希言)은 주부(主部) 노릇하고, 자연(自然)은 주격보어 노릇한다. 〈희언은[希言] 자연이다[自然].〉
- 희언(希言)의 희(希)를 언(言)을 꾸며주는 형용사 노릇으로 여기고 문맥을 잡아 새겨도 되고, 〈거의 없을 희(希)〉 자동사로 여기고 문맥을 잡으면 언(言)은 희

(希)의 주어 노릇한다. 희(希)를 형용사로 여기고 14장(章) 청지불문(聽之不聞)의 희(希)로 새겨도 되고, 〈적을 소(少) · 많을 다(多)〉 등과 같이 여기고 새겨도 원문(原文)의 문의(文義)가 달라지는 것은 아니다. 〈들으려도 들리지 않는[希] 말[言]〉 〈말이[言] 없음[希]〉

註 "청지불문명왈희(聽之不聞名曰希)." 그것을[之] 들으려고 해도[聽] 들리지 않음을[不聞] 일컬어[名] 희라[希] 한다[謂]. 『노자(老子)』 2장(章)

23-2 飄風不終朝(표풍부종조) 驟雨不終日(취우부종일)

▶ 돌개바람은[飄風] 아침 짬도[朝] 못 마치고[不終], 소나기는[驟雨] 한낮을[日] 못 마친다[不終].

돌개바람 표(飄), 바람 풍(風), 아니 부(不), 마칠 종(終), 아침 조(朝), 빨리 달릴 취(驟), 비 우(雨), 하루 새 일(日)

【지남(指南)】

〈표풍부종조(飄風不終朝)〉는 돌개바람[飄風]과 소나기[驟雨]를 비유로 들어 인위(人爲)의 다언(多言)을 밝힌다. 〈표풍(飄風)〉은 돌개바람 내지 회오리바람이고, 〈취우(驟雨)〉는 갑자기 쏟아지는 소나기이다. 새벽에 인 표풍(飄風)은 아침 짬도[朝] 못 견디고 끝나는 바람이고, 갑자기 쏟아지는 취우(驟雨)은 반나절도 견디지 못한다. 한순간 세차게 휘몰아치다 휙 불고 가는 것이 표풍(飄風)이고, 한동안 세차게 퍼붓고 쏟아지다 순식간에 끝나는 것이 취우(驟雨)이다. 표풍(飄風)이든 취우(驟雨)든 결코 오래가지 못함이 자연의[天] 규율[道]이다.

그런 표풍(飄風)이 잠깐 불고 아무 탈 없이 사라지는 것은 아니고, 취우(驟雨)도 잠깐 쏟아지다 아무 탈 없이 그치는 것이 아니다. 온갖 초목에 상처를 내고 사라지는 것이 표풍(飄風)이고, 초목에 해갈(解渴)보다도 상처를 주고 지나쳐버리는 취우(驟雨)이다. 인위(人爲)의 짓도 이런 표풍(飄風)과 취우(驟雨)와 같다. 17장(章)에서 살핀 〈외지모지(畏之侮之)〉의 치민(治民) 같은 것이 표풍(飄風)과 취우(驟雨) 같은 인위(人爲)의 다스림이며, 75장(章)에 나오는 식세지다(食稅之多)의 착민(搾

民) 역시 표풍(飄風)과 취우(驟雨) 같은 인위(人爲)의 다스림이다.

돌개바람이 한순간 휘몰아쳐 온갖 것에 상처를 내고 폭우가 한바탕 쏟아져 해를 끼치듯, 폭정(暴政)의 정령(政令)을 쏟아내는 인위(人爲)의 치민(治民)은 백성을 착취하면서 가혹하게 하는 짓이다. 하지만 이는 결코 오래 갈 수 없음을 일깨워 깨닫게 하는 말씀이 〈표풍부종조(飄風不終朝) 취우부종일(驟雨不終日)〉이다.

註 "민지기이기상식세지다(民之飢以其上食稅之多)." 백성의[民之] 굶주림은[飢] 그[其] 위가[上] 조세를[稅] 먹어치움이[食之] 많기[多] 때문이다[以]. 『노자(老子)』 75장(章)

【보주(補註)】

- 〈표풍부종조(飄風不終朝) 취우부종일(驟雨不終日)〉을 〈표풍부종조지간야(飄風不終朝之間也) 이취우부종일지간야(而驟雨不終日之間也)〉처럼 옮기면 문의(文義)를 좀 더 쉽게 새길 수 있다. 〈표풍은[飄風] 아침의[朝之] 짬도[間] 마치지 못하는 것[不終]이다[也]. 그리고[而] 취우는[驟雨] 하루의[日之] 새도[間] 마치지 못한다[不終].〉
- 여기 표풍(飄風)과 취우(驟雨)는 16장(章) **망작흉(妄作凶)**을 상기시키고, 백성에게 불행을[凶] 짓는[作] 인위(人爲)의 다스림은 오래가지 못함을 비유한다.

註 "복명왈상(復命曰常) 지상왈명(知常曰明) 부지상(不知常) 망작흉(妄作凶)." 본성으로[命] 돌아옴을[復] (만물이 지키는) 한결같음이라[常] 하며[曰], 한결같음을[常] 앎을[知] 밝음이라[明] 한다[曰]. 한결같음을[常] 모르면[不知] 망령되어[妄] 재앙을[凶] 짓는다[作]. 『노자(老子)』 16장(章)

【해독(解讀)】

- 〈표풍부종조(飄風不終朝) 취우부종일(驟雨不終日)〉은 두 구문이 생략된 〈그리고 이(而)〉로 이어진 중문(重文)이다. 〈표풍은[飄風] 조도[朝] 부종한다[不終]. 그리고[而] 취우는[驟雨] 일도[日] 부종한다[不終].〉
- 표풍부종조(飄風不終朝)에서 표풍(飄風)은 주어 노릇하고, 부(不)는 종(終)의 부정사(否定詞)이며, 종(終)은 동사 노릇하고, 조(朝)는 시간의 부사 노릇한다. 종(終)은 〈오래갈 구(久) · 이를 지(至)〉 등과 같다. 〈표풍은[飄風] 아침 짬도[朝] 마치지[終] 못한다[不].〉

- 취우부종일(驟雨不終日)에서 취우(驟雨)는 주어 노릇하고, 부(不)는 종(終)의 부정사(否定詞)이며, 종(終)은 동사 노릇하고, 일(日)은 시간의 부사 노릇한다. 종(終)은 여기서도 〈오래갈 구(久) · 이를 지(至)〉 등과 같다. 〈취우는[驟雨] 하루 새도[日] 마치지 못한다[不終].〉

23-3 孰爲此者(숙위차자) 天地(천지)

▶ 무엇이[孰] 이것들을[此] 하는[爲] 것인가[者]? 천지이다[天地].

무엇 숙(孰), 할 위(爲), 이 차(此), 것 자(者)

【지남(指南)】

〈숙위차자(孰爲此者) 천지(天地)〉는 표풍(飄風) · 취우(驟雨)를 순식간에 그치게 하는 것은 다름 아닌 천지(天地) 즉 자연(自然)임을 밝힌다. 희언(希言)할 뿐인 자연이[天地] 표풍(飄風)과 취우(驟雨)를 오래가지 못하게 함은 5장(章) 다언수궁(多言數窮)을 상기시킨다. 돌개바람과[飄風] 소나기[驟雨] 같은 인위(人爲)의 쟁론(諍論)과 인위(人爲)의 치민(治民)으로 정령(政令)의 남발을 일삼음을[多言] 오래가지 못하게 함을 여기 〈숙위차자(孰爲此者)〉로써 일깨우고 있다. 숙위차자(孰爲此者)의 〈위차(爲此)〉는 표풍(飄風)을 아침 짬 동안도 못 불게 함이고, 취우(驟雨)를 하루 새도 못 내리게 함이다. 만물을 상해하는 것이면 오래가지 못하게 함이 천지도(天之道)이다.

『노자(老子)』 전장(全章)을 관류하는 노자사상(老子思想)이란 불해(不害) · 부쟁(不爭)이다. 『노자(老子)』 끝 장(章)의 끝 말씀이 〈천지도리이불해(天之道利而不害) 성인지도위이부쟁(聖人之道爲而不爭)〉이다. 노자(老子)의 무위자연(無爲自然) 역시 이이불해(利而不害)함이고, 위이부쟁(爲而不爭)함이다. 상해하고 상쟁하는 것은 불행을[凶] 짓는[作] 망동(妄動)이니, 망작흉(妄作凶)을 서슴지 않는 인위(人爲)의 다언(多言)이 수궁(數窮) 즉 이치가[數] 막히는[窮] 것은 천지(天地) 때문이라고 단언하는 것이다. 물론 상도(常道)가 희언(希言)함이 천지(天地)이다.

만물을 낳아주고[生] 위해주는[爲] 주인이면서도[長] 갖지 않고[不有] 기대지 않으며[不恃] 이래라저래라 하지 않으니[不宰], 천지(天地)는 표풍(飄風)과 취우(驟雨)처럼 백성을 괴롭히는 인위(人爲)의 짓을 결코 오래갈 수 없게 함을 일깨워 깨우치게 하는 말씀이 〈숙위차자(孰爲此者) 천지(天地)〉이다.

註 "다언수궁(多言數窮) 불여수중(不如守中)." 말이[言] 많으면[多] 이치가[數] 막히니[窮] {상도(常道)를} 따름을[中] 지킴만[守] 못하다[不如]. 『노자(老子)』 5장(章)

註 "생이불유(生而不有) 위이불시(爲而不恃) 장이부재(長而不宰) 시위현덕(是謂玄德)." 낳아주되[生而] 갖지 않으며[不有], 위해주되[爲而] 바라지 않고[不恃], 키워주되[長而] 이래라저래라 않는다[不宰]. 이를[是] 현묘한[玄] 덕이라[德] 한다[謂]. 『노자(老子)』 51장(章)

【보주(補註)】

- 〈숙위차자(孰爲此者) 천지(天地)〉를 〈숙위차자(孰爲此者) 위차자시천지(爲此者是天地)〉처럼 옮기면 문의(文義)를 좀 더 쉽게 새길 수 있다. 〈무엇이[孰] 이를[此] 하는 것[爲]인가[乎]? 이를[此] 하는[爲] 것은[者] 천지(天地)이다[是].〉
- 〈숙위차자(孰爲此者) 천지(天地)〉는 표풍(飄風)을 부종조(不終朝)하게 하고, 취우(驟雨)를 부종일(不終日)하게 하는 것이 천지(天地)인 것처럼, 인위(人爲)의 짓을 오래가지 못하게 함도 역시 자연(自然)임을 밝힌다.

【해독(解讀)】

- 〈숙위차자(孰爲此者) 천지(天地)〉는 의문문과 평서문으로 이루어진 하나의 문단이다.
- 숙위차자(孰爲此者)에서 숙(孰)은 〈누구 숙(孰), 무엇 숙(孰)〉으로 주어 노릇하고, 위차자(爲此者)는 술부로 주격보어 노릇한다. 위차자(爲此者)는 〈위차지물(爲此之物)〉에서 지물(之物)을 자(者) 한 자(字)로 대신한 어투이므로, 위차(爲此)는 자(者)를 꾸며주는 형용사절 같은 구실한다. 〈누가[孰] 이것을[此] 하는[爲之] 것인가[物]?〉 〈무엇이[孰] 이것을[此] 하는[爲之] 것인가[物]?〉 〈이것을[此] 하는[爲之] 것[物]〉 〈이것을[此] 하는[爲] 것[者]〉
- 천지(天地)는 〈위차자천지(爲此者天地)〉에서 위차자(爲此者)는 되풀이되는 내용이므로 생략하고, 보어 노릇하는 천지(天地)만 남긴 말투이다. 〈{이것을 하는[爲] 것은} 천지이다[天地].〉

23-4 天地尙不能久(천지상불능구) 而況於人乎(이황어인호)

▶ 천지도[天地] 오히려[尙] 장구할[久] 수[能] 없거늘[不], 하물며[而況] 인간에게[於人]서랴[乎]!

오히려 상(尙), 없을 불(不), 오래 구(久), 조사(~그런데) 이(而), 하물며 황(況), 조사(~에게) 어(於), 조사(~인가) 호(乎)

【지남(指南)】

〈천지상불능구(天地尙不能久) 이황어인호(而況於人乎)〉는 상도(常道) 외에는 장구(長久)한 것이란 없음을 밝히고, 하물며 인위(人爲)란 그 무엇이든 오래갈 수 없음을 밝히고 있다. 표풍(飄風)만 잠깐 휘몰아쳐 불다 사라지는 것은 아니다. 취우(驟雨)만 잠깐 쏟아지다가 멈추는 것도 아니다. 천지만물치고 영생하는 것은 없으니 천지만물을 낳는 상도(常道)만이 독립불개(獨立不改)하여 무시무종(無始無終)할 뿐, 우주 삼라만상은 50장(章) 출생입사(出生入死)의 것이다.

천지(天地)는 여인숙이고 만물(萬物)은 그곳에 잠깐 묵다가 가는 나그네라고 한다. 하늘땅도[天地] 한순간 있다가 없어지는데 사람이야 두말 할 나위 있겠는가? 30살에 죽으면 요절(夭折)했고 90살에 죽으면 장수(長壽)했다고 나눔은 사람의 짓이지 상도(常道)의 짓은 아니다. 태양이 앞으로 한 50억년 동안 팽창하다가 없어지면 지구도 없어질 것이다. 50억년이라. 인간의 셈으로는 장구하지만 상도(常道)의 셈으로는 찰나(刹那)일 뿐 『신심명(信心銘)』에 일념만년(一念萬年)이란 말이 나오고, 상자(殤子)가 장수한 것이고 팽조(彭祖)가 요절했다는 말이 『장자(莊子)』에 나온다.

표풍(飄風)만 순간 불다 사라지고, 취우(驟雨)만 순간 쏟아지다 사라지는 것이 아니다. 모든 것은 장구(長久)한 것이 아니라 오고[來] 가는[往] 것이지만, 상도(常道)의 자손으로서 복명(復命) 즉 천성으로[命] 돌아와[復] 살아간다면, 몰신불태(歿身不殆) 즉 태어나 죽을 때까지[歿身] 위태롭지 않음을[不殆] 살펴 새기고 헤아려 깨우치게 하는 말씀이 〈천지상불능구(天地尙不能久) 이황어인호(而況於人乎)〉이다.

註 "출생입사(出生入死)." (상도에서) 나옴은[出] 태어남이고[生], (상도로) 들어옴은[入] 죽음이다[死]. 『노자(老子)』 50장(章)

註 "천하막대어추호지말(天下莫大於秋毫之末) 이태산위소(而大山爲小) 막수호상자(莫壽乎殤子) 이팽조위요(而彭祖爲夭) 천지여아병생(天地與我竝生) 이만물여아위일(而萬物與我爲一)." 세상에서[天下] 가을[秋] 털의[毫之] 끝보다[於末] 더 큰 것은[大] 없고[莫而], 태산은[大山] 작은 것[小]이다[爲]. 스물도 못 돼 죽은 자식보다[乎殤子] 더 장수함은[壽] 없고[莫而], 120년 살다 죽은 팽조가[彭祖] 요절한 것[夭]이다[爲]. 하늘땅과[天地與] 내가[我] 함께[竝] 산다(生). 그러니[而] 만물과[萬物與] 나는[我] 하나인 것[一]이다[爲]. 『장자(莊子)』「제물론(齊物論)」

註 "종비촉연(宗非促延) 일념만년(一念萬年)." 종지는[宗] 짧다[促] 길다가[延] 아닌 것이고[非], 찰나가[一念] 영원이다[萬年].

종(宗)은 종지(宗旨) 즉 궁극적인 뜻, 촉(促)은 짧음이고, 연(延)은 긺, 일념(一念)은 찰나(刹那)이고 찰나는 75분의 1초이다. 이 글은 중국 수대(隨代)의 승려 승찬대사(僧燦大師)가 남겼다. 『신심명(信心銘)』 64

【보주(補註)】

- 〈천지상불능구(天地尙不能久) 이황어인호(而況於人乎)〉를 〈천지상불능구(天地尙不能久) 이황유구어인호(而況有久於人乎)〉처럼 옮기면 문의(文義)를 좀 더 쉽게 새길 수 있다. 〈하늘땅도[天地] 오히려[尙] 장구할[久] 할 수 없거늘[不能], 그런데[而] 하물며[況] 인간에게[於人] 장구함이[久] 있을 것[有]인가[乎]?〉
- 〈천지상불능구(天地尙不能久) 이황어인호(而況於人乎)〉는 독립불개(獨立不改) 즉 홀로[獨立] 변하지 않는[不改] 상도(常道)만이 생사가 없을 뿐, 우주 삼라만상은 그 무엇이든 생사의 것들로 있다가[生] 없어지는 것[死]임을 강하게 밝힌 말씀이다.

【해독(解讀)】

- 〈천지상불능구(天地尙不能久) 이황어인호(而況於人乎)〉는 두 구문이 접속사 〈그런데 이(而)〉로 이어진 중문(重文)이다. 〈천지도[天地] 오히려[尙] 불능구이다[不能久]. 그런데[而] 하물며[況] 어인[於人]서랴[乎]?〉
- 천지상불능구(天地尙不能久)에서 천지(天地)는 주어 노릇하고, 상(尙)은 구(久)를 꾸며주는 조사 노릇하며, 불(不)은 구(久)의 부정사(否定詞)이고, 능(能)은 구(久)의 조동사 노릇하고, 구(久)는 동사 노릇한다. 상(尙)은 〈오히려 유(猶)〉와 같다. 물론 상(尙)은 문맥에 따라 〈일찍 증(曾) · 높일 귀(貴) · 받들 숭(崇) · 더할

상(尙)〉 등 여러 뜻을 갖고, 부사로서는 〈거의 상(尙)=서기(庶幾)〉란 뜻을 내기도 한다. 〈천지도[天地] 오히려[尙] 장구할[久] 수 없다[不能].〉

- 이황어인호(而況於人乎)는 주어와 동사가 생략되고 어조사들만 남았지만, 하나의 구문이다. 이황어인호(而況於人乎)에서 이(而)는 〈그런데 이(而)〉로서 접속사 노릇하고, 황(況)은 어조(語調)를 살리는 조사 노릇하며, 어인(於人)은 부사구 노릇하고, 호(乎)는 감탄문 문미조사(~이랴) 노릇한다. 이황(而況)은 하나의 상용구처럼 여기고 〈그런데[而] 하물며[況]〉로 새기면 된다. 〈그런데[而] 하물며[況] 인간에게[於人]서랴[乎]!〉
- 〈천지상불능구(天地尙不能久) 이황어인호(而況於人乎)〉는 〈A상위(尙爲)B이황어(而況於)C호(乎)!〉의 상용문이다. 〈A가 오히려[尙] B를 할 수 없거늘[不能] 그런데[而] 하물며[況] C에서[於]랴[乎]!〉

23-5 故(고) 從事於道者同於道(종사어도자동어도)

▶ 그러므로[故] 도(道)를[於] 따라[從] 섬기는[事] 사람은[者] 도와[於道] 하나가 된다[同].

따를 종(從), 섬길 사(事), 조사(~을) 어(於), 길 도(道), 것 자(者), 하나 될 동(同), 조사(~과) 어(於)

【지남(指南)】

〈종사어도자동어도(從事於道者同於道)〉는 법자연(法自然)하여 수중(守中)함을 밝힌다. 〈종사어도(從事於道)〉 즉 상도를 따라[從] 받듦[事]은 5장(章)에서 살핀 수중(守中)을 상기시키고, 51장(章)의 **존도이귀덕(尊道而貴德)**을 상기시키며, 52장(章)의 **복수기모(復守其母)**를 상기시킨다. 상도(常道)를 따름을[中] 지킴[守]이 곧 종사어도(從事於道)이고, 어머니께로[母] 돌아와[復] 지킴[守] 또한 종사어도(從事於道)이며, 상도를 받들면서[尊道而] 상덕을[德] 받듦[貴] 역시 여기 종사어도(從事於道)이다.

성인(聖人)은 언제나 수중(守中)하고 복수기모(復守其母)하며 존도이귀덕(尊道

而貴德)하여 법자연(法自然)하기 때문에 무위지사(無爲之事)에 머물면서 이래라 저래라 정령(政令) 따위를 밝히지 않는 가르침을[不言之敎] 행하면서 상선구인(常善救人)하고 상선구물(常善救物)한다. 변함없이[常] 자연스럽게[善] 사람을 구제하고[救人] 사물을 구함이[救物] 여기 〈동어도(同於道)〉이다. 상도와[於道] 하나가 되면[同] 이롭게 하되[而利] 해치지 않고[不害], 위해주되[爲而] 다투지 않고[不爭], 구인(救人)하고 구물(救物)하는 것이다.

나아가 49장(章) **성인무상심(聖人無常心)**도 종사어도(從事於道)함이고, 57장(章) 성인(聖人)의 **무위(無爲)·호정(好靜)·무사(無事)·무욕(無欲)** 등도 동어도(同於道)이며, 『장자(莊子)』에 나오는 성인(聖人)의 **무기(無己)·무공(無功)·무명(無名)**도 상도와[於道] 하나가 됨이다[同]. 이와 같이 동어도(同於道) 즉 상도와[於道] 하나가 돼[同] 천지(天地)의 벗이[友] 됨은 오로지 21장(章) **유도시종(唯道是從)** 즉 오직[唯] 상도를[道] 따름임을[從] 거듭해 살펴 새기고 헤아려 깨닫게 하는 말씀이 〈종사어도자동어도(從事於道者同於道)〉이다.

註 "다언수궁(多言數窮) 불여수중(不如守中)." 말이[言] 많으면[多] 이치가[數] 막히니[窮] {상도(常道)를} 따름을[中] 지킴만[守] 못하다[不如]. 『노자(老子)』 5장(章)

註 "만물막부존도이귀덕(萬物莫不尊道而貴德) 도지존(道之尊) 덕지귀(德之貴) 부막지명이상자연(夫莫之命而常自然)." 온갖 것은[萬物] 도를[道] 받들면서[尊而] 덕을[德] 받들지 않을 수[不貴] 없으니[莫], 상도의[道之] 받듦과[尊] 덕의[德之] 높임[貴] 그것을[之] 무릇[夫] 하라 함이[命] 없어도[莫而] 늘[常] 절로[自] 그리한다[然]. 『노자(老子)』 51장(章)

註 "기지기자(旣知其子) 복수기모(復守其母) 몰신불태(歿身不殆)." 이미[旣] 그[其] 자손임을[子] 알고[知] 그[其] 어머니께로[母] 돌아와[復] 지킨다면[守] 평생토록[歿身] 위태롭지 않다[不殆]. 『노자(老子)』 52장(章)

註 "성인무상심(聖人無常心) 이백성심위심(以百姓心爲心)." 성인께는[聖人] 정해서 고집하는[常] 마음이[心] 없고[無], 백성의[百姓] 마음으로[心]써[以] 당신의 마음을[心] 삼는다[爲]. 『노자(老子)』 49장(章)

註 "성인운(聖人云) 아무위이민자화(我無爲而民自化) 아호정이민자정(我好靜而民自正) 아무사이민자부(我無事而民自富) 아무욕이민자박(我無欲而民自樸)." 성인은[聖人] 말한다[云] : 나에게[我] 인위가[爲] 없으니까[無而] 백성은[民] 절로[自] 변화하고[化], 내가[我] 고요를[靜] 좋아하니까[好而] 백성은[民] 절로[自] 바르고[正], 나에게[我] {인위(人爲)의} 일이[事] 없으니까[無而] 백성은[民] 절로[自] 부유하며[富], 나에게[我] 욕심이[欲] 없으니까[無而] 백성은[民] 절로[自] 본

디대로다[樸]. 『노자(老子)』 57장(章)

註 "지인무기(至人無己) 신인무공(神人無功) 성인무명(聖人無名)." 지인께는[至人] 사심(私心)이[己] 없고[無], 신인께는[神人] 공적(功績)이[功] 없으며[無], 성인께는[聖人] 명예(名譽)가[名] 없다[無].

지인(至人)·신인(神人) 등은 성인(聖人)의 별칭이다. 『장자(莊子)』「소요유(逍遙遊)」

註 "공덕지용(孔德之容) 유도시종(唯道是從)." 크나큰[孔] 덕의[德之] 짓은[容] 오로지[唯] 상도를[道] 따르는 것[從]이다[是]. 『노자(老子)』 21장(章)

【보주(補註)】

- 〈고(故) 종사어도자동어도(從事於道者同於道)〉를 〈시고(是故) 종사어도지인동어도지인야(從事於道之人同於道之人也)〉처럼 옮기면 문의(文義)를 좀 더 쉽게 새길 수 있다. 〈이렇기[是] 때문에[故] 상도를[於道] 따라서[從] 받드는[事之] 사람은[人] 상도와[於道] 하나가 되는[同之] 사람[人]이다[也].〉
- 동어도(同於道)는 『장자(莊子)』에 나오는 **여천위도자(與天爲徒者)**이란 말씀과 같다. 천지만물은 모두 다 자연과[與天] 한 무리가[徒] 되어[爲] 상도(常道)의 자손임을 밝힘이 여기 동어도(同於道)이다.

註 "여천위도자(與天爲徒者) 지천자지여기개천지소자(知天子之與己皆天之所子)." 자연과[與天] 한 무리가[徒] 된[爲] 사람은[者] 천자도[天地之] 남들과[己] 함께[與] 모두[皆] 자연이[天之] 자식으로 삼는[子] 바를[所] 안다[知]. 『장자(莊子)』「인간세(人間世)」

- 종사어도자동어도(從事於道者同於道)가 〈종사어도자도자동어도(從事於道者道者同於道)〉로 된 본(本)도 있다. 그러나 종사어도자(從事於道者)와 동어도(同於道) 사이에 있는 도자(道者)는 연문(衍文), 즉 글 가운데 잘못 끼어든 글자라는[衍文] 지적이 타당한 설(說)로 돼 있다. 〈종사어도하는[從事於道] 사람은[者] 도자로[道者] 상도와[於道] 함께한다[同].〉

【해독(解讀)】

- 〈고(故) 종사어도자동어도(從事於道者同於道)〉에서 고(故)는 〈시고(是故)〉의 줄임으로 부사구 노릇하고, 종사어도자(從事於道者)는 주부(主部) 노릇하며, 동(同)은 동사 노릇하고, 어도(於道)는 동(同)을 꾸며주는 부사구 노릇한다. 〈이 때

문에[故] 종사어도자는[從事於道者] 도와[於道] 하나이다[同].〉

- 주부(主部) 노릇하는 종사어도자(從事於道者)는 〈종사어도지인(從事於道之人)〉에서 지인(之人)을 자(者)로 대신한 것이다. 종사어도자(從事於道者)에서 종사어도(從事於道)는 자(者)를 꾸며주는 형용사절 구실하고, 자(者)는 영어의 〈the man who~〉와 같이 노릇한다고 여기면 된다. 물론 이런 구실하는 자(者)는 〈지인(之人)〉의 줄임일 때와 〈지물(之物)〉의 줄임일 때가 있다. 종(從)은 〈따를 순(順)〉과 같아 순종(順從)의 줄임말로 여기면 되고, 사(事)는 〈받들 봉(奉)〉과 같아 봉사(奉事)의 줄임이며, 동(同)은 〈합할 합(合) · 함께 공(共) · 어울릴 화(和) · 하나가 될 일(一)〉 등과 같아 여기선 동일(同一)의 줄임말로 여기고 새기는 편이 마땅하다. 〈종사어도하는[從事於道之] 사람[人]〉 〈종사어도하는[從事於道] 사람[者]〉

23-6 德者同於德(덕자동어덕)

▶ 덕을[德] (따라 섬기는) 사람은[者] 덕(德)과[於] 하나가 된다[同].

큰 덕(德), 사람 자(者), 함께할 동(同), 조사(~과) 어(於)

【지남(指南)】

〈덕자동어덕(德者同於德)〉은 행덕(行德) 즉 덕(德)을 따르고[從] 받드는[事] 사람을 밝힌다. 천지만물이 상도(常道)를 따라[從] 받듦[事]은 상덕(常德)을 종사(從事)함과 같다. 상도(常道)의 용(用)이 상덕(常德)이고, 상덕(常德)은 곧 시생(始生)인 까닭이다. 상도(常道)가 천지만물을 낳아[生] 기름[畜之]이 다름 아닌 상덕(常德)을 씀이니[用], 상도를[常道] 본받아 덕자(德者) 즉 덕(德)을 따라 받드는 사람은 상도(常道)를 종사(從事)함과 같기 때문에 상덕과[於德] 하나가 된다[同].

〈동어덕(同於德)〉이란 상선구인(常善救人) 즉 항상[常] 자연스럽게[善] 사람을[人] 구제하고[救], 상선구물(常善救物) 즉 항상[常] 자연스럽게[善] 사물을[物] 구제함으로[救] 드러난다. 이러한 드러남이 21장(章) 〈공덕지용(孔德之容)〉 즉 크나큰[孔] 덕의[德之] 동용[容]이다. 덕(德)의 동용(動容) 즉 짓함이란 상도(常道)가 만물을 낳고[生之], 상덕(常德)이 길러줌을[畜之] 밝힘이다. 만물이 누리는 생명이 곧 덕(德)인지라 『장자(莊子)』에는 **통어천지자덕야(通於天地者德也)**란 말씀이 나오고, 『주역(周易)』「계사전하(繫辭傳下)」에는 **통신명지덕(通神明之德)**이란 말씀이 있다. 신명(神明)이란 상도(常道)의 조화를 밝힘[明]이고, 조화가 통하게 함이 덕(德)인지라 덕(德)은 곧 시생(始生)이다. 시생(始生)은 출생(出生)이니, 만물은 모두 상도(常道)의 신명(神明)으로 삶[生]을 얻는다[得]. 그래서 덕(德)을 일러 득(得)이라 한다.

도(道)를 따르고[從] 받드는[事] 사람은 상덕(常德)과 하나가 돼[同] 자연의[天之] 한 무리로서[徒] 삶을 누림을 살펴 새기고 헤아려 깨우치게 하는 말씀이 〈덕자동어덕(德者同於德)〉이다.

註 "통어천지자덕야(通於天地者德也) 행어만물자도야(行於萬物者道也)." 하늘땅에[於天地] 두루 통하는[通] 것이[者] 덕(德)이고[也], 온갖 것에[於萬物] 두루 미치는[行] 것이[者] 도(道)이다[也]. 『장자(莊子)』「천지(天地)」

註 "음양합덕(陰陽合德) 이강유유체(而剛柔有體) 이체천지지찬(以體天地之撰) 이통신명지덕(以通神明之德)." 음과[陰] 양이[陽] 덕을[德] 합친다[合]. 그래서[而] 강과[剛] 유에[柔] 형상이[體] 있다[有]. 강유를[剛柔] 써[以] 자연(天地)의[之] 일을[撰] 형상한다[體]. 강유를[剛柔] 써[以] {음양(陰陽)은} 자연이 변화하게 하는 짓을[神] 밝히는[明之] 덕과[德] 통한다[通]. 『주역(周易)』「계사전하(繫辭傳下)」

【보주(補註)】

- 〈덕자동어덕(德者同於德)〉을 〈종사어덕자동어덕자야(從事於德者同於德者也)〉처럼 옮기면 문의(文義)를 좀 더 쉽게 새길 수 있다. 〈상덕을[於道] 따라서[從] 받드는[事] 사람은[者] 상덕과[於德] 하나가 되는[同] 사람[者]이다[也].〉
- 덕자동어덕(德者同於德)은 〈종사어덕자동어덕(從事於德者同於德)〉에서 종사어(從事於)를 앞 문맥으로 보아 보충될 수 있는 내용으로 생략한 것이다. 덕자(德者) 즉 종사어덕자(從事於德者)는 55장(章)에 나오는 **함덕지후(含德之厚)**를 상기시킨다. 〈덕에[於德] 종사하는[從事] 사람은[者] 덕과[於德] 하나가 된다[同].〉

註 "함덕지후(含德之厚) 비어적자(比於赤子)." 상덕을[德] 품음이[含之] 두터움은[厚] 핏덩이[赤子]에[於] 견줘진다[比]. 『노자(老子)』 55장(章)

- 동어덕(同於德) 역시 여천위도자(與天爲徒者)를 뜻하는 말씀이다. 천지만물은 모두 자연과[與天] 한 무리가[徒] 되는[爲] 것들[者]이다. 온갖 목숨이 누리는 생사(生死) 역시 상도(常道)의 조화(造化)이다. 내 목숨 내 것이란 생각은 동어덕(同於德)을 깨닫지 못해 비롯되는 오만이다.

【해독(解讀)】

- 〈덕자동어덕(德者同於德)〉에서 덕자(德者)는 동(同)의 주부(主部) 노릇하고, 동(同)은 자동사 노릇하며, 어덕(於德)은 동(同)을 꾸며주는 부사구 노릇한다. 〈덕자는[德者] 덕과[於德] 하나가 된다[同].〉
- 덕자(德者)는 〈덕지인(德之人)〉에서 지인(之人)을 자(者)로 줄인 어투이다. 물론 덕자(德者)를 〈덕지물(德之物)〉로 새겨도 된다. 덕자(德者)에서 덕(德)은 동사 노릇하고, 자(者)는 영어의 〈the man who ~〉 또는 〈that which ~〉 같은 구실을 한다고 여기면 된다. 〈덕을 행하는[德] 사람[者]=덕을 행하는[德之] 사람[人]〉 〈덕을 행하는[德] 것[者]=덕을 행하는[德之] 것[物]〉

23-7 失者同於失(실자동어실)

▶ (도덕을) 잃는[失] 것은[者] {희언[希言]의 다스림을} 잃음과[於失] 같다[同].

잃을 실(失), 것 자(者), 같을 동(同), 조사(~과) 어(於)

【지남(指南)】

〈실자동어실(失者同於失)〉은 실도덕(失道德)하면 희언(希言)의 다스림을 잃어버림을 밝힌다. 이는 인위(人爲)를 행함을 밝힘이고, 나아가 정령(政令)을 남발하여 취우(驟雨)와 표풍(飄風) 같은 다스림을 범하게 됨을 밝힘이다.

천지만물이 상도(常道)를 따라[從] 받듦[事]은 천지만물이 상도(常道)와 상덕(常德)을 종사(從事)함이다. 그러나 인간은 도덕(道德)을 종사(從事)하여 무위지치(無爲之治)를 행하지 않고, 인위지치(人爲之治)를 감행하고자 예악형정(禮樂刑政)을 펼치려고 온갖 정령(政令)을 백성에게 포고(布告)한다.

인간이 펼치는 예악형정(禮樂刑政) 같은 것은 여기 〈실자(失者)〉 즉 실도덕자(失道德者) 즉 상도와 상덕을[道德] 잃은[失] 짓으로, 인위(人爲)의 짓들과 더불어 인위(人爲)의 다스림이다. 따라서 실자(失者)는 38장(章)의 **실도이후덕(失道而後德) 실덕이후인(失德而後仁) 실인이후의(失仁而後義) 실의이후례(失義而後禮)**를 연상시킨다. 그러므로 실자(失者)는 실도덕자(失道德者)를 줄인 말이고, 『장자(莊子)』의 **개인자적생(開人者賊生)**을 상기시킨다. 상도(常道)가 만물을 화육(化育)하는 조화를 저버리고 인위를[人] 펼치는[開] 짓은[者] 삶을[生] 해치는[賊] 짓임을 여기 실자(失者)가 암시하고 있다.

물론 인간만이 실자(失者)를 범할 뿐이다. 성인(聖人)이 여기 실자(失者)를 결코 범하지 않음은 성인(聖人)께서는 49장(章)의 **무상심(無常心)**으로써 도덕(道德)을 종사(從事)하기 때문이다. 성인(聖人)께는 자기를 주장하는 마음이[常心]이 없고, 오로지 백성의[百姓之] 마음을[心] 당신의 마음으로 삼아 구인(救人)하고 구물(救物)하기 때문에 여기 실자(失者)를 결코 범하지 않는 것이다.

인위(人爲)는 저마다 기심(己心) 즉 자기의[己] 마음을[心] 위시(爲是) 즉 옳다고[是] 여기기[爲] 때문에 동어기(同於己) 즉 자기와[於己] 뜻이 같으면[同] 응하고, 이어기(異於己) 즉 자기와[於己] 뜻이 다르면[異] 응하지 않고[不應] 상알(相軋)하고 상쟁(相爭)하며 상해(相害)를 서슴지 않는다. 이에 따라서 실도(失道)하고 실덕(失德)하여 난세(亂世)가 빚어짐을 살펴 새기고 헤아려 깨우치게 하는 말씀이 〈실자동어실(失者同於失)〉이다.

註 "실도이후덕(失道而後德) 실덕이후인(失德而後仁) 실인이후의(失仁而後義) 실의이후례(失義而後禮)." 상도가[道] 없어진[失] 뒤에[而後] 덕이 생겼고[德], 덕이[德] 없어진[失] 뒤에[而後] 어짊이 생겼으며[仁], 어짊이[仁] 없어진[失] 뒤에[而後] 옳음이 생겼고[義], 옳음이[義] 없어진[失] 뒤에[而後] 예가 생겼다[禮]. 『노자(老子)』 38장(章)

註 "불개인지천(不開人之天) 이개천지천(而開天之天) 개천자덕생(開天者德生) 개인자적생(開人者賊生) 불염기천(不厭其天) 불홀어인(不忽於人) 민기호이기진(民幾乎以其眞)." 인간의[人之] 하늘을[天] 펼치지 않고서[不開而] 자연의[天之] 하늘을[天] 펼친다[開]. 자연을[天] 펼치는[開] 이한테는[者] 천덕이[德]이 생기고[生], 인위를[人] 펼치는[開] 자한테는[者] 해로움이[賊] 닥친다[生]. 그[其] 자연을[天] 싫어하지 않고[不厭] 인위를[於人] 소홀히 않으면[不忽] 백성은[民] 그[其] 참됨으로[眞]써[以] 상도에 가까워진다[幾乎].

인지천(人之天)은 인위(人爲)를 뜻하고, 천지천(天之天)은 무위(無爲)를 뜻하며, 하늘[天]은 자연(自然)을 뜻한다. 『장자(莊子)』「달생(達生)」

註 "성인무상심(聖人無常心) 이백성심위심(以百姓心爲心)." 성인께는[聖人] 정해서 고집하는 마음이[常心] 없고[無], 백성의[百姓] 마음으로[心]써[以] 당신의 마음을[心] 삼는다[爲]. 『노자(老子)』 49장(章)

【보주(補註)】

- 〈실자동어실(失者同於失)〉을 〈실도덕지인동어기실(失道德之人同於其失)〉처럼 옮기면 문의(文義)를 좀 더 쉽게 새길 수 있다. 〈도덕을[道德] 잃은[失之] 사람은[者] 그것의[其] 잃어버림과[失] 같다[同].〉
- 실자(失者)는 〈실도덕자(失道德者)〉의 줄임이고, 동어실(同於失)은 〈동어도덕지실(同於道德之失)〉에서 도덕지(道德之)를 생략해버린 어투로 여기면 문의(文義)가 잡힌다. 〈도덕을[道德] 잃어버린[失] 사람[者]〉 〈도덕의[道德之] 잃어버림과[於失] 같다[同].〉

【해독(解讀)】

- 〈실자동어실(失者同於失)〉에서 실자(失者)는 주부(主部) 노릇하고, 동(同)은 동사 노릇하며, 어실(於失)은 동(同)을 꾸며주는 부사구 노릇한다. 〈실자는[失者] 실과[於失] 같다[同].〉
- 실자(失者)는 〈실지인(失之人)〉에서 지인(之人)을 자(者)로 줄인 어투이다. 물론 실자(失者)를 실지물(失之物)로 새겨도 된다. 실자(失者)에서 실(失)은 동사 노릇하고, 자(者)는 여기서는 영어의 〈that which ~〉와 같이 구실한다고 여기면 된다. 〈(도덕을) 잃는[失] 사람[者]=(도덕을) 잃는[失之] 사람[人]〉 〈(도덕을) 잃는[失] 것[者]=(도덕을) 잃는[德之] 것[物]〉

23-8 同於道者道亦樂得之(동어도자도역락득지)

▶ 상도[道]와[於] 하나가 된[同] 사람[者] 그와[之] 상도는[道] 역시[亦] 합하기를[得] 좋아한다[樂].

합할 동(同), 조사(~과) 어(於), 길 도(道), 또한 역(亦), 즐거울(누릴) 락(樂), 합할 득(得), 그 지(之)

【지남(指南)】

〈동어도자(同於道者) 도역락득지(道亦樂得之)〉는 상도(常道)와 함께하는[同] 사람에게 상도(常道)는 곧장 다가감을 밝히고 있다. 10장(章)에서 살핀 것처럼 현덕(玄德)만을 쓰는 상도(常道)가 어찌 〈동어도(同於道)〉 즉 상도와[於道] 하나가 된[同] 사람을 멀리하겠는가. 누구든 상도(常道)와 함께하면 곧장 상도(常道)가 그와 합한다는 것이다.

여기 도역락득지(道亦樂得之)의 〈득(得)〉은 〈합할 합(合)〉과 같다. 이는 곧 법자연(法自然)이 행하기 어렵지 않음을 암시해주고, 상도(常道)는 결코 그 무엇에도 종사어도(從事於道)를 강요하지 않음을 말해준다. 사람을 제외한 천지만물은 스스로 종사어도자(從事於道者)로서 생사(生死)를 누린다. 인문(人們) 즉 인간들이[人們] 동어도(同於道) 하기를 멀리할 뿐이다. 탐욕을 부리고자 상쟁(相爭)하고 상해(傷害)하기를 마다 않는 인위(人爲)가 바로 동어도(同於道)를 팽개치는 짓이다. 오직 성인(聖人)만이 스스로 상도(常道)를 따라[從] 받들어[事] 진실로 동어도(同於道) 하므로 상도(常道)가 성인(聖人)과 합하기를 좋아하는 것이다.

여기 도역락득지(道亦樂得之)의 〈득지(得之)〉는 51장(章)에 나오는 **현덕(玄德)**을 상기시킨다. 상도(常道)가 상덕(常德)을 씀을[用] 일러 현덕(玄德)이라 하고, 이 현덕(玄德)으로써 상도(常道)가 만물에 다다름이[到] 곧 현덕(玄德)이다. 여기 득지(得之)는 〈합지(合之)〉이면서 동시에 〈도지(到之)〉이다. 따라서 〈도역락득지(道亦樂得之)〉는 상도가[常道] 동어도자(同於道者)에게[之] 다다르기를[到] 좋아함[樂]이다. 만약 인간들이 성인(聖人)을 본받아 19장(章)에서 살핀 바대로 **소사과욕(少私寡欲)**의 삶을 누린다면, 상도(常道)는 그 누구와라도 합하여[得] 무위(無爲)의 삶을 누리기를 좋아한다는 것이다. 왜나하면 만물과 더불어 인간도 현덕(玄德)을 부리는 상도(常道)의 소생(所生)이기 때문이다. 그러므로 여기 도역락득지(道亦樂得之)는 인간에게 저마다의 인지(人智)를 앞세워 실도(失道)하고 실덕(失德)하여 멸천(蔑天) 즉 자연을[天] 업신여기는[蔑] 인위(人爲)를 자행함을 범하지 말도록 암시하고 있다.

따라서 상도(常道)가 인간을 멀리함이 아니라, 동어도(同於道) 하기를 외면하는 인간이 상도(常道)를 한사코 멀리하려 함을 살펴 새기고 헤아려 깨우치게 하는 말씀이 〈동어도자(同於道者) 도역락득지(道亦樂得之)〉이다.

註 "생지휵지(生之畜之) 생이불유(生而不有) 위이불시(爲而不恃) 장이부재(長而不宰) 시위현덕(是謂玄德)." 낳아서[生而] 그것을[之] 길러주고[畜], 낳아주면서도[生而] 갖지 않으며[不有], 도와주면서도[爲而] 기대하지 않으며[不恃], 길러주되[長而] 이래라저래라 않는다[不宰]. 이를[是] 현묘한[玄] 덕이라[德] 한다[謂]. 『노자(老子)』 10장(章)

註 "도생지(道生之) 덕휵지(德畜之)…… 장지육지(長之育之) 성지숙지(成之熟之) 양지부지(養之覆之) 생이불유(生而不有) 위이불시(爲而不恃) 장이부재(長而不宰) 시위현덕(是謂玄德)." 상도가[道] 낳아주고[生之], 상덕[德]이 길러주며[畜之]…… 자라게 하고[長之] 감싸주며[育之], 이뤄주고[成之] 영글게 하며[熟之], 보양해주고[養之] 보호해준다[覆之]. 만물(萬物)을[之] 낳아서[生而] 그것을[之] 길러주고[畜], (만물을) 낳아주면서도[生而] (그 만물을) 갖지 않으며[不有], 낳아주면(만들어주면)서도[爲而] 기대하지 않으며[不恃], 길러주되[長而] 이래라저래라 않는다[不宰]. 이를[是] 현덕이라[玄德] 한다[謂]. 『노자(老子)』 51장(章)

註 "성인무상심(聖人無常心) 이백성심위심(以百姓心爲心) 선자오선지(善者吾善之) 불선자오역선지(不善者吾亦善之) 덕선(德善) 신자오신지(信者吾信之) 불신자오역신지(不信者吾亦信之) 덕신(德信)." 성인께는[聖人] 정해서 고집하는[常] 마음이[心] 없고[無], 백성의[百姓] 마음으로[心]써[以] 당신의 마음을[心] 삼는다[爲]. 선한[善] 자[者] 그도[之] 나는[吾] 선하게 하고[善], 나는[吾] 또한[亦] 불선한[不善] 자[者] 그도[之] 선하게 하니까[善] 선함을[善] 획득한다[德]. 믿는[信] 자[者] 그도[之] 내가[吾] 믿게 하고[信], 믿지 않는[不信] 자[者] 그도[之] 내가[吾] 또한[亦] 믿게 하니까[信] 믿음을[信] 획득한다[德]. 『노자(老子)』 49장(章)

註 "견소포박(見素抱樸) 소사과욕(少私寡欲)." 검소함을[素] 살피고[見] 질박함을[樸] 포용하게 하고[抱], 제 몫을[私] 적게 하고[少] 욕망을[欲] 적게 한다[寡]. 『노자(老子)』 19장(章)

註 "석지득일자(昔之得一者) 천득일이청(天得一以淸) 지득일이령(地得一以寧) 신득일이령(神得一以靈) 곡득일이영(谷得一以盈) 만물득일이생(萬物得一以生)." 맨 처음[昔之] 하나인[一] 것을[者] 얻었다[得]. 하늘은[天] 하나를[一] 얻음[得]으로써[以] 청명하고[淸], 땅은[地] 하나 즉 도(道)를[一] 얻음[得]으로써[以] 안정하며[寧], 변화하게 하는 짓은[神] 하나를[一] 얻음[得]으로써[以] 원기(元氣)가 되고[靈], 골짜기는[神] 하나를[一] 얻음[得]으로써[以] 채우며[盈], 온갖 것은[萬物] 하나를[一] 얻음[得]으로써[以] 생긴다[生]. 『노자(老子)』 39장(章)

【보주(補註)】

- 〈동어도자도역락득지(同於道者道亦樂得之)〉를 〈동어도지인(同於道之人) 도역락어합득타(道亦樂於合得他)〉처럼 옮기면 문의(文義)를 좀 더 쉽게 새길 수 있다. 〈상도와[於道] 함께하는[同之] 사람[者] 그와[他] 상도[道] 역시[亦] 합하기를[於合得] 좋아한다[樂].〉
- 도역락득지(道亦樂得之)는 동어도(同於道) 하면 곧장 여천위도(與天爲徒)가 되어버림을 밝히고 있다. 〈자연과[與天] 한 무리가[徒] 됨[爲]〉

【해독(解讀)】

- 〈동어도자도역락득지(同於道者道亦樂得之)〉에서 동어도자(同於道者)는 전치되었지만 득(得)의 목적구 노릇하고, 도(道)는 낙(樂)의 주어 노릇하며, 역(亦)은 낙(樂)을 꾸미는 부사 노릇하고, 낙(樂)은 동사 노릇하며, 득(得)은 영어의 부정사(不定詞)같이 구실하면서 낙(樂)의 목적어 노릇하고, 지(之)는 전치한 동어도자(同於道者) 자리에 놓인 허사(虛詞) 노릇한다. 〈동어도자(同於道者) 그와[之] 상도는[道] 역시[亦] 합하기를[得] 좋아한다[樂].〉
- 동어도자(同於道者)는 동어도지인(同於道之人)과 같다. 그러므로 동어도자(同於道者)는 〈위(爲)A지인(之人)=위(爲)A자(者)〉 또는 〈위(爲)A지물(之物)=위(爲)A자(者)〉의 상용구이다. 〈A를 하는[爲之] 사람[人]=A를 하는[爲] 사람[者]〉 〈A를 하는[爲之] 것[物]=A를 하는[爲] 것[者]〉

23-9 同於德者德亦樂得之(동어덕자덕역락득지)

▶ 상덕[德]과[於] 하나가 된[同] 사람[者] 그와[之] 상덕은[德] 역시[亦] 합하기를[得] 좋아한다[樂].

> 합할 동(同), 조사(~과) 어(於), 큰 덕(德), 또한 역(亦), 누릴 락(樂), 조사(~될) 득(得), 그것 지(之)

【지남(指南)】

〈동어덕자(同於德者) 덕역락득지(德亦樂得之)〉는 상덕(常德)과 함께하는[同] 사람에게 상덕(常德)은 곧장 다가감을 밝히고 있다. 10장(章)에서 살핀 것처럼 현덕(玄德)은 만물에 두루 통하므로 어찌 상덕과[於德] 하나가 된[同] 사람을 멀리하겠는가. 누구든 상덕(常德)과 함께하면 곧장 상덕(常德)이 그와 합한다는 것이다.

여기 〈덕역락득지(德亦樂得之)〉의 득(得)은 〈합할 합(合)〉과 같다. 〈덕역락득지(德亦樂得之)〉 역시 법자연(法自然)이 행하기 어렵지 않음을 암시해주고, 상도(常道)와 같이 상덕(常德) 역시 결코 그 무엇에도 종사어덕(從事於德)을 강요하지 않음을 말해준다. 사람을 제외한 천지만물은 스스로 종사어덕자(從事於德者)로서 생사를 누린다. 다만 인간들만 탐욕을 부리고자 상쟁(相爭)하고 상해(傷害)하기를 마다하지 않으면서, 상덕(常德)을 외면하면서 인위(人爲)를 범하여 동어덕(同於道)을 팽개칠 뿐이다. 오직 성인(聖人)만이 스스로 상덕(常德)을 따라[從] 받들어[事] 진실로 동어덕(同於德) 하므로, 상덕(常德)도 성인(聖人)과 합하기를 좋아하는 것이다.

여기 덕역락득지(德亦樂得之)의 〈득지(得之)〉 역시 51장(章)에 나오는 〈현덕(玄德)〉을 상기시킨다. 상도(常道)가 만물에 다다름이[到] 곧 현덕(玄德)이다. 여기 득지(得之)는 〈합지(合之)〉이면서 동시에 〈도지(到之)〉이다. 따라서 덕역락득지(德亦樂得之)는 상덕(常德)이 동어덕자(同於德者)에게[之] 다다르기를[到] 좋아하기도[樂] 함이다. 만약 인간들이 성인(聖人)을 본받아 19장(章)에서 살핀 바대로 〈소사과욕(少私寡欲)〉의 삶을 누린다면, 상덕(常德)은 그 누구와라도 합하여[得] 무위(無爲)의 삶을 누리기를 좋아한다는 것이다. 왜냐하면 만물과 더불어 인간도 현덕(玄德)을 부리는 상도(常道)의 소생(所生)이기 때문이다.

그러므로 여기 덕역락득지(德亦樂得之)는 인간에게 저마다의 인지(人智)를 앞세워 실도(失道)하고 실덕(失德)하여 멸천(蔑天) 즉 자연을[天] 업신여기는[蔑] 인위(人爲)를 자행(恣行)함을 범하지 말라고 암시하고 있다. 따라서 상덕(常德)이 인간을 멀리함이 아니라, 동어덕(同於德) 하기를 외면하는 인간이 상덕(常德)을 한사코 멀리하려 함을 살펴 새기고 헤아려 깨우치게 하는 말씀이 〈동어덕자(同於德者) 덕역락득지(德亦樂得之)〉이다.

【보주(補註)】

- 〈동어덕자덕역락득지(同於德者德亦樂得之)〉를 〈동어덕지인(同於德之人) 덕역

락어합득타(德亦樂於合得他)〉처럼 옮기면 문의(文義)를 좀 더 쉽게 새길 수 있다. 〈상덕과[於德] 함께하는[同之] 사람[者] 그와[他] 상도[道] 역시[亦] 합하기를[於合得] 좋아한다[樂].〉

- 덕역락득지(德亦樂得之) 역시 동어덕(同於德) 하면 곧장 여천위도(與天爲徒)가 되어버림을 밝히고 있다. 〈자연과[與天] 한 무리가[徒] 됨[爲]〉

【해독(解讀)】

- 〈동어덕자덕역락득지(同於德者德亦樂得之)〉에서 동어덕자(同於德者)는 전치되었지만 득(得)의 목적구 노릇하고, 덕(德)은 낙(樂)의 주어 노릇하며, 역(亦)은 낙(樂)을 꾸미는 부사 노릇하고, 낙(樂)은 동사 노릇하며, 득(得)은 영어의 부정사(不定詞)같이 구실하면서 낙(樂)의 목적어 노릇하고, 지(之)는 전치한 동어덕자(同於德者) 자리에 놓인 허사(虛詞) 노릇한다. 〈동어덕자(同於德者) 그와[之] 상덕은[德] 역시[亦] 합하기를[得] 좋아한다[樂].〉
- 동어덕자(同於德者)는 동어덕지인(同於德之人)과 같다. 그러므로 동어덕자(同於德者)는 〈위(爲)A지인(之人)=위(爲)A자(者)〉 또는 〈위(爲)A지물(之物)=위(爲)A자(者)〉의 상용구이다. 〈A를 하는[爲之] 사람[人]=A를 하는[爲] 사람[者]〉 〈A를 하는[爲之] 것[物]=A를 하는[爲] 것[者]〉

23-10 同於失者失亦樂得之(동어실자실역락득지)

▶{도덕(道德)을} 잃어버림과[於失] 합하는[同] 짓[者] 그런 짓들과[之] (도덕을) 잃어버림은[失] 역시[亦] 합하기를[得] 즐긴다[樂].

합할 동(同), 조사(~과) 어(於), 버릴 실(失), 또한 역(亦), 즐겨할 락(樂), 취할 득(得), 그것 지(之)

【지남(指南)】

〈동어실자(同於失者) 실역락득지(失亦樂得之)〉는 상도(常道)와 상덕(常德)과 합하기를[同] 저버리고[失] 인위(人爲)와 합하여[同] 인위(人爲)를 탐함을 밝힌다.

여기 〈동어실(同於失)〉은 18장(章)에서 살핀 **대도폐(大道廢)**를 상기시킨다. 대도

(大道) 즉 상도(常道)를 인간이 폐기(廢棄)하자 유인의(有仁義) 즉 인의가[仁義] 생겼다[有]. 인의(仁義)가 생기니[有] 지혜출(智慧出) 즉 인간의 지혜(智慧)가 나타나고[出], 인지(人智)를 앞세우게 되어 통치자가 거현(擧賢) 즉 현자(賢者)를 뽑아 등용하니 너도나도 현자가 되고자 한다. 이처럼 〈동어실자(同於失者)〉는 실도(失道)하고 실덕(失德)하면서 거현(擧賢) 즉 현자를 앞세우고[擧] 지혜를 앞세우는 자(者)이다. 거현(擧賢)하여 인지(人智)를 앞세우자 〈유대위(有大僞)〉 즉 크나큰[大] 속임수가[僞] 생겼다는[有] 것이다.

대위(大僞)란 치자(治者)가 백성을 속이고, 백성은 치자(治者)를 속임이다. 동어실자(同於失者)는 대위(大僞)를 범하게 되는지라 『장자(莊子)』의 **대란지본(大亂之本)**과 **멸천(滅天) 멸명(滅命)**을 상기시킨다. 동어실자(同於失者)는 대란의[大亂之] 뿌리[本]에 돋아난 멸천자(滅天者)이며 멸명자(滅命者)에 불과하다. 실도덕(失道德)하면 자연을[天] 파멸시키고[滅] 천성을[命] 파멸시키는[蔑] 인위(人爲)의 짓을 감행하기를 좋아하게[樂] 된다.

그러므로 실도(失道)하고 실덕(失德)하여 인위(人爲)를 자행하는 자는, 백성으로 하여금 상도(常道)와 상덕(常德)을 버리고[失] 상알(相軋) 즉 서로[相] 헐뜯고[軋] 서로[相] 다투면서[爭] 서로[相] 해치는[害] 삶을 서슴지 않으면서 멸천(滅天)하고 멸명(滅命)하게 함을 일깨워주는 말씀이 〈동어실자(同於失者) 실역락득지(失亦樂得之)〉이다.

註 "대도폐(大道廢) 유인의(有仁義) 지혜출(智慧出) 유대위(有大僞)." 대도가[大道] 버려져서[廢] 인의가[仁義] 생겼고[有], 지혜가[智慧] 나타나서[出] 크나큰[大] 거짓이[僞] 생겼다[有].

『노자(老子)』 18장(章)

註 "거현즉민상알(擧賢則民相軋) 임지즉민상도(任知則民相盜) 지수물자(之數物者) 부족이후민(不足以厚民) 민지어리심근(民之於利甚勤)…… 대란지본필생어요순지한(大亂之本必生於堯舜之閒) 기말존호천세지후(其末存乎千世之後) 천세지후(千世之後) 기필유인여인상식자야(其必有人與人相食者也)." 현자를[賢] 앞세우면[擧而] 백성은[民] 서로[相] 헐뜯게 되고[軋], 식자한테[知] 맡기면[任] 곧장[則] 백성은[民] (지식을) 서로[相] 훔친다[盜]. 이러한[之] 현자나 식자란[數物] 것들로[者] (지식 따위로) 써[以] 백성을[民] 도탑게 할[厚] 수 없고[不足], 백성이[民之] 이익을[利] 좇음이[於] 심히[甚] 발버둥친다[勤]. …… 대란의[大亂之] 뿌리는[本] 요순의[堯舜之] 시대에[於閒] 분명히[必] 생겼다[生]. 그[其] 끝은[末] 천대의[千世之] 뒤에도[乎後] 미치고[存], (천대의 뒤) 그

때에는[其] 사람과 사람이[人與人] 서로[相] 잡아먹는[食] 짓들이[者] 반드시[必] 있을 것[有]이다[也].

경상초(庚桑楚)는 노자(老子)의 제자라 한다. 『장자(莊子)』「경상초(庚桑楚)」

註 "무이인멸천(無以人滅天) 무이고멸명(無以故滅命) 무이득순명(無以得殉名) 근수이물실(謹守而勿失) 시위반기진(是謂反其眞)." 인간으로[人]써[以] 자연을[天] 파멸시키지[滅] 말고[無], 고의로[故]써[以] 천명을[命] 파멸시키지[滅] 말고[無], 덕으로[得]써[以] 명성을[名] 탐하지[殉] 말고[無], {천(天)을} 삼가[謹] 지켜서[守而] 잃지[失] 말라[無]. 이를[是] 자연의[其] 참된 도로[眞] 돌아감이라[反] 한다[謂].

무이고멸명(無以故滅命)의 고(故)는 인간으로 비롯된 고의(故意)이다. 무이득순명(無以得殉名)의 득(得)은 덕(德)이고, 순(殉)은 목숨을 바쳐 구하고 탐함을 뜻하며, 명(名)은 명성(名聲)으로 인욕(人欲)을 뜻하며, 무(無)는 〈~하지 말 물(勿)〉과 같다. 『장자(莊子)』「추수(秋水)」

【보주(補註)】

- 〈동어실자실역락득지(同於失者失亦樂得之)〉를 〈동어실지인(同於失之人) 실역락어합득타(失亦樂於合得他)〉처럼 옮기면 문의(文義)를 좀 더 쉽게 새길 수 있다. 〈(도덕을) 잃어버림과[於失] 함께하는[同之] 사람[者] 그와[他] (도덕을) 잃어버림은[失] 역시[亦] 합하기를[於合得] 즐긴다[樂].〉
- 실역락득지(失亦樂得之) 역시 실어도덕(失於道德)하면 곧장 여인위도(與人爲徒)가 되어버림을 밝히고 있다. 〈인위와[與人] 한 무리가[徒] 됨[爲]〉

【해독(解讀)】

- 〈동어실자실역락득지(同於失者失亦樂得之)〉에서 동어실자(同於失者)는 전치되었지만 득(得)의 목적구 노릇하고, 실(失)은 낙(樂)의 주어 노릇하며, 역(亦)은 낙(樂)을 꾸미는 부사 노릇하고, 낙(樂)은 동사 노릇하며, 득(得)은 영어의 부정사(不定詞)같이 구실하면서 낙(樂)의 목적어 노릇하고, 지(之)는 전치한 동어실자(同於失者) 자리에 놓인 허사(虛詞) 노릇한다. 여기 동어실자(同於失者)는 앞의 문맥으로 보아 〈동어실도덕자(同於失道德者)〉의 줄임이고, 실역락득지(失亦樂得之)의 실(失)은 〈실도덕자(失道德者)〉의 줄임으로 여기면 된다. 〈동어실자(同於失者) 그와[之] 잃어버림은[失] 역시[亦] 합하기를[得] 즐긴다[樂].〉 〈도덕을[道德] 잃어버림과[於失] 같이하는[同] 사람[者]〉 〈도덕을[道德] 잃어버린[失] 것[者]〉

- 동어실자(同於失者)는 〈동어실지인(同於失之人)〉과 같다. 그러므로 동어실자(同於失者)는 〈위(爲)A지인(之人)=위(爲)A자(者)〉 또는 〈위(爲)A지물(之物)=위(爲)A자(者)〉의 상용구이다. 〈A를 하는[爲之] 사람[人]=A를 하는[爲] 사람[者]〉 〈A를 하는[爲之] 것[物]=A를 하는[爲] 것[者]〉

23-11 信不足焉(신부족언) 有不信焉(유불신언)

▶{무위지치(無爲之治)의} 믿음이[信] 백성에게[焉] 충족되지 못해서[不足] (백성에게) 치자를[焉] 믿지 못함이[不信] 생겼다[有].

믿을 신(信), 못할 부(不), 족할 족(足), 그것에 언(焉), 있을 유(有)

註 〈신부족언(信不足焉) 유불신언(有不信焉)〉은 17장(章)에도 그대로 나온다. 17장(章)에서도 23장(章)에서와 같이 인위(人爲)의 다스림을 행하는 치자(治者)와 백성 사이를 밝히고 있다. 따라서 17장(章)의 지남(指南)을 그대로 23장(章)의 지남(指南)으로 삼았다.

【지남(指南)】

〈신부족언(信不足焉) 유불신언(有不信焉)〉은 재상자(在上者) 즉 통치자에게 무위지치(無爲之治)의 믿음이 부족할수록 백성은 그를 불신함을 밝힌다. 태상(太上)에 성인(聖人)의 치민(治民) · 치세(治世)가 너무나 자연스러워 백성은 절로 다스림[治]을 누리게 되고, 그냥 그대로 믿어 성인(聖人)의 치자(治者)가 그들의 위에 있는지조차 몰랐다. 태상(太上)의 치세(治世)는 무위(無爲) · 귀언(貴言), 즉 무위(無爲)하여 정령(政令)을 거의 발령(發令)하지 않으므로[貴言] 백성은 성인(聖人)의 치민(治民) · 치세(治世)가 있는 줄조차 몰라도 성인(聖人)은 백성이 있는 줄 알고 무위(無爲)로 치세(治世)하였다. 여기 귀언(貴言)이란 정사(政事)의 발언을 무겁게 여기고 정령(政令)을 발령(發令)하지 않음이다.

그러나 무위(無爲)의 다스림[治]이 쇠망(衰亡)해지고 인의(仁義)의 다스림[治]이 이어져 백성은 인의(仁義)를 친예(親譽)했지만, 이예악형정(以禮樂刑政) 즉 예악(禮樂)과 형정(刑政)으로써[以] 치세(治世)가 이어지면서 식세(食稅)의 착민(搾民)이 가열(苛烈)되고 백성은 치민(治民) · 치세(治世)를 두려워하고[畏] 업신여기게

[侮] 되었다. 그래서 재상자(在上者) 즉 군왕은 재하자(在下者)인 백성에게서 믿음[信]을 얻지 못하게 되었다.

백성이 군왕을 불신함은 백성의 과(過)가 아니라 군왕(君王)의 인위(人爲)로 말미암은 온갖 과오(過誤)의 탓임을 살펴 새기고 헤아려 보게 하는 말씀이 〈신부족언(信不足焉) 유불신언(有不信焉)〉이다.

【보주(補註)】

- 〈신부족언(信不足焉) 유불신언(有不信焉)〉의 성언(聖言)을 〈신무위지치부족어치자(信無爲之治不足於治者) 이민유불신어치자(而民有不信於治者)〉처럼 옮기면 문의(文義)를 좀 더 쉽게 새길 수 있다. 〈무위의[無爲之] 다스림을[治] 믿음이[信] 치자에게[於治者] 부족했다[不足]. 그래서[而] 백성에게[民] 치자를[於治者] 불신함이[不信] 생겼다[有].〉
- 〈신부족언(信不足焉) 유불신언(有不信焉)〉에서 신(信)은 〈양자지간무위사(兩者之間無僞詐)〉를 뜻한다. 여기서 양자(兩者)란 치자(治者)와 백성[民]을 말한다. 〈양자의[兩者之] 사이에[間] 행동의 거짓이나[僞] 말의 거짓이[詐] 없음[無]〉
- 신부족언(信不足焉)이 〈신부족(信不足)〉으로, 유불신언(有不信焉)이 〈유불신(有不信)〉으로 된 본(本)도 있다. 신부족언(信不足焉)의 언(焉)은 〈어치자(於治者)〉의 줄임이고, 유불신언(有不信焉)의 언(焉)은 〈어민(於民)〉의 줄임이다. 〈치자(治者)에게[於] 믿음이[信] 부족했다[不足].〉 〈백성[民]에게[於] 불신이[不信] 생겼다[有].〉

【해독(解讀)】

- 〈신부족언(信不足焉) 유불신언(有不信焉)〉은 부사절과 주절로 이루어져 영어의 복문(複文) 같은 구문이다. 접속사를 거의 생략하므로 전후 문맥을 살펴 문맥을 잡아가야 하는 것이 한문(漢文)이다. 말하자면 〈신부족언(信不足焉) 때문에 유불신언(有不信焉)한다〉고 문맥을 잡는다. 〈신이[信] 부족한 것[不足]이기 때문에[焉] 불신이[不信] 있는 것[有]이다[焉].〉
- 신부족언(信不足焉)에서 신(信)은 족(足)의 주어 노릇하고, 부(不)는 족(足)의 부정사(否定詞)이며, 족(足)은 수동태 자동사 노릇하고, 언(焉)은 〈어시(於是) 언(焉)〉으로 문말조사(文末助詞) 노릇한다. 여기 언(焉)은 문맥으로 따져보아 〈어

치자(於治者)〉의 줄임으로 여기면 문의(文義)가 더 분명하게 잡힌다. 〈치자(治者)에게 신이[信] 부족했다[不足].〉

- 유불신언(有不信焉)에서 유(有)는 〈있을 유(有)〉 자동사 노릇하고, 불신(不信)은 주어 노릇하며, 언(焉)은 〈어시(於是) 언(焉)〉으로 문말조사(文末助詞) 노릇한다. 신(信)은 〈믿을 충(忠)〉과 같아 충신(忠信)의 줄임말로 여기면 되고, 언(焉) 역시 문맥으로 따져보아 〈어민(於民)〉의 줄임으로 여기면 문의(文義)가 더 분명하게 잡힌다. 〈백성[民]에게[於] 불신이[不信] 있었다[有].〉

불처장(不處章)

인위(人爲)를 행함이 어떠한지 〈기자(企者)〉와 〈과자(跨者)〉 그리고 〈여사(餘食)〉와 〈췌형(贅形)〉을 비유로 들어 밝힌다. 인위(人爲)는 유사(有私) · 유욕(有欲) · 유기(有己)에 사로잡힌 용심(用心)으로, 명리(名利)에 사로잡혀 자현(自見) · 자시(自是) · 자벌(自伐) · 자긍(自矜)하고 자신(自身)으로써 상알(相軋)하고 상쟁(相爭)하며 상해(相害)하는 자박(子縛)을 면치 못해 궁색함을 면치 못한다. 그러므로 무위(無爲)를 행하는 유도자(有道者)는 인위(人爲)에 머물지 않음을[不處] 밝히는 장(章)이다.

【원문(原文)】

企者는 不立이요 跨者는 不行이라 自見者는 不明하고 自是者는 不彰하며 自伐者는 無功하고 自矜者는 不長하니 其在道也에 曰 餘食贅行이라 物或惡之한다 有道者는 不處니라

발돋움하는[跂] 사람은[者] 오래 서 있지 못하고[不立], 성큼성큼 걷는[誇] 사람은[者] (멀리) 가지 못한다[不行]. 자기를[自] 드러내는[見] 사람은[者] 밝지 못하고[不明], 스스로[自] 옳다고 주장하는[是] 사람은[者] 뚜렷하지 못하며[不彰], 스스로를[自] 자랑하는[伐] 사람에게는[者] 일한 보람이[功] 없어지고[無], 스스로[自] 뽐내는[矜] 사람은[者] 대접받지 못한다[不長]. 도덕[道]에서[在] 앞의 짓들[其]을[也] 말해본다면[曰] (앞의 짓들이란) 먹다 남은[餘] 밥풀떼기이고[食] 혹덩어리이다[贅形]. (사람들은) 아마도[或] 그것들을[物] 싫어할 게다[惡之]. 상도를[道] 갖추고 있는[有] 사람은[者] (그런 짓들에) 머물지 않는다[不處].

24-1 企者不立(기자불립)

▶ 발돋움하는[跂] 사람은[者] 오래 서 있지 못한다[不立].

발돋움할 기(跂), 놈(것) 자(者), 못할 불(不), 설 립(立)

【지남(指南)】

〈기자(企者)〉는 종사어도덕(從事於道德)을 저버린 인위(人爲)를 비유한다. 상도(常道)와 상덕(常德)을 따라[從] 받들기[事]를 저버린 인위(人爲)를 좇는 사람은 남들보다 더 멀리 잘 볼세라 발돋움하는 꼴이라는 것이다. 이런 꼴은 남이야 어떻든 자기만 유리하기를 탐하는 짓이다. 그래서 여기 기자(企者)는 탐욕하는 인간을 연상시킨다. 발을 들어올려 까치발로 서서 땅에 닿지 못함을 〈기(企)〉라 한다.

남보다 멀리, 그리고 먼저 바라보려는 욕심으로 발을 들어올려 발버둥친들 기

립(起立)할 수 없는 것이 천도(天道) 즉 자연의 규율이다. 기립(企立)은 자연(自然)을 어기는 짓이다. 각근(脚根) 즉 발바닥 전체[脚根]를 땅에 대고 서야 서 있음이[立] 자연(自然)이고 무위(無爲)이다.

남보다 더 멀리 바라보고 남보다 앞서 보아야 한다는 욕심 탓으로 발바닥을 들어올려 발가락으로 땅을 딛는 사람은 오래 서 있지 못한다. 까치발의 입(立)이란 자연(自然)이 아니라 조작(躁作)인 까닭이다. 욕심이 앞서서 성급한[躁] 짓하면[作] 무슨 일이든 바라는 대로 되지 않는다. 남보다 더 보려다 오히려 못 보게 되고 마는 짓이 까치발 서기이고, 인위(人爲)란 그런 것이다.

기립(企立)은 자연(自然)을 어김인지라 결코 오래갈 수 없는 인위(人爲)의 짓임을 살펴 새기고 헤아려 깨우치게 하는 말씀이 〈기자불립(企者不立)〉이다.

【보주(補註)】

- 〈기자불립(企者不立)〉을 〈기지인불구립(企之人不久立)〉처럼 옮기면 문의(文義)를 좀 더 쉽게 새길 수 있다. 〈발돋움하는[企之] 사람은[人] 오래[久] 서 있지 못한다[不立].〉
- 기자불립(企者不立)의 기자(企者)는 아래에 나오는 〈자현자(自見者) · 자시자(自是者) · 자벌자(自伐者) · 자긍자(自矜者)〉를 묶어 비유한 말씀이다.
- 기자불립(企者不立)이 〈기자불립(跂者不立)〉으로 된 본(本)도 있다. 기(跂)는 〈육발이 기(跂)〉이지만, 여기선 기족(企足) 즉 〈발[足]을 들어올릴 기(企)〉와 같은 뜻이기도 하다. 〈발돋움하는[跂] 사람은[者] 서지 못한다[不立].〉

【해독(解讀)】

- 〈기자불립(企者不立)〉에서 기자(企者)는 주어 노릇하고, 불(不)은 입(立)의 부정사(否定詞)이며, 입(立)은 동사 노릇한다. 기(企)는 〈발을 들어올릴 기(跂)〉와 같아 기자(企者)는 기자(跂者)와 같다. 〈기자는[企者] 불립한다[不立].〉
- 기자(企者)는 〈기지인(企之人)〉에서 지인(之人)을 자(者)로 대신한 말투이다. 기자(企者)의 자(者)는 조사 노릇한다. 〈발돋움하는[企之] 사람[人]〉

24-2 跨者不行(과자불행)

▶ 성큼성큼 걷는[誇] 사람은[者] (멀리) 가지 못한다[不行].

성큼성큼 갈 과(誇), 놈 자(者), 못할 불(不), 나아갈 행(行)

【지남(指南)】

〈과자불행(跨者不行)〉 역시 종사어도덕(從事於道德)을 저버린 인위(人爲)를 비유한다. 인위(人爲)를 좇는 사람은 남들보다 먼저 갈세라 성큼성큼 성급히 걷는 꼴이란 것이다. 이런 짓은 남을 제치고 자기만 앞서기를 탐하는 짓이다. 그래서 여기 〈과자(跨者)〉 역시 탐욕하는 인간을 연상시킨다. 발걸음을 넓혀 성큼성큼 성급히 걸어감을 〈과(跨)〉라 한다. 남보다 먼저 앞서려고 성큼성큼 성급히 걸어감은[跨] 멀리 갈 수 없음이 천도(天道)이다. 과행(跨行)은 자연(自然)을 어기는 짓이다. 천릿길도 한 걸음부터란 속담에서 한 걸음은 완보(緩步)이지 결코 과보(跨步)가 아니란 것이다. 성급한 과보(跨步) 역시 기립(企立)과 마찬가지로 자연(自然)이 아니라 조작(躁作)인 까닭이다.

사욕(私欲)이 앞서 성급한[躁] 짓하면[作] 무슨 일이든 바라는 대로 되지 않는다. 남보다 더 앞서 가려다 오히려 목적지까지 못 가고 마는 짓이 과보(跨步) 같은 인위(人爲)의 짓이다. 과행(跨行) 역시 자연(自然)을 어김인지라 결코 목적지까지 갈 수 없는 인위(人爲)의 짓임을 살펴 새기고 헤아려 깨우치게 하는 말씀이 〈과자불행(跨者不行)〉이다.

【보주(補註)】

- 〈과자불행(跨者不行)〉을 〈과지인불원행(跨之人不遠行)〉처럼 옮기면 문의(文義)를 좀 더 쉽게 새길 수 있다. 〈성큼성큼 걷는[跛之] 사람은[人] 멀리[遠] 가지 못한다[不行].〉
- 과자불행(跨者不行)의 과자(跨者) 역시 아래에 나오는 〈자현자(自見者) · 자시자(自是者) · 자벌자(自伐者) · 자긍자(自矜者)〉를 묶어 비유한 말씀이다. 과자(跨者)는 대보이행자(大步而行者) 즉 걸음을[步] 크게 해서[大而] 가는[行] 사람[者]으로, 조급하고 경솔한 이를 비유함이다.

【해독(解讀)】

- 〈과자불행(跨者不行)〉에서 과자(跨者)는 주어 노릇하고, 불(不)은 행(行)의 부정사(否定詞)이며, 행(行)은 동사 노릇한다. 〈과자는[跨者] 불행한다[不行].〉
- 과자(跨者)는 〈과지인(跨之人)〉에서 지인(之人)을 자(者)로 대신한 말투이고, 과(跨)는 〈건너뛸 도(渡) · 월(越)〉 등의 뜻을 낸다. 과자(跨者)의 과(跨)는 여기선 대보이행(大步而行)의 뜻이다. 〈발걸음을[步] 크게 해서[大而] 간다[行].〉

24-3 自見者不明(자현자불명)

▶ 자기를[自] 드러내는[見] 사람은[者] 밝지 못하다[不明].

자신 자(自), 드러낼 현(見), 놈 자(者), 못할 불(不), 밝을 명(明)

【지남(指南)】

〈자현자불명(自見者不明)〉은 7장(章)에서 살핀 **후기신(後其身) · 외기신(外其身)**을 내치고, 67장(章)에 나오는 **불감위천하선(不敢爲天下先)**을 외면하는 소인(小人)이 범하는 짓이다. 소인(小人)은 22장(章) 〈부자현고명(不自見故明)〉의 명(明)을 알지 못하며, 자현(自見) 즉 스스로[自] 드러내야[見] 남들이 자기를 얕보지 못한다고 믿는다. 부자현고명(不自見故明)의 명(明)을 모르기 때문에 오만함과 방자함을 멀리하지 않는다. 그래서 『논어(論語)』에 나오는 **자절사(子絶四)**를 환기시켜준다. 사(私)만 보고 공(公)을 살피지 않거나 못해 자기를 드러냄이 자현(自見)이다. 사욕(私欲)에 끌려 본말(本末)과 시종(始終)을 외면해버리고 자기를 드러내기를 일삼다 보면 온갖 사리(事理)에 어둡게 된다. 따라서 자현(自見)하는 사람은 늘 밝지 못하다[不明].

여기 〈명(明)〉은 16장(章)에서 살핀 **지상왈명(知常曰明)**을 상기시킨다. 지상(知常)이란 종사어도덕(從事於道德) 하기를 앎인지라 천도(天道)를 따라 행함을 앎[知]이다. 그래서 무사(無私) · 무욕(無欲) · 무아(無我)하여 무위(無爲)의 삶을 누릴 줄 앎이 밝음[明]이고, 이를 알지 못함이 여기 〈불명(不明)〉이다.

자현자불명(自見者不明)의 불명(不明)으로써 지상(知常)을 헤아려 깨우치지 못하면 누구나 방자하고 오만해짐을 살펴 새기고 헤아려 깨우치게 하는 말씀이 〈자현자불명(自見者不明)〉이다.

註 "성인후기신이신선(聖人後其身而身先) 외기신이신존(外其身而身存) 비이기무사야(非以其無私耶) 고(故) 능성기사(能成其私)." 성인은[聖人] 자신을[其身] 뒤로 하지만[後而] 자신이[身] 앞서지고[先], 그[其] 자신을[身] 없애니[外而] 자신이[身] 생존한다[存]. 성인(聖人)께[其] 자기가[私] 없기[無] 때문은[以] 아닌 것[非]이로다[耶]. 그러므로[故] 그[其] 자기를[私] 능히[能] 이룬다[成]. 『노자(老子)』 7장(章)

註 "아유삼보(我有三寶) 지이보지(持而保之) 일왈자(一曰慈) 이왈검(二曰儉) 삼왈불감위천하선(三曰不敢爲天下先)." 나한테는[我] 세 가지[三] 보배가[寶] 있다[有]. 그것을[之] 간직하면서[持而] 지킨다[保]. 사랑함이[慈] 그 하나이고[一曰], 검소함이[儉] 그 둘이며[二曰], 감히[敢] 세상에[天下] 나서지[先] 않음이[不爲] 그 셋이다[三曰]. 『노자(老子)』 67장(章)

註 "자절사(子絶四) 무의(毋意) 무필(毋必) 무고(毋固) 무아(毋我)." 공자께서는[子] 네 가지를[四] 끊었다[絶]. (그래서 공자께는) 자의(恣意)가[意] 없고[毋], 기필(期必)이[必] 없으며[毋], 고집(固執)이[固] 없고[毋], 아집(我執)이[我] 없다[毋]. 『논어(論語)』 「자한(子罕)」 4

註 "귀근왈정(歸根曰靜) 시위복명(是謂復命) 복명왈상(復命曰常) 지상왈명(知常曰明) 부지상(不知常) 망작흉(妄作凶)." 뿌리로[根] 돌아감을[歸] 고요라[靜] 하고[曰], 이것을[是] 본성으로[命] 돌아옴이라[復] 한다[謂]. 받은 명령을[命] 돌아와 알림을[復] 한결같음이라[常] 하며[曰], 한결같음을[常] 앎을[知] 밝음이라[明] 한다[曰]. 한결같음을[常] 모르면[不知] 망령되어[妄] 흉을[凶] 짓는다[作]. 『노자(老子)』 16장(章)

【보주(補註)】

- 〈자현자불명(自見者不明)〉을 〈자현지인불명(自見之人不明)〉처럼 옮기면 문의(文義)를 좀 더 쉽게 새길 수 있다. 〈스스로[自] 드러내는[見之] 사람은[人] 밝지 못하다[不明].〉
- 자현(自見)은 자연의 규율을 따라 사리(事理)를 보지 않고 자의(恣意)로 사물을 보고[見] 고집과 독단을 마다하지 않음이다. 자현(自見)은 성견(成見)을 불러와 아집(我執)에 매달린다. 사물을 제 마음대로 결정함이 성견(成見)이고, 성견(成見)에 따른 제 주장을 폄이 아집(我執)이다. 이런 자현자(自見者)는 비유해서 말하자면 앞서 살핀 기자(企者) 같고 과자(跨者) 같다.

【해독(解讀)】

- 〈자현자불명(自見者不明)〉에서 자현자(自見者)는 주부(主部) 노릇하고, 불(不)은 명(明)의 부정사(否定詞)이며, 명(明)은 동사 노릇한다. 〈자현자는[自見者] 밝지 못하다[不明].〉
- 자현자(自見者)는 〈자현지인(自見之人)〉에서 지인(之人)을 자(者)로 대신한 말투이고, 현(見)은 〈드러낼 현(現) · 현(顯)〉 등과 같아 현현(顯見)의 줄임말로 여기면 되며, 자현자불명(自見者不明)의 불명(不明)은 〈불명자내(不明自內)〉를 줄인 것으로 새기면 된다. 물론 지물(之物)을 자(者)로 대신하기도 한다. 이러한 자(者)는 영어의 〈the man who ~〉 또는 〈that which ~〉처럼 구실하는 셈이다. 〈스스로[自] 드러내는[見之] 사람[人]〉 〈스스로[自] 드러내는[見之] 것[物]〉 〈제[自] 마음을[內] 밝게 못한다[不明].〉

24-4 自是者不彰(자시자불창)

▶ 스스로[自] 옳다고 주장하는[是] 사람은[者] 뚜렷하지 못하다[不彰].

스스로 자(自), 옳다고 주장할 시(是), 놈 자(者), 못할 불(不), 뚜렷할 창(彰)

【지남(指南)】

〈자시자불창(自是者不彰)〉 역시 7장(章)에서 살핀 〈후기신(後其身) · 외기신(外其身)〉을 내치고, 67장(章)에 나오는 〈불감위천하선(不敢爲天下先)〉을 외면하는 소인(小人)이 범하는 짓이다. 소인(小人)은 22장(章) 〈부자시고창(不自是故彰)〉의 창(彰)을 알지 못하며, 자시(自是) 즉 스스로[自] 옳다고 주장해야[是] 남들이 자기를 얕보지 못한다고 믿는다. 부자시고창(不自是故彰)의 창(彰)을 모르기 때문에 오만함과 방자함을 멀리하지 않는다.

자시(自是) 역시 『논어(論語)』에 나오는 〈자절사(子絶四)〉를 환기시켜준다. 사(私)만 보고 공(公)을 살피지 않거나 못해 자기만을 주장함이 자시(自是)이다. 사욕(私欲)에 끌려 본말(本末)과 시종(始終)을 외면해버리고 자기만 옳다고 주장하기를 일삼다 보면 온갖 사리(事理)에 어둡게 되고, 사람들로부터 외면당하고 만다.

따라서 자시(自是)하는 사람은 자신을 뚜렷이 하려다[彰] 외면당함이 여기 〈불창(不彰)〉이다.

불창(不彰) 또한 종사어도덕(從事於道德)하기를 외면한다. 자시(自是) 때문에 『논어(論語)』에는 **소인동이불화**(小人同而不和)란 말씀이 나오고, 『장자(莊子)』에는 **인유팔자**(人有八疵) **사유사환**(事有四患)이란 말이 나온다. 소인(小人)의 자시(自是)는 사(私)를 시(是)라 우기고 공(公)을 외면해 시비의 상쟁(相爭)을 불러온다. 따라서 근본(根本)을 못보고 말단(末端)만 탐함이 또한 자시(自是)이다.

자시(自是) 탓으로 자기를 주장하여[自是] 자현(自見)하려다 팔자(八疵)와 사환(四患)을 스스로 범하고, 세인(世人)들에게 외면당해 묻히고 마는 것임을 살펴 새기고 헤아려 깨우치게 하는 말씀이 〈자시자불창(自是者不彰)〉이다.

註 "군자화이부동(君子和而不同) 소인동이불화(小人同而不和)." 군자는[君子] 어울리되[和而] 패거리짓지 않고[不同], 소인은[小人] 패거리짓되[同而] 어울리지 못한다[不和].

『논어(論語)』「자로(子路)」 23

註 "차인유팔자(且人有八疵) 사유사환(事有四患) 불가불찰야(不可不察也) 비기사이사지(非其事而事之) 위지총(謂之摠) 막지고이진지(莫之顧而進之) 위지영(謂之佞) 희의도언(希意道言) 위지첨(謂之諂) 불택시비이언(不擇是非而言) 위지유(謂之諛) 호언인지악(好言人之惡) 위지참(謂之讒) 석교리친(析交離親) 위지적(謂之賊) 칭예사위이패악인(稱譽詐僞以敗惡人) 위지특(謂之慝) 불택선부양용(不擇善否兩用) 협적투발소욕(頰適偸拔所欲) 위지험(謂之險) 차팔자자(此八疵者) 외이란인(外以亂人) 내이상신(內以傷身) 군자불우(君子不友) 명군불신(明君不臣)." 또[且] 사람에게는[人] 여덟 가지[八] 허물이[疵] 있고[有], 일에는[事] 네 가지[四] 걱정이[患] 있다[有]. 살펴두지 않으면[不察] 안 되는 것[不可]이다[也]. 제[其] 일도[事] 아닌데[非而] 그것을[之] 일함[事] 그런 짓을[之] 총이라[摠] 하고[謂], (임금이) 그것을[之] 되돌아봄이[顧] 없는데[莫而] 그것을[之] 추진함[進] 그런 짓을[之] 영이라[佞] 하고[謂], (상대의) 뜻을[意] 맞춰[希] 말을[言] 함[道] 그런 짓을[之] 첨이라[諂] 하고[謂], 시비를[是非] 가려보지 않고서[不擇而] 말함[言] 그런 짓을[之] 유라[諛] 하고[謂], 남의[人之] 결점을[惡] 말하기[言] 좋아함[好] 그런 짓을[之] 참이라[讒] 하고[謂], (남의) 사귐을[交] 끊거나[析而] 친한 사이를[親] 갈라놓기[離] 그런 짓을[之] 적이라[賊] 하고[謂], (일부러 남의) 칭찬을[譽] 늘어놓고[稱而] 속임질로[詐僞]써[以] 남을[人] 망하게 해[敗] 악하게 함[惡] 그런 짓을[之] 특이라[慝] 하고[謂], 선과[善] 악을[否] 가리지 않고서[不擇而] 양쪽으로[兩] 용납하고[容] 얼굴빛을[頰] 맞춰[適] 상대가[其] 바라는[欲] 바를[所] 훔쳐[偸]냄[拔] 그런 짓을[之] 험이라[險] 한다[謂]. 이[此] 여덟 가지[八] 허물이란[疵] 것으로[者]써[以] 밖으로는[外] 남을[人] 어지럽히고[亂], 그로써[以] 안으로는[內] 자신을[身] 상하게 한다[傷]. 군자는[君子] (이런 짓들을 범하는 자

들과) 벗하지 않고[不友], 밝은[明] 임금은[君] 신하로 삼지 않는다[不臣].

〈모두 총(摠)〉, 〈알랑거릴 영(佞)〉, 〈아첨할 유(諛)〉, 〈헐뜯을 참(讒)〉, 〈해칠 적(賊)〉, 〈악할 특(慝)〉, 〈뺨 협(頰)〉, 〈따를 적(適)〉, 〈훔칠 투(偸)〉, 〈뽈 발(拔)〉, 〈위태로울 험(險)〉.

『장자(莊子)』「어부(漁父)」

註 "호경대사(好經大事) 변경역상(變更易常) 이괘공명(以挂功名) 위지도(謂之叨) 전지천사(專知擅事) 침인자용(侵人自用) 위지탐(謂之貪) 견과불경(見過不更) 문간유심(聞諫愈甚) 위지흔(謂之很) 인동어기즉가(人同於己則可) 부동어기(不同於己) 수선불선(雖善不善) 위지긍(謂之矜) 차사환야(此四患也)." 큰일을[大事] 치르기를[經] 좋아하고[好], 한결같음을[常] 바꾸고[變更] 고쳐[易] 그로써[以] 공명을[功名] 내걺[挂] 그것을[之] 도라고[叨] 한다[謂]. 지식을[知] 휘둘러대면서[專] 일을[事] 제멋대로 하고[擅], 남을[人] 침범하여[侵] 제 것인 양[自] 씀[用] 그것을[之] 탐이라고[貪] 한다[謂]. 잘못을[過] 알고서도[見] 고치지 않고[不更], 충고를[諫] 듣고서도[聞] 더욱[愈] 심해짐[甚] 그것을[之] 흔이라고[很] 한다[謂]. 남이[人] 저와[於己] (뜻이) 같으면[同] 곧장[則] 좋다 하고[可], 저와[於己] 같지 않으면[不同] 곧장[則] 선일지[善]라도[雖] 불선이라 함[不善] 그것을[之] 긍이라고[矜] 한다[謂]. 이것들이[此] 네 가지[四] 걱정거리[患]이다[也].

〈함부로 차지할 도(叨)〉, 〈사납게 욕심낼 탐(貪)〉, 〈말 듣지 않고 거스를 흔(很)〉, 〈으쓱해 뻐길 긍(矜)〉.

『장자(莊子)』「어부(漁父)」

【보주(補註)】

- 〈자시자불창(自是者不彰)〉을 〈자시지인불창(自是之人不彰)〉처럼 옮기면 문의(文義)를 좀 더 쉽게 새길 수 있다. 〈스스로[自] 옳다는[是之] 사람은[人] 드러나지 못한다[不彰].〉
- 자시(自是)는 시비를 사리(事理) 따라 살피지 않고 자의(恣意)로 사물을 주장하여 고집과 독단을 마다하지 않음이다. 자현(自見) · 성견(成見)으로 말미암아 자시(自是)는 비롯된다. 시(是)와 비(非)를 제 뜻대로 주장함이 자시(自是)이니, 이는 자기가 옳다는 주장으로 드러나 세인(世人)에게 외면당함을 불창(不彰)이라 한다. 〈자기를[自] 옳다고 함[是]〉
- 자시자불창(自是者不彰)의 창(彰)은 문장(文章)이다. 문장(文章)은 색깔을 써 뚜렷하게 드러냄이다. 문(文)은 적청(赤靑)으로 드러냄이고, 장(章)은 적백(赤白)으로 드러냄이다. 이렇듯 뚜렷하게 드러남이 창(彰)이다.

【해독(解讀)】

- 〈자시자불창(自是者不彰)〉에서 자시자(自是者)는 주부(主部) 노릇하고, 불(不)

은 창(彰)의 부정사(否定詞)이며, 창(彰)은 동사 노릇한다. 시(是)는 〈곧을 직(直)·바를 정(正)·좋을 선(善)〉 등의 뜻을 낸다. 자시자불창의 창(彰)은 문장(文章)을 한 자(字)로 밝힌 것으로 〈드러날 저(著)〉와 같다. 〈자시자는[自是者] 불창한다[不彰].〉

- 자시자(自是者)는 〈자시지인(自是之人)〉에서 지인(之人)을 자(者)로 대신한 말투이다. 물론 지물(之物)을 자(者)로 대신하기도 한다. 이러한 자(者)는 영어의 〈the man who ~〉 또는 〈that which ~〉처럼 구실하는 셈이다. 〈스스로[自] 옳다고 주장하는[是之] 사람[人]〉 〈스스로[自] 옳다고 주장하는[是之] 것[物]〉

24-5 自伐者無功(자벌자무공)

▶ 스스로를[自] 자랑하는[伐] 사람에게는[者] 일한 보람이[功] 없어진다[無].

스스로 자(自), 제자랑 할(취할) 벌(伐), 놈 자(者), 없을 무(無), 보람 공(功)

【지남(指南)】

〈자벌자무공(自伐者無功)〉 역시 7장(章)에서 살핀 〈후기신(後其身)·외기신(外其身)〉을 내치고, 67장(章)에 나오는 〈불감위천하선(不敢爲天下先)〉을 외면하는 소인(小人)이 범하는 짓이다. 자현(自見)·자시(自是)와 마찬가지로 스스로 자기를 천(賤)하게 하는 허물이다.

자벌(自伐)은 자현(自見)·자시(自是)를 넘어 자기(自己)를 과시함이 지나쳐 후기신(後其身)·외기신(外其身)을 팽개치고 불감위천하선(不敢爲天下先) 따위는 알지도 못한다. 그러므로 자벌자(自伐者)는 스스로[自] 공적을 앞세우면서[伐] 자만에 빠진 자(者)로 〈부자현고명(不自見故明)〉의 명(明)을 비웃고, 〈부자시고창(不自是故彰)〉의 창(彰)을 비웃으며, 남들과 함께 이룬 공적을 독차지하고자 탐하다 고깃덩이 물고 외나무다리 건너가는 개꼴이 되게 마련이다. 소인(小人)은 자기[自] 자랑[伐]을 앞세워 상대를 무시하고, 22장(章)에서 살핀 〈부자벌고유공(不自伐故有功)〉을 몰라 스스로 이룩한 보람[功]마저 잃어버린다. 이 역시 오만과 방자함에서 비롯하는 어리석음이다.

왜 〈벌(伐)〉 이 한 자(字)에 〈칠 격(擊) · 망할 패(敗) · 취할 취(取) · 죽일 살(殺)〉 등의 뜻이 함께하겠는가? 남의 공적을 시샘하여 자기 공적을 부풀리고자 남을 공격하다가[擊] 오히려 자신을 쳐서[擊] 패하고[敗] 자신을 죽이는[殺] 것이 〈자벌(自伐)〉의 짓이다. 소인(小人)의 자벌(自伐)하려는 속셈 때문에 『논어(論語)』에는 **소인교이불태(小人驕而不泰)**란 말씀이 나오고, 『장자(莊子)』에 〈인유팔자(人有八疵) 사유사환(事有四患)〉이란 말이 나온다. 소인(小人)의 자벌(自伐)은 자기의 능력이 남보다 월등하다는 속셈으로 세상의 비웃음을 사고 따돌림을 당하여 스스로를 허풍쟁이로 만들어 자멸(自滅)해버리는 짓이다.

자벌(自伐) 탓으로 자기를 주장하고[自是] 자기를 드러내며[自見] 남의 공적(功績)마저 제 것으로 취하려다[自伐] 팔자(八疵)와 사환(四患)을 스스로 범하면 세인(世人)들로부터 외면당하니, 자기 자랑[自伐]은 오히려 제 몫의 보람마저도 빼앗기고[無功] 자패(自敗)함을 살펴 새기고 헤아려 깨치게 하는 말씀이 〈자벌자무공(自伐者無功)〉이다.

註 "군자태이불교(君子泰而不驕) 소인교이불태(小人驕而不泰)." 군자는[君子] 태연하되[泰而] 건방떨지 않고[不驕], 소인은[小人] 건방떨되[驕而] 태연하지 않다[不泰].

『논어(論語)』「자로(子路)」 26

【보주(補註)】

- 〈자벌자무공(自伐者無功)〉을 〈자벌지인무공(自伐之人無功)〉처럼 옮기면 문의(文義)를 좀 더 쉽게 새길 수 있다. 〈스스로[自] 자랑하는[伐之] 사람한테는[人] 보람이 없다[無功].〉
- 자벌(自伐)은 자기가 남보다 우월함을 과시하여 남의 공적(功績)마저 가로채려는 속셈이 빚어내는 짓이다. 그래서 제 손에 든 도끼로 제 발등 찍고 누워서 침 뱉는 짓이란 속담이 생겼다. 〈스스로[自] 공적을 자랑함[伐]〉

【해독(解讀)】

- 〈자벌자무공(自伐者無功)〉에서 자벌자(自伐者)는 무(無)를 꾸며주는 부사구 노릇하고, 무(無)는 〈없을 무(無)〉 동사 노릇하며, 공(功)은 무(無)의 주어 노릇한다. 〈자벌자한테는[自伐者] 공적이[功] 없다[無].〉

- 자벌자(自伐者)는 〈자벌지인(自伐之人)〉에서 지인(之人)을 자(者)로 대신한 말투이고, 자벌(自伐)은 〈훼인지공자(毁人之功者)〉로 새기면 자벌(自伐)이란 〈자취타공(自取他功)〉이 숨겨져 있음을 암시하기도 한다. 벌(伐)은 〈취할 취(取)〉와 같아 벌취(伐取)의 줄임말로 쓰인다. 〈남의[人] 공적을[功] 깎아내리는[毁] 사람[者]〉 〈남의[他] 공을[功] 제 몫으로[自] 취함[取]〉

24-6 自矜者不長(자긍자부장)

▶ 스스로[自] 뽐내는[矜] 사람은[者] 대접받지 못한다[不長].

스스로 자(自), 뽐낼 긍(矜), 놈 자(者), 못할 부(不), 오래갈(장할) 장(長)

【지남(指南)】

〈자긍자부장(自矜者不長)〉 역시 7장(章)에서 살핀 〈후기신(後其身) · 외기신(外其身)〉을 내치고, 67장(章)에 나오는 〈불감위천하선(不敢爲天下先)〉을 외면하는 소인(小人)이 범하는 짓이다. 자현(自見) · 자시(自是) · 자벌(自伐)과 더불어 스스로 자기를 천(賤)하게 하는 허물이다.

〈자긍(自矜)〉은 자현(自見) · 자시(自是) · 자벌(自伐)과 마찬가지로 자기(自己)를 과시함이 지나쳐 후기신(後其身) · 외기신(外其身)을 팽개치고 불감위천하선(不敢爲天下先) 따위는 알지도 못한다. 그러므로 자긍자(自矜者)는 스스로[自] 뽐내면서[矜] 자만에 빠진 자(者)로 〈부자현고명(不自見故明)〉의 명(明)을 비웃고, 〈부자시고창(不自是故彰)〉의 창(彰)을 비웃으며, 〈부자벌고유공(不自伐故有功)〉의 유공(有功)을 외면하면서 자화자찬(自畫自讚)에 빠져 세상 사람들의 손가락질을 받기 마련이다.

이처럼 소인(小人)은 자기를[自] 뽐내고 아끼기를[矜] 앞세워 상대를 무시하고, 22장(章)에서 살핀 〈부자긍고장(不自矜故長)〉을 몰라 스스로 천(賤)해져버린다. 이 역시 오만과 방자함에서 비롯하는 어리석음이다. 자긍(自矜)은 자과(自誇)의 망상인지라 후기신(後其身) · 외기신(外其身)이나 불감위천하선(不敢爲天下先) 따위를 알지 못한다. 자긍자(自矜者)는 스스로[自] 뽐내고 으스대[矜] 자만에 빠진 자

(者)로, 부자현고명(不自見故明)의 명(明) · 부자시고창(不自是故彰)의 창(彰) · 부자벌유공(不自伐有功)의 유공(有功) 등을 비웃으며 남들과 어울리지 않고 제 자랑에 빠져 오만방자하게 세상을 얕보기 때문에, 자긍자(自矜者)는 어디서나 결코 존중받지 못한다.

여기 〈장(長)〉은 장구(長久) 즉 오래오래 사람들이 잊지 못하고 존중받음이다. 자긍(自矜)하면 어느 누구도 존중해주지 않는다. 자긍(自矜) 역시 자현(自見) · 자시(自是) · 자벌(自伐)과 마찬가지로 망작(妄作) 즉 정신없는[妄] 짓[作]이다. 물론 긍인(矜人)의 긍(矜)은 〈불쌍히 여길 연(憐) · 공경할 경(敬) · 받들 상(尙)〉 등으로도 통하지만, 자긍(自矜)은 긍기(矜己)이니 자긍(自矜)의 긍(矜)은 〈으스댈 과(誇) · 잘난 체하는 교(驕)〉 등으로 통한다.

물론 지금 세상은 자긍심(自矜心)을 갖추라고 부추긴다. 이는 지금 세상이 극심한 상쟁(相爭) · 상해(相害)의 소용돌이가 넘쳐나기 때문이다. 그러나 자긍(自矜)하지 않고 긍인(矜人) 즉 남을[人] 아껴주고[矜] 남을 불쌍히 여기고[憐] 걱정하는[愍] 긍지(矜持)는 언제 어디서나 〈장(長)〉하다. 그래서 『논어(論語)』에서도 **고지긍야렴(古之矜也廉)**이란 말씀과 **군자긍이부쟁(君子矜而不爭)**이란 말씀이 나온다.

군자(君子)의 긍(矜)이란 연민(憐愍)하고 자렴(自廉)하는 마음인지라 세상이 긍인(矜人)하는 자를 한결같이[常] 장(長)하게 한다. 그러나 자긍(自矜) 즉 긍기(矜己)의 긍(矜)이란 자신을 업신여기는 짓일 뿐이다. 부장(不長)이란 도량(度量) 즉 마음씀씀이[度量]가 작고[小] 낮고[卑] 얕고[淺] 가벼워[輕] 불선(不善)을 일삼음이니, 자긍(自矜)이야말로 자현(自見)하게 하고 자시(自是)하게 하며 자벌(自伐)하게 하는 자여환(疵與患) 즉 허물과[疵與] 우환[患]을 스스로 불러오는 짓임을 살펴 새기고 헤아려 깨치게 하는 말씀이 〈자긍자부장(自矜者不長)〉이다.

註 "고자(古者) 민유삼질(民有三疾) 금야(今也) 혹시지망야(或是之亡也) 고지광야사(古之狂也肆) 금지광야탕(今之狂也蕩) 고지긍야렴(古之矜也廉) 금지긍야분려(今之矜也忿戾) 고지우야직(古之愚也直) 금지우야사이이의(今之愚也詐而已矣)." 옛적[古者] 사람들한테는[民] 세 가지[三] 결함이[疾] 있었지만[有], 지금에는[今也] 이마저도[是之] 잊어버린[亡] 듯한 것[或]이다[也]. 옛날에는[古之] (무엇에) 미쳐도[狂也] 고답했으나[肆], 지금에는[今也] (무엇에) 미침이란[狂也] 터무니없다[蕩]. 옛날에는[古之] 뻐김이란[矜也] 깨끗했으나[廉], 지금에는[今也] 뻐김이란[矜也] 분

노하여[忿] 싸움질이다[戾]. 옛날에는[古之] 어리석음이란[愚也] 정직했으나[直], 지금에는[今也] 어리석음이란[愚也] 속임수일[詐] 뿐이다[而已矣]. 『논어(論語)』「양화(陽貨)」16

註 "군자긍이부쟁(君子矜而不爭) 군이부당(羣而不黨)." 군자는[君子] 연민하면서[矜而] 다투지 않고[不爭], 무리지어도[黨而] 패거리짓지 않는다[不同]. 『논어(論語)』「위령공(衛靈公)」21

【보주(補註)】

- 〈자긍자부장(自矜者不長)〉을 〈자긍지인부장(自矜之人不長)〉처럼 옮기면 문의(文義)를 좀 더 쉽게 새길 수 있다. 〈스스로[自] 뽐내는[矜之] 사람은[人] 장하지 못하다[不長].〉
- 자긍(自矜)은 자기가 남보다 우월함을 뽐내어 남을 얕보는 짓이다. 남을 얕봄은 세상이 그런 자를 멸시함을 모르는 어리석은[癡] 사람[者]의 짓이다. 왜냐하면 자긍(自矜)이란 자과(自夸) · 자고(自苦) · 자위(自危)로 끝맺기 때문이다. 〈스스로[自] 뽐내다가[夸] 스스로[自] 고생하고[苦] 스스로[自] 위태하다[危].〉

【해독(解讀)】

- 〈자긍자부장(自矜者不長)〉에서 자긍자(自矜者)는 주부(主部) 노릇하고, 부(不)는 장(長)의 부정사(否定詞)이며, 장(長)은 동사 노릇한다. 〈자긍자는[自矜者] 부장하다[不長].〉
- 자긍자(自矜者)는 〈자긍지인(自矜之人)〉에서 지인(之人)을 자(者)로 대신한 것이고, 자긍(自矜)은 〈자존자(自尊者)〉로 새기면 자긍(自矜)이란 자과(自誇) · 자교(自驕)의 뜻임을 알 수 있다. 긍(矜)은 〈불쌍히 여길 연(憐) · 민(愍), 공경할 경(敬), 받들 상(尙)〉 등의 뜻을 갖기도 하지만, 〈괴로울 고(苦), 위태로울 위(危), 뽐낼 과(夸)〉 등의 뜻을 내기도 한다. 긍인(矜人)의 긍(矜)은 〈연(憐) · 민(愍) · 경(敬) · 상(尙)〉의 뜻을 갖기도 하지만, 자긍(自矜)의 긍(矜)은 〈고(苦) · 위(危) · 과(夸)〉 등의 뜻이다.

  부장(不長)의 장(長)은 〈클 대(大) · 높을 고(高) · 깊을 심(深) · 아름다울 미(美) · 오래갈 구(久)〉 등만이 아니라 〈받들 존(尊) · 숭(崇) · 선할 선(善)〉 등의 뜻을 낸다. 장(長)의 이러한 뜻들을 없애버림이 부장(不長)이다. 〈부장(不長)하면 작고[小] 낮고[卑] 얕고[淺] 추하고[醜] 가볍고[輕] 불선(不善)하다.〉

24-7 其在道也(기재도야) 曰(왈) 餘食贅行(여사췌행)

▶ 도덕[道]에서[在] 앞의 짓들[其]을[也] 말해본다면[曰] (앞의 짓들이란) 먹다 남은[餘] 밥풀떼기이고[食] 혹덩어리이다[贅行].

그것들 기(其), 조사(~에서) 재(在), 상도 도(道), 조사(~을) 야(也), 연사(連辭) 왈(曰), 남을 여(餘), 먹을거리 사(食), 군더더기 췌(贅), 짓 행(行)

【지남(指南)】

〈기재도야(其在道也) 왈(曰) 여사췌행(餘食贅行)〉은 앞의 〈자현(自見) · 자시(自是) · 자벌(自伐) · 자긍(自矜)〉 등의 짓들을 서슴없이 꾸짖는다. 〈기재도야(其在道也)〉의 기(其)는 앞서 살핀 〈자현(自見) · 자시(自是) · 자벌(自伐) · 자긍(自矜)〉 등의 짓들은 인위(人爲)로 빚어지는 허물[疵]이고 우환(憂患)임을 〈여사(餘食)〉와 〈췌행(贅行)〉을 들어서 비유한 것이다. 췌행(贅行)은 여기서 췌형(贅形)으로 읽는다. 자연의[天] 규율[道]에는 이러한 사자(四者)가 여사(餘食)나 췌형(贅形)과 같다. 불가(佛家)의 말을 빌리면 **탐진치(貪瞋癡)**로 비롯되는 삶의 고(苦)를 저지름이다.

명성과 재화를 탐하고자 상쟁(相爭)하고, 승인(勝人)하고자 자현(自見)하고 자시(自是)하며 자벌(自伐)하고 자긍(自矜)함은 온갖 고통을 스스로 자초하고 스스로를 얽매는 짓이다. 이는 곧 22장(章)에서 살핀 〈부자현(不自見) · 부자시(不自是) · 부자벌(不自伐) · 부자긍(不自矜)〉 등의 무위(無爲)의 자연(自然)을 외면하는 짓이다. 자연(自然)을 본받아 좇으면 스스로 밝아지고[明], 자기가 저절로 드러나며[彰], 보람을 얻고[功], 받들어주는[長] 삶을 누리게 됨을 세상 사람들이 저버리고, 자현(自懸) 즉 자기가 자기를[自] 매다는[懸] 지경을 자초하는 짓들이 자현(自見) · 자시(自是) · 자벌(自伐) · 자긍(自矜)이다.

나아가 이러한 망작(妄作)들은 왜 성인(聖人)이 **불모(不謀) · 불착(不斲) · 무상(無喪) · 불화(不貨)**하는지 그 까닭을 깨닫게도 한다. 성인(聖人)은 상도(常道)를 본받고[法] 상덕(常德)을 따라[從] 무명(無名) · 무공(無功) · 무아(無我)하기 때문에 자신을 그냥 그대로 지키고 간직한다. 자연(自然) 즉 도덕(道德)에는 명성도 없고[無] 공적도 없고[無] 아집도 없다[無]. 그러니 도모할 것도 없고[不謀], 깎고 다듬고 할 것도 없으며[不斲], 명욕(名欲)이 없으니 잃을 것도 없고[無喪], 팔고사고 흥정할 것도 없으니[不貨], 성인(聖人)께는 소유(所遊) 즉 걸리는 것 없이 노니는 바가[所遊] 있다.

유가(儒家)로 말하면 삼무사(三無私)의 삶이 성인(聖人)의 삶인 줄을 중인(衆人)은 깨닫지 못해 자현(自見)하고 자시(自是)하며 자벌(自伐)하고 자긍(自矜)하여 사자(四者)의 허물을 서슴지 않고 먹다 남은 밥풀떼기[餘食] 같은 짓을 범하고, 얼굴에 달린 혹덩이 같은 꼴을[贅形] 면하기 어렵다. 이런 소용돌이 속에서 중인(衆人)은 남[人]을 이겨야[勝] 자기가 우월해지고, 명성과 재화를 차지하여 부귀영화를 누린다는 착각에 빠져 미혹(迷惑)을 벗어나지 못한다.

이러한 인위(人爲)의 미혹(迷惑)이란 먹다가 입가에 붙은 밥풀떼기[餘食] 같고, 턱 밑에 달린 혹 같은 군더더기임을[贅形] 사무쳐 깨닫게 하는 말씀이 〈기재도야왈여사췌행(其在道也曰餘食贅行)〉이다.

註 불가(佛家)에서 번뇌를 탐진치(貪瞋癡), 즉 삼독(三毒) 즉 삼악(三惡)이라 한다. 탐(貪)은 욕심이고, 진(瞋)은 성냄이며, 치(癡)는 어리석음이다.

註 "성인불모(聖人不謀) 오용지(惡用知) 불착(不斲) 오용교(惡用膠) 무상(無喪) 오용덕(惡用德) 불화(不貨) 오용상(惡用商) 사자천국(四者天鬻) 천국야자천사야(天鬻也者天食也) 기수사어천(旣受食於天) 우오용인(又惡用人)." 성인은[聖人] 꾀하지 않는데[不謀] 어찌[惡] 지식을[知] 쓰겠으며[用], 깎고 다듬지 않는데[不斲] 어찌[惡] 갖풀을[膠] 쓰겠으며[用], 잃을 것이[喪] 없는데[無] 어찌[惡] 인덕(人德)을[德] 쓰겠으며[用], 돈벌이를 않는데[不貨] 어찌[惡] 상술(商術)을[商] 쓰겠는가[用]? {불모(不謀)·불착(不斲)·무상(無喪)·불화(不貨)란 네 가지는} 자연이[天] 길러주는[鬻] 네 가지[四者]이다[也]. 자연이[天] 길러줌[鬻]이란[也] 것은[者] 자연이[天] 먹여줌[食]이다[也]. 이미[旣] 자연으로부터[於天] 먹을거리를[食] 받았는데[受] 또[又] 어찌[惡] 인간의 것을[人] 쓰겠는가[用]?

사(食)는 〈먹을 식(食), 먹을거리 사(食)〉로 서로 다른 뜻을 낸다. 여기서는 〈먹을거리 사(食)〉이다. 『장자(莊子)』「덕충부(德充符)」

註 "지인무기(至人無己) 신인무공(神人無功) 성인무명(聖人無名)." 지인께는[至人] 자기가[己] 없고[無], 신인께는[神人] 공치사가[功] 없으며[無], 성인께는[聖人] 명성이[名] 없다[無].

지인(至人)·신인(神人)은 모두 성인(聖人)과 같은 말이다. 『장자(莊子)』「제물론(齊物論)」

註 "천무사부(天無私覆) 지무사재(地無私載) 일월무사조(日月無私照) 봉사삼자이로천하(奉斯三者以勞天下) 차지위삼무사(此之謂三無私)." 하늘은[天] (만물을) 사사로이[私] 덮어줌이[覆]

없고[無], 땅은[地] 사사로이[私] 실어줌이[載] 없으며[無], 해와 달은[日月] 사사로이[私] 비춰줌이[照] 없다[無]. 이[斯] 세[三] 가지를[者] 봉행함으로[奉]써[以] 온 세상 백성을[天下] 위로하므로[勞] 이것을[此之] 삼무사라[三無私] 한다[謂]. 『예기(禮記)』「공자한거(孔子閒居)」

註 "부모기욕오빈재(父母豈欲吾貧哉) 천무사부(天無私覆) 지무사재(地無私載) 천지기사빈아재(天地豈私貧我哉)." 부모가[父母] 어찌[豈] 내가[吾] 가난하기를[貧] 바랄 것[欲]인가[哉]? 하늘에는[天] 사사로이[私] 덮어줌이[覆] 없고[無], 땅에도[地] 사사로이[私] 실어줌이[載] 없다[無]. 하늘땅이[天地] 어찌[豈] 나를[我] 사사로이[私] 가난하게 할 것[貧]인가[哉]?

『장자(莊子)』「대종사(大宗師)」

【보주(補註)】

- 〈기재도야(其在道也) 왈(曰) 여사췌행(餘食贅行)〉을 〈약왈차사자어도덕야(若曰此四者於道德也) 차사야자여여사여췌형자야(此四也者如餘食與贅形者也)〉처럼 옮기면 문의(文義)를 좀 더 쉽게 새길 수 있다. 〈만약[若] 이[此] 네[四] 가지를[者] 도덕(道德)에서[於] 말해본다면[曰], 이[此] 네[四]이란[也] 것은[者] 남은[餘] 밥풀떼기와[食與] 혹덩어리인[贅形] 것[者]이다[也].〉
- 여사췌행(餘食贅行)의 췌행(贅行)에서 췌행(贅行)의 〈행(行)〉을 〈형(形)〉으로 읽어야 말이 통할 수 있다는 설(說)이 마땅하다. 형(形)과 행(行)은 상통하는 고자(古字)이다.
- 여사(餘食)와 췌형(贅形)은 없어도 되는 것을 말한다. 여사(餘食)는 먹다가 남긴[餘] 밥풀떼기[食]이고, 췌형(贅形)은 『장자(莊子)』에 나오는 **부췌현우(附贅懸疣)** 같은 것이다. 몸에 붙은[附] 혹[贅]이든 몸에 달린 혹[疣]이든 없을수록 좋은 군더더기[贅] 꼴이 췌형(贅形)이다. 무위(無爲)의 입장에서 본다면 인위(人爲)란 밥풀떼기[餘食] 같고, 몸에 붙은 혹 같은 꼴[贅形]이다.
- 기재도야(其在道也)가 〈기어도야(其於道也)〉로 된 본(本)도 있다. 〈기재도야왈(其在道也曰)〉과 〈기어도야왈(其於道也曰)〉은 서로 문의(文義)가 같다. 왜냐하면 재(在)는 〈있을 재(在)〉로서 동사 노릇도 하지만, 〈~에서 재(在)〉로서 조사 노릇도 하기 때문이다. 여기 기재도야(其在道也)에서 재(在)는 조사 노릇한다. 그리고 여기 기(其)는 앞에 나온 〈자현자(自見者) · 자시자(自是者) · 자벌자(自伐者) · 자긍자(自矜者)〉 등등 사자(四者)를 나타내는 지시어이다.

註 "변무지지(駢拇枝指) 출호성재(出乎性哉) 이치어덕(而侈於德) 부췌현우(附贅懸疣) 출호형재(出乎形哉) 이치어성(而侈於性)." 네 발가락과[駢拇] 육손이는[枝指] 태어날 때[於性] 생긴 것[出]이로다[哉]! 그러나[而] 덕보다[於德] 더 많은 것이다[侈]. 혹이[贅] 붙고[附] 사마귀가[疣] 달림은[懸] 몸에[乎形] 나타난 것이니[出] 태어남보다[於性] 더 많아진 것이다[侈].

치어덕(侈於德)은 치어성(侈於性)과 같고 태어날 때는 없었다는 말이다.

『장자(莊子)』「변무(駢拇)」

【해독(解讀)】

- 〈기재도야(其在道也) 왈(曰) 여사췌행(餘食贅行)〉은 조건의 종절과 주절로 이루어진 복문(複文)이다. 〈기재도야를[其在道也] 말하자면[曰], (그것들은) 여사이고[餘食] 췌형이다[贅形].〉
- 기재도야왈(其在道也曰)에서 기(其)는 전치돼 있지만 왈(曰)의 목적어 노릇하고, 재도(在道)는 왈(曰)을 꾸며주는 부사구 노릇하며, 야(也)는 목적구의 조사(~을) 노릇하고, 왈(曰)은 동사 노릇한다. 기재도야(其在道也)는 왈(曰)의 목적구 노릇하고, 재(在)는 여기선 〈~에서 어(於)〉와 같다. 〈도덕(道德)에서[在] 그것들[其]을[也] 말해본다면[曰]〉
- 여사췌행(餘食贅行)은 〈기여사췌행(其餘食贅行)〉에서 주어 노릇할 기(其)는 되풀이되는 내용이므로 생략하고, 여사(餘食)와 췌행(贅行)은 술부로서 주격보어 노릇한다. 〈(그것들은) 여사이고[餘食] 췌형이다[贅形].〉

24-8 物或惡之(물혹오지)

▶ (사람들은) 아마도[或] 그것들을[物] 싫어할 게다[惡之].

것들 물(物), 아마도 혹(或), 싫어할 오(惡), 그것 지(之)

【지남(指南)】

〈물혹오지(物或惡之)〉는 누구나 싫어하는[惡] 여사(餘食)와 췌형(贅形) 같은 자현(自見) · 자시(自是) · 자벌(自伐) · 자긍(自矜) 등의 짓들을 세상이 싫어함을[惡] 곡진하게 밝힌다. 물(物)은 앞에 나온 〈여사(餘食)〉와 〈췌형(贅形)〉을 나타내고, 나아가 자현(自見) · 자시(自是) · 자벌(自伐) · 자긍(自矜) 등을 나타낸다. 먹다 남은 밥풀떼기나[餘食] 혹덩어리꼴은[贅形] 누구나 다 보기 싫어함을 비유로 들어 자연의[天] 규율로[道] 보면 인위(人爲)의 짓은 모두 여사(餘食) 같고 췌형(贅形) 같음을 거듭해 밝히되, 〈혹(或)〉을 곁들여 곡진하게 살펴 듣게 한다.

상도(常道)를 따라 지키는 사람은[有道者] 법자연(法自然)하는 성인(聖人)을 본받기에, 인위(人爲)의 짓이란 여사(餘食) 같고 췌형(贅形) 같음을 안다. 그러나 세상 사람들은 그런 줄을 모르니, 여기 〈혹(或)〉 즉 〈아마도[或]〉라고 부드럽게 토를 달아둔 셈이다. 그러므로 유도자(有道者)는 자현(自見)하여 불명(不明)하고, 자시(自是)하여 불창(不彰)하며, 자벌(自伐)하여 무공(無功)하고, 자긍(自矜)하여 부장(不長)하는 인위(人爲)의 삶을 범하지 않으니, 부자현(不自見)하여 밝고[明], 부자시(不自是)하여 뚜렷하며[彰], 부자벌(不自伐)하여 유공(有功)하고, 부자긍(不自矜)하여 장구한[長] 삶을 누림을 강하게 환기시켜준다.

유도자(有道者)는 자신을 낮추고[自下], 자신을 뒤로 하며[後其身], 자신을 제쳐[外其身] 다투지 않고[不爭], 스스로 만족하는[自足] 삶을 누린다. 상도(常道)의 무위(無爲)를 외면하는 중인(衆人)은 〈자현(自見) · 자시(自是) · 자벌(自伐) · 자긍(自矜)〉 등의 짓을 자기는 범하면서도, 남이 범하는 〈자현(自見) · 자시(自是) · 자벌(自伐) · 자긍(自矜)〉 등을 싫어하는[惡之] 사심(私心)을 부린다.

이러한 사심(私心)의 속셈이란 여사(餘食) · 췌형(贅形) 같은 군더더기 짓들을 서슴지 않고 범하는 미혹(迷惑)임을 일깨워 자괴(自愧) 즉 스스로[自] 부끄럽게[愧] 하는 말씀이 〈물혹오지(物或惡之)〉이다.

【보주(補註)】

- 〈물혹오지(物或惡之)〉를 〈임하인혹오여사여췌형지물(任何人或惡餘食與贅形之物)〉처럼 옮기면 문의(文義)를 좀 더 쉽게 새길 수 있다. 〈누구나[任何人] 항상[或] 췌형과[與贅形] 여사란[餘食之] 것을[物] 싫어한다[惡].〉
- 여사(餘食)와 췌형(贅形)은 인위(人爲)를 범하는 짓을 비유한다.

【해독(解讀)】

- 〈물혹오지(物或惡之)〉에서 물(物)은 오(惡)의 목적어로서 전치되었고, 혹(或)은 오(惡)를 꾸며주는 조사 노릇하며, 오(惡)는 주어는 생략되었지만 동사 노릇하고, 지(之)는 물(物)이 전치되었음을 알려주는 허사(虛詞) 노릇한다. 〈그것들을

[物] 항상[或] 싫어한다[惡之].〉

● 물혹오지(物或惡之)에서 물(物)은 〈기물(其物)〉의 줄임으로 〈자현지물(自見之物) · 자시지물(自是之物) · 자벌지물(自伐之物) · 자긍자(自矜之物)〉 등을 묶어 나타내고, 혹(或)은 〈항상 상(常)〉과 같고, 오(惡)는 〈싫어할 혐(嫌)〉과 같아 혐오(嫌惡)의 줄임말로 새기면 된다. 〈자현의[自見之] 짓[物] · 자시의[自是之] 짓[物] · 자벌의[自伐之] 짓[物] · 자긍의[自矜之] 짓[物]〉

24-9 有道者不處(유도자불처)

▶ 상도를[道] 갖추고 있는[有] 사람은[者] (그런 짓들에) 머물지 않는다[不處].

갖출 유(有), 상도 도(道), 사람 자(者), 아니 불(不), 머물 처(處)

【지남(指南)】

〈유도자불처(有道者不處)〉는 인위(人爲)에 머물지 않고[不處] 무위(無爲)에 머묾을[處] 밝힌다. 유도자(有道者)는 앞 장에서 살핀 〈종사어도덕자(從事於道德者)〉를 말한다. 도덕을[於道德] 따라[從] 받드는[事] 사람이[者] 여기 〈유도자(有道者)〉이다. 무위자연(無爲自然)의 삶을 누리는 자가 곧 유도자(有道者)이다. 따라서 항상 상도(常道)를 위하고 행하여[爲] 좇아[從] 따르는[順] 사람이다. 여기 유도자(有道者)는 성인(聖人)이기도 하고, 또는 성인(聖人)을 본받는[法] 38장(章)의 **대장부(大丈夫)**이기도 하다.

성인(聖人)께서 어찌 〈자현(自見) · 자시(自是) · 자벌(自伐) · 자긍(自矜)〉 등의 여사(餘食) · 췌형(贅形)의 짓을 범하겠는가. 성인(聖人)을 본받는[法] 대장부(大丈夫) 역시 〈기자(企者) · 과자(跨者) · 자현(自見) · 자시(自是) · 자벌(自伐) · 자긍(自矜)〉 등의 경거망동을 행하면서 인위(人爲)의 짓을 결코 범하겠는을 단언한 말씀이 여기 〈유도자불처(有道者不處)〉이다.

註 "대장부처기후(大丈夫處其厚) 불거기박(不居其薄) 처기실(處其實) 불거기화(不居其華)."

대장부는[大丈夫] 그[其] 두터움에[厚] 머물고[處] 그[其] 엷음에[薄] 머물지 않으며[不居], 그[其] 실박함에[實] 머물지[處] 그[其] 꾸밈에[華] 머물지 않는다[不居]. 『노자(老子)』 38장(章)

【보주(補註)】

- 〈유도자불처(有道者不處)〉를 〈유도자불처어기물(有道者不處於其物)〉처럼 옮기면 문의(文義)를 좀 더 쉽게 새길 수 있다. 〈유도자는[有道者] 그런[其] 짓들에[於物] 처하지 않는다[不處].〉
- 유도자(有道者)는 무위자(無爲者)를 말하고, 따라서 법성자(法聖者) 즉 성인(聖人)을 본받는 자(者)를 뜻한다. 여기 유도자(有道者)의 유도(有道)는 5장(章)의 **수중**(守中)과 51장(章)의 **존도이귀덕**(尊道而貴德) 그리고 52장(章)의 **복수기모**(復守其母) 등을 환기시킨다.

註 "다언수궁(多言數窮) 불여수중(不如守中)." 말이[言] 많으면[多] 이치가[數] 막히니[窮] {상도(常道)를} 따름을[中] 지킴만[守] 못하다[不如]. 『노자(老子)』 5장(章)

註 "만물막부존도이귀덕(萬物莫不尊道而貴德) 도지존(道之尊) 덕지귀(德之貴) 부막지명이상자연(夫莫之命而常自然)."온갖 것은[萬物] 도를[道] 받들면서[尊而] 덕을[德] 받들지 않을 수[不貴] 없으니[莫], 상도의[道之] 받듦과[尊] 덕의[德之] 높임[貴] 그것을[之] 무릇[夫] 하라 함이[命] 없어도[莫而] 늘[常] 절로[自] 그리한다[然]. 『노자(老子)』 51장(章)

註 "기지기자(旣知其子) 복수기모(復守其母) 몰신불태(歿身不殆)."이미[旣] 그[其] 자손임을[子] 알고[知] 그[其] 어머니께로[母] 돌아와[復] 지킨다면[守] 평생토록[歿身] 위태롭지 않다[不殆]. 『노자(老子)』 52장(章)

【해독(解讀)】

- 〈유도자불처(有道者不處)〉에서 유도자(有道者)는 주부(主部) 노릇하고, 불(不)은 처(處)의 부정사(否定詞)이며, 처(處)는 동사 노릇한다. 〈유도자는[有道者] 불처한다[不處].〉
- 유도자(有道者)는 〈유도지인(有道之人)〉에서 지인(之人)을 자(者)로 대신한 말투이다. 유도자(有道者)에서 유(有)는 〈취할 취(取) · 득(得)〉 등으로 새기면 문의(文義)가 잡힌다. 〈상도를[道] 취하는[取之] 사람[人]〉

혼성장(混成章)

상도(常道)의 체용(體用)을 밝히는 장(章)이다. 상도(常道)는 혼성(混成)이고, 그 혼성(混成)은 원만하고 자족하며 오직 홀로[獨]인지라 둘[二]이 아니니 절대(絶對)이다. 그리고 상도(常道)는 무성(無聲)이고 무형(無形)임을 〈적혜료혜(寂兮寥兮)〉라고 밝힌다.

상도(常道)는 천지(天地)가 생기기 전부터 있고 천지만물을 낳아주는 〈위천하모(爲天下母)〉라고 밝힌다. 그리고 상도(常道)의 운행(運行)은 〈반(反)〉이란 한 자(字)로써 순환임을 밝히며, 상도(常道)의 씀을 〈대(大)〉라고 밝히고 우주에는 도(道) · 천(天) · 지(地) · 인(人) 등의 사대(四大)가 있음을 밝힌다.

상도(常道)의 본성(本性)을 〈자연(自然)〉이라 밝히고, 그 자연(自然)을 〈귀(歸)〉 즉 돌아옴으로[歸] 〈도법자연(道法自然)〉으로 밝혀 노자(老子)의 도덕(道德)에 관한 근본정신이 〈자연(自然)〉임을 밝히는 장(章)이다.

【원문(原文)】

有物混成에 先天地生하니 寂兮寥兮여 獨立不改하고
유 물 혼 성　선 천 지 생　적 혜 료 혜　독 립 불 개

周行而不殆하여 可以爲天下母라 吾不知其名이니 强
주 행 이 불 태　가 이 위 천 하 모　오 부 지 기 명　강

字之曰道요 强爲之名曰大니 大曰逝요 逝曰遠이요 遠
자 지 왈 도　강 위 지 명 왈 대　대 왈 서　서 왈 원　원

曰返이라 故로 道大고 天大며 地大고 人亦大니 域中有
왈 반　고　도 대　천 대　지 대　인 역 대　역 중 유

四大라 而人居其一焉이라 人法地하고 地法天하며 天
사 대　이 인 거 기 일 언　인 법 지　지 법 천　천

法道하고 道法自然한다
법 도　도 법 자 연

혼일함이[混] 이루어지는[成] 것이[物] 있다[有]. (그것은) 천지가[天地] 생기기[生] 앞이다[先]. 소리 없어 고요하구나[寂兮]! 휑하니 모습이 없구나[寥兮]! {상도(常道)는} 홀로[獨] 있고[立] 바뀌지 않고[不改], 둘러[周] 운행하면서도[行而] 쉬지 않으며[不殆], {상도(常道)로} 써[以] 온 세상의[天下] 어머니로[母] 삼을 수 있다[可爲]. 나는[吾] 그[其] 이름을[名] 알지 못한다[不知]. 억지로[强] 글로 한다면[字之] (나는 그것을) 도라[道] 하고[曰], 그것의[之] 이름을[名] 억지로[强] 일컫는다면[爲] (나는 그것을) 큼이라[大] 한다[曰]. (상도의) 큼은[大] 유행(流行)이라[逝] 하고[曰], 유행은[逝] (상도에서) 멀어감이라[遠] 하며[曰], 멀어감은[遠] (상도로) 돌아옴이라[反] 한다[曰]. 그러므로[故] 상도는[道] 크고[大], 하늘도[天] 크고[大], 땅도[地] 크며[大], 사람[人] 또한[亦] 크다[大]. 우주[域] 사이에[中] 사대가[四大] 있다[有]. 그리고[而] 사람은[人] 그 사이에서[焉] 그중의[其] 하나로[一] 산다[居]. 사람은[人] 땅을[地] 본받고[法], 땅은[地] 하늘을[天] 본받고[法], 하늘은[天] 상도를[道] 본받고[法], 상도는[道] 그냥 그대로[自然] 오로지 맡긴다[法].

25-1 有物混成(유물혼성)

▶ 혼일함이[混] 이루어지는[成] 것이[物] 있다[有].

있을 유(有), 것 물(物), 합해 하나로 할 혼(混), 이룰 성(成)

【지남(指南)】

〈유물혼성(有物混成)〉은 다시 **도생일(道生一)**의 〈일(一)〉을 밝힌다. 유물혼성(有物混成)의 〈물(物)〉은 14장(章) **이(夷)·희(希)·미(微)**의 것[物]을 상기시키고, 21장(章) **도지위물(道之爲物)**의 물(物)을 일깨운다. 유물(有物)의 물(物)이란 상도(常道)가 혼성(混成)하는 것[物]임을 밝힘이니, 천지만물은 음양(陰陽)의 혼성물(混成物)이다. 여기 혼성(混成)의 혼(混)은 14장(章) 〈혼이위일(混而爲一)〉의 혼(混)이다. 섞어서[混而] 하나가[一] 되게[爲] 함이 혼(混)이니, 유물혼성(有物混成)의 〈혼(混)〉은 혼일(混一)이다.

『장자(莊子)』에 **만물일야(萬物一也)**란 말이 나오고, **만물일부(萬物一府)**란 말도 나온다. 만물은 모두 상도(常道)가 태극(太極)의 음양(陰陽)으로 낳은 것이므로 상도(常道)로 보면 만물은 하나[一]이고, 한 곳간[一府]에 있는 자손이다. 상도(常道)는 태극(太極)의 음양(陰陽)으로 혼성(混成)하므로 혼성지물(混成之物) 즉 섞어 하나를[混] 이루는[成之] 것[物]이니, 혼성(混成)으로 생긴 천지만물은 상도(常道)가 생지(生之) 즉 낳아준 것이다. 그러므로 만물은 생을 누리고, 귀근[歸根] 즉 상도(常道)로[根] 돌아온다[歸]. 천지만물은 상도(常道)로 돌아오는[歸] 자연(自然)이다.

그러므로 유물혼성(有物混成)의 〈물(物)〉은 42장(章) **도생일(道生一)**의 〈일(一)〉 그것[其物]으로, 기물(其物)을 태극(太極)이라 한다. 태극(太極)은 혼성(混成)하는 것(物)이니, 일생이(一生二) 즉 태극생음양(太極生陰陽)인 까닭이다. 그러면 혼성(混成)의 혼(混)은 **사태(四太)**가 합하여 하나[一]가 되고, 나아가 태극(太極)의 음양(陰陽)이 합하여 일기(一氣)로서 화기(和氣)가 됨을 일깨워준다. 따라서 혼성(混成)이란 〈이기형질체(理氣形質體)〉가 혼일(混一)해야 있는[有] 그 어떤 것[物]이 생겨나기 전을 말하는 없음[無]이다. 혼성(混成)은 상도(常道)의 무(無)가 상도(常道)의 유(有)를 생(生)함을 밝힘이기도 하고 도법자연(道法自然)의 밝힘이기도 하니, 혼성(混成)하는 상도(常道)의 짓을 일러 〈무위자연(無爲自然)〉이라 한다.

유물혼성(有物混成) 즉 혼성(混成)하는 그것은[物] 무소지(無所知) 즉 인간이 알아낼[知] 것[所]이 없음[無]이다. 그래서 혼(混)을 일러 〈현황(玄黃)〉이라 한다. 인간은 유광(有光) · 유상(有象) · 유음(有音) · 유성(有聲) · 유종(有宗) · 유조(有祖)여야 알아내는[知] 것[所]인데, 유물혼성(有物混成)의 혼성(混成)은 무광(無光) · 무상(無象) · 무음(無音) · 무성(無聲) · 무종(無宗) · 무조(無祖)인지라 무소지(無所知)이다. 인간이 알 수 없는 것을 일러 현황(玄黃)이라 하니, 유물혼성(有物混成)의 〈물(物)〉이 현황(玄黃)의 것이다.

『장자(莊子)』의 **혼망지중(混芒之中)**의 혼망(混茫) 역시 혼성(混成)을 말한다. 따라서 유물혼성(有物混成)을 살펴 새기고 헤아리자면 42장(章) **도생일(道生一) 일생이(一生二) 이생삼(二生三) 삼생만물(三生萬物) 만물부음이포양(萬物負陰而抱陽) 충기이위화(沖氣以爲和)**란 말씀을 상기하게 마련이다. 상도(常道)가 천지만물을 낳아[生] 돌아오게[歸] 함이 유물혼성(有物混成) 즉 혼성(混成)하는 것[物]이라고 믿을 수밖에 없으니 유물혼성(有物混成)을 **사태(四太)**로 살펴 헤아리게 하는 것이다.

사태(四太)란 태역(太易) · 태초(太初) · 태시(太始) · 태소(太素)를 말한다. 이(理)만 있고 기(氣)가 없음을 태역(太易)이라 하고, 기(氣)만 있고 형(形)이 없음을 태초(太初)라 하며, 형(形)만 있고 질(質)이 없음을 태시(太始)라 하고, 질(質)만 있고 체(體)가 없음을 태소(太素)라 한다. 이(理) · 기(氣) · 형(形) · 질(質)의 용(用)을 온전히 갖춘 태극(太極)에서 음양(陰陽)이 나온다 했으니 음양(陰陽)은 상도(常道)의 원기(元氣)인 태극(太極)이 혼성(混成)한 것[物]이고, 태극(太極)은 상도(常道)가 낳으니 **도생일(道生一)**이라 한다. 그러므로 상도(常道)의 태극(太極)이 음양(陰陽)을 혼(混) 즉 합일(合一)하여 성천지(成天地)하여 생천지(生天地)하고 생만물(生萬物)함을 살펴 새기고 헤아려 깨치게 하는 말씀이 〈유물혼성(有物混成)〉이다.

註 "도생일(道生一) 일생이(一生二) 이생삼(二生三) 삼생만물(三生萬物) 만물부음이포양(萬物負陰而抱陽) 충기이위화(沖氣以爲和)." 도가[道] 하나를[一] 낳고[生], 하나가[一] 둘을[二] 낳고[生], 둘은[二] 셋을[三] 낳고[生], 셋은[三] 온갖 것을[萬物] 낳는다[生]. 온갖[萬] 것은[物] 음기를[陰] 지고[負] 양기를[陽] 안는다[抱]. 충기[沖氣]로써[以] 화기가[和] 된다[爲].

『노자(老子)』 42장(章)

註 "시지불견명왈이(視之不見名曰夷) 청지불문명왈희(聽之不聞名曰希) 박지부득명왈미(搏之不得名曰微) 차삼자불가치힐(此三者不可致詰)." 그것을[之] 보려 해도[視] 보이지 않음을[不見] 일컬어[名] 무색(無色)이라[夷] 하고[曰], 그것을[之] 들으려 해도[聽] 들리지 않음을[不聞] 일컬어[名] 희라고[希] 하며[謂], 그것을[之] 잡아도[搏] 집히지 않음을[不得] 일컬어[名] 미라고[微] 한다[謂]. 이[此] 세 가지는[三者] 따져물어도[詰] 답을 얻어낼[致] 수 없다[不可].

『노자(老子)』 14장(章)

註 "도지위물(道之爲物) 유황유홀(唯恍唯惚)." 도(道)라고[之] 하는[爲] 것은[物] 정말[唯] 있는 듯 없고[恍], 정말[唯] 없는 듯 있다[惚]. 『노자(老子)』 21장(章)

註 "만물일야(萬物一也)." 만물은[萬物] 하나[一]이다[也]. 『장자(莊子)』「지북유(知北遊)」

註 "만물일부(萬物一府)." 만물은[萬物] 한 곳간에 있다[一府]. 『장자(莊子)』「천지(天地)」

註 "고지인재혼망지중(古之人在混茫之中) 여일세이득담막언(與一世而得澹漠焉)." 옛사람은[古之人] 혼망의[混茫之] 속에서[中] 살면서[在] 혼망의 속에서[焉] 온 세상과[一世] 더불어서[與而] 마음의 고요를[澹漠] 누렸다[得]. 『장자(莊子)』「선성(繕性)」

註 사태(四太)는 태역(太易)·태초(太初)·태시(太始)·태소(太素)을 말한다.

태역(太易)이란 유리(有理)일 뿐 미현기(未見氣) 즉 기(氣)를 아직 드러내지 않음[未見]인지라 〈유리무기(有理無氣)〉를 말한다. 상도유리(常道有理) 즉 천지만물의 근원으로서 이(理)가 상도(常道)에 있음[有]이 태역(太易)이다.

태초(太初)란 상도(常道)의 이(理)로 말미암아 기지시(氣之始) 즉 기(氣)의 시작인지라 〈유기무형(有氣無形)〉을 말한다. 기(氣)는 있지만[有] 드러남[形]이 없음[無]이 태초(太初)이니, 상도(常道)가 기(氣)를 쓰기 시작함이 태초(太初)이다.

태시(太始)란 상도(常道)의 이기(理氣)로 말미암아 형지시(形之始) 즉 형(形)의 시작인지라 〈유형무질(有形無質)〉을 말한다. 형(形)은 있지만[有] 질(質)이 없음[無]이 태시(太始)이니, 이기(理氣)를 쓰기[用] 시작함이 태시(太始)이다. 형(形)은 틀이고, 질(質)은 그 틀에 담을 내용이다.

태소(太素)란 상도(常道)의 이기형(理氣形)으로 말미암아 질지시(質之始) 즉 질(質)의 시작인지라 〈유질무체(有質無體)〉를 말한다. 질(質)은 있지만[有] 체(體)가 없음[無]이 태소(太素)이니, 상도(常道)가 이기형(理氣形)을 쓰기[用] 시작함이 태소(太素)이다. 형질(形質)이 완비됨을 체(體)라 한다.

태극(太極)은 이기형질체(理氣形質體)를 구체적으로 갖추게 하여 상도(常道)가 태극(太極)으로 음양(陰陽)을 낳게 하고, 그 음양(陰陽)이 생만물(生萬物)하게 하는 것이다. 생만물(生萬物)을 일러 〈만물부음이포양(萬物負陰而抱陽)〉이라 한다. 〈온갖 것은[萬物] 음기를[陰] 지고[負而] 양기를[陽] 품는다[抱].〉

【보주(補註)】

- 〈유물혼성(有物混成)〉을 〈유혼성지물시상도(有混成之物是常道)〉처럼 옮기면 문의(文義)를 좀 더 쉽게 새길 수 있다. 〈혼일이[混] 이루어지는[成之] 것이[物] 있음이[有] 상도(常道)이다[是].〉
- 유물(有物)의 물(物)은 상도(常道)를 〈것[物]〉이란 불완전명사로 밝힘이다. 혼성(混成)의 혼(混)은 〈혼이위일(混而爲一)〉 즉 혼합해서[混而] 하나가 되게[爲一] 함이다. 상도(常道)는 무극(無極)으로 혼일이[混] 이루어지게[成] 하는 것이니 천지만물은 모두 위일(爲一)이고, 상도(常道)가 낳은[生] 것[物]으로 자연(自然)이라 한다. 그러므로 혼성(混成)은 박지상(樸之狀) 즉 그냥 그대로의[樸之] 모습[狀]으로 자연(自然)을 말하고, 나아가 성만물(成萬物) 즉 만물(萬物)을 이룸을[成] 말해준다.

【해독(解讀)】

- 〈유물혼성(有物混成)〉에서 유(有)는 〈있을 유(有)〉로 자동사 노릇하고, 물(物)은 유(有)의 주어 노릇하고, 혼성(混成)은 물(物)의 동격 노릇한다. 혼(混)은 〈합할 합(合) · 하나 일(一) · 혼(渾)〉 등과 같아 혼합(混合) · 혼일(混一) 등의 줄임말로 여기면 된다. 〈혼일이[混] 이루어지는[成] 것이[物] 있다[有].〉
- 유물혼성(有物混成)은 〈유혼성지물(有混成之物)〉에서 혼성지(混成之)를 후치시킨 어투이다. 〈혼성이란[混成] 것이[物] 있다[有].〉 〈혼성의[混成之] 것이[物] 있다[有].〉
- 유물혼성(有物混成)은 〈유(有)A지물(之物)〉 또는 〈유물(有物)A〉의 상용문이다. 〈A의(A之) 것이[物] 있다[有].〉 〈A라는 것이[物] 있다[有].〉

25-2 先天地生(선천지생)

▸ (그것은) 천지가[天地] 생기기[生] 앞이다[先].

앞 선(先), 하늘 천(天), 땅 지(地), 날 생(生)

【지남(指南)】

〈선천지생(先天地生)〉은 〈유물혼성(有物混成)〉의 물(物)로 말미암아 천지(天地)가 생겼고, 혼성(混成)의 것은[物] 천지(天地)가 형성되기 전에 이미 있음을 밝힌다. 도생일(道生一)의 도(道)가 혼성(混成)하는 것[物]이고, 그것이 하나[一]인 태극(太極)을 낳고, 태극(太極)이 둘[二]인 음양(陰陽)을 낳아 음양(陰陽)의 운행이 있고[生] 나서야 천지(天地)가 생겼다. 그 운행을 『주역(周易)』은 〈일음일양(一陰一陽)〉이라고 한다.

다시 말하면 일음일양(一陰一陽)은 태극(太極)이 낳고[生] 그 태극(太極)은 상도(常道)가 생(生)함이니, 선천지생(先天地生)은 〈도선천지생태극(道先天地生太極)〉을 줄인 말씀으로 살펴 새기면 된다. 상도가[道] 천지보다[天地] 먼저[先] 태극을[太極] 낳았다는[生] 말씀이 선천지생(先天地生)으로, 이는 〈도생일(道生一)〉과 같다. 도생일(道生一)의 생(生)은 무시(無時)이고 무종(無終)인지라 고금래(古今來)란 시제(時制)가 없고, 천지(天地)보다 먼저 태극(太極)이란 것[物]을 낳은[生] 상도(常道)에는 생사란 없으니 오직 무궁(無窮)할 뿐이다.

만물만이 아니라 천지도 일음일양(一陰一陽)의 운행으로 생긴 것이다. 태극(太極)의 일음일양(一陰一陽)으로 우주가 생겼고, 우리가 살고 있는 땅덩이[地]도 생겼고, 천지만물도 생겼다. 이처럼 천지만물이 생겨나 땅[地]에서 살아 『장자(莊子)』에 **천지자만물지부모야(天地者萬物之父母也)**란 말이 나온다. 음양(陰陽)의 운행으로 있다[生]가 그 운행이 쉬면 없어지는[死] 것이 천지만물이니, 천지만물의 운명인 생사(生死)는 상도(常道)가 짓는 조화임을 살펴 새기고 헤아려 깨치게 하는 말씀이 〈선천지생(先天地生)〉이다.

註 "부형전정복(夫形全精復) 여천위일(與天爲一) 천지자만물지부모야(天地者萬物之父母也) 합즉성체(合則成體) 산즉성시(散則成始)." 무릇[夫] 몸이[形] 온전하고[全] 정신이[精] (자연[天]으로) 돌아가면[復] {만물(萬物)은} 자연과[與天] 하나가[一] 된다[爲]. 하늘땅이란[天地] 것은[者] 만물의[萬物之] 어버이[父母]이다[也]. {천지(天地)가} 합해지면[合則] 형정(形精)을[體] 이루고[成] 흩어지면[散則] 태시를[始] 이룬다[成].

성체(成體)는 생(生)이고, 성시(成始)는 사(死)이다. 사(死)는 태시(太始) 즉 생(生)을 일으킨 것[作者]으로 돌아감[復]을 말한다. 『장자(莊子)』「달생(達生)」

【보주(補註)】

- 〈선천지생(先天地生)〉을 〈유물선천지지생(有物先天地之生)〉처럼 옮기면 문의(文義)를 쉽게 새길 수 있다. 물론 〈선천지태극생(先天地太極生)〉의 줄임으로 여겨도 된다. 상도(常道)는 생긴 것이 아니다. 상도(常道)는 무시무종(無始無終)으로 다만 있을 뿐이다. 〈천지가[天地之] 생기기[生] 전에[先] 그[其]것은[物] 있다[有].〉
- 선천지생(先天地生)에서 생(生)에는 유시(有時) 즉 시제(時制)가 있지만, 천지가 생기기에 앞서 혼성(混成)한 유물(有物)의 물(物)에는 무시(無時) 즉 고금래(古今來)란 시점이[時] 없음을 주목해야 한다. 예와[古] 지금과[今] 미래의[來] 시제가 없음을 무시종(無始終)이라 한다. 태극(太極)이란 상도(常道)의 짓[象]은 무시(無時)이므로 상도(常道)의 짓인 태극(太極)도 무시(無時)이지만, 태극(太極)이 천지만물을 낳는 일음일양(一陰一陽)의 짓은 유시(有時)의 운행이다. 일음일양(一陰一陽)은 생천지(生天地) · 생만물(生萬物)이므로 천지와 만물은 시종(始終)의 것이고, 유시(有時)의 것이기 때문이다. 일음일양(一陰一陽)의 운행인 천지만물에는 과거 · 현재 · 미래라는 유한(有限)의 유시(有時)가 있지만, 도생일(道生一)의 생(生)은 무시(無時) · 무종(無終)이다.

【해독(解讀)】

- 〈선천지생(先天地生)〉에서 선(先)은 주어가 생략되었지만 자동사 노릇하고, 천지생(天地生)은 선(先)을 꾸며주는 부사구 노릇한다. 선(先)은 〈앞 전(前)〉과 같고, 생(生)은 〈날 출(出)〉과 같아 출생(出生)의 줄임말로 새기면 된다. 〈천지의[天地] 생기기에[生] 앞이다[先].〉

25-3 寂兮(적혜) 寥兮(요혜)

▶ 소리 없어 고요하구나[寂兮]! 휑하니 모습이 없구나[寥兮]!

소리 없어 고요할 적(寂), 조사(~구나) 혜(兮), 휑하니 모습 없는 료(寥)

【지남(指南)】

〈적혜(寂兮) 요혜(寥兮)〉는 〈유물혼성(有物混成)〉의 물(物)을 형용(形容)하여 밝힌다. 유물혼성(有物混成)의 물(物)은 적(寂)하고 요(寥)하다. 무성음(無聲音) 즉 소리가[聲音] 없음이[無] 적(寂)함이고, 공무형(空無形) 즉 휑하니[空] 모습이[形] 없음이[無] 요(寥)함이다. 적(寂)하고 요(寥)함은 인지(人智)가 닿지 못하니[不至], 적요(寂寥)의 상도(常道)를 인간은 헤아려[擬] 알 수 없고 믿을[信] 수밖에 없음이 〈적혜(寂兮) 요혜(寥兮)〉이다.

정적(靜寂)·공요(空寥)한 것은 〈감어물이동(感於物而動)〉의 의(意)를 완전히 벗어나 인간이 감지할 수 없는 경지이다. 그래서『장자(莊子)』에 입어요천일(入於寥天一)이란 말씀이 나온다. 아득히 빔[太虛]을 요천일(寥天一)이라 하고, 태허(太虛)란 상도(常道)의 자연(自然)을 일컬음이니, 요천일(寥天一)은 자연(自然)으로 들어감[入]이고, 17장(章) 〈아자연(我自然)〉의 바로 그 자연(自然)이다. 요천일(寥天一)을 〈적혜(寂兮) 요혜(寥兮)〉라 실토할 수밖에 없음은 알고 모르고[知或不知]의 문제가 아니라 믿음[信]의 문제인 까닭이다.

유물혼성(有物混成)의 물(物)은 인간의 분별지(分別智)로 이러니저러니 시비하는 논란거리가 아니라 믿을[信] 수밖에 없는 심진(甚眞)의 것[物]임을 밝힌 말씀이 〈적혜(寂兮) 요혜(寥兮)〉이다.

註 "조적불급소(造適不及笑) 헌소불급배(獻笑不及排) 안배이거화(安排而去化) 내입어료천일(乃入於寥天一)." 고자질함은[造適] 웃어버림만[笑] 못하고[不及], 웃음을 즐김은[獻笑] 변화에[排] 맡김만 못하다[不及]. 변화에[排] 안주해서[安而] 변화에[化] 따라간다[去]. 그래서[乃] 자연이란[天] 하나에[於一] 들어간다[入].

조적(造適)의 조(造)를 〈알릴 고(告)〉로 보고, 적(適)을 〈꾸지람 적(謫)〉으로 보고, 조적(造適)을 고적(告謫)으로 풀이한 설(說)을 따른다. 헌소(獻笑)의 헌(獻)을 〈기뻐할 희(僖)〉로 보고, 배(排)를 추이(推移)로 보고 풀이한 설(說)을 따른다. 요천일(寥天一)은 태허(太虛) 즉 상도(常道)를 일컫고,『노자(老子)』1장(章)의 〈상도(常道)〉를 〈대종사(大宗師)〉라고 비유하기도 한다.

『장자(莊子)』「대종사(大宗師)」

【보주(補註)】

- 〈적혜(寂兮) 요혜(寥兮)〉를 〈기물적혜(其物寂兮) 기물료혜(其物寥兮)〉처럼 옮기면 문의(文義)를 좀 더 쉽게 새길 수 있다. 〈그것은[其物] 소리 없어 고요하구나

[寂兮]! 그것은[其物] 휑하니 모습 없구나[寥兮]!〉

● 적혜(寂兮)의 적(寂)은 정적(靜寂) · 적멸(寂滅)로서 무소지(無所知) 즉 알[知] 바가[所] 없음[無]이고, 요혜(寥兮)의 요(寥)는 허요(虛寥) · 심요(深寥)로 역시 알[知] 바가[所] 없음[無]을 말한다.

【해독(解讀)】

● 〈적혜(寂兮) 요혜(寥兮)〉는 두 감탄문이 생략된 〈그리고 이(而)〉로 이어지는 중문(重文)이다. 〈적(寂)하구나[兮]! 그리고[而] 요(寥)하구나[兮]!〉

● 적혜(寂兮)에서 주어는 생략됐지만 적(寂)은 주격보어 노릇하고, 혜(兮)는 감탄의 문미조사(~구나) 노릇한다. 〈적(寂)하구나[兮]!〉

● 요혜(寥兮)에서 주어는 생략됐지만 요(寥)는 주격보어 노릇하고, 혜(兮)는 감탄의 문미조사(~구나) 노릇한다. 〈요(寥)하구나[兮]!〉

25-4 獨立不改(독립불개)

▶ {상도(常道)는} 홀로[獨] 있고[立] 바뀌지 않는다[不改].

홀로 독(獨), 있을 립(立), 아니 불(不), 바뀔 개(改)

【지남(指南)】

〈독립불개(獨立不改)〉는 〈유물혼성(有物混成)〉의 물(物)은 절대(絶對)이고 무궁(無窮)함을 밝힌다. 유물혼성(有物混成)의 물(物)은 홀로[獨] 있으니[立] 절대(絶對)이고, 불개(不改)이니 무궁(無窮) 즉 다함이[窮] 없이[無] 항상 그대로이다. 있음[有]이되 유(有)가 아니고[非], 없음[無]이되 무(無)가 아님[非]을 일러 〈독립(獨立)〉이라 한다. 유물혼성(有物混成)의 물(物)은 독립(獨立)하여 〈불개(不改)〉하니, 그것[物]은 독정(獨定)하며 무시(無始) · 무종(無終)이고 무시(無時)이다.

시간이 없는 것은 상존(常存)이다. 우주 삼라만상은 모두 있음[有]으로 말미암아 없어지는[無] 것[物]이니 이를 일러 유물(有物)이라 하고, 상도(常道)는 항존(恒存)하므로 무물(無物)이라 하며 절대(絶對)이므로 무극(無極)이라 한다. 유물(有物)은 〈유생사지물(有生死之物)〉의 줄임이요, 무물(無物)은 〈무생사지물(無生死之物)〉의 줄임이다. 생사가 있는[有之] 것[物]은 우주 삼라만상 즉 천지만물이고, 생사가 없는[無] 것[物]이 유물혼성(有物混成)의 물(物)인 상도(常道)이다.

여기서 40장(章) **천하만물생어유(天下萬物生於有) 유생어무(有生於無)**란 말씀을 상기하게 된다. 온 세상[天下]의 온갖 것[萬物]을 낳는[生] 천지(天地)는 유물(有物)인 유(有)이다. 천지(天地)란 유(有)는 무에서[於無] 생긴다[生]. 만물을 있게 하는[有] 천지를 유(有)하게 하는 것은 무물(無物) 즉 상도(常道)임을 일깨워 깨닫게 하는 말씀이 〈독립불개(獨立不改)〉이다.

註 "천하만물생어유(天下萬物生於有) 유생어무(有生於無)." 온 세상[天下] 온갖[萬] 것은[物] 있음[有]에서[於] 생긴다[生]. 있음은[有] 없음[無]에서[於] 생긴다[生]. 『노자(老子)』 40장(章)

【보주(補註)】

- 〈독립불개(獨立不)〉를 〈혼성지물독립(混成之物獨立) 이혼성지물불개(而混成之物不改)〉처럼 옮기면 문의(文義)를 좀 더 쉽게 새길 수 있다. 〈혼성의[混成之] 것은[物] 홀로[獨] 있다[立]. 그리고[而] 혼성의[混成之] 것은[物] 바뀌지 않는다[不改].〉
- 독립(獨立)은 독존(獨存)이고, 불개(不改)는 항존(恒存)이다. 홀로 있고[獨存] 한결같이 있음[恒存]이란 무시(無始) · 무종(無終) · 무조(無祖)를 뜻한다. 〈홀로[獨] 있다[存] · 늘 그냥 그대로[恒] 있다[存] · 시작도[始] 없고[無] · 끝남도[終] 없다[無] · 낳아준 것도[祖] 없다[無].〉

【해독(解讀)】

- 〈독립불개(獨立不)〉는 두 구문이 생략된 〈그리고 이(而)〉로 이어진 중문(重文)이다. 〈독립하고[獨立] 불개한다[不改].〉
- 독립(獨立)에서 독(獨)은 입(立)을 꾸며주는 부사 노릇하고, 입(立)은 주어가 생략되었지만 자동사 노릇한다. 입(立)은 〈있을 존(存)〉과 같아 존립(存立)의 줄임말로 여기면 된다. 〈홀로[獨] 있다[立].〉
- 불개(不改)에서 불(不)은 개(改)의 부정사(否定詞) 노릇하고, 개(改)는 수동의 동사 노릇한다. 불(不)은 〈않을 불(不)〉로 새겨도 되고, 〈없을 불(不)〉로 새겨도 문의(文義)는 달라지지 않는다. 물론 〈없을 불(不)〉로 여기고 문맥을 잡으면 불개

(不改)에서 불(不)은 〈없을 무(無)〉와 같아 동사 노릇하고, 개(改)는 주어 노릇하게 된다. 개(改)는 〈바뀔 변(變) · 역(易)〉 등과 같아 개변(改變) · 개역(改易) 등의 줄임말로 여기면 된다. 〈바뀌지[改] 않는다[不].〉 〈바뀜이[改] 없다[不].〉

- 동사 앞에 〈견(見) · 위(爲) · 피(被)〉을 두어 수동의 동사 노릇하게 하지만, 〈견(見) · 위(爲) · 피(被)〉 등이 거의 생략되는 경우가 일반이므로 전후 문맥을 살펴 수동의 동사인지를 살펴 문맥을 잡게 된다. 예를 들자면 〈A취(取)B〉의 취(取)를 수동의 동사로 하려면 〈B위취어(爲取於)A · B견취어(見取於)A · B피취어(被取於)A〉 등으로 한다. 〈A가 B를 취한다[取].〉 〈B는 A에 의해서[於] 취해진다[爲取] · B는 A에 의해서[於] 취해진다[見取] · B는 A에 의해서[於] 취해진다[取].〉

25-5 周行而不殆(주행이불태)

▶ 둘러[周] 운행하면서도[行而] 쉬지 않는다[不殆].

두를 주(周), 움직일 행(行), 그러나 이(而), 않을 불(不), 쉴 태(殆)

【지남(指南)】

〈주행이불태(周行而不殆)〉는 〈유물혼성(有物混成)〉의 물(物)은 천지만물에 두루[周] 미치고[行], 그 미침을[行] 잠시도 쉬지 않음을[不殆] 밝힌다.

주행이불태(周行而不殆)의 〈주행(周行)〉은 40장(章) **반자도지동(反者道之動)**의 〈반자(反者)〉를 상기시킨다. 음양(陰陽) · 강유(剛柔)의 동정(動靜)은 천지만물에 주행(周行)함이라 두루[周] 행(行)함은 무사(無私)할 뿐이다. 주행(周行)의 주(周)는 주환(周環) 즉 둘러 돎[周環]인지라 돌아옴[歸]이다. 따라서 여기 주행(周行)은 귀환(歸還)이다. 상도(常道)의 주행(周行)이란 50장(章)에 나오는 **출생입사(出生入死)**를 상기시키고, 나아가 『장자(莊子)』에 나오는 **시졸약환(始卒若環)**을 상기시킨다.

만물이 누리는 생사(生死)란 생(生)이 직선으로 사(死)를 향해 감이 아니다. 생(生)은 바로 뒤이어 나오는 천하모(天下母)에서 나옴[出]이고, 사(死)는 그 천하모(天下母)로 들어오게[入] 함이 여기 주행(周行)이다. 그 주행(周行)은 불태(不殆)라는 것이다. 여기 불태(不殆)는 불식(不息)이다. 상도(常道)가 짓는 주행(周行)은 불식(不息) 즉 쉬지 않는다는[不息] 것이다. 불태(不殆)는 쉬지 않음[不息]으로, 상도(常道)가 천지만물에 주행(周行)함이란 일음일양(一陰一陽)의 운행(運行)으로써 조화(造化)함이다.

천지만물의 형상은 모두 다르지만 일음일양(一陰一陽)의 운행(運行) 아닌 것이 없으니 주행(周行)이고, 무소부지(無所不至) 즉 닿지 않는[不至] 데가[所] 없음[無]이다. 그 운행(運行)을 떠나서는 천지만물 중 어느 것도 유물(有物)이 될 수 없으니 이 역시 주행(周行)이다. 그래서 『장자(莊子)』에 행어만물자도야(行於萬物者道也)란 말씀이 나온다. 상도(常道)의 주행(周行)은 천지만물에 주환(周環)의 운행(運行)을 쉼 없이 함이 바로 자연(自然)임을 일깨워 깨치게 하는 말씀이 〈주행이불태(周行而不殆)〉이다.

註 "반자도지동(反者道之動)." 돌아오는[反] 것이[者] 상도(常道)의[道之] 움직임이다[動].

『노자(老子)』 40장(章)

註 "출생입사(出生入死)." {천하모(天下母)에서} 나옴은[出] 태어남이고[生], (만물의 어머니[天下母]로) 들어옴은[入] 죽음이다[死]. 『노자(老子)』 50장(章)

註 "시졸약환(始卒若環) 막득기륜(莫得其倫)." 처음과[始] 끝이[卒] 원둘레[環] 같아[若] 그[其] 순서를[倫] 알 수가[得] 없다[莫]. 『장자(莊子)』「우언(寓言)」

註 "통어천지자덕야(通於天地者德也) 행어만물자도야(行於萬物者道也)." 천지에[於天地] 통하는[通] 것이[者] 덕(德)이고[也], 만물에[於萬物] 운행하는[行] 것이[者] 도(道)이다[也].

『장자(莊子)』「천지(天地)」

【보주(補註)】

- 〈주행이불태(周行而不殆)〉를 〈혼성지물주행어천지만물(混成之物周行於天地萬物) 이혼성지물불태기주행(而混成之物不殆其周行)〉처럼 옮기면 문의(文義)를 좀 더 쉽게 새길 수 있다. 〈혼성의[混成之] 것은[物] 천지만물에[於天地萬物] 두루[周] 행한다[行]. 그리고[而] 혼성의[混成之] 것은[物] 그[其] 주행을[周行] 쉬지 않는다[不殆].〉
- 주행(周行)은 편행(徧行) 즉 고루[徧] 행사함[行]이다. 그래서 주행(周行)의 주(周)는 5장(章) 〈천지불인(天地不仁)〉의 불인(不仁)을 상기시키고, 주행(周行)의

행(行)은 일음일양(一陰一陽)을 상기시킨다. 상도(常道)가 낳은 하늘땅[天地]에는 인애(仁愛)하거나 인애(仁愛)하지 않거나 함이 없으니 주행(周行)이다. 인의예악(仁義禮樂)은 사람이 만들어 시비 · 논란을 일으키는 것으로, 호오(好惡)가 빚어져 편애(偏愛)를 벗어나지 못한다. 〈천지에는[天地] (인간이 말하는) 어짊이란[仁] 없다[不].〉

【해독(解讀)】

- 〈주행이불태(周行而不殆)〉는 두 구문이 〈그러나 이(而)〉로 이어진 중문(重文)이다. 〈주행(周行)한다. 그러나[而] 불태한다[不殆].〉
- 주행(周行)에서 주어가 생략되었지만 주(周)는 행(行)을 꾸며주는 부사 노릇하고, 행(行)은 동사 노릇한다. 주(周)는 〈두루 편(徧), 두를 환(環) · 요(繞)〉과 같아 주환(周環)의 줄임말로 여기면 되고, 행(行)은 〈움직일 운(運)〉과 같아 운행(運行)의 줄임말로 여기면 된다. 〈둘러[周] 운행한다[行].〉
- 불태(不殆)에서 불(不)은 태(殆)의 부정사(否定詞) 노릇하고, 주어가 생략되었지만 태(殆)는 동사 노릇한다. 불(不)은 〈않을 불(不)〉로 새겨도 되고, 〈없을 불(不)〉로 새겨도 문의(文義)는 달라지지 않는다. 물론 〈없을 불(不)〉로 문맥을 잡으면 불태(不殆)에서 불(不)은 〈없을 무(無)〉와 같아 동사 노릇하고, 태(殆)는 주어 노릇하게 된다. 태(殆)는 〈쇠퇴할 태(怠), 쉴 식(息)〉과 같다. 〈쉬지 않는다[不殆].〉 〈쉼이[殆] 없다[不].〉 〈쇠퇴하지 않는다[不殆].〉 〈쇠퇴함이[殆] 없다[不].〉

25-6 可以爲天下母(가이위천하모)

▶ {상도(常道)로} 써[以] 온 세상의[天下] 어머니로[母] 삼을 수 있다[可爲].

능할 가(可), 써 이(以), 삼을 위(爲), 어머니 모(母)

【지남(指南)】

〈가이위천하모(可以爲天下母)〉는 상도(常道)가 천지만물의 어머니[母]임을 밝힌다. 상도(常道)는 천지만물의 생사(生死)로써 주행(周行)하되 불태(不殆)하므로,

천하모(天下母)로 삼을 수 있다는 것이다.

여기 〈천하모(天下母)〉는 온 세상[天下] 온갖 것[萬物]의 어머니[母]로, 6장(章) 현빈지문(玄牝之門)을 상기시킨다. 현묘한[玄] 땅의[牝之] 문(門) 그것은 천지만물이 나오는[出] 문(門)인 동시에 들어오는[入] 문(門)이므로 천지(天地)의 뿌리[根]인 상도(常道)를 밝힘이다. 천지(天地)의 뿌리[根]로서 상도(常道)는 무시무종(無始無終) 즉 시작도[始] 끝도[終] 없이[無] 주행(周行)하여 천지만물을 낳고[出] 돌아오게[入] 한다. 그래서 주행(周行)을 환요(環繞) 즉 둥글게[環] 감쌈[繞]이라 풀이하기도 한다.

상도(常道)의 주행(周行)이 천하모(天下母)에 비유되니, 그것은 열 손가락 깨물어 아프지 않은 손가락 없다는 속담처럼 상도(常道)야말로 천지만물을 생지휵지(生之畜之)하면서 불유(不有)하고, 위하면서[爲] 기대지 않고[不恃] 군림하지 않으니[不宰], 상도(常道)의 주행(周行)이 불태(不殆)함을 천하모(天下母)에 비유해 상도(常道)의 주행(周行)을 거듭해 살펴 새기고 헤아려 깨우치게 하는 말씀이 〈가이위천하모(可以爲天下母)〉이다.

註 "현빈지문(玄牝之門) 시위천지근(是謂天地根)." 현묘한[玄] 땅의[牝之] 문(門) 이를[是] 천지의[天地] 뿌리라[根] 한다[謂]. 『노자(老子)』 6장(章)

【보주(補註)】

- 〈가이위천하모(可以爲天下母)〉를 〈만물이혼성지물가위천하지모(萬物以混成之物可爲天下之母)〉처럼 옮기면 문의(文義)를 좀 더 쉽게 새길 수 있다. 〈만물은[萬物] 혼성지물로[混成之物]써[以] 천하모를[天下母] 삼을 수 있다[可爲].〉
- 천하모(天下母)란 비유로써[以] 주행이불태(周行而不殆)로 상도(常道)를 풀이한다. 상도(常道)를 어머니로 삼고 그 현덕(玄德)을 어머니의 짓으로 삼아 상도(常道)의 자연(自然)을 밝힘이 노자사상(老子思想)의 뿌리[根]이다.

【해독(解讀)】

- 〈가이위천하모(可以爲天下母)〉에서 가(可)는 위(爲)의 조동사 노릇하고, 이(以)는 위(爲)를 꾸며주는 조사 노릇하며, 위(爲)는 〈삼을 위(爲)〉로서 타동사 노릇하고, 천하모(天下母)는 위(爲)의 목적구 노릇한다. 〈써[以] 천하모로[天下母] 삼

을 수 있다[可爲].〉

- 가이위천하모(可以爲天下母)에서 이(以)는 〈시이(是以)〉의 줄임이고, 시(是)는 앞서 나온 〈유물혼성(有物混成)〉의 물(物)을 나타내는 지시어이므로 이(以)를 그냥 〈써[以]〉로 새기기보다 〈그것으로써[以]〉로 새기는 편이 문의(文義)가 더욱 분명해진다. 위(爲)는 〈될 위(爲) · 삼을 위(爲) · 여길 위(爲)〉로 여겨도 문의(文義)가 잡힌다. 시이(是以)에서 시(是)는 지시어 노릇하고, 이(以)는 후치사(後置詞)로서 조사 노릇한다. 〈그것으로써[以] 천하모를[天下母] 삼는다[爲].〉
- 가이위천하모(可以爲天下母)는 〈이(以)A위(爲)B〉의 상용문이다. 〈B로써[以] A를 삼는다[爲].〉

25-7 吾不知其名(오부지기명)

▶ 나는[吾] 그[其] 이름을[名] 알지 못한다[不知].

나 오(吾), 못할 부(不), 알 지(知), 그 기(其), 이름 명(名)

【지남(指南)】

〈오부지기명(吾不知其名)〉은 상도(常道)를 알아[知] 천하모(天下母)로 삼음이 아니라, 상도(常道)를 천하모(天下母)로 믿기[信] 때문임을 노자(老子) 당신이 밝힌다. 오부지기명(吾不知其名)의 〈오(吾)〉는 노담(老聃) 즉 노자(老子)이다. 『노자(老子)』에서 〈아(我)〉는 20장(章)에서 살폈듯이 일반적인 호칭이지만, 오(吾)는 노자(老子) 자신임을 밝힘이다. 노자(老子)께서 〈유물혼성(有物混成)〉의 물(物)이 유물(有物)의 것[物]이 아니라 무물(無物)의 물(物)임을 〈부지기명(不知其名)〉이라고 거듭 밝힘이기도 하다.

유물(有物)의 것으로서 감지되는 것이면, 인간은 그것에다 이름[名]을 붙이고 시비하고 분별하여 논란하면서 그것을 안다[知]고 한다. 그러나 무물(無物)이면 그것에 이름[名]을 붙일 수 없고 알 수 없으니, 14장(章) 이(夷) · 희(希) · 미(微)의 것은 불가치힐(不可致詰) 즉 따져 물어도[詰] 답에 이를[致] 수 없다고[不可] 이미 밝혔다. 무물(無物)이란 불시(不視)의 이(夷)이고, 불청(不聽)의 희(希)이며, 불박(不

摶)의 미(微)인 것을 알 수 없으니 믿을 수밖에 없고, 유물(有物)이란 보고[視] 듣고[聽] 잡을[摶] 수 있는 것이니 이름을 붙여 알아볼 수 있다는 것이다.

이처럼 유물(有物)이면 감지할 수 있지만, 무물(無物)이면 인간이 감지할 수 없는 것[物]임을 살펴 새기고 헤아려 깨닫게 하는 말씀이 〈오부지기명(吾不知其名)〉이다.

註 "시지불견(視之不見) 명왈이(名曰夷) 청지불문(聽之不聞) 명왈희(名曰希) 박지부득(摶之不得) 명왈미(名曰微) 차삼자불가치힐(此三者不可致詰)." 그것을[之] 보려고 해도[視] 보이지 않음을[不見] 일컬어[名] 이라[夷] 하고[曰], 그것을[之] 들으려고 해도[聽] 들리지 않음을[不聞] 일컬어[名] 희라[希] 하며[謂], 그것을[之] 잡으려고 해도[摶] 집히지 않음을[不得] 일컬어[名] 미라[微] 한다[謂]. 이[此] 세 가지는[三者] 따져 물어도[詰] 답을 얻어낼[致] 수 없다[不可].

『노자(老子)』 14장(章)

【보주(補註)】

- 〈오부지기명(吾不知其名)〉을 〈오부지혼성지물지명(吾不知混成之物之名)〉처럼 옮기면 문의(文義)를 좀 더 쉽게 새길 수 있다. 〈나는[吾] 혼성의[混成之] 것의[物之] 이름을[名] 알지 못한다[不知].〉
- 부지기명(不知其名)은 〈유물혼성(有物混成)〉의 물(物)은 시비분별하여 논변(論辨)할 것이 아님을 말한다. 무물(無物)이면 무명(無名)의 것이고 무식(無識)의 것이며, 유물(有物)이면 곧 유명(有名) · 유식(有識)의 것이다. 명(名)이란 자연(自然)의 것이 아니라 사람의 것인지라 이름[名]이 있으면 그것을 알고[識], 아는 것[識者]이면 그것의 이름이[名] 있다.

【해독(解讀)】

- 〈오부지기명(吾不知其名)〉에서 오(吾)는 주어 노릇하고, 부(不)는 지(知)의 부정사(否定詞)이며, 지(知)는 동사 노릇하고, 기명(其名)은 지(知)의 목적어 노릇한다. 〈나는[吾] 기명을[其名] 부지한다[不知].〉
- 오부지기명(吾不知其名)에서 기명(其名)의 기(其)는 〈혼성지물지(混成之物之)〉를 줄인 것이다. 〈혼성의[混成之] 것의[物之]〉

25-8 强字之(강자지) 曰道(왈도)

▶ 억지로[强] 글로 한다면[字之] (나는 그것을) 도라[道] 한다[曰].

억지 강(强), 글씨로 말할 자(字), 그것 지(之), 말할 왈(曰), 길 도(道)

【지남(指南)】

〈강자지(强字之) 왈도(曰道)〉는 노자(老子)께서 〈유물혼성(有物混成)〉의 물(物)을 억지로[强] 글로 쓴다[字]면 〈도(道)〉라 하겠다는 것이다. 이희미(夷希微)의 것[物]인 유물혼성(有物混成)의 물(物)은 무명(無名)인지라 그것을 불러줄 말이 없고 나타낼 글이 없음을 〈강(强)〉이란 자(字)가 일깨워준다.

길이라면 노(路) · 도(途) · 경(徑) 등도 있는데 굳이 도(道)를 들어 말할까? 여기서 도(道)란 딱 한 번만 밟아 갈 수 있는 길이다. 마음대로 되풀이하여 오고가는 길이 아니라 다시는 되돌아갈 수 없는 길이 도(道)이다. 도(道)는 곧 천지만물로 하여금 반자(反者)하게 하는 길로[道], 현빈지문(玄牝之門)에서 나와서[出] 그 문(門)으로 돌아가는[反] 길이니, 단 한 번 나와서[出] 단 한 번 들어가는[入] 반자(反者) 즉 도지동(道之動)의 길이다. 그러므로 도(道)는 천지만물이 저마다 단 한 번 밟고 가는 생사(生死)의 길[道]이니 인간의 산술(算術)로 장단(長短)을 따질 수 없다. 『장자(莊子)』에서 팽조(彭祖)가 요절한 것이고, 상자(殤子)가 장수했다는 말씀이 진언(眞言)임을 일깨워 깨닫게 하는 말씀이 〈강자지왈도(强字之曰道)〉이다.

註 "천하막대어추호지말(天下莫大於秋毫之末) 이태산위소(而大山爲小) 막수호상자(莫壽乎殤子) 이팽조위요(而彭祖爲夭) 천지여아병생(天地與我竝生) 이만물여아위일(而萬物與我爲一)." 세상에서[天下] 가을[秋] 털의[毫之] 끝보다[於末] 더 큰 것은[大] 없고[莫而], 태산은[大山] 작은 것[小]이다[爲]. 스물도 못 돼 죽은 자식보다[乎殤子] 더 장수함은[壽] 없고[莫而], 120년 살다 죽은 팽조가[彭祖] 요절한 것[夭]이다[爲]. 하늘땅과[天地與] 내가[我] 함께[竝] 산다[生]. 그러니[而] 만물과[萬物與] 나는[我] 하나인 것[一]이다[爲]. 『장자(莊子)』「제물론(齊物論)」

【보주(補註)】

- 〈강자지(强字之) 왈도(曰道)〉를 〈약오강자기물(若吾强字其物) 기물왈도(其物曰

道)〉처럼 옮기면 문의(文義)를 좀 더 쉽게 새길 수 있다. 〈만약[若] 내가[吾] 그것을[其物] 억지로[强] 글로 쓴다면[字] 그것을[其物] 도라[道] 한다[曰].〉

- 〈강자지(强字之) 왈도(曰道)〉는 마지못해 어쩔 수 없어 글로 표기해본다는 뜻을 담고 있다. 〈강자지(强字之) 왈도(曰道)〉는 『노자(老子)』 1장(章)의 **도가도비상도(道可道非常道)**란 말씀을 상기시킨다.

註 "도가도비상도(道可道非常道)." 도라고[道] 말할 수 있다면[可道] 상도가[常道] 아닌 것이다[非]. 『노자(老子)』 1장(章)

- 〈강자지(强字之) 왈도(曰道)〉가 〈자지(字之) 왈도(曰道)〉로 된 본(本)도 있다. 원문(原文)의 문의(文義)가 달라지는 것은 아니다. 〈그것을[之] 글로 써서[字] 도라[道] 한다[曰].〉

【해독(解讀)】

- 〈강자지(强字之) 왈도(曰道)〉는 조건의 종절과 주절로 된 복문(複文)이다. 〈그것을[之] 글로 나타낸다면[字] 도라[道] 한다[曰].〉
- 강자지(强字之)에서 강(强)은 자(字)를 꾸며주는 부사 노릇하고, 자(字)는 동사 노릇하며, 지(之)는 자(字)의 목적어 노릇한다. 지(之)는 〈유물혼성(有物混成)〉의 그것[物]을 나타내는 〈그것 지(之)〉로, 지시대명사 노릇한다. 자(字)는 타동사 노릇해 〈글로 쓸 자(字)〉이다. 〈억지로[强] 그것을[之] 쓴다면[字]〉
- 왈도(曰道)는 〈오지왈도(吾之曰道)〉에서 앞 문맥으로 보충될 수 있으므로 주어 노릇할 오(吾)와 목적어 노릇할 지(之)를 생략했지만, 왈(曰)은 동사 노릇하고, 도(道)는 목적보어 노릇한다. 왈(曰)은 〈위(謂)〉와 같다. 〈나는[吾] 그것을[之] 도라고[道] 한다[曰].〉

25-9 强爲之名(강위지명) 曰大(왈대)

▶ 그것의[之] 이름을[名] 억지로[强] 일컫는다면[爲] (나는 그것을) 큼이라[大] 한다[曰].

억지 강(强), 일컬을 위(爲), 그것의 지(之), 이름 명(名), 말할 왈(曰), 큰 대(大)

【지남(指南)】

노자(老子)께서 〈유물혼성(有物混成)〉의 물(物)을 억지로[强] 칭한다면[爲] 〈대(大)〉라 부르겠다고 밝힌다. 이(夷) · 희(希) · 미(微)의 것[物]인 유물혼성(有物混成)의 물(物)은 무명(無名)인지라, 무명(無名)의 주행(周行)과 불개(不改) 또한 알 수 없어 그것을 불러줄 명(名)이 없음을 여기서 〈강(强)〉이란 자(字)가 일깨워준다. 눈으로 보고 귀로 듣고 만져볼 수 있는 것[物]과 사람이 찾아내 알아낸 것[物]만 명명(命名)하고 그것을 안다[知]고 말하지, 이름이 없고 생각할 수 없는 것은 인지(人智)의 밖에 있으니 무명(無名) 즉 이름이[名] 없다[無]. 그렇지만 유물혼성(有物混成)의 물(物)을 천지만물지모(天地萬物之母)로 믿을 수밖에 없음을 알 수 있으니, 이를 〈대(大)〉라 이름 붙인다는 것이다.

여기서 대(大)란 〈대여소(大與小)〉의 대(大)가 아니라 〈대역소(大亦小)〉의 대(大)임을 잊어서는 안 된다. 『신심명(信心銘)』에 나오는 **극대동소(極大同小)**의 말씀을 상기하면 크다[大] · 작다[小] 둘로 나누기[大與小]는 사람의 짓이고, 큼[大]이 곧 작음[小]이고 작음[小]이 곧 큼[大]이라 대소(大小)가 하나[大亦小]가 되는 것이 〈위지명왈대(爲之名曰大)〉의 대(大)이다.

여기 대(大)는 무변제(無邊際) 즉 가장자리의[邊] 사이가[際] 없고[無], 무소불포(無所不包) 즉 감싸지 못할[不包] 것이[所] 없으면서[無], 동시에 62장(章) **만물지오(萬物之奧)**인지라 더없이 작다[奧]. 그러므로 대(大)란 크니[大] 작니[小] 하여 알 수 있는 대(大)가 아니라, 무제(無際)의 대(大)이면서 무유(無有)의 소(小)인지라 미묘한 상도(常道)의 조화를 강명(强名)한 것이다. 따라서 대도(大道)란 유물혼성(有物混成)의 물(物)을 명(名)하여 대(大)라 하고, 자(字)하여 도(道)라 한 것임을 일깨워 깨닫게 하는 말씀이 여기 〈강위지명왈대(强爲之名曰大)〉이다.

註 "극소동대(極小同大) 망절경계(忘絶境界) 극대동소(極大同小) 불견변표(不見邊表)." 더없이[極] 작은 것은[小] 큰 것과[大] 같아[同] 경계가[境界] 모두[忘] 끊어지고[絶], 더없이[極] 큰 것은[大] 작은 것과[小] 같아[同] 변표를[邊表] 볼 수 없다[不見]. 『심신명(信心銘)』 66~67

註 "도자만물지오(道者萬物之奧)." 상도라는[道] 것은[者] 온갖[萬] 것이[物之] 그윽이 깊게 간직한 것이다[奧]. 『노자(老子)』 62장(章)

【보주(補註)】

- 〈강위지명(强爲之名) 왈대(曰大)〉를 〈약오강명기물(若吾强名其物) 기물왈대(其物曰大)〉처럼 옮기면 문의(文義)를 좀 더 쉽게 새길 수 있다. 〈만약[若] 내가[吾] 그[其]것을[物] 억지로[强] 이름 짓는다면[名] 그[其]것을[物] 큼이라[大] 한다[曰].〉
- 〈강위지명(强爲之名) 왈대(曰大)〉에서 강(强)은 〈유물혼성(有物混成)〉의 물(物)은 시비 · 분별하는 논변(論辨)의 것이 아니어서 이름하여[名] 말할 수 없음을 알지만, 억지로 그것[其物]의 이름[名]을 지어 불러본다는 뜻을 담고 있다. 강위지명(强爲之名)의 강(强)은 『노자(老子)』 1장(章)의 **명가명비상명(名可名非常名)**이란 말씀을 상기시킨다.

註 "명가명비상명(名可名非常名)." 이름으로[名] 부를 수 있다면[可名] 상명이[常名] 아닌 것이다[非]. 『노자(老子)』 1장(章)

【해독(解讀)】

- 〈강위지명(强爲之名) 왈대(曰大)〉는 조건의 종절과 주절로 된 복문(複文)이다. 〈그것의 명을[之名] 억지로[强] 위한다면[爲] 대라[大] 한다[曰].〉
- 강위지(强爲之)에서 강(强)은 위(爲)를 꾸미는 부사 노릇하고, 위(爲)는 동사 노릇하며, 지명(之名)은 위(爲)의 목적어 노릇한다. 위(爲)는 〈칭할 위(謂)〉와 같고, 지명(之名)의 지(之)는 기(其)와 같아 기명(其名)과 같다. 지명(之名)의 지(之)는 영어의 〈it's〉와 같은 셈이다. 〈억지로[强]그것의[之] 이름을[名] 칭한다면[爲]〉 〈그것의(it's)〉
- 왈대(曰大)는 〈오지왈대(吾之名曰大)〉에서 앞 문맥으로 보충할 수 있으므로 주어 노릇할 오(吾)와 목적어 노릇할 지명(之名)이 생략되었지만, 왈(曰)은 동사 노릇하고, 대(大)는 목적보어 노릇한다. 왈(曰)은 위(謂)와 같다. 〈나는[吾] 그것의[之] 이름을[名] 대라[大] 한다[曰].〉

25-10 大曰逝(대왈서) 逝曰遠(서왈원) 遠曰反(원왈반)

▶ (상도의) 큼은[大] 유행(流行)이라[逝] 하고[曰], 유행은[逝] (상도에서) 멀어감이라[遠] 하며[曰], 멀어감은[遠] (상도로) 돌아옴이라[反] 한다[曰].

큰 대(大), 일컬을 왈(曰), 갈 서(逝), 멀 원(遠), 돌아올 반(反)

【지남(指南)】

〈대왈서(大曰逝) 서왈원(逝曰遠) 원왈반(遠曰反)〉은 상도(常道)를 강명(强名)한 〈대(大)〉를 풀이한다. 나아가 여기 대(大)는 앞서 살핀 〈주행이불태(周行而不殆)〉를 풀이하고 있다. 이러한 대(大)의 묘(妙)를 〈서(逝)〉라 밝히고, 서(逝)의 묘(妙)를 〈원(遠)〉이라 하며, 원(遠)의 묘(妙)를 〈반(反)〉이라 밝힌다. 대(大)란 변제(邊際) 즉 가장자리의[邊] 사이가[際] 없고, 무소불포(無所不包) 즉 감싸지 못할[不包] 것이 없음이다. 그 대(大)의 상도(常道)가 둘러[周] 운행하되[行] 쉼이 없음을[不殆] 〈서(逝)·원(遠)·반(反)〉라고 밝혀 상도(常道)가 짓는 주행(周行)을 헤아려볼 수 있게 한다.

주행(周行)을 서(逝) 즉 흘러감[逝]이라 풀이하고, 다시 그 서(逝)를 원(遠) 즉 멀다고[遠] 풀이하며, 또 다시 그 원(遠)을 반(反) 즉 돌아옴[反]이라고 풀이한다. 서(逝)·원(遠)·반(反)은 끝없이 화살처럼 직행함이 아니라 서(逝)의 원점으로 되돌아오는 원이기 때문에, 원왈반(遠曰反) 즉 멀어지면[遠] 곧[曰] 되돌아옴[反]이라 한 것이다. 그러므로 반(反)은 40장(章) **반자(反者)**를 상기시켜 서(逝)·원(遠)·반(反)이 40장(章) **도지동(道之動)** 즉 상도의[道之] 움직임을[動] 풀이함을 알 수 있다. 나아가 서(逝)·원(遠)의 반(反)이란 『장자(莊子)』의 **시졸약환(始卒若環)** 즉 처음과[始] 끝이[卒] 원둘레[環] 같음을[若] 떠올리면, 만물이 누리는 생사(生死)란 크나큰[大] 서원반(逝遠反)의 주행(周行)이다.

이제 만물의 생사가 서(逝)·원(遠)·반(反)이니, 상도(常道)에서 나와[出] 상도(常道)로 돌아와[反] 들어옴[入]이 반자(反者)의 주행(周行)이다. 이러한 생사의 주행(周行)이 쉼[殆] 없음을[不] 두고 유한(有限)의 장단(長短)으로 분별하지 말라 함이 『장자(莊子)』의 **상자(殤子)와 팽조(彭祖)**의 이야기이다. 상도(常道)의 주행(周行)이불태(不殆)함은 유한(有限)의 잣대로 분별할 수 없는 조화임을 거듭 살펴 새기고 헤아려 깨우치게 하는 말씀이 〈대왈서(大曰逝) 서왈원(逝曰遠) 원왈반(遠曰返)〉이다.

註 "도통위일(道通爲一) 기분야성야(其分也成也) 기성야훼야(其成也毁也) 범물무성여훼(凡物無成與毁) 부통위일(復通爲一)." 도가[道] 통하면[通] 하나가[一] 된다[爲]. 그[其] 나누어짐[分]이란[分] 어우러짐[成]이고[也], 그[其] 어우러짐[成]이란[也] 이지러짐[毁]이다[也]. 온갖 것에는[凡物] 어우러짐과[成與] 이지러짐이[毁] (따로) 없어[無], {성(成)과 훼(毁)는 도(道)로써} 다시[復] 통하여[通] 하나가[一] 된다[爲]. 『장자(莊子)』「제물론(齊物論)」

註 "반자도지동(反者道之動)." 돌아오는[反] 것이[者] 상도(常道)의[道之] 움직임이다[動]. 『노자(老子)』 40장(章)

註 "출생입사(出生入死)." 나옴은[出] 태어남이고[生], 들어감은[入] 죽음이다[死]. 『노자(老子)』 50장(章)

註 "만물개종야(萬物皆種也) 이부동형상선(以不同形相禪) 시졸약환(始卒若環) 막득기륜(莫得其倫) 시위천균(是謂天均) 천균자천예야(天均者天倪也)." 온갖 것은[萬物] 모두[皆] 씨앗이 낸 것[種]이다[也]. {다른 종(種)과} 같지 않은[不同] 체형으로[形]써[以] {저마다의 체형(體形)을} 서로[相] 물려주고[禪], 처음과[始] 끝이[卒] 고리[環] 같아[若] 그[其] 순서를[倫] 알 수가[得] 없다[莫]. 이를[是] 자연의[天] 평균이라[均] 한다[謂]. 자연의[天] 평균이란[均] 것은[者] 자연의[天] 처음과 끝[倪]이다[也].

천예(天倪)는 천지단예(天之端倪) 즉 자연의[天之] 처음과[端] 끝[倪]을 줄인 술어(術語)이다. 그래서 천예(天倪)를 자연(自然)의 분제(分際) 즉 나누어진 사이[分際]라 한다. 『장자(莊子)』「우언(寓言)」

註 "막수호상자(莫壽乎殤子) 이팽조위요(而彭祖爲夭) 천지여아병생(天地與我竝生) 이만물여아위일(而萬物與我爲一)." 스물도 못 돼 죽은 자식보다[乎殤子] 더 장수함은[壽] 없고[莫而], 120년 살다 죽은 팽조가[彭祖] 요절한 것[夭]이다[爲]. 하늘땅과[天地與] 내가[我] 함께[竝] 산다[生]. 그러니[而] 만물과[萬物與] 나는[我] 하나인 것[一]이다[爲].

팽조(彭祖)는 요(堯)임금 때부터 은(殷) 혹은 주대(周代)까지 700~800년 동안 살았다는 전설의 인물이다. 성씨는 전(籛)이고, 이름은 갱(鏗)이라 한다. 『장자(莊子)』「제물론(齊物論)」

【보주(補註)】

- 〈대왈서(大曰逝) 서왈원(逝曰遠) 원왈반(遠曰反)〉을 〈대즉서(大則逝) 서즉원(逝則遠) 원즉반(遠則返)〉처럼 옮기면 문의(文義)를 좀 더 쉽게 새길 수 있다. 〈큼은[大] 곧[則] 행이고[逝], 행은[逝] 곧[則] 멀어감이고[遠], 멀어감은[遠] 곧[則]

돌아옴이다[返].〉

- 대왈서(大曰逝)의 대(大)는 혼성지물(混成之物) 즉 상도(常道)를 풀이함이다. 혼성하는[混成之] 것[物]의 짓[象] 즉 상도(常道)의 조화는 현묘(玄妙)하다. 현묘(玄妙)함이란 인간이 알 수 없음[不能知]이지만, 억지로[强] 칭하여[名] 대(大)라고 한 것이다. 대(大)를 다시 서(逝)라고 강명(强名)한 대(大)는 〈멈춤의 대(大)〉가 아니라 〈주행(周行)의 대(大)〉이므로 대(大)를 서(逝)라고 다시 풀이한다.
- 서왈원(逝曰遠)의 원(遠)은 떠나감[逝]이 출생의 문(門) 즉 상도(常道)에서 점점 더 멀어짐[遠]을 말한다. 여기 원(遠)이란 살아감을 말한다. 이러한 서역원(逝亦遠)이야말로 살고 있음이 곧 죽음임을 헤아리게 한다.
- 원왈반(遠曰反)의 반(反)은 상도(常道)라는 출생의 문(門)에서 점점 더 멀어질수록[遠] 입사(入死)의 문(門)은 점점 더 가까워짐을 말함이다. 나오는 문(門) 즉 생(生)의 문(門)과, 들어오는 문 즉 사(死)의 문이 서로 다른 문이 아니라 하나의 문임을 반(反)으로 밝힌다. 생사불이(生死不二)의 문(門)이 생사(生死)의 문(門)이므로 〈생사일여(生死一如)〉라고 함을 반(反)으로 깨우칠 수 있다. 생사(生死)를 약환(若環) 즉 원둘레[環] 같다고 하는 것이다. 〈삶과[生] 죽음은[死] 하나[一] 같다[如].〉
- 원왈반(遠曰返)이 〈원왈반(遠曰反)〉으로 된 본(本)도 있다. 반(反)은 〈반대할 반(反)〉이 아니라 〈돌아올 반(反)〉이므로 〈돌아올 반(返)〉과 같으니 문의(文義)가 달라지는 것은 아니다.

【해독(解讀)】

- 〈대왈서(大曰逝) 서왈원(逝曰遠) 원왈반(遠曰反)〉은 세 구문으로 이루어진 하나의 문단이다. 〈대를[大] 서라[逝] 한다[曰]. 서를[逝] 원이라[遠] 한다[曰]. 원을[遠] 반이라[反] 한다[曰].〉
- 대왈서(大曰逝)에서 전치되었지만 대(大)는 왈(曰)의 목적어 노릇하고, 왈(曰)은 동사 노릇하며, 서(逝)는 목적보어 노릇한다. 〈큼을[大] 행이라[逝] 한다[曰].〉
- 서왈원(逝曰遠)에서 전치되었지만 서(逝)는 왈(曰)의 목적어 노릇하고, 왈(曰)은 동사 노릇하며, 원(遠)은 목적보어 노릇한다. 〈행을[逝] 멀어감이라[遠] 한다[曰].〉

- 원왈반(遠曰返)에서 전치되었지만 원(遠)은 왈(曰)의 목적어 노릇하고, 왈(曰)은 동사 노릇하며, 반(反)은 목적보어 노릇한다. 여기서 반(反)은 〈돌아올 반(返)〉과 같다. 〈멀어감을[遠] 돌아옴이라[返] 한다[曰].〉

25-11 故(고) 道大(도대) 天大(천대) 地大(지대) 人亦大(인역대)

▸ 그러므로[故] 상도는[道] 크고[大], 하늘도[天] 크고[大], 땅도[地] 크며[大], 사람[人] 또한[亦] 크다[大].

길 도(道), 큰 것 대(大), 하늘 천(天), 땅 지(地), 사람 인(人), 또 역(亦)

【지남(指南)】

〈도대(道大) 천대(天大) 지대(地大) 인역대(人亦大)〉는 천지인(天地人) 삼재(三才)가 상도(常道)의 대(大)를 받들어[尊] 상도(常道)를 따라 지킴[守]을 밝힌다.

도대(道大)의 대(大)는 〈독립(獨立)하여 불개(不改)하고 주행(周行)하되 불태(不殆)하여 우주 삼라만상의 어머니[母]〉임을 말한다. 도대(道大)의 도(道)는 6장(章) 〈천지근(天地根)〉으로 상도(常道)이다. 물론 천지근(天地根) 즉 하늘땅의[天地] 뿌리[根]란 생천지지근(生天地之根) 즉 하늘땅[天地]을 낳은[生之] 뿌리[根]이니, 근(根)에서 돋아난 것이 천지요 만물이다. 근(根)이란 천지만물의 시(始)이고 조화이다. 천지를 낳고 만물을 낳는 상도(常道)의 짓[象]이고 상(象)이 불개(不改)하여 주행(周行)하는 현묘(玄妙)함을 도대(道大)라 한 것이다.

천대(天大) · 지대(地大) · 인역대(人亦大)는 천지인(天地人)이 비록 상도(常道)의 뿌리[根]에서 나오지만[生] 상도(常道)를 벗어날 수 없고, 하늘[天]은 만물을 고루 덮어주고[覆] 땅[地]은 온갖 것[萬物]을 고루 실어주어[載] 상도(常道)의 짓[象]인 조화를 생사(生死)로 누리게 하므로 천지(天地)는 크다[大]고 밝힌다.

인역대(人亦大)는 〈인대(人大)〉라 않고 〈역(亦)〉이 끼어 있음을 주목하게 한다. 여기 역(亦)은 〈인즉만물(人則萬物)〉을 환기시켜주기 때문이다. 만물 중에서 인간만 대(大)하다는 것은 아니다. 그래서 인역대(人亦大)의 역(亦)을 주목해야 한다. 왜냐하면 이 역(亦)이 5장(章)에서 살핀 〈천지불인(天地不仁)〉과 78장(章)에 나오는 〈천도무친(天道無親)〉을 환기시키기 때문이다. 따라서 여기 인(人)은 인즉만물(人卽萬物)의 뜻을 품고 있음이다. 사람은[人] 곧[則] 만물(萬物)이라고 보는 것이 천지불인(天地不仁)이고 천도무친(天道無親)이기 때문이다. 〈사람[人] 또한[亦] 크다[大]〉고 한다면 〈지렁이[土龍] 또한[亦] 크다[大]〉는 뜻을 여기 인역대(人亦大)는 품고 있다.

그러므로 도대(道大)이니 천지만물은 그 상도(常道)의 자손인지라 천지도 인간도 만물도 다 같이 큼을 살펴 새기고 헤아려 깨우치게 하는 말씀이 〈도대(道大) 천대(天大) 지대(地大) 인역대(人亦大)〉이다.

【보주(補註)】

- 〈도대(道大) 천대(天大) 지대(地大) 인역대(人亦大)〉를 〈도대요(道大了) 이천대요(而天大了) 이지대요(而地大了) 이인야대요(而人也大了)〉처럼 옮기면 문의(文義)를 좀 더 쉽게 새길 수 있다. 〈상도는[道] 크다[大了]. 그리고[而] 하늘은[天] 크다[大了]. 그리고[而] 땅은[地] 크다[大了]. 그리고[而] 인간도[人也] 크다[大了]〉.
- 인역대(人亦大)가 〈왕역대(王亦大)〉로 된 본(本)도 있다. 그러나 뒤이어 나오는 〈인법지(人法地)〉를 보아서도 왕역대(王亦大)의 왕(王)을 인(人)으로 해야 한다는 설(說)을 따랐다. 인간 중에서 왕(王)이 대(大)하다는 생각을 낳기 때문이다. 이에 〈인간이 크다[人亦大]〉고 밝힘이 〈도대(道大) 천대(天大) 지대(地大)〉와 걸맞아 〈왕역대(王亦大)〉가 아니라 〈인역대(人亦大)〉를 따랐다.

註 "천지불인(天地不仁) 이만물위추구(以萬物爲芻狗)." 천지에는[天地] 어짊이란[仁] 없어[不], 만물을[萬物] 써[以] 풀강아지로[芻狗] 삼는다[爲]. 『노자(老子)』 5장(章)

註 "천도무친(天道無親) 상여선인(常與善人)." 자연의[天] 규율에는[天道] (따로) 친애함이[親] 없고[無], 늘[常] 선한[善] 사람과[人] 함께한다[與]. 『노자(老子)』 79장(章)

【해독(解讀)】

- 〈도대(道大) 천대(天大) 지대(地大) 인역대(人亦大)〉는 네 구문으로 이루어진 하나의 문단이다. 〈상도는[道] 크고[大], 하늘은[天] 크며[大], 땅은[地] 크고[大], 사람[人] 역시[亦] 크다[大].〉
- 도대(道大)는 〈도시대(道是大)〉 또는 〈도대요(道大了)〉에서 주어와 보어를 연결

해주는 〈~이다 시(是) · 요(了)〉 등의 조사를 생략한 구문이다. 도대(道大)는 영어 〈Tao is great.〉같이 옮겨볼 수 있다. 한문(漢文)에는 주어와 보어를 이어주는 〈be〉 동사 같은 것은 없고, 〈시(是) · 요(了)〉 등의 조사가 있는 셈이지만 거의 생략해버린다. 〈도는[道] 크다[大是].〉 〈도는[道] 크다[大了].〉 〈도는[道] 크다[大].〉

- 천대(天大)는 〈천시대(天是大)〉 또는 〈천대요(天大了)〉에서 주어와 보어를 연결해주는 〈~이다 시(是) · 요(了)〉 등의 조사를 생략한 구문이다. 〈하늘은[天] 크다[大是].〉 〈하늘은[天] 크다[大了].〉 〈하늘은[天] 크다[大].〉
- 지대(地大)는 〈지시대(地是大)〉 또는 〈지대요(地大了)〉에서 주어와 보어를 연결해주는 〈~이다 시(是) · 요(了)〉 등의 조사를 생략한 구문이다. 〈땅은[地] 크다[大是].〉 〈땅은[地] 크다[大了].〉 〈땅은[地] 크다[大].〉
- 인역대(人亦大)는 〈인역시대(人亦是大)〉 또는 〈인역대요(人亦大了)〉에서 주어와 보어를 연결해주는 〈~이다 시(是) · 요(了)〉 등의 조사를 생략한 구문이다. 〈사람[人] 역시[亦] 크다[大是].〉 〈사람[人] 역시[亦] 크다[大了].〉 〈사람[人] 역시[亦] 크다[大].〉

25-12 域中有四大(역중유사대) 而人居其一焉(이인거기일언)

▶ 우주[域] 사이에[中] 사대가[四大] 있다[有]. 그리고[而] 사람은[人] 그 사이에서[焉] 그중의[其] 하나로[一] 산다[居].

집 역(域), 사이 중(中), 있을 유(有), 넉 사(四), 큰 대(大), 그리고 이(而), 머물(살) 거(居), 그 기(其), 하나 일(一), 어시(於是) 언(焉)

【지남(指南)】

〈역중유사대(域中有四大) 이인거기일언(而人居其一焉)〉은 〈상도(常道) · 천(天) · 지(地) · 인(人)〉이 서로 나뉘어 상하(上下) · 고하(高下) · 좌우(左右) · 중앙(中央)의 관계로 떨어져 있지 않고 하나[一]로 있음[有]을 말한다.

〈역중(域中)〉이란 우주이다. 그리고 〈역중(域中)의 사대(四大)〉에서 상도(常道)의 대(大)는 51장(章) 생지휵지(生之畜之) 생이불유(生而不有) 위이불시(爲而不恃) 장이부재(長而不宰)를 변함없이 실행함을 환기시켜주고, 천지인(天地人)의 대(大)는 그 도대(道大)를 받들어[尊] 믿고[信] 따름을 환기시켜준다. 상도(常道)가 낳아주되[生而] 갖지 않고[不有], 위해주되[爲而] 바라지 않으며[不恃], 길러주되[長而] 다스리지 않아도[不宰], 천지인(天地人)은 도대(道大)의 현덕(玄德)을 본받아[法] 믿고 따르므로 천지만물은 하나가 된다[爲一].

〈사대(四大)〉는 78장(章) 〈상여선인(常與善人)〉 즉 항상[常] 선한[善] 사람과[人] 함께한다는[與] 말씀을 상기시킨다. 천지만물은 상도(常道)에 종속돼 있는 것이 아니며, 상도(常道)는 천지만물 위에 군림하지 않는다. 그러므로 상도(常道)의 짓[象] 즉 조화가 62장(章)에서 **도자만물지오(道者萬物之奧)**로 밝혀지고, 『장자(莊子)』에서는 **도통위일(道通爲一)**이라 한다. 상도(常道)는 천지만물이 간직하고 있는 것[奧]이니 만물이 상도(常道)이고, 상도(常道)가 만물이다. 사대(四大)가 한곳[域中]에 하나가 되어 있음[爲一]을 깊이 사유하여 헤아려 깨우치게 하는 말씀이 〈역중유사대(域中有四大)〉이다.

〈인거기일언(人居其一焉)〉은 인간의 성덕(盛德)을 일깨운다. 인간이 왜 사대(四大)의 하나[一]로 한 집안[域中]의 식구로 사는가[居]? 천지(天地)를 계승하여 끊임없이 상도(常道)의 조화를 만물에 통하게 하는 현덕(玄德)을 쌓기[盛] 때문이다. 현덕(玄德)이란 51장(章) **생지휵지(生之畜之) 생이불유(生而不有) 위이불시(爲而不恃) 장이부재(長而不宰)**를 실행하는 덕(德)으로, 이를 쌓는[盛] 인간은 선인(善人)인 성인(聖人)이다. 성인(聖人)으로서 천하를 다스림[治]은 상도(常道)와 천지가 낳아주되[生而] 갖지 않고[不有], 위해주되[爲而] 바라지 않으며[不恃], 길러주되[長而] 다스리지 않는[不宰] 상도(常道)의 현덕(玄德)을 본받아[法] 치민(治民)하고 치세(治世)하는 무위지치(無爲之治)이고 치이현덕(治以玄德)이다. 그러므로 인간과 더불어 만물도 상도(常道)의 한 가족이며 천지의 한 가족임을 깊이 사촌(思忖) 즉 생각하고[思] 헤아려[忖] 깨우치게 하는 말씀이 〈인거이일언(人居其一焉)〉이다.

註 "도생지휵지(道生之畜之) 장지육지(長之育之) 성지숙지(成之熟之) 양지부지(養之覆之) 생이불유(生而不有) 위이불시(爲而不恃) 장이부재(長而不宰) 시위현덕(是謂玄德)." 상도가[道] 낳아주고[生之] 길러주고[畜之], (상덕이 만물을) 키워주고[長之] 길러주며[育之], (상덕이 만물을) 이뤄주고[成之] 영글게 하고[熟之], (상덕이 만물을) 보양해주고[養之] 보호해준다[覆之]. (상도는) 낳

아주되[生而] 갖지 않고[不有], (상도는) 위해주되[爲而] 바라지 않으며[不恃], (상도는) 키워주되[長而] 이래라저래라 않는다[不宰]. 위의 것들을[是] 현묘한[玄] 덕이라[德] 한다[謂].

『노자(老子)』 51장(章)

註 "도자만물지오(道者萬物之奧)." 상도라는[道] 것은[者] 온갖 것이[萬物之] 간직하고 있는 것이다[奧].

『노자(老子)』 62장(章)

註 "도통위일(道通爲一)." 도를[道] 통해서[通] (천지만물은) 하나가[一] 된다[爲].

『장자(莊子)』「제물론(齊物論)」

【보주(補註)】

- 역중유사대(域中有四大)를 〈역중유도천지인지사대(域中有道天地人之四大)〉처럼 옮기면 문의(文義)를 좀 더 쉽게 새길 수 있다. 〈우주에[域中] 도천지인의[道天地人之] 사대가[四大] 있다[有].〉
- 인거기일언(人居其一焉)을 〈인거사대지일어기역중(人居四大之一於其域中)〉처럼 옮기면 문의(文義)를 좀 더 쉽게 새길 수 있다. 〈인간은[人] 그[其] 우주[域中]에서[於] 사대의[四大之] 하나로[一] 산다[居].〉
- 인거기일언(人居其一焉)이 〈왕거기일언(王居其一焉)〉으로 된 본(本)도 있다. 문의(文義)의 차이가 생기게 되는데, 인간 중에서 왕(王)만 크다[大]고 헤아릴 수 있기 때문이다. 상도(常道)가 순임(純任) 즉 오로지[純] 맡기는[任] 자연(自然)은 사람일[人] 뿐이지 왕(王)이란 없다. 〈왕은[王] 거기에서[焉] 그[其] 하나로[一] 산다[居].〉

【해독(解讀)】

- 〈역중유사대(域中有四大) 이인거기일언(而人居其一焉)〉은 두 구문이 생략되었지만, 〈그리고 이(而)〉로 이어진 중문(重文)이다. 〈역중에[域中] 사대가[四大] 있다[有]. 그리고[而] 인간은[人] 거기에서[焉] 그[其] 하나로서[一] 산다[居].〉
- 역중유사대(域中有四大)에서 역중(域中)은 유(有)를 꾸며주는 부사구 노릇하고, 유(有)는 〈있을 유(有)〉로 동사 노릇하며, 사대(四大)는 유(有)의 주어 노릇한다. 역(域)은 우주와 같고, 중(中)은 여기선 〈사이 간(間)〉과 같아 역중(域中)이란 우주간(宇宙間)을 뜻한다. 〈우주에[域中] 사대가[四大] 있다[有].〉
- 인거기일언(人居其一焉)에서 인(人)은 주어 노릇하고, 거(居)는 동사 노릇하며, 기일(其一)은 거(居)를 꾸며주는 부사 노릇하고, 언(焉)은 〈어시(於是) 언(焉)〉으

로서 어기역중(於其域中)을 나타내면서 조사 노릇한다. 기일(其一)은 〈사대지일(四大之一)〉의 줄임이다. 〈인간은[人] 그[其] 역중(域中)에서[焉] 사대의[四大之] 하나로[一] 산다[居].〉

25-13 人法地(인법지) 地法天(지법천) 天法道(천법도) 道法自然(도법자연)

▶ 사람은[人] 땅을[地] 본받고[法], 땅은[地] 하늘을[天] 본받고[法], 하늘은[天] 상도를[道] 본받고[法], 상도는[道] 그냥 그대로[自然] 오로지 맡긴다[法].

사람 인(人), 본받을(맡길) 법(法), 땅 지(地), 하늘 천(天), 상도 도(道), 스스로 자(自), 그럴 연(然)

【지남(指南)】

〈인법지(人法地) 지법천(地法天) 천법도(天法道) 도법자연(道法自然)〉은 앞서 밝힌 〈역중유사대(域中有四大)〉의 사대(四大)가 한 가족으로 여일(如一)함을 일깨우는 동시에, 무위(無爲)가 뜻하는 바를 깨닫게 한다.

여기 법(法) 즉 본받기[法]란 순임(純任) 즉 오로지[純] 맡김[任]을 뜻한다. 인법지(人法地)의 사람[人]은 앞 〈인역대(人亦大)〉에서 밝혔듯이 인간만을 칭하는 것이 아니라 인여만물(人與萬物) 즉 사람과[人與] 만물을[萬物] 포함하는 뜻을 담고 있다. 땅을[地] 본받아[法] 즉 땅에 오로지 맡긴[任] 채로 생각하고 행동하면 무위지인(無爲之人) 즉 선인(善人)이 된다. 사람이[人] 땅을[地] 본받는다고[法] 함은 사람이[人] 순임지(純任地) 즉 땅에[地] 오로지[純] 맡긴[任] 채로 생사(生死)의 누림을 뜻한다. 여기서 인법지(人法地)는 앞서 살핀 〈지대(地大)〉를 본받음[法] 즉 지대(地大)에 맡김[任]이다. 따라서 인법지(人法地)는 만물과 더불어 인간이 종지(從地) 즉 땅을[地] 따라[從] 선인(善人) 즉 무위지인(無爲之人)으로서 살아감을 깨우쳐준다.

〈인법지(人法地) · 지법천(地法天) · 천법도(天法道)〉의 법(法)이 서로 다른 법(法)이 아니라 〈도법자연(道法自然)〉의 법(法) 바로 그 법(法)이다. 여기 법자연(法

自然)은 『노자(老子)』 81장(章)을 관류하는 노자사상(老子思想)의 근본이고, 법자연(法自然)은 순임자연(純任自然) 즉 자연에[自然] 오로지[純] 맡김[任]이다. 그래서 『장자(莊子)』에도 〈인시이(因是已)〉란 말이 나온다. 사람은[人] 땅[地]이 상도(常道)를 법자연(法自然)함을 그대로 따라 본받고[法], 지(地)는 하늘이[天] 상도(常道)를 법자연(法自然)함을 그대로 따라 본받으며[法], 천(天)은 상도(常道)가 법자연(法自然)함을 그대로 따라 본받아[法], 천지인(天地人) 모두 다 같이 상도(常道)에 순임(純任)함이다.

여기 법(法)이란 하나이지 둘도 셋도 넷도 아니다. 지대(地大)의 대(大)와 천대(天大)의 대(大) 그리고 인역대(人亦大)의 대(大)가 다름 아닌 도대(道大)의 대(大)이듯, 인법지(人法地)의 법(法)과 지법천(地法天)의 법(法)과 천법도(天法道)의 법(法) 등은 모두 다 도법자연(道法自然)의 법(法) 바로 그 법(法)이다. 따라서 여기 인법지(人法地)는 법자연(法自然) 즉 자연(自然)에 오로지[純] 맡기는[任] 땅을[地] 사람과 만물이 본받음[法]이고, 여기 지법천(地法天)은 자연(自然)에 순임(純任)하는 하늘을[天] 땅이 법(法)함이며, 여기 천법도(天法道)는 자연(自然)에 순임(純任)하는 상도(常道)를 법(法)함이다. 그러므로 천지와 더불어[與] 사람[人]과 만물은 상도(常道)를 본받아[法] 17장(章)에서 살핀 바대로 〈백성개위아자연(百姓皆謂我自然)〉 즉 우리[我] 모두[皆] 자연(自然)으로서 현덕(玄德)의 삶을 누림을 깨닫게 한다.

이와 같이 천(天) · 지(地) · 인(人) 셋이 모두 하나같이 상도(常道)의 자연(自然)을 본받기[法] 하므로, 한 우주에서[域中] 상도(常道)에 순임(純任)한 채로 생사(生死)를 누리고 있음을 살펴 사촌(思忖)하여 깨우치게 하는 말씀이 〈인법지(人法地) 지법천(地法天) 천법도(天法道) 도법자연(道法自然)〉이다.

【보주(補註)】

- 인법지(人法地)를 〈인법지지대(人法地之大)〉처럼 옮기면 문의(文義)를 좀 더 쉽게 새길 수 있다. 〈사람은[人] 땅의[地之] 큼을[大] 본받는다[法].〉 〈사람은[人] 땅의[地之] 큼에[大] 맡긴다[法].〉
- 지법천(地法天)을 〈지법천지대(地法天之大)〉처럼, 그리고 천법도(天法道)를 〈천법도지대(天法道之大)〉처럼 옮기면 문의(文義)를 좀 더 쉽게 새길 수 있다. 〈땅

은[地] 하늘의[天之] 큼을[大] 본받는다[法].〉〈땅은[地] 하늘의[天之] 큼을[大] 맡긴다[法].〉〈하늘은[天] 상도의[道之] 큼을[大] 본받는다[法].〉〈하늘은[天] 상도의[道之] 큼에[大] 맡긴다[法].〉

- 도법자연(道法自然)을 〈상도법자연(常道法自然)〉처럼 옮기면 문의(文義)를 좀 더 쉽게 새길 수 있다. 상도(常道)는 생이불유(生而不有) · 위이불시(爲而不恃) · 장이부재(長而不宰)하므로, 천지만물로 하여금 순임자연(純任自然) 즉 그냥 그대로[自然] 오로지[純] 맡김이[任] 상도(常道)의 법자연(法自然)이다. 〈상도는[常道] 그냥 그대로[自然] 오로지 맡긴다[法].〉

【해독(解讀)】

- 〈인법지(人法地) 지법천(地法天) 천법도(天法道) 도법자연(道法自然)〉은 생략된 〈그리고 이(而)〉로 이어지는 네 구문으로 이루어진 하나의 문단이다. 〈인은[人] 지를[地] 법한다[法]. 그리고[而] 지는[地] 천을[天] 법한다[法]. 그리고[而] 천은[天] 도를[道] 법한다[法]. 그리고[而] 도는[道] 자연을[自然] 법한다[法].〉
- 인법지(人法地)에서 인(人)은 주어 노릇하고, 법(法)은 동사 노릇하며, 지(地)는 법(法)의 목적어 노릇한다. 여기 법(法)은 〈본받을 효(效), 맡길 임(任)〉 등과 같다. 〈사람은[人] 땅을[地] 본받는다[法].〉〈사람은[人] 땅에[地] 맡긴다[法].〉
- 지법천(地法天)에서 지(地)는 주어 노릇하고, 법(法)은 동사 노릇하며, 천(天)은 법(法)의 목적어 노릇한다. 〈땅은[地] 하늘을[天] 본받는다[法].〉〈땅은[地] 하늘에[天] 맡긴다[法].〉
- 천법도(天法道)에서 천(天)은 주어 노릇하고, 법(法)은 동사 노릇하며, 도(道)는 법(法)의 목적어 노릇한다. 〈하늘은[天] 상도를[道] 본받는다[法].〉〈하늘은[天] 상도에[道] 맡긴다[法].〉
- 도법자연(道法自然)에서 도(道)는 주어 노릇하고, 법(法)은 동사 노릇하며, 자연(自然)은 법(法)의 목적어 노릇한다. 〈상도는[道] 자연을[自然] 본받는다[法].〉〈상도는[道] 자연에[自然] 맡긴다[法].〉

치중장(輜重章)

〈중(重)〉을 들어 〈경(輕)〉을 평(評) 즉 잘못을 살피고, 〈정(靜)〉을 들어 〈조(躁)〉를 평(評)하여 가볍고[輕] 조급한[躁] 생각과 행동이 앞서는 세태를 중(重)·정(靜)을 써 치세(治世)할 수 있음을 밝히는 장(章)이다.

무거움은[重] 가벼움을[輕] 다스리는 뿌리[根]이고, 고요함은[靜] 조급함을[躁] 다스리는 주재자[君]이므로 군자(君子)라야 치세(治世)할 수 있다 한다. 왜냐하면 군자(君子)는 항상 정중(靜重)을 떠나지 않고, 화려한 생활을 할 수 있을지라도 〈연처(燕處)〉를 떠나지 않고 만승(萬乘)의 주군(主君)이 될 수 있음을 밝히는 장(章)이다. 유가(儒家)의 전용 술어(術語)라 할 수 있는 〈군자(君子)〉는 26장(章)과 31장(章)에 나온다.

【원문(原文)】

重爲輕根이고 靜爲躁君이다 是以로 君子는 終日行하여
중 위 경 근 정 위 조 군 시 이 군 자 종 일 행

不離輜重하고 雖有榮觀이라도 燕處超然이어늘 奈何萬乘
불 리 치 중 수 유 영 관 연 처 초 연 나 하 만 승

之主로 而以身輕天下리오 輕則失根하고 躁則失君이리니
지 주 이 이 신 경 천 하 경 즉 실 근 조 즉 실 군

중후함은[重] 경솔(輕率)함의[輕] 뿌리[根]이고[爲], 고요함은[靜] 조급함의[躁] 장수가[君] 된다[爲]. 이렇기[是] 때문에[以] 군자는[君子] 하루 내내[終日] 행동해도[行] 고요함과[輜] 중후함을[重] 떠나지 않는다[不離]. 비록[雖] 화려한 생활이[榮觀] 있어도[有] 편안히[燕] 살아가고[處] (부귀영화를) 멀리하며[超] 그냥 그대로다[然]. 어찌[奈何] 만승의 주군이면서[萬乘之主而] 스스로[以身] 온 세상을[天下] 가볍게 하겠는가[輕]? 가벼우면[輕] 곧[則] 뿌리를[根] 잃고[失], 조급하면[躁] 곧[則] 장수를[君] 잃는다[失].

26-1 重爲輕根(중위경근)

▶ 중후함은[重] 경솔(輕率)함의[輕] 뿌리[根]이다[爲].

중후(重厚)할 중(重), ~이다 위(爲), 경솔(輕率)할 경(輕), 뿌리 근(根)

【지남(指南)】

〈중위경근(重爲輕根)〉은 앞서 밝힌 〈인법지(人法地)〉의 법(法)을 살핀다. 중후함[重]이 경솔함[輕]의 뿌리[根]라 함은 중후함이[重] 경솔함을[輕] 다스리는 바탕이[根] 된다는 것이다. 가벼움을[輕] 다스려버리면 중후함[重]으로 돌아옴을[歸] 뜻함이 여기 〈근(根)〉이다. 이는 인위(人爲)를 버리면 무위(無爲)로 돌아옴이니, 사람의 짓[人爲]을 버리면 누구나 인법지(人法地)의 사람[人]이 된다는 것이다.

땅[地]을 본받아[法] 땅에 맡기고, 하늘[天]을 본받아[法] 하늘에 맡기고, 상도(常道)를 본받아[法] 상도에 맡기는 마음은 늘 중후(重厚)하다. 여기 중위경근(重爲輕根)은 38장(章)에 나오는 후(厚)와 박(樸)과 대장부(大丈夫) 그리고 박(薄)과 화(華)와

전식자(前識者)를 환기시키고, 『장자(莊子)』에 나오는 중생즉경리(重生則輕利)를 상기시킨다. 따라서 중위경근(重爲輕根)의 〈중(重)〉은 2장(章)에서 살핀 처무위지사(處無爲之事)를 밝힘도 된다. 무위를[無爲之] 행함에[事] 머묾[處]이란 인위(人爲)에 휘둘리지 않아 성덕(盛德)하여 중후(重厚)함이고, 목숨을[生] 소중히 여기고[重] 이욕을[利] 가볍게 여김이[輕] 여기 중위경근(重爲輕根)의 〈중(重)〉이다. 무위(無爲)로써 중생(重生)하면 누구나 중후(重厚)하여 대장부(大丈夫)의 삶을 누린다.

인위(人爲)로써 인지(人智)에 사로잡히면 본성을 밀쳐버리고, 선지(先知) 즉 지식으로써 성견(成見) 즉 자기의 견해를[見] 이루기를[成] 앞세움이[先] 전식자(前識者)의 가벼움[輕]이다. 여기 중위경근(重爲輕根)의 〈경(輕)〉이란 이질상문(離質尙文) 즉 질박(質樸)함을 떠나[離] 겉꾸미기를[文] 숭상함[尙]에서 비롯하는 겉치레로 빠져버리는 가벼움[輕]이다. 그러니 겉치레의 가벼움[輕] 즉 예의 같은 것을 다스리는 뿌리는 질박(質樸)한 중후함[重]이다. 참으로 삶을 인지(人智)에만 매달면 삶을 제 이욕(利欲)대로 부리려 한다. 이러한 부림이 여기 경(輕) 즉 경박하고 경솔함이다.

깊은 물은 소리 없이 흐르고 얕은 물은 시끄럽게 흐른다는 속담처럼, 경솔한[輕] 인위(人爲)를 다스려 경거망동(輕擧妄動)을 범하지 않자면 자연(自然)의 질박(質樸)함을 본받아[法] 따라야 함을 살펴 새기고 일깨워 깨우치게 하는 말씀이 〈중위경근(重爲輕根)〉이다.

註 "부례자(夫禮者) 충신지박(忠信之薄) 이란지수야(而亂之首也) 전식자(前識者) 도지화(道之華) 이우지시야(而愚之始也) 시이(是以) 대장부처기후(大丈夫處其厚) 불거기박(不居其薄) 처기실(處其實) 불거기화(不居其華)." 무릇[夫] 예란[禮] 것은[者] 거짓 없는[忠] 믿음이[信之] 엷어짐이고[薄而], 어지러움의[亂之] 실마리[首]이다[也]. 알기를[識] 앞세우는[前] 것은[者] 인도의[道之] 꾸밈이고[華而], 어리석음의[愚之] 시작[始]이다[也]. 이렇기[是] 때문에[以] 대장부는[大丈夫] 그[其] 두터움에[厚] 머물고[處] 그[其] 엷음에[薄] 머물지 않으며[不居], 그[其] 실박함에[實] 머물지[處] 그[其] 꾸밈에[華] 머물지 않는다[不居]. 『노자(老子)』 38장(章)

註 "성인처무위지사(聖人處無爲之事)." 성인은[聖人] 무위를[無爲之] 행함에[事] 머문다[處]. 『노자(老子)』 2장(章)

註 "중생(重生) 중생즉경리(重生則輕利)." 목숨을[生] 존중한다[重]. 목숨을[生] 존중하면[重] 곧[則] 이욕을[利] 가볍게 한다[輕]. 『장자(莊子)』「양왕(讓王)」

【보주(補註)】

- 〈중위경근(重爲輕根)〉을 〈중자위리경지근(重者爲理輕之根)〉처럼 옮기면 문의(文義)를 좀 더 쉽게 새길 수 있다. 〈중후한[重] 것은[者] 경솔함을[輕] 다스리는[理之] 뿌리[根]이다[爲].〉
- 중위경근(重爲輕根)에서 경(輕)은 인간의 소지(小知)에 해당한다. 19장(章) **절성기지(絶聖棄智) 절인기의(絶仁棄義) 절교기리(絶巧棄利)**를 상기하면, 경자(輕者) 즉 가벼운[輕] 것[者]이란 인위(人爲)의 소지(小知)에 해당한다. 그러나 중위경근(重爲輕根)에서 중(重)은 무위(無爲)의 대지(大知)에 해당한다. 중위경근(重爲輕根)에서 중(重)은 『장자(莊子)』에 나오는 중생(重生)뿐만 아니라 **대지(大知)**를 상기시킨다.

註 "절성기지(絶聖棄智) 민리백배(民利百倍) 절인기의(絶仁棄義) 민복효자(民復孝慈) 절교기리(絶巧棄利) 도적무유(盜賊無有)." 성덕(聖德)을[聖] 끊고[絶] 지교(智巧)를[智] 버리면[棄] 백성이[民] 백배로[百倍] 이로워지고[利], 인을[仁] 끊고[絶] 의를[義] 버리면[棄] 백성은[民] 효도와[孝] 자애로[慈] 돌아오며[復], 재주 부리기를[巧] 끊고[絶] 이득을[利] 버리면[棄] 도둑질과[盜] 해치는 짓이[賊] 있음이[有] 없다[無]. 『노자(老子)』 19장(章)

註 "대지한한(大知閑閑) 소지한한(小知閒閒)." 큰 앎은[大知] 한가히 너그럽고[閑閑], 작은 앎은[小知] 깐깐히 따진다[閒閒].

한한(閑閑)은 시비를 떠나 관유(寬裕)함이고, 한한(閒閒)은 시비 가림으로 깐깐함이다.

『장자(莊子)』「제물론(齊物論)」

註 "대지관어원근(大知觀於遠近) 고소이불과(故小而不寡) 대이부다(大而不多)." 크나큰[大] 앎은[知] 멂에서[於遠] 가까움을[近] 살핀다[觀]. 그래서[故] 작아도[小而] 적다 않고[不寡], 커도[大而] 많다 하지 않는다[不多]. 『장자(莊子)』「추수(秋水)」

【해독(解讀)】

- 〈중위경근(重爲輕根)〉에서 중(重)은 주어 노릇하고, 위(爲)는 계사(繫詞) 즉 영어의 〈be 동사〉같이 노릇하며, 경근(輕根)은 주격보어 노릇한다. 여기 위(爲)는 〈~이다 시(是)〉와 같다. 〈무거움은[重] 가벼움의[輕] 뿌리[根]이다[爲].〉
- 중위경근(重爲輕根)에서 경근(輕根)은 〈경지근(輕之根)〉의 줄임으로 여기면 된다. 경근(輕根)을 〈가벼운[輕] 뿌리[根]〉라 새기면 문의(文義)가 잡히지 않는다. 〈중은[重] 가벼움의[輕之] 뿌리[根]이다[爲].〉

26-2 靜爲躁君(정위조군)

▶ 고요함은[靜] 조급함의[躁] 장수가[君] 된다[爲].

고요 정(靜), 될 위(爲), 조급할 조(躁), 주수(主帥) 군(君)

【지남(指南)】

〈정위조군(靜爲躁君)〉 역시 〈인법지(人法地)〉의 법(法)을 살펴 깨우치게 한다. 고요함[靜]이 조급함[躁]의 군(君)이라 함은 정정(靜定)이 조동(躁動)을 다스리는 주수(主帥)가 된다는 것이다. 군(君)은 장수를 뜻하고, 조급함[躁]을 버리면 고요함[靜]으로 돌아감[歸]을 말한다. 이는 인위(人爲)의 조(躁)를 버리면 무위(無爲)의 정(靜)으로 복귀하게 됨이다. 그러면 절로 땅[地]을 본받고[法] 하늘[天]을 본받고[法] 상도(常道)를 본받아[法] 천하인(天下人)은 모두 〈아자연(我自然)〉이 된다.

〈정(靜)〉은 16장(章)에서 살핀 바대로 **복명**(復命)을 상기시키고, 『장자(莊子)』에 나오는 **정즉명**(靜則明)을 상기시킨다. 본성으로[命] 돌아옴이[復] 정(靜)이고, 본성으로 돌아오면 곧 밝음[明]이다. 마음이 밝으면[明] 곧 마음이 빔이고[虛], 허심(虛心)하면 마음도 상도(常道)를 따라 법자연(法自然) 즉 자연(自然)에 모든 것들을 오로지 맡기고[法] 살아감이 곧 〈귀근왈정(歸根曰靜)〉의 정(靜)이다. 그러니 귀근(歸根)의 정(靜)이란 상도(常道)로 돌아옴[歸]이고, 조(躁)는 바깥의 사물에 연연하게 하는 인지(人智)를 앞세워 이도(離道) 즉 상도(常道)를 멀리함이다. 따라서 이러한 조급함[躁]을 다스릴 수 있는 군(君) 즉 장수란 고요[靜]이다.

고요함[靜]을 취하면, 조급한 것[躁者]인 인위(人爲)의 짓은 물리쳐져 저절로 고요한 것[靜者]인 상도(常道)의 자연(自然)을 본받아[法] 무위(無爲)에 처해져 걸림 없이 복명(復命)하게 됨을 살펴 새기고 일깨워 깨우치게 하는 말씀이 〈정위조군(靜爲躁君)〉이다.

註 "귀근왈정(歸根曰靜) 시위복명(是謂復命)." 뿌리로[根] 돌아감을[歸] 고요라[靜] 하고[曰], 이것을[是] 본성으로[命] 돌아옴이라[復] 한다[謂]. 『노자(老子)』 16장(章)

註 "정즉정(正則靜) 정즉명(靜則明) 명즉허(明則虛) 허(虛) 즉무위이무불위(則無爲而無不

爲).” (마음이) 올바르면[正] 곧[則] (마음이) 고요하고[靜], 고요하면[靜] 곧[則] 밝고[明], 밝으면[明] 곧[則] 텅 비고[虛], 텅 비면[虛] 곧[則] (마음에) 하고자 하는 짓이[爲] 없어서[無而] 하지 못할 것이[不爲] 없다[無].

『장자(莊子)』「경상초(庚桑楚)」

【보주(補註)】

- 〈정위조군(靜爲躁君)〉을 〈정자위리조지군(靜者爲理躁之君)〉처럼 옮기면 문의(文義)를 좀 더 쉽게 새길 수 있다. 〈고요한[靜] 것은[者] 조급함을[躁] 다스리는[理之] 장수[君]이다[爲].〉
- 정위조군(靜爲躁君)에서 조(躁) 역시 인간의 소지(小知)에 해당된다. 이 또한 19장(章) 〈절성기지(絶聖棄智) 절인기의(絶仁棄義) 절교기리(絶巧棄利)〉를 상기하면, 조자(躁者) 즉 조급한[躁] 것[者]이란 인위(人爲)의 소지(小知)에 해당함을 알 수 있다. 인위(人爲)의 성지(聖智) · 인의(仁義) · 교리(巧利)를 끊어[絶]버리라[棄] 함은 소지(小知)를 버리고 조급함[躁]에서 벗어나 대지(大知)의 고요함[靜]으로 복귀하라 함이다.

【해독(解讀)】

- 〈정위조군(靜爲躁君)〉에서 정(靜)은 주어 노릇하고, 위(爲)는 계사(繫詞) 즉 영어의 〈be 동사〉같이 노릇하며, 조군(躁君)은 주격보어 노릇한다. 여기 위(爲)는 〈~이다 시(是)〉와 같다. 〈고요함은[靜] 조급함의[躁] 장수[君]이다[爲].〉
- 정위조군(靜爲躁君)에서도 조군(躁君)은 〈조지군(躁之君)〉의 줄임이다. 조군(躁君)을 〈조급한[躁] 장수[君]〉라고 새기면 문의(文義)가 잡히지 않는다. 〈정은[靜] 조급함의[躁之] 장수[君]이다[爲].〉

26-3 是以(시이) 君子終日行(군자종일행) 不離輜重(불리치중)

▶이렇기[是] 때문에[以] 군자는[君子] 하루 내내[終日] 행동해도[行] 고요함과[輜] 중후함을[重] 떠나지 않는다[不離].

이 시(是), 때문에 이(以), 끝낼 종(終), 일할 행(行), 않을 불(不), 떠날 리(離), 고요 치(輜), 받들 중(重)

【지남(指南)】

〈군자종일행(君子終日行) 불리치중(不離輜重)〉의 군자(君子)는 25장(章) 〈인거기일언(人居其一焉)〉의 인(人)을 상기시킨다. 인거기일언(人居其一焉)의 인(人)은 성인(聖人)을 본받는 선인(善人)으로서 치자(治者)를 말한다.

물론 여기 군자(君子)는 인의예악(仁義禮樂)으로써 치민(治民)하는 유가(儒家)의 군자(君子)가 아니다. 여기 군자(君子)는 무위자연(無爲自然)을 좇는 선자(善者)로서, 백성으로 하여금 아자연(我自然)을 누리게 하는 치자(治者)로서, 38장(章)에 나오는 **대장부(大丈夫)**를 환기시켜준다. 사대(四大)인 도(道) · 천(天) · 지(地) · 인(人)의 하나로서 군자(君子)는 삼대(三大)와 상통하니, 군자(君子)는 천지(天地)를 본받고 상도(常道)를 본받아 삼대(三大)와 상통하는 성인(聖人)을 본받는다. 성인(聖人)을 그냥 그대로 본받는 사람이 군자(君子)이며, 군자가 성인(聖人) 본받기를 잠시도 저버리지 않음을 비유해서 〈불리치중(不離輜重)〉이라 한다.

엄영봉(嚴靈峯)은 〈치중(輜重)〉을 〈정중(靜重)〉으로 고쳐 읽어야 한다고 주장했다. 이 주장이 설득력을 얻는 것은 중(重) · 정(靜)과 경(輕) · 조(躁)가 대문(對文)을 이루고 있기 때문이다. 치중(輜重)이란 군중(軍中)에서 여러 무기와 군량(軍糧)을 실은 병거(兵車)이므로, 무위자연(無爲自然)을 본받는 군자(君子)가 병거(兵車)를 떠나지 않는다[不離] 함은 이 장(章)의 내용과 걸맞지 않아 〈치중(輜重)〉을 〈정중(靜重)〉으로 읽어야 한다는 것이다. 무위자연(無爲自然)의 군자는 귀근(歸根)하므로 항상 정중(靜重)하다. 하상공(河上公)은『노자(老子)』26장(章) 〈치중(輜重)〉의 〈치(輜)〉를 〈정(靜)〉이라 풀이했다. 따라서 〈치중(輜重)〉은 〈정중(靜重)〉이니, 치중(輜重)의 치(輜)는 정(靜)이고, 정중(靜重)의 정(靜)은 16장(章) **귀근왈정(歸根曰靜)**을 상기시킨다. 정(靜)이란 복명(復命) 즉 본성으로[命] 돌아옴[復]이다.

군자(君子)는 온종일 행사해도 천성(天性)을 떠나지 않으니 중후(重厚)하다. 중(重)은 깊음이고[深] 큼이고[大] 두터움이고[厚] 받듦[尊]이다. 고요(靜) 즉 복명(復命)하여 중후(重厚)함이 〈불리정중(不離靜重)〉이다. 이러한 정중(靜重)을 떠나지 않기[不離] 때문에 군자(君子)는 사대(四大)의 하나로 상도(常道)와 천지(天地)와 더불어 한 집[域中]에 머물러 살고[居], 이러한 군자의 삶을 밝혀 〈불리정중(不離靜重)〉이라 한다. 성인(聖人)의 삶[居]을 그대로 좇아 따르는 군자가 온종일 행사

해도[行] 정중함을[靜重] 떠나지 않아 48장(章) 무위이무불위(無爲而無不爲) 즉 함이[爲] 없어도[無而] 하지 않음이[不爲] 없음을[無] 상기시키는 군자행을[君子行] 살펴 새기고 헤아려 가늠하게 하는 말씀이 〈불리정중(不離靜重)〉이다.

註 "귀근왈정(歸根曰靜) 시위복명(是謂復命)." 뿌리로[根] 돌아옴을[歸] 고요라[靜] 하고[曰], 이를[是] 본성으로[命] 돌아옴이라[復] 한다[謂]. 『노자(老子)』 16장(章)

註 "대장부처기후(大丈夫處其厚) 불거기박(不居其薄) 처기실(處其實) 불거기화(不居其華)." 대장부는[大丈夫] 그[其] 두터움에[厚] 머물고[處] 그[其] 엷음에[薄] 머물지 않으며[不居], 그[其] 실박함에[實] 머물지[處] 그[其] 꾸밈에[華] 머물지 않는다[不居]. 『노자(老子)』 38장(章)

註 "손지우손(損之又損) 이지어무위(以至於無爲) 무위이무불위의(無爲而無不爲矣)." 줄이고[損之] 또[又] 줄임으로[損]써[以] {인위(人爲)를} 함이[爲] 없음[無]에[於] 이르고[至], 함이[爲] 없어도[無而] 하지 않음이[不爲] 없는 것[無]이다[矣]. 『노자(老子)』 48장

【보주(補註)】

- 〈군자종일행(君子終日行) 불리정중(不離靜重)〉을 〈군자종일행시(君子終日行時) 군자불리정(君子不離靜) 이군자종일행시(而君子終日行時) 군자불리중(君子不離重)〉처럼 옮기면 문의(文義)를 좀 더 쉽게 새길 수 있다. 〈군자는[君子] 온종일[終日] 행동하는[行] 동안에[時] 군자는[君子] 고요함을[靜] 떠나지 않는다[不離]. 그리고[而] 군자는[君子] 온종일[終日] 행사하는[行] 동안에[時] 군자는[君子] 중후함을[重] 떠나지 않는다[不離].〉
- 불리정중(不離靜重)은 천지(天地)를 본받아[法] 상도(常道)를 법(法)하여 무위(無爲)의 삶[居]을 행함을 뜻한다. 불모(不謀)하고 불착(不斲)하며 무상(無喪)하고 불화(不貨)하는 삶[居]을 벗어남이 없는 성인(聖人)을 본받는 삶이[居] 여기 군자(君子)의 삶이다. 〈도모하지 않고[不謀], 다듬지 않으며[不斲], 잃을 것이 없고[無喪], 흥정할 것이 없음[不貨]이 성인(聖人)의 일상사(日常事)이다.〉
- 군자종일행(君子終日行)의 〈군자(君子)〉가 〈성인(聖人)〉으로 되고, 불리치중(不離輜重)의 〈치중(輜重)〉이 〈정중(靜重)〉으로 된 본(本)도 있다. 하상공(河上公)은 치(輜)를 정(靜) 즉 고요[靜]라고 주(注)하였다. 물론 치중(輜重)을 〈행인지자(行人之資)〉 즉 나그네의[行人之] 짐[資]이라고 풀이하기도 한다. 치(輜)는 재중물지거(載重物之車) 즉 무거운 짐을[重物] 싣는[載之] 수레[車]가 원의(原義)이다.

【해독(解讀)】

- 〈군자종일행(君子終日行) 불리정중(不離靜重)〉은 시간의 종절과 주절로 이루어진 복문(複文)이다. 〈군자는[君子] 온종일[終日] 행동할 때[行] 정중을[靜重] 떠나지 않는다[不離].〉
- 군자종일행(君子終日行)에서 성인(聖人)은 주어 노릇하고, 종일(終日)은 행(行)을 꾸미는 부사 노릇하며, 행(行)은 동사 노릇한다. 〈성인은[聖人] 온종일[終日] 행사할 때[行]〉
- 불리정중(不離靜重)은 앞 문맥으로 보충할 수 있으므로 주어 노릇할 군자(君子)를 생략하고 술부만 남은 구문으로, 불(不)은 이(離)의 부정사(否定詞)이고, 이(離)는 동사 노릇하며, 정중(靜重)은 이(離)의 목적어 노릇한다. 이(離)는 〈떠날(버릴) 거(去)〉와 같아 이거(離去)의 줄임말로 여기면 된다. 〈정중을[靜重] 떠나지 않는다[不離].〉

26-4 雖有榮觀(수유영관) 燕處超然(연처초연)

▶ 비록[雖] 화려한 생활이[榮觀] 있어도[有] 편안히[燕] 살아가고[處] {부귀영화(富貴榮華)를} 멀리하며[超] 그냥 그대로다[然].

비록 수(雖), 있을 유(有), 영화 영(榮), 볼거리 관(觀), 제비 연(燕), 곳 처(處), 멀리할 초(超), 그냥 그러할 연(然)

【지남(指南)】

〈수유영관(雖有榮觀) 연처초연(燕處超然)〉은 군자(君子)가 무위(無爲)로 살아감을 밝힌다. 영관(榮觀)이란 화려한 생활을 말한다. 부귀(富貴) · 영화(榮華) · 물욕(物欲) · 성색(聲色) · 화리(貨利)를 모자람 없이 누리는 삶이 영관(榮觀)이다. 무위(無爲)로 살아가는 군자(君子)는 설령 궁전에 살더라도 그러한 영관(榮觀)을 떠나 연처(燕處)하여 초연(超然)하다. 연처(燕處)란 안거(安居)를 말하고, 초연(超然)이란 영관(榮觀)을 떠나[超] 자연 그대로의 삶을 말한다. 군자(君子)는 성인(聖人)을 본받아 견소포박(見素抱樸)의 삶을 누려 무위(無爲)로 살기[處] 때문이다.

무위(無爲)의 삶이란 19장(章)에 **견소포박(見素抱樸) 소사과욕(少私寡欲)**이라 간명하게 밝혀져 있으며, 무위(無爲)의 다스림[治]에는 어떠한 영관(榮觀)도 없다. 마음이 검소(儉素)하고 질박(質樸)하여 무사(無私)하고 무기(無己)하며 무공(無功)하고 무명(無名)하여 언제나 편안한 마음으로 살기[安居] 때문이다. 마음이 고요하고[靜] 침착하며[重] 무엇에나 걸림이 없으니 무위(無爲)의 군자(君子)는 연처(燕處)하고 초연(超然)하다. 연처(燕處)는 안거(安居) · 한거(閒居)를 뜻해 무사(無私)로 편안한 삶을 말하고, 초연(超然)은 무애(無碍)와 같이 걸림 없는 삶이다. 무위(無爲)의 군자(君子)가 연처(燕處)하여 초연(超然)한 삶을 누림을 살펴 새기고 헤아려 깨치게 하는 말씀이 〈수유영관(雖有榮觀) 연처초연(燕處超然)〉이다.

註 "견소포박(見素抱樸) 소사과욕(少私寡欲)." 검소함을[素] 살피고[見] 질박함을[樸] 포용하게 하고[抱], 제 몫을[私] 적게 하고[少] 욕망을[欲] 적게 한다[寡]. 『노자(老子)』 19장(章)

【보주(補註)】

- 〈수유영관(雖有榮觀) 연처초연(燕處超然)〉을 〈수군자유영관(雖君子有榮觀) 군자연처(君子燕處) 수군자유영관(雖君子有榮觀) 군자초연(君子超然)〉처럼 옮기면 문의(文義)를 좀 더 쉽게 새길 수 있다. 〈비록[雖] 군자는[君子] 영관이[榮觀] 있을지라도[有] 군자는[君子] 연하게[燕] 처한다[處]. 비록[雖] 군자는[君子] 영관이[榮觀] 있을지라도[有] 군자는[君子] 초월해서[超] 그냥 그대로다[然].〉
- 수유영관(雖有榮觀)에서 영관(榮觀)은 호화생활을 뜻한다.
- 연처초연(燕處超然)에서 연처(燕處)는 안거(安居) · 한거(閒居) 등과 같고, 초연(超然)은 무애(無碍)와 같다. 〈편안히[安] 산다[居].〉 〈한가로이[閒] 산다[居].〉 〈걸림이[碍] 없다[無].〉

【해독(解讀)】

- 〈수유영관(雖有榮觀) 연처초연(燕處超然)〉은 양보의 종절과 주절로 이루어진 복문(複文)이다. 〈비록[雖] 영관이[榮觀] 있을지라도[有] 연처하고[燕處] 초연하다[超然].〉
- 수유영관(雖有榮觀)에서 수(雖)는 양보의 부사절을 이끌어주는 접속사로 여기면 되고, 유(有)는 〈있을 유(有)〉로서 동사 노릇하며, 영관(榮觀)은 유(有)의 주

어 노릇한다. 물론 유(有)를 〈가질 유(有)〉 타동사로 여기고 영관(榮觀)을 유(有)의 목적어로 새겨도 되겠지만, 걸맞은 문의(文義)이기는 어렵다. 성인(聖人)은 무소유(無所有)의 무위지인(無爲之人)이기 때문이다. 〈비록[雖] 영관이[榮觀] 있을지라도[有]〉 〈비록[雖] 영관을[榮觀] 가질지라도[有]〉

- 연처초연(燕處超然)은 〈연처(燕處) 이초연(而超然)〉으로 주절 노릇하는 두 개의 절을 하나로 묶은 구문이다. 연처(燕處)에서 연(燕)은 처(處)를 꾸며주는 부사 노릇하고, 처(處)는 자동사 노릇한다. 연처(燕處)의 연(燕)은 〈편안할 안(安) · 즐거울 락(樂)〉과 같고, 처(處)는 〈살 거(居)〉와 같다. 초연(超然)에서 초(超)는 연(然)을 꾸며주는 부사 노릇하고, 연(然)은 자동사 노릇한다. 초(超)는 〈벗어난 탈(脫)〉과 같아 초탈(超脫)의 줄임말로 여기면 되고, 연(然)은 〈그냥 그러한 연(然)〉이다. 〈연하게[燕] 처한다[處]. 그리고[而] 초월해서[超] 그냥 그대로다[然].〉 〈편안히[燕] 거처한다[處].〉 〈초탈해서[超] 그냥 그대로다[然].〉

26-5 奈何萬乘之主而以身輕天下(나하만승지주이이신경천하)

▶ 어찌[奈何] 만승의 주군이면서[萬乘之主而] 스스로[以身] 온 세상을[天下] 가볍게 하겠는가[輕]?

어찌 나(奈), 어찌 하(何), 일만 만(萬), 수레 승(乘), 조사(~의) 지(之), 군주 주(主), 조사(~이면서) 이(而), 써 이(以), 자신 신(身), 가볍게 할 경(輕)

【지남(指南)】

〈나하만승지주이이신경천하(奈何萬乘之主而以身輕天下)〉는 천자(天子)의 치천하(治天下)가 정중(靜重)해야 함을 밝힌다. 다만 만승지주[萬乘之主] 같은 술어(術語)는 낯설게 들린다. 유가(儒家)의 술어로 자주 쓰이기 때문이다. 〈어찌[奈何] 만승지주(萬乘之主)가 스스로[以身] 온 세상[天下]을 가볍게 하겠는가[輕]〉라는 반문은, 천자(天子)는 성인(聖人)으로서 또는 군자(君子)로서 무위지치(無爲之治) 즉 무위의[無爲之] 다스림을[治] 펴야 함을 강조함이다. 『논어(論語)』에서는 순(舜)임금이 무위이치(無爲而治)라고 칭송받는다. 그러나 『장자(莊子)』에서 요순(堯舜)은 대란지본(大亂之本) 즉 세상을 어지럽히는[大亂之] 뿌리[本]라고 비난받는다. 장자(莊子)의 이러한 주장을 여기 〈만승지주(萬乘之主)〉가 떠올려준다. 이런 연유로 〈시이(是以) 군자종일행(君子終日行)〉에서부터 〈나하만승지주이이신경천하(奈何萬乘之主而以身輕天下)〉까지는 후인(後人)이 끼워 넣었다는[敷衍] 설(說)이 발생하기도 한다.

그러나 여기서 만승지주(萬乘之主)가 인정되고 있는 것은 아니다. 만승지주(萬乘之主) 즉 천자(天子)가 어떻게[奈何] 천하(天下)를 가볍게[輕] 하겠느냐는 반문은 무위(無爲)의 다스림을 저버리고 인위(人爲)의 다스림을 행하는 만승지주(萬乘之主)는 치자(治者)가 될 수 없음을 암시해주기에 충분하다. 따라서 이신경천하(以身輕天下)는『장자(莊子)』의 대란지본(大亂之本)을 상기시킨다.

무위(無爲)의 정중(靜重)을 떠나서 인위(人爲)의 경조(輕躁)를 범하는 천자(天子)가 난세(亂世)를 빚어내고 마는 것임을 살펴 새기고 헤아려 깨우치게 하는 말씀이 〈나하만승지주이이신경천하(奈何萬乘之主而以身輕天下)〉이다.

註 "자왈(子曰) 무위이치자(無爲而治者) 기순야여(其舜也與) 부하위재(夫何爲哉) 공기정남면이이의(恭己正南面而已矣)." 공자 가로되[子曰] : 무위(無爲)로[而] 다스린[治] 분이라면[者] 그분은[其] 순임금[舜]이로다[也與]! 무릇[夫] 어찌[何] 한 것[爲]인가[哉]? 자신을[己] 공손히 하고[恭] 바르게 하여[正] 남면하였을[南面] 뿐이다[而已矣].

『논어(論語)』「위령공(衛靈公)」4

註 "오어여대란지본(吾語汝大亂之本) 필생어요순지한(必生於堯舜之閒) 기말존호천세지후(其末存乎千世之後) 천세지후(千世之後) 기필유인여인상식자야(其必有人與人相食者也)." 내[吾] 너에게[汝] 대란의[大亂之] 뿌리를[本] 말해주겠다[語] : (대란의 뿌리는) 요순의[堯舜之] 시대에[於閒] 분명히[必] 생겼다[生]. 그[其] 끝은[末] 천대의[千世之] 뒤에도[乎後] 미치고[存], (천대의 뒤) 그때에는[其] 사람과 사람이[人與人] 서로[相] 잡아먹는[食] 짓들이[者] 반드시[必] 있을 것[有]이다[也].

여기 〈오(吾)〉는 노자(老子)이고, 〈여(汝)〉는 노자의 제자로 알려진 경상초(庚桑楚)이다.

『장자(莊子)』「경상초(庚桑楚)」

【보주(補註)】

- 〈나하만승지주이이신경천하(奈何萬乘之主而以身輕天下)〉를 〈나하만승지주경천하이신(奈何萬乘之主輕天下以身)〉처럼 옮기면 문의(文義)를 좀 더 쉽게 새길 수 있다. 〈어찌[奈何] 만승지주가[萬乘之主] 스스로[以身] 온 세상을[天下] 가볍

게 하겠는가[輕]?〉

• 만승지주(萬乘之主)란 천자(天子)의 별칭이다. 천승지주(千乘之主)는 제후(諸侯)이고, 백승지주(百乘之主)는 대부(大夫)를 말한다. 만승(萬乘) · 천승(千乘) · 백승(百乘)에서 승(乘)이란 병사를 싣고 끌어줄 수레와 병마를 뜻한다. 천자(天子)는 제후(諸侯)보다 백배의 무력을 거느리고 치천하(治天下)하고, 제후(諸侯)는 대부(大夫)보다 십배의 무력으로 치국(治國)한다.

【해독(解讀)】

• 〈나하만승지주이이신경천하(奈何萬乘之主而以身輕天下)〉에서 나하(奈何)는 의문조사 노릇하고, 만승지주(萬乘之主)는 주어 노릇하며, 이(而)는 어세를 더해주는 주격 토씨로서 조사 노릇하고, 신이(身以)는 〈이신(以身)〉을 도치한 말투로 경(輕)을 꾸미는 부사구 노릇하고, 경(輕)은 동사 노릇하며, 천하(天下)는 경(輕)의 목적어 노릇한다. 〈어찌[奈何] 만승지주(萬乘之主)이면서[而] 이신으로[身以] 천하를[天下] 경하겠는가[輕]?〉

• 나하만승지주이이신경천하(奈何萬乘之主而以身輕天下)에서 나하(奈何)는 〈여하(如何)〉와 같고, 경천하(輕天下)는 〈압천하(狎天下)〉와 같다. 〈온 세상을[天下] 가벼이 본다[狎].〉

26-6 輕則失根(경즉실근)

▶ 가벼우면[輕] 곧[則] 뿌리를[根] 잃는다[失].

가벼울 경(輕), 곧 즉(則), 잃을 실(失), 뿌리 근(根)

【지남(指南)】

〈경즉실근(輕則失根)〉은 누구든 가벼우면 의지할 뿌리[根]를 잃게 됨을 일깨운다. 나무가 서서 살 수 있음은 뿌리 덕이다. 사람도 매양 같아 근본을 업신여기고 말단을 앞세우는 사람은 부덕(不德)하기 마련이다. 덕(德)이 없는 사람은 실근(失根)한 절화(折花)와 같다. 실근(失根)이란 이근(離根)과 같다. 근본[根]을 잃음[失]은 뿌리[根]를 떠남[離]이기 때문에 실근(失根)한 자(者)는 생화(生花)가 아니라 절화(折花)와 같다. 꽃맺이를 위한 것이 아니라 눈요깃감이 되어버린 절화(折花)는 꺾인 꽃이다.

어느 초목에서 피든, 꽃은 초목의 꽃맺이를 위해 피고 져야만 제 할 일을 하는 것이다. 16장(章)에 **각귀기근(各歸其根) 귀근왈정(歸根曰靜)**이란 말씀이 나온다. 초목의 가지에서 피고 지는 꽃[生花]이어야 귀근(歸根)하는 꽃으로 현덕(玄德)을 누려 씨방을 남기고 낙화(落花)한다. 뿌리[根]를 잃으면 현덕(玄德)을 잃어버리고, 현덕(玄德)을 상실함보다 더한 실근(失根)이란 없다. 상도(常道)의 짓[象]을 행하는 현덕(玄德)을 잃어버림이란 상도(常道)를 버림이니, 천지만물의 뿌리[根]인 상도(常道)의 현덕(玄德)으로 저마다 생사(生死)를 누리는 이치를 얕보거나 업신여기고 산다면 그것이 〈경즉실근(輕則失根)〉의 경(輕)이다. 그래서 65장(章)에 **상지계식(常知稽式) 시위현덕(是謂玄德)**이란 말씀이 나온다. 천지만물이 생사(生死)를 누리게 하는 현덕(玄德)이란 계식(稽式)을 잃지 말라 함이 또한 〈귀근왈정(歸根曰靜)〉의 정(靜)이다.

천지만물을 주행(周行)하는 현덕(玄德)이야말로 **천하야자(天下也者)**의 뿌리[根]이니, **생지휵지(生之畜之) 생이불유(生而不有) 위이불시(爲而不恃) 장이부재(長而不宰)**이다. 불유(不有) · 불시(不恃) · 부재(不宰)의 계식(稽式)인 현덕(玄德)을 잃어버림이 실근(失根)임을 깨우치게 하는 말씀이 〈경즉실근(輕則失根)〉이다.

註 "부물운운(夫物芸芸) 각귀기근(各歸其根) 귀근왈정(歸根曰靜) 시위복명(是謂復命) 복명왈상(復命曰常) 지상왈명(知常曰明)." 무릇[夫] 온갖 것들은[物] 수많은 모습이지만[芸芸] 저마다[各] 제[其] 뿌리로[根] 돌아간다[歸]. 뿌리로[根] 돌아감을[歸] 고요라[靜] 하고[曰], 이것을[是] 본성으로[命] 돌아옴이라[復] 한다[謂]. 천성으로[命] 돌아옴을[復] {만물이 따르는 천도(天道)의} 한결같음이라[常] 하며[曰], {상도(常道)의} 한결같음을[常] 앎을[知] 밝음이라[明] 한다[曰].

『노자(老子)』 16장(章)

註 "상지계식(常知稽式) 시위현덕(是謂玄德)." 예나 지금이나 변함없는 법을[稽式] 늘[常] 아는 것[知] 이를[是] 깊고 아득한[玄] 덕이라[德] 한다[謂].

계식(稽式)이란 해식(楷式) 즉 변함없는 법칙이다. 『노자(老子)』 65장(章)

註 "부천하야자만물지소일야(夫天下也者萬物之所一也) 득기소일이동언(得其所一而同焉)." 무릇[夫] 온 세상[天下]이란[也] 것은[者] 온갖 것이[萬物之] 하나로 깃든[一] 곳[所]이다[也]. 온갖 것이[其] 하나로 깃든[一] 곳을[所] 얻으면[得而] 같은 것일[同] 뿐이다[焉].

『장자(莊子)』「전자방(田子方)」

註 "생지휵지(生之畜之) 생이불유(生而不有) 위이불시(爲而不恃) 장이부재(長而不宰) 시위현덕(是謂玄德)." {상도(常道)가} 만물을[之] 낳아서[生] 그것을[之] 길러주고[畜] {상도(常道)는} 낳아주되[生而] 갖지 않고[不有], {상도(常道)는} 위해주되[爲而] 바라지 않으며[不恃], {상도(常道)는} 키워주되[長而] 이래라저래라 않는다[不宰]. 위의 것들을[是] 현묘한[玄] 덕이라[德] 한다[謂].

『노자(老子)』 10장(章)

【보주(補註)】

- 〈경즉실근(輕則失根)〉을 〈약임하인경(若任何人輕) 즉기인실상도지근(則其人失常道之根)〉처럼 옮기면 문의(文義)를 좀 더 쉽게 새길 수 있다. 〈만약[若] 누구든[何人] 경솔하면[輕] 곧장[則] 그[其] 사람은[人] 상도의[常道之] 뿌리를[根] 잃는다[失].〉
- 경즉실근(輕則失根)에서 근(根)을 중(重)으로 여겨도 된다. 가벼움[輕]의 뿌리[根]가 무거움[重]이라고 밝히고 있기 때문이다. 그러나 〈귀근왈정(歸根曰靜)〉의 근(根)을 상기한다면 무거움[重] 역시 고요함[靜]으로 이어짐을 알 수 있다.
- 경즉실근(輕則失根)이 〈경즉실신(輕則失臣)〉으로 되어 있는 본(本)도 있다. 그러나 경즉실신(輕則失臣)은 이 장(章)의 첫머리 〈중위경근(重爲輕根)〉과 상응하지 않으니, 여기 신(臣)은 착오(錯誤)이고 〈실근(失根)〉이라 함이 마땅하다는 설(說)을 따랐다. 〈가벼우면[輕] 곧장[則] 신하를[臣] 잃는다[失].〉

【해독(解讀)】

- 〈경즉실근(輕則失根)〉은 조건의 종절과 주절로 이루어진 복문(複文)이다. 〈경하면[輕] 곧장[則] 근을[根] 실한다[失].〉
- 경(輕)에서 〈임하인(任何人)〉 같은 주어가 생략돼 경(輕)만 남았지만, 동사 노릇해 하나의 구문을 이룬다. 경(輕)은 〈가벼울 박(薄)〉과 같아 경박(輕薄)의 줄임말로 여기면 된다. 〈(누구든) 가볍다면[輕]〉
- 실근(失根)에서 주어는 생략되었지만 실(失)은 동사 노릇하고, 근(根)은 실(失)의 목적어 노릇한다. 실(失)은 〈잃을 상(喪) · 어지럽힐 란(亂) · 버릴 유(遺) · 모를 부지(不知)〉 등 여러 뜻을 드러낸다. 〈(누구든) 근을[根] 실한다[失].〉

26-7 躁則失君(조즉실군)

▶ 조급하면[躁] 곧[則] 장수를[君] 잃는다[失].

움직일 조(躁), 곧 즉(則), 잃을 실(失), 임금 군(君)

【지남(指南)】

〈조즉실군(躁則失君)〉은 누구든 조급하면[躁] 장수를[君] 잃은 병졸처럼 됨을 밝힌다. 천지만물을 주재(主宰)하는 것[物]에 〈유물혼성(有物混成)〉의 물(物), 즉 상도(常道)가 있다. 천지만물을 짓는[象] 상도(常道)야말로 천지만물의 주수(主帥)인 셈이다. 실군(失君)의 군(君)은 우두머리 장수[主帥]로, 천지만물의 군(君)은 상도(常道)이고, 인간의 군(君)은 상도(常道)를 본받는 성인(聖人)이다.

인간이 성인(聖人)을 모르면 무위(無爲)의 삶을 몰라 그 삶은 경망스럽다. 16장(章) **부지상(不知常) 망작흉(妄作凶)**과 70장(章) **사유군(事有君)**을 떠올리면, 실군(失君)이란 성인(聖人)의 불언지교(不言之教)를 몰라[不知] 망령된 짓[妄作]을 범하게 마련이다. 불언지교(不言之教)의 불언(不言)이란 무위(無爲)의 다스림은 정령(政令)을 밝히지 않고, 57장(章)에 나오는 바대로 **무위(無爲)**하고 **호정(好靜)**하며 **무사(無事)**하고 **무욕(無欲)**하여 치세(治世)하고 치민(治民)함이다.

물론『논어(論語)』에도 **소인부지천명이불외야(小人不知天命而不畏也)**란 말씀이 나오기는 한다. 천명(天命)을 몰라[不知] 천명(天命)을 두려워하지 않음[不畏] 역시 조즉실군(躁則失君)의 〈조(躁)〉이다. 천명(天命)이란 본성이니 상도(常道)의 주재[君]를 잃으면 현덕(玄德)을 잃고, 그러면 자현(自見)하고 자시(自是)하며 자벌(自伐)하고 자긍(自矜)하여 세상을 두려워할 줄 모른다[不知]. 이런 부지(不知)가 현덕(玄德)을 저버림으로 말미암는 조(躁)이다. 상도(常道)의 짓[象]을 행하는 현덕(玄德)을 저버림이란 성인(聖人)의 후신(後身)과 외신(外身)을 저버림인지라 인간은 방자해지고, 이런 방자함이 조즉실군(躁則失君)의 〈조(躁)〉이다.

조즉실군(躁則失君)이란 말씀 역시 〈귀근왈정(歸根曰靜)〉의 정(靜)을 잃지 말라 함이다. 천지만물에 주행(周行)하는 현덕(玄德)이야말로 **천하야자(天下也者)**의 장수[君]이며, 현덕(玄德)이란 장수[君]야말로 10장(章) **생지휵지(生之畜之) 생이불유**

(生而不有) 위이불시(爲而不恃) 장이부재(長而不宰)의 어루만짐이다. 따라서 불유(不有) · 불시(不恃) · 부재(不宰)의 계식(稽式)인 현덕(玄德)이 상도지군(常道之君)임을 잊어버림이 곧 실군(失君)임을 일깨워 깨우치게 하는 말씀이 〈조즉실군(躁則失君)〉이다.

註 "부지상(不知常) 망작흉(妄作凶)." {상도(常道)의} 한결같음을[常] 모르면[不知] 망령되어[妄] 흉을[凶] 짓는다[作]. 『노자(老子)』 16장(章)

註 "언유종(言有宗) 사유군(事有君)." 말씀에는[言] 본디가[宗] 있고[有], 일에는[事] 주재(主宰)함이[君] 있다[有]. 『노자(老子)』 70장(章)

註 "아무위(我無爲) 이민자화(而民自化) 아호정(我好靜) 이민자정(而民自正) 아무사(我無事) 이민자부(而民自富) 아무욕(我無欲) 이민자박(而民自樸)." 나한테[我] (내 뜻대로) 행함이[爲] 없으니까[無而] 백성은[民] 절로[自] 변화했고[化], 내가[我] (무위하여) 고요함을[靜] 좋아하니까[好而] 백성은[民] 절로[自] 바르게 되었고[正], 나한테[我] (내 뜻대로) 다스리는 일이[事] 없으니까[無而] 백성이[民] 절로[自] 부유해졌으며[富], 나한테[我] (내 뜻대로) 욕심냄이[欲] 없으니까[無而] 백성은[民] 절로[自] 그냥 그대로 되었다[樸]. 『노자(老子)』 57장(章)

註 "군자유삼외(君子有三畏) 외천명(畏天命) 외대인(畏大人) 외성인지언(畏聖人之言) 소인부지천명이불외야(小人不知天命而不畏也) 압대인(狎大人) 모성인지언(侮聖人之言)." 군자한테는[君子] 세 가지[三] 두려워함이[畏] 있다[有]. 천명을[天命] 두려워하고[畏], 대인을[大人] 두려워하며[畏], 성인의[聖人之] 말씀을[言] 두려워한다[畏]. 소인은[小人] 천명을[天命] 몰라서[不知而] 두려워하지 않는 것[不畏]이고[也], 대인을[大人] 얕보고[狎] 성인의[聖人之] 말씀을[言] 업신여긴다[侮].

대인(大人)은 성인(聖人)과 같은 말이다. 『논어(論語)』 「계씨(季氏)」 8

註 "생지휵지(生之畜之) 생이불유(生而不有) 위이불시(爲而不恃) 장이부재(長而不宰) 시위현덕(是謂玄德)." {상도(常道)가} 만물을[之] 낳아서[生] 그것을[之] 길러주고[畜] {상도(常道)는} 낳아주되[生而] 갖지 않고[不有], {상도(常道)는} 위해주되[爲而] 바라지 않으며[不恃], {상도(常道)는} 키워주되[長而] 이래라저래라 않는다[不宰]. 위의 것들을[是] 현묘한[玄] 덕이라[德] 한다[謂]. 『노자(老子)』 10장(章)

註 "상지계식(常知稽式) 시위현덕(是謂玄德)." 예나 지금이나 변함없는 법을[稽式] 늘[常] 아는 것[知] 이를[是] 깊고 아득한[玄] 덕이라[德] 한다[謂].

계식(稽式)이란 해식(楷式) 즉 변함없는 법칙이다. 『노자(老子)』 65장(章)

註 "천하야자(天下也者) 만물지소일야(萬物之所一也) 득기소일이동언(得其所一而同焉)." 천하란[天下也] 것은[者] 온갖 것이[萬物之] 하나 되는[一] 것[所]이다[也]. 그[其] 하나 되는[一] 것을

[所] 얻음이란[得而] {상도(常道)와} 같아지는 것[同]이다[焉].

천하야자(天下也者)란 우주 삼라만상을 말한다. 『장자(莊子)』「전자방(田子方)」

【보주(補註)】

- 〈조즉실군(躁則失君)〉을 〈약임하인경(若任何人輕) 즉기인실기군(則其人失其君)〉처럼 옮기면 문의(文義)를 좀 더 쉽게 새길 수 있다. 〈만약[若] 누구든[任何人] 조급하면[躁] 곧장[則] 그[其] 사람은[人] 제[其] 장수를[君] 잃는다[失].〉
- 조즉실군(躁則失君)에서 군(君)을 〈정(靜)〉으로 여겨도 된다. 조군(躁君) 즉 조급함[躁]을 주재함[君]이 고요함[靜]이기 때문이다. 조즉실군(躁則失君)이란 말씀 역시 〈귀근왈정(歸根曰靜)〉을 상기해서 보면 〈고요함[靜]을 잃지 말라〉는 말씀이다.

【해독(解讀)】

- 〈조즉실군(躁則失君)〉은 조건의 종절과 주절로 이루어진 복문(複文)이다. 〈조하면[躁] 곧장[則] 군을[君] 실한다[失].〉
- 조(躁)에서 〈임하인(任何人)〉 같은 주어가 생략돼 조(躁)만 남았지만, 동사 노릇해 하나의 구문을 이룬다. 조(躁)는 〈성급할 급(急)〉과 같아 조급(躁急)의 줄임말로 여기면 된다. 〈(누구든) 성급하면[躁]〉
- 실군(失君)에서 주어는 생략되었지만 실(失)은 동사 노릇하고, 군(君)은 실(失)의 목적어 노릇한다. 실(失)은 〈잃을 상(喪) · 어지럽힐 란(亂) · 버릴 유(遺) · 모를 부지(不知)〉 등 여러 뜻을 내고, 군(君)은 〈임금 주(主)〉라기보다는 〈장수 군(君)〉으로 새기는 쪽이 마땅하다. 〈(누구든) 군을[君] 상실한다[失].〉

습명장(襲明章)

법자연(法自然)을 풀이하여 무위자연(無爲自然)의 사상을 펼치는 장(章)이다. 여기 〈선(善)〉은 상도(常道)의 체(體)와 용(用)을 계승함인지라, 법자연(法自然)을 〈선(善)〉 한 자(字)로 헤아려 깨우치게 한다. 상도(常道)의 체용(體用)을 이어받아[繼] 실행함[行]이 선행(善行)이고, 상도(常道)의 체용(體用)을 이어받아[繼] 말함[言]이 선언(善言)이며, 상도(常道)의 체용(體用)을 이어받아[繼] 헤아림[數]이 선수(善數)이고, 상도(常道)의 체용(體用)을 이어받아[繼] 닫음[閉]이 선폐(善閉)이며, 상도(常道)의 체용(體用)을 이어받아[繼] 맺음[結]이 선결(善結)이다. 선행(善行) · 선언(善言) · 선수(善數) · 선폐(善閉) · 선결(善結) 등을 묶어 습명(襲明)이라 한다.

습명(襲明) 즉 밝음을[明] 간직함[襲]이란 상도(常道)의 체용(體用)을 깨우침이다. 그 깨우침[襲明]으로써 행함이 습선(襲善)이고, 습무위(襲無爲)이며, 습신묘(襲神妙)이다. 선지체(善之體)가 무위(無爲)이고, 선지용(善之用)이 신묘(神妙)이기 때문이다. 그래서 습명(襲明)을 중명(重明)이라 한다. 또 습명(襲明)은 불가(佛家)의 전등(傳燈)과 같은 말씀이다. 선등(善燈)을 우리로 하여금 밝히게 함이[明] 성인(聖人)의 구인(救人)이고, 나아가 구물(救物)임을 깨닫게 하여 성인(聖人)의 다스림이 곧 습명(襲明)을 따름이고 요묘(要妙)를 따름임을 깨우치게 하는 장(章)이다.

【원문(原文)】

善行無轍迹이고 善言無瑕謫이며 善數不用籌策이고
선 행 무 철 적 선 언 무 하 적 선 수 불 용 주 책

善閉無關楗而不可開하고 善結無繩約而不可解이다
선 폐 무 관 건 이 불 가 개 선 결 무 승 약 이 불 가 해

是以로 聖人常善救人하니 故로 無棄人하고 常善救物
시 이 성 인 상 선 구 인 고 무 기 인 상 선 구 물

하니 故로 無棄物한다 是謂襲明이라 故로 善人者는 不
고 무 기 물 시 위 습 명 고 선 인 자 불

善人之師이고 不善人者善人之資이다 不貴其師하고
선 인 지 사 불 선 인 자 선 인 지 자 불 귀 기 사

不愛其資한다 雖智라도 大迷한다 是謂要妙이라
불 애 기 자 수 지 대 미 시 위 요 묘

행함을[行] 선하게 함에는[善] 흔적이[轍迹] 없고[無], 말함을[言] 선하게 함에는[善] 흠이[瑕謫] 없으며[無], 헤아림을[數] 선하게 함은[善] 주판이나[籌] 꾀를[策] 부리지 않고[不用], 닫음을[閉] 선하게 함에는[善] 문빗장이[關楗] 없다[無]. 그러나[而] 열[開] 수 없다[不可]. 맺음을[結] 선하게 함에는[善] 노끈으로 묶음이[繩約] 없다[無]. 그러나[而] 풀[解] 수 없다[不可]. 이렇기[是] 때문에[以] 성인은[聖人] 사람들을[人] 구제하기를[救] 늘[常] 선하게 한다[善]. 그러므로[故] (성인께는) 사람들을[人] 저버림이[棄] 없다[無]. (성인은) 늘[常] 착하게[善] 온갖 것을[物] 구원한다[救]. 그러므로[故] 온갖 것을[物] 버림이[棄] 없다[無]. 이러함을[是] 상도를 깨달아 밝음을[明] 안으로 간직함이라[襲] 한다[謂]. 그러므로[故] 사람들을[人] 선하게 하는[善] 것은[者] 선하지 못한[不善] 사람의[人之] 스승이고[師], 사람을[人] 선하지 못하게 하는[不善] 것은[者] 사람을[人] 선하게 하는[善之] 밑천이다[資]. {불선인(不善人)이} 그[其] 스승을[師] 귀하게 여기지 않고[不貴] {선인(善人)이} 그[其] 밑천을[資] (빌려주기를) 좋아하지 않으면[不愛], 비록[雖] 슬기롭다 한들[智] 크게[大] 미혹한다[迷]. 이를[是] 정요하고[要] 현묘함이라[妙] 한다[謂].

27-1 善行無轍迹(선행무철적)

▶ 행함을[行] 선하게 함에는[善] 흔적이[轍迹] 없다[無].

자연(自然)대로 선(善), 행할 행(行), 없을 무(無), 바큇자국 철(轍), 발자국 적(迹)

【지남(指南)】

〈선행무철적(善行無轍迹)〉은 무위로[無爲] 행함에는 전제도 없거니와 공과(功過)를 따짐도 없음을 밝힌다. 선행(善行)이란 행동을[行] 선하게 함[善]이다. 여기 〈선행(善行)〉이란 천도(天道) 즉 자연의[天] 규율을[道] 따라 행동함이다. 철적(轍迹)의 철(轍)은 바큇자국이고, 적(迹)은 발자국이다. 여기 〈철적(轍迹)〉은 행사의 공과(功過)를 따져서 잘하면 보람[功]이 있고 잘못하면 허물이[過] 남는 흔적이니, 유위(有爲)로 말미암은 흔적을 말한다.

용의(用意)하고 작위(作爲)하면 인욕(人欲)이 앞서서 순리(順理)를 어기고 만다. 그러면 일마다 순조롭지 못하고 걸림돌이 생겨 마땅하게 풀리지 못해 흔적이 뒤따라, 유위(有爲)에는 유적(有迹) 즉 흔적이 생긴다. 무위(無爲)로 일을 행하면 무기(無己)하고 무공(無功)하며 무명(無名)하기 때문에 무적(無迹) 어떠한 흔적도[迹] 없을 뿐이다. 그러므로 선행무철적(善行無轍迹) 이 말씀은 〈수중(守中)〉과 〈불여수중(不如守中)〉을 떠올리며, 8장(章) **상선약수(上善若水)**란 말씀을 상기시킨다.

선행(善行) 즉 행동을[行] 선하게 함[善]이란 행동을[行] 무위(無爲)에 맡김이라 인지(人智)의 시비 논란을 벗어나 있기 때문이다. 새가 땅에 내리면 발자국을 남기지만, 허공을 날면 날아간 흔적이 없다. 행동함에 인위(人爲)가 없으면 사사로움이 끼어들 수 없으니, 선행(善行)을 풀이하여 무위지행(無爲之行) 즉 무위의[無爲] 실행을 헤아려 깨우치게 하는 말씀이 〈선행무철적(善行無轍迹)〉이다.

註 "상선약수(上善若水) 수선리만물이부쟁(水善利萬物而不爭) 처중인지소오(處衆人之所惡)." 지극한[上] 선은[上善] 물과[水] 같다[若]. 물은[水] 온갖 것과[萬物] 선하게[善] 이롭게 하면서도[利而] 다투지 않고[不爭], 뭇사람이[衆人之] 싫어하는[惡] 곳에[所] 머문다[處].

『노자(老子)』 8장(章)

【보주(補註)】

- 〈선행무철적(善行無轍迹)〉을 〈임하인선어행시(任何人善於行時) 기행무철적(其行無轍迹)〉처럼 옮기면 문의(文義)를 좀 더 쉽게 새길 수 있다. 〈누구나[任何人] 행동을[於行] 선하게 할[善] 때[時] 그의[其] 행동에는[行] 흔적이[轍迹] 없다[無].〉
- 선행무철적(善行無轍迹)에서 선행(善行)은 〈무위지행(無爲之行)〉을 뜻한다. 무위의[無爲之] 행함은[行] 선(善)을 본받는 행(行)이다. 선행(善行)이란 일음일양(一陰一陽)의 조화를 이어가는[繼承] 행동이니, 법자연(法自然) 즉 자연에[自然] 오로지 맡기는[法] 행(行)이다. 자연에[自然] 맡김[法]이란 무사(無私)함이다. 무사(無私)하게 생각하고 행하면 그것이 곧 선(善)이다. 선행무철적(善行無轍迹)에서 철적(轍迹)은 유위(有爲) 즉 인위(人爲)를 비유한 말씀으로 새기면 된다.

註 "일음일양지위도(一陰一陽之謂道) 계지자선야(繼之者善也) 성지자성야(成之者性也)." 한번은[一] 음기이고[陰] 한번은[一] 양기임[陽]을[之] {역(易)의} 도라고[道] 한다[謂]. 그 도를[之] 계승하는[繼] 것이[者] 선(善)이고[也], 그 도를[之] 이루는[成] 것이[者] 성(性)이다[冶].

『주역(周易)』「계사전상(繫辭傳上)」

【해독(解讀)】

- 〈선행무철적(善行無轍迹)〉에서 선행(善行)은 무(無)를 꾸며주는 부사구 노릇하고, 무(無)는 〈없을 무(無)〉로 동사 노릇하며, 철적(轍迹)은 무(無)의 주어 노릇한다. 철(轍)은 〈거철(車轍)〉의 줄임이고, 적(迹)은 〈족적(足迹)〉의 줄임으로 여기면 된다. 적(迹)은 〈흔적 적(跡)〉과 같다. 〈행을[行] 선하게 함에는[善] 철적이[轍迹] 없다[無].〉
- 선행(善行)에서 선(善)은 영어의 부정사(不定詞)나 동명사처럼 구실하고, 행(行)은 선(善)의 목적어 노릇한다.
- 선행무철적(善行無轍迹)은 〈A무(無)B〉의 상용문이다. 〈A무(無)B〉에서 A는 무(無)를 꾸며주는 부사 노릇하고, 무(無)는 〈없을 무(無)〉로 자동사 노릇하며, B는 무(無)의 주어 노릇한다. 〈A에는 B가 없다[無].〉

27-2 善言無瑕讁(선언무하적)

▶ 말함을[言] 선하게 함에는[善] 흠이[瑕讁] 없다[無].

자연(自然)대로 선(善), 말할 언(言), 없을 무(無), 흠 하(瑕), 꾸짖을 적(讁)

【지남(指南)】

〈선언무하적(善言無瑕讁)〉은 무위(無爲)로 말함[言]에는 흠이나 허물이 없음을 밝힌다. 2장(章)에서 살핀 〈행불언지교(行不言之敎)〉를 상기시킨다.

여기 〈선언(善言)〉은 무위지언(無爲之言)인지라 〈수중지언(守中之言)〉과 같다. 무위(無爲)란 수중(守中)이기 때문이다. 수중(守中)은 〈수중도(守中道)〉의 줄임으로, 중도(中道)는 법상도(法常道)를 뜻하는 순상도(順常道) 즉 상도를[常道] 따름을[順] 지켜[守] 말함이다. 물론 상도(常道)에 적중함이 수중(守中)이고, 이는 곧 상덕(常德)을 행함인지라 무위(無爲)이다. 선언(善言) 역시 5장(章) 〈불여수중(不如守中)〉을 떠올리고, 8장(章)의 〈상선약수(上善若水)〉를 상기시킨다.

유위(有爲)의 말[言]이 빚어내는 하적(瑕讁)은 시비 논란을 부르고, 피차(彼此)를 둘[二]로 마주하게 하여 쟁론(諍論)을 불러온다. 하적(瑕讁)의 하(瑕)도 시비 논란에서 비롯되는 흠[疵]이고, 적(讁)도 시비 논란에서 비롯되는 꾸지람[讁]이다. 유위(有爲)의 언사(言辭)가 빚어내는 하적(瑕讁)이란 『장자(莊子)』의 음양병비(陰陽竝毘)와 같은 것이다. 음기(陰氣)는 음기대로 치우치고[毘] 양기(陽氣)는 양기대로 치우치면 흉하기만 할 뿐이다. 무위(無爲)에는 그러한 편비(偏毗) 즉 치우침[偏毗]이란 없다. 누구나 무위(無爲)하면 무기(無己)하고 무공(無功)하며 무명(無名)하기 때문에 무하(無瑕)하고 무적(無讁)일 뿐이다.

그러므로 선언무하적(善言無瑕讁)도 〈수중(守中)〉과 〈상선약수(上善若水)〉란 말씀을 상기시킨다. 선언(善言) 역시 무위(無爲)의 말이고 자연(自然)을 본받는 말인지라 시비 논란을 벗어나 있기 때문이다. 시비 논란을 벗어난 말[言]에 하적(瑕讁)이란 없으니, 무하적(無瑕讁)은 선언(善言)을 풀이함으로 무위지언(無爲之言) 즉 무위의[無爲之] 말하기에는[言] 흠이나 허물없음을 살펴 새기고 헤아려 깨우치게 하는 말씀이 〈선언무하적(善言無瑕讁)〉이다.

註 "인대희야(人大喜耶) 비어양(毘於陽) 대로야(大怒耶) 비어음(毘於陰) 음양병비(陰陽竝毘) 사시부지(四時不至) 한서지화불성(寒暑之和不成)." 사람이[人] 지나치게[大] 기뻐하다[喜] 보면[耶] 양기에[於陽] 치우치고[毘], 지나치게[大] 성내다[怒] 보면[耶] 음기에[於陰] 치우쳐[毘], 음양이[陰陽] 아울러[竝] 치우친다[毘]. (그러면) 사시가[四時] (조화에) 이르지 못하고[不至] 추위와[寒] 더위의[暑之] 조화가[和] 이뤄지지 못한다[不成].

여기 비(毘)는 〈치우칠 편(偏)〉과 같다. 부지(不至)와 불성(不成)은 이루지 못함이다.

『장자(莊子)』「재유(在宥)」

【보주(補註)】

- 〈선언무하적(善言無瑕謫)〉을 〈임하인선어언시(任何人善於言時) 기인무하적(其人無瑕謫)〉처럼 옮기면 문의(文義)를 좀 더 쉽게 새길 수 있다. 〈누구나[任何人] 말을[於言] 선하게 할[善] 때[時] 그[其] 사람한테는[人] 흠이[瑕謫] 없다[無].〉
- 선언무하적(善言無瑕謫)에서 선언(善言)은 〈무위지언(無爲之言)〉을 뜻한다. 무위(無爲)로 말함은[言] 선(善)을 본받는 것으로, 선언(善言)이란 일음일양(一陰一陽)의 조화를 이어가는[繼承] 발언이니 〈법자연(法自然)〉의 말하기[言]이다. 자연(自然)을 본받아 맡기면[法] 그것이 곧 선(善)이다. 선언무하적(善言無瑕謫)에서 하적(瑕謫)은 유위(有爲) 즉 인위(人爲)를 비유한 말씀이다.

【해독(解讀)】

- 선언무하적(善言無瑕謫)에서 선언(善言)은 무(無)를 꾸며주는 부사구 노릇하고, 무(無)는 〈없을 무(無)〉로 동사 노릇하며, 하적(瑕謫)은 무(無)의 주어 노릇한다. 하(瑕)는 〈허물 과(過)〉와 같고, 적(謫)은 〈꾸짖을 책(責)〉과 같다. 〈말을[言] 선하게 함에는[善] 하적이[瑕謫] 없다[無].〉
- 선언(善言)에서 선(善)은 영어의 부정사(不定詞)나 동명사처럼 구실하고, 언(言)은 선(善)의 목적어 노릇한다.
- 선언무하적(善言無瑕謫) 역시 〈A무(無)B〉의 상용문이다. 〈A무(無)B〉에서 A는 무(無)를 꾸며주는 부사 노릇하고, 무(無)는 〈없을 무(無)〉로 동사 노릇하며, B는 무(無)의 주어 노릇한다. 〈A에는 B가 없다[無].〉

27-3 善數不用籌策(선수불용주책)

▶ 헤아림을[數] 선하게 함은[善] 주판이나[籌] 꾀를[策] 부리지 않는다[不用].

자연(自然)대로 선(善), 헤아릴 수(數), 않을 불(不), 쓸 용(用), 잔머리 굴릴(주판) 주(籌), 꾀 책(策)

【지남(指南)】

〈선수불용주책(善數不用籌策)〉 역시 무위로[無爲] 헤아림은[數] 주책을[籌策] 쓰지 않음을 밝힌다. 선수(善數)는 역수(曆數)를 그대로 본받는 헤아림이다. 일월(日月)과 한서(寒暑)가 철 따라 돌아가는 순서는 하나[一]를 지켜[守] 이랬다저랬다 하지 않으니 역수(曆數)는 언제나 간명(簡明)하다. 선수(善數)도 그와 같이 간명(簡明)할 뿐 수일(守一)의 헤아림이니 이리저리 궁리하여 헤아리지 않음이다. 그러므로 주모획책(籌謀畫策)이란 없다. 잔머리를 굴려 잔꾀를 부리거나[籌] 이런저런 꾀[策] 따위를 결코 쓰지 않음이 여기 〈선수(善數)〉이다.

성인(聖人)은 선수(善數)하므로 불모(不謀)하고, 불모(不謀)하면 인지(人知)를 쓸 필요가 없으니 『장자(莊子)』에 **성인불모(聖人不謀) 오용지(惡用知)**란 말이 나온다. 이리저리 꾀하지 않음은[不用籌策]은 선수(善數) 즉 무위의[無爲之] 헤아림[數] 때문이다. 선수(善數)는 숨김도 없고 감춤도 없어 누구나 다 알 수 있는 셈이며, 예나 지금이나 앞으로나 뒤로나 한결같아 되돌아볼 수도 있고 내다볼 수도 있는 셈법[算法]이다. 인위(人爲)가 부채질하는 탐욕스러운 사람이나 주책(籌策)의 주판알을 굴릴 뿐, 선한[善] 헤아림은[數] 주판을[籌策] 굴리지 않음을 살펴 새기고 헤아려 깨우치게 하는 말씀이 〈선수불용주책(善數不用籌策)〉이다.

註 "성인불모(聖人不謀) 오용지(惡用知)." 성인은[聖人] 도모하지 않는데[不謀] 어찌[惡] 지략을[知] 쓰랴[用].

『장자(莊子)』「덕충부(德充符)」

【보주(補註)】

- 〈선수불용주책(善數不用籌策)〉을 〈선수지인불용주(善數之人不用籌) 이선수지

인불용책(而善數之人不用策)〉처럼 옮기면 문의(文義)를 좀 더 쉽게 새길 수 있다. 〈헤아림을[數] 선하게 하는[善之] 사람은[人] 주판을[籌謀] 쓰지 않는다[不用]. 그리고[而] 헤아림을[數] 선하게 하는[善之] 사람은[人] 꾀를[策] 부리지 않는다[不用].〉

- 선수불용주책(善數不用籌策)에서 선수(善數)는 〈무위이수(無爲以數)〉를 뜻한다. 무위(無爲)로써[以] 셈함[數]은 언제나 선(善)하다. 선(善)이란 법자연(法自然)을 이어받음[繼]을 말하니 선수(善數)는 무위(無爲)를 비유하고, 주책(籌策)은 유위(有爲) 즉 인위(人爲)를 비유한다.
- 선수불용주책(善數不用籌策)이 〈선계불용주책(善計不用籌策)〉으로 된 본(本)도 있다. 〈헤아릴 계(計) · 수(數)〉는 같아 문의(文義)가 달라지는 것은 아니다.

【해독(解讀)】

- 〈선수불용주책(善數不用籌策)〉에서 선수(善數)는 주어 노릇하고, 불(不)은 용(用)의 부정사(否定詞) 노릇하며, 용(用)은 동사 노릇하고, 주책(籌策)은 목적어 노릇한다. 주(籌) · 책(策)은 〈꾀할 모(謀)〉와 같아 주모(籌謀) · 모책(謀策)의 줄임말로 여기면 된다. 〈선수는[善數] 주책을[籌策] 쓰지 않는다[不用].〉
- 선수불용주책(善數不用籌策)은 〈A불용(不用)B〉의 상용문이다. 〈A는 B를 쓰지 않는다[不用].〉

27-4 善閉無關楗而不可開(선폐무관건이불가개)

▶ 닫음을[閉] 선하게 함에는[善] 문빗장이[關楗] 없다[無]. 그러나[而] 열[開] 수 없다[不可].

> 자연(自然)대로 선(善), 닫을 폐(閉), 없을 무(無), 가로지른 빗장 관(關), 문빗장 건(楗), 그러나 이(而), 없을(못할) 불(不), 가할 가(可), 열 개(開)

【지남(指南)】

〈선폐무관건이불가개(善閉無關楗而不可開)〉 역시 무위의[無爲] 닫음을[閉] 밝힌다. 예를 들어 오장육부(五臟六腑)를 생각해보라. 뱃속에 오장육부(五臟六腑)를 얼마나 잘[善] 닫아[閉]두었는가[藏]. 이런 선폐(善閉) 덕으로 온갖 목숨이 제 구실을 다하는 것이다.

〈선폐(善閉)〉는 1장(章) **중묘지문(衆妙之門)**과 10장(章) **천문개합(天門開闔)**을 상기시킨다. 관건(關楗)은 인간의 것일 뿐, 천지만물이 들고나는 중묘지문(衆妙之門)에는 빗장[關楗]이 없다. 중묘(衆妙)의 문(門)은 열림과 닫힘이 끊임없지만, 인간은 열고 닫음을 볼 수도 없고 만질 수도 없으며 소리로 들을 수도 없다. 천지만물의 온갖 묘리(妙理)가 들고나는 중묘(衆妙)의 문(門)이란 빗장[關楗]으로 닫고[閉] 여는[開] 문(門)이 아닌 것이다. 그것은 오직 상도(常道)가 천지만물로 하여금 출생입사(出生入死)하게 하는 출입문인지라 인간은 알 수 없는 문(門)이며 인간이 개폐(開閉)할 수도 없는 문(門)이듯, 만물의 온갖 몸뚱이야말로 선폐(善閉)의 조화임을 살펴 새기고 헤아려 깨우치게 하는 말씀이 〈선폐무관건이불가개(善閉無關楗而不可開)〉이다.

註 "현지우현(玄之又玄) 중묘지문(衆妙之門)." 현묘하고[玄之] 또[又] 현묘하여[玄] 온갖[衆] 묘리가[妙之] 들고나는 문이다[門]. 『노자(老子)』 1장(章)

註 "천문개합(天門開闔) 능위자호(能爲雌乎)." 천문의[天門] 열리고[開] 닫힘은[闔] 능히[能] 암컷이[雌] 되는 것[爲]이로다[乎]. 『노자(老子)』 10章

【보주(補註)】

- 〈선폐무관건이불가개(善閉無關楗而不可開)〉를 〈선폐무관여건(善閉無關與楗)이하인불가개기폐(而何人不可開其閉)〉처럼 옮기면 문의(文義)를 좀 더 쉽게 새길 수 있다. 〈선한[善] 닫음에는[閉] 가로빗장과[關與] 견고한 빗장이[楗] 없다[無]. 그러나[而] 누구도[何人] 그[其] 닫음을[閉] 열 수 없다[不可開].〉
- 선폐무관건(善閉無關楗)에서 선폐(善閉)는 〈무위이폐(無爲以閉)〉를 생각하게 한다. 무위(無爲)로써[以] 닫음[閉]은 유위(有爲)로는 열[開] 수 없는 것이다. 물론 선폐(善閉)는 무위(無爲)를 비유하고, 관건(關楗)은 유위(有爲)를 비유한 말씀이다. 관(關)은 횡(橫) 즉 가로지른[橫] 빗장이고, 건(楗)은 수(竪) 즉 세로지른[竪] 빗장을 말한다.

【해독(解讀)】

- 〈선폐무관건이불가개(善閉無關楗而不可開)〉는 역접(逆接)의 접속사 노릇하는 〈그러나 이(而)〉로 두 구문이 이어진 중문(重文)이다. 〈선폐에는[善閉] 관건이[關楗] 없다[無]. 그러나[而] 열[開] 수는 없다[不可].〉
- 선폐무관건(善閉無關楗)에서 선폐(善閉)는 무(無)를 꾸며주는 부사 노릇하고, 무(無)는 〈없을 무(無)〉로 자동사 노릇하고, 관건(關楗)은 무(無)의 주어 노릇한다. 폐(閉)는 〈문 닫을 합(闔)〉과 같아 폐합(閉闔)의 줄임말로 여기면 된다. 〈선폐에는[善閉] 관건이[關楗] 없다[無].〉
- 불가개(不可開)에서 개(開)의 주어와 목적어는 생략되었지만 불(不)은 개(開)의 부정사(否定詞)이고, 가(可)는 개(開)의 조동사 노릇하며, 개(開)는 동사 노릇한다. 개(開)는 〈열 벽(闢)〉과 같아 개벽(開闢)의 줄임말로 여기면 된다. 〈열[開] 수 없다[不可].〉

27-5 善結無繩約(선결무승약) 而不可解(이불가해)

▶맺음을[結] 선하게 함에는[善] 노끈으로 묶음이[繩約] 없다[無]. 그러나[而] 풀[解] 수 없다[不可].

자연(自然)대로 선(善), 맺을 결(結), 없을 무(無), 줄 승(繩), 묶을 약(約), 그러나 이(而), 없을(못할) 불(不), 가할 가(可), 풀 해(解)

【지남(指南)】

〈선결무승약이불가해(善結無繩約而不可解)〉 또한 무위로[無爲] 묶음을[繩約] 밝힌다. 온갖 만물의 온갖 몸뚱이를 보면 단번에 선결(善結)을 목격할 수 있다. 몸집에 붙어 있는 팔다리를 보아도 선결(善結)에는 끄나풀 하나 없이 몸집에 잘 결합하고 있다. 이것저것을 묶는 끄나풀과[繩] 그것으로 묶음은[約] 인간의 짓일 뿐, 자연에는 줄로[繩] 묶음[約]이란 없다. 그럼에도 어느 목숨의 몸뚱이[形]든 선결(善結) 아닌 것은 없다. 목숨은 환경에 따라 적응하며 진화한다고 말하지만, 저마다 적응하여 진화해가는 몸뚱이가 바로 선결(善結)이다.

황새는 목이 길어야 살고 뱁새는 목이 짧아야 사는데 이것이 바로 황새가 누리는 선결(善結)이고, 뱁새가 누리는 선결(善結)이다. 사람을 포함하여 모든 짐승의 몸은 수많은 골절(骨節)로 선결(善結)돼 있고, 나무의 목절(木節)과 지절(枝節)도 선결(善結)이며, 자벌레의 굴신(屈伸)도 선결(善結)의 신묘(神妙)함이다. 골절(骨節) 목절(木節) 등의 절(節)들이 선결(善結) 즉 자연의 맺음이다.

천지(天地)에 있는 만물치고 선결(善結) 아닌 것은 없다. 그러므로 중묘(衆妙)의 문(門)이 열려 나온 것은 모두 선결(善結)의 것이고, 중묘(衆妙)의 문(門)으로 들어가면 선결(善結)의 풀림[解]이다. 『장자(莊子)』에도 제지현해(帝之懸解)란 말이 나온다. 자연의[帝之] 묶음이[懸] 풀리면[解] 입사(入死)인지라 선결(善結)의 묶음은 생(生)이고, 풀림[解]은 사(死)라 여겨도 된다. 만물은 일음일양(一陰一陽)의 맺고[結] 풀림[解]일진대, 상도(常道)가 짓는[象] 선결(善結)은 선해(善解)로 이어진다. 중묘(衆妙) 즉 천지만물의 온갖 묘리(妙理)는 선결(善結) 아님이 없으니, 중묘(衆妙)의 선결(善結)도 인간이 알 수 없는 현덕(玄德)의 맺음[結]임을 살펴 새기고 헤아려 깨우치게 하는 말씀이 〈선결무승약이불가해(善結無繩約而不可解)〉이다.

註 "안시이처순(安時而處順) 애락불능입야(哀樂不能入也) 고자위시제지현해(古者謂是帝之懸解)." 편안히[安] 때를 따라서[時而] 자연의 순리에[順] 머물면[處] 슬픔이나[哀] 즐거움은[樂] 끼어들[入] 수 없는 것[不能]이다[也]. 이런 경지를[是] 옛사람들은[古者] 자연이[帝之] 거꾸로 매달림을[懸] 풀어줌이라[解] 했다[謂].

제(帝)는 천(天) 즉 자연을 뜻하고, 현해(懸解)는 현해(縣解)와 같다. 여기 현(懸)은 거꾸로 매달림을 뜻한다. 『장자(莊子)』「양생주(養生主)」

【보주(補註)】

- 〈선결무승약이불가해(善結無繩約而不可解)〉를 〈선결무승약(善結無繩約) 이임하인불가해기결(而任何人不可解其結)〉처럼 옮기면 문의(文義)를 좀 더 쉽게 새길 수 있다. 〈맺음을[結] 선하게 함에는[善] 끄나풀로 묶음이[繩約] 없다[無]. 그러나[而] 누구도[任何人] 그[其] 맺음을[結] 풀 수 없다[不可解].〉
- 선결무승약(善結無繩約)에서 선결(善結)은 〈무위이결(無爲以結)〉를 생각하게 한다. 무위(無爲)로써[以] 맺음[結]은 유위(有爲)로는 풀[解] 수 없는 것이다. 선결(善結)은 무위(無爲)를, 승약(繩約)은 유위(有爲)를 비유한 말씀이다.

【해독(解讀)】

- 〈선결무승약이불가해(善結無繩約而不可解)〉도 역접(逆接)의 접속사 노릇하는 〈그러나 이(而)〉로 두 구문이 이어진 중문(重文)이다. 〈선결에는[善結] 승약이[繩約] 없다[無]. 그러나[而] 풀[解] 수는 없다[不可].〉
- 선결무승약(善結無繩約)에서 선결(善結)은 무(無)를 꾸며주는 부사 노릇하고, 무(無)는 〈없을 무(無)〉로 동사 노릇하며, 승약(繩約)은 무(無)의 주어 노릇한다. 결(結)은 〈맺을 합(合)〉과 같아 결합(結合)의 줄임말로 여기면 되고, 승(繩)은 줄끈을 뜻하고, 약(約)은 〈묶을 속(束)〉과 같아 약속(約束)의 줄임이다. 〈선결에는[善結] 승약이[繩約] 없다[無].〉
- 불가해(不可解)에서 해(解)의 주어와 목적어가 생략되었지만, 불(不)은 해(解)의 부정사(否定詞)이고, 가(可)는 해(解)의 조동사 노릇하며, 해(解)는 동사 노릇한다. 해(解)는 〈풀 석(釋)〉과 같아 해석(解釋)의 줄임말로 여기면 된다. 〈풀[解] 수 없다[不可].〉

27-6 是以(시이) 聖人常善救人(성인상선구인) 故(고) 無棄人(무기인)

▶ 이렇기[是] 때문에[以] 성인은[聖人] 사람들을[人] 구제하기를[救] 늘[常] 선하게 한다[善]. 그러므로[故] (성인께는) 사람들을[人] 저버림이[棄] 없다[無].

이것 시(是), 때문에 이(以), 밝아 통할 성(聖), 늘 상(常), 자연 그대로 선(善), 구제할 구(救), 사람들 인(人), 그러므로 고(故), 없을 무(無), 버릴 기(棄)

【지남(指南)】

〈성인상선구인(聖人常善救人) 고(故) 무기인(無棄人)〉은 성인(聖人)이 무위지행(無爲之行) 즉 무위를[無爲之] 행함을[行] 밝힌다. 무위(無爲)의 행(行)은 곧 성덕(盛德)이다. 성인(聖人)이 덕(德)을 지어 쌓음[盛]은 57장(章)의 무위(無爲)·호정(好

靜)·무사(無事)·무욕(無欲)등으로 잘 드러난다. 상선(上善)의 선(善)은 천도(天道)를 계승함[繼]이니 선함보다[善] 더한 무위(無爲)는 없다. 선(善)하면 법자연(法自然)함으로 자연(自然) 즉 그냥 그대로[自然]를 본받아[法] 행함[行]이다.

성인(聖人)은 왜 · 어떻게 무위(無爲) · 호정(好靜) · 무사(無事) · 무욕(無欲)으로 성덕(盛德)하는가? 성인(聖人)은 선행(善行) · 선언(善言) · 선계(善計) · 선폐(善閉) · 선결(善結) 등으로써[以] 성덕(盛德)한다. 성덕(盛德)이란 적덕(積德) 즉 상덕(常德)을 쌓음[盛]이다. 성인(聖人)은 인덕(人德)을 지어 쌓지[盛] 않는다. 인덕(人德)이란 호오(好惡) · 친소(親疎)에 따라 편시(偏施) 즉 좋거나[好] 가까움[親]에 따라 치우쳐[偏] 베풀지[施], 편시하지[偏施] 못한다. 두루 널리[徧] 베풀되[施], 부재(不宰) 즉 이래라저래라 하지 않음은[不宰] 자연밖에 없다.

그러므로 성인(聖人)의 성덕(盛德)은 현덕(玄德)을 지어 쌓음[盛]이고, 이는 선행(善行) · 선언(善言) · 선계(善計) · 선폐(善閉) · 선결(善結)의 선(善)으로 상도(常道)의 조화를 천지만물에 두루 통하게 한다. 이처럼 현덕(玄德)을 쌓아 성인(聖人)은 온 세상 사람을 저버림[棄] 없이[無] 구제(救濟)함을 살펴 새기고 헤아려 깨우치게 하는 말씀이 〈성인상선구인고(聖人常善救人故) 무기인(無棄人)〉이다.

註 "아무위이민자화(我無爲而民自化) 아호정이민자정(我好靜而民自正) 아무사이민자부(我無事而民自富) 아무욕이민자박(我無欲而民自樸)." 나한테[我] (내 뜻대로) 행함이[爲] 없으니까[無而] 백성은[民] 절로[自] 변화했고[化], 내가[我] (무위하여) 고요함을[靜] 좋아하니까[好而] 백성은[民] 절로[自] 바르게 되었고[正], 나한테[我] (내 뜻대로) 다스리는 일이[事] 없으니까[無而] 백성이[民] 절로[自] 부유해졌으며[富], 나한테[我] (내 뜻대로) 욕심냄이[欲] 없으니까[無而] 백성은[民] 절로[自] 그냥 그대로 되었다[樸]. 『노자(老子)』 57장(章)

註 "인법지(人法地) 지법천(地法天) 천법도(天法道) 도법자연(道法自然)." 사람은[人] 땅을[地] 본받고[法], 땅은[地] 하늘을[天] 본받고[法], 하늘은[天] 상도를[道] 본받고[法], 상도는[道] 스스로 그러함을[自然] 본받는다[法]. 『노자(老子)』 25장(章)

【보주(補註)】

- 〈성인상선구인(聖人常善救人) 고(故) 무기인(無棄人)〉을 〈시이(是以) 성인상구인이선행(聖人常救人以善行) 고(故) 성인무기인(聖人無棄人) 이시이(而是以) 성인상구인이선언(聖人常救人以善言) 고(故) 성인무기인(聖人無棄人) 이시이(而

是以) 성인상구인이선수(聖人常救人以善數) 고(故) 성인무기인(聖人無棄人) 이시이(而是以) 성인상구인이선폐(聖人常救人以善閉) 고(故) 성인무기인(聖人無棄人) 이시이(而是以) 성인상구인이선결(聖人常救人以善結) 고(故) 성인무기인(聖人無棄人)〉처럼 옮기면 문의(文義)를 좀 더 쉽게 새길 수 있다. 〈이[是] 때문에[以] 선행을[善行] 써[以] 성인은[聖人] 사람을[人] 늘[常] 선하게[善] 구제한다[救]. 그러므로[故] 성인께는[聖人] 사람을[人] 저버림이[棄] 없다[無]. 그리고[而] 이[是] 때문에[以] 선언을[善言] 써[以] 성인은[聖人] 사람을[人] 늘[常] 선하게[善] 구제한다[救]. 그러므로[故] 성인께는[聖人] 사람을[人] 저버림이[棄] 없다[無]. 그리고[而] 이[是] 때문에[以] 선수를[善數] 써[以] 성인은[聖人] 사람을[人] 늘[常] 선하게[善] 구제한다[救]. 그러므로[故] 성인께는[聖人] 사람을[人] 저버림이[棄] 없다[無]. 그리고[而] 이[是] 때문에[以] 선폐를[善閉] 써[以] 성인은[聖人] 사람을[人] 늘[常] 선하게[善] 구제한다[救]. 그러므로[故] 성인께는[聖人] 사람을[人] 저버림이[棄] 없다[無]. 그리고[而] 이[是] 때문에[以] 선결을[善結] 써[以] 성인은[聖人] 사람을[人] 늘[常] 선하게[善] 구제한다[救]. 그러므로[故] 성인께는[聖人] 사람을[人] 저버림이[棄] 없다[無].〉

- 성인상선구인(聖人常善救人)에서 선(善)은 5장(章)의 **천지불인(天地不仁)**과 79장(章)에 나오는 **천도무친(天道無親)**을 상기시킨다. 오로지 공평(公平)하고 무사(無私)하게 어떠한 차별도 없이 무위자연(無爲自然)을 본받음이[法] 여기 선(善)이다. 물론 상선(常善)의 선(善)은 〈선행(善行) · 선언(善言) · 선수(善數) · 선폐(善閉) · 선결(善結)〉을 묶어 밝힌 말씀이고, 이를 성인(聖人)의 오선(五善)이라고 일컬어도 된다. 그리고 구인(救人)의 구(救)는 51장(章)에 나오는 **현덕(玄德)**을 그냥 그대로 따라 행함이다.

註 "천지불인(天地不仁) 이만물위추구(以萬物爲芻狗)." 천지에는[天地] 어짊이란[仁] 없어[不], 만물을[萬物]써[以] 풀강아지로[芻狗] 삼는다[爲].

지렁이가 천한 것이라면 사람도 천한 것이고, 사람이 귀하다면 지렁이도 귀한 것이란 말씀이 천지불인(天地不仁)이다. 『노자(老子)』 5장(章)

註 "천도무친(天道無親) 상여선인(常與善人)." 자연의[天] 규율에는[天道] (따로) 친애함이[親] 없고[無], 늘[常] 선한[善] 사람과[人] 함께한다[與]. 『노자(老子)』 79장(章)

註 "도생지휵지(道生之畜之) 장지육지(長之育之) 성지숙지(成之熟之) 양지부지(養之覆之) 생이불유(生而不有) 위이불시(爲而不恃) 장이부재(長而不宰) 시위현덕(是謂玄德)." 상도가[道] 낳아주고[生之] 길러주고[畜之], (상덕이 만물을) 키워주고[長之] 감싸주며[育之], (상덕이 만물을) 이뤄주고[成之] 영글게 하고[熟之], (상덕이 만물을) 보양해주고[養之] 보호해준다[覆之]. (상도는) 낳아주되[生而] 갖지 않고[不有], (상도는) 위해주되[爲而] 바라지 않으며[不恃], (상도는) 키워주되[長而] 이래라저래라 않는다[不宰]. 위의 것들을[是] 현묘한[玄] 덕이라[德] 한다[謂].

『노자(老子)』 51장(章)

【해독(解讀)】

- 〈시이(是以) 성인상선구인(聖人常善救人) 고(故) 무기인(無棄人)〉은 접속사 노릇하는 〈그러므로 고(故)〉로 두 구문이 이어진 중문(重文)이다. 〈이[是] 때문에[以] 성인상선구인한다[聖人常善救人]. 그러므로[故] 무기인한다[無棄人].〉
- 시이(是以)에서 시(是)는 앞에 나온 〈선행무철적(善行無轍迹) · 선언무하적(善言無瑕謫) · 선수무주책(善數無籌策) · 선폐무관건(善閉無關楗) · 선결무승약(善結無繩約)〉을 나타내는 지시어 노릇하고, 이(以)는 여기선 〈때문에 고(故)〉와 같다. 〈위와 같기[是] 때문에[以]〉
- 성인상선구인(聖人常善救人)에서 성인(聖人)은 주어 노릇하고, 상(常)은 선(善)을 꾸며주는 부사 노릇하며, 선(善)은 동사 노릇하고, 구인(救人)은 선(善)의 목적구 노릇한다. 여기 구인(救人)의 구(救)는 영어의 부정사(否定詞)처럼 구실한다. 구(救)는 〈구원할 원(援) · 도울 조(助)〉 등과 같아 구원(救援) · 구조(救助)의 줄임말로 여기면 된다. 〈성인은[聖人] 사람을[人] 구제함을[救] 늘[常] 선하게 한다[善].〉
- 무기인(無棄人)에서 무(無)는 〈없을 무(無)〉로 동사 노릇하고, 기인(棄人)은 무(無)의 주어 노릇한다. 기(棄)는 여기선 〈버릴 유(遺)〉와 같아 유기(遺棄)의 줄임말로 여기면 된다. 〈사람을[人] 버림이[棄] 없다[無].〉
- 무기인(無棄人)은 〈A무(無)B〉와 같은 상용문이다. 〈A에는 B가 없다[無].〉

27-7 常善救物(상선구물) 故(고) 無棄物(무기물)

▶ (성인은) 늘[常] 착하게[善] 온갖 것을[物] 구원한다[救]. 그러므로

[故] 온갖 것을[物] 버림이[棄] 없다[無].

늘 상(常), 자연(自然) 그대로 선(善), 구제할 구(救), 사물 물(物), 그러므로 고(故), 않을 무(無), 버릴 기(棄)

【지남(指南)】

〈상선구물(常善救物) 고(故) 무기물(無棄物)〉 역시 성인(聖人)이 무위를[無爲] 행함을 밝힌다. 이는 성인(聖人)의 성덕(盛德)을 말하고 현덕(玄德)을 쌓음[盛]이니, 사람만이 아니라 만물을 다 같이 구제(救濟)하고 구원(救援)하며 구조(救助)한다. 『중용(中庸)』에도 **치곡(致曲) 곡능유성(曲能有誠)**이란 말씀이 나오듯, 성인(聖人)이 미물(微物)도 상도(常道)의 조화로 마주하여 상하지 않게 함이 〈상선구물(常善救物)〉임을 살펴 새기고 헤아려 깨우치게 하는 말씀이 〈상선구물(常善救物) 고(故) 무기물(無棄物)〉이다.

註 "치곡(致曲) 곡능유성(曲能有誠)." 작아 보잘 것 없이 보이는 것을[曲] (소홀히 말고 살피기를) 다한다[致]. 세소(細小)한 것에도[曲] 능히[能] 자연의 도가[誠] 있다[有].
여기서 성(誠)은 천지도(天之道) 즉 자연의[天之] 이치[道]이다.
『중용(中庸)』 주자장구(朱子章句) 23장(章)

【보주(補註)】

- 〈상선구물(常善救物) 고(故) 무기물(無棄物)〉을 〈시이(是以) 성인상구물이선행(聖人常救物以善行) 고(故) 성인무기물(聖人無棄物) 이시이(而是以) 성인상구물이선언(聖人常救物以善言) 고(故) 성인무기물(聖人無棄物) 이시이(而是以) 성인상구물이선수(聖人常救物以善數) 고(故) 성인무기인(聖人無棄人) 이시이(而是以) 성인상구물이선폐(聖人常救物以善閉) 고(故) 성인무기물(聖人無棄物) 이시이(而是以) 성인상구물이선결(聖人常救物以善結) 고(故) 성인무기물(聖人無棄物)〉처럼 옮기면 문의(文義)를 좀 더 쉽게 새길 수 있다. 〈이[是] 때문에[以] 선행을[善行] 써[以] 성인은[聖人] 사물을[物] 늘[常] 선하게[善] 구제한다[救]. 그러므로故] 성인께는[聖人] 사물을[物] 저버림이[棄] 없다[無]. 그리고[而] 이[是] 때문에[以] 선언을[善言] 써[以] 성인은[聖人] 사물을[物] 늘[常] 선하게[善] 구제한다[救] 그러므로[故] 성인께는[聖人] 사물을[物] 저버림이[棄] 없다[無]. 그리고

[而] 이[是] 때문에[以] 선수를[善數] 써[以] 성인은[聖人] 사물을[物] 늘[常] 선하게[善] 구제한다[救]. 그러므로[故] 성인께는[聖人] 사물을[物] 저버림이[棄] 없다[無]. 그리고[而] 이[是] 때문에[以] 선폐를[善閉] 써[以] 성인은[聖人] 사물을[物] 늘[常] 선하게[善] 구제한다[救]. 그러므로[故] 성인께는[聖人] 사물을[物] 저버림이[棄] 없다[無]. 그리고[而] 이[是] 때문에[以] 선결을[善結] 써[以] 성인은[聖人] 사물을[物] 늘[常] 선하게[善] 구제한다[救]. 그러므로[故] 성인께는[聖人] 사물을[物] 저버림이[棄] 없다[無].〉

- 상선구물(常善救物)에서 선(善)은 5장(章)의 〈천지불인(天地不仁)〉과 79장(章)에 나오는 〈천도무친(天道無親)〉을 상기시킨다. 오로지 공평(公平)하고 무사(無私)하게 어떠한 차별도 없이 무위자연(無爲自然)을 본받음이[法] 여기 선(善)이다. 물론 상선(常善)의 선(善)은 〈선행(善行) · 선언(善言) · 선계(善計) · 선폐(善閉) · 선결(善結)〉을 묶어 밝힌 말씀이고, 이를 성인(聖人)의 오선(五善)이라고 일컬어도 된다. 그리고 구물(救物)의 구(救)는 성인(聖人)이 51장(章)에 나오는 〈현덕(玄德)〉을 그냥 그대로 따라 행함이다.

【해독(解讀)】

- 〈상선구물(常善救物) 고(故) 무기물(無棄物)〉은 접속사 노릇하는 〈그러므로 고(故)〉로 두 구문이 이어진 중문(重文)이다. 〈상선구물한다[常善救物]. 그러므로[故] 무기물한다[無棄物].〉
- 상선구물(常善救物)에서 상(常)은 선(善)을 꾸며주는 부사 노릇하며, 선(善)은 동사 노릇하고, 구물(救物)은 선(善)의 목적구 노릇한다. 여기 구물(救物)의 구(救)는 영어의 부정사(否定詞)처럼 구실한다. 구(救)는 〈구원할 원(援) · 도울 조(助)〉 등과 같아 구원(救援) · 구조(救助)의 줄임말로 여기면 된다. 〈성인은[聖人] 사람을[人] 구제함을[救] 늘[常] 선하게 한다[善].〉
- 무기물(無棄物)에서 무(無)는 〈없을 무(無)〉로 동사 노릇하고, 기물(棄物)은 무(無)의 주어 노릇한다. 기(棄)는 여기선 〈버릴 유(遺)〉와 같아 유기(遺棄)의 줄임말로 여기면 된다. 〈사람을[人] 버림이[棄] 없다[無].〉
- 무기물(無棄物)은 〈A무(無)B〉와 같은 상용문이다. 〈A에는 B가 없다[無].〉

27-8 是謂襲明(시위습명)

▶이러함을[是] 상도를 깨달아 밝음을[明] 속으로 간직함이라[襲] 한다[謂].

이 시(是), 일컬을 위(謂), 속으로 간직할 습(襲), 깨달을 명(明)

【지남(指南)】

〈시위습명(是謂襲明)〉은 성인(聖人)이 상도(常道)를 깨달아 밝음을[明] 습(襲)함을 밝힌다. 여기 습명(襲明)의 〈습(襲)〉이란 함장(含藏) 즉 밖으로 드러내지 않고 안으로 품어[含] 간직함[藏]이다. 습명(襲明)의 〈명(明)〉은 16장(章)에 나오는 **지상왈명(知常日明)**의 바로 그 명(明)으로서, 오도(悟道) 즉 상도를[道] 깨달아[悟] 밝음을[明] 뜻한다.

성인(聖人)이 현덕(玄德)을 오선(五善)으로 쌓아[盛] 함장(含藏)하여 변함없이 구인(救人)하고 구물(救物)함이 곧 습명(襲明)을 몸소 행함이다. 물론 습명(襲明)의 명(明)은 41장(章) **명도약매(明道若昧)**의 명(明)인지라 어두운 듯해[若昧] 드러나지 않으니 〈습명(襲明)〉이라 한다. 여기 습명(襲明)은 70장(章)에 나오는 **성인피갈회옥(聖人被褐懷玉)**을 상기시킨다. 달도자(達道者)는 나 오도(悟道)했노라 결코 과시하지 않는 법. 그래서 갈옷을[褐] 입고[被] 옥을[玉] 품었음을[懷] 감춤과 같음이 여기 습명(襲明)이다.

성인(聖人)이 지상(知常) 즉 상도(常道)를 깨닫고[明] 본받아 취하여 온 세상의 인여물(人與物)을 구제함[救]이 습명(襲明)인지라, 이는 불가(佛家)에서 말하는 장명등(長明燈)과 같다. 성인(聖人)은 습명(襲明)함으로 등대도 되고 등잔도 되며 등주(燈炷)도 되고 등유(燈油)도 되어 상도(常道)가 짓는 현덕(玄德)을 등광(燈光)으로 비추어준다. 따라서 습명(襲明)의 명(明)은 52장(章)에 나오는 **습상(習常)**을 상기시킨다. 명(明)은 지상(知常) 즉 상도(常道)와 상덕(常德)을 아는 것이니 습명(襲明)은 곧 습상(習常)으로 이어진다. 그러므로 습명(襲明)은 25장(章)의 〈도법자연(道法自然)〉을 떠나지 않고[不去] 존도(尊道)하고 귀덕(貴德)함이다.

이처럼 성인(聖人)이 습명(襲明)하여 현덕(玄德)의 오선(五善)으로써 구인(救人)

하고 구물(救物)하여 온 세상을 구제함[救]을 살펴 새기고 헤아려 가늠하게 하는 말씀이 〈시위습명(是謂襲明)〉이다.

註 "명도약매(明道若昧) 진도약퇴(進道若退) 이도약류(夷道若類) 상덕약곡(上德若谷) 대백약욕(大白若辱) 광덕약부족(廣德若不足)…… 도은무명(道隱無名) 부유도선대차성(夫唯道善貸且成)." 밝은[明] 도는[道] 어두운[昧] 듯하고[若], 나아가는[進] 도는[道] 물러가는[退] 듯하며[若], 평탄한[夷] 도는[道] 고르지 않은[類] 듯하고[若], 위의[上] 덕은[德] 골짜기와[谷] 같으며[若], 크나큰[大] 흰은[白] 검은[辱] 듯하고[若], 넓은[廣] 덕은[德] 모자란[不足] 듯하다[若].…… 도는[道] 그윽이 숨어서[隱] 이름이[名] 없다[無]. 무릇[夫] 오로지[唯] 상도만이[道] 베풀어주기를[貸] 선하게 하고[善] 또[且] 이루기도 선하게 한다[成]. 『노자(老子)』 41장(章)

註 "지아자희(知我者希) 칙아자귀(則我者貴) 시이성인피갈회옥(是以聖人被褐懷玉)." 나를[我] 이해하는[知] 사람이[者] 드물고[希], 나를[我] 본받는[則] 사람도[者] 드물다[貴]. 이렇기[是] 때문에[以] 성인은[聖人] 갈옷을[褐] 입고[被] 옥을[玉] 품는다[懷]. 『노자(老子)』 70장(章)

註 "귀근왈정(歸根曰靜) 시위복명(是謂復命) 복명왈상(復命曰常) 지상왈명(知常曰明) 부지상(不知常) 망작흉(妄作凶)." 뿌리로[根] 돌아감을[歸] 고요라[靜] 하고[曰], 이것을[是] 본성으로[命] 돌아옴이라[復] 한다[謂]. 받은 명령을[命] 돌아와 알림을[復] {상도(常道)의} 한결같음이라[常] 하며[曰], {상도(常道)의} 한결같음을[常] 앎을[知] 밝음이라[明] 한다[曰]. {상도(常道)의} 한결같음을[常] 모르면[不知] 망령되어[妄] 재앙을[凶] 짓는다[作]. 『노자(老子)』 16장(章)

註 "견소왈명(見小曰明) 수유왈강(守柔曰强) 용기광(用其光) 복귀기명(復歸其明) 무유신앙(無遺身殃) 시위습상(是謂習常)." 작은 것을[小] 살펴봄을[見] 밝음이라[明] 하고[曰], 부드러움을[柔] 지킴을[守] 강함이라[强] 한다[曰]. 그[其] 빛을[光] 쓰되[用], 다시[復] 그[其] 밝음으로[明] 돌아오면[歸] 자신에게[身] 재앙을[殃] 남김이[遺] 없다[無]. 이를[是] 상도를[常] 이어 익힘이라[習] 한다[謂]. 『노자(老子)』 52장(章)

【보주(補註)】

- 〈시위습명(是謂襲明)〉을 〈성인지구인여물(聖人之救人與物) 시위습명(是謂襲明)〉처럼 옮기면 문의(文義)를 좀 더 쉽게 새길 수 있다. 〈성인이[聖人之] 사람과[人與] 사물을[物] 구원함[救] 그것을[是] 습명이라[襲明] 한다[謂].〉
- 습명(襲明)은 어두운[暗] 것[者]을 밝게[明] 함이 세상의 어둠을 밝혀주는 등과 같아 상도(常道)를 본받아야 함을 깨닫고서도, 그 깨달음을 드러내지 않고 속으로 간직함이다. 그렇게 함장(含藏)한 밝힘[明]은 상전(相傳)하면서 세상에서 꺼지지 않는다. 그래서 〈습명여등(襲明如燈)〉이라 한다. 밝음을[明] 간직함이[藏]

등과[燈] 같다고[如] 함을 후광(後光)이라고도 한다. 후광(後光)일수록 밝음을 전함이 끊어지지 않는다.

- 습명(襲明)의 명(明)은 밖[外]을 밝힘이 아니라 함장(含藏) 즉 안으로 간직한 밝음이다. 그러므로 명심(明心)이라 하지 광심(光心)이라 하지 않는다. 제 마음 속을 밝히는 사람은 결코 자현(自見) · 자시(自是) · 자벌(自伐) · 자긍(自矜)하지 않는다. 16장(章)에 **지상왈명(知常日明)**이란 말씀이 나오고, 24장(章)에는 **자현자불명(自見者不明)**이, 33장(章)에 **자지자명(自知者明)**이, 52장(章)에는 **견소왈명(見小日明)**이란 말씀이 있다. 성인(聖人)의 습명(襲明)은 마치 불가(佛家)에서 말하는 **각등(覺燈)**과 같다.

註 "지상왈명(知常日明)." {복명(復命)의} 한결같음을[常] 앎을[知] 밝음이라[明] 한다[曰].
『노자(老子)』 16장(章)

註 "자현자불명(自見者不明)." 자기를[自] 드러내는[見] 사람은[者] 밝지 못하다[不明].
『노자(老子)』 24장(章)

註 "자지자명(自知者明)." 자신을[自] 아는[知] 것은[者] 밝음이다[明]. 『노자(老子)』 33장(章)

註 "견소왈명(見小日明)." 작은 것을[小] 살펴봄을[見] 밝음이라[明] 한다[曰].
『노자(老子)』 52장(章)

註 "상연여시각등(常燃如是覺燈) 소파일체무명치암(炤破一切無明痴暗) 능이차법전상개오(能以此法轉相開悟) 즉시일등연백천등(卽是一燈燃百千燈) 등등속명(燈燈續明) 종무진고(終無盡故) 호장명등(號長明燈)." 늘[常] 이와[是] 같은[如] 깨우침의[覺] 등불을[燈] 밝힘은[燃] 일체의[一切] 무명과[無明] 어리석은[痴] 어둠을[暗] 밝혀[炤] 깨뜨리고[破], 이[此] 법으로[法]써[以] 돌려가며[轉] 서로[相] 깨우침을[悟] 열면[開] 곧장[卽] 이[是] 하나의[一] 등불은[燈] 수없는[百千] 등을[燈] 밝혀[燃] 등불과 등불이[燈燈] 연이어[續] 밝혀서[明] 끝내[終] 다함이[盡] 없기[無] 때문에[故] 장명등이라[長明燈] 부른다[號]. 『선문촬요(禪門撮要)』

【해독(解讀)】

- 〈시위습명(是謂襲明)〉에서 시(是)는 위(謂)의 목적어가 전치된 것으로 여기면 된다. 위(謂)는 동사 노릇하고, 습명(襲明)은 목적보어 노릇한다. 〈이를[是] 습명이라[襲明] 한다[謂].〉
- 시위습명(是謂襲明)은 〈A지위(之謂)B〉 또는 〈A위지(謂之)B〉의 상용문이다. 〈A지위(之謂)B〉에서 지(之)는 토씨(~을) 노릇하는 어조사로 여기고, 〈A위지(謂之)

B〉에서 지(之)는 전치된 A를 대신하는 허사(虛詞)로서 〈그것 지(之)〉로 문맥을 잡으면 된다. 물론 지(之)를 무시하고 새겨도 된다. 〈A를[A之] B라 한다[謂].〉 〈A 그것을[之] B라 한다[謂].〉

27-9 故善人者不善人之師(고선인자불선인지사)

▶ 그러므로[故] 사람들을[人] 선하게 하는[善] 것은[者] 선하지 못한[不善] 사람의[人之] 스승이다[師].

그러므로 고(故), 선할 선(善), 사람들 인(人), 것 자(者), 않을 불(不), 조사(~의) 지(之), 스승 사(師)

【지남(指南)】

〈선인자불선인지사(善人者不善人之師)〉는 앞서 살핀 오선(五善)의 습명(襲明)을 거듭 밝힌다. 여기 〈선인자(善人者)〉의 자(者)는 선행(善行) · 선언(善言) · 선수(善數) · 선폐(善閉) · 선결(善結)의 오선(五善)을 말한다. 오선(五善)은 성인(聖人)이 간직한[襲] 밝음이[明] 드러나는 것과[者] 같다. 현덕(玄德)을 본받는 성인(聖人)의 밝음[明] 즉 달도(達道)가 오선(五善)으로 드러나 사람들을[人] 선하게 함이(善) 습명(襲明)의 구인(救人)이고 구물(救物)이다. 나아가 오선(五善)으로써 불선한[不善] 사람을 선(善)하게 하므로 성인(聖人)의 오선(五善)은 불선인(不善人)의 스승[師]이 된다. 선인(善人)은 불선인(不善人)으로 하여금 천선(遷善) 즉 선으로[善] 옮겨 오게[遷] 하기 때문이다.

선(善)은 덕(德)이니 상도(常道)의 짓을 이어 본받는 자연(自然)이고, 불선(不善)은 그러지 못하는 인위(人爲)이다. 선인(善人)은 법자연(法自然)하여 소사(少私)하고 과욕(寡欲)하는 자이며, 불선인(不善人)은 악한을 뜻함이 아니라 법자연(法自然)을 멀리하여 탐욕(貪欲)하고 과욕(過欲)하면서 상쟁(相爭)하고 상해(相害)하기를 서슴지 않는 자(者)이다. 제 몫[私]을 적게 하여[少] 욕심[欲]을 줄이면[寡] 절로 법자연(法自然)의 무위(無爲)를 누릴 수 있음을 외면하고 멀리하는 짓이 여기 불선(不善)이다. 이러한 〈불선(不善)〉을 감행하는 자가 여기 불선인(不善人)이다.

불선인(不善人)을 천선(遷善) 즉 인위(人爲)에서 무위(無爲)로 옮겨가게 구제(救濟)하는 성인(聖人)을 본받는 선인(善人) 역시, 불선인(不善人)을 구제하여 선인이[善人] 되게 하는 스승[師]임을 살펴 새기고 헤아려 일깨워주는 말씀이 〈선인자불선인지사(善人者不善人之師)〉이다.

【보주(補註)】

- 〈선인자불선인지사(善人者不善人之師)〉를 〈선인지사위사향불선지인(善人之事爲師向不善之人)〉처럼 옮기면 문의(文義)를 좀 더 쉽게 새길 수 있다. 〈사람을[人] 선하게 하는[善之] 일은[事] 불선한[不善之] 사람들을[人] 위한[向] 스승이[師] 된다[爲].〉
- 불선인(不善人)은 『논어(論語)』에서 군자(君子)와 대비되는 소인(小人) 즉 〈부지천명지인(不知天命之人)〉을 떠올려도 된다. 천명(天命)은 본성을 뜻한다. 본성을[天命] 모르는[不知之] 사람을[人] 소인(小人)이라 한다.

註 "소인부지천명(小人不知天命) 이불외야(而不畏也)." 소인은[小人] 본성을[天命] 모른다[不知]. 그래서[而] {소인(小人)은 천명(天命)을} 두려워하지 않는 것[不畏]이다[也].

『논어(論語)』「계씨(季氏)」8

【해독(解讀)】

- 〈선인자불선인지사(善人者不善人之師)〉에서 선인자(善人者)는 주부(主部) 노릇하고, 불선인지(不善人之)는 사(師)를 꾸미는 형용사구 노릇하며, 사(師)는 주격보어 노릇한다. 〈인을[人] 선하게 하는[善] 것은[者] 불선인의[不善人之] 스승이다[師].〉
- 선인자(善人者)의 자(者)는 〈지사(之事)〉의 줄임인 〈일(짓) 자(者)〉이다.
- 선인자불선인지사(善人者不善人之師)는 〈AB야(也)〉 또는 〈A시(是)B〉의 상용문이다. 〈A는 B이다[也].〉 〈A는 B이다[是].〉

27-10 不善人者善人之資(불선인자선인지자)

▶ 사람을[人] 선하지 못하게 하는[不善] 것은[者] 사람을[人] 선하게 하는[善之] 밑천이다[資].

아니 불(不), 선할 선(善), 것 자(者), 조사(~의) 지(之), 밑천 자(資)

【지남(指南)】

〈불선인자선인지자(不善人者善人之資)〉 역시 오선(五善)의 습명(襲明)을 거듭 밝힌다. 〈불선인자(不善人者)〉의 자(者)는 불선행(不善行) · 불선언(不善言) · 불선수(不善數) · 불선폐(不善閉) · 불선결(不善結) 등의 오불선(五不善)을 말하고, 이는 성인(聖人)에게서 밝음[明]을 본받을 줄 몰라 외면하는 짓이다[者].

불선인(不善人)은 성인(聖人)의 구인(救人) · 구물(救物)을 알지 못하고 오선(五善)도 모른다. 오선(五善)을 알고 오선(五善)을 행하는 삶을 누리는 사람은 능히 자화(自化)하므로 남에게 구제(救濟)받지 않아도 된다. 그러나 선인(善人)이 불선인(不善人)을 외면한다면 성인(聖人)의 본받기를 저버리는 짓이다. 왜냐하면 성인(聖人)은 무기인(無棄人)하고 무기물(無棄物)하기 때문이다. 불선인(不善人)일지라도 외면하지 않고 불선(不善)을 선(善)으로 구제함이 성인(聖人)의 구인(救人)이니, 불선인(不善人)의 불선(不善)을 선(善)으로 구제함이 〈선인지자(善人之資)〉의 자(資)이다.

〈자(資)〉는 빌려줘[借] 도와줌[助]인지라 『맹자(孟子)』의 중야양부중(中也養不中)을 연상시킨다. 선(善)을 남김없이 빌려주어 선행(善行)하도록 도와줌이니, 차자(借資) 즉 빌려주어[借] 도와줌[資]이란 그 자(資) 즉 밑천[資] 삼아 불선(不善)을 벗어나 선(善)으로 돌아옴[復]이다. 이는 인위(人爲)를 벗어나 무위(無爲)로 귀환함이다. 상쟁(相爭) · 상해(相害)의 삶을 극복하고 안거(安居)를 누리게 해주는 밑천은[資] 선인(善人)에게서 비롯한다. 불선인(不善人)의 과욕(過欲)을 과욕(寡欲)으로 이끌면 그 이끎이 곧 선인지(善人之) 밑천[資]이다. 불선(不善)을 선(善)으로 돌아오게 하는 밑천[資]보다 더한 선행(善行)은 없고, 더한 구인(救人) · 구물(救物)도 없다. 만약 선인(善人)이 불선인(不善人)을 외면한다면 그는 이미 선인(善人)이 아니다.

이처럼 선인(善人)은 오선(五善)을 몸소 시행하여 불선인(不善人)을 자화(自化)하게 하고, 자정(自正)하게 하며, 자부(自富)하게 하며, 자박(自樸)하게 함이 곧 불선(不善)을 선(善)으로 옮겨놓는 밑천[資]임을 살펴 새기고 헤아려 깨우치게 하는 말씀이 〈불선인자선인지자(不善人者善人之資)〉이다.

註 "중야양부중(中也養不中) 재야양부재(才也養不才) 고(故) 인요유현부형야(人樂有賢父兄也)" 중용하는 사람은[中也] 중용하지 않는 사람을[不中] 길러주고[養], 재능 있는 사람은[才也] 재능 없는 사람을[不才] 길러준다[養]. 그래서[故] 사람들은[人] 현명한[賢] 부형을[父兄] 간직하기를[有] 좋아하는 것[樂]이다[也]. 『맹자(孟子)』「이루장구하(離婁章句下)」

【보주(補註)】

- 〈불선인자선인지자(不善人者善人之資)〉를 〈불선인지물위자향선인(不善人之物爲資向善人)〉처럼 옮기면 문의(文義)를 좀 더 쉽게 새길 수 있다. 〈사람을[人] 불선하게 하는[不善之] 것은[物] 사람을[人] 선하게 하기[善] 위한[向] 밑천이[資] 된다[爲].〉
- 선인지자(善人之資)의 자(資)는 인위(人爲)에서 무위(無爲)로 복귀(復歸) 즉 되돌아옴[復歸]이다. 따라서 불선인(不善人)이 선인(善人)으로 자화(自化)하게 선인(善人)이 불선인(不善人)을 구함을 여기 자(資)가 암시하고 있다.

【해독(解讀)】

- 〈불선인자선인지자(不善人者善人之資)〉에서 불선인자(不善人者)는 주부(主部) 노릇하고, 선인지(善人之)는 자(資)를 꾸미는 형용사구 노릇하며, 자(資)는 주격보어 노릇한다. 자(資)는 〈도와줄 조(助) · 빌려줄 차(借)〉 등과 같다. 〈불선인이란[不善人] 것은[者] 선인의[善人之] 밑천이다[資].〉
- 불선인자선인지자(不善人者善人之資) 역시 〈AB야(也) · A시(是)B · AB〉의 구문이다. 한문에는 영어의 〈be〉 같은 계사(繫詞)가 없어서 명사 · 형용사 등이 곧 술부(述部) 노릇한다. 말하자면 〈It is small.〉을 〈타소(他小)〉라 하면 된다. 〈A는 B이다[也].〉 〈A는 B이다[是].〉 〈그것은[他] 작다[小].〉

27-11 不貴其師(불귀기사) 不愛其資(불애기자) 雖智(수지) 大迷(대미)

▶{불선인(不善人)이} 그[其] 스승을[師] 귀하게 여기지 않고[不貴] {선인(善人)이} 그[其] 밑천을[資] (빌려주기를) 좋아하지 않으면[不愛] 비록[雖] 슬기롭다 한들[智] 크게[大] 미혹한다[迷].

않을 불(不), 존귀할 귀(貴), 그 기(其), 스승 사(師), 아낄 애(愛), 그 기(其), 밑천 자(資), 비록 수(雖), 슬기로울 지(智), 매우 대(大), 미혹할 미(迷)

【지남(指南)】

〈불귀기사(不貴其師) 불애기자(不愛其資) 수지(雖智) 대미(大迷)〉는 성인(聖人)의 습명(襲明)을 외면하여 업신여기거나[狎] 저버림[棄]을 밝힌다. 〈불귀기사(不貴其師)〉는 불선인(不善人)이 선인(善人)을 압(狎)함이고, 〈불애기자(不愛其資)〉는 선인(善人)이 불선인(不善人)을 저버림이다. 성인(聖人)의 습명(襲明)을 업신여김은 스스로 선(善)하지 않음을 두려워하지 않음이고, 성인(聖人)의 습명(襲明)을 본받아 행하기를 좋아하지 않음은[不愛] 불선인(不善人)의 어둠[暗]을 팽개침[棄]이다. 선인(善人)이라 해도 습명(襲明)의 밝음[明]으로 불선인(不善人)의 어둠[暗]을 명[明]으로 자화(自化)하게 않는다면 성인(聖人)을 진정으로 본받지[法] 않음이다.

불선인(不善人)이 선인(善人)을 자신의 스승으로 모시지 않음은 습명(襲明)의 명(明)을 모르는 탓이다. 습명(襲明)의 명(明)을 모르면 아무리 외물(外物)에 대해 많이 안다[智] 할지라도 그런 지자(智者)는 『장자(莊子)』의 외중자(外重者)와 다를 바 없다. 바깥 것에[外] 치우쳐 외물(外物)을 소중히 하는[重] 지자(智者)는 현덕(玄德) 즉 상덕(常德)을 외면하고 외물(外物)에만 사로잡히기 때문에, 대미(大迷) 즉 크게 미혹(迷惑)하여 자신이 불선인(不善人)임을 깨닫지 못함을 살펴 헤아려서 깨우치게 하는 말씀이 〈불귀기사(不貴其師) 불애기자(不愛其資) 수지(雖智) 대미(大迷)〉이다.

註 "기교일야(其巧一也) 이유소긍(而有所矜) 즉중외야(則重外也) 범외중자내졸(凡外重者內拙)." 그[其] 재주는[巧] 마찬가지[一]이지만[也], 그러나[而] 아끼는[矜] 것이[所] 있으면[有] 곧장[則] 바깥 것을[外] 소중히 여기는 것[重]이다[也]. 무릇[凡] 바깥 것을[外] 소중히 여기는[重] 사람은[者] 속이[內] 졸렬하다[拙].

『장자(莊子)』「달생(達生)」

【보주(補註)】

● 〈불귀기사(不貴其師) 불애기자(不愛其資) 수지(雖智) 대미(大迷)〉를 〈약불선인 불귀기사(若不善人不貴其師) 수지자(雖智者) 기지자대미(其智者大迷) 이약선인

불애선기자(而若善人不愛善其資) 수지자(雖智者) 기지자대미(其智者大迷)〉처럼 옮기면 문의(文義)를 좀 더 쉽게 새길 수 있다. 〈만약[若] 불선(不善)한 사람이[人] 제[其] 스승을[師] 소중히 하지 않는다면[不貴] 비록[雖] 슬기로운[智] 사람일지라도[者] 그[其] 지자는[智者] 크게[大] 미혹하다[迷]. 그리고[而] 만약[若] 선한[善] 사람이[人] 제[其] 도움을[資] 소중히 하지 않는다면[不愛] 비록[雖] 슬기로운[智] 사람일지라도[者] 그[其] 지자는[智者] 크게[大] 미혹하다[迷].〉

- 불귀시사(不貴其師)는 불선인(不善人)의 방자함을 말하고, 불애기자(不愛其資)는 비선인(非善人) 즉 선인(善人)이 아님을[非] 뜻한다.

【해독(解讀)】

- 〈불귀기사(不貴其師) 불애기자(不愛其資) 수지(雖智) 대미(大迷)〉는 조건의 종절 둘과 양보의 종절 하나 그리고 주절로 이루어진 복문(複文)이다. 〈기사를[其師] 불귀한다면[不貴] 기자를[其資] 불애한다면[不愛] 비록[雖] 지할지라도[智] 대미한다[大迷].〉
- 불귀기사(不貴其師)에서 조건의 접속사(~만약) 노릇할 약(若)과 주어 노릇할 불선인(不善人)은 생략되었지만, 불(不)은 귀(貴)의 부정사(否定詞) 노릇하고, 귀(貴)는 동사 노릇하며, 기사(其師)는 귀(貴)의 목적어 노릇한다. 〈만약[若] 불선인이[不善人] 제[其] 스승을[師] 귀히 하지 않는다면[不貴]〉
- 불애기자(不愛其資)에서 조건의 접속사(만약) 노릇할 약(若)과 주어 노릇할 선인(善人)은 생략되었지만, 불(不)은 애(愛)의 부정사(否定詞) 노릇하고, 애(愛)는 동사 노릇하며, 기자(其資)는 귀(貴)의 목적어 노릇한다. 귀(貴)는 〈높일 존(尊)〉과 같아 존귀(尊貴)의 줄임말로 여기면 된다. 〈만약[若] 선인이[善人] 제[其] 밑천을[資] 좋아하지 않는다면[不愛]〉
- 수지(雖智)에서 수(雖)는 양보의 접속사 노릇하고, 주어 노릇할 선인여불선인(善人與不善人)은 생략되었지만 지(智)는 동사 노릇한다. 지(智)는 33장(章) 〈지인자지(知人者智)〉의 지(智)로, 외물(外物) 즉 바깥 것들[外物]을 많이 앎[知]을 뜻한다. 〈비록[雖] 선인과[善人與] 불선인이[不善人] 바깥 것을[事物] 많이 안다 할지라도[智]〉
- 대미(大迷)에서 주어 노릇할 선인여불선인(善人與不善人)은 생략되었지만, 대

(大)는 미(迷)를 꾸미는 부사 노릇하고, 미(迷)는 동사 노릇한다. 대(大)는 〈매우 심(甚)〉과 같아 심대(甚大)의 줄임말로 여기면 되고, 미(迷)는 〈헷갈릴 혹(惑)〉과 같아 미혹(迷惑)의 줄임이다. 〈선인과[善人與] 불선인은[不善人] 크게[大] 미혹한다[迷].〉

27-12 是謂要妙(시위요묘)

▶ 이를[是] 정요하고[要] 현묘함이라[妙] 한다[謂].

이 시(是), 일컬을 위(謂), 긴요할 요(要), 현묘할 묘(妙)

【지남(指南)】

〈시위요묘(是謂要妙)〉는 성인(聖人)의 〈습명(襲明)〉이 선인(善人)을 더욱더 선(善)하게 하고, 불선인(不善人)을 천선(遷善)하게 함을 밝힌다. 습명(襲明)은 선인(善人)으로 하여금 불선인(不善人)을 선(善)으로 자화(自化)하게 함이니 요묘(要妙)하다. 그리고 습명(襲明)은 불선인(不善人)으로 하여금 선인(善人)을 본받아 택선(擇善)하게 함이니 또한 요묘(要妙)하다. 여기 요묘(要妙)는 정요지리(精要之理)와 현묘지리(玄妙之理)의 줄임이다. 더없이 긴요한[精要之] 이치와[理], 깊고 깊어 헤아릴 수 없는[玄妙之] 이치를[理] 〈요묘(要妙)〉라고 한 것이다.

익지(益智) 즉 바깥 것을 많이 알면 알수록[益智] 미혹(迷惑)에서 벗어나야 할 터인데, 오히려 익지(益智)할수록 더욱더 미혹(迷惑)에 빠져버림이 여기 〈대미(大迷)〉이다. 인지(人智)란 분별하여 시비하고 그 시비로써 논란을 일삼는지라 대미(大迷)에 빠져들 수밖에 없다. 이러한 대미(大迷)는 2장(章)에서 살핀 〈개지선지위선(皆知善之爲善) 사불선이(斯不善已)〉를 상기한다면, 선역불선(善亦不善)이란 현묘(玄妙)한 이치로써 대미(大迷)는 구제될 수 있다. 선(善) · 불선(不善)의 양분(兩分)이란 천도(天道) 즉 자연의[天] 규율[道]에는 없음을 깨닫는다면, 익지(益智)할수록 대미(大迷)하는 까닭을 깨우칠 수 있음이 여기 요묘(要妙)에 간직된 깊은 가르침이다. 그래서 여기 요묘(要妙)가 『장자(莊子)』에 나오는 〈양행(兩行)〉을 환기시켜준다.

불선인(不善人)이 선인(善人)으로 말미암아 천선(遷善)하여 자화(自化)함은 귀사(貴師)함이고, 선인(善人)이 불선인(不善人)으로 말미암아 선(善)을 베풀게 됨은 애자(愛資) 즉 선하게 하는 밑천을[資] 소중히[愛] 함이다. 불선인(不善人)이 선인(善人)을 스승[師]으로 삼으면 절로 성인(聖人)의 밝음[明]을 물려받게[襲] 되고, 선인(善人)이 불선인(不善人)으로 하여금 자화(自化)하게 하고자 그를 도와주면[資] 또한 성인(聖人)의 명(明)을 습(襲)하게 된다. 습명(襲明)이란 상덕(常德)을 밝힘[明]으로, 중명(重明) 즉 밝음을[明] 쌓음[重]이라 한다.

상덕(常德)을 밝히면 밝힐수록 선(善)으로 자화(自化)하는 가르침이 더욱더 밝아지고, 상덕(常德)을 외면하고 외물(外物)을 밝히고 밝혀 인지(人智)를 밝히면 밝힐수록 선(善)으로 자화(自化)하는 가르침이 더욱더 어두워짐[暗]이야말로 요묘(要妙)의 이치임을 살펴 새기고 헤아려 깨우치게 결론해 놓은 말씀이 〈시위요묘(是謂要妙)〉이다.

【보주(補註)】

- 〈시위요묘(是謂要妙)〉를 〈귀사여애자위지요묘(貴師與愛資謂之要妙)〉처럼 옮기면 문의(文義)를 좀 더 쉽게 새길 수 있다. 〈스승을[師] 받듦과[貴與] 밑천을[資] 좋아함[愛] 그것을[之] 요묘라[要妙] 한다[謂].〉
- 시위요묘(是謂要妙)에서 요묘(要妙)는 『장자(莊子)』의 양행(兩行)과 더불어 고지도술(古之道術)을 상기시킨다.

註 "조삼모사(朝三暮四) 중저개로(衆狙皆怒) 연즉조사모삼(然則朝四暮三) 중저개열(衆狙皆悅) 명실미휴이희로위용(名實未虧而喜怒爲用) 역인시야(亦因是也) 시이성인화지이시비(是以聖人和之以是非) 이휴호천균(而休乎天均) 시지위양행(是之謂兩行)." 아침에[朝] 세 개이고[三] 저녁에[暮] 네 개다[四]. (그러자) 뭇 원숭이들이[衆狙] 모두[皆] 화를 냈다[怒]. 그렇다면[然則] 아침에[朝] 네 개고[四] 저녁에[暮] 세 개다[三]. (그러자) 뭇 원숭이들이[衆狙] 모두[皆] 좋아했다[悅]. 명칭도[名] 내용도[實] 변함이[虧] 없는데[未而] 기쁨과[喜] 노여움이[怒] 생겼다[爲用]. (그러니) 역시[亦] {시비(是非)를 떠난 법자연(法自然)의} 그러함에[是] 맡기는 것[因]이다[也]. 이렇기[是] 때문에[以] 성인은[聖人] 인시(因是)로[之]써[以] 시비를[是非] 화합시켜서[和而] 자연의[天] 균형에서[乎均] 쉰다[休]. 이것을[是之] 양행이라[兩行] 한다[謂].

인시(因是)는 인대시(因大是)의 줄임이고, 인(因)은 여기선 〈맡길 임(任)〉과 같고, 대시(大是)란 시비를 떠난 크나큰[大] 그러함[是]으로서 도법자연(道法自然)의 법자연(法自然) 즉 자연(自然)을 본받는[法] 그러함[是]이다. 양행(兩行)이란 피차(彼此)가 제 자리를 얻고 그 사이에 아무런 걸림이 없음이다. 『장자(莊子)』「제물론(齊物論)」

註 "공이부당(公而不黨) 이이무사(易而無私) 결연무주(決然無主) 취물이불양(趣物而不兩) 불고어려(不顧於慮) 불모어지(不謀於知) 어물무택(於物無擇) 여지구왕(與之俱往) 고지도술(古之道術) 유재어시자(有在於是者)." 공평해서[公而] 패거리짓지 않고[不黨], 간이하면서도[易而] 사심이 없고[無私], 결연하게[決然] 주장함이[主] 없으며[無], 만물에[物] 순응하면서[趣而] 피차로 나누지 않고[不兩], 생각에[於慮] 매달리지 않으며[不顧], 지식으로[於知] 꾀하지도 않으며[不謀], 사물을[物] 간택함이[擇] 없어[無] 사물과[與之] 두루[俱] 통한다[往]. 옛날의[古之] 도술은[道術] 이런[是] 것들[者]로[於] 있었다[有在]. 『장자(莊子)』「천하(天下)」

【해독(解讀)】

- 〈시위요묘(是謂要妙)〉에서 시(是)는 위(謂)의 목적어가 전치된 것이고, 위(謂)는 타동사 노릇하며, 요묘(要妙)는 목적보어 노릇한다. 〈이를[是] 요묘라[要妙] 한다[謂].〉
- 시위요묘(是謂要妙)는 〈A지위(之謂)B〉 또는 〈A위지(謂之)B〉의 상용문이다. 〈A지위(之謂)B〉에서 지(之)는 토씨(~을) 노릇하는 어조사로 여기면 되고, 〈A위지(謂之)B〉에서 지(之)는 전치된 A를 대신하는 허사(虛詞)로서 〈그것 지(之)〉로 문맥을 잡으면 된다. 물론 지(之)를 무시하고 새겨도 된다. 〈A를[A之] B라 한다[謂].〉 〈A 그것을[之] B라 한다[謂].〉

상덕장(常德章)

노자(老子)의 기본적인 생각이 잘 드러나는 장(章)이다. 노자(老子)의 술어(術語)들이 많이 등장한다. 자웅(雌雄)을 비유로 들어 수컷의[雄] 강동(剛動) 즉 굳셈과[强] 활동을[動] 알되[知], 암컷의[雌] 유정(柔靜) 즉 부드러움과[柔] 고요함을[靜] 지키면[守] 겸하(謙下)하여 온갖 것을 끌어안는 상덕(常德)을 떠나지 않아 순진(純眞)으로 돌아옴을[歸] 깨닫게 하는 장(章)이다. 그 깨달음을 〈계(谿) · 곡(谷) · 영아(嬰兒) · 박(樸)〉 등의 비유로 밝힌다. 계(谿) · 곡(谷)은 처하(處下)하기 때문에 겸하(謙下)하고 모든 것을 함용(涵容)함을 비유하고, 영아(嬰兒)는 순진함을[純眞] 비유하며, 박(樸)은 질박함을[質朴] 비유하여 자연을[自然] 깨달아 인간으로 하여금 처하(處下)하여 부쟁(不爭)하는 삶을 누리도록 이끌어가는 장(章)이다.

【원문(原文)】

知其雄하고 守其雌하면 爲天下谿이다 爲天下谿하면 常德不離하여 復歸於嬰兒한다 知其白하고 守其黑 爲天下式 爲天下式 常德不忒 復歸於無極 知其榮 守其辱하면 爲天下谷한다 爲天下谷하면 常德乃足하여 復歸於樸한다 樸散則爲器한다 聖人用之하면 則爲官長한다 故로 大制는 不割한다

(지기웅 수기자 위천하계 위천하계 상덕불리 복귀어영아 지기백 수기흑 위천하식 위천하식 상덕불특 복귀어무극 지기영 수기욕 위천하곡 위천하곡 상덕내족 복귀어박 박산즉위기 성인용지 즉위관장 고 대제 불할)

그[其] 수컷을[雄] 알고[知] 그[其] 암컷을[雌] 지키면[守] {그 지수(知守)는} 세상을[天下] 담는 시내가[谿] 된다[爲]. 온 세상의[天下] 시내가[谿] 되면[爲] 상덕이[常德] {그 계(谿)를} 떠나지 않고[不離], 갓난애로[於嬰兒] 되[復]돌아온다[歸]. 그[其] 흼을[白] 알고[知] 그[其] 검음을[黑] 지키므로[守] 세상의[天下] 법식이[式] 된다[爲]. 세상의[天下] 법식이[式] 되니[爲] 상덕이[常德] 어긋나지 않는다[不忒]. 무극으로[於無極] 되[復]돌아온다[歸]. 그[其] 영화를[榮] 안다[知]. 그[其] 검음을[辱] 지키면[守] 온 세상의[天下] 골짜기가[谷] 된다[爲]. {지수(知守)로써} 세상의[天下] 골짜기가[谷] 되니[爲] 상덕은[常德] 이내[乃] 만족되며[足] 자연으로[於樸] 되[復]돌아온다[歸]. 나뭇등걸이[樸] 분산되면[散] 곧[則] 만물이[器] 된다[爲]. 성인이[聖人] 그것을[之] 쓰기 때문에[用] 곧[則] {성인(聖人)은} 백관의[官] 수장이[長] 된다[爲]. 그러므로[故] 크나큰[大] 다스림은[制] {박(樸)을} 해치지 않는다[不割].

註 28장(章)은 〈지기백(知其白)〉과 〈수기욕(守其辱)〉 사이에 〈수기흑(守其黑) 위천하식(爲天下式) 위천하식(爲天下式) 상덕불특(常德不忒) 복귀어무극(復歸於無極) 지기영(知其榮)〉의 육구(六句)가 『노자(老子)』의 여러 본(本)들에 들어 있다. 그러나 이는 후인(後人)이 전사(傳寫)하면서 찬입(竄入) 즉 슬쩍[竄] 끼워 넣은[入] 것이란 주장들이 용인되고 있다. 이 육구(六句)를 28장(章)의 원문(原文)에서 산거(刪去) 즉 깎아내[刪] 제거함이[去] 타당하다는 설(說)을 따랐다.

이는 곧 〈지기웅(知其雄) 수기자(守其雌) 위천하계(爲天下谿)⋯⋯ 지기백(知其白) 수기욕(守其辱) 위천하곡(爲天下谷)〉으로 한다는 주장을 받아들임이니, 28장(章) 원문(原文)에서 〈수기흑(守其黑) 위천하식(爲天下式) 위천하식(爲天下式) 상덕불특(常德不忒) 복귀어무극(復歸於無極) 지기영(知其榮)〉의 육구(六句)를 산거(刪去) 즉 깎아내[刪] 제거[去]하고, 이 육구(六句)의 지남(指南)과 보주(補註)와 해독(解讀)은 28장(章)의 끝에 참고 삼아 따로 첨부해두었다.

28-1 知其雄(지기웅) 守其雌(수기자) 爲天下谿(위천하계)

▶ 그[其] 수컷을[雄] 알고[知] 그[其] 암컷을[雌] 지키면[守] {그 지수(知守)는} 세상을[天下] 담는 시내가[谿] 된다[爲].

알 지(知), 그 기(其), 수컷 웅(雄), 지킬 수(守), 암컷 자(雌), 될 위(爲), (골짜기 맨 밑) 시내 계(谿)

【지남(指南)】

〈지기웅(知其雄) 수기자(守其雌) 위천하계(爲天下谿)〉는 성인(聖人)이 상도(常道)의 짓[象]을 본받는 기요(機要)를 밝힌다. 상도(常道)의 짓[象]이란 끊임없는 조화(造化)이다. 화(化)는 끊임없이 바뀜[易]이니, 조화란 끊임없는 변화를 이루어냄[造]이다. 그 변화가 일음일양(一陰一陽)이다. 천지만물은 상도(常道)가 짓는 일음일양(一陰一陽)으로 생사(生死)를 누린다. 〈지기웅(知其雄)〉은 일음일양(一陰一陽)의 일양(一陽)을 앎이고[知], 〈수기자(守其雌)〉는 일음일양(一陰一陽)의 일음(一陰)을 지킴[守]이다. 〈위천하계(爲天下谿)〉의 계(谿)로써 법자연(法自然)의 지수(知守)를 비유하는 것이다.

지기웅(知其雄)의 〈웅(雄)〉인 수컷은[雄] 양기(陽氣)이고, 움직임[動]이며, 굳셈[剛]이고, 나아감[進]이다. 그러니 지기웅(知其雄)이란 양기를 알고[知] 움직임[動]을 알고[知] 굳셈을[剛] 알아 나아감을[進] 앎인지라, 강동(剛動)과 약진(躍進)을 알라 함이다. 수기자(守其雌)의 〈자(雌)〉인 암컷은[雌] 음기이고, 고요함[靜]이며, 부드러움[柔]이고, 낮춤[下]이니, 음기(陰氣)를 지키고[守], 고요함[靜]을 지키고, 부드러움을[柔] 지키고, 자기를 낮춤을[下] 지킴이라, 유정(柔靜)과 겸하(謙下)를 지키라 함이다. 자웅(雌雄)에서 자(雌) 즉 암컷을[雌] 본(本)으로 삼고, 웅(雄) 즉 수컷을[雄] 말(末)로 삼고 있음이다. 그래서 『노자(老子)』에는 〈천하부(天下父)〉라는 술어(術語)는 없고 **천하모(天下母)**란 술어가 52장(章)에 나오는 것이다.

어떻게 웅(雄)을 알고[知] 자(雌)를 지켜야[守] 하는가? 〈위천하계(爲天下谿)〉의 〈계(谿)〉가 지(知) · 수(守)를 깨닫게 한다. 계(谿)는 곡지저(谷之低) 즉 골짜기[谷]의 밑[低]도 되고, 공곡(空谷) 즉 빈[空] 골짜기[谷]도 되며, 그냥 〈텅빈 허(虛)〉도 되고, 골짜기의 모든 유수(流水)가 흘러드는 내[溪]도 된다. 실개천이[川] 흘러드는 계(谿)와 계(溪)는 같다. 유수(流水)는 물의 움직임[動]이고 지수(止水)는 물의 멈춤[止]이니, 계(谿)란 움직임과[動] 고요함[靜]의 비유이다. 그러므로 계(谿)는 세상을 담고 있는 공곡(空谷)을 비유할 수도 있고, 나아가 겸하(謙下)를 비유할 수도 있다.

세상은 일음일양(一陰一陽)의 도리(道理)가 쉼 없이 일어나는 공곡(空谷)인 셈이니, 위천하계(爲天下谿)의 계(谿)는 4장(章)의 **도충이용지(道沖而用之)**와 42장(章)의 **만물부음이포양(萬物負陰而抱陽) 충기이위화(沖氣以爲和)** 그리고 45장(章)의 **대영약충(大盈若沖)**을 상기시킨다. 계(谿)는 상도(常道)의 체(體)인 충(沖)을 비유한다. 충(沖)은 허(虛)이고 중(中)이며 화(和)이다. 위천하계(爲天下谿)의 계(谿)는 골짜기의 모든 유수(流水)가 모여들고 어울려[和] 하나가 되게 하므로 유수(流水)가 흘러 냇물로 어울리는[和] 계(谿)는 상도(常道)의 비유이기도 하고, 나아가 그 상도(常道)의 짓인 상덕(常德)을 오로지 본받는 성인(聖人)의 비유가 되기도 한다.

양기(陽氣)의 움직임[動]만 알고 음기(陰氣)의 고요함[靜]을 지키지 않으면 상도(常道)가 짓[象]는 조화를 본받을[法] 수 없고, 음기(陰氣)의 정(靜)만 지키고[守] 양기(陽氣)의 동(動)을 외면해도 상도(常道)의 조화를 법(法)할 수 없음을 알고 지키기 때문에 성인(聖人)은 천하계(天下谿)가 된다. 그러므로 천도(天道) 즉 자연의[天] 규율을[道] 오로지 따라 자연에 맡겨 본받는[法] 지수(知守) 즉 알고[知] 지키는[守] 이치를 깊이 살펴 새기고 헤아려 깨닫게 하는 말씀이 〈지기웅(知其雄) 수기자(守其雌) 위천하계(爲天下谿)〉이다.

註 "천하유시(天下有始) 이위천하모(以爲天下母)." 온 세상에[天下] 시원이[始] 있고[有], (그 시원으로) 써[以] 온 세상의[天下] 어머니로[母] 삼는다[爲]. 『노자(老子)』 52장(章)

註 "도충이용지(道沖而用之) 혹불영(或不盈)." 도는[道] 빔이고[沖而] 그것을[之] 베풀어 행하나[用], {그 용(用)은} 가득 채우지 않는[不盈] 듯하다[或]. 『노자(老子)』 4장(章)

註 "만물부음이포양(萬物負陰而抱陽) 충기이위화(沖氣以爲和)." 온갖[萬] 것은[物] 음기를[陰] 지고[負] 양기를[陽] 안고[抱], 충기[沖氣]로써[以] 어울림을[和] 삼는다[爲]. 『노자(老子)』 42장(章)

註 "대영약충(大盈若沖) 기용불궁(其用不窮)." 큰[大] 채움은[盈] 텅 빈[沖] 듯하지만[若], 그[其] 쓰임은[用] 다함이[窮] 없다[不]. 『노자(老子)』 45장(章)

【보주(補註)】

- 〈지기웅(知其雄) 수기자(守其雌) 위천하계(爲天下谿)〉를 〈약하인지기웅(若何人知其雄) 이약하인수기자(而若何人守其雌) 타지수위천하계(他知守爲天下谿)〉처럼 옮기면 문의(文義)를 좀 더 쉽게 새길 수 있다. 〈만약[若] 누구나[何人] 그[其] 수컷을[雄] 안다면[知], 그리고[而] 만약[若] 누구나[何人] 그[其] 암컷을[雌] 지킨다면[守], 그 사람의[他] 앎과[知] 지킴은[守] 세상의[天下] 시내가[谿] 된다[爲].〉
- 지기웅(知其雄)의 웅(雄)은 양기(陽氣) · 동(動) · 신(伸) · 형(形)을 비유함이고, 나아가 웅(雄)은 심동(心動)과 약진(躍進)의 상(像)이다. 수기자(守其雌)의 자(雌)는 음기(陰氣) · 정(靜) · 굴(屈) · 장(藏)을 비유함이고, 나아가 자(雌)는 심정(心靜)과 겸하(謙下)의 상(像)이다.
- 위천하계(爲天下谿)에서 계(谿)는 골짜기 맨 밑도 되고, 공곡(空谷)도 되며, 비움[虛]도 되고, 수주천(水注川) 즉 온갖 물줄기가 흘러드는 내[川]도 된다. 천하계(天下谿)의 계(谿)는 산골짜기[山谷] 맨 밑에 있는 산천(山川)으로, 어느 산곡(山谷)에든 밑에는 내가 있다. 물론 계(谿)는 메말라 있을 때도 있지만, 비가 내리면 온 산의 물이 골짜기 밑 계(谿)로 흘러든다. 그래서 천하계(天下谿)를 〈인능겸하여심계(人能謙下如深谿) 즉덕상재(則德常在) 불복리어기(不復離於己)〉라고 풀이하기도 하고, 〈겸하(謙下)〉의 비유로 들기도 한다. 〈사람이[人] 깊은[深] 산골짜기 내[谿]같이[如] 겸허하게[謙] 낮출[下] 수 있다면[能] 곧장[則] 덕이[德] 늘[常] 있어서[在] 자신에게서[於己] 다시는[復] 떠나지 않는다[不離].〉

【해독(解讀)】

- 〈지기웅(知其雄) 수기자(守其雌) 위천하계(爲天下谿)〉는 두 조건절과 하나의 주절로 이루어진 복문(複文)이다. 〈지기웅하면[知其雄] (그리고) 수기욕하면[守其雌], 천하의[天下] 계가[谿] 된다[爲].〉
- 지기웅(知其雄)에서 주어는 생략되었지만, 지(知)는 동사 노릇하고, 기웅(其雄)

은 지(知)의 목적어 노릇한다. 접속사를 생략했기 때문에 지기웅(知其雄)을 조건절로 잡음은 전후 문맥으로 알아내야 한다. 약(若) 같은 조건의 접속사를 생략한 것이다. 〈기웅을[其雄] 알면[知]〉

- 수기자(守其雌)에서도 주어는 생략되었지만, 수(守)는 동사 노릇하고, 기자(其雌)는 수(守)의 목적어 노릇한다. 〈기자를[其雌] 지키면[守]〉
- 위천하계(爲天下谿)에서 주어는 생략되었지만, 위(爲)는 동사 노릇하고, 천하(天下)는 계(谿)를 꾸미는 형용사 노릇하며, 계(谿)는 위(爲)의 보어 노릇한다. 위(爲)는 〈~이다 시(是)〉와 같이 새겨도 되고, 〈될 성(成)〉과 같다고 여겨도 된다. 천하계(天下谿)는 〈천하지계(天下之谿)〉의 줄임이다. 〈천하계가[天下谿] 된다[爲].〉 〈천하계(天下谿)이다[爲].〉 〈천하의[天下之] 계(谿)〉

28-2 爲天下谿(위천하계) 常德不離(상덕불리)

▶ 온 세상의[天下] 시내가[谿] 되면[爲] 상덕이[常德] {그 계(谿)를} 떠나지 않는다[不離].

될 위(爲), (골짜기 맨 밑) 시내 계(谿), 늘 상(常), 큰 덕(德), 떠나갈 리(離)

【지남(指南)】

〈위천하계(爲天下谿) 상덕불리(常德不離)〉는 성인(聖人)은 천하계(天下谿)를 본받아 상덕(常德)을 떠나지 않음을[不離] 밝힌다. 성인(聖人)은 지웅(知雄)하고 수자(守雌)하여 상덕(常德)을 떠나지 않으므로, 세상의 냇물이 흘러드는 천하계(天下谿)처럼 되는 것은 포일(抱一)하여 세상을 지키기[抱] 때문이다. 만물만사(萬物萬事)는 자웅(雌雄)을 포일(抱一)하고 있음[有]이니, 있다는 것[有者]은 부음이포양자(負陰而抱陽者) 즉 음(陰)을 지고[負] 양(陽)을 지키는[抱] 것으로[者] 만물을 말한다. 그러므로 성인(聖人)은 만물마다의 사(事)와 이(理)를 포일(抱一)하여 아는[知] 동시에 지킨다[守].

여기 수컷을 알고[知雄] 암컷을 지킴[守雌]은 10장(章) **재영백포일(載營魄抱一) 능무리호(能無離乎)**란 말씀을 상기시킨다. 왜 성인(聖人)은 상덕(常德)을 떠나지

[離] 않는가? 오로지 포일(抱一)로만 사물의 웅(雄) 즉 강동(剛動)을 지(知)하고, 자(雌)의 유정(柔靜)을 수(守)하기 때문이다. 성인(聖人)은 포일(抱一)로 상덕(常德)을 떠나지[離] 않고 온갖 것의 강유(剛柔)을 알고 지키면서 행한다. 음양(陰陽)이 민민(緡緡) 즉 딱 어울려[緡緡] 일음일양(一陰一陽)으로 성명(性命)의 자웅(雌雄) 즉 강유(剛柔)를 서로 얻게[相得] 함이 상덕(常德)이다. 이러한 상덕(常德)을 떠나지 않고 · 잃지 않고 · 버리지 않으며 · 어기지 않아[不離] 성인(聖人)은 만사만물(萬事萬物)을 지수(知守)한다.

범인(凡人)은 포일(抱一)의 묘(妙)를 떠나, 암컷은 암컷이고 수컷은 수컷이라 자웅(雌雄)을 둘로 나누어 알려 하고[欲知] 지키려 한다[欲守]. 말하자면 범인(凡人)은 일음일양(一陰一陽)의 천도(天道)를 외면하려 하므로 상덕(常德)을 떠나 시비를 벗어난 하나[一]가 아니라 시비를 좇는 둘[二]로, 상도(常道)의 조화를 알지 못하고 또 지킬 줄 모른다. 이를 반문하여 상덕(常德)을 떠나서는 안 되는 이치를 살펴 새기고 헤아려 깨우치게 하는 말씀이 〈위천하계(爲天下谿) 상덕불리(常德不離)〉이다.

註 "재영백포일(載營魄抱一) 능무리호(能無離乎)." 넋(혼백)을[營魄] 싣고서[載] 하나를[一] 지킴을[抱] 떠날 수[能離] 없음[無]이로다[乎]. 『노자(老子)』 10장(章)

【보주(補註)】

- 〈위천하계(爲天下谿) 상덕불리(常德不離)〉를 〈약인지지수위천하계(若人之知守爲天下谿) 상덕불리어인(常德不離於人)〉처럼 옮기면 문의(文義)를 좀 더 쉽게 새길 수 있다. 물론 위천하계(爲天下谿)를 반드시 조건절로 읽어야 하는 것은 아니고 시간절로 보아도 된다. 〈만약[若] 사람의[人之] 지수가[知守] 천하계가[天下谿] 되면[爲] 사람에게서[於人] 상덕은[常德] 떠나지 않는다[不離].〉
- 상덕불리(常德不離)에서 상덕(常德)은 10장(章)의 〈현덕(玄德)〉이며, 4장(章) 〈도충이용지(道沖而用之)〉의 용지(用之)와 같다. 상도(常道)가 충(沖) 즉 허(虛)를 씀[用]이 상덕(常德)이다. 여기서 비움[虛]이란 무사(無私) · 무욕(無欲) · 무아(無我)를 상기시킨다. 그래서 상덕(常德)은 상도(常道)의 용(用)이고, 충(沖)은 허(虛) · 무(無)이다. 허(虛) · 무(無)를 씀[用]이 곧 상덕(常德)이니, 이는 피시(彼

是)가 둘이 아니라 하나가 되는 경지를 말한다. 이런 연유로 상덕(常德)은 『장자(莊子)』의 **동호대순(同乎大順)**의 대순(大順)을 상기시킨다.

註 "성수반덕(性脩反德) 덕지동어초(德至同於初) 동내허(同乃虛) 허내대(虛乃大) 합탁명(合啄鳴) 탁명합(啄鳴合) 여천지위합(與天地爲合) 기합민민(其合緡緡) 약우약혼(若愚若昏) 시위현덕(是謂玄德) 동호대순(同乎大順)." 본성을[性] 닦고 지켜[脩] 상덕으로[德] 돌아간다[反]. 상덕이[德] 지극하여[至] 맨 처음과[於初] 같아진다[同]. (맨 처음과) 같아짐은[同] 텅 빔[虛]이고[乃], 텅 빔은[虛] 크나큼[大]이다[乃]. 같아지면[同] 이내[乃] 비고[虛], 비면[虛] 이내[乃] 크다[大]. 세상의 온갖 논란들을[啄鳴] 화합하고[合], 세상의 온갖 논란들이[啄鳴] 화합해진다[合]. (그 화합은) 자연[天]과[與] 합해진다[爲合]. 그[其] 합해짐은[合] 무지한 모습인지라[緡緡] 어리석은[愚] 듯하고[若], 어리벙벙한[昏] 듯하다[若]. (만물이 자연과 합해짐) 이를[是] 현묘한[玄] 덕이라[德] 하고[謂], 크나큼을[大] 따름과[乎順] 같다[同].

초(初)와 대(大)는 상도(常道)를 뜻한다. 탁명(啄鳴)은 중구(衆口) 즉 세상의 온갖[衆] 입들[口]로서 이는 세상의 시비·논란들을 뜻함이다. 민민(緡緡)은 무지모(無知貌) 즉 지식이[知] 없는[無] 모습[貌]이다. 대순(大順)의 대(大)는 상도(常道)를 뜻한다.

『장자(莊子)』「천지(天地)」

【해독(解讀)】

- 〈위천하계(爲天下谿) 상덕불리(常德不離)〉는 조건절과 주절로 이루어진 복문(複文)이다. 〈천하계가[天下谿] 되면[爲] 상덕이[常德] 떠나지 않는다[不離].〉 〈천하계가[天下谿] 될[爲] 때[時] 상덕이[常德] 떠나지 않는다[不離].〉
- 위천하계(爲天下谿)에서 주어는 생략되었지만, 위(爲)는 동사 노릇하고, 천하(天下)는 계(谿)를 꾸미는 형용사 노릇하며, 계(谿)는 위(爲)의 보어 노릇한다. 위(爲)는 〈~이다 시(是)〉와 같다 여겨도 되고, 〈될 성(成)〉과 같이 새겨도 된다. 〈천하계가[天下谿] 되면[爲]〉 〈천하계(天下谿)이면[爲]〉
- 상덕불리(常德不離)에서 상덕(常德)은 주어 노릇하고, 불(不)은 이(離)의 부정사(否定詞) 노릇하며, 이(離)는 동사 노릇한다. 이(離)는 〈떨어져 나갈 분(分)·멀리할 원(遠)·버릴 거(去)·잃을 실(失)〉 등의 뜻을 낸다. 〈상덕은[常德] 떨어져 나가지 않는다[不離].〉

28-3 復歸於嬰兒(복귀어영아)

▶갓난애로[於嬰兒] 되[復] 돌아온다[歸].

다시 복(復), 돌아올 귀(歸), 조사(~으로) 어(於), 갓난애 영(嬰), 아이 아(兒)

【지남(指南)】

〈복귀어영아(復歸於嬰兒)〉는 상덕(常德)의 누림을 밝힌다. 상덕(常德)을 알고[知] 지킴을[守] 영아(嬰兒)를 들어 비유함이니, 이는 성인(聖人)의 지수(知守)는 시비 · 논란을 초월함을 말한다. 이러한 지수(知守)는 『장자(莊子)』에 나오는 **능이(能移) · 만연(曼衍) · 천예(天倪)**를 환기시켜준다. 천예(天倪)란 자연의 길[倪]이니, 시비와 분별이 없는 영아(嬰兒)와 같은 상도(常道)의 자연(自然) 바로 그것이다. 그러므로 영아(嬰兒)로 되돌아온 지수(知守)는 상덕(常德)과 떨어지지 않고[不離], 상도(常道)의 자연(自然)으로 돌아와 더욱더 함덕(含德)한다.

복귀어영아(復歸於嬰兒)는 55장(章)의 **함덕지후비어적자(含德之厚比於赤子)**란 말씀을 상기시킨다. 영아(嬰兒)로 돌아올수록 함덕(含德) 즉 상도(常道)의 상덕(常德)을 품음이[含] 두터워져[厚] 무위자연(無爲自然)으로 돌아온다. 상도(常道)의 자연(自然)이란 자웅(雌雄)이 하나가 되어 드러나지 않음으로, 62장(章)에 나오는 〈만물지오(萬物之奧)〉 즉 상도(常道)가 만물마다에 간직된 것[奧]이다. 복귀어영아(復歸於嬰兒)의 지수(知守)야말로 포일(抱一)의 지수(知守)로 상덕(常德)을 떠나지 않음[不離]이니, 영아(嬰兒)란 오(奧)의 비유로서 상도(常道)의 자연(自然) 즉 본원(本原)으로 돌아가는 짓[象]의 꼴[像]임을 알 수 있다. 상덕(常德)을 떠나지 않음[不離]으로써 자연(自然)을 본받는[法] 지수(知守)로 되돌아갈[復歸] 수 있음이다.

물론 영아(嬰兒)는 상도(常道)의 자연(自然)을 말하며, 상도(常道)를 이르는 모습이다. 영아(嬰兒)는 무미(無味) · 무취(無臭) · 무성(無聲) · 무색(無色) · 무시(無始) · 무종(無終)의 상(像)이라서 우리 마음 속까지 적연(寂然)하게 하고 무사(無思)하게 하는 것을 일러 영아(嬰兒)로 복귀한 지수(知守)라 한다. 상덕(常德)을 본받아[法] 만사만물(萬事萬物)의 자웅(雌雄)을 어울림[至和]의 하나[一]로 알고[知] 지켜[守] 시비 · 분별을 벗어나[至純] 포일(抱一)하라는 말씀이 〈복귀어영아(復歸於

嬰兒)〉이다.

註 "부형전정복(夫形全精復) 여천위일(與天爲一) 천지자만물지부모야(天地者萬物之父母也) 합즉성체(合則成體) 산즉성시(散則成始) 형정불휴(形精不虧) 시위능이(是謂能移) 정이우정(精而又精) 반이상천(反以相天)." 무릇[夫] 몸이[形] 온전하고[全] 정신이[精] (자연[天]으로) 돌아가면[復] {만물(萬物)은} 자연과[與天] 하나가[一] 된다[爲]. 하늘땅이란[天地] 것은[者] 만물의[萬物之] 어버이[父母]이다[也]. {천지(天地)가} 합해지면[合則] 형정(形精)을[體] 이루고[成], 흩어지면[散則] 태시를[始] 이룬다[成]. 몸과[形] 정신은[精] {본래(本來)로 돌아가니} 이지러지지 않는다[不虧]. 이를[是] 자연의 조화를 순응해[順應] 옮겨 감이라[能移] 한다[謂]. 정성 들이고[精而] 또[又] 정성 들이면[精] 그리하여[反以] 자연을[天] 돕는다[相].

성체(成體)는 생(生)이고, 성시(成始)는 사(死)이다. 사(死)는 태시(太始) 즉 생(生)을 일으킨 것[作者]으로 돌아감[復]을 말한다. 불휴(不虧)는 여기선 받은 것을 본디대로 돌려줌이다. 능이(能移)는 자연의 조화 즉 변화의 짓을 본디대로 좇아 따라감이다. 『장자(莊子)』「달생(達生)」

註 "화성지상대약기불상대(化聲之相待若其不相待) 화지이천예(和之以天倪) 인지이만연(因之以曼衍) 소이궁년야(所以窮年也)." 변하는[化] 말소리를[聲之] 서로[相] 기대함은[待] 그것은[其] 서로[相] 기대하지 않음과[不待] 같다[若]. 시비를 떠난 자연의[天] 나눔으로[倪]써[以] 어울리게 하고[和之], 자연의 변화로[曼衍]써[以] 맡겨둠이[因之] 천수를 누리는[窮年] 방편[所以]이다[也].

화성(化聲)은 저 나름의 판단에 따라 논설(論說)하는 것이다. 천예(天倪)는 자연[天]의 변화에 맡기고 따라갈 뿐 시비를 초월한 자연의 아이로서 무위(無爲)의 상(像)이다. 만연(曼衍)은 자연의 변화에 맡긴 채 자기 의견을 더하지 않음이다. 궁년(窮年)은 천수(天壽)를 누림이다. 화지이천예(和之以天倪)·인지이만연(因之以曼衍)은 무위지심(無爲之心) 즉 무사(無私)·무욕(無欲)·무아(無我)의 삶을 말한다. 천예(天倪)는 시비·분별을 떠난 자연의[天] 분제(分際) 즉 나눔을 뜻한다. 영아(嬰兒)는 곧 천예(天倪)이다. 『장자(莊子)』「제물론(齊物論)」

註 "함덕지후비어적자(含德之厚比於赤子)." 상덕을[德] 품음이[含之] 두터움은[厚] 핏덩이[赤子]와[於] 견줘진다[比]. 『노자(老子)』 55장(章)

【보주(補註)】

- 〈복귀어영아(復歸於嬰兒)〉를 〈지수상덕지인복귀어영아(知守常德之人復歸於嬰兒)〉처럼 옮기면 문의(文義)를 좀 더 쉽게 새길 수 있다. 〈상덕을[常德] 알고[知] 지키는[守之] 사람은[人] 갓난애로[於嬰兒] 돌아온다[復歸].〉
- 복귀어영아(復歸於嬰兒)는 〈귀근(歸根)〉과 같은 말씀이다. 뿌리[根]로 돌아옴[歸]은 상도(常道)의 자연(自然) 즉 본원(本原)으로 귀(歸)함이니, 영아(嬰兒)는

상도(常道)를 비유하는 동시에 무기(無己) · 무사(無私) · 무사(無邪) · 무아(無我)의 비유이다. 물론 복귀어영아(復歸於嬰兒)는 〈유거어법자연(唯居於法自然)〉를 뜻함이다. 〈자연을[自然] 본받으면서[於法] 오로지[唯] 산다[居].〉

【해독(解讀)】

- 〈복귀어영아(復歸於嬰兒)〉에서 복귀(復歸)는 주어가 생략되었지만 중복동사 노릇하고, 어영아(於嬰兒)는 복귀(復歸)를 꾸며주는 부사구 노릇한다. 〈영아로[於嬰兒] 돌아온다[復歸].〉
- 복귀어영아(復歸於嬰兒)는 〈복귀어(復歸於)A〉의 상용문이다. 〈A로[於] 돌아온다[復歸].〉

28-4 知其白(지기백) 守其辱(수기욕) 爲天下谷(위천하곡)

▶ 그[其] 흼을[白] 알고[知] 그[其] 검음을[辱] 지키면[守] 온 세상의[天下] 골짜기가[谷] 된다[爲].

알 지(知), 그 기(其), 흰 백(白), 지킬 수(守), 검을 욕(辱), 골짜기 곡(谷)

【지남(指南)】

〈지기백(知其白) 수기욕(守其辱) 위천하곡(爲天下谷)〉 역시 상덕(常德)의 누림을 밝힌다. 이는 곧 성인(聖人)이 누리는 무위(無爲)의 삶을 밝힘이기도 하다. 상도(常道)의 짓[象]이란 법자연(法自然) 즉 자연에[自然] 오로지 맡겨두고[法] 끊임없이 조화(造化)함이다. 성인(聖人)은 이러한 법자연(法自然)을 따라 본받아 만사만물(萬事萬物)을 알고[知] 그 변화를 지킨다[守]. 〈지기백(知其白) 수기욕(守其辱)〉 역시 앞서 살핀 〈지기웅(知其雄) 수기자(守其雌)〉와 같은 말씀으로, 일음일양(一陰一陽)의 변화를 알고[知] 지키라[守] 함이다. 천하를 담는 골짜기[谷]같이 만물을 알고[知] 지키라[守] 함이다. 곡(谷)이란 포일(抱一)하는 짓[象]의 비유인 동시에 처하(處下)의 비유인지라, 여기 지수(知守)는 스스로[自] 낮추어[謙] 자연(自然)에 순임(純任) 즉 오로지[純] 맡긴[任] 채로 지수(知守)하라 함이다.

지기백(知其白)의 〈백(白)〉과 수기욕(守其辱)의 〈욕(辱)〉은 일음일양(一陰一陽)

의 변화의 이치이지만, 인간은 호오(好惡)를 걸어 백(白)과 욕(辱)을 흑백(黑白)으로 대(對)하여 분별하려 한다. 금수(禽獸) · 초목(草木)의 백흑(白黑)은 상덕(常德)의 것이지만, 인간의 백흑(白黑)은 상덕(常德)을 저버린 사욕(私欲)의 분별지(分別智)이다. 때로는 백(白)을 호(好)하고 흑(黑)을 오(惡)하며, 때로는 백(白)을 싫다 하고[惡] 흑(黑)을 좋다 하여[好] 시비(是非) · 호오(好惡)의 변덕을 부림은 영아(嬰兒)에게는 없다.

법자연(法自然)하는 성인(聖人)은 백(白)도 검정이[辱] 되고 검정도 백이 되는 천도(天道)를 외면하지 않는다. 백욕(白辱)이란 주야(晝夜)의 명암(明暗)과 같음이 천도(天道)의 흼이요[白] 검음이다[辱]. 수기욕(守其辱)의 욕(辱)은 굴욕(屈辱)의 욕(辱)이 아니라 치욕(緇辱)의 욕(辱) 즉 검을[緇] 욕(辱)인지라, 지기백(知其白) · 수기욕(守其辱)의 백욕(白辱)은 백흑(白黑)이다. 천도(天道)에서는 흑백(黑白)이 상대(相對)하거나 상비(相比)하지 않는다. 상생(相生)하고 상성(相成)하며 상형(相形)하고 상경(相傾)하며 상화(相和)하고 상수(相隨)하여 포일(抱一)의 곡(谷)이 되니, 〈이백조치왈욕(以白造緇曰辱)〉이란 말이 있다. 흰 것을[白] 가지고[以] 검은 것을[緇] 만듦을[造] 욕이라[辱] 하니[曰], 욕(辱)은 흑(黑)으로서 백(白)과 상대(相對)함이 아니라 상우(相偶) 즉 서로 짝을[偶] 이룬다. 검은 머리 파뿌리 되도록 산다는 속담을 떠올리면 흑백(黑白)이 둘이 아니라 하나로 통함을 헤아려 깨우칠 수 있다. 그러므로 백욕(白辱) 역시 피대차(彼對此)의 둘[二]이 아니라 피역시(彼亦是)의 하나[一]이다.

백(白)의 밝음을 알고[知] 욕(辱) 즉 흑(黑)의 어둠을 지키면[守], 그 지수(知守)는 법자연(法自然)의 지수(知守)인 동시에 성인(聖人)의 지수(知守)이다. 자연을 본받는[法] 지수(知守)를 범인(凡人)은 한사코 외면해 천도(天道)를 벗어나 시비 · 분별 · 논란을 일삼고 상쟁(相爭)을 마다하지 않음을 상기시켜준다. 자연의 규율에는 백흑(白黑)이 둘로 나누어짐이 아니라 일백일욕(一白一辱)할 뿐이니, 만사만물(萬事萬物)의 밝고 어둠을 포일(抱一)하는 지수(知守)를 누릴 수 있다면 그 삶은 세상을 끌어안아 들이는 빈 골짜기[谷] 같음을 일깨워 깨우치게 하는 말씀이 〈지기백(知其白) 수기욕(守其辱) 위천하곡(爲天下谷)〉이다.

【보주(補註)】

- 〈지기백(知其白) 수기욕(守其辱) 위천하곡(爲天下谷)〉을 〈약하인지기백(若何人知其白) 이약하인수기욕(而若何人守其辱) 타지수위천하곡(他知守爲天下谷)〉처럼 옮기면 문의(文義)를 좀 더 쉽게 건질 수 있을 것이다. 〈만약[若] 누구나[何人] 그[其] 흼을[白] 안다면[知] 그리고[而] 만약[若] 누구나[何人] 그[其] 검음을[辱] 지킨다면[守] 그 사람의[他] 앎과[知] 지킴은[守] 세상의[天下] 빈 골짜기가[谷] 된다[爲].〉
- 지기백(知其白)의 백(白)과 수기욕(守其辱)의 욕(辱)은 백흑(白黑)의 뜻임이 백욕(白辱)의 고의(古意)이다. 그러므로 수기욕(守其辱)의 욕(辱)은 굴욕(屈辱)의 욕(辱)이 아니라 치욕(緇辱)의 욕(辱)이다. 치욕(緇辱)의 욕(辱)은 〈흑(黑)〉을 뜻한다. 치(緇)는 〈검은 비단 치(緇)〉로 검정을 나타낸다.
- 위천하곡(爲天下谷)에서 곡(谷)은 만사만물(萬事萬物)을 **포일**(抱一)로 지(知)하고 수(守)하는 상(像)이다. 곡(谷)은 6장(章)의 **곡신불사**(谷神不死)의 곡(谷)과 같다. 곡신(谷神)은 빈 골짜기[谷]이니, 상도(常道)가 쓰는[用] 짓[象]을 비유한다. 아랫자리에[下] 머물러[處] 온갖 것들을 포일(抱一)하여 받아들임을 비유한다.

註 "재영백포일(載營魄抱一) 능무리호(能無離乎)." 넋(혼백)을[營魄] 싣고서[載] 하나를[一] 지킴을[抱] 떠날 수[能離] 없음[無]이로다[乎]. 『노자(老子)』 10장(章)

註 "곡신불사(谷神不死) 시위현빈(是謂玄牝)." 골짜기같이[谷] 변화하게 하는 짓은[神] 죽지 않는다[不死]. 이를[是] 현묘한[玄] 땅이라[牝] 한다[謂]. 『노자(老子)』 6장(章)

【해독(解讀)】

- 〈지기백(知其白) 수기욕(守其辱) 위천하곡(爲天下谷)〉은 두 조건절과 주절로 이루어진 복문(複文)이다. 〈지기백하고[知其白] 수기욕하면[守其辱] 천하의[天下] 곡이[谷] 된다[爲].〉
- 지기백(知其白)에서 주어는 생략되었지만, 지(知)는 동사 노릇하고, 기백(其白)은 지(知)의 목적어 노릇한다. 〈기백을[其白] 안다면[知]〉
- 수기욕(守其辱)에서 주어는 생략되었지만, 수(守)는 동사 노릇하고, 기욕(其辱)은 수(守)의 목적어 노릇한다. 〈기자를[其雌] 지킨다면[守]〉

• 위천하곡(爲天下谷)에서 주어는 생략되었지만, 위(爲)는 동사 노릇하고, 천하(天下)는 곡(谷)을 꾸미는 형용사 노릇하며, 곡(谷)은 위(爲)의 보어 노릇한다. 위(爲)는 〈~이다 시(是)〉와 같이 새겨도 되고, 〈될 성(成)〉과 같이 여기고 새겨도 된다. 〈천하곡이[天下谷] 된다[爲].〉 〈천하곡(天下谷)이다[爲].〉

28-5 爲天下谷(위천하곡) 常德乃足(상덕내족)

▶ {지수(知守)로써} 세상의[天下] 골짜기가[谷] 되니[爲] 상덕은[常德] 이내[乃] 만족된다[足].

될 위(爲), 골짜기 곡(谷), 늘 상(常), 큰 덕(德), ~이야말로 내(乃), 만족할 족(足)

【지남(指南)】

〈위천하곡(爲天下谷) 상덕내족(常德乃足)〉은 앞서 살핀 〈지수(知守)〉가 언제나 한결같아 상덕(常德)이 충족됨을 밝힌다. 성인(聖人)의 지수(知守)는 천하곡(天下谷)과 같기 때문에 만물을 언제나 포일(抱一)로 지(知)하고 수(守)하여 만사만물(萬事萬物)을 하나로[一] 안아 지키는[抱] 골짜기[谷]가 된다.

만물만사(萬物萬事)가 백욕(白辱)을 포일(抱一)하고 있음[有]이다. 즉 시비 분별을 떠남이다. 온갖 사물은 포백욕자(抱白辱者)이지, 백자(白者) 따로 흑자(黑者) 따로 나누어지는 게 아니다. 음(陰)과 양(陽)을 하나[一]로 안듯[抱], 백(白)과 욕(辱)을 포일(抱一)한 것[者]이 있음[有]이란 생(生)이다. 그래서 성인(聖人)은 사물의 있는(보이는) 것[有者] 즉 사(事)와, 만물(萬物)의 없는(보이지 않는) 것[無] 즉 이(理)를 포일(抱一)하여 알고[知] 동시에 포일(抱一)하여 지킨다[守].

여기 백욕(白辱)의 지수(知守) 역시 10장(章)의 **재영백포일(載營魄抱一) 능무리호(能無離乎)**를 상기시킨다. 왜 성인(聖人)은 만사만물(萬事萬物)을 지수(知守)함에 언제나 상덕(常德)을 만족시키는가[乃足]? 오로지 포일(抱一)로 백욕(白辱)을 지(知)하고 수(守)하기 때문이다. 포일(抱一)로 상덕(常德)을 만족시킴이 성인(聖人)의 지수(知守)인지라 그 앎과 지킴은 온갖 것을 안아 들이는 골짜기[谷] 같다 한다.

범인(凡人)은 포일(抱一)의 묘(妙)를 떠나 백(白)은 백(白)이고 욕(辱)은 욕(辱)으로 백욕을(白辱) 둘로 나누어 알려 하고[欲知] 지키려 한다[欲守]. 범인(凡人)은 일음일양(一陰一陽)의 천도(天道)를 외면하고 백욕(白辱)을 둘[二]로 여겨 시비를 일삼으니, 그 지수(知守)는 상덕(常德)을 뿌리치고 시비 · 분별 · 논란하여 상쟁(相爭)을 일삼는다. 그래서 범인(凡人)은 상덕(常德)을 제멋대로 오용(惡用)하고 사욕(私欲)으로 둔갑시켜 만사만물(萬事萬物)을 자의(恣意)으로써 알고자[欲知] 하고, 지키고자[欲守] 하는 것이다. 여기서도 범인(凡人)은 상도(常道)의 조화를 알지 못해 지킬 줄 모름을 반문하면서, 상덕(常德)을 본받는 지수(知守)의 이치를 살펴 새기고 헤아려 깨우치게 하는 말씀이 〈위천하곡(爲天下谷) 상덕내족(常德乃足)〉이다.

註 "재영백포일(載營魄抱一) 능무리호(能無離乎)." 넋(혼백)을[營魄] 싣고서[載] 하나를[一] 지킴을[抱] 떠날 수[能離] 없음[無]이로다[乎]. 『노자(老子)』 10장(章)

【보주(補註)】

- 〈위천하곡(爲天下谷) 상덕내족(常德乃足)〉을 〈성인지지수위천하곡고(聖人之知守爲天下谷故) 상덕내피족어기지수(常德乃被足於其知守)〉처럼 옮기면 문의(文義)를 좀 더 쉽게 새길 수 있다. 〈성인의[聖人之] 앎과[知] 지킴이[守] 세상의[天下] 골짜기가[谷] 되기[爲] 때문에[故] 그[其] 앎과[知] 지킴[守]에서[於] 상덕은[常德] 이내[乃] 만족된다[被足].〉
- 위천하곡(常德乃足)에서도 역시 상덕(常德)은 10장(章)의 〈현덕(玄德)〉이며, 4장(章)의 〈도충이용지(道沖而用之)〉의 용지(用之)와 같다.

【해독(解讀)】

- 〈위천하곡(爲天下谷) 상덕내족(常德乃足)〉은 원인의 종절과 주절로 이루어진 복문(複文)이다. 〈{성인의[聖人之] 지수(知守)가} 천하곡이[天下谷] 되기[爲] 때문에[故] 상덕이[常德] 이내[乃] 만족된다[足].〉
- 위천하곡(爲天下谷)에서 주어는 생략되었지만, 위(爲)는 동사 노릇하고, 천하(天下)는 곡(谷)을 꾸미는 형용사 노릇하며, 곡(谷)은 위(爲)의 보어 노릇한다. 위(爲)는 〈~이다 시(是)〉와 같이 새겨도 되고, 〈될 성(成)〉과 같이 보아도 된다. 〈천하곡이[天下谷] 되기 때문에[爲]〉 〈천하곡이(天下谷)이기 때문에[爲]〉
- 상덕내족(常德乃足)에서 상덕(常德)은 주어 노릇하고, 내(乃)는 주어를 강조하

는 조사 노릇하며, 족(足)은 동사 노릇한다. 내(乃)는 〈이에 어시(於是)〉와 같고, 족(足)은 〈다할 만(滿) · 충(充)〉과 같아 만족(滿足) · 충족(充足)의 줄임말로 여기면 된다. 〈상덕은[常德] 이내[乃] 만족된다[足].〉

- 상덕내족(常德乃足)은 〈상덕내피족(常德乃被足)〉에서 수동을 나타내는 조사 노릇하는 피(被)가 생략된 것으로 여기고 새기면 된다. 동사 앞에 〈견(見) · 위(爲) · 피(被)〉 등이 놓이면 수동태가 된다. 그러나 〈견(見) · 위(爲) · 피(被)〉 등이 생략되는 경우가 대부분이므로 전후 문맥을 살펴 능동인지 수동인지 살펴보아야 하는 것이 한문이다. 영어의 〈A do B〉가 〈B be done by A〉가 되듯 〈A 내족(乃足)B〉와 같은 능동태에서 주어 노릇할 A를 생략하고 B를 주어로 한 것이다. 물론 주어 A를 생략하고 목적어 B를 전치했다고 보는 것이 한문(漢文)의 어투에 걸맞다. A를 생략하지 않을 경우라면 〈B내족어(乃足於)A〉로 한다. 상덕내족(常德乃足)의 족(足)을 〈견족(見足) · 위족(爲足) · 피족(被足)〉 등으로 여기고 새기면 문의(文義)가 분명해진다. 물론 상덕내족(常德乃足)에서 상덕(常德)을 족(足)의 주어로 여기고 새긴다면 족(足)은 수동의 동사 노릇하고, 목적어로 여기고 새긴다면 족(足)은 능동의 동사 노릇한다. 어느 경우로 새기든 문의(文義)가 달라지는 것은 아니다. 〈상덕은[常德] 이내[乃] 만족된다[足].〉 〈상덕을[常德] 이내[乃] 만족시킨다[足].〉

28-6 復歸於樸(복귀어박)

▶ 자연으로[於樸] 되[復] 돌아온다[歸].

다시 복(復), 돌아올 귀(歸), 조사(~으로) 어(於), 나뭇등걸 (본디대로) 박(樸)

【지남(指南)】

〈복귀어박(復歸於樸)〉은 성인(聖人)의 지(知)와 수(守)를 거듭해 밝힌다. 앞서 살펴온 바를 거듭 강조해둠이다. 상덕(常德)으로써 사물을 알고[知], 상덕(常德)으로써 그 앎을 지킴[守]이란 〈복귀어박(復歸於樸)〉과 같다는 것이다. 거듭 말하지만, 〈박(樸)〉으로 복귀함이란 시비 · 논란을 일삼는 인지(人智)를 초월함이다. 여기 복귀어박(復歸於樸)은 25장(章)에서 살핀 〈도법자연(道法自然)〉을 그냥 그대로 본받기 함이다.

이러한 〈박(樸)〉은 천예(天倪)로써 앎의[知] 지킴을[守] 뜻한다. 천예(天倪)는 시비 분별을 떠난 자연[天]의 나눔이니, 박(樸)은 천예(天倪) 즉 자연의 나눔을 비유해준다. 상수리나무와 소나무는 다르다. 그 다름이란 시비 · 분별하라는 다름이 아니다. 다르면서 하나인 것이 천예(天倪) 즉 자연의 나눔이고, 여기 박(樸)이다. 이처럼 박(樸)은 상도(常道)의 자연(自然)이므로 박(樸)으로 되돌아오는 지수(知守)는 상덕(常德)을 만족시킨다. 상도(常道)의 자연(自然)이란 자웅(雌雄)도 하나이고, 백욕(白辱)도 하나이며, 음양(陰陽)도 하나의 화기(和氣)로서 생기(生氣)일 뿐이다. 그러므로 박(樸)으로 복귀한 지수(知守)는 오로지 자연에 맡기는 앎이고[知] 지킴[守]이다.

복귀어박(復歸於樸)의 지수(知守)야말로 포일(抱一)의 지수(知守)로서 상덕(常德)을 충족하고 상도(常道)라는 본원(本原)으로 돌아오는 짓[象]임을 알 수 있다. 오로지 상덕(常德)을 만족시킴으로써만 자연(自然)을 본받는[法] 지수(知守)로 돌아와 상쟁(相爭)의 인지(人智)를 벗어나버리는 이치를 살펴 새기고 헤아려 깨우치게 하는 말씀이 〈복귀어박(復歸於樸)〉이다.

【보주(補註)】

- 〈복귀어박(復歸於樸)〉을 〈성인지지수복귀어박(聖人之知守復歸於樸)〉처럼 옮기면 문의(文義)를 좀 더 쉽게 새길 수 있다. 〈성인의[聖人之] 지수는[知守] 본디대로의 것으로[於樸] 돌아온다[復歸].〉
- 복귀어박(復歸於樸) 또한 〈귀근(歸根)〉과 같은 말씀이다. 뿌리[根]로 돌아옴은[歸] 상도(常道)의 자연(自然) 즉 본원(本原)으로 귀(歸)함이다. 그러므로 박(樸)은 자연(自然)을 비유하는 동시에 무기(無己) · 무사(無私) · 무아(無我)를 상기시킨다. 따라서 복귀어박(復歸於樸)은 〈유거어법자연(唯居於法自然)〉을 뜻한다. 〈오로지[唯] 자연을[自然] 본받음으로[於法] 산다[居].〉

【해독(解讀)】

- 〈복귀어박(復歸於樸)〉에서 복귀(復歸)는 주어가 생략되었지만 중복동사 노릇하고, 어박(於樸)은 복귀(復歸)를 꾸며주는 부사구 노릇한다. 〈박으로[於樸] 되[復]

돌아온다[歸].〉

- 복귀어박(復歸於樸) 역시 〈A귀어(歸於)B〉의 상용문이다. 〈A는 B로[於] 돌아온다[歸].〉

28-7 樸散(박산) 則爲器(즉위기)

▶ 나뭇등걸이[樸] 분산되면[散] 곧[則] 만물이[器] 된다[爲].

나뭇등걸 박(樸), 흩어질 산(散), 곧 즉(則), 될 위(爲), 기물(만물) 기(器)

【지남(指南)】

〈박산(樸散) 즉위기(則爲器)〉는 상도(常道)의 기용(機用) 즉 조화의 씀[用]을 밝힌다. 상덕(常德)의 기(機)는 유은(有隱)하며 동시에 유현(有顯)하다. 드러남[有顯]이면서 숨음[有隱]이 상도(常道)의 조화 즉 기(機)를 부림[用]이다. 박산(樸散)의 박(樸)이 본디[素材]라면 산(散)은 가공(加功)이니, 상도(常道)가 짓는 조화도 상도(常道)의 가공이다. 여기 박산(樸散)은 상도(常道)의 조화인 가공함이다.

태극(太極)은 박(樸)이다. 상도(常道)가 그 태극(太極)을 산(散)하여 일양일음(一陽一陰)이 되어야 기(機)가 부려진다[用]. 이런 까닭으로 만사만물(萬事萬物)은 저마다 음양(陰陽)의 산(散)임을 〈자웅(雌雄) · 백욕(白辱)〉 등으로 비유했음이 여기서 간파된다. 자웅(雌雄) · 백욕(白辱)은 본디대로가[樸] 분산돼[散] 만물[器]이 됨을 비유로써 암시한 것이다. 예를 들면, 본디대로[樸]의 나무는 자웅(雌雄) · 백욕(白辱)이 그냥 하나로 되어[爲一] 자(雌)냐 웅(雄)이냐 백(白)이냐 흑(黑)이냐 시비할 것이 없다. 왜냐하면 상도(常道)의 박산(樸散)은 자웅(雌雄) · 백욕(白辱) · 장단(長短) · 곡직(曲直) · 전후(前後) · 상하(上下) 등을 둘[二]이 되게 쪼갬[散]이 아니라, 박(樸)을 쪼개도[散] 하나[一]로 하기에 신묘(神妙)한 것이다.

그러나 인간이 본디[樸]의 나무[木]를 쪼개면[散] 박(樸)은 여러 이름을 얻는다. 본디[樸]의 목(木)은 기둥감도 되고 장작도 되고 나무상자도 되고 목기(木器)도 되고 수많은 기물(器物)이 되어, 일기(一器) 즉 하나의 그릇[器]은 장단(長短) · 곡직(曲直) · 전후(前後) · 상하(上下) 등으로 나누어진다. 그러나 대도불기(大道不器)일 뿐, 대도(大道)가 산(散)하여 내놓는 만물은 일기(一器)로서만 쓰이는 것이 아니다. 천지만물 모두가 대도(大道)의 기(器)라는 말씀이 〈대도불기(大道不器)〉이다. 대도(大道) 즉 자연(自然)의 유(喩)인 박(樸)은 만기(萬器) 즉 만물의 근원이 된다.

박(樸)의 목(木)이 쪼개져[散] 인간의 기(器)가 되면 하나였던 대소(大小)가 크고[大] 작고[小]로 나눠져 둘이 되고, 하나이던 장단(長短)이 길고[長] 짧음[短]으로 나눠져 둘이 되며, 하나이던 곡직(曲直)이 곧음[直]과 굽음[曲]으로 나눠져 둘이 되고, 하나이던 방원(方圓)이 모남[方]과 둥글기[圓]로 나눠져 둘이 되어 시빗거리의 물건이 된다. 하나가 되는 일음일양(一陰一陽)의 기(機) 즉 변화의 조화가 『주역(周易)』의 〈생생(生生)〉이다가 박(樸)을 온갖 기물이 되게 하면, 기(器)는 쓸모가 딱 한 가지로 정해져버려 시빗거리가 될 뿐 생생(生生)의 것이 될 수가 없다. 이처럼 박산(樸散)의 산(散)이 상도(常道)의 것이 아니라 인간에 의해서 인위(人爲)의 산(散)이 되어버리면 각각의 몫이 귀천(貴賤) · 고하(高下)로 나뉘게 하는 것이 바로 인지(人智)이다. 그러나 복귀어영아(復歸於嬰兒)하고 복귀어박(復歸於樸)하는 지수(知守)로 기물을 마주함은 저마다 19(章) 〈영유소속(令有所屬)〉을 따라서 『장자(莊子)』에 나오는 만물일야(萬物一也)의 박산(樸散)으로 돌아와[復歸] 자연에 오로지 맡기는 앎이 되고 그 앎이 지켜진다[守].

성인(聖人)은 법자연(法自然)하므로 박(樸)을 산(散)하되 시비 · 논란의 기물이 아니라 상도(常道)의 불기(不器)인 박(樸)을 알고[知] 지킴[守]이다. 불기(不器)란 용도가 국한된 그릇[器]이 아니라 어디에 사용해도 늘 알맞음을 허락하는 〈박(樸)〉이란 근본을 떠나지 않음이다. 성인(聖人)은 그런 불기(不器)의 본받기[法]를 지수(知守)하니, 자웅(雌雄) · 백욕(白辱) · 장단(長短) · 곡직(曲直) · 전후(前後) · 상하(上下) 등등을 둘[二]로 보아 어느 쪽으로도 치우치지 않게 지킬 줄 안다. 이러한 박산(樸散)은 무위(無爲)의 것으로 인위(人爲)의 박산(樸散)이 아니다. 인위(人爲)의 박산(樸散)은 쟁지기(爭之器)로 드러나지만, 무위(無爲)의 박산(樸散)은 늘 부쟁지기(不爭之器)로 드러날 뿐이다.

무위(無爲)로 박산즉위기(樸散則爲器)의 기(器)는 어느 용도에도 걸림 없이 쓰이는 불기(不器)의 기(器)이니, 박(樸)으로 돌아와[復歸] 상도(常道)의 체(體)를 알고[知] 지키는[守] 기(器)이고, 반연(反衍) 즉 자연의 변화에 따라 순응하는 기(器)

이다. 따라서 자웅(雌雄)·백(白辱)도 세상에 드러나면 둘[二]이 되지만, 성인(聖人)이 자웅(雌雄)·백욕(白辱)을 쓰면 박(樸)으로 돌아오게 하는지라 하나[一]가 된다. 다만 범인(凡人)은 드러나는 기(器)만 지수(知守)하면서 드러나지 않는 박(樸)을 지수(知守)하지 못해 자웅(雌雄)·백욕(白辱)이 하나가 되는 이치를 깨닫지 못한다. 이런 연유로 범인(凡人)은 대소(大小)·장단(長短)·곡직(曲直)·방원(方圓) 등도 하나가 되는 천도(天道)에 순응하지 못하는 것이다.

따라서 상도(常道)의 조화를 비유해주는 박산(樸散)을 밝혀, 박(樸)이 기(器)가 되어도 그 기(器)가 박(樸)으로 돌아오는 이치를 살펴 새기고 헤아려 깨우치게 하는 말씀이 〈박산(樸散) 즉위기(則爲器)〉이다.

註 "영유소속(令有所屬) 견소포박(見素抱樸) 소사과욕(少私寡欲)." (백성으로) 하여금[令] 맡긴[屬] 바를[所] 간직하게 하라[有]. 그냥 있는 그대로를[素] 살피고[見] 그냥 있는 그대로를[樸] 간직해 지키며[抱], 제 몫을[私] 적게 하고[少] 욕망을[欲] 적게 한다[寡]. 『노자(老子)』 19장(章)

註 "만물일야(萬物一也) 시기소미자위신기(是其所美者爲神奇) 기소악자위취부(其所惡者爲臭腐) 취부복화위신기(臭腐復化爲神奇) 신기복화위취부(神奇復化爲臭腐) 고왈(故曰) 통천하일기이(通天下一氣耳) 성인고귀일(聖人故貴一)." 온갖 것들은[萬物] 하나[一]이다[也]. 그런데[是] 어떤 것이[其] 아름다운[美] 것[所]이면[者] 신기하다[神奇] 하고[爲], 어떤 것이[其] 추악한[惡] 것[所]이면[者] 썩은 냄새라[臭腐] 한다[爲]. 썩은 냄새는[臭腐] 다시[復] 변화하여[化] 신기한 것이[神奇] 되고[爲], 신기한 것은[神奇] 다시[復] 변화하여[化] 썩은 냄새가[臭腐] 된다[爲]. 그러므로[故] 말한다[曰] : 세상을[天下] (두루 걸림 없이) 통함은[通] {상도(常道)의} 한 기운[一氣]뿐이다[耳]. 성인은[聖人] 그러므로[故] 하나를[一] 받든다[貴].

미자(美者) 즉 아름다운 것[美者]과, 악자(惡者) 즉 추한 것[惡者]은 자연의 입장에 본다면 둘이 아니라 하나라는 것이다. 『장자(莊子)』「지북유(知北遊)」

【보주(補註)】

- 〈박산(樸散) 즉위기(則爲器)〉를 〈약박피산어상도(若樸被散於常道) 즉기산위기물(則其散爲器物)〉처럼 옮기면 문의(文義)를 좀 더 쉽게 새길 수 있다. 〈만약[若] 상도에[常道] 의해서[於] 본디대로의 것이[樸] 쪼개지면[被散] 곧장[則] 그[其] 쪼개짐은[散] 만물이[器物] 된다[爲].〉
- 박산(樸散)에서 박(樸)은 상도(常道)의 체(體)를 상기시키고, 산(散)은 상도(常道)의 용(用)을 상기시켜 상도(常道)의 체용(體用)의 기(機)를 살펴 새기고 헤아

려 가늠하게 한다. 여기서 기(機)란 조화의 부림[用]을 말한다. 상도(常道)의 기용(機用)이 곧 상덕(常德)이니, 상도(常道)의 박(樸)이 상덕(常德)의 산(散)으로 조화(造化)가 드러남이 곧 만물인지라 여기 위기(爲器)의 기(器)는 인위(人爲)의 기물이 아니라 만물을 뜻한다.

【해독(解讀)】

- 〈박산(樸散) 즉위기(則爲器)〉는 조건의 종절과 주절로 이루어진 복문(複文)이다. 〈박이[樸] 산하면[散] 곧장[則] 기로[器] 된다[爲].〉
- 박산(樸散)에서 박(樸)은 주어 노릇하고, 산(散)은 수동의 동사 노릇한다. 박(樸)은 〈소박할 소(素) · 본디 본(本)〉 등과 같고 소박(素樸)의 줄임말로 여기면 되고, 산(散)은 〈풀어놓을 해(解)〉와 같아 해산(解散)의 줄임으로 보면 된다. 〈박이[樸] 산되면[散]〉
- 즉위기(則爲器)에서 즉(則)은 조사(~곧) 노릇하고, 주어가 생략되었지만 위(爲)는 동사 노릇하며, 기(器)는 보어 노릇한다. 〈곧장[則] 만물로[器] 된다[爲].〉

28-8 聖人用之(성인용지) 則爲官長(즉위관장)

▶ 성인이[聖人] 그것을[之] 쓰기 때문에[用] 곧[則] {성인(聖人)은} 백관의[官] 수장이[長] 된다[爲].

밝고 통할 성(聖), 쓸 용(用), 그것 지(之), 곧 즉(則), 될 위(爲), 관리 관(官), 우두머리 장(長)

【지남(指南)】

〈성인용지(聖人用之) 즉위관장(則爲官長)〉은 성인(聖人)이 상도(常道)의 기용(機用)을 그대로 따라, 기(器)를 쓰지 않고 박(樸)을 씀을[用] 밝힌다. 여기 〈용지(用之)〉는 용박(用樸)이다. 용박(用樸)의 박(樸)은 나뭇등걸[樸]을 뜻하지만, 자연(自然)을 비유한 술어(術語)이다. 성인(聖人)은 용박(用樸)하기 때문에 성인(聖人)은 백관(百官)을 쓸 수 있음을 밝힌다.

박(樸)을 씀[用]이란 25장(章)에서 살핀 **법자연(法自然)**을 따름이고, 51장(章)에 나오는 존도이귀덕(尊道而貴德)을 지킴이며, 5장(章)에서 살핀 수중(守中)을 오로지 좇음이다. 그리하여 2장(章)에서 살핀 〈처무위지사(處無爲之事)〉 즉 무위를[無爲之] 행사함이[事] 성인(聖人)의 용박(用樸)이다. 이렇게 용박(用樸)하기 때문에 성인(聖人)은 관장(官長)이 된다. 관장(官長)은 백관지수장(百官之首長)의 줄임이다.

성인(聖人)의 용박(用樸)이란 무위자연(無爲自然)에 맡겨 만사를 마주함이다. 여기 용박(用樸)이란 존도이귀덕(尊道而貴德)인지라 순천(順天) 즉 자연을[天] 좇아 따름[順]이다. 이러한 용박(用樸)의 용(用)은 무사(無私)·무욕(無欲)·무아(無我)하므로 오로지 공용(公用)이다. 오로지 그냥 그대로[樸] 공용(公用)함이 곧 성인(聖人)의 용박(用樸)이다. 성인(聖人)은 백관(百官)을 오로지 공용(公用)할 뿐, 결코 사용(私用)하지 않는다. 따라서 진실로 백관(百官)의 수장(首長)이 된다. 수장(首長)이 용박(用樸)하면 백관(百官)도 성인(聖人)을 좇아 용박(用樸)한다.

관장(官長)의 〈관(官)〉은 공평(公平)하고 무사(無私)하여 삿됨이[私] 없음이고, 관장(官長)의 〈장(長)〉 역시 공평(公平) 무사(無私) 삿됨이[私] 없는 수장(首長)이다. 온갖 기물을 쓰되 공평무사한 수장(首長)이 있으므로 백관(百官)도 그러하다. 이는 성인(聖人)이 상덕(常德)을 떠나지 않고[不離] 갓난애로[於嬰兒] 되돌아와[復歸] 수장(首長)이 되기 때문이다. 따라서 백관(百官)도 상덕(常德)으로 만족하므로 본디대로[於樸] 복귀하여 수장(首長)을 본받는다.

수장(首長)이 복귀어영아(復歸於嬰兒)와 복귀어박(復歸於樸)으로 무위지사(無爲之事)를 행하므로 백관(百官)도 이를 본받는다. 그래서 75장(章) 식세지다(食稅之多) 즉 백성이 낸 세금을[稅] 먹어치움이[食之] 많은[多] 착민(搾民)의 무리가 되지 않는다. 백관(百官)들도 수장(首長)처럼 기둥은 기둥이고 장작은 장작이고 궤짝은 궤짝이고 나막신은 나막신이라 따로 여기지 않고, 그 본디[本]는 통나무[樸]이니 기둥·장작·궤짝·나막신 등은 각각이 아니라 하나임을 알고[知] 지킨다[守].

이처럼 박산(樸散)의 용(用)을 복귀어박(復歸於樸)으로 비유하니 세상 사람들에게는 자웅(雌雄)·백욕(白辱)이 쪼개져[[散] 쓰여[用] 기(器)가 되고 암컷이니[雌] 수컷이니[雄] 희니[白] 검니[黑] 쪼개져[散] 시빗거리가 된다. 하지만 성인(聖人)은 자웅(雌雄)·백욕(白辱)을 둘의 기[器]로 쪼개어도[散] 본디[樸]로 포일(抱一)하여 지수(知守)하므로 시빗거리가 될 수 없다. 성인(聖人)은 체용(體用) 중 체(體) 즉 박

(樸)을 본(本)으로 삼고, 용(用) 즉 기(器)를 말(末)로 삼아 박역기(樸亦器)의 본말(本末)을 지수(知守)하기 때문이다.

『장자(莊子)』에 천여인불상승야(天與人不相勝也)란 말이 나온다. 성인(聖人)이 박(樸)으로 관장을[官長] 삼는다 함은 무사(無事) · 무욕(無欲) · 무아(無我)하므로 자연과[天與] 한 무리가 되어 만사만물(萬事萬物)을 포일(抱一)하고 지수(知守)하여 행함임을 거듭 밝힌 말씀이 〈성인용지(聖人用之) 즉위관장(則爲官長)〉이다.

註 "인법지(人法地) 지법천(地法天) 천법도(天法道) 도법자연(道法自然)." 사람은[人] 땅을[地] 본받고[法], 땅은[地] 하늘을[天] 본받고[法], 하늘은[天] 상도를[道] 본받고[法], 상도는[道] 그냥 그대로[自然] 오로지 맡긴다[法]. 『노자(老子)』 25장(章)

註 "만물막부존도이귀덕(萬物莫不尊道而貴德)." 온갖 것은[萬物] 도를[道] 받들면서[尊而] 덕을[德] 받들지 않을 수[不貴] 없다[莫]. 『노자(老子)』 51장(章)

註 "다언수궁(多言數窮) 불여수중(不如守中)." {치민(治民)하면서 정령(政令)을 밝히는} 말이[言] 많아질수록[多] (백성을 다스리는) 이치가[數] 궁색해지니[窮], 상도(常道)를 따라[中] {무위(無爲)의 다스림을} 지킴만[守] 못하다[不如]. 『노자(老子)』 5장(章)

註 "민지기이기상식세지다(民之飢以其上食稅之多)." 백성의[民之] 굶주림은[飢] 그[其] 위가[上] 조세를[稅] 먹어치움이[食之] 많기[多] 때문이다[以]. 『노자(老子)』 75장(章)

註 "기호지야일(其好之也一) 기불호지야일(其弗好之也一) 기일야일(其一也一) 기불일야일(其不一也一) 기일여천위도(其一與天爲徒) 기불일여인위도(其不一與人爲徒) 천여인불상승야(天與人不相勝也) 시지위진인(是之謂眞人)." 그[其] 좋아함도[好之也] 하나(한 입장)이고[一], 그[其] 좋아하지 않음도[弗好之也] 하나(한 입장)이다[一]. 그[其] 하나라는 것도[一也] 하나(한 입장)이고[一], 그[其] 하나가 아니란 것도[不一也] 하나(한 입장)이다[一]. 그[其] 하나라는 것은[一] 자연과[與天] 무리가[徒] 되고[爲], 그[其] 하나가 아니라는 것은[不一] 인간과[與人] 무리가[徒] 된다[爲]. 자연과[天與] 사람이[人] 서로[相] 다투지 않는 것[不勝]이다[也]. 이를[是之] 진인이라[眞人] 한다[謂].

시비 · 분별의 논란을 일으키는 〈기불일(其不一)〉이란 인간의 짓[人爲]이지, 자연[天]의 짓은 오직 〈기일(其一)〉이란 포일(抱一)의 무위(無爲)이다. 진인(眞人) · 지인(至人) · 신인(神人) · 성인(聖人) 등은 다 같은 말씀이다. 『장자(莊子)』「대종사(大宗師)」

【보주(補註)】

- 〈성인용지(聖人用之) 즉위관장(則爲官長)〉을 〈인위성인용박(因爲聖人用樸) 즉성인위백관지수장(則聖人爲百官之首長)〉처럼 옮기면 문의(文義)를 좀 더 쉽게

새길 수 있다. 〈성인이[聖人] 상도의 것을[樸] 쓰기[用] 때문에[因爲] 곧장[則] 성인은[聖人] 백관의[百官之] 수장이[首長] 된다[爲].〉

- 관장(官長)의 관(官)은 성인(聖人)의 용박(用樸)을 그대로 본받는 백관(百官)을 뜻하고, 장(長)은 박(樸)을 쓰는 수장(首長)을 뜻한다.

【해독(解讀)】

- 〈성인용지(聖人用之) 즉위관장(則爲官長)〉은 원인의 종절과 주절로 이루어진 복문(複文)이다. 〈성인이[聖人] 용지하기 때문에[用之] 곧장[則] 백관의[官] 수장이[長] 된다[爲].〉
- 성인용지(聖人用之)에서 성인(聖人)은 주어 노릇하고, 용(用)은 동사 노릇하며, 지(之)는 지시어로 〈그것 지(之)〉로서 여기선 박(樸)을 지시한다. 원인의 접속사 노릇하는 〈~ 때문에 인위(因爲)〉는 거의 생략되므로 전후 문맥을 따져 종절의 성격을 찾게 하는 것이 한문(漢文)이다. 〈성인이[聖人] 그것을[之] 쓰기 때문에[用]〉
- 즉위관장(則爲官長)에서 즉(則)은 조사(~곧) 노릇하고, 주어가 생략되었지만 위(爲)는 동사 노릇하고, 관장(官長)은 주격보어 노릇한다. 〈곧장[則] (성인은) 백관의[官] 수장이[長] 된다[爲].〉

28-9 故(고) 大制不割(대제불할)

▶ 그러므로[故] 크나큰[大] 다스림은[制] {박(樸)을} 해치지 않는다[不割].

큰 대(大), 다스릴 제(制), 아니 불(不), 해칠 할(割)

【지남(指南)】

〈대제불할(大制不割)〉은 성인(聖人)이 용박(用樸)으로써 대치(大治)함을 밝힌다. 성인(聖人)은 상도(常道)의 기용(機用)인 조화의 부림[用]을 본받아 다스린다. 이를 〈대제(大制)〉라 한다. 여기 대제(大制)는 대치(大治)로서 인의예악(仁義禮樂)이 요구하는 정령(政令) 등이 없는 다스림[治]인지라, 무치(無治)로서 상도(常道)의 조화를 일컬음이다. 이 대제(大制)를 본받는 성인(聖人)은 자연의 것[樸]을 쪼개되[散] 그것을[散] 자연대로[樸] 삼아 그 기물을 상도(常道)의 조화를 떠나지 않게 한다. 성인(聖人)의 박산(樸散)은 박(樸)을 버림이 아니라 박(樸)으로 복귀하는 산(散)이므로 그 산(散)은 분할되지 않는다. 따라서 성인(聖人)의 박산(樸散)은 상도(常道)의 박산(樸散)과 같이 불할(不割)의 산(散)이다.

이것은 자연에 맡긴[法] 쓰인지라, 박(樸)을 산(散)하되 즉 그냥 그대로의 것을[樸] 쓰되[散] 그 박(樸)과 산(散)을 불할(不割)한다. 대제(大制) 즉 대치(大治)는 만물을 불할(不割)한다. 할(割)은 해(害)하는 것으로, 대제(大制)란 상도(常道)의 제재(制裁) 즉 생만물(生萬物)의 조화이니 할(割) 즉 해(害)란 없다[不]. 나무의자는 무위(無爲)의 박산(樸散)이지만, 플라스틱의자는 무위(無爲)의 박산(樸散)이 아니라서 결코 박(樸)으로 복귀하지 못한다. 만물은 모두 자웅(雌雄)이 하나가 되어 생(生)하고 백욕(白辱)이 하나가 되어 생(生)한지라 생(生)이야말로 상도(常道)가 짓는 대제(大制)이고, 이는 포일(抱一)로써 다스림[制]이니 불할(不割)하다. 불할(不割)이란 불해(不害) 즉 해치지 않음[不害]이다.

만물은 상도(常道)의 대제(大制)란 말씀은 51장(章)에 나오는 〈장이부재(長而不宰)〉의 현덕(玄德)을 상기시킨다. 따라서 성인(聖人)의 대치(大治) 역시 그 현덕(玄德)을 본받아 수장이되[長而] 이래라저래라 않는[不宰] 다스림이다. 대제(大制) 즉 법자연(法自然)의[大] 다스림은[制] 모두 상생(相生)이고 상성(相成)이며 상형(相形)이고 상경(相傾)이며 상화(相和)이고 상수(相隨)인지라, 만물을 포일(抱一)하는 다스림[制]이다. 대제(大制)에서는 인간과 모든 목숨들은 불할(不割)의 것이니 상덕(常德)이 떠나지 않음[不離]이며, 상덕(常德)이 만족됨이고[乃足], 상도(常道)와 하나가 됨이다. 그 무엇이든 상도(常道)와 하나가 되면 만물이 하나가 되어 상덕(常德)을 떠나지 않아 백성도 영아(嬰兒)로 복귀한다.

이처럼 만물을 하나[一]로 하는 박(樸) 즉 자연의 것을[樸] 할(割)하여 둘[二]이 되게 하는 인위(人爲)의 쪼갬[割]으로 만사만물(萬事萬物)을 인지(人智)로써 시비·논란하지 않는 법자연(法自然)의 대제(大制)를 본받는 성인(聖人)의 대치(大治)를 살펴 새기고 헤아려 깨우치게 하는 말씀이 〈대제불할(大制不割)〉이다.

【보주(補註)】

- 〈대제불할(大制不割)〉을 〈대제불할박(大制不割樸)〉처럼 옮기면 문의(文義)를 좀 더 쉽게 새길 수 있다. 〈대제는[大制] 박을[樸] 쪼개지 않는다[不割].〉
- 대제(大制)는 상도(常道)의 조화로 드러나는 상덕(常德)이다. 물론 천지(天地)의 조화를 뜻하기도 한다. 『장자(莊子)』의 천지자만물지부모야(天地者萬物之父母也)란 말씀을 상기하면 대제(大制)가 생만물(生萬物)의 생(生)을 뜻함을 알 수 있다. 그러므로 대제(大制)는 곧 상덕(常德) 즉 현덕(玄德)으로써 다스림이다.

註 "부형전정복(夫形全精復) 여천위일(與天爲一) 천지자만물지부모야(天地者萬物之父母也)." 무릇[夫] 몸이[形] 온전하고[全] 정신이[精] (자연[天]으로) 돌아오면[復] {만물(萬物)은} 자연과[與天] 하나가[一] 된다[爲]. 하늘땅이란[天地] 것은[者] 만물의[萬物之] 어버이[父母]이다[也].

『장자(莊子)』「달생(達生)」

【해독(解讀)】

- 고(故)는 위의 내용을 이어서 인과(因果)를 나타내는 연사(連詞)로, 〈시고(是故)〉의 줄임이다. 〈그러므로[故]〉 〈이러므로[是故]〉
- 대제불할(大制不割)에서 대제(大制)는 주어 노릇하고, 불(不)은 할(割)의 부정사(否定詞) 노릇하며, 할(割)은 목적어가 생략되었지만 동사 노릇한다. 〈대제는[大制] 할하지 않는다[不割].〉

원문(原文)에서 산거(刪去)한 아래 육구(六句)의 지남(指南) · 보주(補註) · 해독(解讀)을 참고 삼아 따로 마련해둔다.

守其黑 爲天下式 爲天下式 常德不忒 復歸於無極 知其榮
수기흑 위천하식 위천하식 상덕불특 복귀어무극 지기영

{그[其] 흼을[白] 알고[知]} 그[其] 검음을[黑] 지키므로[守] 세상의[天下] 법식이[式] 된다[爲]. 세상의[天下] 법식이[式] 되니[爲] 상덕이[常德] 어긋나지 않는다[不忒]. 무극으로[於無極] 되[復] 돌아온다[歸]. 그[其] 영화를[榮] 안다[知].

① 知其白(지기백) 守其黑(수기흑) 爲天下式(위천하식)

▶ 그[其] 흼을[白] 알고[知] 그[其] 검음을[黑] 지키므로[守] 세상의[天下] 법식이[式] 된다[爲].

알 지(知), 그 기(其), 흰 백(白), 지킬 수(守), 검을 흑(黑), 될 위(爲), 법식 식(式)

【지남(指南)】

〈지기백(知其白) 수기흑(守其黑) 위천하식(爲天下式)〉에서 〈수기흑(守其黑) 위천하식(爲天下式)〉은 후인(後人)이 찬입(竄入)한 구(句)라는 주장이 정설(正說)이다. 28장(章)의 원문(原文)인 〈지기백(知其白) 수기욕(守其辱)〉에서 〈지기백(知其白)〉과 대비시키고자 후인(後人)이 〈수기흑(守其黑)〉을 찬입(竄入)했다는 주장이 정당하므로 산거(刪去)함이 마땅하다. 『장자(莊子)』「천하(天下)」에 나오는 〈노담왈(老聃曰) 지기웅(知其雄) 수기자(守其雌) 위천하계(爲天下谿) 지기백(知其白) 수기욕(守其辱) 위천하곡(爲天下谷)〉이 『노자(老子)』의 원문(原文)이라는 역순정(易順鼎)의 주장이 정설(正說)로 받아들여지고 있다.

앞에서 〈지기웅(知其雄) 수기자(守其雌)〉처럼 웅(雄)이 자(雌)로 대비되었으므로, 〈지기백(知其白)〉은 〈수기흑(守其黑)〉으로 백(白)이 흑(黑)과 대비되어야 한다고 어떤 전사자(傳寫者)가 생각했던 셈이다. 아마도 이 전사자(傳寫者)는 자주지한(自周至漢) 즉 주대(周代)부터[自] 한대(漢代)까지[至] 고대(古代)에는 〈욕(辱)〉이 〈백(白)〉과 대비되었기 때문에 〈지기백(知其白) 수기욕(守其辱)〉으로 백(白)과 욕(辱)이 대비되고 있음을 지나쳐버렸던 모양이다. 따라서 〈지기백(知其白) 수기흑(守其黑)〉으로 대비시켜 원문(原文)에 찬입(竄入)한 셈이다. 원문(原文)의 뜻에 맞추어 〈지기백(知其白) 수기흑(守其黑)〉도 일음일양(一陰一陽)의 변화를 알고[知] 지키라는[守] 뜻으로 여긴 셈이다. 그러면 백(白)의 지(知)와 흑(黑)의 수(守)는 천하에 두루 통하는 본받기[式]가 된다고 보았던 것이다. 그러나 거의 모든 『노자(老子)』 서(書)들이 〈지기백(知其白) 수기흑(守其黑) 위천하식(爲天下式)〉을 그대로 싣고 있기 때문에 아래와 같이 지남(指南)해둔다.

지기백(知其白)의 〈백(白)〉은 양(陽)을 뜻하고, 양(陽)은 동(動)을 말한다. 백(白)은 양기(陽氣)이고, 양기(陽氣)는 움직임[動]이다. 그러므로 지기백(知其白)은 양기(陽氣)를 알고 그 움직임[動]을 알라 함이니, 양백(陽白) 즉 혼(魂)을 지(知)하라 함이다. 수기흑(守其黑)의 〈흑(黑)〉은 음(陰)을 뜻하고, 음(陰)은 정(靜)이다. 흑(黑)은 음기(陰氣)이고, 음기(陰氣)는 고요함[靜]이니 멈춤이다. 수기흑(守其黑) 또한 음기(陰氣)를 지키고 고요함[靜]을 지키라 함이니, 음흑(陰黑) 즉 백(魄)을 수(守)하라 함이다.

왜 백(白)을 알고[知] 흑(黑)을 지켜야[守] 하는가? 여기 지백(知白)은 백(白)도 흑(黑)으로 됨을 앎인지라[知] 백(白)을 알고 고수(固守)하라 함이 아니라, 백(白)이 흑(黑)으로 변화할 수 있음을 알라[知] 함이다. 수흑(守黑) 역시 흑(黑) 역시 백(白)으로 변화함인지라 흑(黑)이 백(白)으로 옮겨감을 지키라[守] 함이다. 이러한 지수(知守)는 곧 위천하식(爲天下式)의 〈식(式)〉이 된다. 식(式)은 법식(法式)으로 본받음이다. 사물은 무엇이든 흑백(黑白)을 함께할 뿐 흑(黑)만의 것이나 백(白)만의 것은 없다. 흑백(黑白)이 화(和)하여 온갖 빛깔을 띤다. 불가(佛家)는 있음[有]을 〈색(色)〉이라 한다. 말하자면 형이하(形而下)의 것이면 유(有)이고 색(色)이다. 백(白) · 흑(黑)은 만색(萬色)의 법식(法式)이니 흑백(黑白)을 둘로 나누어 백(白)이냐 흑(黑)이냐 시비 · 분별을 떠난 앎[知]이어야 세상에 두루 통하는 식(式)이 되고, 동시에 그런 지킴[守]이어야 세상의 본받기[式]가 된다.

양기(陽氣)의 움직임[動]만 알고 음기(陰氣)의 고요함[靜]을 지키지 않아서는 상도(常道)의 체용(體用)이 짓[象]는 양백(陽白)의 조화를 본받을[法] 수 없고, 음기(陰氣)의 정(靜)만 지키고[守] 양기(陽氣)의 동(動)을 외면해도 상도(常道)의 체용(體用)이 짓는 음흑(陰黑)의 조화를 법(法)할 수 없음을 알고 지키기 때문에, 성인(聖人)의 지수(知守)는 천하식(天下式)이 된다. 그러므로 음양(陰陽)이 자화(自和) 즉 스스로[自] 어울려[和] 조화를 이룸을 살펴 새기고 헤아려 깨닫게 하는 말씀이 〈지기백(知其白) 수기흑(守其黑) 위천하식(爲天下式)〉이다.

【보주(補註)】

- 〈지기백(知其白) 수기흑(守其黑) 위천하식(爲天下式)〉을 〈성인지기백이수기흑고(聖人知其白而守其黑故) 성인지지수위천하식(聖人之知守爲天下式)〉처럼 옮

기면 문의(文義)를 좀 더 쉽게 새길 수 있다. 〈성인이[聖人] 그[其] 흼을[白] 알고서[知而] 그[其] 검음을[黑] 지키기[守] 때문에[故] 그[其] 앎과[知] 지킴은[守] 세상의[天下] 본받기가[式] 된다[爲].〉

- 지기백(知其白)의 백(白)도 양기(陽氣) · 동(動) · 신(伸) · 형(形)의 상(像 : image)이고, 나아가 백(白)은 성지동(性之動)과 도지용(道之用)의 상(像)이다. 수기흑(守其黑)의 흑(黑) 역시 음기(陰氣) · 정(靜) · 굴(屈) · 장(藏)의 상(像 : image)이고, 나아가 흑(黑)은 성지동(性之靜)과 도지체(道之體)의 상(像)이다. 상도(常道)의 체(體)를 유중지무(有中之無) 즉 있음[有] 속의[中之] 없음[無]이라 하고, 상도(常道)의 용(用)을 무중지유(無中之有) 즉 없음[無] 속의[中之] 있음[有]이라 한다.
- 위천하식(爲天下式)에서 식(式)은 만사만물(萬事萬物)을 지(知)하고 수(守)하는 법식(法式)을 말한다. 식(式)은 피차(彼此)를 나누어 시비 · 논란하지 않고 이것[此]과 저것[彼]을 하나로 어울리게 하는 본받기[式]의 비유로, 일음일양(一陰一陽)의 조화를 깨닫게 하는 상(像)이다.

  음양(陰陽)의 화합을 정동지화(靜動之和) 즉 정과[靜] 동[動]의 어울림[和]이라고 한다. 만물은 모두 정동(靜動)의 화(和)를 본받게[式] 함이다. 그래서 〈개물유동여정(皆物有動與靜)〉이라 한다. 모든 것[皆物]에는 동과[動與] 정(靜)이 있음[有]을 본받음이[式] 곧 위천하식(爲天下式)의 식(式)이다.

【해독(解讀)】

- 〈지기백(知其白) 수기흑(守其黑) 위천하식(爲天下式)〉은 두 조건의 부사절과 주절로 이루어진 복문(複文)이다. 〈만약[若] 지기백하고[知其白而] 수기흑한다면[守其黑] 그[其] 지킴과[與守] 앎은[知] 천하의[天下] 본받기가[式] 된다[爲].〉
- 지기백(知其白)에서 주어는 생략되었지만, 지(知)는 동사 노릇하고, 기백(其白)은 지(知)의 목적어 노릇한다. 약지기백(若知其白故)처럼 약(若)을 두지 않고 생략하는 경우가 거의 일반적이다. 〈만약[若] 기백을[其白] 안다면[知]〉
- 수기흑(守其黑)에서도 주어는 생략되었지만, 수(守)는 동사 노릇하고, 기흑(其黑)은 수(守)의 목적어 노릇한다. 〈(만약) 기자를[其雌] 지킨다면[守]〉
- 위천하식(爲天下式)에서 주어는 생략되었지만, 위(爲)는 동사 노릇하고, 천하(天下)는 식(式)을 꾸미는 형용사 노릇하며, 식(式)은 위(爲)의 보어 노릇한다.

위(爲)는 〈~이다 시(是)〉와 같이 여겨도 되고 〈될 성(成)〉과 같이 새겨도 된다. 〈천하식이[天下式] 된다[爲].〉 〈천하식(天下式)이다[爲].〉

② 爲天下式(위천하식) 常德不忒(상덕불특)

▶ 상의[天下] 법식이[式] 되니[爲] 상덕이[常德] 어긋나지 않는다[不忒].

될 위(爲), 법식 식(式), 늘 상(常), 큰 덕(德), 어긋날 특(忒)

【지남(指南)】

〈위천하식(爲天下式) 상덕불특(常德不忒)〉은 후인(後人)이 찬입(竄入)한 구(句)라는 주장이 정설(正說)이다. 『장자(莊子)』「천하(天下)」에 나오는 〈노담왈(老聃曰) 지기웅(知其雄) 수기자(守其雌) 위천하계(爲天下谿) 지기백(知其白) 수기욕(守其辱) 위천하곡(爲天下谷)〉이 『노자(老子)』의 원문(原文)이라는 역순정(易順鼎)의 주장이 정설로 받아들여지고 있다. 따라서 『노자(老子)』의 28장(章)의 원문(原文)에서 〈위천하식(爲天下式) 상덕불특(常德不忒)〉은 산거(刪去)해야 한다는 주장이 정설이지만, 거의 모든 『노자(老子)』 서(書)들이 〈위천하식(爲天下式) 상덕불특(常德不忒)〉을 그대로 싣고 있기 때문에 아래와 같이 지남(指南)해둔다.

앞서 살핀 지수(知守)가 상덕(常德)을 변덕스럽게 하지 않고[不忒] 한결같아 천하식(天下式)이 됨을 다시 밝힌다. 성인(聖人)의 지수(知守)는 천하식(天下式)과 같기 때문에 만물을 포일(抱一)로써 지(知)하고 수(守)하여 세상 사람들이 본받는 방도가 된다. 만물만사(萬物萬事)는 흑백(黑白)을 포일(抱一)하고 있음[有]이다. 있다는 것[有者]은 포음양자(抱陰陽者)이므로 포백흑자(抱白黑者)이다. 음(陰)과 양(陽)을 하나[一]로 안[抱]듯이 백(白)과 흑(黑)을 포일(抱一)한다. 성인(聖人)은 사물의 있는 것[有者] 즉 사(事)와, 만물의 없는 것[無] 즉 이(理)를 포일(抱一)하여 아는[知] 동시에 포일(抱一)하여 지킨다[守]. 그러므로 백흑(白黑)의 지수(知守) 역시 10장(章)의 재영백포일(載營魄抱一) 능무리호(能無離乎)란 말씀을 상기시킨다.

왜 성인(聖人)은 만사만물(萬事萬物)을 지수(知守)함에 언제나 상덕(常德)을 한결같게 하는가[不忒]? 오로지 포일(抱一)로써만 사물의 흑백(黑白)을 지(知)하고 수(守)하기 때문이다. 포일(抱一)로 상덕(常德)은 변덕스럽지[忒] 않고 한결같게 행해진다. 음양(陰陽)이 민민(緡緡) 즉 딱 합쳐[緡緡], 일음일양(一陰一陽)으로 성명(性命)이 백흑(白黑) 즉 양음(陽陰)을 서로 얻게[相得] 함이 상덕(常德)이다. 이처럼 어기지 않는[不忒] 상덕(常德)을 본받아 성인(聖人)은 만사만물(萬事萬物)을 지수(知守)한다.

그러나 범인(凡人)은 포일(抱一)의 묘(妙)를 떠나 백(白)은 백(白)이고 흑(黑)은 흑(黑), 백흑(白黑)을 둘로 나누어 알려 하고[欲知] 지키려 한다[欲守]. 범인(凡人)은 일음일양(一陰一陽)의 천도(天道)를 외면하면서 백흑(白黑)을 둘[二]로 여겨 가리려고 시비를 일삼으니, 범인(凡人)의 지수(知守)는 한결같지 못하고 변덕스럽다[忒]. 그런 까닭으로 범인(凡人)은 상덕(常德)을 제멋대로 오용(惡用)해 변덕스럽고[忒] 시비를 좇는 둘[二]로 만사만물(萬事萬物)을 알고자[欲知] 하고, 지키고자[欲守] 한다. 그래서 범인(凡人)은 상도(常道)의 조화를 알지 못하고 조화를 지킬 줄도 모르게 됨을 반문하여 잘못을 일깨워주려는 말씀이 〈위천하식(爲天下式) 상덕불특(常德不忒)〉이다.

註 "재영백포일(載營魄抱一) 능무리호(能無離乎)." 넋(혼백)을[營魄] 싣고서[載] 하나를[一] 지킴을[抱] 떠날 수[能離] 없음[無]이로다[乎]. 『노자[老子]』 10장(章)

【보주(補註)】

- 〈위천하식(爲天下式) 상덕불특(常德不忒)〉을 〈약하인지지수위천하식(若何人之知守爲天下式) 상덕불특어기지수(常德不忒於其知守)〉처럼 옮기면 문의(文義)를 좀 더 쉽게 새길 수 있다. 〈만약[若] 누구든[何人] 앎과[知] 지킴이[守] 세상의[天下] 본받기가[式] 된다면[爲] 그[其] 앎과[知] 지킴[守]에서[於] 상덕은[常德] 어겨지지 않는다[不忒].〉
- 상덕불특(常德不忒)에서 역시 상덕(常德)은 10장(章)에서 살핀 〈현덕(玄德)〉이며, 4장(章)에서 살핀 **도충이용지(道沖而用之)**의 용지(用之)와 같다.

註 "도충이용지(道沖而用之)." 도는[道] 빎이란[沖而] 그것을[之] 쓴다[用]. 『노자(老子)』 4장(章)

【해독(解讀)】

- 〈위천하식(爲天下式) 상덕불특(常德不忒)〉은 조건의 종절과 주절로 이루어진 복문(複文)이다. 〈천하식이[天下式] 되면[爲] 상덕이[常德] 어겨지지 않는다[不忒].〉
- 위천하식(爲天下式)에서 주어는 생략되었지만, 위(爲)는 동사 노릇하고, 천하(天下)는 식(式)을 꾸미는 형용사 노릇하며, 식(式)은 위(爲)의 보어 노릇한다. 위(爲)는 〈~이다 시(是)〉와 같이 여겨도 되고, 〈될 성(成)〉과 같이 새겨도 된다. 〈천하식이[天下式] 되면[爲]〉 〈천하식(天下式)이면[爲]〉
- 상덕불특(常德不忒)에서 상덕(常德)은 주어 노릇하고, 불(不)은 특(忒)의 부정사(否定詞) 노릇하며, 특(忒)은 동사 노릇한다. 특(忒)은 〈바꿀 변(變) · 고칠 경(更) · 차이날 차(差) · 의심할 의(疑)〉 등등의 뜻을 낸다. 〈상덕은[常德] 바뀌지 않는다[不忒].〉 〈상덕은[常德] 고쳐지지 않는다[不忒].〉 〈상덕은[常德] 차이나지지 않는다[不忒].〉 〈상덕은[常德] 의심되지 않는다[不離].〉
- 상덕불특(常德不忒)에서 상덕(常德)을 동사 노릇하는 특(忒)의 주어로 여기고 문맥을 잡으면 특(忒)은 수동의 동사 노릇하고, 상덕(常德)을 특(忒)의 목적어로 여기고 문맥을 잡으면 특(忒)은 능동의 동사 노릇한다. 영어는 목적어를 반드시 타동사 뒤에 두지만, 한문(漢文)은 동사 앞에다 목적어를 둔다고 여기고 문맥을 잡아야 하는 셈이다. 〈상덕은[常德] 바뀌지 않는다[不忒].〉 〈상덕을[常德] 바꾸지 않는다[不忒].〉

③ 復歸於無極(복귀어무극)

▶ 무극으로[於無極] 되[復] 돌아온다[歸].

다시 복(復), 돌아올 귀(歸), 조사(~으로) 어(於), 없을 무(無), 끝 극(極)

【지남(指南)】

〈복귀어무극(復歸於無極)〉은 앞서 살핀 상덕(常德)의 불특(不忒)함을 풀이한다. 상덕(常德)을 본받아 사물을 알고[知] 지켜[守] 지수(知守)로 하여금 무극(無極)으로 복귀(復歸)하게 함은 시비 · 논란을 초월하는 것이다. 무극(無極)이란 상도(常道)를 일컫지만, 노자(老子)의 술어(術語)는 아니고 후인(後人)의 용어로 보인다. 『노자(老子)』 14장(章) 원문(原文)에 〈복귀어무물(復歸於無物)〉이란 말씀은 나온다. 그러나 『노자(老子)』에서 무극(無極)이란 술어(術語)는 여기에만 있다. 무극(無極)은 상도(常道)의 자연(自然) 바로 그것이다. 무극(無極)은 무궁(無窮)을 말한다. 무극(無極) · 무궁(無窮)은 상도(常道)의 자연(自然) 즉 본원(本原)을 풀이하는 술어이다. 상대(相對)의 전무(全無) 즉 서로[相] 대함이[對] 오로지[全] 없음[無]을 밝히려는 술어가 무극(無極)이다. 그래서 무극(無極)을 말하여 맛이 없고[無味] 냄새도 없고[無臭] 소리도 없고[無聲] 색깔도 없고[無色] 시작도 없고[無始] 종말도 없다[無終]고 한다.

무극(無極)으로 되돌오는 지수(知守)는 상덕(常德)과 어긋나지 않는다[不忒]. 여기서 자연(自然)이란 백흑(白黑)이 하나가 되어 드러나지 않는 상도(常道)의 체(體)를 말한다. 백흑(白黑)이 하나임은 숨은 것[隱者]이고, 백흑(白黑)이 드러남[顯者]은 둘[二]의 합(合) 즉 음양(陰陽)의 조화가 드러남이 곧 만물이다. 그러므로 무극(無極)으로 복귀한 지수(知守)는 드러난 둘[二]의 백흑(白黑)에서 드러나지 않는 하나의 백흑(白黑)을 만사만물(萬事萬物)에서 알고[知] 지킴[守]이다. 따라서 복귀어무극(復歸於無極)의 지수(知守)야말로 포일(抱一)의 지수(知守)로 상덕(常德)을 어긋나지 않음[不忒]인지라 〈복귀어박(復歸於樸)〉과 같은 말씀이 여기 〈복귀어무극(復歸於無極)〉이다.

註 "혼이위일(混而爲一) …… 복귀어무물(復歸於無物)." 섞어 합해서[混而] 하나[一]이다[爲]. …… 없는[無] 것[物]으로[於] 되[復]돌아온다[歸]. 『노자(老子)』 14장(章)

註 "화성지상대(化聲之相待) 약기불상대(若其不相待) 화지이천예(和之以天倪) 인지이만연(因之以曼衍)." 불안정해 변하기 쉬운[化] 소리를[聲] 서로[相] 기대함은[待] 그것을[其] 서로[相] 기대하지 않음과[不待] 같다[若]. 자연의 갈래를[天倪] 따라[以] 온갖 것과[之] 어울리고[和], 상규(常規)를 얽매지 않는 변화를[曼衍] 따라[以] 온갖 것을[之] 맡겨둔다[因].

천예(天倪)는 자연의 분제(分際) 즉 갈래[分際]인 시비를 떠난 자연의 길, 만연(曼衍)은 상규(常規)를 구속하지 않아 유연(流衍) 즉 순행함이다. 이천예(以天倪)에서 이(以)는 여기선 〈따를 순(順)〉과 같고, 인(因)은 〈맡길 임(任)〉과 같다. 『장자(莊子)』「제물론(齊物論)」

【보주(補註)】

- 〈복귀어무극(復歸於無極)〉을 〈성인지지수복귀어무극(聖人之知守復歸於無極)〉처럼 옮기면 문의(文義)를 좀 더 쉽게 새길 수 있다. 〈성인의[聖人之] 지수는[知守] 무궁함으로[於無極] 되돌아온다[復歸].〉
- 복귀어무극(復歸於無極) 또한 〈귀근(歸根)〉과 같은 말씀이다. 뿌리[根]로 돌아옴[歸]은 상도(常道)의 자연(自然) 즉 본원(本原)으로 귀(歸)함이다. 무극(無極) 또한 상도(常道)의 본체(本體)를 나타내는 동시에 무기(無己)·무사(無私)·무사(無邪)·무아(無我) 즉 무사(無思)를 일깨움이다. 물론 복귀어무극(復歸於無極) 역시 유거어법자연(唯居於法自然)이니 〈자연을[自然] 본받음으로[於法] 산다[居]〉는 말씀이 된다.

【해독(解讀)】

- 〈복귀어무극(復歸於無極)〉에서 복귀(復歸)는 주어가 생략되었지만 복합동사 노릇하고, 어무극(於無極)은 복귀(復歸)를 꾸며주는 부사구 노릇한다. 〈무극으로[於無極] 돌아온다[復歸].〉
- 복귀어무극(復歸於無極) 역시 〈귀어(歸於)A〉의 상용문이다. 〈A로[於] 돌아온다[歸].〉

④ 知其榮(지기영) 守其辱(수기욕) 爲天下谷(위천하곡)

▶ 그[其] 영화를[榮] 알고[知] 그[其] 검음을[辱] 지키면[守] 온 세상의[天下] 골짜기가[谷] 된다[爲].

알 지(知), 그 기(其), 영화 영(榮), 지킬 수(守), 검을 욕(辱), 골짜기 곡(谷)

【지남(指南)】

〈지기영(知其榮) 수기욕(守其辱) 위천하곡(爲天下谷)〉에서 〈지기영(知其榮)〉은 후인(後人)이 찬입(竄入)한 구(句)라는 주장이 정설(正說)로 받아들여지고 있다. 28장(章) 원문(原文)인 〈지기백(知其白) 수기욕(守其辱)〉에서 〈지기백(知其白)〉과 대비시키고자 후인(後人)이 〈수기흑(守其黑)〉을 찬입(竄入)했고, 〈수기욕(守其辱)〉과 대비시키고자 후인(後人)이 〈지기영(知其榮)〉을 슬쩍(竊) 끼워 넣었다는[入] 주장이 정당(正當)하므로 산거(刪去)함이 마땅하다.

『장자(莊子)』「천하(天下)」에 나오는 〈노담왈(老聃曰) 지기웅(知其雄) 수기자(守其雌) 위천하계(爲天下谿) 지기백(知其白) 수기욕(守其辱) 위천하곡(爲天下谷)〉이 『노자(老子)』의 원문(原文)이라는 역순정(易順鼎)의 주장이 정설(正說)이다. 『노자(老子)』의 원문(原文)은 자(雌)로 웅(雄)과 대(對)하고, 욕(辱)으로 백(白)을 대(對)하고 있다. 본래 욕(辱)에는 흑(黑)의 뜻이 있으니 백(白)과 욕(辱)이 대(對)가 될 수 있음을 후인(後人)이 간과했던 것으로 보인다는 주장이다.

그러므로 〈지기백(知其白) 수기흑(守其黑) 위천하식(爲天下式) 위천하식(爲天下式) 상덕불특(常德不忒) 복귀어무극(復歸於無極) 지기영(知其榮) 수기욕(守其辱) 위천하곡(爲天下谷)〉에서 〈수기흑(守其黑) 위천하식(爲天下式) 위천하식(爲天下式) 상덕불특(常德不忒) 복귀어무극(復歸於無極) 지기영(知其榮)〉까지를 산거(刪去)하고, 〈지기백(知其白) 수기욕(守其辱) 위천하곡(爲天下谷)〉을 『노자(老子)』 28장(章)의 원문(原文)으로 삼아야 한다는 역순정(易順鼎)의 설(說)을 따랐다. 그러나 거의 모든 『노자(老子)』 서(書)들이 〈지기영(知其榮) 수기욕(守其辱) 위천하곡(爲天下谷)〉을 그대로 싣고 있기 때문에 아래와 같이 지남(指南)해둔다.

〈지기영(知其榮) 수기욕(守其辱)〉도 일음일양(一陰一陽)의 변화를 알고[知] 지키라[守] 함이다. 그러면 지(知)와 수(守)가 천하를 담는 골짜기[谷]가 된다. 곡(谷)은 포일(抱一)을 비유함이다. 지기영(知其榮)의 영(榮)과 수기욕(守其辱)의 욕(辱)은 일음일양(一陰一陽) 변화의 이치이지만, 인간은 이를 아랑곳 않고 호오(好惡)를 걸어 영(榮)을 좋아하고[好] 욕(辱)을 싫어하며[惡], 영(榮)을 탐하고 욕(辱)을 피하려 한다. 그래서 금수(禽獸) · 초목(草木)의 영욕(榮辱)은 상덕(常德)의 것이지만, 인간의 영욕(榮辱)은 상덕(常德)을 저버린 사욕(私欲)의 것이 된다. 봄여름을 누리는 초목(草木)의 번(蕃) 즉 우거짐[蕃]은 음양(陰陽)의 지화(至和)로 누리는 영(榮)이고, 가을겨울에 겪는 초목의 사(謝) 즉 이우러짐[謝]은 음양(陰陽)의 지극한 어울림[至和]으로 맞이하는 욕(辱)이다.

이처럼 푸나무의 영욕(榮辱)은 영(榮)이 욕(辱)이 되고 욕(辱)이 영(榮)이 되는 일음일양(一陰一陽)의 변화를 거치는 이치일 뿐이나, 인간은 부귀는 영화이고 빈

천(貧賤)은 굴욕으로 영화와 굴욕을 둘[二]로 나누어 지(知)하고 수(守)하려 한다. 이는 인간이 영욕(榮辱)이란 것 역시 일음일양(一陰一陽)의 천도(天道)를 벗어날 수 없음을 외면한 것이다. 이처럼 범인(凡人)은 호사다마(好事多魔)·전화위복(轉禍爲福)·새옹지마(塞翁之馬) 등이 담고 있는 사리(事理)를 외면한다. 사리(事理)의 사(事)는 여러 모습으로 드러나는 말단의 사(事)이고, 이(理)는 한 모습 밖인 근본의 이(理)이다. 사리(事理)에서 사(事)는 드러나고, 이(理)는 드러나지 않는다. 사리(事理)에서 사(事)는 만물이 서로 달리 드러나는 이치이고, 이(理)는 만물이 서로 같은 이치를 간직하고 있음을 말한다. 이러한 사리(事理)를 외면하여 만사만물(萬事萬物)을 제 뜻대로 지수(知守)하기 때문에 범인(凡人)은 〈지기영(知其榮) 수기욕(守其辱)〉이란 자연의[天] 규율을[道] 모른다.

그러나 성인(聖人)은 영화(榮華)도 굴욕으로 변하고 굴욕도 영화(榮華)로 변하는 만사만물(萬事萬物)의 사리(事理)를 외면하지 않아 지기영(知其榮)하면서 수기욕(守其辱)한다. 영(榮)·욕(辱)을 지수(知守)함에도 성인(聖人)은 일음일양(一陰一陽)의 천도(天道)를 따른다. 영욕(榮辱) 역시 피대차(彼對此)의 둘[二]이 아니라 피역시(彼亦是)의 하나[一]인 까닭이다. 영(榮)의 신(伸)을 알고[知] 욕(辱)의 굴(屈)을 지키면[守] 뻗침[伸]이 굽힘[屈]에 흡수되니, 영(榮)이 욕(辱)에 흡수되고 영화(榮華)도 굴욕에서 뻗쳐나는 이치를 성인(聖人)은 지수(知守)하고, 범인(凡人)은 외면한다. 영욕(榮辱) 역시 신귀어굴(伸歸於屈)의 천도(天道)를 벗어날 수 없다.

온갖 사물에는 길흉이 있고 길흉 역시 일음일양(一陰一陽)의 천도(天道)를 따라 길(吉)이 흉(凶)이 되기도 하고, 흉(凶)이 길(吉)이 되기도 한다. 그러므로 만사만물(萬事萬物)로 비롯하는 영화(榮華)나 굴욕을 뿌리치지 않고 영욕(榮辱)을 포일(抱一)하는 지수(知守)가 빈 골짜기[谷]가 되어 영화(榮華)든 굴욕이든 다를 것 없이 안아 들임을 일깨워 깨우치게 하는 말씀이 〈지기영(知其榮) 수기욕(守其辱) 위천하곡(爲天下谷)〉이다.

【보주(補註)】

- 〈지기영(知其榮) 수기욕(守其辱) 위천하곡(爲天下谷)〉을 〈인위성인지기영이수기욕(因爲聖人知其榮而守其辱) 성인지지수위천하곡(聖人之知守爲天下谷)〉처럼 옮기면 문의(文義)를 좀 더 쉽게 새길 수 있다. 〈성인은[聖人] 그[其] 영화를

[榮] 알고서[知而] 그[其] 굴욕을[辱] 지키기[守] 때문에[因爲] 성인의[聖人之] 앎과[知] 지킴은[守] 세상의[天下] 빈 골짜기가[谷] 된다[爲].〉

- 지기영(知其榮)의 영(榮)은 부귀(富貴) · 영화(榮華)의 길(吉)을 나타내고, 수기욕(守其辱)의 욕(辱)은 빈천(貧賤) · 굴욕(屈辱)의 흉(凶)을 나타낸다. 범인(凡人)은 길(吉)을 환호하고 흉(凶)을 염오(厭惡)한다. 길(吉)과 흉(凶)을 둘[二]로 보기 때문에 길흉(吉凶)이 상생(相生) · 상성(相成)함을 미처 모른다. 그러나 성인(聖人)은 길흉(吉凶)을 명암(明暗)처럼 마주하기 때문에, 길(吉)이 다하면 흉(凶)이 되고 흉(凶)이 다하면 길(吉)이 됨을 지수(知守)하여 영(榮)이라 기뻐하고 욕(辱)이라 슬퍼하지 않고 그냥 무심(無心)할 뿐이다.
- 위천하곡(爲天下谷)에서 곡(谷)은 만사만물(萬事萬物)을 포일(抱一)로 지(知)하고 수(守)하는 상(像)이다. 여기서 곡(谷)은 6장(章) **곡신불사(谷神不死)**의 곡(谷)과 같다. 곡신(谷神)은 빈 골짜기[谷]인지라 상도(常道)가 쓰는[用] 짓[象]을 변화하게 하니 변화의 짓을 〈신(神)〉이라 한다. 만사만물(萬事萬物)을 포일(抱一)하여 저마다 변화하게 빈 곳을 늘 내주는 **재영백포일(載營魄抱一)**의 곡(谷)이다. 이러한 곡(谷)은 처하(處下) 즉 겸하(謙下) 즉 겸손하며[謙] 스스로 낮춤을[下] 비유한다.

註 "곡신불사(谷神不死) 시위현빈(是謂玄牝)." 골짜기같이[谷] 변화하게 하는 짓은[神] 죽지 않는다[不死]. 이를[是] 신묘한[玄] 땅이라[牝] 한다[謂]. 『노자(老子)』 6장(章)

註 "재영백포일(載營魄抱一) 능무리호(能無離乎)." 넋(혼백)을[營魄] 싣고서[載] 하나를[一] 지킴을[抱] 떠날 수[能離] 없음[無]이로다[乎]. 『노자(老子)』 10장(章)

【해독(解讀)】

- 〈지기영(知其榮)〉은 뒤이어 나오는 위천하곡(爲天下谷)과 이어지는 원인의 종절이다. 〈지기영하기 때문에[知其榮] 천하의[天下] 곡이[谷] 된다[爲].〉
- 지기영(知其榮)에서 주어는 생략되었지만, 지(知)는 동사 노릇하고, 기영(其榮)은 지(知)의 목적어 노릇한다. 〈기백을[其白] 알기 때문에[知]〉

자연장(自然章)

천하(天下)는 어느 누구의 것이 아님을 밝히는 장(章)이다. 그런 천하(天下)를 취하여 인위(人爲)로 다스리고자[欲治] 한다면 반드시 패망(敗亡)함을 밝힌다. 만물의 본성은 부동(不同)하고 인성(人性)도 각별(各別)해 치자(治者)가 이를 용인하고 본성을 따라가야지, 인위(人爲)로 제지(齊之) 즉 동일하게 다져가려고[齊之] 해서는 안 된다. 백성 저마다 상도(常道)의 자연(自然)을 순응하여 무위(無爲)의 삶을 누리도록 천하를 다스려야 한다.

왜 천하(天下)는 무위(無爲)로 다스려야 하는가? 천하(天下)가 신기(神器)이기 때문이다. 신기(神器)란 상도(常道)의 조화를 담고 있음[器]이니, 신기(神器)로서의 천하(天下)를 〈권명지기(眷命之器)〉라 한다. 저마다의 본성을[命] 돌이켜보게[眷] 하는 그릇[器]이 천하(天下)이므로 천하(天下)를 상도(常道)의 조화에 맡겨두고 무욕(無欲)·무위(無爲)로 다스려야 함을 밝히고, 그렇게 치민(治民)하고 치세(治世)하자면 무엇보다 거심(去甚)하고 거사(去奢)하며 거태(去泰)해야 함을 깨우치게 하는 장(章)이다.

【원문(原文)】

將欲取天下而爲之만 吾見其不得已니 天下는 神器라 不可爲也니 不可執也라 爲者는 敗之하고 執者는 失之한다 是以로 聖人은 無爲라 故로 無敗한다 無執이라 故로 無失한다 夫物이 或行或隨하고 或歔或吹하며 或强或羸하고 或載或隳한다 是以로 聖人은 去甚하고 去奢하며 去泰한다

장욕취천하이위지 오견기부득이 천하 신기 불가위야 불가집야 위자 패지 집자 실지 시이 성인 무위 고 무패 무집 고 무실 부물 혹행혹수 혹허혹취 혹강혹리 혹재혹휴 시이 성인 거심 거사 거태

장차[將] 천하를[天下] 위해서[取而] 그것을[之] 다스리기를[爲] 바라지만[欲], 나는[吾] 그것을[其] 취해 다스릴 수 없을 뿐임을[不得已] 본다[見]. 세상은[天下] 상도(常道)가 짓는 조화(造化)의[神] 그릇이다[器]. (천하는 인간의 욕심대로) 해볼[爲] 수 없는 것[不可]이고[也], 잡아 가질[執] 수도 없는 것[不可]이다[也]. (천하를) 다스리려는[爲] 사람은[者] 그 다스림을[之] 실패하고[敗], (천하를 다스리려고) 고집하는[執] 사람은[者] 그 고집을[之] 실패한다[失]. 이로[是]써[以] 성인께는[聖人] 뜻대로 함이[爲] 없기[無] 때문에[故] 실패함이[敗] 없고[無], 아집이[執] 없기[無] 때문에[故] 잃음이[失] 없다[無]. 무릇[夫] 사람은[物] 때로는[或] 앞서면[行] 때로는[或] 뒤따르고[隨], 때로는[或] 따습게 숨을 내쉬기도 하고[歔] 때로는[或] 차갑게 숨을 내쉬기도 하며[吹], 때로는[或] 강하기도 하고[强] 때로는[或] 연약하기도 하고[羸], 때로는[或] 편안하기도 하고[載] 때로는[或] 위태하기도 하다[隳]. 이렇기[是] 때문에[以] 성인은[聖人] 지나침을[甚] 버리고[去], 사치를[奢] 버리고[去], 과도함을[泰] 버린다[去].

註 위의 〈불가집야(不可執也)〉는, 29장(章) 본문에서 〈천하신기(天下神器) 불가위야(不可爲也)〉와 〈위자패지(爲者敗之) 집자실지(執者失之)〉 사이에 〈불가집야(不可執也)〉가 있어야 될 본문이 결(缺) 즉 이지러졌으니[缺] 보충해주어야 한다는 유사배(劉師培)의 설(說)을 받아들인 것이다.

註 위의 〈시이(是以) 성인무위(聖人無爲) 고무패(故無敗) 무집(無執) 고무실(故無失)〉은 64장(章)에 있는 것이다. 그러나 이 원문(原文)들이 64장(章)의 내용과는 상응하지 않고, 29장(章)의 〈위자패지(爲者敗之) 집자실지(執者失之)〉 아래에 있어야 마땅하다는 설(說)들이 그 타당성을 얻고 있다. 따라서 64장(章)에서 29장(章)으로 옮겨와 지남(指南)한다.

29-1 將欲取天下而爲之(장욕취천하이위지) 吾見其不得已(오견기부득이)

▶ 장차[將] 천하를[天下] 위해서[取而] 그것을[之] 다스리기를[爲] 바라지만[欲], 나는[吾] 그것을[其] 취해 다스릴 수 없을 뿐임을[不得已] 본다[見].

장차 장(將), 하고자 할 욕(欲), 다스릴(위할) 취(取), 그래서 이(而), 다스릴 위(爲), 그것 지(之), 나 오(吾), 볼 견(見), 그 기(其), 취할 득(得), 조사(~뿐이다) 이(已)

【지남(指南)】

〈장욕취천하이위지(將欲取天下而爲之)〉는 치세(治世)하여 치인(治人)하고자 하는 인위(人爲)의 야욕을 밝히고, 〈오견기부득이(吾見其不得已)〉는 그 야욕이 결코 이뤄질 수 없음을 단언한다. 풀잎 하나도 함부로 취함이 불가하거늘, 하물며 천하를 유위(有爲)로써 취하여 다스리려 함은 불가능하다. 27장(章)에서 살핀 바대로 성인(聖人)이 **상선구인(常善救人)·상선구물(常善救物)** 함은 취천하(取天下)하고자 함이 아니라 **습명(襲明)**으로 백성(百姓)을 자연(自然)으로 복귀시키고자 함이지, 치세(治世)하고자 함이 아님이 여기서 간파된다. 이처럼 성인(聖人)이 무위(無爲)로 천하를 다스려 천하가 부쟁(不爭)의 세상이 되면, 백성은 무위(無爲)로 다스리는 성인(聖人)이 있는 줄 모르고 17장(章) **아자연(我自然)** 즉 우리가[我] 절로 그냥 그대로[自然] 된다 함이다.

성인(聖人)이 무위(無爲)로 세상을 다스린다 할지라도, 부득불(不得不)한 치세(治世)이지 유위(有爲)로써 천하를 취하여 다스리고 싶어하는 것은 아니다. 그러므로 인위(人爲)로 천하를 취하여 천하를 다스리겠다는[爲之] 것은 〈부득(不得)〉

즉 이루어지지 못함을[不得] 밝힌 말씀이 〈장욕취천하이위지(將欲取天下而爲之) 오견기부득이(吾見其不得已)〉이다.

註 "성인상선구인(聖人常善救人) 고(故) 무기인(無棄人) 상선구물(常善救物) 고(故) 무기물(無棄物) 시위습명(是謂襲明)." 성인은[聖人] 늘[常] 선하게[善] 사람들을[人] 구제한다[救]. 그러므로[故] 사람들을[人] 버림이[棄] 없다[無]. 이러함을[是] 밝음을[明] 물려받아 전함이라[襲] 한다[謂].

습명(襲明)은 어두운[暗] 것[者]을 밝게[明] 함이 마치 세상의 어둠을 밝혀주는 등과 같아 상도(常道)를 본받아 물려받은[襲] 밝음[明]이다. 그렇게 물려받은 밝힘[明]은 상전(相傳)하면서 세상에서 꺼지지 않는다. 『노자(老子)』 27장(章)

註 "공성사수(功成事遂) 백성개위아자연(百姓皆謂我自然)." {태상(太上)이} 보람을[功] 이루고[成] 일을[事] 완수했어도[遂] 백성은[百姓] 모두[皆] 자기들이[我] 스스로 본디대로라고[自然] 했다[謂]. 『노자(老子)』 17장(章)

【보주(補註)】

- 〈장욕취천하이위지(將欲取天下而爲之) 오견기부득이(吾見其不得已)〉를 〈임하인장욕취천하이위천하(任何人將欲取天下而爲天下) 오견기부득천하이(吾見其不得天下已)〉처럼 옮기면 문의(文義)를 좀 더 쉽게 새길 수 있다. 〈누구든[任何人] 장차[將] 세상을[天下] 위해서[取而] 세상을[之] 다스리기를[爲] 바라지만[欲], 나는[吾] 천하를[天下] 다스릴 수 없을 뿐임을[不得已] 본다[見].〉
- 취천하이위지(取天下而爲之)는 치세(治世)하여 치인(治人)함을 말한다. 도가(道家)의 취천하(取天下) 즉 치세(治世)는 〈이무위치세(以無爲治世)〉이고, 유가(儒家)의 치세(治世)는 〈이예악치세(以禮樂治世)〉로 요약할 수 있다. 유가(儒家)의 치도(治道)인 예(禮) · 악(樂)은 인위(人爲)이지, 무위(無爲)인 자연(自然)의 짓이 아니란 것이다. 〈무위로[無爲]써[以] 세상을[世] 다스린다[治].〉 〈예악으로[禮樂]써[以] 세상을[世] 다스린다[治].〉
- 특히 취천하(取天下)를 유가(儒家)에서는 치천하(治天下)로 보고 삼황(三皇)의 치천하(治天下)를 **정명(正命)**이라 일러 〈삼황지계천(三皇之繼天)〉이라 하고, 오제(五帝)의 치천하(治天下)를 **수명(受命)**이라 일러 〈오제지선위어현자(五帝之禪位於賢者)〉라 하며, 폭군(暴君)의 치천하(治天下)를 **개명(改命)**이라 하여 이를 〈탕방걸어남소(湯放桀於南巢)〉라 한다. 그러므로 **정명(正命)** · **수명(受命)** · **개명**

(改命)·섭명(攝命) 등은 유가(儒家)가 밝히는 취천하(取天下)의 관점을 나타내주는 술어(術語)들이다.

註 정명(正命)이란 삼황이[三皇之] 하늘을[天] 계승함[繼]이다. 삼황(三皇)은 천황씨(天皇氏)·지황씨(地皇氏)·인황씨(人皇氏) 또는 수인씨(燧人氏)·복희씨(伏羲氏)·신농씨(神農氏) 등 중국 전설 속의 세 임금을 말한다.

註 수명(受命)이란 오제(五帝)가 현자(賢者)에게서[於] 천자의 자리를[位] 물려받음[禪]이다. 오제(五帝)는 고대 중국의 다섯 성군(聖君)인 소호(少昊)·전욱(顓頊)·제곡(帝嚳)·요(堯)·순(舜) 등등을 말한다.

註 개명(改命)이란 탕왕이[蕩] 걸왕을[桀] 남소로[於南巢] 추방하고[放], 무왕(武王)이 주왕(紂王)을 조가(朝歌)에서 벌(伐)함이다. 걸(桀)은 하(夏)나라 말왕(末王), 탕(湯)은 걸(桀)을 내치고 은(殷)나라를 세운 탕왕(湯王), 주(紂)는 은(殷)나라 끝 임금[末王], 무왕(武王)은 주(周)나라 임금이다.

註 섭명(攝命)이란 오백(五伯) 즉 오패(五覇)가 존왕(尊王)의 가명으로 왕좌를 차지하고 실권을 자행함이다. 하백(夏伯)의 개오(皆吾), 상백(商伯)의 대팽(大彭)과 시위(豕韋), 주백(周伯)의 제환(齊桓)과 진문(晉文) 등을 오패(五覇)라 한다.

【해독(解讀)】

- 〈장욕취천하이위(將欲取天下而爲之) 오견기부득이(吾見其不得已)〉는 생략된 접속사 〈그러나 이(而)〉로 두 문장이 이어진 중문(重文)이다. 〈장차[將] 천하를[天下] 취해서[取而] 그것을[之] 다스리기를[爲] 바란다[欲]. (그러나) 나는[吾] 그것을[其] 취득할 수 없을 뿐임을[不得已] 본다[見].〉
- 장욕취천하이위지(將欲取天下而爲之)에서 장(將)은 욕(欲)을 꾸며주는 부사 노릇하고, 취(取)와 위(爲)는 영어의 부정사(不定詞)같이 구실하면서 욕(欲)의 목적어 노릇하고, 이(而)는 연사(連詞)로 〈그리고 이(而)〉 노릇하고, 지(之)는 지시어로서 위(爲)의 목적어 노릇한다. 취(取)는 여기선 〈위할 위(爲)〉와 같고, 위(爲)는 〈다스릴 치(治)〉와 같다. 특히 위(爲)가 한문에서 동사 노릇할 때는 영어의 〈do〉와 같다고 여겨질 만큼 전후 문맥에 따라 다양한 뜻을 낸다. 〈장차[將] 세상을[天下] 취하고[取] 그래서[而] 그것을[之] 다스리고자 한다[欲爲].〉
- 오견기부득이(吾見其不得已)에서 오(吾)는 주어 노릇하고, 견(見)은 동사 노릇하며, 기부득(其不得)은 견(見)의 목적구 노릇하고, 이(已)는 강한 종결어미 노

릇한다. 견(見)은 〈볼 시(視) · 알 지(知)〉 등과 같고, 이(已)는 강한 뜻을 내는 문미조사(文尾助詞)이다. 〈나는[吾] 그것이[其] 부득될 뿐임을[不得已] 본다[見].〉

- 기부득(其不得)에서 기(其)는 도치됐지만 득(得)의 목적어 노릇하고, 부(不)는 득(得)의 부정사(否定詞) 노릇하고, 득(得)은 영어의 동명사처럼 노릇해 기부득(其不得)은 견(見)의 목적구 노릇한다. 〈그것을[其] 득하지 못할 뿐임을[不得已]〉

29-2 天下神器(천하신기)

▶ 세상은[天下] 상도(常道)가 짓는 조화(造化)의[神] 그릇이다[器].

하늘 천(天), 아래 하(下), 신통할 신(神), 그릇 기(器)

【지남(指南)】

〈천하신기(天下神器)〉는 치세(治世)하여 치인(治人)하고자 하는 인위(人爲)의 야욕이 불가능한 까닭을 밝힌다. 세상[天下]이 사람의 것이 아님을 일러 〈천하신기(天下神器)〉라 한다. 천하(天下)는 사람만 사는 곳이 아니라 만물이 함께 사는 곳으로, 물론 우리가 사는 지구만이 아니다. 우주는 모두 상도(常道)의 천하(天下)이다. 태양계만이 아니라 저 멀리 은하도 상도(常道)의 천하이니 천하신기(天下神器)란 좁게는 지구를 말하고, 넓게는 우주 삼라만상을 통틀어 밝힘이다.

천하신기(天下神器)는 먼저 5장(章) 〈천지불인(天地不仁)〉이란 말씀을 상기시킨다. 천지불인(天地不仁)도 천지(天地)는 사람의 것이 아니란 말씀인 까닭이다. 상도(常道)는 온갖 것[萬物]을 풀강아지[芻狗]로 여긴다. 사람이나 민들레나 지렁이나 다 같이 상도(常道)의 조화이니, 상도(常道)는 이것들을 포일(抱一) 즉 하나로[一] 안아[抱] 자식들로 삼는다. 만물이 그냥 그대로[自然] 하나로 담겨서 생사(生死)를 누리는 그릇이 신기(神器)이니, 이는 자연(自然)을 본대대로[樸] 본받는[法] 상도(常道)의 기(機) 즉 조화의 산물을 일컬음이다. 천지(天地)는 〈상도(常道)의 조화(造化)가 빚어낸[神] 그릇[器]〉으로, 신(神)이란 상도(常道)의 짓[象]인 조화의 부림[機]을 뜻한다. 상도지상(常道之象)은 곧 상도지신(常道之神)이다.

『장자(莊子)』에 만물개출어기(萬物皆出於機) 개입어기(皆入於機)란 말씀이 나온다.

『중용(中庸)』에도 **지성여신(至誠如神)**이란 말씀이 있다. 상도(常道)의 기용(機用)이 〈신(神)〉이니, 이를 일러 〈상덕(常德)〉이라 새겨도 된다. 나아가 『중용(中庸)』 쪽에서 보면 신기(神器)란 〈지성지기(至誠之器)〉이기도 하다. 지성(至誠)이란 지극한[至] 성자(誠者)이고, 성자(誠者)란 천지도(天之道) 즉 자연지도(自然之道)이다. 성자(誠者)가 곧 신(神)과 같다 함은 조화의 부림[用]이란 천도(天道)인 상도(常道)의 짓이기 때문이다. 이러한 상도(常道)의 짓[神]이 담긴 그릇[器]이 우리[萬物]가 생사(生死)를 누리고 있는 천하(天下)임을 살펴 새기고 헤아려 깨우치게 하는 말씀이 〈천하신기(天下神器)〉이다.

註 "구죽생청령(久竹生青寧) 청령생정(青寧生程) 정생마(程生馬) 마생인(馬生人) 인우반입어기(人又反入於機) 만물개출어기(萬物皆出於機) 개입어기(皆入於機)." 늙은[久] 대나무가[竹] 청령을[青寧] 낳고[生], 청령이[青寧] 정을[程] 낳고[生], 정이[程] 원숭이를[馬] 낳고[生], 원숭이는[馬] 사람을[人] 낳고[生], 사람은[人] 또[又] 조화로[於機] 되[反] 들어간다[入]. 온갖 것은[萬物] 모두[皆] 조화에서[於機] 나오고[出], 모두[皆] 조화로[於機] 들어간다[入].

구죽(久竹)은 노죽(老竹), 청령(青寧)은 벌레 이름이다. 정(程)은 〈짐승 이름 쟁(猙)〉과 같고, 외뿔에 꼬리가 다섯 개 달린 짐승이라 한다. 마(馬)는 위(爲)의 와자(譌字)로 읽히고, 위(爲)는 어미원숭이[母猴]의 뜻을 내며, 기(機)는 조화(造化)를 뜻한다. 『장자(莊子)』「지락(至樂)」

註 "성자천지도야(誠者天之道也) 성지자인지도야(誠之者人之道也)." 정성이란[誠] 것은[者] 하늘의[天之] 도(道)이고[也], 정성되게 함이란[誠之] 것은[者] 사람의[人之] 도(道)이다[也].

『중용(中庸)』 주자장구(朱子章句) 20장(章)

註 "지성여신(至誠如神)." 지극한[至] 정성은[誠] 조화(造化)의 짓과[神] 같다[如].

『중용(中庸)』 주자장구(朱子章句) 24장(章)

【보주(補註)】

- 〈천하신기(天下神器)〉를 〈천하시신지기(天下是神之器)〉처럼 옮기면 문의(文義)를 좀 더 쉽게 새길 수 있다. 〈천하는[天下] 상도가 짓는 조화의[神之] 그릇[器]이다[是].〉
- 천하신기(天下神器)에서 신기(神器)를 〈기용지기(機用之器)〉로 여겨도 된다. 기용(機用)이란 상도(常道)가 기(機)를 부림[用]을 뜻하는 술어(術語)로, 기(機)는 발동(發動)이고 발동은 곧 조화(造化)를 뜻한다. 만물은 모두 상도(常道)의 조화로 말미암아 생사(生死)를 누리는 것[物]이고, 그 만물을 담고 있는 그릇이 신기

(神器)로서 천하(天下) 즉 온 세상이다.

【해독(解讀)】

- 〈천하신기(天下神器)〉에서 천하(天下)는 주어 노릇하고, 신기(神器)는 주격보어 노릇한다. 〈천하는[天下] 신기다[神器].〉

29-3 不可爲也(불가위야) 不可執也(불가집야)

▶ (천하는 인간의 욕심대로) 해볼[爲] 수 없는 것[不可]이고[也], 잡아 가질[執] 수도 없는 것[不可]이다[也].

없을(아니) 불(不), 가할 가(可), 할 위(爲), ~이다 야(也), 잡을 집(執)

註 〈불가집야(不可執也)〉는 〈천하신기(天下神器) 불가위야(不可爲也)〉와 〈위자패지(爲者敗之) 집자실지(執者失之)〉 사이에 〈불가집야(不可執也)〉가 있어야 될 본문(本文)이 결(缺) 즉 이지러졌으니[缺] 보충해주어야 한다는 유사배(劉師培)의 설(說)을 받아들인 것이다.

【지남(指南)】

〈불가위야(不可爲也) 불가집야(不可執也)〉는 천하(天下)는 사람의 것이 아니라 자연의 것[神器]인지라 인간의 뜻대로 어찌 할 수 없음을 밝힌다. 인위(人爲)로 치인(治人) · 치세(治世)할 수 없으니 『장자(莊子)』의 **대란지본필생어요순지한(大亂之本必生於堯舜之間)**이 연상된다. 천하(天下)를 크게[大] 혼란스럽게 하는[亂之] 뿌리[本]가 요(堯)임금과 순(舜)임금 때에 내려졌다는 것이다. 그러나 유가(儒家)는 요순(堯舜) 때부터 인의(仁義)로써 치세(治世)의 정도(正道)가 시작됐다고 주장한다. 물론 『논어(論語)』는 순(舜)임금을 **무위이치자(無爲而治者)**로 칭송하지만, 『장자(莊子)』에서는 요순(堯舜)이 대란(大亂)의 씨를 뿌린 인위이치자(人爲而治者)가 된다.

노자(老子)는 무위(無爲)로써 치세(治世)할 수 있다고 보지만, 장자(莊子)는 치세(治世)를 부정하고 『장자(莊子)』에서 **재유천하(在宥天下)**를 강조한다. 천하를 그대로 있게 두어[在] 방임해두면[宥] 된다는 것이다. 그러나 유가(儒家)는 인위(人爲)인 인의예악(仁義禮樂)으로써 치세(治世)해야 한다고 주장한다. 이러한 유가(儒家)의 치세(治世) 즉 인위(人爲)로써는 그 누구도 천하를 다스릴 수도 없고 장악할 수도 없음을 밝힌 말씀이 〈불가위야(不可爲也) 불가집야(不可執也)〉이다.

註 "오어여(吾語汝) 대란지본필생어요순지한(大亂之本必生於堯舜之閒) 기미존호천세지후(其末存乎千歲之後) 천세지후(千歲之後) 기필유인여인상식자야(其必有人與人相食者也)." 내[吾] 너에게[汝] 말해주겠다[語] : 대란의[大亂之] 근본은[本] 요순의[堯舜之] 때에[於閒] 필연으로[必] 생겼고[生], 그 일은[其] 천년의[千歲之] 뒤까지도[乎後] 이슥고[末] 계속될 것이며[存], 천년의[千歲之] 뒤[後] 그때는[其] 사람과[人與] 사람이[人] 서로[相] 잡아먹는[食] 일이[者] 반드시[必] 생길 것[有]이다[也]. 『장자(莊子)』「경상초(庚桑楚)」

註 "자왈(子曰) 무위이치자(無爲而治者) 기순야여(其舜也與)." 공자 가로되[子曰] : 무위(無爲)로[而] 다스린[治] 분이라면[者] 그분은[其] 순임금[舜]이로다[也與]!

『논어(論語)』「위령공(衛靈公)」 4

註 "문재유천하(聞在宥天下) 불문치천하야(不聞治天下也) 재지야자(在之也者) 공천하지음기성야(恐天下之淫其性也) 유지야자(宥之也者) 공천하지천기덕야(恐天下之遷其德也)." 천하를[天下] 있는 대로[在] 그냥 둔다는[宥] 말을 들었어도[聞] 천하를[天下] 다스린다는[治] 말을 듣지 못한 것[聞]이다[也]. 천하를[之] 그대로 둠[在]이란[也] 것은[者] 천하가[天下] 저마다의[其] 본성을[性] 음해할세라[淫] 두려워서이고[恐], 천하를[天下] 그냥 둠[宥]이란[也] 것은[者] 천하가[天下] 그[其] 상덕을[德] (인덕으로) 옮겨갈세라[遷] 두려워서[恐]이다[也]. 『장자(莊子)』「재유(在宥)」

【보주(補註)】

- 〈불가위야(不可爲也) 불가집야(不可執也)〉를 〈천하신기고(天下神器故) 임하인불가위천하야(任何人不可爲天下也) 이임하인불가집천하야(而任何人不可執天下也)〉처럼 옮기면 문의(文義)를 좀 더 쉽게 새길 수 있다. 〈천하는[天下] 신기이기[神器] 때문에[故] 어느 누구도[任何人] 천하를[天下] 다스릴[爲] 수가 없는 것[不可]이고[也], 어느 누구도[任何人] 천하를[天下] 장악할[執] 수 없는 것[不可]이다[也].〉
- 불가위야(不可爲也)의 위(爲)는 전후 문맥에 따라 매우 다양한 뜻을 갖는다. 동사로서 위(爲)는 영어의 〈do〉처럼 다른 동사의 뜻을 대신하는 경우가 빈번하다. 물론 위(爲)는 명사 · 어조사 노릇도 한다.

註 아래와 같이 위(爲)를 정리해두면 도움이 될 것이다.

① 할 위(爲)=행(行), ② 생각할 위(爲)=사(思), ③ 하여금 위(爲)=사(使), ④ 만들 위(爲)=산(産), ⑤ 이룰 위(爲)=성(成), ⑥ 배울 위(爲)=학(學), ⑦ 다스릴 위(爲)=치(治),

⑧ 도울 위(爲)=조(助), ⑨ 호위할 위(爲)=호(護), ⑩ 칭할 위(爲)=칭(稱), ⑪ 꾀할 위(爲)=모(謀).

이외에도 전후 문맥에 따라 다양한 뜻을 구사한다. 그리고 위(爲)는 뜻 없는 어조사 노릇도 하고, 〈소이(所以)〉와 같은 구실을 하여 〈까닭 위(爲)〉도 되며, 구문에서는 영어 수동태의 〈be〉 동사 같은 노릇도 한다. 예를 들면 〈A위해어(爲解於)B〉 꼴로 수동태 노릇도 한다. 〈A가 B에 의해서 밝혀지다[爲解].〉 이처럼 위(爲) 바로 뒤에 동사 노릇할 자(字)가 오면 그 자(字)를 수동태가 되게 하는 구실을 위(爲)가 하니, 이런 경우는 〈견(見)〉과 같은 셈이다. 물론 위(爲)는 이외에도 구문에 따라서 다양한 어조사 노릇도 한다. 〈~에서 위(爲)=어(於), 이에 위(爲)=내(乃) 이 위(爲)=시(是)〉

【해독(解讀)】

- 〈불가위야(不可爲也) 불가집야(不可執也)〉는 생략된 접속사 〈그리고 이(而)〉로 이어진 중문(重文)이다. 〈위를[爲] 할 수 없는 것[不可]이다[也]. (그리고) 집을[執] 할 수 없는 것[不可]이다[也].〉
- 불가위야(不可爲也)에서 주어는 생략되었고, 술부로서 주격보어만 남은 구문이다. 불(不)은 가(可)의 부정사(否定詞) 노릇하고, 가(可)는 영어의 동명사처럼 노릇하면서 주격보어 노릇하고, 위(爲)는 가(可)의 목적어 노릇하며, 야(也)는 문미조사 노릇한다. 〈(천하를) 다스리기를[爲] 할 수 없는 것[不可]이다[也].〉
- 불가집야(不可執也) 역시 주어는 생략되었고, 술부로서 주격보어만 남은 구문이다. 불(不)은 가(可)의 부정사(否定詞) 노릇하고, 가(可)는 영어의 동명사처럼 노릇하면서 주격보어 노릇하고, 집(執)은 가(可)의 목적어 노릇하며, 야(也)는 문미조사 노릇한다. 여기 집(執)은 〈잡을 박(搏)〉과 같아 집박(執搏)의 줄임말로 여기면 된다. 〈(천하를) 잡기를[執] 할 수 없는 것[不可]이다[也].〉

29-4 爲者敗之(위자패지) 執者失之(집자실지)

▶ (천하를) 다스리려는[爲] 사람은[者] 그 다스림을[之] 실패하고[敗], (천하를 다스리려고) 고집하는[執] 사람은[者] 그 고집을[之] 실패한다[失].

다스릴 위(爲), 것(사람) 자(者), 실패할 패(敗), 허사(虛辭) 지(之), 고집할 집(執), 놓칠 실(失)

【지남(指南)】

〈위자패지(爲者敗之) 집자실지(執者失之)〉는 세상 만물이란 어느 누구의 것도 아니고 자연(自然) 그대로의 것임을 밝힌다. 이 말씀은 64장(章)에도 나온다. 인간이 세상을 제 것처럼 여기는 짓보다 더 큰 미혹(迷惑)은 없다. 인간의 욕망은 세상이 내 것이라 착각하여 집착한다. 세상은[天下] 〈천하신기(天下神器)〉이고, 신기(神器)는 상도(常道)만의 그릇[器]으로서 누구든 마음대로 대할 수 있는 용기가 아니란 말씀이다. 천하(天下)는 신기(神器)이니 〈천균(天均)〉을 따를 뿐이다.

『장자(莊子)』에 **천균자천예야(天均者天倪也)**란 말이 나온다. 천균(天均)은 자연평균(自然平均)으로, 그냥 그대로의[自然] 평균(平均)이란 만물을 분제(分際) 즉 나누어놓음이[分際] 지극히 공평하여 무사(無私)함이다. 천균(天均)을 일러 천예(天倪)라 한다. 천예〈天倪〉란 천지단예(天之端倪)의 줄임으로, 단예(端倪)는 시졸(始卒)과 같다. 만물이 저마다 처음과[端] 끝[倪] 즉 생사(生死)를 누림에 어떤 것은 귀하고 어떤 것은 천하지 않음이 자연의 순서인 천예(天倪)이다. 이러한 천예(天倪)의 만물을 천균(天均)으로써 덮어주고[覆] 실어주는[載] 것이 자연의 천하(天下)이다.

이런 신기(神器)의 세상에서 제 욕심대로 하겠다는 사람 즉 위자(爲者)는, 욕심대로 하고자 집착하는 사람 즉 집자(執者)이다. 위자(爲者)나 집자(執者)를 세상은 결코 용납하지 않으므로 반드시 실패하고 마는 것을 살펴 새기고 헤아려 깨우치게 하는 말씀이 〈위자패지(爲者敗之) 집자실지(執者失之)〉이다.

註 "시졸약환(始卒若環) 막득기륜(莫得其倫) 시위천균(是謂天均) 천균자천예야(天均者天倪也)." 시작과[始] 끝이[卒] 원둘레와[環] 같아[若] 그 처음과 끝이란 순서를[倫] 터득할 수가[得] 없다[莫]. 이를[是] 자연의[天] 균일함이라[均] 한다[謂]. 천균이란[天均] 것은[者] 천예(天倪) 즉 자연의[天] 순서란 것[倪]이다[也]. 『장자(莊子)』「우언(寓言)」

【보주(補註)】

- 〈위자패지(爲者敗之) 집자실지(執者失之)〉를 〈위천하지인패기위야(爲天下之人

敗其爲也) 이집천하지인실기집야(而執天下之人失其執也)〉처럼 일반 수동태의 산문으로 여기고 옮긴다면 문맥을 더 쉽게 잡을 수 있을 것이다. 〈천하를[天下] (인위로) 다스리려는[爲之] 사람은[人] 그[其] 다스림을[爲] 실패하는 것[敗]이고[也], 그리고[而] 천하를[天下] 잡아보려는[執之] 사람은[人] 그[其] 잡은 것을[執] 잃는 것[失]이다[也].〉

- 위자패지(爲者敗之)의 위자(爲者)는 인위로[人爲]써 천하를 다스리려는[爲] 자(者)이고, 집자실지(執者失之)의 집자(執者) 역시 인위로[人爲]써 천하를 잡아보려는[執] 자(者)이다.

【해독(解讀)】

- 〈위자패지(爲者敗之) 집자실지(執者失之)〉는 연접의 접속사 〈그리고 이(而)〉가 생략되었지만 두 구문이 이어진 중문(重文)이다. 〈위자는[爲者] 패지한다[敗之]. 그리고[而] 집자는[執者] 실지한다[失之].〉
- 위자패지(爲者敗之)에서 위자(爲者)는 주부(主部) 노릇하고, 패(敗)는 동사 노릇하며, 지(之)는 〈그것 지(之)〉로 패(敗)의 목적어 노릇한다. 지(之)를 〈득천하(得天下)〉를 나타내는 지시어 노릇한다고 여기면 된다. 〈위자는[爲者] 그것을[之] 실패한다[敗].〉
- 집자실지(執者失之)에서 집자(執者)는 주부(主部) 노릇하고, 실(失)은 동사 노릇하며, 지(之)는 〈그것 지(之)〉로 실(失)의 목적어 노릇한다. 지(之) 역시 〈득천하(得天下)〉를 나타내는 지시어 노릇한다고 여기면 된다. 〈집자는[執者] 그것을[之] 상실한다[失].〉
- 위자(爲者) · 집자(執者)는 〈위(爲)A지인(之人)〉을 〈위(爲)A자(者)〉로 줄이고, 〈위(爲)A지물(之物)〉 역시 〈위(爲)A자(者)〉로 줄여 쓰는 어법이다. 그러므로 〈위(爲)A자(者)〉에서 자(者)는 전후 문맥에 따라 〈사람 자(者)〉 또는 〈것 자(者)〉 노릇하게 된다. 〈A를 하는[爲之] 사람[人] · A를 하는[爲] 사람[者]〉 〈A를 하는[爲之] 것[物] · A를 하는[爲] 것[者]〉

29-5 是以(시이) 聖人無爲(성인무위) 故無敗(고무패) 無執(무집) 故無失(고무실)

▶이로[是] 써[以] 성인께는[聖人] 뜻대로 함이[爲] 없기[無] 때문에[故] 실패함이[敗] 없고[無], 아집이[執] 없기[無] 때문에[故] 잃음이[失] 없다[無].

이 시(是), 써 이(以), 통할 성(聖), 없을 무(無), 부릴 위(爲), 때문에 고(故), 실패할 패(敗), 고집할 집(執), 실패할 실(失)

註 위의 구문(句文)은 64장(章)의 원문(原文)에 있는 것이다. 이 구문(句文)이 64장(章)의 내용과 상응하지 않고, 29장(章)의 〈위자패지(爲者敗之) 집자실지(執者失之)〉 아래에 있어야 마땅하다는 설(說)들을 따라 64장(章)에서 29장(章)으로 옮겨온 원문(原文)이다. 따라서 여러『노자(老子)』본(本)에는 들어 있지 않은 원문(原文)이다.

【지남(指南)】

〈성인무위고(聖人無爲故) 무패(無敗) 무집고(無執故) 무실(無失)〉은 3장(章)의 **위무위(爲無爲) 즉무불치(則無不治)**를 떠올리고, 48장(章)의 **무위이무불위(無爲而無不爲)**를 상기시켜 성인(聖人)께 실패란 없는 까닭을 깨닫게 한다. 성인(聖人)의 무위(無爲)와 무집(無執)은 49장(章) **성인무상심(聖人無常心)**을 상기시킨다. 그리고 성인(聖人)의 무위(無爲)와 무집(無執)은『장자(莊子)』에 나오는 **무기(無己)·무공(無功)·무명(無名)**의 무대(無待)와 **불모(不謀)·불착(不斲)·무상(無喪)·불화(不貨)**의 **천국(天鬻)** 즉 **천사(天食)**를 상기시킨다.

자기를 고집함이 없어 자기 중심을 저버림이 무기(無己)이니, 공적이나[功] 명성[名] 등을 탐함이 성인(聖人)께 있을 리 없기 때문에 성인(聖人)이 하는 일은 늘 무위(無爲) 그것이다. 성인(聖人)은 무위(無爲)하므로 도모하지 않고[不謀], 깎아 다듬지 않으며[不斲], 잃을 것이 없고[無喪], 흥정하지 않는다[不貨]. 그러므로 성인(聖人)은 〈불용인(不用人)〉 즉 인욕(人欲)이 뒤따르는 인위(人爲)를 부리지 않고[不用], 자연에게서 모든 먹을거리를 받아 19장(章)에서 살핀 **견소포박(見素抱樸) 소사과욕(少私寡欲)**의 삶을 누리며, 27장(章)에서 살핀 **습명(襲明)**의 삶을 누림이 성인(聖人)의 무위(無爲)이니 성인(聖人)께 무슨 아집이 있겠는가?

여기 무집(無執)이란 아집(我執)이 없음인지라 성인무아(聖人無我)이다. 성인(聖人)의 이러한 무위(無爲)는 22장(章)에서 살핀 **부유부쟁(夫唯不爭)** 즉 무릇[夫]

오로지[唯] 그 무엇과도 다투지 않음[不爭]이다. 그래서 천하막능여지쟁(天下莫能與之爭)이란 말씀이 나온다. 성인(聖人)은 결코 다투지 않으므로 세상에서 성인(聖人)과 다툴 수 있는 사람은 없다는 것이다. 무집(無執)이면 부쟁(不爭)이고, 부쟁(不爭)이면 불해(不害)이다. 따라서 아집(我執)이 없어[無] 다투지 않으니[不爭] 패할 것도 없고[無敗] 잃을 것도 없다[無失]. 무아(無我)인지라 다투지 않아 패(敗)도 없고 실(失)도 없는 성인(聖人)의 무위(無爲)를 살펴 새기고 헤아려 깨우치게 하는 말씀이 〈성인무위(聖人無爲) 고무패(故無敗) 무집(無執) 고무실(故無失)〉이다.

註 "위무위(爲無爲) 즉무불치(則無不治)." {성인(聖人)이} 무위를[無爲] 실행하면[爲] 곧[則] 다스리지 않음이[不治] 없다[無]. 『노자(老子)』 3장(章)

註 "손지우손(損之又損) 이지어무위(以至於無爲) 무위이무불위의(無爲而無不爲矣)." 줄이고[損之] 또[又] 줄임으로[損]써[以] {인위(人爲)를} 함이[爲] 없음[無]에[於] 이르고[至], 함이[爲] 없어도[無而] 하지 않음이[不爲] 없는 것[無]이다[矣]. 『노자(老子)』 48장(章)

註 "성인무상심(聖人無常心) 이백성심위심(以百姓心爲心)." 성인께는[聖人] 정해서 고집하는[常] 마음이[心] 없고[無], 백성의[百姓] 마음으로[心]써[以] 당신의 마음을[心] 삼는다[爲]. 『노자(老子)』 49장(章)

註 "약부승천지지정(若夫乘天地之正) 이어육기지변(而御六氣之辯) 이유무궁자(以遊無窮者) 피차오호대재(彼且惡乎待哉) 고(故) 왈(曰) 지인무기(至人無己) 신인무공(神人無功) 성인무명(聖人無名)." 만약[若] 무릇[夫] 천지의[天地之] 정도를[正] 순응하면서[乘而] 음양풍우회명의[六氣之] 변화를[辨] 순응함으로[御]써[以] 막힘[窮] 없이[無] 노니는[遊] 자[者] 그가[彼] 또[且] 무엇을[惡乎] 기대할 것[待]인가[哉]? 그러므로[故] 말한다[曰] : 지인께는[至人] 자기가[己] 없고[無], 신인께는[神人] 공적이[功] 없으며[無], 성인께는[聖人] 명성이[名] 없다[無].

육기(六氣)란 음양(陰陽)·풍우(風雨)·회명(晦明)을 말한다. 『장자(莊子)』 「소요유(逍遙遊)」

註 "성인불모(聖人不謀) 오용지(惡用知) 불착(不斲) 오용교(惡用膠) 무상(無喪) 오용덕(惡用德) 불화(不貨) 오용상(惡用商) 사자천국(四者天鬻) 천국야자천사야(天鬻也者天食也) 기수사어천(旣受食於天) 우오용인(又惡用人)." 성인은[聖人] 꾀하지 않는데[不謀] 어찌[惡] 지식을[知] 쓰겠으며[用], 깎고 다듬지 않는데[不斲] 어찌[惡] 갖풀을[膠] 쓰겠으며[用], 잃을 것이[喪] 없는데[無] 어찌[惡] 인덕(人德)을[德] 쓰겠으며[用], 돈벌이를 않는데[不貨] 어찌[惡] 상술(商術)을[商] 쓰겠는가[用]? {불모(不謀)·불착(不斲)·무상(無喪)·불화(不貨)란 네 가지는} 자연이[天] 길러주는[鬻] 네 가지[四者]이다[也]. 자연이[天] 길러줌[鬻]이란[也] 것은[者] 자연이[天] 먹여줌[食]이다[也]. 이미[旣] 자연으로부터[於天] 먹을거리를[食] 받았는데[受] 또[又] 어찌[惡] 인간의 것을[人] 쓰겠는가[用]? 『장자(莊子)』 「덕충부(德充符)」

註 "견소포박(見素抱樸) 소사과욕(少私寡欲)." 그냥 있는 그대로를[素] 살피고[見] 그냥 있는 그대로를[樸] 간직해 지키며[抱], 제 몫을[私] 적게 하고[少] 욕망을[欲] 적게 한다[寡].

『노자(老子)』 19장(章)

註 "성인상선구인(聖人常善救人) 고(故) 무기인(無棄人) 상선구물(常善救物) 고(故) 무기물(無棄物) 시위습명(是謂襲明)." 성인은[聖人] 늘[常] 선하게[善] 사람들을[人] 구제하기[救] 때문에[故] 사람들을[人] 버림이[棄] 없고[無], 늘[常] 선하게[善] 온갖 것을[物] 구제하기[救] 때문에[故] 온갖 것을[物] 버림이[棄] 없다[無]. 이러함을[是] 밝음을[明] 간직함이라[襲] 한다[謂].

『노자(老子)』 27장(章)

註 "부자현고명(不自見故明) 부자시고창(不自是故彰) 부자벌고유공(不自伐故有功) 부자긍고장(不自矜故長) 부유부쟁(夫唯不爭) 고(故) 천하막능여지쟁(天下莫能與之爭)." 자신을[自] 드러내지 않기[不見] 때문에[故] 밝고[明], 스스로[自] 옳다 하지 않기[不是] 때문에[故] 드러나며[彰], 자신을[自] 자랑하지 않기[不伐] 때문에[故] 보람을[功] 갖고[有], 스스로[自] 뽐내지 않기[不矜] 때문에[故] 장구하다[長]. 무릇[夫] 오로지[唯] 다투지 않기[不爭] 때문에[故] 세상은[天下] 성인과[與之] 다툴 수[能爭] 없다[莫].

『노자(老子)』 22장(章)

【보주(補註)】

- 〈성인무위(聖人無爲) 고무패(故無敗) 무집(無執) 고무실(故無失)〉을 〈성인무위(聖人無爲) 고(故) 성인무패(聖人無敗) 이성인무집고(而聖人無執故) 성인무실(聖人無失)〉처럼 옮긴다면 문맥을 더 쉽게 잡을 수 있을 것이다. 〈성인께는[聖人] 인위가[爲] 없다[無]. 그러므로[故] 성인께는[聖人] 실패가[敗] 없다[無]. 그리고[而] 성인께는[聖人] 아집이[執] 없다[無]. 그러므로[故] 성인께는[聖人] 실패가[失] 없다[無].〉
- 무위(無爲)는 〈무인지위(無人之爲)〉의 줄임이고, 무집(無執)은 〈무아집(無我執)〉의 줄임이다. 〈사람의[人之] 짓이[爲] 없다[無]. · 사람의[人之] 짓이[爲] 없음[無]〉 〈내[我] 고집이[執] 없다[無]. · 내[我] 고집이[執] 없음[無]〉

【해독(解讀)】

- 〈성인무위(聖人無爲) 고무패(故無敗) 무집(無執) 고무실(故無失)〉은 네 구문으로 이루어진 하나의 문단이다. 〈성인께는[聖人] 무위이다[無爲]. 그러므로[故] 패가[敗] 없다[無]. 집이[執] 없다[無]. 그러므로[故] 실이[失] 없다[無].〉
- 성인무위(聖人無爲)에서 성인(聖人)은 무(無)를 꾸며주는 부사 노릇하고, 무(無)는 〈없을 무(無)〉로서 동사 노릇하며, 위(爲)는 무(無)의 주어 노릇한다. 〈성인께

는[聖人] 인위가[爲] 없기[無] 때문에[故] 실패가[敗] 없다[無].〉

- 고무패(故無敗)에서 고(故)는 무(無)를 꾸며주는 부사 노릇하고, 무(無)는 〈없을 무(無)〉로서 동사 노릇하며, 패(敗)는 무(無)의 주어 노릇한다. 여기 고(故)는 〈그러므로 고(故)〉로서 〈인차(因此), 소이(所以)〉 등과 같다. 〈그러므로[故] 실패가[敗] 없다[無].〉
- 무집(無執)에서 무(無)는 동사 노릇하고, 집(執)은 무(無)의 주어 노릇한다. 〈(성인께는) 아집이[執] 없다[無].〉
- 고무실(故無失)에서 고(故)는 무(無)를 꾸며주는 부사 노릇하고, 무(無)는 〈없을 무(無)〉로서 동사 노릇하며, 실(失)은 무(無)의 주어 노릇한다. 여기 고(故)는 〈그러므로 고(故)〉로서 〈인차(因此), 소이(所以)〉 등과 같다. 〈그러므로[故] 실패가[敗] 없다[無].〉
- 〈무위(無爲), 무패(無敗), 무집(無執), 무실(無失)〉 등은 모두 〈A무(無)B〉의 상용문이다. 〈A에는 B가 없다[無].〉

29-6 夫物或行或隨(부물혹행혹수)

▶ 무릇[夫] 사람은[物] 때로는[或] 앞서면[行] 때로는[或] 뒤따른다[隨].

것 물(物), 때로 혹(或), 앞설 행(行), 뒤따를 수(隨)

【지남(指南)】

〈부물혹행혹수(夫物或行或隨)〉는 58장(章) **선복위요(善復爲妖)**를 상기시켜 전변(轉變)의 천도(天道)를 헤아리고, 『장자(莊子)』의 **양행(兩行)**을 떠올린다. 선(善)이 옮겨[轉] 변하여[變] 요(妖) 즉 악(惡)이 되듯, 행(行)도 전변(轉變)하여 수(隨)가 되고 뒤따름도[隨] 전변(轉變)하여 앞섬이[行] 된다. 부물(夫物)을 〈부인물(夫人物)〉의 줄임으로 보면 문의(文義)가 잡힌다.

쥐구멍에도 볕들 때가 있으니 한번[或] 볕들면[陽] 한번[或] 그늘지듯[陰], 인간만사에는 음양(陰陽) · 자웅(雌雄) · 백욕(白辱) · 길흉(吉凶) · 귀천(貴賤) · 장단(長短) · 고하(高下) 등이 번갈아 들고난다. 항상 앞서서[行] 선행(先行)만 하는 것도 없고 항상 뒤따라서[隨] 후수(後隨)만 하는 것도 없듯, 한번 행(行)해서 선(先)하면 한번은 수(隨)해서 후(後)하는 것이 인간만사의 천도(天道) 즉 자연의[天] 규율[道]이다. 만사(萬事)는 행수(行隨)의 조화 즉 변화이니 때로는 앞서기도[行] 하고 때로는 뒤따르기도[隨] 하는 것이 일음일양(一陰一陽)의 조화이듯 만사의 사리(事理)일 뿐이다. 그러므로 『장자(莊子)』의 **시역피야(是亦彼也)**처럼 인간사의 행수(行隨) 즉 선후(先後)를 둘로 나누어 일희일비(一喜一悲)할 것 없음을 밝힌 말씀이 〈물혹행혹수(物或行或隨)〉이다.

註 "정복위기(正復爲奇) 선복위요(善復爲妖) 인지미(人之迷)." 바름은[正] 다시[復] 그릇됨이[奇] 되고[爲] 선함은[善] 다시[復] 악함이[妖] 됨은[爲] 인간의[人之] 미혹이다[迷].

『노자(老子)』 58장(章)

註 "역인시야(亦因是也) 시이성인화지이시비(是以聖人和之以是非) 이휴호천균(而休乎天均) 시지위양행(是之謂兩行)." 역시[亦] {시비(是非)를 떠난 법자연(法自然)의} 그러함에[是] 맡기는 것[因]이다[也]. 이렇기[是] 때문에[以] 성인은[聖人] 인시(因是)로[之]써[以] 시비를[是非] 화합시켜서[和而] 자연의[天] 균형에서[乎均] 쉰다[休]. 이것을[是之] 양행이라[兩行] 한다[謂].

인시(因是)는 인대시(因大是)의 줄임이다. 인(因)은 여기선 〈맡길 임(任)〉과 같고, 대시(大是)란 시비를 떠난 크나큰[大] 그러함[是]이고, 이는 도법자연(道法自然)의 법자연(法自然) 즉 자연(自然)을 본받는[法] 그러함[是]이다. 양행(兩行)이란 피차(彼此)가 제 자리를 얻고 그 사이에 아무런 걸림이 없음이다.

『장자(莊子)』 「제물론(齊物論)」

註 "시역피야(是亦彼也) 피역시야(彼亦是也) 피역일시비(彼亦一是非) 차역일시비(此亦一是非) 과차유피시호재(果且有彼是乎哉)." 이것[是] 역시[易] 저것[彼]이고[也], 저것[彼] 역시[亦] 이것[是]이다[也]. 저것[彼] 역시[亦] 하나의[一] 시비이고[是非], 이것[此] 역시[亦] 하나의[一] 시비이다[是非]. 과연[果] 또[且] 저것이것이[彼是] 있는[有] 것인가[乎哉]?

피시(彼是)는 인간의 것이지 자연에는 없다.

『장자(莊子)』 「제물론(齊物論)」

【보주(補註)】

- 〈부물혹행혹수(夫物或行或隨)〉를 〈약부인물혹행(若夫人物或行) 기인혹수(其人或隨)〉처럼 옮기면 문의(文義)를 좀 더 쉽게 새길 수 있다. 〈만약[若] 무릇[夫] 사람이[人物] 한번[或] 앞선다면[行] 그[其] 사람은[人] 한번[或] 뒤진다[隨].〉
- 부물혹행혹수(夫物或行或隨)의 물(物)은 인물(人物)의 줄임으로 여겨도 되고, 인지물(人之物)의 줄임으로 보아도 된다. 행수(行隨)는 선후(先後)·전후(前後)

와 같은 말씀이다. 혹행혹수(或行或隨)의 혹(或)은 〈일음일양(一陰一陽)〉의 일(一)과 같다. 〈한번[或] 행하면[行] 한번[或] 수한다[隨].〉 〈늘[或] 행하면[行] 늘[或] 수한다[隨].〉

- 혹행혹수(或行或隨)를 28장(章) 〈지수(知守)〉를 상기해서 〈지기웅(知其雄) 수기자(守其雌)〉를 〈지기행(知其行) 수기수(守其隨)〉로 옮겨 살펴 새기면 일음일양(一陰一陽)의 천도(天道)를 밝히고 있음을 알 수 있다. 〈앞서감을[行] 알고[知] 뒤따름을[隨] 지킨다[守].〉
- 부물혹행혹수(夫物或行或隨)의 부(夫)가 〈범(凡物)〉·〈고(故)〉로 되어 있는 본(本)도 있다. 부(夫)와 범(凡)은 같은 뜻이므로 문의(文義)가 달라지지 않는다. 그러나 고(故)는 바로 앞의 구문을 〈물혹행혹수(物或行或隨)〉가 이어받는 관계가 아니므로 취할 수 없다.

【해독(解讀)】

- 〈부물혹행혹수(夫物或行或隨)〉는 두 구문으로 이루어진 중문(重文)이다. 〈부물이[夫物] 혹(或) 행하기도 하고[行], 혹(或) 수하기도 한다[或隨].〉
- 부물혹행(夫物或行)에서 부물(夫物)은 주어 노릇하고, 혹(或)은 행(行)을 꾸며주는 부사 노릇하며, 행(行)은 동사 노릇한다. 행(行)은 〈앞서갈 선(先)〉과 같아 선행(先行)의 줄임말로 여기면 된다. 〈때로는[或] 앞서간다[行].〉
- 혹수(或隨)에서 주어 노릇할 부물(夫物)은 생략되었고, 혹(或)은 수(隨)를 꾸며주는 부사 노릇하며, 수(隨)는 동사 노릇한다. 수(隨)는 〈따를 반(伴)·후(後)〉 등과 같아 수반(隨伴)의 줄임말로 여기면 된다. 〈때로는[或] 뒤따른다[隨].〉

29-7 或歔或吹(혹허혹취)

▶ (무릇 사람은) 때로는[或] 따습게 숨을 내쉬기도 하고[歔], 때로는[或] 차갑게 숨을 내쉬기도 한다[吹].

늘 혹(或), 따습게 내쉴 허(歔), 차갑게 내쉴 취(吹)

【지남(指南)】

〈혹허혹취(或歔或吹)〉 역시 〈행수(行隨)〉의 지수(知守)에 이어 〈허취(歔吹)〉의 지수(知守)를 들어 자연의 규율을 거듭 밝힌다. 〈허(歔)〉는 허난(歔暖) 즉 따스함을[暖] 내쉼이고[歔], 〈취(吹)〉는 취한(吹寒) 즉 차가움을[寒] 내쉼이다[吹]. 삶에서 때로는 뜨거운 숨을 내쉬기도 하고 때로는 차가운 숨을 내쉬기도 한다. 이것이 허취(歔吹)의 천도(天道)이니, 항상 따스함만[歔] 누림도 없고 차가움만[吹] 누림도 없다.

때로는 따스한 숨결로[歔] 열렬하기도 하고 때로는 차가운 숨결로[吹] 한탄하는 것이 만사만물(萬事萬物)의 인생이 겪는 자연의 규율인지라 행수(行隨)의 조화를 피할 수 없듯, 허취(歔吹)의 조화를 피할 수 없다. 그러므로 이 또한 일음일양(一陰一陽)의 조화이듯 인생만사(人生萬事)의 사리(事理)일 뿐이니, 『장자(莊子)』에 〈피역시야(彼亦是也)〉란 말씀이 나오는 것이다. 허취(歔吹)를 빌려 인간사의 전변(轉變)을 일깨워 일희일비(一喜一悲)할 것 없음을 거듭 밝힌 말씀이 〈혹허혹취(或歔或吹)〉이다.

【보주(補註)】

- 〈혹허혹취(或歔或吹)〉를 〈약부인물혹허(若夫人物或歔) 기인물혹취(其人物或吹)〉처럼 옮기면 문의(文義)를 좀 더 쉽게 새길 수 있다. 〈만약[若] 무릇[夫] 사람이[人物] 한번[或] 따뜻한 숨을 내쉬었다면[歔] 그[其] 사람은[人] 한번[或] 차가운 숨을 내쉰다[吹].〉
- 혹허혹취(或歔或吹)에서 허취(歔吹)는 두 자(字)를 다 〈날숨 허(歔) · 날숨 취(吹)〉으로만 여기면 28장(章) 〈지수(知守)〉의 이치에서 벗어난다. 여기 허(歔)는 허난(歔暖)의 줄임임을 환기하고, 취(吹)는 취한(吹寒)의 줄임임을 떠올리면 혹허혹취(或歔或吹)에서 허(歔)는 〈따스할 난(暖)〉과 같고, 취(吹)는 〈차가울 한(寒)〉과 같은지라 〈혹난혹한(或暖或寒)〉으로 새길 수 있다. 혹(或)은 〈일음일양(一陰一陽)〉의 일(一)과 같아 〈한번 혹(或)〉으로 보면 된다. 〈한번[或] 따스하면[歔] 한번[或] 차갑다[吹].〉
- 혹허혹취(或歔或吹)가 〈혹구혹취(或呴或吹)〉로 되어 있는 본(本)도 있다. 〈따스한 숨을 내쉴 허(歔) · 구(呴)〉이니 문의(文義)가 달라지는 것은 아니다. 혹허혹취(或歔或吹)를 28장(章) 〈지수(知守)〉를 상기해서 〈지기허(知其歔) 수기취(守

其吹)〉로 살피면 일음일양(一陰一陽)의 천도(天道)를 밝히고 있음을 깨우칠 수 있다. 〈따스한 숨의 내쉼을[歔] 알고[知] 차가운 숨의 내쉼을[吹] 지킨다[守].〉

【해독(解讀)】

- 〈혹허혹취(或歔或吹)〉는 두 구문으로 이루어진 중문(重文)이다. 〈혹(或) 허하기도 하고[歔], 혹(或) 취하기도 한다[吹].〉
- 혹허(或歔)에서 주어 노릇할 부물(夫物)은 생략되었고, 혹(或)은 허(歔)를 꾸며주는 부사 노릇하며, 허(歔)는 동사 노릇한다. 허(歔)는 〈따스할 구(呴) · 후(煦) · 난(暖)〉 등과 같다. 〈때로는[或] 따숩게 내쉬기도 한다[歔].〉
- 혹취(或吹)에서 주어 노릇할 부물(夫物)은 생략되었고, 혹(或)은 취(吹)를 꾸며주는 부사 노릇하며, 취(吹)는 동사 노릇한다. 취(吹)는 〈차가울 한(寒)〉과 같다. 〈때로는[或] 차갑게 내쉬기도 한다[吹].〉

29-8 或强或羸(혹강혹리)

▶ 때로는[或] 강하기도 하고[强] 때로는[或] 연약하기도 하다[羸].

때로 혹(或), 강할 강(强), 약할 리(羸)

【지남(指南)】

〈혹강혹리(或强或羸)〉 역시 〈행수(行隨)〉의 지수(知守)와 〈허취(歔吹)〉의 지수(知守)와 함께 〈강리(强羸)〉를 들어 자연의 규율을 거듭 밝힌다. 〈강(强)〉은 강강(剛强)의 줄임이고, 〈이(羸)〉는 약리(弱羸)의 줄임이다. 강(强)은 굳셈이고[剛], 이(羸)는 연약함[弱]이다. 삶에서 때로는 굳세고 강하기도 하고[剛强], 때로는 연약하기도 한[弱羸] 것이 강리(强羸)의 천도(天道)이다. 항상 강함만[强] 누림도 없고 항상 약함만[羸] 겪음도 없으므로 강리(强羸)를 승패로 매김할 것은 없다. 강하면[强] 이기고[勝] 약하면[羸] 진다고[敗] 생각하는 것은 인지(人智)의 인욕(人欲)에 불과할 뿐, 36장(章) 유약승강강(柔弱勝剛强)이 천도(天道)이다.

영아(嬰兒)가 장정(壯丁)을 이겨내는 천리(天理)를 외면함은 비인(非人)이다. 한번 강했으면[强] 한번은 약한 것이[羸] 만사만물(萬事萬物)의 자연의[自然] 규율

[道]인지라 행수(行隨)와 허취(歔吹)의 조화를 피할 수 없듯, 강리(强羸)의 조화도 역시 피할 수 없다. 한번 강했으면[强] 한번 약한[羸] 것 또한 일음일양(一陰一陽)의 조화이듯 만사(萬事)의 사리(事理)일 뿐이니, 『장자(莊子)』에 〈피역시야(彼亦是也)〉란 말이 나오는 것이다. 이에 강리(强羸)를 빌려 인간사의 전변(轉變)을 일깨워 일희일비(一喜一悲)할 것 없음을 밝힌 말씀이 〈혹강혹리(或强或羸)〉이다.

註 "유약승강강(柔弱勝剛强)." 부드럽고[柔之] 연약함이[弱] 굳세고[剛] 강함을[强] 무릅쓴다[勝].

『노자(老子)』 36장(章)

【보주(補註)】

- 〈혹강혹리(或强或羸)〉를 〈약부인물혹강(若夫人物或强) 기인물혹리(其人物或羸)〉처럼 옮기면 문의(文義)를 좀 더 쉽게 새길 수 있다. 〈만약[若] 무릇[夫] 사람이[人物] 한번[或] 강했다면[强], 그[其] 사람은[人] 한번[或] 약하다[羸].〉
- 〈혹강혹리(或强或羸)에서 강(强)은 강건(强健) · 강인(强靭) · 강장(强壯) 등의 뜻으로 이김[勝]을 떠올리기 쉽고, 이(羸)는 이로(羸老) · 이약(羸弱) · 이수(羸瘦) 등의 뜻으로 짐[敗]을 떠올리기 쉽다. 그러나 승패(勝敗)는 인욕(人欲)일 뿐, 천도(天道)에서 강리(强羸)란 양행(兩行)이지 상대(相對)가 아니다. 〈강하여[强] 튼튼하고[健] · 강하여[强] 굳세고[靭] · 강해서[强] 힘세고[壯]〉 〈약해져[羸] 늙고[老] · 약해져[羸] 쇠약하고[弱] · 약해져[羸] 야위고[瘦]〉

【해독(解讀)】

- 〈혹강혹리(或强或羸)〉는 두 구문으로 이루어진 중문(重文)이다. 〈혹(或) 강하기도 하고[强], 혹(或) 약하기도 하다[羸].〉
- 혹강(或强)에서 주어 노릇할 부물(夫物)은 생략되었고, 혹(或)은 강(强)을 꾸며주는 부사 노릇하며, 강(强)은 동사 노릇한다. 강(强)은 〈굳셀 강(剛)〉과 같아 강강(剛强)의 줄임말로 여기면 된다. 〈때로는[或] 강하기도 하다[强].〉
- 혹리(或羸)에서 주어 노릇할 부물(夫物)은 생략되었고, 혹(或)은 이(羸)를 꾸며주는 부사 노릇하며, 이(羸)는 동사 노릇한다. 이(羸)는 〈연약할 약(弱)〉과 같아 약리(弱羸)의 줄임말로 여기면 된다. 〈때로는[或] 연약하기도 하다[羸].〉

29-9 或載或隳(혹재혹휴)

▶ 때로는[或] 편안하기도 하고[載] 때로는[或] 위태하기도 하다[隳].

때로 혹(或), 실릴 재(載), 위태할(무너질) 휴(隳)

【지남(指南)】

〈혹재혹휴(或載或隳)〉 역시 〈행수(行隨) · 허취(歔吹) · 강리(强羸)〉와 함께 〈재휴(載隳)〉를 들어 자연의 규율을 거듭 밝힌다. 〈재(載)〉은 안재(安載)의 줄임이고, 〈휴(隳)〉는 위휴(危隳)의 줄임이다. 여기 재(載)는 안전함이고[安], 여기 휴(隳)는 위태함[危]이다. 때로는 안전해 편안하기도 하고[安載] 때로는 위태해 불안하기도 한[危隳] 인생만사를 겪음이 여기 재휴(載隳)의 천도(天道)이다. 항상 편안함만[載] 누림도 없고 항상 위태함만[隳] 겪음도 없으니 재휴(載隳) 또한 『장자(莊子)』의 〈양행(兩行)〉을 떠올린다.

한번 안재(安載)했으면 한번 위휴(危隳)하고 항상 편안해서[載] 멈추는[處] 것도 없고 항상 위태해서[隳] 무너지는[毁] 것도 없듯, 때로는 재(載)해서 처(處)하면 때로는 휴(隳)해서 훼(毁)하는 것이 만사만물(萬事萬物)의 천도(天道)이다. 그래서 만사(萬事)는 재휴(載隳)의 사리(事理)를 면할 수 없다. 이 또한 일음일양(一陰一陽)의 조화이듯 만사(萬事)의 사리(事理)일 뿐이니, 『장자(莊子)』에 〈피역시야(彼亦是也)〉란 말씀이 나오는 것이다. 인간사의 재휴(載隳) 즉 안위(安危)를 둘로 나누어 일희일비(一喜一悲)할 것은 없음을 거듭 밝힌 말씀이 〈혹재혹휴(或載或隳)〉이다.

【보주(補註)】

- 〈혹재혹휴(或載或隳)〉를 〈약부인물혹재(若夫人物或載) 기인물혹휴(其人物或隳)〉처럼 옮기면 문의(文義)를 좀 더 쉽게 새길 수 있다. 〈만약[若] 무릇[夫] 사람이[人物] 한번[或] 안전했다면[載], 그[其] 사람은[人] 한번[或] 위태하다[隳].〉
- 혹재혹휴(或載或隳)에서 재(載)는 〈편안할 안(安)〉과 같고, 휴(隳)는 〈위태할 위(危)〉와 같다. 편안하니[載] 머물고[處] 세우며[設] 소중하다[重]. 하지만 그 편안함[載]도 위태해져[隳] 무너지고[毁] 버려진다[廢]. 물론 〈실릴 재(載)〉 〈내릴 휴(隳)〉로 새겨도 된다. 〈한번[或] 실리면[載] 한번[或] 내린다[隳].〉

- 혹재혹휴(或載或隳)에서 〈재(載)〉가 〈좌(挫)〉로 된 본(本)도 있다. 그러나 좌(挫)는 전후 문맥으로 보아 문의(文義)가 부합(符合)하지 않아 좌(挫)를 재(載)로 고쳐야 한다는 설(說)이 타당함을 얻고 있다.

【해독(解讀)】

- 혹재혹휴(或載或隳)는 두 구문으로 이루어진 중문(重文)이다. 〈혹강하면[或强], 혹리한다[或羸].〉
- 혹재(或載)에서 주어 노릇할 부물(夫物)은 생략되었고, 혹(或)은 재(載)를 꾸며주는 부사 노릇하며, 재(載)는 동사 노릇한다. 재(載)는 〈안전할 안(安)〉과 같아 안재(安載)의 줄임말로 여기면 된다. 〈때로는[或] 안전하기도 하다[載].〉
- 혹휴(或隳)에서 주어 노릇할 부물(夫物)은 생략되었고, 혹(或)은 휴(隳)를 꾸며주는 부사 노릇하며, 휴(隳)는 동사 노릇한다. 휴(隳)는 〈위태할 위(危)〉와 같아 위휴(危隳)의 줄임말로 여기면 된다. 〈때로는[或] 위태하기도 하다[隳].〉

29-10 是以(시이) 聖人去甚(성인거심) 去奢(거사) 去泰(거태)

▶ 이렇기[是] 때문에[以] 성인은[聖人] 지나침을[甚] 버리고[去], 사치를[奢] 버리고[去], 과도함을[泰] 버린다[去].

이 시(是), 때문에 이(以), 통할 성(聖), 버릴 거(去), 극심할 심(甚), 사치할 사(奢), 과도할 태(泰)

【지남(指南)】

〈시이(是以) 성인거심(聖人去甚) 거사(去奢) 거태(去泰)〉는 위에서 살핀 내용을 모아 결론을 내린다. 만물만사(萬物萬事)가 상도(常道)의 조화 즉 자연의[自然] 규율을[道] 따라서[順] 혹행(或行)하면 혹수(或隨)하고, 혹허(或歔)하면 혹취(或吹)하며, 혹강(或强)하면 혹리(或羸)하고, 혹재(或載)하면 혹휴(或隳)함을 지수(知守)함이 성인(聖人)이 무위(無爲)를 행하는 것이다. 그러므로 인위(人爲) 즉 사람의 뜻대로[人爲] 천하를 다스리려[爲] 하거나 고집하지[執] 말라 함이다. 사람이 앞서기[行]만 바라고[欲] 뒤서기[隨]를 싫어하며[惡], 따스함만[歔] 바라고 차가움을[吹]

싫어하며, 강하기만[强] 바라고 약하기를[羸] 싫어하며, 편안하기만[載] 바라고 위태하기를[隳] 싫어함은 상도(常道)의 조화 즉 도법자연(道法自然)을 어기는 것이다. 신기(神器)인 천하를 쓰려고[用] 하면 상도(常道)를 본받아[法] 자연을[自然] 법하고[法] 순종해야 한다.

행(行)을 지(知)하고 수(隨)를 수(守)함이 도(道)를 순종함이고, 허(歔)를 지(知)하고 취(吹)를 수(守)함 또한 도(道)를 순종함이며, 강(强)을 지(知)하고 이(羸)를 수(守)함이 도(道)를 순종함이고, 재(載)를 지(知)하고 휴(隳)를 수(守)함이 도(道)를 순종함이다. 상도(常道)의 조화인 법자연(法自然)의 법(法)을 순종함을 일러 〈무사(無私) · 무욕(無欲) · 무기(無己)〉라 한다. 이를 묶은 말씀이 여기 〈시이(是以)〉이다. 시이(是以)를 〈상도(常道)의 조화를 본받기[是] 때문에[以]〉라 새기면 왜 성인(聖人)께서 거심(去甚) · 거사(去奢) · 거태(去泰)하는지 터득할 수 있을 것이다.

성인(聖人)은 왜 〈거심(去甚)〉 즉 지나침을[甚] 버리는가[去]? 〈심(甚)〉이란 5장(章) **수중(守中)** 즉 상도(常道)를 따라[中] 지킴을[守] 따르지 않고 사욕(私欲)에 치우치기 때문에 빚어지는 극단을 말한다. 심(甚)이란 행수(行隨)에서 앞서기를[行] 고집함이고, 허취(歔吹)에서 따스하기만을[歔] 고집함이며, 강리(强羸)에서 강하기만을[强] 고집함이고, 재휴(載隳)에서 안전하기만을[載] 고집하여 한쪽을 좋아하고 한쪽을 싫어함이다. 이러한 지나침을[甚]을 버린다면[去] 천도(天道)를 지수(知守)하여 52장(章) **복수기모(復守其母)** 즉 상도(常道)인[其] 어머니에게로[母] 돌아와[復] 지키는 것[守]이다.

성인(聖人)은 왜 〈거사(去奢)〉 즉 사치함을[奢] 버리는가[去]? 사(奢) 역시 5장(章) **수중(守中)**을 따르지 않고 사욕(私欲)에 치우치기 때문에 낭비벽에 사로잡힘을 말한다. 여기 〈사(奢)〉 역시 행수(行隨)에서 앞서기만을[行] 누리고자 함이고, 허취(歔吹)에서 따스하기만을[歔] 누리고자 함이며, 강리(强羸)에서 강하기만을[强] 누리고자 함이고, 재휴(載隳)에서 안전하기만을[載] 누리고자 하여 한쪽을 좋아하고 한쪽을 싫어함이다. 이러한 사치함을[奢] 버리고[去] 천도(天道)를 지수(知守)하여 상도(常道)인 어머니께로[母] 돌아와[復] 지킴이[守] 거사(去奢)이다.

성인(聖人)은 왜 〈거태(去泰)〉 즉 과도함을[泰] 버리는가[去]? 태(泰) 역시 5장(章)의 **수중(守中)**을 따르지 않고 사욕(私欲)에 치우치기 때문에 정도(正度)를 벗어나 과

도함에[泰] 사로잡힘을 말한다. 〈태(泰)〉 역시 행수(行隨)에서 앞서기만을[行] 취하려 함이고, 허취(歔吹)에서 따스하기만을[歔] 취하려 함이며, 강리(强羸)에서 강하기만을[强] 취하려 함이고, 재휴(載隳)에서 안전하기만을[載] 취하려 하여 한쪽을 택하고 한쪽을 버리려 함이다. 이러한 태만함을[泰] 버리고[去] 천도(天道)를 지수(知守)하여 상도(常道)인 어머니께로[母] 돌아와[復] 지킴이[守] 거태(去泰)이다.

성인(聖人)은 거심(去甚) · 거사(去奢) · 거태(去泰)하기 때문에 무욕(無欲)하고 무위(無爲)하며 무아(無我)하다. 무아(無我)란 무아집(無我執)의 줄임으로, 나에게[我] 고집이[執] 없음[無]이다. 심(甚)을 버렸기[去] 때문에 성인(聖人)께는 심(甚)이 없고[無], 사(奢)를 버렸기[去] 때문에 성인(聖人)께는 사(奢)가 없고[無], 태(泰)를 버렸기[去] 때문에 성인(聖人)께는 태(泰)가 없다[無]. 그러므로 성인(聖人)은 행수(行隨)를 양행(兩行)하며, 허취(歔吹)를 양행(兩行)하며, 강리(强羸)를 양행(兩行)하고, 재휴(載隳)를 양행(兩行)하듯이 만물만사(萬物萬事)에 두루 통하니, 성인(聖人)의 삼거(三去)는 『장자(莊子)』의 **만물진연(萬物盡然)**을 상기시킨다. 즉 온갖 것이[萬物] 모두 다[盡] 그냥 그대로임을[然] 지수(知守)하고 상도(常道)를 본받는 삶을 누림을 살펴 새기고 헤아려 깨우치게 하는 말씀이 〈시이(是以) 성인거심(聖人去甚) 거사(去奢) 거태(去泰)〉이다.

註 "다언수궁(多言數窮) 불여수중(不如守中)." 말이[言] 많으면[多] 이치가[數] 막히니[窮] {상도(常道)를} 따름을[中] 지킴만[守] 못하다[不如]. 『노자(老子)』 5장(章)

註 "천하유시(天下有始) 이위천하모(以爲天下母)…… 복수기모(復守其母) 몰신불태(歿身不殆)." 온 세상에[天下] 시원이[始] 있고[有], (그 시원으로) 써[以] 온 세상의[天下] 어머니로[母] 삼는다[爲]. …… 그[其] 어머니께로[母] 돌아와[復] 지킨다면[守] 평생토록[歿身] 위태롭지 않다[不殆]. 『노자(老子)』 52장(章)

註 "치인사천막약색(治人事天莫若嗇)." 사람을[人] 다스리고[治] 하늘을[天] 섬김에는[事] 남아도 아낌[嗇]보다 더 같은 것은[若] 없다[莫]. 『노자(老子)』 59장(章)

註 "중인역역(衆人役役) 성인우둔(聖人愚芚) 삼만세이일성순(參萬歲而一成純) 만물진연(萬物盡然) 이이시상온(而以是相蘊)." 세상 사람들은[衆人] 아등바등 애쓰지만[役役], 성인은[聖人] 멍청해 보인다[愚芚]. {성인(聖人)은} 오래오래 살면서도[參萬歲而] 한결같이[一] 맑고 깨끗함을[純] 이룬다[成]. 만물은[萬物] 늘[盡] 그냥 그러하다[然]. 그래서[而] 이 때문에[以是] {만물(萬物)은} 서로[相] 감싸고 있다[蘊]. 『장자(莊子)』 「제물론(齊物論)」

【보주(補註)】

- 〈시이(是以) 성인거심(聖人去甚) 거사(去奢) 거태(去泰)〉를 〈시이성인거심(是以聖人去甚) 이시이성인거사(而是以聖人去奢) 이시이성인거태(而是以聖人去泰)〉처럼 옮기면 문의(文義)를 좀 더 쉽게 새길 수 있다. 〈이렇기[是] 때문에[以] 성인은[聖人] 극단을[甚] 버린다[去]. 그리고[而] 이렇기[是] 때문에[以] 성인은[聖人] 사치함을[奢] 버린다[去]. 그리고[而] 이렇기[是] 때문에[以] 성인은[聖人] 과도함을[泰] 버린다[去].〉
- 거심(去甚) 거사(去奢) 거태(去泰)를 성인(聖人)의 〈삼거(三去)〉라 한다.

【해독(解讀)】

- 〈시이(是以) 성인거심(聖人去甚) 거사(去奢) 거태(去泰)〉는 세 구문으로 이루어진 하나의 문단이다. 〈이[是] 때문에[以] 성인은[聖人] 심을[甚] 거하고[去], 사를[奢] 거하며[去], 태를[泰] 거한다[去].〉
- 〈시이(是以) 성인거심(聖人去甚)〉에서 시이(是以)는 원인의 부사구 노릇하고, 성인(聖人)은 주어 노릇하며, 거(去)는 동사 노릇하고, 심(甚)은 거(去)의 목적어 노릇한다. 시이(是以)는 〈시고(是故)〉와 같고, 거(去)는 〈버릴 사(捨) · 기(棄)〉 등과 같다. 〈이[是] 때문에[以] 성인은[聖人] 극단을[甚] 버린다[去].〉
- 거사(去奢)에서 원인의 부사구 노릇할 시이(是以)와 주어 노릇할 성인(聖人)이 생략되었지만, 거(去)는 동사 노릇하고, 사(奢)는 거(去)의 목적어 노릇한다. 〈(이 때문에 성인은) 사치함을[奢] 버린다[去].〉
- 거태(去泰)에서 부사구 노릇할 시이(是以)와 주어 노릇할 성인(聖人)이 생략되었지만, 거(去)는 동사 노릇하고, 태(泰)는 거(去)의 목적어 노릇한다. 〈(이 때문에 성인은) 과도함을[泰] 버린다[去].〉

부도장(不道章)

인류가 범하는 가장 우매(愚昧)하고 가장 참혹한 행위 중에서 전쟁보다 더한 것은 없다. 전쟁이 빚어내는 참상(慘狀)을 〈사지소처(師之所處) 형극생언(荊棘生焉)〉이라 밝혀, 전쟁의 결과가 얼마나 참혹한지 똑똑히 살펴 경각심을 갖게 하는 장(章)이다. 전쟁에는 좋을 것이 하나도 없다는 것이다. 전쟁에서 지면 살상자(殺傷者)는 쌓이고 국가가 파산하며, 전쟁에서 이긴 쪽도 참혹한 대가를 치르게 마련이고 결과적으로 얻어내는 것은 즐거워할 게 하나도 없다는 것이다. 따라서 무력이 횡행(橫行)하면 그 참혹한 결과를 스스로 맛보아야 하고, 반드시 스스로 멸망을 가져오고 마는 것을 깨닫게 하는 장(章)이다.

【원문(原文)】

以道佐人主者는 不以兵强天下니 其事好還이라 師之
이 도 좌 인 주 자 불 이 병 강 천 하 기 사 호 환 사 지

所處에 荊棘이 生焉하고 大軍之後에 必有凶年이니라
소 처 형 극 생 언 대 군 지 후 필 유 흉 년

善有果而已요 不敢以取强하여 果而勿矜하고 果而勿
선 유 과 이 이 불 감 이 취 강 과 이 물 긍 과 이 물

伐하며 果而勿驕하고 果而不得已니 果而勿强이니라 物
벌 과 이 물 교 과 이 부 득 이 과 이 물 강 물

壯則老라 是謂不道니 不道早已니라
장 즉 로 시 위 부 도 부 도 조 이

상도를[道] 본받아[以] 임금을[人主] 돕는[佐] 자는[者] 무력으로[兵] 써[以] 나라를[天下] 강대하게 하지 않는다[不强]. 그런[其] 짓은[事] 되갚기를[還] 취한다[好]. 군사가[師之] 머문[處] 곳에는[所] 가시밭만[荊棘] 생길[生] 뿐이다[焉]. 대군의[大軍之] 뒤에는[後] 반드시[必] 흉년이[凶年] 든다[有]. {용병(用兵)을} 잘함에는[善] {굶주리게 하는 위난(危難)에서 백성을} 구제함이[果] 있을[有] 뿐이다[而已]. 감히[敢] (무력으로) 써[以] 강대함을[强] 취하지 않는다[不取]. {선병자한테는[善兵者] 백성의 위난(危難)을} 구제했음에도[果而] 뽐냄이[矜] 없고[勿], {백성의 위난(危難)을} 구제했음에도[果而] 자랑함이[伐] 없으며[勿], {백성의 위난(危難)을} 구제했음에도[果而] 건방떪이[驕] 없다[勿]. {선병자한테는[善兵者] 백성의 위난(危難)을} 구제함을[果而] 그칠[已] 수 없다[不得]. (전쟁을 그치게 하여 백성을) 구제함이지[果而] 강대함을 더함은[强] 없다[勿]. 어떤 것이든[物] 굳세기만 하면[壯] 곧[則] 쇠한다[老]. 이것을[是] 자연의 규율이[道] 아닌 것이라[不] 한다[謂]. 자연의 규율이[道] 아닌 것은[不] 빨리[早] 사라진다[已].

30-1 以道佐人主者(이도좌인주자) 不以兵强天下(불이병강천하)

▶상도를[道] 본받아[以] 임금을[人主] 돕는[佐] 자는[者] 무력으로

[兵]써[以] 나라를[天下] 강대하게 하지 않는다[不强].

본받을 이(以), 도울 좌(佐), 임금 주(主), 놈 자(者), 써 이(以), 무력 병(兵), 강대할 강(强), 하늘 천(天), 아래 하(下)

【지남(指南)】

〈이도좌인주자불이병강천하(以道佐人主者不以兵强天下)〉는 임금[人主]을 돕는 일[事]이나 임금[人主]을 돕는 사람[臣]은 상도(常道)를 본받지[以] 않으면 안 됨을 밝힌다. 임금으로 하여금 상덕(常德)을 베풀어 치천하(治天下)를 하도록 바르게[正] 도와야[佐] 치세(治世)가 바르게 이루어진다.

정좌(正佐)란 상덕(常德)으로 치민(治民)하여 임금이 무위지치(無爲之治) 즉 무위의[無爲之] 다스림을[治] 베풀게 함이다. 이도(以道) 즉 상도(常道)를 본받아[以] 임금을 도우면[佐] 나라가 태평하고 백성은 평안한 삶을 누린다. 그러나 이병(以兵) 즉 무력을[兵] 써서[以] 나라[天下]를 강대하게 하면 나라는 피폐(疲弊)해져 망하는 것이 자연의 이치이다. 여기 〈이병(以兵)〉은 〈이인위(以人爲)〉를 강하게 밝힘이다. 병(兵)보다 더한 인위(人爲)란 없다. 그래서 76장(章)에 **견강자사지도(堅强者死之徒) 유약자생지도(柔弱者生之徒)**란 말씀이 나온다.

나라가 무력으로 강대하고자 힘을 앞세우다 강포(强暴)해져 백성을 죽음의 무리가[死之徒] 되게 하고 만다. 그러나 유약(柔弱)으로 현덕(玄德)을 앞세우면 나라는 천하모(天下母)가 되어 백성은 삶의 무리가[生之徒] 된다. 그러므로 반드시 견강(堅强)은 유약(柔弱)에 밀려나고 마는 것이 천도(天道) 즉 자연(自然)의 규율[道]인지라 36장(章)에 **유약승강강(柔弱勝剛强)**이란 말씀이 나오는 것이다. 무력[兵] 즉 힘으로 강대하고자 하면 무엇이든 패망(敗亡)하고, 상덕(常德)으로 유약(柔弱)하고자 하면 그 무엇이든 흥성(興盛)한다. 그러므로 상도(常道)를 본받아[以] 임금을 돕는다고 함은 강대(强大)하여 강포(强暴)해짐을 미연에 막아 백성을 편안히 살게 함이니, 〈이도좌인주자(以道佐人主者)〉는 25장(章)의 **가이위천하모(可以爲天下母)**란 말씀을 상기시킨다.

상도(常道)로 임금을[人主] 보좌함[佐]은 인주(人主)가 백성의 어머니[母]가 되게 함이다. 이처럼 상도(常道)를 본받아 인주(人主)를 보좌함이란 임금으로 하여금 강대하게 하는 힘[兵]을 탐하지 않게 하고, 백성의 어머니[母]가 되도록 치세(治世)를 돕는 일임을 일깨워 깨우치게 하는 말씀이 〈이도좌인주자불이병강천하(以道佐人主者不以兵强天下)〉이다.

註 "견강자사지도(堅强者死之徒) 유약자생지도(柔弱者生之徒)." 굳고[堅] 굳센[强] 것들은[者] 죽음의[死之] 무리이고[徒], 부드럽고[柔] 연약한[弱] 것들은[者] 삶의[生之] 무리이다[徒].

『노자(老子)』 76장(章)

註 "유약승강강(柔弱勝剛强)." 부드럽고[柔之] 연약함이[弱] 굳세고[剛] 강함을[强] 무릅쓴다[勝].

『노자(老子)』 36장(章)

註 "독립불개(獨立不改) 주행이불태(周行而不殆) 가이위천하모(可以爲天下母)." 홀로[獨] 있고[立] 바뀌지 않으며[不改], 두루[周] 미치지만[行而] 위태롭지 않다[不殆]. 능히[可] 그로써[以] 온 세상의[天下] 어머니가[母] 된다[爲].

〈독립불개(獨立不改) 주행이불태(周行而不殆)〉는 상도(常道)를 풀이한 말씀이다.

『노자(老子)』 25장(章)

【보주(補註)】

- 〈이도좌인주자불이병강천하(以道佐人主者不以兵强天下)〉를 〈이도좌인주지신불강천하이병(以道佐人主之臣不强天下以兵)〉처럼 옮기면 문의(文義)를 좀 더 쉽게 새길 수 있다. 〈상도를[道] 본받아[以] 인주를[人主] 보좌하는[佐之] 신하는[臣] 무력으로[兵]써[以] 나라를[天下] 강력하게 하지 않는다[不强].〉
- 불이병강천하(不以兵强天下)는 무력으로 천하(天下)를 강대하게 하려면 다른 나라의 강토(疆土)를 힘으로 빼앗아야 하는데 그런 침탈(侵奪)의 짓으로 나라를 강대하게 하지 않음을 말한다.
- 『맹자(孟子)』에서는 인주(人主)를 왕(王)과 패(霸)로 구분하여 왕(王)은 행인(行仁)하는 군주(君主)이고, 패(霸)는 **이력가인(以力假仁)**하는 군주(君主)라고 양분(兩分)한다. 『노자(老子)』에서는 『맹자(孟子)』에서의 왕(王)도 이력(以力)의 치자(治者)일 뿐이다.

註 "이력가인자패(以力假仁者覇) 패필유대국(覇必有大國) 이덕행인자왕(以德行仁者王) 왕부대대(王不待大)." 힘으로[力]써[以] 어짊을[仁] 가장하는[假] 것은[者] 패이고[覇], 패는[覇] 반드시[必] 큰 나라를[大國] 차지한다[有]. 덕으로[德]써[以] 어짊을[仁] 베푸는[行] 것은[者] 왕이고[王], 왕은[王] 대국을[大] 바라지 않는다[不待]. 『맹자(孟子)』「공손추장구상(公孫丑章句上)」

【해독(解讀)】

- 〈이도좌인주자불이병강천하(以道佐人主者不以兵强天下)〉에서 이도좌인주자(以道佐人主者)는 주부(主部) 노릇하고, 불(不)은 강(强)의 부정사(否定詞)이고, 이병(以兵)은 강(强)을 꾸미는 부사구 노릇하며, 천하(天下)는 강(强)의 목적어 노릇한다. 이도(以道)의 이(以)는 〈써 용(用) · 본받을 법(法)〉 등과 같고, 이병(以兵)의 이(以)는 〈써 용(用)〉과 같다. 강천하(强天下)의 강(强)은 〈큰 대(大)〉와 같아 강대(强大)의 줄임말로 여기면 된다. 〈이도좌인주자는[以道佐人主者] 병을[兵] 써[以] 천하를[天下] 불강한다[不强].〉
- 이도좌인주자(以道佐人主者)는 〈이도좌인주지인(以道佐人主之人)〉에서 지인(之人)을 자(者)로 줄인 것이다. 이도좌인주자(以道佐人主者)에서 이도좌인주(以道佐人主)까지는 형용사절 같은 노릇한다. 이도좌인주자(以道佐人主者)에서 이도(以道)는 좌(佐)를 꾸며주는 부사구 노릇하고, 좌(佐)는 동사 노릇하며, 인주(人主)는 좌(佐)의 목적어 노릇하고, 자(者)는 영어의 〈The man who〉처럼 노릇한다. 물론 이런 자(者)를 중국의 문법학자들이 제돈(提頓) 즉 토씨라고 밝히기도 하지만, 여기서는 지인(之人)의 줄임으로 여기면 된다. 좌(佐)는 〈도울 조(助) · 우(佑)〉 등과 같고, 인주(人主)는 군주(君主)와 같다. 〈도를[道] 본받아[以] 인주를[人主] 돕는[佐] 사람[者]〉
- 이도좌인주자(以道佐人主者)의 이(以)는 전후 문맥에 따라 매우 다양한 뜻을 내는 자(字)이다. 동사로서 이(以)는 위(爲)처럼 다른 동사의 뜻을 대신하는 경우가 빈번하다. 물론 이(以)는 어조사(語助詞) 노릇도 한다.

註 이(以)는 매우 다양한 뜻을 구사하므로 다음과 같이 정리해두면 한문의 문맥을 잡는 데 편리하다.

① 〈이(以)A = 위(爲)A : A를 한다〉

② 〈이(以)A = 용(用)A : A를 쓴다 / 법(法)A : A를 본받는다〉

③ 〈이(以)A = 사(思)A : A를 생각한다〉

④ 〈이(以)A = 솔(率)A : A를 거느린다〉

⑤ 〈이(以)A = 인(因)A : A 때문에〉

물론 명사로서 〈까닭 이(以)〉도 되고, 타동사로서 〈비롯할 이(以)〉도 된다.

〈독서양유이야(讀書良有以也) = 책을[書] 읽는 것은[讀] 참으로[良] 까닭이[以] 있는 것

[有]이다[也].〉

〈기사이기사(其死以其病) = 그[其] 죽음은[死] 그[其] 병환에서[病] 비롯한다[以].〉

⑥ 〈이(以)A = 여(與)A : A와 더불어〉

〈주인이빈담소(主人以賓談笑) = 손님[賓]과 함께[以] 정담을 나눈다[談笑].〉

⑦ 〈이(以)A = 사(使)A : A로 하여금〉

〈관중이기군패(管仲以其君覇) = 관중은[管仲] 제[其] 임금으로[君] 하여금[以] 패자가 되게 했다[覇].〉

⑧ 〈이미 이(已)〉와 같은 뜻으로 쓰이는 이(以)

〈아견토성이파(我見土城以破) = 나는[我] 토성이[土城] 이미[以] 파괴된 것을[破] 보았다[見].〉

그리고 이(以)는 〈이(以)A〉처럼 전치사로, 또는 〈A이(以)〉처럼 후치사 노릇도 한다. 물론 〈이(以)〉가 위와 같은 뜻만을 낸다는 것은 아니다. 문장의 전후 문맥에 따라 다양한 뜻을 낸다고 여기면 된다.

30-2 其事好還(기사호환)

▶ 그런[其] 짓은[事] 되갚기를[還] 취한다[好].

그 기(其), 짓 사(事), 취할 호(好), 되갚을 환(還)

【지남(指南)】

〈기사호환(其事好還)〉은 무력이 무력을 불러온다는 뜻이다. 칼질은 다시 칼질로 되돌아오고[還], 갑(甲)이 을(乙)의 육친(肉親)을 죽이면 을(乙)은 갑(甲)의 피붙이[肉親]를 죽이는 짓으로 돌아온다[還]. 갑(甲)이 힘으로 을(乙)을 해치면 을(乙)은 힘이 모자라 갑(甲)에게 당하고 굴복하지만, 언젠가 힘을 길러 갑(甲)을 해치게 된다. 그래서 와신상담(臥薪嘗膽)이란 고사(故事)가 생겼고, 『맹자(孟子)』에서도 **이력복인(以力服人)**과 **이덕복인(以德服人)**을 가려서 밝힌다. 이력(以力)은 무력의 힘[力]을 씀[以]이고, 이덕(以德)의 덕(德)은 『맹자(孟子)』에서는 인덕(人德) 즉 인덕(仁德)이니 『노자(老子)』의 이덕(以德)과는 다르다. 『노자(老子)』의 이덕(以德)은 법자연(法自然)인 상덕(常德) 즉 현덕(玄德)의 씀[以]이다.

묘(妙)란 걸림이 없음인지라, 상덕(常德)의 씀[以]은 묘(妙) 즉 자연을 본받음

[法]이니 만물만사(萬物萬事)에 두루 통한다. 병(兵)의 무력이란 인위(人爲)의 짓[事]이지, 자연(自然) 즉 무위(無爲)의 사(事)가 결코 아니다. 그래서 무력은 다시 무력을 불러와 상쟁(相爭)과 상탈(相奪)을 되풀이한다. 기사호환(其事好還)의 기사(其事)가 성덕지사(盛德之事) 즉 상덕(常德)을 쌓는[盛之] 일[事]이라면 마땅히 덕짓기[盛德]로 되돌아오겠지만, 용병지사(用兵之事) 즉 무력[兵]을 행사하는[用之] 짓[事]이니 무력으로 앙갚음하기를[還] 취하고야 말므로 결국 필망(必亡)하는 짓임을 살펴 새기고 헤아려 깨우치게 하는 말씀이 〈기사호환(其事好還)〉이다.

註 "이력복인자비심복야(以力服人者非心服也) 역불섬야(力不贍也) 이덕복인자(以德服人者) 중심열이성복자야(中心悅而誠服者也)." 힘으로[力]써[以] 사람을[人] 복종시키는[服] 것은[者] 마음으로[心] 복종함이[服] 아닌 것[非]이고[也], 힘이[力] 넉넉지 못한 것[不贍]이다[也]. 덕으로[德]써[以] 사람을[人] 복종시키는[服] 것은[者] 마음 속으로[中心] 기뻐서[悅而] 진실로[誠] 복종하는 것[服]이다[也]. 『맹자(孟子)』「공손추장구상(公孫丑章句上)」

【보주(補註)】

- 〈기사호환(其事好還)〉을 〈이병지사호이병지환(以兵之事好以兵之還)〉처럼 옮기면 문의(文義)를 좀 더 쉽게 새길 수 있다. 〈무력을[兵] 사용하는[以之] 짓은[事] 무력을[兵] 사용하는[以之] 앙갚음을[還] 취한다[好].〉
- 기사호환(其事好還)의 기사(其事)는 이병지사(以兵之事) 즉 용병지사(用兵之事)의 줄임으로 여기면 된다.

【해독(解讀)】

- 〈기사호환(其事好還)〉에서 기사(其事)는 주부(主部) 노릇하고, 호(好)는 타동사 노릇하고, 환(還)은 호(好)의 목적어 노릇한다. 기사(其事)는 〈이병강천하지사(以兵强天下之事)〉를 줄인 것이고, 호(好)는 〈취할 취(取)〉와 같고, 환(還)은 〈갚을 상(償)〉과 같다. 〈기사는[其事] 갚음하기를[還] 잘한다[好].〉
- 물론 기사호환(其事好還)에서 호(好)를 환(還)을 꾸며주는 부사 노릇으로 여기고, 환(還)을 자동사 노릇으로 문맥을 잡아도 문의(文義)는 달라지지 않는다. 그러면 여기서 호(好)는 〈마땅히 의(宜)〉와 같고, 환(還)은 〈되갚을 상(償)〉과 같다. 〈기사는[其事] 마땅히[好] 앙갚음한다[還].〉

30-3 師之所處荊棘生焉(사지소처형극생언)

▶군사가[師之] 머문[處] 곳에는[所] 가시발만[荊棘] 생길[生] 뿐이다[焉].

군사 사(師), 허사(虛詞) 지(之), 곳 소(所), 머물 처(處), 가시나무 형(荊), 멧대추나무 극(棘), 생길 생(生), 조사(~뿐이다) 언(焉)

【지남(指南)】

〈사지소처형극생언(師之所處荊棘生焉)〉은 용병(用兵)의 짓[事]이 백성[民]을 피폐하게 하는 짓임을 밝힌다. 〈사지소처(師之所處)〉 즉 군사의 주둔지[所處]란 전쟁을 위한 병장기(兵仗器)의 둔지(屯地)를 말한다. 백성의 전야(田野)가 병장기(兵仗器)가 진을 치는[屯] 터[地]로 변하면 백성은 기아를 면치 못한다. 백성이 곤궁해져 굶주리는[飢餓] 참상을 〈형극(荊棘)〉이란 말로 비유하고 있다. 이는 인위(人爲)의 극치(極致)인 패자(覇者)의 횡포이다. 용병(用兵)으로 나라를 강대하게 하려는 힘을 앞세우는 패자(覇者)야말로 백성을 가시밭[荊棘]으로 몰아넣으니 패자(覇者)의 용병(用兵)은 역천(逆天)이고, 백성의 전야(田野)에 오곡이 자람은 순천(順天)이다.

백성의 전야(田野)에 용병(用兵)의 형극(荊棘)보다 더한 역천(逆天)은 없다. 『맹자(孟子)』에도 **역천자망(逆天者亡)**이란 말이 나온다. 용병(用兵)이란 자연[天]을 어기는[逆] 이도(離道) 즉 상도(常道)를 저버리는[離] 짓임을 단언한 말씀이 〈사지소처형극생언(師之所處荊棘生焉)〉이다.

註 "순천자존(順天者存) 역천자망(逆天者亡)." 하늘을[天] 따르는[順] 쪽은[者] 살아남고[存], 하늘을[天] 거스르는[逆] 쪽은[者] 죽는다[亡].

여기 천(天)은 무위자연(無爲自然)의 천(天)이 아니라 인의예악(仁義禮樂)의 천(天)이다.

『맹자(孟子)』「이루장구상(離婁章句上)」

【보주(補註)】

- 〈사지소처형극생언(師之所處荊棘生焉)〉을 〈형극생어사지소처(荊棘生於師之所處)〉처럼 옮기면 문의(文義)를 좀 더 쉽게 새길 수 있다. 〈군사가[師之] 머무는[處] 곳[所]에서는[於] 형극이[荊棘] 생긴다[生].〉
- 사지소처(師之所處)는 대군(大軍)이 주둔하는 장소를 말하고, 형극(荊棘)은 황

폐해진 백성의 전야(田野)를 암시한다. 그리고 여기 형극(荊棘)은 무력을 모조리 부정(否定)하는 비유로서 노자(老子)의 반전사상(反戰思想)을 극명하게 나타내준다.

【해독(解讀)】

- 〈사지소처형극생언(師之所處荊棘生焉)〉에서 사지소처(師之所處)는 생(生)을 꾸며주는 부사구 노릇하고, 형극(荊棘)은 생(生)의 주어 노릇하며, 생(生)은 자동사 노릇하고, 언(焉)은 강한 종결어미 노릇한다. 사지소처형극생언(師之所處荊棘生焉)은 〈형극생어사지소처(荊棘生於師之所處)〉에서 사지소처(師之所處)를 강조하고자 전치시킨 구문이다. 〈군사가[師之] 머무는[處] 곳에서[所] 가시나무들이[荊棘] 생길[生] 뿐이다[焉].〉
- 사지소처(師之所處)에서 사(師)는 선행사(先行詞) 노릇하면서 처(處)의 주어 노릇하고, 지(之)는 사(師)가 소(所) 앞으로 전치되었음을 알게 하는 허사(虛詞) 노릇하며, 여기서 소(所)는 영어의 〈the place where〉처럼 노릇한다고 여기면 된다. 말하자면 사지소처(師之所處)는 〈A지소위(之所爲)B〉의 상용구로 영어의 〈the place where A do B〉와 같은 구문이다. 〈사가[師之] 처하는[處] 곳[所]〉 〈A가 B를 하는(do where) 곳(place)〉

30-4 大軍之後必有凶年(대군지후필유흉년)

▶ 대군의[大軍之] 뒤에는[後] 반드시[必] 흉년이[凶年]이 든다[有].

큰 대(大), 군사 군(軍), 조사 지(之), 뒤 후(後), 반드시 필(必), 있을 유(有), 흉할 흉(凶), 해 년(年)

【지남(指南)】

〈대군지후필유흉년(大軍之後必有凶年)〉 역시 용병(用兵)의 짓[事]이 백성[民]을 곤궁하게 함을 밝힌다. 〈대군지후(大軍之後)〉란 전쟁을 치르고 군사가 떠난 뒤 백성에게 남은 것은 황폐해진 전야(田野)뿐임을 말한다. 전야(田野)가 거칠어져[荒] 버려지면[廢] 흉년이 들고, 백성은 굶주려 유민(流民)이 된다. 그래서 왕(王)은 백성을 불러들이고, 패(覇)는 백성을 쫓아낸다고 한다.

왕(王)은 본래 무위(無爲)의 치자(治者)를 말하고, 패(覇)는 인위(人爲)인 무력의 치자(治者)이다. 『맹자(孟子)』에 〈행인정이왕(行仁政而王)〉과 **이력가인자패(以力假仁者覇)**란 말이 나오니, 양가(兩家)는 모두 용병(用兵)의 치(治)를 역천(逆天)의 짓으로 규정한 것이다. 그러므로 대군(大軍)이란 자연[天]을 어기는[逆] 이도(離道)의 짓임을 단언한 말씀이 〈대군지후필유흉년(大軍之後必有凶年)〉이다.

註 "이력가인자패(以力假仁者覇) 패필유대국(覇必有大國) 이덕행인자왕(以德行仁者王) 왕부대대(王不待大)." 힘으로[力]써[以] 어진[仁] 척하는[假] 것은[者] 패도(覇道)이고[覇], 패도는[覇] 반드시[必] 큰 나라를[大國] 차지한다[有]. 덕으로[德]써[以] 어짊을[仁] 행하는[行] 것은[者] 왕도이고[王], 왕도는[王] 대국을[大] 바라지 않는다[不待]. 『맹자(孟子)』「공손추장구상(公孫丑章句上)」

【보주(補註)】

- 〈대군지후필유흉년(大軍之後必有凶年)〉을 〈대군퇴이후(大軍退而後) 필유흉년(必有凶年)〉처럼 옮기면 문의(文義)를 좀 더 쉽게 새길 수 있다. 〈대군이[大軍] 물러간[退] 뒤에는[而後] 흉년이[凶年] 반드시[必] 든다[有].〉
- 대군지후(大軍之後)는 대군(大軍)이 머물다 물러갔음[退]이다.
- 대군지후(大軍之後)가 〈대병지후(大兵之後)〉로 된 본(本)도 있지만, 원문(原文)의 문의(文義)가 달라지는 것은 아니다. 대군(大軍)과 대병(大兵)은 뜻하는 바가 서로 같다.

【해독(解讀)】

- 〈대군지후필유흉년(大軍之後必有凶年)〉에서 대군지후(大軍之後)는 유(有)를 꾸며주는 부사구 노릇하고, 필(必)은 유(有)를 꾸미는 부사 노릇하며, 유(有)는 〈있을 유(有)〉로 자동사 노릇하고, 흉년(凶年)은 유(有)의 주어 노릇한다. 물론 유(有)를 반드시 〈있을 유(有)〉로 〈있다[有]〉고 새길 것은 없다. 우리말답게 〈든다[有]〉고 해도 되고 〈생긴다[有]〉고 해도 된다. 〈대군의[大軍之] 뒤에는[後] 흉년이[凶年] 반드시[必] 든다[有].〉 〈대군의[大軍之] 뒤에는[後] 반드시[必] 흉년이[凶年] 생긴다[有].〉
- 대군지후필유흉년(大軍之後必有凶年)은 〈A유(有)B〉의 상용문이다. 유(有)가

〈있을 유(有)〉로 자동사 노릇하면 주어를 뒤에 두고, 〈가질 유(有)〉로 타동사 노릇하면 주어를 앞에 둔다. 〈A에 B가 있다[有].〉 〈A가 B를 갖는다[有].〉

30-5 善有果而已(선유과이이)

▶{용병(用兵)을} 잘함에는[善] {굶주리게 하는 위난(危難)에서 백성을} 구제함이[果] 있을[有] 뿐이다[而已].

잘할 선(善), 있을 유(有), 그치게 할(구제할) 과(果), 조사 이(而), 조사 이(已)

【지남(指南)】

〈선유과이이(善有果而已)〉는 오로지 이덕안민(以德安民)을 위해서만 용병(用兵)함을 밝힌다. 〈선유과(善有果)〉의 선자(善者)란 〈선용병자(善用兵者)〉의 줄임인 동시에, 상덕(常德)으로써[以] 치세(治世)를 베풀기[施] 위해서만 부득이 용병(用兵)할 뿐 상도(常道)를 본받아[以德] 치민(治民)하는 치자(治者)를 말한다. 그리고 잔민(殘民) 즉 백성[民]을 해치고 죽이는[殘] 만행을 서슴지 않는 치세(治世)가 있다면, 그 포악을 외면하지 않고 서슴없이 용병(用兵)하여 징벌함을 선유과(善者果)의 〈과(果)〉라 한 것이다.

이는 불선용병자(不善用兵者)를 과감하게 정벌하여 백성을 구제함으로, 비록 용병(用兵)으로 드러나지만 불선용병자(不善用兵者)의 용병(用兵)과는 판이한 것이다. 선병(善兵)은 오직 이력치세(以力治世)를 제거하여 이덕치세(以德治世)를 베풀기 위한 어쩔 수 없는 용병(用兵)이기 때문이다. 힘으로[以力] 세상을 다스리는[治] 끝은 폭군을 불러오고, 폭군은 학민(虐民)을 자행하게 된다. 이력치세(以力治世)는 천도(天道)의 선(善)을 부정(否定)하기 때문이며, 선(善)이란 상도(常道)의 행(行)인 상덕(常德)을 좇아 계승함이니, 선(善)을 부정(否定)하는 다스림[治]이란 결국 폭력의 용병(用兵)을 일삼는 짓이다.

선유과(善有果)는 상덕(常德)으로[以] 백성을 안거(安居)하게 하고자 용병(用兵)을 결행함이다. 그러므로 여기 선자과(善者果)의 과(果)는 선자(善者)의 〈신(信)이고 성(誠)이며 결(決)인 동시에 제(濟)〉이다. 선자(善者)는 오로지 선(善)을 믿고

[信], 선(善)을 행함에 거짓이 없으며[誠], 위난(危難)에 빠진 백성을 구제함[濟]에 단호하다[決]. 그러므로 선용병자(善用兵者)는 비록 강병(强兵)을 간직하고 있다 하더라도 함부로 용병(用兵)하지 않고 백성을 학대하고 곤궁하게 하는 폭정(暴政)을 징벌해야 할 때만 용병(用兵)하여 그 잔혹으로부터 백성을 구함[濟]에 과감할 뿐이다.

따라서 상도(常道)와 상덕(常德)을 모압(侮狎) 하여 역천(逆天)하는 무리인 불선용병자(不善用兵者)를 선용병자(善用兵者)가 결단코 외면하지 않고 백성을 구제함을 단언한 말씀이 〈선자과이이(善者果而已)〉이다.

【보주(補註)】

- 〈선유과이이(善有果而已)〉를 〈선용병자과민자이이야(善用兵者果民者而已也)〉처럼 옮기면 문의(文義)를 좀 더 쉽게 새길 수 있다. 〈병장기를[兵] 선하게[善] 쓰는[用] 사람은[者] 백성을[民] 구제할[果] 뿐이다[而已也].〉
- 선유과(善有果)에서 과(果)는 〈구제위란(救濟危亂)〉으로서 〈구제할 제(濟)〉와 같다는 견해도 있고, 〈금폭제란(禁暴制亂)〉으로서 〈이룰 성(成)〉과 같다는 견해도 있으며, 〈이길 승(勝)〉으로 여기고 선유과(善有果)를 〈승이지(勝而止)〉로 새기자는 견해도 있다. 〈폭정을[暴] 끊고[禁] 난세를[亂] 제압함[制]〉
- 선유과이이(善有果而已)가 〈고(故) 선자과이이(善者果而已)〉로 된 본(本)도 있다. 본문의 문의(文義)가 달라지는 것은 아니다. 〈그러므로[故] (용병을) 잘하는[善] 사람은[者] 결과를 이룬다면[果而] (전쟁을) 그친다[已].〉

【해독(解讀)】

- 〈선유과이이(善有果而已)〉에서 선(善)은 유(有)를 꾸며주는 부사 노릇하고, 유(有)는 〈있을 유(有)〉로 자동사 노릇하며, 과(果)는 유(有)의 주어 노릇하고, 이이(而已)는 강한 종결어미 노릇한다. 〈선함에는[善] 구제함이[果] 있을[有] 뿐이다[而已].〉
- 선유과이이(善有果而已)에서 이이(而已)를 강한 종결어미로 여기지 않고, 이(而)를 조사로 여기고, 이(已)를 〈그칠 이(已)〉 타동사로 여기고 문맥을 잡아도 된다. 그러면 이(已)는 난이(亂已) 즉 〈난세가[亂] 그친다[已]〉는 뜻을 내게 되어 본문의 문의(文義)가 더 구체적일 수도 있다. 따라서 이이(而已)는 〈선자과야(善

者果也)〉를 강조한 구문이 된다. 이이(而已)는 강조의 문미조사(~뿐이다) 노릇한다. 이이(而已)는 〈이이야(而已也)〉와 같다. 〈선함에[善] 구제함이 있으면[果而] (난세가) 그친다[已].〉

30-6 不敢以取强(불감이취강)

▶ 감히[敢] (무력으로) 써[以] 강대함을[强] 취하지 않는다[不取].

아니 불(不), 감히 감(敢), 써 이(以), 취할 취(取), 강력할 강(强)

【지남(指南)】

〈불감이취강(不敢以取强)〉은 선용병자(善用兵者)는 불이병취강(不以兵取强) 즉 무력으로써[以兵] 강(强)함을 결코[敢] 취하지 않음[不取]이다. 취강(取强)을 〈취강대(取强大)〉로 새기면 선용병(善用兵)은 무력을 앞세워 강대(强大)함을 취함이다. 여기 불감이취강(不敢而取强)은 80장(章)의 **소국(小國)**을 연상시킨다. 선용병자(善用兵者)는 오직 힘[力]으로 국토를 탈취하여 강대하기만 추구하려는 패자(覇者)를 불원(不願)하기 때문이다.

『맹자(孟子)』에도 **패필유대국(覇必有大國) 왕부대대(王不待大)**란 말이 있다. 패자(覇者)는 무력으로 대국(大國)을 취하지만, 왕자(王者)는 대국을 바라지 않는다. 선용병자(善用兵者)는 무력 따위로 강대함을 결코 취하지 않음을 밝힌 말씀이 〈불감이취강(不敢以取强)〉이다.

註 "소국과민(小國寡民)." 나라는[國] 작고[小] 백성은[民] 적다[寡]. 『노자(老子)』 80장(章)

註 "이력가인자패(以力假仁者覇) 패필유대국(覇必有大國) 이덕행인자왕(以德行仁者王) 왕부대대(王不待大) 탕이칠십리(湯以七十里) 무왕이백리(文王以百里)." 힘으로[力]써[以] 어진[仁] 척하는[假] 것은[者] 패도(覇道)이고[覇], 패도는[覇] 반드시[必] 큰 나라를[大國] 차지한다[有]. 덕으로[德]써[以] 어짊을[仁] 행하는[行] 것은[者] 왕도이고[王] 왕도는[王] 대국을[大] 바라지 않는다[不待]. 탕왕은[湯] 칠십리로[七十]써[以] (나라를 삼았고), 문왕은[文王] 백리로[百里]써[以] (나라를 삼았다.). 『맹자(孟子)』「공손추장구상(公孫丑章句上)」

【보주(補註)】

- 〈불감이취강(不敢以取强)〉을 〈선용병자불감취강이병(善用兵者不敢取强以兵)〉처럼 옮기면 문의(文義)를 좀 더 쉽게 새길 수 있다. 〈선하게[善] 병장기를[兵] 쓰는[用] 사람은[者] 병장기로[兵]써[以] 감히[敢] 강대함을[强] 취하지 않는다[不取].〉
- 불감이취강(不敢以取强)에서 취강(取强)을 〈취강대(取强大)〉 또는 〈취강대국(取强大國)〉으로 여기면 문의(文義)가 분명해진다.
- 불감이취강(不敢以取强)에서 감(敢)은 연문(衍文) 즉 잘못 끼어든 쓸데없는 글자이니 〈불이취강(不以取强)〉으로 읽어야 한다는 설(說)도 있다. 〈(병장기로) 써[以] 강대함을[强] 취하지 않는다[不取].〉

【해독(解讀)】

- 〈불감이취강(不敢以取强)〉에서 불(不)은 취(取)의 부정사(否定詞) 노릇하고, 감(敢)과 이(以)는 취(取)를 꾸며주는 부사 노릇하며, 취(取)는 동사 노릇하고, 강(强)은 취(取)의 목적어 노릇한다. 감(敢)은 〈감히 과(果)〉와 같아 과감(果敢)의 줄임으로 보면 되고, 이(以)는 〈써 용(用)〉과 같고, 취(取)는 〈가질 득(得)〉과 같아 취득(取得)의 줄임으로 여기면 된다. 〈감히[敢] 써[以] 강함을[强] 취하지 않는다[不取].〉
- 불감이취강(不敢以取强)에서 불감(不敢)의 감(敢)은 부정사(否定詞)를 강하게 하여 어세(語勢)를 더하는 조사로 보아도 된다. 〈써[以] 강함을[强] 감히[敢] 취하지 않는다[不取].〉

30-7 果而勿矜(과이물긍)

▸{선병자한테는[善兵者] 백성의 위난(危難)을} 구제했음에도[果而] 뽐냄이[矜] 없다[勿].

그치게 할(구제할) 과(果), 조사(~도) 이(而), 없을 물(勿), 뽐낼 긍(矜)

【지남(指南)】

〈과이물긍(果而勿矜)〉은 선용병자(善用兵者)가 성인(聖人)의 포일(抱一)을 그대로 본받아[法] **승인자(勝人者)**가 아니라 **자승자(自勝者)**임을 일깨운다. 포일(抱一)함에는 승패가 나뉘지 않아 패자(敗者)를 모압(侮狎) 즉 업신여기거나[侮] 얕보지[狎] 않는다. 그러므로 선자(善者)는 불선용병(不善用兵)을 제거하고 백성을 선(善)하게 구제하였다는 승리의 결과[果]를 앞세워 스스로[自] 뽐냄이[矜] 없음[勿]이다. 여기 〈물긍(勿矜)〉은 22장(章)의 **부자긍(不自矜)**이다. 선용병자(善用兵者)는 10장(章)의 **애민치국(愛民治國) 능무위호(能無爲乎)**를 다할 뿐, 제란(制亂)하여 백성을 구제했음을[果] 앞세워 자기를 뽐내는[矜] 짓 따위가 없음을[勿] 에둘러 밝힌 말씀이 〈과이물긍(果而勿矜)〉이다.

註 "승인자유력(勝人者有力) 자승자강(自勝者强)." 남을[人] 이기려는[勝] 사람은[者] 힘을[力] 취하고[有], 자신을[自] 이기려는[勝] 사람은[者] 굳세다[强]. 『노자(老子)』 33장(章)

註 "부자긍고장(不自矜故長)." 스스로[自] 뽐내지 않기[不矜] 때문에[故] 장구하다[長]. 『노자(老子)』 22장(章)

註 "애민치국(愛民治國) 능무위호(能無爲乎)." 백성을[民] 아끼고[愛] 나라를[國] 다스리면[治] 인위(작위)가[爲] 능히[能] 없는 것[無]이로다[乎]. 『노자(老子)』 10장(章)

【보주(補註)】

- 〈과이물긍(果而勿矜)〉을 〈수선용병자유과(雖善用兵者有果) 타물자긍(他勿自矜)〉처럼 옮기면 문의(文義)를 좀 더 쉽게 새길 수 있다. 〈선하게[善] 병장기를[兵] 쓰는[用] 사람한테[者] (백성을) 구제함이[果] 있어도[有] 그에게는[他] 스스로[自] 뽐냄이[矜] 없다[勿].〉
- 과이물긍(果而勿矜)에서 과(果)는 불선용병자(不善用兵者)의 불선용병(不善用兵)을 징벌하여 불선용병(不善用兵)에게서 백성을 구제함을 말하고, 나아가 불선용병(不善用兵)을 징벌하는 승전(勝戰)을 뜻하기도 한다. 과(果)는 〈구제할 제(濟), 승전할 승(勝)〉을 뜻한다.

【해독(解讀)】

- 〈과이물긍(果而勿矜)〉에서 과(果)는 긍(矜)의 목적어를 강조하고자 전치한 것이

고, 이(而)는 허사(虛事)로 토씨(~을) 노릇하며, 물(勿)은 동사 노릇하고, 긍(矜)은 영어의 동명사처럼 구실하며 물(勿)의 주어 노릇한다. 물(勿)은 〈않을 불(不), 없을 무(無) · 막(莫), 아닌 것 비(非)〉 등과 같다. 여기선 물(勿)은 〈없을 무(無)〉와 같다. 〈과(果)를[而] 긍함이[矜] 없다[勿].〉

- 과이물긍(果而勿矜)에서 이(而)를 역접연사(逆接連詞)로서 〈그러나 이(而)〉로 문맥을 잡으면 과(果)는 주어가 생략되었지만 동사 노릇하고, 물(勿)을 긍(矜)의 부정사(否定詞)로 여기고 긍(矜)을 동사로 여기고 문맥을 잡아 새겨도 된다. 〈과했다[果]. 그러나[而] 긍하지[矜] 않는다[勿].〉
- 과이물긍(果而勿矜)에서 물(勿)을 〈없을 무(無)〉로 여겨도 된다. 과(果)는 긍(矜)의 목적어를 강조하고자 도치한 것이고, 이(而)는 허사(虛事)로 토씨(~을) 노릇하며, 물(勿)은 〈없을 물(勿)〉로 자동사 노릇하고, 긍(矜)은 영어의 동명사처럼 구실하면서 물(勿)의 주어 노릇한다. 〈과(果)를[而] 긍함이[矜] 없다[勿].〉
- 과이물긍(果而勿矜)은 〈A물위(勿爲)B〉의 상용문이다. 〈A는 B를 하지[爲] 않는다[勿]. 물(勿)=불(不)〉 〈A에는 B를 함이[爲] 없다[勿]. 물(勿)=무(無) · 막(莫)〉 〈A는 B를 하지[爲] 않는 것이다[勿]. 물(勿)=비(非)〉

30-8 果而勿伐(과이물벌)

▶{선병자한테는[善兵者] 백성의 위난(危難)을} 구제했음에도[果而] 자랑함이[伐] 없다[勿].

고치게 할(구제할) 과(果), 조사(~도) 이(而), 않을 물(勿), 자랑할 벌(伐)

【지남(指南)】

〈과이물벌(果而勿伐)〉 역시 선용병자(善用兵者)가 성인(聖人)의 포일(抱一)을 그대로 본받아[法] 22장(章) **부자벌고유공(不自伐故有功)**을 누릴 수 있음을 밝힌다. 포일(抱一)함에는 승패가 나뉘지 않으니 패자(敗者)를 업신여기고[侮] 얕보면서[狎] 승전했노라 스스로[自] 자랑할[伐] 까닭이 없다. 선용병자(善用兵者)는 불선용병(不善用兵)을 제거하고 백성을 도탄(塗炭)에서 구제했음을[果] 앞세워 결코 공치사하지[伐] 않는다. 선용병자(善用兵者)가 10장(章)의 애민치국(愛民治國) 능무위호(能無爲乎)를 다할 뿐, 전승(戰勝)하여 백성을 구제했음을[果] 앞세워 자기의 전공(戰功)을 내세우며 자벌(自伐) 즉 스스로를[自] 자랑하는[伐] 짓이 없음을[勿] 에둘러 밝힌 말씀이 〈과이물벌(果而勿伐)〉이다.

註 "부자벌고유공(不自伐故有功)." 자신을[自] 자랑하지 않기[不伐] 때문에[故] 보람을[功] 갖는다[有]. 『노자(老子)』 22장(章)

註 "애민치국(愛民治國) 능무위호(能無爲乎)." 백성을[民] 아끼고[愛] 나라를[國] 다스리면[治] 인위(작위)가[爲] 능히[能] 없는 것[無]이로다[乎]. 『노자(老子)』 10장(章)

【보주(補註)】

- 〈과이물벌(果而勿伐)〉을 〈수선용병자유과(雖善用兵者有果) 타물자벌(他勿自伐)〉처럼 옮기면 문의(文義)를 좀 더 쉽게 새길 수 있다. 과(果)는 〈구제할 제(濟), 승전할 승(勝)〉의 뜻을 낸다. 〈선하게[善] 병장기를[兵] 쓰는[用] 사람한테[者] (백성을) 구제함이[果] 있어도[有] 그에게는[他] 스스로[自] 자랑함이[伐] 없다[勿].〉

【해독(解讀)】

- 〈과이물벌(果而勿伐)〉에서 과(果)는 벌(伐)의 목적어를 강조하고자 전치한 것이고, 이(而)는 허사(虛事)로 토씨(~을) 노릇하고, 물(勿)은 동사 노릇하고, 벌(伐)은 영어의 동명사처럼 구실하며 물(勿)의 주어 노릇한다. 물(勿)은 〈않을 불(不), 없을 무(無) · 막(莫), 아닌 것 비(非)〉 등과 같다. 여기선 물(勿)은 〈없을 무(無)〉와 같다. 〈과(果)를[而] 벌함이[伐] 없다[勿].〉
- 과이물벌(果而勿伐)에서 이(而)를 역접연사(逆接連詞)로서 〈그러나 이(而)〉로 문맥을 잡으면 과(果)는 주어가 생략되었지만 동사 노릇하고, 물(勿)을 벌(伐)의 부정사(否定詞)로 여기고, 벌(伐)을 동사로 여기고 문맥을 잡아 새겨도 된다. 〈과했다[果]. 그러나[而] 벌하지[伐] 않는다[勿].〉
- 과이물벌(果而勿伐)에서 물(勿)을 〈없을 무(無)〉로 여겨도 된다. 과(果)는 벌(伐)의 목적어를 강조하고자 도치한 것이고, 이(而)는 허사(虛事)로 토씨(~을) 노릇하고, 물(勿)은 〈없을 물(勿)〉로 자동사 노릇하고, 벌(伐)은 영어의 동명사처럼 구실하면서 물(勿)의 주어 노릇한다. 〈과(果)를[而] 벌함이[伐] 없다[勿].〉

● 과이물벌(果而勿伐)은 〈A물위(勿爲)B〉의 상용문이다. 〈A는 B를 하지[爲] 않는다[勿]. 물(勿)=불(不)〉 〈A에는 B를 함이[爲] 없다[勿]. 물(勿)=무(無)·막(莫)〉 〈A는 B를 하지[爲] 않는 것이다[勿]. 물(勿)=비(非)〉

30-9 果而勿驕(과이물교)

▶{선병자한테는[善兵者] 백성의 위난(危難)을} 구제했음에도[果而] 건방떪이[驕] 없다[勿].

고치게 할(구제할) 과(果), 조사(~도) 이(而), 않을 물(勿), 교만할 교(驕)

【지남(指南)】

〈과이물교(果而勿驕)〉 역시 선용병자(善用兵者)가 성인(聖人)의 포일(抱一)을 그대로 본받아[法] 물긍(勿矜)·물벌(勿伐)뿐만 아니라 물교(勿驕)함을 밝힌다. 포일(抱一)함에는 우열(優劣)을 둘로 나누어 우수하다 하여 열등함을 업신여기고[侮] 얕보면서[狎] 교만을 부림이 없다. 그러므로 선용병자(善用兵者)는 불선용병(不善用兵)을 제거하고 백성을 선(善)하게 구제하였다 하여 교만하지 않고, 오히려 자하(自下)하며 후신(後身)한다. 자신을 낮추고[自下] 뒤로 물림[後身]은 70장(章)에 나오는 성인(聖人)의 **피갈회옥(被褐懷玉)**을 본받음[法]이니, 난세에서 백성을 구제했음을[果] 과시하고자 교만할 리 없다. 그러므로 선용병자(善用兵者)가 10장(章)의 **애민치국(愛民治國) 능무위호(能無爲乎)**를 다할 뿐, 전승(戰勝)한 결과[果]를 앞세워 전공(戰功)을 자랑하고[矜] 내세우며[伐] 교만하지 않음을 에둘러 밝힌 말씀이 〈과이물교(果而勿驕)〉이다.

註 "지아자희(知我者希) 칙아자귀(則我者貴) 시이성인피갈회옥(是以聖人被褐懷玉)." 나를[我] 이해하는[知] 사람이[者] 드무니[希] 나를[我] 본받는[則] 사람도[者] 드물다[貴]. 이렇기[是] 때문에[以] 성인은[聖人] 갈옷을[褐] 입고[被] (속에다) 옥을[玉] 품는다[懷]. 『노자(老子)』 70장(章)

註 "애민치국(愛民治國) 능무위호(能無爲乎)." 백성을[民] 아끼고[愛] 나라를[國] 다스리면[治] 인위(작위)가[爲] 능히[能] 없는 것[無]이로다[乎]. 『노자(老子)』 10장(章)

【보주(補註)】

- 〈과이물교(果而勿驕)〉를 〈수선용병자유과(雖善用兵者有果) 타물자교(他勿自驕)〉처럼 옮기면 문의(文義)를 좀 더 쉽게 새길 수 있다. 과(果)는 〈구제할 제(濟), 승전할 승(勝)〉의 뜻을 낸다. 여기 교(驕)는 〈건방떨 만(慢)〉과 같아 교만(驕慢)의 줄임말로 여기면 된다. 〈선하게[善] 병장기를[兵] 쓰는[用] 사람한테[者] (백성을) 구제함이[果] 있어도[有] 그에게는[他] 스스로[自] 교만함이[驕] 없다[勿].〉

【해독(解讀)】

- 〈과이물교(果而勿驕)〉에서 과(果)는 교(驕)의 목적어를 강조하고자 전치한 것이고, 이(而)는 허사(虛事)로 토씨(~을) 노릇하고, 물(勿)은 동사 노릇하고, 벌(伐)은 영어의 동명사처럼 구실하며 물(勿)의 주어 노릇한다. 물(勿)은 〈않을 불(不), 없을 무(無) · 막(莫), 아닌 것 비(非)〉 등과 같다. 여기선 물(勿)은 〈없을 무(無)〉와 같다. 〈과(果)를[而] 교만함이[驕] 없다[勿].〉
- 과이물교(果而勿驕)에서 이(而)를 역접연사(逆接連詞)로서 〈그러나 이(而)〉로 문맥을 잡으면 과(果)는 주어가 생략되었지만 동사 노릇하고, 물(勿)을 교(驕)의 부정사(否定詞)로 여기고, 교(驕)를 동사로 여기고 문맥을 잡아 새겨도 된다. 〈과했다[果]. 그러나[而] 교하지[驕] 않는다[勿].〉
- 과이물교(果而勿驕)에서 물(勿)을 〈없을 무(無)〉로 여겨도 된다. 과(果)는 교(驕)의 목적어를 강조하고자 도치한 것이고, 이(而)는 허사(虛事)로 토씨(~을) 노릇하고, 물(勿)은 〈없을 물(勿)〉로 자동사 노릇하고, 교(驕)는 영어의 동명사처럼 구실하면서 물(勿)의 주어 노릇한다. 〈과(果]를[而] 교함이[驕] 없다[勿].〉
- 과이물교(果而勿驕)는 〈A물위(勿爲)B〉의 상용문이다. 〈A는 B를 하지[爲] 않는다[勿]. 물(勿)=불(不)〉 〈A에는 B를 함이[爲] 없다[勿]. 물(勿)=무(無) · 막(莫)〉 〈A는 B를 하지[爲] 않는 것이다[勿]. 물(勿)=비(非)〉

30-10 果而不得已(과이부득이)

▶ {선병자한테는[善兵者] 백성의 위난(危難)을} 구제함을[果而] 그칠[已] 수 없다[不得].

그치게 할 과(果), 허사(虛詞) 이(而), 않을 부(不), 할 득(得), 그칠 이(已)

【지남(指南)】

〈과이부득이(果而不得已)〉는 선용병자(善用兵者)가 불선용병(不善用兵)을 결코 외면하지 않음을 단언한다. 불선용병(不善用兵)이란 이력치국(以力治國)으로 학민(虐民)하고 탈민(奪民)으로 이어짐을 뜻한다. 백성[民]을 학대하면서[虐] 백성의 것을 빼앗는[奪] 다스림[治]보다 더한 불선치(不善治)는 없다. 선하지 않은[不善] 병장기[兵]는 반드시 불선(不善)의 다스림[治]으로 이어져 10장(章)에서 살핀 애민치국(愛民治國)이 폐기된다.

애민치국(愛民治國)의 선치자(善治者)가 학민(虐民)과 탈민(奪民)의 치국(治國)을 일삼는 불선용병(不善用兵)의 무리들을 외면하지 않고 과감하게 용병(用兵)하여 불선용병자(不善用兵者)를 물리치고 백성을 구제할[果] 수밖에 없음을 분명하게 밝힌 말씀이 〈과이부득이(果而不得已)〉이다.

註 "애민치국(愛民治國) 능무위호(能無爲乎)." 백성을[民] 아끼고[愛] 나라를[國] 다스리면[治] 인위(작위)가[爲] 능히[能] 없는 것[無]이로다[乎]. 『노자(老子)』 10장(章)

【보주(補註)】

- 〈과이부득이(果而不得已)〉를 〈선용병자부득이과(善用兵者不得已果)〉처럼 옮기면 문의(文義)를 좀 더 쉽게 새길 수 있다. 〈선하게[善] 병장기를[兵] 쓰는[用] 사람은[者] (백성을) 구제함을[果] 멈출[已] 수 없다[不得].〉
- 과이부득이(果而不得已)에서 과(果)는 불선용병자(不善用兵者)의 불선용병(不善用兵)을 징벌하여 그에게서 백성을 구제함을 말하고, 선용병자(善用兵者)가 그러한 구제를[果] 이루기 위하여 용병(用兵)할 수밖에 없음을 밝힌 말씀이 부득이(不得已)이다.

【해독(解讀)】

- 〈과이부득이(果而不得已)〉에서 과(果)는 이(已)의 목적어를 강조하고자 전치한 것이고, 이(而)는 허사(虛事)로 토씨(~을) 노릇하고, 불(不)은 이(已)의 부정사(否定詞) 노릇하고, 득(得)은 이(已)의 조동사 노릇하고, 이(已)는 동사 노릇한다.

득(得)은 〈할 능(能)〉과 같고, 이(已)는 〈멈출 지(止)〉와 같다. 〈과(果)를[而] 멈출[已] 수 없다[不得].〉

- 과이부득이(果而不得已)는 〈A부득이위(不得已爲)B〉의 상용문이다. 부득이(不得已)는 〈~할 수밖에 없을 부득불(不得不)〉과 같다. 〈A는 B를 할[爲] 수밖에 없다[不得已].〉

30-11 果而勿强(과이물강)

▶ (전쟁을 그치게 하여 백성을) 구제함이지[果而] 강대함을 더함은[强] 없다[勿].

그치게 할(구제할) 과(果), 조사(~도) 이(而), 아닐 물(勿), 강대할 강(强)

【지남(指南)】

〈과이물강(果而勿强)〉은 선용병자(善用兵者)가 불선용병(不善用兵)을 그치게[已] 하여 백성이 안거(安居)하도록 구할 뿐, 선용병자(善用兵者)가 강토(疆土)를 넓혀 강대국이 되고자 용병(用兵)하지 않음을 밝힌다. 선용병자(善用兵者)는 소국(小國)으로도 만족한다. 그래서 80장(章)에 **인국상망(鄰國相望)**이란 말씀이 있으며, 『맹자(孟子)』에는 **탕이칠십리(湯以七十里) 문왕이백리(文王以百里)**란 말이 나온다. 이덕(以德)으로 백성을 아끼면서[愛] 치국(治國)하는 선용병자(善用兵者)는 결코 강대국을 탐하지 않음을 단언한 말씀이 〈과이물강(果而勿强)〉이다.

註 "인국상망(鄰國相望) 계견지음상문(雞犬之音相聞) 민지로사(民至老死) 불상왕래(不相往來)." 이웃한[鄰] 나라가[國] 서로[相] 바라보여서[望] 닭과[雞] 개의[犬之] 소리가[音] 서로[相] 들렸지만[聞], 백성은[民] 늙어[老] 죽을[死] 때까지[至] 서로[相] 오고가지 않았다[不往來].

『노자(老子)』 80장(章)

註 "탕이칠십리(湯以七十里) 무왕이백리(文王以百里)." 탕왕은[湯] 칠십리로[七十]써[以] (나라를 삼았고), 문왕은[文王] 백리로[百里]써[以] (나라를 삼았다.)

탕왕(湯王)은 폭군 걸왕(桀王)을 내쳤고, 문왕(文王)은 그의 아들 무왕(武王)이 폭군 주왕(紂王)을 징벌하게 터전을 닦아주었다. 『맹자(孟子)』「공손추장구상(公孫丑章句上)」

【보주(補註)】

- 〈과이물강(果而勿强)〉을 〈단선용병자유과(但善用兵者有果) 타물증강(他勿增强)〉처럼 옮기면 문의(文義)를 좀 더 쉽게 새길 수 있다. 여기서 강(强)은 〈증강(增强)〉의 줄임으로 여기고 새기면 문의(文義)가 뚜렷해진다. 〈단지[但] 병장기를[兵] 선하게[善] 쓰는[用] 사람한테는[者] (백성을) 구제함이[果] 있음이지[有], 그에게는[他] 강대함을[强] 더하려 함은[增] 없다[勿].〉
- 과이물강(果而勿强)에서 물강(勿强)은 강토(疆土)를 넓혀 강대국을 도모하고자 용병(用兵)하지 않음을 뜻한다.
- 과이물강(果而勿强)이 〈시과이물강(是果而勿强)〉으로 된 본(本)도 있다. 시(是)를 더하여 어조(語調)를 강하게 할 뿐, 본문(本文)의 문의(文義)가 달라지는 것은 아니다.

【해독(解讀)】

- 〈과이물강(果而勿强)〉은 두 문장이 역접의 접속사 〈그러나 이(而)〉로 이어진 중문(重文)이다. 〈(백성을) 구제한다[果]. 그러나[而] 강대하려 함은[强] 없다[勿].〉
- 과(果)는 〈선용병자유과(善用兵者有果)〉에서 선용병자유(善用兵者有)는 앞 문맥으로 보충될 수 있는 내용이므로 생략하고, 유(有)의 주어 노릇하는 과(果)만 남긴 구문이다. 〈{선용병자는[善用兵者] 백성을} 구제함이 있다[果].〉
- 이물강(而勿强)에서 이(而)는 역접(逆接)의 접속사로 〈그러나 이(而)〉 노릇하고, 물(勿)은 〈없을 물(勿)〉로서 동사 노릇하고, 강(强)은 영어의 동명사처럼 구실하면서 물(勿)의 주어 노릇한다. 〈그러나[而] {선용병자(善用兵者)한테는} 강대함을 더함이[强] 없다[勿].〉

30-12 物壯則老(물장즉로) 是謂不道(시위부도)

▶ 어떤 것이든[物] 굳세기만 하면[壯] 곧[則] 쇠한다[老]. 이것을[是] 자연의 규율이[道] 아닌 것이라[不] 한다[謂].

사물 물(物), 굳셀 장(壯), 곧 즉(則), 쇠할 로(老), 이 시(是), 일컬을 위(謂), 아니 부(不), 상도 도(道)

【지남(指南)】

〈물장즉로(物壯則老)〉는 강장함[壯]이란 비천지도(非天之道)임을 단언한다. 〈물장(物壯)〉은 76장(章) **강량자(强梁者)**를 상기시킨다. 강하고[强] 굳세기만 한[梁] 자(者)는 천수(天壽)를 누리지 못함이 천도(天道)이다. 어떤 것이든[物] 강장[壯]의 한쪽만을 탐함은 비도(非道) 즉 자연의 규율이[道] 아닌 것[非]이다. 굳세기만을[壯] 탐하고 노(老)하기를 싫어함[惡]은 장로(壯老)를 둘로 나누어 호오(好惡)함이니, 이는 인욕(人欲)일 뿐 천도(天道)는 결코 아니란 것이다. 굳세면[壯] 곧 쇠하여[老] 죽음이[死] 자연의[天] 규율[道]이니, 굳세기만[壯] 하고 노쇠하지[老] 않음이란 자연의 규율에는 없다. 자연의 규율에 없는 것이면 부도(不道) 즉 도(道)가 아니다[不]. 여기서 〈부도(不道)〉는 비천지도(非天之道) 즉 자연의[天地] 규율이[道] 아니란[非] 것이다. 자연의 규율을 어김이 여기 부도(不道)이다.

힘으로써[以力] 강대하기만을[强大] 탐하는 인욕(人欲)보다 더한 부도(不道)는 없다. 그래서 부도(不道)는 25장(章)에서 살핀 **도법자연(道法自然)**의 법자연(法自然)을 어김이다. 법자연(法自然)이란 그냥 그대로[自然] 순임(純任) 즉 오로지[純] 맡김[任]이다. 강대(强大)만을 탐함은 비자연(非自然) 즉 그냥 그대로가[自然] 아닌 것[非]이다. 그러므로 강대(强大)하기만을 탐하는 불선용병자(不善用兵者)의 용병(用兵)이야말로 부도(不道)일 뿐인지라, 한순간 강장(强壯)하다가 곧 노(老) 즉 패쇠(敗衰)해버린다.

무엇이든 강장(强壯)하기만을 고집하면 곧 노쇠하고, 노쇠하면 사멸(死滅)을 초래하고야 마는 것이 자연의[天] 규율[道]임을 인위(人爲)는 한사코 외면하려고 한다. 그러므로 강장(强壯)하기만을 탐하여 불선(不善)하게 용병(用兵)하여 전란(戰亂)을 일삼는 무리는 결국 생죽음을 자초하고야 마는 짓임을 깨닫게 하는 말씀이 〈물장즉로(物壯則老) 시위부도(是謂不道)〉이다.

註 "강량자부득기사(强梁者不得其死)." 강하면서[强] 굳센[梁] 자는[者] 제[其] 천수를[死] 누리지 못한다[不得]. 『노자(老子)』 76장(章)

註 "인법지(人法地) 지법천(地法天) 천법도(天法道) 도법자연(道法自然)." 사람은[人] 땅을[地] 본받고[法], 땅은[地] 하늘을[天] 본받고[法], 하늘은[天] 상도를[道] 본받고[法], 상도는[道] 그냥 그러함을[自然] 본받는다[法]. 『노자(老子)』 25장(章)

【보주(補註)】

- 〈물장즉로(物壯則老) 시위부도(是謂不道)〉를 〈약물장(若物壯) 즉기물로(則其物老) 시위불천지도(是謂不天之道)〉처럼 옮기면 문의(文義)를 좀 더 쉽게 새길 수 있다. 〈만약[若] 물이[物] 강장하면[壯] 곧장[則] 그[其] 것은[物] 쇠한다[老]. 이것을[是] 천지도가[天之道] 아닌 것이라[不] 한다[謂].〉
- 시위부도(是謂不道)에서 부도(不道)는 비천지도(非天之道) 즉 비천도(非天道)를 뜻한다. 강약(强弱)·장로(壯老) 등 역시 일음일양(一陰一陽)의 천도(天道)를 벗어날 수 없음을 외면하면 그런 짓이 곧 부도(不道)이다. 상도(常道)의 조화란 그 천도(天道)의 운행(運行)이고, 만물은 그 운행(運行)을 벗어날 수 없다.
- 시위부도(是謂不道)가 〈시위비도(是謂非道)〉로 된 본(本)도 있다. 〈아니 불(不)·비(非)〉 서로 같은 뜻을 내므로 문의(文義)가 달라지는 것은 아니다.

【해독(解讀)】

- 〈물장즉로(物壯則老) 시위부도(是謂不道)〉는 하나의 복문(複文)과 하나의 구문으로 이루어진 한 문단이다. 〈물이[物] 장하면[壯] 곧[則] 노한다[老]. 이를[是] 부도라[不道] 한다[謂].〉
- 물장즉로(物壯則老)는 조건의 종절과 주절로 이루어진 복문(複文)이다. 〈물이[物] 장하면[壯] 곧[則] 노한다[老].〉
- 물장(物壯)에서 물(物)은 주어 노릇하며, 장(壯)은 술부로서 주격보어 노릇한다. 한문은 형용사만으로도 술부(述部) 노릇한다. 물론 후대(後代)에 이르러 〈~이다 시(是)〉가 계사(繫詞)로서 등장했지만, 한문에는 영어의 〈be〉 같은 계사(繫詞)가 없는 셈이다. 〈어떤 것이든[物] 강장하면[壯]〉
- 즉로(則老)에서 즉(則)은 어조사 노릇하며, 노(老)는 주어는 생략되었지만 형용사로서 주격보어 노릇한다. 〈곧장[則] (그 어떤 것이든) 쇠한다[老].〉
- 시위부도(是謂不道)에서 시(是)는 전치되었지만 위(謂)의 목적어 노릇하고, 위(謂)는 동사 노릇하며, 부도(不道)는 목적보어 노릇한다. 여기 부(不)는 〈아닌 것 비(非)〉와 같다. 〈이를[是] 부도라[不道] 한다[謂].〉
- 시위부도(是謂不道)는 〈A위(謂)B〉·〈A지위(之謂)B〉·〈A위지(謂之)B〉의 상용문이다. 〈A를 B라 한다[謂].〉 〈A를[之] B라 한다[謂].〉 〈A 그것을[之] B라 한다[謂].〉

30-13 不道早已(부도조이)

▶ 자연의 규율이[道] 아닌 것은[不] 빨리[早] 사라진다[已].

아니 부(不), 길 도(道), 빠를 조(早), 사라질 이(已)

【지남(指南)】

〈부도조이(不道早已)〉는 25장(章) 〈도법자연(道法自然)〉을 되새겨보게 한다. 16장(章)의 **용내공(容乃公) 공내전(公乃全) 전내천(全乃天) 천내도(天乃道) 도내구(道乃久) 몰신불태(沒身不殆)**를 상기하면 법자연(法自然)의 행(行)을 알 수 있다. 따라서 자연(自然)을 법하면[法] 무사(無私) · 무욕(無欲)의 삶을 누려 죽을 때까지[沒身] 위태로움[殆] 없이[不] 천수(天壽)를 다한다.

부도조이(不道早已)란 인욕(人欲)으로 말미암은 인위(人爲)의 짓으로, 불선용병자(不善用兵者)의 용병(用兵)보다 더한 것은 없다. 힘[力]으로써[以] 강대(强大)함을 독차지하려는 불선자(不善者)의 짓은 부도(不道)이기 때문에 천수(天壽)를 누리지 못하고 제 목숨을 앞당겨[早] 끝내버리는[已] 것이다. 〈조이(早已)〉란 제 스스로 소진(消盡)함을 불러옴이다. 강장[壯]만을 탐하면 탐할수록 그만큼 빨리[早] 없어지고 만다[已]. 55장(章)에서도 〈부도조이(不道早已)〉란 말씀이 그대로 나온다. 무력으로 횡포를 일삼으려는 강장(强壯)일수록 스스로 생죽음을 자초하고 마는 짓임을 단언한 말씀이 〈부도조이(不道早已)〉이다.

註 "용내공(容乃公) 공내전(公乃全) 전내천(全乃天) 천내도(天乃道) 도내구(道乃久) 몰신불태(沒身不殆)." 포용함[容]이야말로[乃] 공평함이며[公], 공평함[公]이야말로[乃] 두루 미침이며[全], 두루 미침[全]이야말로[乃] 자연이고[天], 자연[天]이야말로[乃] 상도이고[道], 상도[道]야말로[乃] 오램이다[久]. 죽을 때까지[沒] 제 몸은[身] 위태롭지 않다[不殆]. 『노자(老子)』 16장(章)

【보주(補註)】

- 〈부도조이(不道早已)〉를 〈부천지도야자조이자야(不天之道也者早已者也)〉처럼 옮기면 문의(文義)를 좀 더 쉽게 새길 수 있다. 〈자연의[天之] 규율이[道] 아닌 것[不]이란[也] 것은[者] 빨리[早] 소진하는[已] 것[者]이다[也].〉

- 부도조이(不道早已)에서도 부도(不道)는 비도(非道)와 같고, 여기 도(道)는 천지도(天之道) 즉 천도(天道)로서 자연의[天之] 규율을[道] 뜻한다. 따라서 여기 부도(不道)는 5장(章)에서 살핀 수중(守中)을 저버림이다.

註 "다언수궁(多言數窮) 불여수중(不如守中)." {치민(治民)하면서 정령(政令)을 밝히는} 말이[言] 많아질수록[多] (백성을 다스리는) 이치가[數] 궁색해지니[窮], 상도(常道)를 따라[中] {무위(無爲)의 다스림을} 지킴만[守] 못하다[不如]. 『노자(老子)』 5장(章)

【해독(解讀)】

- 〈부도조이(不道早已)〉에서 부도(不道)는 주부(主部) 노릇하고, 조(早)는 이(已)를 꾸며주는 부사 노릇하고, 이(已)는 동사 노릇한다. 부도(不道)의 부(不)는 〈아닌 것 비(非)〉와 같고, 조(早)는 〈빠를 속(速)〉과 같아 조속(早速)의 줄임으로 여기면 되고, 이(已)는 〈그칠 지(止)〉와 같아 불구(不久) 즉 오래가지 못함[不久]을 뜻한다. 〈부도는[不道] 빨리[早] 그친다[已].〉

귀좌장(貴左章)

노자(老子)의 반전사상(反戰思想)이 극명하게 드러나는 장(章)이다. 백성을 폭군(暴君)에게서 구하기 위한 용병(用兵)이 아니라면 용병(用兵)해서는 안 됨을 천명(闡明)한다. 병(兵)을 불상지기(不祥之器)로 단정하고, 용병(用兵)은 귀우(貴右)하여 상우(尙右)하지만 군자(君子)는 귀좌(貴左)하여 상좌(尙左)하는 까닭을 살펴 새기고 헤아려 깨닫게 하고자 『노자(老子)』 81장(章) 중에서 유례가 없을 정도로 극언(極言)을 서슴지 않는 장(章)이다.

그러나 31장(章)은 전사자(傳寫者)의 주문(註文)이 혼입(混入)되었다는 의심을 받는 장(章)이다. 원문(原文)을 고거(考據) 즉 살펴서[考] 근거를[據] 제시하려는 학자들의 견해가 분분하지만, 정설(定說)은 없는 장(章)이기도 하다.

【원문(原文)】

夫佳兵者는 不祥之器라 物或惡之하나니 故로 有道者
부 가 병 자 불 상 지 기 물 혹 오 지 고 유 도 자

는 不處한다 君子는 居則貴左하고 用兵則貴右한다 兵
불 처 군 자 거 즉 귀 좌 용 병 즉 귀 우 병

夫佳兵者는 不祥之器라 物或惡之하나니 故로 有道者
부 가 병 자 불 상 지 기 물 혹 오 지 고 유 도 자

는 不處한다 君子는 居則貴左하고 用兵則貴右한다 兵
불 처 군 자 거 즉 귀 좌 용 병 즉 귀 우 병

者는 不祥之器라 非君子之器니 不得已而用之에 恬淡
자 불 상 지 기 비 군 자 지 기 부 득 이 이 용 지 염 담

爲上한다 勝而不美하고 而美之者는 是樂殺人이다 夫
위 상 승 이 불 미 이 미 지 자 시 요 살 인 부

樂殺人者는 則不可以得志於天下矣이다 吉事는 尙左
요 살 인 자 즉 불 가 이 득 지 어 천 하 의 길 사 상 좌

하고 凶事는 尙右한다 偏將軍處左하고 上將軍處右한다
흉 사 상 우 편 장 군 처 좌 상 장 군 처 우

言以喪禮處之한다 殺人之衆을 以悲哀泣之하고 戰勝
언 이 상 례 처 지 살 인 지 중 이 비 애 읍 지 전 승

以喪禮處之한다
이 상 례 처 지

무릇[夫] 예리한[佳] 병기란[兵] 것은[者] 길하지 않은[不祥之] 기물이다[器]. 사람은[物] 그것을[之] 늘[或] 싫어한다[惡]. 그러므로[故] 도가[道] 있는[有] 사람은[者] 머물지 않는다[不處]. 군자는[君子] 살아가면서[居] 곧[則] 왼쪽을[左] 소중히 한다[貴]. 병장기를[兵] 쓸 때는[用] 곧[則] 오른쪽을[右] 소중히 한다[貴]. 병장기란[兵] 것은[者] 상서롭지 못한[不祥之] 기물이니[器] 군자의[君子之] 기물이[器] 아닌 것이다[非]. (군자가) 피치 못해서[不得已而] 그것을[之] 쓰게 되면[用], 고요해[恬] 무심함을[淡] 상선으로[上] 삼는다[爲]. (군자는 전쟁을) 이겨도[勝而] 찬미하지 않는다[不美]. 그러나[而] 승전을[之] 찬미하는[美] 짓은[者] 사람을[人] 죽이기를[殺] 좋아하는 짓[樂]이다[是]. 무릇[夫] 사람을[人] 죽이기를[殺] 좋아하는[樂] 짓이라면[者] 곧[則] 그 때문에[以] 세상에서[於天下] 뜻을[志] 얻을[得] 수 없는

것[不可]이다[矣]. 길사는[吉事] 왼편을[左] 위로 삼고[尙], 흉사는[凶事] 오른편을[右] 위로 삼는다[尙]. 부장군은[偏將軍] 왼쪽에[左] 자리하고[處] 대장군은[上將軍] 오른쪽에[右] 자리함은[處] 장례식의[喪] 예절로[禮] 써[以] 그것을[之] 맞이함을[處] 말한다[言]. 사람을[人] 죽임이[殺] 많음[衆] 그것을[之] 슬픔으로[悲哀] 써[以] 마음에 간직한다[泣]. 전승(戰勝) 그것을[之] 상례로[喪禮] 써[以] 맞이한다[處].

31-1 夫佳兵者不祥之器(부가병자불상지기)

▶ 무릇[夫] 예리한[佳] 병기란[兵] 것은[者] 길하지 않은[不祥之] 기물이다[器].

무릇 부(夫), 예리한 가(佳), 무기 병(兵), 것 자(者), 않을 불(不), 길할 상(祥), 조사(~한) 지(之), 기물 기(器)

【지남(指南)】

〈부가병자불상지기(夫佳兵者不祥之器)〉는 어떠한 병기(兵器)든 그것은 길한 것이 아니라 흉한 것임을 밝힌다. 〈불상지기(不祥之器)〉는 불길지기(不吉之器)로 흉지기(凶之器)이다. 가병(佳兵)의 가(佳)는 〈유(唯)〉의 고자(古字)인 〈추(隹)〉의 오자(誤字)이니, 부가병자(夫佳兵者)를 〈부유병자(夫唯兵者)〉로 읽자는 주장이 있다. 그러나 가병(佳兵)의 가(佳)에 예리(銳利)란 뜻을 주어 〈예리적병기(銳利的兵器)〉 즉 날카롭고[銳] 날카로운[利的] 병기(兵器)라고 읽자는 주장이 이 장(章)의 내용으로 보아 더 마땅한 편이다. 부가병자(夫佳兵者)를 〈무릇[夫] 예리한[佳] 병기라는[兵] 것[者]〉으로 읽는 쪽이, 〈무릇[夫] 유리한[佳] 병기라는[兵] 것[者]〉으로 읽는 쪽보다 설득력을 얻는다.

병장기란 불상지기(不祥之器)임이 분명하다. 불상(不祥)이란 흉함이다. 흉함은 불행(不幸)인지라 불행을 불러오는 기물이 병장기[兵]이다. 멋져 보이는[佳] 병기(兵器)일수록 참혹한 불행을 가져다줄 예리한 무기일 뿐이다. 이런 가병(佳兵)은 패자(覇者)가 좋아하는 무기이다. 패자(覇者)는 호용병자(好用兵者)이다. 전쟁으로써 천하를 쥐고자 하는 패자(覇者)에게는 예리한 병장기일수록 멋져 보이는 물건이다. 예리한 병장기를 더욱더 향상시켜 전승(戰勝)을 다짐하는 패자(覇者)에게 병장기는 가병(佳兵)이다. 전승(戰勝)을 거두기[取] 위하여 병장기를 더욱더 예리하게 하여 전승(戰勝)으로써 강대국을 취하고자 하는 패자(覇者)한테만은 불상지기(不祥之器)가 아니다.

지금도 강대국들은 예리한 무기를 개발하고자 군비경쟁을 멈추지 않는 지경이니 패자(覇者)의 전쟁광증은 살아 있는 편이다. 그러나 전쟁으로 빚어지는 살인을 막고자 하는 유도자(有道者)에게는 가병(佳兵)일수록 불상지기(不祥之器)일 뿐이다. 불상지기(不祥之器)란 불선지기(不善之器) 즉 천도(天道)를 어기는[不善] 물건은 병장기[兵]일 뿐임을 단언한 말씀이 〈부가병자불상지기(夫佳兵者不祥之器)〉이다.

【보주(補註)】

- 〈부가병자불상지기(夫佳兵者不祥之器)〉를 〈부가병지물시불상지기물(夫佳兵之物是不祥之器物)〉처럼 옮기면 문맥을 좀 더 쉽게 잡을 수 있다. 〈무릇[夫] 멋진[佳] 병기란[兵之] 물건은[物] 상서롭지 못한[不祥之] 기물(器物)이다[是].〉
- 부가병자(夫佳兵者)에서 가병(佳兵)의 가(佳)를 〈미호(美好) · 미리(美利) · 예리(銳利)〉 등으로 새기는 쪽이 마땅하다는 설(說)이 있다. 그러나 가병자(佳兵者)의 가(佳)는 〈유(唯)〉의 고자(古字)가 〈추(隹)〉인지라, 추(隹)의 오자(誤字)라고 지적하여 〈부가병자(夫佳兵者)〉를 〈부유병자(夫唯兵者)〉로 읽자는 설(說)도 있다. 특히 부유(夫唯)는 〈부유불거(夫唯不居) · 부유부쟁(夫唯不爭) · 부유불영(夫唯不盈) · 부유도(夫唯道) · 부유색(夫唯嗇) · 부유병병(夫唯病病) · 부유불염(夫唯不厭) · 부유무이생위자(夫唯無以生爲者)처럼 『노자(老子)』에서 무려 8번이나 나옴을 보아도 〈부가병자(夫佳兵者)〉를 〈부유가병자(夫唯佳兵者)〉로 고쳐 읽음이 마땅하다는 설(說)이 있지만, 이 장(章)의 내용을 보아서는 여기 가(佳)를 〈미리(美利)〉 즉 멋지면서[美] 예리한[利]으로 새김이 마땅하다는 설(說)을 따랐다.
- 가(佳)를 〈유(唯)〉의 오자(誤字)로 보아 가병(佳兵)이 〈유병(唯兵)〉으로 된 본(本)도 있다. 〈무릇[夫] 오로지[唯] 병기라는[兵] 것은[者]〉

【해독(解讀)】

- 〈부가병자불상지기(夫佳兵者不祥之器)〉에서 부가병자(夫佳兵者)는 주부(主部)

노릇하고, 불상지기(不祥之器)는 술부(述部) 노릇한다. 〈부가병자는[夫佳兵者] 불상지기이다[不祥之器].〉

- 부가병자(夫佳兵者)는 〈부가병지물(夫佳兵之物)〉에서 지물(之物)을 자(者)로 줄인 것이고, 가병(佳兵)의 가(佳)는 〈다듬어 꾸밀 식(飾)〉과 같다. 불상지기(不祥之器)에서 불상지(不祥之)는 기(器)를 꾸며주는 형용사구 노릇하고, 기(器)는 주격보어 노릇한다. 상(祥)은 〈행복할 길(吉)〉과 같고, 불상(不祥)은 〈불행할 흉(凶)〉과 같다. 〈무릇[夫] 다듬어진[飾] 무기란[兵之] 것[物]〉 〈길하지 않은[不祥之] 무기[兵] · 흉한[不祥之] 무기[兵]〉

31-2 物或惡之(물혹오지)

▶ 사람은[物] 그것을[之] 늘[或] 싫어한다[惡].

것 물(物), 늘 혹(或), 싫어할 오(惡), 그것 지(之)

【지남(指南)】

〈물혹오지(物或惡之)〉는 패자(覇者)를 제외한 모든 사람은 〈가병(佳兵)〉을 혐오함을 밝힌다. 예리한[銳利] 무기일수록 그만큼 더 불행한[不祥] 무기이므로 사람들은 언제나[或] 그런 병기를 싫어한다는[惡] 것이다. 여기서 물혹오지(物或惡之)의 〈물(物)〉은 인지물(人之物)의 줄임으로, 인간이란[人之] 것[物] 즉 인물(人物)이니 사람[人]을 말한다. 선용병자(善用兵者) 즉 병장기를[兵] 선하게[善] 쓰는[用] 자라면[者] 더더욱 가병(佳兵) 즉 예리한 병기를[兵] 사용하기를 싫어한다[惡].

선용(善用)이란 자연에 규율에 어긋나지 않게 씀이고, 병(兵)이란 살생(殺生)을 하려는 것이다. 자연은 어느 것도 살(殺)하지 않는다. 호랑이가 노루를 잡아먹음은 살생(殺生)이 아니다. 호랑이가 잡은 노루는 천사(天食)로서 자연이 준[天] 먹을 거리일[食] 뿐이다. 자연에는 병기(兵器)란 것이 없다. 오로지 인위(人爲)의 물건이 병기(兵器)일 뿐이니, 선용병(善用兵)이란 불용병(不用兵) 즉 병장기(兵仗器)를 쓰지 않음[不用]이다. 대군(大軍)이 휩쓸고 간 곳이면 그곳이 어디든 새짐승[禽獸]도 수난을 당하고 푸나무[草木]도 상처를 입기 마련이니, 병란(兵亂)을 겪어야 하는 백성의 수난(受難)이야 두말할 필요가 없다. 그러므로 물혹오지(物或惡之)란 말씀을 〈백성상오지(百姓常惡之)〉로 새겨도 마땅할 것이다.

가병(佳兵) 즉 멋져 보이나 예리한[佳] 병장기[兵]일수록 그만큼 더 살상(殺傷)을 잘하므로 선하게[善] 용병(用兵)하려는 사람과 더불어 백성은 언제나[或] 그런 병장기(兵仗器)를 싫어할[惡之] 수밖에 없음을 강조한 말씀이 〈물혹오지(物或惡之)〉이다.

【보주(補註)】

- 〈물혹오지(物或惡之)〉를 〈부선인혹오가병(夫善人或惡佳兵)〉처럼 옮기면 문맥을 좀 더 쉽게 잡을 수 있다. 〈무릇[夫] 선한[善] 사람은[人] 늘[或] 가병을[佳兵] 싫어한다[惡].〉
- 물혹오지(物或惡之)에서 물(物)을 다른 생물 즉 조수(鳥獸) 같은 것[物]으로 여기지 않고, 가병(佳兵)은 인간만 쓰는 물건이므로 〈인물(人物)〉의 줄임으로 여기고 새기게 된다. 여기 물혹오지(物或惡之)의 물(物)은 29장에서 살핀 〈부물혹행혹수(夫物或行或隨)〉의 물(物)이 인물(人物)을 줄인 것임을 상기시킨다. 〈무릇[夫] 사람은[物] 혹(或) 선행하기도 하고[行] 혹(或) 후수하기도 한다[隨].〉

【해독(解讀)】

- 〈물혹오지(物或惡之)〉에서 물(物)은 주어 노릇하고, 혹(或)은 오(惡)를 꾸며주는 부사 노릇하며, 오(惡)는 타동사 노릇하고, 지(之)는 지시어로서 목적어 노릇한다. 혹(或)은 4장(章) **혹불영(或不盈)**의 혹(或)처럼 〈늘(언제나) 상(常)〉과 같고, 오(惡)는 〈싫어할 염(厭)〉과 같아 염오(厭惡)의 줄임말로 여기면 된다. 〈것들은[物] 늘[或] 그것을[之] 싫어한다[惡].〉

註 "혹불영(或不盈)." 늘[或] 다 채우지 않는다[不盈]. 『노자(老子)』 4장(章)

31-3 故(고) 有道者不處(유도자불처)

▶ 그러므로[故] 도가[道] 있는[有] 사람은[者] 머물지 않는다[不處].

그러므로 고(故), 있을 유(有), 도덕 도(道), 놈 자(者), 않을 불(不), 머물 처(處)

【지남(指南)】

〈유도자불처(有道者不處)〉는 유도자(有道者) 즉 천도(天道)를 깨달은[有] 사람은[者] 멋지되 예리한[佳] 무기를[武器] 결코 연연하지 않음을 밝힌다. 선용병자(善用兵者)가 병장기(兵仗器)를 선(善)하게 씀[用]은 그가 27장에서 살핀 성인(聖人)의 **습명(襲明)**을 진실로 본받기 때문이다. 병장기를[兵] 씀을[用] 선하게 하는[善] 사람은[者] 성인(聖人)의 습명(襲明) 즉 상도의 깨달음을[明] 안으로 간직함을[襲] 그대로 본받아, 상선(常善) 즉 항상[常] 선하게[善] 구민(救民)하고 구물(救物)하기 위하여 호전자(好戰者)를 물리쳐야 할 때에만 어쩔 수 없어 용병(用兵)함이 여기 〈선용병(善用兵)〉이다. 이런 선용병(善用兵)은 결코 강대국을 취하고자 용병(用兵)함이 아니다. 이렇듯 선용병(善用兵)하는 이를 유도자(有道者)로 일컫고 있다.

유도자(有道者)는 행천도자(行天道者) 즉 천도(天道)를 실행하는[行] 분이다. 이런 유도자(有道者)란 『장자(莊子)』에 나오는 **집도자덕전(執道者德全)**을 상기시킨다. 집도자(執道者) 즉 유도자(有道者)는 상도(常道)의 조화인 상덕(常德)을 지키는[執] 사람[者]이고, 그를 일러 전덕자(全德者) 즉 상덕을[德] 온전히 하는[全] 분이라 한다. 이러한 유도자(有道者)인지라 여천화자(與天和者) 즉 자연과[與天] 어울리는[和] 사람이[者] 병장기(兵仗器) 같은 인간의 것과 어울릴 리가 없다.

이처럼 자연과[與天] 어울리는[和] 사람인[者] 유도자(有道者)는 학민(虐民)하는 폭군(暴君)을 징벌하기 위해서가 아니라면 결코 용병(用兵)하지 않음을 단언한 말씀이 〈유도자불처(有道者不處)〉이다.

註 "성인상선구인(聖人常善救人) 고(故) 무기인(無棄人) 상선구물(常善救物) 고(故) 무기물(無棄物) 시위습명(是謂襲明)." 성인은[聖人] 사람들을[人] 구제하기를[救] 늘[常] 선하게 한다[善]. 그러므로[故] (성인께는) 사람들을[人] 저버림이[棄] 없다[無]. (성인은) 늘[常] 착하게[善] 온갖 것을[物] 구원한다[救]. 그러므로[故] 온갖 것을[物] 버림이[棄] 없다[無]. 이러함을[是] 상도의 깨달음을[明] 안으로 간직함이라[襲] 한다[謂]. 『노자(老子)』 27장(章)

註 "집도자전덕(執道者德全) 덕전자형전(德全者形全) 형전자신전(形全者神全) 신전자성인지도야(神全者聖人之道也) 탁생여민병행(託生與民竝行) 이부지기소지(而不知其所之) 망호순비재(汒乎淳備哉)." 도를[道] 지키는[執] 사람은[者] 덕을[德] 온전히 하고[全], 덕을[德] 온전히 하는[全] 사람은[者] 몸을[形] 온전히 하며[全], 몸을[形] 온전히 하는[全] 사람은[者] 정신을[神] 온전히 하고

[全], 정신을[神] 온전히 하는[全] 것이[者] 성인의[聖人之] 도(道)이다[也]. 삶을[生] (자연에) 맡긴 채로[託] 백성과[與民] 함께[竝] 살아가면서[行而] 자신이[其] 살아가는[之] 바를[所] 몰라[不知] (자기를 잊어) 아무런 걸림도 없다네[汒乎]! 그냥 그대로의 순박함을[淳] 온전히 갖춤일세[備哉]!

망호순비재(汒乎淳備哉)의 망(汒)은 망(忘)의 차자(借字)이다. 『장자(莊子)』「천지(天地)」

【보주(補註)】

- 〈고(故) 유도자불처(有道者不處)〉를 〈시고(是故) 유도자불처어가병(有道者不處於佳兵)〉처럼 옮기면 문맥을 좀 더 쉽게 잡을 수 있다. 〈이렇기[是] 때문에[故] 상도가[道] 있는[有] 자는[者] 가병에[於佳兵] 머물지 않는다[不處].〉
- 유도자(有道者)는 불리도자(不離道者) 즉 상도(常道)를 떠나지 않는[不離] 사람[者]으로서 천도(天道)를 따르는 무위(無爲)의 군자(君子)이다. 물론 『노자(老子)』에 나오는 군자는 무위자연(無爲自然)을 좇고, 『논어(論語)』에 나오는 군자는 인의예악(仁義禮樂)을 좇기 때문에 서로 다른 군자이다. 선용병자(善用兵者)는 유도자(有道者)이므로 선용병(善用兵)하고, 불선용병자(不善用兵者)는 무도자(無道者) 즉 상도(常道)를 떠난[離] 자(者)이기 때문에 불선용병(不善用兵)한다. 유도자(有道者)를 줄여 도인(道人)이라 한다.

【해독(解讀)】

- 〈고(故) 유도자불처(有道者不處)〉에서 고(故)는 〈물혹오지고(物或惡之故)〉의 줄임으로 접속사 노릇한다. 〈그러므로[故]〉
- 유도자불처(有道者不處)에서 유도자(有道者)는 주부(主部) 노릇하고, 불(不)은 처(處)의 부정사(否定詞) 노릇하며, 처(處)는 동사 노릇한다. 유도자(有道者)의 유(有)는 불리(不離) 즉 떠나지 않는다[不離]로 새기거나, 유도(有道)를 오도(悟道)로 여기고 새겨도 된다. 처(處)는 〈머물 지(止)〉와 같다. 〈유도자는[有道者] 머물지 않는다[不處].〉

31-4 君子居(군자거) 則貴左(즉귀좌)

▶ 군자는[君子] 살아가면서[居] 곧[則] 왼쪽을[左] 소중히 한다[貴].

클 군(君), 존칭 자(子), 자리 잡을 거(居), 곧 즉(則), 소중히 여길 귀(貴), 왼쪽 좌(左)

【지남(指南)】

〈군자거즉귀좌(君子居則貴左)〉는 군자(君子)가 불처어병(不處於兵) 즉 무력에[於兵] 머물지 않는[不處] 까닭을 밝힌다. 그리고 〈귀좌(貴左)〉는 군자(君子)가 살인의 무기에 머물지 않는[不處] 까닭을 말한다.

여기 귀좌(貴左)의 좌(左)는 항상 남면(南面)하는 임금의 좌측을 말한다. 남쪽을 바라보는 자리에서 왼쪽[左]이란 동쪽[東方]을 말한다. 따라서 여기 귀좌(貴左)의 좌(左)는 동방(東方)을 뜻하고, 양기(陽氣)를 뜻하며, 생(生)을 뜻한다. 유도자(有道者)로서 군자(君子)는 살면서 오직 귀좌(貴左)한다 함이니 귀좌(貴左)는 귀생(貴生)이다. 귀생(貴生)이란 귀생명(貴生命) 즉 산목숨[生命]을 소중히 함[貴]이다. 산목숨을 소중히 하는[貴生] 사람이라면, 기어도(幾於道) 즉 상도에[於道] 가까이[幾] 존도(尊道)하여 귀덕(貴德)하는 유도자(有道者)이고 전덕자(全德者)로서 〈군자(君子)〉이다. 군자(君子)란 술어(術語)는 『논어(論語)』에서는 근간이 되지만, 『노자(老子)』에서는 26장(章)에 한 번, 31장(章)에서 두 번 나올 뿐이다. 물론 군자(君子)는 38장(章)에 나오는 **대장부(大丈夫)**와 같은 유도자(有道者)이다.

『중용(中庸)』에도 **대덕돈화(大德敦化)**란 말이 나온다. 『중용(中庸)』은 소덕(小德) · 대덕(大德)을 나누고 대덕(大德)을 돈화(敦化)의 덕(德)이라 하니, 이는 『노자(老子)』가 밝힌 자연(自然)의 덕(德) 즉 상덕(常德)과 통하는 바가 있다. 하지만 『중용(中庸)』의 군자는 『논어(論語)』의 군자(君子)이지, 『노자(老子)』의 군자(君子)는 아니다. 『노자(老子)』의 군자(君子)는 『논어(論語)』 〈구사(九思)〉의 군자가 아니라 『장자(莊子)』의 **명어십자(明於十者)**의 군자인 까닭이다. 군자가 밝은[明] 열 가지란 〈천(天) · 덕(德) · 인(仁) · 대(大) · 관(寬) · 부(富) · 기(紀) · 입(立) · 비(備) · 완(完)〉등이니, 이에 밝으면 필히 유덕자(有德者)로 성인(聖人)을 본받는[法] 선자(善者)이다.

선한 사람[善者]으로서 군자(君子)는 성인(聖人)의 선행(善行)을 그대로 본받아 상선구인(常善救人)하고 상선구물(常善救物)함으로 언제나 귀좌(貴左) 즉 산목숨을[左] 소중히 받든다[貴]. 그러므로 여기 귀좌(貴左)는 불선(不善)을 물리치고 명어십자(明於十者)로써 상도(常道)에 머무는 군자의 삶이다. 군자의[君子之] 삶[居]이란 자존승인(自尊勝人) 즉 자신[自]을 높여서[尊] 남[人]을 이기려는[勝] 마음을 버리고, 후신자하(後身自下) 즉 자신[身]을 물리고[後] 자기[自]를 낮추는[下] 뜻을 드러내어 모든 목숨을 아끼고 사랑하는 삶이다.

따라서 무위자연(無爲自然)의 군자는 유도자(有道者)로서 결코 인위(人爲)의 것들에 머물지 않음[不處]을 살펴 새기고 헤아려 깨우치게 하는 말씀이 〈군자거즉귀좌(君子居則貴左)〉이다.

註 "대장부처기후(大丈夫處其厚) 불거기박(不居其薄) 처기실(處其實) 불거기화(不居其華)." 대장부는[大丈夫] 그[其] 두터움에[厚] 머물지[處] 그[其] 엷음에[薄] 머물지 않으며[不居], 그[其] 실박함에[實] 머물지[處] 그[其] 꾸밈에[華] 머물지 않는다[不居]. 『노자(老子)』 38장(章)

註 "만물병육이불상해(萬物竝育而不相害) 도병행이불상패(道竝行而不相悖) 소덕천류(小德川流) 대덕돈화(大德敦化) 차천지지소이위대(此天地之所以爲大)." 만물은[萬物] 함께[竝] 자라면서도[育而] 서로[相] 해치지 않고[不害], 도는[道] 함께[竝] 행해지면서도[行而] 서로[相] 거슬리지 않는다[不悖]. 작은 덕은[小德] 시냇물의 흐름이고[川流], 큰 덕은[大德] 두터이[敦] 변화시킨다[化]. 이것이[此] 하늘땅이[天地之] 크다는[爲大] 까닭이다[所以].

도병행(道竝行)의 도(道)는 인도(人道)와 천도(天道)를 아울러 말함이다. 유가(儒家)는 도(道)를 인도(人道)와 천도(天道)로 나누어 인도(人道)를 앞세우고, 도가(道家)는 그 인도(人道)를 인정하지 않는다. 『중용(中庸)』 주자장구(朱子章句) 30장(章)

註 "부도부재만물자야(夫道覆載萬物者也) 양양호대야(洋洋乎大也) 군자불가이불고심야(君子不可以不刳心也) 무위위지지위천(無爲爲之之謂天) 무위언지지위덕(無爲言之之謂德) 애인리물지위인(愛人利物之謂仁) 부동동지지위대(不同同之之謂大) 행불애이지위관(行不崖異之謂寬) 유만부동지위부(有萬不同之謂富) 고집덕지위기(故執德之謂紀) 덕성지위립(德成之謂立) 순어도지위비(循於道之謂備) 불이물좌지지위완(不以物挫志之謂完) 군자명어차십자(君子明於此十者)." 무릇[夫] 상도가[道] 만물을[萬物] 덮어주고[覆] 실어주는[載] 것이란[者也] 넓고 깊어서이고[洋洋乎] 큰 것[大]이다[也]. 군자는[君子] (그 도로) 써[以] 마음을[心] 파내지[刳] 않으면 안 되는 것[不可不]이다[也]. 작위가[爲] 없음[無] 그것을[之] 다함[爲] 그것을[之] 자연이라[天] 하고[謂], 작위가[爲] 없음[無] 그것을[之] 말함[言] 그것을[之] 덕이라[德] 하며[謂], 사람을[人] 사랑하고[愛] 온갖 것을[物] 이롭게 함[利] 그것을[之] 인이라[仁] 하고[謂], 같지 않은 채로[不同] 그것을[之] 같게 함[同] 그것을[之] 큼이라[大] 하며[謂], 행함에[行] 남다름이[崖異] 없음[無] 그것을[之] 너그러움이라[寬] 하며[謂], 갖가지[萬] 여러 가지를[不同] 간직함[有] 그것을[之] 부라[富] 하고[謂], 덕을[德] 본래부터[故] 지킴[執] 그것을[之] 기라[紀] 하며[謂], 덕이[德] 이루어짐[成] 그것을[之] 입이라[立]

하고[謂], 도에[於道] 따름[循] 그것을[之] 비라[備] 하며[謂], 바깥 것으로[物]써[以] 뜻을[志] 꺾지 않음[不挫] 그것을[之] 완이라[完] 한다[謂]. 군자는[君子] 이들[此] 열 가지에[於十者] 밝다[明].

『장자(莊子)』「천지(天地)」

【보주(補註)】

- 〈군자거즉귀좌(君子居則貴左)〉를 〈군자거시(君子居時) 즉군자귀좌(則君子貴左)〉처럼 옮기면 문맥을 좀 더 쉽게 잡을 수 있다. 〈군자는[君子] 살아갈[居] 때는[時] 곧[則] 군자는[君子] 좌를[左] 소중히 한다[貴].〉
- 귀좌(貴左)의 귀(貴)는 3장(章) **불귀난득지화(不貴難得之貨)**의 귀(貴)와 같이 간중(看重)·중지(重之) 등의 뜻이고, 귀좌(貴左)의 좌(左)는 동방(東方)과 양기(陽氣)를 뜻하며, 동방(東方)과 양기(陽氣)는 곧 생(生)이므로 귀좌(貴左)는 귀생(貴生)과 같다. 〈생명을[生] 소중히 한다[貴].〉

註 "불귀난득지화(不貴難得之貨)." 얻기[得] 어려운[難之] 재화를[貨] 소중히 여기지 않는다[不貴].

『노자(老子)』 3장(章)

【해독(解讀)】

- 〈군자거즉귀좌(君子居則貴左)〉는 시간의 종절과 주절로 이루어진 복문(複文)이다. 〈군자는[君子] 거할 때[居] 곧[則] 좌를[左] 소중히 한다[貴].〉
- 군자거(君子居)에서 군자(君子)는 주어 노릇하고, 거(居)은 동사 노릇한다. 거(居)는 〈머물 처(處)〉와 같아 거처(居處)의 줄임으로 여기면 된다. 〈군자는[君子] 거처할 때[居]〉
- 즉귀좌(則貴左)에서 즉(則)은 연접(連接)의 조사 노릇하고, 귀(貴)는 주어가 생략되었지만 동사 노릇하며, 좌(左)는 귀(貴)의 목적어 노릇한다. 귀좌(貴左)는 귀명(貴命)·귀생(貴生) 등과 같다. 〈목숨을[命] 소중히 한다[貴]·천성을[命] 소중히 한다[貴].〉 〈목숨을[生] 소중히 한다[貴].〉

31-5 用兵則貴右(용병즉귀우)

▶ 병장기를[兵] 쓸 때는[用] 곧[則] 오른쪽을[右] 소중히 한다[貴].

쓸(부릴) 용(用), 병장기 병(兵), 곧 즉(則), 소중히 할 귀(貴), 오른쪽 우(右)

【지남(指南)】

〈용병즉귀우(用兵則貴右)〉는 군자(君子)가 어쩔 수 없어[不得已] 용병(用兵)하면 전쟁에서 필연적으로 일어나는 죽음을 소중히 대함을 밝힌다. 〈귀우(貴右)〉는 군자(君子)의 선용병(善用兵)을 살펴 헤아리게 하는 말씀이다. 여기 귀우(貴右)의 〈우(右)〉는 항상 남면(南面)하는 임금의 우측(右側)을 말한다. 남쪽을 바라보는 자리에서 오른쪽[右]이란 서쪽[西方]을 말한다. 따라서 여기 귀좌(貴左)의 〈좌(左)〉는 서방(西方)을 뜻하고, 음기(陰氣)를 뜻하며, 사(死)를 뜻한다. 유도자(有道者)로서 군자(君子)의 귀우(貴右)는 귀사(貴死)이다. 귀사(貴死)란 귀생명(貴生命)으로 통하니, 죽음[死]을 소중히 여김[貴]은 귀생(貴生)으로 이어지기 때문이다. 귀생(貴生) 즉 산목숨[生命]을 소중히 함도(貴) 천도(天道)이고, 죽음을[死] 소중히 함[貴] 역시 천도(天道)이다.

여기 귀생(貴生)은 이사위귀(以死爲貴)로, 군자(君子)는 피아(彼我)를 가리지 않고 전쟁에서 일어난 죽음으로[死]써[以] 받듦을[貴] 삼음[爲]이다. 죽음[死]을 소중히 함은[貴] 곧 살생(殺生)을 싫어함이니, 이처럼 귀사(貴死)하여 귀상(貴上)하는 사람은 기어도(幾於道) 즉 상도에[於道] 가까이[幾] 하면서 용병(用兵)하는 군자(君子)의 처사(處事)이다. 군자지용병(君子之用兵) 즉 군자가[君子之] 병(兵)을 씀[用]이란 취승자과(取勝自誇) 즉 승리[勝]를 쟁취하여[取] 자신[自]을 과시하려[誇] 함이 아니고, 이력학민(以力虐民) 즉 폭력으로[以力] 백성[民]을 학대하는[虐] 무리를 징벌하기 위함일 뿐이다. 그러므로 군자(君子)가 부득이 용병(用兵)하되 그로 인해 빚어지는 전사(戰死)를 소중히 하여[貴] 높이면서[上] 몹시 애석해 함을 밝힌 말씀이 〈용병즉귀우(用兵則貴右)〉이다.

【보주(補註)】

- 〈용병즉귀우(用兵則貴右)〉를 〈군자용병시(君子用兵時) 즉군자귀우(則君子貴右)〉처럼 옮기면 문맥을 좀 더 쉽게 잡을 수 있다. 〈군자가[君子] 병을[兵] 쓸[用] 때는[時] 곧[則] 군자는[君子] 우를[右] 소중히 한다[貴].〉
- 귀우(貴右)의 귀(貴) 역시 3장(章)에 나오는 불귀난득지화(不貴難得之貨)의 귀(貴)

와 같이 간중(看重)·중지(重之) 등의 뜻을 내고, 귀우(貴右)의 우(右)는 서방(西方)과 음기(陰氣)를 뜻하며, 서방(西方)과 음기(陰氣)는 곧 사(死)를 뜻하므로, 귀우(貴右)는 귀사(貴死)와 같다. 〈소중하게 여긴다[看重]·소중히 한다[重之]〉〈죽음을[死] 소중히 한다[貴].〉

註 "불귀난득지화(不貴難得之貨)." 얻기[得] 어려운[難之] 재화를[貨] 소중히 여기지 않는다[不貴]. 『노자(老子)』 3장(章)

【해독(解讀)】

- 〈용병즉귀우(用兵則貴右)〉는 시간의 종절과 주절로 이루어진 복문(複文)이다. 〈(군자가) 용병할 때[用兵] 곧[則] 우를[右] 소중히 한다[貴].〉
- 용병(用兵)에서 용(用)은 주어가 생략되었지만 동사 노릇하고, 병(兵)은 용(用)의 목적어 노릇한다. 용(用)은 〈쓸(부릴) 역(役)〉과 같아 용역(用役)의 줄임말로 보면 된다. 〈병을[兵] 쓸 때[用]〉
- 즉귀우(則貴右)에서 즉(則)은 연접(連接)의 조사 노릇하고, 귀(貴)는 주어가 생략되었지만 동사 노릇하며, 우(右)는 귀(貴)의 목적어 노릇한다. 귀우(貴右)는 귀사(貴死)와 같다. 〈오른쪽을[右] 소중히 한다[貴].〉〈죽음을[死] 소중히 한다[貴].〉

31-6 兵者不祥之器(병자불상지기) 非君子之器(비군자지기)

▶ 병장기란[兵] 것은[者] 상서롭지 못한[不祥之] 기물이니[器] 군자의[君子之] 기물이[器] 아닌 것이다[非].

병장기 병(兵), 것 자(者), 상서로울 상(祥), 조사(~한) 지(之), 기물 기(器), 아닌 것 비(非), 클 군(君), 존칭 자(子), 조사(~의) 지(之)

【지남(指南)】

〈병자불상지기(兵者不祥之器) 비군자지기(非君子之器)〉는 〈병자(兵者)〉 즉 병장기(兵仗器)란 군자(君子)가 부득이한 경우가 아니면 결코 쓰지 않는 기물(器物)

임을 밝힌다. 나아가 병자(兵者)는 28장(章) 〈박산즉위기(樸散則爲器)〉의 기(器)가 아님을 상기시킨다. 군자(君子)는 박(樸) 즉 본디대로를[樸] 분산해서[散] 백성을 위한 기물을 만들지[爲], 백성을 위란(危亂)으로 몰아넣는 병장기(兵仗器)를 만들지 않는다[不爲]. 누구보다도 군자(君子)는 병기란[兵] 것이[者] 백성을 살상하는 상서롭지 못한[不祥之] 기물이므로 멀리한다.

상(祥)은 복(福)이고 복(福)은 본성을[性] 좇아야 깃든다. 물물(物物)은 저마다 성(性)을 타고나니 인간도 예외는 아니다. 그 성(性)을 비유하여 박(樸) 즉 자연(自然)이라 한다. 자연(自然)의 조화를 따르는 것이 성(性)이므로 성(性)은 복(福)을 받아 누린다. 자연(自然)의 조화는 일음일양(一陰一陽)으로 변화지도(變化之道) 즉 조화의 이치[道]라고 한다. 변화의 도(道)를 계승함이 선(善)이고, 이어서[繼承] 이치를[道] 이루어감이[成] 곧 성(性)이니, 선성(善性)은 복(福)을 불러와 삶이 상서롭게[祥瑞] 된다. 그러나 불상(不祥)은 복(福)을 내침이니 불행이고 흉한 것이다. 병장기(兵仗器)란 그런 흉기(凶器)로서 백성을 불행하게 하는 것이다.

군자(君子)는 자기만의 안거(安居)를 좇아 수도(守道)하지 않고, 안민락도(安民樂道) 즉 백성[民]이 편안해야[安] 상도(常道)를 즐기는[樂] 유도자(有道者)이므로, 백성을 불행하게 하는 흉기인 병자(兵者)는 군자(君子)의 기물이 아님[非]을 밝힌 말씀이 〈병자불상지기(兵者不祥之器) 비군자지기(非君子之器)〉이다.

【보주(補註)】

- 〈병자불상지기(兵者不祥之器) 비군자지기(非君子之器)〉를 〈병자불상지기고(兵者不詳之器故) 병자비군자지기야(兵者非君子之器也)〉처럼 옮기면 문맥을 좀 더 쉽게 잡을 수 있다. 〈병자는[兵者] 불상지기이기[不祥之器] 때문에[故] 병자는[兵者] 군자지기가[君子之器] 아닌 것[非]이다[也].〉
- 불상지기(不祥之器)의 불상(不祥)은 불선(不善)과 같고 흉(凶)과 같다. 그러므로 불상지기(不祥之器)란 흉기(凶器) 즉 목숨을 살상하는 불행한[凶] 기물(器物)을 뜻한다. 〈불선한 기물[不祥之器] · 불행한 기물[不祥之器] · 흉한 기물[不祥之器]〉

【해독(解讀)】

- 〈병자불상지기(兵者不祥之器) 비군자지기(非君子之器)〉는 원인의 종절과 주절로 이루어진 복문(複文)이다. 〈병자는[兵者] 불상지기이기 때문에[不祥之器] 군

자지기가[君子之器] 아닌 것이다[非].〉

- 병자불상지기(兵者不祥之器)에서 병자(兵者)는 주부(主部) 노릇하고, 불상지(不祥之)는 기(器)를 꾸며주는 형용사구 노릇하며, 기(器)는 주격보어 노릇한다. 병자(兵者)는 〈병기지물(兵器之物)〉의 줄임이니, 여기서 자(者)는 〈지물(之物)〉의 줄임인지라 〈것 자(者)〉이다. 〈병자는[兵者] 불상지기 때문에[不祥之器]〉 〈병기라는[兵器之] 것[物]〉 〈불상한[不祥之] 기(器)〉
- 비군자지기(非君子之器)에서 비(非)는 주어가 생략되었지만 보어 노릇하고, 군자기기(君子之器)는 비(非)의 동격 노릇한다. 군자기기(君子之器)에서 군자지(君子之)는 기(器)를 꾸며주는 형용사구 노릇한다. 〈군자지기가[君子之器] 아닌 것이다[非].〉 〈군자의[君子之] 기(器)〉
- 비군자지기(非君子之器)는 〈A비(非)B〉의 상용문이다. 〈A는 B가 아닌 것이다[非].〉

31-7 不得已而用之(부득이이용지) 恬淡爲上(염담위상)

▶ (군자가) 피치 못해서[不得已而] 그것을[之] 쓰게 되면[用], 고요해[恬] 무심함을[淡] 상선으로[上] 삼는다[爲].

가할 득(得), 멈출 이(已), 조사(~서) 이(而), 쓸 용(用), 그것 지(之), 고요할 념(恬), 조용할 담(澹), 삼을 위(爲), 귀할 상(上)

【지남(指南)】

〈부득이이용지(不得已而用之) 염담위상(恬澹爲上)〉은 군자(君子)가 어쩔 수 없이[不得已] 용병(用兵)을 피할 수 없으면 반드시 선용병(善用兵)함을 밝힌다. 〈부득이(不得已)〉란 백성의 불행을 외면할 수 없음이니, 여기 〈용지(用之)〉는 학민(虐民)을 일삼는 폭군을 징벌하려는 용병(用兵)을 밝힘이다. 이덕치국(以德治國)하는 군자(君子)라면 이력치국(以力治國)하여 백성을 학대하는 폭군을 외면할 수 없으므로 군자도[君子] 부득이(不得已) 용병(用兵)하여 폭군의 횡포를 징벌한다[懲罰]. 이는 백성이 겪는 화(禍)를 제거하기 위함이니, 군자(君子)의 용병(用兵)은 반드시 선용병(善用兵)의 마음가짐을 밝힌 말씀이 〈염담(恬澹)〉이다.

염담(恬澹)은 무기(無己) 즉 자기가[己] 없는[無] 마음가짐이다. 염담(恬淡)의 염(恬)은 고요함[靜]이고, 담(淡)은 맑아 깨끗함인지라 자기가 없음이다. 이는 백성지심(百姓之心)을 자기의 마음으로 삼는 성인(聖人)을 본받는 군자(君子)의 마음가짐이다. 이런 염담(恬淡)은 항상 상선구인(常善救人) 즉 사람을[人] 구제하기를[救] 항상[常] 선하게 하려는[善] 마음가짐이다. 백성을 구제하려는 마음가짐이 여기 염담(恬淡)이다. 이처럼 염담(恬淡)이란 무욕하고[無欲] 무사하여[無私] 무기(無己) 즉 자기가[己] 없음인지라[無], 전승(戰勝) 따위의 공훈(功勳)을 생각함이란 군자한테는[君子] 있을 리가 없음이다. 염담(恬澹)의 용병(用兵)이란 무기(無己)의 용병(用兵)이고 상선(上善)의 용병(用兵)으로, 염담(恬淡)은 68장(章)에 나오는 **부쟁지덕(不爭之德)**을 상기시킨다.

선용병(善用兵)의 부쟁(不爭)이란 불무(不武) 즉 무력을 쓰지 않는[不武] 용병이고, 불로(不怒) 즉 분노하지 않는[不怒] 용병이며, 불여(不與) 즉 겨루지 않는[不與] 용병이고, 위지하(爲之下) 즉 자신을[之] 낮추는[爲下] 용병이다. 이러한 선용병(善用兵)은 오직 염담지심(恬淡之心)에서 우러나온다. 군자(君子)는 대국(大國)을 차지하고자 용병(用兵)하지 않고 백성의 안거(安居)를 위해서만 용병(用兵)하므로 상선(上善)인 부쟁(不爭)의 용병(用兵)이다. 군자(君子)의 용병(用兵)은 폭군을 징벌하고자 용병(用兵)하므로 필연적으로 사상자를 가져오는 승전(勝戰)을 기릴 수 없음을 밝힌 말씀이 〈부득이이용지(不得已而用之) 염담위상(恬澹爲上)〉이다.

註 "선위사자불무(善爲士者不武) 선전자불로(善戰者不怒) 선승적자불여(善勝敵者不與) 선용인자위지하(善用人者爲之下) 시위부쟁지덕(是謂不爭之德)." 선하게[善] 장수가[士] 된[爲] 사람은[者] 무력을 쓰지 않고[不武], 잘[善] 싸우는[戰] 무사는[者] 분노하지 않으며[不怒], 적을[敵] 이기기를[戰] 잘하는[善] 사람은[者] (적과) 다투지 않고[不與], 사람[人] 쓰기를[用] 잘하는[善] 사람은[者] 부릴 사람에게[之] 아래가[下] 된다[爲]. 이것을[是] 다투지 않는[不爭之] 덕이라[德] 한다[謂].

『노자(老子)』 68장(章)

【보주(補註)】

- 〈부득이이용지(不得已而用之) 염담위상(恬澹爲上)〉을 〈군자부득이용병이용병시(君子不得已用兵而用兵時) 군자위상선이념담(君子爲上善以恬淡)〉처럼 옮기

면 문맥을 좀 더 쉽게 잡을 수 있다. 〈군자가[君子] 용병을[用兵] 멈출[已] 수 없어서[不得而] 용병할[用兵] 때[時] 군자는[君子] 상선을[上善] 써[以] 염담을[恬澹] 삼는다[爲].〉

- 염담위상(恬澹爲上)에서 상(上)은 앞 30장(章) 〈선자(善者)〉를 상기시킨다. 선(善)은 상(上)이고, 불선(不善)은 하(下)이다. 선(善)은 순천(順天)이므로 길한지라 상선(上善)이고, 불선(不善)은 역천(逆天)이라 흉하니 하악(下惡)이다.

【해독(解讀)】

- 〈부득이이용지(不得已而用之) 염담위상(恬澹爲上)〉은 시간의 종절과 주절로 이루어진 복문(複文)이다. 〈용지를[用之] 멈출[已而] 수 없을 때[不得] 염담을[恬淡] 상으로[上] 삼는다[爲].〉
- 부득이이용지(不得已而用之)에서 부(不)는 이(已)의 부정사(否定詞)이고 득(得)은 이(已)의 조동사 노릇해 부득(不得)은 영어의 〈can't〉같이 구실하고, 이(已)는 동사 노릇하며, 이(而)는 뜻 없는 조사로서 어조사(語助辭) 노릇하고, 용(用)은 영어 동명사처럼 구실하며 이(已)의 목적어 노릇하고, 지(之)는 〈그것 지(之)〉로 용(用)의 목적어 노릇한다. 부득(不得)은 불능(不能)과 같고, 이(已)는 〈멈출 지(止)〉와 같다. 〈그것을[之] 씀을[用] 멈출[已而] 수 없다[不得].〉
- 염담위상(恬淡爲上)은 〈군자위상이념담(君子爲上以恬淡)〉에서 되풀이되는 내용이므로 주어 노릇할 군자(君子)를 생략하고, 염담(恬淡)을 전치하고 남은 이(以)가 생략된 구문이다. 그러면 염담(恬澹)은 위(爲)를 꾸며주는 부사구 노릇하고, 위(爲)는 〈삼을(생각할) 위(爲)〉로 동사 노릇하며, 상(上)은 위(爲)의 목적어 노릇한다. 〈군자는[君子] 염담으로[恬澹]써[以] 상을[上] 삼는다[爲].〉
- 염담위상(恬淡爲上)이 염담위상(恬澹爲上)으로 된 본(本)도 있다. 담(淡)과 담(澹)은 같은 뜻을 내는지라 문의(文義)가 달라지는 것은 아니다.

31-8 勝而不美(승이불미) 而美之者是樂殺人(이미지자시요살인)

▶ (군자는 전쟁을) 이겨도[勝而] 찬미하지 않는다[不美]. 그러나[而]

승전을[之] 찬미하는[美] 짓은[者] 사람을[人] 죽이기를[殺] 좋아하는 짓[樂]이다[是].

이길 승(勝), 그러나 이(而), 안할 불(不), 기릴(좋아할) 미(美), 그리고 이(而), 그것 지(之), 것 자(者), 조사(~이다) 시(是), 좋아할 요(樂), 죽일 살(殺)

【지남(指南)】

〈승이불미(勝而不美) 이미지자(而美之者) 시요살인(是樂殺人)〉은 군자(君子)가 결코 승전(勝戰)을 찬미하지 않는 까닭을 밝힌다. 승전(勝戰)도 패전(敗戰)과 마찬가지로 수많은 사상자를 낸다. 용병(用兵)이란 선(善)이든 불선(不善)이든 귀한 목숨을 앗아가는 흉화(凶禍)를 불러오니, 선(善)한 용병(用兵)으로 승전(勝戰)했다 하더라도 그로 인한 사상자를 애도해야지 찬미할 수 없음이 〈승이불미(勝而不美)〉이다. 그렇지 않고 〈미지자(美之者)〉 즉 승전을[之] 찬미하는[美] 짓은[者] 〈요살인(樂殺人)〉 즉 사람[人] 죽이기를[殺] 좋아하는[樂] 짓이다. 요살인(樂殺人)은 전쟁광을 일컬음으로, 피에 굶주린 듯이 전승(戰勝)을 찬미하면서[美] 멸명(蔑命) 즉 목숨을[命] 업신여기는[蔑] 짓임을 극언(極言)한 말씀이 〈승이불미(勝而不美) 이미지자(而美之者) 시요살인(是樂殺人)〉이다.

【보주(補註)】

- 〈승이불미(勝而不美) 이미지자시요살인(而美之者是樂殺人)〉을 〈승전야자불미자야(勝戰也者不美者也) 연이미승전자시요살인자(然而美勝戰者是樂殺人者)〉처럼 옮기면 문맥을 좀 더 쉽게 잡을 수 있다. 〈승전(勝戰)이란[也] 것은[者] 그것을[之] 찬미할[美] 것이[者] 아닌 것[不]이다[也]. 그러나[然而] 승전을[勝戰] 찬미하는[美] 것은[者] 살인을[殺人] 좋아하는[樂] 짓[者]이다[是].〉
- 요살인(樂殺人)은 『노자(老子)』 81장(章) 중에서 가장 준엄한 극언(極言)에 속한다. 학민(虐民)하는 폭군(暴君)을 징벌한 전승(戰勝)일지라도 그것 역시 살상(殺傷)의 짓이므로 결코 찬미할 수 없다는 것이다. 요살인(樂殺人)의 요(樂)는 〈기뻐하고 좋아하여 즐기는 환(歡) · 희(喜)〉 등과 같아 환요(歡樂) · 요희(樂喜) 등의 줄임말로 여기면 된다. 요살인(樂殺人)이란 살인마의 짓이다.

【해독(解讀)】

- 〈승이불미(勝而不美) 이미지자시요살인(而美之者是樂殺人)〉은 두 구문이 〈그러나 이(而)〉로 이어진 하나의 중문(重文)이다. 〈승을[勝而] 불미한다[不美]. 그러나[而] 미지자는[美之者] 요살인(樂殺人)이다[是].〉
- 승이불미(勝而不美)는 〈불미승(不美勝)〉에서 승(勝)을 강조하고자 〈승이(勝而)〉로 하여 전치된 수사(修辭)로 여기고 문맥을 잡으면 된다. 목적어를 전치시킬 때 뜻 없는 조사 이(而)를 더해주는 어투이다. 승이불미(勝而不美)에서 승이(勝而)는 미(美)의 목적어 노릇하고, 불(不)은 미(美)의 부정사(否定詞) 노릇하며, 미(美)는 동사 노릇한다. 미(美)는 〈기릴 찬(讚)〉과 같아 찬미(讚美)의 줄임말로 여기면 된다. 〈승리를[勝而] 찬미하지 않는다[不美].〉
- 미지자시요살인(美之者是樂殺人)에서 미지자(美之者)는 주부(主部) 노릇하고, 시(是)는 조사로 영어의 〈be〉 같은 구실을 하며, 요살인(樂殺人)은 술부(述部)로서 보어구 노릇한다. 여기 요(樂)는 〈예악(禮樂)의 악(樂) · 즐길 락(樂) · 좋아할 요(樂)〉 등 세 가지 발음을 갖는다. 물론 요살인(樂殺人)을 낙살인(樂殺人)으로 여겨도 안 될 것은 없다. 〈그것을[之] 찬미하는[美] 것은[者] 살인을[殺人] 좋아함[樂]이다[是].〉
- 미지자(美之者)는 〈미승지물(美勝之物)〉에서 되풀이되는 승(勝)인지라 〈그것 지(之)〉로 대신하고, 지물(之物)을 자(者)로 줄인 어투이다. 미지자(美之者)에서 미지(美之)는 자(者)를 꾸며주는 형용사절 노릇을 한다고 보면 된다. 미(美)는 〈기릴 찬(讚)〉과 같아 찬미(讚美)의 줄임이다. 〈그것을[之] 찬미하는[美] 것은[者]〉
- 요살인(樂殺人)에서 요(樂)는 영어의 부정사(不定詞) 또는 동명사(動名詞)같이 구실하고, 살인(殺人)은 요(樂)의 목적구 노릇한다. 〈살인을[殺人] 좋아함[樂]〉

註 한문에서 이(而)는 다양한 뜻을 내므로 문맥을 잡는 데 매우 중요하다. 아래처럼 정리해두면 문맥을 잡는데 도움이 된다.

① 〈A이(而)B : A 그리고[而] B : 순접(順接)의 이(而) 접속사〉
② 〈A이(而)B : A 그러나[而] B : 역접(逆接)의 이(而) 접속사〉
③ 〈A이(而)B : A면 곧[而] B : 즉(則)과 같은 조사〉
④ 〈A이(而)B : A와[而] B : 여(與)와 같은 조사〉

⑤ 〈A이(而)B : A와 동시에[而] B : 동시(同時)를 뜻하는 조사〉

⑥ 바로 앞 내용을 강조해주는 이(而) : 조사(~이면서) 이(而), 뜻 없는 어조사 이(而)

⑦ 〈가이(可以)〉와 같은 뜻으로 〈가이(可而)〉

⑧ 〈된다 위(爲)〉의 뜻으로 쓰이는 자동사 이(而)

⑨ 〈너 여(汝)·너 약(若)〉의 뜻으로 쓰이는 이(而)

⑩ 이(已)와 합쳐서 강력한 종미사(終尾詞)로 쓰이는 이(而)

⑪ 〈만약 약(若)〉의 뜻으로 이(而), 〈오히려 유(猶)〉의 뜻으로 이(而)

위와 같이 다양하게 구실하는 이(而)이므로 전후 문맥을 살펴 마땅한 뜻을 찾아야 한다.

31-9 夫樂殺人者(부요살인자) 則不可以得志於天下矣(즉불가이득지어천하의)

▶ 무릇[夫] 사람을[人] 죽이기를[殺] 좋아하는[樂] 짓이라면[者] 곧[則] 그 때문에[以] 세상에서[於天下] 뜻을[志] 얻을[得] 수 없는 것[不可]이다[矣].

무릇 부(夫), 좋아할 요(樂), 죽일 살(殺), 짓 자(者), 가할 가(可), 때문에 이(以), 얻을 득(得), 뜻 지(志), 조사(~에서) 어(於), 조사(~이다) 의(矣)

【지남(指南)】

〈부요살인자(夫樂殺人者) 즉불가이득지어천하의(則不可以得志於天下矣)〉는 이덕치국(以德治國) 즉 덕으로[以德] 나라를 다스리지[治國] 않으면 49장(章) **백성심(百姓心)**을 얻을 수 없음을 밝힌다. 백성심(百姓心)은 민심(民心)이고, 민심(民心)은 천심(天心)이며, 천심(天心)이란 자연지심(自然之心)이다. 자연의[自然之] 마음[心]이란 『장자(莊子)』의 **만물일부(萬物一府)**의 마음[心]이다. 백성은 굶주림과 함께 요살인(樂殺人)을 무엇보다 싫어한다. 백성을 굶주리게 하고 두렵게 하는 이력치국(以力治國)의 패자(覇者)나 폭군(暴君)은 결코 백성심(百姓心)을 얻을 수 없으므로 치국(治國)의 뜻을 어느 세상에서든 획득할 수 없음을 단언한 말씀이 〈부요살인자(夫樂殺人者) 즉불가이득지어천하의(則不可以得志於天下矣)〉이다.

註 "성인무상심(聖人無常心) 이백성심위심(以百姓心爲心)." 성인께는[聖人] (무엇을) 고집하

는 마음이[常心] 없다[無]. 백성의[百姓] 마음[心]으로[以] 당신의 마음을[心] 삼는다[爲].

『노자(老子)』 49장(章)

註 "불구일세지리(不拘一世之利) 이위기사분(以爲己私分) 불이왕천하위기처현(不以王天下爲己處顯) 현즉명(顯則明) 만물일부(萬物一府) 사생동상(死生同狀)." 한 세상의[一世之] 이득에[利] 끌려[拘] 그 이득으로[以] 제 것을[己私分] 삼지 않고[不爲], 천하를[天下] 다스림으로[以王] 제[己] 높은 자리를[處顯] 삼지 않는다[不爲]. 높은 자리에 오르면[顯] 곧[則] (세상을) 밝게 한다[明]. 만물은[萬物] 한 곳간이고[一府], 죽음과 삶이[死生] 한 모습이다[同狀].

기사분(己私分)을 줄여 그냥 사(私)라 하고, 제 몫을 뜻함이다. 왕천하(王天下)는 치천하(治天下)와 같고, 기처현(己處顯)은 자기가[己] 높은 자리에[顯] 머묾[處]이고, 현즉명(顯則明)은 높은 자리에 있으면서 어질게 다스림을 뜻한다. 만물일부(萬物一府)는 만물일족(萬物一族)으로, 만물(萬物)이 한 곳간[一府] 즉 상도(常道)에서 차별 없이 출생(出生)과 입사(入死)를 누림을 뜻함이다.

『장자(莊子)』「천지(天地)」

【보주(補註)】

- 〈부요살인자(夫樂殺人者) 즉불가이득지어천하의(則不可以得志於天下矣)〉를 〈약임하인부요살인자(若任何人夫樂殺人者) 시이타불가득지어천하의(是以他不可得志於天下矣)〉처럼 옮기면 문맥을 좀 더 쉽게 잡을 수 있다. 〈만약[若] 누구든[任何人] 무릇[夫] 살인을[殺人] 좋아하는[樂] 자라면[者] 그[是] 때문에[以] 그는[他] 세상에서[於天下] 뜻을[志] 얻을[得] 수 없는 것[不可]이다[矣].〉
- 득지어천하(得志於天下)는 득백성심(得百姓心) 즉 득천심(得天心)과 같다. 〈세상에서[於天下] 뜻을[志] 얻는다[得].〉 〈백성의[百姓] 마음을[心] 얻는다[得].〉 〈천심을[天心] 얻는다[得].〉
- 즉불가이득지어천하의(則不可以得志於天下矣)가 〈불가이득지어천하의(不可以得志於天下矣)〉로 된 본(本)도 있다. 즉(則)은 어조사(語助辭) 노릇을 할 뿐이므로 즉(則)이 있고 없음에 따라 원문(原文)의 문의(文義)가 달라지는 것은 아니다.

【해독(解讀)】

- 〈부요살인자(夫樂殺人者) 즉불가이득지어천하의(則不可以得志於天下矣)〉는 조건의 종절과 주절로 이루어진 복문(複文)이다. 〈무릇[夫] 요살인하는[樂殺人] 자라면[者] 곧(즉) 그 때문에[以] 천하에서[於天下] 뜻을[志] 얻을 수 없는 것[不可得]이다[矣].〉

- 부요살인자(夫樂殺人者)는 주어는 생략되었고, 술부만 남긴 조건의 종절이다. 부요살인자(夫樂殺人者)에서 부(夫)는 어세(語勢)를 더해주는 조사 노릇하고, 요살인(樂殺人)은 자(者)를 꾸며주는 형용사절 노릇하며, 자(者)는 선행사로서 주격보어 노릇한다. 부요살인자(夫樂殺人者)의 자(者)는 영어의 〈the man who〉와 같다고 여기면 된다. 〈(그 누구든) 살인을[殺人] 좋아하는[樂] 자라면[者]〉
- 즉불가이득지어천하의(則不可以得志於天下矣)에서 즉(則)은 어조와 어세를 더해주는 조사 노릇하며, 이(以)는 득(得)을 꾸며주는 부사 노릇하고, 불가(不可)는 부정(否定)의 조동사 노릇하고, 득(得)은 동사 노릇하며, 지(志)는 득(得)의 목적어 노릇하고, 어천하(於天下)는 득(得)을 꾸며주는 장소의 부사구 노릇하며, 의(矣)는 문미조사 노릇한다. 여기 이(以)는 〈시이(是以)〉의 줄임으로 〈때문에 이(以)〉이다. 〈곧[則] (누구든) 그 때문에[以] 세상에서[於天下] 뜻을[志] 얻을[得] 수 없는 것[不可]이다[矣].〉

31-10 吉事尙左(길사상좌) 凶事尙右(흉사상우)

▶길사는[吉事] 왼편을[左] 위로 삼고[尙], 흉사는[凶事] 오른편을[右] 위로 삼는다[尙].

좋을 길(吉), 일 사(事), 받들 상(尙), 왼쪽 좌(左), 나쁠 흉(凶), 오른쪽 우(右)

【지남(指南)】

〈길사상좌(吉事尙左) 흉사상우(凶事尙右)〉는 군자(君子)에게 거(居)는 〈귀좌(貴左)〉이지만, 용병(用兵)은 선용병(善用兵)이라 할지라도 〈귀우(貴右)〉임을 거듭 밝힌다. 군자(君子)의 덕치(德治)는 백성에게 길사(吉事)이다. 백성이 군자의 덕치(德治)로써 편안한 삶[安居]을 누릴 수 있는 까닭이다. 여기 〈길사(吉事)〉란 군자의 덕치(德治)를 뜻해준다. 이러한 길사(吉事)를 〈상좌(尙左)〉라고 함은 군자의 덕치(德治)에는 살생(殺生)이 없기 때문이다. 상좌(尙左)란 불살생(不殺生)으로 이어지고, 귀좌(貴左)와 같다. 살생(殺生)이 빚어지지 않아 백성이 편안히 삶을 누림이 여기 길사(吉事)이다. 이러한 길사(吉事)에 대한 군자의 마음가짐이 상좌(尙左) 즉 삶을

[左] 받듦[尙]이다. 거듭 밝히지만, 상좌(尙左)의 좌(左)는 남면(南面)해서 동방(東方)이고 양기(陽氣)이며 생(生)을 뜻하니, 상좌(尙左)는 생(生)을 존귀하게 함[尙]이고 삶을 해치지 말라 함이다.

〈상우(尙右)〉의 우(右)는 남면해서 서방(西方)이고 음기(陰氣)이며 사(死)를 뜻하니, 상우(尙右)는 사(死)를 존귀하게 함[尙]이다. 이는 죽임[殺]을 두려워하고 가볍게 하지 말라 함이다. 그러나 폭군(暴君)의 학민(虐民)에서 백성을 구하고자 군자(君子)가 용병(用兵)을 피치 못할 때, 용병(用兵)이 아무리 선(善)하다 할지라도 병장기(兵仗器)를 잡고 전쟁에 투입되는 백성에게는 흉사(凶事)일 뿐이다. 그러므로 군자(君子)의 덕치(德治)는 길사(吉事)이지만, 군자의 선용병(善用兵)은 흉사(凶事)이다. 치국(治國)의 길사(吉事)란 덕(德)으로써[以] 다스림[治]이니, 그러한 다스림은[治] 백성한테 길사(吉事)인지라 상좌(尙左), 즉 생(生)을 받듦[尙]이고 좌(左)를 윗자리로[上] 삼음을 일러 상좌(尙左)라 한 것이다.

그러나 이력치(以力治)로부터 덕치(德治)를 지키기 위하여 선용병(善用兵)할 때는 피치 못해 군자(君子)도 상우(尙右) 즉 이우위상(以右爲上)을 피할 수 없게 된다. 여기 상우(尙右)란 선용병(善用兵)을 뜻한다. 용병을[用兵] 선하게 함[善]이란 죽음을 뜻하는 오른쪽으로[右] 위를[上] 삼음[爲]이다. 이러한 상우(尙右)를 흉사(凶事)라고 함은 보민(保民)하기 위해서 전쟁을 피치 못함을 뜻하기도 한다. 흉사(凶事)란 백성이 용병(用兵)되어야 하므로 안거(安居)가 이지러지고 살상(殺傷)을 불러오는 전쟁을 치러야 하는지라 흉사(凶事)이다. 그리고 이러한 흉사(凶事)를 마주하는 군자의 마음가짐이 상우(尙右) 즉 귀우(貴右)임을 일깨워주는 말씀이 〈길사상좌(吉事尙左) 흉사상우(凶事尙右)〉이다.

【보주(補註)】

- 〈길사상좌(吉事尙左) 흉사상우(凶事尙右)〉를 〈길사야자이좌방위상자야(吉事也者以左方爲尙者也) 흉사야자이우방위상자야(凶事也者以右方爲尙者也)〉처럼 옮기면 문맥을 좀 더 쉽게 잡을 수 있다. 〈길사란[吉事也] 것은[者] 좌방으로[以左方] 존귀함을[尙] 삼는[爲] 것[者]이고[也], 흉사란[凶事也] 것은[者] 우방으로[以右方] 존귀함을[尙] 삼는[爲] 것[者]이다[也].〉
- 길사상좌(吉事尙左)의 상좌(尙左)는 귀생(貴生)과 같고, 흉사상우(凶事尙右)의

상우(尙右)는 귀사(貴死)와 같다. 〈삶을[生] 존귀하게 한다[貴].〉 〈죽음을[死] 존귀하게 한다[貴].〉

【해독(解讀)】

- 〈길사상좌(吉事尙左) 흉사상우(凶事尙右)〉는 두 구문으로 이루어진 중문(重文)이다. 〈길사는[吉事] 좌를[左] 상하고[尙], 흉사는[凶事] 우를[右] 상한다[尙].〉
- 길사상좌(吉事尙左)에서 길사(吉事)는 주부(主部) 노릇하고, 상(尙)은 동사 노릇하고, 좌(左)는 상(尙)의 목적어 노릇한다. 길사(吉事)의 길(吉)은 〈행복할 행(幸)〉과 같다. 상좌(尙左)의 상(尙)은 〈받들 숭(崇) · 귀(貴)〉 등과 같아 숭상(崇尙)의 줄임이다. 상좌(尙左)의 좌(左)는 왼편[左方]을 뜻하나, 그것은 〈동방(東方) · 양기(陽氣) · 생(生)〉을 암시한다. 〈길사는[吉事] 좌를[左] 위로 삼는다[尙].〉
- 흉사상우(凶事尙右)에서 흉사(凶事)는 주부(主部) 노릇하고, 상(尙)은 동사 노릇하고, 우(右)는 상(尙)의 목적어 노릇한다. 흉사(凶事)의 흉(凶)은 〈불행할 화(禍)〉와 같다. 상우(尙右)의 우(右)는 오른편[右方]을 뜻하나, 그것은 〈서방(西方) · 음기(陰氣) · 사(死)〉를 암시한다. 〈흉사는[凶事] 우를[右] 위로 삼는다[尙].〉

31-11 偏將軍處左(편장군처좌) 上將軍處右(상장군처우) 言以喪禮處之(언이상례처지)

▶ 부장군은[偏將軍] 왼쪽에[左] 자리하고[處] 대장군은[上將軍] 오른쪽에[右] 자리함은[處] 장례식의[喪] 예절로[禮] 써[以] 그것을[之] 맞이함을[處] 말한다[言].

한쪽 편(偏), 장수 장(將), 군사 군(軍), 자리할(앉을) 처(處), 왼쪽 좌(左), 위 상(上), 오른쪽 우(右), 말할 언(言), 잃을 상(喪), 예의 례(禮), 맞이할 처(處), 그것 지(之)

【지남(指南)】

〈편장군처좌(偏將軍處左) 상장군처우(上將軍處右) 언이상례처지(言以喪禮處之)〉는 출병(出兵)의 예(禮)를 밝힌다. 상장군(上將軍)은 살상(殺傷)을 피치 못하는 전쟁을 수행하려 출병(出兵)하는 총책임자인지라, 죽임을 두려워하고 살상(殺傷)을 최대한으로 줄이면서 승전(勝戰)을 이루어야 함을 나타내고자 우측에 자리한다. 편장군(偏將軍) 즉 상장군을 돕는 부장(副將)은 좌변(左邊)에 자리하여 불살생(不殺生)의 소중함을 암시하고자 좌측에 자리한다.

본래 우석(右席)보다 좌석(左席)이 상석(上席)이다. 상장군의 수하(手下)인 편장군이 좌석(左席)에 자리함은 상장군의 출병(出兵)이든 전승(戰勝)이든 길사(吉事)로 임할 수 없음이고, 동시에 우석(右席)을 높이는 상례로[喪禮] 임함을 암시해준다. 그러므로 출병(出兵)이나 전승(戰勝)을 알리는 자리에서 부장군(副將軍)이 처좌(處左)하고, 대장군(大將軍)이 처우(處右)한다.

상장군(上將軍)보다 낮은 부장군(副將軍)이 상석(上席)인 좌방(左方)에 자리하고, 대장군(大將軍)이 하석(下席)인 우방(右方)에 자리하는 것은, 병사의 병영(兵營)을 보살피는 편장군(偏將軍)은 상좌(尙左)의 임무를 다하는 직책이고, 전선(戰線)을 책임지는 상장군(上將軍)은 상우(尙右)의 임무를 다해야 함이다. 상장군(上將軍)이 상우(尙右)해야 함은 병졸의 목숨을 귀하게 여겨 살상(殺傷)을 최소화하려고 노심초사(勞心焦思)해야 하기 때문이다. 나아가 병졸의 희생으로 거둔 전승(戰勝)의 자리는 환영식 같아서는 안 된다. 전승식(戰勝式)은 전장(戰場)에서 죽어간 병사의 피아(彼我)를 가리지 않고 애도하는 자리이지 전승(戰勝)을 기리는 축하의 장(場)은 될 수 없다.

상장군(上將軍)이 상우(尙右)의 자리로서 처우(處右)하고, 부장군(副將軍)이 상좌(尙左)의 자리로서 처좌(處左)하여 전승(戰勝)의 식(式)을 상례(喪禮)로 엄숙하되 사상자를 위하여 슬퍼하는 마음으로 임해야 함을 밝힌 말씀이 〈편장군처좌(偏將軍處左) 상장군처우(上將軍處右) 언이상례처지(言以喪禮處之)〉이다.

【보주(補註)】

- 〈편장군처좌(偏將軍處左) 상장군처우(上將軍處右) 언이상례처지(言以喪禮處之)〉를 〈편장군지처좌여상장군지처우언처전승이상례(偏將軍之處左與上將軍之處右言處戰勝以喪禮)〉처럼 옮기면 문맥을 좀 더 쉽게 잡을 수 있다. 〈상장군의[上將軍之] 처우(處右)와[與] 편장군의[偏將軍之] 처좌는[處左] 상례로[喪禮]써[以] 전승을[戰勝] 처리함을[處] 말한다[言].〉

- 처좌(處左)는 좌방(左方)에 자리함[處]이고, 처우(處右)는 우방(右方)에 자리함[處]이다. 처좌(處左)는 귀좌(貴左) · 상좌(尙左)와 같이 생(生)을 받듦을 비유함이고, 처우(處右)는 귀우(貴右) · 상우(尙右)와 같이 사(死)를 받듦을 비유함이다.

【해독(解讀)】

- 〈편장군처좌(偏將軍處左) 상장군처우(上將軍處右) 언이상례처지(言以喪禮處之)〉에서 편장군처좌(偏將軍處左)와 상장군처우(上將軍處右)는 언(言)의 주부(主部) 노릇하고, 언(言)은 동사 노릇하며, 이상례(以喪禮)는 처(處)를 꾸며주는 부사구 노릇하고, 처지(處之)는 언(言)의 목적어 노릇한다. 〈편장군처좌와[偏將軍處左] 상장군처우는[上將軍處右] 상례로[喪禮]써[以] 그것을[之] 처리함을[處] 말한다[言].〉
- 〈편장군처좌(偏將軍處左) 상장군처우(上將軍處右) 언이상례처지(言以喪禮處之)〉에서 언(言)을 어조사(語助詞) 노릇으로 여기고, 편장군처좌(偏將軍處左)와 상장군처우(上將軍處右)는 처(處)의 주부(主部) 노릇하고, 이상례처지(以喪禮處之)는 술부(述部)로서 보어구(補語句) 노릇하는 것으로 보아도 된다. 〈편장군처좌와[偏將軍處左] 상장군처우는[上將軍處右] 말하자면[言] 상례로[喪禮]써[以] 그것을[之] 처리함이다[處].〉

31-12 殺人之衆(살인지중) 以悲哀泣之(이비애읍지)

▶사람을[人] 죽임이[殺] 많음[衆] 그것을[之] 슬픔으로[悲哀]써[以] 마음에 간직한다[泣].

죽일 살(殺), 많을 중(衆), 써 이(以), 슬플 비(悲), 슬플 애(哀), 울 읍(泣), 그것 지(之)

【지남(指南)】

〈살인지중(殺人之衆) 이비애읍지(以悲哀泣之)〉는 승전(勝戰)을 기뻐하지 말고 슬퍼하라 함이다. 용병(用兵)하여 거둔 승전(勝戰)이란 살상(殺傷)으로 얻어진다. 어떠한 경우의 살상(殺傷)이든 살인(殺人)이니, 이를 부르는 전쟁보다 더한 대란

(大亂)은 없다. 오죽하면 『장자(莊子)』에 기필유인여인상식자야(其必有人與人相食者也)란 말이 나오겠는가? 어떠한 전쟁이든 결과적으로 인여인상식자(人與人相食者) 즉 사람과 사람이[人與人] 서로[相] 잡아먹는[食] 짓[者]이니, 세상에 성전(聖戰)이란 없다. 어찌 살인을 불러오는 짓[戰]을 두고 성스럽다[聖] 하겠는가. 인간이라면 살인을 범하는 짓을 슬퍼해야 하며, 슬픔을 마음 속에 간직하고서[泣] 전승(戰勝)을 마주해야 함을 밝힌 말씀이 〈살인지중(殺人之衆) 이비애읍지(以悲哀泣之)〉이다.

註 "천세지후(千歲之後) 기필유인여인상식자야(其必有人與人相食者也)." 먼먼 후[千歲之後] 그때는[其] 사람과[人與] 사람이[人] 서로[相] 잡아먹는[食] 일이[者] 반드시[必] 생길 것[有]이다[也].

『장자(莊子)』「경상초(庚桑楚)」

【보주(補註)】

- 〈살인지중(殺人之衆) 이비애읍지(以悲哀泣之)〉를 〈편장군지처좌여상장군지처우언읍살인중이비애(偏將軍之處左與上將軍之處右言泣殺人衆以悲哀)〉처럼 옮기면 문맥을 좀 더 쉽게 잡을 수 있다. 읍(泣)은 〈소리 없이 울 체(涕)〉와 같아 읍체(泣涕)의 줄임으로 여기면 되지만, 이 읍(泣)은 〈이(莅)〉의 오기(誤記)라는 설(說)이 받아들여지고 있다. 〈상장군의[上將軍之] 처우(處右)와[與] 편장군의[偏將軍之] 처좌는[處左] 슬픔으로[悲哀]써[以] 살인이[殺人之] 많았음을[衆] 마음 속에 지니고 임해야 함을[莅] 말하는 것이다[言].〉
- 이비애읍지(以悲哀泣之)의 읍(泣)을 〈울 곡(哭)〉으로 그냥 그대로 보기도 하지만, 여기 읍(泣)은 〈이(莅)〉의 오기(誤記)라는 설이 설득력을 얻고 있다. 〈이(莅), 이(涖), 이(蒞)〉 등은 같은 자(字)로서 〈자리에 임한다〉는 뜻을 낸다. 읍(泣)은 이(莅)의 오기(誤記)라는 설은 『설문해자(說文解字)』에 이 읍(泣)이 나오지 않는 자(字)이므로, 이 읍(泣) 자(字)는 노자(老子) 당시에는 없었던 자(字)라는 주장이다. 이 설(說)에 따라 새겼다.
- 살인지중(殺人之衆)이 〈살인지중다(殺人之衆多)〉로 된 본(本)도 있다. 중다(衆多)는 중(衆)을 강조함인지라 문의(文義)가 달라지는 것은 아니다. 〈살인이[殺人之] 많음[衆]〉 〈살인이[殺人之] 많고 많음[衆多]〉

【해독(解讀)】

- 〈살인지중(殺人之衆) 이비애읍지(以悲哀泣之)〉는 〈상장군지처우여편장군지처좌언읍살인지중이비애(上將軍之處右與偏將軍之處左言泣殺人之衆以悲哀)〉에서 편장군지처좌(偏將軍之處左)와 상장군지처우(上將軍之處右) 그리고 언(言)은 되풀이되는 내용이므로 생략하고, 살인지중(殺人之衆)을 강조하고자 전치한 다음 그 자리에 허사(虛詞) 지(之)를 넣은 구문이다. 물론 여기 지(之)를 전치된 살인지중(殺人之衆)을 나타내는 지시어로 여기고 〈그것 지(之)〉로 뜻을 살려 새겨도 된다. 〈살인의[殺人之] 많음을[衆] 비애로[悲哀]써[以] 마음에 간직하고 임한다[泣之].〉 〈살인이[殺人之] 많음[衆] 그것을[之] 마음에 간직하고 임한다[泣].〉

31-13 戰勝以喪禮處之(전승이상례처지)

▶ 전승(戰勝) 그것을[之] 상례로[喪禮]써[以] 맞이한다[處].

싸움 전(戰), 이길 승(勝), 써 이(以), 잃을 상(喪), 예의 례(禮),
맞이할 처(處), 그것 지(之)

【지남(指南)】

〈전승이상례처지(戰勝以喪禮處之)〉는 승전(勝戰)을 환영식으로서 맞이하지 말고 엄숙한 장례식으로 여기고 상례(喪禮)로써 애도함을 밝힌다. 승전(勝戰)을 맞아 환호함은 살상(殺傷)을 기뻐함과 다를 바 없으니 피아(彼我)의 전사자를 모독(冒瀆)하는 짓임을 깨닫게 한다. 전사(戰死)의 사(死)는 천수(天壽)의 죽음[死]이 아니라 인간이 범한 살육(殺戮)의 죽임[死之]이다. 인간이 범한 살육(殺戮)을 환호한다면, 그것은 곧 〈인여인상식(人與人相食)〉 즉 사람[人]이 사람[人]을 서로[相] 잡아먹는[食] 짓에 불과하다. 수많은 살상(殺傷)으로 쟁취된 전승(戰勝)을 불미(不美) 즉 찬미하지 말고 상례(喪禮)를 다하여 전몰자(戰沒者)를 애도해야 함을 강조하여, 결국 노자의 반전사상(反戰思想)을 이 장(章)의 총결(總結)로서 밝힌 말씀이 〈전승이상례처지(戰勝以喪禮處之)〉이다.

【보주(補註)】

- 〈전승이상례처지(戰勝以喪禮處之)〉를 〈승전자이상례처승전(勝戰者以喪禮處勝戰)〉처럼 옮기면 문맥을 좀 더 쉽게 잡을 수 있다. 〈전쟁을[戰] 이긴[勝] 측은[者] 전승을[戰勝] 상례로[喪禮]써[以] 맞이한다[處].〉
- 전승이상례처지(戰勝以喪禮處之)가 〈전승즉이상례처지(戰勝則以喪禮處之)〉로 된 본(本)도 있다. 즉(則)은 어조사(語助辭) 노릇할 뿐이므로, 즉(則)이 있고 없음에 따라 원문(原文)의 문의(文義)가 달라지는 것은 아니다.

【해독(解讀)】

- 〈전승이상례처지(戰勝以喪禮處之)〉는 〈이상례처전승(以喪禮處戰勝)〉에서 처(處)의 목적어 노릇할 전승(戰勝)을 강조하고자 전치시켰고, 이상례(以喪禮)는 처(處)를 꾸며주는 부사구 노릇하며, 처(處)는 주어가 생략되었지만 동사 노릇하고, 지(之)는 전승(戰勝)이 전치되었음을 나타내는 뜻 없는 허사(虛詞) 노릇한다. 전승(戰勝)은 승전(勝戰)과 같고, 처(處)는 〈맞이할(만날) 우(遇)〉와 같아 처우(處遇)의 줄임말로 여기면 된다. 〈전승을[戰勝] 상례로[喪禮]써[以] 맞이한다[處之].〉

상합장(相合章)

상도를[常道] 칭명(稱名)할 수 없으니 무명(無名)이라 한다. 무명(無名)이란 인간이 헤아려 가늠할 수 없음이다. 인간은 있는 것[有物]에 이름[名]을 더해 시비 · 논란하여 알[知] 뿐, 무명지물(無名之物) 즉 이름이[名] 없는[無之] 것[物]으로서의 〈박(樸)〉을 알지 못한다[不知].

박(樸)은 상도(常道)의 비유인지라 자연(自然)의 비유이며, 나아가 백성이 평등하게 누리는 자적(自適)의 삶을 비유해주기도 한다. 따라서 〈명(名)〉이란 상쟁(相爭)을 불러오는 꼬투리가 되므로, 무명(無名)의 박(樸)으로써 머물 줄[止] 알아야[知] 함을 살펴 새기고 헤아려 깨우치게 하는 장(章)이다.

【원문(原文)】

道常無名樸이라 雖小나 天下莫能臣이니라 侯王이 若
도 상 무 명 박 수 소 천 하 막 능 신 후 왕 약
能守之면 萬物이 將自賓이니 天地相合하여 以降甘露
능 수 지 만 물 장 자 빈 천 지 상 합 이 강 감 로
하고 民莫之令而自均이니라 始制有名이니 名亦旣有인
민 막 지 령 이 자 균 시 제 유 명 명 역 기 유
댄 夫亦將知止라 知止는 可以不殆니 譬道之在天下가
부 역 장 지 지 지 지 가 이 불 태 비 도 지 재 천 하
猶川谷之於江海니라
유 천 곡 지 어 강 해

상도는[道] 항상[常] 이름[名] 없는[無] 본디대로이다[樸]. 비록[雖] {상도(常道)의 나타남은} 미소하지만[小] 천하에[天下] (어느 누구도 상도를) 지배할[臣] 수 없다[莫能]. 임금이[侯王] 만약[若] 그것을[之] 잘[能] 지킨다면[守] 만물은[萬物] 곧장[將] 스스로[自] {상도(常道)로} 돌아와 따른다[賓]. 천지간의[天地] {음양(陰陽)이} 서로[相] 화합하고[合] 그로써[以] (그 화합이 천지에) 단[甘] 이슬을[露] 내린다[降]. 백성에게[民] 그것을[之] 명령함이[令] 없어도[莫而] 그냥 그대로[自] 균일하다[均]. (상도가) 제작하기[制] 시작하니[始] 이름이[名] 생겼다[有]. 이름이[名] 또한[亦] 이미[旣] 있으니[有] 무릇[夫] 또한[亦] (이름 있는 것은 상도에) 장차[將] 멈출 줄[止] 알아야 한다[知]. 멈출 줄을[止] 앎으로[知]써[以] 위태롭지 않을[不殆] 수 있다[可]. 비유컨대[譬] 도가[道之] 세상에[天下] 있음은[在] 골짜기 냇물들이[川谷之] 강해로[江海] 흘러듦과[於] 같다[猶].

32-1 道常無名樸(도상무명박)

▶ 상도는[道] 항상[常] 이름[名] 없는[無] 본디대로이다[樸].

길 도(道), 늘 상(常), 없을 무(無), 이름 명(名), 본디대로 박(樸)

【지남(指南)】

〈도상무명박(道常無名樸)〉은 상도(常道)는 무물(無物)이므로 〈무명(無名)〉 즉 이름이[名] 없음을[無] 〈박(樸)〉으로써 밝힌다. 이는 〈명(名)〉이란, 상도(常道)의 조화로써 생겨난 것[物]에 사람이 칭명(稱名)한 것에 불과함을 밝혀주기도 한다.

상도(常道)는 칭명(稱名)할 수 없으니 무명(無名)이고, 상도(常道)가 낳은 만물은 유명(有名)의 것이다. 그리고 상도는[常道] 독립하여 바뀌지 않으니[不改] 본디대로[樸] 즉 자연(自然)이다. 여기 박(樸)은 자연(自然) · 무위(無爲) 즉 상도(常道)를 비유한다. 그래서 도상무명박(道常無名樸)이라 한다. 도상무명박(道常無名樸)의 상(常)은 〈상도(常道)〉에는 고금래(古今來)의 시(時)가 없음을 말한다. 만물을 생성하는 시원(始原)인지라 상도(常道)에는 과거 · 현재 · 미래라는 시간이 없다.

이미 1장(章)에서 살핀 바대로 상도(常道)는 **무명천지지시(無名天地之始)**이다. 상도(常道)를 무물(無物)이라 함도 무명(無名)이기 때문이다. 그리고 무명(無名)은 상도(常道)의 생천지만물(生天地萬物) 즉 하늘땅[天地]과 온갖 것[萬物]을 낳는[生] 시원(始原)을 박(樸)을 들어 비유한 것이다. 상도(常道)의 조화가 낳아준 그냥 그대로임을 박(樸)이라 한 것이니, 박(樸)은 곧 자연으로서 상도(常道)를 밝혀줌이다. 따라서 여기 〈무명박(無名樸)〉의 박(樸)은 25장(章)에 나오는 **도법자연(道法自然)**과 동시에 28장(章)에서 살핀 **복귀어박(復歸於樸)**을 상기시키고, 37장(章)에 나오는 **무명지박(無名之樸)**을 상기시켜준다.

법자연(法自然)이란 상도(常道)의 조화(造化)를 밝힘이고, 여기 〈박(樸)〉이다. 그러므로 상도(常道)의 조화로써 드러난 만물 그대로란, 『장자(莊子)』에 나오는 바대로 상도(常道)의 **무소부재(無所不在)** 즉 상도(常道)가 있지 않는[不在] 것이[所] 없음임을[無] 여기 무명박(無名樸)으로써 살펴 새기고 헤아려 깨우치게 하는 말씀이 〈도상무명박(道常無名樸)〉이다.

註 "무명천지지시(無名天地之始) 유명만물지모(有名萬物之母)." 이름이[名] 없음은[無] 천지의[天地之] 시조이고[始], 이름이[名] 있음은[有] 만물의[萬物之] 어머니이다[母].

『노자(老子)』 1장(章)

註 "인법지(人法地) 지법천(地法天) 천법도(天法道) 도법자연(道法自然)." 사람은[人] 땅을[地] 본받고[法], 땅은[地] 하늘을[天] 본받고[法], 하늘은[天] 상도를[道] 본받고[法], 상도는[道] 그

냥 그대로를[自然] 본받는다[法]. 『노자(老子)』 25장(章)

註 "복귀어영아(復歸於嬰兒)…… 복귀어무극(復歸於無極)…… 복귀어박(復歸於樸)." 갓난애로[於嬰兒] 되[復]돌아간다[歸]. …… 무극으로[於無極] 되[復]돌아간다[歸]. …… 본디대로[於樸] 되[復]돌아간다[歸].

영아(嬰兒)는 상도(常道)의 비유이고, 무극(無極)은 상도(常道)를 밝힘이고, 박(樸)은 자연(自然) 즉 상도(常道)의 비유이다. 『노자(老子)』 28장(章)

註 "동곽자문어장자(東郭子問於莊子) 소위도(所謂道) 오호재(惡乎在) 장자왈(莊子曰) 무소부재(無所不在) 동곽자왈(東郭子曰) 기이후가(期而後可) 장자왈(莊子曰) 재루의(在螻蟻) 왈(曰) 하기하야(何其下邪) 왈(曰) 재제패(在稊稗) 하기유하야(何其愈下邪) 왈(曰) 재와벽(在瓦甓) 왈(曰) 하기유심야(何其愈甚邪) 왈(曰) 재시뇨(在屎溺) 동곽자불응(東郭子不應)." 동곽자기가[東郭子] 장자(莊子)에게[於] 물었다[問] : 이른바[所謂] 도란[道] 어디에[惡乎] 있는[在] 것이오[所]? 장자가[莊子] 말했다[曰] : 있지[在] 않는[不] 데가[所] 없소[無]. 동곽자기가[東郭子] 말했다[曰] : 그렇다면[而後] 도가 있는 데를 분명히 할[期] 수 있는지요[可]? 장자가[莊子] 말했다[曰] : 땅강아지나[螻] 개미한테[蟻] 있소[在]. (동곽자기가) 말했다[曰] : 어찌[何] 도를[其] 낮추는 것[下]입니까[邪]? (장자가) 말했다[曰] : 돌피나[稊] 피에도[稗] 있소[在]. (동곽자기가) 말했다[曰] : 어찌[何] 도를[其] 더욱더[愈] 낮추는 것[下]입니까[邪]? (장자가) 말했다[曰] : 기왓장이나[瓦] 벽돌에도[甓] 있소[在]. (동곽자기가) 말했다[曰] : 어찌[何] (도를) 더욱더[愈] 심하게[甚] (낮추는 것)입니까[邪]? (장자가) 말했다[曰] : 똥이나[屎] 오줌에도[溺] 있소[在]. 동곽자기는[東郭子] (말문이 막혀) 응하지 못했다[不應].

동곽자(東郭子)는 성 안의 동곽(東郭)에 살았기 때문에 불리는 이름이고, 전자방(田子方)의 스승으로 『장자(莊子)』「전자방(田子方)」에 동곽순자(東郭順子)라고 나온다. 기이후가(期而後可)에서 기(期)는 도(道)가 있는 곳을 가리킨다. 『장자(莊子)』「지북유(知北遊)」

【보주(補註)】

- 〈도상무명박(道常無名樸)〉을 〈상도시상무명지박(常道是常無名之樸)〉처럼 옮기면 문맥을 좀 더 쉽게 잡을 수 있을 것이다. 〈상도는[道] 늘[常] 이름이[名] 없는[無之] 본디대로이다[樸].〉
- 무명박(無名樸)의 무명(無名)은 14장(章) **복귀어무물(復歸於無物)**의 무물(無物)을 상기시킨다. 무물(無物)은 유물(有物) 즉 있는[有] 것[物]이 없음[無]이니 무엇이라고 칭명(稱名)할 수 없다[無].

註 "불가명(不可名) 복귀어무물(復歸於無物.)" 무엇이라 이름할[名] 수 없고[不可], 없는[無] 것[物]으로[於] 되[復]돌아온다[歸]. 『노자(老子)』 14장(章)

【해독(解讀)】

- 〈도상무명박(道常無名樸)〉에서 도(道)는 주어 노릇하고, 상(常)은 무명(無名)을 꾸며주는 부사 노릇하고, 무명(無名)은 박(樸)을 꾸며주는 형용사 노릇하고, 박(樸)은 주격보어 노릇한다. 상(常)은 〈한결같은 일(一) · 항(恒)〉 등과 같아 항상(恒常)의 줄임말로 여기면 된다. 〈상도에는[道] 항상[常] 이름이[名] 없는[無] 본디대로이다[樸].〉
- 도상무명박(道常無名樸)을 두 구문으로 문맥을 잡아 새기는 경우도 있다. 이는 〈도상무명(道常無名) 이도상박(而道常樸)〉의 줄임으로 보고 새기는 셈이다. 그러나 무명박(無名樸)을 〈무명지박(無名之樸)〉으로 보고 단문으로 문맥을 잡아 새김이 마땅한 편이다. 〈상도는[道] 항상[常] 이름이[名] 없다[無]. (그리고 상도는 항상) 본디대로다[樸].〉

32-2 雖小(수소) 天下莫能臣(천하막능신)

▶ 비록[雖] {상도(常道)의 나타남은} 미소하지만[小], 천하에[天下] (어느 누구도 상도를) 지배할[臣] 수 없다[莫能].

비록 수(雖), 작을 소(小), 없을 막(莫), 능히 능(能), 지배할 신(臣)

【지남(指南)】

〈수소(雖小) 천하막능신(天下莫能臣)〉은 상도(常道)는 미소(微小)하여 보이거나 들리거나 잡히지 않지만, 천지만물의 시원(始原)이므로 천하의[天下] 그 무엇도 상도(常道)를 지배할[臣] 수 없음을 밝힌다.

여기 〈수소(雖小)〉의 소(小)는 34장(章) **상무욕(常無欲) 가명어소(可名於小)**와 62장(章) **만물지오(萬物之奧)**를 상기시킨다. 〈오(奧)〉란 만물이 저마다 함장(含藏) 즉 품어[含] 안으로 간직한[藏] 것[奧]이다. 작고 작아 무물(無物)의 것이 만물이 간직하고 있는 오(奧)를 일깨워 깨닫게 함이 여기 수소(雖小)의 소(小)이다. 물론 여기 소(小)는 도지현(道之現) 즉 상도의[道之] 나타남을[現] 뜻하기도 한다. 천하만물은 상도(常道)의 나타남이[現] 아닌 것이 없음을 뜻하기도 한다. 그러나 그 나타남을 눈으로 볼 수 없고, 귀로 들을 수 없으며, 손으로 만져볼 수도 없어 인간이 감지할 수 없음을 여기 수소(雖小)의 소(小)가 일깨워 깨우치게 한다.

그리고 여기 〈막능신(莫能臣)〉은 그 무엇이든 상도(常道)를 받들어[尊] 좇아 따를[順] 수밖에 없음을 밝힌다. 막능신(莫能臣)의 〈신(臣)〉은 만물이 상도(常道)를 함장(含藏)하고 있지만, 그것을 지배할 수 없고 따라야 함을 일깨워 깨우치게 한다. 이는 상도(常道)가 나를 따름이 아니라 내가 상도(常道)를 따라 상도(常道)의 신하가 되어야 함을 일깨워 깨우치게 한다. 52장(章)에 나오는 바대로 상도(常道)는 **천하모(天下母)**인지라 사람은 물론이고 만물은 **복수기모(復守其母)** 즉 그 어머니께로[其母] 돌아와[復] 지켜야 함을[守] 막능신(莫能臣)의 신(臣)이 일깨워 깨닫게 한다. 사람뿐 아니라 만물이 모두 상도(常道)의 신하가 돼야 함이며, 따라서 신(臣)은 51장(章) **존도이귀덕(尊道而貴德)**을 상기시킨다. 만물이 상도와[常道] 상덕을[常德] 받듦[尊貴]이란 만물이 도덕(道德)의 신하임을 뜻하는 셈이다.

물론 도덕(道德)은 만물로 하여금 신하가 되라고 강요하지 않고, 『장자(莊子)』에 나오듯이 만물을 **천방(天放)**한다. 그래서 상도(常道)는 생이불유(生而不有) 낳아주되[生而] 갖지 않고[不有], 위이불시(爲而不恃) 위해주되[爲而] 그 무엇도 바라지 않으며[不恃], 장이부재(長而不宰) 길러주되[長而] 이래라저래라 않는다[不宰]. 성인(聖人)이 바로 상도(常道)의 더없는 신하이다. 성인(聖人)도 본받을[法] 뿐인 상도(常道)를 천하(天下)의 그 무엇도 부릴 수 없음을 밝힌 말씀이 〈수소(雖小) 천하막능신(天下莫能臣)〉이다.

註 "상무욕(常無欲) 가명어소(可名於小)." 늘[常] 욕심이[欲] 없어[無] 작다고[於小] 일컬을[名] 수 있다[可].
『노자(老子)』 34장(章)

註 "도자만물지오(道者萬物之奧)." 상도라는[道] 것은[者] 온갖[萬] 것이[物之] 그윽이 깊게 간직한 것이다[奧].
『노자(老子)』 62장(章)

註 "천하유시(天下有始) 이위천하모(以爲天下母)…… 복수기모(復守其母) 몰신불태(歿身不殆)." 온 세상에[天下] 시원이[始] 있고[有], (그 시원으로) 써[以] 온 세상의[天下] 어머니로[母] 삼는다[爲]. …… 그[其] 어머니께로[母] 돌아와[復] 지킨다면[守] 평생토록[歿身] 위태롭지 않다[不殆].
『노자(老子)』 52장(章)

註 "만물막부존도이귀덕(萬物莫不尊道而貴德) 도지존(道之尊) 덕지귀(德之貴) 부막지명이상

자연(夫莫之命而常自然).” 온갖 것은[萬物] 도를[道] 받들면서[尊而] 덕을[德] 받들지 않을 수[不貴] 없다[莫]. 상도의[道之] 받듦과[尊] 덕의[德之] 높임[貴] 그것을[之] 무릇[夫] 하라 함이[命] 없어도[莫而] 늘[常] 절로[自] 그리한다[然]. 『노자(老子)』 51장(章)

註 “피민유상성(彼民有常性) 직이의(織而衣) 경이사(耕而食) 시위동덕(是謂同德) 일이부당(一而不黨) 명왈천방(命曰天放).” 저[彼] 백성한테는[民] 한결같은[常] 본성이[性] 있고[有], 길쌈해서[織而] 옷을 지어 입고[衣], 밭갈이해서[耕而] 먹을거리를 얻는다[食]. 이를[是] 상덕과[德] 함께함이라[同] 한다[謂]. 하나로 어울리되[一而] 패거리짓지 않음을[不黨] 아무런 구속함이 없음이라[天放] 일컫는다[命曰]. 『장자(莊子)』「마제(馬蹄)」

【보주(補註)】

- 〈수소(雖小) 천하막능신(天下莫能臣)〉을 〈수도소(雖道小) 임하물불감신기소(任何物不敢臣其小)〉처럼 옮기면 문맥을 좀 더 쉽게 잡을 수 있다. 〈비록[雖] 상도가[道] (그 나타남이) 작아도[小] 그 무엇도[任何物] 그[其] 작은 것을[小] 감히[敢] 지배하지 못한다[不臣].〉
- 수소(雖小)의 소(小)는 상도(常道)의 조화가 신묘(神妙)하고 현묘(玄妙)함을 밝힘이고, 천하막능신(天下莫能臣)의 신(臣)은 어느 누구도 상도(常道)의 조화를 뜻대로 조작할 수 없음을 깨닫게 한다.
- 천하막능신(天下莫能臣)이 〈천하불감신(天下不敢臣)〉으로 된 본(本)도 있고, 〈천하막능신야(天下莫能臣也)〉로 된 본(本)도 있다. 막능(莫能)과 불감(不敢)은 다 같이 부정(否定)의 뜻을 강조하므로 원문(原文)의 문의(文義)가 달라지지 않는다. 〈세상이[天下] 감히[敢] 신하로 삼지 못한다[不臣].〉 〈세상이[天下] 신하로 삼을[臣] 수 없는 것[莫能]이다[也].〉

【해독(解讀)】

- 〈수소(雖小) 천하막능신(天下莫能臣)〉은 양보의 종절과 주절로 이루어진 복문(複文)이다. 〈비록[雖] 소해도[小] 천하에[天下] 지배할 수 있는 것이[能臣] 없다[莫].〉
- 수소(雖小)에서 수(雖)는 양보의 접속사 노릇하고, 소(小)는 주격보어 노릇한다. 〈비록[雖] 작지만[小]〉
- 천하막능신(天下莫能臣)에서 천하(天下)는 막(莫)을 꾸며주는 부사구 노릇하고, 막(莫)은 〈없을 무(無)〉와 같아 동사 노릇하며, 능(能)은 신(臣)을 꾸며주는 부사

노릇하고, 신(臣)은 부정사(不定詞) 또는 동명사(動名詞)로서 막(莫)의 주어 노릇한다. 신(臣)은 〈지배될 하(下)〉와 같다. 〈천하에[天下] (상도를) 지배할 수[能臣] 없다[莫].〉

- 천하막능신(天下莫能臣)은 〈A막능위(莫能爲)B〉의 강한 부정(否定)을 나타내는 상용문이다. 〈A에는 B를 할 수 있음이[能爲] 없다[莫].〉

32-3 侯王若能守之(후왕약능수지) 萬物將自賓(만물장자빈)

▶ 임금이[侯王] 만약[若] 그것을[之] 잘[能] 지킨다면[守] 만물은[萬物] 곧장[將] 스스로[自] {상도(常道)로} 돌아와 따른다[賓].

임금 후(侯), 임금 왕(王), 만약 약(若), 지킬 수(守), 장차 장(將), 절로 자(自), 좇아 따를 빈(賓)

【지남(指南)】

〈후왕약능수지(侯王若能守之) 만물장자빈(萬物將自賓)〉은 임금[侯王]이 본디대로[樸] 상도(常道)의 자연(自然)을 본받아[法] 나라[國]를 다스려야[治] 함을 밝힌다. 〈약능수지(若能守之)〉란 〈능수기박(能守其樸)〉이나 〈능수기도(能守其道)〉가 된다. 그[其] 본디대로[樸]를 잘[能] 지킴[守]은 상도(常道)를 수호(守護)함이고, 그냥 그대로[自然]를 본받음이[法] 수박(守樸) 즉 상도(常道)를 좇아 지킴[守]이다. 치국(治國)하는 자(者)로 후왕(侯王)이 상도(常道)를 본받아[法] 본디대로[樸] 다스리면 백성뿐만 아니라 온갖 것이[萬物] 곧장[將] 후왕에게로 돌아와 빈복(賓服)한다는 것이다.

〈빈(賓)〉은 28장(章) **복귀어박(復歸於樸)**을 상기시켜 자연으로[於樸] 되돌아옴을[復歸] 비유한 말씀이니, 17장(章) **백성개위아자연(百姓皆謂我自然)**과 통한다. 백성 스스로 〈우리는[我] 자연이라[自然]〉 밝히면서 자연으로[於樸] 스스로[自] 돌아와[歸] 후왕(侯王)에게 순복(順服)함을 뜻함이 여기 〈자빈(自賓)〉이다. 그러므로 후왕(侯王)이 본디대로[樸] 따라서[順] 치국(治國)하면 백성과 만물이 스스로 심복(心服)하고 자화(自化)함을 살펴 새기고 헤아려 깨우치게 하는 말씀이 〈후왕약능수지

(侯王若能守之) 만물장자빈(萬物將自賓)〉이다.

註 "위천하곡(爲天下谷) 상덕내족(常德乃足) 복귀어박(復歸於樸)." 세상의[天下] 골짜기가[谷] 되니[爲] 상덕은[常德] 이내[乃] 만족돼[足] 나뭇등걸(자연)로[於樸] 되[復]돌아온다[歸].

『노자(老子)』 28장(章)

註 "공성사수(功成事遂) 백성개위아자연(百姓皆謂我自然)." 보람을[功] 이루고[成] 일을[事] 완수했어도[遂] 백성은[百姓] 모두[皆] 자기들은[我] 그냥 그대로라고[自然] 했다[謂].

『노자(老子)』 17장(章)

【보주(補註)】

- 〈후왕약능수지(侯王若能守) 만물장자빈(萬物將自賓)〉을 〈약후왕능수상도(若侯王能守常道) 만물장자빈어기후왕(萬物將自賓於其侯王)〉처럼 옮기면 문맥을 좀 더 쉽게 잡을 수 있다. 〈만약[若] 후왕이[侯王] 상도를[常道] 잘[能] 지킨다면[守] 온갖 것은[萬物] 그[其] 후왕에게[於侯王] 곧장[將] 저절로[自] 순복한다[賓].〉
- 후왕(侯王)의 수지(守之)는 〈수도(守道)〉이다. 후왕(侯王)의 수도(守道)란 후왕(侯王)이 무위지치(無爲之治)를 지킴[守]이다.
- 후왕약능수지(侯王若能守之)가 〈후왕약능수(侯王若能守)〉로 된 본(本)도 있고, 만물장자빈(萬物將自賓)이 〈만물장자보(萬物將自寶)〉로 된 본(本)도 있다. 빈(賓)은 순복(順服)을 곧장 나타냄이고, 보(寶)는 순복(順服)을 비유로 밝힘이라 원문(原文)의 문의(文義)가 달라지는 것은 아니다. 〈임금이[侯王] 만약[若] 잘[能] 지킨다면[守], 만물은[萬物] (후왕에게) 곧장[將] 절로[自] 귀한 것이 된다[賓].〉

【해독(解讀)】

- 〈후왕약능수지(侯王若能守之) 만물장자빈(萬物將自賓)〉은 조건의 종절과 주절로 이루어진 복문(複文)이다. 〈후왕이[侯王] 만약[若] 잘[能] 그것을[之] 지킨다면[守] 만물은[萬物] 장차[將] 저절로[自] 복종한다[寶].〉
- 후왕약능수지(侯王若能守之)에서 후왕(侯王)은 주어 노릇하고, 약(若)은 조건의 접속사 노릇하며, 능(能)은 수(守)를 꾸며주는 조동사 노릇하고, 수(守)는 동사 노릇하고, 지(之)는 지시어로 수(守)의 목적어 노릇한다. 〈만약[若] 후왕이[侯王] 그것을[之] 지킬 수 있다면[能守]〉

● 만물장자빈(萬物將自賓)에서 만물(萬物)은 주어 노릇하고, 장(將)과 자(自)는 빈(賓)을 꾸며주는 부사 노릇하며, 빈(賓)은 동사 노릇한다. 빈(賓)은 〈따를 복(服), 숙일 복(伏)〉 등과 같아 빈복(賓服)의 줄임말로 여기면 된다. 〈만물은[萬物] 곧 장[將] 스스로[自] 좇아와 따른다[賓].〉

32-4 天地相合(천지상합) 以降甘露(이강감로)

▶ 천지간의[天地] {음양(陰陽)이} 서로[相] 화합하고[合] 그로써[以] (그 화합이 천지에) 단[甘] 이슬을[露] 내린다[降].

서로 상(相), 합할 합(合), 써 이(以), 내릴 강(降), 달 감(甘), 이슬 로(露)

【지남(指南)】

〈천지상합(天地相合) 이강감로(以降甘露)〉는 앞서 살핀 〈후왕약능수지(侯王若能守)〉의 결과를 밝힌다. 〈천지상합(天地相合)〉이란 천지간지음양상합(天地間之陰陽相合)이고, 동정상합(動靜相合)·강유상화(强柔相和)이다. 이는 곧 일음일양(一陰一陽) 즉 천도(天道)를 일깨워준다. 일음일양(一陰一陽)의 도(道)란 만물을 생성하는 조화의 이치[道]이니 이를 계승함이 선(善)이요, 이를 성취함이 성(性) 즉 천명(天命)이다.

천지(天地)의 상합(相合)으로 만물은 자연지도(自然之徒) 즉 그냥 그대로의[自然之] 무리[徒]가 된다. 그래서 39장(章)에 **만물득일이생(萬物得一以生)**이란 말씀이 나오고, 『장자(莊子)』에도 **기일여천위도(其一與天爲徒)**란 말이 있다. 그[其] 득일(得一)로써 자연과[與天] 한 무리가[徒] 됨이[爲] 여기 〈천지상합(天地相合)〉이다. 이는 천지(天地)·음양(陰陽)·동정(動靜)·강유(剛柔)·자웅(雌雄)·백욕(白辱) 등이 둘[二]이 아니라 하나[一]가 됨이다.

천지가[天地] 하나 되어야 감로(甘露)를 내리지[降], 천양(天陽) 따로 지음(地陰) 따로 둘[二]이 되면 감로(甘露)를 내리지 못한다. 감로(甘露)란 생기(生氣)를 비유함이니, 하나 됨[爲一]이 본디대로[樸] 그냥 그대로[自然]임을 비유한 말씀이 〈강감로(降甘露)〉이고, 이 또한 무위지치(無爲之治)를 견주어[比] 깨우쳐주고, 나아가 온 세상이 35장(章)의 **안평태(安平泰)** 즉 화평하고[平] 태안함을[泰] 비유해준다[喩]. 그러므로 천지(天地)의 상합(相合)으로 말미암아 감로(甘露)가 내려[降], 즉 평태(平泰)하여 만물이 생지휵지(生之畜之)함을 살펴 새기고 헤아려 무위지치(無爲之治)를 깨우치게 하는 말씀이 〈천지상합(天地相合) 이강감로(以降甘露)〉이다.

註 "만물득일이생(萬物得一以生)." 온갖 것은[萬物] 하나를[一] 얻음[得]으로써[以] 생긴다[生].

『노자(老子)』 39장(章)

註 "기일야일(其一也一) 기불일야일(其不一也一) 기일여천위도(其一與天爲徒) 기불일여인위도(其不一與人爲徒) 천여인불상승야(天與人不相勝也) 시지위진인(是之謂眞人)." 그[其] 하나라는 것도[一也] 하나의 입장이고[一], 그[其] 하나가 아니란 것도[不一也] 하나의 입장이다[一]. 그[其] 하나의 입장은[一] 자연과[與天] 무리가[徒] 되고[爲], 그[其] 하나가 아니라는 입장은[不一] 인간과[與人] 무리가[徒] 된다[爲]. 자연과[天與] 사람이[人] 서로[相] 무릅쓰지 않는 것[不勝]이다[也]. 이를[是之] 진인이라[眞人] 한다[謂].

시비·분별의 논란을 일으키는 〈기불일(其不一)〉이란 인간의 짓[人爲]이다. 자연[天]의 짓은 오직 〈기일(其一)〉이란 포일(抱一)의 무위(無爲)이다. 진인(眞人)·지인(至人)·신인(神人)·성인(聖人) 등은 다 같은 말씀이다.

『장자(莊子)』「대종사(大宗師)」

註 "집대상(執大象) 천하왕(天下往) 왕이불해(往而不害) 안평태(安平泰)." 상도의[大] 짓을[象] 지키니[執] 세상 사람들이[天下] 찾아온다[往]. 찾아오면[往而] 해로움이 없고[不害], 이에[安] 화평하고[平] 태안하다[泰].

『노자(老子)』 35장(章)

【보주(補註)】

- 〈천지상합(天地相合) 이강감로(以降甘露)〉를 〈천여지상합(天與地相合) 시이천지강감로(是以天地降甘露)〉처럼 옮기면 문맥을 좀 더 쉽게 잡을 수 있다. 〈천과[天與] 지가[地] 서로[相] 합한다[合]. 이로[是]써[以] 천지가[天地] 감로를[甘露] 내린다[降].〉
- 천지상합(天地相合)의 상합(相合)은 불상승(不相勝) 서로[相] 무릅쓰지 않음[不勝]을 생각하게 한다. 불상승(不相勝)은 부쟁(不爭)·불해(不害)와 같다. 불상승(不相勝)·부쟁(不爭)·불해(不害)는 천도(天道) 즉 자연의[天] 규율[道]이고, 나아가 천화(天和) 즉 자연(自然)의 어울림[和]이며, 천락(天樂) 즉 자연을[天] 즐김[樂]이다.

【해독(解讀)】

- 〈천지상합(天地相合) 이강감로(以降甘露)〉는 두 구문으로 이루어진 중문(重文)이다. 〈천지가[天地] 상합한다[相合]. 그로써[以] 감로를[甘露] 강한다[降].〉
- 천지상합(天地相合)에서 천지(天地)는 주어 노릇하고, 상(相)은 합(合)을 꾸며주는 부사 노릇하며, 합(合)은 동사 노릇한다. 합(合)은 〈어울릴 화(和), 하나 될 일(一)〉 등과 같아 화합(和合) · 합일(合一)의 줄임말로 여기면 된다. 〈천지가[天地] 서로[相] 어울린다[合].〉 〈천지가[天地] 서로[相] 하나가 된다[合].〉
- 이강감로(以降甘露)에서 이(以)는 〈시이(是以)〉의 줄임으로 강(降)을 꾸며주는 부사 노릇하고, 강(降)은 주어는 생략되었지만 동사 노릇하고, 감로(甘露)는 강(降)의 목적어 노릇한다. 이(以)는 〈써 용(用)〉과 같고, 강(降)은 〈내릴 하(下)〉와 같아 강하(降下)의 줄임말로 여기면 된다. 〈그로써[以] 감로를[甘露] 내린다[降].〉

32-5 民莫之令而自均(민막지령이자균)

▶ 백성한테[民] 그것을[之] 명령함이[令] 없어도[莫而] 그냥 그대로[自] 균일하다[均].

없을 막(莫), 그것 지(之), 명령할 령(令), 그러나 이(而), 스스로 자(自), 균등할 균(均)

【지남(指南)】

〈민막지령이자균(民莫之令而自均)〉은 천지(天地)가 서로[相] 하나 됨[合]을 본받아[法] 치민(治民)하면 백성이 자균(自均)함을 밝힌다. 〈자균(自均)〉이란 자연평균(自然平均)으로 그냥 그대로[自然] 균일함[平均]이니, 백성이 절로[自] 어울려 하나[合] 됨이다. 이는 17장(章)에서 살핀 백성개위아자연(百姓皆謂我自然)이란 말씀을 상기시키고, 57장(章)의 아무위이민자화(我無爲而民自化)를 살펴보게 한다. 백성이 절로 화합하고 합일하여 균일하자면 백성 스스로 자화(自化)하고, 자정(自正)하며, 자부(自富)하고, 자박(自樸)해야 한다. 그러므로 자균(自均)이란 자화(自

化)·자정(自正)·자부(自富)·자박(自樸)하여 아자연(我自然)이 되는 것이다.

치자(治者)가 백성에게 명령해서는[令] 절로[自] 변화함[化]이 이루어질 수 없고, 절로[自] 바름[正]이 이루어질 수 없으며, 절로[自] 만족함[富]이 이루어질 수 없고, 절로[自] 본디대로[樸] 이루어질 수 없다. 백성이 모두 절로 우리[我]는 자연(自然) 그대로라 함은 스스로[自] 평등함[均]이다. 여기 자균(自均)은 『장자(莊子)』에 나오는 **천균(天均)·양행(兩行)**과 같다. 그러므로 천지상합(天地相合)을 본받아[法] 무위(無爲)로 치민(治民)하면 백성은 자균(自均)하여 균일(均一)함을 밝힌 말씀이 〈민막지령이자균(民莫之令而自均)〉이다.

註 "공성사수(功成事遂) 백성개위아자연(百姓皆謂我自然)." {태상(太上)이} 보람을[功] 이루고[成] 일을[事] 완수했어도[遂] 백성은[百姓] 모두[皆] 자기들이[我] 그냥 그대로라[自然] 했다[謂].

『노자(老子)』 17장(章)

註 "아무위이민자화(我無爲而民自化) 아호정이민자정(我好靜而民自正) 아무사이민자부(我無事而民自富) 아무욕이민자박(我無欲而民自樸)." 나한테[我] {내 상심(常心)으로} 행함이[爲] 없다[無]. 그래서[而] 백성은[民] 절로[自] {무위(無爲)를} 본받아 새롭다[化]. 내가[我] 고요함을[靜] 좋아한다[好]. 그래서[而] 백성은[民] 절로[自] 바르게 되었다[正]. 나한테[我] {내 상심(常心)으로} 일함이[事] 없다[無]. 그래서[而] 백성은[民] 절로[自] {그 무사(無事)를} 본받아 풍요롭다[富]. 나한테[我] (내 뜻대로) 욕심냄이[欲] 없다[無]. 그래서[而] 백성은[民] 절로[自] {그 무욕(無欲)을} 본받아 그냥 그대로 된다[樸].

『노자(老子)』 57장(章)

註 "역인시야(亦因是也) 시이성인화지이시비(是以聖人和之以是非) 이휴호천균(而休乎天均) 시지위양행(是之謂兩行)." 역시[亦] 자연에[是] 맡기는 것[因]이다[也]. 이렇기[是] 때문에[以] 성인은[聖人] 자연에 맡김으로[之]써[以] 시비를[是非] 화해시킨다[和]. 그리고[而] (성인은) 자연의 평균에[乎天均] 쉰다[休]. 이를[是之] 둘의[兩] 통함이라[行] 한다[謂].

천균(天均)은 자연은[天] 만물일야(萬物一也) 즉 만물을 차별하지 않음을[一] 뜻하고, 양행(兩行)은 피차(彼此) 사이에 아무런 장애가 없어 상통(相通)함을 뜻한다.

『장자(莊子)』「제물론(齊物論)」

【보주(補註)】

- 〈민막지령이자균(民莫之令而自均)〉을 〈민막령상합(民莫令相合) 이민자균(而民自均)〉처럼 옮기면 문맥을 좀 더 쉽게 잡을 수 있다. 〈백성한테[民] 서로[相] 합일하라[合] 명령함이[令] 없어도[莫而] 백성은[民] 절로[自] 균등하다[均].〉
- 자균(自均)은 〈자연평균(自然平均)·자연균일(自然均一)〉의 줄임이다. 법률로

평등함이 아니라 법자연(法自然)으로써 평등함이다. 자균(自均)이란 『장자(莊子)』의 천균(天均)과 같다.

註 "만물개종야(萬物皆種也) 이부동형상선(以不同形相禪) 시졸약환(始卒若環) 막득기륜(莫得其倫) 시위천균(是謂天均) 천균자천예야(天均者天倪也)." 온갖 것은[萬物] 모두[皆] 씨앗이 낸 것[種]이다[也]. {다른 종(種)과} 같지 않은[不同] 체형으로[形]써[以] {저마다의 체형(體形)을} 서로[相] 물려주고[禪], 처음과[始] 끝이[卒] 고리[環] 같아[若] 그[其] 순서를[倫] 알 수가[得] 없다[莫]. 이를[是] 자연의[天] 평균이라[均] 한다[謂]. 자연의[天] 평균이란[均] 것은[者] 자연의[天] 처음과 끝[倪]이다[也].

천예(天倪)는 천지단예(天之端倪) 즉 자연의[天之] 처음과[端] 끝[倪]을 줄인 술어(術語)이다. 그래서 천예(天倪)를 자연(自然)의 분제(分際) 즉 나누어진 사이[分際]라 하고, 이를 자연의 길이라 한다. 『장자(莊子)』「우언(寓言)」

【해독(解讀)】

- 〈민막지령이자균(民莫之令而自均)〉은 역접(逆接)의 연사(連詞) 노릇하는 〈그러나 이(而)〉로 이루어진 중문(重文)이다. 〈민막지령한다[民莫之令]. 그러나[而] 자균한다[自均].〉
- 민막지령(民莫之令)에서 민(民)은 막(莫)을 꾸며주는 부사 노릇하고, 막(莫)은 〈없을 막(莫)〉으로 동사 노릇하며, 지(之)는 〈그것 지(之)〉로 영(令)의 목적어 노릇하고, 영(令)은 영어의 동명사 같은 구실로 막(莫)의 주어 노릇한다. 막(莫)은 〈없을 무(無)〉와 같다. 〈백성한테[民] 그것을[之] 명령함이[令] 없다[莫].〉
- 자균(自均)에서 자(自)는 균(均)을 꾸며주는 부사 노릇하고, 균(均)은 주어가 생략되었지만 동사 노릇한다. 균(均)은 〈고를 평(平)·등(等)〉과 같다. 〈스스로[自] 균등하다[均].〉
- 민막지령(民莫之令)은 〈A막(莫)B〉 또는 〈A막위(莫爲)B〉의 상용문이다. 물론 막(莫)이 〈~하지 말 물(勿)〉과 같을 때는 〈말위(勿爲)A〉와 같은 상용문이다. 〈A에는 B가 없다[莫].〉 〈A에는 B를 함이[爲] 없다[莫].〉 〈A를 하지[爲] 말라[莫].〉

32-6 始制有名(시제유명)

▶ (상도가) 제작하기[制] 시작하니[始] 이름이[名] 생겼다[有].

시작할 시(始), 지을 제(制), 있을(생길) 유(有), 이름 명(名)

【지남(指南)】

〈시제유명(始制有名)〉은 상도(常道)의 조화(造化)가 아닌 인간이 그냥 그대로[樸]인 것을 마르기[制] 시작하면서 이름이 있게 됨을 밝힌다. 자르고 베어 치수를 정해 기물을 만들기 시작함이 〈시제(始制)〉이다. 상도(常道)의 조화는 자연(自然)이지만, 그 조화로 있는 그대로의 것은 무명지박(無名之樸)이다. 그 박(樸)에 가해지는 인위(人爲)의 조작(造作)으로 유명지기(有名之器) 즉 이름을[名] 갖는[有之] 기물이[器] 된다.

이름 없는[無名之] 그냥 그대로의 것[樸]은 자연(自然) 즉 무위(無爲)의 것이고, 이름이 있는[有名之] 기물[器]은 인위(人爲)의 것이다. 그러므로 시제유명(始制有名)은 28장(章)의 **박산즉위기(樸散則爲器)**를 상기시킨다. 박산(樸散)의 〈박(樸)〉은 무위자연(無爲自然)을 비유하여 상도(常道)의 조화를 일깨우고, 박산(樸散)의 〈산(散)〉은 시제유명(始制有名)의 시제(始制)를 살펴 헤아리게 한다. 따라서 시제유명(始制有名)의 유명(有名)에서 명(名)은 〈위기(爲器)〉의 기(器)를 나타내고 있음을 알 수 있다. 뿐만 아니라 〈유명(有名)〉은 2장(章)에서 살핀 **유무상생(有無相生)**을 떠올리게 한다.

물론 인간은 무명(無名)의 박(樸)에도 이름을 붙였다. 나무니 풀이니 짐승이니 새니 등 만물에 이름을 주고 이름을 불러 안다[知] 말한다. 따라서 상도(常道)가 짓는 기(機) 즉 조화의 시원(始原)으로 상도(常道)의 체(體)를 이름으로 말할 수는 없지만, 기(機)가 드러나는[顯] 만물은 상도(常道)의 용(用)이고 그것이 박(樸)이다. 그래서 시제유명(始制有名)의 시제(始制)는 박(樸)에 이름을 주기 시작한 것인 동시에, 인간이 마름하여 만들어낸 기물에도 이름을 주기 시작하였음을 말한다.

박산(樸散)의 산(散)은 박(樸)을 베고 쪼개고 잘라 물건을 만듦이니, 소나무 등걸은 박(樸)으로서의 만물이지만 그것을 쪼개고 잘라 가구를 만들어 쓰는 것이 박산위기(樸散爲器)의 〈위기(爲器)〉이다. 그냥 그대로의 것[樸]을 가공하여[散] 기물(器物)을 만들어[爲] 책상이니 의자니 이름을 붙여주는 인간의 짓을 살펴 새기고 헤아려 깨우치게 하는 말씀이 〈시제유명(始制有名)〉이다.

註 "박산즉위기(樸散則爲器)." 나뭇등걸이[樸] 쪼개지면[散] 곧[則] 기물이[器] 된다[爲]. 〈나뭇등걸 박(樸)〉을 〈본디대로 박(樸)〉이라고 새겨도 된다. 『노자(老子)』 28장(章)

註 "유무상생(有無相生)." 있고[有] 없음은[無] 서로[相] 생긴다[生]. 『노자(老子)』 2장(章)

【보주(補註)】

- 〈시제유명(始制有名)〉을 〈즉각상도시제만물(卽刻常道始制萬物) 인차유만물지명야(因此有萬物之名也)〉처럼 옮기면 문맥을 좀 더 쉽게 잡을 수 있다. 〈상도가[常道] 만물을[萬物] 만들기를[制] 시작하자[始]마자[卽刻] 만물의[萬物之] 이름이[名] 있는 것[有]이다[也].〉
- 시제(始制)의 제(制)는 상도(常道)의 조화를 뜻하고, 유명(有名)을 줄여 유(有)라 하며, 유(有)는 삼라만상 만물로 드러난다[顯]. 무명(無名)을 줄여 무(無)라 하고, 이는 만물에 간직되는[藏] 도기(道氣)로 62장(章) 만물지오(萬物之奧)의 오(奧)를 상기시킨다. 그러므로 유무(有無)란 상도(常道)의 체용(體用)을 뜻한다.

註 "도자만물지오(道者萬物之奧)." 상도라는[道] 것은[者] 온갖 것이[萬物之] 간직하고 있는 것이다[奧]. 『노자(老子)』 62장(章)

【해독(解讀)】

- 〈시제유명(始制有名)〉은 시간의 종절과 주절로 이루어진 복문(複文)이다. 〈시제하자[始制], 명이[名] 생긴다[有].〉
- 시제(始制)에서 시(始)는 주어가 생략됐지만 동사 노릇하고, 제(制)는 시(始)의 목적어 노릇한다. 제(制)는 〈지을 작(作)〉과 같아 제작(制作)의 줄임말로 여기면 된다. 제(制)는 제물(制物)의 줄임으로 조화(造化)를 뜻한다. 〈제작을[制] 시작한다[始].〉
- 유명(有名)에서 유(有)는 〈있을 유(有)〉로 동사 노릇하고, 명(名)은 주어 노릇한다. 〈명이[名] 있다[有].〉
- 유명(有名)은 〈A유(有)B〉의 상용문이다. 물론 유(有)가 〈있을 유(有)〉로서 동사 노릇할 때 A는 부사 노릇하고 B가 주어 노릇하며, 유(有)가 〈가질 유(有)〉로서 동사 노릇할 때는 A가 주어 노릇하고 B는 목적어 노릇한다. 〈A에는 B가 있다[有].〉 〈A는 B를 갖는다[有].〉

32-7 名亦既有(명역기유) 夫亦將知止(부역장지지)

▶이름이[名] 또한[亦] 이미[旣] 있으니[有] 무릇[夫] 또한[亦] (이름 있는 것은 상도에) 장차[將] 멈출 줄[止] 알아야 한다[知].

이름 명(名), 또한 역(亦), 이미 기(旣), 있을 유(有), 무릇 부(夫), 장차 장(將), 알 지(知), 머물 지(止)

【지남(指南)】

〈명역기유(名亦旣有) 부역장지지(夫亦將知止)〉는 유명(有名) 즉 상도(常道)의 조화(造化)로 생긴 만물의 하나인 인간은 상도(常道)에 머물 줄 알아야 함을 밝힌다. 만물(萬物)은 이미[旣] 있는 것[有]으로 사람이 붙여준 명[名]을 간직할 수 있음[有]이니 유명지물(有名之物)이다. 상도(常道)가 조화(造化)하여 그냥 그대로의 것[樸]뿐만 아니라, 인간이 제작하여 존재하는 기물[器] 역시 이름이[名] 있는[有之] 것[者]이다. 무명(無名)을 모르고 유명(有名)만 안다면, 이는 상도(常道)를 저버린[棄] 탓인지라 무명(無名)에 머물[止] 줄 모름[不知]이다. 그래서 무위(無爲)면 지지(知止)하고, 인위(人爲)면 부지지(不知止)라 한다.

법자연(法自然)으로 무위(無爲)는 무명(無名) 역시 유명(有名)이고 유명(有名) 또한 무명(無名)임을 아는지라 박역기(樸亦器)로 머물[止] 줄 알고, 그 앎[知]은 현묘함에[玄妙] 머문다[止]. 그냥 그대로[自然] 본받기[法]를 저버린 인위(人爲)는 무명(無名)과 유명(有名)을 둘로 보기 때문에, 박여기(樸與器)로 본디대로와[樸與] 기물[器]이 둘로 나뉘어 곡직(曲直) · 거세(巨細) · 대소(大小) · 장단(長短) · 유무(有無) 등이 둘[二]로 나누어진다. 박(樸)과 기(器)를 둘로 보는 인위(人爲)는 본디대로[樸]와 기물[器]이 둘이어서 시비 · 논란으로 말미암은 상쟁(相爭)을 불러온다.

유명(有名) 역시 무명(無名)의 무위(無爲)인 박(樸)과 하나[一]가 되어, 시비 · 논란을 벗어나 부쟁(不爭)의 무명지박(無名之樸)에 머물[止] 줄 알아야 함을 밝힌 말씀이 〈명역기유(名亦旣有) 부역장지지(夫亦將知止)〉이다.

【보주(補註)】

- 〈명역기유(名亦旣有) 부역장지지(夫亦將知止)〉를 〈유상도역기유명고(由常道亦

旣有名故) 부인역장지지어상도(夫人亦將知止於常道)〉처럼 옮기면 문맥을 좀 더 쉽게 잡을 수 있다. 〈상도로[常道] 말미암아[由] 역시[亦] 이미[旣] 명이[名] 있기[有] 때문에[故] 무릇[夫] 인간은[人] 장차[將] 상도에[於常道] 머물 줄[止] 알아야 한다[止].〉

- 지지(知止)는 〈지지어상도(知止於常道)〉의 줄임이다. 물론 지지(知止)를 〈지지어무명(知止於無名)〉의 줄임으로 헤아려도 된다. 이러한 지지(知止)란 곧 19장(章)에서 살핀 **영유소속**(令有所屬)의 소속(所屬)을 앎이고[知], 5장(章)에서 살핀 **수중**(守中)의 삶을 누릴 줄 앎을 뜻한다. 〈상도에[於常道] 머물 줄[止] 안다[知].〉〈무명에[於無名] 머물 줄[止] 안다[知].〉

註 "영유소속(令有所屬) 견소포박(見素抱樸) 소사과욕(少私寡欲)." (백성으로) 하여금[令] 따르를[屬] 바를[所] 취하게 한다[有]. 그냥 있는 그대로를[素] 살피고[見] 그냥 있는 그대로를[樸] 간직해 지키며[抱], 제 몫을[私] 적게 하고[少] 욕망을[欲] 적게 한다[寡]. 『노자(老子)』 19장(章)

註 "다언수궁(多言數窮) 불여수중(不如守中)." 말이[言] 많으면[多] 이치가[數] 막히니[窮] {상도(常道)를} 따름을[中] 지킴만[守] 못하다[不如]. 『노자(老子)』 5장(章)

【해독(解讀)】

- 〈명역기유(名亦旣有) 부역장지지(夫亦將知止)〉는 원인의 종절과 주절로 이루어진 복문(複文)이다. 〈명역기유이기 때문에[名亦旣有] 부역장지지한다[夫亦將知止].〉
- 명역기유(名亦旣有)는 〈역기유명(亦旣有名)〉에서 명(名)을 전치한 어투이다. 명역기유(名亦旣有)에서 명(名)은 전치되었지만 유(有)의 주어 노릇하고, 역(亦)은 어세를 더해주는 어조사 노릇하며, 기(旣)는 유(有)를 꾸며주는 부사 노릇하고, 유(有)는 〈있을 유(有)〉로 동사 노릇한다. 〈역시[亦] 이미[旣] 이름이[名] 있기 때문에[有]〉
- 부역장지지(夫亦將知止)에서 부역(夫亦)은 어세를 더하는 어조사 노릇하고, 장(將)은 지(知)를 꾸며주는 부사 노릇하며, 지(知)는 주어가 생략되었지만 동사 노릇하고, 지(止)는 지(知)의 목적어 노릇한다. 장(將)은 〈장차 점(漸)〉과 같고, 지(止)는 〈멈출 처(處)〉와 같다. 〈무릇[夫] 또한[亦] 장차[將] 머묾을[之] 알아야

한다[知].〉

- 명역기유(名亦旣有)는 〈A유(有)B〉의 상용문이다. 물론 유(有)가 〈있을 유(有)〉로서 동사 노릇할 때는 A는 부사 노릇하고 B가 주어 노릇하며, 유(有)가 〈가질 유(有)〉로서 동사 노릇할 때는 A가 주어 노릇하고 B는 목적어 노릇한다. 〈A에는 B가 있다[有].〉 〈A는 B를 갖는다[有].〉

32-8 知止可以不殆(지지가이불태)

▶ 멈출 줄을[止] 앎으로[知] 써[以] 위태롭지 않을[不殆] 수 있다[可].

알 지(知), 그칠 지(止), 가할 가(可), 써 이(以), 없을 불(不), 위태로울 태(殆)

【지남(指南)】

〈지지가이불태(知止可以不殆)〉는 지지(知止)해야 하는 까닭을 밝힌다. 〈지지(知止)〉란 〈지지어무명(知止於無名) · 지지어무위(知止於無爲) · 지지어자연(知止於自然) · 지지어박(知止於樸)〉 등등을 묶음이다. 이는 곧 법자연(法自然)에 멈추어[止] 무위(無爲)를 행함도 되고, 동시에 인위(人爲)를 그쳐[止] 무위(無爲)로 돌아옴도[歸] 된다. 여기 지지(知止)는 19장(章) **절성기지(絶聖棄智) · 절인기의(絶仁棄義) · 절교기리(絶巧棄利)**를 상기시키고, 〈견소포박(見素抱樸) 소사과욕(少私寡欲)〉의 삶을 누릴 줄 앎이기도 하다.

인의(仁義)를 앞세우는 성인(聖人)과 인지(人智)를 앞세우는 현자(賢者)를 절기(絶棄)하고, 탐욕을 불러오는 교리(巧利)를 절기(絶棄)하라 함은 인위(人爲)의 짓을 범하지 말라 함이다. 『장자(莊子)』에 나오는 〈무기(無己) · 무공(無功) · 무명(無名)〉의 삶을 누리는 무위(無爲)의 성인(聖人)을 본받을 줄 알라[知] 함이 여기 지지(知止)이기도 하다. 이런 지지(知止)야말로 법자연(法自然)을 알고[知] 행함이며, 인위(人爲)의 그침도[止] 된다. 따라서 여기 지지(知止)란 5장(章)에서 살핀 **불여수중(不如守中)**을 알고 행할 줄 앎이다.

이러한 지지(知止)는 『장자(莊子)』에 나오는 **피역시(彼亦是)**를 알아 **도통위일(道通爲一)** 즉 상도(常道)는 두루 통해서[通] 온갖 것이 하나가[一] 됨에[爲] 머물 줄

[止] 앎이다. 피차(彼此)를 나누어 둘로 여기지 말라 함이니, 그것을 둘로 나누면 인생만사가 서로 불통(不通)하여 시비 · 논란의 상승(相勝)을 가져온다. 서로[相] 이기자고[勝] 하면 상쟁(相爭)을 면할 수 없고, 상승(相勝)하여 상쟁(相爭)함이 여기 〈태(殆)〉이다. 인위(人爲)의 상쟁(相爭)은 삶[生]을 위태롭게 한다[殆]. 피차(彼此)를 하나[一]로 보고 저것[彼] 역시[亦] 이것[是]에 지(止)하면, 시비 · 논란이 일지 않아 상승(相勝)의 상쟁(相爭)이 일어나지 않음이 〈불태(不殆)〉이다.

피역시(彼亦是)면 삶이 불상승(不相勝)의 부쟁(不爭)을 누리고 서로[相] 이기려 하지 않아서[不勝] 다투지 않음[不爭]이 불태(不殆)이니, 지지(知止)하여 불태(不殆)함이란 불상쟁(不相爭)의 안거(安居)를 누리게 함이다. 이러한 지지는[知止] 『장자(莊子)』의 **우저용(寓諸庸)**과 **인시이(因是已)**란 말을 떠올린다. 우저용(寓諸庸)은 통함을[通] 알맞게 씀에[於庸] 머묾[寓]으로, **수중(守中)** 즉 상도를 따라[中] 지킴과[守] 같아 수도(守道) · 종도(從道)할 줄 알고 행함이다.

그러므로 법자연(法自然)의 삶을 누릴 줄 안다면 그 삶에 위태함이란 없음을[不殆] 살펴 새기고 헤아려 깨우치게 하는 말씀이 〈지지가이불태(知止可以不殆)〉이다.

註 "절성기지(絶聖棄智) 민리백배(民利百倍) 절인기의(絶仁棄義) 민복효자(民復孝慈) 절교기리(絶巧棄利) 도적무유(盜賊無有)." 성지를[聖] 끊고[絶] 지혜를[智] 버리면[棄] 백성이[民] 백배로[百倍] 이로워지고[利], 인을[仁] 끊고[絶] 의를[義] 버리면[棄] 백성은[民] 효도와[孝] 자애로[慈] 돌아오며[復], 재주 부리기를[巧] 끊고[絶] 이득을[利] 버리면[棄] 도둑질과[盜] 해치는 짓이[賊] 있음이[有] 없다[無]. 『노자(老子)』 19장(章)

註 "다언수궁(多言數窮) 불여수중(不如守中)." 말이[言] 많으면[多] 이치가[數] 막히니[窮], 알맞음을[中] 지킴만[守] 못하다[不如]. 『노자(老子)』 5장(章)

註 "인시인비(因是因非) 인비인시(因非因是) 시이(是以) 성인불유이조지우천(聖人不由而照之于天) 역인시야(亦因是也) 시역피야(是亦彼也) 피역시야(彼亦是也) 피역일시비(彼亦一是非) 차역일시비(此亦一是非) 과차유피시호재(果且有彼是乎哉)." {시비(是非)를 둘로 대(對)하면} 시로[是] 말미암아[因] 비가[非] 말미암고[因], 비로[非] 말미암아[因] 시가[是] 말미암는다[因]. 이렇기[是] 때문에[以] 성인은[聖人] {시비(是非)의 대(對)를} 통하지 않고서[不由而] 자연에[于天] 시비를[之] 비추어본다[照]. {성인(聖人)의 조지우천(照之于天)이란} 역시[亦] (시비가 없는) 자연에[是] 맡김[因]이다[也]. 이것[是] 역시[易] 저것[彼]이고[也], 저것[彼] 역시[亦] 이것[是]이다[也]. 저것[彼] 역시[亦] 하나의[一] 시비이고[是非], 이것[此] 역시[亦] 하나의[一] 시비이다[是非]. 과연[果] 또[且] 저것이것이[彼是] 있는[有] 것인가[乎哉]? {피시(彼是)는 인간의 것이지 자연에는 없다.}

역인시(亦因是)의 시(是)는 천(天) 즉 자연(自然)을 나타내는 지시어이다.

『장자(莊子)』「제물론(齊物論)」

註 "여여서시(厲與西施) 희궤휼궤(恢恑憰怪) 도통위일(道通爲一) 기분야성야(其分也成也) 기성야훼야(其成也毁也) 범물무성여훼(凡物無成與毁) 부통위일(復通爲一) 유달자지통위일(唯達者知通爲一) 위시불용이우저용(爲是不用而寓諸庸) 용야자용야(庸也者用也) 용야자통야(用也者通也) 통야자득야(通也者得也) 적득이기의(適得而幾矣) 인시이(因是已) 이이부지기연(已而不知其然) 위지도(謂之道)." 문둥이와[厲與] 미인 서시는[西施] (서로 비교한다면 서로 달라) 야릇하고[恢恑] 괴상하지만[憰怪], {이는 형상(形象)에 사로잡힘이지} 도의[道] 통함은[通] (문둥이와 서시가) 하나로[一] 된다[爲]. {상도(常道)에서 보면} 그[其] 나누어짐[分]이란[也] 어우러짐[成]이고[也], 그[其] 어우러짐[成]이란[也] 이지러짐[毁]이다[也]. 온갖 것에는[凡物] 어우러짐과[成與] 이지러짐이[毁] (따로) 없어[無], {성(成)과 훼(毁)는 도(道)로써} 다시[復] 통하여[通] 하나가[一] 된다[爲]. 오로지[唯] {상도(常道)에} 다다른[達] 자만이[者] 통하면[通] 하나가[一] 되고[爲], 제 주장을[是] 쓰지 않으면[不用而] 알맞음을 씀[庸]에[諸] 머묾을[寓] 안다[知]. 용(庸)이란[也] 것은[者] 씀[用]이고[也], 용(用)이란[也] 것은[者] 통함[通]이며[也], 통(通)이란[也] 것은[者] 얻음[得]이다[也]. {통(通)함에} 이름을[適] 얻으면[得而] 상도(常道)에 가까움[幾]이다[矣]. 그 상도에[是] 맡길[因] 뿐이다[已]. {상도(常道)에} 멈추면서[已而] 그냥 그러함도[其然] 모르는[不知] 그것을[之] 도라[道] 한다[謂].

『장자(莊子)』「제물론(齊物論)」

【보주(補註)】

- 〈지지가이불태(知止可以不殆)〉를 〈이지지어박인생불태(以知止於樸人生不殆)〉처럼 옮기면 문맥을 좀 더 쉽게 잡을 수 있다. 〈본디대로에[於樸] 머물 줄[止] 앎으로[知]써[以] 인생은[人生] 위태롭지 않다[不殆].〉
- 지지(知止) 즉 멈추기[止]를 앎[知]이란 16장(章) **지상왈명(知常日明)**을 환기시킨다. 지지(知止)함은 결국 지상(知常)함이다. 지상(知常)하면 무위(無爲)에 밝음[明]이니, 무위(無爲)에 밝아야[明] 〈도통위일(道通爲一)〉을 깨우칠 수 있다. 이는 수도(守道)할 줄 알기 때문에 지어도(止於道) 즉 상도에[於道] 멈출[止] 줄 앎인지라, 지지어도(知止於道)의 지(知)는 16장(章) **용내공(容乃公) 공내전(公乃全) 전내천(全乃天) 천내도(天乃道) 도내구(道乃久) 몰신불태(沒身不殆)**란 말씀을 상기시키기도 한다.

註 "지상왈명(知常日明) 부지상(不知常) 망작흉(妄作凶) 지상용(知常容) 용내공(容乃公) 공내전(公乃全) 전내천(全乃天) 천내도(天乃道) 도내구(道乃久) 몰신불태(沒身不殆)." {상도(常

道)의} 한결같음을[常] 앎을[知] 밝음이라[明] 한다[曰]. {만물이 누리는 상도(常道)의 조화가} 한결같음을[常] 모르면[不知] 재앙을[凶] 멍청하게[妄] 짓는다[作]. 한결같음을[常] 깨달음은[知] (모든 것을) 포용하고[容], 포용함[容]이야말로[乃] 공평함이며[公], 공평함[公]이야말로[乃] 두루 미침이며[全], 두루 미침[全]이야말로[乃] 자연이고[天], 자연[天]이야말로[乃] 상도이고[道], 상도[道]야말로[乃] 오램이다[久]. {사람이 상도(常道)를 본받는다면} 종신토록[沒] 제 몸은[身] 위태롭지 않다[不殆]. 『노자(老子)』 16장(章)

- 지지가이불태(知止可以不殆)가 〈지지소이불태(知止所以不殆)〉로 된 본(本)도 있다. 가이(可以)와 소이(所以)는 같은 뜻을 내기 때문에 원문(原文)의 문의(文義)가 달라지는 것은 아니다.

【해독(解讀)】

- 〈지지가이불태(知止可以不殆)〉에서 지지(知止)는 〈이지지(以知止)〉에서 전치되었으므로 태(殆)를 꾸며주는 부사구 노릇하고, 가(可)는 태(殆)의 조동사 노릇하며, 불(不)은 태(殆)의 부정사(否定詞)이고, 태(殆)는 동사 노릇한다. 태(殆)는 〈위험할 위(危)〉와 같아 위태(危殆)의 줄임말로 여기면 된다. 〈지지로[知止]써[以] 불태할[不殆] 수 있다[可].〉
- 지지가이불태(知止可以不殆)는 〈A가이위(可以爲)B〉의 상용문이다. 〈A로써[以] B를 할[爲] 수 있다[可].〉

32-9 譬道之在天下猶川谷之於江海(비도지재천하유천곡지어강해)

▶ 비유컨대[譬] 도가[道之] 세상에[天下] 있음은[在] 골짜기 냇물들이[川谷之] 강해로[江海] 흘러듦과[於] 같다[猶].

견주어 말할 비(譬), 조사(~의) 지(之), 있을 재(在), 같을 유(猶), 개울 천(川), 고을 곡(谷), 조사(~이) 지(之), 갈 어(於), 물 강(江), 바다 해(海)

【지남(指南)】

〈도지재천하유천곡지어강해(道之在天下猶川谷之於江海)〉는 천지만물에 상도

(常道)가 머물고[在] 있음을 밝힌다. 상도(常道)가 천지만물에 있음[在]은 62장(章) **도자만물지오(道者萬物之奧)**를 상기시킨다. 안방 서쪽 구석에 간직한 것이란 뜻을 지닌 〈오(奧)〉를 빌려 상도재만물(常道在萬物)을 비유한 셈이다. 상도(常道)가 천지만물에 있음[在]은 22장(章)의 **성인포일(聖人抱一)**이란 말씀과 『장자(莊子)』의 **만물일부(萬物一府)**를 떠올리게 한다. 일부(一府)는 상도(常道)를 비유한 것으로, 천지만물이 상도(常道)의 한[一] 곳간[府]에 재(在)함을 견주어[比] 밝힘이다.

성인(聖人)이 하나[一]를 지킴[抱]은 상도(常道)의 법자연(法自然)을 그대로 본받음이다. 만물은 상도(常道)의 기(機) 즉 조화로 말미암아 출생하여 드러나 있음[有]이고, 입사(入死)는 상도(常道)로 돌아와[歸] 드러나지 않는 없음[無]이다. 만물이 저마다 본디대로[樸]는 유역무(有亦無) 즉 유(有)이면서 또[亦] 무(無)인지라 유무(有無)가 둘이 아니라 하나임을 살펴 새기고 깨우쳐, 온 산천의 물이[川谷] 바다로 흘러들어가듯 만물이 상도(常道)로 돌아오고 상도(常道)는 만물을 하나로[一] 받아들임을 들어 이 장(章)의 내용을 총결(總結)하고 있는 말씀이 〈비도지재천하유천곡지어강해(譬道之在天下猶川谷之於江海)〉이다.

註 "도자만물지오(道者萬物之奧)." 상도라는[道] 것은[者] 온갖 것이[萬物之] 간직하고 있는 것이다[奧].

오(奧)는 여기서 〈간직될 장[藏]〉과 같다. 『노자(老子)』 62장(章)

註 "성인포일(聖人抱一) 위천하식(爲天下式)." 성인은[聖人] 하나를[一] 지켜서[抱] {그 포일(抱一)을 써} 세상의[天下] 법식으로[式] 삼는다[爲]. 『노자(老子)』 22장(章)

註 "만물일부(萬物一府) 사생동상(死生同狀)." 만물은[萬物] 한 곳간에 있고[一府], 죽음과 삶이[死生] 한 모습이다[同狀].

만물일부(萬物一府)는 만물일족(萬物一族)으로 만물(萬物)이 한 곳간[一府] 즉 상도(常道)에서 차별 없이 출생(出生)·입사(入死)의 누림을 뜻한다. 『장자(莊子)』「천지(天地)」

【보주(補註)】

- 〈비도지재천하유천곡지어강해(譬道之在天下猶川谷之於江海)〉를 〈비도지재천하만물유천곡지귀어강해(譬道之在天下萬物猶川谷之歸於江海)〉처럼 옮기면 문맥을 좀 더 쉽게 잡을 수 있다. 〈비유컨대[譬] 상도가[道之] 천하만물에[天下萬物] 있음은[在] 천곡의[川谷之] 물이[水之] 강해로[於江海] 흘러듦과[歸] 같다[猶].〉

- 천곡지어강해(川谷之於江海)에서 천곡(川谷)은 만물을 비유하고, 강해(江海)는 상도(常道)를 비유한다.
- 비도지재천하유천곡지어강해(譬道之在天下猶川谷之於江海)에서 천곡지어강해(川谷之於江海)가 도문(倒文) 즉 거꾸로 된 문장으로 보고, 〈도지재천하(道之在天下) 비유강해지여천곡(譬猶江海之與川谷)〉으로 읽어 새겨야 한다는 설(說)도 있다. 〈상도의[常道之] 천하에[天下] 있음은[在] 비유컨대[譬] 강해가[江海之] 천곡과[川谷] 함께함과[與] 같다[猶].〉

【해독(解讀)】

- 〈비도지재천하유천곡지어강해(譬道之在天下猶川谷之於江海)〉에서 비(譬)는 어조사(語助詞) 노릇하고, 도지재천하(道之在天下)는 주부(主部) 노릇하며, 유(猶)는 자동사 노릇하고, 천곡지어강해(川谷之於江海)는 술부(述部)로 보어구 노릇한다. 유(猶)는 〈같을 약(若) · 사(似)〉 등과 같다. 〈비유컨대[譬] 도지재천하는[道之在天下] 천곡지어강해와[川谷之於江海] 같다[猶].〉
- 도지재천하(道之在天下)는 〈도재천하(道在天下)〉의 한 문장(sentence)을 구(phrase)로 바꾼 어투로 여기면 된다. 물론 한문은 영문에서처럼 문장과 구를 엄격히 나누지 않고 문장 · 구를 자유롭게 넘나드는 어투인 셈이다. 그래서 구문(句文)이라고 하는 것이다.

  도지재천하(道之在天下)에서 도지(道之)는 재(在)의 의미상 주어 노릇하고, 재(在)는 영어의 동명사(動名詞) 같은 구실하고, 천하(天下)는 재(在)를 꾸며주는 부사 노릇한다. 도지(道之)의 지(之)가 소유격 토씨(~의)로 조사 노릇하지만, 주격 토씨(~가)로 새기는 쪽이 우리말답다. 도재천하(道在天下)에서 도(道)는 주어 노릇하고, 재(在)는 자동사 노릇하며, 천하(天下)는 재(在)를 꾸며주는 부사 노릇한다. 〈상도의[道之] 천하에[天下] 있음은[在]〉 〈상도가[道之] 천하에[天下] 있음은[在]〉 〈상도가[道] 천하에[天下] 있다[在].〉
- 천곡지어강해(川谷之於江海)도 〈천곡어강해(川谷於江海)〉란 문장을 구로 바꾼 것이다. 천곡지어강해(川谷之於江海)에서 천곡지(川谷之)는 어(於)의 의미상 주어 노릇하고, 어(於)는 영어의 동명사 같은 구실하고, 강해(江海)는 어(於)를 꾸며주는 부사 노릇한다. 어(於)는 〈돌아갈 귀(歸)〉와 같다. 〈천곡이[川谷之] 강해

로[江海] 흘러감[於]〉〈천곡이[川谷] 강해로[江海] 흘러간다[於].〉

- 도지재천하(道之在天下)와 천곡지어강해(川谷之於江海)는 〈A지위(之爲)B〉의 상용구이다. 〈A가[A之] B를 함[爲]〉

진기장(盡己章)

저마다의 수양(修養)과 자아(自我)를 이룩함을 밝히는 장(章)이다. 〈자지(自知)·자승(自勝)·지족(知足)·강행(强行)〉 등으로 자기(自己)를 돌이켜보고, 순임자연(順任自然) 즉 자연을 따르고[順] 자연에 맡기는[任] 자기(自己)를 확고하게 하여 무아(無我)의 자기(自己)를 확립하게 하는 장(章)이다.

【원문(原文)】

知人者는 智하고 自知者는 明한다 勝人者는 有力하고
지 인 자 지 자 지 자 명 승 인 자 유 력

自勝者는 强한다 知足者는 富한다 强行者는 有志한다
자 승 자 강 지 족 자 부 강 행 자 유 지

不失其所者는 久한다 死而不忘者는 壽한다
불 실 기 소 자 구 사 이 불 망 자 수

남을[人] 아는[知] 것은[者] 슬기이고[智], 자신을[自] 아는[知] 것은[者] 밝음이며[明], 남을[人] 이기려는[勝] 짓은[者] 힘을[力] 취함이고[有], 자신을[自] 무릅쓰는[勝] 짓은[者] (자신한테) 강함이며[强], 만족함을[足] 아는[知] 것은[者] 부유함이고[富], 힘써[强] {자지(自知) · 자승(自勝) · 지족(知足) 등을} 행하는[行] 사람에게는[者] 뜻이[志] 있다[有]. 제[其] 소임을[所] 잃지 않는[不失] 사람은[者] 오래가고[久], 죽어서도[死而] 잊히지 않는[不忘] 사람은[者] 죽었어도 살아 있다[壽].

33-1 知人者智(지인자지)

▶ 남을[人] 아는[知] 것은[者] 슬기이다[智].

알 지(知), 남 인(人), 사람 자(者), 슬기 지(智)

【지남(指南)】

〈지인자지(知人者智)〉는 인지(人智)를 밝힌다. 외물(外物) 즉 바깥[外] 것[物]을 앎[知]을 〈지(智)〉라 한다. 외물의 사(事)와 이(理)를 정관(正觀)하여 외물을 정지(正知)함이 슬기로움[智]이다.

외물에는 저마다의 사리(事理)가 있다. 그 사리(事理)로 이것[是]과 저것[彼]이 서로 관계를 맺기도 하고 풀기도 한다. 사리(事理)란 사여리(事與理)로, 사(事)는 이것[是]과 저것[彼]의 서로[相] 다름[異]을 말하고, 이(理)는 이것[是]과 저것[彼]의 상동(相同) 즉 서로[相] 같음[同]을 말한다. 피시(彼是)의 사(事)를 정관(正觀) 즉 바르게[正] 살피고[觀], 피시(彼是)의 이(理)를 정사(正思) 즉 바르게[正] 생각해[思],

이(理)를 본(本)으로 삼고 사(事)를 말(末)로 삼아 피시(彼是)의 상관(相關)을 정지(正知)함을 일러 슬기롭다[智]고 한다.

이(理)를 본(本)으로 삼고 사(事)를 말(末)로 삼아 관(觀)하고 사(思)함이 정지(正知), 즉 천도(天道)에 어긋나지 않는[正] 앎[知]이다. 그렇지 않고 이(理)를 저버리고 사(事)만을 앞세워 어떤[何] 것[物]을 살펴[觀] 생각함[思]은 사지(邪知) 즉 천도(天道)에 어긋나는[邪] 앎[知]이다. 그러므로 정지(正知)의 슬기로움[智]이 있고 사지(邪知)의 어리석음[痴]이 있음을 깊이 살펴 새기고 헤아려 깨우치게 하는 말씀이 〈지인자지(知人者智)〉이다.

【보주(補註)】

- 〈지인자지(知人者智)〉를 〈지타인지물지(知他人之物智)〉처럼 옮기면 문맥을 좀 더 쉽게 잡을 수 있다. 〈남을[他人] 아는[知之] 것은[物] 슬기롭다[智].〉
- 지인자지(知人者智)에서 지인(知人)은 〈지인여사물자(知人與事物者)〉 즉 사람과[人與] 사물을[事物] 아는[知] 것[者]을 말한다.

【해독(解讀)】

- 〈지인자지(知人者智)〉에서 지인자(知人者)는 주부(主部) 노릇하고, 지(智)는 주격 보어 노릇한다. 〈지인자는[知人者] 지이다[智].〉
- 지인자(知人者)에서 자(者)는 〈지사(之事)〉 또는 〈지인(之人)〉의 줄임으로 여기고 〈~것[者]·사람[者]〉로 새겨도 되고, 조사로 보아 〈~이란[者]〉으로 새겨도 된다. 이런 어조사 노릇하는 자(者)를 〈제돈(提頓)〉 즉 앞말을 제시하여[提] 멈춤[頓]의 기능을 하는 어조사라 한다. 여기서는 〈것 자(者)〉로 새겼다. 〈남을[人] 아는[知] 것[者]〉 〈남을[人] 아는[知] 사람[者]〉 〈남을[自] 앎[知]이란[者]〉
- 지인자(知人者)는 〈위(爲)A자(者)〉의 상용구이다. 〈A를 하는[爲] 것[者]〉 〈A를 함[爲]이란[者]〉 〈A를 하는[爲] 사람[者]〉

33-2 自知者明(자지자명)

▸ 자신을[自] 아는[知] 것은[者] 밝음이다[明].

자신 자(自), 알 지(知), 사람 자(者), 밝을 명(明)

【지남(指南)】

〈자지자명(自知者明)〉은 내물(內物) 즉 안의[內] 것[物]을 앎[知]을 〈명(明)〉이라고 밝힌다. 내물의 사(事)와 이(理)를 정관(正觀)하여 정지(正知)함이 밝음[明]이다.

내물마다 저마다의 사리(事理)가 있으니, 그 사(事)를 정관(正觀)하고 정사(正思)하며 이(理)를 본(本)으로 삼고 사(事)를 말(末)로 삼아 내물의 상관(相關)을 정지(正知)함이 밝음[明]이다. 이러한 명(明)은 관자심(觀自心)으로 이어지니, 제[自] 마음[心]부터 살펴야[觀] 자심(自心)이 밝아진다[明]. 관자심(觀自心)을 떠난 명심(明心)이란 없다. 제 마음[自心]을 자관(自觀)함으로써 명심(明心)이 비롯된다. 마음[心]의 성정(性情)에서 성(性)을 마음의 이(理) 즉 본(本)으로 삼고, 정(情)을 마음의 사(事) 즉 말(末)로 삼아 관심(觀心)하여 제 마음을 정지(正知)해야 명심(明心) 즉 밝은[明] 마음을[心] 누린다.

명심(明心)이라야 선심(善心)이다. 선심(善心)이란 수중(守中)하는 마음 즉 상도(常道)를 따라[中] 지키는[守] 마음이니, 진기(盡己) 즉 자기[己]를 다하여[盡] 부쟁(不爭)의 안거(安居)를 누릴 수 있음이다. 그렇지 않고 마음의 본디대로[樸]의 이(理)인 성명(性命)을 저버리고 마음의 사(事)인 정감(情感)만을 앞세워 살피면[觀], 마음가짐[心事]이 사지(邪知)로 빠져 마음이 어리석어진다[痴]. 이런 치심(痴心)에서 사심(邪心)이 비롯하니, 그 탓으로 몰신불태(沒身不殆) 즉 평생토록[沒身] 위태로움이[殆] 없는[不] 삶을 빼앗긴다. 인간의 이러한 심사(心事)로 성인(聖人)은 인간의 사심(邪心)을 무엇보다 두려워한다.

마음의 사(事)와 이(理)를 정관(正觀)하고 정지(正知)하여 명심(明心)하기를 깊이 살펴 새기고 헤아려 깨우치게 하는 말씀이 〈자지자명(自知者明)〉이다.

【보주(補註)】

- 〈자지자명(自知者明)〉을 〈자지지물명(自知之物明)〉처럼 옮기면 문맥을 좀 더 쉽게 잡을 수 있다. 〈자기를[自] 아는[知之] 것은[物] 밝음이다[明].〉
- 자지자명(自知者明)에서 자지자(自知者)는 〈지자기자(知自己者)〉를 말한다. 〈자기를[自己] 아는[知] 것[者]〉 〈자기를[自己] 아는[知] 사람[者]〉 〈자기를[自己] 앎

[知]이란[者]〉

【해독(解讀)】

- 〈자지자명(自知者明)〉에서 자지자(自知者)는 주부(主部) 노릇하고, 명(明)은 주격보어 노릇한다. 〈자지자는[自知者] 밝다[明].〉
- 자지자(自知者)에서 자(者)는 〈지사(之事)〉 또는 〈지인(之人)〉의 줄임으로 여기고 〈~것(者) · 사람(者)〉로 새겨도 되고, 조사로 보아 〈~이란[者]〉으로 새겨도 된다. 이런 어조사(語助詞) 노릇하는 자(者)를 제돈(提頓)이라 칭하기도 한다. 〈자기를[自] 아는[知] 것[者]〉 〈자기를[自] 아는[知] 사람[者]〉 〈자기를[自] 앎[知]이란[者]〉
- 자지자(自知者)는 〈위(爲)A자(者)〉의 상용구이다. 〈A를 하는[爲] 것[者]〉 〈A를 함[爲]이란[者]〉 〈A를 하는[爲] 사람[者]〉

33-3 勝人者有力(승인자유력)

▶ 남을[人] 이기려는[勝] 짓은[者] 힘을[力] 취함이다[有].

이길 승(勝), 남 인(人), 사람 자(者), 가질 유(有), 힘 력(力)

【지남(指南)】

〈승인자유력(勝人者有力)〉은 덕(德)으로써[以]가 아니라, 힘[力]으로써[以] 남[人]을 이겨[勝] 굴복시키고자 함을 밝힌다. 이러한 〈승인자(勝人者)〉는 기지승인(己之勝人) 즉 자기가[己之] 남[人]을 이겨야 하는[勝] 속셈을 버리지 못한다. 승인(勝人)을 둘로 나누어 볼 수 있으니 왕자지승인(王者之勝人)과 패자지승인(霸者之勝人)이다. 왕자(王者)는 성인(聖人)을 따라 본받고[法], 패자(霸者)는 성인(聖人)을 모압(侮狎)한다. 그래서 왕자(王者)는 이덕승인(以德勝人)하고, 패자(霸者)는 이력승인(以力勝人)하는 것이다.

성인(聖人)은 덕(德)으로써[以] 위민(爲民) 즉 백성[民]을 위하고[爲], 패자(霸者)는 힘[力]으로써[以] 백성[民]을 굴복시켜 역민(役民) 즉 백성을 부린다[役]. 『맹자(孟子)』에 환우여(驩虞如) 호호여(皞皞如)란 말이 왜 나오겠는가? 왕자(王者)가 힘

[力]을 취하는[有] 소이(所以)는 10장(章)에서 살핀 애민(愛民)에 있고, 패자(覇者)가 힘을 취하는 까닭[所以]은 〈역민(役民)〉에 있기 때문이다. 패자(覇者)는 백성을 선무(宣撫) 즉 베풀어[宣] 어루만지는[撫] 척해 처음은 백성이 기뻐하나[驩], 결국 백성을 걱정하게[憂] 한다. 그러나 왕자(王者)는 성인(聖人)을 본받아[法] 진실로 백성을 아끼므로[愛] 백성은 스스로 만족한다[皞皞].

그러므로 왕자(王者)의 유력(有力)과 패자(覇者)의 유력(有力)을 깊이 살펴 새기고 헤아려 상이(相異)함을 깨우치게 하는 말씀이 〈승인자유력(勝人者有力)〉이다.

註 "이력복인자(以力服人者) 비심복야(非心服也) 역불섬야(力不贍也) 이덕복인자(以德服人者) 중심열이성복야(中心悅而誠服也)." 힘으로[力]써[以] 사람을[人] 복종시키는[服] 것은[者] 마음으로[心] 복종함이[服] 아닌 것[非]이고[也], 힘이[力] 넉넉지 못한 것[不贍]이다[也]. 덕으로[德]써[以] 사람을[人] 복종시키는[服] 것은[者] 마음 속으로[中心] 기뻐서[悅而] 진실로[誠] 복종하는 것[服]이다[也]. 『맹자(孟子)』「공손추장구상(公孫丑章句上)」

註 "패자지민(覇者之民) 환우여(驩虞如) 왕자지민(王者之民) 호호여(皞皞如)." 패자의[覇者之] 백성은[民] 기뻐하다[驩] 걱정하느니[虞如]. 왕자의[王者之] 백성은[民] 마음이 커지고 넓어 스스로 만족하느니[皞皞如]. 『맹자(孟子)』「진심장구상(盡心章句上)」

註 "애민치국(愛民治國) 능무위호(能無爲乎)." 백성을[民] 아끼고[愛] 나라를[國] 다스리면[治] 인위(作爲)가[爲] 능히[能] 없는 것[能無]이로다[乎]. 『노자(老子)』 10장(章)

【보주(補註)】

- 〈승인자유력(勝人者有力)〉을 〈승인지사유력(勝人之事有力)〉처럼 옮기면 문맥을 좀 더 쉽게 잡을 수 있다. 〈남을[人] 이기려는[勝之] 짓은[事] 힘을[力] 취한다[有].〉
- 승인자유력(勝人者有力)에서 승인자(勝人者)는 〈승타인지사(勝他人之事)〉의 줄임으로 여기고 새기면 뜻이 드러난다. 〈남을[他人] 이기려는[勝之] 짓[事]〉

【해독(解讀)】

- 〈승인자유력(勝人者有力)〉에서 승인자(勝人者)는 주부(主部) 노릇하고, 유력(有力)은 술부(述部)로 보어구 노릇한다. 물론 유(有)를 〈있을 유(有)〉 자동사로 보면 승인자(勝人者)는 유(有)를 꾸며주는 부사구 노릇하고, 역(力)은 유(有)의 주어 노릇한다. 그러나 유(有)를 〈가질 유(有)〉 타동사로 보면 승인자(勝人

者)는 유(有)의 주어 노릇하고, 역(力)은 유(有)의 목적어 노릇한다. 유력(有力)의 유(有)를 자동사의 동명사로 여기면 〈있을 존(存)〉과 같고, 타동사의 동명사로 여기면 〈취할 취(取)〉와 같다. 〈승인하는[勝人] 것에는[者] 힘이[力] 있음이다[有].〉 〈승인(勝人)이란[者] 힘을[力] 취함이다[有].〉 〈승인하는[勝人] 사람은[者] 힘을[力] 취한다[有].〉

- 승인자(勝人者)에서 자(者)는 〈지사(之事)〉 또는 〈지인(之人)〉의 줄임으로 여기고 〈~것(者) · 사람(者)〉로 새겨도 되고, 조사로 여기고 〈~이란[者]〉으로 새겨도 된다. 이런 어조사 노릇하는 자(者)를 제돈(提頓)이라 칭한다. 여기선 〈것 자(者)〉로 새겼을 뿐이다. 〈남을[人] 이기려는[勝] 것[者]〉 〈남을[人] 이김[勝]이란[者]〉 〈남을[人] 이기려는[勝] 사람[者]〉
- 유력(有力)에서 유(有)를 〈있을 유(有)〉로 문맥을 잡으면 〈유(有)A〉의 상용문이다. 〈유(有)A〉의 A가 유(有)의 주어 노릇한다. 〈A가 있다[有].〉

33-4 自勝者强(자승자강)

▶ 자신을[自] 이기는[勝] 짓은[者] (자신한테) 강함이다[强].

자신 자(自), 이길 승(勝), 것(사람) 자(者), 강할 강(强)

【지남(指南)】

〈자승자강(自勝者强)〉은 무사(無私) · 무욕(無欲) · 무아(無我)를 밝힌다. 상도(常道)를 지키는[守] 짓은 덕을 베풂[德]이지 남[人]을 이기려는[勝] 짓을 하지 않는다. 『장자(莊子)』에 **덕인자거무사(德人者居無思)**란 말이 나온다. 무사(無思)란 〈무사사(無思私) · 무사욕(無思欲) · 무사기(無思己)〉의 줄임이다. 〈자승자(自勝者)〉는 극기자(克己者) · 수기자(守己者) · 망기자(忘己者) 그리고 정기자(正己者) 등으로 말하기도 한다. 탐욕하려는 자기[己]를 물리침이 극기(克己)이니 자승(自勝)이고, 무사(無私)하려는 자기[己]를 지킴이 수기(守己)이니 자승(自勝)이며, 자기[己]를 잊어버림이 망기(忘己)이니 자승(自勝)이다. 이처럼 자승(自勝)하면 절로 바르게 되므로 정기(正己)라 한다. 그러므로 인간세(人間世)에서 최강자는 무력을 앞세우는 패자(覇者)가 아니라 상도(常道) 즉 천하모(天下母)를 본받아 따름이 강하고[强], 망기(忘己)해서 자승(自勝)하는 성인(聖人)이다. 왜 『논어(論語)』에 외대인(畏大人)이란 말씀이 나오겠는가? 대인(大人)은 성인(聖人)이니, 성인(聖人)을 두려워하라[畏] 함은 성인(聖人)이 덕인(德人)의 최강자인 까닭이다.

성인(聖人)은 진실로 무사(無私)하고 무욕(無欲)하고 무기(無己)하므로 강하다. 불가(佛家)는 사욕(私欲)을 기리(己利)라 한다. 저에게만[己] 이로움[利]을 물리침보다 더 강함[强]이란 없다. 덕인(德人)은 덕천하민(德天下民) 즉 온 백성[天下民]에게 덕을 베푼다[德]. 상덕(常德)을 짓는 상도(常道)를 진실로 본받는[法] 성인(聖人)은 세상 사람들 모두에게 차별 없이 골고루 덕을 베풀기[德] 때문에 『장자(莊子)』에 지인무기(至人無己)란 말이 있다. 무기(無己)는 이기(利己)가 없음[無]이니 무아(無我)라 한다. 무아(無我)란 무아집(無我執) 또는 무아소유(無我所有)를 줄인 술어(術語)이다.

내[我] 고집이[執] 없고 내[我]가 취한 것[所有]이 없을수록[無] 더욱 자명(自明)·자승(自勝)하여 무사(無私)·무욕(無欲)하고자 스스로를[自] 무릅써[勝] 강함을[强] 살펴 새기고 헤아려 깨치게 하는 말씀이 〈자승자강(自勝者强)〉이다.

註 "덕인자거무사(德人者居無思) 행무려(行無慮) 부장시비미오(不藏是非美惡)." 덕을 베푸는[德] 사람[人]이란[者] 집 안에 있어도[居] 생각함이[思] 없고[無], 집 밖에 나가도[行] 생각함이[慮] 없으며[無], 옳고[是] 그름이나[非] 좋고[美] 싫음을[惡] 간직하지 않는다[不藏].

여기선 거(居)는 집 안에 있음이고, 행(行)은 집 밖으로 나감을 뜻하며, 미오(美惡)는 호오(好惡)와 같다. 좋아함[美]과 싫어함[惡]. 『장자(莊子)』「천지(天地)」

註 "군자유삼외(君子有三畏) 외천명(畏天命) 외대인(畏大人) 외성인지언(畏聖人之言) 소인부지천명이불외야(小人不知天命而不畏也) 압대인(狎大人) 모성인지언(侮聖人之言)." 군자에게는[君子] 세 가지[三] 두려움이[畏] 있다[有]. 천명을[天命] 두려워하고[畏], 대인을[大人] 두려워하며[畏], 성인의[聖人之] 말씀을[言] 두려워한다[畏]. 소인은[小人] 천명을[天命] 몰라서[不知而] 두려워하지 않는 것[不畏]이다[也]. 대인을[大人] 업신여기고[狎] 성인의[聖人之] 말씀을[言] 얕본다[侮]. 『논어(論語)』「계씨(季氏)」 8

註 "지인무기(至人無己) 신인무공(神人無功) 성인무명(聖人無名)." 지인께는[至人] 자기가[己] 없고[無], 신인께는[神人] 공치사가[功] 없으며[無], 성인께는[聖人] 명성이[名] 없다[無].

지인(至人)·신인(神人)·성인(聖人) 등은 같은 낱말이다. 『장자(莊子)』「소요유(逍遙遊)」

【보주(補註)】

- 〈자승자강(自勝者强)〉을 〈자승지사강(自勝之事强)〉처럼 옮기면 문맥을 좀 더 쉽게 잡을 수 있다. 〈자기를[自] 무릅쓰는[勝之] 짓은[事] 강함이다[强].〉
- 자승자강(自勝者强)에서 자승자(自勝者)는 〈승자기자(勝自己者)〉로 보면 뜻이 드러난다. 물론 자승자강(自勝者强)의 강(强)은 52장(章) 〈수유왈강(守柔曰强)〉의 강(强)과 76장(章) **견강자사지도(堅强者死之徒)**의 견강(堅强)을 상기시킨다. 자승자(自勝者)는 수유자(守柔者) 즉 부드러움을[柔] 지키는[守] 자(者)의 강(强)이지, 견강(堅强) 즉 굳센[强] 자[者]의 강(强)이 아님을 살펴야 한다. 〈자기를[自己] 이기는[勝] 것[者]〉 〈자기를[自己] 이기는[勝] 사람[者]〉 〈자기를[自己] 이김[勝]이란[者]〉

註 "견강자사지도(堅强者死之徒)." 굳고[堅] 강한[强] 것은[者] 죽음의[死之] 무리이다[徒].
『노자(老子)』 76장(章)

【해독(解讀)】

- 〈자승자강(自勝者强)〉에서 자승자(自勝者)는 주부(主部) 노릇하고, 강(强)은 주격보어 노릇한다. 승(勝)은 〈이길 극(克)〉과 같아 자승(自勝) · 극기(克己)는 뜻이 같다. 〈자승하는[自勝] 것은[者] 강함이다[强].〉
- 자승자(自勝者)에서 자(者)를 〈것[者]〉 또는 〈~이란[者]〉 그리고 〈사람[者]〉으로 새길 수 있다. 여기선 〈것 자[者]〉로 새겼을 뿐이다. 〈자기를[自] 이기는[勝] 것[者]〉 〈자기를[自] 이김[勝]이란[者]〉 〈자기를[自] 이기는[勝] 사람[者]〉
- 자승자(自勝者) 역시 〈위(爲)A자(者)〉의 상용구이다. 〈A를 하는[爲] 것[者]〉 〈A를 함[爲]이란[者]〉 〈A를 하는[爲] 사람[者]〉

33-5 知足者富(지족자부)

▶ 만족함을[足] 아는[知] 것은[者] 부유함이다[富].

알 지(知), 만족할 족(足), 것(사람) 자(者), 넉넉할 부(富)

【지남(指南)】

〈지족자부(知足者富)〉 역시 무사(無私) · 무욕(無欲) · 무아(無我)를 밝힌다. 상도(常道)를 지켜[守] 덕을 베푸는[德] 사람은 세상만사를 이도관지(以道觀之)한다. 그래서 〈지족(知足)〉은 『장자(莊子)』에 나오는 **반연**(反衍)이다. 끝없는 변화를 순응할 뿐인지라 언제나 만족함이 반연(反衍)으로 순행할 뿐 역행하지 않으니, 지족(知足)함은 반연(反衍) 즉 귀천 따위의 차별을 벗어남[反衍]이다. 반연(反衍)함은 사이(謝施) 즉 사물의 변화에 따라 순응함[謝施]이다. 귀천(貴賤)의 차별을 벗어나고, 다소(多少)의 차별을 벗어나고, 영욕(榮辱)의 분별을 벗어나 상도(常道)의 조화를 따라 순응함이 여기 지족(知足)이다.

44장(章)에 **지족불욕(知足不辱) 지지불태(知止不殆)**란 말씀이 나온다. 만족할 줄 알면[知足] 욕되지 않고[不辱], 만족함에 머물 줄 알면[知止] 위태로울 것이 없음이[不殆] 여기 〈부(富)〉인 것이다. 이러한 지족(知足)의 부(富)는 진실로 무사(無私) · 무욕(無欲) · 무기(無己)로 이어져 상도(常道)의 조화(造化)를 순응함에서 이룩됨을 깊이 살펴 새기고 헤아려 깨우치게 하는 말씀이 〈지족자부(知足者富)〉이다.

註 "이도관지(以道觀之) 하귀하천(何貴何賤) 시위반연(是謂反衍) 무구이지(無拘而志) 여도대건(與道大蹇) 하소하다(何少何多) 시위사이(是謂謝施) 무일이행(無一而行) 여도참차(與道參差)." 도로[道]써[以] 본다면[觀之] 무엇이[何] 귀하고[貴] 무엇이[何] 천하겠소[賤]. (귀천 따위의 차별을 떠남) 이를[是] 반연이라[反衍] 하오[謂]. 당신의[而] 뜻을[志] 구속하지[拘] 마시오[無]. 도와[與道] 크게[大] 부딪치오[蹇]. 무엇이[何] 적고[少] 무엇이[何] 많겠소[多]. (적고 많음을 떠나 태연함) 이를[是] 사이라[謝施] 하오[謂]. 당신의[而] 행동을[行] 한 가지로 하지[一] 마시오[無]. 도와[與道] 어긋나고 마오[參差].

반연(反衍)은 범연(汎衍)과 같고 차별을 초월한 입장이며, 무구이지(無拘而志)의 이(而)는 여기선 〈너 이(爾)〉이다. 대건(大蹇)의 건(蹇)은 여기선 〈어려울 난(難)〉과 같고, 사이(謝施)·사이(邪施)·위이(委蛇) 등은 같은 뜻의 낱말들로 〈순순히 따름[順應]〉이며, 참차(參差)는 〈고르지 않아 일치(一致)하지 않음〉이다. 『장자(莊子)』「추수(秋水)」

註 "지족불욕(知足不辱) 지지불태(知止不殆)." 만족할 줄[足] 알면[知] 욕되지 않고[不辱], 멈출 줄[止] 알면[知] 위태롭지 않다[不殆]. 『노자(老子)』 44장(章)

【보주(補註)】

- 〈지족자부(知足者富)〉를 〈지족지사부(知足之事富)〉처럼 옮기면 문맥을 좀 더

쉽게 잡을 수 있다. 〈만족할 줄[足] 아는[知之] 짓은[事] 부유함이다[富].〉

- 지족자부(知足者富)에서 지족자(知足者)는 〈지만족자(知滿足者)〉로 보면 뜻이 드러난다. 〈만족을[滿足] 아는[知] 것[者]〉 〈만족을[滿足] 아는[知] 사람[者]〉 〈만족을[滿足] 앎[知]이란[者]〉

【해독(解讀)】

- 〈지족자부(知足者富)〉에서 지족자(知足者)는 주부(主部) 노릇하고, 부(富)는 보어 노릇한다. 부(富)는 〈넉넉할 유(裕)〉와 같아 부유(富裕)의 줄임말로 여기면 된다. 〈지족자는[知足者] 부유하다[富].〉
- 지족자(知足者)에서 자(者)를 〈것[者]〉 또는 〈~이란[者]〉 그리고 〈사람[者]〉으로 새길 수 있다. 여기선 〈것 자(者)〉로 새겼다. 〈만족함을[足] 아는[知] 것은[者] 부유함이다[富].〉 〈만족함을[足] 앎[知]이란[者] 부유함이다[富].〉 〈만족함을[足] 아는[知] 사람은[者] 부유하다[富].〉
- 지족자(知足者) 역시 〈위(爲)A자(者)〉의 상용어법이다. 〈A를 하는[爲] 것[者]〉 〈A를 함[爲]이란[者]〉 〈A를 하는[爲] 사람[者]〉

33-6 强行者有志(강행자유지)

▶ 힘써[强] {자지(自知) · 자승(自勝) · 지족(知足) 등을} 행하는[行] 사람에게는[者] 뜻이[志] 있다[有].

힘쓸 강(强), 실행할 행(行), 사람 자(者), 있을 유(有), 뜻 지(志)

【지남(指南)】

〈강행자유지(强行者有志)〉는 자명(自明) · 자승(自勝) · 지족(知足)함을 강행(强行)하는 자에게는 성인지도(聖人之道)를 본받는[法] 뜻이 있음을 밝힌다. 자명(自明) · 자승(自勝) · 지족(知足)은 다름 아닌 성인(聖人)의 심지(心之)이다. 그런 마음가기[心之] 즉 뜻[志]을 본받기[法]는 절로 되지 않고, 성수반덕(性修反德) 즉 본디대로를[性] 닦아[修] 상덕(常德)으로 돌아가야[反] 한다. 그러자면 마음자리[心地]가 비어[虛] 고요하고[靜] 편안해[恬] 담담하며[淡], 평온해야[寂漠] 한다. 허정(虛

靜)·염담(恬澹)·적막(寂漠)하지 않고서 자명(自明)·자승(自勝)·자족(自足)함을 한결같이 누릴 수 없다. 심지(心地)란 예토(穢土)가 되기 쉽기 때문이다.

더럽고 거친[穢] 터[土]가 되기 쉬운 심지(心地)를 청정하게 하는 심재(心齋)야말로 강행치 않고서는 이뤄질 수 없다. 『장자(莊子)』에 나오는 **유도집허(唯道集虛)**의 심재(心齋)라야 성인(聖人)의 도(道)를 본받아 행할 수 있다. 오로지[唯] 상도는[道] 비움[虛]에 모인다[集]고 함은 심재(心齋) 즉 심중(心)의 재계(齋戒)를 강행해야 수도(守道)의 뜻이[志] 있게[有] 됨이다. 자명(自明)·자승(自勝)·지족(知足)은 심재(心齋)를 강행하지 않고서는 누릴 수 없음을 깊이 새겨 헤아려 깨우치게 하는 말씀이 〈강행자유지(强行者有志)〉이다.

註 "심지어부(心止於符) 기야자(氣也者) 허이대물자야(虛而待物者也) 유도집허(唯道集虛) 허자심재야(虛者心齋也)." 마음은[心] 바깥 것과 맞춤에[於符] 머물고[止], 만물을 생성하는 근원[氣]이란[也] 것은[者] 비어서[虛而] 무엇이든[物] 받아들이는[待] 것[者]이다[也]. 오로지[唯] 상도란[道] 공허에[虛] 모인다[集]. 공허란[虛] 것이[者] 마음을[心] 재계하는 것[齋]이다[也].

부(符)는 바깥 것을 마음에 맞추어 그것이 무엇인가를 아는 것이다. 부합됨[符]·꼭 맞음[符]. 기(氣)는 여기선 우주만물을 생성하게 하는 힘의 근원이고, 심재(心齋)는 허심(虛心) 즉 마음[心]을 비움[虛]이다. 『장자(莊子)』「인간세(人間世)」

【보주(補註)】

- 〈강행자유지(强行者有志)〉를 〈강행지족지인유강행지족지지(强行知足之人有强行知足之志)〉처럼 옮기면 문맥을 좀 더 쉽게 잡을 수 있다. 〈지족을[知足] 무릅써[强] 행하는[行之] 사람에게는[人] 지족을[知足] 무릅써[强] 행하려는[行之] 뜻이[力] 있다[有].〉
- 강행자유지(强行者有志)에서 강행(强行)의 강(强)은 잘못된 자(字)란 설(說)도 있다. 〈강(强)〉이 아니라 〈근(勤)〉이어야 한다는 설(說)이다. 41장(章) 〈근이행지(勤而行之)〉를 상기하면 〈강행자(强行者)〉를 〈근행자(勤行者)〉로 함이 마땅하다는 것이고, 『장자(莊子)』의 〈이진인이위근행(而眞人以爲勤行)〉을 상기하면 〈강행(强行)〉은 〈근이행지(勤而行之)〉를 따라 〈근행(勤行)〉의 오기(誤記)가 아닌지 의심된다는 설이 설득력을 얻고 있다.

그러나 52장(章)에 나오는 〈수유왈강(守柔曰强)〉과 72장(章)에 나오는 〈견강자사지도(堅强者死之徒)〉에서 보는 바와 같이 노자(老子)가 강(强)의 뜻을 일관되게 쓰고 있지 않음을 알 수 있다. 수유(守柔)의 강(强)은 생(生)의 강(强)이고, 견강(堅强)의 강(强)은 사(死)의 강(强)인 셈이다. 강행자유지(强行者有志)에서 강행(强行)의 강(强)을 수유(守柔)의 강(强)으로서 여기고 새기면 구태여 〈근(勤)〉으로 바꾸어 새기지 않아도 된다.

【해독(解讀)】

- 〈강행자유지(强行者有志)〉는 유(有)를 〈있을 유(有)〉로 여기고 문맥을 잡아 새길 수도 있고, 〈가질 유(有)〉로 여기고 문맥을 잡을 수도 있는 구문이다.
- 강행자유지(强行者有志)에서 유(有)를 〈가질 유(有)〉로 여기고 문맥을 잡으면 강행자(强行者)는 주부(主部) 노릇하고, 유(有)는 동사 노릇하며, 지(志)는 유(有)의 목적어 노릇한다. 강행자유지(强行者有志)에서 유(有)를 〈있을 유(有)〉로 여기고 문맥을 잡으면 승인자(勝人者)는 유(有)를 꾸며주는 부사구 노릇하고, 지(志)는 유(有)의 주어 노릇한다. 어느 쪽으로 문맥을 잡든 원문(原文)의 문의(文義)가 달라지지는 않는다. 여기 강(强)은 〈굳셀 강(强)〉이 아니라 〈부지런히 힘쓸 근(勤)〉과 같고, 유지(有志)의 유(有)를 자동사로 여기면 〈있을 존(存)〉과 같고, 타동사로 여기면 〈취할 취(取)〉와 같다. 〈강행자는[强行者] 뜻을[志] 간직한다[有].〉 〈강행자한테는[强行者] 뜻이[志] 있다[有].〉
- 강행자(强行者)에서 자(者)는 〈지사(之事)〉 또는 〈지인(之人)〉의 줄임으로 여기고 〈~것[者] · 사람[者]〉로 새겨도 되고, 조사로 여겨 〈~이란[者]〉으로 새겨도 된다. 여기 자(者)도 제돈(提頓)에 속한다. 이는 앞말을 제시하여[提] 멈춤[頓]의 기능을 하는 어조사이다. 여기선 〈사람 자(者)〉로 새겼을 뿐이다. 〈남을[人] 이기는[勝] 것[者]〉 〈남을[人] 이김[勝]이란[者]〉 〈남을[人] 이기는[勝] 사람[者]〉

33-7 不失其所者久(불실기소자구)

▶ 제[其] 소임을[所] 잃지 않는[不失] 사람은[者] 오래간다[久].

않을 불(不), 잃을 실(失), 그(제) 기(其), 곳 소(所), 사람 자(者), 오래갈 구(久)

【지남(指南)】

〈불실기소자구(不失其所者久)〉는 성인지도(聖人之道)를 본받아[法] 자명(自明) · 자승(自勝) · 지족(知足)함을 강행하는 사람은 장구(長久)함을 밝힌다. 〈구(久)〉는 52장(章) **몰신불태(沒身不殆)**를 상기시킨다. 자지(自知)하고 자승(自勝)하며 지족(知足)함은 지어상선(止於上善) 즉 상선에[於上善] 머물러[止] 삶을 누림이라 평생토록 위태롭지 않다는[不殆] 것이다. 상선(上善)은 천도(天道)를 일컬음이니 자지(自知) · 자승(自勝) · 지족(知足)하는 사람은 누구든 법자연(法自然)하고 제 본성(本性)을 따라 삶을 누린다. 이는 성인(聖人)을 그대로 본받음[法]이고, 성인(聖人)의 칠선(七善)을 누림이다. 그러므로 자지(自知) · 자승(自勝) · 지족(知足)하는 소임을 다하는 삶은 8장(章) **선지(善地) · 선연(善淵) · 선인(善仁) · 선신(善信) · 선치(善治) · 선능(善能) · 선시(善時)**의 삶, 즉 성인(聖人)의 삶을 그대로 누린다는 것이다.

성인(聖人)을 본받아 자지(自知)의 소임을 잃지 않고[不失], 자승(自勝)의 소임을 잃지 않으며, 지족(知足)의 소임을 잃지 않는 사람은 몰신불태(沒身不殆) 즉 한평생[沒身] 제 본성(本性)에 어긋나지 않아 위태로움 없이[不殆] 삶을 누릴 수 있음을 깨우치게 하는 말씀이 〈불실기소자구(不失其所者久)〉이다.

註 "복수기모(復守其母) 몰신불태(歿身不殆)." 그[其] 어머니께로[母] 돌아와[復] 지키면[守] 종신토록[歿身] 위태롭지 않다[不殆]. 『노자(老子)』 52장(章)

註 "거선지(居善地) 심선연(心善淵) 여선인(與善仁) 언선신(言善信) 정선치(政善治) 사선능(事善能) 동선시(動善時)." {상선(上善)을 본받는 성인(聖人)의} 거처는[居] 선한[善] 땅이 되고[地], 마음은[心] 선한[善] 못이 되며[淵], 베풂은[與] 선한[善] 어짊이 되고[仁], 말씀은[言] 선한[善] 믿음이 되며[信], 정사는[政] 선한[善] 다스림이 되고[治], 일은[事] 선한[善] 능력이 되며[能], 동용(動容)은[動] 선한[善] 때가 된다[時].

성인(聖人)의 칠선(七善)을 살펴보게 한다. 『노자(老子)』 8장(章)

【보주(補註)】

- 〈불실기소자구(不失其所者久)〉를 〈불실기소자지자구(不失其所自知者久) 이불실기소자승자구(而不失其所自勝者久) 이불실기소지족자구(而不失其所知足者久)〉처럼 옮기면 문맥을 좀 더 쉽게 잡을 수 있다. 〈그[其] 자지하는[自知] 바를

[所] 잃지 않는[不失] 자는[者] 영구하다[久]. 그리고[而] 그[其] 자승하는[自勝] 바를[所] 잃지 않는[不失] 자는[者] 영구하다[久]. 그리고[而] 그[其] 지족하는[知足] 바를[所] 잃지 않는[不失] 자는[者] 영구하다[久].〉

- 불실기소(不失其所)에서 기소(其所)는 〈기소자지(其所自知) · 기소자승(其所自勝) · 기소지족(其所知足)〉에서 자지(自知) · 자승(自勝) · 지족(知足) 등은 문맥으로 보충될 수 있는 내용이므로 생략한 수사(修辭)이고, 기(其)는 인지(人之)의 줄임이다. 〈그가[其] 자지하는[自知] 바[所]〉 〈그가[其] 자승하는[自勝] 바[所]〉 〈그가[其] 지족하는[知足] 바[所]〉

【해독(解讀)】

- 〈불실기소자구(不失其所者久)〉에서 불실기소자(不失其所者)는 주부(主部) 노릇하고, 구(久)는 술부(述部)로 주격보어 노릇한다. 구(久)는 〈길 영(永) · 장(長)〉과 같아 영구(永久) · 장구(長久) 등의 줄임말로 여기면 된다. 〈그[其] 바를[所] 잃지 않는[不失] 사람은[者] 장구하다[久].〉
- 불실기소자(不失其所者)는 〈불실기소지인(不失其所之人)〉에서 지인(之人)을 자(者)로 줄인 어투이다. 불실기소자(不失其所者)에서 불(不)은 실(失)의 부정사(否定詞)이고, 실(失)은 타동사 노릇하며, 기소(其所)는 실(失)의 목적어 노릇하고, 자(者)는 영어의 선행사(先行詞)와 관계대명사를 합친 것처럼 보고 주절(主節)로 삼아 문맥을 잡아 새기면 된다. 자(者)는 〈지사(之事)〉 또는 〈지인(之人)〉의 줄임으로 여기고 〈~것[者] · 사람[者]〉로 새겨도 되고, 조사로 여겨 〈~이란[者]〉으로 새겨도 된다. 이런 어조사 노릇하는 자(者)는 제돈(提頓)으로 앞말을 제시하여[提] 멈춤[頓]의 기능을 한다. 〈기소를[其所] 불실하는[不失] 사람[者]〉

33-8 死而不忘者壽(사이불망자수)

▶ 죽어서도[死而] 잊히지 않는[不忘] 사람은[者] 죽었어도 살아 있다[壽].

죽을 사(死), 그러나 이(而), 않을 불(不), 잊힐 망(忘), 사람 자(者), 목숨 수(壽)

【지남(指南)】

〈사이불망자수(死而不忘者壽)〉는 성인지도(聖人之道)를 본받아[法] 자명(自明) · 자승(自勝) · 지족(知足)함을 부지런히 힘써[强] 행한[行] 사람을 강조한다. 자지(自知)하고 자승(自勝)하며 지족(知足)의 선(善)을 평생 동안 근행(勤行)한 사람은 죽어서도 후세대가 받들어 본받고자 함을 여기 〈수(壽)〉 자(字)가 뜻해준다. 불선(不善)을 자행(恣行)한 사람은 죽으면 곧장 잊히며[忘], 극악(極惡)을 서슴지 않은 폭군(暴君)은 악명(惡名)을 얻어 두고두고 후세대의 욕을 먹는다. 진실로 자기를 아끼고 받들고 싶다면 자기가 죽은 다음에 선명(善名)을 남길지 악명(惡名)을 남길지 아니면 흔적 없이 사라져버릴 것인지 생각해볼 일이다.

상선약수(上善若水)의 물[水] 같은 성인(聖人)의 칠선(七善)을 본받아 순응하면 사이불사(死而不死) 즉 죽어도[死而] 죽지 않음과[不死] 같음을 깊이 살펴 새기고 헤아려 깨우치게 하는 말씀이 〈사이불망자수(死而不忘者壽)〉이다.

【보주(補註)】

- 〈사이불망자수(死而不忘者壽)〉를 〈사이불망지인수(死而不忘之人壽)〉처럼 옮기면 문맥을 좀 더 쉽게 잡을 수 있다. 〈죽어서도[死而] 잊히지 않는[不忘之] 사람은[人] 살아 있다[壽].〉

【해독(解讀)】

- 〈사이불망자수(死而不忘者壽)〉에서 사이불망자(死而不忘者)는 주절 노릇하고, 수(壽)는 술부(述部)로 주격보어 노릇한다. 수(壽)는 〈길 구(久)〉와 같다. 〈죽어서도[死而] 잊히지 않는[不忘] 사람은[者] 죽지 않는다[壽].〉
- 사이불망자(死而不忘者)는 〈사이불망지인(死而不忘之人)〉에서 지인(之人)을 자(者)로 줄인 어투이다. 사이불망자(死而不忘者)에서 사(死)는 동사 노릇하고, 이(而)는 역접(逆接)의 연사(連詞) 노릇하며, 불(不)은 망(忘)의 부정사(否定詞)이고, 망(忘)은 수동의 동사 노릇하며, 자(者)는 영어의 선행사(先行詞)와 관계대명사를 합친 것처럼 노릇한다. 자(者)는 〈지사(之事)〉 또는 〈지인(之人)〉의 줄임으로 여기고 〈~것[者] · 사람[者]〉로 새겨도 되고, 조사로 여기고 〈~이란[者]〉으로 새겨도 된다. 〈죽었으나[死而] 잊히지 않는[不忘] 사람은[者]〉

성대장(成大章)

상도(常道)의 작용 즉 조화(造化)를 밝히는 장(章)이다. 상도(常道)가 만물을 생장(生長)하고 양육(養育)하며, 만물로 하여금 소수(所需) 즉 구하는[需] 바를[所] 얻도록 하고, 저마다 본성에 따라 적응하게 하면서도, 조금도 간섭하지 않음을 깨우치게 한다. 어떠한 지배도 배격하는 노자사상(老子思想)이 〈불사(不辭) · 불유(不有) · 불위주(不爲主)〉 등으로 드러나는 장(章)이다.

【원문(原文)】

大道汎兮여 其可左右한다 萬物恃之以生而不辭하고
대 도 범 혜 기 가 좌 우 만 물 시 지 이 생 이 불 사

功成而不有한다 衣養萬物而不爲主하고 可名於小요
공 성 이 불 유 의 양 만 물 이 불 위 주 가 명 어 소

常無欲하니 萬物歸之而不爲主라 可名於大하다 以其
상 무 욕 만 물 귀 지 이 불 위 주 가 명 어 대 이 기

終不自爲大일새 故로 能成其大니라 天下가 皆謂我道
종 부 자 위 대 고 능 성 기 대 천 하 개 위 아 도

大하여 似不肖라하니라 夫唯大라 故로 似不肖나 若肖인댄
대 사 불 초 부 유 대 고 사 불 초 약 초

久矣라 其細也夫인저
구 의 기 세 야 부

대도는[大道] 유행하여 넘치는구나[汎兮]! 그것은[其] 모든 곳에 두루 미칠[左右] 수 있다[可]. 온갖 것은[萬物] 그것을[之] 의지함으로[恃]써[以] 태어나되[生而] 주재 받지 않는다[不辭]. {대도(大道)는} 공적을[功] 이루지만[成而] (그 공적을) 갖지 않는다[不有]. {대도(大道)는} 온갖 것을[萬物] 입히고 덮어주면서도[衣養而] 주재자가[主] 되지 않아[不爲] {그 대도(大道)가} 작은 것이라고[於小] 칭할 수 있다[可名]. {대도(大道)에는} 항상[常] 욕망이[欲] 없다[無]. 만물은[萬物] 대도(大道)로[之] 돌아오지만[歸而] (대도는) 주재가가[主] 되지 않으니[不爲] (그 대도를) 크다고[於大] 일컬을 수 있다[可名]. 그로써도[以] 그것은[其] 끝내[終] 스스로[自] 크다고[大] 여기지 않는다[不爲]. 그러므로[故] 그[其] 큼을[大] 이룰 수 있다[能成]. 세상이[天下] 모두[皆] 나의[我] 도가[道] 크다고[大] 일컫고[謂], {세상 사람들은 내가 그 대도(大道)를} 닮지 못할 것[不肖] 같다 한다[似]. 무릇[夫] 오로지[唯] (내가 밝히는 대도는) 크나크다[大]. 그래서[故] (내가 그 대도를) 닮지 못할 것[不肖] 같다[似]. 만약[若] (누구나 나의 도를) 닮는다면[肖] (그 누구나) 장구할 것[久]이다[矣]. (내가 밝히는 대도) 그것은[其] 세미한 것[細]이로다[也夫]!

註 〈상무욕(常無欲)〉은 연문(衍文)이므로 산거(刪去)한다는 설(說)을 따랐다.

註 〈천하개위아(天下皆謂我) 도대(道大) 사불초(似不肖) 부유대(夫唯大) 고사불초(故似不肖)

약초(若肖) 구의(久矣) 기세야부(其細也夫)〉는 엄령봉(嚴靈峰)의 설(說)에 따라 『노자(老子)』 67장(章)에 있는 원문(原文)을 34장(章)으로 옮겨왔다.

34-1 大道汎兮(대도범혜)

▶ 대도는[大道] 유행하여 넘치는구나[汎兮]!

큰 대(大), 길 도(道), 넓고 넘칠 범(汎), 조사(~구나) 혜(兮)

【지남(指南)】

〈대도범혜(大道汎兮)〉는 대도(大道)가 유행하여 범일(泛溢), 가득해[泛] 넘쳐남을[溢] 말한다. 물론 〈대도(大道)〉는 1장(章) 〈도가도(道可道) 비상도(非常道)〉란 말씀의 상도(常道)이다. 상도(常道)를 대도(大道)라 하고, 상도(常道)의 상(常)과 대도(大道)의 대(大)를 묶어 〈범혜(汎兮)〉라 찬탄하고 있다.

지구를 둘러싼 바다를 태평양이니 대서양이니 나누어 부름은 사람의 짓일 뿐, 대도(大道)의 입장에서 보면 우주 삼라만상이 일해(一海) 같음이니 범(汎)하다 할 수밖에 없다. 그래서 『장자(莊子)』에도 **만물일야(萬物一也)**니 **만물일부(萬物一府)**라는 말이 나온다. 만물은 상도(常道)라는 한 곳간[一府]에 든 하나라[一] 대도(大道)를 범혜(汎兮)라 찬탄한다.

범(汎)은 온 세상 천강(川江)이 흘러드는 바다의 넓음[廣]이요 흐름[流]이다. 범(汎)은 크고 깊고 넓음이다. 다만 크나큰 바다도 물 한 방울[一滴] 한 방울이 모인 것처럼, 우주 삼라만상도 세미(細美)하여 칭할 수 없는 대도(大道)에 안겨 있음이 또한 범혜(汎兮)이다. 뿐만 아니라 대도(大道)는 크다고만 말할 것이 아니니, 광대(廣大)하면서도 미세(微細)하기 짝이 없는 깊은 뜻을 담아 범혜라[汎兮] 찬탄한 것이다. 대도(大道)는 천지만물을 낳아주되 갖지 않고 도와주되 바라지 않으니 크다[大]. 천지만물이 저마다 속에 대도(大道)를 간직하여 보이지도 들리지도 잡히지 않는 것[奧] 이것을 만물이[萬物之] 간직하고 있음이니 상도(常道)는 현묘(玄妙)하다. 그러니 대도(大道)를 일컬어 대역소(大亦小) 즉 크면서도[大亦] 작고[小] 작으면서도[小亦] 큼[大]이라 한 것을 깊이 새기고 헤아려 깨우치게 하는 말씀이 〈대도범혜(大道汎兮)〉이다.

註 "만물일야(萬物一也)." 온갖 것들은[萬物] 하나[一]이다[也]. 『장자(莊子)』「지북유(知北遊)」

註 "만물일부(萬物一府)." 온갖 것들은[萬物] 한[一] 곳간에 있다[府]. 『장자(莊子)』「천지(天地)」

【보주(補註)】

- 〈대도범혜(大道汎兮)〉를 〈대도야자범자야(大道也者汎者也)〉처럼 옮기면 문맥을 좀 더 쉽게 잡을 수 있다. 〈대도(大道)란[也] 것은[者] 범한[汎] 것[者]이다[也].〉
- 대도범혜(大道汎兮)의 범(汎)은 『논어(論語)』에 나오는 **범애중(汎愛衆)**이란 말씀을 떠올리게 한다. 널리[廣] 두루두루[普] 퍼짐이[流] 범(汎)에 서린 뜻이다.

註 "제자입즉효(弟子入則孝) 출즉제(出則悌) 근이신(謹而信) 범애중이친인(汎愛衆而親仁) 행유여력 즉이학문(則以學文)." 제자는[弟子] 집에 들면[入] 곧[則] 효도하고[孝], 집을 나서면[出] 곧[則] 공경하며[悌], 근직하면서[謹而] 믿음을 얻고[信], 널리[汎] 뭇사람을[衆] 아끼면서[愛而] 어진 이를[仁] 가까이 해라[親]. 그러고서도[行] 여력이[餘力] 있으면[有] 곧[則] 그 힘으로[以] 성인의 글을[文] 배워라[學].

제(悌)는 윗사람을 공경순응(恭敬順應)함이다. 근(謹)은 행동이 신중하고 변함없음이다.

『논어(論語)』「학이(學而)」6

【해독(解讀)】

- 〈대도범혜(大道汎兮)〉에서 대도(大道)는 주어 노릇하고, 범(汎)은 술부(述部)로 주격보어 노릇하며, 혜(兮)는 조사로 감탄문이 되게 하는 문미조사(文尾助詞) 노릇한다. 범(汎)은 〈넓을 광(廣)·보(普), 흐를 류(流)〉 등과 같다. 〈대도는[大道] 넓고 넘치는구나[汎兮]!〉

34-2 其可左右(기가좌우)

▶ 그것은[其] 모든 곳에 두루 미칠[左右] 수 있다[可].

그 기(其), 가할 가(可), 왼쪽 될 좌(左), 오른쪽 될 우(右)

【지남(指南)】

〈기가좌우(其可左右)〉는 대도(大道)의 〈범혜(汎兮)〉를 거듭 밝힌다. 〈가좌우(可

左右)〉란 무한(無限)하고 무우(無隅)하고 무방(無方)함이다. 끝도 없고[無限] 구석도 없는데[無隅] 어찌 좌우(左右)가 있겠는가. 가좌우(可左右)는 동서남북 상하의 육극(六極)과 사유(四維) 즉 남동간(南東間)·북동간(北東間)·남서간(南西間)·북서간(北西間)에 구애받지 않으니, 여기 가좌우(可左右)는 대도(大道)의 범혜(汎兮)를 거듭 밝힘이다. 육극(六極)·사유(四維)에 구애됨이 없이 이르지 않는 데란 없음이다.

천지만물로 보면 상도(常道)는 크고[大], 만물마다 간직하고 있는 오(奧)로서 보면 상도(常道)는 작다[小]. 만물을 하나하나 나누어 보면 코끼리는 크고[大], 생쥐는 작다[小]. 이처럼 대도(大道)를 제외한 모든 것은 크면 크고 작으면 작은 것인지라 대소(大小)·좌우(左右)가 나누어진다. 그러나 대도(大道)의 조화(造化)에는 그런 나뉨이 없으니 상도(常道)는 좌우(左右)하여 범(汎)하다. 그래서 2장(章)에 〈유무상생(有無相生) 난이상성(難易相成) 장단상형(長短相形) 고하상경(高下相傾) 음성상화(音聲相和) 전후상수(前後相隨)〉란 말씀이 나오기도 한다.

대도(大道) 즉 상도(常道)는 상생(相生)·상성(相成)·상형(相形)·상경(相傾)·상화(相和)·상수(相隨)로 조화(造化)하니 신묘(神妙)하여 범(汎)하다. 가좌우(可左右) 즉 우(右)도 되고 좌(左)도 되어 좌우(左右)가 둘이 아니라 하나이니, 크다 작다 있다 없다 위다 아래다 등 둘로 나누어 시비·분별·논란할 것들이 하나도 없음을 밝힌 말씀이 〈기가좌우(其可左右)〉이다.

【보주(補註)】

- 〈기가좌우(其可左右)〉를 〈대도가좌우(大道可左右)〉처럼 옮기면 문맥을 좀 더 쉽게 잡을 수 있다. 〈대도는[大道] 모든 곳에 두루 미칠[左右] 수 있다[可].〉
- 가좌우(可左右)는 〈대도범(大道汎)〉의 범(汎)을 거듭 밝힘이다.

【해독(解讀)】

- 〈기가좌우(其可左右)〉에서 기(其)는 주어 노릇하고, 가(可)는 좌우(左右)의 조동사 노릇하고, 좌우(左右)는 복합동사 노릇한다. 〈대도는[其] 좌도 되고[左] 우도 될[右] 수 있다[可].〉

34-3 萬物恃之以生而不辭(만물시지이생이불사)

▶ 온갖 것은[萬物] 그것을[之] 의지함으로[恃] 써[以] 태어나되[生而] 주재 받지 않는다[不辭].

온갖 만(萬), 사물 물(物), 의지할 시(恃), 그것 지(之), 날 생(生), 그러나 이(而), 아니 불(不), 주재할 사(辭)

【지남(指南)】

〈만물시지이생이불사(萬物恃之以生而不辭)〉는 대도(大道)가 넓고 넓은[汎] 소이(所以)를 밝힌다. 대도(大道) 즉 상도(常道)가 천지만물을 생(生)하니, 천지도 대도(大道)의 자(子)이고 만물도 대도(大道)의 자(子)인지라 상도(常道)를 천지만물의 어머니[母]라고 한다. 물론 대도(大道)를 그대로 본받는 천지 역시 만물의 모(母)라고 한다. 그래서 『장자(莊子)』에 **천지자만물지부모야(天地者萬物之父母也)**라는 말이 나온다. 대도(大道)가 천지를 낳았으니 대도(大道)는 천지의 어머니[母]일 뿐만 아니라 만물의 어머니[母]도 되는 것이다.

1장(章)에 **중묘지문(衆妙之門)**이란 말씀이 나온다. 대도(大道)는 온갖 묘리(妙理)의 문(門)이니, 중묘(衆妙) 즉 온갖 묘리(妙理)란 50장(章)의 **출생입사(出生入死)**를 상기하면 알 수 있다. 대도(大道)는 천지의 어머니이고 천지는 만물의 어머니로, 어머니의 어머니는 변함없이 어머니이니 천지만물은 대도(大道)의 자손인 셈이다. 모(母) 없이 자손은 출생하지 못하고 출생하지 못하면 입사(入死)하지 못하니 〈시지이생(恃之以生)〉이고, 동시에 모(母)는 자손을 버리지 못하고 자손은 어머니[母]를 떠나지 않는다. 그러나 상도(常道)라는 어머니는[母] 〈불사(不辭)〉 즉 만물을 이래라저래라 하지 않음을[不辭] 들어 대도(大道)가 크고 큼을[凡] 밝힌 말씀이 〈만물시지이생이불사(萬物恃之以生而不辭)〉이다.

註 "부형전정복(夫形全精復) 여천위일(與天爲一) 천지자만물지부모야(天地者萬物之父母也)." 무릇[夫] 몸이[形] 온전하고[全] 정신이[精] {자연[天]으로} 돌아오면[復] {만물(萬物)은} 자연과[與天] 하나가[一] 된다[爲]. 하늘땅이란[天地] 것은[者] 만물의[萬物之] 어버이[父母]이다[也].

『장자(莊子)』「달생(達生)」

註 "중묘지문(衆妙之門)." 온갖[衆] 묘리가[妙之] 들고나는 문이다[門]. 『노자(老子)』 1장(章)

註 "출생입사(出生入死)." 나옴은[出] 태어남이고[生], 들어감은[入] 죽음이다[死]. 『노자(老子)』 50장(章)

【보주(補註)】

- 〈만물시지이생이불사(萬物恃之以生而不辭)〉를 〈만물생이시지(萬物生以恃之)이만물불위사어대도(而萬物不爲辭於大道)〉처럼 옮기면 문맥을 좀 더 쉽게 잡을 수 있다. 〈만물은[萬物] 그것을[之] 의지함으로[恃]써[以] 생긴다[生]. 그러나[而] 만물은[萬物] 대도에[大道] 의해서[於] 주재되지 않는다[不辭].〉
- 불사(不辭)는 2장(章)에 나오는 〈만물작언이불사(萬物作焉而不辭)〉의 불사(不辭)와 같다. 불사(不辭)를 네 갈래로 풀이하기도 한다. 불추사(不推辭)·불언설(不言說)·부주재(不主宰)·불위시(不爲始) 등이다. 이 넷 중에서 고시(古時)에 〈사(辭)〉가 〈사(司)〉와 통용된 점을 들어 여기 불사(不辭)를 〈부주재(不主宰)〉로 풀이한 진고응(陳鼓應)의 설(說)을 따라, 2장(章)에서 불사(不辭)를 〈주재되지 않는다〉고 새겼다. 34장(章)에서도 진설(陳說)을 따라 불사(不辭)를 〈부주재(不主宰)〉의 뜻으로 새겼다. 〈미루어[推] 말하지 않는다[不辭].〉 〈말로[言] 설명하지 않는다[不說].〉 〈주인으로[主] 이래라저래라 않는다[不宰].〉 〈앞장서려[始] 하지 않는다[不爲].〉
- 만물시지이생이불사(萬物恃之以生而不辭)가 〈만물득지이생이불사(萬物得之而生而不辭)〉로 된 본(本)도 있다. 시지이생(恃之以生)은 39장(章)의 〈득일이생(得一以生)〉과 같은 말씀인지라 〈시(恃)〉는 〈득(得)〉의 오자(誤字)라는 주장도 있다. 시지이생(恃之以生)이든 득지이생(得之以生)이든 문의(文義)가 달라지는 것은 아니다. 〈만물은[萬物] 그것을[之] 얻어서[得而] 태어나되[生而] 주재되지 않는다[不辭].〉

【해독(解讀)】

- 〈만물시지이생이불사(萬物恃之以生而不辭)〉는 두 구문이 〈그러나 이(而)〉로 이어진 중문(重文)이다. 〈만물은[萬物] 시지로[恃之]써[以] 생한다[生]. 그러나[而] 불사한다[不辭].〉
- 만물시지이생(萬物恃之以生)에서 만물(萬物)은 주어 노릇하고, 시지이(恃之以)

는 〈이시지(以恃之)〉에서 시지(恃之)를 강조하고자 도치한 어투로 생(生)을 꾸며주는 부사구 노릇하고, 생(生)은 자동사 노릇한다. 시지(恃之)에서 시(恃)는 〈의지할 뢰(賴)〉와 같지만, 〈얻을 득(得)〉의 오자(誤字)로 보고 〈얻을 시(恃)〉로 새겨도 된다. 시지(恃之)의 지(之)는 대도(大道)를 대신하는 〈그것 지(之)〉이므로 시지이(恃之以)를 〈이시대도(以恃大道)〉로 새기면 문의(文義)가 더 분명해진다. 〈만물은[萬物] 그것을[之] 의지함으로[恃]써[以] 생긴다[生].〉 〈만물은[萬物] 대도를[大道] 얻음으로[恃]써[以] 생긴다[生].〉

- 불사(不辭)는 〈만물불사어대도(萬物不辭於大道)〉에서 되풀이되는 내용으로 주어 노릇할 만물(萬物)과 부사구 노릇할 어대도(於大道)를 생략하고, 동사 노릇하는 사(辭)만 남긴 구문이다. 사(辭)를 〈위사(爲辭)〉 즉 수동의 사(辭)로 여기고 문맥을 잡으면 문의(文義)가 잡히고, 사(辭)는 〈주재할 사(司)〉와 통한다. 〈주재되지 않는다[不辭]〉

34-4 功成而不有(공성이불유)

▶ (대도는) 공적을[功] 이루지만[成而] (그 공적을) 갖지 않는다[不有].

공적 공(功), 이룰 성(成), 그러나 이(而), 아니 불(不), 가질 유(有)

【지남(指南)】

〈공성이불유(功成而不有)〉는 대도(大道)의 불언지교(不言之敎)를 밝힌다. 〈불유(不有)〉는 2장(章) **공성이불거(功成而弗居)**의 〈불거(弗居)〉와 같은 말씀이다. 공(功)이 있음[有]에도 공치사하지 않음[不有]은 이룬 보람[功]에 연연하지 않음[不居]이다. 이렇듯 연연하지 않으니[不居] 낳아주되[生而] 갖지 않고[不有], 도와주되[爲而] 바라지 않아[不恃] 오히려 그 보람[功]이 떠나지 않는다[不去]. 이 말씀은 10장(章)에서도 고스란히 반복된다.

이처럼 대도(大道)는 천지만물을 낳아 길러주는[長] 어머니[母]이지만, 이래라 저래라 간섭하지 않는다[不宰]. 이를 일러 51장(章)에서 **장이부재(長而不宰)**라 하였다. 공치사하면 이룬 공(功)도 없어지게 함이 인위(人爲)의 다언(多言)이다. 말이 많으면[多言] 이치가 궁(窮)해지니 5장(章)에 **다언수궁(多言數窮)**이란 말씀이 나온다. 공치사[功名]란 사람이 하는 짓이지 자연(自然)에는 공명(功名)이란 없다.

대도(大道)는 〈행불언지교(行不言之教)〉 즉 말하지 않는[不言之] 가르침[教]을 행하기 때문에 무위(無爲)의 이로움[益]은 말하지 않고서도 천지만물에 베풀어짐이 그냥 그대로[自然]일 뿐이니 **무위지익(無爲之益)**이라 한다. 인위(人爲)에 얽매이기 때문에 세상 사람들이 불언지교(不言之教)인 무위지익(無爲之益)을 **희급지(希及之)** 즉 이루지 못함[希及]을 돌이키게 하면서, 대도(大道)가 크고 큼을[凡] 깊이 살펴 새기고 헤아려 깨우치게 하는 말씀이 〈공성이불유(功成而不有)〉이다.

註 "만물작언이불사(萬物作焉而不辭) 생이불유(生而不有) 위이불시(爲而不恃) 공성이불거(功成而弗居)." 온갖[萬] 것이[物] 세상에서[焉] 떨쳐 일어나도[作而] (상도는 그 온갖 것을) 주재하지 않는다[不辭]. 낳아주되[生而] 갖지 않고[不有], 위하되[爲而] 대접하지 않으며[不恃], 공업이[功] 이루어져도[成而] 머물지(연연치) 않는다[弗居]. 『노자(老子)』 2장(章)

註 "도생지휵지(道生之畜之) 장지육지(長之育之) 성지숙지(成之熟之) 양지부지(養之覆之) 생이불유(生而不有) 위이불시(爲而不恃) 장이부재(長而不宰) 시위현덕(是謂玄德)." 상도가[道] 낳아주고[生之] 길러주고[畜之], (상덕이 만물을) 키워주고[長之] 길러주며[育之], (상덕이 만물을) 이뤄주고[成之] 영글게 하고[熟之], (상덕이 만물을) 보양해주고[養之] 보호해준다[覆之]. (상도는) 낳아주되[生而] 갖지 않고[不有], (상도는) 위해주되[爲而] 바라지 않으며[不恃], (상도는) 키워주되[長而] 이래라저래라 않는다[不宰]. 위의 것들을[是] 현묘한[玄] 덕이라[德] 한다[謂]. 『노자(老子)』 51장(章)

註 "다언수궁(多言數窮) 불여수중(不如守中)." 말이[言] 많으면[多] 이치가[數] 막히니[窮] 알맞음을[中] 지킴만[守] 못하다[不如]. 『노자(老子)』 5장(章)

註 "불언지교(不言之教) 무위지익(無爲之益) 천하희급지(天下希及之)." 세상 사람들은[天下] 말하지 않음의[不言之] 가르침인[教] 무위의[無爲之] 이로움[益] 그것을[之] 이루지[及] 못한다[希]. 『노자(老子)』 43장(章)

【보주(補註)】

- 〈공성이불유(功成而不有)〉를 〈대도성생만물지공(大道成生萬物之功) 이대도불유기공(而大道不有其功)〉처럼 옮기면 문맥을 좀 더 쉽게 잡을 수 있다. 〈대도는[大道] 만물을[萬物] 낳는[生之] 보람을[功] 이룬다[成]. 그러나[而] 대도는[大道] 그[其] 공적을[功之] 갖지 않는다[不有].〉

- 공성이불유(功成而不有)의 불유(不有)는 불거(弗居) · 불거(不居) 즉 연연하지 않음[不居]과 같고, 불언지교(不言之敎)의 불언(不言)을 달리 말함이기도 하다. 여기 불유(不有)는 〈불유기공(不有其功)〉의 줄임으로 여기고 새기면 된다. 〈그[其] 공을[功] 갖지 않는다[不有].〉
- 공성이불유(功成而不有)가 〈공성이불명유(功成而不名有)〉로 된 본(本)도 있다. 불명유(不名有)는 〈불유명(不有名)〉인지라, 공성이불유(功成而不有)와 공성이불명유(功成而不名有)는 원문(原文)의 문의(文義)를 달리하고 있음이 아니라 서로 같다. 〈명성을[名] 갖지 않는다[不有].〉

【해독(解讀)】

- 〈공성이불유(功成而不有)〉는 두 구문이 〈그러나 이(而)〉로 이어진 중문(重文)이다. 〈공을[功] 이룬다[成]. 그러나[而] (그 공을) 갖지 않는다[不有].〉
- 공성(功成)에서 공(功)을 강조하고자 도치했지만 성(成)의 목적어 노릇하고, 성(成)은 동사 노릇한다. 물론 공(功)을 주어로 여기고, 성(成)을 수동의 동사로 여기고 문맥을 잡아도 된다. 〈보람을[功] 이룬다[成].〉 〈보람이[功] 이루어진다[成].〉
- 불유(不有)에서 주어 노릇할 대도(大道)와 목적어 노릇할 공(功)이 생략되었지만 불(不)은 유(有)의 부정사(否定詞)이고, 유(有)는 〈가질 유(有)〉로 동사 노릇한다. 유(有)는 〈취할 취(取)〉와 같다. 〈(대도는 공적을) 갖지 않는다[不有].〉

34-5 衣養萬物而不爲主(의양만물이불위주) 可名於小(가명어소)

▶{대도(大道)는} 온갖 것을[萬物] 입히고 덮어주면서도[衣養而] 주재자가[主] 되지 않아[不爲] {그 대도(大道)가} 작은 것이라고[於小] 칭할 수 있다[可名].

입힐 의(衣), 기를 양(養), 온갖 만(萬), 물건 물(物), 그러나 이(而), 아니 불(不), 노릇할 위(爲), 주인 주(主), 할 수 있을 가(可), 말할 명(名), 조사(~이라고) 어(於), 작은 소(小)

【지남(指南)】

〈의양만물이불위주(衣養萬物而不爲主) 가명어소(可名於小)〉는 대도(大道)가 만물을 자화(自化)하게 하는 공적을 이루고서도[成] 공적을 불언(不言)할 뿐만 아니라 주재자[主] 노릇을 하지 않아 대도(大道)의 〈범혜(汎兮)〉의 범(汎)인 크고 큰 것이[汎] 오히려 작은 것[小]으로 보임을 밝힌다.

〈의양만물(衣養萬物)〉은 공성(功成)의 공(功)을 구체적으로 밝힌 것이고, 51장(章) **생지휵지(生之畜之)**의 현덕(玄德)을 상기시킨다. 그리고 〈가명어소(可名於小)〉의 소(小)는 62장(章) **도자만물지오(道者萬物之奧)**의 오(奧)를 떠올린다. 생물(生物)하고 의양(衣養)함이 대도(大道)가 짓는 현덕(玄德)의 조화이고, 의양(衣養)은 조화의 공적이다. 여기 의양(衣養)이 〈의피(衣被)〉로 된 본(本)도 있다. 의양(衣養)은 의피(衣被) 즉 입혀주고[被衣] 덮어[覆] 양생해주되[養] 이래라저래라 않으니[不宰] 드러나지 않아 〈작다[小]〉 한 것이다.

만물의 생장(生長)을 시작함이 덕(德)이고, 낳은 것[萬物]을 화육(化育)함 또한 덕(德)이다. 이처럼 대도(大道)는 현덕(玄德)을 써서[用] 만물을 자화(自化)하게 하되 공적을[功] 갖지 않는[不有] 동시에 주인 노릇도 하지 않으니[不爲主], 현덕(玄德)의 짓이란 무위지사(無爲之事)일 뿐인지라 현묘(玄妙)하다. 현묘(玄妙)함은 눈으로 보이지 않음이니 소(小) 즉 작다고[小] 하는 것이다. 현묘(玄妙)한 것은 작고 작다. 그러므로 무위(無爲)의 상도(常道)란 만물 속에 그윽이[幽] 간직된 것[奧]이지만, 눈에 보이지 않고[希] 귀에 들리지 않고[夷] 손에 잡히지도 않아[微] 작은 것[小]이라 하여 오히려 대도(大道)가 크고 큼을[凡] 살펴 새기고 헤아려 깨우치게 하는 말씀이 〈의양만물이불위주(衣養萬物而不爲主) 가명어소(可名於小)〉이다.

註 "생지휵지(生之畜之)……생이불유(生而不有) 위이불시(爲而不恃) 장이부재(長而不宰) 시위현덕(是謂玄德)." {상도(常道)가} 만물을[之] 낳아서[生] 그것을[之] 길러주고[畜]……{상도(常道)는} 낳아주되[生而] 갖지 않고[不有], {상도(常道)는} 위해주되[爲而] 바라지 않으며[不恃], {상도(常道)는} 키워주되[長而] 이래라저래라 않는다[不宰]. 위의 것들을[是] 현묘한[玄] 덕이라[德] 한다[謂].
『노자(老子)』 51장(章)

註 "도자만물지오(道者萬物之奧)." 상도라는[道] 것은[者] 온갖[萬] 것이[物之] 그윽이 깊게 간직한 것이다[奧].
『노자(老子)』 62장(章)

【보주(補註)】

- 〈의양만물이불위주(衣養萬物而不爲主) 가명어소(可名於小)〉를 〈대도의만물(大道衣萬物) 이대도양만물(而大道養萬物) 이대도불위만물지주(而大道不爲萬物之主) 이대도가명어소(而大道可名於小)〉처럼 옮기면 문맥을 좀 더 쉽게 잡을 수 있다. 〈대도는[大道] 만물을[萬物] 입혀준다[衣]. 그리고[而] 대도는[大道] 만물을[萬物] 기른다[養]. 그러나[而] 대도는[大道] 만물의[萬物之] 주재자가[主] 되지 않는다[不爲]. 그래서[而] 대도는[大道] 적은 것으로[於小] 칭해질[名] 수 있다[可].〉
- 의양만물(衣養萬物)은 화육만물(化育萬物)과 같고, 생만물(生萬物) · 휵만물(畜萬物)을 말함이다. 불위주(不爲主)는 51장(章)에 나오는 〈장이부재(長而不宰)〉를 상기하면 된다. 〈키워주되[長而] 이래라저래라 않는다[不宰].〉
- 의양만물(衣養萬物)이 〈애양만물(愛養萬物)〉로 된 본(本)도 있고 〈의피만물(衣被萬物)〉로 된 본(本)도 있다. 〈만물을[萬物] 아끼고[愛] 길러준다[養].〉 〈만물을[萬物] 입혀준다[衣被].〉

【해독(解讀)】

- 〈의양만물이불위주(衣養萬物而不爲主)〉는 두 구문이 〈그러나 이(而)〉로 이어진 중문(重文)이다. 〈만물을[萬物] 의양한다[衣養]. 그러나[而] 주재자가[主] 되지 않는다[不爲].〉
- 의양만물(衣養萬物)에서 의(衣)와 양(養)은 주어 노릇할 대도(大道)가 생략되었지만 동사 노릇하고, 만물(萬物)은 의(衣)와 양(養)의 목적어 노릇한다. 의(衣)는 〈입혀줄 피(被)〉와 같아 의피(衣被)의 줄임말로 여기면 된다. 〈만물을[萬物] 입혀주고[衣] 양육한다[養].〉
- 불위주(不爲主)에서 주어 노릇할 대도(大道)는 생략되었지만, 불(不)은 위(爲)의 부정사(否定詞)이고, 위(爲)는 동사 노릇하고, 주(主)는 주격보어 노릇한다. 〈(대도는 만물의) 주재자가[主] 되지 않는다[不爲].〉
- 가명어소(可名於小)에서 가(可)는 영어의 〈can〉처럼 명(名)의 조동사 노릇하고, 명(名)은 주어가 생략되었지만 수동의 동사 노릇하며, 어소(於小)는 명(名)을 꾸며주는 부사구 노릇한다. 명(名)은 〈부를 명(命)〉과 같아 명명(命名)의 줄임말로 여기면 된다. 〈작다고[於小] 불려질[名] 수 있다[可].〉

① 常無欲(상무욕)

▶ {대도(大道)에는} 항상[常] 욕망이[欲] 없다[無].

늘 상(常), 없을 무(無), 욕심 욕(欲)

註 하상공본(河上公本) 원문(原文)은 〈애양만물이불위주(愛養萬物而不爲主) 상무욕(常無欲) 가명어소(可名於小)〉으로 돼 있다. 그러나 다른 여러 본(本)에는 〈상무욕(常無欲)〉 세 자(字)가 없을 뿐만 아니라, 바로 뒤에 이어지는 〈만물귀지이불위주(萬物歸之而不爲主) 가명어대(可名於大)〉와 어울리지 않아 〈상무욕(常無欲)〉 세 자(字)는 연문(衍文) 즉 쓸데없이 끼어든 글자로[衍文] 보는 것이 통설(通說)이다. 따라서 〈상무욕(常無欲)〉을 34장(章)에서 산거(刪去)하되, 〈상무욕(常無欲)〉에 담긴 뜻을 참고삼아 지남(指南)해둔다.

【지남(指南)】

〈상무욕(常無欲)〉은 34장(章)에 끼어든 것이란 설(說)이 인정된다. 아마 대도(大道)의 〈불사(不辭) · 불유(不有) · 불위주(不爲主)〉 등을 들어 『노자(老子)』를 전사(傳寫)했던 누군가가 대도(大道)에는 〈욕(欲)〉이란 것이 없음을 밝히고자 끼워 넣었다고 보인다는 것이다.

여기 상무욕(常無欲)은 〈대도상무욕(大道常無欲)〉의 줄임이다. 만물을 낳아주되[生而] 주재하지 않으니[不辭] 대도무욕(大道無欲)이고, 공적을 이루고서도[功成而] 갖지 않으니[不有] 대도무욕(大道無欲)이며, 만물을 의양(衣養)하면서도[衣養而] 주인 노릇을 하지 않으니[不爲主] 역시 대도무욕(大道無欲)임을 밝힌 것이라 새삼 5장(章) **천지불인(天地不仁)**을 떠올려 헤아려보게 하는 말이 여기 〈상무욕(常無欲)〉이다.

註 "천지불인(天地不仁) 이만물위추구(以萬物爲芻狗)." 천지에는[天地] 어짊이란[仁] 없어[不], (천지는) 만물로[萬物]써[以] 풀강아지로[芻狗] 삼는다[爲].

여기 인(仁)은 인간의 편애(偏愛)를 생각하게 한다. 『노자(老子)』 5장(章)

【보주(補註)】

〈상무욕(常無欲)〉을 〈대도상무욕(大道常無欲)〉처럼 옮기면 문맥을 좀 더 쉽게 잡을 수 있다. 〈대도에는[大道] 항상[常] 욕망이[欲] 없다[無].〉

【해독(讀解)】

- 〈상무욕(常無欲)〉에서 상(常)은 무(無)를 꾸며주는 부사 노릇하고, 무(無)는 동사 노릇하며, 욕(欲)은 주어 노릇한다. 〈항상[常] 욕망이[欲] 없다[無].〉
- 상무욕(常無欲)은 〈A무(無)B〉의 상용문이다. 〈있을 유(有), 없을 무(無), 적을 소(少), 많을 다(多)〉 등이 동사 노릇할 때면 주어가 그 뒤에 있다. 〈A에 B가 없다[無].〉 〈A에 B가 있다[有].〉 〈A에 B가 적다[少].〉 〈A에 B가 많다[多].〉

34-6 萬物歸之而不爲主(만물귀지이불위주) 可名於大(가명어대)

▶만물은[萬物] 대도로[之] 돌아오지만[歸而] (대도는) 주재가가[主] 되지 않으니[不爲] (그 대도를) 크다고[於大] 일컬을 수 있다[可名].

온갖 만(萬), 물건 물(物), 돌아갈 귀(歸), 그것 지(之), 그러나 이(而), 아니 불(不), 노릇할 위(爲), 주인 주(主), 할 수 있을 가(可), 말할 명(名), 조사(~이라고) 어(於), 큰 대(大)

【지남(指南)】

〈만물귀지이불위주(萬物歸之而不爲主) 가명어대(可名於大)〉 역시 대도(大道)의 크나큰[大] 지묘(至妙)를 밝힌다. 만물은 대도(大道)에서 출생(出生)하고 대도(大道)로 입사(入死)한다. 그래서 1장(章)에 〈중묘지문(衆妙之門)〉이란 말씀이 있다. 만물의 출생과 입사를 하나[一]로 봄이 중묘(衆妙)이며, 대도(大道)에서 나옴[出]이 생(生)이고, 대도(大道)로 들어옴이[入] 사(死)이니, 대도(大道)는 만물의 생사(生死)가 들고나는[出入] 문(門)이다. 삼라만상이 나왔다가 들어오는 문(門)이니 대도(大道)야말로 한없이 크다[大]. 그 큼[大]은 사방(四方) · 좌우(左右) · 상하(上下) · 장단(長短)이 없으니 지묘(至妙)함의 큼[大]인 동시에, 생사(生死)가 동상(同狀) 즉 한[同] 모습[狀]이니 역시 지묘(至妙)함의 큼[大]이다.

〈만물귀지(萬物歸之)〉란 말씀은 『장자(莊子)』의 **만물일부(萬物一府)**란 말을 상기시킨다. 삼라만상은 대도(大道)라는 곳간[府]으로 들기도[入] 하고, 그 곳간에서 나기도[出] 하니 크다[大]. 만물이 돌아오는[歸之] 대도(大道)가 삼라만상의 한 곳간[一府]인 셈이고, 대도(大道)는 곳간의 주인 노릇을 하지 않음이 여기 〈불위주(不爲主)〉이다. 만물의 일부이되[一府] 일부지주(一府之主) 즉 그 곳간의[一府之] 주재자[主] 노릇을 하지 않는 대도(大道)를 일컬어 어대(於大) 즉 큰 것으로[於大] 부를 수 있음을[可名] 깊이 살펴 새기고 헤아려 깨우치게 하는 말씀이 〈만물귀지이불위주(萬物歸之而不爲主) 가명어대(可名於大)〉이다.

註 "만물일부(萬物一府) 사생동상(死生同狀)." 만물은[萬物] 한 곳간이고[一府], 죽음과 삶이[死生] 한 모습이다[同狀]. 『장자(莊子)』「천지(天地)」

【보주(補註)】

- 〈만물귀지이불위주(萬物歸之而不爲主) 가명어대(可名於大)〉를 〈만물귀어대도(萬物歸於大道) 이대도불위주어만물고(而大道不爲主於萬物故) 대도가명어대(大道可名於大)〉처럼 옮기면 문맥을 좀 더 쉽게 잡을 수 있다. 〈만물은[萬物] 대도로[於大道] 돌아오지만[歸而] 주재가[主] 되지 않기[不爲] 때문에[故] 대도를[大道] 크다고[於大] 일컬을[名] 수 있다[可].〉
- 만물귀지(萬物歸之)의 귀지(歸之)는 25장(章)의 **대왈서(大日逝) 서왈원(逝日遠) 원왈반(遠日反)**과, 40장(章)의 **반자도지동(反者道之動)**과, 50장(章) **출생입사(出生入死)**란 말씀을 상기시킨다.

註 "강자지왈도(强字之曰道) 강위지명왈대(强爲之名曰大) 대왈서(大曰逝) 서왈원(逝曰遠) 원왈반(遠曰反)." 억지로[强] 그것을[之] 글로 한다면[字] 도라[道] 하고[曰], 억지로[强] 그것을[之] 이름으로[名] 일컬어[爲] 큼이라[大] 한다[曰]. 큼은[大] 떠남이라[逝] 하고[曰], 떠남은[逝] 멂이라[遠] 하며[曰], 멂은[遠] 돌아감이라[反] 한다[曰]. 『노자(老子)』 25장(章)

註 "반자도지동(反者道之動)." 돌아오는[反] 것은[者] 상도(常道)의[道之] 움직임이다[動]. 『노자(老子)』 40장(章)

註 "출생입사(出生入死)." 나옴은[出] 태어남이고[生], 들어감은[入] 죽음이다[死]. 『노자(老子)』 50장(章)

- 만물귀지(萬物歸之)가 〈만물귀언(萬物歸焉)〉으로 된 본(本)도 있다. 만물귀언(萬物歸焉)의 언(焉)은 〈어대도(於大道)〉의 줄임이므로 원문(原文)의 문의(文義)

가 서로 달라지는 것은 아니다. 〈만물은[萬物] 대도로[焉] 돌아온다[歸].〉

- 불위주(不爲主)가 〈부지주(不知主)〉로 된 본(本)도 있다. 원문(原文)의 문의(文義)가 달라지는 것은 아니다. 〈(만물은) 주재자를[主] 모른다[不知].〉

【해독(解讀)】

- 〈만물귀지이불위주(萬物歸之而不爲主) 가명어대(可名於大)〉는 양보의 종절과 원인의 종절, 그리고 주절로 이루어진 복문(複文)이다. 〈만물귀지하지만[萬物歸之] 그러나[而] 불위주하기 때문에[不爲主] 대라고[於大] 말해질 수 있다[可名].〉
- 만물귀지(萬物歸之)에서 만물(萬物)은 주어 노릇하고, 귀(歸)는 자동사 노릇하고, 지(之)는 허사(虛詞)로서 〈그것 지(之)〉로 노릇한다. 〈만물이[萬物] 그것으로[之] 돌아오지만[歸]〉
- 이불위주(而不爲主)에서 이(而)는 〈그러나 이(而)〉로서 접속사 노릇하고, 불(不)은 위(爲)의 부정사(否定詞)이고, 위(爲)는 동사 노릇하고, 주(主)는 주격보어 노릇한다. 〈그러나[而] 주재가[主] 되지 않기 때문에[不爲]〉
- 가명어대(可名於大)는 〈대도가피명어대어만물(大道可被名於大於萬物)〉에서 앞 문맥으로 보충될 수 있는 내용이므로 주어 노릇할 대도(大道)와 부사구 노릇할 어만물(於萬物)을 생략하고, 동사 앞에 놓여 수동의 조사 노릇할 피(被)를 생략한 주절이다. 가명어대(可名於大)에서 가(可)는 영어의 〈can〉처럼 명(名)의 조동사 같은 노릇하고, 명(名)은 수동의 동사 노릇하며, 어대(於大)는 명(名)을 꾸며주는 부사구 노릇한다. 명(名)은 〈부를 명(命)〉과 같아 명명(命名)의 줄임말로 여기면 된다.

  한문에서 어느 동사 앞에 〈견(見)·위(爲)·피(被)〉 등이 놓이면 그 동사가 수동의 동사 노릇하지만, 〈견(見)·위(爲)·피(被)〉 등은 거의 다 생략되므로 전후를 살펴 수동의 동사인지를 살펴 새기게 된다. 〈크다고[於大] 말해질[名] 수 있다[可].〉 〈대도는[大道] 만물에[萬物] 의해서[於] 큰 것[大]으로[於] 일컬어질[被名] 수 있다[可].〉

34-7 以其終不自爲大(이기종부자위대)

▶ 그로써도[以] 그것은[其] 끝내[終] 스스로[自] 크다고[大] 여기지 않는다[不爲].

써 이(以), 그 기(其), 마침내 종(終), 아니 부(不), 스스로 자(自), 여길 위(爲), 큰 대(大)

【지남(指南)】

〈이기종부자위대(以其終不自爲大)〉는 상도(常道)의 〈대(大)〉를 밝힌다. 이(以)는 앞에 나온 〈이의양만물(以衣養萬物)〉의 줄임이다. 만물을 낳아 입혀[衣] 길러줌을[養] 가지고[以] 대도(大道)는 스스로[自] 크다고[大] 자처하지 않으니[不爲] 대도야말로 크다[大]. 여기 대(大)는 25장(章) **강위지명왈대(强爲之名曰大)**, 억지로[强] 그것을[之] 이름으로[名] 일컬어[爲] 큼이라[大] 한다는 노자(老子)의 밝힘을 연상시킨다. 물론 성인(聖人)도 대도(大道)의 대(大) 즉 의양만물(衣養萬物)하는 현덕(玄德)을 본받아 크다. 대도(大道)가 의양만물(衣養萬物)하고 불위주(不爲主)하면서 크다고 자처하지 않음을(不自爲大) 깊이 살펴 새기고 헤아려 깨우치게 하는 말씀이 〈이기종부자위대(以其終不自爲大)〉이다.

註 "오부지기명(吾不知其名) 강자지왈도(强字之曰道) 강위지명왈대(强爲之名曰大)." 나는[吾] 그[其] 이름을[名] 알지 못한다[不知]. 억지로[强] 그것을[之] 글로 하면[字] 도라[道] 하고[曰], 억지로[强] 그것을[之] 이름으로[名] 일컬어[爲] 큼이라[大] 한다[曰]. 『노자(老子)』 25장(章)

【보주(補註)】

- 〈이기종부자위대(以其終不自爲大)〉를 〈이의양만물대도종부자위대(以衣養萬物大道終不自爲大)〉처럼 옮기면 문맥을 좀 더 쉽게 잡을 수 있다. 이기(以其)의 기(其)는 〈의양만물(衣養萬物)〉을 나타내는 지시어 노릇한다. 〈그것으로[其]써도[以] 대도는[大道] 끝내[終] 스스로[自] 크다고[大] 여기지 않는다[不爲].〉
- 부자위대(不自爲大)의 대(大)는 대도(大道)의 용(用) 즉 현덕(玄德)의 크나큼을[大] 헤아리게 한다.

- 이기종부자위대(以其終不自爲大)가 〈시이성인종불위대(是以聖人終不爲大)〉로 된 본(本)도 있다. 〈이로[是]써[以] 성인은[聖人] 끝내[終] 크다고[大] 여기지 않는다[不爲].〉

【해독(解讀)】

- 〈이기종부자위대(以其終不自爲大)〉에서 이(以)는 위(爲)를 꾸며주는 부사로서 조사 노릇하고, 기(其)는 지시어로서 위(爲)의 주어 노릇하며, 종(終)은 위(爲)를 꾸며주는 부사 노릇하며, 부(不)는 위(爲)의 부정사(否定詞)이고, 위(爲)는 주어가 생략되었지만 동사 노릇하고, 대(大)는 위(爲)의 목적어 노릇한다. 위(爲)는 〈생각할 사(思)〉와 같다. 〈그로써도[以] 그것은[其] 끝내[終] 크다고[大] 여기지 않는다[不爲].〉

34-8 故(고) 能成其大(능성기대)

▶ 그러므로[故] 그[其] 큼을[大] 이룰 수 있다[能成].

그러므로 고(故), 능할 능(能), 그 기(其), 큰 대(大)

【지남(指南)】

〈고(故) 능성기대(能成其大)〉는 대도(大道)가 만물을 조화(造化)하는 대사(大事)를 드러내지 않아서 오히려 그 크나큼을 이룸을[成] 밝힌다. 성인(聖人)도 이러한 대도(大道)를 본받아 천하에 대사(大事)를 베푼다. 성인(聖人)의 대사(大事)는 17장(章) **백성개위아자연(百姓皆謂我自然)**으로 잘 드러난다. 백성이 모두[皆] 〈우리는 자연이다[我自然]〉라고 일컬음[謂]보다 더 대도(大道)를 본받아 이루는 큰일[大事]은 없다. 〈아자연(我自然)〉이란 말은 성인(聖人)이 대도(大道)를 본받아 이루어낸[成] 대사(大事)이다.

〈능성기대(能成其大)〉의 기대(其大)란 〈생이불사(生而不辭)〉의 불사(不辭)로 말미암아 생만물(生萬物)의 대사(大事)를 이루어냄[成]이고, 〈공성이불유(功成而不有)〉의 불유(不有)로 말미암아 만물을 낳는[生] 공적의[功] 대사(大事)를 이루어냄[成]이며, 만물을 의양(衣養)하되 주재자(主宰者) 노릇을 하지 않으므로 대도(大道)

가 상덕(常德)으로써 이루어내는 대사(大事)임을 거듭 살펴 헤아려 깨우치게 하는 말씀이 〈능성기대(能成其大)〉이다.

註 "공성사수(功成事遂) 백성개위아자연(百姓皆謂我自然)." 보람을[功] 이루고[成] 일을[事] 완수했어도[遂] 백성은[百姓] 모두[皆] 자기들이[我] 그냥 그대로라고[自然] 했다[謂].

『노자(老子)』 17장(章)

【보주(補註)】

- 〈고(故) 능성기대(能成其大)〉를 〈시고(是故) 대도능성생만물지대사(大道能成生萬物之大事) 이시이대도능성공성지대사(而是以大道能成功成之大事) 이시이대도능성의양만물지대사(而是以大道能成衣養萬物之大事)〉처럼 옮기면 문맥을 좀 더 쉽게 잡을 수 있다. 〈이[是] 때문에[故] 대도는[大道] 생만물의[生萬物之] 대사를[大事] 이룰 수 있다[能成]. 그리고[而] 이[是] 때문에[故] 대도는[大道] 공성의[生功成之] 대사를[大事] 이룰 수 있다[能成]. 그리고[而] 이[是] 때문에[故] 대도는[大道] 의양만물의[衣養萬物之] 대사를[大事] 이룰 수 있다[能成].〉
- 성기대(成其大)의 기대(其大)는 〈대도지대사(大道之大事)〉의 줄임이다. 이는 곧 대도지조화(大道之造化)를 밝힘으로, 조화(造化)를 기대(其大)라 밝힌 것이다. 물론 기대(其大)의 대(大)는 〈생이불유(生而不有) · 공성이불유(功成而不有) · 의양만물(衣養萬物)〉이란 대도(大道)의 조화이다. 대도(大道)가 만물을 생(生)하는 조화보다 더 큼[大]이란 없다.

【해독(解讀)】

- 〈고(故) 능성기대(能成其大)〉에서 고(故)는 〈시고(是故)〉의 줄임으로 접속사 노릇하고, 능(能)은 영어의 〈can〉같이 구실해 성(成)의 조동사 노릇하며, 성(成)은 주어가 생략되었지만 동사 노릇하고, 기대(其大)는 성(成)의 목적어 노릇한다. 성(成)은 〈이룰 취(就)〉와 같아 성취(成就)의 줄임말로 여기면 되고, 기대(其大)의 기(其)는 〈대도지(大道之)〉를 대신하는 관형사 노릇한다. 〈이렇기[是] 때문에[故]〉 〈(대도는) 대도의[大道之] 크나큼을[大] 성취할 수 있다[能成].〉

다음 〈천하개위아(天下皆謂我) 도대(道大) 사불초(似不肖) 부유대(夫唯大) 고사불초(故似不肖) 약초(若肖) 구의(久矣) 기세야부(其細也夫)〉는 『노자(老子)』 67장(章) 첫머리에 있는 원문(原文)이지만, 67장(章)의 주지(主旨)와 상응하지 않고 오히려 34장(章)의 〈능성기대(能成其大)〉 다음에 있어야 한다는 엄령봉(嚴靈峰)의 설(說)에 따라 67장(章)에서 『노자(老子)』 34장(章) 끝으로 옮겨와 지남(指南) · 보주(補註) · 해독(解讀)을 붙인다.

34-9 天下皆謂我道大(천하개위아도대) 似不肖(사불초)

▶ 세상이[天下] 모두[皆] 나의[我] 도가[道] 크다고[大] 일컫고[謂], (세상 사람들은 내가 그 대도를) 닮지 못할 것[不肖] 같다 한다[似].

하늘 천(天), 아래 하(下), 모두 개(皆), 말할 위(謂), 나의 아(我), 상도 도(道), 큰 대(大), 같을 사(似), 못할 불(不), 잘할 초(肖)

【지남(指南)】

〈천하개위아도대(天下皆謂我道大) 사불초(似不肖)〉는 세상 사람들이 노자(老子)가 말하는 상도(常道)는 커서[大] 닮아가지 못할 것 같다고 말함을 에둘러 밝히고 있다. 〈아도(我道)〉는 〈아지언도(我之言道)〉이니 내가[我之] 말하는[言] 도가[道] 크다는[大] 뜻이고, 사람들이 노자(老子)가 밝히는 상도(常道)는 커서[大] 노자가 따를 수 없다고 수군댐이 여기 〈사불초(似不肖)〉이다. 따라서 사불초(似不肖)는 20장(章) 중인개유이(衆人皆有以) 이아독완차비(而我獨頑且鄙) 아독이어인(我獨異於人)을 떠올리게 한다.

세상 사람들은[衆人] 모두[皆] 쓸모가[以] 있지만[有], 나만[我] 오직[獨] 고집스럽고[頑] 또[且] 비루해[鄙] 사람들과는[於人] 다르다는[異] 노자(老子)의 독백을 미루어 생각건대, 사불초(似不肖)의 불초(不肖)를 들어 세상 사람들 눈에 버려지고[遺] 비루하고[鄙] 졸렬해[拙] 보이는 노자(老子)가 〈도대(道大)〉를 닮을 수 있겠느냐고 입방아를 찧던 당시의 세정(世情)을 살펴 일깨워주는 말씀이 〈천하개위아도대(天下皆謂我道大) 사불초(似不肖)〉이다.

註 "중인개유이(衆人皆有以) 이아독완차비(而我獨頑且鄙) 아독이어인(我獨異於人) 이귀사모(而貴食母)." 세상 사람들에게는[衆人] 모두[皆] 쓸모가[以] 있다지만[有而] 나만[我獨] 우매하고

[頑] 또[且] 추레하며[鄙], 나만[我獨] 뭇사람들[人]과[於] 달라서[異而] 먹여주는[食] 어머니를[母] 받든다[貴]. 『노자(老子)』 20章

【보주(補註)】

- 〈천하개위아도대(天下皆謂我道大) 사불초(似不肖)〉를 〈천하인개위아도대(天下人皆謂我道大) 이천하인개위아사불초아도(而天下人皆謂我似不肖我道)〉처럼 옮기면 문맥을 더 쉽게 잡을 수 있다. 〈온 세상[天下] 사람들은[人] 모두[皆] 나의[我] 도는[道] 크다고[大] 말한다[謂]. 그래서[而] 온 세상[天下] 사람들이[人] 모두[皆] 내가[我] 나의[我] 도를[道] 닮지 못할 것[不肖] 같다고[似] 말한다[謂].〉
- 사불초(似不肖)는 〈세인지초(世人之誚)〉를 뜻한다. 〈세상[世] 사람들의[人之] 꾸짖음[誚]〉

【해독(解讀)】

- 〈천하개위아도대(天下皆謂我道大) 사불초(似不肖)〉는 두 구문이 생략되었지만 〈그래서 이(而)〉로 이어진 중문(重文)이다. 〈천하가[天下] 모두[皆] 아도대라[我道大] 한다[謂]. 그래서[而] (천하가 모두 내가 그 대도를) 불초할 것[不肖] 같다 한다[似].〉
- 천하개위아도대(天下皆謂我道大)에서 천하(天下)는 주어 노릇하고, 개(皆)는 위(謂)를 꾸며주는 부사 노릇하며, 위(謂)는 동사 노릇하고, 아도(我道)는 위(謂)의 목적어 노릇하며, 대(大)는 목적보어 노릇한다. 〈온 세상이[天下] 모두[皆] 나의[我] 도를[道] 크다고[大] 말한다[謂].〉
- 사불초(似不肖)는 〈천하개위아사불초(天下皆謂我似不肖)〉에서 천하개위아(天下皆謂我)는 앞 문맥으로 보충될 수 있는 내용이므로 생략하고, 목적보어 노릇할 사불초(似不肖)만 남긴 어투이다. 사불초(似不肖)는 영어의 〈to seem not to do A〉와 같은 영어의 부정사구(不定詞句)처럼 구실하는 셈이다. 초(肖)는 〈잘할 선(善), 본뜰 상(象)〉 등과 같다. 〈잘하지 못할 것[不肖] 같다 한다[似].〉

34-10 夫唯大(부유대) 故(고) 似不肖(사불초)

▶ 무릇[夫] 오로지[唯] (나의 도는) 크나크다[大]. 그래서[故] (내가

밝히는 그 대도를) 닮지 못할 것[不肖] 같다[似].

무릇 부(夫), 오로지 유(唯), 큰 대(大), 때문에 고(故), 같을 사(似), 못할 불(不), 본받을(잘할) 초(肖)

【지남(指南)】

〈부유대(夫唯大) 고(故) 사불초(似不肖)〉는 상도(常道)가 커서[大] 본받기를 잘하지 못할 것 같다고 겸허히 말하면서도, 초대도(肖大道) 즉 대도를[大道] 닮으면[肖] 법자연(法自然)의 삶을 누릴 수 있음을 에둘러 밝힌다. 부유대(夫唯大)는 〈부유대도대(夫唯大道大)〉의 줄임이고, 사불초(似不肖)는 〈아사불초대도(我似不肖大道)〉의 줄임이다. 대도(大道)의 큼은[大] 앞에 나온 〈만물시지이생이불사(萬物恃之以生而不辭)·공성이불유(功成而不有)·의양만물이불위주(衣養萬物而不爲主)〉를 한 자(字)로써 밝혀놓음이다.

물론 51장(章)에 나오는 **생이불유(生而不有) 위이불시(爲而不恃) 장이부재(長而不宰)**를 환기시켜주기도 한다. 낳아주되[生而] 갖지 않으니[不有] 크고[大], 위해주되[爲而] 바라지 않으니[不恃] 크며, 키워주되[長而] 주재하지 않으니[不宰] 대도(大道)를 일컬어[謂] 크다고[大] 하는 것이다. 이렇기 때문에 존도(尊道)하고 귀덕(貴德)하여 복수기모(復守其母)할 수밖에 없음을 환기시켜주는 말씀을 〈사불초(似不肖)〉로써 에둘러 밝힌 것이다.

동시에 대도(大道)로 돌아와[復] 그 대도(大道)를 만물의 어머니로[其母] 받들어[尊] 지키고[守] 본받아 따르기를 바람이 여기 사불초(似不肖)이다. 따라서 여기 사불초(似不肖)는 28장(章)에서 살핀 **상덕불리(常德不離) 복귀어영아(復歸於嬰兒)**를 떠올리게도 한다. 대도(大道)를 닮으면[肖] 누구나 상덕(常德)을 떠나지 않고 갓난애의 마음으로 돌아와 삶을 누릴 수 있음이다. 그러므로 사불초(似不肖)는 자연(自然)을 본받아[法] 따르라는 겸언(謙言)이고, 복귀어영아(復歸於嬰兒) 즉 갓난애로[於嬰兒] 돌아오는[復歸] 삶을 누리라는 겸언(謙言)임을 살펴 새기고 헤아려 깨우치게 하는 말씀이 〈부유대(夫唯大) 고(故) 사불초(似不肖)〉이다.

註 "생이불유(生而不有) 위이불시(爲而不恃) 장이부재(長而不宰)." 낳아주되[生而] 갖지 않고

[不有], 위해주되[爲而] 바라지 않으며[不恃], 키워주되[長而] 이래라저래라 않는다[不宰].

『노자(老子)』 51장(章)

註 "상덕불리(常德不離) 복귀어영아(復歸於嬰兒)…… 상덕불특(常德不忒) 복귀어무극(復歸於無極)…… 상덕내족(常德乃足) 복귀어박(復歸於樸)." 상덕이[常德] 떠나지 않아[不離] 갓난애로[於嬰兒] 되[復]돌아간다[歸]. …… 상덕[常德]은 어긋나지 않아[不忒] 무극으로[於無極] 되[復]돌아간다[歸]. …… 상덕은[常德] 이내[乃] 만족돼[足] 나뭇등걸(자연)로[於樸] 되[復]돌아간다[歸].

『노자(老子)』 28장(章)

註 "강위지명왈대(强爲之名曰大) 대왈서(大曰逝) 서왈원(逝曰遠) 원왈반(遠曰返) 고(故) 도대(道大) 천대(天大) 지대(地大) 인역대(人亦大)…… 인법지(人法地) 지법천(地法天) 천법도(天法道) 도법자연(道法自然)." 억지로[强] 그것을[之] 이름으로[名] 일컬어[爲] 큼이라[大] 한다[曰]. 큼은[大] (상도에서) 떠남이라[逝] 하고[曰], 떠남은[逝] 멂이라[遠] 하며[曰], 멂은[遠] (상도로) 돌아옴이라[返] 한다[曰]. 그러므로[故] 상도는[道] 크고[大], 하늘도[天] 크고[大], 땅도[地] 크며[大], 사람[人] 또한[亦] 크다[大]. …… 사람은[人] 땅을[地] 본받고[法], 땅은[地] 하늘을[天] 본받고[法], 하늘은[天] 상도를[道] 본받고[法], 상도는[道] 그냥 그대로를[自然] 본받는다[法].

『노자(老子)』 25장(章)

【보주(補註)】

- 〈부유대(夫唯大) 고(故) 사불초(似不肖)〉를 〈부유아도대(夫唯我道大) 고(故) 아사불초대도(我似不肖大道)〉처럼 옮기면 문맥을 더 쉽게 잡을 수 있다. 〈무릇[夫] 오로지[唯] 내[我] 도는[大道] 크다[大]. 그러므로[故] 나는[我] 대도를[大道] 닮지 못할 것[不肖] 같다[似].〉
- 부유대(夫唯大)의 대(大)는 앞에 나온 〈만물시지이생이불사(萬物恃之以生而不辭)·공성이불유(功成而不有)·의양만물이불위주(衣養萬物而不爲主)〉를 한 자(字)로 묶음했다고 여기면 된다.

【해독(解讀)】

- 〈부유대(夫唯大) 고(故) 사불초(似不肖)〉는 두 구문이 〈그러므로 고(故)〉 접속사로 이어진 중문(重文)이다. 〈부유[夫唯] 대이다[大]. 그러므로[故] (내가 대도를) 불초함과[不肖] 같다[似].〉
- 부유대(夫唯大)는 〈부유아도대(夫唯我道大)〉에서 주어 노릇할 아도(我道)는 생략되었고, 부유(夫唯)는 어조사(語助辭) 노릇하며, 대(大)는 주어가 생략되었지만 보어 노릇한다. 〈무릇[夫] 오로지[唯] 크다[大].〉

- 사불초(似不肖)는 〈아사불초대도(我似不肖大道)〉에서 사(似)의 주어 노릇할 아(我)와 초(肖)의 목적어 노릇할 대도(大道)를 생략하고, 동사 노릇하는 사(似)와 사(似)의 목적어 노릇하는 불초(不肖)만 남긴 구문이다. 초(肖)는 〈잘할 선(善), 본뜰 상(象)〉 등과 같다. 〈닮지 못할 것[不肖] 같다[似].〉 〈잘하지 못할 것[不肖] 같다[似].〉

34-11 若肖(약초) 久矣(구의)

▶ 만약[若] (누구나 내가 밝히는 대도를) 닮는다면[肖] (그 누구나) 장구할 것[久]이다[矣].

만약 약(若), 본받을 초(肖), 장구할 구(久), 조사(~이다) 의(矣)

【지남(指南)】

〈약초(若肖) 구의(久矣)〉는 초대도(肖大道)하는 까닭을 밝힌다. 〈약초(若肖)〉의 〈초(肖)〉는 초도대(肖道大)로, 상도(常道)의 대(大)를 본받아[法] 잘함[善]이다. 선(善)이란 계천(繼天) 즉 자연을[天] 계승함이니[繼] 법자연(法自然)이고, 초도대(肖道大)는 법대도(善大道)로 상도(常道)의 조화를 계승함이다. 대도를 본받아 닮음을[肖] 일러 복수기모(復守其母)라 하고, 상도(常道)라는 어머니로[其母] 돌아와[復] 어머니를 지킴은[守] 51장(章)의 **존도이귀덕(尊道而貴德)**으로써 드러난다. 그러므로 초도대(肖道大)란 상도(常道)를 받들고[尊] 상덕(常德)을 받듦이니[貴], 이는 곧 16장(章)에서 살핀 **귀근(歸根)**으로 통한다.

만물을 낳아주고[生之] 길러주며[畜之] 몸을 주고[形之] 자라게 함이[成之] 대도(大道)의 대(大)인 조화이고, 이를 본받아 잘 지킴이 여기 〈초(肖)〉이다. 그러므로 대도(大道) 즉 상도(常道)를 닮아서[肖] 삶을 누리면 그 누구든 그 무엇이든 저마다의 장구(長久)함을 누릴 수 있음을 살펴 새기고 헤아려 깨우치게 하는 말씀이 〈약초(若肖) 구의(久矣)〉이다.

註 "도생지(道生之) 덕휵지(德畜之) 물형지(物形之) 세성지(勢成之) 시이(是以) 만물막부존도이귀덕(萬物莫不尊道而貴德)." 상도가[道] 낳아주고[生之], 상덕이[德] 길러주며[畜之], 온갖 것이

[物] 드러나고[形之], 이세(理勢)가[勢] 이루어진다[成之]. 이렇기[是] 때문에[以] 온갖 것은[萬物] 도를[道] 받들면서[尊而] 덕을[德] 받들지 않을 수[不貴] 없다[莫]. 『노자(老子)』 51장(章)

註 "각귀기근(各歸其根) 귀근왈정(歸根曰靜) 시위복명(是謂復命) 복명왈상(復命曰常) 지상왈명(知常曰明) 부지상(不知常) 망작흉(妄作凶) 지상용(知常容) 용내공(容乃公) 공내전(公乃全) 전내천(全乃天) 천내도(天乃道) 도내구(道乃久) 몰신불태(沒身不殆)." 저마다[各] 제[其] 뿌리로[根] 돌아간다[歸]. 뿌리로[根] 돌아감을[歸] 고요라[靜] 하고[曰], 이것을[是] 본성으로[命] 돌아옴이라[復] 한다[謂]. 천성으로[命] 돌아옴을[復] {만물이 따르는 천도(天道)의} 한결같음이라[常] 하며[曰], {상도(常道)의} 한결같음을[常] 앎을[知] 밝음이라[明] 한다[曰]. {만물이 누리는 상도(常道)의 조화가} 한결같음을[常] 모르면[不知] 재앙을[凶] 멍청하게[妄] 짓는다[作]. 한결같음을[常] 깨달음은[知] (모든 것을) 포용하고[容], 포용함[容]이야말로[乃] 공평함이며[公], 공평함[公]이야말로[乃] 두루 미침이며[全], 두루 미침[全]이야말로[乃] 자연이고[天], 자연[天]이야말로[乃] 상도이고[道], 상도[道]야말로[乃] 오램이다[久]. {사람이 상도(常道)를 본받는다면} 종신토록[沒] 제 몸은[身] 위태롭지 않다[不殆]. 『노자(老子)』 16장(章)

【보주(補註)】

- 〈약초(若肖) 구의(久矣)〉를 〈약하인초아도지대(若何人肖我道之大) 기인구의(其人久矣)〉처럼 옮기면 문맥을 더 쉽게 잡을 수 있다. 〈만약[若] 누구라도[何人] 내도의[我道之] 큼을[大] 닮는다면[肖] 그 사람은[其人] 천수를 누릴 것[久]이다[矣].〉
- 구의(久矣)의 구(久)는 16장(章)에서 살핀 **몰신불태(沒身不殆)**와 같다. 그러므로 구(久)는 천수(天壽)를 누림이다.

註 "몰신불태(沒身不殆)." 종신토록[沒身] 위태롭지 않다[不殆]. 『노자(老子)』 16장(章)

【해독(解讀)】

- 〈약초(若肖) 구의(久矣)〉는 조건의 종절과 주절로 이루어진 복문(複文)이다. 〈만약[若] 초하면[肖] 구(久)이다[矣].〉
- 약초(若肖)는 〈약임하인초아도지대(若任何人肖我道之大)〉에서 앞 문맥으로 보아 일반주어 노릇할 임하인(任何人)과 목적구 노릇할 아도지대(我道之大)를 생략했지만, 약(若)은 조건의 접속사 노릇하고, 초(肖)는 동사 노릇한다. 초(肖)는 〈잘할 선(善), 본뜰 상(象)〉 등과 같다. 〈만약[若] 닮는다면[肖]〉
- 구의(久矣)에서 구(久)는 일반주어가 생략되었지만 보어 노릇하고, 의(矣)는 문

미조사(文尾助詞) 노릇한다. 구(久)는 〈길 영(永)〉과 같아 영구(永久)의 줄임말로 여기면 된다. 〈장구할 것[久]이다[矣].〉

34-12 其細也夫(기세야부)

▶ (내가 밝히는 대도) 그것은[其] 세미한 것[細]이로다[也夫]!

그 기(其), 작을 세(細), 조사 야(也), 조사 부(夫)

【지남(指南)】

〈기세야부(其細也夫)〉는 〈초아도대(肖我道大)〉의 대(大)는 인지(人智)로 대소(大小)를 둘로 분별하여 나눌 수 있는 크고[大] 작음이[小] 아님을 밝힌다. 『장자(莊子)』에 **대산위소(大山爲小)**란 말이 있고, 『신심명(信心銘)』에도 **극소동대(極小同大) 극대동소(極大同小)**란 말이 나온다. 왜 천하에 가을 털끝보다 더 큰 것은 없고 태산은 작으며, 스무 살도 못 살고 죽은 사내가 장수한 것이고 700년을 살다간 팽조(彭祖)가 요절했다고 하는가? 왜 극히 작은 것은 큰 것과 같고, 극히 큰 것은 작은 것과 같다고 하는가? 아도대(我道大)의 대(大)는 인지(人智)로 대소(大小)를 분별하는 그런 대소(大小)의 대(大)가 아니다. 대(大)라 함은 소(小)와 14장(章) **혼이위일(混而爲一)** 즉 섞여서[混而] 하나가 되는지라[爲一] 작은 것[細]이다. 대즉세(大卽細)이고 동시에 세즉대(細卽大)이니, 아도대(我道大)의 〈도(道)〉는 62장(章)의 **도자만물지오(道者萬物之奧)**의 〈오(奧)〉이다. 따라서 물어도[詰] 답을 얻어낼[致] 수 없는[不可] 것이 상도(常道)이고, 여기 대(大)이고 세(細)이다.

만물이 저마다 그윽이 깊게 간직한 것[奧]이란 보이지도 않고[夷] 들리지도 않고[希] 잡히지도 않는[微] 것일 뿐이니, 그 대(大)는 미세(微細)하다. 그러므로 아도대(我道大)의 대(大)를 인지(人智)로 분별하는 대(大)가 아니라 대소(大小)가 하나인 상도(常道)의 조화가 오묘(奧妙)함을 살펴 새기고 헤아려 깨우치게 하는 말씀이 〈기세야부(其細也夫)〉이다.

註 "천하막대어추호지말(天下莫大於秋毫之末) 이대산위소(而大山爲小) 막수호상자(莫壽乎殤者) 이팽조위요(而彭祖爲夭)." 세상에서[天下] 가을[秋] 털의[毫之] 끝보다[於末] 더 큰 것은

[大] 없고[莫而], 태산은[大山] 작은 것[小]이다[爲]. 스물도 못돼 죽은 자식보다[乎殤子] 더 장수함은[壽] 없고[莫而], 120년 살다 죽은 팽조가[彭祖] 요절한 것[夭]이다[爲].

『장자(莊子)』「제물론(齊物論)」

註 "극소동대(極小同大) 망절경계(忘絶境界) 극대동소(極大同小) 불견변표(不見邊表)." 더없이[極] 작은 것은[小] 큰 것과[大] 같아[同] 경계가[境界] 모두[忘] 끊어지고[絶], 더없이[極] 큰 것은[大] 작은 것과[小] 같아[同] 변표를[邊表] 볼 수 없다[不見]. 『신심명(信心銘)』 66~67

註 "시지불견(視之不見) 명왈이(名曰夷) 청지불문(聽之不聞) 명왈희(名曰希) 박지부득(搏之不得) 명왈미(名曰微) 차삼자(此三者) 불가치힐(不可致詰) 고(故) 혼이위일(混而爲一)." 그것을[之] 보려 해도[視] 보이지 않음을[不見] 일컬어[名] 이라[夷] 하고[曰], 그것을[之] 들으려 해도[聽] 들리지 않음을[不聞] 일컬어[名] 희라[希] 하며[謂], 그것을[之] 잡으려 해도[搏] 집히지 않음을[不得] 일컬어[名] 미라[微] 한다[謂]. 이[此] 세 가지는[三者] 따져 물어도[詰] 답을 얻어낼[致] 수 없다[不可]. 그러므로[故] 섞여 합해서[混而] 하나[一]이다[爲]. 『노자(老子)』 14장(章)

註 "도자만물지오(道者萬物之奧)." 상도라는[道] 것은[者] 온갖[萬] 것이[物之] 그윽이 깊게 간직한 것이다[奧]. 『노자(老子)』 62장(章)

【보주(補註)】

- 〈기세야부(其細也夫)〉를 〈아도지대세의(我道之大細矣)〉처럼 옮기면 문맥을 더 쉽게 잡을 수 있다. 〈아도의[我道] 대는[大] 세(細)이다[矣].〉
- 기세(其細)는 14장(章)에서 살핀 **이(夷)·희(希)·미(微)**를 상기시키고, **불가치힐(不可致詰)** 즉 따져 물어도[詰] 답을 얻어낼[致] 수 없음을[不可] 상기시킨다.

註 "시지불견(視之不見) 명왈이(名曰夷) 청지불문(聽之不聞) 명왈희(名曰希) 박지부득(搏之不得) 명왈미(名曰微) 차삼자불가치힐(此三者不可致詰)." 그것을[之] 보려고 해도[視] 보이지 않음을[不見] 일컬어[名] 이라[夷] 하고[曰], 그것을[之] 들으려고 해도[聽] 들리지 않음을[不聞] 일컬어[名] 희라고[希] 하며[謂], 그것을[之] 잡으려고 해도[搏] 집히지 않음을[不得] 일컬어[名] 미라고[微] 한다[謂]. 이[此] 세 가지는[三者] 따져 물어도[詰] 답을 얻어낼[致] 수 없다[不可].

『노자(老子)』 14장(章)

【해독(解讀)】

- 〈기세야부(其細也夫)〉에서 기(其)는 주어 노릇하고, 세(細)는 보어 노릇하며, 야부(也夫)는 어조를 가미하면서 문미조사 노릇한다. 기(其)는 〈아도대(我道大)〉를 대신하는 지시어이다. 〈그것은[其] 미세한 것[細]이다[也夫].〉

35
老子之言

대상장(大象章)

〈대상(大象)〉으로써 무위(無爲)의 대도(大道)를 들고, 〈악여이(樂與餌)〉로써 인위(人爲)의 인의(仁義)를 든 다음, 인의(仁義)를 행하여[行] 다스림은[治] 무위(無爲)의 대도(大道)를 행수(行守)하느니만 못함을 밝히는 장(章)이다. 비록 대도(大道)가 드러남이 없고[無形] 흔적이 없을[無迹]지라도, 대도(大道)는 백성으로 하여금 평거(平居) 즉 평화롭게[平] 살도록 하여[居] 그에 따라 태평한 세상을 누리게 함을 밝히는 장(章)이다.

【원문(原文)】

執大象이면 天下往이라 往而不害이니 安平泰한다 樂與餌는 過客止이다 道之出口엔 淡乎其無味하여 視之不足見이고 聽之不足聞이나 用之不足旣이다

집대상 천하왕 왕이불해 안평태 악여이 과객지 도지출구 담호기무미 시지부족견 청지부족문 용지부족기

대도를[大象] 지키니[執] 세상 사람들이[天下] 찾아온다[往]. (세상 사람들이) 찾아오면[往而] 해로움이 없고[不害], 이에[安] (찾아온 백성은) 화평하고[平] 태안하다[泰]. 악률과[樂與] 먹을거리는[餌] 지나가는[過] 길손을[客] 멈추게 한다[止]. 대도의[道之] 발현은[出口] 담백하도다[淡乎]! 그것에는[其] 맛이[味] 없다[無]. 그것을[之] 보려고 해도[視] (그것을) 볼[見] 수 없고[不足], 그것을[之] 들으려고 해도[視] (그것을) 들을[聞] 수 없으며[不足], 그것을[之] 써도[用] (그것을) 다 쓸[旣] 수 없다[不足].

35-1 執大象(집대상) 天下往(천하왕)

▶ 대도를[大象] 지키니[執] 세상 사람들이[天下] 찾아온다[往].

지킬 집(執), 큰 대(大), 짓 상(象), 하늘 천(天), 아래 하(下), 찾아올 왕(往)

【지남(指南)】

〈집대상(執大象) 천하왕(天下往)〉은 세상 사람들이 〈집대상(執大象)〉 즉 대도를[大象] 지키는[執] 사람에게 찾아와[往] 순복(順服)함을 밝힌다. 집대상(執大象)의 〈대상(大象)〉은 대도(大道) 즉 상도(常道)이다. 상도(常道)를 지키는[執] 사람은 법자연(法自然)하는 사람으로, 자연을 본받아 사람을 선(善)하게 구제하는 성인(聖人)을 본받는 사람이다. 그런 분을 일러 38장(章)에 나오는 **대장부(大丈夫)**라 한다. 상도(常道)가 행어만물(行於萬物) 즉 만물에[於萬物] 작용하듯[行], 성인도[聖人] 세상 사람들을[天下人] 하나도 저버림 없이 구제(救濟)하여 자화(自化)하게 하고, 자부(自富)하게 하며, 자정(自正)하게 하고, 자족(自足)하게 한다. 이러한 성인(聖人)을 본받아 행함이 여기 집대상(執大象)이고, 대장부(大丈夫) 역시 성인(聖人)을 본받아 상도(常道) 즉 대도(大道)를 지킨다[執].

여기 집대상(執大象)이란 상도(常道)를 본받아[法] 지킴[執]이니, 25장(章)에서 살핀 **도법자연(道法自然)**을 본받아 27장(章)에서 살핀 **상선구인(常善救人)·상선구물(常善救物)**을 집행(執行)함이다. 그러므로 집대상(執大象)은 성인(聖人)과 대장부

(大丈夫)가 상도의[大] 짓[象]을 본받아 지키기[執] 때문에 천하 백성이 성인(聖人)과 대장부(大丈夫)를 찾아옴을 밝혀 〈천하왕(天下往)〉이라 한 것이다. 천하왕(天下往)은 〈천하인개래이귀왕(天下人皆來而歸往)〉 즉 온 세상[天下] 사람들이[人] 모두[皆] 와서[來而] 귀왕(歸往)함이니, 여기 왕(往)은 〈이를 지(至)〉와 같다. 그리하여 세상 사람들이 성인(聖人)께 찾아와[往] 머물러 선인(善人)으로서 삶을 누림이 여기 천하왕(天下往)이다. 그러니 여기 왕(往)은 귀왕(歸往) 즉 세상 사람들이 성인(聖人)께 돌아와[歸] 순복하고[服] 무위자연(無爲自然)의 삶을 누림이다.

성인(聖人)은 어떻게 상도(常道)를 지키는가[執]? 아마도 67장(章)에 나오는 **아유삼보(我有三寶) 지이보지(持而保之)**란 말씀이 최상의 해답이 될 것이다. 성인(聖人)은 삼보(三寶)를 간직하고[持] 지키면서[保之] 무위(無爲)의 삶을 누리는 유도자(有道者)이고 유덕자(有德者)이니, 집대상(執大象)은 삼보(三寶)를 간직하고[持] 지킴으로[保]써 드러난다. 성인(聖人)은 삼보(三寶)를 지보(持保)함으로써 59장(章) **조복(早服)**을 몸소 행하여 대도(大道)의 짓[象]인 현덕(玄德)을 미리 비축한다[早服]. 59장(章) **치인사천(治人事天) 막약색(莫若嗇)**이 조복(早服)을 떠올리면 집대상(執大象)의 집(執)은 더욱 분명해진다.

성인(聖人)은 조복자(早服者)로 사천(事天)하고 양생(養生)하면서 치인(治人)하므로 천하 사람들이 찾아와 귀복(歸服)하여 19장(章)에서 살핀 **소사과욕(少私寡欲)**의 삶을 누리게 함을 살펴 새기고 헤아려 깨우치게 하는 말씀이 〈집대상(執大象) 천하왕(天下往)〉이다.

註 "대장부처기후(大丈夫處其厚) 불거기박(不居其薄) 처기실(處其實) 불거기화(不居其華)." 대장부는[大丈夫] 그[其] 두터움에[厚] 머물고[處] 그[其] 엷음에[薄] 머물지 않으며[不居], 그[其] 실박함에[實] 머물지[處] 그[其] 꾸밈에[華] 머물지 않는다[不居]. 『노자(老子)』 38장(章)

註 "인법지(人法地) 지법천(地法天) 천법도(天法道) 도법자연(道法自然)." 사람은[人] 땅을[地] 본받고[法], 땅은[地] 하늘을[天] 본받고[法], 하늘은[天] 상도를[道] 본받고[法], 상도는[道] 그냥 그대로를[自然] 본받는다[法]. 『노자(老子)』 25장(章)

註 "성인상선구인(聖人常善救人) 고(故) 무기인(無棄人) 상선구물(常善救物) 고(故) 무기물(無棄物) 시위습명(是謂襲明)." 성인은[聖人] 늘[常] 선하게[善] 사람들을[人] 구제하기[救] 때문에[故] 사람들을[人] 버림이[棄] 없고[無], 늘[常] 선하게[善] 온갖 것을[物] 구제하기[救] 때문에

[故] 온갖 것을[物] 버림이[棄] 없다[無]. 이러함을[是] 밝음을[明] 안으로 간직함이라[襲] 한다[謂].

『노자(老子)』 27장(章)

註 "아유삼보(我有三寶) 지이보지(持而保之) 일왈자(一曰慈) 이왈검(二曰儉) 삼왈불감위천하선(三曰不敢爲天下先)." 나에게[我] 세 가지[三] 보배가[寶] 있고[有], 간직하면서[持而] 그것을[之] 지킨다[保]. 사랑함이[慈] 그 하나이고[一曰], 검소함이[儉] 그 둘이며[二曰], 감히[敢] 세상에[天下] 나서지[先] 않음이[不爲] 그 셋이다[三曰]. 『노자(老子)』 67장(章)

註 "치인사천(治人事天) 막약색(莫若嗇) 부유색(夫唯嗇) 시위조복(是謂早服) 조복위지중적덕(早服謂之重積德)." 사람을[人] 다스리고[治] 하늘을[天] 섬김에[事] 깨달음[嗇]만 한 것이[若] 없다[莫]. 무릇[夫] 오로지[唯] 깨달음[嗇] 이것으로[是]써[以] 미리미리[早] 갖추어둔다[服]. 일찍[早] 마련해 갖춤[服] 그것을[之] 거듭거듭[重] 덕을[德] 쌓아감이라[積] 한다[謂]. 『노자(老子)』 59장(章)

註 "견소포박(見素抱樸) 소사과욕(少私寡欲)." (백성으로 하여금) 그냥 그대로를[素] 살피게 하고[見] 그냥 그대로를[樸] 지키게 한다면[抱], (백성은) 제 몫을[私] 적게 하고[少] 욕망을[欲] 적게 한다[寡]. 『노자(老子)』 19장(章)

【보주(補註)】

- 〈집대상(執大象) 천하왕(天下往)〉을 〈기연성인집대상(旣然聖人執大象) 천하지민왕어성인(天下之民往於聖人)〉처럼 옮기면 문맥을 좀 더 쉽게 잡을 수 있다. 〈성인이[聖人] 대상을[大象] 지키기[執] 때문에[旣然] 세상의[天下之] 백성이[民] 성인께로[於聖人] 찾아온다[往].〉
- 집대상(執大象)의 대상(大象)은 상도(常道) 즉 대도(大道)이다. 여기 집대상(執大象)은 상도(常道)를 지킴[執]이다. 따라서 집대상(執大象)은 5장(章)에서 살핀 **수중(守中)**을 상기시키고, 52장(章)에 나오는 **복수기모(復守其母)**를 상키시키면서 57장(章)에 나오는 **무위(無爲)·호정(好靜)·무사(無事)·무욕(無欲)**의 무위지치(無爲之治) 즉 무위의[無爲之] 다스림을[治] 상기시킨다.

註 "다언수궁(多言數窮) 불여수중(不如守中)." {치민(治民)하면서 정령(政令)을 밝히는} 말이[言] 많아질수록[多] (백성을 다스리는) 이치가[數] 궁색해지니[窮], 상도(常道)를 따라[中] {무위(無爲)의 다스림을} 지킴만[守] 못하다[不如]. 『노자(老子)』 5장(章)

註 "기지기자(旣知其子) 복수기모(復守其母) 몰신불태(歿身不殆)." 이미[旣] 그[其] 자손임을[子] 알고[知] 그[其] 어머니께로[母] 돌아와[復] 지킨다면[守] 평생토록[歿身] 위태롭지 않다[不殆]. 『노자(老子)』 52장(章)

註 "성인운(聖人云) 아무위이민자화(我無爲而民自化) 아호정이민자정(我好靜而民自正) 아무사이민자부(我無事而民自富) 아무욕이민자박(我無欲而民自樸)." 성인은[聖人] 말했다[云] : 내가[我] (내 뜻대로) 하지[爲] 않으니까[無而] 백성은[民] 절로[自] 변화하고[化], 내가[我] (무위하여) 고요함을[靜] 좋아하니까[好而] 백성은[民] 절로[自] 바르게 되었고[正], 내가[我] {무위(無爲)하여} 다스리지[事] 않으니까[無而] 백성은[民] 절로[自] 부유해졌으며[富], 내가[我] (무위하여) 욕심내지[欲] 않으니까[無而] 백성은[民] 절로[自] 본디대로 되었다[樸].

『노자(老子)』 57장(章)

- 집대상(執大象)은 뒤이어 나오는 〈악여이(樂與餌)〉와 대(對)를 이룬다. 『노자(老子)』에는 무위지치(無爲之治) · 인위지치(人爲之治)란 술어(術語)는 물론 인위(人爲)란 술어도 나오지 않는다. 다만 무위지치(無爲之治) · 인위지치(人爲之治) · 인위(人爲) 등을 암시하는 술어들이 나온다. 여기 집대상(執大象)은 무위지치(無爲之治)를 일깨워주는 술어인 셈이고, 뒤이어 나오는 악여이(樂與餌)는 인위지치(人爲之治)를 일깨워주는 술어인 셈이다.
- 천하왕(天下往)은 뒤이어 나오는 〈과객지(過客止)〉와 대(對)를 이룬다. 여기 천하왕(天下往)은 집대상(執大象) 즉 무위지치(無爲之治)의 결과를 암시해준다. 천하왕(天下往)은 〈천하민왕어성인(天下民往於聖人)〉과 같은 말씀이다. 천하 백성이 성인을[於聖人] 찾아와서[往] 57장(章)에 나오는 **자화(自化) · 자정(自正) · 자부(自富) · 자박(自樸)** 으로써 17장(章)에서 살핀 **아자연(我自然)**의 삶을 장구(長久)하게 누림을 헤아려 일깨워줌이 여기 천하왕(天下往)의 왕(往)이다.

註 "성인운(聖人云) 아무위(我無爲) 이민자화(而民自化) 아호정(我好靜) 이민자정(而民自正) 아무사(我無事) 이민자부(而民自富) 아무욕(我無欲) 이민자박(而民自樸)." 성인은[聖人] 말했다[云] : 나한테[我] (내 뜻대로) 행함이[爲] 없으니까[無而] 백성은[民] 절로[自] 변화했고[化], 내가[我] (무위하여) 고요함을[靜] 좋아하니까[好而] 백성은[民] 절로[自] 바르게 되었고[正], 나한테[我] (내 뜻대로) 다스리는 일이[事] 없으니까[無而] 백성이[民] 절로[自] 부유해졌으며[富], 나한테[我] (내 뜻대로) 욕심냄이[欲] 없으니까[無而] 백성은[民] 절로[自] 그냥 그대로 되었다[樸]. 『노자(老子)』 57장(章)

註 "공성사수(功成事遂) 백성개위(百姓皆謂) 아자연(我自然)." {백성이 모르는 무위(無爲)의 치자(治者)가} 공적을[功] 이루고[成] 사업을[事] 완수했어도[遂], 백성은[百姓] 모두[皆] 우리는[我] 본디대로 그냥 그러하다고[自然] 말했다[謂]. 『노자(老子)』 17장(章)

【해독(解讀)】

- 〈집대상(執大象) 천하왕(天下往)〉은 원인의 종절과 주절로 이루어진 복문(複文)이다. 〈집대상하기 때문에[執大象] 천하가[天下] 방문한다[往].〉
- 집대상(執大象)에서 주어가 생략되었지만, 집(執)은 동사 노릇하고, 대상(大象)은 집(執)의 목적어 노릇한다. 집(執)은 〈지킬 수(守)〉와 같아 집수(執守)의 줄임말로 여기면 된다. 〈대도를[大象] 지키기 때문에[執]〉
- 천하왕(天下往)에서 천하(天下)는 주어 노릇하고, 왕(往)은 동사 노릇한다. 천하(天下)는 천하인(天下人)의 줄임이고, 왕(往)은 〈이를 지(至), 찾아올 방(訪)〉과 같아 왕방(往訪)의 줄임말로 여기면 된다. 〈천하인이[天下] 찾아온다[往].〉
- 〈집대상(執大象) 천하왕(天下往)〉은 〈대상을[大象] 집한다[執]. 천하가[天下] 왕한다[往]〉로 보면 문맥이 분명하지 않다. 〈대상을[大象] 집하기 때문에[執] 천하가[天下] 왕한다[往]〉고 새겨야 문맥이 통하게 된다. 〈기연(旣然), 인위(因爲)〉 같은 원인의 접속사는 거의 생략되는 경우가 한문인지라 전후 문맥을 살펴 문맥을 잡아 새겨가야 하는 것이 한문이다. 〈대상을[大象] 집하기 때문에[執] 천하가[天下] 왕한다[往].〉

35-2 往而不害(왕이불해) 安平泰(안평태)

▶ (세상 사람들이) 찾아오면[往而] 해로움이 없고[不害], 이에[安] (찾아온 백성은) 화평하고[平] 태안하다[泰].

찾아올 왕(往), 곧 이(而), 없을 불(不), 해칠 해(害), 이에 안(安), 화평할 평(平), 편안할 태(泰)

【지남(指南)】

〈왕이불해(往而不害) 안평태(安平泰)〉는 〈집대상(執大象)〉 즉 상도(常道)를 지키는[執] 성인(聖人)에게 천하민(天下民)이 찾아와서 성인(聖人)의 습명(襲明)을 본받아 누리는 삶을 밝힌다. 〈불해(不害)〉는 상도(常道)의 짓[象]인 조화가 만물에 편리(徧利) 즉 두루[徧] 이롭게[利] 할 뿐, 결코 편리(偏利) 즉 치우쳐[偏] 이롭게[利]

하지 않음을 말한다. 상도(常道)는 만물을 편리(徧利)하게 할 뿐 불해(不害)하므로 집대상(執大象)하는 성인(聖人)도 천하인(天下人)을 두루[徧] 이롭게 한다. 따라서 성인(聖人)은 81장(章)에 나오는 **위이부쟁(爲而不爭)**의 길을[道] 넓힌다. 이처럼 성인(聖人)을 찾아와 불해(不害)의 삶을 누림이 여기 〈안평태(安平泰)〉이다.

안평태(安平泰)의 안(安)은 여기서 성인(聖人)께로 돌아와 머문 이후를 말해주는 〈이에 안(安)〉이다. 천하인(天下人)도 성인(聖人)의 삶을 본받아 평태(平泰)의 삶을 두루 누리니, 성인(聖人)의 **습명(襲明)**을 본받은 평태(平泰)의 삶인지라 〈왕이불해(往而不害)〉라 밝힌 것이다. 『노자(老子)』의 맨 끝 장(章) 맨 끝 말씀이 **천지도리이불해(天之道利而不害) 성인지도위이부쟁(聖人之道爲而不爭)**이다. 안평태(安平泰)는 이 말씀을 상기시켜준다. 성인(聖人)의 무위(無爲) · 호정(好靜) · 무사(無事) · 무욕(無欲) 등이 곧 **위이부쟁(爲而不爭)**이고, 이는 천도(天道)의 **이이불해(利而不害)**를 그냥 그대로 본받아 따름이다. 이처럼 성인(聖人)은 서로 위하되[爲而] 다투지 않는[不爭] 삶을 누리게 해주므로 천하인(天下人)이 이에[安] 평태(平泰)의 삶을 누린다.

물론 『맹자(孟子)』에서도 성인(聖人)이 강조된다. 그러나 그 뜻하는 바는 서로 다르다. 『노자(老子)』의 성인(聖人)은 천도지인(天道之人)이고, 『맹자(孟子)』의 성인(聖人)은 인도지인(人道之人)이다. 사람[人]이 곧 인(仁)이라 보는 인도(人道)의 성인(聖人)이든, 사람[人]도 곧 자연(自然)이라 보는 천도(天道)의 성인(聖人)이든, 다름없이 백성을 불해(不害)한다. 따라서 **성인백세지사(聖人百歲之師)**란 맹자(孟子)의 정의는 양가(兩家)의 성인(聖人)에 두루 통한다. 어느 성인(聖人)이든 불해(不害)하는 스승이고 부쟁(不爭)하는 스승이니, 다스림[治]은 온 세상과 백성[民]을 해치지 않음[不害]이다.

성인(聖人)을 찾아가 본받고, 이에[安] 천하인(天下人)이 평화롭고[平] 편안한[泰] 삶을 길이길이[長久] 누림을 살펴 새기고 헤아려 깨우치게 하는 말씀이 〈왕이불해(往而不害) 안평태(安平泰)〉이다.

註 "천지도리이불해(天之道利而不害) 성인지도위이부쟁(聖人之道爲而不爭)." 자연의[天之] 도는[道] 이롭게만 하되[利而] 해치지 않는다[不害]. 성인의[聖人之] 도는[道] 위하되[爲而] 겨루지 않는다[不爭].

『노자(老子)』 81장(章)

註 "성인상선구인(聖人常善救人) 고(故) 무기인(無棄人) 상선구물(常善救物) 고(故) 무기물(無棄物) 시위습명(是謂襲明)." 성인은[聖人] 늘[常] 선하게[善] 사람들을[人] 구제하기[救] 때문에[故] 사람들을[人] 버림이[棄] 없고[無], 늘[常] 선하게[善] 온갖 것을[物] 구제하기[救] 때문에[故] 온갖 것을[物] 버림이[棄] 없다[無]. 이러함을[是] 밝음을[明] 안으로 간직함이라[襲] 한다[謂].

『노자(老子)』 27장(章)

註 "맹자왈(孟子曰) 성인백세지사야(聖人百世之師也) 백이유하혜시야(伯夷柳下惠是也) 고(故) 문백이지풍자(聞伯夷之風者) 완부렴(頑夫廉) 나부유립지(懦夫有立志) 문유하혜풍자(聞柳下惠風者) 박부돈(薄夫敦) 비부관(鄙夫寬)." 맹자가[孟子] 가로되[曰] : 성인은[聖人] 영원한[百世之] 스승[師]이다[也]. 백이(伯夷) 유하혜(柳下惠)가 그들[是]이다[也]. 그래서[故] 백이의[伯夷之] 작풍을[風] 들은[聞] 사람은[者] 완악한[頑] 사내도[夫] 청렴해지고[廉], 나약한[懦] 사내도[夫] 뜻을[志] 세움이[立] 생긴다[有]. 유하혜의[柳下惠之] 작풍을[風] 들은[聞] 사람은[者] 박한[薄] 사내도[夫] 후해지고[敦], 비루한[鄙] 사내도[夫] 너그러워진다[寬].

『맹자(孟子)』「진심장구하(盡心章句下)」

註 "맹자왈(孟子曰) 인야자인야(仁也者人也) 합이언지도야(合而言之道也)." 맹자가[孟子] 말했다[曰] : 어짊[仁]이란[也] 것은[者] 사람[人]이다[也]. 합해서[合而] 말한 것이[言之] 도(道)이다[也].

인도(人道)란 인(仁)과 인(人)을 합한 도(道)이다. 『맹자(孟子)』「진심장구하(盡心章句下)」

【보주(補註)】

- 〈왕이불해(往而不害) 안평태(安平泰)〉를 〈약천하민왕어성인(若天下民往於聖人) 천하민불해(天下民不害) 어시천하민평태(於是天下民平泰)〉처럼 옮기면 문맥을 좀 더 쉽게 잡을 수 있다. 〈만약[若] 세상 백성이[天下民] 성인께로[於聖人] 가면[往] 세상 백성한테는[天下民] 해로움이[害] 없다[不]. 이에[於是] 세상 백성은[天下民] 화평하고[平] 더없이 편안하다[泰].〉
- 왕이불해(往而不害)의 불해(不害)는 10장(章)에서 살핀 **애민치국(愛民治國)**이란 말씀을 상기시키고, 81장(章)에 나오는 **이이불해(利而不害)**를 상기시킨다. 상도(常道)를 그냥 그대로 본받는 성인(聖人)은 현덕(玄德)으로써 백성[民]을 아껴[愛] 나라[國]를 다스리니[治], 이는 백성을[民] 해치지 않는[不害] 다스림[治]이고 해로움이[害] 없는[不] 다스림으로서 무위지치(無爲之治)를 밝힘이다.

註 "애민치국(愛民治國) 능무위호(能無爲乎)." 백성을[民] 아끼고[愛] 나라를[國] 다스림에[治] 능히[能] 인위가[爲] 없는 것[無]인가[乎]? 『노자(老子)』 10장(章)

註 "천지도(天之道) 이이불해(利而不害) 성인지도(聖人之道) 위이부쟁(爲而不爭)." 자연의[天之] 규율은[道] (온갖 것을) 이롭게 하되[利而] 해치지 않고[不害], 성인의[聖人之] 도리는[道] 베풀되[爲而] (그 무엇과도) 다투지 않는다[不爭]. 『노자(老子)』 81장(章)

- 안평태(安平泰)의 안(安)은 〈이에 내(乃)〉와 같다. 여기 안(安)은 〈천하왕이후(天下往而後)〉를 줄인 〈이에 안(安)〉이다. 천하 사람들이[天下人] 성인(聖人)을 찾아와 뵙고 난[往] 이후[而後]를 한 자(字)로 나타낸 것이 여기 안(安)이다.
- 안평태(安平泰)가 〈안평태(安平太)〉로 된 본(本)도 많다. 태(泰)와 태(太)는 같은 뜻을 내는지라 문의(文意)가 달라지는 것은 아니다.

【해독(解讀)】

- 〈왕이불해(往而不害) 안평태(安平泰)〉는 양보의 종절과 원인의 종절 그리고 주절로 이루어진 복문(複文)이다. 〈왕이해도[往而] 불해하기 때문에[不害] 이에[安] 화평하고[平] 태안하다[太].〉
- 왕(往)은 주어가 생략되었지만 동사 노릇한다. 왕(往)은 〈이를 지(至), 찾아올 방(訪)〉 등과 같아 왕방(往訪)의 줄임말로 여기면 된다. 여기 왕(往)은 전후 문맥으로 보아 양보의 종절 노릇한다. 한문에서는 한 자(字)로써도 구문 노릇도 하고, 술부(述部) 노릇도 한다. 〈찾아와도[往而] 해되지 않기 때문에[不害]〉
- 이불해(而不害)에서 이(而)는 〈~그래서 이(而)〉로서 접속사 노릇하며, 불(不)은 해(害)의 부정사(否定詞)이고, 해(害)는 수동의 동사 노릇한다. 해(害)는 〈해칠 상(傷)〉과 같아 상해(傷害)의 줄임이다. 〈해되지 않기 때문에[不害]〉
- 안평태(安平泰)에서 안(安)은 〈이에 내(乃) 안(安)〉으로서 어조사(語助辭) 노릇하고, 〈평(平)·태(泰)〉 등은 주어가 생략되었지만 모두 형용사로서 술부(述部) 노릇한다. 평(平)은 〈고를 균(均), 곧을 직(直), 바를 정(正), 두루 공(公), 어우릴 화(和)〉 등과 같아 화평(和平)의 뜻으로 새기면 되고, 태(泰)는 〈매우 편안할 태(太)〉와 같고 평안을 크게 누리는 태안(太安)의 뜻이다. 〈이에[安] (백성은) 화평하며[平] 태안하다[泰].〉

35-3 樂與餌(악여이) 過客止(과객지)

▶ 악률과[樂與] 먹을거리는[餌] 지나가는[過] 길손을[客] 멈추게 한다[止].

악률 악(樂), 조사(~과) 여(與), 좋은 먹을거리 이(餌), 지날 과(過), 손님 객(客), 머물 지(止)

【지남(指南)】

〈악여이(樂與餌) 과객지(過客止)〉는 〈악(樂)〉과 〈이(餌)〉를 비유로 들어 인위지치(人爲之治)를 밝힌다. 〈악여이(樂與餌)〉에서 이(餌)를 주목하면, 앞의 악(樂)이 『장자(莊子)』에 나오는 인락(人樂)임을 간파할 수 있다. 왜냐하면 여기 이(餌)는 수미이증지(溲米而蒸之) 즉 쌀을[米] 씻어 빻아 반죽해서[溲而] 그 반죽을[之] 쪄낸[蒸] 사(食) 즉 먹을거리[食]인 까닭이다. 따라서 여기 이(餌)는 『장자(莊子)』에 나오는 〈천사(天食)〉가 아닌 인위(人爲)의 병고(餠餻) 즉 떡[餠餻]인지라 사람이 만든 먹을거리이다. 따라서 여기 악여이(樂與餌)는 주악(奏樂)과 온갖 음식이 마련된 연회를 연상시켜준다.

인위(人爲)의 다스림을 암시해주는 악여이(樂與餌)의 악(樂)과 이(餌)는 유인(誘人) 즉 사람들을[人] 유혹해 끌어들인다. 특히 이(餌)는 이리유인(以利誘人) 즉 미끼로[利]써[以] 사람들을[人] 꼬여 들이는[誘] 뜻을 내기도 한다. 그러나 무위(無爲)의 다스림에는 유인하는 연회 같은 미끼란 없다. 무위(無爲)란 허정(虛靜)하고 염담(恬淡)하며 적막(寂漠)한 그냥 그대로인지라 악여이(樂與餌)의 유인(誘人)이란 없다. 무위(無爲)를 따르는 성인(聖人)의 용심(用心)은 결코 유인(誘人)하지 않는다. 그래서 『장자(莊子)』에 〈부장불영(不將不迎)〉이란 말이 나오는 것이다. 무위지업(無爲之業) 즉 무위의[無爲之] 경지에는[業] 소유(所遊) · 자유(自喩) · 자적(自適)의 소요(逍遙)가 있을 뿐, 환영하고[迎] 환송하는[將] 왁자지껄한 연회란 없다.

그러나 악여이(樂與餌)의 잔치[宴會]에 온 사람들은 잠깐 머무는 과객(過客)과 같다. 연회란 사람들을 끌어들이지만, 연회가 끝나면 잔치에 참석한 사람들은 모두들 흩어져 간다. 이를 여기 〈과객지(過客止)〉가 암시해주면서 17장(章)에서 살핀 친지예지(親之譽之) · 외지(畏之) · 모지(侮之)를 연상시켜준다. 인위(人爲)의 다스림은 왕자(王者) · 패자(覇者) · 폭군(暴君) 등을 불러온다. 백성이 가까이하고[親之] 예찬하는[譽之] 왕자(王者)를 만나기도 하고, 힘을 써 역민(役民) 즉 백성을 부리는[役] 패자(覇者)를 만나기도 하며, 착민(搾民) 즉 백성을 짓눌러[搾] 탈민(奪民) 즉 백성의 것을 빼앗는[奪] 폭군(暴君)을 만나기도 하는 치세(治世)가 인위지치(人爲之治)란 것이다. 이런 인위(人爲)의 다스림[治] 밑에서는 백성은 마치 과객지(過客止)의 과객(過客)과 같음을 살펴 새기고 헤아려 일깨우게 하는 말씀이 〈악여이(樂與餌) 과객지(過客止)〉이다.

註 "부명백어천지지덕자(夫明白於天地之德者) 차지위대본대종(此之謂大本大宗) 여천화자야(與天和者也) 소이균조천하(所以均調天下) 여인화자야(與人和者也) 여인화자(與人和者) 위지인락(謂之人樂) 여천화자(與天和者) 위지천락(謂之天樂)." 무릇[夫] 천지에[於天地] 명백한[明白之] 덕이란[德] 것[者] 이것을[此] (만물의) 대본이요[大本] 대종이라[大宗] 한다[謂]. 자연과[與天] 어울리는[和] 것[者]이란[也] 세상과[天下] 골고루[均] 조화하는[調] 까닭이다[所以]. 인간과[與人] 어울리는[和] 것[者]이란[也] 인위와[與人] 어울리는[和] 것이고[者], 그것을[之] 인락이라[人樂] 한다[謂]. 자연과[與天] 어울리는[和] 것[者] 그것을[之] 천락이라[天樂] 한다[謂].

『장자(莊子)』「천도(天道)」

註 "부허정념담적막무위자(夫虛靜恬淡寂漠無爲者) 천지평(天地平) 이도덕지지(而道德之至) 고(故) 제왕성인휴언(帝王聖人休焉)." 무릇[夫] 마음이 비고[虛] 고요하며[靜] 조용하고[恬] 담백하며[淡] 평온하고[寂] 가만함이[漠] 무위한[無爲] 것이[者] 하늘땅의[天地] 평균이고[平], 나아가[而] 도덕의[道德之] 지극함이다[至]. 그래서[故] 제왕인[帝王] 성인은[聖人] 허정념담적막[虛靜恬淡寂漠]에 머물러 쉬는 것[休]이다[焉].

『장자(莊子)』「천도(天道)」

註 "태상(太上) 부지유지(不知有之) 기차(其次) 친지예지(親之譽之) 기차(其次) 외지(畏之) 기차(其次) 모지(侮之)." 태고 때에는[太上] (백성은) 다스리는 자가[之] 있는 줄도[有] 몰랐고[不知], 태고의 다음 시대에는[其次] (백성이 자기들을) 다스리는 자를[之] 가까이면서[親而] 기렸으며[譽], 다음다음 때에는[其次] (백성은) 다스리는 자를[之] 두려워했고[畏], 다음다음 때에는[其次] (백성이) 다스리는 자를[之] 업신여겼다[侮].

『노자(老子)』 17장(章)

【보주(補註)】

- 〈악여이(樂與餌) 과객지(過客止)〉를 〈악여이사과객지(樂與餌使過客止)〉처럼 옮기면 문맥을 좀 더 쉽게 잡을 수 있다. 〈맛있는 음식과[與餌] 악률은[樂] 길손으

로[過客] 하여금[使] 멈추게 한다[止].〉

- 악여이(樂與餌)에서 악(樂)은 악률(樂律)의 가락을 말하고, 이(餌)는 산해진미를 뜻해 연회를 비유하여 인위지치(人爲之治) 즉 인의예악(仁義禮樂)의 다스림을[治] 암시해주어, 앞에서 살핀 〈집대상(執大象)〉과 대(對)를 이룬다.

【해독(解讀)】

- 〈악여이(樂與餌) 과객지(過客止)〉는 영어의 사역문(使役文) 같은 구문이다. 악여이(樂與餌)는 주어 노릇하며, 과객(過客)은 전치되었지만 지(止)의 목적어 노릇하고, 지(止)는 사역(使役)의 동사 노릇한다. 지(止)는 〈멈출 정(停)〉과 같아 정지(停止)의 줄임말로 여기면 된다. 〈악여이는[樂與餌] 과객을[過客] 멈추게 한다[止].〉
- 〈악여이(樂與餌) 과객지(過客止)〉는 〈악여이사과객지(樂與餌使過客止)〉에서 사역(使役)의 전치사 노릇할 사(使)를 생략한 어투로 여기고 문맥을 잡아 새기면 된다. 물론 사역의 전치사 노릇하는 사(使)를 영어의 사역조술사(使役助述詞)로 여기고, 지(止)를 영어의 〈to〉 없는 부정사(不定詞)처럼 여기고 문맥을 잡아 새겨도 원문(原文)의 문의(文義)를 건져낼 수 있다. 〈악여이는[樂與餌] 과객으로[過客] 하여금[使] 멈추게 한다[止].〉

35-4 道之出口(도지출구) 淡乎(담호) 其無味(기무미)

▶ 대도의[道之] 발현은[出口] 담백하도다[淡乎]! 그것에는[其] 맛이[味] 없다[無].

대도 도(道), 조사(~의) 지(之), 나타날 출(出), 입 구(口), 담백할 담(淡), 조사(~도다) 호(乎), 그 기(其), 없을 무(無), 맛 미(味)

【지남(指南)】

〈도지출구담호(道之出口淡乎) 기무미(其無味)〉는 〈집대상(執大象)〉에서 대상(大象)의 상(象)을 〈출구(出口)〉 즉 발언(發言)이라고 밝힌다. 도지출구(道之出口)의 출구(出口)는 대상(大象)의 상(象) 즉 대도(大道)의 짓[象]인 조화의 드러남[出]

이다. 마치 이런저런 말이 입에서[口] 나옴[出]같이, 만물도 상도(常道)의[道之] 입[口]에서 나온[出] 것들[物]이다. 여기 출구(出口)의 〈구(口)〉란 1장(章)에서 살핀 **중묘지문(衆妙之門)**과 6장(章)에서 살핀 **현빈지문(玄牝之門)**의 문(門)을 상기시킨다. 천지만물이 나고[出] 드는[入] 문(門)은 담백(淡白)하다는 것이다. 담백(淡白)하므로 상도(常道)의 출구(出口)는 〈무미(無味)〉 즉 맛이[味] 없다고[無] 한다. 여기 무미(無味)는 5장(章)에서 살핀 **천지불인(天地不仁)**과 79장(章)에 나오는 **천도무친(天道無親)**을 상기한다면 그 뜻하는 바를 일깨워 헤아릴 수 있다. 『장자(莊子)』에 나오는 **천균(天均)**과 **천예(天倪)**가 바로 여기 무미(無味)와 통하는 것이다.

어떤 것은 쓰게 하고 어떤 것은 달게 하는 재주를 부려 결코 조미(調味)하지 않음이 대상(大象) 즉 대도(大道)의 짓[象]인 조화(造化)이다. 나아가 14장(章)에 나오는 **무상지상(無狀之狀)·무물지상(無物之象)**을 환기하면 왜 담호(淡乎)·무미(無味)라 하는지도 간파할 수 있다. 짓[象] 없는[無之] 짓[象]인지라 흔적을 남기지 않으니 담백(淡白)하고 무미(無味)하며, 모양[狀] 없는[無之] 모양[狀]인지라 담백(淡白)하고 무미(無味)할 뿐이다. 대상(大象)의 출생(出生)·입사(入死)는 오직 담백(淡白)하고 무미(無味)하니, 대도(大道)의 짓[象]과 모양[狀]에는 어떠한 도모(圖謀)나 작위(作爲)란 없다.

따라서 여기 담백(淡白)·무미(無味)는 무위자연(無爲自然)에는 〈악여이(樂與餌)〉란 없고, 따라서 〈과객(過客)〉도 없음을 비유해주고 있음을 깊이 살펴 새기고 헤아려 깨우치게 하는 말씀이 〈도지출구담호(道之出口淡乎) 기무미(其無味)〉이다.

註 "현지우현(玄之又玄) 중묘지문(衆妙之門)." 현묘하고[玄之] 또[又] 현묘하여[玄] 온갖[衆] 묘리가[妙之] 들고나는 문이다[門]. 『노자(老子)』 1장(章)

註 "현빈지문(玄牝之門) 시위천지근(是謂天地根)." 현묘한[玄] 땅의[牝之] 문[門] 이것을[是] 하늘땅의[天地] 뿌리라[根] 한다[謂]. 『노자(老子)』 6장(章)

註 "천지불인(天地不仁) 이만물위추구(以萬物爲芻狗)." 천지에는[天地] 어짊이[仁] 없다[不]. (천지는) 만물로[萬物]써[以] 풀강아지로[芻狗] 삼는다[爲]. 『노자(老子)』 5장(章)

註 "천도무친(天道無親) 상여선인(常與善人)." 자연의 도에는[天道] (따로) 친애함이[親] 없고[無], 늘[常] 선한[善] 사람과[人] 함께한다[與]. 『노자(老子)』 79장(章)

註 "천균자천예야(天均者天倪也)." 자연의[天] 평균이란[均] 것은[者] 자연의[天] 처음과 끝[倪]

이다[也].

천균(天均)은 상도(常道)의 차별 없는 조화를 말하고, 천예(天倪)는 천지단예(天之端倪) 즉 자연의[天之] 처음과[端] 끝[倪]을 줄인 술어(術語)이다. 『장자(莊子)』「우언(寓言)」

註 "출생입사(出生入死)." (상도에서) 나옴은[出] 태어남이고[生], (상도로) 들어옴은[入] 죽음이다[死]. 『노자(老子)』 50章

註 "복귀어무물(復歸於無物) 시위무상지상(是謂無狀之狀) 무물지상(無物之象) 시위홀황(是謂惚恍) 영지(迎之) 불견기수(不見其首) 수지(隨之) 불견기후(不見其後)." 없는[無] 것[物]으로[於] 되[復]돌아오고[歸], 이를[是] 모양이[狀] 없는[無之] 모양이라[狀] 한다[謂]. 물체의[物之] 짓이[象] 없음[無] 이를[是] 없는 듯하나 있고[惚] 있는 듯하나 없음이라[恍] 하며[謂], 그것을[之] 마주하려 한들[迎] 그[其] 앞을[首] 보지 못하고[不見], 그것을[之] 뒤따르려 한들[隨] 그[其] 뒤를[後] 보지 못한다[不見]. 『노자(老子)』 14장(章)

【보주(補註)】

- 〈도지출구담호(道之出口淡乎) 기무미(其無味)〉를 〈도지출구담호(道之出口淡乎) 이도지출구무미(而道之出口無味)〉처럼 옮기면 문맥을 좀 더 쉽게 잡을 수 있다. 〈대도의[道之] 발현은[出口] 담백하도다[淡乎]! 그리고[而] 대도의[道之] 발현에는[出口] 맛이[味] 없다[無].〉
- 도지출구(道之出口)의 출구(出口)는 〈출자구(出自口)〉의 줄임이다. 입[口]으로부터[自] 나옴[出]이니 발언(發言)을 뜻한다. 『시경(詩經)』「소아(小雅)」〈교언(巧言)〉에 이이석언(蛇蛇碩言) 출자구의(出自口矣)란 시구(詩句)가 있다. 여기 출구(出口)는 〈교언(巧言)〉에 나오는 〈출자구(出自口)〉와 같다.

註 "임염유목(荏染柔木) 군자수지(君子樹之) 왕래행언(往來行言) 심언수지(心焉數之) 이이석언(蛇蛇碩言) 출자구의(出自口矣) 교언여황(巧言如簧) 안지후의(顔之厚矣)." 간들간들[荏染] 연약한 나무를[柔木] 군자가[君子] 심고[樹之], 오고가며[往來] 떠도는 말을[行言] 마음으로[心焉] 헤아리네[數之]. 세상 속이려는[蛇蛇] 큰 소리도[碩言] 입에서[自口] 나오고[出矣], 교묘한 말솜씨는[巧言] 생황소리 같아[如簧] 낯가죽 두꺼운 이들 것이네[顔之厚矣].

이이(蛇蛇)는 이이(訑訑)와 같아 큰소리쳐 세상을 속이는 짓을 뜻한다.

『시경(詩經)』「소아(小雅)」〈교언(巧言)〉 5장(章)

- 담(淡)은 오미(五味), 즉 산(酸)·함(鹹)·고(苦)·감(甘)·신(辛) 등이 없음이다. 신맛[酸]·짠맛[鹹]·쓴맛[苦]·단맛[甘]·매운맛[辛] 등 아무런 맛[味]이 없음

[無]을 일러 담(淡)이라 한다. 나아가 무욕(無欲)·공(公)을 〈담(淡)〉으로, 유욕(有欲)·사(私)를 〈농(濃)〉으로 비유하기도 한다. 『장자(莊子)』에 **군자지교담약수(君子之交淡若水)**란 말이 나오고, 『예기(禮記)』에 **군자지접여수(君子之接如水)**란 말이 나오며, 『중용(中庸)』에도 **군자지도담이불염(君子之道淡而不厭)**이란 말이 있다.

註 "군자지교담약수(君子之交淡若水) 소인지교감약례(小人之交甘若醴) 군자담이친(君子淡以親) 소인감이절(小人甘以絶)." 군자의[君子之] 사귐은[交] 담백하여[淡] 물과[水] 같고[若], 소인의[小人之] 사귐은[交] 달콤하여[甘] 단술과[醴] 같다[若]. 군자는[君子] 담백함[淡] 때문에[以] 친분이 두터워지고[親], 소인은[小人] 달콤함[甘] 때문에[以] 끊어진다[絶].

『장자(莊子)』「산목(山木)」

註 "군자지접여수(君子之接如水) 소인지접여례(小人之接如醴) 군자담이성(君子淡以成) 소인감이괴(小人甘以壞)." 군자의[君子之] 사귐은[接] 물[水] 같고[如], 소인의[小人之] 사귐은[接] 단술[醴] 같다[如]. 군자는[君子] 담백함으로[淡]써[以] (일을) 이루고[成], 소인은[小人] 달콤함으로[甘]써[以] (일을) 깨버린다[壞].

『예기(禮記)』「표기(表記)」

註 "군자지도담이불염(君子之道淡而不厭) 간이문(簡而文) 온이리(溫而理) 지원지근(知遠之近) 지풍지자(知風之自) 지미지현(知微之顯) 가여입덕의(可與入德矣)." 군자의[君子之] 도는[道] 담담하되[淡而] 싫어하지 않고[不厭], 간결하면서[簡而] 아름답고[文], 온화하면서[溫而] 조리 있고[理], 먼 것의[遠之] 가까움을[近] 알고[知], 바람이[風之] 불어오는 곳을[自] 알고[知], 작은 것이[微之] 드러남을[顯] 알고[知], 함께[與] 덕으로[德] 들 수 있는 것[可入]이다[矣].

『중용(中庸)』 주자장구(朱子章句) 33장(章)

- 도지출구담호(道之出口淡乎)의 〈호(乎)〉가 〈혜(兮)〉로 된 본(本)도 있다. 문의(文意)가 달라지는 것은 아니다. 35장(章)에서 세 번에 걸쳐 나오는 〈부족(不足)〉이 〈불가(不可)〉로 된 본(本)도 있다. 역시 문의(文意)가 달라지는 것은 아니다.

【해독(解讀)】

- 〈도지출구담호(道之出口淡乎) 기무미(其無味)〉에서 도지출구담호(道之出口淡乎)는 두 구문이 생략되었지만 〈그래서 이(而)〉로 이어진 중문(重文)이다. 〈도지출구가[道之出口] 담하도다[淡乎]! (그래서) 그것에는[其] 아무맛이[味] 없다[無].〉
- 도지출구담호(道之出口淡乎)에서 도지출구(道之出口)는 주부(主部) 노릇하고,

담(淡)은 주격보어 노릇하며, 호(乎)는 감탄조사(~도다)로서 문미조사 노릇한다. 도지출구(道之出口)에서 도지(道之)는 출(出)의 의미상 주어 노릇하고, 출(出)은 영어의 동명사처럼 구실하여 주어 노릇하고, 구(口)는 출(出)을 꾸며주는 부사 노릇해 주부(主部)를 이룬다. 〈대도가[道之] 입에서[口] 냄[出]〉〈(대도가[道之] (만물을) 냄을[出]〉〈대도가[道之] 입에서[口] 냄은[出] 담백하도다[淡乎]!〉

- 기무미(其無味)에서 기(其)는 〈도지출구(道之出口)〉를 나타내는 지시어로 무(無)를 꾸며주는 부사 노릇하고, 무(無)는 〈없을 무(無)〉로 동사 노릇하며, 미(味)는 주어 노릇한다. 〈대도가[道之] 입에서[口] 냄에는[出] 맛이[味] 없다[無].〉
- 기무미(其無味)는 〈A무(無)B〉의 상용예문이다. 〈A에는 B가 없다[無].〉

35-5 視之(시지) 不足見(부족견)

▶ 그것을[之] 보려고 하여도[視] (그것을) 볼[見] 수 없다[不足].

볼 시(視), 그것 지(之), 못할 부(不), 족히 족(足), 볼 견(見)

【지남(指南)】

〈시지(視之) 부족견(不足見)〉은 대도(大道)의 조화 즉 대상(大象)을 암시해주는 출구(出口)는 감지의 것이 아님을 밝힌다. 여기 〈부족견(不足見)〉은 14장(章)에서 살핀 이(夷)를 상기시킨다. 보려 해도 보이지 않는 것이[夷] 대상(大象)이다. 대도(大道)의 짓[象]은 천지만물로 드러나지만[顯], 대도(大道)의 짓[象]은 곧장 보이지 않는다는 것이다. 즉 대상(大象)의 상(象)은 시각으로써 검증되는 것이 아니다. 물물(物物)마다 깃들어 있는 음양(陰陽)을 발동하는 시원(始原) 자체는 검증할 수 없다. 그 시원(始原)의 대도(大道)는 현묘(玄妙)하기 때문이다. 있지만 없고 없지만 있는 것을 현묘라(玄妙)하니, 극수(極數) 즉 남김없이[極] 헤아리고 헤아려도[數] 불가지(不可知)한 것이다.

만물의 시원(始原)인 대도(大道)가 만물마다 내장(內藏)돼 있지만 보고 검증할 수 없는 것을 〈오(奧)〉라 하고, 이는 만물이 저마다 간직한 〈본성(本性)〉이요 〈허정(虛靜)〉이라 말한다. 본성(本性)의 고요[靜] 그것은 보이는 것이 아니니 나무의 뿌리[根]가 보이지 않음과 같다. 16장(章)의 **귀근왈정(歸根日靜)**이란 말씀을 상기하고, 『예기(禮記)』의 **인생이정(人生而靜)**을 떠올리면 육안으로 보이지 않는 고요[靜]란 것을 깨우칠 수 있다. 내 본성(本性)은 오로지 나만 관조(觀照)할 수 있고, 남이 나의 본성(本性)을 사찰(査察)할 수 없다. 만인(萬人)의 인성(人性)은 하나[一]이고 각인각색(各人各色)이란 **정(情)**일 뿐이니, 우리네 심학(心學)에서 보면 개성(個性 : personality)이란 이른바 감지(感知)의 것에 불과할 뿐이다.

사람마다 용심(用心)이 서로 다름[異]은 성지욕(性之欲) 즉 본성의[性之] 바람[欲]인 정(情) 때문이고, 대상(大象)의 상(象)은 만물마다 간직한 오(奧)의 현묘(玄妙)한 짓[象]인지라 육안으로 보고자 해도[欲視] 보이지 않는 것[所不見]임을 밝혀 물물(物物)의 시원(始原)이 짓는 조화는 보려고 해도 볼 수 없는 것[夷]임을 일깨우는 말씀이 〈시지(視之) 부족견(不足見)〉이다.

註 "시지불견(視之不見) 명왈이(名曰夷) 청지불문(聽之不聞) 명왈희(名曰希)." 그것을[之] 보려고 해도[視] 보이지 않음을[不見] 일컬어[名] 이라[夷] 한다[曰]. 그것을[之] 들으려고 해도[聽] 들리지 않음을[不聞] 일컬어[名] 희라고[希] 한다[謂]. 『노자(老子)』 14장(章)

註 "각귀기근(各歸其根) 귀근왈정(歸根曰靜) 시위복명(是謂復命) 복명왈상(復命曰常) 지상왈명(知常曰明)." 저마다[各] 제[其] 뿌리로[根] 돌아간다[歸]. 뿌리로[根] 돌아감을[歸] 고요라[靜] 하고[曰], 이것을[是] 본성으로[命] 돌아옴이라[復] 한다[謂]. 천성으로[命] 돌아옴을[復] {만물이 따르는 천도(天道)의} 한결같음이라[常] 하며[曰], {상도(常道)의} 한결같음을[常] 앎을[知] 밝음이라[明] 한다[曰]. 『노자(老子)』 16장(章)

註 "인생이정천지성야(人生而靜天之性也) 감어물이동성지욕야(感於物而動性之欲也) 물지지지(物至知知) 호오형언(好惡形焉) 호오무절어내(好惡無節於內) 지유어외(知誘於外) 불능반궁천리멸의(不能反躬天理滅矣)." 사람의[人] 태어남이[生而] 고요임은[靜] 천성[天之性]이고[也], 바깥 것에[於物] 느껴서[感而] 움직임은[動] 천성의 바람[性之欲]이다[也]. 바깥 것이[物] 이르러[至] 지력(知力)을[知] 알게 된[知] 연후에는[然後] 호오가[好惡] 그 느낌에[焉] 드러나고[形], 호오가[好惡] 마음 속에서[於內] 절제됨이[節] 없어진다[無]. (마음이) 바깥 것에[於外] 유혹을[誘] 알게 되면[知] {본성(本性)은} 자신으로[躬] 돌아올[反] 수 없고[不能], 천성(天性)이[天理] 소멸되는 것[滅]이다[矣].

성지욕(性之欲)은 한 자(字)로 정(情)이다. 『예기(禮記)』「악기(樂記)」

【보주(補註)】

- 〈시지(視之) 부족견(不足見)〉을 〈수아욕시도지출구(雖我欲視道之出口) 아부족견기출구(我不足見其出口)〉처럼 옮기면 문맥을 좀 더 쉽게 잡을 수 있다. 〈비록[雖] 우리가[我] 대도의[大道之] 출구를[出口] 보고자 해도[欲視] 우리는[我] 그[其] 출구를[出口] 볼[見] 수 없다[不足].〉
- 〈시지(視之) 부족견(不足見)〉은 〈집대상(執大象)〉의 대상(大象) 즉 〈도지출구(道之出口)〉는 14장(章)에서 살핀 **불가치힐(不可致詰)** 즉 인간의 감지(感知)로써 따져 물어도[詰] 답을 얻어낼[致] 수 없음을[不可] 밝히고 있다.

註 "차삼자불가치힐(此三者不可致詰)." 이(夷)·희(希)·미(微)의 이[此] 세 가지는[三者] 따져 물어도[詰] 답을 얻어낼[致] 수 없다[不可]. 『노자(老子)』 14장(章)

【해독(解讀)】

- 〈시지(視之) 부족견(不足見)〉은 양보의 종절과 주절로 이루어진 복문(複文)이다. 〈시지라도[視之] 부족견한다[不足見].〉
- 시지(視之)에서 시(視)는 주어는 생략되었지만 동사 노릇하고, 지(之)는 지시대명사로 〈그것 지(之)〉 노릇한다. 물론 시지(視之)의 지(之)를 뜻 없는 허사(虛詞)로 새겨도 된다. 시(視)는 〈볼 도(睹)·첨(瞻)〉 등과 같다. 〈그것을[之] 보려 해도[視]〉 〈보려 해도[視之]〉
- 부족견(不足見)에서 부(不)는 견(見)의 부정사(否定詞)이고, 족(足)은 견(見)의 조동사로 영어의 〈can〉처럼 구실하며, 견(見)은 주어와 목적어가 생략되었지만 동사 노릇한다. 물론 부(不)를 〈없을 부(不)〉 자동사로 여기고, 족견(足見)을 주부(主部)로 여기고 문맥을 잡아도 문의(文意)가 달라지지 않는다. 견(見) 역시 〈볼 도(睹)·첨(瞻)〉 등과 같다. 〈볼[見] 수 없다[不足].〉 〈볼 수 있음이[足見] 없다[不].〉

35-6 聽之不足聞(청지부족문)

▶ 그것을[之] 들으려고 하여도[視] (그것을) 들을[聞] 수 없다[不足].

들을 청(聽), 그것 지(之), 못할 부(不), 족히 족(足), 들을 문(聞)

【지남(指南)】

〈청지(聽之) 부족문(不足聞)〉 역시 대도(大道)의 조화 즉 대상(大象)을 암시해주는 출구(出口)는 감지의 것이 아님을 밝힌다. 여기 〈부족문(不足聞)〉은 14장(章)에서 살핀 희(希)를 상기시킨다. 들으려 해도 들리지 않는 것이[希] 대상(大象)이다. 대도(大道)의 짓[象]은 들리지 않으니 대상(大象)의 상(象)은 청각으로 검증되는 것이 아니다. 물물(物物)마다 생기게 한 짓[象]의 시원(始原) 자체는 청각으로써 검증해볼 수 없음이다. 만물이 저마다 간직하고 있는 생(生)의 시원(始原)을 〈오(奧)〉라 하고, 그것은 만물의 성정(性靜)이다. 본성(本性)의 고요[靜] 그것은 들리는 것이 아니다.

〈청지(聽之) 부족문(不足聞)〉도 16장(章)의 〈귀근왈정(歸根曰靜)〉이란 말씀을 상기하고, 『예기(禮記)』의 〈인생이정(人生而靜)〉을 떠올린다. 우리는 본성의[性之] 바람[欲]인 정(情)의 것만 들을 수 있으니, 대상(大象)의 상(象)은 만물마다에 간직된 오(奧)의 현묘(玄妙)한 짓[象]인지라 육이(肉耳)로 듣고자 보고자 해도[欲視] 보이지 않는 것[所不見]임을 밝혀, 물물(物物)의 시원(始原)이 짓는 조화란 들으려고 해도 들을 수 없는 것[希]임을 일깨우는 말씀이 〈청지(聽之) 부족문(不足聞)〉이다.

註 "청지불문(聽之不聞) 명왈희(名曰希)." 그것을[之] 들으려고 해도[聽] 들리지 않음을[不聞] 일컬어[名] 희라고[希] 한다[謂]. 『노자(老子)』 14장(章)

【보주(補註)】

- 〈청지(聽之) 부족문(不足聞)〉을 〈수아욕청도지출구(雖我欲聽道之出口) 아부족문기출구(我不足聞其出口)〉처럼 옮기면 문맥을 좀 더 쉽게 잡을 수 있다. 〈비록[雖] 우리가[我] 대도의[大道之] 출구를[出口] 듣고자 해도[欲聽] 우리는[我] 그[其] 출구를[出口] 들을[聞] 수 없다[不足].〉
- 〈청지(聽之) 부족문(不足聞)〉 역시 집대상(執大象)의 대상(大象), 즉 도지출구(道之出口)는 14장(章)에서 살핀 **불가치힐(不可致詰)** 즉 인간의 감지(感知)로써 따져 물어도[詰] 답을 얻어낼[致] 수 없음을[不可] 밝히고 있다.

註 "차삼자불가치힐(此三者不可致詰)." 이[夷]·희[希]·미[微]의 이[此] 세 가지는[三者] 따져 물어도[詰] 답을 얻어낼[致] 수 없다[不可]. 『노자(老子)』 14장(章)

【해독(解讀)】

- 〈청지(聽之) 부족문(不足聞)〉도 양보의 종절과 주절로 이루어진 복문(複文)이다. 〈청지라도[聽之] 부족문한다[不足聞].〉
- 청지(聽之)에서 청(聽)은 주어는 생략되었지만 동사 노릇하고, 지(之)는 지시대명사로 〈그것 지(之)〉 노릇한다. 물론 청지(聽之)의 지(之)를 뜻 없는 허사(虛詞)로 새겨도 된다. 〈그것을[之] 들으려 해도[聽]〉 〈들으려 해도[聽之]〉
- 부족문(不足聞)에서 부(不)는 문(聞)의 부정사(否定詞)이고, 족(足)은 문(聞)의 조동사로 영어의 〈can〉처럼 구실하며, 문(聞)은 주어와 목적어가 생략되었지만 동사 노릇한다. 물론 부(不)를 〈없을 부(不)〉 자동사로 여기고, 족문(足聞)을 주부(主部)로 여기고 문맥을 잡아도 문의(文意)가 달라지지 않는다. 〈들을[聞] 수 없다[不足].〉 〈들을 수 있음이[足聞] 없다[不].〉

35-7 用之(용지) 不足旣(부족기)

▶ 그것을[之] 써도[用] (그것을) 다 쓸[旣] 수 없다[不足].

쓸 용(用), 그것 지(之), 못할 부(不), 족히 족(足), 다할 기(旣)

【지남(指南)】

〈용지(用之) 부족기(不足旣)〉는 대상(大象) 즉 대도(大道)의 조화를 대도(大道)가 아무리 써도 소진되지 않음을 밝힌다. 대도(大道)의 짓[象] 즉 조화는 무궁(無窮)하고 무진(無盡)하다. 대상(大象)은 대도(大道)의 조화이니 천지만물이 그 출구로 나고[出] 듦이[入] 다함이 없다는 것이다. 그래서 『장자(莊子)』에 행어만물자도야(行於萬物者道也)란 말이 나온다. 성인(聖人)의 무사(無私)·무욕(無欲)·무기(無已)도 대도(大道)의 조화를 본받아 씀[用]이다. 이에 성인(聖人)도 무불위(無不爲)하고 무불통(無不通)하는 것이다.

참으로 대도(大道)의 짓[象]을 본받아[法] 씀[用]은 무한히 쓰고 써도 다함이 없으니 〈부족기(不足旣)〉라 한다. 불기(不旣)란 무진(無盡)으로 다함이[盡] 없음[無]이니, 대상(大象)을 진실로[誠] 본받아 쉼 없이 무위(無爲)를 행해도 그 씀[用]이 무진(無盡) 즉 다하지 않음을[無盡] 밝힌 말씀이 〈용지(用之) 부족기(不足旣)〉이다.

註 "통어천지자덕야(通於天地者德也) 행어만물자도야(行於萬物者道也)." 하늘땅에[於天地] 두루 통하는[通] 것이[者] 덕(德)이고[也], 온갖 것에[於萬物] 두루 미치는[行] 것이[者] 도(道)이다[也]. 『장자(莊子)』「천지(天地)」

【보주(補註)】

- 〈용지(用之) 부족기(不足旣)〉를 〈수대도용기출구(雖大道用其出口) 대도부족기기출구(大道不足旣其出口)〉처럼 옮기면 문맥을 좀 더 쉽게 잡을 수 있다. 〈비록[雖] 대도가[大道] 그[其] 출구를[出口] 쓴다고 해도[用] 대도는[我] 그[其] 출구를[出口] 다할[旣] 수 없다[不足].〉
- 부족기(不足旣)는 5장(章)에서 살핀 허이불굴(虛而不屈) 동이유출(動而愈出)이란 말씀을 상기시킨다.

註 "천지지간(天地之間) 기유탁약호(其猶槖籥乎) 허이불굴(虛而不屈) 동이유출(動而愈出)." 하늘땅의[天地之] 사이[間] 그것은[其] 풀무통과[槖] 그 구멍[籥] 같구나[猶乎]! (풀무통은) 비어서[虛而] 다하지 않고[不屈], 움직이면[動而] 더욱더[愈] 나온다[出]. 『노자(老子)』 5장(章)

- 부족기(不足旣)가 〈불가기(不可旣)〉로 된 본(本)도 있다. 부족(不足)과 불가(不可)는 같은 뜻을 내는 부정(否定)의 조동사 노릇하므로 원문(原文)의 문의(文義)가 달라지는 것은 아니다.

【해독(解讀)】

- 〈용지(用之) 부족기(不足旣)〉는 양보의 종절과 주절로 이루어진 복문(複文)이다. 〈용지라도[用之] 부족기한다[不足旣].〉
- 용지(用之)에서 용(用)은 주어는 생략되었지만 동사 노릇하고, 지(之)는 지시대명사로 〈그것 지(之)〉 노릇한다. 물론 용지(用之)의 지(之)를 뜻 없는 허사(虛詞)로 새겨도 된다. 〈그것을[之]써도[用]〉 〈써도[用之]〉
- 부족기(不足旣)에서 부(不)는 기(旣)의 부정사(否定詞)이고, 족(足)은 기(旣)의

조동사로 영어의 〈can〉처럼 구실하며, 기(旣)는 주어와 목적어가 생략되었지만 동사 노릇한다. 물론 부(不)를 〈없을 부(不)〉 자동사로 여기고, 족기(足旣)를 주부(主部)로 여기고 문맥을 잡아도 문의(文意)가 달라지지 않는다. 기(旣)는 〈다할 진(盡)〉과 같아 기진(旣盡)의 줄임말로 여기면 된다. 〈(쓰기를) 다할[旣] 수 없다[不足].〉 〈다할 수 있음이[足旣] 없다[不].〉

미명장(微明章)

사물의 변화과정을 밝히는 장(章)이다. 흡장(翕張) · 약강(弱强) · 폐흥(廢興) · 취여(取與) 등등을 들어 사태의 변화과정이 함장(含藏)하고 있는 천도(天道) 즉 자연의[天] 규율을[道] 〈미명(微明)〉이라고 밝혀준다.

미명(微明)이란 물극필반(物極必反)을 헤아리게 한다. 암자(暗者) 즉 어둠[暗]이란 것이[者] 다하면[極] 반드시 명자(明者) 즉 밝음[明]이란 것[者]으로 돌아오고[反], 그 반대로 명자(明者)가 극(極)하면 필(必)히 암자(暗者)로 반(反)함이 천도(天道)임을 빌려, 어떤 사태든 그 상반(相反)을 찾아내 〈장욕(將欲)~필고(必固)〉로써 천도(天道)의 변화를 살펴 수중(守中) 즉 상도(常道)를 따라[中] 지키는[守] 도리를 깨닫게 하는 장(章)이다.

【원문(原文)】

將欲翕之인댄 必固張之하고 將欲弱之인댄 必固强之하며 將欲廢之인댄 必固興之하고 將欲取之인댄 必固與之니 是謂微明이라 柔弱勝剛强하니 魚不可脫於淵이고 國之利器不可以示人이니라
(장욕흡지 필고장지 장욕약지 필고강지 장욕폐지 필고흥지 장욕취지 필고여지 시위미명 유약승강강 어불가탈어연 국지리기불가이시인)

장차[將] 그것을[之] 접고[翕] 싶다면[欲] 꼭[固] 그것을[之] 펴주어야 하고[必張], 장차[將] 그것을[之] 약하게 하고[弱] 싶다면[欲] 꼭[固] 그것을[之] 강하게 해주어야 하며[必强], 장차[將] 그것을[之] 그만두게 하고[廢] 싶다면[欲] 꼭[固] 그것을[之] 흥하게 해야 하고[必興], 장차[將] 그것을[之] 갖게 하고[取] 싶다면[欲] 꼭[固] 그것을[之] 주게 해야 한다[必與]. 이를[是] 미묘한[微] 밝음이라[明] 한다[謂]. 부드럽고[柔] 연약함이[弱] 굳세고[剛] 강함을[强] 부려 쓴다[勝]. 물고기는[魚] 못에서[於淵] 벗어날[脫] 수 없다[不可]. {치자(治者)는} 나라의[國之] 이로운[利] 기물을[器] 가지고[以] 백성에게[人] 과시할[示] 수 없다[不可].

36-1 將欲翕之(장욕흡지) 必固張之(필고장지)

▶장차[將] 그것을[之] 접고[翕] 싶다면[欲], 꼭[固] 그것을[之] 펴주어야 한다[必張].

장차 장(將), 하고자 할 욕(欲), 접을 흡(翕), 허사(虛詞) 지(之),
반드시 필(必), 진실로(꼭) 고(固), 펼 장(張)

【지남(指南)】

〈장욕흡지(將欲翕之) 필고장지(必固張之)〉는 대상(大象)의 상(象) 즉 조화를[象] 지키면서[執] 본받기를[法] 〈흡지(翕之) · 장지(張之)〉를 들어 밝힌다. 흡(翕)은 접

음이고, 장(張)은 폄이다. 사람의 짓[爲]은 흡(翕) · 장(張)을 둘[二]로 보고 상대(相對) 즉 서로[相] 겨룬다[對]. 그러나 대도(大道)의 짓(象)은 흡(翕) · 장(張)을 하나[一]로 보아 상호(相互) 즉 서로[相] 함께한다[互]. 그러므로 〈장욕흡지(將欲翕之) 필고장지(必固張之)〉란 말씀은 5장(章)의 **불여수중(不如守中)**을 상기시키고, 『장자(莊子)』의 **우저용(寓諸庸)**과 함께 **피역시(彼亦是)**를 떠올린다.

서로 겨룸은[相對] 피여시(彼與是)인지라 피시(彼是)가 둘로 상대(相對)하지만, 서로 함께함은[相互] 피역시(彼亦是)인지라 피시(彼是)가 상통하여 위일(爲一) 즉 하나가 된다. 이것과[與是] 저것이[彼] 둘[二]이 되면 상쟁(相爭)하게 되고, 이것도[亦是] 저것이[彼] 되면 피시가[彼是] 하나[一]인지라 부쟁(不爭) 즉 다툼이[爭] 없어진다[不]. 이처럼 분별하는 인위(人爲)는 상쟁(相爭)의 시비로 이어지고, 상통(相通)하는 무위(無爲)는 부쟁(不爭)의 위일(爲一)로 이어지니, 대상(大象)을 지켜 본받으면 흡역장(翕亦張)도 되고 장역흡(張亦翕)도 되어 접고[翕] 폄[張]이 하나여서, 접히면[翕] 펴지고[張] 장(張)해지면 흡(翕)해져 흡(翕) · 장(張) 또한 일음일양(一陰一陽)의 천도(天道)대로 서로 통하여[相通] 왕래한다. 그 왕래의 묘미(妙微)를 살펴 새기고 헤아려 깨우치게 하는 말씀이 〈장욕흡지(將欲翕之) 필고장지(必固張之)〉이다.

註 "불여수중(不如守中)." 알맞음을[中] 지킴만[守] 못하다[不如]. 『노자(老子)』 5장(章)

註 "유달자지통위일(唯達者知通爲一) 위시불용이우저용(爲是不用而寓諸庸) 용야자용야(庸也者用也) 용야자통야(用也者通也) 통야자득야(通也者得也) 적득이기의(適得而幾矣) 인시이(因是已) 이이부지기연(已而不知其然) 위지도(謂之道)." 오직[唯] 깨달은[達] 자만이[者] 통하여[通] 하나 됨을[爲一] 안다[知]. {그래서 달자(達者)는} 제 주장을[爲是] 쓰지 않고[不用] 자연대로 씀[庸]에 생각을[諸] 맡긴다[寓]. 자연대로 씀[庸]이란[也] 것은[者] 씀[用]이다[也]. 씀[用]이란[也] 것은[者] 통(通)이다[也]. 통(通)이란[也] 것은[者] {덕(德)을} 얻음[得]이다[也]. 걸림 없이 스스로 {덕(德)을} 얻으면[得而] {도(道)에} 가까운 것[幾]이다[矣]. {도(道)에 가까움[幾]이란} 자연에[是] 맡기는 것[因]뿐이다[已]. 그러면서도[已而] {달자(達者)는} 그런 줄을[其然] 모른다[不知]. 이를[之] 도라[道] 한다[謂].

우저용(寓諸庸)의 저(諸)는 〈지어(之於) 저(諸)〉이고, 용(庸)은 상(常)과 같아 그냥 그대로 〈쓸 용(庸)〉이다. 적득(適得)은 〈적연이자덕(適然而自得)〉의 줄임으로 걸림 없이 그냥 그대로[適然而] 스스로 즐겨 살아감[自得]이며, 기의(幾矣)는 〈기어도의(幾於道矣)〉의 줄임으로 도에[於道] 가까운 것[幾]이다[矣]. 인시이(因是已)에서 인(因)은 〈맡길 임(任) · 위(委)〉 등과 같고, 시(是)는 여기선 자연(自然)과 같다. 『장자(莊子)』「제물론(齊物論)」

註 "인시인비(因是因非) 인비인시(因非因是) 시이(是以) 성인불유이조지우천(聖人不由而照之于天) 역인시야(亦因是也) 시역피야(是亦彼也) 피역시야(彼亦是也) 피역일시비(彼亦一是非) 차역일시비(此亦一是非) 과차유피시호재(果且有彼是乎哉) 과차무피시호재(果且無彼是乎哉)." {시비(是非)를 둘로 대(對)하면} 시로[是] 말미암아[因] 비가[非] 말미암고[因], 비로[非] 말미암아[因] 시가[是] 말미암는다[因]. 이렇기[是] 때문에[以] 성인은[聖人] {시비(是非)의 대(對)를} 통하지 않고서[不由而] 자연에[于天] 시비를[之] 비추어본다[照]. {성인(聖人)의 조지우천(照之于天)이란} 역시[亦] (시비가 없는) 자연에[是] 맡김[因]이다[也]. 이것[是] 역시[易] 저것[彼]이고[也], 저것[彼] 역시[亦] 이것[是]이다[也]. 저것[彼] 역시[亦] 하나의[一] 시비이고[是非], 이것[此] 역시[亦] 하나의[一] 시비이다[是非]. 과연[果] 또[且] 저것이것이[彼是] 있는[有] 것인가[乎哉]? 과연[果] 또[且] 저것이것이[彼是] 없는[無] 것인가[乎哉]? {피시(彼是)는 인간의 것이지 자연에는 없다.}

역인시(亦因是)의 시(是)는 천(天) 즉 자연(自然)을 나타내는 지시어다.

『장자(莊子)』「제물론(齊物論)」

【보주(補註)】

- 〈장욕흡지(將欲翕之) 필고장지(必固張之)〉를 〈약임하인장욕흡지(若任何人將欲翕之) 즉타필고장지(則他必固張之)〉처럼 옮기면 문맥을 좀 더 쉽게 잡을 수 있다. 〈만약[若] 누구든[任何人] 그것을[之] 장차[將] 접고 싶다면[欲翕] 곧장[則] 그는[他] 꼭[固] 그것을[之] 펴주어야 한다[必張].〉
- 장욕흡지(將欲翕之)에서 흡(翕)이 〈흡(歙)〉·〈흡(噏)〉으로 된 본(本)도 있다. 〈접을 흡(翕)〉〈줄일 흡(歙)〉〈거둘 흡(噏)〉이니, 〈접고[翕] 펴고[張]〉가 〈줄이고[歙] 넓히고[張]〉·〈거두고[噏] 넓히고[張]〉로 문의(文義)가 좀 상이(相異)하지만 소의(所意)는 같다.
- 흡지장지(翕之張之)는 일음일양(一陰一陽)의 도(道) 즉 음양굴신(陰陽屈伸)이란 변화[易]의 이치[道]를 따름이니, 흡여장(翕與張)을 둘[二]이 아니라 흡역장(翕亦張)의 하나[一]로 봄이다. 따라서 〈장욕흡지(將欲翕之) 필고장지(必固張之)〉는 법대상(法大象) 즉 법자연(法自然)이고 무위의 짓[無爲之象]이다. 〈대상을[大象] 본받다[法].〉〈자연을[自然] 본받다[法].〉

【해독(解讀)】

- 〈장욕흡지(將欲翕之) 필고장지(必固張之)〉는 조건의 종절과 주절로 이루어진 복문(複文)이다. 〈장욕흡지하면[將欲翕之] 필고장지한다[必固張之].〉
- 장욕흡지(將欲翕之)에서 장(將)은 흡(翕)을 꾸며주는 부사 노릇하고, 욕(欲)은

흡(翕)의 조동사 노릇하고, 흡(翕)은 주어가 생략되었지만 동사 노릇하며, 지(之)는 흡(翕)의 목적어 노릇한다. 물론 흡지(翕之)의 지(之)를 뜻 없는 허사(虛詞)로 여겨도 된다. 흡(翕)은 〈접을 염(斂) · 합(合)〉 등과 같아 흡합(翕合)의 줄임말로 여기면 된다. 〈그것을[之] 접기를[翕] 바란다면[欲]〉 〈그것을[之] 접고 싶다면[欲翕]〉

- 필고장지(必固張之)에서 필(必)은 장(張)을 꾸미는 조동사 노릇하고, 고(固)는 장(張)을 꾸며주는 부사 노릇하며, 장(張)은 동사 노릇하고, 지(之)는 장(張)의 목적어 노릇한다. 물론 필고장지(必固張之)에서 필(必)을 장(張)을 꾸며주는 부사로 여기고 문맥을 잡아 새겨도 된다. 장지(張之)의 지(之)를 뜻 없는 허사(虛詞)로 새겨도 된다. 장(張)은 〈펼 신(伸) · 확(擴)〉 등과 같아 확장(擴張) · 신장(伸張) 등의 줄임말로 여기면 된다. 〈꼭[固] 그것을[之] 펴주어야 한다[必張].〉 〈반드시[必] 꼭[固] 펴준다[張之].〉
- 〈장욕흡지(將欲翕之) 필고장지(必固張之)〉는 〈장욕위(將欲爲)A 필고위(必固爲)B〉의 상용문이다. 〈장차[將] A를 하기를[爲] 바란다면[欲], 꼭[固] B를 해야 한다[必爲].〉

36-2 將欲弱之(장욕약지) 必固强之(필고강지)

▶ 장차[將] 그것을[之] 약하게 하고[弱] 싶다면[欲], 꼭[固] 그것을[之] 강하게 해주어야 한다[必强].

장차 장(將), 하고자 할 욕(欲), 약하게 할 약(弱), 그것 지(之),
반드시 필(必), 진실로(꼭) 고(固), 강하게 할 강(强)

【지남(指南)】

〈장욕약지(將欲弱之) 필고강지(必固强之)〉 역시 대상(大象)의 상(象)인 조화를[象] 지키면서[執] 본받기를[法] 〈약지(弱之) · 강지(强之)〉를 들어 밝힌다. 또한 대상(大象)을 지키면서[執] 본받아[法] 씀[用]을 밝힌다. 약(弱)은 부드러움[柔]이고, 강(强)은 굳셈[剛]이다. 사람의 짓[爲]은 약(弱) · 강(强)을 둘[二]로 보고, 상대(相

對)가 되면 약(弱)은 필패(必敗)하고 강(强)이 필승(必勝)한다고 믿어 강(强)해지고자 상대(相對) 즉 서로[相] 겨룬다[對]. 그러나 대도(大道)의 짓[象]은 약(弱)·강(强)을 하나[一]로 보고 상호(相互) 즉 서로[相] 함께한다[互]. 그러므로 〈장욕약지(將欲弱之) 필고강지(必固强之)〉란 말씀 역시 5장(章)의 〈불여수중(不如守中)〉과 『장자(莊子)』의 〈우저용(寓諸庸)〉과 〈피역시(彼亦是)〉를 떠올린다.

서로 겨룸은[相對] 피여시(彼與是)인지라 피시(彼是)가 둘로 상대(相對)하지만, 서로 함께함은[相互] 피역시(彼亦是)인지라 피시(彼是)가 상통하여 위일(爲一)한다. 이처럼 분별하는 인위(人爲)는 상쟁(相爭)의 시비로 이어지고, 상통(相通)하는 무위(無爲)는 부쟁(不爭)의 위일(爲一)로 이어진다. 그래서 대상(大象)을 지켜 본받으면 약역강(弱亦强)도 되고 강역약(强亦弱)도 되어 약함과[弱] 강함이[强] 하나로, 약하면[弱] 굳세지고[强] 강(强)해지면 약(弱)해져 약(弱) 역시 강(强)이고 강(强) 역시 약(弱)인지라 일음일양(一陰一陽)의 천도(天道)대로 서로 통하고[相通] 왕래한다. 그 왕래의 묘미(妙微)를 살펴 새기고 헤아려 깨우치게 하는 말씀이 〈장욕약지(將欲弱之) 필고강지(必固强之)〉이다.

【보주(補註)】

- 〈장욕약지(將欲弱之) 필고강지(必固强之)〉를 〈약임하인장욕약지(若任何人將欲弱之) 즉타필고강지(則他必固强之)〉처럼 옮기면 문맥을 좀 더 쉽게 잡을 수 있다. 〈만약[若] 누구든[任何人] 그것을[之] 장차[將] 약하게 하고 싶다면[欲弱] 곧장[則] 그는[他] 꼭[固] 그것을[之] 강하게 해주어야 한다[必張].〉
- 약지강지(弱之强之) 또한 일음일양(一陰一陽)의 도(道) 즉 음양굴신(陰陽屈伸)이란 변화[易]의 이치[道]를 따름이다. 약여강(弱與强) 즉 약과[弱與] 강(强)이 따로 둘[二]이 아니라, 약역강(弱亦强) 즉 약도[弱亦] 강(强)이고 강도[强亦] 약(弱)인지라 하나[一]로 봄이다. 그러므로 〈장욕약지(將欲弱之) 필고강지(必固强之)〉 또한 법대상(法大象) 즉 법자연(法自然)이고 무위의 짓[無爲之象]이다. 〈대상을[大象] 본받다[法].〉 〈자연을[自然] 본받다[法].〉

【해독(解讀)】

- 〈장욕약지(將欲弱之) 필고강지(必固强之)〉는 조건의 종절과 주절로 이루어진 복문(複文)이다. 〈장욕약지하면[將欲弱之] 필고강지한다[必固强之].〉

- 장욕약지(將欲弱之)에서 장(將)은 약(弱)을 꾸며주는 부사 노릇하고, 욕(欲)은 약(弱)의 조동사 노릇하고, 약(弱)은 주어가 생략되었지만 동사 노릇하며, 지(之)는 약(弱)의 목적어 노릇한다. 물론 약지(弱之)의 지(之)를 뜻 없는 허사(虛詞)로 여겨도 된다. 약(弱)은 〈약하고 부드러운 유(柔)〉와 같아 유약(柔弱)의 줄임말로 여기면 된다. 〈그것을[之] 약하게 하고 싶다면[欲弱]〉
- 필고강지(必固强之)에서 필(必)은 강(强)을 꾸미는 조동사 노릇하고, 고(固)는 강(强)을 꾸며주는 부사 노릇하며, 강(强)은 동사 노릇하고, 지(之)는 강(强)의 목적어 노릇한다. 물론 필고강지(必固强之)에서 필(必)을 장(張)을 꾸며주는 부사로 여기고 문맥을 잡아 새겨도 된다. 강지(强之)의 지(之)를 뜻 없는 허사(虛詞)로 새겨도 된다. 강(强)은 〈굳셀 강(剛)〉과 같아 강강(剛强)의 줄임말로 여기면 된다. 〈꼭[固] 그것을[之] 강하게 해주어야 한다[必强].〉 〈반드시[必] 꼭[固] 강하게 해준다[强之].〉
- 〈장욕약지(將欲弱之) 필고강지(必固强之)〉도 〈장욕위(將欲爲)A 필고위(必固爲)B〉의 상용문이다. 〈장차[將] A를 하기를[爲] 바란다면[欲], 진실로[固] B를 해야 한다[必爲].〉

36-3 將欲廢之(장욕폐지) 必固興之(필고흥지)

▸ 장차[將] 그것을[之] 그만두게 하고[廢] 싶다면[欲], 꼭[固] 그것을[之] 흥하게 해야 한다[必興].

장차 장(將), 하고자 할 욕(欲), 그만두게 할 폐(廢), 그것 지(之),
반드시 필(必), 진실로(꼭) 고(固), 일어나게 할 흥(興)

【지남(指南)】

〈장욕폐지(將欲廢之) 필고흥지(必固興之)〉 역시 대상(大象)의 상(象)인 조화를[象] 지키면서[執] 본받기를[法] 〈폐지(廢之) · 흥지(興之)〉를 들어 밝힌다. 또한 대상(大象)을 지키면서[執] 본받아[法] 씀[用]을 밝힌다. 폐(廢)는 그침[止]이고, 흥(興)은 일으킴[起]이다. 사람의 짓[爲]은 폐(廢) · 흥(興)을 둘[二]로 본다. 그래서 상대(相對)가 되면 폐(廢)는 없어질 것이고[止] 흥(興)은 일어날 것[起]이라고 믿고, 흥(興)하고자 서로[相] 겨룬다[對]. 그러나 대도(大道)의 짓[象]은 폐(廢) · 흥(興)을 하나[一]로 보고 서로 함께하니[相互], 〈장욕폐지(將欲廢之) 필고흥지(必固興之)〉란 말씀 역시 5장(章)의 〈불여수중(不如守中)〉과 『장자(莊子)』의 〈우저용(寓諸庸)〉과 〈피역시(彼亦是)〉를 떠올린다.

피여시(彼與是)는 둘[二]이 되니 상쟁(相爭)하고, 피역시(彼亦是)는 하나로 부쟁(不爭)한다. 법대상(法大象)하는 폐역흥(廢亦興)은 일음일양(一陰一陽)의 이치[道]처럼 일폐일흥(一廢一興)의 변화일 뿐이니, 무위(無爲)의 폐(廢) · 흥(興)은 부쟁(不爭)의 위일(爲一)로 이어진다. 대상(大象)을 본받아 지키면 폐역흥(廢亦興)도 되고 흥역폐(興亦廢)도 되어 폐(廢)하고 흥(興)함이 하나로, 폐(廢)해지면 흥(興)해지고 흥(興)해지면 폐(廢)해져 폐(廢) · 흥(興)도 일음일양(一陰一陽)의 천도(天道)대로 상통(相通)하여 왕래한다. 그 왕래의 묘미(妙微)를 살펴 새기고 헤아려 깨우치게 하는 말씀이 〈장욕폐지(將欲廢之) 필고흥지(必固興之)〉이다.

【보주(補註)】

- 〈장욕폐지(將欲廢之) 필고흥지(必固興之)〉를 〈약임하인장욕폐지(若任何人將欲廢之) 즉타필고흥지(則他必固興之)〉처럼 옮기면 문맥을 좀 더 쉽게 잡을 수 있다. 〈만약[若] 누구든[任何人] 그것을[之] 장차[將] 폐하게 하고 싶다면[欲廢], 곧장[則] 그는[他] 꼭[固] 그것을[之] 흥하게 해주어야 한다[必興].〉
- 폐지흥지(廢之興之) 또한 일음일양(一陰一陽)의 도(道) 즉 음양굴신(陰陽屈伸)이란 변화[易]의 이치[道]를 따름이다. 폐여흥(廢與興) 즉 폐와[廢與] 흥(興)이 따로 둘[二]이 아니라, 폐역흥(廢亦興) 즉 폐(廢) 역시[亦] 흥(興)이고 흥(興) 역시[亦] 폐(廢)인지라 하나[一]로 봄이다. 그러므로 〈장욕폐지(將欲廢之) 필고흥지(必固興之)〉 역시 법대상(法大象) 즉 법자연(法自然)이고 무위의 짓[無爲之象]이다. 〈대상을[大象] 본받다[法].〉 〈자연을[自然] 본받다[法].〉

【해독(解讀)】

- 〈장욕폐지(將欲廢之) 필고흥지(必固興之)〉 역시 조건의 종절과 주절로 이루어진 복문(複文)이다. 〈장욕약지하면[將欲弱之] 필고강지한다[必固强之].〉
- 장욕폐지(將欲廢之)에서 장(將)은 폐(廢)를 꾸며주는 부사 노릇하고, 욕(欲)은

폐(廢)의 조동사 노릇하고, 폐(廢)는 주어가 생략되었지만 동사 노릇하며, 지(之)는 폐(廢)의 목적어 노릇한다. 물론 폐지(廢之)의 지(之)를 뜻 없는 허사(虛詞)로 여겨도 된다. 폐(廢)는 〈그만두게 할 지(止)〉와 같아 폐지(廢止)의 줄임말로 여기면 된다. 〈그것을[之] 그치게 하고 싶다면[欲廢]〉

- 필고흥지(必固興之)에서 필(必)은 흥(興)을 꾸미는 조동사 노릇하고, 고(固)는 흥(興)을 꾸며주는 부사 노릇하며, 흥(興)은 동사 노릇하고, 지(之)는 흥(興)의 목적어 노릇한다. 물론 필고흥지(必固興之)에서 필(必)을 흥(興)을 꾸며주는 부사로 여기고 문맥을 잡아 새겨도 된다. 흥지(興之)의 지(之)를 뜻 없는 허사(虛詞)로 새겨도 된다. 흥(興)은 〈일으킬 기(起)〉와 같아 흥기(興起)의 줄임말로 보면 된다. 〈꼭[固] 그것을[之] 흥하게 해주어야 한다[必興].〉 〈반드시[必] 꼭[固] 흥하게 해준다[興之].〉
- 〈장욕폐지(將欲廢之) 필고흥지(必固興之)〉도 〈장욕위(將欲爲)A 필고위(必固爲)B〉의 상용문이다. 〈장차[將] A를 하기를[爲] 바란다면[欲], 진실로[固] B를 해야 한다[必爲].〉

36-4 將欲取之(장욕취지) 必固與之(필고여지)

▶ 장차[將] 그것을[之] 갖게 하고[取] 싶다면[欲], 꼭[固] 그것을[之] 주게 해야 한다[必與].

장차 장(將), 하고자 할 욕(欲), 가질 취(取), 그것 지(之), 반드시 필(必), 진실로 고(固), 줄 여(與)

【지남(指南)】

〈장욕취지(將欲取之) 필고여지(必固與之)〉 역시 대상(大象)의 상(象)인 조화를[象] 지키면서[執] 본받기를[法] 〈취지(取之) · 여지(與之)〉를 들어 밝힌다. 또한 대상(大象)을 지키면서[執] 본받아[法] 씀[用]을 밝힌다. 취(取)는 가짐[得]이고, 여(與)는 줌[授]이다. 사람의 짓[爲]은 취(取) · 여(與)를 둘[二]로 보고, 상대(相對)가 되면 취(取)는 갖고[得] 여(與)는 잃는 것[喪]이라 믿어 취(取)하고자 서로[相] 겨룬다[對]. 그러나 대도(大道)의 짓[象]은 취(取) · 여(與)를 하나[一]로 보고 서로 함께 한다[相互]. 그러므로 〈장욕취지(將欲取之) 필고여지(必固與之)〉란 말씀 역시 5장(章)의 〈불여수중(不如守中)〉과 『장자(莊子)』의 〈우저용(寓諸庸)〉과 〈피역시(彼亦是)〉를 떠올린다.

피여시(彼與是)는 둘[二]이 되니 상쟁(相爭)하고, 피역시(彼亦是)는 하나로 부쟁(不爭)한다. 법대상(法大象)하는 취역여(取亦與)는 일음일양(一陰一陽)의 이치[道]처럼 일취일여(一取一與)의 변화일 뿐이니, 무위(無爲)의 취(取) · 여(與)는 부쟁(不爭)의 위일(爲一)로 이어진다. 대도(大道)의 용(用)은 무친(無親)한지라 취(取) · 여(與)가 상통(相通)하여 나눠짐이 없지만, 사람의 용(用)은 유친(有親)한지라 취(取) · 여(與)가 상통(相通)하지 못해 호오(好惡)에 따라 치우치거나 처지는 짓을 버리지 못한다. 대상(大象)을 본받아 쓰면 취역여(取亦與)도 되고 여역취(與亦取)도 되어 취(取)하고 여(與)함이 하나가 된다. 그래서 취(取)해지면 여(與)해지고 여(與)해지면 취(取)해져 취(取) · 여(與)도 일음일양(一陰一陽)의 천도(天道)대로 상통(相通)하여 왕래한다. 취(取) · 여(與)가 왕래하는 묘미(妙微)를 살펴 새기고 헤아려 깨우치게 하는 말씀이 〈장욕취지(將欲取之) 필고여지(必固與之)〉이다.

【보주(補註)】

- 〈장욕취지(將欲取之) 필고여지(必固與之)〉를 〈약임하인장욕취지(若任何人將欲取之) 즉타필고여지(則他必固與之)〉처럼 옮기면 문맥을 좀 더 쉽게 잡을 수 있다. 〈만약[若] 누구든[任何人] 그것을[之] 장차[將] 갖게 하고 싶다면[欲取], 곧장[則] 그는[他] 꼭[固] 그것을[之] 주게 해야 한다[必與].〉
- 취지여지(取之與之) 또한 일음일양(一陰一陽)의 도(道) 즉 음양굴신(陰陽屈伸)이란 변화[易]의 이치[道]를 따름이다. 그러므로 취여여(取與與) 즉 여와[與與] 취(取)가 따로 둘[二]이 아니라 취역여(取亦與) 즉 취도[取亦] 여(與)이고 여도[與亦] 취(取)인지라 하나[一]로 봄이니, 〈장욕취지(將欲取之) 필고여지(必固與之)〉 역시 법대상(法大象) 즉 법자연(法自然)이고 무위의 짓[無爲之象]이다. 〈대상을[大象] 본받다[法].〉 〈자연을[自然] 본받다[法].〉
- 장욕취지(將欲取之)가 〈장욕탈지(將欲奪之)〉로 된 본(本)도 있다. 빼앗음은[奪] 갖고자[取] 함이니 원문(原文)의 문의(文義)는 같다.

【해독(解讀)】

- 〈장욕취지(將欲取之) 필고여지(必固與之)〉 역시 조건의 종절과 주절로 이루어진 복문(複文)이다. 〈장욕취지하면[將欲取之] 필고여지한다[必固與之].〉
- 장욕취지(將欲取之)에서 장(將)은 취(取)를 꾸며주는 부사 노릇하고, 욕(欲)은 취(取)의 조동사 노릇하고, 취(取)는 주어가 생략되었지만 동사 노릇하며, 지(之)는 취(取)의 목적어 노릇한다. 물론 취지(取之)의 지(之)를 뜻 없는 허사(虛詞)로 여겨도 된다. 취(取)는 〈가질 득(得)〉과 같아 취득(取得)의 줄임말로 여기면 된다. 〈그것을[之] 갖게 하고 싶다면[欲取]〉
- 필고여지(必固與之)에서 필(必)은 여(與)를 꾸미는 조동사 노릇하고, 고(固)는 여(與)를 꾸며주는 부사 노릇하며, 여(與)는 동사 노릇하고, 지(之)는 여(與)의 목적어 노릇한다. 물론 필고여지(必固與之)에서 필(必)을 여(與)를 꾸며주는 부사로 여기고 문맥을 잡아 새겨도 된다. 여지(與之)의 지(之)를 뜻 없는 허사(虛詞)로 새겨도 된다. 여(與)는 〈줄 수(授)〉와 같아 수여(授與)의 줄임말로 보면 된다. 〈꼭[固] 그것을[之] 주게 해주어야 한다[必與].〉 〈반드시[必] 꼭[固] 주게 해준다[與之].〉
- 〈장욕취지(將欲取之) 필고여지(必固與之)〉도 〈장욕위(將欲爲)A 필고위(必固爲)B〉의 상용문이다. 〈장차[將] A를 하기를[爲] 바란다면[欲], 진실로[固] B를 해야 한다[必爲].〉

36-5 是謂微明(시위미명)

▸ 이를[是] 미묘한[微] 밝음이라[明] 한다[謂].

이 시(是), 일컬을 위(謂), 미묘할(작을) 미(微), 밝을 명(明)

【지남(指南)】

〈시위미명(是謂微明)〉은 위의 〈흡지장지(翕之張之) · 약지강지(弱之强之) · 폐지흥지(廢之興之) · 취지여지(取之與之)〉 등을 〈미명(微明)〉이란 말씀으로 총결(總結)한다.

미명(微明)은 암(暗)과 명(明)이 혼재(混在)함이니 어둡기도[暗] 하고 밝기도[明] 함이다. 이는 지미묘지리(知微妙之理) 즉 미묘한[微妙之] 이치를[理] 앎을[知] 비유해준다. 저녁은 밝음이[明] 어둠으로[暗] 바뀌어[易] 밤이[夜] 되고, 새벽은 암이[暗] 명으로[明] 역(易)하여 새벽이[晨] 된다. 신(晨)은 아침이[朝] 되고, 조(朝)는 낮이[晝] 되며, 주(晝)는 밤이[夜] 된다. 이처럼 주야란[晝夜] 하나이지 둘이 아니니, 흡여장(翕與張) · 약여강(弱與强) · 폐여흥(廢與興) · 취여여(取與與) 등처럼 둘로 나눔은 명암(明暗)이 상통(相通)하는 주야(晝夜)의 천도(天道)에 어긋난다.

나누어져 둘이 됨이 아니라 흡역장(翕亦張) · 약역강(弱亦强) · 폐역흥(廢亦興) · 취역여(取亦與) 등처럼 서로 왕래하여 하나가 됨은, 밤낮[晝夜]이란 자연의[天] 규율과[道] 다를 것이 없다. 접음도[翕亦] 폄[張]으로 돌아오고[反], 폄도[張亦] 접음[翕]으로 반(反)하는 미명(微明)이야말로 천도(天道)의 미묘함[微妙]이다. 이러한 피역시(彼亦是)가 자연의[天] 규율로서[道] 미명(微明)이니, 『장자(莊子)』의 **대지입언(大知入焉)**을 상기시킨다.

미명(微明)은 대지(大知)에 속한다. 대지(大知)란 성인지입어천(聖人知入於天)으로, 성인(聖人)이 자연으로[於天] 들어감[入]이다. 법자연(法自然)하여 행할 줄 앎[知]을 일러 대지(大知)라 하는데, 그러한 크나큼을[大] 알면[知] 그 역시 미명(微明)이다. 그러므로 대상(大象) 즉 대도(大道)의 짓[象]인 조화를 지극하게[至] 앎[知]이니, 미명(微明)을 들어 〈흡역장(翕亦張) · 약역강(弱亦强) · 폐역흥(廢亦興) · 취역여(取亦與)〉 등처럼 둘이 서로 왕래하여 하나가 되는 천도(天道)를 헤아려 깨우치게 하는 말씀이 여기 〈시위미명(是謂微明)〉이다.

註 "대지입언(大知入焉) 이부지기소궁(而不知其所窮) 물물자여물무제(物物者與物無際) 이물유제자(而物有際者) 소위물제자야(所謂物際者也) 부제지제(不際之際) 제지부제자야(際之不際者也)." 성인의 앎도[大知] 그것에[焉] 든다 해도[入而] 그[其] 한계를[所窮] 알지 못한다[不知]. 만물을[物] 만물로 있게 하는[物] 것은[者] 만물과[物] 함께하여[與] 이것저것 나눔이[際] 없다[無]. 이것저것에[物] 나눔이[際] 있는[有] 것은[者] 이른바[所謂] 이것저것이[物] 나누어진[際] 것[者]이다[也]. 나누지 않음의[不際之] 나눔은[際] 나눔의[際之] 나누지 않는[不際] 것[者]이다[也].

물물자(物物者)는 이것저것[物]을 이것저것으로 되게 하는[物] 것[者]이니 상도(常道)를 말한다. 물물자(物物者)에서 앞의 물(物)은 타동사 노릇하고, 뒤의 물(物)은 목적어 노릇해 〈물을[物] 물이 되게 하는[物] 것[者]〉이라고 새기면 된다. 상도(常道)를 일러 물물자(物物者)라고도 일컫고, 부제자(不際者)라고 일컫기도 한다. 만물(萬物)이 간직함[奧]이니, 도(道)와 만물(萬物) 사이는 무제(無際) 즉 떨어지는 사이가[際] 없다[無]. 물물자(物物者)는 도자(道者) 즉 상도라는[道] 것[者], 이는 곧 오(奧)임이다. 물제(物際)는 양물지한계(兩物之限界) 즉 두[兩] 사물[物]을 나누어 구별함[限界]이다. 부제지제(不際之際)의 부제(不際)는 나누지 않음[不際]이니 상도(常道)를 말하고, 제(際)는 나눔이니 물물(物物) 즉 이것저것[物物]을 말한다. 그러므로 부제지제(不際之際)는 상도(常道)가 낳는[生] 만물을 말하고, 제지부제(際之不際)는 만물에 깃들어 있는 상도(常道) 즉 오(奧)를 말한다.

『장자(莊子)』「지북유(知北遊)」

【보주(補註)】

- 〈시위미명(是謂微明)〉을 〈시위지미명(是謂之微明)〉처럼 옮기면 문맥을 좀 더 쉽게 잡을 수 있다. 〈위의 것들[是] 그것을[之] 미묘한[微] 밝음이라[明] 한다[謂].〉
- 미명(微明)은 『장자(莊子)』에 나오는 양행(兩行)을 환기시킨다. 암(暗)은 명(明)으로 행(行)하고 명(明)은 암(暗)으로 행함이 미명(微明)인지라, 명암(明暗) · 암명(暗明)은 양행(兩行) 즉 상대(相對) 같은 양쪽이 아무런 걸림 없이 오고감이 천도(天道)임을 여기 〈미명(微明)〉이 깨우쳐준다.

註 "역인시야(亦因是也) 시이성인화지이시비(是以聖人和之以是非) 이휴호천균(而休乎天均) 시지위양행(是之謂兩行)." 역시[亦] 자연에[是] 맡기는 것[因]이다[也]. 이렇기[是] 때문에[以] 성인은[聖人] 자연에 맡김으로[之]써[以] 시비를[是非] 화해시킨다[和]. 그리고[而] (성인은) 자연의 평균에[乎天均] 쉰다[休]. 이를[是之] 둘의[兩] 통함이라[行] 한다[謂].

천균(天均)은 자연은[天] 만물일야(萬物一也) 즉 만물을 차별하지 않음을[一] 뜻함이다. 양행(兩行)은 피차(彼此) 사이에 아무런 장애가 없어 상통(相通)함을 뜻한다.

『장자(莊子)』「제물론(齊物論)」

【해독(解讀)】

- 〈시위미명(是謂微明)〉에서 시(是)는 도치되었지만 위(謂)의 목적어 노릇하고, 위(謂)는 동사 노릇하며, 미명(微明)은 목적보어 노릇한다. 미(微)는 〈묘할 묘(妙)〉와 같아 미묘(微妙)의 줄임이고, 명(明)은 〈밝을 효(曉)〉와 같아 효명(曉明)의 줄임말로 보면 된다. 〈이것을[是] 미명이라[微明] 한다[謂].〉
- 〈시위미명(是謂微明)〉은 〈A지위(之謂)B〉 또는 〈A위지(謂之)B〉의 상용문이다. 〈A를[A之] B라 한다[謂].〉 〈A 그것을[之] B라 한다[謂].〉

36-6 柔弱勝剛强(유약승강강)

▶ 부드럽고[柔] 연약함이[弱] 굳세고[剛] 강함을[强] 부려 쓴다[勝].

부드러울 유(柔), 연약할 약(弱), 무릅쓸 승(勝), 굳셀 강(剛), 강할 강(强)

【지남(指南)】

〈유약승강강(柔弱勝剛强)〉은 〈유약(柔弱)〉과 〈강강(剛强)〉을 들어 앞서 살핀 〈미명(微明)〉의 천도(天道)를 밝힌다. 유약(柔弱)은 늘 강강(剛强)에 패하고[敗] 강강(剛强)은 늘 유약(柔弱)에 승한다는[勝] 판단은 인간의 짓이지, 천도(天道)에는 그런 승패란 없다는 것이 여기 유약승강강(柔弱勝剛强)이다.

유약승강강(柔弱勝剛强)의 승(勝)은 인위(人爲)에서는 승패(勝敗)의 승(勝)이지만, 유약승강강(柔弱勝剛强)의 승(勝)은 천도(天道)에서는 승용(勝用)의 승(勝) 즉 부려 씀의[用] 승(勝)이다. 유약(柔弱)이 강강(剛强)을 사용하지, 유약(柔弱) · 강강(剛强)이 상쟁(相爭)하지 않음이 천도(天道)이다. 따라서 유약승강강(柔弱勝剛强)은 〈유약용강강(柔弱用剛强)〉이다. 부드럽고 취약함이[柔弱] 굳세고 강함에[剛强] 맡겨[任] 유약이[柔弱] 강강(剛强)을 사용하는[勝] 것이다.

흐르는 물은[流水] 유약(柔弱)하기에 강강(剛强)한 땅에 맡겨야[勝] 유약(柔弱)한 유수(流水)가 강강(剛强)한 땅을 사용해[勝] 지어해(至於海) 즉 바다에[於海] 다다른다[至]. 거듭 밝히지만, 여기 유약승강강(柔弱勝剛强)의 승(勝)은 승패(勝敗)의 승(勝)이 아니라 43장(章)에 나오는 **천하지지유치빙천하지지견(天下之至柔馳騁天下之至堅)**의 치빙(馳騁)을 환기시킨다. 치빙(馳騁)은 마음대로 부림[使役]이니, 승임(勝任)의 승(勝)이라 맡겨[任] 씀의[用] 승(勝)인 것이다. 유약승강강(柔弱勝剛强)의 승(勝)이란 인간의 세상살이가 앞세우는 이김과 짐으로 분별되는 승패(勝敗)의 승(勝)이 아니다. 이처럼 강강(剛强)과 유약(柔弱)은 서로 상쟁(相爭)하지 않고 해침[相害]하지 않는다.

나아가 유약승강강(柔弱勝剛强)의 승(勝)은 28장(章)에서 살핀 **지기웅(知其雄) 수기자(守其雌)**를 상기시키고, 『주역(周易)』에 나오는 **정승자(貞勝者)**를 환기시킨다. 지강강(知剛强) 즉 굳세고 강함을[剛强] 알고[知], 수유약(守柔弱) 즉 부드럽고 약함을[柔弱] 지키는[守] 승(勝)이고, 동시에 바르게[貞] 무릅쓰는[勝] 것이[者] 유약승강강(柔弱勝剛强)의 승(勝)이다. 그래서 52장(章)에 수유왈강(守柔曰强)이란 말씀이 나온다. 강강(剛强)이란 수유약(守柔弱)으로써 이루짐이 천도(天道)이다.

그러나 인간의 세상살이는 유여강(柔與剛) · 약여강(弱與强) 즉 부드러움과[柔與] 굳셈[剛] · 약함과[弱與] 강함[强]이라며 유약(柔弱)과 강강(剛强)을 둘[二]로 나누고, 강강(剛强)이 이기고[勝] 유약(柔弱)이 진다고[敗] 가름하기 때문에, 인간은 승자(勝者)가 되고자 끝없이 도모하고 상쟁하여 세파를 이기려[勝] 고집함이 인지(人智)의 미혹(迷惑)이다. 이처럼 인지(人智)는 유강(柔剛) · 약강(弱强)을 둘로 보지만, 천도(天道)는 유강(柔剛) · 약강(弱强)을 하나로 보아 상도(常道)의 유약(柔弱) · 강강(剛强)은 앞서 살핀 미명(微明)의 양행(兩行)일 뿐이다.

왜 천도(天道)는 불해(不害)하고 부쟁(不爭)한다 하는가? 피시(彼是)가 양행(兩行)하여 위일(爲一) 즉 하나가[一] 되기[爲] 때문이다. 이것저것이[彼是] 하나로 되면 상호(相互) · 상통(相通)하고, 그러면 시비(是非) · 호오(好惡) · 분별(分別)로 이어지지 않아 서로 다툼이 없고[不爭] 서로 해침도 없음을[不害] 깊이 살펴 새기고 헤아려 깨우치게 하는 말씀이 〈유약승강강(柔弱勝剛强)〉이다.

註 "천하지지유치빙천하지지견(天下之至柔馳騁天下之至堅)." 온 세상의[天下之] 더없는[至] 부드러움이[柔] 세상의[天下之] 더없는[至] 견고함을[堅] 부려 쓴다[馳騁]. 『노자(老子)』 43장(章)

註 "지기웅(知其雄) 수기자(守其雌) 위천하계(爲天下谿)." 그[其] 수컷을[雄] 알고[知] 그[其] 암컷을[雌] 지키면[守] {그 지수(知守)는} 세상을[天下] 담는 시내가[谿] 된다[爲].

『노자(老子)』 28장(章)

註 "길흉회린자생호동자야(吉凶悔吝者生乎動者也) 강유자립본자야(剛柔者立本者也) 변통자취시자야(變通者趣時者也) 길흉자정승자야(吉凶者貞勝者也)." 좋고[吉] 나쁘고[凶] 뉘우치고[悔] 부끄러움이란[吝] 것은[者] 움직임에서[乎動] 생기는[生] 것[者]이고[也], 굳셈과[剛] 부드러움이란[柔] 것은[者] 근본을[本] 세우는[立] 것[者]이며[也], 변하여[變] 통함이란[通] 것은[者] 때에[時] 좇는[趣] 것[者]이고[也], 좋고[吉] 나쁨이란[凶] 것은[者] 바르게[貞] 무릅쓰는[勝] 것[者]이다[也].

생호동(生乎動)은 생호심지동(生乎心之動)으로 새기면 된다. 〈마음의[心之] 움직임에서[乎動] 생긴다[生].〉 『주역(周易)』 「계사전하(繫辭傳下)」

註 "견소왈명(見小曰明) 수유왈강(守柔曰强) 용기광(用其光) 복귀기명(復歸其明) 무유신앙(無遺身殃) 시위습상(是謂習常)." 작은 것을[小] 살펴봄을[見] 밝음이라[明] 하고[曰], 부드러움을[柔] 지킴을[守] 강함이라[强] 하며[曰], 그[其] 빛을[光] 쓰되[用] 다시[復] 그[其] 밝음으로[明] 돌아오면

[歸] 자신에게[身] 재앙을[殃] 남김이[遺] 없다[無]. 이를[是] 상도를[常] 이어감이라[習] 한다[謂].

『노자(老子)』 52장(章)

【보주(補註)】

- 〈유약승강강(柔弱勝剛强)〉을 〈유약자승강강자(柔弱者勝剛强者)〉처럼 옮기면 문의(文意)를 좀 더 쉽게 잡을 수 있다. 〈유하고[柔] 약한[弱] 것이[者] 굳세고[剛] 강한[强] 것을[者] 승한다[勝].〉
- 〈유약승강강(柔弱勝剛强)〉의 유약(柔弱)은 굴기(屈氣) 즉 음기(陰氣)와 정(靜)을 뜻하기도 하고, 유약승강강의 강강(剛强)은 신기(伸氣) 즉 양기(陽氣)와 동(動)을 뜻하기도 한다. 그리고 유약승강강(柔弱勝剛强)의 승(勝)은 45장(章) **정승조(靜勝躁) 한승열(寒勝熱)**을 상기하면 승패(勝敗)의 승(勝)이 아니라 승임(勝任) · 승용(勝用)의 승(勝)임을 헤아릴 수 있다.

註 "정승조(靜勝躁) 한승열(寒勝熱) 청정위천하정(淸靜爲天下正)." 고요함이[靜] 조급함을[躁] 극복하고[勝], 차가움이[寒] 뜨거움을[熱] 극복한다[勝]. 맑음과[淸] 고요가[靜] 세상의[天下] 바름이[正] 된다[爲].

『노자(老子)』 45장(章)

- 〈유약승강강(柔弱勝剛强)〉이 〈유지승강(柔之勝剛) 약지승강(弱之勝强)〉으로 된 본(本)도 있고 〈유승강(柔勝剛) 약승강(弱勝强)〉으로 된 본(本)도 있다. 문의(文意)가 달라지는 것은 아니다. 〈유지승강(柔之勝剛) 약지승강(弱之勝强)〉이란 원문(原文)은 78장(章)에도 그대로 나온다. 〈부드러움이[柔] 굳셈을[剛] 극복하고[勝] 연약함이[弱] 강함을[强] 극복한다[勝].〉 〈부드러움이[柔之] 굳셈을[剛] 극복함과[勝] 연약함이[弱之] 강함을[强] 극복함[勝]〉

【해독(解讀)】

- 〈유약승강강(柔弱勝剛强)〉에서 유약(柔弱)은 주어 노릇하고, 승(勝)은 동사 노릇하며, 강강(剛强)은 승(勝)의 목적어 노릇한다. 〈약하고 부드러울 약(弱) · 따를 순(順) · 어울릴 화(和) · 편안할 안(安)〉 등과 같고, 승(勝)은 〈무릅쓸 극(克), 맡길 임(任)〉 등과 같아 승극(勝克) · 승임(勝任)의 줄임말로 여기면 된다. 〈부드러움은[柔] 굳셈을[剛] 무릅쓴다[勝].〉

36-7 魚不可脫於淵(어불가탈어연)

▶ 물고기는[魚] 못에서[於淵] 벗어날[脫] 수 없다[不可].

물고기 어(魚), 않을 불(不), 할 수 있을 가(可), 벗어날 탈(脫), ~에서 어(於), 못 연(淵)

【지남(指南)】

〈어불가탈어연(魚不可脫於淵)〉은 못과[淵] 물고기의[魚] 관계를 빌려 모든 목숨이 천하모(天下母)인 상도(常道)를 떠날 수 없음을 밝힌다. 〈어(魚)〉는 만물을 비유하고, 〈연(淵)〉은 상도(常道)를 비유한다. 물론 어(魚)가 백성이나 나라를 비유하기도 하고, 나아가 강강(剛强)을 비유하기도 한다. 백성에게 나라는 고기가[魚] 사는 못[淵] 같아야 한다. 그리하여 유약(柔弱)이 강강(剛强)을 남김없이 극복함을[勝] 깨우치게 한다.

흘러가는 물의 흐름을 잠시 멈추게 하는 것이 못[淵]이니, 못물[淵水]은 땅의 웅덩이에 담긴 물이다. 땅의 웅덩이는[窪] 강강(剛强)하고, 담긴 물은 유약(柔弱)하다. 유약(柔弱)한 유수(流水)가 강강(剛强)한 와(窪)를 남김없이 맡기고 써서[勝] 지수(止水)가 된다. 연(淵)이란 강강(剛强)한 것이 웅덩이[窪]를 이뤄줘야 유수(流水)가 지수(止水)로서 못물이[淵水] 되고, 그 멈춘[止] 물 속에 고기[魚]가 산다. 백성이 사는 산하평지는 물고기가 사는 연못과[淵] 같다. 연못[淵]은 강유(剛柔)가 혼일(渾一)한 모습의 비유로, 연못을[淵] 벗어나면[脫] 물고기란 목숨은 살 수 없다.

〈불가탈어연(不可脫於淵)〉은 〈불가탈어천하모(不可脫於天下母)〉를 비유한다. 목숨은 상도(常道)라는 천하모(天下母)의 품안을 벗어날 수 없으니, 연(淵)은 52장(章)의 〈수유왈강(守柔曰强)〉과 바로 앞서 살핀 〈유약승강강(柔弱勝剛强)〉을 상기시킨다. 어찌 연못[淵]뿐이랴. 강하(江河)의 유수(流水)에도 온갖 고기가 살고 바다에도 고기들이 사는 까닭은 유약(柔弱)한 물이 강강(剛强)한 땅을 남김없이 쓰기[勝] 때문이다. 높은 낭떠러지에서 쏟아지는 폭포수에서는 고기가 살지 못한다. 폭포는 유약(柔弱)한 물뿐, 강강(剛强)을 승(勝)하여 담기지 않기에 폭포수에서는 고기가 살지 못한다. 산 것이라면 무엇이든 유약(柔弱)함이 강강(剛强)함을 부려 써야[勝] 목숨이 삶을 이어 누리는 것이 자연의 규율[天道]이다. 그러니 백성이 모여 사는 나라도[國] 하나의 연못[淵]인 셈이다.

나라를 다스리는 예악형정(禮樂刑政)이 초래하는 권세(權勢)와 금령(禁令)은 직하(直下)만 일삼는 폭포수 같아 강강(强剛)일 뿐, 유약(柔弱)이 강강(剛强)을 승(勝)하는 대도(大道)의 상(象)이 아니어서 조화가 어긋나버린다. 강유(剛柔)가 혼일(渾一)해 있는 연못[淵] 곧 대도(大道)의 짓[象]을 비유하고 있음을 살펴 새기고 헤아려 깨우치게 하는 말씀이 〈어불가탈어연(魚不可脫於淵)〉이다.

【보주(補註)】

- 〈어불가탈어연(魚不可脫於淵)〉에서 어(魚)는 생자(生者)인 산 것을 비유하고, 연(淵)은 앞서 살핀 〈유약승강강(柔弱勝剛强)〉을 깊이 생각해보게 하고, 나아가 『장자(莊子)』에 나오는 **만물일부(萬物一府)**를 환기시켜주기도 한다. 여기 어(魚)가 만물(萬物)을 비유해주고, 연(淵)이 일부(一府)를 일깨워주기 때문이다.

註 "만물일부(萬物一府)." 만물은[萬物] 한 곳간에 있다[一府]. 『장자(莊子)』「천지(天地)」

【해독(解讀)】

- 〈어불가탈어연(魚不可脫於淵)〉에서 어(魚)는 주어 노릇하고, 불가(不可)는 탈(脫)의 부정사(否定詞)로 영어에서 〈can't〉 같은 구실을 하고, 탈(脫)은 동사 노릇하고, 어연(於淵)은 탈(脫)을 꾸며주는 부사구 노릇한다. 〈물고기는[魚] 연못에서[於淵] 벗어날[脫] 수 없다[不可].〉

36-8 國之利器不可以示人(국지리기불가이시인)

▶ {치자(治者)는} 나라의[國之] 이로운[利] 기물을[器] 가지고[以] 백성에게[人] 과시할[示] 수 없다[不可].

나라 국(國), 조사(~의) 지(之), 유익할 리(利), 기물 기(器), 않을 불(不), 할 수 있을 가(可), 써 이(以), 과시할 시(示), 남들 인(人)

【지남(指南)】

〈국지리기불가이시인(國之利器不可以示人)〉에서 〈국지리기(國之利器)〉는 나라의[國之] 이익을[利] 도모하는 도구[器]이다. 그런데 왜 국지리기(國之利器)를 써서[以] 과시할 수 없다고 하는가? 이기(利器)란 군왕과 신하들을 유익하게 하는 도구로[道具] 권도(權道)의 도구가 될 수 있는 까닭이다.

국지리기(國之利器)란 것이 물고기에게[魚] 연못과[淵] 같은 것이라면, 그 이기(利器)는 정도(正道)로서 치도(治道)가 될 터이다. 이기(利器)가 물고기가[魚] 살게 해주는 연못과[淵]과 같다면, 그것은 있어도 없는 듯 백성을 이롭게 해줄 것이다. 백성에게 과시하는 이기(利器)라면 그것은 권도(權道)라는 주장도 있고, 상벌(賞罰)이라는 주장도 있으며, 나아가 여기 이기(利器)를 성지(聖智)이고 인의(仁義)이며 교리(巧利)라고 주장하기도 한다. 그런데 이러한 이기(利器)를 백성에게 과시할 수 없는 것이라고 하는가? 백성을 위하는 이기(利器)가 아니라 치자(治者)를 위하려는 이기(利器)이고, 백성을 해치는 흉기(凶器)로 드러나버리는 까닭이다. 백성에게 과시하는 이기(利器)가 나라를 마치 말라가는 연못처럼 만드는 도구로 돌변할 수 있기 때문이다.

백성과[民] 나라의[國] 관계란 물고기와[魚] 연못의[淵] 관계와 같다. 따라서 백성을 이롭게 하는 도구라면 연수지[淵之水] 같아야 하고, 연못이[淵] 물고기에게[於魚] 못물을 과시하지 않듯 치세(治世)를 백성에게 과시해서는 안 된다는 것이다. 백성에게 과시해서는 안 되는 이기(利器)란 권세(權勢) · 금령(禁令) · 인의예악(仁義禮樂) · 성지(聖智) 등등의 인위(人爲)의 다스림을 함의(含意)하고 있음을 간파할 수 있다. 나라에 그런 이기(利器)가 없어야 백성이 안평태(安平泰)의 삶을 누린다.

국지리기(國之利器)란 치국(治國)한다는 온갖 문물제도 즉 예악형정(禮樂刑政)을 일구어내는 성지(聖智)이고 인의(仁義)이고 교리(巧利)이고 이기(利器)로 뭉쳐진 권도(權道)이며, 나아가 백성을 도제(導齊) 즉 이끌어[導] 치자(治者)의 구미대로 다지려는[齊] 형정(刑政)이다. 국지리기(國之利器)는 17장(章)에서 살핀 **친지예지(親之譽之)**의 제도였다가 변질돼 **외지(畏之)**의 것이 되고, 다시 돌변해 **모지(侮之)**의 것이 되는 것이 치자(治者)를 위하는 이기(利器)라 한다.

결국 국지리기(國之利器)는 『맹자(孟子)』의 〈망민(罔民)〉의 수단이고, 급기야

『장자(莊子)』의 〈인여인상식(人與人相食)〉의 난세(亂世)를 빚어내는 해기(害器)로 돌변해버린다. 이는 백성을[民] 아껴줌이[愛] 아니라 수탈하는 권세(權勢)와 금령(禁令)의 근거를 제공해주는 치자(治者)의 권력으로 탈바꿈하고 만다는 것이다. 따라서 나라에 예악형정(禮樂刑政)이 있음을 과시하여 백성을 제지(齊之), 즉 치자(治者)의 뜻에 맞게 백성을 다지려는[齊] 두려운 권력으로 드러난다.

치자(治者)가 무위지치(無爲之治)로 애민(愛民)하여 치국(治國)하면 백성은 그 치자(治者)가 있다는 것조차 모르는데, 하물며 나라에 권세(權勢) · 금령(禁令)을 펼치게 해주는 이기(利器) 따위를 알 리가 없다. 나라에 무위의 다스림[無爲之治]으로 애민(愛民)하는 성인(聖人)이 없는지라 국지리기(國之利器)는 이기(利器)가 아니라 해기(害器)가 되고, 유가(儒家)마저도 왕자(王者)와 패자(覇者)를 극명하게 대(對)하여 이력가인자패(以力假仁者覇) 이덕행인자왕(以德行仁者王)이라 밝힌다.

만일 치자(治者)가 무위(無爲)로 애민(愛民)하면 백성은 자화(自化)하고, 호정(好靜)하면 백성은 자정(自正)하며, 무사(無事)하면 백성은 자부(自富)하고, 무욕(無欲)하면 백성은 자박(自樸)한다. 국지리기(國之利器)인 예악형정(禮樂刑政)을 과시하면 과시할수록 이기(利器)는 백성에게 길한 것이 아니라 흉한 것이 되어 안거(安居)를 빼앗아버린다는 것이 노자(老子)의 정치사상이다. 따라서 이기(利器)는 『장자(莊子)』의 피성인자(彼聖人者) 천하지리기야(天下之利器也) 비소이명천하야(非所以明天下也)란 말을 상기시킨다. 피성인(彼聖人) 즉 저[彼] 성인(聖人)은 군왕의 이익을 더해주는 이기(利器)이지, 백성의 이익을 더해주는 성인(聖人)이 아니다. 그러므로 국지리기(國之利器)란 백성의 안거(安居)를 앗아가는 이른바 저[彼] 성인(聖人)의 성법(聖法)이란 것이다.

인의예악(仁義禮樂)을 만들어 앞세우는 유가(儒家) 쪽의 성인(聖人)은 백성을 안거(安居)하게 세상을[天下] 밝히는[明] 성인(聖人)이 아니라, 군왕의 이익을 도모해주는 이기(利器)에 불과한지라 19장(章)에 절성기지(絶聖棄智)란 말씀이 나온다. 군왕의 이익을 도모해주는 이기(利器)를 백성에게 과시해서는 안 됨을 밝혀, 나라는 모름지기 백성이 대도(大道)의 짓[象]을 따라 편안한 삶[安居]을 누릴 수 있게 해주어 백성과 나라가 물고기와 연못과 같은 관계를 맺어야 함을 헤아려 깨우치게 하는 말씀이 〈국지리기불가이시인(國之利器不可以示人)〉이다.

註 "태상(太上) 부지유지(不知有之) 기차(其次) 친지예지(親之譽之) 기차(其次) 외지(畏之) 기차(其次) 모지(侮之)." 삼황(三皇) 이전의 태고(太古) 때에는[太上] (백성은 자기들을) 다스리는 자가[之] 있는 줄도[有] 몰랐고[不知], 태고의 다음 때에는[其次] (백성이 자기들을) 다스리는 자를[之] 가까이면서[親] 그를[之] 기렸으며[譽], 태고의 다음다음 때에는[其次] (백성이 자기들을) 다스리는 자를[之] 두려워했고[畏], 태고의 다음다음 그 뒤의 때에는[其次] (백성이 자기들을) 다스리는 자를[之] 업신여겼다[侮]. 『노자(老子)』 17장(章)

註 "이력가인자패(以力假仁者覇) 패필유대국(覇必有大國) 이덕행인자왕(以德行仁者王) 왕부대대(王不待大)." 힘으로[力]써[以] 어진[仁] 척하는[假] 것은[者] 패이고[覇], 패는[覇] 반드시[必] 큰 나라를[大國] 차지한다[有]. 덕으로[德]써[以] 어짊을[仁] 행하는[行] 것은[者] 왕이고[王], 왕은[王] 대국을[大] 바라지 않는다[不待]. 『맹자(孟子)』「공손추장구상(公孫丑章句上)」

註 "어불가탈어연(魚不可脫於淵) 국지리기불가이시인(國之利器不可以示人) 피성인자(彼聖人者) 천하지리기야(天下之利器也) 비소위명천하야(非所謂明天下也) 고(故) 절성기지(絶聖棄智) 대도내지(大道乃止)." 물고기는[魚] 연못에서[於淵] 벗어날[脫] 수 없고[不可], 나라의[國之] 유익한[利] 기물로[器]써[以] 사람들에게[人] 과시할[示] 수 없다[不可]. 저[彼] 성인이란[聖人] 자는[者] {존왕(尊王)을 위한} 천하의[天下之] 유익한[利] 기물이지[器也], (백성을 위해) 이른바[所謂] 세상을[天下] 밝히는 것은[明] 아닌 것[非]이다[也]. 그래서[故] 성인을[聖] 끊어버리고[絶] 지자를[知] 버리면[棄] (백성의 것을 훔치는) 큰[大] 도둑은[盜] 곧장[乃] 그친다[止].

『장자(莊子)』「거협(胠篋)」

註 "절성기지(絶聖棄智) 민리백배(民利百倍) 절인기의(絶仁棄義) 민복효자(民復孝慈) 절교기리(絶巧棄利) 도적무유(盜賊無有)." 성지를[聖] 끊고[絶] 지혜를[智] 버리면[棄] 백성이[民] 백배로[百倍] 이로워지고[利], 인을[仁] 끊고[絶] 의를[義] 버리면[棄] 백성은[民] 효도와[孝] 자애로[慈] 돌아오며[復], 재주 부리기를[巧] 끊고[絶] 이득을[利] 버리면[棄] 도둑질과[盜] 해치는 짓이[賊] 있음이[有] 없다[無]. 『노자(老子)』 19장(章)

【보주(補註)】

- 〈국지리기불가이시인(國之利器不可以示人)〉을 〈후왕불가시어백성이국지리기(侯王不可示於百姓以國之利器)〉처럼 옮기면 문맥을 좀 더 쉽게 잡을 수 있다. 〈임금은[侯王] 나라의[國之] 이기로[利器]써[以] 백성에게[於百姓] 과시할[示] 수 없다[不可].〉
- 국지리기(國之利器)는 예악형정(禮樂刑政) 같은 문물제도로써 빚어지는 온갖 형태의 치세(治世)를 말한다.

【해독(解讀)】

- 〈국지리기불가이시인(國之利器不可以示人)〉에서 국지리기(國之利器)는 강조하고자 전치되었지만 〈이국지리기(以國之利器)〉로서 시(示)의 부사구 노릇하고, 불가(不可)는 시(示)의 부정사(否定詞)로 영어에서 〈can't〉 같은 구실을 하며, 시(示)는 동사 노릇하고, 인(人)은 시(示)의 목적어 노릇한다. 시(示)는 〈보일 현(現)〉과 같아 현시(現示)의 줄임말로 여기면 된다. 〈국지리기로[國之利器]써[以] 백성에게[人] 현시할[示] 수 없다[不可].〉

37

老子之言

무위장(無爲章)

더없는 선치(善治)는 무위(無爲)로써 백성이 자화(自化)하게 하는 것임을 밝히는 장(章)이다. 박(樸) · 정(靜) · 무욕(無欲) 등이 무위(無爲)를 풀이해준다. 치자(治者)는 스스로 청정(淸靜)함을 함양해야 하고, 탐욕을 부리지 말아야 하며, 백성을 소요(騷擾) 즉 어지럽히지[騷擾] 않아야 하고, 백성의 생활이 안녕(安寧)을 누리도록 치민(治民)해야 한다. 따라서 치자(治者)는 자연(自然)을 따라[順] 자연에 맡기고[任], 백성이 자화(自化)하도록 간섭하지 말고 치세(治世)함으로써 세상이 자정(自正)됨을 주장하는 장(章)이다.

【원문(原文)】

道常無爲하고 而無不爲한다 侯王이 若能守之하면 萬物이 將自化한다 化而欲作하면 吾將鎭之以無名之樸한다 無名之樸도 夫亦將無欲이니 不欲以靜하면 天下가 將自正한다

도상무위 이무불위 후왕 약능수지 만물 장자화 화이욕작 오장진지이무명지박 무명지박 부역장무욕 불욕이정 천하 장자정

상도에는[道] 늘[常] 함이[爲] 없으나[無而] 하지 않음도[不爲] 없다[無]. 후왕이[侯王] 만약[若] 그것을[之] 잘[能] 지킨다면[守] 곧장[將] 온갖 것은[萬物] 스스로[自] 새로워진다[化]. {그렇지 않고 후왕(侯王)의 뜻대로} 새로워짐을[化而] 꾀하고자 하면[欲作] 내가[吾] 곧장[將] 무명의[無名之] 본디 그대로[樸] 써[以] 그런 짓을[之] 진압할 것이다[鎭]. 무명의[無名之] 본디대로에는[樸] 무릇[夫] 또한[亦] 곧장[將] 탐욕이[欲] 없다[無]. {후왕(侯王)이} 탐욕하지 않음으로[不欲] 써[以] 고요하면[靜] 세상은[天下] 곧장[將] 저절로[自] 안정된다[正].

37-1 道常無爲(도상무위) 而無不爲(이무불위)

▶ 상도에는[道] 늘[常] 함이[爲] 없으나[無而] 하지 않음도[不爲] 없다[無].

상도 도(道), 한결같음 상(常), 없을 무(無), 위할 위(爲), 그러나 이(而), 아닐 불(不)

【지남(指南)】

〈도상무위(道常無爲) 이무불위(而無不爲)〉는 상도(常道)의 체(體)와 용(用)을 밝힌다. 대상(大象)의 상(象) 즉 대도(大道)의 조화(造化)는 대도(大道)가 쓰는[用] 무불위(無不爲)이다. 〈도상무위(道常無爲)〉의 무위(無爲)는 4장(章) 도충이용지(道沖而

用之)와 『장자(莊子)』의 천문자무유야(天門者無有也)를 상기시킨다. 무위(無爲)는 도충(道沖)의 〈충(沖)〉이고, 충(沖)은 『장자(莊子)』의 〈천문자무유(天門者無有)〉를 상기시킨다. 충(沖)이란 무유(無有) 즉 허(虛)인 까닭이다. 충(沖) · 무유(無有)는 허(虛)이고 빔[虛]으로, 있음[有]이 없음[無]이니 충허(沖虛)를 일러 천문(天門)이라 한다. 천문(天門)은 대도(大道)의 문(門)이며, 이 문(門)으로 만물이 들고나지만[入出] 입출(入出)은 보려야 볼 수 없음인지라 1장(章)에 중묘지문(衆妙之門)이란 말씀이 나온다.

무유(無有) · 충(沖) · 허(虛) · 천문(天門) 등은 모두 무위(無爲)를 풀이한 것으로, 도용(道用) 즉 대도(大道)의 씀[用]이니 현덕(玄德)이다. 현덕(玄德)을 일러 대덕(大德) · 상덕(常德) · 상덕(上德)이라 하므로 도상무위(道常無爲)의 위(爲)란 편위(偏爲)이다. 어느 한쪽에 치우치게[偏] 함이[爲] 없이[無] 자연(自然)을 따라 맡김이[任] 상도(常道)가 짓는 무위(無爲)이니, 상도(常道)란 불사불쇠지도(不死不衰之道)를 말함이다. 죽지도 않고[不死] 노쇠하지도 않는[不衰之] 이치가[道] 상도(常道)이고, 이는 무위(無爲)만을 행하니 무위를(無爲) 한 자(字)로 〈충(沖)〉 즉 〈허(虛)〉라 한다. 허(虛)란 무위(無爲)에는 인욕(人欲)이나 인지(人志) 따위가 없음을[無] 밝힘이다.

대도(大道)가 그 자체(自體)인 무위(無爲)를 씀[用]이 무불위(無不爲)이다. 무불위(無不爲)의 불위(不爲)란 현덕(玄德)의 짓이 아닌 것을 함이 없음으로, 현덕(玄德)의 짓만을 함이 〈무불위(無不爲)〉이다. 그리고 대도(大道)의 무불위(無不爲)는 『노자(老子)』의 81장(章)을 관류하는 〈이이불해(利而不害)〉로 해명된다. 대상(大象) 즉 대도(大道)의 짓[象]은 천지만물에 두루 이롭고 해롭지 않으니[不害], 해로움이 없이[不害] 함이[爲] 무불위(無不爲)의 〈위(爲)〉이다. 무불위(無不爲) 즉 하지 않음[不爲]이 없음[無]이란 대도(大道)가 짓는[象] 조화로, 81장(章) 〈이이불해(利而不害)〉 바로 그것이다.

사욕(私欲)이 없는 짓이면 그것이 곧 무위(無爲)로, 무불위(無不爲)는 부유무위(夫唯無爲)란 말이 된다. 이를 한 자(字)로 충(沖) 즉 허(虛)를 쓴다[用]고 한다. 하지 않음[不爲]이 없음[無]이니 현덕(玄德)을 항상 쓴다[用] 함이다. 온갖 것[萬物]을 낳고[生之] 길러주고[畜之], 낳아주되[生而] 갖지 않고[不有], 위해주되[爲而] 바라지 않으며[不恃], 만물을[萬物] 길러주되[長而] 이래라저래라 않는[不宰] 현덕(玄

德)의 짓이야말로 무불위(無不爲)이다.

대도(大道)의 씀[用]은 천지만물로 드러나므로, 하늘땅[天地] 온갖 것[萬物]은 대도(大道)의 무위(無爲) 즉 무불위(無不爲)로 말미암은 것임을 깊이 살펴 새기고 헤아려 깨우치게 하는 말씀이 〈도상무위(道常無爲) 이무불위(而無不爲)〉이다.

註 "도충이용지(道沖而用之) 혹불영(或不盈)." 도는[道] 빔이고[沖而] 그것을[之] 쓰나[用], {그 용(用)은} 가득 채우지 않는[不盈] 듯하다[或]. 『노자(老子)』 4장(章)

註 "유호생(有乎生) 유호사(有乎死) 유호출(有乎出) 유호입(有乎入) 입출이무견기형(入出而無見其形) 시위천문(是謂天門) 천문자무유야(天門者無有也) 만물출호무유(萬物出乎無有)." 삶이[生] 있다네[有乎]! 죽음이[死] 있다네[有乎]! 듦이[入] 있다네[有乎]! 나감이[出] 있다네[有乎]! 들고나지만[入出而] 그[其] 드러남을[形] 보임이[見] 없다[無]. 이를[是] 천문이라[天門] 한다[謂]. 천문이란[天門] 것은[者] 있음이[有] 없음[無]이다[也]. 온갖 이것저것은[萬物] 무유(無有)에서[乎] 나온다[出].

무유(無有)란 무형무상(無形無狀)이다. 형상의[形狀] 없음[無]이란 곧 무자(無者) 즉 없는[無] 것[者]을 말한다. 무자(無者)는 무물(無物)이다. 무물(無物)이니 곧 이것저것[物] 없음[無]이다. 무유(無有) 이는 곧 상도(常道)를 말한다. 그러므로 천문(天門)은 무유지문(無有之門)이고, 그 문(門)은 상도지문(常道之門)으로, 상도(常道)의 체(體) 즉 상도(常道) 바로 그것[自體]을 말함이다. 『장자(莊子)』「경상초(庚桑楚)」

註 "현지우현(玄之又玄) 중묘지문(衆妙之門)." 현묘하고[玄之] 또[又] 현묘하여[玄] 온갖[衆] 묘리가[妙之] 들고나는 문이다[門]. 『노자(老子)』 1장(章)

註 "생지휵지(生之畜之) 생이불유(生而不有) 위이불시(爲而不恃) 장이부재(長而不宰) 시위현덕(是謂玄德)." 만물(萬物)을[之] 낳아서[生而] 그것을[之] 길러주고[畜], 낳아주면서도[生而] 갖지 않으며[不有], 위해주면서도[爲而] 기대하지 않으며[不恃], 길러준 어른이되[長而] 이래라저래라 않는다[不宰]. 이를[是] 현묘한[玄] 덕이라[德] 한다[謂]. 『노자(老子)』 10장(章)

【보주(補註)】

- 〈도상무위(道常無爲) 이무불위(而無不爲)〉를 〈대도상무소작위(大道常無所作爲) 이대도영원무기소불위어무위(而大道永遠無其所不爲於無爲)〉처럼 옮기면 문맥을 좀 더 쉽게 잡을 수 있다. 〈대도에는[大道] 영원히[常] 작위하는[作爲] 바가[所] 없다[無]. 그러나[而] 대도에는[大道之] 영원히[永遠] 무위에서[於無爲] 하지 않는[不爲] 바가[所] 없다[無].〉

• 무위(無爲)는 무작위(無作爲)이다. 작위(作爲)란 편위(偏爲)이다. 편위(偏爲)란 어떤 것에 치우치게[偏] 행함[爲]이다. 이런 편위(偏爲)가 없음이[無] 무작위(無作爲) 즉 무위(無爲)이고, 이러한 무위(無爲)는 곧 자연(自然)이다. 그러므로 무위(無爲)는 57장(章)에 나오는 **무위(無爲)·호정(好靜)·무사(無事)·무욕(無欲)** 등으로써 함이다.

註 "성인운(聖人云) 아무위이민자화(我無爲而民自化) 아호정이민자정(我好靜而民自正) 아무사이민자부(我無事而民自富) 아무욕이민자박(我無欲而民自樸)." 성인은[聖人] 말한다[云]: 나에게[我] 인위가[爲] 없으니까[無而] 백성은[民] 절로[自] 변화하고[化], 내가[我] 고요를[靜] 좋아하니까[好而] 백성은[民] 절로[自] 바르고[正], 나에게[我] {인위(人爲)의} 일이[事] 없으니까[無而] 백성은[民] 절로[自] 부유하며[富], 나에게[我] 욕심이[欲] 없으니까[無而] 백성은[民] 절로[自] 본디대로다[樸]. 『노자(老子)』 57장(章)

【해독(解讀)】

• 〈도상무위(道常無爲) 이무불위(而無不爲)〉는 두 구문이 역접(逆接) 연사(連詞)로 이어지는 중문(重文)이다. 〈도상에는[道常] 함이[爲] 없다[無]. 그러나[而] 하지 않음이[不爲] 없다[無].〉

• 도상무위(道常無爲)에서 도(道)와 상(常)은 무(無)를 꾸며주는 부사 노릇하고, 무(無)는 〈없을 무(無)〉로 동사 노릇하며, 위(爲)는 무(無)의 주어 노릇한다. 〈대도에는[道] 늘[常] 작위함이[爲] 없다[無].〉

• 이무불위(而無不爲)에서 이(而)는 역접(逆接)의 연사(連詞)로 〈그러나 이(而)〉 노릇하고, 무(無)는 〈없을 무(無)〉로 동사 노릇하며, 불위(不爲)는 무(無)의 주어 노릇한다. 〈그러나[而] 하지 않음이[不爲] 없다[無].〉

37-2 侯王若能守之(후왕약능수지) 萬物將自化(만물장자화)

▶ 후왕이[侯王] 만약[若] 그것을[之] 잘[能] 지킨다면[守] 곧장[將] 온갖 것은[萬物] 스스로[自] 새로워진다[化].

임금 후(侯), 임금 왕(王), 만약 약(若), 잘할 능(能), 지킬 수(守), 그것 지(之), 온갖 만(萬), 온갖 것 물(物), 곧장 장(將), 스스로 자(自), 새로워질 화(化)

【지남(指南)】

〈후왕약능수지(侯王若能守之) 만물장자화(萬物將自化)〉는 후왕(侯王)이 대도(大道)의 체용(體用)인 무위(無爲)·무불위(無不爲) 그것을[之] 본받고[法] 따라[順] 치세(治世)하기를 밝힌다. 후왕(侯王)은 백성[民]과 온갖 것[物]을 다스리는 자(者)이므로 백성은 후왕(侯王)을 시효(視效) 즉 보고[視] 따라한다[效]. 후왕(侯王)이 무위(無爲)로써 왕(王) 노릇하면 백성은 선(善)해지고, 후왕(侯王)이 인위(人爲)로써 패(覇) 노릇하면 백성은 불선(不善)해진다. 선(善)하면 후덕(厚德)해져 날마다 자화(自化)하고, 불선(不善)하면 박덕(薄德)해져 간교(奸巧)해진다.

『논어(論語)』에도 **민면이무치(民免而無恥)**란 말이 나온다. 자화(自化)란 스스로 천선(遷善)해 자아화육(自我化育) 즉 스스로[自] 자기를[我] 변화시키고[化] 길러감[育]이다. 간교(奸巧)함이란 사람이 기선(棄善), 선함을[善] 팽개치고[棄] 부끄러워함이[恥] 없이[無] 악해져감이다. 무치(無恥)의 악함보다 더한 위태함은 없다. 사람이 선을 버림[棄善]은 인위(人爲)의 다스림[治]에서 비롯한다. 후왕(侯王)이 앞 장에서 살핀 〈국지리기(國之利器)〉를 자기의 힘[力]으로 여기고 치국(治國)하면 학민(虐民)하게 되고, 이기(利器)를 무위(無爲)의 덕(德)으로 삼아 치국(治國)하면 백성은 자화(自化)한다는 것이다.

이력치국(以力治國)은 인위(人爲)의 다스림[治]으로 드러나 백성[民]을 못살게 하고[虐], 무위(無爲)의 치(治)는 백성이 스스로 변화하여 스스로 잘 살아갈 수 있음을 깊이 살펴 새기고 헤아려 깨우치게 하는 말씀이 〈후왕약능수지(侯王若能守之) 만물장자화(萬物將自化)〉이다.

註 "도지이정(道之以政) 제지이형(齊之以刑) 민면이무치(民免而無恥) 도지이덕(道之以德) 제지이례(齊之以禮) 유치차격(有恥且格)." 정사로[政]써[以] 이끌어가고[道之] 형벌로[刑]써[以] 다지면[齊之], 백성은[民] 피하려 들면서[免而] 부끄러워하지 않는다[無恥]. 덕으로[德]써[以] 이끌어가고[道之] 예로[禮]써[以] 다지면[齊之], 백성에게는[民] 부끄러워함이[恥] 생기고[有] 또[且] 착해진다[格].

여기 도지(道之)의 도(道)는 〈이끌어갈 도(導)〉와 같고, 격(格)은 여기선 〈바르게 될 정(正)·선(善), 도달할 지(至)〉 등과 같다. 『논어(論語)』「위정(爲政)」3

【보주(補註)】

- 〈후왕약능수지(侯王若能守之) 만물장자화(萬物將自化)〉를 〈약후왕능수기무위(若侯王能守其無爲) 만물장자화(萬物將自化)〉처럼 옮기면 문맥을 좀 더 쉽게 잡을 수 있다. 〈만약[若] 후왕이[侯王] 그[其] 무위를[無爲] 잘[能] 지킨다면[守] 온갖 것은[萬物] 마땅히[將] 절로[自] 새롭게 된다[化].〉
- 자화(自化)란 〈자수천지지화육(自隨天地之化育)〉을 뜻하고 〈복귀어박(復歸於樸)〉을 뜻해, 대도(大道)의 짓[象]인 조화(造化)를 따라 성인(聖人)의 무위지치(無爲之治)를 따름이다. 57장(章) 성인(聖人)의 무위지치(無爲之治)로 백성이 자화(自化)·자정(自正)·자부(自富)·자박(自樸)해져 부쟁(不爭)의 세상을 누림이 자아화육(自我化育)한다.

【해독(解讀)】

- 〈후왕약능수지(侯王若能守之) 만물장자화(萬物將自化)〉는 조건의 종절과 주절로 이루어진 복문(複文)이다. 〈후왕약능수지한다면[侯王若能守之] 만물장자화한다[萬物將自化].〉
- 후왕약능수지(侯王若能守之)에서 후왕(侯王)은 주어 노릇하고, 약(若)은 조건의 접속사 노릇하며, 능(能)은 수(守)의 조동사 노릇하고, 수(守)는 동사 노릇하며, 지(之)는 수(守)의 목적어 노릇한다. 〈후왕이[侯王] 만약[若] 그것을[之] 잘[能] 지킨다면[守]〉
- 만물장자화(萬物將自化)에서 만물(萬物)은 주어 노릇하고, 장(將)은 화(化)를 꾸며주는 부사 노릇하며, 화(化)는 수동의 동사 노릇한다. 여기 장(將)은 〈곧 즉(則)〉과 같다. 〈만물이[萬物] 곧[將] 절로[自] 새로워진다[化].〉

37-3 化而欲作(화이욕작) 吾將鎭之以無名之樸(오장진지이무명지박)

▶{그렇지 않고 후왕(侯王)의 뜻대로} 새로워짐을[化而] 꾀하고자 하면[欲作] 내가[吾] 곧장[將] 무명의[無名之] 본디 그대로[樸] 써[以] 그런 짓을[之] 진압할 것이다[鎭].

새로워질 화(化), 어조사 이(而), 하고자 할 욕(欲), 지을 작(作), 나 오(吾), 곧장 장(將), 진정시킬 진(鎭), 그 지(之), 써 이(以), 없을 무(無), 이름 명(名), 조사 지(之), 본디 그대로 박(樸)

【지남(指南)】

〈화이욕작(化而欲作) 오장진지이무명지박(吾將鎭之以無名之樸)〉은 후왕(侯王)이 대도(大道)의 체용(體用) 즉 무위(無爲) · 무불위(無不爲)를 본받고[效] 따라[順] 치세(治世)하지 않고 유위(有爲)로 치세(治世)함을 경계한다.

후왕(侯王)이 무위(無爲)로써 백성이 새로워짐을[化] 마다하고 자기 뜻대로 조작하려 할 수도 있음을 밝힘이 여기 〈화이욕작(化而欲作)〉이다. 욕작화(欲作化)란 무위(無爲)를 저버리고 유위(有爲)를 범하려 함이다. 욕작화(欲作化) 즉 새로워짐[化]을 수작하고자 함[欲作]은 유위(有爲)를 빚어내고, 그로 말미암아 탐욕이 발흥(發興)해져 지극히 공명정대함을 이루는 무위(無爲)를 버리게 되어 난세(亂世)가 빚어진다. 그러면 백성은 편안한 삶[安居]을 빼앗긴다. 이처럼 치자(治者)인 후왕(侯王)이 인욕(人欲)의 유위(有爲)를 지으면[作] 대란(大亂)을 불러오고 폐해(弊害)는 백성에게 닥치니, 사람의 욕망[人欲]이 불러오는 욕작화(欲作化)는 백성에게 흉기로 돌변한다.

선(善)함으로 옮겨감[遷]은 희로애락애오(喜怒哀樂愛惡)의 욕(欲)을 멀리하면서 버린다. 이를 허심(虛心)이라 한다. 사람이 진실로 선(善)하기 어려움은 마음을 비워야 하기[虛心] 때문이다. 허심(虛心)하면 절로 선(善)하게 되지만, 허심(虛心)을 저버리고 욕(欲)을 탐함을 일러 〈욕작(欲作)〉이라 한다. 작심(作心)하고자 함이 욕작(欲作)이다. 마음을 자연(自然)에 맡기지[任] 않고 인욕(人欲)에 임(任)함이니, 욕작(欲作)에서 비롯되는 인간의 짓을 〈유위(有爲)〉라 한다. 유위(有爲)는 인위(人爲)와 같은 말로, 욕작(欲作)은 무위(無爲)를 버리고 유위(有爲)로 돌아감이다. 후왕(侯王)이 무위(無爲)를 버리고 유위(有爲)의 다스림으로 작심하면 17장(章)에서 살핀 백성개위아자연(百姓皆謂我自然)의 세상은 이뤄질 수 없다.

그러므로 후왕(侯王)이 무위지치(無爲之治)를 저버리고 욕작화(欲作化)하면, 후왕(侯王)의 수작[作]을 무명지박(無名之樸) 즉 대도(大道)의 무위(無爲)로써[以] 진압하겠다고 단언한 말씀이 〈화이욕작(化而欲作) 오장진지이무명지박(吾將鎭之以無名之樸)〉이다.

註 "백성개위아자연(百姓皆謂我自然)." 백성은[百姓] 모두[皆] 자기들이[我] 그냥 그대로라[自然] 했다[謂].

『노자(老子)』 17장(章)

【보주(補註)】

- 〈화이욕작(化而欲作) 오장진지이무명지박(吾將鎭之以無名之樸)〉을 〈약후왕욕작민지자화(若侯王欲作民之自化) 오장진후왕지욕작이무명지박(吾將鎭侯王之欲作以無名之樸)〉처럼 옮기면 문맥을 좀 더 쉽게 잡을 수 있다. 〈만약[若] 후왕이[侯王] 백성의[民之] 자화를[自化] 뜻대로 하고자 한다면[欲作], 나는[吾] 곧장[將] 무명의[無名之] 박으로[樸]써[以] 후왕의[侯王之] 욕작을[欲作] 진압할 것이다[鎭].〉
- 욕작화(欲作化)란 작의(作意)로 변화를 도모함이니, 무위(無爲)를 저버리고 유위(有爲)로 변화를 조작하려는 것이다. 〈무명지박(無名之樸)〉의 무명(無名)은 1장(章) **무명천지지시(無名天地之始)**를 상기하면 상도(常道)임을 알 수 있고, 무명지박(無名之樸)은 〈상도지박(常道之樸)〉을 말한다. 박(樸)이란 자연(自然)을 비유함이니, 무명지박(無名之樸)은 〈상도지자연(常道之自然)〉을 뜻한다.

註 "무명천지지시(無名天地之始) 유명만물지모(有名萬物之母)." 이름이[名] 없음은[無] 천지의[天地之] 시초이고[始], 이름이[名] 있음은[有] 온갖 것의[萬物之] 어머니이다[母].

『노자(老子)』 1장(章)

【해독(解讀)】

- 〈화이욕작(化而欲作) 오장진지이무명지박(吾將鎭之以無名之樸)〉은 조건의 종절과 주절로 이루어진 복문(複文)이다. 〈새롭게 됨을[化而] 작하고자 하면[欲作], 나는[吾] 곧장[將] 무명지박으로[無名之樸]써[以] 그 욕작을[之] 진압할 것이다[鎭].〉
- 화이욕작(化而欲作)은 〈욕작민지자화(欲作民之自化)〉에서 앞에서 나온 내용이므로 〈민지자화(民之自化)〉를 〈화(化)〉로 줄이고, 이를 강조하고자 조사 이(而)를 더하여 전치시킨 어투로 보면 문의(文意)가 잡힌다. 화이욕작(化而欲作)을

〈욕작화(欲作化)〉로 여기면 화이(化而)가 작(作)의 목적어 노릇하고, 욕(欲)은 작(作)의 조동사 노릇하며, 작(作)은 동사 노릇한다. 〈새로워짐을[化而] 작하고자 하면[欲作]〉

- 오장진지이무명지박(吾將鎭之以無名之樸)에서 오(吾)는 주어 노릇하고, 장(將)은 진(鎭)을 꾸며주는 부사 노릇하며, 진(鎭)은 동사 노릇하고, 지(之)는 〈그것 지(之)〉로 진(鎭)의 목적어 노릇하며, 이무명지박(以無名之樸)은 진(鎭)을 꾸며주는 부사구 노릇한다. 〈곧장 장(將)〉은 동사의 미래시제이다. 〈진지한다[鎭之]〉고 보지 않고 〈진지할 것이다[鎭之]〉고 옮긴다. 여기 진(鎭)은 〈진정할 안(安) · 정(靜)〉 등과 같아 진정(鎭靜)의 줄임이다. 〈나는[吾] 곧장[將] 무명지박으로[無名之樸]써[以] 그것을[之] 진압할 것이다[鎭].〉
- 화이욕작(化而欲作)은 〈욕작화(欲作化)〉이니 〈욕위(欲爲)A〉의 상용문이다. 〈A를 하고자 한다[欲爲].〉

37-4 無名之樸(무명지박) 夫亦將無欲(부역장무욕)

▶ 무명의[無名之] 본디대로에는[樸] 무릇[夫] 또한[亦] 곧장[將] 탐욕이[欲] 없다[無].

없을 무(無), 이름 명(名), 조사(~의) 지(之), 실박할 박(樸), 또 역(亦), 곧 장(將), 없을 무(無), 하고자 할 욕(欲)

【지남(指南)】

〈무명지박(無名之樸) 부역장무욕(夫亦將無欲)〉은 후왕(侯王)의 욕작(欲作)을 무명지박(無名之樸)으로써 진정(鎭靜)시키는 까닭을 밝힌다. 무명(無名)이란 상도(常道)를 뜻하니, 무명지박(無名之樸)은 상도의[常道之] 그냥 그대로[樸]와 같다. 여기 〈박(樸)〉은 무위(無爲) · 자연(自然) · 무욕(無欲) · 무사(無事) · 무기(無己) 등등을 비유한다. 박(樸)이란 하고자 함이[欲] 없음이니 유위(有爲)의 다스림을 저버림이고, 19장(章) 절성기지(絶聖棄智) · 절인기의(絶仁棄義) · 절교기리(絶巧棄利)를 환기시켜주기도 한다.

성지(聖智)를 낼 욕심이 없어짐이고, 인의(仁義)을 펼칠 욕심이 없어짐이며, 교리(巧利)를 부릴 욕심이 없어짐이 여기 〈부역장무욕(夫亦將無欲)〉의 무욕(無欲)이다. 따라서 유위지치(有爲之治)를 버리고 무위(無爲)의 치(治)를 행하면 백성이 자화(自化)하므로 후왕(侯王)은 백성을 주재(主宰)하지 않아도 되고, 백성은 후왕(侯王)이 다스리고 있다는 사실조차 모른다.

57장(章)에 〈아호정이민자정(我好靜而民自正)〉이란 말씀이 나온다. 호정(好靜)이란 〈무위지심(無爲之心)을 좋아함[好]〉으로 무위(無爲)의 마음[心]은 고요하고[靜], 유위(有爲)의 마음[心]은 탐욕 등으로 움직인다[動]. 본래 욕(欲)이란 동(動)함이고 불욕(不欲)이란 정(靜)함이니, 치자(治者)의 호정(好靜)이란 백성을 주재(主宰)하려는 뜻을 내지 않음이다. 무위이치(無爲以治)는 백성으로 하여금 스스로 선천(善遷)하게 하는 치(治)이므로 치자(治者)로서 후왕(侯王)은 다스리려는 마음마저 내지 않음이 여기 〈무욕(無欲)〉이다.

그러므로 무명지박(無名之樸) 즉 상도(常道)의[常道之] 자연으로[樸] 진압된 후왕(侯王)은 무위로[無爲] 애민(愛民)하고 치국(治國)한다. 그리하여 후왕(侯王)이 무사(無事) · 무욕(無欲)하여 백성은 저절로 부유해지고 저절로 본디 그대로[樸] 삶을 누릴 수 있음을 밝힌 말씀이 〈무명지박(無名之樸) 부역장무욕(夫亦將無欲)〉이다.

註 "절성기지(絶聖棄智) 민리백배(民利百倍) 절인기의(絶仁棄義) 민복효자(民復孝慈) 절교기리(絶巧棄利) 도적무유(盜賊無有)." 성지를[聖] 끊고[絶] 지혜를[智] 버리면[棄] 백성이[民] 백배로[百倍] 이로워지고[利], 인을[仁] 끊고[絶] 의를[義] 버리면[棄] 백성은[民] 효도와[孝] 자애로[慈] 돌아오며[復], 재주 부리기를[巧] 끊고[絶] 이득을[利] 버리면[棄] 도둑질과[盜] 해치는 짓이[賊] 있음이[有] 없다[無].

『노자(老子)』 19장(章)

【보주(補註)】

- 〈무명지박(無名之樸) 부역장무욕(夫亦將無欲)〉을 〈무명지박역장무임하욕(無名之樸亦將無任何欲)〉처럼 옮기면 문맥을 좀 더 쉽게 잡을 수 있다. 〈무명지박에는[無名之樸] 무릇[夫] 역시[亦] 곧장[將] 어떠한[任何] 욕심도[欲] 없다[無].〉
- 무명지박(無名之樸)이란 32장(章) 〈도상무명박(道常無名樸)〉을 상기시킨다. 무

명(無名)은 상도(常道)를 일컬음이고, 박(樸)은 상도(常道)란 그냥 그대로 자연임을 형용한 말이다. 이는『장자(莊子)』의 **성인불모(聖人不謀)**를 상기시킨다. 상도(常道)의 무엇을 성인(聖人)이 본받는가? 무명지박(無名之樸)을 본받기에 성인(聖人)은 불모(不謀)하고 불착(不斲)하며 무상(無喪)하고 불화(不貨)한다.

註 "성인불모(聖人不謀) 오용지(惡用知) 불착(不斲) 오용교(惡用膠) 무상(無喪) 오용덕(惡用德) 불화(不貨) 오용상(惡用商) 사자천국(四者天鬻) 천국야자천사야(天鬻也者天食也) 기수사어천(旣受食於天) 우오용인(又惡用人)." 성인은[聖人] 꾀하지 않는데[不謀] 어찌[惡] 지식을[知] 쓰겠으며[用], 깎고 다듬지 않는데[不斲] 어찌[惡] 갖풀을[膠] 쓰겠으며[用], 잃을 것이[喪] 없는데[無] 어찌[惡] 인덕(人德)을[德] 쓰겠으며[用], 돈벌이를 않는데[不貨] 어찌[惡] 상술(商術)을[商] 쓰겠는가[用]? {불모(不謀)·불착(不斲)·무상(無喪)·불화(不貨)란 네 가지는} 자연이[天] 길러주는[鬻] 네 가지[四者]이다[也]. 자연이[天] 길러줌[鬻]이란[也] 것은[者] 자연이[天] 먹여줌[食]이다[也]. 이미[旣] 자연으로부터[於天] 먹을거리를[食] 받았는데[受] 또[又] 어찌[惡] 인간의 것을[人] 쓰겠는가[用]?

사(食)는 〈먹을 식(食), 먹을거리 사(食)〉로 서로 다른 뜻을 낸다. 여기서는 〈먹을거리 사(食)〉이다.

『장자(莊子)』「덕충부(德充符)」

- 부역장무욕(夫亦將無欲)이 〈역장불욕(亦將不欲)〉으로 된 본(本)도 있으나 문의(文意)가 달라지는 것은 아니다. 〈없을 불(不)·무(無)〉인지라 불욕(不欲)은 무욕(無欲)과 같다.

【해독(解讀)】

- 〈무명지박(無名之樸) 부역장무욕(夫亦將無欲)〉에서 무명지박(無名之樸)은 부사구 노릇하고, 부(夫)와 역(亦)과 장(將)은 무(無)를 꾸며주는 어조사 노릇하며, 무(無)는 〈없을 무(無)〉로서 동사 노릇하고, 욕(欲)은 무(無)의 주어 노릇한다. 〈무명지박에는[無名之樸] 무릇[夫] 또한[亦] 곧[將] 욕이[欲] 없다[無].〉

37-5 不欲以靜(불욕이정) 天下將自正(천하장자정)

▶ {후왕(侯王)이} 탐욕하지 않음으로[不欲] 써[以] 고요하면[靜] 세상은[天下] 곧장[將] 저절로[自] 안정된다[正].

않을(없을) 불(不), 하고자 할 욕(欲), 써 이(以), 고요할 정(靜), 곧 장(將), 스스로 자(自), 안정할 정(正)

【지남(指南)】

〈불욕이정(不欲以靜) 천하장자정(天下將自正)〉은 후왕(侯王)에게 성지(聖智)를 내고 인의(仁義)를 펼치면서 교리(巧利)를 부려 인위(人爲)를 행하려는 욕망이 없으면 57장(章)에 나오는 〈아호정이민자정(我好靜而民自正)〉이 이루어짐을 밝힌다. 불욕(不欲)은 유위(有爲)를 욕심냄이[欲] 없음[不]이니 호정(好靜)으로 이어진다. 〈불욕이정(不欲以靜)〉의 정(靜)은 『장자(莊子)』의 〈허정념담적막무위자(虛靜恬淡寂漠無爲者)〉를 묶은 것이다. 욕심이 없어 허정(虛靜)하면 염담(恬淡)하고, 편안해 해맑아지면[恬淡] 적막(寂漠)하며, 흔들림이라곤 눈곱만큼도 없어지면[寂漠] 인위가 없어지는[無爲] 것[者]을 한 자(字)로 묶어 〈정(靜)〉 즉 고요[靜]라 한다.

고요함은[靜] 참으로 무욕(無欲)함이니, 무욕(無欲)하면 저절로 무작위(無作爲)가 된다. 무작위(無作爲)는 중인(衆人)이 싫어하지만, 지인(至人) · 신인(神人) · 성인(聖人)은 좋아하여 〈성인호정(聖人好靜)〉이라 한다. 호정(好靜)은 작위(作爲)가 없음[無]을 누림이니 탐욕하지 않아야[不欲] 호정(好靜)한다. 따라서 불욕이정(不欲以靜)이란 곧 호정(好靜)이고, 이 역시 법자연(法自然)의 현덕(玄德)을 누림이다.

물론 성인(聖人)이 호정(好靜)함은 상도(常道)의 짓[象]인 법자연(法自然)을 본받아[法] 따르기 때문이다. 『장자(莊子)』에 **지인무기(至人無己)**란 말이 나온다. 무기(無己) 즉 자기가[己] 없어지면[無] 절로 불욕(不欲)으로 이어지고, 욕심[欲]이 없으면[不] 천선(遷善)은 저절로 이루어진다. 자정(自正)이란 다름 아닌 천선(遷善)이니 법자연(法自然)함이고, 이를 줄여 〈자연(自然)〉이라 하는 것이다. 무기자연(無己自然)은 무위자연(無爲自然)이다.

그러므로 치국(治國)하는 후왕(侯王)이 유위(有爲)의 다스림[治]을 욕심내지 않으면 치도(治道)는 절로 고요[靜]로 이어져 무욕(無欲)의 치세(治世)를 행하고, 백성은 후왕(侯王)을 본받아 절로 천선(遷善)하여 본디대로[樸] 삶을 누리게 됨을 이 장(章)의 총결(總結)로서 깊이 살펴 새기고 헤아려 깨우치게 하는 말씀이 〈불욕이정(不欲以靜) 천하장자정(天下將自正)〉이다.

註 "지인무기(至人無己) 신인무공(神人無功) 성인무명(聖人無名)." 지인께는[至人] 자기가[己] 없고[無], 신인께는[神人] 공치사가[功] 없으며[無], 성인께는[聖人] 명성이[名] 없다[無].

지인(至人)·신인(神人)·성인(聖人) 등은 같은 낱말이다. 『장자(莊子)』「소요유(逍遙遊)」

【보주(補註)】

- 〈불욕이정(不欲以靜) 천하장자정(天下將自正)〉을 〈약후왕정이불욕(若侯王靜以不欲) 천하지민장피자정(天下之民將被自正)〉처럼 옮기면 문맥을 좀 더 쉽게 잡을 수 있다. 〈만약[若] 후왕이[侯王] 불욕을[不欲] 써[以] 고요하면[靜] 세상의[天下之] 백성은[民] 곧장[將] 절로[自] 안정될 것이다[被正].〉
- 불욕이정(不欲以靜)이 〈무욕이정(無欲以靜)〉으로 된 본(本)도 있고, 〈무욕이정(無欲以靖)〉으로 된 본(本)도 있다. 불욕(不欲)은 무욕(無欲)과 같고, 〈고요 정(靜)〉 또한 〈고요 정(靖)〉과 같으니 문의(文意)가 달라지는 것은 아니다.

【해독(解讀)】

- 〈불욕이정(不欲以靜) 천하장자정(天下將自正)〉은 조건의 종절과 주절로 이루어진 복문(複文)이다. 〈불욕을[不欲] 써[以] 정하면[靜], 천하는[天下] 곧장[將] 자정될 것이다[自正].〉
- 불욕이정(不欲以靜)에서 불욕이(不欲以)는 정(靜)을 꾸미는 부사구 노릇하고, 정(靜)은 주어가 생략되었지만 동사 노릇한다. 〈불욕으로[不欲]써[以] 고요하면[靜]〉
- 천하장자정(天下將自正)에서 천하(天下)는 주어 노릇하고, 장(將)과 자(自)는 정(正)을 꾸며주는 부사 노릇하고, 정(正)은 자동사 노릇한다. 여기서 장(將)은 〈곧장 즉(卽)〉과 같다. 〈천하는[天下] 장차[將] 저절로[自] 바르게 된다[正].〉 〈천하는[天下] 저절로[自] 바르게 됨을[正] 실행한다[將].〉

논덕장(論德章)

인간이 바깥 사물에 이끌려가 자발(自發)하고 자주(自主)함이 소실되었음을 노자(老子)가 침통해하는 장(章)이다. 〈덕(德) · 인(仁) · 의(義) · 예(禮)〉를 층위(層位)를 두어 밝힌다.

무형(無形) 무적(無迹)의 대도(大道)가 외물(外物)로써 드러남을 상덕(上德)이라 한다. 이 상덕(上德)은 대도(大道)의 용(用)으로서 대도(大道)와 분리되는 것이 아니다. 덕(德)을 상하(上下)로 나누어 상덕(上德)은 무심히[無心] 우러나고, 하덕(下德)은 유심히[有心] 드러내짐을 밝힌다. 인의(仁義)는 이 하덕(下德)에서 생긴 것이고, 예(禮)는 그 인의(仁義)에서 비롯돼 인심(人心)을 구쇄(拘鎖) 즉 잡아서[拘] 얽어매[鎖] 자연(自然)의 믿음을[信] 앗아가고 난세(亂世)의 우두머리가 되었음을 통박(痛駁)하면서, 치자(治者) 쪽이 이 예(禮)를 도용(盜用)하여 백성의 천성(天性)을 착상(斲傷) 즉 도려내[斲] 아프게 함을[傷] 밝혀 무위(無爲)의 다스림으로 돌아와야 함을 적시(摘示)하는 장(章)이다.

【원문(原文)】

上德은 不德이라 是以有德이고 下德은 不失德이라 是
상덕 부덕 시이유덕 하덕 불실덕 시
以無德이다 上德은 無爲而無以爲하고 下德은 爲之而
이무덕 상덕 무위이무이위 하덕 위지이
有以爲한다 上仁은 爲之而無以爲하고 上義는 爲之而
유이위 상인 위지이무이위 상의 위지이
有以爲한다 上禮는 爲之에 而莫之應이면 則攘臂而仍
유이위 상례 위지 이막지응 즉양비이잉
之한다 故로 失道而後에 德이고 失德而後에 仁이며 失
지 고 실도이후 덕 실덕이후 인 실
仁而後에 義이고 失義而後禮라 夫禮者는 忠信之薄이
인이후 의 실의이후례 부례자 충신지박
고 而亂之首也이다 前識者는 道之華이고 而愚之始也
이란지수야 전식자 도지화 이우지시야
이다 是以로 大丈夫는 處其厚이언정 不居其薄하며 處其
시이 대장부 처기후 불거기박 처기
實이언정 不居其華라 故로 去彼取此한다
실 불거기화 고 거피취차

상덕에는[上德] {인위(人爲)의} 덕이[德] 없다[不]. 이[是] 때문에[以] {무위(無爲)의} 덕이[德] 있다[有]. 하덕은[下德] 덕을[德] 잃지 않는다[不失]. 이[是] 때문에[以] 덕이[德] 없다[無]. 상덕에는[上德] 작위가[爲] 없다[無]. 그래서[而] 무심으로[無]써[以] {상덕(上德)은} 행해진다[爲]. 하덕은[下德] 행해진다[爲之]. 그리고[而] 유심으로[有]써[以] 행해진다[爲]. 상인은[上仁] 행해진다[爲之]. 그리고[而] 무를[無]써[以] 행해진다[爲]. 상의는[上義] 행해진다[爲之]. 그리고[而] 유를[有]써[以] 행해진다[爲]. 상례가[上禮] 행해진다[爲之]. 그러나[而] 그것을[之] 응함이[應] 없으면[莫] 곧장[則] 팔을[臂] 제치면서[攘而] 응하기를[之] 거듭한다[仍]. 그러므로[故] 대도를[道] 잃은[失] 뒤에[而後] 덕이 일어났고[德], 덕을[德] 잃은[失] 뒤에[而後] 인이 일어났으며[仁], 인을[仁] 잃은[失] 뒤에[而後] 의가 일어났고[義], 의를[義] 잃은[失] 뒤에[而後] 예가 일어났다[禮]. 무릇[夫] 예란[禮] 것은[者] 거짓 없는[忠] 믿음이[信之] 박약해짐이고[薄而], 어지러움의[亂

之] 실마리[首]이다[也]. 지식을[識] 앞세우는[前] 것은[者] 인도의[道之] 꾸밈이고[華而], 어리석음의[愚之] 시작[始]이다[也]. 이렇기[是] 때문에[以] 대장부는[大丈夫] 그[其] 두터움에[厚] 머물고[處] 그[其] 엷음에[薄] 머물지 않으며[不居], 그[其] 실박함에[實] 머물지[處] 그[其] 꾸밈에[華] 머물지 않는다[不居]. 그러므로[故] (대장부는) 저것을[彼] 버리고[去] 이것을[此] 취한다[取].

38-1 上德不德(상덕부덕) 是以有德(시이유덕)

▶상덕에는[上德] {인위(人爲)의} 덕이[德] 없다[不]. 이[是] 때문에[以] {무위(無爲)의} 덕이[德] 있다[有].

윗 상(上), 크나큰 덕(德), 아닌 것 부(不), 이 시(是), 때문에 이(以), 있을 유(有)

【지남(指南)】

〈상덕부덕(上德不德) 시이유덕(是以有德)〉은 무위지덕(無爲之德)은 인위지덕(人爲之德)이 아님을 밝힌다. 〈상덕부덕(上德不德)〉은 〈상덕지인부자이위덕(常德之人不自以爲德)〉 즉 상덕의[上德之] 사람[人], 즉 상덕(上德)을 본받는 사람은 자기로[自]써[以] 덕을(德) 행한다고 여기지 않음을[不爲] 뜻한다. 그리고 여기 상덕(上德)은 무위지덕(無爲之德)인 현덕(玄德)을 말한다. 무위(無爲)의 덕(德)은 상덕(常德) · 대덕(大德) · 상덕(上德) 등으로 다 현덕(玄德)을 일컬음이고, 그 현덕(玄德)이란 만물로써 그냥 그대로 드러나는 천덕(天德) 즉 자연의[天] 덕(德)이다. 무위의[無爲之] 덕은[德] 사람이 짓는 덕(德)이 아니라 사람이 자연을[天] 본받아[法] 따라 행하는 덕(德)이기 때문이다. 무위(無爲)의 덕은 대도(大道)만이 짓고, 성인(聖人)이 그 대도(大道)의 짓을 그냥 그대로 본받아 행하는 덕이 여기 상덕(上德)이다. 따라서 상덕(上德)을 행하는 사람은[人] 스스로[自] 써[以] 덕을 짓는다고[德] 여기지 않아[不爲] 겉으로 드러내지 않는다. 그러니 여기 〈상덕부덕(上德不德)〉은 현덕(玄德) 즉 무위(無爲)의 덕(德)은 사람에 의해서 과시되지 않음을 말한다.

본래 현(玄)이란 무위자연(無爲自然)을 한 자(字)로 밝힘인 동시에, 14장(章)에서 살핀 〈이(夷) · 희(希) · 미(微)〉를 말한다. 보이지 않고[夷] 들리지 않으며[希] 잡히지 않는[微] 짓[象]이 현(玄)이니, 현덕(玄德)은 상도(常道)의 용(用)으로 상덕(上德)이다. 상덕(上德)이란 『장자(莊子)』의 **소장귀천견이개열지(少長貴賤見而皆說之) 차상덕야(此上德也)**를 상기시킨다. 상덕(上德)은 인덕(人德)이 아니고 〈일일상신(日日常新)〉 즉 날마다[日日] 한결같이[常] 새로움이[新] 상덕(上德)의 바탕[體]이고, 〈시시구족(時時具足)〉 즉 언제나[時時] 갖추어져[具] 만족함이[足] 상덕(常德)의 묘용(妙用)이며, 〈일용상행(日用常行)〉 날마다 쓰되[日用] 한결같이[常] 미침[行]이 상덕(上德)의 무궁(無窮)함이다.

인덕(人德)이란 인위지덕(人爲之德)을 줄임이니, 모두에게 통하는 덕(德)이 아니라 사람의 뜻에 따라 통하기도 하고 통하지 않기도 하는 덕(德)이다. 인덕(人德)은 사람의 짓으로써 드러나 현시(現示)되지만, 상덕(上德)을 본받는 사람은 자신이 덕(德)을 베푼다고 생각하지 않는다. 그래서 상덕(上德)은 부덕(不德)한다고 한 것이다. 상덕(上德)을 본받아 행해도 시덕(施德)한다고 스스로 자부하지 않음이 여기 〈부덕(不德)〉이다. 물론 〈상덕부덕(上德不德)〉이란 무위(無爲)의 덕(德)인 상덕(上德)은 인덕이(人德) 아님이니, 무위(無爲)로써 보면 인덕(人德)은 비덕(非德)이다.

그러므로 상덕(上德)은 상덕(常德)이고, 나아가 상덕(常德)을 그대로 본받는[法] 천지(天地)의 덕(德)이다. 천지(天地)는 무기(無己) · 무사(無私) · 무욕(無欲)으로 본디대로[樸] 그것인지라 **무사(無私)**의 표상이다. 『예기(禮記)』와 『장자(莊子)』도 천지(天地)는 곧 무사(無私)임을 밝히고 있다. 부덕(不德) 즉 인위(人爲)의 덕(德)이 아님[不]이란, 세상에 걸림 없이 두루 통하는 덕(德)으로서 상덕(上德) 즉 현덕(玄德)인 무위(無爲)의 덕(德)만이 있음[有]을 깊이 살펴 새기고 헤아려 깨우치게 하는 말씀이 〈상덕부덕(上德不德) 시이유덕(是以有德)〉이다.

註 "소장귀천견이개열지(少長貴賤見而皆說之) 차상덕야(此上德也) 지유천지(知維天地) 능변제물(能辯諸物) 차중덕야(此中德也) 용한과감(勇悍果敢) 취중솔병(聚衆率兵) 차하덕야(此下德也)." 젊은이든[少] 늙은이든[長] 귀한 이든[貴] 비천한 이든[賤] 살펴서[見而] 모두[皆] 좋아하는 것[說之] 그것이[此] 상덕(上德)이고[也], 지식이[知] 천지를[天地] 동여매고[維] 모든[諸] 사물

을[物] 밝혀낼 수 있는 것[能辯] 그것이[此] 중덕(中德)이며[也], 용감하고[勇] 사나워[悍] 과감하여[果敢] 무리를[衆] 모아[聚] 병졸을[兵] 통솔하는 것[率] 그것이[此] 하덕(下德)이다[也].

『장자(莊子)』「도척(盜跖)」

註 "천무사부(天無私覆) 지무사재(地無私載) 일월무사조(日月無私照) 봉사삼자이로천하(奉斯三者以勞天下) 차지위삼무사(此之謂三無私)." 하늘은[天] (만물을) 사사로이[私] 덮어줌이[覆] 없고[無], 땅은[地] 사사로이[私] 실어줌이[載] 없으며[無], 해와 달은[日月] 사사로이[私] 비춰줌이[照] 없다[無]. 이[斯] 세[三] 가지를[者] 봉행함으로[奉]써[以] 온 세상 백성을[天下] 위로하므로[勞] 이것을[此之] 삼무사라[三無私] 한다[謂]. 『예기(禮記)』「공자한거(孔子閒居)」

註 "부모기욕오빈재(父母豈欲吾貧哉) 천무사부(天無私覆) 지무사재(地無私載) 천지기사빈아재(天地豈私貧我哉) 구기위지자이부득야(求其爲之者而不得也) 연이지차극자명야부(然而至此極者命也夫)." 부모가[父母] 어찌[豈] 내가[吾] 가난하기를[貧] 바랄 것[欲]인가[哉]? 하늘에는[天] 사사로이[私] 덮어줌이[覆] 없고[無], 땅에도[地] 사사로이[私] 실어줌이[載] 없다[無]. 하늘땅이[天地] 어찌[豈] 나를[我] 사사로이[私] 가난하게 할 것[貧]인가[哉]? 가난해지는[其爲之] 것을[者] 찾아보지만[求而] 알 수가 없다[不得]. 그러니[然而] 이[此] 비참함에[極] 다다른[至] 것이란[者] 팔자[命]일세[也夫]! 『장자(莊子)』「대종사(大宗師)」

【보주(補註)】

- 〈상덕부덕(上德不德) 시이유덕(是以有德)〉을 〈상덕비인위지덕(上德非人爲之德) 시이상덕유도지행덕(是以上德有道之行德)〉처럼 옮기면 문맥을 좀 더 쉽게 잡을 수 있다. 〈상덕은[上德] 인위의[人爲之] 덕이[德] 아닌 것이다[非]. 이렇기[是] 때문에[以] 상덕에는[上德] 상도가[道之] 덕을[德] 행함이[行] 있다[有].〉
- 상덕부덕(上德不德)의 상덕(上德)은 대상(大象) 즉 상도(常道)의 용(用)인 상덕(常德)·현덕(玄德)을 말한다. 상덕(常德)은 자연(自然)을 본받는[法] 덕(德)인지라 무위지덕(無爲之德) 즉 무위(無爲)의 덕(德)이다. 상덕부덕(上德不德)의 부덕(不德)은 비인덕(非人德) 즉 인덕이[人德] 아닌 것임[非]을 말한다. 인덕(人德)이란 인위지덕(人爲之德) 즉 사람이 짓는[人爲之] 덕(德)이다.
- 시이유덕(是以有德)에서 유덕(有德)은 〈덕(德)이 무궁(無窮)하다〉는 뜻이다. 천지(天地)에 두루 통하는 상덕(上德)은 무궁(無窮)하며, 무친(無親) 즉 편애함이[親] 없다[無].

【해독(解讀)】

- 〈상덕부덕(上德不德) 시이유덕(是以有德)〉은 두 구문이 이어진 중문(重文)이다.

〈상덕은[上德] 부덕이다[不德]. 이렇기[是] 때문에[以] 덕이[德] 있다[有].〉

- 상덕부덕(上德不德)에서 상덕(上德)은 주어 노릇하고, 부(不)는 주격보어 노릇하고, 덕(德)은 부(不)의 동격 노릇한다. 부덕(不德)의 부(不)는 〈아닌 것 비(非)〉와 같아 〈비덕(非德)〉으로 여기면 된다. 〈상덕은[上德] 덕이[德] 아닌 것이다[不].〉
- 시이유덕(是以有德)에서 시이(是以)는 유(有)를 꾸며주는 부사구 노릇하고, 유(有)는 〈있을 유(有)〉로 자동사 노릇하며, 덕(德)은 유(有)의 주어 노릇한다. 시이유덕(是以有德)에서 시이(是以)의 시(是)는 상덕(上德)을 나타내는 지시어 노릇한다. 〈이로써[是以] 덕이[德] 있다[有].〉

38-2 下德不失德(하덕불실덕) 是以無德(시이무덕)

▶ 하덕은[下德] 덕을[德] 잃지 않는다[不失]. 이[是] 때문에[以] 덕이[德] 없다[無].

아래 하(下), 크나큰 덕(德), 안할 불(不), 잃을 실(失), 이 시(是), 때문에 이(以), 없을 무(無)

【지남(指南)】

〈하덕불실덕(下德不失德) 시이무덕(是以無德)〉은 하덕(下德)에는 무위지덕(無爲之德)이 없음을 밝힌다. 본래 덕(德)이란 대상(大象) 즉 대도(大道)의 용(用)이므로 무위자연(無爲自然)의 이치[理]를 따라 두루두루 따뜻하고[溫] 두텁고[厚] 온전하여 언제 어디에나 지공(至公) 즉 지극히[至] 공평하여[公平] 이로울[利] 뿐, 해로움이 없는[不害] 상덕만이[上德] 천지만물에 있을 뿐이다. 그러나 인간이 그 상덕(上德)을 저버리고 인간이 만들어낸 덕이 여기 〈하덕(下德)〉이다.

여기 하덕(下德)은 상덕(上德)을 저버리고 인덕(人德)을 덕(德)으로 삼고자 함이 여기 〈불실덕(不失德)〉이다. 여기 불실덕(不失德)은 불실인덕(不失人德) 즉 인덕을[人德] 잃지 않음[不失]이고, 동시에 공평무사(公平無私)한 무위(無爲)의 덕(德)인 상덕(上德)이 없음을 뜻한다. 호오(好惡)에 따라 덕(德)을 베풀지 않는 상덕(上

德)에는 인정이 없어 5장(章)에서 살핀 **천지불인(天地不仁)**이란 말씀을 상기시킨다. 이러한 상덕을[上德] 잃어버린[失] 하덕은[下德] 『장자(莊子)』에 나오는 **천균(天均)·천예(天倪)·양행(兩行)**을 상실한 덕(德)이다.

인덕(人德)으로서 하덕(下德)은 언제나 상신(常新)하지 못하고, 언제나 구족(具足)하지 못하며, 언제나 무사(無事)하지 않아 호오(好惡)에 따라 변덕스럽고 치우치는 덕(德)이다. 사람의 뜻을 따르지 않고 상도(常道)를 본받아[法] 천지(天地)에 두루 통하고 언제 무엇에든 작위(作爲)가 없는 상덕(上德)을 저버린 탓에, 인덕(人德)은 편덕(偏德)으로 드러난다. 이러한 하덕(下德)은 치우침 없이 베풀어져 공평(公平) 무사(無私)한 자연(自然)의 묘(妙)에 들지 못한지라 천지만물에 두루 통하는 덕(德)이 아님을 살펴 새기고 헤아려 깨닫게 하는 말씀이 〈하덕불실덕(下德不失德) 시이무덕(是以無德)〉이다.

註 "천지불인(天地不仁) 이만물위추구(以萬物爲芻狗)." 천지에는[天地] 어짊이란[仁] 없어[不], 만물을[萬物] 써[以] 풀강아지로[芻狗] 삼는다[爲]. 『노자(老子)』 5장(章)

註 "만물개종야(萬物皆種也) 이부동형상선(以不同形相禪) 시졸약환(始卒若環) 막득기륜(莫得其倫) 시위천균(是謂天均) 천균자천예야(天均者天倪也)." 온갖 것은[萬物] 모두[皆] 씨앗이 낸 것[種]이다[也]. {다른 종(種)과} 같지 않은[不同] 체형으로[形]써[以] {저마다의 체형(體形)을} 서로[相] 물려주고[禪] 처음과[始] 끝이[卒] 고리[環] 같아[若] 그[其] 순서를[倫] 알 수가[得] 없다[莫]. 이를[是] 자연의[天] 평균이라[均] 한다[謂]. 자연의[天] 평균이란[均] 것은[者] 자연의[天] 처음과 끝[倪]이다[也].

천예(天倪)는 천지단예(天之端倪) 즉 자연의[天之] 처음과[端] 끝[倪]을 줄인 술어(術語)이다. 그래서 천예(天倪)를 자연(自然)의 분제(分際) 즉 나누어진 사이[分際]라 하고, 이를 자연의 길이라 한다. 『장자(莊子)』「우언(寓言)」

註 "역인시야(亦因是也) 시이성인화지이시비(是以聖人和之以是非) 이휴호천균(而休乎天均) 시지위양행(是之謂兩行)." 역시[亦] {시비(是非)를 떠난 법자연(法自然)의} 그러함에[是] 맡기는 것[因]이다[也]. 이렇기[是] 때문에[以] 성인은[聖人] 인시(因是)로[之]써[以] 시비를[是非] 화합시켜서[和而] 자연의[天] 균형에서[乎均] 쉰다[休]. 이것을[是之] 양행이라[兩行] 한다[謂].

『장자(莊子)』「제물론(齊物論)」

【보주(補註)】

- 〈하덕불실덕(下德不失德) 시이무덕(是以無德)〉을 〈하덕불실인위지덕(下德不失

人爲之德) 시이하덕무상덕(是以下德無上德)〉처럼 옮기면 문맥을 좀 더 쉽게 잡을 수 있다. 〈하덕은[下德] 인위의[人爲之] 덕을[德] 잃지 않는다[不失]. 이렇기[是] 때문에[以] 하덕에는[下德] 상덕이[上德] 없다[無].〉

- 하덕불실덕(下德不失德)의 하덕(下德)은 유심(有心)의 용(用)인 인덕(人德)을 말한다. 유심(有心)이란 유정(有情)을 말하고, 유정(有情)의 정(情)은 시비(是非) · 호오(好惡) · 이해(利害)를 일으켜 친소(親疎)의 원근(遠近)을 가려 하기를 서슴지 않는다. 그래서 팔이 안으로 굽는다는 속담이 있다. 친하여 가까우면 시덕(施德)하게 되고, 서먹하고 멀면 덕(德)을 베풀지[施] 않아 편덕(偏德) 즉 치우치는[偏] 덕(德)이다.
- 시이무덕(是以無德)에서 무덕(無德)의 덕(德)은 상덕(上德)을 말한다. 여기 무덕(無德)이란 〈무상덕(無上德)〉의 줄임이다.

【해독(解讀)】

- 〈하덕불실덕(下德不失德) 시이무덕(是以無德)〉은 두 구문이 이어진 중문(重文)이다. 〈하덕은[下德] 덕을[德] 잃지 않는다[不失]. 이[是] 때문에[以] 덕이[德] 없다[無].〉
- 하덕불실덕(下德不失德)에서 하덕(下德)은 주어 노릇하고, 불(不)은 실(失)의 부정사(否定詞)이고, 실(失)은 동사 노릇하며, 덕(德)은 실(失)의 목적어 노릇한다. 불실(不失)의 불(不)은 〈안할 불(不)〉로 새기면 된다. 물론 하덕불실덕(下德不失德)에서 불(不)을 〈없을 무(無)〉와 같은 동사로 보고, 실덕(失德)을 주부(主部)로 새길 수도 있다. 어느 경우든 하덕불실덕(下德不失德)의 소의(所意)가 달라지는 것은 아니다. 〈하덕은[下德] 덕을[德] 잃지 않는다[不失].〉 〈하덕에는[下德] 덕을[德] 잃음이[失] 없다[不].〉
- 시이무덕(是以無德)에서 시이(是以)는 무(無)를 꾸며주는 부사구 노릇하고, 무(無)는 〈없을 무(無)〉로 동사 노릇하며, 덕(德)은 무(無)의 주어 노릇한다. 시이무덕(是以無德)에서 시이(是以)의 시(是)는 하덕(下德)을 나타내는 지시어 노릇한다. 〈이[是] 때문에[以] 덕이[德] 없다[無].〉

38-3 上德無爲(상덕무위) 而無以爲(이무이위)

▶상덕에는[上德] 작위가[爲] 없다[無]. 그래서[而] 무심으로[無]써[以] {상덕(上德)은} 행해진다[爲].

윗 상(上), 크나큰 덕(德), 없을 무(無), 행해질 위(爲), 그래서 이(而), 써 이(以)

【지남(指南)】

〈상덕무위(上德無爲) 이무이위(而無以爲)〉는 상덕(上德)이 무심(無心)으로써 만물에 베풀어짐[施]을 밝힌다. 여기 〈무이위(無以爲)〉는 〈무심이위시(無心以爲施)〉로 새김하면 그 속뜻을 헤아려 깨달을 수 있다. 상덕(上德)은 무심으로[無心]써[以] 베풀어진다는[爲施] 것이 여기 〈상덕무위(上德無爲)〉이고 〈무이위(無以爲)〉이다. 대상(大象) 즉 대도(大道)의 짓[象]이란 대도(大道)의 조화(造化)이고, 그것은 대도(大道)의 시현덕(施玄德) 즉 현덕을[玄德] 베풂[施]이다. 대도(大道)가 현덕(玄德)을 베풂[施]이 곧 여기 상덕무위(上德無爲)이다. 따라서 상덕(上德)이란 만물이 총생(叢生)하는 조화(造化)로써 드러나고, 그 드러남이 무심(無心)으로써 덕(德)을 베풂이다.

무심(無心)이란 허심(虛心)이니, 무심(無心)으로 행하면[爲] 그것[爲]이 곧 무위(無爲)이다. 그러므로 무심(無心) 즉 허심(虛心)의 시덕(施德)이 상덕(上德)의 베풂[施]인지라 상덕(上德)은 곧 상덕(常德)이다. 비운[虛] 마음[心]으로 덕(德)을 베풂[施]이란 10장(章)의 **생이불유(生而不有) 위이불시(爲而不恃) 장이부재(長而不宰)**를 상기시키고, 5장(章)에서 살핀 **천지불인(天地不仁)**과 79장(章)에 나오는 **천도무친(天道無親)**을 상기시킨다. 허심(虛心) 즉 무심(無心)으로써 위덕(爲德) 즉 시덕(施德)함이란 낳아주되[生而] 갖지 않고[不有], 위해주되[爲而] 바라지 않으며[不恃], 길러주되[長而] 이래라저래라 않음이니[不宰], 천지에는 인의예지(仁義禮智) 같은 인심(人心)은 없고[不仁] 친소(親疎)의 친(親)도 없다[無]. 따라서 상덕(上德)의 베풂이란 무사(無私) · 무욕(無欲) · 무기(無己)로써 베풀어질 뿐이므로 〈무이위(無以爲)〉라고 한 것이다. 이런 상덕(上德)은 어떠한 작위(作爲)도 없이 무심(無心)으로써 만물에 두루두루 공평하게 베풀어짐을 밝힌 말씀이 〈상덕무위(上德無爲) 이무이위(而無以爲)〉이다.

註 "생지휵지(生之畜之) 생이불유(生而不有) 위이불시(爲而不恃) 장이부재(長而不宰) 시위현덕(是謂玄德)." 만물[萬物]을[之] 낳아서[生而] 그것을[之] 길러주고[畜], 낳아주면서도[生而] 갖지 않으며[不有], 위해주면서도[爲而] 기대하지 않으며[不恃], 낳아 길러준 어른이되[長而] 이래라저래라 않는다[不宰]. 이를[是] 현묘한[玄] 덕이라[德] 한다[謂]. 『노자(老子)』 10장(章)

註 "천지불인(天地不仁) 이만물위추구(以萬物爲芻狗)." 천지에는[天地] 어짊이[仁] 없다[不]. (천지는) 만물로[萬物]써[以] 풀강아지로[芻狗] 삼는다[爲]. 『노자(老子)』 5장(章)

註 "천도무친(天道無親) 상여선인(常與善人)." 자연의[天] 규율에는[天道] (따로) 친애함이[親] 없고[無], 늘[常] 선한[善] 사람과[人] 함께한다[與]. 『노자(老子)』 79장(章)

【보주(補註)】

- 〈상덕무위(上德無爲) 이무이위(而無以爲)〉를 〈상덕무작위(上德無作爲) 이이무심상덕위덕(而以無心上德爲德)〉처럼 옮기면 문맥을 좀 더 쉽게 잡을 수 있다. 〈상덕에는[上德] 작위가[作爲] 없다[無]. 그래서[而] 상덕은[上德] 무심으로[無心]써[以] 덕을[德] 짓는다[爲].〉
- 상덕무위(上德無爲)의 무위(無爲)는 〈무작위(無作爲)〉의 줄임이다. 작위(作爲)란 〈작심지위(作心之爲)〉의 줄임으로 작심(作心)은 사심(私心)과 같다. 그러므로 무위(無爲)란 사심(私心)이 없어 무욕(無欲) 무기(無己)해 지극히[至] 공평한[公] 천균(天均)의 덕(德)이다.
- 무이위(無以爲)의 무이(無以)는 〈무심이(無心以)〉, 〈무욕이(無欲以)〉, 또는 〈무기이(無己以)〉의 줄임으로 여기고 새기면 된다. 〈무사[無私]를 써[以]〉 〈무욕[無欲]을 써[以]〉 〈무기[無己]를 써[以]〉
- 무이위(無以爲)가 〈무불위(無不爲)〉로 된 본(本)도 있다. 〈하지 못함이[不爲] 없다[無].〉 무위를[無爲] 행하지 않음이[不爲] 없음을[無] 무이위(無以爲)라 한다.

【해독(解讀)】

- 〈상덕무위(上德無爲) 이무이위(而無以爲)〉는 두 구문이 〈그래서 이(而)〉로 이어진 중문(重文)이다. 〈상덕에는[上德] 위가[爲] 없다[無]. 그래서[而] 무를[無] 써[以] 짓는다[爲].〉
- 상덕무위(上德無爲)에서 상덕(上德)은 무(無)를 꾸며주는 부사구 노릇하고, 무

(無)는 〈없을 무(無)〉로 자동사 노릇하며, 위(爲)는 무(無)의 주어 노릇한다. 위(爲)는 〈지을 작(作) · 꾀할 모(謀)〉 등과 같아 작위(作爲) · 위모(爲謀) 등의 줄임말로 여기면 된다. 〈상덕에는[上德] 꾀함이[爲] 없다[無].〉

- 무이위(無以爲)에서 무이(無以)는 위(爲)를 꾸며주는 부사구 노릇하고, 위(爲)는 동사 노릇한다. 무이위(無以爲)는 〈대도위상덕이무위(大道爲上德以無爲)〉 또는 〈성인위상덕이무위(聖人爲上德以無爲)〉 등을 줄인 구문으로 여기면 문맥을 쉽게 잡을 수 있다. 위(爲)는 여기선 〈베풀 시(施)〉와 같다. 〈대도는[大道] 상덕을[上德] 무위로[無爲]써[以] 베푼다[爲].〉 〈성인은[聖人] 상덕을[上德] 무위로[無爲]써[以] 베푼다[爲].〉

38-4 下德爲之(하덕위지) 而有以爲(이유이위)

▶ 하덕은[下德] 행해진다[爲之]. 그리고[而] 유심으로[有]써[以] 행해진다[爲].

아래 하(下), 큰 덕(德), 지을 위(爲), 허사 지(之), 그리고 이(而), 가질 유(有), 써 이(以)

【지남(指南)】

〈하덕위지(下德爲之) 이유이위(而有以爲)〉는 하덕(下德)의 베풂[施]을 밝힌다. 하덕(下德)은 대도(大道)의 짓[象]을 본받지 않고 예악(禮樂)을 따라 짓는다[爲之]. 그러므로 하덕(下德)의 베풂이란 예악(禮樂)에 따른 시인덕(施人德) 즉 인덕(人德)을 베풂[施]이다.

예악(禮樂)의 예(禮)는 종지(從地) 즉 땅[地]을 따르는[從] 사람의 뜻이고[志], 예악(禮樂)의 악(樂)은 종천(從天) 즉 하늘[天]을 따르는 사람의 지(志)이다. 유가(儒家)가 주장하는 인의(仁義)를 종천종지(從天從地)라 한다. 종천(從天)으로써 **천지지화(天地之和)** 즉 하늘땅의[天地之] 화합을 밝힘이 악(樂)이다. 그리고 **춘작하장(春作夏長)** 즉 봄에 싹이 나고[春作] 여름에 자람을[夏長] 인(仁)이라 하고, **추렴동장(秋斂冬藏)** 즉 가을에 거두고[秋斂] 겨울에 간직함을[冬藏] 의(義)라 한다.

땅을[地] 좇고[從] 추동(秋冬)을 좇아 예(禮)를 만들어내고, 하늘을[天] 좇고[從] 춘하(春夏)를 좇아 인(仁)을 만들어낸 분이 유가(儒家)의 성인(聖人)이다. 그러나 천지만물을 낳아주는 대도(大道) 즉 상도(常道)를 그냥 그대로 본받는 분은 도가(道家)의 성인(聖人)이다. 그러니 천(天)을 따르는[順] 악(樂)과 춘하(春夏)를 따르는 인(仁)은 인간의 작의(作意)이고, 지(地)를 순(順)하는 예(禮)와 추동(秋冬)을 따르는 의(義) 역시 인간의 작의(作意)이다. 이런 예악(禮樂)을 좇는 인덕(人德)은 인간의 작의(作意)로, 이유심(以有心) 즉 인지(人志)를 품은 마음[心]을 가짐[有]으로써[以] 행해지고 베풀어진다. 유심(有心)이란 유심정(有心情) 또는 유심지(有心志)를 말한다.

심정(心情) · 심지(心志)란 심동(心動)이다. 심동(心動)의 동(動)은 〈감어물이동(感於物而動)〉의 줄임으로, 사물에 의해[於物] 느껴서[感而] 움직이는[動] 마음이 심동(心動)이다. 감어물이동(感於物而動)은 사람으로 하여금 시비(是非) · 분별(分別) · 호오(好惡) · 친소(親疎)의 작의(作意)를 일으킨다. 그래서 심동(心動)의 작의(作意)는 천지지무사(天地之無私) 즉 하늘땅의[天地之] 무사(無私)함을 외면하고 인덕(人德)을 사덕(私德)으로 옮겨가게 한다. 사덕(私德)은 천사(遷私) 즉 사욕(私欲)으로 옮겨가[遷] 행하고 베풀어지는 덕(德)으로, 인덕(人德)은 사덕(私德)이 되어 편덕(偏德) 즉 치우쳐[偏] 베풀어지는 덕(德)으로 드러나니, 그 드러남을 일러 유심(有心)이라 한다. 하덕(下德)이란 인덕(人德)이니, 유심(有心)으로 행해져 치우치게 베풀어짐을 살펴 새기고 헤아려 깨우치게 하는 말씀이 〈하덕위지(下德爲之) 이유이위(而有以爲)〉이다.

註 "악자천지지화야(樂者天地之和也) 예자천지지서야(禮者天地之序也) 화고백물개화(和故百物皆化) 서고백물개별(序故百物皆別) 악유천작(樂由天作) 예이지제(禮以地制)." 악이란[樂] 것은[者] 하늘땅의[天地之] 화합[和]이고[也], 예란[禮] 것은[者] 하늘땅의[天地之] 질서[序]이다[也]. (하늘땅의) 화합[和] 때문에[故] 온갖 것들이[百物] 모두[皆] 화생되고[化], (하늘땅의) 질서[序] 때문에[故] 온갖 것들이[百物] 모두[皆] 분별된다[別]. 하늘로[天] 말미암아[由] 악은[樂] 제작되고[作], 땅으로[地]써[以] 예는[禮] 제작된다[制]. 『예기(禮記)』「악기(樂記)」

註 "춘작하장인야(春作夏長仁也) 추렴동장의야(秋斂冬藏義也) 인근어악(仁近於樂) 의근어례(義近於禮) 악자돈화솔신이종천(樂者敦和率神而從天) 예자별의거귀이종지(禮者別宜居鬼而從

地).” 봄에[春] 싹트고[作] 여름에[夏] 자람은[長] 어짊[仁]이고[也], 가을에[秋] 거두어들이고[斂] 겨울에[冬] 저장함이[藏] 옳음[義]이다[也]. 어짊은[仁] 악에[於樂] 가깝고[近], 옳음은[義] 예에[於禮] 가깝다[近]. 악이란[樂] 것은[者] 화합을[和] 도탑게 하여[敦] 하늘의 기운을[神] 우러러 좇아서[率而] 하늘을[天] 따르고[從], 예란[禮] 것은[者] 마땅함을[宜] 분별하여[別] 땅의 기운을[鬼] 엎드려 좇아서[居而] 땅을[地] 따른다[從].

귀신(鬼神)의 귀(鬼)는 지기(地氣) 즉 굽히는[屈] 음기(陰氣)인 정(靜)을 말하고, 귀신(鬼神)의 신(神)은 천기(天氣) 즉 뻗치는[伸] 양기(陽氣)인 동(動)을 뜻해 음양(陰陽)·귀신(鬼神)·굴신(屈伸)·동정(動靜) 등은 늘 일음일양(一陰一陽)의 역(易) 즉 변화를 생각하게 하는 술어(術語)들이다. 『예기(禮記)』「악기(樂記)」

【보주(補註)】

- 〈하덕위지(下德爲之) 이유이위(而有以爲)〉를 〈하덕위지어인(下德爲之於人) 이이유심하덕위지어인(而以有心下德爲之於人)〉처럼 옮기면 문맥을 좀 더 쉽게 잡을 수 있다. 〈하덕은[下德] 사람에 의해서[於人] 베풀어진다[爲之]. 그래서[而] 하덕은[下德] 사람에 의해서[於人] 유심으로[有心]써[以] 베풀어진다[爲之].〉
- 유이위(有以爲)에서 유이(有以)란 〈유심이(有心以)〉 또는 〈유위이(有爲以)〉의 줄임이다. 유이(有以)의 이(以)는 〈써 용(用)〉과 같다. 〈유심을[有心] 써[以], 유심으로[有心]써[以]〉 〈유위로[有爲]써[以], 유위를[有爲] 써[以]〉
- 유이위(有以爲)가 〈유불위(有不爲)〉로 된 본(本)도 있다. 〈하지 않음이[不爲] 있다[有]〉 무위(無爲)를 행하지 않음이[不爲] 있음이 여기 유불위(有不爲)이다.

【해독(解讀)】

- 〈하덕위지(下德爲之) 이유이위(而有以爲)〉는 두 구문이 〈그래서 이(而)〉로 이어진 중문(重文)이다. 〈하덕은[下德] 행해진다[爲之]. 그래서[而] 유를[有] 써[以] 행해진다[爲].〉
- 하덕위지(下德爲之)에서 하덕(下德)은 주어 노릇하고, 위지(爲之)는 수동의 동사 노릇한다. 〈인위하덕(人爲下德)〉에서 주어 노릇할 인(人)을 생략하고, 목적구 노릇할 하덕(下德)을 전치하고, 허사(虛詞) 지(之)를 그 자리에 두어 수동의 뜻을 내게 한 어투라고 여기면 된다. 위(爲)는 〈행할 행(行)·베풀 시(施)〉 등과 같아 행위(行爲) 또는 시위(施爲)의 줄임이다. 〈하덕은[下德] 베풀어진다[爲之].〉 〈하덕을[下德] 베푼다[爲].〉 〈사람은[人] 하덕을[下德] 행한다[爲].〉

- 이유이위(而有以爲)는 〈하덕유이위지(下德有以爲之)〉의 줄임이다. 이유이위(而有以爲)에서 이(而)는 연접(連接)의 연사(連詞)로 〈그래서 이(而)〉이고, 유이(有以)는 위(爲)를 꾸며주는 부사구 노릇하고, 위(爲)는 주어와 목적어가 생략되었지만 수동의 동사 노릇한다. 유이(有以)의 이(以)는 〈써 용(用)〉과 같다. 〈그래서[而] 유를[有] 써[以] 행해진다[爲].〉

38-5 上仁爲之(상인위지) 而無以爲(이무이위)

▶상인은[上仁] 행해진다[爲之]. 그리고[而] 무를[無] 써[以] 행해진다[爲].

윗 상(上), 어질 인(仁), 베풀 위(爲), 허사 지(之), 그리고 이(而), 없을 무(無), 써 이(以)

【지남(指南)】

〈상인위지(上仁爲之) 이무이위(而無以爲)〉는 상인(上仁)의 베풂[施]을 밝힌다. 상인(上仁)은 춘작(春作) 즉 봄에 싹틈[春作]과 하장(夏長) 즉 여름에 자람[夏長]을 〈인(仁)〉이라 뜻을 세우고, 그를 따라 행하는 인(仁)은 결국 하덕(下德) 즉 인덕(人德)으로 드러난다. **춘작(春作)·하장(夏長)**이 대상(大象)임에도 불구하고 인(仁)이라고 사람이 풀이하다보니 자연(自然)의 실박(實樸)함이 점쇠(漸衰)하여 하덕(下德)의 베풂으로 이어지지만, 무의(無意)로써 행해짐을 〈무이위(無以爲)〉라 한 것이다.

이러한 상인(上仁)은 **인근어악(仁近於樂)**의 인(仁)인지라 천지지화(天地之和) 즉 하늘땅이 하나가 됨을 관(觀)하므로, 편급(徧及) 즉 두루두루[徧] 미쳐[及] 무의(無意)의 어짊[仁]이다. 무의(無意)는 곧 무사(無私)이다. 상인(上仁)을 군자(君子)의 인(仁)이라 일컫기도 하며, 작의(作意)로 행해지더라도 무사(無私)하므로 백성이 무위(無爲)를 잊었다 해도 마땅함[宜]을 따라 살게 된다.

그러므로 상인(上仁)은 작위(作爲)로 행해지되 무의(無意) 즉 무사(無私)·무욕(無欲)·무기(無己)로 베풀어지므로, 백성이 그 상인(上仁)으로써 안거(安居)할 수 있음을 깊이 살펴 새기고 헤아려 깨우치게 하는 말씀이 〈상인위지(上仁爲之) 이무이위(而無以爲)〉이다.

註 "춘작하장인야(春作夏長仁也) 추렴동장의야(秋斂冬藏義也) 인근어악(仁近於樂) 의근어례(義近於禮)." 봄이면[春] 싹트고[作] 여름이면[夏] 자람이[長] 어짊[仁]이고[也], 가을이면[秋] 거둬들이고[斂] 겨울이면[冬] 간직해둠이[藏] 옳음[義]이다[也]. 어짊은[仁] 악에[於樂] 가깝고[近], 옳음은[義] 예에[於禮] 가깝다[近]. 『예기(禮記)』「악기(樂記)」

【보주(補註)】

- 〈상인위지(上仁爲之) 이무이위(而無以爲)〉를 〈상인위지어인(上仁爲之於人) 이이무의상인위지어인(而以無意上仁爲之於人)〉처럼 옮기면 문맥을 좀 더 쉽게 잡을 수 있다. 〈상인은[上仁] 사람에 의해서[於人] 베풀어진다[爲之]. 그러나[而] 상인은[上仁] 사람에 의해서[於人] 무의로[無意]써[以] 베풀어진다[爲之].〉
- 무이위(無以爲)에서 무이(無以)란 〈무의이(無意以)〉 또는 〈무사이(無私以)〉의 줄임이다. 무이(無以)의 이(以)도 〈써 용(用)〉과 같다. 〈무의로[無意] 써[以]〉 〈무사로[無私]써[以]〉
- 무이위(無以爲)가 〈무불위(無不爲)〉로 된 본(本)도 있다. 〈하지 않음이[不爲] 없다[無]〉. 무불위(無不爲)란 무위(無爲)를 행하지 않음이[不爲] 없음[無]이다.

【해독(解讀)】

- 〈상인위지(上仁爲之) 이무이위(而無以爲)〉는 두 구문이 〈그리고 이(而)〉로 이어진 중문(重文)이다. 〈상인은[上仁] 행해진다[爲之]. 그리고[而] 무를[無] 써[以] 행해진다[爲].〉
- 상인위지(上仁爲之)에서 상인(上仁)은 주어 노릇하고, 위지(爲之)는 수동의 동사 노릇한다. 〈인위상인(人爲上仁)〉에서 주어 노릇할 인(人)을 생략하고, 목적구 노릇할 상인(上仁)을 전치하고 허사(虛詞) 지(之)를 그 빈 자리에 둔 어투로 보면 위지(爲之)가 수동의 동사 노릇함을 알 수 있다. 위(爲)는 〈행할 행(行) · 베풀 시(施)〉 등과 같아 행위(行爲) 또는 시위(施爲)의 줄임말로 여기면 된다. 〈상인은[上仁] 베풀어진다[爲之].〉 〈사람이[人] 상인을[上仁] 행한다[爲].〉
- 이무이위(而無以爲)는 〈이하덕유이위지(而以無意上仁爲之)〉의 줄임이다. 이무

이위(而無以爲)에서 이(而)는 연접(連接)의 연사(連詞)로 〈그리고 이(而)〉이고, 무이(無以)는 위(爲)를 꾸며주는 부사구 노릇하고, 위(爲)는 주어와 목적어가 생략됐지만 수동의 동사 노릇한다. 〈그러나[而] 무를[無] 써[以] 행해진다[爲].〉

38-6 上義爲之(상의위지) 而有以爲(이유이위)

▶상의는[上義] 행해진다[爲之]. 그리고[而] 유를[有] 써[以] 행해진다[爲].

웃 상(上), 옳을 의(義), 행할 위(爲), 허사 지(之), 그리고 이(而), 있을 유(有), 써 이(以)

【지남(指南)】

〈상의위지(上義爲之) 이유이위(而有以爲)〉는 상의(上義)의 베풂[施]을 밝힌다. 상의(上義) 또한 대도(大道)의 짓[象]을 본받지 않고, 천지(天地)의 짓[象]을 인간이 밝힌 뜻을 따라 행해진다[爲之]. 추렴(秋斂) 즉 가을에 거두어들임[秋斂]과 동장(冬藏) 즉 겨울에 저장함[冬藏]을 〈의(義)〉라고 뜻을 세워 그 옳음[義]을 따라 행하는 상의(上義)는, 하덕(下德)을 이어 행해진다. 추렴(秋斂)과 동장(冬藏)을 대상(大象)으로서 본대대로 본받지[法] 않고 사람의 뜻으로 풀이하여 의(義)라고 밝힘으로써, 역시 자연(自然)의 실박(實樸)함이 점점 쇠퇴해져[漸衰] 하덕(下德) 즉 인덕(人德)의 베풂으로 이어지는 것이다.

상의(上義)는 〈의근어례(義近於禮)〉의 의(義)인지라 천지지서(天地之序)이니, 하늘땅이 천존지비(天尊地卑) 즉 하늘은 높고[天尊] 땅은 낮다[地卑]고 분별하여 둘로 나뉨을 관(觀)한다. 그러므로 편급(偏及) 즉 치우치게[偏] 미쳐[及] 무의(無意)하지 않은, 즉 유의(有意)의 것인지라 무사(無私)하기 어려운 옳음[義]이다. 따라서 상의(上義)는 군자(君子)의 의(義)라 할지라도 유의(有意)로 행해진다.

세상은 군자(君子)의 세상이라기보다는 소인(小人)의 세상인지라 세사(世事)에는 상쟁(相爭)이 빚어지고, 인애(仁愛)는 멀어 난세(亂世)가 되기 쉽다. 그래서 부득불(不得不) 의(義)로 인(仁)을 강행하게 하려는 작위(作爲)가 생긴다. 장욕시인

(將欲施仁)은 필고시의(必固施義)하는 것이다. 어짊[仁]을 장차[將] 베풀고자 함[欲施]은 반드시[必] 꼭[固] 옳음[義]을 베풀게[施] 마련이다. 따라서 부득불(不得不) 시비를 가려[別] 의단(擬斷)하게 된다. 인(仁)을 본(本)으로, 의(義)를 용(用)으로 삼아 일을 처리하려는 강단(剛斷)을 일러 행의(行義)라 한다. 인위(人爲)로 천선(遷善)함이 행의(行義)이며, 이는 시인(施仁)으로 드러난다.

이러한 상의(上義)는 작의(作意)로 행해져 백성은 무위(無爲)를 잊어버리고 인위(人爲)를 따라 살게 되니 상의(上義)는 작위(作爲)로 행해지고, 그것은 형정(刑政)이란 율령(律令) 안에서 백성의 삶이 영위되게 됨을 깊이 살펴 새기고 헤아려 깨우치게 하는 말씀이 〈상의위지(上義爲之) 이유이위(而有以爲)〉이다.

【보주(補註)】

- 〈상의위지(上義爲之) 이유이위(而有以爲)〉를 〈상의위지어인(上義爲之於人) 이이유의상의위지어인(而以有意上義爲之於人)〉처럼 옮기면 문맥을 좀 더 쉽게 잡을 수 있다. 〈상의는[上義] 사람에 의해서[於人] 베풀어진다[爲之]. 그리고[而] 상의는[上義] 사람에 의해서[於人] 유의로[有儀]써[以] 베풀어진다[爲之].〉
- 유이위(有以爲)에서 유이(有以)는 〈유의이(有意以)〉의 줄임이다. 유이(有以)의 이(以)는 〈써 용(用)〉과 같다. 〈유의로[有意]써[以]〉
- 유이위(有以爲)가 〈유불위(有不爲)〉로 된 본(本)도 있다. 〈하지 않음이[不爲] 있다[有].〉 유불위(有不爲)는 무위(無爲)를 행하지 않음이[不爲] 있음[有]이다.

【해독(解讀)】

- 〈상의위지(上義爲之) 이유이위(而有以爲)〉는 두 구문이 〈그리고 이(而)〉로 이어진 중문(重文)이다. 〈상의는[上義] 행해진다[爲之]. 그리고[而] 유를[有] 써[以] 행해진다[爲].〉
- 상의위지(上義爲之)에서 상의(上義)는 주어 노릇하고, 위지(爲之)는 수동의 동사 노릇한다. 〈인위상의(人爲上義)〉에서 주어 노릇할 인(人)을 생략하고, 목적구 노릇할 상의(上義)를 전치하고 허사(虛詞) 지(之)를 빈 자리에 둔 어투로 보면, 위지(爲之)를 수동의 동사로 새기는 까닭을 알 수 있다. 위(爲)는 〈행할 행(行)·베풀 시(施)〉 등과 같아 행위(行爲) 또는 시위(施爲)의 줄임으로 여기면 된다. 〈상의는[上義] 베풀어진다[爲之].〉 〈사람이[人] 상의를[上義] 베푼다[爲].〉

● 이유이위(而有以爲)의 이(而)는 〈그리고 이(而)〉이고, 유이(有以)는 위(爲)를 꾸며주는 부사구 노릇하고, 위(爲)는 주어와 목적어가 생략되었지만 수동의 동사 노릇한다. 유이(有以)의 이(以)는 〈써 용(用)〉과 같다. 〈그리고[而] 유를[有] 써[以] 베풀어진다[爲].〉

38-7 上禮爲之(상례위지) 而莫之應(이막지응) 則攘臂而仍之(즉양비이잉지)

▶ 상례가[上禮] 행해진다[爲之]. 그러나[而] 그것을[之] 응함이[應] 없으면[莫] 곧장[則] 팔을[臂] 제치면서[攘而] 응하기를[之] 거듭한다[仍].

> 윗 상(上), 예의 례(禮), 행할 위(爲), 그것 지(之), 그러나 이(而), 없을 막(莫), 그것 지(之), 응할 응(應), 곧 즉(則), 뿌리칠 양(攘), 팔 비(臂), 그리고 이(而), 거듭할(이끌) 잉(仍)

【지남(指南)】

〈상례위지(上禮爲之) 이막지응(而莫之應) 즉양비이잉지(則攘臂而仍之)〉는 상례(上禮)의 강행을 밝힌다. 상례(上禮)란 예악(禮樂)의 예(禮)로 천지지서(天地之序)를 본받고, 종지(從地) 즉 땅[地]의 이치를 좇아[從] 따름[順]이다. 종지(從地)하는 상례(上禮)는 백성으로 하여금 인의(仁義)를 좇아 지키게 함[保守]이다. 그래서 『논어(論語)』에 **극기복례(克己復禮)**란 말씀이 나온다.

자기[己]를 눌러[克] 예(禮)로 돌아가지[復] 않으면 어질[仁] 수 없으니, 상례(上禮)는 상인(上仁)을 보수(保守)하여 행하는 보루(堡壘)와 같다. 만일 백성이 상례(上禮)를 따르지 않으면 양비(攘臂) 즉 팔뚝[臂]을 비틀어서라도[攘] 상례(上禮)를 거듭하여 따라 행하게[仍] 하는 것이다. 〈양비이잉지(攘臂而仍之)〉는 『논어(論語)』에 나오는 **비례물시(非禮勿視) 비례물청(非禮勿聽) 비례물언(非禮勿言) 비례물동(非禮勿動)**이란 말씀을 상기시킨다. 그러므로 백성으로 하여금 인의(仁義)를 간직하여 지키도록[保守] 상례(上禮)를 강행해야 함을 밝힌 말씀이 〈상례위지(上禮爲之) 이막지응(而莫之應) 즉양비이잉지(則攘臂而仍之)〉이다.

註 "안연문인(顏淵問仁) 자왈(子曰) 극기복례위인(克己復禮爲仁) 일일극기복례(一日克己復禮) 천하귀인언(天下歸仁焉)…… 안연왈(顏淵曰) 청문기목(請問其目) 자왈(子曰) 비례물시(非禮勿視) 비례물청(非禮勿聽) 비례물언(非禮勿言) 비례물동(非禮勿動)." 안연이[顏淵] 어짊을[仁] 여쭈었다[問]. 공자께서[子] 가로되[曰] : 자기를[己] 눌러[克] 예로[禮] 돌아감이[復] 어짊[仁]이다[爲]. 하루라도[一日] 극기복례하면[克己復禮] 세상이[天下] 어짊으로[仁] 돌아오는 것[歸]이다[焉]. ……안연이[顏淵] 아뢰어[曰] 그[其] 조목을[目] 청하여[請] 여쭈었다[問]. 공자께서[子] 가로되[曰] : 예가[禮] 아닌 것이면[非] 보지도[視] 말고[勿], 예가[禮] 아닌 것이면[非] 듣지도[聽] 말고[勿], 예가[禮] 아닌 것이면[非] 말하지도[言] 말고[勿], 예가[禮] 아닌 것이면[非] 거동도[動] 말라[勿].

『논어(論語)』「안연(顏淵)」 1

【보주(補註)】

- 〈상례위지(上禮爲之) 이막지응(而莫之應) 즉양비이잉지(則攘臂而仍之)〉를 〈상례위지이민막응상례(上禮爲之而民莫應上禮) 즉상례양민지비(則上禮攘民之臂) 이상례위잉우민(而上禮爲仍于民)〉처럼 옮기면 문의(文意)를 좀 더 쉽게 잡을 수 있다. 〈상례가[上禮] 베풀어진다[爲之]. 그러나[而] 백성한테서[民] 상례를[上禮] 응함이[應] 없다면[莫] 곧장[則] 팔뚝을[臂] 비틀어서라도[攘而] 백성에게[于民] 상례는[上禮] 거듭된다[爲仍].〉
- 양비이잉지(攘臂而仍之)에서 잉(仍)이 〈잉(扔)〉으로 된 본(本)도 있다. 〈거듭할 잉(仍)〉, 〈당길 잉(扔)〉이므로 잉(仍)이든 잉(扔)이든 소의(所意)가 달라지지는 않는다. 〈거듭된다[仍之].〉 〈당겨진다[扔之].〉

【해독(解讀)】

- 〈상례위지(上禮爲之) 이막지응(而莫之應) 즉양비이잉지(則攘臂而仍之)〉는 하나의 구문과 하나의 복문(複文)으로 이루어진 하나의 문단이다. 〈상례가[上禮] 행해진다[爲之]. 그러나[而] 지응함이[之應] 없다면[莫] 즉[則] 양비해서[攘臂而] 잉지한다[仍之].〉
- 상례위지(上禮爲之)에서 상례(上禮)는 주어 노릇하고, 위지(爲之)는 수동의 동사 노릇한다. 〈인위상례(人爲上禮)〉에서 주어 노릇할 인(人)을 생략하고, 목적구 노릇할 상례(上禮)를 전치하고 허사(虛詞) 지(之)를 둔 어투로 보면, 위지(爲之)를 수동의 동사로 새기는 까닭을 알 수 있다. 위(爲)는 〈행할 행(行) · 베풀 시

(施)〉 등과 같아 행위(行爲) 또는 시위(施爲)의 줄임말로 여기면 된다. 〈상례가[上禮] 베풀어진다[爲之].〉 〈사람이[人] 상례를[上禮] 베푼다[爲].〉

- 이막지응(而莫之應)에서 이(而)는 〈그러나 이(而)〉이고, 막(莫)은 동사 노릇하며, 지(之)는 응(應)의 목적어 노릇하고, 응(應)은 영어의 동명사처럼 구실하면서 막(莫)의 주어 노릇한다. 여기 막지응(莫之應)은 전후 문맥으로 보아 조건의 종절(從節) 노릇한다. 막(莫)은 〈없을 무(無)〉와 같아 주어를 뒤에 둔다. 〈그러나[而] 그것을[之] 응함이[應] 없으면[莫]〉
- 막지응(莫之應)은 〈A막위(莫爲)B〉의 상용문이다. 여기서 위(爲)는 영어의 동명사 같다. 〈A에는 B를 함이[爲] 없다[莫].〉
- 즉양비이잉지(則攘臂而仍之)에서 즉(則)은 〈곧장 즉(則)〉으로 어조사 노릇하고, 양(攘)은 동사 노릇하며, 비(臂)는 양(攘)의 목적어 노릇하고, 이(而)는 연접(連接)의 연사(連詞)로 〈그래서 이(而)〉 노릇하며, 잉(仍)은 동사 노릇하고, 지(之)는 앞에 나온 〈지응(之應)〉을 나타내는 지시어로서 잉(仍)의 목적어 노릇한다. 양비(攘臂)는 화가 나서 소매를 걷어올려 비트는 것이다. 양(攘)은 〈밀칠 추(推)〉와 같고, 잉(仍)은 〈거듭할 재(再) · 중(重), 따를 취(就)〉 등과 같다. 〈팔뚝을[臂] 비틀어서[攘而] 상례[上禮]를 응하기를[之] 거듭한다[仍].〉

38-8 故(고) 失道而後德(실도이후덕) 失德而後仁(실덕이후인) 失仁而後義(실인이후의) 失義而後禮(실의이후례)

▶ 그러므로[故] 대도를[道] 잃은[失] 뒤에[而後] 덕이 일어났고[德], 덕을[德] 잃은[失] 뒤에[而後] 인이 일어났으며[仁], 인을[仁] 잃은[失] 뒤에[而後] 의가 일어났고[義], 의를[義] 잃은[失] 뒤에[而後] 예가 일어났다[禮].

그러므로(때문에) 고(故), 없어질 실(失), 상도(常道) 도(道), 그리고 이(而), 뒤 후(後), 큰 덕(德), 어질 인(仁), 옳음 의(義), 예악(禮樂) 례(禮)

【지남(指南)】

〈실도이후덕(失道而後德) 실덕이후인(失德而後仁) 실인이후의(失仁而後義) 실의이후례(失義而後禮)〉는 상례(上禮) 즉 예악(禮樂)의 예(禮)가 생긴 연유를 밝힌다. 실도(失道)란 무도(無道)이며 실상도(失常道)이고 무상도(無常道)이다. 상도(常道)가 없어질 리 없으니 무상도(無常道)라 함은 인간이 상도(常道)를 잊고[忘] 잃어[失] 상도(常道)가 있음을 잊고 잃었음이다. 인간의 실도(失道)는 곧 인간의 무도(無道)이다. 실도(失道)로 말미암아 하덕(下德)이 생겼다는 말씀이 〈실도이후덕(失道而後德)〉이다.

실도(失道) 뒤에 생긴 덕(德)이란 예악(禮樂)으로 이루어진 인덕(人德)으로, 인위지덕(人爲之德)이다. 인위(人爲)란 인간이 악지정(樂之情) 즉 악의[樂之] 참뜻[情]을 밝히고, 예지경(禮之經) 즉 예의[禮之] 길[經]을 스스로 밝힘이니, 인간이 법자연(法自然)을 저버림이다. 자연을[自然] 본받기를[法] 저버림이란 5장(章)에서 살핀 **수중(守中)**을 저버림이고, 51장(章)에 나오는 **존도이귀덕(尊道而貴德)**을 저버림이며, 52장(章)에 나오는 **복수기모(復守其母)**를 저버림이다. 이런 저버림을 묶어서 〈실도(失道)〉라고 한다.

실도(失道) 즉 상도(常道)를 잃어버리면 상도(常道)의 용(用)인 상덕(常德)마저 잃어버린다[失]. 그러면 인간은 소사(少私)하여 과욕(寡欲)할 줄 모르고 예악(禮樂)의 다스림[治]을 받게 된다. 『예기(禮記)』에 **예악개득위지유덕(禮樂皆得謂之有德) 덕자득야(德者得也)**란 말이 나온다. 예악(禮樂)을 모두[皆] 갖추어야[得] 유덕(有德)함이란 인위(人爲)의 덕(德)인 하덕(下德)이며, 무위(無爲)의 상도(常道)가 잊히고 무위(無爲)의 상덕(上德)마저도 상실하여[失] 예악(禮樂)의 덕(德)인 인위(人爲)의 하덕(下德)이 등장했음을 밝힌 말씀이 여기 〈실도이후덕(失道而後德)〉이다.

인간은 궁본(窮本) 즉 본성(本性)을 궁구(窮究)하기를 멀리하면서 상도(常道)를 따라서[中] 지킴을[守] 저버린 탓으로 상도를[道] 받들고[尊] 상덕을[德] 받듦을[貴] 잊게 되고, 상도(常道)라는 어머니로[母] 돌아와[復] 지킴을[守] 잊어버린 탓으로 상인(上仁)을 강조하게 된다. 상인(上仁)이란 복례(復禮) 즉 예(禮)로 돌아감[復]이다. 상도(常道)로 돌아옴이 아니라 예(禮)로 돌아옴이 곧 어짊[仁]으로 돌아옴이란 것이다. 이처럼 예(禮)는 인(仁)으로 돌아오게 함이다. 그러므로 비례(非禮)이면

보지도[視] 듣지도[聽] 말하지도[言] 행동거지도[動] 말라[勿] 한다. 이처럼 복인(復仁)하고자 팔을[臂] 비틀어서라도[攘而] 복례(復禮)를 거듭하려는[仍之] 인위(人爲)가 생기게 되었음을 밝힘이 여기 〈실덕이후인(失德而後仁)〉이다.

이어서 인간은 상도(常道)를 저버리듯이 상인(上仁)을 저버리게 되었다고 한다. 이는 예악(禮樂)을 멀리하게 된 인간이 복례(復禮)하기를 모르는 탓에 상인(上仁)을 잃어[失] 잊어버리게[忘] 되고, 사람은 어짊[仁]을 잊어버림이다. 인(仁)의 인심(人心)을 잃지 않게 하고자 상의(上義)가 나타난다는 것이 〈실인이후의(失仁而後義)〉란 말씀이다. 이 말씀은 『맹자(孟子)』의 방기심이부지구(放其心而不知求)를 상기시킨다. 제 마음[其心]이 내치고도[放而] 찾을 줄[求] 모르는[不知] 인간이 되면 인심(人心)인 어짊[仁]을 잊게 된다. 인(仁)을 잊어버린 인간에게 인(仁)을 되찾도록 사람의 길[路]로 이끌어가려는 상의(上義)가 등장한 것이다. 사람이 잃어서 잊어버린 어짊[仁]을 구(求)하기 위해 가야 할 길[路]이 의(義)이다. 그러므로 상인(上仁)을 되찾게 하려는 상의(上義)를 팔을[臂] 비틀어서라도[攘而] 거듭하려는[仍之] 말씀이 〈실인이후의(失仁而後義)〉이다.

실도(失道)하여 덕(德)이 등장하고, 실덕(失德)하여 인(仁)이 등장하며, 실인(失仁)하여 의(義)가 등장하고, 실의(失義)하여 예(禮)가 등장하게 됨에 따라, 예(禮)를 백성[民]과 함께 이행하는 인위(人爲)의 치세(治世)가 점점 더 강화된다. 실의(失義) 이후에 등장한 예(禮)는 유가(儒家)에서 말하는 삼대지례(三代之禮)를 연상시킨다. 이러한 예(禮)는 하(夏)나라가 만들고[作] 은(殷)나라가 따랐던[因] 예(禮)와 같은 인위(人爲)의 예(禮)로서, 공경지지(恭敬之至) · 인지지(仁之至) · 충지지(忠之至) · 의지지(義之至)이다.

이러한 인의지도(仁義之道)는 예(禮)를 떠나서는 살필 수도 없고 행할 수도 없게 되어 도덕인의비례불성(道德仁義非禮不成)이라 단언하기도 한다. 도덕(道德) 인의(仁義)도 예가(禮) 아닌 것[非]이면 이루지 못한다는[不成] 것이다. 예(禮)는 인의(仁義)의 보루(堡壘)가 되니, 이처럼 실의(失義) 이후에 등장한 예(禮)는 인간의 심술(心術)을 인위(人爲)로 다스리게 되었음을 살펴 새기고 헤아려 일깨워주는 말씀이 〈실의이후례(失義而後禮)〉이다.

註 "다언수궁(多言數窮) 불여수중(不如守中)." {치민(治民)하면서 정령(政令)을 밝히는} 말이[言] 많아질수록[多] (백성을 다스리는) 이치가[數] 궁색해지니[窮], 상도를 따라[中] (무위의 다스림을) 지킴만[守] 못하다[不如]. 『노자(老子)』 5장(章)

註 "만물막부존도이귀덕(萬物莫不尊道而貴德)." 온갖 것은[萬物] 도를[道] 받들면서[尊而] 덕을[德] 받들지 않을 수[不貴] 없다[莫]. 『노자(老子)』 51장(章)

註 "기지기자(旣知其子) 복수기모(復守其母) 몰신불태(歿身不殆)." 이미[旣] 그[其] 자손임을[子] 알고[知] 그[其] 어머니께로[母] 돌아와[復] 지킨다면[守] 평생토록[歿身] 위태롭지 않다[不殆]. 『노자(老子)』 52장(章)

註 "지악즉기어례의(知樂則幾於禮矣) 예악개득위지유덕(禮樂皆得謂之有德) 덕자득야(德者得也)." 악을[樂] 알면[知] 곧[則] 예에[於禮] 가까운 것[幾]이다[矣]. 예악이[禮樂] 모두[皆] 갖추어짐[得] 그것을[之] 덕이[德] 있다고[有] 한다[謂]. 덕이란[德] 것은[者] {예악(禮樂)을} 얻어 깨달음[得]이다[也]. 『예기(禮記)』「악기(樂記)」

註 "인인심야(仁人心也) 의인로야(義人路也) 사기로이불유(舍其路而弗由) 방기심이부지구(放其心而不知求) 애재(哀哉)." 어짊은[仁] 사람의 마음[人心]이고[也], 옳음은[義] 사람의 길[人路]이다[也]. 그[其] 길을[路] 버리고서[舍而] 따라가지 않아[弗由] 그[其] 마음을[心] 방임하고서[放而] 구할 줄[求] 모르니[不知] 슬프도다[哀哉]! 『맹자(孟子)』「고자장구상(告子章句上)」

註 "궁본지변악지정야(窮本知變樂之情也) 저성거위예지경야(著誠去僞禮之經也) 예악부천지지정(禮樂偩天地之情) 달신명지덕(達神明之德)." 본심을[本] 더없이 살펴[窮] 변화함을[變] 앎이[知] 악의[樂之] 참뜻[情]이고[也], 참을[誠] 드러내고[著] 거짓을[僞] 없앰이[去] 예의[禮之] 길[經]이다[也]. 예악은[禮樂] 하늘땅의[天地之] 참뜻을[情] 따라 본뜨고[偩], 천지조화(天地造化)를[神] 밝히는[明之] 덕(德)에 이른다[達]. 『예기(禮記)』「악기(樂記)」

註 "삼대지례일야(三代之禮一也) 민공유지(民共由之) 혹소혹청(或素或靑) 하조은인(夏造殷因)." 삼대의[三代之] 예는[禮] 하나[一]이다[也]. 백성은[民] 함께[共] 그것을[之] 따랐으나[由] 혹은[或] 희기도 하고[素] 혹은[或] 푸르기도 했다[靑]. 하나라가[夏] {예(禮)를} 지었고[造] 은나라는[殷] 따랐다[因]. 『예기(禮記)』「예기(禮器)」

註 "기제어교경지지야(祈帝於郊敬之至也) 종묘지제인지지야(宗廟之祭仁之至也) 상례충지지야(喪禮忠之至也) 비복기인지지야(備服器仁之至也) 빈객지용폐의지지야(賓客之用幣義之至也) 고(故) 군자욕관인의지도(君子欲觀仁義之道) 예기본야(禮其本也)." 교외에서[於郊] 상제를[帝] 제사지냄은[祈] 공경의[敬之] 지극함[至]이고[也], 종묘의[宗廟之] 제사는[祭] 인의[仁之] 지극함[至]이며[也], 상례는[喪禮] 거짓 없는[忠] 지극함[至]이고[也], 수의와 제기를[服器] 갖춤은[備] 인의[仁之] 지극함[至]이며[也], 연회에서 손님이[賓客之] 선물을 사용함은[用幣] 의의[義之] 지극함[至]이다[也]. 그러므로[故] 군자가[君子] 인의의[仁義之] 도를[道] 살피고자 한다면[欲觀] 예가[禮] 그 살핌의[其] 근본[本]이다[也]. 『예기(禮記)』「예기(禮器)」

註 "도덕인의비례불성(道德仁義非禮不成)." 도덕과[道德] 인의도[仁義] 예가[禮] 아닌 것이면 [非] 이뤄지지 않는다[不成]. 『예기(禮記)』「곡례(曲禮)」

【보주(補註)】

- 〈고(故) 실도이후덕(失道而後德) 실덕이후인(失德而後仁) 실인이후의(失仁而後義) 실의이후례(失義而後禮)〉를 〈시고(是故) 인실상덕이후인유하덕(人失上德而後人有下德) 이인실하덕이후인유상인(而人失下德而後人有上仁) 이인실상인이후인유상의(而人失上仁而後人有上義) 이인실상의이후인유례(而人失上義而後人有禮)〉처럼 옮기면 문맥을 좀 더 쉽게 잡을 수 있다. 〈이렇기[是] 때문에[故] 사람이[人] 상덕을[上德] 잃자[失] 뒤따라[而後] 하덕이[下德] 생겼다[有]. 그리고[而] 사람이[人] 하덕을[下德] 잃자[失] 뒤따라[而後] 상인이[上仁] 생겼다[有]. 그리고[而] 사람이[人] 상인을[上仁] 잃자[失] 뒤따라[而後] 상의가[上義] 생겼다[有]. 그리고[而] 사람이[人] 상의를[上義] 잃자[失] 뒤따라[而後] 예가[禮] 생겼다[有].〉
- 『노자(老子)』에서 예악(禮樂)이 언급되지 않는 연유를 여기서 알 수 있다. 유가(儒家)의 예악(禮樂)은 인위(人爲)의 제도이지, 법자연(法自然)의 것이 아니라고 본 것이다. 『장자(莊子)』도 법자연(法自然) 즉 상도(常道)의 천지(天地)를 그냥 그대로[自然] 본받는[法] 천락(天樂)이 언급되고, 천지지덕(天地之德)에 명백(明白)함이 대본(大本)이고 대종(大宗)이라 밝힌다. 예악(禮樂)의 덕(德)은 하덕(下德)이고 인덕(人德)인지라 근본이 될 수 없고, 무위자연(無爲自然)의 덕(德) 현덕(玄德)이 덕(德)의 대본(大本) 즉 근본이고 대종(大宗) 즉 중심이라고 노장(老莊)은 밝힌다. 무위자연(無爲自然)의 덕(德)을 천지지덕(天地之德)이라 한다.

註 "부명백어천지지덕자(夫明白於天地之德者) 차지위대본대종(此之謂大本大宗) 여천화자야(與天和者也) 소이균조천하(所以均調天下) 여인화자위지인악(與人和者謂之人樂) 여천화자위지천악(與天和者謂之天樂)…… 지천악자(知天樂者) 기생야천행(其生也天行) 기사야물화(其死也物化) 정이여음동덕(靜而與陰同德) 동이여양동파(動而與陽同波) 고(故) 지천악자(知天樂者) 무천원(無天怨) 무인비(無人非) 무물루(無物累) 무귀책(無鬼責) 고(故) 왈(曰) 기동야천(其動也天) 기정야지(其靜也地) 일심정이왕천하(一心定而王天下) 기귀불수(其鬼不祟) 기혼불피(其魂不疲) 일심정이만물복(一心定而萬物服)." 무릇[夫] 천지의[天地之] 덕에[於德] 명백한[明白] 것[者] 이를[此] 크나큰[大] 근본이고[本] 크나큰[大] 중심이라[宗] 하고[謂], 하늘

과[與天] 어울리는[和] 것[者]이고[也] 세상을[天下] 고르게[均] 조화하는[調] 까닭이다[所以]. 사람과[與人] 어울리는[和] 것[者] 그것을[之] 인악이라[人樂] 하고[謂], 자연과[與天] 어울리는[和] 것[者] 그것을[之] 천악이라[天樂] 한다[謂].…… 천악을[天樂] 아는[知] 사람[者] 그의[其] 삶이란[生也] 자연대로[天] 행하고[行], 그의[其] 죽음이란[死也] 만물 따라[物] 변화하며[化], 고요할 때면[靜而] 음기와[與陰] 덕을[德] 같이하고[同], 거동할 때면[動而] 양기와[與陽] 동작을[波] 같이한다[同]. 그래서[故] 천악을[天樂] 아는[知] 사람한테는[者] 하늘의[天] 원망이[怨] 없고[無], 사람의[人] 비난이[非] 없으며[無], 사물의[物] 방해가[累] 없고[無], 귀신의[鬼] 책망이[責] 없다[無]. 그래서[故] 그의[其] 거동이란[動也] 하늘이고[天], 그의[其] 고요란[靜也] 땅인지라[地] 한 마음[一心]으로 정해져서[定而] 세상에서[天下] 왕 노릇한다고[王] 말한다[曰]. 그[其] 귀신도[鬼] 빌미를 부리지 않고[不祟], 그[其] 넋도[魂] 피로하지 않으며[不疲], 한 마음[一心]으로 안정돼서[定而] 만물이[萬物] 좇아 따른다[服]. 『장자(莊子)』「천도(天道)」

- 실도(失道) · 실덕(失德) · 실인(失仁) · 실의(失義)는 무도(無道) · 무덕(無德) · 무인(無仁) · 무의(無義)와 같은 뜻이다. 법자연(法自然)을 벗어나 인간의 작위(作爲)인 인위(人爲)가 비롯된 소이(所以) 즉 까닭을 밝힘이다. 〈상도를[道] 잃다[失] · 상덕을[德] 잃다[失] · 상인을[仁] 잃다[失] · 상의를[義] 잃다[失], 상도가[道] 없다[無] · 상덕이[德] 없다[無] · 상인이[仁] 없다[無] · 상의가[義] 없다[無].〉

【해독(解讀)】

- 〈실도이후덕(失道而後德) 실덕이후인(失德而後仁) 실인이후의(失仁而後義) 실의이후례(失義而後禮)〉는 네 개의 복문(複文)이 모여 이루어진 하나의 문단이다. 〈실도이후덕하고[失道而後德] 실덕이후인하며[失德而後仁] 실인이후의하고[失仁而後義] 실의이후례했다[失義而後禮].〉
- 〈실도이후(失道而後) 덕(德)〉은 시간의 종절과 주절로 이루어진 복문(複文)이다.

  실도이후(失道而後)에서 실(失)은 주어가 생략됐지만 동사 노릇하고, 도(道)는 실(失)의 목적어 노릇하며, 이후(而後)는 시간의 접속사 노릇한다. 실(失)은 〈잃을 상(喪)〉과 같아 상실의 줄임말로 여기면 된다. 〈도를[道] 잃은[失] 뒤에[而後]〉

  덕(德)은 한 자(字)이지만 주절 노릇한다. 〈유덕(有德)〉에서 〈있을 유(有)〉가 생략되고 유(有)의 주어 노릇하는 덕(德)만 남은 구문으로 문맥을 잡거나, 덕(德)의 주어는 생략되고 덕(德)이 동사 노릇하는 구문으로 문맥을 잡아도 된다. 〈덕이 있다[德].〉 여기선 유덕(有德)의 줄임으로 여김이고 덕[德]은 명사이다.

〈덕이 행해졌다[德].〉 여기선 덕[德]은 수동의 동사로 새기게 된다.

- 〈실덕이후(失德而後) 인(仁)〉은 시간의 종절과 주절로 이루어진 복문이다.

실덕이후(失德而後)에서 실(失)은 주어가 생략됐지만 동사 노릇하고, 덕(德)은 실(失)의 목적어 노릇하며, 이후(而後)는 시간의 접속사 노릇한다. 〈덕을[德] 잃은[失] 뒤에[而後]〉

인(仁)은 한 자(字)이지만 주절 노릇한다. 〈유인(有仁)〉에서 〈있을 유(有)〉가 생략되고 유(有)의 주어 노릇하는 인(仁)만 남은 구문으로 문맥을 잡거나, 인(仁)의 주어는 생략되고 인(仁)이 동사 노릇하는 구문으로 문맥을 잡아도 된다. 〈인이 있다[仁] · 인이 행해졌다[仁]〉

- 〈실인이후(失仁而後) 의(義)〉는 시간의 종절과 주절로 이루어진 복문이다.

실인이후(失仁而後)에서 실(失)은 주어가 생략됐지만 동사 노릇하고, 인(仁)은 실(失)의 목적어 노릇하며, 이후(而後)는 시간의 접속사 노릇한다. 〈인을[仁] 잃은[失] 뒤에[而後]〉

의(義)는 한 자(字)이지만 주절 노릇한다. 의(義)는 〈유의(有義)〉에서 〈있을 유(有)〉가 생략되고 유(有)의 주어 노릇하는 의(義)만 남은 구문으로 문맥을 잡거나, 의(義)의 주어는 생략되고 의(義)가 동사 노릇하는 문맥으로 잡아 새겨도 된다. 〈의가 있다[義] · 의가 행해졌다[義]〉

- 〈실의이후(失義而後) 예(禮)〉는 시간의 종절과 주절로 이루어진 복문이다.

실의이후(失義而後)에서 실(失)은 주어가 생략되었지만 동사 노릇하고, 의(義)는 실(失)의 목적어 노릇하며, 이후(而後)는 시간의 접속사 노릇한다. 〈의를[義] 잃은[失] 뒤에[而後]〉

예(禮)는 한 자(字)이지만 주절 노릇한다. 〈유례(有禮)〉에서 〈있을 유(有)〉가 생략되고 유(有)의 주어 노릇하는 예(禮)만 남은 구문으로 문맥을 잡거나, 예(禮)의 주어는 생략되고 예(禮)가 동사 노릇하는 구문으로 문맥을 잡아 새겨도 된다. 〈예가 있다[禮] · 예가 행해졌다[禮]〉

38-9 夫禮者忠信之薄(부례자충신지박) 而亂之首也(이란지수야)

▶무릇[夫] 예란[禮] 것은[者] 거짓 없는[忠] 믿음이[信之] 박약해짐이고[薄而], 어지러움의[亂之] 실마리[首]이다[也].

무릇 부(夫), 예의(禮儀) 례(禮), 갓 자(者), 믿을 충(忠), 믿을 신(信), 조사(~의) 지(之), 엷을 박(薄), 그리고 이(而), 어지러울 란(亂), 실마리 수(首), 조사(~이다) 야(也)

【지남(指南)】

〈부례자충신지박(夫禮者忠信之薄) 이란지수야(而亂之首也)〉는 예악(禮樂)의 예(禮)가 비롯된 까닭과, 그것이 인위(人爲)의 극치임을 밝힌다. 예악(禮樂)의 인의(仁義)를 앞세우는 성자(聖者)와 지자(智者)를 따르고, 기교와 이득을 추구하는 인위(人爲)를 추구하면서 인간은 자연(自然)을 좇아 순응하기를 잃게[失] 되었다. 〈충신지박(忠信之薄)〉은 법자연(法自然)하기를 진실로[忠] 믿지[信] 않게 되었음이다. 이에 인간은 견소포박(見素抱樸)을 잃었고[失], 소사과욕(少私寡欲)을 저버리게[棄] 된다. 인간이 견소(見素) 즉 자연을[素] 살핌을[見] 버리고, 포박(抱樸) 즉 자연을[樸] 지킴을[抱] 저버렸기 때문에, 인간은 제 몫을[私] 줄이고[少] 탐욕을[欲] 줄이기를[寡] 저버리면서 겉치레를 앞세워 인위(人爲)의 예(禮)가 생겨나 다듬어지게 되었음을 단언함이 여기 〈난지수(亂之首)〉이다.

자외작고문(自外作故文) 즉 몸가짐에서[自外] 지어지기[作] 때문에[故] 꾸밈[文]을 떠날 수 없는 것이 예(禮)이다. 몸가짐을 문식(文飾) 즉 보기 좋게 꾸미면[文飾] 그만큼 인간의 짓[人爲]은 그 문식에 묶이고[累], 마음 속의 충신(忠信) 즉 정직한 믿음은 밀려나 박약해진다[薄]. 따라서 문식(文飾)의 예(禮)가 심중(心中)의 충신(忠信)을 박약(薄弱)하게 하여 참[眞]과 거짓[僞]의 가림이 헷갈리게 되고, 세상이 혼란스럽게 됨을 살펴 새기고 헤아려 깨우치게 하는 말씀이 〈부례자충신지박(夫禮者忠信之薄) 이란지수야(而亂之首也)〉이다.

註 "악유중출(樂由中出 예자외작(禮自外作) 악유중출고정(樂由中出故靜) 예자외작고문(禮自外作故文)." 악은[樂] 마음 속[中]에서[由] 나오고[出], 예는[禮] 몸가짐[外]에서[自] 지어진다[作]. 악은[樂] 마음에서[由中] 나오기[出] 때문에[故] 고요하고[靜], 예는[禮] 몸가짐에서[自外] 생기기[作] 때문에[故] 꾸민다[文]. 『예기(禮記)』「악기(樂記)」

【보주(補註)】

- 〈부례자충신지박(夫禮者忠信之薄) 이란지수야(而亂之首也)〉를 〈부례자시박충신자(夫禮者是薄忠信者) 이부례자란세지수야(而夫禮者亂世之首也)〉처럼 옮기면 문맥을 좀 더 쉽게 잡을 수 있다. 〈부례자란[夫禮者] 충신을[忠信] 엷게 하는[薄] 것[者]이다[是]. 그리고[而] 부례자란[夫禮者] 세상을[世] 어지럽히는[亂之] 우두머리[首]이다[也].〉
- 『노자(老子)』에서 예악(禮樂)이 언급되지 않는 연유를 여기서 더욱 극명하게 알 수 있다. 유가(儒家)가 앞세우는 예(禮)가 난세(亂世)의 실마리[首]라 함은 예(禮)를 앞세우는 성지(聖智)와 온갖 지자(智者)들이 세상을 어지럽히는 수괴(首魁)가 된다는 주장이다. 그래서 『장자(莊子)』에 성인지과(聖人之過)라는 말이 나온다.

註 "부잔박이위기(夫殘樸以爲器) 공장지죄야(工匠之罪也) 훼도덕위인의(毁道德爲仁義) 성인지과야(聖人之過也)." 무릇[夫] 통나무를[樸] 해쳐서[殘以] 그릇을[器] 만듦은[爲] 목수의[工匠之] 죄이고[罪也], 도덕을[道德] 훼손해서[毁] 인의를[仁義] 만듦은[爲] 성인의[聖人之] 잘못이다[過也]. 『장자(莊子)』「마제(馬蹄)」

【해독(解讀)】

- 〈부례자충신지박(夫禮者忠信之薄) 이란지수야(而亂之首也)〉는 두 구문이 〈그리고 이(而)〉로 이어진 중문(重文)이다. 〈부례자는[夫禮者] 충신지박이다[忠信之薄]. 그리고[而] 난지수(亂之首)이다[也].〉
- 부례자충신지박(夫禮者忠信之薄)에서 부례자(夫禮者)는 주부(主部) 노릇하고, 충신지박(忠信之薄)은 술부(述部) 노릇한다. 충신(忠信)은 성신(誠信)과 같고, 거짓 없이 진실한[忠] 믿음[信]을 말한다. 박(薄)은 〈두터울 후(厚)〉의 반대말이다. 〈부례자는[夫禮者] 충신의[忠信之] 엷음이다[薄].〉
- 이란지수야(而亂之首也)에서 이(而)는 연사(連詞)로 〈그리고 이(而)〉 노릇하고, 주어가 생략되었지만 난지수(亂之首)는 술부(述部)로서 주격보어 노릇하며, 야

(也)는 문미조사(~이다) 노릇한다. 난(亂)은 〈어지러운 혼(混)〉과 같아 혼란(混亂)의 줄임말로 여기면 된다. 〈그리고[而] 혼란의[亂之] 실마리[首]이다[也].〉

38-10 前識者道之華(전식자도지화) 而愚之始也(이우지시야)

▶지식을[識] 앞세우는[前] 것은[者] 인도의[道之] 꾸밈이고[華而], 어리석음의[愚之] 시작[始]이다[也].

앞 전(前), 알 식(識), 것(놈) 자(者), 상도(常道) 도(道), 조사(~의) 지(之), 겉(꾸밀) 화(華), 그리고 이(而), 어리석을 우(愚), 시작 시(始), 조사(~이다) 야(也)

【지남(指南)】

〈전식자도지화(前識者道之華) 이우지시야(而愚之始也)〉는 맨 먼저 예(禮)를 제정할 줄 안[識] 사람의 그릇됨을 밝힌다. 여기 〈전식자(前識者)〉는 선지작례지인(先知作禮之人) 즉 작례를[作禮] 맨 먼저[先] 알았던[知之] 사람을[人] 말함이다. 제례(制禮)를 선견(先見)한 사람[者]이니, 작례자(作禮者)가 여기 전식자(前識者)이다. 따라서 여기 전식자(前識者)는 유가(儒家)의 성인(聖人)을 가리킨다.

『예기(禮記)』에 **작자지위성(作者之謂聖)**이란 말이 나온다. 작자(作者)는 작례악자(作禮樂者)로 예악(禮樂)을 먼저 알아 지은[作] 이가 성인(聖人)이고, 명례(明禮) 즉 예(禮)를 밝히는[明] 이를 유가(儒家)는 현자(賢者)라고 한다. 그리고 유가(儒家)의 성인(聖人)은 선지자(先智者)로서 인지(人知)를 앞세우는[前] 전식자(前識者)이다. 그러므로 예(禮)의 지식[識]을 앞세워[前] 인간행동을 다스리는 짓을 일삼는 자가 여기 전식자(前識者)이다. 견식(見識)을 앞세워[前] 기지(機智)를 더하며, 무외(務外) 즉 사물[外]에 몰두하고[務], 축물(逐物) 즉 사물[物]을 치달아[逐] 겉보기[華]를 취(取)하고 실박(實樸)함을 저버리는 쪽으로 도인(導人)하는 무리의 우두머리[首]가 여기 전식자(前識者)인 셈이다.

따라서 예악(禮樂)을 앞세우는 전식자(前識者)는 포박귀순(抱樸歸淳) 즉 본디대로[樸]를 지켜[抱] 순박함[淳]으로 돌아가게[歸] 하는 법자연(法自然)을 버리게 하고, 호지(好智)를 추구하게 하여 난세(亂世)를 불러오고 마는 인위지도(人爲之徒) 즉 인위의(人爲之) 무리를[徒] 끌어들이는 우두머리라는 것이 노자(老子)의 예관(禮觀)이다. 『장자(莊子)』에도 예악편행(禮樂偏行) 즉천하란의(則天下亂矣)란 말이 나와 노자(老子)의 예관(禮觀)을 밝혀준다. 편행(偏行)이란 시비(是非) · 분별(分別) · 상하(上下) · 귀천(貴賤)을 따져 행하다 치우치고[偏] 마는 사람의 온갖 짓들을 말한다. 예악(禮樂)이란 인위(人爲)는 인간을 편행(偏行)으로 몰아가 난세(亂世)를 빚어낸다는 것이다.

이러한 전식자(前識者)는 인도(人道)를 꾸미기[華]를 일삼아 상도(常道)의 오(奧)를 제쳐버리고 실상(實狀)을 외면하니, 전예지식자(前禮之識者)를 〈도지화(道之華)〉의 무리라고 한다. 예의[禮之] 지식을[識] 앞세우는[前] 성지(聖智)를 본받아 인도(人道)와 인덕(人德)을 꾸며가는[華] 무리를 명례자(明禮者)라 한다. 그 명례자(明禮者)들이 현자(賢者)로서 등장해 치자(治者)의 무리를 이끌어간다. 예(禮)를 따지고 밝히는[明] 자(者)들이 비례(非禮) 즉 예가[禮] 아닌 것들을[非] 밝혀서 성인(聖人)이 제작한 예(禮)를 밝히면 밝힐수록, 그만큼 더 상도(常道)의 법자연(法自然)은 멀어지고 잊히고 버려진다.

가려진 실상을 드러나게 함이 진실이다.이런 진실을 덮어버림을 일러 어리석음[愚]이라 한다. 그러므로 지식으로써 예(禮) 밝히기[明]를 앞세우면서 인의(仁義)의 도(道)를 꾸미는[華] 성지(聖智)를 좇는 현자(賢者)라는 식자(識者)들이 상도(常道)의 법자연(法自然)을 저버리게 하는 어리석음[愚]의 시초임을 살펴 새기고 헤아려 깨우치게 하는 말씀이 〈전식자도지화(前識者道之華) 이우지시야(而愚之始也)〉이다.

註 "지례악지정자능작(知禮樂之情者能作) 식례악지문자능술(識禮樂之文者能述) 작자지위성(作者之謂聖) 술자지위명(述者之謂明) 명성자술작지위야(明聖者述作之謂也)." 예악의[禮樂之] 근본을[情] 아는[知] 이가[者] {예악(禮樂)을} 능히[能] 짓고[作], 예악의[禮樂之] 의식과 절차를[文] 아는[識] 이가[者] {예악(禮樂)을} 능히[能] 논술한다[述]. 예악을[禮樂] 처음 짓는[作] 분을[者之] 성자(聖者)라[聖] 하고[謂], 예악을[禮樂] 따라 밝히는[述] 분을[者之] 명자(明者)라[明] 한다[謂]. 명자와[明] 성자란[聖] (예악을) 따라 밝히고[述] 처음 지음을[作之] 말함[謂]이다[也].

예악지정(禮樂之情)의 정(情)은 근본 · 참뜻을 뜻하고, 예악지문(禮樂之文)의 문(文)은 의식 · 절차를 뜻한다. 작자(作者)는 창작인(創作人)을 말하고, 술자(述者)는 논술인(論述人)을 말한다.

『예기(禮記)』「악기(樂記)」

註 "예악편행(禮樂偏行) 즉천하란의(則天下亂矣) 피정이몽기덕(彼正而蒙己德) 덕즉불모(德則不冒) 모즉물필실기성야(冒則物必失其性也)." 예악이[禮樂] 치우쳐[偏] 행해지면[行] 곧장[則] 세상이[天下] 혼란스러워지는 것[亂]이다[矣]. 사람들이[彼] 올바르면[正而] 자기의[己] 상덕을[德] 속으로 간직한다[蒙]. 상덕이 통하면[德] 곧[則] (상통하므로) 가려지지 않는다[不冒]. (상덕이) 가려지면[冒] 곧장[則] 온갖 것이[物] 저마다의[其] 본성을[性] 반드시[必] 잃는 것[失]이다[也].

『장자(莊子)』「선성(繕性)」

註 "도덕인의비례불성(道德仁義非禮不成) 교훈정속비례불비(教訓正俗非禮不備) 분쟁변송비례불결(分爭辨訟非禮不決) 군신상하부자형제비례부정(君臣上下父子兄弟非禮不定) 환학사사비례불친(宦學事師非禮不親) 반조치군(班朝治軍) 이관행법(涖官行法) 비례위엄불행(非禮威嚴不行) 도사제사(禱祠祭祀) 공급귀신(供給鬼神) 비례불성부장(非禮不誠不莊) 시이군자(是以君子) 공경준절퇴양이명례(恭敬撙節退讓以明禮)." 도덕인의도[道德仁義] 예가[禮] 아닌 것이면[非] 이뤄지지 못하고[不成], 가르쳐서[教訓] 풍속을[俗] 바르게 함도[正] 예가[禮] 아닌 것이면[非] 갖춰지지 않으며[不備], 쟁의를[爭] 나누고[分] 송사를[訟] 가림도[辨] 예가[禮] 아닌 것이면[非] 결정되지 않고[不決], 군신의[君臣] 위아래[上下] 부자(父子) 형제도[兄弟] 예가[禮] 아닌 것이면[非] 정해지지 않으며[不定], 사관(仕官)을 익히고[宦] 육예(六藝)를 배우고[學] 스승을[師] 섬김도[事] 예가[禮] 아닌 것이면[非] 가까워지지 않고[不親], 조정의[朝] 위차(位次)를 바로잡고[班] 군대를[軍] 다스리고[治] 관직에[官] 있으면서[涖] 법을[法] 집행함도[行] 예가[禮] 아닌 것이면[非] 위엄이[威嚴] 행해지지 않으며[不行], 신사(神祠)에[祠] 기도하고[禱] 신사에[祀] 제사지내고[祭] 귀신에[鬼神] 제물(祭物)을 바침도[供給] 예가[禮] 아닌 것이면[非] 정성되지 않고[不誠] 장엄하지 않다[不莊]. 이[是] 때문에[以] 군자는[君子] 공경하고[恭敬] 삿된 생각을 버리고[撙節] 겸손함으로[退讓]써[以] 예를[禮] 밝힌다[明].

『예기(禮記)』「곡례상(曲禮上)」

【보주(補註)】

- 〈전식자도지화(前識者道之華) 이우지시야(而愚之始也)〉를 〈전례지식자인도지화야(前禮之識者人道之華也) 이전례지식자우지시야(而前禮之識者愚之始也)〉처럼 옮기면 문맥을 좀 더 쉽게 잡을 수 있다. 〈예의[禮之] 지식을[識] 앞세우는[前] 것은[者] 인도의[人道之] 꾸밈[華]이다[也]. 그리고[而] 예의[禮之] 지식을[識] 앞세우는[前] 것은[者] 어리석음의[愚之] 시초[始]이다[也].〉
- 『노자(老子)』에서 예악(禮樂)이 언급되지 않는 연유를 여기서도 극명하게 알 수 있다. 유가(儒家)가 앞세우는 예(禮)는 도지화(道之華)로 인도(人道)를 꾸미는[華] 짓이다. 그 꾸밈[華]이란 법자연(法自然)의 질박(質樸)함을 잊어버리게 함이다. 그 질박(質樸)의 망실(忘失)로써 어리석음이[愚] 시작된다는 것이 노자(老

子)의 예관(禮觀)이다.

【해독(解讀)】

- 〈전식자도지화(前識者道之華) 이우지시야(而愚之始也)〉는 두 구문이 〈그리고 이(而)〉로 이어진 중문(重文)이다. 〈전식자는[前識者] 도지화이다[道之華]. 그리고[而] 우지시(愚之始)이다[也].〉
- 전식자도지화(前識者道之華)에서 전식자(前識者)는 주부(主部) 노릇하고, 도지화(道之華)는 술부(述部)로 주격보어 노릇한다. 전식자(前識者)를 〈전식지사(前識之事)〉로 볼 수도 있고 〈전식지인(前識之人)〉으로 새길 수도 있다. 도지화(道之華)에서 지(之)는 조사 노릇을 자유롭게 하는 허사(虛辭)이다. 도지화(道之華)는 〈화도(華道)〉에서 도(道)를 강조하고자 도치한 어투인지라 지(之)는 목적격 또는 소유격 조사 노릇하는 셈이다. 화(華)는 〈꾸밀 문(文) · 식(飾)〉 등과 같아 문화(文華) · 화식(華飾) 등의 줄임이다. 〈지식을[識] 앞세우는[前之] 일은[事] 도의[道之] 꾸밈이다[華].〉 〈지식을[識] 앞세우는[前之] 사람은[人] 도를[道之] 꾸민다[華].〉 〈도의[道之] 꾸밈[華]〉 〈도를[道之] 꾸밈[華]〉
- 이우지시야(而愚之始也)에서 이(而)는 〈그리고 이(而)〉 노릇하고, 주어가 생략되었지만 우지시(愚之始)는 술부(述部)로 주격보어 노릇하며, 야(也)는 문미조사(~이다) 노릇한다. 우(愚)는 〈어리석은 치(痴) · 치(癡)〉 등과 같아 우치(愚癡)의 줄임말로 여기면 된다. 〈그리고[而] 어리석음의[愚之] 시초이다[始也].〉

38-11 是以(시이) 大丈夫處其厚(대장부처기후) 不居其薄(불거기박) 處其實(처기실) 不居其華(불거기화)

▶이렇기[是] 때문에[以] 대장부는[大丈夫] 그[其] 두터움에[厚] 머물고[處] 그[其] 엷음에[薄] 머물지 않으며[不居], 그[其] 실박함에[實] 머물지[處] 그[其] 꾸밈에[華] 머물지 않는다[不居].

이 시(是), 때문에 이(以), 큰 대(大), 사내 장(丈), 사내 부(夫), 머물 처(處), 그 기(其), 두터울 후(厚), 아니 불(不), 머물 거(居), 엷음 박(薄), 실박할 실(實), 결(꾸밀) 화(華)

【지남(指南)】

〈대장부처기후(大丈夫處其厚) 불거기박(不居其薄) 처기실(處其實) 불거기화(不居其華)〉는 대장부(大丈夫)가 전식자(前識者)와 다른 까닭을 밝힌다. 대장부(大丈夫)란 상도(常道)의 법자연(法自然)을 충신(忠信)으로 본받아[法] 좇아[從] 따라서[順] 수중(守中)하며 복수기모(復守其母)하고 존도(尊道)하며 귀덕(貴德)하는 분이다. 귀근(歸根) 즉 상도(常道)의 자연(自然)으로[根] 돌아오는[歸] 복명지인(復命之人) 즉 자연이 준 목숨을 온전히 하는[復命之] 분이다. 복명(復命) 즉 본성(本性)으로[命] 돌아오는[復] 사람은 포박(抱樸) 즉 자연 그대로를[樸] 지킨다[抱]. 그러니 대장부(大丈夫)는 귀근(歸根)하여 복명(復命)하고, 복명(復命)하여 지상(知常)하는 법자연지인(法自然之人)이다.

『맹자(孟子)』에도 **대장부(大丈夫)**란 술어(術語)가 나오지만, 그는 거천하지인(居天下之人)이지 법자연지인(法自然之人)은 아니다. 예(禮)를 인의(仁義)의 보루로 삼아 명례(明禮)로 치인(治人)·치세(治世)하려는 뜻[志]을 펴는『맹자(孟子)』의 대장부(大丈夫)는『노자(老子)』의 대장부(大丈夫)와 다르다. 인간세(人間世)를 복귀어박(復歸於樸)하는 대장부(大丈夫)는 상도(常道)의 법자연(法自然)을 그냥 그대로 믿고 받들며 그냥 그대로 산다.

여기 대장부(大丈夫)는 51장(章) **존도이귀덕(尊道而貴德)**을 스스로 행하면서 백성의 삶을 간섭하지 않고 백성 스스로 삶을 상자연(常自然) 즉 항상[常] 자연을 따라[順] 맡기도록[任] 할 뿐이다. 이런 대장부(大丈夫)를 밝혀 〈기후(其厚)〉라 한다. 대장부[其]의 두터움[厚]이란 언제나[常] 순임자연(順任自然) 즉 자연을 따라[順] 맡기는[任] 삶으로서, 이를 일러 두터움[厚]이라 한다. 따라서 대장부(大丈夫)는 예(禮)로 겉을 꾸미는[華] 인도(人道)를 떠나 법자연(法自然)하여 귀근(歸根)할 뿐이다. 이를 〈불거기박(不居其薄)〉이라 한다.

기박(其薄)은 〈도지화(道之華)〉 즉 예(禮) 바로 그것이다. 대장부(大丈夫)의 후(厚)는 상도(常道)가 그냥 그대로[自然]를 본받음[法]을 충신(忠信) 즉 거짓 없이 진실로[忠] 믿고[信] 좇아[從] 따름[順]을 비유한 말씀이고, 기박(其薄)은 순임자연(順任自然)을 저버리고 종례(從禮) 즉 예를[禮] 따름을[從] 뜻한다. 기후(其厚)를 〈처기실(處其實)〉로 거듭 밝혀 법자연(法自然)의 진실(眞實)인 무명지박(無名之樸)에 머묾이[居處] 대장부(大丈夫)의 삶이니, 처기실(處其實)의 〈실(實)〉은 무명지박(無名之樸) 즉 상도(常道)의[無名之] 그냥 그대로[樸]를 뜻한다.

대장부(大丈夫)는 법자연(法自然)하는 박(樸)을 충신(忠信)하고 행할 뿐이며, 법자연(法自然)을 겉보기로 꾸미지 않는 대장부는[大丈夫] 오로지 포박(抱樸) 즉 자연을[樸] 지킬[抱] 뿐이다. 이는 〈불거기화(不居其華)〉 즉 법자연(法自然)을 꾸미기[華]에 결코 매달리지 않음을[不居] 밝힌 것이다. 그러므로 대장부(大丈夫)가 전식자(前識者)와 다름을 밝혀 예악인의(禮樂仁義)의 도덕(道德)을 버리고 무위자연(無爲自然)의 도덕(道德)으로 복귀해야 함을 이미 19장(章)에서 살핀 **절성기지(絶聖棄智)·절인기의(絶仁棄義)·절교기리(絶巧棄利)**로 되짚어 살펴 새기고 헤아려 깨우치게 하는 말씀이 〈대장부처기후(大丈夫處其厚) 불거기박(不居其薄) 처기실(處其實) 불거기화(不居其華)〉이다.

註 "거천하지광거(居天下之廣居) 입천하지정위(立天下之正位) 행천하지대도(行天下之大道) 득지(得志) 여민유지(與民由之) 부득지(不得志) 독행기도(獨行其道) 부귀불능음(富貴不能淫) 빈천불능이(貧賤不能移) 위무불능굴(威武不能屈) 차지위대장부(此之謂大丈夫)." 세상이란[天下之] 넓은[廣] 집에[居] 살고[居], 세상이란[天下之] 바른[正] 자리에[位] 서며[立], 세상이란[天下之] 대도를[大道] 행하고[行], 뜻을[志] 얻으면[得] 백성과[民] 함께[與] 그것을[之] 해가고[由], 뜻을[志] 이루지 못하면[不得] 자기의[其] 길을[道] 홀로[獨] 간다[行]. 부귀도[富貴] (그의 뜻을) 꾀지 못하고[不淫], 빈천도[貧賤] (그의 뜻을) 바꾸지 못하며[不移] 무서운[威] 무력도[武] (그의 뜻을) 꺾지 못한다[不屈]. 이런 사람을[此之] 대장부라[大丈夫] 한다[謂].

『맹자(孟子)』「등문공장구하(滕文公章句下)」

註 "만물막부존도이귀덕(萬物莫不尊道而貴德) 도지존(道之尊) 덕지귀(德之貴) 부막지명(夫莫之命) 이상자연(而常自然)." 온갖 것은[萬物] 도를[道] 받들면서[尊而] 덕을[德] 받들지 않을 수[不貴] 없다[莫]. 상도의[道之] 받듦과[尊] 덕의[德之] 높임[貴] 그것을[之] 무릇[夫] 하라 함이[命] 없어도[莫而] 늘[常] 절로[自] 그리한다[然]. 『노자(老子)』 51장(章)

註 "절성기지(絶聖棄智) 민리백배(民利百倍) 절인기의(絶仁棄義) 민복효자(民復孝慈) 절교기리(絶巧棄利) 도적무유(盜賊無有) 차삼자이위문이부족(此三者以爲文而不足) 고(故) 영유소속(令有所屬) 견소포박(見素抱樸) 소사과욕(少私寡欲)." 성지를[聖] 끊고[絶] 지식을[智] 버리면[棄] 백성이[民] 백배로[百倍] 이로워지고[利], 인을[仁] 끊고[絶] 의를[義] 버리면[棄] 백성은[民] 효도와[孝] 자애로[慈] 돌아오며[復], 재주 부리기를[巧] 끊고[絶] 이득을[利] 버리면[棄] 도둑질과[盜] 해치는 짓이[賊] 있음이[有] 없다[無]. 위의[此] 세 가지로[三者]써[以] 예악제도를[文] 삼는다면[爲

而] 만족하지 못한다[未足]. 그러므로[故] 맡은[屬] 바를[所] 간직하기를[有] 가르쳐 훈계하라[令]. 검소함을[素] 살피고[見] 질박함을[樸] 포용하게 하고[抱], 제 몫을[私] 적게 하고[少] 욕망을[欲] 적게 한다[寡]. 『노자(老子)』 19장(章)

【보주(補註)】

- 〈대장부처기후(大丈夫處其厚) 불거기박(不居其薄) 처기실(處其實) 불거기화(不居其華)〉를 〈대장부처상덕지후(大丈夫處上德之厚) 이대장부불거하덕지박(而大丈夫不居下德之薄) 이대장부처상덕지실(而大丈夫處上德之實) 이대장부불거하덕지화(而大丈夫不居下德之華)〉처럼 옮기면 문맥을 좀 더 쉽게 잡을 수 있다. 〈대장부는[大丈夫] 상덕의[上德之] 두터움에[厚] 머문다[處]. 그리고[而] 대장부는[大丈夫] 하덕의[下德之] 엷음에[薄] 머물지 않는다[不居]. 그리고[而] 대장부는[大丈夫] 상덕의[上德之] 실박함에[實] 머문다[處]. 그리고[而] 대장부는[大丈夫] 하덕의[下德之] 꾸밈에[華] 머물지 않는다[不居].〉
- 『노자(老子)』에서 예악(禮樂)이 언급되지 않는 연유를 여기서도 알 수 있다. 38장(章)에서 딱 한 번 나오는 대장부(大丈夫)는 41장(章) **상사문도(上士聞道) 근이행지(勤而行之)**란 말씀에 나오는 상사(上士)를 상기시킨다.

註 "상사문도(上士聞道) 근이행지(勤而行之)." 윗길의[上] 선비가[士] 상도(常道)를[道] 들으면[聞] 부지런히[勤而] 그것을[之] 행한다[行]. 『노자(老子)』 41장(章)

【해독(解讀)】

- 〈대장부처기후(大丈夫處其厚) 불거기박(不居其薄) 처기실(處其實) 불거기화(不居其華)〉는 네 구문이 생략된 〈그리고 이(而)〉로 이어진 하나의 문단이다. 〈대장부는[大丈夫] 처기후하고[處其厚], 불거기박하며[不居其薄], 처기실하고[處其實], 불거기화한다[不居其華].〉
- 대장부처기후(大丈夫處其厚)에서 대장부(大丈夫)는 주어 노릇하고, 처(處)는 동사 노릇하며, 기후(其厚)는 처(處)를 꾸며주는 부사 노릇한다. 처(處)는 〈머물 거(居) · 지(止)〉 등과 같다. 처기후(處其厚)는 〈처어기후(處於其厚)〉에서 어조사 노릇하는 〈~에서 어(於)〉를 생략한 어투이다. 〈대장부는[大丈夫] 기후에[其厚] 머문다[處].〉

- 불거기박(不居其薄)에서 주어 노릇할 대장부(大丈夫)는 생략되었고, 불(不)은 거(居)의 부정사(否定詞)이고, 거(居)는 동사 노릇하며, 기박(其薄)은 거(居)를 꾸며주는 부사 노릇한다. 거(居)는 〈머물 처(處) · 지(止)〉 등과 같다. 불거기박(不居其薄)은 〈불거어기박(不居於其薄)〉에서 어조사 노릇하는 〈~에서 어(於)〉를 생략한 어투이다. 〈기박에[其薄] 머물지 않는다[不居].〉
- 처기실(處其實)에서 주어 노릇할 대장부(大丈夫)는 생략되었고, 처(處)는 동사 노릇하며, 기실(其實)은 처(處)를 꾸며주는 부사 노릇한다. 처(處)는 〈머물 거(居) · 지(止)〉 등과 같다. 처기실(處其實) 역시 〈처어기실(處於其實)〉에서 어조사 노릇하는 〈~에서 어(於)〉를 생략한 어투이다. 〈기실에[其實] 머문다[處].〉
- 불거기화(不居其華)에서 주어 노릇할 대장부(大丈夫)는 생략되었고, 불(不)은 거(居)의 부정사(否定詞)이고, 거(居)는 동사 노릇하며, 기화(其華)는 거(居)를 꾸며주는 부사 노릇한다. 거(居)는 〈머물 처(處) · 지(止)〉 등과 같다. 불거기화(不居其華)는 〈불거어기박(不居於其華)〉에서 어조사 노릇하는 〈~에서 어(於)〉를 생략한 어투이다. 화(華)는 〈꾸밀 문(文) · 식(飾)〉 등과 같아 문화(文華) · 화식(華飾) 등의 줄임말로 여기면 된다. 〈기화에[其華] 머물지 않는다[不居].〉

38-12 故(고) 去彼取此(거피취차)

▶ 그러므로[故] (대장부는) 저것을[彼] 버리고[去] 이것을[此] 취한다[取].

그러므로 고(故), 버릴 거(去), 저것 피(彼), 취할 취(取), 이것 차(此)

【지남(指南)】

〈거피취차(去彼取此)〉는 38장(章)의 총결(總結)인 동시에 대장부(大丈夫)가 전식자(前識者)와 다른 까닭을 거듭 밝힌다. 대장부(大丈夫)는 상도(常道)의 법자연(法自然)을 충신(忠信)으로 본받기[法] 때문에 3장(章)의 성인지치(聖人之治)를 그냥 그대로 본받는다[法]. 대장부(大丈夫)는 허기심(虛其心) 즉 제[其] 마음을[心] 비우게 하고[虛], 실기복(實其腹) 즉 제[其] 배를[腹] 채우게 하며[實], 약기지(弱其志) 즉 제[其] 뜻을[志] 약하게 하고[弱], 강기골(强其骨) 즉 제[其] 기골을[骨] 강하게 하여[强] 백성으로 하여금 지식을 멀리하고 욕심을 없애 전식자(前識者)들이 감히 인위(人爲)의 짓을 범하지 못하게 한다.

백성이 몸 편히 살게 하면 마음도 편해진다. 예(禮)로 백성을 닦달하고 유식하게 하여 먹고 살기를 궁핍하게 하면 백성의 안거(安居)는 이루어질 수 없다. 상도(常道)의 체용(體用)을 그냥 그대로 본받는[法] 성인(聖人)의 다스림[治]을 법(法)하고자 예지박여화(禮之薄與華) 즉 예의[禮之] 엷음과[薄與] 꾸밈[華]을 버리고[去], 상덕지후여실(上德之厚與實) 즉 상덕의[上德之] 두터움과[厚與] 충실함[實]을 취하는[取] 대장부(大丈夫)의 〈거취(去取)〉 즉 거례(去禮) 즉 예를[禮] 버리고[去], 취자연(取自然) 즉 상도와 상덕을(自然) 취하는[取] 깊은 뜻을 총결(總結)하여 살펴 새기고 헤아려 깨우치게 하는 말씀이 〈거피취차(去彼取此)〉이다.

註 "성인지치(聖人之治) 허기심(虛其心) 실기복(實其腹) 약기지(弱其志) 강기골(强其骨) 상사민무지무욕(常使民無知無欲) 사부지자불감위야(使夫知者不敢爲也)." 성인의[聖人之] 다스림은[治] 그[其] 마음을[心] 비우게 하고[虛], 그[其] 배를[腹] 충실하게 하며[實], 그[其] 마음가기를[志] 유약하게 하고[弱], 그[其] 뼈대를[骨] 굳세게 한다[强]. 늘[常] 백성으로[民] 하여금[使] 앎이[知] 없게 하고[無] 하고자 함이[欲] 없게 하고[無], 무릇[夫] {인위(人爲)를} 아는[知] 자로[者] 하여금[使] 과감히[敢] {인위(人爲)를} 행하지 않게 하는 것[不爲]이다[也]. 『노자(老子)』 3장(章)

【보주(補註)】

- 〈거피취차(去彼取此)〉를 〈대장부거례지박여화(大丈夫去禮之薄與華) 이대장부취도덕지후여실(而大丈夫取道德之厚與實)〉처럼 옮기면 문맥을 좀 더 쉽게 잡을 수 있다. 〈대장부는[大丈夫] 예의[禮之] 화와[華與] 박을[薄] 버린다[去]. 그리고[而] 대장부는[大丈夫] 도덕의[道德之] 실과[實與] 후를[厚] 취한다[取].〉
- 『노자(老子)』에서 예악(禮樂)이 언급되지 않는 연유를 총결(總結)하여 간명하게 지적한다. 거피취차(去彼取此)는 〈거인위취무위(去人爲取無爲)〉로 새겨도 된다. 〈인위를[人爲] 버리고[去] 무위를[無爲] 취한다[取].〉

【해독(解讀)】

- 〈거피취차(去彼取此)〉는 두 구문이 〈그리고 이(而)〉로 이어진 중문(重文)이다. 〈피를[彼] 거한다[去]. 그러나[而] 차를[此] 취한다[取].〉
- 거피(去彼)에서 주어 노릇할 대장부(大丈夫)가 생략되었지만 거(去)는 동사 노

릇하며, 피(彼)는 거(去)의 목적어 노릇한다. 거(去)는 〈버릴 기(棄) · 유(遺)〉 등과 같아 기거(棄去)의 줄임말로 여기면 된다. 〈저것을[彼] 버린다[去].〉

- 취차(取此)에서 주어 노릇할 대장부(大丈夫)는 생략되었지만 취(取)는 동사 노릇하며, 차(此)는 취(取)의 목적어 노릇한다. 취(取)는 〈취할 득(得)〉과 같아 취득(取得)의 줄임말로 여기면 된다. 〈이것을[此] 취한다[取].〉

법본장(法本章)

상도(常道)의 작용을 밝히고, 천지만물의 구성을 들어 상도(常道)를 설명한 다음, 치자(治者)로서 후왕(侯王)이 득도(得道)로써 세상의 안정을 삼아야 하는 까닭을 밝힘이 본장(本章)의 앞부분이다. 뒷부분에서는 위정자(爲政者)로서 후왕(侯王)이 〈하(下)〉와 〈천(賤)〉을 따라 응하면서 처하(處下)하고 거후(居後)하며 겸비(謙卑)해야 함을 밝힌다.

한 나라의 통치자로서 후왕(侯王)은 〈득일(得一)〉로써 〈천하정(天下貞)〉 즉 세상의[天下] 안정을[貞] 이룰 수 있음을 밝힌다. 상도(常道)가 하(下)를 고(高)의 바탕으로 삼고, 천(賤)을 귀(貴)의 바탕으로 삼음을 본받아, 후왕(侯王)은 처하(處下) · 거후(居後) · 겸비(謙卑)로 백성을 마주하며 치국(治國)해야 전복당하지 않음을 밝혀놓은 장(章)이다.

【원문(原文)】

昔之得一者라 天은 得一以清하고 地는 得一以寧하며
석 지 득 일 자 천 득 일 이 청 지 득 일 이 령

神은 得一以靈하고 谷은 得一以盈하며 萬物은 得一以
신 득 일 이 령 곡 득 일 이 영 만 물 득 일 이

生하고 侯王은 得一以爲天下貞하고 其致之라 天無以
생 후 왕 득 일 이 위 천 하 정 기 치 지 천 무 이

清이면 將恐裂이고 地無以寧이면 將恐廢이며 神無以靈
청 장 공 렬 지 무 이 령 장 공 폐 신 무 이 령

이면 將恐歇이고 谷無以盈이면 將恐竭이며 萬物無以生
장 공 헐 곡 무 이 영 장 공 갈 만 물 무 이 생

이면 將恐滅이고 侯王無以貞而貴高면 將恐蹶이다 故로
장 공 멸 후 왕 무 이 정 이 귀 고 장 공 궐 고

貴以賤爲本이고 高以下爲基라 是以로 侯王이 自稱孤
귀 이 천 위 본 고 이 하 위 기 시 이 후 왕 자 칭 고

寡不穀이라 한다 此其以賤爲本耶가 非乎아 人之所惡
과 불 곡 차 기 이 천 위 본 야 비 호 인 지 소 오

인 唯孤寡不穀으로 而王公以爲稱한다 至譽無譽라 故로
유 고 과 불 곡 이 왕 공 이 위 칭 지 예 무 예 고

物或損之而益하고 或益之而損한다 不欲琭琭如玉하고
물 혹 손 지 이 익 혹 익 지 이 손 불 욕 록 록 여 옥

落落如石이다
낙 락 여 석

태초에[昔之] 하나를[一] 얻는[得] 것들[者] : 하늘은[天] 하나를[一] 얻음으로[得] 써[以] 청허하고[清], 땅은[地] 하나를[一] 얻음으로[得] 써[以] 안녕하며[寧], 신도[神] 하나를[一] 얻음으로[得] 써[以] 영묘하고[靈], 골짜기는[谷] 하나를[一] 얻음으로[得] 써[以] 채워지며[盈], 온갖 것은[萬物] 하나를[一] 얻음으로[得] 써[以] 생기고[生], 후왕은[侯王] 하나를[一] 얻음으로[得] 써[以] 세상의[天下] 바름을[貞] 이룬다[爲]. 위의 것들은[其] 득일(得一)에[之] 이른다[致]. 하늘에[天] {득일(得一)로} 써[以] 청명함이[清] 없다면[無] (하늘은) 곧장[將] 무너짐을[裂] 면하기 어려울 것이고[恐], 땅에[地] {득일(得一)로} 써[以] 안정됨이[寧] 없다면[無] (땅은) 곧장[將] 부서짐을[廢] 면하기 어려울 것이며[恐], 변화하게 하는 짓에[神] {득일(得一)로} 써

[以] 영묘함이[靈] 없다면[無] 곧장[將] 소실됨을[歇] 면하기 어려울 것이고[恐], 골짜기에[谷] {득일(得一)로} 써[以] 채움이[盈] 없다면[無] 곧장[將] 고갈됨을[竭] 면하기 어려울 것이며[恐], 만물이[萬物] {득일(得一)로} 써[以] 태어남이[生] 없다면[無] 곧장[將] 소멸됨을[滅] 면하기 어려울 것이고[恐], 후왕한테[侯王] {득일(得一)로} 써[以] 청정함이[貞] 없어서[無而] 높음을[高] 귀히 하면[貴] 곧장[將] 전복됨을[蹶] 면하기 어려울 것이다[恐]. 그러므로[故] {천도(天道)에서는} 귀함은[貴] 천함으로[賤]써[以] 뿌리를[本] 삼고[爲], 높음은[高] 낮음으로[下]써[以] 바탕을[基] 삼는다[爲]. 이렇기[是] 때문에[以] 후왕은[侯王] 자기를[自] 고루하고[孤] 부덕하며[寡] 불선하다고[不穀] 칭한다[稱]. 이것은[此] 그가[其] 천한 것으로[賤]써[以] 뿌리를[本] 삼는 것[爲]이로다[耶]. (그렇지) 않겠는가[非乎]? 사람들이[人之] 싫어하는[惡] 것은[所] 오직[唯] 홀로됨과[孤] 부덕함과[寡] 불선함이다[不穀]. 그러나[而] 왕공은[王公] 그로써[以] 칭호로[稱] 삼는다[爲]. 더없는[至] 기림에는[譽] (뽐내려는) 기림이[譽] 없다[無]. 그러므로[故] 무엇이든[物] 한번[或] 줄면[損之] 곧[而] 불어나고[益], 한번[或] 불면[益之] 곧[而] 줄어든다[損]. 갈고닦은[琭琭] 옥[玉] 같고자 않고[不欲如], (오히려) 흔해빠져 나뒹구는[落落] 돌[石] 같고자 한다[如].

註 39장(章)의 원문(原文)에 들어 있는 〈인지소오(人之所惡) 유고과불곡(唯孤寡不穀) 이왕공이위칭(而王公以爲稱)〉과 〈고(故) 물혹손지이익(物或損之而益) 혹익지이손(或益之而損)〉은 42장(章)에 있는 것을 39(章)장으로 옮겨온 것이다. 42장(章)의 주지(主旨)와는 상응하지 않고, 39장(章)의 〈비호(非乎)〉 아래에 와야 상응되는 내용이므로 옮겨왔다.

39-1 昔之得一者(석지득일자)

▶태초에[昔之] 하나를[一] 얻는[得] 것들[者]:

옛 석(昔), 조사(~의) 지(之), 얻을 득(得), 하나 일(一), 것 자(者)

【지남(指南)】

〈석지득일자(昔之得一者)〉는 천지만물 우주 삼라만상의 시생(始生)을 밝힌다. 〈석지(昔之)〉는 자시종래(自始從來) 즉 처음부터[自是] 이제까지[從來]이고, 〈득일자(得一者)〉는 천지만물을 말한다. 그 무엇이든, 상도(常道)를 얻어 있게 된 것이다. 하나를[一] 얻지 않고 있는 것은 없다. 여기 득일자(得一者)는 득일지물(得一之物)이니 하나를[一] 얻은[得之] 것[物]으로, 〈일(一)〉은 42장(章)의 **도생일(道生一)**을 상기시키며, 기지시(氣之始)인 도기(道氣) 즉 상도(常道)의 생기(生氣)요 태극(太極)이다. 그러므로 득일자(得一者)의 일(一)은 상도(常道) 그것이다. 음양(陰陽)의 생기(生氣)인 태극(太極)을 낳는[生] 상도(常道)가 여기 〈일(一)〉이다.

일(一)은 도지수(道之數)요 수지시(數之始)로서 상도(常道)를 일컫는다. 천지만물(天地萬物)이 음양(陰陽)으로 생긴다고 함은 태극(太極)이란 일기(一氣)로 생김과 같고, 이는 상도(常道)가 낳은 것이므로 있는 것이면 그 무엇이든 상도(常道)를 간직하니 62장(章)에 **도자만물지오(道者萬物之奧)**란 말씀이 나온다. 하늘땅[天地] 온갖 것[萬物]은 상도를 얻어[得] 생사(生死)를 누린다. 물론 상도(常道)를 얻음[得]이란 태극(太極)인 일(一)을 얻고 그 일(一)로 득이(得二)하니, 음양(陰陽)이란 둘[二]을 얻어[得] 생사를 누림이 천지요 만물이다.

숨을 쉬는 것[生物]만 생사를 누리는 것이 아니라 돌멩이도 생사를 누리고, 태양도 생사를 누리고, 은하수, 그 무엇이든 있는 것이면 모두 다 생사를 누린다. 그래서 『장자(莊子)』에 **천지자만물지부모야(天地者萬物之父母也)**란 말이 나온다. 천지(天地)는 상도(常道)가 낳고[生], 만물(萬物)은 천지(天地)가 생(生)하는 조화임을 깊이 살펴 새기고 헤아려 깨우치게 하는 말씀이 〈석지득일자(昔之得一者)〉이다.

註 "도생일(道生一) 일생이(一生二) 이생삼(二生三) 삼생만물(三生萬物)." 도가[道] 하나를[一] 낳고[生], 하나가[一] 둘을[二] 낳고[生], 둘은[二] 셋을[三] 낳는다[生]. 셋은[三] 온갖 것을[萬物] 낳는다[生].

『노자(老子)』 42장(章)

註 "유물혼성(有物混成) 선천지생(先天地生)." 혼연히[混] 이루는[成] 것이[物] 있다[有]. 천지에[天地] 앞서[先] 생겼다[生].

유물혼성(有物混成)의 물(物) 즉 것[物]이란, 도생일(道生一)의 일(一) 즉 태극(太極)이다. 태극(太極)이란 혼성(混成)의 것[物]이다. 왜냐하면 일생이(一生二) 즉 태극생음양(太極生陰陽)인 까닭이다.

『노자(老子)』 25장(章)

註 "도자만물지오(道者萬物之奧)." 상도라는[道] 것은[者] 온갖[萬] 것이[物之] 그윽이 깊게 간직한 것이다[奧]. 『노자(老子)』 62장(章)

註 "부형전정복(夫形全精復) 여천위일(與天爲一) 천지자만물지부모야(天地者萬物之父母也) 합즉성체(合則成體) 산즉성시(散則成始) 형정불휴(形精不虧) 시위능이(是謂能移) 정이우정(精而又精) 반이상천(反以相天)." 무릇[夫] 몸이[形] 온전하고[全] 정신이[精] {자연[天]으로} 돌아오면[復] {만물(萬物)은} 자연과[與天] 하나가[一] 된다[爲]. 하늘땅이란[天地] 것은[者] 만물의[萬物之] 어버이[父母]이다[也]. {천지(天地)가} 합해지면[合則] 형정(形精)을[體] 이루고[成], 흩어지면[散則] 태시를[始] 이룬다[成]. 몸과[形] 정신은[精] {본래(本來)로 돌아가니} 이지러지지 않는다[不虧]. 이를[是] 자연의 조화(造化)를 순응해(順應) 옮겨감이라[能移] 한다[謂]. 정성들이고[精而] 또[又] 정성들이면[精] 그리하여[反以] 자연을[天] 돕는다[相].

천지자(天地者)는 여기선 음양자(陰陽者) 즉 음양이란[陰陽] 것[者]을 말한다. 성체(成體)는 생(生)이고, 성시(成始)는 사(死)이다. 사(死)는 태시(太始), 즉 생(生)을 일으킨 것[作者]으로 돌아감[復]을 말한다. 불휴(不虧)는 여기선 받은 것을 그냥 그대로 돌려줌이다. 능이(能移)는 자연의 조화 즉 변화의 짓을 그냥 그대로 좇아 따라감이다. 『장자(莊子)』 「달생(達生)」

【보주(補註)】

- 〈석지득일자(昔之得一者)〉를 〈석지유득일자야(昔之有得一者也)〉처럼 옮기면 문맥을 좀 더 쉽게 잡을 수 있다. 〈태초에[昔之] 하나를[一] 얻은[得] 것들이[者] 있는 것[有]이다[也].〉
- 득일자(得一者)에서 득일(得一)의 일(一)은 42장(章)에 나오는 **도생일(道生一)**을 상기시킨다. 득일(得一)이란 상도(常道)인 동시에 4장(章) **도충이용지(道沖而用之)**의 도충(道沖)이며, 나아가 상도(常道)가 쓰는[用] 태극(太極)인 셈이다. 그러므로 득일(得一)은 득이(得二)이고, 득이(得二)는 득삼(得三)으로 이어져 〈삼생만물(三生萬物)〉이라 한다. 삼생만물(三生萬物)의 삼(三)은 태극(太極)이 낳은[生] 음양(陰陽)이 일음일양(一陰一陽)하여 합(合)한 화기(和氣)이고, 이를 충기(沖氣) 혹은 생기(生氣)라 하고 줄여서 삼(三)으로 〈삼생만물(三生萬物)〉이니, 생(生)을 일러 〈부음이포양(負陰而抱陽)〉이라 한다.

생(生)이란 무엇인가? 부음(負陰) 즉 음기(陰氣)를 지고[負], 포양(抱陽) 즉 양기(陽氣)를 안음[抱]이다. 사(死)란 무엇인가? 양음(讓陰) 즉 음기(陰氣)를 내려놓고[讓], 방양(放陽) 즉 양기(陽氣)를 놓음[放]이다.

註 "도생일(道生一) 일생이(一生二) 이생삼(二生三) 삼생만물(三生萬物) 만물부음이포양(萬物負陰而抱陽) 충기이위화(沖氣以爲和)." 도가[道] 하나를[一] 낳고[生], 하나가[一] 둘을[二] 낳고[生], 둘은[二] 셋을[三] 낳는다[生]. 셋은[三] 온갖 것을[萬物] 낳는다[生]. 온갖[萬] 것은[物] 음기를[陰] 지고[負] 양기를[陽] 안는다[抱]. 충기[沖氣]로써[以] 어울림을[和] 삼는다[爲].

『노자(老子)』 42장(章)

註 "도충이용지(道沖而用之)." 도는[道] 빔이고[沖而] 그것을[之] 쓴다[用].

상도(常道)의 충(冲)과 상도(常道)의 기(氣)는 상도(常道)를 달리함이 아니라, 충기(冲氣) 즉 허기(虛氣)는 곧 상도(常道)의 체용(體用) 그것이란 말이다. 그 허기(虛氣)를 진기(眞氣)니 생기(生氣)니 하는 것은 그 허기(虛氣)가 천지만물을 낳는[生] 까닭이다.

『노자(老子)』 4장(章)

【해독(解讀)】

- 〈석지득일자(昔之得一者)〉는 〈석지유득일자(昔之有得一者)〉에서 유(有)가 생략된 셈으로, 석지득일자(昔之得一者)는 주부(主部)만 남은 어구이다. 〈태초에[昔之] 득일한[得一] 것들이[者] 있다[有].〉
- 득일자(得一者)는 〈득일지물(得一之物)〉에서 지물(之物)을 〈~이란 것 자(者)〉로 줄임이다. 이런 노릇하는 〈자(者)〉를 제돈(提頓) 즉 앞의 내용을 제시하여[提] 정리하는[頓] 것이라 일컫고, 〈지인(之人)〉 또는 〈지물(之物)〉을 한 자(字)로 밝힌 것이다. 〈것 자[者], 놈 자[者]〉

39-2 天得一以淸(천득일이청) 地得一以寧(지득일이령)

▶ 하늘은[天] 하나를[一] 얻음으로[得] 써[以] 청허하고[淸], 땅은[地] 하나를[一] 얻음으로[得] 써[以] 안녕하다[寧].

하늘 천(天), 얻을 득(得), 하나 일(一), 써 이(以), 맑을(밝을) 청(淸), 땅 지(地), 안정할 령(寧)

【지남(指南)】

〈천득일이청(天得一以淸) 지득일이령(地得一以寧)〉은 천(天)과 지(地)가 득일자(得一者) 즉 상도(常道)를[一] 얻은[得] 것임을 밝힌다. 천(天)의 득일(得一)을 〈청(淸)〉이라 밝히고, 지(地)의 득일(得一)을 〈영(寧)〉이라 밝히고 있다. 상도(常道)가 낳은[生] 천(天) · 지(地)가 도기(道機)를 그대로 이어받음이 〈득일(得一)〉이니, 『장자(莊子)』의 〈도통위일(道通爲一)〉이란 말을 떠올린다.

도(道) 즉 상도(常道)를 통해서 보면 천지만물은 하나[一]가 된다[爲]. 그러므로 상도(常道)가 천(天) · 지(地)를 낳음[生]은 도여천(道與天)이 아니라 천역도(天亦道)이고, 지(地)를 생(生)함도 도여지(道與地)가 아니라 지역도(地亦道)이다. 도와[道與] 천(天) 그리고 도와[道與] 지(地)가 둘[二]이 아니라, 하늘도[天亦] 땅도[地亦] 도(道)임이 〈천지득일(天之得一)의 청(淸) · 지지득일(地之得一)의 영(寧)이다. 득일(得一)한 하늘의[天之] 생(生)을 일러 〈청(靑)〉이라 하고, 하나[一]를 얻은[得] 땅의[地之] 생(生)을 〈영(寧)〉이라 한다.

천(天)은 허(虛)하고 백(白)하고 정(靜)하므로 〈청(淸)〉이라 한다. 지(地)는 안(安)하고 정(定)하여 정(靜)하므로 〈영(寧)〉이라 한다. 물론 청정(淸靜) · 영정(寧靜)의 정(靜)은 음양동정(陰陽動靜)의 그 정(靜)이 아니라, 16장(章)에서 살핀 **귀근왈정(歸根曰靜)**의 정(靜)이니 상도(常道)로 돌아오는[歸] 정(靜)이다. 그래서 천지청(天之淸) · 지지령(地之寧)은 득일(得一)하여 상도(常道)에서 나오고[出], 상도(常道)로 듦[入]을 아울러 뜻한다. 이는 천지만물치고 도(道) 아닌 것이란 없음이다.

무엇이든 도(道)를 얻어 생사를 누리는 천지만물은 62장(章)에 나오는 **도자만물지오(道者萬物之奧)**의 〈오(奧)〉이다. 『중용(中庸)』도 **곡능유성(曲能有誠)**이라 밝힌다. 따라서 상도(常道)의 체용(體用)을 하나[一]로 얻어 천지(天地)의 짓[象]도 이루고[成], 변화를 다함[盡]이 크고[大] 미세하고[微] 깊어[深] 현묘(玄妙)함을 살펴 새기고 헤아려 깨우치게 하는 말씀이 〈천득일이청(天得一以淸) 지득일이령(地得一以寧)〉이다.

註 "귀근왈정(歸根曰靜) 시위복명(是謂復命) 복명왈상(復命曰常) 지상왈명(知常曰明)." 뿌리로[根] 돌아감을[歸] 고요라[靜] 하고[曰], 이것을[是] 본성으로[命] 돌아옴이라[復] 한다[謂]. 천성으로[命] 돌아옴을[復] {만물이 따르는 천도(天道)의} 한결같음이라[常] 하며[曰], {상도(常道)의} 한결같음을[常] 앎을[知] 밝음이라[明] 한다[曰]. 『노자(老子)』 16장(章)

註 "도자만물지오(道者萬物之奧)." 상도라는[道] 것은[者] 온갖 것의[萬物之] 속에 있는 것이다[奧]. 『노자(老子)』 62장(章)

註 "치곡(致曲) 곡능유성(曲能有誠)." 세미한 것에[曲] 이르게 함이다[致]. 세미한 것에도[曲]

능히[能] 정성스러움이[誠] 있다[有].

곡능유성(曲能有誠)의 성(誠)은 일음일양(一陰一陽)의 변화지도(變化之道)를 이룸[成]을 뜻한다. 『중용(中庸)』 주자장구(朱子章句) 23장(章)

【보주(補註)】

- 〈천득일이청(天得一以淸) 지득일이령(地得一以寧)〉을 〈천청이득일(天淸以得一) 이지령이득일(而地寧以得一)〉처럼 옮기면 문맥을 좀 더 쉽게 잡을 수 있다. 〈하늘은[天] 하나를[道] 얻음으로[得]써[以] 청허하다[淸]. 그리고[而] 땅은[地] 하나를[一] 얻음으로[得]써[以] 안녕하다[寧].〉
- 천청(天淸)의 청(淸)은 천허(天虛)로 하늘[天]의 빔[虛]이고, 천백(天白) 즉 하늘[天]의 밝음[白]이며, 천정(天靜) 즉 하늘[天]이 장차 상도(常道)로 돌아와[歸] 복명(復命)함인지라 상도(常道)를 떠나 있을 수 없음을 의탁(擬度)하게 한다. 이러한 천청(天淸)을 천부(天覆)라고도 하고, 하늘을 허백(虛白)으로 덮어줌[覆]이 천청(天淸)이다.
- 지령(地寧)의 영(寧)은 지안(地安)·지정(地定) 즉 땅[地]의 안정됨이고, 지정(地靜) 즉 땅[地]이 장차 상도(常道)로 돌아와[歸] 복명(復命)함인지라 땅[地] 역시 상도(常道)를 떠나 있을 수 없음을 헤아리게[擬度] 한다. 이러한 지령(地寧)을 지재(地載)라 한다. 물론 우리가 살고 있는 땅[地]만 만물을 실어주는[載] 것은 아니다. 태양계를 포함해 모든 우주도 안정(安定)으로 저마다 만물을 실어줌[載]을 지령(地寧)이라 한 것이다. 말하자면 화성은 화성 나름대로 만물을 실어주니[載] 화령(火寧)이라 할 수 있다. 사람이나 금수초목(禽獸草木)이 화성에 간다 해도 살 수 없는 이유는 지령(地寧)과 화령(火寧)의 실어줌[載]이 서로 다른 까닭이다.

【해독(解讀)】

- 〈천득일이청(天得一以淸) 지득일이령(地得一以寧)〉은 두 구문이 생략된 〈그리고 이(而)〉로 이어진 중문(重文)이다. 〈천은[天] 득일로[得一]써[以] 청하다[淸]. 그리고[而] 지는[地] 득일로[得一]써[以] 영하다[寧].〉
- 천득일이청(天得一以淸)에서 천(天)은 주어 노릇하고, 득일이(得一以)는 청(淸)을 꾸며주는 부사구 노릇하며, 청(淸)은 술부(述部)로 주격보어 노릇한다. 득

(得)은 〈얻을 취(取)〉와 같아 취득(取得)의 줄임말로 여기면 되고, 이(以)는 〈써 용(用)〉과 같다. 〈하늘은[天] 득일로[得一]써[以] 청허하다[淸].〉

- 지득일이령(地得一以寧)에서 지(地)는 주어 노릇하고, 득일이(得一以)는 영(寧)을 꾸며주는 부사구 노릇하며, 영(寧)은 술부(述部)로 주격보어 노릇한다. 득(得)은 〈얻을 취(取)〉와 같아 취득(取得)의 줄임말로 여기면 되고, 이(以)는 〈써 용(用)〉과 같다. 〈땅은[地] 득일로[得一]써[以] 안녕하다[寧].〉

39-3 神得一以靈(신득일이령)

▶ 신도[神] 하나를[一] 얻음으로[得]써[以] 영묘하다[靈].

상도의 짓 신(神), 얻을 득(得), 하나 일(一), 써 이(以), 영묘할 령(靈)

【지남(指南)】

〈신득일이령(神得一以靈)〉은 신(神) 역시 상도(常道)를 얻음으로[得]써 영묘(靈妙)함을 밝힌다. 신(神)도 〈득일(得一)〉로써 그 영묘함을[靈] 행한다. 여기 〈신(神)〉은 천지(天地)의 덕(德)을 말한다. 상도(常道)가 조화하는 짓이 신(神)인지라 그 조화로써 있는 천지만물치고 신기(神氣)를 얻고 있지 않는 것이란 없다. 그 무엇이든 있는 것이면 음양(陰陽)을 벗어날 수 없기 때문이다. 그래서 생만물(生萬物)의 짓을 신(神)이라 한다.

이처럼 신(神)은 상도(常道)의 조화를 일컬음이고, 음양(陰陽)의 짓을 일컬음인지라 음신양신(陰神陽神)이라 한다. 상도(常道)의 생기(生氣)란 음신양신(陰神陽神)을 말함이고, 『주역(周易)』에도 **음양불측지위신(陰陽不測之謂神)**이란 말이 나온다. 천지만물의 〈득일(得一)〉이란, 그대로 상도(常道)를 받음[受]인 음양(陰陽)이란 생기(生氣)를 수(受)함이다. 상도(常道)의 신(神) 즉 조화가 무헐무갈(無歇無竭)하니까 신(神) 역시 헐갈(歇竭) 즉 그침이[歇竭] 없고[無], 그침이 없으므로 만물도 따라서 쉼 없이 자화(自化)한다.

도지생자(道之生者) 즉 상도(常道)가[道之] 낳아준[生] 것[者]으로서, 천지만물이 생성과 소멸이란 조화(造化)를 겪음을 일러 〈신령(神靈)〉 즉 신(神)의 영묘함

[靈]이라 한다. 영묘(靈妙)란 사람이 알 수도 없고 행할 수도 없는 짓이다. 인조(人造)는 천조(天造) 즉 자연의[天] 조화를 아무리 흉내짓한들 따라갈 수 없음을 일러 〈영묘(靈妙)〉라 한다. 그러므로 신(神)이란 조화(造化)의 주(主)인 상도(常道)의 짓, 즉 상덕(常德)이다. 오직 충실하고 변화가 그침 없는 조화로서 신(神)이니, 묘용(妙用) 즉 걸림 없이 씀이 신(神)이며 상덕(常德)이다. 그래서 덕즉신(德卽神) 즉 상덕은(德) 곧[則] 신(神)이라 하고, 이를 『주역(周易)』의 술어(術語)로 말하면 일음일양(一陰一陽)의 변화지도(變化之道)가 신(神)이라고 하는 것이다.

덕신(德神) · 음신양신(陰神陽神) · 일음일양(一陰一陽)을 변화지신(變化之神)이라 한다. 이처럼 걸림 없고 그침 없는 조화의 짓으로서 신(神)인지라 신통(神通) · 신묘(神妙) · 영묘(靈妙)하니, 이를 한마디로 〈영(靈)〉이라 한다. 거듭해 밝히지만, 영(靈)은 품물(品物) 즉 온갖 것이[物] 저마다[品] 간직한 신기(神氣)로서, 정기(精氣)니 원기(元氣)니 생기(生氣)라 하여 상도(常道)의 조화가 짓는 온갖 것은 신물(神物)이 아닌 것이 없음을 묶어서 그냥 〈신령(神靈)〉 즉 신(神)의 영묘(靈妙)함이라 한다. 상도(常道)가 그냥 그대로 천지만물에 신기(神氣)를 주고[授], 천지만물은 그냥 그대로 그 신기(神氣)를 저마다 받음[受]인지라 영묘(靈妙)하다 하는 것이다. 그러므로 상도(常道)의 조화가 천지만물에 두루 미쳐 신통(神通)하고 영묘(靈妙)함을 살펴 새기고 헤아려 일깨우고 깨우치게 하는 말씀이 〈신득일이령(神得一以靈)〉이다.

註 "극수지래지위점(極數知來之謂占) 통변지위사(通變之謂事) 음양불측지위신(陰陽不測之謂神)." 수리(數理)를[數] 남김없이 살펴[極] 미래를[來] 앎[知] 그것을[之] 점이라[占] 하고[謂], 통하여[通] 변함[變] 그것을[之] 사라[事] 하며[謂], 음양을[陰陽] 헤아릴 수 없음[不測] 그것을[之] 신이라[神] 한다[謂].

극수(極數)의 수(數)는 온갖 경우의 변화를 뜻함이다. 『주역(周易)』「계사전상(繫辭傳上)」

【보주(補註)】

- 〈신득일이령(神得一以靈)〉을 〈신령이득일(神靈以得一)〉처럼 옮기면 문맥을 좀 더 쉽게 잡을 수 있다. 〈신은[神] 하나를[一] 얻음으로[得]써[以] 영묘하다[靈].〉
- 신득일이령(神得一以靈)의 신(神)은 천신(天神) · 지신(地神)이며, 양신(陽神) ·

음신(陰神)이며, 이는 곧 상도지신(常道之神)을 천지가 그대로 물려받음[受]이다. 그리고 신득일이령(神得一以靈)의 영(靈)은 신화(神化) 즉 신지조화(神之造化)가 무방(無方)하고 무궁(無窮)함이다. 그래서 신령(神靈) · 신묘(神妙) · 신통(神通) · 영묘(靈妙) 등의 술어(術語)는 상도(常道)의 조화가 천지만물에 주행(周行) 즉 두루[周] 행함을[行] 말한다. 물론 신통(神通)을 천(天)의 것과 지(地)의 것으로 나누어 영지(靈祗)라고도 한다. 천신(天神) 즉 상신(上神)의 짓[象]인 조화를 〈영(靈)〉이라 하고, 지신(地神) 즉 하신(下神)의 상(象)인 조화를 〈지(祗)〉라 나누어 말하기도 한다. 그러므로 신득일이령(神得一以靈)의 신(神)을 〈천지지신(天地之神)〉의 줄임으로 여기고, 신득일이령(神得一以靈)의 영(靈)을 〈영지(靈祗)〉의 줄임으로 여기고 헤아려도 된다.

【해독(解讀)】

● 〈신득일이령(神得一以靈)〉에서 신(神)은 주어 노릇하고, 득일이(得一以)는 영(靈)을 꾸며주는 부사구 노릇하며, 영(靈)은 술부(述部)로 주격보어 노릇한다. 한문에는 영어의 〈be〉 같은 계사(繫詞)가 없는지라 명사 · 형용사 하나로써도 술부(述部) 노릇한다. 득(得)은 〈얻을 취(取)〉와 같아 취득(取得)의 줄임말로 여기면 되고, 이(以)는 〈써 용(用)〉과 같다. 〈신은[神] 득일로[得一]써[以] 영묘하다[靈].〉

39-4 谷得一以盈(곡득일이영)

▶ 골짜기는[谷] 하나를[一] 얻음으로[得] 써[以] 채워진다[盈].

골짜기 곡(谷), 얻을 득(得), 하나 일(一), 써 이(以), 채울 영(盈)

【지남(指南)】

〈곡득일이영(谷得一以盈)〉 역시 상도(常道)의 조화인 신(神)을 받아[受] 골짜기[谷]가 온갖 것들로 채워짐을[盈] 밝힌다. 여기서도 〈득일(得一)〉은 〈득상도(得常道)〉로, 상도(常道)의 조화(造化)를 곡(谷)이 그대로 받음이[受] 곡(谷)의 득일(得一)이다.

곡(谷)의 득일(得一)은 4장(章) 〈도충이용지(道沖而用之)〉란 말씀과, 6장(章) 〈곡신불사(谷神不死)〉를 상기시킨다. 이미 상도(常道)의 신(神) 즉 조화(造化)가 무헐무갈(無歇無竭)하므로, 골짜기[谷]도 상도(常道)가 용충(用沖) 즉 빔[沖]을 써[用] 천지만물을 채우듯이[盈] 그 빔[沖]을 써[用] 수석(水石)과 금수초목(禽獸草木)이 꽉 들어차게 된다[盈].

그러므로 골짜기[谷]가 수도충(受道沖) 즉 상도(常道)의 빔[沖]을 받아[受] 상도(常道)의 신(神) 즉 조화(造化)를 얻어[得] 채워짐을[盈] 살펴 새기고 헤아려 깨우치게 하는 말씀이 〈곡득일이영(谷得一以盈)〉이다.

【보주(補註)】

- 〈곡득일이영(谷得一以盈)〉을 〈곡위영이득일(谷爲盈以得一)〉처럼 옮기면 문맥을 좀 더 쉽게 잡을 수 있다. 〈골짜기는[谷] 하나를[一] 얻음으로[得]써[以] 채워진다[爲盈].〉
- 곡득일이영(谷得一以盈)의 곡(谷)은, 상도(常道)가 빔[沖]을 쓰는[用] 조화(造化)를 그대로 받는[受] 본보기로 삼아 상도(常道)의 조화가 〈현빈(玄牝)〉 즉 현묘한[玄] 땅[牝]과 같음을 나타내주는 비유이다. 곡중앙무유(谷中央無有) 즉 골짜기[谷] 가운데는[中央] 있음이[有] 없다[無]. 곡지영(谷之盈) 즉 골짜기의[谷之] 채움을[盈] 비유로 들어 상도(常道)가 빔[沖]으로써 삼라만상(森羅萬象)을 우주에 채움을[盈] 밝히고 있다.

【해독(解讀)】

- 〈곡득일이영(谷得一以盈)〉에서 곡(谷)은 주어 노릇하고, 득일이(得一以)는 영(盈)을 꾸며주는 부사구 노릇하며, 영(盈)은 수동의 동사 노릇한다. 〈곡득일이위영(谷得一以爲盈)〉에서 수동의 조사 노릇하는 〈위(爲)·견(見)·피(被)〉 등은 거의 생략되는 경우가 한문의 어투인 셈이다. 득(得)은 〈얻을 취(取)〉와 같아 취득(取得)의 줄임말로 여기면 되고, 이(以)는 〈써 용(用)〉과 같고, 영(盈)은 〈채울 만(滿)〉과 같다. 〈곡은[谷] 득일로[得一]써[以] 채워진다[盈].〉

39-5 萬物得一以生(만물득일이생)

▶ 온갖 것은[萬物] 하나를[一] 얻음으로[得] 써[以] 생긴다[生].

온갖 만(萬), 것 물(物), 얻을 득(得), 하나 일(一), 써 이(以), 날 생(生)

【지남(指南)】

〈만물득일이생(萬物得一以生)〉 또한 상도(常道)의 조화로써 만물이 태어남[生]을 밝힌다. 생만물(生萬物)이 상도(常道)의 조화(造化)이니, 만물생(萬物生)은 만물이 상도(常道)에게서 조화를 받음을[受] 말한다. 상도(常道)와 만물이 조화(造化)를 주고받음[授受]이니, 『장자(莊子)』에 **만물개출어기(萬物皆出於機)**와 **물득이생위지덕(物得以生謂之德)**이란 말이 나온다. 만물의 〈득일(得一)〉 역시 상도(常道)가 짓는 조화의 원기(元氣)를 만물이 얻어[得] 태어남을 상덕(常德)이라 함을 깨닫게 된다. 상도(常道)의 조화야말로 만물의 시초이며 활동의 근원이니, 〈출어기(出於機)〉의 기(機)란 상도(常道)의 조화이다.

상도(常道)의 하나[一] 즉 원기(元氣)를 만물이 받음[受]이 만물의 생(生)이고, 돌려줌[納]이 만물의 사(死)인 셈이다. 그러니 만물생(萬物生)은 만물사(萬物死)임을 밝혀 상도(常道)의 조화가 50장(章) **출생입사(出生入死)**임을 살펴 새기고 헤아려 깨우치게 하는 말씀이 〈만물득일이생(萬物得一以生)〉이다.

註 "만물개출어기(萬物皆出於機) 개입어기(皆入於機)." 만물은[萬物] 모두[皆] 근원에서[於機] 나오고[出], 모두[皆] 근원으로[於機] 들어간다[入].

기(機)는 여기선 만물의 시초이고, 근원을 나타낸다. 『장자(莊子)』「지락(至樂)」

註 "태초유무(泰初有無) 무유무명(無有無名) 일지소기(一之所起) 유일이미형(有一而未形) 물득이생(物得以生) 위지덕(謂之德)." 태초에[泰初] 없음이[無] 있었다[有]. 있음은[有] 없었고[無] 이름도[名] 없었다[無]. (없음에서) 하나가[一之] 생겼는데[所起], 하나가[一] 있어도[有而] 몸은[形] 없었다[未]. 만물이[物] (그 하나를) 얻음으로[得]써[以] 태어나고[生] 이것을[之] 덕이라[德] 한다[謂]. 『장자(莊子)』「천지(天地)」

註 "출생입사(出生入死)." 나옴이[出] 삶이고[生], 듦이[入] 죽음이다[死].

『노자(老子)』 50장(章)

【보주(補註)】

- 〈만물득일이생(萬物得一以生)〉을 〈만물위생이득일(萬物爲生以得一)〉처럼 옮기면 문맥을 좀 더 쉽게 잡을 수 있다. 〈만물은[萬物] 하나를[一] 얻음으로[得]써[以] 생긴다[爲生].〉
- 〈만물득일이생(萬物得一以生)〉의 생(生)은 〈출어기(出於機)〉라 한다. 근기[機]에서[於] 나옴[出]이 생(生)이다. 상도(常道)의 조화(造化)로써 만물이 있음이[有] 생(生)이다.

【해독(解讀)】

- 〈만물득일이생(萬物得一以生)〉에서 만물(萬物)은 주어 노릇하고, 득일이(得一以)는 생(生)을 꾸며주는 부사구 노릇하며, 생(生)은 수동의 동사 노릇한다. 득(得)은 〈얻을 취(取)〉와 같아 취득(取得)의 줄임말로 여기면 되고, 이(以)는 〈써 용(用)〉과 같다. 〈만물은[萬物] 득일로[得一]써[以] 생긴다[生].〉

39-6 侯王得一以爲天下貞(후왕득일이위천하정)

▶ 후왕은[侯王] 하나를[一] 얻음으로[得]써[以] 세상의[天下] 바름을[貞] 이룬다[爲].

임금 후(侯), 임금 왕(王), 얻을 득(得), 하나 일(一), 써 이(以), 이룰 위(爲), 바를 정(貞)

【지남(指南)】

〈후왕득일이위천하정(侯王得一以爲天下貞)〉 또한 상도(常道)의 조화(造化)로써 세상의 안정을[貞] 이룸을 밝힌다. 여기 후왕(侯王)은 32장(章) **후왕약능수지(侯王若能守之) 만물장자빈(萬物將自賓)**을 상기시킨다. 무위지치(無爲之治)를 행하는 후왕(侯王)도 있고, 인위지치(人爲之治)를 행하는 후왕(侯王)도 있다. 후왕(侯王)은 통치자를 말한다. 무위의[無爲之] 다스림[治]은 상도(常道)를 지켜[守] 부쟁(不爭)의 덕(德)으로 치민(治民)·치국(治國)하여 자화(自化)하게 하는 치세(治世)의 정도(正道)이며, 인위의[人爲之] 다스림[治]은 예악형정(禮樂刑政)의 문물로 치민(治

民)·치국(治國)하여 백성을 복역(服役)하게 하는 권도(權道)이다. 무위지치(無爲之治)란 상도(常道)의 조화를 본받고 따르는 다스림[治]이니, 후왕(侯王)의 치민(治民)·애국(愛國)도 상도(常道)의 조화를 본받는[法] 다스림이다. 그러자면 무엇보다 먼저 수도(守道)해야 한다.

후왕(侯王)이 득일로[得一] 애민치국(愛民治國)하면 무위의[無爲之] 치자(治者)가 되고, 백성도 무위(無爲)의 백성이 되는 것이 다스림[治]의 정도(正道), 즉 여기 〈천하정(天下貞)〉이다. 여기 천하정(天下貞)의 〈정(貞)〉은 〈정(正)〉과 같다. 세상의[天下] 바름[正]이란 세상의 안정(安定)을 말한다. 따라서 여기 정(貞)은 정(正)으로, 신(信)이며 성(誠)이니 무사(無私)하고 무욕(無欲)해 무자의(無恣意) 즉 제멋대로 함[恣意]이 없음[無]인지라 청정한[淸靜] 다스림으로 드러난다. 무기(無己)하여 무사(無私)하고 무욕(無欲)하여 맑고[淸] 고요함을[靜] 지켜냄이 정(貞)이고 바름[正]이다.

후왕(侯王)의 치세(治世)가 정(貞)하자면 상도(常道)의 용충(用沖)을 본받아 따라야 한다. 그 비움[沖]의 씀[用]을 받아[受] 써야[用] 후왕(侯王)도 바르고[正] 어울려[中] 무불통(無不通) 즉 통하지 않음[不通]이 없는[無] 세상을 얻는다. 후왕(侯王)이 부정(不貞)하면 치우쳐[偏] 수중(守中)하지 못해 백성의 성복(誠服)을 얻지 못하니, 득일(得一)로써 백성을 얻는다[得]. 민심(民心)은 천심(天心)이고, 천심(天心)은 곧 도심(道心) 즉 무위(無爲)의 조화(造化)이다. 그러므로 후왕(侯王)이 득일(得一)로 수중(守中)하여 정리(貞理)대로 다스리면 절로 민심(民心)을 얻고[得] 백성으로 하여금 무위(無爲)의 세상을 누리게 함이 천하정(天下貞)임을 살펴 새기고 헤아려 깨우치게 하는 말씀이 〈후왕득일이위천하정(侯王得一以爲天下貞)〉이다.

註 "도상무명박(道常無名樸) 수소(雖小) 천하막능신(天下莫能臣) 후왕약능수지(侯王若能守之) 만물장자빈(萬物將自賓)." 상도는[道] 항상[常] 이름[名] 없는[無] 본디대로이다[樸]. 비록[雖] {상도(常道)의 나타남은} 미소하지만[小], 천하에[天下] (어느 누구도 상도를) 지배할[臣] 수 없다[莫能]. 임금이[侯王] 만약[若] 그것을[之] 잘[能] 지킨다면[守], 만물은[萬物] 곧장[將] 스스로[自] {상도(常道)로} 돌아와 따른다[賓]. 『노자(老子)』 32장(章)

【보주(補註)】

- 〈후왕득일이위천하정(侯王得一以爲天下貞)〉을 〈후왕위천하정이득일(侯王爲天下貞以得一)〉처럼 옮기면 문맥을 좀 더 쉽게 잡을 수 있다. 〈후왕은[侯王] 하나를[一] 얻음으로[得]써[以] 세상의[天下] 바름을[貞] 이룬다[爲].〉
- 위천하정(爲天下貞)의 정(貞)은 〈정(正)〉으로 통한다. 45장(章) 〈청정위천하정(淸靜爲天下正)〉의 정(正)과 같은지라, 청정지도(淸靜之道) 즉 맑고[淸] 고요한[靜之] 도리를[道] 뜻한다. 이는 37장(章) **도상무위(道常無爲) 이무불위(而無不爲) 후왕약능수지(侯王若能守之) 만물장자화(萬物將自化)**를 상기시킨다.

註 "도상무위(道常無爲) 이무불위(而無不爲) 후왕약능수지(侯王若能守之) 만물장자화(萬物將自化)." 대도의[道] 한결같음에는[常] 행함이[爲] 없되[無而], 행하지 않음도[不爲] 없다[無]. 후왕이[侯王] 만약[若] 그것을[之] 잘[能] 지킨다면[守] 온갖 것은[萬物] 마땅히[將] 스스로[自] 새로워진다[化]. 『노자(老子)』 37장(章)

【해독(解讀)】

- 〈후왕득일이위천하정(侯王得一以爲天下貞)〉에서 후왕(侯王)은 주어 노릇하고, 득일이(得一以)는 위(爲)를 꾸며주는 부사구 노릇하며, 위(爲)는 동사 노릇하고, 천하(天下)는 정(貞)을 꾸며주는 형용사 노릇하며, 정(貞)은 위(爲)의 목적어 노릇한다. 여기 위(爲)는 〈이룰 성(成), 취할 득(得)〉 등과 같고, 정(貞)은 〈바를 정(正), 깨끗할 순(純), 믿을 신(信) · 성실할 성(誠)〉 등과 같지만 여기선 〈바를 정(正)〉과 같다. 〈후왕은[侯王] 득일로[得一]써[以] 세상의[天下] 바름을[貞] 이룬다[爲].〉

39-7 其致之(기치지)

▶ 위의 것들은[其] 득일(得一)에[之] 이른다[致].

그 기(其), 이를 치(致), 그것 지(之)

【지남(指南)】

〈기치지(其致之)〉는 천지청(天之淸) · 지지령(地之寧) · 신지령(神之靈) · 곡지영(谷之盈) · 만물지생(萬物之生) · 후왕지정(候王之貞) 등 저마다 득일(得一)함이니, 서로 다른 것이 아니라 동일한 것임을 밝힌다. 하늘이[天之] 맑음에[淸] 이름도[致] 상도(常道)의 조화(造化)를 받고[受] 본받아[法] 따라[順] 행함이며, 땅이[地之] 안정[寧]에 이름도[致] 상도(常道)의 조화를 받고[受] 본받아[法] 따라[順] 행함이며, 신(神) 즉 신지(神祗)가 영묘(靈)에 이름도[致] 상도(常道)의 조화를 받고[受] 본받아[法] 따라[順] 행함이며, 골짜기가[谷之] 채움[盈]을 정성껏 다함[致]도 상도(常道)의 조화를 받고[受] 본받아[法] 따라[順] 행함이며, 물이[萬物之] 생김[生]에 이름도[致] 상도(常道)의 조화를 받고[受] 본받아[法] 따라[順] 행함이며, 후왕이[侯王之] 세상의 바름에[貞] 이름도[致] 상도(常道)의 조화를 받고[受] 본받아[法] 따라[順] 행함이다. 따라서 기치지(其致之)는 『장자(莊子)』의 반연(反衍)과 사이(謝施)란 술어(術語)를 상기시킨다. 천지청(天之淸)·지지령(地之寧)·신지령(神之靈)·곡지영(谷之盈)·만물지생(萬物之生)·후왕지정(候王之貞) 등은 모두 상도(常道)의 조화에 순응하여 따름[反衍]이고 따라감[謝施]이기 때문이다.

그러므로 천(天)의 청(淸), 지(地)의 영(寧), 신(神)의 영(靈), 곡(谷)의 영(盈), 만물(萬物)의 생(生), 후왕(侯王)의 정(貞) 등등을 달리 말하지만, 그것들에(淸·寧·靈·盈·生·貞) 이름[致]은 상도(常道)의 하나를[一] 받아서[受] 얻음[得]인지라 천(天)·지(地)·신(神)·곡(谷)·만물(萬物)·후왕(侯王) 등등이 상도(常道)의 조화로써 도달한 것임을 밝힌 말씀이 〈기치지(其致之)〉이다.

註 "이도관지(以道觀之) 하귀하천(何貴何賤) 시위반연(是謂反衍) 무구이지(無拘而志) 여도대건(與道大蹇) 하소하다(何少何多) 시위사이(是謂謝施) 무일이행(無一而行) 여도참차(與道參差)." 도로[道]써[以] 본다면[觀之] 무엇이[何] 귀하고[貴] 무엇이[何] 천하겠소[賤]. (귀천 따위의 차별을 떠남) 이를[是] 반연이라[反衍] 하오[謂]. 당신의[而] 뜻을[志] 구속하지[拘] 마시오[無]. 도와[與道] 크게[大] 부딪치오[蹇]. 무엇이[何] 적고[少] 무엇이[何] 많겠소[多]. (적고 많음을 떠나 태연함) 이를[是] 사이라[謝施] 하오[謂]. 당신의[而] 행동을[行] 한 가지로 하지[一] 마시오[無]. 도와[與道] 어긋나고 마오[參差].

반연(反衍)은 범연(汎衍)과 같아 차별을 초월한 입장이고, 무구이지(無拘而志)의 이(而)와 무일이행(無一而行)의 이(而)는 여기선 〈너 이(爾)〉이다. 대건(大蹇)의 건(蹇)은 여기선 〈어려울 난(難)〉과 같고, 사이(謝施)·사이(邪施)·위이(委蛇) 등은 같은 뜻의 낱말들로 〈순순히 따름[順應]〉이며, 참차(參差)는 고르지 않으므로 일치하지 않아 차이가 나는 것을 말한다.

『장자(莊子)』「추수(秋水)」

【보주(補註)】

- 〈기치지(其致之)〉를 〈천지신곡만물후왕(天地神谷萬物侯王) 육자치득일야(六者致得一也)〉처럼 옮기면 문맥을 좀 더 쉽게 잡을 수 있다. 〈하늘[天] 땅[地] 신(神) 골짝[谷] 만물(萬物) 후왕(侯王) 여섯이[六者] 득일에[得一] 이른 것[致]이다[也].〉
- 기치지(其致之)는 〈천치득일(天致得一) · 지치득일(地致得一) · 신치득일(神致得一) · 곡치득일(谷致得一) · 만물치득기생(萬物致得一)〉을 하나로 묶어 줄인 어투이다. 기치지(其致之)의 치(致)는 〈이를 지(至)〉와 같아 치지(致至)의 줄임말로 여기면 된다. 〈하늘이[天] 득일에[得一] 이르고[致], 땅이[地] 득일에[得一] 이르고[致], 신이[神] 득일에[得一] 이르고[致], 골짜기가[谷] 득일에[得一] 이르고[致], 만물이[萬物] 득일에[得一] 이른다[致].〉
- 기치지(其致之)가 〈기치지일야(其致之一也)〉로 된 본(本)도 있다. 기치지일야(其致之一也)는 기치지(其致之)를 강조한 말씀인 셈이다. 기치지(其致之)를 〈하나같음[一]〉으로 강조하기 때문이다. 〈기치지는[其致之] 동일한 것[一]이다[也].〉

【해독(解讀)】

- 〈기치지(其致之)〉에서 기(其)는 주어 노릇하고, 치(致)는 동사 노릇하며, 지(之)는 치(致)의 목적어 노릇한다. 치(致)는 여기선 〈이를 지(至)〉와 같다. 〈그것들은[其] 그것에[之] 이른다[致].〉
- 〈기치지(其致之)〉에서 기(其)는 천(天) · 지(地) · 신(神) · 곡(谷) · 만물(萬物) · 후왕(侯王) 등을 나타낸다. 〈그것들이[其] 그것에[之] 이른다[致].〉

39-8 天無以淸(천무이청) 將恐裂(장공렬)

▶ 하늘에[天] {득일(得一)로} 써[以] 청명함이[淸] 없다면[無] (하늘은) 곧장[將] 무너짐을[裂] 면하기 어려울 것이다[恐].

하늘 천(天), 없을 무(無), 때문에 이(以), 청명할 청(淸), 곧 장(將),
면하기 어려울 공(恐), 무너질 렬(裂)

【지남(指南)】

〈천무이청(天無以淸) 장공렬(將恐裂)〉은 〈천득일이청(天得一以淸)〉을 반어법으로 강조한다. 하늘[天]은 득일(得一) 즉 상도(常道)를 얻음[得]으로써[以] 천(天)의 청함을[淸] 누림이니, 하늘이[天] 득일(得一)을 떠날 수 없음을 밝히고 있다. 여기서 〈천(天)〉은 천도(天道)의 천(天) 즉 자연(自然)을 뜻하는 천(天)이 아니라, 득일(得一)로써 태어나 있는 하늘[天]이란 유물(有物)을 말한다. 물론 있는 것[有物]으로서 하늘 천(天)은 상도(常道)의 조화(造化)로써 생긴 것이므로 인간이 천지생(天之生)을 상해(傷害)하지 말라 함이니, 〈천무이청(天無以淸)〉은 5장(章)에서 살핀 **수중(守中)**과 51장(章)에 나오는 **존도이귀덕(尊道而貴德)**과 52장(章)에 나오는 **복수기모(復守其母)**를 환기시킨다. 그리고 『논어(論語)』에 나오는 **외천명(畏天命)**을 상기시킨다. 하늘[天]도 상도(常道)를 따름을[中] 지키면서[守] 상도(常道)를 받들고[尊] 상덕(常德)을 받들며[貴], 따라서 상도(常道)로[母] 돌아와[復] 그 모(母)를 지키면서[守] 자연이 허락하는 생사(生死) 즉 천명(天命)을 그냥 그대로 누린다.

천명(天命)이란 자연지명(自然之命) 즉 자연이 허락하는 생사(生死)이다. 자연의[天] 생사를[命] 두려워함이[畏] 여기 〈장공렬(將恐裂)〉과 같은 말씀이다. 『노자(老子)』의 상도관(常道觀)에는 상도(常道)만이 무시무방(無時無方)의 독립불개(獨立不改)일 뿐, 상도(常道)의 조화지물(造化之物) 즉 우주 삼라만상은 모두 생사(生死)의 것들[物]이다. 상도(常道)에서 나와[出生] 상도(常道)로 돌아가는[入死] 하늘[天]도 득일(得一)로써[以] 생겨난 것이다. 그러니 천지청(天之淸)을 어김은 사람이 범하는 인위(人爲)란 짓으로 드러나지, 하늘은 천수(天壽)가 다할 때까지 득일(得一)의 덕(德)을 결코 어기지 않는다. 『노자(老子)』는 인간의 오만이 지어내는 온갖 인위(人爲)의 짓들을 〈공(恐)〉으로써 직시하게 한다. 여기 공(恐)은 난면(難免) 즉 면하기[免] 어렵다는[難] 뜻을 품고 있다. 면하기 어려움인지라 두려워함이 여기 공(恐)이다.

하늘 역시 상도(常道)가 지어낸[造化] 것이니, 생사(生死)의 것인지라 천수(天壽)를 다하면 귀근(歸根) 즉 상도(常道)로[根] 돌아오는[歸] 것에 불과하다. 하물며 만물이야 더 말할 것이 없다. 어찌 꽃송이만 화무십일홍(花無十日紅)인가. 우주 삼라만상 모두는 출생입사(出生入死)하는 것이니 〈석지득일자(昔之得一者)〉란 출생입사(出生入死)의 유한한 것들일 뿐이다. 이처럼 상도(常道)의 조화(造化)로 얻어진 천지청(天之淸)도 무청(無淸)이 되는 순간을 면할 수 없음을 일러 〈공렬(恐裂)〉이라고 밝힌 셈이다.

천지(天地)에 있는 만물이야 따지고 보면 어느 것이나 하루살이 목숨이다. 어찌 공룡만 소멸하겠는가. 인간도 소멸해갈 것일 뿐이다. 다만 인위(人爲)로 말미암아 인간의 천수(天壽) 즉 상도(常道)가 허락한 수명을 다 누리지 못하고 중도(中途)에 소멸을 자초할 지경이니, 『노자(老子)』의 〈공렬(恐裂)〉이란 말씀이 절실하게 들린다.

득일(得一) 즉 상도(常道)의 조화를 얻어 생겨난 천지청(天之淸)을 무위(無爲)로 순응하여 〈청(淸)〉을 두려움[畏]으로 받들어야 하는 도리를 살펴 새기고 헤아려 조심조심[警] 깨우치게[醒] 하는 말씀이 〈천무이청(天無以淸) 장공렬(將恐裂)〉이다.

註 "다언수궁(多言數窮) 불여수중(不如守中)." {치민(治民)하면서 정령(政令)을 밝히는} 말이[言] 많아질수록[多] (백성을 다스리는) 이치가[數] 궁색해지니[窮], 상도를 따라[中] (무위의 다스림을) 지킴만[守] 못하다[不如]. 『노자(老子)』 5장(章)

註 "만물막부존도이귀덕(萬物莫不尊道而貴德) 도지존(道之尊) 덕지귀(德之貴) 부막지명이상자연(夫莫之命而常自然)." 온갖 것은[萬物] 도를[道] 받들면서[尊而] 덕을[德] 받들지 않을 수[不貴] 없다[莫]. 상도의[道之] 받듦과[尊] 덕의[德之] 높임[貴] 그것을[之] 무릇[夫] 하라 함이[命] 없어도[莫而] 늘[常] 절로[自] 그리한다[然]. 『노자(老子)』 51장(章)

註 "천하유시(天下有始) 이위천하모(以爲天下母)…… 복수기모(復守其母) 몰신불태(歿身不殆)." 온 세상에[天下] 시원이[始] 있고[有], (그 시원으로) 써[以] 온 세상의[天下] 어머니로[母] 삼는다[爲]. …… 그[其] 어머니께로[母] 돌아와[復] 지킨다면[守] 평생토록[歿身] 위태롭지 않다[不殆]. 『노자(老子)』 52장(章)

註 "군자유삼외(君子有三畏) 외천명(畏天命) 외대인(畏大人) 외성인지언(畏聖人之言) 소인부지천명이불외야(小人不知天命而不畏也) 압대인(狎大人) 모성인지언(侮聖人之言)." 군자한테는[君子] 세 가지[三] 두려워함이[畏] 있다[有]. 천명을[天命] 두려워하고[畏], 대인을[大人] 두려워하며[畏], 성인의[聖人之] 말씀을[言] 두려워한다[畏]. 소인은[小人] 천명을[天命] 몰라서[不知而] 두려워하지 않는 것[不畏]이고[也], 대인을[大人] 얕보고[狎] 성인의[聖人之] 말씀을[言] 업신여긴다[侮].
대인(大人)은 성인(聖人)과 같은 말이다. 『논어(論語)』「계씨(季氏)」8

【보주(補註)】

- 〈천무이청(天無以淸) 장공렬(將恐裂)〉을 〈약천무청이득일(若天無淸以得一) 장공기청지렬(將恐其淸之裂)〉처럼 옮기면 문맥을 좀 더 쉽게 잡을 수 있다. 〈만약[若] 하늘에[天] 득일로[得一]써[以] 청허함이[淸] 없다면[無] 곧장[將] 그[其] 청허의[淸之] 무너짐을[裂] 면하기 어려울 것이다[恐].〉
- 장공렬(將恐裂)은 천도(天道) 즉 자연의[天] 규율을[道] 천지(天地)의 천(天)도 어길 수 없음을 밝힘이다. 여기 〈열(裂)〉은 〈무너질 붕(崩)〉으로 여기고 붕렬(崩裂)의 줄임말로 새김이 마땅하다.

【해독(解讀)】

- 〈천무이청(天無以淸) 장공렬(將恐裂)〉은 조건의 종절과 주절로 이루어진 복문(複文)이다. 〈천무이청하면[天無以淸] 장공렬할 것이다[將恐裂].〉
- 천무이청(天無以淸)에서 무(無)를 〈없을 무(無)〉 동사로 여기면 천(天)은 무(無)를 꾸며주는 부사 노릇하고, 이(以)는 무(無)를 꾸미는 부사 노릇하며, 청(淸)은 무(無)의 주어 노릇한다. 무(無)는 〈없을 막(莫)〉과 같고, 청(淸)은 〈빌 허(虛)〉와 같아 청허(淸虛)의 줄임말로 여기면 되고, 이(以)는 〈써 용(用)〉과 같고 〈득일이(得一以)〉의 줄임인지라 〈그로써[以]〉로 새기면 된다. 〈하늘에[天] 그로써[以] 청허가[淸] 없다면[無]〉
- 천무이청(天無以淸)에서 무(無)를 〈않을 불(不)〉과 같이 여기면 천(天)은 주어 노릇하고, 무(無)는 청(淸)의 부정사(否定詞) 노릇하며, 이(以)는 청(淸)을 꾸미는 부사 노릇하고, 청(淸)은 동사 노릇한다. 무(無)를 〈없을 무(無)〉 또는 〈않을 무(無)〉 어느 경우로 문맥을 잡든 문의(文義)가 달라지는 것은 아니다. 무(無)는 여기선 〈않을 불(不)〉과 같다. 〈하늘이[天] 그로써[以] 청허하지 않다면[無淸]〉
- 장공렬(將恐裂)에서 장(將)은 조사(곧장) 노릇하면서 동사에 미래시제를 주고, 공(恐)은 동사 노릇하며, 열(裂)은 공(恐)의 목적어 노릇한다. 공(恐)은 〈두려워할 구(懼)〉와 같지만 여기선 난면(難免) 즉 면하기[免] 어려움을[難] 나타내는 공(恐)이고, 열(裂)은 〈무너질 붕(崩)〉과 같아 붕렬(崩裂)의 줄임말로 여기면 된다. 〈곧장[將] 무너짐을[裂] 면하기 어려울 것이다[恐].〉
- 천무이청(天無以淸)의 이(以)는 전후 문맥에 따라 매우 다양한 뜻을 내는 자(字)

이다. 동사로서 이(以)는 위(爲)처럼 다른 동사의 뜻을 대신하는 경우가 빈번하다. 물론 이(以)는 어조사 노릇도 한다.

註 이(以)는 매우 다양한 뜻을 구사하므로 정리해두면 한문의 문맥을 잡는 데 편리하다.

① 〈이(以)A = 위(爲)A : A를 한다〉

② 〈이(以)A = 용(用)A : A를 쓴다 / 법(法)A : A를 본받는다〉

③ 〈이(以)A = 사(思)A : A를 생각한다〉

④ 〈이(以)A = 솔(率)A : A를 거느린다〉

⑤ 〈이(以)A = 인(因)A : A 때문에〉

물론 명사로서 〈까닭 이(以)〉도 되고, 타동사로서 〈비롯할 이(以)〉도 된다.

〈독서양유이야(讀書良有以也) = 책을[書] 읽는 것은[讀] 참으로[良] 까닭이[以] 있는 것[有]이다[也].〉

〈기사이기사(其死以其病) = 그[其] 죽음은[死] 그[其] 병환에서[病] 비롯한다[以].〉

⑥ 〈이(以)A = 여(與)A : A와 더불어〉

〈주인이빈담소(主人以賓談笑) = 손님[賓]과 함께[以] 정담을 나눈다[談笑].〉

⑦ 〈이(以)A = 사(使)A : A로 하여금〉

〈관중이기군패(管仲以其君覇) = 관중은[管仲] 제[其] 임금으로[君] 하여금[以] 패자가 되게 했다[覇].〉

⑧ 〈이미 이(已)〉와 같은 뜻으로 쓰이는 이(以)

〈아견토성이파(我見土城以破) = 나는[我] 토성이[土城] 이미[以] 파괴된 것을[破] 보았다[見].〉

그리고 이(以)는 〈이(以)A〉처럼 전치사로, 또는 〈A이(以)〉처럼 후치사 노릇도 한다. 물론 〈이(以)〉가 위와 같은 뜻만을 낸다는 것은 아니다. 문장의 전후 문맥에 따라 다양한 뜻을 낸다고 여기면 된다.

39-9 地無以寧(지무이령) 將恐廢(장공폐)

▶ 땅에[地] {득일(得一)로} 써[以] 안정됨이[寧] 없다면[無] {땅은} 곧장[將] 부서짐을[廢] 면하기 어려울 것이다[恐].

땅 지(地), 없을 무(無), 때문에 이(以), 안정할 령(寧), 곧 장(將),
두려워할 공(恐), 부서질 폐(廢)

【지남(指南)】

〈지무이령(地無以寧) 장공폐(將恐廢)〉 역시 〈지득일이령(地得一以寧)〉을 반어법으로 거듭 강조한다. 땅은[地] 득일(得一) 즉 상도(常道)를 얻음[得]으로써[以] 땅[地]의 안정을[寧] 누림이니, 땅도[地] 득일(得一)을 떠날 수 없음을 밝히고 있다. 여기서 〈지(地)〉도 하늘[天]처럼 득일(得一)로써 태어나 있는 유물(有物)을 말한다. 물론 있는 것[有物]으로서 땅[地]은 상도(常道)의 조화(造化)로써 생긴 것이므로 인간이 지지생(地之生)을 상해(傷害)하지 말라 함이니, 〈지무이령(地無以寧)〉 역시 5장(章)에서 살핀 〈수중(守中)〉과 51장(章)에 나오는 〈존도이귀덕(尊道而貴德)〉과 52장(章)에 나오는 〈복수기모(復守其母)〉를 환기시킨다. 그리고 『논어(論語)』에 나오는 〈외천명(畏天命)〉을 상기시킨다.

땅[地]도 하늘[天]처럼 상도(常道)를 따름을[中] 지키면서[守] 상도(常道)를 받들고[尊] 상덕(常德)을 받들며[貴], 따라서 상도(常道)로[母] 돌아와[復] 그 모(母)를 지키면서[守] 자연이 허락하는 생사(生死) 즉 천명(天命)을 그냥 그대로 누린다. 자연의[天] 생사를[命] 두려워함이[畏] 여기 〈장공폐(將恐廢)〉과 같은 말씀이다. 하늘[天]처럼 땅도[地] 자연지명(自然之命) 즉 자연이 허락하는 생사를 벗어날 수 없다. 자연의[天] 생사를[命] 두려워함은[畏] 여기 〈장공폐(將恐廢〉와 같은 말씀이다.

『노자(老子)』의 상도관(常道觀)에는 상도(常道)만이 무시무방(無時無方)의 독립불개(獨立不改)일 뿐, 상도(常道)의 조화지물(造化之物)인 우주의 삼라만상은 모두 생사의 것들[物]이다. 상도(常道)에서 나와[出生] 상도(常道)로 돌아가는[入死] 땅[地]은 득일(得一)로써[以] 생겨났으니, 〈지지령(地之寧)〉을 어김은 사람이 범하는 인위(人爲)란 짓으로 드러나지 땅은 천수(天壽)가 다할 때까지 득일(得一)의 덕(德)을 결코 어기지 않는다. 『노자(老子)』는 인간의 오만이 지어내는 온갖 인위(人爲)의 짓들을 〈공(恐)〉으로써 직시하게 한다.

〈장공폐(將恐廢)〉의 공(恐) 역시 난면(難免) 즉 면하기[免] 어렵다는[難] 뜻을 품고 있다. 면하기 어려움인지라 두려워함이 여기 공(恐)이다. 땅 역시 상도(常道)가 지어낸[造化] 것으로서 생사(生死)의 것이다. 그러니 천수(天壽)를 다하면 귀근(歸根) 즉 상도(常道)로[根] 돌아오는[歸] 것에 불과하다. 따라서 득일(得一)의 일(一) 즉 상도(常道)의 조화(造化)를 얻어 생겨난 땅의[地之] 안정을[寧] 무위(無爲)로써 순응하고, 〈영(寧)〉을 두려움[畏]으로 받들어 마주하는 도리를 살펴 새기고 헤아려 깨우치게 하는 말씀이 〈지무이령(地無以寧) 장공폐(將恐廢)〉이다.

【보주(補註)】

- 〈지무이령(地無以寧) 장공폐(將恐廢)〉를 〈약지무령이득일(若地無寧以得一) 장공기령지폐(將恐其寧之廢)〉처럼 옮기면 문맥을 좀 더 쉽게 잡을 수 있다. 〈만약[若] 땅에[天] 득일로[得一]써[以] 안녕함이[寧] 없다면[無] 곧장[將] 그[其] 안녕의[寧之] 부서짐을[廢] 면하기 어려울 것이다[恐].〉
- 장공폐(將恐廢) 역시 자연의[天] 규율을[道] 천지(天地)의 지(地)도 어길 수 없음을 밝힘이다. 폐(廢)는 〈폐할 지(止)〉로 여기고 폐지(廢止)의 줄임말로 새김이 마땅하다.
- 장공폐(將恐廢)가 〈장공발(將恐發)〉로된 본(本)도 있다. 장공발(將恐發)의 〈발(發)〉은 〈폐(廢)〉의 오기(誤記)라는 설(說)을 따랐다. 18장(章)의 〈대도폐(大道廢)〉 36장(章)의 〈장욕폐지(將欲廢之)〉를 보듯이 『노자(老子)』에서 〈발(發)〉 자(字)는 딱 한 번 나오지만, 장공발(將恐發)의 〈발(發)〉은 〈엄(广)〉이 잘못 제거돼 〈발(發)〉로 오기(誤記)되었다는 설(說)이 설득력을 얻고 있다.

【해독(解讀)】

- 〈지무이령(地無以寧) 장공폐(將恐廢)〉는 조건의 종절과 주절로 이루어진 복문(複文)이다. 〈지무이령하면[地無以寧] 장공폐할 것이다[將恐廢].〉
- 지무이령(地無以寧)에서 무(無)를 〈없을 무(無)〉 동사로 여기면 지(地)는 무(無)를 꾸며주는 부사 노릇하고, 이(以)는 무(無)를 꾸미는 부사 노릇하며, 영(寧)은 〈무(無)〉의 주어 노릇한다. 〈무(無)〉는 〈없을 막(莫)〉과 같고, 영(寧)〉은 〈안정할 안(安)〉과 같아 안녕(安寧)의 줄임말로 여기면 되고, 이(以)는 〈써 용(用)〉과 같고 〈득일이(得一以)〉의 줄임인지라 〈그로써[以]〉로 새기면 된다. 〈땅에[地] 그로써[以] 안녕이[寧] 없다면[無]〉
- 지무이령(地無以寧)에서 무(無)를 〈않을 불(不)〉과 같이 여기면 지(地)는 주어 노릇하고, 무無)는 영(寧)의 부정사(否定詞) 노릇하며, 이(以)는 영((寧)을 꾸미는 부사 노릇하고, 영(寧)은 동사 노릇한다. 무(無)를 〈없을 무(無)〉 또는 〈않을 무(無)〉 어느 경우로 문맥을 잡든 문의(文義)가 달라지는 것은 아니다. 〈땅이

[地] 그로써[以] 안녕하지 않다면[無寧]〉

- 장공폐(將恐廢)에서 장(將)은 조사(곧장) 노릇하면서 동사에 미래시제를 주고, 공(恐)은 동사 노릇하며, 폐(廢)는 공(恐)의 목적어 노릇한다. 공(恐)은 〈두려워할 구(懼)〉와 같지만 여기선 난면(難免) 즉 면하기[免] 어려움을[難] 나타내는 공(恐)이고, 폐(廢)는 〈폐할 지(止)〉와 같아 폐지(廢止)의 줄임말로 여기면 된다. 〈곧장[將] 폐지됨을[廢] 면하기 어려울 것이다[恐].〉

39-10 神無以靈(신무이령) 將恐歇(장공헐)

▶ 변화하게 하는 짓에[神] {득일(得一)로} 써[以] 영묘함이[靈] 없다면[無] 곧장[將] 소실됨을[歇] 면하기 어려울 것이다[恐].

변화하게 하는 짓 신(神), 없을 무(無), 때문에 이(以), 영묘 령(靈), 곧 장(將), 두려워할 공(恐), 다할 헐(歇)

【지남(指南)】

〈신무이령(神無以靈) 장공헐(將恐歇)〉 역시 〈신득일이령(神得一以靈)〉을 반어법으로 강조한다. 〈신무이령(神無以靈)〉의 신(神)은 천신지지(天神地祇) 즉 신지(神祇)의 줄임이다. 신은[神] 득일(得一) 즉 상도(常道)를 얻음[得]으로써[以] 신(神)의 영묘함을[靈] 누림이니, 신도[神] 득일(得一)을 떠날 수 없음을 밝히고 있다. 여기서 신(神)은 하늘[天] · 땅[地]처럼 득일(得一)로써 태어나 있는 유물(有物)을 말함이 아니라, 상도(常道)가 생만물(生萬物)하는 짓을 말한다. 물론 여기 신(神) 역시 상도(常道)의 조화(造化)란 짓이므로 그 신(神)의 짓을 상해(傷害)하지 말라 함이니, 신무이령(神無以靈) 역시 5장(章)에서 살핀 〈수중(守中)〉과 51장(章)에 나오는 〈존도이귀덕(尊道而貴德)〉과 52장(章)에 나오는 〈복수기모(復守其母)〉를 환기시킨다. 그리고 『논어(論語)』에 나오는 〈외천명(畏天命)〉을 상기시킨다.

하늘[天] · 땅[地]처럼 상도(常道)를 따름을[中] 지키면서[守] 상도(常道)를 받들고[尊] 상덕(常德)을 받들며[貴], 따라서 상도(常道)로[母] 돌아와[復] 그 모(母)를 지키면서[守] 천도(天道) 즉 자연의[天] 규율[道]로서 영묘(靈妙)함을 그냥 그대로 누린다. 신(神)이 짓는 자연의[天] 규율을[道] 두려워하라[畏] 함이 여기 〈장공헐(將恐歇)〉과 같은 말씀이다. 하늘[天] · 땅[地]처럼 신(神) 역시 자연이 허락하는 생사(生死) 즉 천명(天命)을 벗어날 수 없다. 자연의[天] 생사를[命] 두려워함은[畏] 여기 장공헐(將恐歇)과 같은 말씀이다.

『노자(老子)』의 상도관(常道觀)에는 상도(常道)만이 독립불개(獨立不改)일 뿐, 상도(常道)의 조화지물(造化之物)인 우주의 삼라만상은 모두 생사(生死)의 것들[物]이므로 신(神) 역시 득일(得一)을 떠나서는 있을 수 없음이 여기 장공헐(將恐歇)의 〈헐(歇)〉이다. 여기 헐(歇)은 소실(消失)을 뜻한다. 즉 소멸돼[消] 상실됨이[失] 여기 헐(歇)이다. 득일(得一)로써 영묘(靈妙)함이 소실되면 신(神)도 소실되고 만다는 것이다.

그러나 상도(常道)에서 나와[出生] 상도(常道)로 돌아오는[入死] 조화를 짓는 〈신지령(神之靈)〉을 어김은 사람이 범하는 인위(人爲)란 짓으로 범해질 뿐이지, 신(神)이 결코 득일(得一)의 덕(德)을 떠나지 않음을 살펴 새기고 헤아려 경성(警醒)하게 하는 말씀이 〈신무이령(神無以靈) 장공헐(將恐歇)〉이다.

【보주(補註)】

- 〈신무이령(神無以靈) 장공헐(將恐歇)〉을 〈약신무령이득일(若神無靈以得一) 장공기령지헐(將恐其靈之歇)〉처럼 옮기면 문맥을 좀 더 쉽게 잡을 수 있다. 〈만약[若] 신에[神] 득일로[得一]써[以] 영묘함이[靈] 없다면[無] 곧장[將] 그[其] 영묘함의[靈之] 소멸을[歇] 면하기 어려울 것이다[恐].〉
- 장공헐(將恐歇) 역시 자연의[天] 규율을[道] 상도(常道)의 조화(造化)인 신(神)도 어길 수 없음을 밝힘이다. 헐(歇)은 〈다할 갈(竭) · 진(盡)〉 등과 같고, 여기선 소실(消失)의 뜻으로 여기고 새김이 마땅하다.

【해독(解讀)】

- 〈신무이령(神無以靈) 장공헐(將恐歇)〉 역시 조건의 종절과 주절로 이루어진 복문(複文)이다. 〈신무이령하면[神無以靈] 장공헐할 것이다[將恐歇].〉
- 신무이령(神無以靈)에서 무(無)를 〈없을 무(無)〉 동사로 여기면 신(神)은 무(無)를 꾸며주는 부사 노릇하고, 이(以)는 무(無)를 꾸미는 부사 노릇하며, 영(靈)은 무(無)의 주어 노릇한다. 무(無)는 〈없을 막(莫)〉과 같고, 영(靈)은 〈묘할 묘(妙)〉

와 같아 영묘(靈妙)의 줄임말로 여기면 되고, 이(以)는 〈써 용(用)〉과 같고 〈득일이(得一以)〉의 줄임이므로 〈그로써[以]〉로 새기면 된다. 〈신에[神] 그로써[以] 영묘함이[靈] 없다면[無]〉

- 신무이령(神無以靈)에서 무(無)를 〈않을 불(不)〉과 같이 여기면 신(神)은 주어 노릇하고, 무(無)는 영(靈)의 부정사(否定詞) 노릇하며, 이(以)는 영(靈)을 꾸미는 부사 노릇하고, 영(靈)은 동사 노릇한다. 무(無)를 〈없을 무(無)〉 또는 〈않을 무(無)〉 어느 경우로 문맥을 잡든 문의(文義)가 달라지는 것은 아니다. 〈신이[神] 그로써[以] 영묘하지 않다면[無靈]〉
- 장공헐(將恐歇)에서 장(將)은 조사(곧장) 노릇하면서 동사에 미래시제를 주고, 공(恐)은 동사 노릇하며, 헐(歇)은 공(恐)의 목적어 노릇한다. 공(恐)은 〈두려워할 구(懼)〉와 같지만 여기선 난면(難免) 즉 면하기[免] 어려움을[難] 나타내는 공(恐)이고, 헐(歇)은 〈다할 갈(竭)〉과 같아 갈헐(竭歇)의 줄임말로 여기면 된다. 〈곧장[將] 다함을[歇] 면하기 어려울 것이다[恐].〉

39-11 谷無以盈(곡무이영) 將恐竭(장공갈)

▶ 골짜기에[谷] {득일(得一)로} 써[以] 채움이[盈] 없다면[無] 곧장[將] 고갈됨을[竭] 면하기 어려울 것이다[恐].

골짜기 곡(谷), 없을 무(無), 때문에 이(以), 채워질 영(盈), 곧 장(將), 두려워할 공(恐), 고갈될 갈(竭)

【지남(指南)】

〈곡무이영(谷無以盈) 장공갈(將恐竭)〉 역시 〈곡득일이영(谷得一以盈)〉을 반어법으로 거듭 강조한다. 〈곡무이영(谷無以盈)〉의 곡(谷)은 4장(章) 〈도충이용지(道沖而用之)〉를 비유한다. 여기서 곡(谷)은 중앙지허(中央之虛) 즉 가운데의[中央之] 빔[虛]을 써[用] 만물을 채움[盈]을 빌려 상도(常道)가 용허(用虛)함을 깨우치게 하는 비유이다. 여기 곡(谷)도 하늘[天]·땅[地]처럼 득일(得一)로써 태어나 있는 유물(有物)을 말한다. 물론 있는 것[有物]으로서 곡(谷)은 상도(常道)의 조화(造化)로써 생긴 것이므로 인간이 곡지생(谷之生)을 상해(傷害)하지 말라 함이니, 곡무이영(谷無以盈) 역시 5장(章)에서 살핀 〈수중(守中)〉과 51장(章)에 나오는 〈존도이귀덕(尊道而貴德)〉과 52장(章)에 나오는 〈복수기모(復守其母)〉를 환기시킨다. 그리고 『논어(論語)』에 나오는 〈외천명(畏天命)〉을 상기시킨다. 곡(谷)도 하늘[天]·땅[地]처럼 상도(常道)를 따름을[中] 지키면서[守] 상도(常道)를 받들고[尊] 상덕(常德)을 받들며[貴], 따라서 상도(常道)로[母] 돌아와[復] 그 모(母)를 지키면서[守] 자연이 허락하는 생사(生死) 즉 천명(天命)을 그냥 그대로 누린다. 자연의[天] 생사를[命] 두려워함이[畏] 여기 〈장공갈(將恐竭)〉과 같은 말씀이다.

『노자(老子)』의 상도관(常道觀)에는 상도(常道)만이 독립불개(獨立不改)일 뿐, 상도(常道)의 조화지물(造化之物)인 우주의 삼라만상은 모두 생사(生死)의 것들[物]인지라 곡(谷) 역시 〈득일(得一)〉을 떠나서는 있을 수 없음이 여기 장공갈(將恐竭)의 〈갈(竭)〉이다. 여기 갈(竭)은 학갈(涸竭)을 뜻한다. 강에 물이 말라버리면 강 노릇을 못하고 말 듯이, 곡(谷)이 곡(谷) 노릇을 못함이 여기 갈(竭)이다. 득일(得一)로써 영만(盈滿)함이 없어지면 곡(谷)도 소진(消盡)되고 만다는 것이다.

그러나 상도(常道)에서 나와[出生] 상도(常道)로 돌아오는[入死] 조화(造化)를 짓는 〈곡지영(谷之盈)〉을 어김은 사람이 범하는 인위(人爲)란 짓으로 범해질 뿐이지, 곡(谷)이 결코 득일(得一)의 덕(德)을 떠나지는 않음을 살펴 새기고 헤아려 경성(警醒)하게 하는 말씀이 〈곡무이영(谷無以盈) 장공갈(將恐竭)〉이다.

【보주(補註)】

- 〈곡무이영(谷無以盈) 장공갈(將恐竭)〉을 〈약곡무영이득일(若谷無盈以得一) 장공기영지갈(將恐其盈之竭)〉처럼 옮기면 문맥을 좀 더 쉽게 잡을 수 있다. 〈만약[若] 골짜기에[谷] 득일로[得一]써[以] 채움이[盈] 없다면[無] 곧장[將] 그[其] 채움의[盈之] 소진을[竭] 면하기 어려울 것이다[恐].〉
- 장공갈(將恐竭) 역시 자연의[天] 규율을[道] 곡(谷)도 어길 수 없음을 밝힘이다. 갈(竭)은 〈다할 헐(歇), 마를 학(涸)〉 등과 같고, 여기선 소진(消盡)의 뜻으로 여기고 새김이 마땅하다.

【해독(解讀)】

- 〈곡무이영(谷無以盈) 장공갈(將恐竭)〉 역시 조건의 종절과 주절로 이루어진 복

문(複文)이다. 〈곡무이영하면[谷無以盈] 장공갈할 것이다[將恐竭].〉

- 곡무이영(谷無以盈)에서 무(無)를 〈없을 무(無)〉 동사로 여기면 곡(谷)은 무(無)를 꾸며주는 부사 노릇하고, 이(以)는 무(無)를 꾸미는 부사 노릇하며, 영(盈)은 무(無)의 주어 노릇한다. 무(無)는 〈없을 막(莫)〉과 같고, 영(盈)은 〈채울 만(滿)〉과 같아 영만(盈滿)의 줄임말로 여기면 되고, 이(以)는 〈써 용(用)〉과 같고 〈득일이(得一以)〉의 줄임인지라 〈그로써[以]〉로 새기면 된다. 〈곡에[谷] 그로써[以] 채움이[盈] 없다면[無]〉
- 곡무이영(谷無以盈)에서 무(無)를 〈않을 불(不)〉과 같이 여기면 곡(谷)은 주어 노릇하고, 무(無)는 영(盈)의 부정사(否定詞) 노릇하고, 이(以)는 영(盈)을 꾸미는 부사 노릇하고, 영(盈)은 동사 노릇한다. 무(無)를 〈없을 무(無)〉 또는 〈않을 무(無)〉 어느 경우로 문맥을 잡든 문의(文義)가 달라지는 것은 아니다. 〈골짜기가[谷] 그로써[以] 채우지 않는다면[無盈]〉
- 장공갈(將恐竭)에서 장(將)은 조사(곧장) 노릇하면서 동사에 미래시제를 주고, 공(恐)은 동사 노릇하며, 갈(竭)은 공(恐)의 목적어 노릇한다. 공(恐)은 〈두려워할 구(懼)〉와 같지만 여기선 난면(難免) 즉 면하기[免] 어려움을[難] 나타내는 공(恐)이고, 갈(竭)은 〈다할 헐(歇), 마를 학(涸)〉 등과 같아 학갈(涸竭)의 줄임말로 여기면 된다. 〈곧장[將] 다함을[竭] 면하기 어려울 것이다[恐].〉

39-12 萬物無以生(만물무이생) 將恐滅(장공멸)

▶ 만물이[萬物] {득일(得一)로} 써[以] 태어남이[生] 없다면[無] 곧장[將] 소멸됨을[滅] 면하기 어려울 것이다[恐].

온갖 만(萬), 것 물(物), 없을 무(無), 때문에 이(以), 날 생(生), 곧 장(將), 두려워할 공(恐), 없어질 멸(滅)

【지남(指南)】

〈만물무이생(萬物無以生) 장공멸(將恐滅)〉 역시 〈만물득일이생(萬物得一以生)〉을 반어법으로 거듭 강조한다. 〈만물무이생(萬物無以生)〉의 만물(萬物)은 2장(章)

만물작언이불사(萬物作焉而不辭)에 나오는 그 만물(萬物)이다. 천지만물은 모두 상도(常道)에서 나오지만, 상도(常道)는 만물이 스스로 변화하게[自化] 맡겨두고 간섭하지 않는다[不辭]. 그래서 같은 종(種)일지라도 생(生)을 오래 누리는 것과, 그렇지 못한 것이 있게 된다. 물론 상도(常道)의 조화가 장수(長壽)와 요절(夭折)의 분별을 짓지는 않는다. 상도(常道)의 조화를 따라 삶을 누린다면 몰신불태(沒身不殆)로 생(生)을 누리다 갈 뿐이다. 다만 그 조화를 어기면 자멸(自滅)을 재촉하게 될 뿐이다.

여기서 만물(萬物)은 득일(得一)로써 태어나 있는 것들을 말한다. 물론 천(天) · 지(地) · 신(神) · 곡(谷) 등과 같이 만물 역시 상도(常道)의 조화(造化)로써 생긴 것이므로 천하후세(天下後世)가 만물지생(萬物之生)을 상해(傷害)하지 말라 함이니, 만물무이생(萬物無以生) 역시 5장(章)에서 살핀 〈수중(守中)〉과 51장(章)에 나오는 〈존도이귀덕(尊道而貴德)〉과 52장(章)에 나오는 〈복수기모(復守其母)〉를 환기시킨다. 그리고 『논어(論語)』에 나오는 〈외천명(畏天命)〉을 상기시킨다. 하늘[天] · 땅[地] · 신(神) · 곡(谷)처럼 만물 역시 상도(常道)를 따름을[中] 지키면서[守] 상도(常道)를 받들고[尊] 상덕(常德)을 받들며[貴], 따라서 상도(常道)로[母] 돌아와[復] 그 모(母)를 지키면서[守] 자연이 허락하는 생사(生死) 즉 천명(天命)을 그냥 그대로 누린다. 그러면서 자연의[天] 생사를[命] 두려워함이[畏] 여기 〈장공멸(將恐滅)〉과 같은 말씀이다.

『노자(老子)』의 상도관(常道觀)에는 상도(常道)만이 독립불개(獨立不改)일 뿐, 상도(常道)의 조화지물(造化之物)인 우주의 삼라만상은 모두 생사(生死)의 것들[物]인지라 곡(谷) 역시 득일(得一)을 떠나서는 있을 수 없음이 여기 장공갈(將恐竭)의 〈갈(竭)〉이다. 여기 갈(竭)은 학갈(涸竭)을 뜻한다. 강에 물이 말라버리면 강 노릇을 못하고 말듯이 곡(谷)이 곡(谷) 노릇을 못함이 여기 갈(竭)이다. 득일(得一)로써 영만(盈滿)함이 없어진다면 곡(谷)도 소진(消盡)되고 만다는 것이다.

그러나 상도(常道)에서 나와[出生] 상도(常道)로 돌아오는[入死] 조화를 짓는 〈곡지영(谷之盈)〉을 어김은 사람이 범하는 인위(人爲)란 짓으로 범해질 뿐이지, 곡(谷)이 결코 득일(得一)의 덕(德)을 떠나지는 않음을 살펴 새기고 헤아려 경성(警醒)하게 하는 말씀이 〈만물무이생(萬物谷無以生) 장공멸(將恐滅)〉이다.

註 "만물작언이불사(萬物作焉而不辭)." 온갖[萬] 것이[物] 세상에서[焉] 떨쳐 일어나도[作而] (상도는 만물을) 주재하지 않는다[不辭]. 『노자(老子)』 2장(章)

【보주(補註)】

- 〈만물무이생(萬物無以生) 장공멸(將恐滅)〉을 〈약만물무생이득일(若萬物無生以得一) 장공기생지멸(將恐其生之滅)〉처럼 옮기면 문맥을 좀 더 쉽게 잡을 수 있다. 〈만약[若] 만물에[萬物] 득일로[得一]써[以] 생김이[生] 없다면[無] 곧장[將] 그[其] 생김의[生之] 소멸을[滅] 면하기 어려울 것이다[恐].〉
- 〈장공멸(將恐滅)〉 역시 자연의[天] 규율을[道] 만물도 어길 수 없음을 밝힘이다. 멸(滅)은 〈없어질 소(消)〉와 같아 소멸(消滅)의 뜻으로 여기고 새김이 마땅하다.

【해독(解讀)】

- 〈만물무이생(萬物無以生) 장공멸(將恐滅)〉 역시 조건의 종절과 주절로 이루어진 복문(複文)이다. 〈만물무이생하면[萬物無以生] 장공멸할 것이다[將恐滅].〉
- 만물무이생(萬物無以生)에서 무(無)를 〈없을 무(無)〉 동사로 여기면 만물(萬物)은 무(無)를 꾸며주는 부사 노릇하고, 이(以)는 무(無)를 꾸미는 부사 노릇하며, 생(生)은 무(無)의 주어 노릇한다. 무(無)는 〈없을 막(莫)〉과 같고, 이(以)는 〈써 용(用)〉과 같고 〈득일이(得一以)〉의 줄임인지라 〈그로써[以]〉로 새기면 된다. 〈만물에[谷] 그로써[以] 태어남이[盈] 없다면[無]〉
- 만물무이생(萬物無以生)에서 무(無)를 〈않을 불(不)〉과 같이 여기면 만물(萬物)은 주어 노릇하고, 무(無)는 생(生)의 부정사(否定詞) 노릇하고, 이(以)는 생(生)을 꾸미는 부사 노릇하고, 생(生)은 동사 노릇한다. 무(無)를 〈없을 무(無)〉 또는 〈않을 무(無)〉 어느 경우로 문맥을 잡든 문의(文義)가 달라지는 것은 아니다. 〈만물이[萬物] 그로써[以] 태어나지 않는다면[無生]〉
- 장공멸(將恐滅)에서 장(將)은 조사(곧장) 노릇하면서 동사에 미래시제를 주고, 공(恐)은 동사 노릇하며, 멸(滅)은 공(恐)의 목적어 노릇한다. 공(恐)은 〈두려워할 구(懼)〉와 같지만 여기선 난면(難免) 즉 면하기[免] 어려움을[難] 나타내는 공(恐)이고, 멸(滅)은 〈없어질 소(消)〉와 같아 소멸(消滅)의 줄임말로 여기면 된다. 〈곧장[將] 소멸을[滅] 면하기 어려울 것이다[恐].〉

39-13 侯王無以貞而貴高(후왕무이정이귀고) 將恐蹶(장공궐)

▶ 후왕한테[侯王] {득일(得一)로} 써[以] 청정함이[貞] 없어서[無而] 높음을[高] 귀히 하면[貴] 곧장[將] 전복됨을[蹶] 면하기 어려울 것이다[恐].

임금 후(侯), 임금 왕(王), 때문에 이(以), 청정할 정(貞), 그리고 이(而), 높을 고(高), 귀할 귀(貴), 곧 장(將), 두려워할 공(恐), 쓰러져 엎어질 궐(蹶)

【지남(指南)】

〈후왕무이정이귀고(侯王無以貞而貴高) 장공궐(將恐蹶)〉 역시 〈후왕득일이정(侯王得一以貞)〉을 반어법으로 거듭 강조한다. 여기 〈무정(無貞)〉은 청정(淸靜)함이 없음[無]이다. 무정(無貞)은 탐욕을 부림으로 드러나니 무정(無貞)은 곧 탐욕함이다.

후왕(侯王)의 탐욕이란 〈고귀(高貴)〉를 탐함으로 이어진다. 여기 고귀(高貴)란 〈고귀하천(高貴下賤)〉의 줄임이다. 높음을[高] 귀하게 하고[貴] 낮음을[下] 천하게 함은[賤] 배천(背天) 즉 천도를[天道] 어김[背]이다. 하근상지(下根上枝) 즉 아래가[下] 뿌리이고[根], 위가[上] 가지[枝]임이 천도(天道)이다. 따라서 하귀(下貴)를 버리고 고귀(高貴)하면 배천(背天)하는 짓인지라 득일(得一)의 천도(天道)를 저버림이다. 그러므로 후왕(侯王)이 귀고(貴高)함은 청정(淸靜)함을[貞] 저버림이니 배천(背天)하는 통치자이다. 그러므로 여기 〈후왕무이정이귀고(侯王無以貞而貴高)〉 역시 5장(章)에서 살핀 〈수중(守中)〉과 51장(章)에 나오는 〈존도이귀덕(尊道而貴德)〉과 52장(章)에 나오는 〈복수기모(復守其母)〉를 환기시킨다. 그리고 『논어(論語)』에 나오는 〈외천명(畏天命)〉을 상기시킨다.

하늘[天]·땅[地]·곡(谷)·만물(萬物)처럼 후왕(侯王) 역시 상도(常道)를 따름을[中] 지키면서[守] 상도(常道)를 받들고[尊] 상덕(常德)을 받들며[貴], 따라서 상도(常道)로[母] 돌아와[復] 그 모(母)를 지키면서[守] 치민(治民)하여 치세(治世)해야 후왕(侯王)으로서 자연이 허락하는 생사(生死) 즉 천명(天命)을 그냥 그대로 누릴 수 있음이다. 그러나 수중(守中)하지 않고, 존도(尊道)하지 않으며, 귀덕(貴德)

하지 않고, 복수기모(復守其母)를 뿌리치는 후왕(侯王)이라면, 후왕(侯王)으로서의 천수(天壽)를 누리지 못하고 전복(顚覆)당하고 말므로 천명(天命)을 두려워함이[畏] 여기 〈장공궐(將恐蹶)〉의 궐(蹶)이다.

궐(蹶)이란 전복(顚覆)이다. 뒤집어짐이[顚覆] 여기 〈궐(蹶)〉이다. 후왕(侯王)이 제 자리를 지키지 못하고 전복됨은[蹶] 〈득일(得一)〉로써 부쟁지덕(不爭之德)으로 치민(治民)하지 않고 백성 위에서[高] 군림하고자 할 뿐, 처하(處下)하고 겸하(謙下)하여 백성을 아껴[愛] 백성으로 하여금 자화(自化)하게 못해주기 때문이다. 후왕(侯王)이 정(貞)하면서 스스로 낮은 곳에[下] 처하면[處] 백성이 절로 후왕(侯王)을 고귀(高貴)하게 받든다. 〈정(貞)〉이란 상도(常道)의 조화에 어긋남이 없이 바름[正]이고, 상도(常道)의 조화를 본디대로[樸] 따름[順]인지라 법자연(法自然) 바로 그것이다. 그러므로 정(貞)으로 말미암은 처하(處下)란 천도(天道)를 본받아 따름이다. 후왕(侯王)을 백성이 하늘땅[天地]으로 여김이란 후왕(侯王) 자신이 스스로 낮추어[下] 백성을 아껴[愛] 자연의[天] 규율을[道] 본받아 여김으로써 이루어지지, 후왕(侯王)의 탐욕으로 이루어지는 것은 결코 아니다. 상도(常道)의 조화(造化)인 부쟁(不爭)의 덕(德)을 지키지 못하는 후왕(侯王)은 장공궐(將恐蹶)의 궐(蹶)로 이어진다.

궐(蹶)이란 질도(跌倒) 즉 넘어져[迭] 거꾸러짐[倒]이요, 도강(倒僵) 즉 거꾸러져[倒] 쓰러짐[僵]이요, 전복(顚覆) 목이 꺾여[顚] 엎어짐[覆]이다. 패자(覇者)와 폭군(暴君)이 필멸(必滅)하는 것은 무정(無貞)하여 귀고(貴高)하기를 서슴지 않는 탐욕을 부린 탓이다. 후왕(侯王)에게 상도(常道)의 조화(造化)를 받아[受] 비롯하는 정(貞) 즉 청정(淸靜)의 바름이[正]이 없다면, 이는 곧 다스림의 언덕이 되는 백성을 잃어버림이다. 백성을 잃게 되면 저절로 망국(亡國)하여 후왕(侯王)은 없어진다. 이처럼 후왕(侯王)의 파국(破局)이 자초될 뿐임을 『노자(老子)』의 〈공궐(恐蹶)〉이란 말씀이 적시(摘示)하고 있다.

따라서 득일(得一)의 일(一) 즉 상도(常道)의 조화(造化)를 얻어 비롯한 〈후왕지정(侯王之貞)〉을 저버리면, 그런 후왕(侯王)은 궐강(蹶僵) · 도강(倒僵) · 전복(顚覆)당해 무너져버림을[蹶] 살펴 새기고 일깨워주는 말씀이 〈후왕무이정이귀고(侯王無以貞而貴高) 장공궐(將恐蹶)〉이다.

【보주(補註)】

- 〈후왕무이정이귀고(侯王無以貞而貴高) 장공궐(將恐蹶)〉을 〈약후왕무정이득일이약후왕귀고(若侯王無貞以得一而若侯王貴高) 기후왕장공궐(其侯王將恐蹶)〉처럼 옮기면 문맥을 좀 더 쉽게 잡을 수 있다. 〈만약[若] 후왕에게[侯王] 득일로[得一]써[以] 바름이[貞] 없다면[無], 그리고[而] 만약[若] 후왕이[侯王] 높음을[高] 받든다면[貴], 그[其] 후왕은[侯王] 곧장[將] 무너져버림을[蹶] 면하기 어려울 것이다[恐].〉
- 장공궐(將恐蹶) 역시 자연의[天] 규율을[道] 후왕(侯王)도 어길 수 없음을 밝힘이다. 궐(蹶)은 〈쓰러질 강(僵)〉과 같고, 여기선 전복(顚覆)의 뜻으로 여기고 새김이 마땅하다.

【해독(解讀)】

- 〈후왕무이정이귀고(侯王無以貞而貴高) 장공궐(將恐蹶)〉 역시 두 조건의 종절과 주절로 이루어진 복문(複文)이다. 〈후왕무이정이면[侯王無以貞], 그리고[而] 귀고하면[貴高], 장공궐할 것이다[將恐蹶].〉
- 후왕무이정(侯王無以貞)에서 무(無)를 〈없을 무(無)〉 동사로 여기면 후왕(侯王)은 무(無)를 꾸며주는 부사 노릇하고, 이(以)는 무(無)를 꾸미는 부사 노릇하며, 정(貞)은 무(無)의 주어 노릇한다. 무(無)는 〈없을 막(莫)〉과 같고, 이(以)는 〈써 용(用)〉과 같고 여기선 〈득일이(得一以)〉의 줄임인지라 〈그로써[以]〉로 새기면 된다. 〈후왕에[侯王] 그로써[以] 바름이[貞] 없다면[無]〉
- 후왕무이정(侯王無以貞)에서 무(無)를 〈않을 불(不)〉과 같이 여기면 후왕(侯王)은 주어 노릇하고, 무(無)는 정(貞)의 부정사(否定詞) 노릇하고, 이(以)는 정(貞)을 꾸미는 부사 노릇하고, 정(貞)은 동사 노릇한다. 무(無)를 〈없을 무(無)〉 또는 〈않을 무(無)〉 어느 경우로 문맥을 잡든 문의(文義)가 달라지는 것은 아니다. 〈후왕이[侯王] 그로써[以] 바르지 않다면[無生]〉
- 이귀고(而貴高)에서 이(而)는 〈그리고 이(而)〉 접속사 노릇하고, 주어가 생략되었지만 귀(貴)는 동사 노릇하며, 고(高)는 귀(貴)의 목적어 노릇한다. 〈그리고[而] 높음을[高] 받들면[貴]〉
- 장공궐(將恐蹶)에서 장(將)은 조사(곧장) 노릇하면서 동사에 미래시제를 주고,

공(恐)은 동사 노릇하며, 궐(蹶)은 공(恐)의 목적어 노릇한다. 공(恐)은 〈두려워할 구(懼)〉와 같지만 여기선 난면(難免) 즉 면하기[免] 어려움을[難] 나타내는 공(恐)이고, 궐(蹶)은 〈쓰러질 강(僵)〉과 같아 전복(顚覆)의 뜻으로 새기면 된다. 〈곧장[將] 전복을[蹶] 면하기 어려울 것이다[恐].〉

39-14 故(고) 貴以賤爲本(귀이천위본) 高以下爲基(고이하위기)

▶ 그러므로[故] {천도(天道)에서는} 귀함은[貴] 천함으로[賤] 써[以] 뿌리를[本] 삼고[爲], 높음은[高] 낮음으로[下] 써[以] 바탕을[基] 삼는다[爲].

그러므로 고(故), 귀할 귀(貴), 써 이(以), 천할 천(賤), 삼을 위(爲), 뿌리 본(本), 높을 고(高), 바탕 기(基)

【지남(指南)】

〈귀이천위본(貴以賤爲本) 고이하위기(高以下爲基)〉는 득일(得一)의 천도(天道)를 밝힌다. 득일(得一)이란 상도(常道)의 조화를 받음[受]이다. 상도(常道)의 조화(造化)란 무위(無爲)의 것이니, 귀여천(貴與賤) 즉 귀와[貴與] 천(賤)이 둘[二]로 나누어지지 않고 귀역천(貴亦賤) 즉 귀도[貴亦] 천(賤)이고 천도[賤亦] 귀(貴)인지라 귀천(貴賤)은 하나[一]이다. 이러한 상도(常道)의 조화가 천지만물이 득일(得一)하는 일(一)임을 2장(章) **상생(相生)·상성(相成)·상형(相形)·상경(相傾)·상화(相和)·상수(相隨)**로 의탁(擬度)할 수 있다.

상도(常道)의 조화(造化)는 귀천(貴賤)·고하(高下)를 하나[一]로 하니, 이는 천(賤)이 귀(貴)의 뿌리[本]가 됨이고, 하(下)가 고(高)의 바탕이 됨이다. 뿌리[本] 없는 나무는 없다. 땅 속에 숨은 뿌리가 나무의 천하(賤下)이고, 땅 위 나뭇가지에 달린 열매가 귀(貴)와 고(高)이다. 아래[賤]의 뿌리로 말미암아 위[貴]의 열매가 달리고 익어 씨가 되어 다시 높은 데서 낮은 데로 떨어지니, 귀(貴)의 고(高)가 천(賤)의 하(下)가 되고 천(賤)의 하(下)가 귀(貴)의 고(高)가 됨이 자연의[天] 규율[道]이요 득일(得一)이다.

이처럼 뿌리[賤下]로 말미암아 열매[貴高]가 됨이 득일(得一)의 일(一)이므로, 상도(常道)의 조화(造化)는 천하(賤下) · 귀고(貴高)가 둘[二]이 아니라 하나[一]여서 천지만물의 천하(賤下) · 귀고(貴高)가 모두 상생(相生) · 상성(相成) · 상형(相形) · 상경(相傾) · 상화(相和) · 상수(相隨)하여 끊임없이 새로움[化]을 지어감[造]을 깊이 살펴 새기고 헤아려 깨우치게 하는 말씀이 〈귀이천위본(貴以賤爲本) 고이하위기(高以下爲基)〉이다.

註 "유무상생(有無相生) 난이상성(難易相成) 장단상형(長短相形) 고하상경(高下相傾) 음성상화(音聲相和) 전후상수(前後相隨)." 있고[有] 없음은[無] 서로[相] 생기고[生], 어렵고[難] 쉬움은[易] 서로[相] 이루며[成], 길고[長] 짧음은[短] 서로[相] 드러나고[形], 높고[高] 낮음은[下] 서로[相] 기대며[傾], 홑소리 닿소리는[音聲] 서로[相] 어울리고[和], 앞뒤는[前後] 서로[相] 따른다[隨].

『노자(老子)』 2장(章)

【보주(補註)】

- 〈귀이천위본(貴以賤爲本) 고이하위기(高以下爲基)〉를 〈귀위기본이천(貴爲其本以賤) 이고위기기이하(而高爲其基以下)〉처럼 옮기면 문맥을 좀 더 쉽게 잡을 수 있다. 〈귀함은[貴] 천함으로[賤]써[以] 그[其] 뿌리를[本] 삼는다[爲]. 그리고[而] 높음은[高] 아래로[下]써[以] 그[其] 바탕을[基] 삼는다[爲].〉
- 〈귀이천위본(貴以賤爲本) 고이하위기(高以下爲基)〉는 강조하고자 같은 말씀을 뒤풀이한다. 〈귀이천위본(貴以賤爲本) 고이하위기(高以下爲基)〉는 〈귀고이천하위기본(貴高以賤下爲基本)〉을 나누어 강조한 것이다. 귀(貴)는 고(高)이고 존(尊)이며, 천(賤)은 하(下)이고 비(卑)이다. 존귀(尊貴) · 고귀(高貴)는 좋고[好] 비천(卑賤) · 천하(賤下)는 싫다(惡) 함은 인간의 분별이 짓는 호오(好惡)의 욕(欲)일 뿐, 귀고(貴高) · 천하(賤下)란 일음일양(一陰一陽)을 환기시킨다. 일음(一陰)만으로 조화(造化)가 될 수 없고, 일양(一陽)만으로 조화가 될 수 없다.

【해독(解讀)】

- 〈귀이천위본(貴以賤爲本) 고이하위기(高以下爲基)〉는 두 문장으로 이루어진 중문(重文)이다. 〈귀이천위본하고[貴以賤爲本], 고이하위기한다[高以下爲基].〉
- 귀이천위본(貴以賤爲本)에서 귀(貴)는 주어 노릇하고, 이천(以賤)은 위(爲)를 꾸며주는 부사 노릇하며, 위(爲)는 동사 노릇하고, 본(本)은 위(爲)의 목적어 노릇

한다. 이(以)는 〈써 용(用)〉과 같고, 위(爲)는 〈삼을 성(成)〉과 같아 성위(成爲)의 줄임말로 여기면 되고, 본(本)은 〈뿌리 근(根) · 바탕 기(基)〉 등과 같아 근본(根本) · 기본(基本) 등의 줄임말로 여기면 된다. 〈귀는[貴] 천으로[賤]써[以] 본을[本] 삼는다[爲].〉

- 귀이천위본(貴以賤爲本)에서 고(高)는 주어 노릇하고, 이하(以下)는 위(爲)를 꾸며주는 부사 노릇하며, 위(爲)는 동사 노릇하고, 기(基)는 위(爲)의 목적어 노릇한다. 이(以)는 〈써 용(用)〉과 같고, 위(爲)는 〈삼을 성(成)〉과 같아 성위(成爲)의 줄임말로 여기면 되고, 기(基)는 〈뿌리 근(根) · 바탕 기(基)〉와 같아 근기(根基) · 기본(基本) 등의 줄임말로 여기면 된다. 〈고는[高] 하로[下]써[以] 바탕을[基] 삼는다[爲].〉
- 귀이천위본(貴以賤爲本)과 고이하위기(高以下爲基)는 〈A위(爲)B이(以)C〉의 상용문이다. 〈A는 C로써[以] B를 삼는다[爲].〉

39-15 是以(시이) 侯王自稱孤寡不穀(후왕자칭고과불곡)

▶ 이렇기[是] 때문에[以] 후왕은[侯王] 자기를[自] 고루하고[孤] 부덕하며[寡] 불선하다고[不穀] 칭한다[稱].

이 시(是), 때문에 이(以), 임금 후(侯), 임금 왕(王), 자기 자(自), 칭할 칭(稱), 고루할 고(孤), 부덕할 과(寡), 아니 불(不), 착할 곡(穀)

【지남(指南)】

〈후왕자칭고과불곡(侯王自稱孤寡不穀)〉은 후왕(侯王)이 자겸(自謙) 즉 자신[自]을 낮추어야[謙] 함을 밝힌다. 자신이 고과(孤寡)하여 불곡(不穀)함을 사무치고 뉘우쳐야 함이 후왕(侯王)의 자겸(自謙)이고 자비(自卑)이다. 고과불곡(孤寡不穀)이 후왕(侯王)의 교언(巧言)이어서는 안 된다는 것이다. 〈자칭고과불곡(自稱孤寡不穀)〉은 7장(章) 후기신이신선(後其身而身先) 외기신이신존(外其身而身存)과 『장자(莊子)』의 이도관지(以道觀之) 하귀하천(何貴何賤)을 상기시킨다. 나아가 『예기(禮記)』의 독학이무우(獨學而無友) 즉고루이과문(則孤陋而寡聞)이란 말도 떠올린다.

고과(孤寡)는 외톨이여서[孤] 견문(見聞) 즉 보고들은[見聞] 바가 적음[寡]이다. 고과(孤寡)하면 고루(孤陋)하고 과문(寡聞)함을 자괴(自愧) 즉 스스로[自] 부끄러워함[愧]이다. 견문(見聞)이 좁으면 치우쳐 외곬으로 빠져 불선(不善)해진다. 불선(不善)이란 순리에 어긋남이니, 후왕(侯王)이 고루(孤陋)함을 감추면 그만큼 불곡(不穀) 즉 불선(不善)하게 된다. 그러므로 솔선하여 자신이 고루(孤陋)함을 밝혀 뭇사람들의 의견을 구하고 선정(善政)을 베풀겠다고 후왕(侯王)이 스스로[自] 겸손하고[謙] 스스로[自] 낮추어[卑] 언제나 거하(居下)해야 함을 밝힌 말씀이 〈후왕자칭고과불곡(侯王自稱孤寡不穀)〉이다.

註 "성인후기신이신선(聖人後其身而身先) 외기신이신존(外其身而身存) 비이기무사야(非以其無私耶) 고(故) 능성기사(能成其私)." 성인은[聖人] 자신을[其身] 뒤로 하지만[後而] 자신이[身] 앞서지고[先], 그[其] 자신을[身] 없애니[外而] 자신이[身] 생존한다[存]. 이로써[以] 성인께는[聖人] 자기가[私] 없음은[無] 아닌 것[非]이로다[耶]. 그러므로[故] 그[其] 자기를[私] 능히[能] 이룬다[成].

『노자(老子)』 7장(章)

註 "이도관지(以道觀之) 하귀하천(何貴何賤) 시위반연(是謂反衍)." 도로[道]써[以] 본다면[觀之] 무엇이[何] 귀하고[貴] 무엇이[何] 천하겠소[賤]. (귀천 따위의 차별을 떠남) 이를[是] 반연이라[反衍] 한다[謂].

반연(反衍)은 범연(汎衍)과 같고, 차별을 초월한 입장이다. 『장자(莊子)』「추수(秋水)」

註 "독학이무우(獨學而無友) 즉고루이과문(則孤陋而寡聞)." 홀로[獨] 배워서[學而] (서로 질문을 주고받을) 벗이[友] 없다면[無] 곧[則] 외톨인지라[孤陋而] 견문이[聞] 적다[寡].

고루(孤陋)는 고루(固陋) 즉 견문이 적고 좁아[陋] 고집스러움[固]이다.

『예기(禮記)』「학기(學記)」

【보주(補註)】

- 〈후왕자칭고과불곡(侯王自稱孤寡不穀)〉을 〈후왕자칭고(侯王自稱孤) 이후왕자칭과(而侯王自稱寡) 이후왕자칭불곡(而侯王自稱不穀)〉처럼 옮기면 문맥을 좀 더 쉽게 잡을 수 있다. 〈후왕은[侯王] 스스로[自] 고하다고[孤] 밝힌다[稱]. 그리고[而] 후왕은[侯王] 스스로를[自] 과하다고[寡] 밝힌다[稱]. 그리고[而] 후왕은[侯王] 스스로를[自] 불곡하다고[不穀] 밝힌다[稱].〉
- 고과불곡(孤寡不穀)은 자하(自下) 즉 자기[自]를 낮추는[下] 겸칭(謙稱)이다. 고(孤)는 작고[小] 어리석어[愚] 치우친다[偏]는 뜻이고, 과(寡)는 견문(見聞)이 적

어[少] 과덕(寡德)하다는 뜻이며, 불곡(不穀)은 선(善)하지 못해 선(善)하려고 수신(修身)해감을 뜻한다. 곡(穀)은 모든 곡식과 먹을거리[食物]를 말한다. 목숨에게 먹을거리보다 더 선(善)한 것은 없으니 곡(穀)은 〈착할 선(善)〉과 통한다. 선(善)은 일음일양(一陰一陽)의 변화지도(變化之道)를 계승함이다. 식물의 낱알[穀]보다 더 일음일양(一陰一陽)의 도(道)를 이어 따른 것이란 없는지라 곡(穀)은 곧 선(善)이다.

【해독(解讀)】

- 〈후왕자칭고과불곡(侯王自稱孤寡不穀)〉에서 후왕(侯王)은 주어 노릇하고, 자(自)는 칭(稱)의 목적어 노릇하며, 칭(稱)은 동사 노릇하고, 고(孤)·과(寡)·불곡(不穀) 등은 칭(稱)의 목적보어 노릇한다. 〈후왕은[侯王] 자기를[自] 고하고[孤] 과하며[寡] 불곡하다고[不穀] 칭한다[稱].〉
- 〈후왕자칭고과불곡(侯王自稱孤寡不穀)〉은 〈A자칭(自稱)B〉의 상용문이다. 〈A는 자기를[自] B라고 칭한다[稱].〉 〈A는 스스로[自] B라고 밝힌다[稱].〉

39-16 此其以賤爲本耶(차기이천위본야) 非乎(비호)

▶이것은[此] 그가[其] 천한 것으로[賤]써[以] 뿌리를[本] 삼는 것[爲]이로다[耶]. (그렇지) 않겠는가[非乎]?

이 차(此), 그 기(其), 써(~으로) 이(以), 천할 천(賤), 삼을 위(爲), 뿌리 본(本), 조사 야(耶), 아닌 것 비(非), 조사(~겠나) 호(乎)

【지남(指南)】

〈차기이천위본야(此其以賤爲本耶) 비호(非乎)〉는 후왕(侯王)이 〈고과불곡(孤寡不穀)〉이라고 자하(自下)·자비(自卑)·자겸(自謙)하는 까닭을 밝힌다. 후왕(侯王)이 높은 것[尊貴]은 낮은[卑賤] 백성[民]이 있기 때문이다. 백성 없이는 후왕(侯王)도 없으니 존귀(尊貴)하다는 후왕(侯王)도 백성을 떠나 있을 수 없다. 그래서 후왕(侯王)의 무본(務本)은 애민(愛民)에 있고, 이는 후왕(侯王)의 〈이천위본(以賤爲本)〉을 말함이다.

이천위본(以賤爲本)의 〈천(賤)〉은 백성[民]이다. 후왕(侯王)이 낮음으로[賤]써[以] 뿌리[本]를 삼지[爲] 않으면 백성[民]을 아낄[愛] 수 없기 때문이다. 후왕(侯王)의 존도(尊道)와 귀덕(貴德)이란 애민(愛民)에서 비롯되고, 애민(愛民) 없는 후왕(侯王)의 도덕(道德)이란 없다. 그러므로 후왕(侯王)이 고과(孤寡)하여 불곡(不穀)하다고 자칭(自稱)함은 상도(常道)를 높이 받들고[尊] 상덕(常德)을 높이 받들어[貴] 애민(愛民)하고자 함이니, 〈비호(非乎)〉 즉 〈그렇지 않겠느냐[非乎]〉고 반어법을 들어 거듭 강조한 말씀이 〈차기이천위본야(此其以賤爲本耶) 비호(非乎)〉이다.

【보주(補註)】

- 〈차기이천위본야(此其以賤爲本耶) 비호(非乎)〉를 〈후왕위귀지본이천야(侯王爲貴之本以賤耶) 차비호(此非乎)〉처럼 옮기면 문맥을 좀 더 쉽게 잡을 수 있다. 〈후왕이[侯王] 낮음으로[賤]써[以] 높음의[貴之] 뿌리를[本] 삼는 것[爲]이로다[耶]. 이것이[此] 아닌 것[非]일까[乎]?〉
- 비호(非乎)는 〈기불시호(豈不是乎)〉와 같이 반어법으로 강조한 수사(修辭)이다. 〈어찌[豈] 그렇지 않을 것[不是]인가[乎]?〉

【해독(解讀)】

- 〈차기이천위본야(此其以賤爲本耶) 비호(非乎)〉는 하나의 평서문과 하나의 의문문으로 이루어진 영어의 중문(重文) 같은 구문이다. 〈차는[此] 기이천위본(其以賤爲本)이로다[耶]. 아닌 것[非]인가[乎]?〉
- 차기이천위본야(此其以賤爲本耶)에서 차(此)는 주어 노릇하고, 기이천위본(其以賤爲本)은 술부(述部)로서 보어구 노릇하고, 야(耶)는 문미조사(~이로다) 노릇한다. 〈이것은[此] 그가[其] 낮음으로[賤]써[以] 근본을[本] 삼음[爲]이로다[耶].〉
- 기이천위본(其以賤爲本)은 〈후왕지이천위본(侯王之以賤爲本)〉에서 후왕지(侯王之)를 기(其)로 줄여 영어의 동명사구 같은 구(句)이다. 기이천위본(其以賤爲本)에서 기(其)는 영어의 〈his〉같이 구실하고, 위(爲)는 영어의 동명사 〈making〉같이 구실한다. 〈후왕이[侯王之] 낮음으로[賤]써[以] 근본을[本] 삼음[爲]〉
- 비호(非乎)는 〈차비기이천위본호(此非其以賤爲本乎)〉에서 차(此)와 비(非)의 동

격 노릇할 기이천위본(其以賤爲本)을 생략하고, 보어 노릇하는 비(非)와 의문문 종결어미 노릇하는 호(乎)만 남겨 강조하는 의문문이다. 〈이것은[此] 그가[其] 낮음으로[賤]써[以] 근본을[本] 삼음이[爲] 아닌 것[非]인가[乎]?〉

- 차비기이천위본야(此非其以賤爲本耶)는 〈A비(非)B야(耶)〉의 상용문이다. 바로 A 그것임을 강조하는 반어법 수사(修辭)이다. 〈A비(非)B호(乎)〉는 〈A연(然)〉을 강조해두는 반어법이다. 〈A는 B가 아닌 것[非]인가[乎]?〉 〈A는 그렇다[然].〉

39-17 人之所惡(인지소오) 唯孤寡不穀(유고과불곡) 而王公以爲稱(이왕공이위칭)

▶사람들이[人之] 싫어하는[惡] 것은[所] 오직[唯] 홀로됨과[孤] 부덕함과[寡] 불선함이다[不穀]. 그러나[而] 왕공은[王公] 그로써[以] 칭호로[稱] 삼는다[爲].

조사(~이) 지(之), 바 소(所), 싫어할 오(惡), 오직 유(唯), 홀로 고(孤), 적을 과(寡), 아니 불(不), 착할 곡(穀), 그러나 이(而), 삼을 위(爲), 일컬을 칭(稱)

註 위 원문(原文)은 42장(章)에 있는 것이다. 그러나 42장(章)의 주지(主旨)인 노자(老子)의 우주 삼라만상의 생성론과 전혀 상응하지 않기 때문에 39장(章)의 〈차기이천위본야(此其以賤爲本耶)〉 아래에 두어야 상응된다는 엄령봉(嚴靈峰)의 설(說)을 따라서 42장(章)에 있는 원문(原文)을 39장(章)으로 옮겨와 지남(指南)·보주(補註)·해독(讀解) 한다.

【지남(指南)】

〈인지소오유고과불곡(人之所惡唯孤寡不穀) 이왕공이위칭(而王公以爲稱)〉은, 인지소애(人之所愛) 즉 인간이[人之] 좋아하는[愛] 것은[所] 인지소오(人之所惡) 즉 인간이[人之] 싫어하는[惡] 것으로[所] 바탕을[基] 삼아야 함을 밝혀 강조한다. 후왕(侯王)은 백성이 싫어하는 것을[所惡] 소홀히 해서는 안 된다. 백성의 소오(所惡)를 왕공(王公)은 늘 몸으로 겪고 있어야 하므로, 백성이 싫어하는[惡] 〈고(孤)·과(寡)·불곡(不穀)〉 등으로 자칭(自稱)하여 소오(所惡)를 잊지 않아야 애민(愛民)할 수 있다는 것이다.

왕공(王公)이 백성이 싫어하는 것을 소홀히 하면 53장(章)에 나오는 인호경(人好徑)을 범하기 쉽다. 후왕(侯王) 즉 치민(治民)하는 통치자가 정도(正道)가 아닌 샛길을[徑] 좋아하면[好], 치국(治國)은 59장(章)에 나오는 중적덕(重積德)을 버리고 역민(役民)에 치우쳐 폭민(暴民)하게 된다. 그러면 72장(章) 민불외위(民不畏威) 즉 백성이[民] 인군(人君)의 위엄(威嚴) · 위세(威勢) · 위력(威力)을 두려워하지 않아[不畏] 결국 치자(治者)는 민란(民亂)을 자초하고 난세(亂世)를 불러오고, 백성은 고과(孤寡)의 고통과 불곡(不穀)의 굶주림을 면치 못한다.

자녀가 부모를 잃음이 〈고(孤)〉이고, 부부가 제 짝을 잃음이 〈과(寡)〉이며, 안민(安民)이 무너져 농사를 짓지 못해 기아에 내몰림이 〈불곡(不穀)〉이다. 불곡(不穀)은 굶주림을 불러오는 불선(不善)이다. 불곡(不穀)은 곡식이 제대로 자라지 못해 영글지 못하여 백성의 기아를 불러옴인지라 이보다 더한 불선(不善)은 없다. 이러한 〈고과불곡(孤寡不穀)〉이야말로 백성이 무엇보다 먼저 소오(所惡) 즉 싫어함을 인군(人君)은 한순간도 잊지 말아야 하는 깊은 뜻을 살펴 새기고 헤아려 깨우치게 하는 말씀이 〈인지소오유고과불곡(人之所惡唯孤寡不穀) 이왕공이위칭(而王公以爲稱)〉이다.

註 "인호경(人好徑) 조심제(朝甚除) 전심무(田甚蕪) 창심허(倉甚虛) 복문채(服文綵) 대리검(帶利劍) 염음식(厭飮食) 화재유여(貨財有餘) 시위도과(是謂盜夸)." 인군(人君)이[人] 샛되고 꼬불꼬불한 샛길을[徑] 좋아하고[好], 조정은[朝] 매우[甚] 말끔하나[除] 밭은[田] 극심하게[甚] 잡초가 무성하며[蕪], 나라의 곳집은[倉] 심하게[甚] 텅 비었는데[虛] {문신(文臣)들은} 수놓아 화려한 옷을[文綵] 입으며[服] {무신(武臣)들은} 예리한[利] 칼을[劍] 허리에 차고[帶], (신하들은) 마시고[飮] 먹기를[食] 싫증내고[厭] 재화라면[貨財] 넘쳐 남음이[餘] 있다[有]. 이것들을[是] {조정(朝廷)에 있는} 도둑들의[盜] 우두머리라[夸] 한다[謂]. 『노자(老子)』 53장(章)

註 "조복위지중적덕(早服謂之重積德) 중적덕(重積德) 즉무불극(則無不克)." 미리[早] 마련해 갖추어둠[服] 그것을[之] 덕(德) 쌓기를[積] 거듭함이라[重] 한다[謂]. 거듭해[重] 덕을[德] 쌓으면[積] 곧[則] 이기지 못할 것이[不克] 없다[無]. 『노자(老子)』 59장(章)

註 "민불외위(民不畏威) 즉대위지(則大威至)." 백성이[民] {치자(治者)의} 위압을[威] 두려워하지 않으면[不畏] 곧[則] 크나큰[大] 위력이[威] 닥친다[至]. 『노자(老子)』 72장(章)

【보주(補註)】

- 〈인지소오유고과불곡(人之所惡唯孤寡不穀) 이왕공이위칭(而王公以爲稱)〉을 〈인지소오유시고(人之所惡唯是孤) 이인지소오유시과(而人之所惡唯是寡) 이인지소오유시불곡(而人之所惡唯是不穀) 이왕공이기고과불곡위자칭(而王公以其孤寡不穀爲自稱)〉처럼 옮기면 문의(文意)를 좀 더 쉽게 새길 수 있다. 〈인간이[人之] 싫어하는[惡] 것은[所] 진정[唯] 고(孤)이다[是]. 그리고[而] 인간이[人之] 싫어하는[惡] 것은[所] 진정[唯] 과(寡)이다[是]. 그리고[而] 인간이[人之] 싫어하는[惡] 것은[所] 진정[唯] 불곡(不穀)이다[是]. 그래서[而] 고과불곡으로[孤寡不穀]써[以] 왕공은[王公] 자칭으로[自稱] 삼는다[爲].〉
- 불곡(不穀)은 낟알이 제대로 여물지 못한 쭉정이다. 알곡이 되지 못한 쭉정이는 양생(養生)의 곡물이 되지 못하므로 불곡(不穀)은 불선(不善)을 비유해준다.

【해독(解讀)】

- 〈인지소오유고과불곡(人之所惡唯孤寡不穀) 이왕공이위칭(而王公以爲稱)〉은 접속사 〈그래서 이(而)〉로 두 문장을 이은 중문(重文)이다. 〈인지소오는[人之所惡] 오직[唯] 고과불곡(孤寡不穀)이다. 그래서[而] 왕공은[王公] 그로써[以] 칭호로[稱] 삼는다[爲].〉
- 인지소오유고과불곡(人之所惡唯孤寡不穀)에서 인지소오(人之所惡)는 주부(主部) 노릇하고, 유(唯)는 부사 노릇하며, 고과불곡(孤寡不穀)은 주격보어구 노릇한다. 오(惡)는 〈싫어할 염(厭)〉과 같아 염오(厭惡)의 줄임말로 여기면 된다. 〈인간들이[人之] 싫어하는[惡] 것은[所] 오직[唯] 고과불곡(孤寡不穀)이다.〉
- 이왕공이위칭(而王公以爲稱)은 〈이시이왕공위칭(而是以王公爲稱)〉에서 앞 내용으로 보충할 수 있으므로 〈시이(是以)〉에서 시(是)를 생략하고, 남은 이(以)는 위(爲) 앞으로 전치돼 부사 노릇하고, 왕공(王公)은 주어 노릇하고, 위(爲)는 동사 노릇하며, 칭(稱)은 위(爲)의 목적어 노릇한다. 여기서 위(爲)는 〈삼을 성(成)〉과 같아 성위(成爲)의 줄임말로 여기면 된다. 〈그래서[而] 이것들로[是]써[以] 왕공은[王公] 칭호로[稱] 삼는다[爲].〉 〈그래서[而] 왕공은[王公] 그로써[以] 칭호로[稱] 삼는다[爲].〉
- 인지소오(人之所惡)는 〈A지소위(之所爲)B〉의 상용구이다. 〈A가[A之] B를 하

는[爲] 바[所]〉〈A가[A之] B를 하는[爲] 것[所]〉

39-18 至譽無譽(지예무예)

▶ 더없는[至] 기림에는[譽] (뽐내려는) 기림이[譽] 없다[無].

더없는(지극한) 지(至), 기릴 예(譽), 없을 무(無)

【지남(指南)】

〈지예무예(至譽無譽)〉는 앞서 살핀 〈귀이천위본(貴以賤爲本) 고이하위기(高以下爲基)〉가 〈지예(至譽)〉임을 결론으로 밝힌다. 예이욕위기(譽以辱爲基) 즉 영예는[譽] 굴욕으로[辱] 바탕을[基] 삼아야[爲] 자연의[天] 규율에[道] 어긋나지 않음을 암시한다. 후왕(侯王)에게 지예(至譽)란 백성이 안평태(安平泰)의 삶을 누리게 함이다. 따라서 〈지예무예(至譽無譽)〉는 41장(章) **명도약매(明道若昧)**와 70장(章) **피갈회옥(被褐懷玉)**을 떠올린다.

인지(人智)는 명매(明昧)를 밝음과[明] 어둠[昧] 둘로 나누고, 예욕(譽辱)을 영예와[譽] 굴욕[辱] 둘로 나누어 시비를 가려 논란하여 예(譽)를 탐하고 환호하지만, 욕(辱)을 싫어하고 괴로워한다. 그러나 밝으면[明] 어두워지고[昧] 어두워지면 밝아옴이 천도(天道)이고 질서이며, 꽃피듯 영예로우면 꽃지듯 굴욕스러움이 천도(天道)인지라, 자연(自然)의 질서에는 명매(明昧)가 둘이 아니고 예욕(譽辱)도 둘이 아니다. 성인(聖人)은 이러한 천도(天道)를 그냥 그대로 본받아 무위(無爲)로 살아가므로 『장자(莊子)』에 나오듯 **부장불영(不將不迎)**한다. 무엇인가를 맞이할 것도 없고[不將] 보낼 것도 없다[不迎].

오면 오는 대로 응하고 가면 가는 대로 응할 뿐, 마음 속에 간직해둠이란 없는 성인(聖人)에게 명예나 예찬 따위가 유별날 것이 없음을 살펴 새기고 헤아려 깨우치게 하는 말씀이 〈지예무예(至譽無譽)〉이다.

註 "명도약매(明道若昧)…… 대상무형(大象無形) 도은무명(道隱無名)." 밝은[明] 도는[道] 어두운[昧] 듯하다[若].…… 크나큰[大] 모습은[象] 모양이[形] 없고[無], 도는[道] 숨어서[隱] 이름이[名] 없다[無].

『노자(老子)』 41장(章)

註 "피갈회옥(被褐懷玉)." 성인은[聖人] 베옷을[褐] 입고[被] 옥을[玉] 품는다[懷].

『노자(老子)』 70장(章)

註 "지인지용심약경(至人之用心若鏡) 부장불영(不將不迎) 응이부장(應而不藏) 고(故) 능승물이불상(能勝物而不傷)." 지인이[至人之] 마음을[心] 씀은[用] 거울과[鏡] 같다[若]. (무엇을) 맞이하지도 않고[不將] 보내지도 않는다[不迎]. (온갖 것에) 응해주되[應而] 간직해 꽁하지 않는다[不藏]. 그래서[故] 온갖 것을[物] 남김없이 해주되[勝而] 해치지 않는다[不傷].

지인(至人)은 성인(聖人)의 이칭(異稱)이다. 『장자(莊子)』「응제왕(應帝王)」

【보주(補註)】

- 〈지예무예(至譽無譽)〉를 〈지극지예무과예(至極之譽無誇譽)〉처럼 옮기면 문맥을 좀 더 쉽게 잡을 수 있다. 〈지극한[至極之] 영예에는[譽] 과시하는[誇] 영예가[譽] 없다[無].〉
- 지예무예(至譽無譽)가 〈고치수여무여(故致數輿無輿)〉로 된 본(本)도 있고 〈치수거무거(致數車無車)〉로 된 본(本)도 있다. 고치수여무여(故致數輿無輿)에서 고(故)와 수(數)는 전사(傳寫)하면서 착오로 끼어든 연문(衍文) 즉 필요 없는[衍] 글자란[文] 지적이 타당하고, 고치수여무여(故致數輿無輿)의 여(輿)로 인해 〈치수거무거(致數車無車)〉로 잘못 전사(傳寫)된 것이란 지적 또한 타당하다. 〈예(譽)〉로 말미암아 〈여(輿)〉로 와전(譌傳) 즉 잘못[譌] 전사(傳寫)되었고, 〈수레 여(輿)〉로 말미암아 〈수레 거(車)〉로 와전(譌傳)됐다는 지적이다.

  또한 〈고치수여무여(故致數輿無輿)〉를 〈지예무예(至譽無譽)〉로 바로잡아야 한다는 주장의 근거를 『장자(莊子)』「지락(至樂)」에 나오는 **지예무예(至譽無譽)**를 통해서도 알 수 있다. 「지락(至樂)」에서 지예무예(至譽無譽) 바로 뒤이어 〈천무위이지천(天無爲以之淸) 지무위이지령(地無爲以之寧)〉이란 구문을 보면, 「지락(至樂)」의 지예무예(至譽無譽)가 『노자(老子)』 39장(章)에서 인출(引出)됐음이 분명하므로 〈고치수여무여(故致數輿無輿)〉를 〈지예무예(至譽無譽)〉로 고침이 옳다는 설(說)을 따랐다.

  〈치수여무여(致數輿無輿) · 치수거무거(致數車無車)〉 등은 전후 내용과 상응되지 않고 억지스럽다는 설(說)을 따라 지남(指南)하지 않는다. 〈수레를[輿] 헤아림을[數] 지극히 하면[致] 수레는[輿] 없다[無].〉

註 "오이무위성락의(吾以無爲誠樂矣) 우속지소대고야(又俗之所大苦也) 고왈(故曰) 지락무락(至樂無樂) 지예무예(至譽無譽)." 나는[吾] 무위로[無爲]써[以] 진실한[誠] 즐거움으로 삼는 것[樂]이다[矣]. 그런데[又] (그 무위란) 속세가[俗之] 몹시[大] 고통스러워하는[苦] 바[所]이다[也]. 그래서 말한다[故曰] : 지극한[至] 즐거움에는[樂] 즐거움이[樂] 없고[無], 지극한[至] 명예에는[譽] 명예가[譽] 없다[無].

『장자(莊子)』「지락(至樂)」

【해독(解讀)】

- 〈지예무예(至譽無譽)〉에서 지예(至譽)는 무(無)를 꾸며주는 부사 노릇하고, 무(無)는 〈없을 무(無)〉로 동사 노릇하며, 예(譽)는 무(無)의 주어 노릇한다. 〈지극한[至] 명예에는[譽] 명예가[譽] 없다[無].〉
- 지예무예(至譽無譽)는 〈A무(無)B〉의 상용문이다. 〈A에는 B가 없다[無].〉

39-19 故(고) 物或損之而益(물혹손지이익) 或益之而損(혹익지이손)

▶ 그러므로[故] 무엇이든[物] 한번[或] 줄면[損之] 곧[而] 불어나고[益], 한번[或] 불면[益之] 곧[而] 줄어든다[損].

그러므로 고(故), 것 물(物), 한번 혹(或), 덜어낼 손(損), 허사(虛詞) 지(之), 그러면 이(而), 더해질 익(益)

註 위의 원문(原文)도 42장(章)에 있는 것이다. 그러나 42장(章)의 주지(主旨)인 노자(老子)의 우주 삼라만상의 생성론과 전혀 상응하지 않기 때문에 39장(章)의 〈지예무예(至譽無譽)〉 아래에 두어야 상응된다고 주장한 마서륜(馬敍倫)의 설(說)을 따라서 42장(章)에서 39장(章)으로 옮겨와 지남(指南)·보주(補註)·해독(讀解) 한다.

【지남(指南)】

〈물혹손지이익(物或損之而益) 혹익지이손(或益之而損)〉은 앞서 살핀 예욕(譽辱)이 둘로 나누어진 별개의 것이 아니란 자연의 이치를 〈손익(損益)〉을 들어 밝힌다. 명예는[譽] 이익이니[益] 좋다 하고, 굴욕은[辱] 손해이니[損] 나쁘다 할 것 없다. 왕공(王公)이 스스로 낮추니까 신하와 백성이 왕공(王公)을 받들어 높이니,

이 또한 줄면[損之] 불어난다는[益之] 이치와 다를 것이 없다. 왕공(王公)이 자존(自尊)을 손지(損之)할수록 신하와 백성이 왕공의 존귀(尊貴)를 익지(益之)해줌이 자연의[天] 규율[道]이요 이치이다.

앞서 살핀 〈지예무예(至譽無譽)〉와 〈손지이익(損之而益)〉 그리고 〈익지이손(益之而損)〉은 2장(章) **천하개지미지위미(天下皆知美之爲美) 사악이(斯惡已)**를 상기시킨다. 인지(人智)의 인위(人爲)에는 미악(美惡) 즉 미추(美醜)를 둘로 나누어 미(美)는 미(美)이고, 추(醜)는 추(醜)란 분별의 시비가 있다. 그러나 자연(自然)의 무위(無爲)에는 미(美)는 곧 추(醜)이고, 추(醜)는 곧 미(美)인지라 분별의 시비가 없다. 달도 차면 기울고 꽃도 피면 지고 밀물로 오면 썰물로 간다. 이것이 무위자연(無爲自然)의 변화로서 왕래이고, 『장자(莊子)』의 **양행(兩行)**이다.

상도(常道)의 조화인 일음일양(一陰一陽)이란 천지도(天之道), 즉 역(易)을 벗어나 있는 것은 없다. 한번 음(陰)이 되면 한번 양(陽)이 되는 천하식(天下式)에서 벗어나거나, 법자연(法自然)이란 상도(常道)가 짓는 조화(造化)를 벗어날 수 있는 것은 아무 것도 없으니, 그 조화를 일러 변화라 한다. 〈손지이익(損之而益) 익지이손(益之而損)〉 역시 법자연(法自然)으로서의 변화를 밝힘이다. 법자연(法自然)의 변화 그것은 손역익(損亦益)이나 익역손(益亦損)이지, 손여익(損與益)이거나 익여손(益與損)이나 손여익(損與益)이 아니다. 손역익(損亦益) 또는 익역손(益亦損) 즉 손(損) 역시[亦] 익(益)이란 손익(損益)을 일손일익(一損一益) 또는 일익일손(一益一損)으로서 손익(損益)을 하나로 여김이고, 손여익(損與益) 또는 익여손(益與損) 즉 손(損)과[與] 익(益)은 둘로 여김이다. 손익(損益)의 변화를 하나로 여김은 『장자(莊子)』의 **천균(天均)·천예(天倪)**이고, **시졸약환(始卒若環)**을 상기시킨다.

어느 한쪽으로 치우쳐 기울거나 쏠림이 없음이 천균(天均)이고, 처음이[始] 끝이고[卒] 끝이 처음인지라 시졸(始卒)이 둘이 아님을 천예(天倪) 즉 천지단예(天之端倪)라 한다. 단예(端倪)란 시졸(始卒)이 둘이 아니고 시역졸(始亦卒) 즉 처음[始] 역시[亦] 끝이고[卒], 졸역시(卒亦始) 즉 끝[卒] 역시[亦] 처음[始]이다. 이를 풀이하여 시졸약환(始卒若環) 즉 시졸이[始卒] 원둘레[環] 같다고[若] 한다. 시(始)에서 졸(卒)로 화살표(→)처럼 변화해가는 게 아니고 원둘레(○)처럼 변화해간다. 그래서 40장(章)에 **반자도지동(反者道之動)**이란 말씀이 나오고, 29장(章) **물혹행혹수(物或行**

或隨)의 조화를 손익(損益)도 면할 수 없다.

늘[或] 손(損)하면 늘[或] 익(益)하고, 한번[或] 익(益)하면 한번[或] 손(損)하는 것이 법자연(法自然)의 조화 즉 무위(無爲)의 변화이다. 자연의 짓[無爲]에서 손익(損益)은 일음일양(一陰一陽)의 이치를 따라 내가 손해를 보면 그 손해가 이익이 되어 남에게서 나에게 되돌아와 손익(損益)이 하나가 된다. 물론 이러한 손익(損益) 또는 익손(益損)의 이치는 사람에게만 통하는 것이 아니라 우주 삼라만상에 두루 통한다. 익손(益損)이 곧 일음일양(一陰一陽)이고 손익(損益)도 그러하다. 손(損)이 음이면 익(益)은 양이 되고, 익(益)이 음이면 손(損)은 양이 되는 것이 일음일양(一陰一陽)의 천도(天道)이다.

한번 줄어들면 한번 불어나고, 한번 불어나면 한번 줄어드니, 손해 보았다고 억울해 할 것도 없고 이익 보았다고 환호할 것도 없음이다. 손(損)하면 익(益)이 돌아오고 익(益)하면 손(損)이 돌아옴이 마치 원둘레[環] 같기 때문이다. 사람은 인위(人爲)에 한사코 매달리려 하지만, 무엇이든 무위(無爲)로 변화하여 상도(常道)가 짓는 조화를 벗어나지 않음을 깨우치게 하는 말씀이 〈물혹손지이익(物或損之而益) 혹익지이손(或益之而損)〉이다.

註 "천하개지미지위미(天下皆知美之爲美) 사악이(斯惡已) 개지선지위선(皆知善之爲善) 사불선이(斯不善已)." 온 세상이[天下] 미는[美之] 미(美)라고[爲] 모두[皆] 알지만[知] 그 미는[斯] 추한 것일[惡] 뿐이고[已], 선은[善之] 선(善)이라고[爲] 모두[皆] 알지만[知] 그 선은[斯] 불선일[不善] 뿐이다[已].
『노자(老子)』 2장(章)

註 "역인시야(亦因是也) 시이성인화지이시비(是以聖人和之以是非) 이휴호천균(而休乎天均) 시지위양행(是之謂兩行)." 역시[亦] {시비(是非)를 떠난 법자연(法自然)의} 그러함에[是] 맡기는 것[因]이다[也]. 이렇기[是] 때문에[以] 성인은[聖人] 인시(因是)로[之]써[以] 시비를[是非] 화합시켜서[和而] 자연의[天] 균형에서[乎均] 쉰다[休]. 이것을[是之] 양행이라[兩行] 한다[謂].

인시(因是)는 인대시(因大是)의 줄임이다. 인(因)은 여기선 〈맡길 임(任)〉과 같고, 대시(大是)란 시비를 떠난 크나큰[大] 그러함[是]이고, 이는 도법자연(道法自然)의 법자연(法自然) 즉 자연(自然)을 본받는[法] 그러함[是]이다. 양행(兩行)이란 피차(彼此)가 제 자리를 얻고 그 사이에 아무런 걸림이 없음이다.
『장자(莊子)』「제물론(齊物論)」

註 "만물개종야(萬物皆種也) 이부동형상선(以不同形相禪) 시졸약환(始卒若環) 막득기륜(莫得其倫) 시위천균(是謂天均) 천균자천예야(天均者天倪也)." 온갖 것은[萬物] 모두[皆] 씨앗이 낸 것

[種]이다[也]. {다른 종(種)과} 같지 않은[不同] 체형으로[形]써[以] {저마다의 체형(體形)을} 서로[相] 물려주고[禪], 처음과[始] 끝이[卒] 고리[環] 같아[若] 그[其] 순서를[倫] 알 수가[得] 없다[莫]. 이를[是] 자연의[天] 평균이라[均] 한다[謂]. 자연의[天] 평균이란[均] 것은[者] 자연의[天] 처음과 끝[倪]이다[也].

천예(天倪)는 천지단예(天之端倪) 즉 자연의[天之] 처음과[端] 끝[倪]을 줄인 술어(術語)이다. 그래서 천예(天倪)를 자연(自然)의 분제(分際) 즉 분별지(分別智)가 아닌 그냥 그대로의 구별(區別)이라 한다. 『장자(莊子)』「우언(寓言)」

註 "반자도지동(反者道之動)." 돌아오는[反] 것이[者] 상도의[道之] 움직임이다[動].

『노자(老子)』 40장(章)

註 "물혹행혹수(物或行或隨) 혹허혹취(或歔或吹) 혹강혹리(或强或羸) 혹재혹휴(或載或隳)." 온갖 것은[物] 때로는[或] 앞서면[行] 때로는[或] 뒤따르고[隨], 때로는[或] 따숩게 숨을 내쉬기도 하고[歔] 때로는[或] 차갑게 숨을 내쉬기도 하며[吹], 때로는[或] 강하기도 하고[强] 때로는[或] 연약하기도 하고[羸], 때로는[或] 편안하기도 하고[載] 때로는[或] 위태하기도 하다[隳].

『노자(老子)』 29장(章)

註 "유무상생(有無相生) 난이상성(難易相成) 장단상형(長短相形) 고하상경(高下相傾) 음성상화(音聲相和) 전후상수(前後相隨)." 있음도[有] 없음도[無] 서로[相] 생기고[生], 어려움도[難] 쉬움도[易] 서로[相] 이루며[成], 긴 것도[長] 짧음도[短] 서로[相] 드러나고[形], 높음도[高] 낮음도[下] 서로[相] 기대며[傾], 홑소리도[音] 닿소리도[聲] 서로[相] 어울리고[和], 앞도[前] 뒤도[後] 서로[相] 따른다[隨]. 『노자(老子)』 2장(章)

【보주(補註)】

- 〈물혹손지이익(物或損之而益) 혹익지이손(或益之而損)〉을 〈만물혹손지(萬物或損之) 즉만물혹익지(則萬物或益之) 이만물혹익지(而萬物或益之) 이만물혹손지(而萬物或損之)〉처럼 옮기면 문의(文意)를 좀 더 쉽게 새길 수 있다. 〈온갖 것은[萬物] 한번[或] 덜어지면[損之] 곧[而] 온갖 것은[萬物] 한번[或] 더해진다[益之]. 그리고[而] 온갖 것은[萬物] 한번[或] 더해지면[益之] 곧[而] 온갖 것은[萬物] 한번[或] 덜어진다[損之].〉
- 〈물혹손지이익(物或損之而益) 혹익지이손(或益之而損)〉은 『노자(老子)』 42장(章)에 있는 것을 39장(章)으로 옮겨온 두 구(句)이다. 이는 42장(章)의 주지(主旨)와 상응하지 않고 39장(章)에 상응되므로 여기로 이입(移入)해야 한다고 엄령봉(嚴靈峰)이 『노자장구신편(老子章句新編)』에서 지적한 바, 그 설(說)을 따랐다.

- 손익(損益)은 손(損)과 익(益)으로 둘의 상대(相對)가 아니라 하나의 피역시(彼亦是)란 관계이다. 손익(損益) 역시 2장(章)에서 살핀 상생(相生) · 상성(相成) · 상형(相形) · 상경(相傾) · 상화(相和) · 상수(相隨)인 무위지사(無爲之事) 즉 무위의[無爲之] 짓[事]을 벗어날 수 없다.

【해독(解讀)】

- 〈물혹손지이익(物或損之而益)〉에서 물(物)은 주어 노릇하고, 혹(或)은 손지(損之)를 꾸며주는 어조사 노릇하고, 손지(損之)는 동사 노릇하며, 이(而)는 〈곧 이(而)〉로 어조사 노릇하고, 익(益)은 〈익지(益之)〉의 줄임으로 동사 노릇한다. 혹(或)은 일음일양(一陰一陽)의 일(一)과 같은 구실을 해 〈한번 혹(或)〉 정도로 새기면 되고, 이(而)는 〈곧 즉(則)〉과 같다. 〈물은[物] 한번[或] 덜어지면[損之] 곧[而] 익해진다[益].〉
- 〈혹익지이손(或益之而損)〉에서 주어 노릇할 물(物)은 되풀이되는 내용이므로 생략되었고, 혹(或)은 익지(益之)를 꾸며주는 어조사 노릇하고, 익지(益之)는 동사 노릇하며, 이(而)는 〈곧 이(而)〉로 어조사 노릇하고, 손(損)은 손지(損之)의 줄임으로 동사 노릇한다. 혹(或)은 일음일양(一陰一陽)의 일(一)과 같은 구실을 해 〈한번 혹(或)〉으로 새기면 되고, 이(而)는 〈곧 즉(則)〉과 같다. 〈한번[或] 익해지면[益之] 곧[而] 손해진다[損].〉

39-20 不欲琭琭如玉(불욕록록여옥) 落落如石(낙락여석)

▶ 갈고닦은[琭琭] 옥[玉] 같고자 않고[不欲如], (오히려) 흔해빠져 나뒹구는[落落] 돌[石] 같고자 한다[如].

아닐 불(不), 바랄 욕(欲), 빛날 록(琭), 같을 여(如), 옥돌 옥(玉),
뒹굴 락(落), 돌 석(石)

【지남(指南)】

〈불욕록록여옥(不欲琭琭如玉) 낙락여석(落落如石)〉 역시 후왕(侯王)이 〈고과불곡(孤寡不穀)〉이라 자겸(自謙)하는 까닭을 밝힌다. 후왕(侯王)이 스스로 고과(孤

寡)하여 불곡(不穀)하다고 자겸(自謙)함은 28장(章)에 **복귀어박(復歸於樸) 박산즉위기(樸散則爲器)**란 말씀을 상기시키고, 49장(章)의 **성인무상심(聖人無常心) 이백성심위심(以百姓心爲心)**도 떠올린다. 견문(見聞)이 좁고[孤] 덕(德)이 부족하여[寡] 불선하다[不穀]고 스스로[自] 낮춤은[謙] 본디대로[於樸] 돌아가려는[歸] 허심(虛心), 즉 자기 마음[己心]을 비우고[虛] 백성의 마음으로[以百姓心] 기심(己心)을 삼고 있음이다. 이는 후왕(侯王)이 본디대로[樸] 자연(自然)대로 돌아와[歸] 무위의[無爲之] 다스림[治]을 펴겠다는 자기의[己] 마음을[心] 드러냄이다.

무사(無私)하여 무욕(無欲)한 다스림[治]이란 빛나는 옥 같기를[琭琭] 바라지 않고[不欲] 오히려 여기저기 떨어진 돌 같기를[落落] 바람을[欲] 비유로 들어, 앞서 살핀 〈귀이천위본(貴以賤爲本) · 고이하위기(高以下爲基) · 지예무예(至譽無譽)〉 등 깊은 뜻을 일깨운다. 녹록(琭琭)은 옥(玉)의 모습이다. 그 모습을 빌려 자기를 과시하는 치자를[治者] 비유함이고, 낙락은[落落] 여기저기 뒹구는 돌[石]의 모습이다. 그 모습을 빌려 백성과 대동(大同)하는 치자(治者)를 깨우치게[譬喩] 한다.

그러므로 성인(聖人)의 득일(得一)을 정성껏 본받아 무위지치(無爲之治)를 행하는 후왕(侯王)은 항상 거하(居下)하고 자비(自卑)하며 자겸(自謙)함을 39장(章)의 총결(總結)로서 살펴 새기고 헤아려 깨우치게 비유한 말씀이 〈불욕록록여옥(不欲琭琭如玉) 낙락여석(落落如石)〉이다.

註 "복귀어박(復歸於樸) 박산즉위기(樸散則爲器)." 본디대로[於樸] 되[復]돌아간다[歸]. 통나무가[樸] 쪼개지면[散] 곧[則] 기물이[器] 된다[爲]. 『노자(老子)』 28장(章)

註 "성인무상심(聖人無常心) 이백성심위심(以百姓心爲心)." 성인께는[聖人] 고집하는 마음이[常心] 없고[無], 백성의[百姓] 마음[心]으로[以] 당신의 마음을[心] 삼는다[爲]. 『노자(老子)』 49장(章)

【보주(補註)】

- 〈불욕록록여옥(不欲琭琭如玉) 낙락여석(落落如石)〉을 〈후왕불욕여록록지옥(侯王不欲如琭琭之玉) 이후왕령욕여락락지석(而侯王寧欲如落落之石)〉처럼 옮기면 문맥을 좀 더 쉽게 잡을 수 있다. 〈후왕은[侯王] 녹록한[琭琭之] 옥과[玉] 같고자 않는다[不欲如]. 그러나[而] 후왕은[侯王] 오히려[寧] 낙락한[落落之] 돌과[石] 같고자 한다[欲如].〉

- 녹록여옥(琭琭如玉)의 녹록(琭琭)은 갈고 닦아 윤이 나는 모습[貌]이고, 낙락여석(落落如石)의 낙락(落落)은 떼굴떼굴 굴러다녀 흔하고 많은 모습[貌]이다.

【해독(解讀)】

- 〈불욕록록여옥(不欲琭琭如玉) 낙락여석(落落如石)〉은 주어와 함께 연사(連詞) 노릇할 〈그러나 이(而)〉가 생략되었지만, 두 문장으로 이루어진 중문(重文)이다. 〈녹록한[琭琭] 옥과[玉] 같고자 않는다[不欲如]. (그러나) 낙락한[落落] 돌과[石] 같고자 한다[欲如].〉
- 불욕록록여옥(不欲琭琭如玉)에서 불(不)은 욕(欲)의 부정사(否定詞) 노릇하고, 욕(欲)은 여(如)의 조동사 노릇하며, 녹록(琭琭)은 비록 여(如) 앞으로 도치되었지만 옥(玉)을 꾸미는 형용사구 노릇하고, 여(如)는 동사 노릇하며, 옥(玉)은 여(如)의 목적어 노릇한다. 〈녹록한[琭琭] 옥과[玉] 같고자 않는다[不欲如].〉
- 낙락여석(落落如石)에서 되풀이되는 내용이므로 욕(欲)을 생략하고, 낙락(落落)은 여(如) 앞으로 도치되었지만 석(石)을 꾸미는 형용사구 노릇하고, 여(如)는 동사 노릇하며, 석(石)은 여(如)의 목적어 노릇한다. 〈낙락한[落落] 돌과[石] 같고자 한다[如].〉

반자장(反者章)

천지만물(天地萬物) 모두 상도(常道)의 반자(反者) 아닌 것이 없음을 밝히는 장(章)이다. 천지만물이란 도지동(道之動)의 것이다. 하늘땅[天地] 온갖 것[萬物]은 유자(有者)이면서 무자(無者)이다. 없음[無]에서 나온[生] 있음[有]인 천지만물은 도로 없음[無]으로 돌아오기[反] 때문이다.

천지만물은 모두 다 상도(常道)인 중묘지문(衆妙之門)을 출입(出入) 즉 나와서[出] 들어옴[入]이니 반자(反者)의 것이다. 도지동(道之動) 즉 상도(常道)의[道之] 운동[動]이란 상도(常道)가 짓는 조화(造化)로서 변화이다. 그 조화(造化)를 반자(反者)라 한다. 반자(反者)란 반자(返者) 즉 갔다가[往] 돌아옴[來]이다. 따라서 40장(章)은 천지만물이 누리는 생사(生死)의 순환을 살펴 새기고 헤아려 깨우치게 하는 장(章)이다.

【원문(原文)】

反者는 道之動이고 弱者는 道之用이니 天下萬物이 生於有하고 有는 生於無니라
반자 도지동 약자 도지용 천하만물 생어유 유 생어무

되돌아오는[反] 것은[者] 상도(常道)의[道之] 움직임이다[動]. 약한[弱] 것은[者] 상도(常道)의[道之] 쓺이다[用]. 온 세상[天下] 온갖[萬] 것은[物] 있음에[有] 의해[於] 생기고[生], 있음은[有] 없음에[無] 의해[於] 생긴다[生].

40-1 反者道之動(반자도지동)

▶ 되돌아오는[反] 것은[者] 상도(常道)의[道之] 움직임이다[動].

돌아올 반(反), 것 자(者), 상도(常道) 도(道), 조사(~의) 지(之), 움직일(변화하게 할) 동(動)

【지남(指南)】

〈반자도지동(反者道之動)〉은 상도(常道)의 조화(造化)를 밝힌다. 반자(反者)는 16장(章) 각귀기근(各歸其根) 귀근왈정(歸根日靜)과 『장자(莊子)』의 만물복정(萬物復情)이란 말을 상기시킨다. 천지만물은 모두 반자(反者)이다. 출(出)하여 그 나온[出] 데로 들어옴[入]이 반자(反者)이니, 천지가 생(生)에서 사(死)로 들어오고 만물도 생(生)에서 사(死)로 들어오는 것들이다. 이처럼 출생입사(出生入死)하는 천지만물은 모두 상도(常道)의 동(動) 즉 조화(造化)이고, 그 조화를 〈반자(反者)〉라 일컬어주고 있다. 상도(常道)의 조화가 나옴[出]이 만물의 생(生)이고, 상도(常道)로 들어옴[入]이 만물의 사(死)이다. 이런 생사(生死)로써 여기 반자(反者)를 사유해볼 수 있다. 생만물(生萬物)하는 상도(常道)의 조화인 출생입사(出生入死)를 일러 〈도지동(道之動)〉이라 하고, 도지동(道之動)의 동(動)을 반자(反者)라고 한 것이다.

천지만물의 삶[生]이란 조화지출(造化之出)로서 반자(反者)의 도지동(道之動)이고, 없음[無]인 죽음[死] 역시 조화지입(造化之入)으로서 도지동(道之動)의 반자(反

者)이다. 여기서 상도(常道)에서 천지만물이 떨어져 나와 따로 있는 것이 아니라, 상도(常道)와 천지만물이 동행함이 상도(常道)가 짓는 조화의 출입(出入)이요 왕래(往來)요 생사(生死)요 일음일양(一陰一陽)의 변화인 생로병사(生老病死)임을 헤아릴 수 있고, 여기서 62장(章)에 나오는 **도자만물지오(道者萬物之奧)**란 말씀의 〈오(奧)〉를 헤아려갈 수 있어서 그 오(奧)란 것이 상도(常道)가 천지만물 저마다에 부여한 신표(信標) 같다는 생각을 할 수 있게 된다.

상도(常道)는 만물을 낳아주되 갖지 않는다 하여 만물을 버리는[棄] 것이 아니라, 그 오(奧)로써 생사(生死)의 것이고 반자(反者)의 것임을 천도(天道)에 맡겨두고 있다. 따라서 『장자(莊子)』에 〈인시이(因是已)〉라 나와 있는 것이다. 성인(聖人)이 왜 27장(章)에 나오는 **습명(襲明)**을 받들어 지키는지도 여기 〈반자(反者)〉로써 더욱 깊이 헤아려 깨우칠 수 있다. 습명(襲明)이란 상도(常道)의 깨달음을[明] 안으로 간직함[襲]이다.

만물은 모두 저마다 상도(常道)의 생기(生氣)를 내장하고 있어서 상도(常道)를 떠날 수 없는 것[奧]이다. 천지만물은 상도(常道)를 떠날 수 없는 것[奧]이기 때문에 성인(聖人)은 그 무엇 하나 버릴[棄] 것이란 없음[無]이다. 상도(常道)가 무엇 하나 저버림[棄]이란 없음[無]이 〈반자도지동(反者道之動)〉임을 어찌 성인(聖人)이 사무치지 않겠는가. 출생(出生)은 정(靜)에 동(動)으로의 반자(反者)이고, 입사(入死)는 동(動)에서 정(靜)으로의 반자(反者)이다. 물론 동(動)은 정(靜)으로, 정(靜)은 동(動)으로 돌아옴[復歸]이 반자(反者) 즉 도지동(道之動)이다. 그러므로 반자도지동(反者道之動)의 반자(反者)는 상도(常道)의 조화(造化)란 것이 천지만물의 출입(出入) · 왕래(往來)임을 밝힘이요, 정동(靜動) · 동정(動靜)을 밝힘이다. 이는 천지만물이 모두 거치는 생로병사(生老病死)임을 말한다.

상도(常道)의 정(靜)은 상도(常道)의 동(動)이고 상도(常道)의 움직임[動]이 상도(常道)의 고요[靜]인지라, 상도(常道)의 조화가 일음일양(一陰一陽)의 변화로서 하나[一]임을 일깨운다. 상도(常道)의 정역동(靜亦動) 즉 고요도[靜亦] 움직임[動]이란 입출(入出)이고, 동역정(動亦靜) 즉 움직임도[動亦] 고요[靜]란 출입(出入)이니, 50장(章)에 나오는 **출생입사(出生入死)**의 조화임을 살펴 깊이 새기고 헤아려 깨우치게 하는 말씀이 〈반자도지동(反者道之動)〉이다.

註 "부물운운(夫物芸芸) 각귀기근(各歸其根) 귀근왈정(歸根曰靜) 시위복명(是謂復命) 복명왈상(復命曰常) 지상왈명(知常曰明)." 무릇[夫] 온갖 것들은[物] 수많은 모습이지만[芸芸] 저마다[各] 제[其] 뿌리로[根] 돌아간다[歸]. 뿌리로[根] 돌아감을[歸] 고요라[靜] 하고[曰], 이것을[是] 본성으로[命] 돌아옴이라[復] 한다[謂]. 천성으로[命] 돌아옴을[復] {만물이 따르는 천도(天道)의} 한결같음이라[常] 하며[曰], {상도(常道)의} 한결같음을[常] 앎을[知] 밝음이라[明] 한다[曰].

『노자(老子)』 16장(章)

註 "치명진정(致命盡情) 천지락이만사소망(天地樂而萬事銷亡) 만물복정(萬物復情) 치지위혼명(此之謂混冥)." 천명을[命] 정성껏 다하고[致] {상도(常道)의} 참모습을[情] 남김없이 살피면[盡], 하늘땅도[天地] 녹아버리고[樂而] 온갖 일도[萬事] 녹아[銷] 없어져[亡] 만물이[萬物] 참모습으로[情] 돌아온다[復]. 이를[此] 혼명이라[混冥] 한다[謂之].

천지락(天地樂)의 낙(樂)은 여기선 〈녹일 삭(鑠)〉의 약자(略字)이다. 진정(盡情)의 정(情)은 〈참 실(實)〉과 같아 참모습[實情]이고, 혼명(混冥)은 현명(玄冥)과 같다. 혼명(混冥)·현명(玄冥)은 조광(照曠)의 반대말로 어둠을 다함이 혼명(混冥)이고, 밝음을 다함이 조명(照明)이다.

『장자(莊子)』「천지(天地)」

註 "출생입사(出生入死) 생지도십유삼(生之徒十有三) 사지도십유삼(死之徒十有三)." (상도에서) 나옴은[出] 태어남이고[生], (상도로) 들어옴은[入] 죽음이다[死]. 살아가는[生之] 무리가[徒] 열에서[十有] 셋이고[三], 죽어가는[死之] 무리도[徒] 열에서[十有] 셋이다[三].

여기 십유삼(十有三)은 천수(天壽)를 누리는 목숨이 10분의 3이란 뜻이다.

『노자(老子)』 50장(章)

註 "도자만물지오(道者萬物之奧)." 상도라는[道] 것은[者] 온갖[萬] 것이[物之] 그윽하게 깊숙이 간직하고 있는 것이다[奧]. 『노자(老子)』 62장(章)

註 "성인상선구인(聖人常善救人) 고(故) 무기인(無棄人) 상선구물(常善救物) 고(故) 무기물(無棄物) 시위습명(是謂襲明)." 성인은[聖人] 사람들을[人] 구제하기를[救] 늘[常] 선하게 한다[善]. 그러므로[故] (성인께는) 사람들을[人] 저버림이[棄] 없다[無]. (성인은) 늘[常] 착하게[善] 온갖 것을[物] 구원한다[救]. 그러므로[故] 온갖 것을[物] 버림이[棄] 없다[無]. 이러함을[是] 상도의 깨달음을[明] 안으로 간직함이라[襲] 한다[謂]. 『노자(老子)』 27장(章)

註 "역인시야(亦因是也) 시이성인화지이시비(是以聖人和之以是非) 이휴호천균(而休乎天均) 시지위양행(是之謂兩行)." 역시[亦] 자연에[是] 맡기는 것[因]이다[也]. 이렇기[是] 때문에[以] 성인은[聖人] 자연에 맡김으로[之]써[以] 시비를[是非] 화해시킨다[和]. 그리고[而] (성인은) 자연의 평균에[乎天均] 쉰다[休]. 이를[是之] 둘의[兩] 통함이라[行] 한다[謂].

천균(天均)은 자연은[天] 만물일야(萬物一也) 즉 만물을 차별하지 않음을[一] 뜻한다. 양행(兩行)은 피차(彼此) 사이에 아무런 장애가 없어 상통(相通)함을 뜻한다.

『장자(莊子)』「제물론(齊物論)」

【보주(補註)】

- 〈반자도지동(反者道之動)〉을 〈반야자도지동자야(反也者道之動者也)〉처럼 옮기면 문맥을 좀 더 쉽게 잡을 수 있다. 〈되돌아옴[反]이란[也] 것은[者] 상도가[道之] 움직이는[動] 것[者]이다[也].〉
- 반자도지동(反者道之動)의 반자(反者)는 출생입사(出生入死)의 것, 즉 만물의 생사(生死)를 생각하게 한다. 만물의 생로병사(生老病死)가 모두 반자(反者)이다. 도지동(道之動)의 동(動)은 반자(反者)인 만물이 생사(生死)를 누리는 상도(常道)의 조화(造化)이다. 생사(生死)의 생(生)이란 출어도(出於道) 즉 상도(常道)에서[於] 나옴[出]이고, 생사(生死)의 사(死)란 입어도(入於道) 즉 상도(常道)로[於] 들어옴[入]이다.

이처럼 만물은 일부(一府) 즉 한[一] 곳간[府]에서 나와[出生] 한 곳간으로 들어옴[入死]이니, 생사(生死)는 둘이 아니라 하나이다. 그래서 『장자(莊子)』에 **만물일부(萬物一府) 생사동상(生死同狀)**이란 말이 나오고, 반자(反者)를 깨닫는 데 가장 알맞은 풀이인 **시졸약환(始卒若環)**이란 말이 나온다.

註 "만물일부(萬物一府) 사생동상(死生同狀)." 만물(萬物)은 한 곳간이니[一府] 죽음과[死] 태어남은[生] 한[同] 모습이다[狀].

상도(常道)에서 출생(出生)하여 상도(常道)로 입사(入死)하는 것이 만물(萬物)이므로 상도(常道)가 만물(萬物)을 포일(抱一)함을 뜻함이다. 『장자(莊子)』「천지(天地)」

註 "시졸약환(始卒若環) 막득기륜(莫得其倫) 시위천균(是謂天均) 천균자천예야(天均者天倪也)." (저마다 누리는 생사의) 처음과[始] 끝이[卒] 원둘레[環] 같아[若] 그[其] 순서를[倫] 알 수가[得] 없다[莫]. 이를[是] 자연의[天] 평균이라[均] 한다[謂]. 자연의[天] 평균이란[均] 것은[者] 자연의[天] 처음과 끝[倪]이다[也].

천균(天均)은 상도(常道)의 차별 없는 조화를 말하고, 천예(天倪)는 천지단예(天之端倪) 즉 자연의[天之] 처음과[端] 끝[倪]을 줄인 술어(術語)이다. 그래서 천예(天倪)를 자연(自然)의 분제(分際) 즉 나누어진 사이[分際]라 하고, 이 천예(天倪)를 천도(天道) 즉 자연의[天] 규율[道]이라 하며, 그 규율에서는 만물일야(萬物一也) 즉 모든 것이[萬物] 하나이다[一也].

『장자(莊子)』「우언(寓言)」

【해독(解讀)】

- 〈반자도지동(反者道之動)〉에서 반자(反者)는 주부(主部) 노릇하고, 도지동(道之動)은 술부(述部)로 주격보어 노릇한다. 반(反)은 〈돌아올 복(復) · 반(返)〉 등과

같아 반복(反復)의 줄임말로 여기면 된다. 〈돌아오는[反] 것이[者] 상도의[道之] 움직임이다[動].〉

40-2 弱者道之用(약자도지용)

▶ 약한[弱] 것은[者] 상도(常道)의[道之] 씀이다[用].

약할 약(弱), 것 자(者), 상도(常道) 도(道), 조사(~의) 지(之), 쓸 용(用)

【지남(指南)】

〈약자도지용(弱者道之用)〉은 〈도지동(道之動)〉의 동(動)을 밝힌다. 도지동(道之動)의 〈동(動)〉은 만물지생사(萬物之生死) 즉 만물의[萬物之] 태어남을[生] 시(始)로 삼고, 그 죽음을[死] 졸(卒)로 삼는다. 몇 아람의 거목도 태어남의 묘(苗) 즉 싹[苗]은 손가락으로 비틀어 뭉갤 수 있을 만큼 연약하다. 그 묘(苗)를 내준 씨눈을 생각하면 거친 흙덩이를 뚫고 나온 싹은 오히려 강자일 터이다. 생시(生始)는 어느 것이든 유약하고 연약하니 생자(生者) 즉 태어나는[生] 것[者]은 약자(弱者)이다. 그 약한[弱] 것이[者] 곧 상도(常道)가 생(生)으로서 쓰는[用] 것이고, 사자(死者)는 무엇이든 견고하니 강자(强者) 즉 강한[强] 것은[者] 상도(常道)가 사(死)로서 쓰는[用] 것이다.

갓난애의 살결은 어린애보다 부드럽고[柔] 연하여[軟] 가냘프다[弱]. 어린애의 살결은 소녀보다 유연하고 약하고, 소녀의 살결은 중년보다 연약하여 유약하다. 중년을 지나 노년에 이르면 연약했던 살결은 사라지고 쭈글쭈글 질겨지다가, 병들어 죽게 되면 굳어져 썩는다. 골격도 그렇다. 유년의 골격은 부드럽고 연하다가 소년이 되면 강유(剛柔)해지고, 청년이 되면 더욱 유강(柔剛)하다가, 장년을 넘어 노년이 되면 부드러움[柔]을 잃고 굳건함[剛]만 남아 걸핏하면 부러진다. 이런 것이 생로병사(生老病死)란 상도(常道)가 짓는 조화(造化)이고, 유약승강강(柔弱勝剛强)의 〈반자(反者)〉이다. 조화(造化)란 상도(常道)가 원기(元氣)를 써[以] 천지만물(天地萬物)의 생사(生死) 즉 변화를 지어냄을[造] 말한다. 생(生)이란 죽음을 받아들일 수밖에 없는 약자(弱者)이다. 동시에 약자(弱者)의 생(生)은 도지용(道之用),

즉 상도(常道)의 조화(造化)인 생사(生死)를 말함이다.

그러니 도지용(道之用)의 용(用)은 42장(章) **도생일(道生一) 일생이(一生二) 이생삼(二生三)·삼생만물(三生萬物)**을 상기시킨다.

상도(常道)가 생일(生一)하고 생이(生二)하며 생삼(生三)하여 생만물(生萬物)함이란, 상도(常道)가 용일(用一)하고 용이(用二)하며 용삼(用三)하여 만물(萬物)을 낳음[生]이다. 생일(生一)의 하나[一]를 『주역(周易)』의 술어(術語)로 말하면 태극(太極)일 터이고, 둘[二]은 음양(陰陽)일 터이고, 셋[三]은 음양이 합일(合一)하는 화기(和氣)일 터이다. 화기(和氣)를 생기(生氣)라 함은 음양이 하나[一]가 되어야 온갖 것[萬物]이 태어나기[生] 때문이다. 만물의 태어남[生]이 바로 상도(道之)의 용(用)이고 무위(無爲)이며 현덕(玄德)이고 자연(自然)이다. 상도(常道)의 씀[用]은 상도(常道)가 짓는 조화(造化)가 드러남이니, 10장(章) **현덕(玄德)**을 떠올린다.

상도(常道)의 용(用)은 만물을 생지휵지(生之畜之)함으로, 만물을 낳아주고[生之] 먹여서 길러줌[畜之]이다. 그 용(用)을 현덕(玄德) 즉 현묘한[玄] 덕(德)이라 함은 낳아주되 갖지 않고 도와주되 바라지 않으며 낳아준 근원이면서도 주재하지 않는 상도(常道)의 조화인 까닭임을 깊이 살펴 새기고 헤아려 깨우치게 하는 말씀이 〈약자도지용(弱者道之用)〉이다.

註 "도생일(道生一) 일생이(一生二) 이생삼(二生三) 삼생만물(三生萬物) 만물부음이포양(萬物負陰而抱陽) 충기이위화(沖氣以爲和)." 도가[道] 하나를[一] 낳고[生], 하나가[一] 둘을[二] 낳고[生], 둘은[二] 셋을[三] 낳는다[生], 셋은[三] 온갖 것을[萬物] 낳는다[生]. 온갖[萬] 것은[物] 음기를[陰] 지고[負] 양기를[陽] 안는다[抱]. 충기(沖氣)로써[以] 어울림을[和] 삼는다[爲].

『노자(老子)』 42장(章)

註 "생지휵지(生之畜之) 생이불유(生而不有) 위이불시(爲而不恃) 장이부재(長而不宰) 시위현덕(是謂玄德)." {상도(常道)가} 만물을[之] 낳아서[生] 그것을[之] 길러준다[畜]. {상도(常道)는} 낳아주되[生而] 갖지 않고[不有], {상도(常道)는} 위해주되[爲而] 바라지 않으며[不恃], {상도(常道)는} 키워주되[長而] 이래라저래라 않는다[不宰]. 위의 것들을[是] 현묘한[玄] 덕이라[德] 한다[謂].

『노자(老子)』 10장(章)

【보주(補註)】

- 〈약자도지용(弱者道之用)〉을 〈약야자도지용자야(弱也者道之用者也)〉처럼 옮기면 문맥을 좀 더 쉽게 잡을 수 있다. 〈연약함[弱]이란[也] 것은[者] 상도가[道之]

쓰는[用] 것[者]이다[也].〉

- 약자도지용(弱者道之用)의 약자(弱者)는 〈반자도지동(反者道之動)〉의 반자(反者)〉를 달리 말한 것이다. 천지만물은 다 반자(反者)인 동시에 약자(弱者)이고 강자(强者)이다. 왜냐하면 천지만물은 모두 출생입사(出生入死)의 반자(反者)이기 때문이다. 물론 도지용(道之用)도 도지동(道之動)을 달리 말한 것이니, 도지용(道之用) 또한 상도(常道)의 조화(造化)이다.

【해독(解讀)】

- 〈약자도지용(弱者道之用)〉에서 약자(弱者)는 주부 노릇하고, 도지용(道之用)은 술부로 주격보어 노릇한다. 약(弱)은 〈부드러울 유(柔)〉와 같아 유약(柔弱)의 줄임말로 여기면 된다. 〈약자는[弱者] 도지용이다[道之用].〉
- 약자도지용(弱者道之用)의 약자(弱者)는 〈약지물(弱之物)〉의 지물(之物)을 줄인 것이다. 〈약한[弱] 것[者]〉 〈약한[弱之] 것[物]〉

40-3 天下萬物生於有(천하만물생어유)

▶ 온 세상[天下] 온갖[萬] 것은[物] 있음에[有] 의해[於] 생긴다[生].

하늘 천(天), 아래 하(下), 온갖 만(萬), 것 물(物), 생길 생(生),
조사(~의해) 어(於), 있을 유(有)

【지남(指南)】

〈천하만물생어유(天下萬物生於有)〉는 〈도지동(道之動)〉의 동(動)과 〈도지용(道之用)〉의 용(用)을 묶어 밝힌다. 도지동역용(道之動亦用) 즉 상도의[道之] 동역용(動亦用)이 상도(常道)의 조화(造化)이고, 조화는 곧 만물의 생사(生死)로 드러난다. 도생일(道生一)에서부터 삼생만물(三生萬物)까지가 조화의 출(出)인 생(生)이고, 그 생(生)은 사(死)로써 돌아오는[反] 것[者]이다. 상도(常道)의 조화란 삼라만상이 중묘지문(衆妙之門)에서 나옴[出]이고, 그 문(門)으로 들어옴[入]이다. 그 출입(出入)의 불식(不息) 즉 쉼 없음이[不息] 상도(常道)의 조화(造化)이다. 만물의 나옴이[出] 태어남[生]의 조화로서 음양(陰陽)의 합(合)이고, 들어옴이[入] 죽음[死]의 조화로서 음양(陰陽)의 산(散)인지라, 여기 〈생어유(生於有)〉의 유(有)는 일음일양(一陰一陽)의 음양(陰陽)을 상기시킨다.

상도(常道)가 움직여[動] 〈일(一)〉로써 움직여[動] 〈이(二)〉를 쓰고[用], 〈둘[二]〉이 동(動)하여 〈삼(三)〉을 써서[用] 만물이 나서[生] 만상(萬象)을 이룸이 상도(常道)의 짓는 생(生)의 조화이다. 여기 삼(三)을 일러 화기(和氣)라 함은 음양지화(陰陽之和)로 생(生)이 출(出)하기 때문이고, 화기(和氣)가 음양지산(陰陽之散)으로 사(死)로 입(入)하기 때문이다. 그러므로 천하만물생어유(天下萬物生於有)의 〈유(有)〉는 42장(章) **삼생만물(三生萬物)**의 〈삼(三)〉이다. 그리고 천하만물생어유(天下萬物生於有)의 〈생(生)〉은 상도(常道)의 조화인 〈상도(常道)의 동역용(動亦用)〉이라 말한다. 동역용(動亦用) 즉 움직임도[動亦] 씀[用]이란, 동용(動用)이 둘로 나뉘지 않고 하나같음이다.

동(動)이 곧 용(用)이요, 용(用)이 곧 동(動)임이 상도(常道)의 조화(造化)가 짓는 〈만물생어유(萬物生於有)〉이다. 물론 만물생어유(萬物生於有)의 유(有)는 감각(感覺)할 수 있는 실물(實物)의 있음이[有] 아니라, 감각할 수 없는 음양(陰陽)의 조화가 있다는[有] 형이상학(形而上學)의 있음[有]이다. 온갖 것[萬物]은 음양(陰陽)의 합(合)이란 있음[有]에서 생김을[生] 살펴 새기고 헤아려 깨우칠 수 있게 한 말씀이 〈천하만물생어유(天下萬物生於有)〉이다.

註 "도생일(道生一) 일생이(一生二) 이생삼(二生三) 삼생만물(三生萬物)." 도가[道] 하나를[一] 낳고[生], 하나가[一] 둘을[二] 낳고[生], 둘은[二] 셋을[三] 낳는다[生], 셋은[三] 온갖 것을[萬物] 낳는다[生].

『노자(老子)』 42장(章)

【보주(補註)】

- 〈천하만물생어유(天下萬物生於有)〉를 〈천하지만물피생어유(天下之萬物彼生於有)〉처럼 옮기면 문맥을 좀 더 쉽게 잡을 수 있다. 〈천하의[天下之] 만물은[萬物] 유에[有] 의해서[於] 생긴다[彼生].〉
- 천하만물생어유(天下萬物生於有)의 생(生)은 42장(章) 〈만물부음이포양(萬物負陰而抱陽)〉을 상기시킨다. 음기(陰氣)를 지고[負] 양기(陽氣)를 안음[抱]이 삼생만물(三生萬物)의 생(生)이다. 음양(陰陽)의 포부(抱負)가 만물(萬物)의 생(生)이

고, 생(生)을 조화하는 짓인 포부(抱負)가 삼생만물(三生萬物)의 삼(三)이다. 포부(抱負)의 삼(三)은 〈이(二)〉 즉 이기(二氣)인 음양의 어울림[和]인 음양의 화기(和氣), 즉 생기(生氣)이다. 〈삼(三)〉이라 하는 일음일양(一陰一陽)을 일러 충기(沖氣)니 화기(和氣)니 생기(生氣)니 허기(虛氣) 등으로 일컫고, 이러한 기운의 있음[有]을 형이상(形而上)의 유(有)라 한다. 그러므로 여기 천하만물생어유(天下萬物生於有)의 유(有)와 11장(章)에서 살핀 **유지이위리(有之以爲利)**의 유(有)는 부동(不同)하다. 여기 만물생어유(萬物生於有)의 유(有)는 형이상(形而上) 즉 감지할 수 없는 것의 있음[有]이고, 유지이위리(有之以爲利)의 유(有)는 형이하(形而下) 즉 감지되는 것의 있음[有]이다. 천하만물생어유(天下萬物生於有)의 유(有)는 1장(章) **유명만물지모(有名萬物之母)**의 유(有)와, 2장(章)에 나오는 **유무상생(有無相生)**의 유(有)로서 감지되는 실물로서 있는[有] 것은 아니다.

註 "유지이위리(有之以爲利) 무지이위용(無之以爲用)." 그것이[之] 있음으로[有]써[以] 이로운 것으로[利] 삼고[爲], 없음으로[無之]써[以] 씀을[用] 삼는다[爲]. 『노자(老子)』 11장(章)

註 "무명천지지시(無名天地之始) 유명만물지모(有名萬物之母)." 이름이[名] 없음은[無] 천지의[天地之] 낳음이고[始], 이름이[名] 있음은[有] 온갖 것의[萬物之] 어머니이다[母]. 『노자(老子)』 1장(章)

註 "유무상생(有無相生)." 있음도[有] 없음도[無] 서로[相] 생긴다[生]. 『노자(老子)』 2장(章)

【해독(解讀)】

- 〈천하만물생어유(天下萬物生於有)〉에서 천하만물(天下萬物)은 주부(主部) 노릇하고, 생(生)은 수동의 동사 노릇하며, 어유(於有)는 생(生)을 꾸며주는 부사구 노릇한다. 〈천하만물은[天下萬物] 유에[有] 의해서[於] 생긴다[生].〉
- 천하만물생어유(天下萬物生於有)는 수동태 구문으로 보아야 문의(文意)가 잡힌다. 그러니 천하만물생어유(天下萬物生於有)는 〈천하만물생지어유(天下萬物彼生於有)〉의 줄임으로 여기면 전후 문맥과 걸맞다. 〈유생천하만물(有生天下萬物)〉의 능동 구문이 〈천하만물생어유(天下萬物生於有)〉의 수동 구문으로 바뀌었다고 보면 된다. 수동으로 바뀌면서 뜻 없는 허사(虛詞) 지(之)를 생략하고, 〈B위어(爲於)A〉로 된 어투로 여기면 된다.
- 천하만물생어유(天下萬物生於有)는 〈A피위어(彼爲於)B〉의 상용문인 셈이다.

어떤 동사 앞에 〈견(見)·위(爲)·피(被)·소(所)〉 등이 놓이면 능동의 동사가 수동의 동사로 된다. 〈견(見)·위(爲)·피(被)〉 등은 동사 앞에 놓여 수동의 조사 노릇하지만, 수동의 조사들은 생략되는 경우가 대부분인지라 전후 문맥을 따져 새겨야 한다. 예를 들어, 〈A조(造)B〉의 조(造)는 능동의 동사 노릇하고, 〈B위조어(爲造於)A〉의 위조(爲造)는 수동의 동사 노릇한다. 〈A가 B를 만든다[造].〉 〈A는 B에 의해서[於] 만들어진다[爲造].〉

40-4 有生於無(유생어무)

▶있음은[有] 없음에[無] 의해[於] 생긴다[生].

있을 유(有), 생길 생(生), 조사(~의해) 어(於), 없을 무(無)

【지남(指南)】

〈유생어무(有生於無)〉는 상도(常道)의 조화(造化)를 총결(總結)하여 밝힌다. 유생어무(有生於無)의 〈무(無)〉는 무극(無極)인 상도(常道)이니, 〈반자도지동(反者道之動)〉의 반자(反者)가 〈반어무자(反於無者)〉 즉 없음[無]으로[於] 돌아오는[反] 것[者]임을 드디어 깨우치게 된다. 물론 무(無)를 무물(無物)의 무(無) 즉 태극(太極)이라고 새겨도 되고, 유생어무(有生於無)의 유(有)를 음양(陰陽)으로 여기고 〈음양생어태극(陰陽生於太極)〉으로 새겨도 된다.

도생일(道生一)이니, 하나[一]가 상도(常道)에서 태어남[生]인지라 있음[有]은 없음[無]에 의해서[於] 생긴다[生]고 한다. 일(一)은 도에[道] 의해서[於] 생김[生]을 밝힘이고, 있음[有]은 일(一)이란 없음[無]에 의해서[於] 생김을[生] 밝힘이다. 여기 일(一)이란 일기(一氣)를 말하고, 일기(一氣)를 원기(元氣)라고도 하고, 기지시(氣之始) 혹은 태극(太極)이라 하고, 무극(無極) 즉 무(無)라 한다. 말하자면 상도(常道)란 기(氣)를 낳는[生] 종시(宗始)로서, 기운[氣]의 어머니[母]로서, 어느 쪽도[極] 없는[無] 기지시(氣之始) 즉 도기(道氣)이다. 상도(常道)는 천지만물을 내되[生] 만물을 결코 주재(主宰)하지 않으니, 조물주(造物主)란 술어(術語)는 『노자(老子)』에는 없고, 6장(章) 현빈(玄牝)과 52장(章) 천하모(天下母) 등의 술어(術語)로 상도(常

道)를 비유할 뿐이다.

왜 42장(章)에서 〈도생일(道生一) 도생이(道生二) · 도생삼(道生三) · 도생만물(道生萬物)〉이라 하지 않고, 도생일(道生一) 일생이(一生二) 이생삼(二生三) 삼생만물(三生萬物)이라고 말하는가? 상도(常道)가 일(一)을 낳고[生], 그 하나[一]가 둘[二]을 낳음[生]을 주재(主宰)하지 않음이고, 하나[一] 역시 둘[二]이 셋[三]을 낳음[生]을 간섭하지[主宰] 않음을 뜻한다. 참으로 태극(太極)이란 일기(一氣) 즉 원기(元氣)의 〈무(無)〉가 이기(二氣) 즉 〈유(有)〉를 낳음이고, 이기(二氣)의 〈유(有)〉가 삼기(三氣)를 낳음이다. 삼기(三氣)란 음양(陰陽)의 이기(二氣)가 자화(自化)하여 화기(和氣) 즉 생기(生氣)가 됨이다. 상도(常道)의 일기(一氣)가 이기(二氣)로 하여금 일음일양(一陰一陽)하라고 명(命)함이 아니라, 이기(二氣)가 스스로[自] 일음일양(一陰一陽)하여 화기(和氣) 즉 생기(生氣)로서 새로워지는[化] 것이 곧 생(生)이란 조화(造化)이다. 그러니 유생어무(有生於無)의 유(有)는 〈일(一)〉에서 생겨난 〈이(二)〉이며, 〈삼(三)〉은 형이상(形而上)의 있음[有]이다. 따라서 유생어무(有生於無)의 무(無)는 〈도생일(道生一)〉을 묶어서 밝힘이고, 〈일생이(一生二) 이생삼(二生三) 삼생만물(三生萬物)〉을 묶어서 밝힘이 여기 〈유생어무(有生於無)〉이다.

나아가 유생어무(有生於無)는 〈일생어도(一生於道)이고 이생어일(二生於一)이며 삼생어이(三生於二)이고 만물생어삼(萬物生於三)〉을 묶어서 밝혀놓음이다. 물론 유생어무(有生於無)의 유(有)를 『주역(周易)』의 술어로 풀이하면 〈태극(太極)이고 음양(陰陽)이며 일음일양(一陰一陽)〉이다. 따라서 음양(陰陽)이란 이기(二氣)이든 일음일양(一陰一陽)의 삼기(三氣) 즉 화기(和氣)이든 서로 다른 것이 아니라 모두 일기(一氣)일 뿐이니, 『장자(莊子)』에 도통위일(道通爲一)이란 말이 나온다.

무(無) 즉 상도(常道)에 의해서 생긴 유(有)는 상도(常道)로 반귀(反歸) 즉 되돌아옴을[反歸] 깊이 살펴 새기고 헤아려 깨우치게 하는 말씀이 〈유무상생(有無相生)〉이다.

註 "곡신불사(谷神不死) 시위현빈(是謂玄牝)." 골짜기를[谷] 변화하게 하는 짓은[神] 죽지 않는다[不死]. 이를[是] 신묘한[玄] 땅이라[牝] 한다[謂]. 『노자(老子)』 6장(章)

註 "천하유시(天下有始) 이위천하모(以爲天下母)." 온 세상에[天下] 시원이[始] 있고[有], (그 시원으로) 써[以] 온 세상의[天下] 어머니로[母] 삼는다[爲]. 『노자(老子)』 52장(章)

註 "도생일(道生一) 일생이(一生二) 이생삼(二生三) 삼생만물(三生萬物)." 도가[道] 하나를[一] 낳고[生], 하나가[一] 둘을[二] 낳고[生], 둘은[二] 셋을[三] 낳는다[生]. 셋은[三] 온갖 것을[萬物] 낳는다[生].

『노자(老子)』 42장(章)

註 "도통위일(道通爲一) 기분야성야(其分也成也) 기성야훼야(其成也毁也) 범물무성여훼(凡物無成與毁) 부통위일(復通爲一)." 도의[道] 통함은[通] 하나를[一] 행함이다[爲]. {상도(常道)에서 보면} 그[其] 나누어짐[分]이란[分] 이루어짐[成]이고[也], 그[其] 이루어짐[成]이란[也] 이지러짐[毁]이다[也]. 온갖 것에는[凡物] 이루어짐과[成與] 이지러짐이[毁] (따로) 없어[無], {성(成)과 훼(毁)는 도(道)로써}} 다시[復] 통하여[通] 하나가[一] 된다[爲].

위일(爲一)은 무위(無爲)와 같다. 하나[一]를 행함[爲]은 무(無)를 행함[爲]이다.

『장자(莊子)』 「제물론(齊物論)」

【보주(補註)】

- 〈유생어무(有生於無)〉를 〈유자피생어무자(有者被生於無者)〉처럼 옮기면 문맥을 좀 더 쉽게 잡을 수 있다. 〈있음이란[有] 것은[者] 없음이란[無] 것에[者] 의해서[於] 생긴다[被生].〉
- 유생어무(有生於無)의 무(無)는 1장(章) 〈무명천지지시(無名天地之始)〉의 무명(無名)을 상기시키고, 유(有)는 〈유명만물지모(有名萬物之母)〉의 유명(有名)을 떠올린다. 무명(無名)은 상도(常道)를 무(無)라 일컬음이고, 유명(有名)은 도기(道氣)의 음양(陰陽)을 유(有)라 말함이다. 상도(常道)가 낳은[生] 일(一) 즉 태극(太極)은 무(無)이고, 일(一)이 낳은[生] 이(二) 즉 음양(陰陽)은 극(極)이 있으니 유(有)이며, 음양(陰陽)이 화합하는 삼(三)의 화기(和氣)도 유(有)이다. 이 유(有)를 반자(反者)의 천지만물이라 한다. 상도(常道)에서 나와[出] 상도(常道)로 들어옴[入]이 천지만물의 반자(反者)이니, 유(有)가 무(無)로 돌아옴[反]이고 무(無)가 유(有)로 나옴이[出] 곧 상도(常道)의 쉼 없는 조화(造化)이다.

【해독(解讀)】

- 〈유생어무(有生於無)〉에서 유(有)는 주어 노릇하고, 생(生)은 수동의 동사 노릇하며, 어무(於無)는 생(生)을 꾸며주는 부사구 노릇한다. 〈유는[有] 무에 의해서[於無] 생긴다[生].〉
- 유생어무(有生於無)에서 생(生)을 수동의 동사로 여기고 새겨야 문의(文意)가 잡힌다. 유생어무는 〈A피생어(彼生於)B〉의 상용문인 셈이다. 어떤 동사 앞에

〈견(見) · 위(爲) · 피(被) · 소(所)〉 등이 놓이면 능동의 동사가 수동의 동사로 된다. 〈견(見) · 위(爲) · 피(被)〉 등은 동사 앞에 놓여 수동의 조사 노릇하지만, 수동의 조사들은 생략되는 경우가 대부분인지라 전후 문맥을 따져 새겨야 한다. 〈A는 B에 의해서[於] 해진다[見爲].〉 〈A는 B에 의해서[於] 해진다[被爲].〉

노자 81장

펴낸곳 | (주)동학사
펴낸이 | 유재영
글쓴이 | 윤재근

기획 | 이화진
편집 | 나진이
디자인 | 임수미

1판 1쇄 | 2020년 1월 10일
1판 2쇄 | 2023년 12월 15일

출판등록 | 1987년 11월 27일 제10-149

주소 | 04083 서울 마포구 토정로 53 (합정동)
전화 | 324-6130, 324-6131 · 팩스 | 324-6135
E-메일 | dhsbook@hanmail.net
홈페이지 | www.donghaksa.co.kr
www.green-home.co.kr

ISBN 978-89-7190-694-1 04140
ISBN 978-89-7190-693-4 04140 (전2권)